# Soleils d'encre

## Lettres & Langue

### LIVRE UNIQUE

1re

Line CARPENTIER
Directrice de collection et co-auteur
Ancienne élève de l'ENS
Professeur agrégé de Lettres modernes
Lycée Guez de Balzac, ANGOULÊME

Marie-Thérèse BLONDEAU
Professeur agrégé de Lettres modernes
Lycée Montaigne, PARIS

Anne-Marie BONNABEL
Professeur agrégé de Lettres modernes
Lycée Thiers, MARSEILLE

Marie-Lucile MILHAUD
Professeur agrégé de Lettres modernes
Académie de NICE

Sylvie NOURRY-NAMUR
Professeur agrégé de Lettres classiques
Lycée Jules Ferry, PARIS

HACHETTE
Éducation

Les auteurs tiennent à remercier chaleureusement Nicole Guichaoua, éditrice de ce manuel, qui a accompagné la collection « Soleils d'encre » depuis sa conception jusqu'à sa réalisation.
Ils remercient Anne Guibard pour son précieux travail de relecture.

**Maquette intérieure :** Nicolas Balbo
**Mise en pages :** Nicolas Balbo
**Iconographie :** Nathalie Chapuis et Josselyne Chamarat
**Couverture :** Graphir


ISBN 978-2-01-1353672
www.hachette-education.com

# SOMMAIRE

## PARTIE I LE ROMAN ET SES PERSONNAGES : VISIONS DE L'HOMME ET DU MONDE

### CHAPITRE 1 Fortune du roman

OBJECTIFS
- Comprendre ce que représentent les personnages de roman
- S'interroger sur les séductions du genre romanesque

# CHAPITRE 2 Singularité du roman

OBJECTIFS

- Découvrir l'univers des romans du XVII^e^ et du XVIII^e^ siècles
- Étudier la diversité des personnages et des situations romanesques
- Comprendre la singularité du roman avant la Révolution



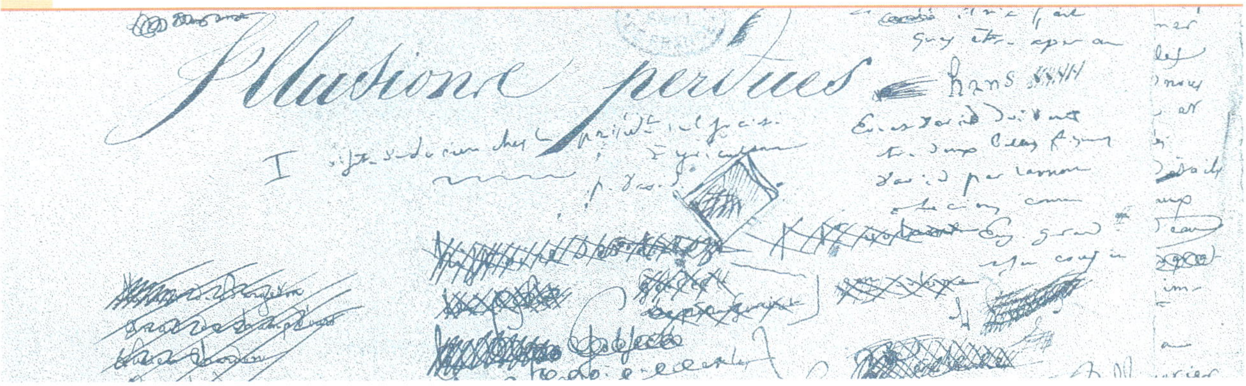


Détail de la première page du manuscrit d'*Illusions perdues*, 1839. Chantilly, Bibliothèque Spoelberch de Louvenjoul. Paris, Maison de Balzac.

## CHAPITRE 3 Expérience du roman

OBJECTIFS

- S'interroger sur la construction du personnage de roman
- Comprendre les renouvellements et les permanences du genre romanesque aux XIXe et XXe siècles

# PARTIE 2 LE THÉÂTRE : TEXTE ET REPRÉSENTATION

## CHAPITRE 4 Personnages, acteurs et rôles

OBJECTIFS

- Aborder la notion de personnage et son évolution
- S'interroger sur le travail de l'acteur
- Mesurer la diversité des interprétations d'un texte de théâtre

# CHAPITRE 5 Du texte à la scène

OBJECTIFS

- Découvrir les contraintes de la représentation
- Comprendre le rôle du metteur en scène et du scénographe
- Connaître quelques figures majeures de la mise en scène

# PARTIE 3 LA POÉSIE

## CHAPITRE 6 Poésie versifiée

OBJECTIFS

- **Étudier les contraintes formelles de la poésie versifiée**
- **Découvrir des textes poétiques majeurs**
- **Aborder les liens entre la poésie et la chanson**

# CHAPITRE 7 Recueils poétiques

OBJECTIFS
- Approfondir la notion de recueil
- Découvrir la vision d'un auteur

# CHAPITRE 8 Poésie en liberté

**OBJECTIFS**
- **Lire des poèmes en vers libres, en versets, en prose**
- **S'interroger sur le rôle de la poésie**

# PARTIE 4 L'AUTOBIOGRAPHIE

## CHAPITRE 9 Récits autobiographiques

OBJECTIFS
- Découvrir les caractéristiques de l'autobiographie
- Analyser ses formes et ses enjeux

# PARTIE 5 L'ARGUMENTATION

## CHAPITRE 10 Convaincre, persuader et délibérer

OBJECTIFS
- **Analyser les procédés propres à emporter l'adhésion**
- **Étudier l'éloquence dans des textes de genres différents**

# PARTIE 6 LA LITTÉRATURE DANS SON TEMPS

## CHAPITRE 11 Le XVI^e siècle

**OBJECTIFS**

- **Découvrir les idéaux de la Renaissance**
- **Comprendre l'instauration du français comme langue de culture**
- **Connaître quelques figures majeures de l'humanisme**

# CHAPITRE 12 Le XVIIe siècle

**OBJECTIFS**
- **Connaître les caractéristiques du XVIIe siècle**
- **Découvrir le baroque et le classicisme**

# CHAPITRE 13 Le XVIIIe siècle

OBJECTIFS
- Découvrir l'esprit des Lumières
- Aborder la diversité des textes du XVIIIe siècle

# PARTIE 7 HÉRITAGES

## CHAPITRE 14 Réécritures

**OBJECTIFS**
- **Aborder la diversité des réécritures**
- **Comprendre la notion d'héritage culturel**



# ANNEXES

PARTIE I

# LE ROMAN ET SES PERSONNAGES : VISIONS DE L'HOMME ET DU MONDE

Pablo PICASSO (1881-1973), *Don Quichotte,* 1955, gouache sur papier. © Succession Picasso 2007. © Private Collection/ Peter Willi/The Bridgeman Art Library.

CHAPITRE

1

# Fortune du roman

**OBJECTIFS**

- Comprendre ce que représentent les personnages de roman
- S'interroger sur les séductions du genre romanesque

Affiche du film *Madame Bovary*, de Vincente MINELLI, 1949. © collection Christophe L.

# Personnages de romans

Malgré la remise en cause dont il a fait l'objet au XXe siècle, le personnage reste une donnée essentielle de la fiction romanesque. Nous pouvons oublier un épisode des *Misérables,* nous gardons toujours en mémoire les figures de Jean Valjean, de Cosette ou de Gavroche. Il importe donc de définir le personnage de roman en le distinguant de la personne, puis d'observer les procédés par lesquels il est caractérisé, avant de nous intéresser à la manière dont le lecteur se reconnaît ou se projette en lui.

## Personne et personnage

Une personne désigne un individu qui existe réellement, tandis qu'**un personnage est la représentation fictive d'un être humain**. Le personnage appartient au monde imaginaire créé par le romancier. C'est un être de papier qui donne l'illusion au lecteur de faire partie du monde réel. Les risques de confusion sont grands, tant les pouvoirs d'illusionnistes des romanciers sont efficaces, et un lecteur naïf peut être tenté de considérer le personnage comme une personne, le jugeant par exemple selon des critères moraux et psychologiques en oubliant que le personnage est construit selon des codes précis.

➤ **Lisez la définition du personnage de théâtre, p. 172, et comparez-la avec celle du personnage de roman.**

## Caractérisation du personnage

### • Une double caractérisation

Le texte romanesque caractérise le personnage :

– **Par une identité** : un personnage est généralement désigné par un nom, un prénom ou un surnom, éventuellement un titre.

L'extrait du *Père Goriot*, p. 34, nous fait entendre le discours de Madame de Bauséant à son cousin Eugène de Rastignac. La particule nobiliaire, le titre de vicomtesse qui est donné quelques pages auparavant situent cette femme dans l'aristocratie parisienne, soulignant la grandeur et le prestige dont elle jouit dans la société comme aux yeux de son jeune parent.

L'étude des noms est riche d'enseignements, car les dénotations et les connotations qui leur sont attachées nous renseignent sur les origines sociales et géographiques des personnages, ainsi que sur leur caractère (→ vocabulaire, p. 48).

– **Par une personnalité :** elle est faite à la fois de données physiques, psychologiques et morales. Le personnage de Frédéric Moreau, au début de *L'Éducation sentimentale*, nous apparaît comme un jeune bachelier de dix-huit ans, animé de désirs de réussite vagues, annonçant un caractère velléitaire que viendra confirmer la suite du roman.

Le signalement du personnage peut se faire **de façon directe**, quand le narrateur ou un autre personnage donne des informations sur lui, ou **de façon indirecte** et implicite lorsque le lecteur déduit de certains signes des éléments de caractérisation.

➤ **À partir d'un des textes du chapitre, illustrez la caractérisation directe et la caractérisation indirecte d'un personnage de roman.**

### • Vers une typologie

À chaque **type de personnage** peut correspondre un **type de roman**, ce qui permet au lecteur, à partir du personnage, de définir des catégories à l'intérieur du vaste ensemble qu'est le genre romanesque. Ainsi, le personnage de l'aventurier correspond au roman d'aventures, celui du détective au roman policier, celui du jeune homme au roman d'apprentissage.

➤ **Cherchez dans vos lectures des exemples de ce lien entre type de personnage et catégorie de roman. (Par ex. Hercule Poirot et les romans d'Agatha Christie.)**

➤ **Lisez de manière cursive les extraits de romans proposés dans le groupement 2, pp. 34 à 45, et montrez qu'ils peuvent apparaître comme des romans d'apprentissage, en fonction des personnages proposés.**

## Exemplarité du personnage

### • Des personnages-modèles

Les personnages de romans peuvent tout d'abord apparaître aux lecteurs comme **des modèles**. À l'origine, d'ailleurs, le roman procède de l'épopée, qui met en scène des héros supérieurs, par leurs qualités physiques et morales : pensons à Ulysse dans l'*Odyssée* d'Homère, l'homme aux mille ruses, ou au preux Roland de la chanson de geste médiévale.

C'est ainsi que les géants des récits de Rabelais, Gargantua et Pantagruel, affamés de savoir, donnent l'image idéale de l'appétit de culture humaniste ; les lecteurs sont invités à les imiter, à défaut de les égaler.

➤ **Lisez le texte 1, p. 26. Décrivez le phénomène d'identification du lecteur au personnage de roman.**

➤ **Lisez l'extrait de *Don Quichotte* p. 32 et observez l'illustration de Gustave Doré, p. 33 : à quels modèles Don Quichotte-lecteur s'identifie-t-il ? Quels effets produit cette identification ?**

Les mots témoignent de l'imitation des modèles qui peut concerner à la fois :

– **Un aspect mineur du personnage** : ainsi, au XVIIe siècle, avec le succès de *L'Astrée* (voir chap. 2) s'est développée la mode des vêtements et accessoires de bergers – les héros étant représentés comme tels. Parmi les personnages de ce long roman d'Honoré d'Urfé, se détache Céladon, un amoureux fidèle, qui accepte les plus dures épreuves pour être uni à celle qu'il aime, Astrée. Le costume de Céladon est orné de rubans d'un vert bleuté. Grâce à la fortune du roman, le mot de « céladon », par **métonymie**, désigne ensuite une nuance particulière de vert tendre. On parle notamment de porcelaine vert céladon.

– **Un caractère plus profond** : le nom Céladon, par **antonomase** (voir p. 48), s'emploie pour évoquer un amoureux fidèle et sentimental. Plus connu, le nom de Don Quichotte est devenu un substantif désignant un redresseur de torts, un être idéaliste et généreux.

➤ **Trouvez d'autres exemples de noms de personnages employés par antonomase.**

➤ **Lisez l'extrait des *Précieuses ridicules*, p. 22, et observez la façon dont les jeunes femmes transforment leur vie en roman. Vous relèverez toutes les expressions où est employé le mot « roman » et les commenterez.**

### • Des personnages-miroirs

Les personnages peuvent également être pour les lecteurs **des miroirs** de ce qu'ils sont et renvoyer une image proche du réel. C'est notamment le cas pour les romans réalistes qui visent à donner l'illusion de la réalité. Des témoignages de lecteurs, comme les lettres qu'ils écrivent aux romanciers, prouvent que ces personnages leur semblent psychologiquement et socialement crédibles : ils ont l'impression de les reconnaître ou de se reconnaître en eux.

➤ **Dans les textes complémentaires, lisez la lettre de Mademoiselle Leroyer de Chantepie à Flaubert, p. 25, et notez les expressions qui montrent que selon elle Madame Bovary représente une femme qui pourrait exister.**

# Textes complémentaires

## MOLIÈRE, *Les Précieuses ridicules*

Molière dans le rôle de Mascarille, École française, XVIIe siècle. © Bnf, Paris/Lauros-Giraudon/ Bridgeman.

*Madelon et Cathos, fille et nièce du bon bourgeois Gorgibus, récemment arrivées à Paris, ont éconduit sans ménagement les deux jeunes gens qu'on leur destinait. Elles veulent faire de leur vie un roman, sur le modèle des romans galants de leur époque* (voir chap. 2).

MADELON. La belle galanterie[1] que la leur ! quoi, débuter d'abord par le mariage ?

GORGIBUS. Et par où veux-tu donc qu'ils débutent, par le concubinage ? n'est-ce pas un procédé dont vous avez sujet de vous louer toutes deux, aussi bien que moi ? est-il rien de plus obligeant que cela ? et ce lien sacré où ils aspirent n'est-il pas un témoignage de l'honnêteté de leurs intentions ?

MADELON. Ah mon père, ce que vous dites là est du dernier bourgeois[2]. Cela me fait honte de vous ouïr parler de la sorte et vous devriez un peu vous faire apprendre le bel air des choses.

GORGIBUS. Je n'ai que faire, ni d'air, ni de chanson. Je te dis que le mariage est une chose sainte et sacrée, et que c'est faire en honnêtes gens que de débuter par là.

MADELON. Mon Dieu, que si tout le monde vous ressemblait, un roman serait bientôt fini : la belle chose que ce serait, si d'abord Cyrus épousait Mandane, et qu'Aronce de plain-pied fût mariée à Clélie[3].

GORGIBUS. Que me vient conter celle-ci ?

MADELON. Mon père, voilà ma cousine, qui vous dira, aussi bien que moi, que le mariage ne doit jamais arriver qu'après les autres aventures. Il faut qu'un amant, pour être agréable, sache débiter[4] les beaux sentiments ; pousser[5] le doux, le tendre, et le passionné, et que la recherche[6] soit dans les formes. Premièrement, il doit voir au temple[7], ou à la promenade, ou dans quelque cérémonie publique la personne dont il devient amoureux ; ou bien être conduit fatalement chez elle, par un parent, ou un ami, et sortir de là tout rêveur et mélancolique. Il cache, un temps, sa passion à l'objet aimé, et cependant lui rend plusieurs visites, où l'on ne manque jamais de mettre sur le tapis une question galante[8], qui exerce les esprits de l'assemblée. Le jour de la déclaration arrive, qui doit se faire ordinairement dans une allée de quelque jardin, tandis que la compagnie s'est un peu éloignée ; et cette déclaration est suivie d'un prompt courroux, qui paraît à notre rougeur, et qui pour un temps bannit l'amant de notre présence. Ensuite il trouve moyen de nous apaiser ; de nous accoutumer insensiblement au discours de sa passion, et de tirer de nous cet aveu qui fait tant de peine. Après cela viennent les aventures ; les rivaux qui se jettent à la traverse[9] d'une inclination établie, les persécutions des pères, les jalousies conçues sur de fausses apparences, les plaintes, les désespoirs, les enlèvements, et ce qui s'ensuit. Voilà comme les choses se traitent dans les belles manières et ce sont des règles, dont en bonne galanterie on ne saurait se dispenser ; mais en venir de but en blanc à l'union conju-

1. **galanterie :** façon de faire la cour.
2. **du dernier bourgeois :** le comble de l'esprit bourgeois, alors que les précieuses aspirent à un mode d'existence plus proche de celui des nobles.
3. **Cyrus, Mandane, Aronce, Clélie :** personnages de romans de Mademoiselle de Scudéry, Cyrus et Mandane étant le couple de protagonistes d'*Artamène ou le grand Cyrus*, publié entre 1649 et 1653 et comprenant dix volumes et treize mille pages, et Clélie et Aronce, les personnages principaux de *Clélie*, ouvrage publié entre 1654 et1660, composé de dix volumes et sept mille pages. Voir chap. 2, p. 66.
4. **débiter :** dire, sans nuance péjorative.
5. **pousser :** s'adonner à l'expression de…
6. **recherche :** poursuite amoureuse.
7. **temple :** équivalent de l'église, dans le cadre antique des romans cités plus haut.
8. **question galante :** dans les cercles précieux on s'adonnait à la discussion et on traitait souvent de sujets de morale amoureuse, en les envisageant de façon antithétique, sous forme de débat.
9. **se jeter à la traverse :** empêcher la réalisation d'un dessein.

gale ! ne faire l'amour[10] qu'en faisant le contrat de mariage, et prendre justement[11] le roman par la queue !

GORGIBUS. Quel diable de jargon entends-je ici ? voici bien du haut style.

CATHOS . En effet, mon oncle, ma cousine donne dans[12] le vrai de la chose. Le moyen de bien recevoir des gens qui sont tout à fait incongrus[13] en galanterie ? je m'en vais gager qu'ils n'ont jamais vu la Carte de Tendre[14], et que Billets-Doux, Petits-Soins, Billets-Galants, et Jolis-Vers, sont des terres inconnues pour eux. Ne voyez-vous pas que toute leur personne marque cela, et qu'ils n'ont point cet air qui donne d'abord une bonne opinion des gens ? Venir en visite amoureuse avec une jambe tout unie[15], un chapeau désarmé de plumes, une tête irrégulière en cheveux et un habit qui souffre une indigence de rubans ! mon Dieu quels amants sont-ce là ? quelle frugalité d'ajustement, et quelle sécheresse de conversation ! on n'y dure point[16], on n'y tient pas. J'ai remarqué encore que leurs rabats[17] ne sont pas de la bonne faiseuse, et qu'il s'en faut plus d'un grand demi-pied que leurs hauts-de-chausses[18] ne soient assez larges.

GORGIBUS. Je pense qu'elles sont folles toutes deux, et je ne puis rien comprendre à ce baragoin. Cathos et vous, Madelon…

MADELON. Eh de grâce, mon père, défaites-vous de ces noms étranges[19], et nous appelez autrement.

GORGIBUS. Comment, ces noms étranges ? ne sont-ce pas vos noms de baptême ?

MADELON. Mon Dieu, que vous êtes vulgaire[20] ! pour moi, un de mes étonnements, c'est que vous ayez pu faire une fille si spirituelle que moi. A-t-on jamais parlé dans le beau style de Cathos ni de Madelon ? et ne m'avouerez-vous pas que ce serait assez d'un de ces noms pour décrier le plus beau roman du monde ?

CATHOS. Il est vrai, mon oncle, qu'une oreille un peu délicate pâtit furieusement à entendre prononcer ces mots-là, et le nom de Polyxène[21], que ma cousine a choisi, et celui d'Aminte[22], que je me suis donné, ont une grâce dont il faut que vous demeuriez d'accord.

GORGIBUS. Écoutez ; il n'y a qu'un mot qui serve[23]. Je n'entends point que vous ayez d'autres noms que ceux qui vous ont été donnés par vos parrains et marraines, et pour ces messieurs, dont il est question, je connais leurs familles et leurs biens, et je veux résolument que vous vous disposiez à les recevoir pour maris. Je me lasse de vous avoir sur les bras, et la garde de deux filles est une charge un peu trop pesante, pour un homme de mon âge.

CATHOS. Pour moi, mon oncle, tout ce que je vous puis dire, c'est que je trouve le mariage une chose tout à fait choquante. Comment est-ce qu'on peut souffrir la pensée de coucher contre un homme vraiment nu ?

MADELON. Souffrez que nous prenions un peu haleine parmi le beau monde de Paris, où nous ne faisons que d'arriver. Laissez-nous faire à loisir le tissu de notre roman, et n'en pressez point tant la conclusion.

GORGIBUS. Il n'en faut point douter, elles sont achevées[24]. Encore un coup, je n'entends rien à toutes ces balivernes ; je veux être maître absolu, et pour trancher toutes sortes de discours, ou vous serez mariées toutes deux, avant qu'il soit peu, ou, ma foi, vous serez religieuses, j'en fais un bon serment.

MOLIÈRE, *Les Précieuses ridicules*, 1659, scène 4.

10. **faire l'amour :** faire la cour.

11. **justement :** à proprement parler.

12. **donner dans :** atteindre.

13. **incongrus :** qui manquent de savoir-vivre.

14. **Carte de Tendre :** carte imaginée par Mademoiselle de Scudéry dans son roman *Clélie* et qui définit une sorte de géographie amoureuse, traçant les étapes obligées de la relation amoureuse : Billets-Doux, Jolis-Vers, etc.

15. **jambe tout unie :** sans « canons », qui étaient des ornements de dentelle.

16. **on n'y dure point :** on ne le supporte pas.

17. **rabat :** col qui se rabat sur le pourpoint, comme une sorte de cravate.

18. **hauts-de-chausses :** équivalent des pantalons actuels, mais s'arrêtant aux genoux.

19. **étranges :** bizarres.

20. **vulgaire :** commun, sans la nuance de grossièreté que le mot a prise ensuite.

21. **Polyxène :** nom de personnage féminin fréquent dans la littérature romanesque du XVIIe siècle. C'est le titre d'un roman publié en 1627 par Molière d'Essertine.

22. **Aminte :** nom que l'on rencontre également dans plusieurs romans précieux, mais qui renvoie aussi au personnage d'Aminta, héroïne d'une pièce de théâtre de Torquato Tasso (Le Tasse) en 1573 et fréquemment traduite en français au XVIIe siècle. C'était une référence dans le discours amoureux.

23. **Il n'y a qu'un mot qui serve :** proverbe qui veut dire qu'il faut parler nettement et conclure.

24. **achevées :** complètement folles.

## *Lettre d'un lecteur à Honoré de Balzac*

[Paris, 24 février 1833]

Monsieur,

[...]

Je vous dois vraiment de la reconnaissance, Monsieur, vos livres m'ont fait oublier plus d'un chagrin, m'ont rappelé plus d'une fois en l'âme le courage et l'espoir. Quoique j'ai ouï dire, et lorsque l'on vous lit cela paraît assez croyable, que le but de vos ouvrages était de prouver que l'homme était né pour le malheur, j'ai pensé, moi, que vous aviez voulu démontrer la possibilité de quelques instants de bonheur pour celui qui marche appuyé sur la philosophie.

La lecture de vos pages a dû faire plus d'effet sur moi que sur un autre : je travaille en qualité d'expéditionnaire chez un notaire; depuis 8 heures du matin jusqu'à 11 heures du soir, j'expédie sans réflexion et sans autre interruption que celle nécessitée par mon dîner. La semaine finie, je me dis : « assez de travail mécanique comme cela, occupons-nous du moral maintenant; que le dimanche soit pour nous un jour de repos et de plaisir. » Je me dirige alors, leste comme un expéditionnaire vers la Place de l'Odéon, et, en deux sauts, me voilà gai, content, installé dans le cabinet de lecture du coin. Le front penché, la pensée tendue, je lis, je dévore plus de pages en une soirée que je n'expédie de rôles en une semaine, ce qui n'est pas peu dire. Après avoir beaucoup écrit sans penser, je lis beaucoup en pensant, voilà mon existence résumée en une ligne. Quelque court que soit le temps que je puis donner à la revue, j'ai lu cependant presque tous vos articles de la *Revue de Paris* : la *Peau de chagrin* et les *Scènes de la vie Privée*. Depuis, les dimanches, je demande la *Physiologie du mariage*, on ne peut me la procurer. Si je ne l'ai pas dimanche, je change de cabinet.

J'aime votre manière de narrer; vous présentez les faits d'une façon imprévue et saisissante, on ne laisse le livre que lorsque la lecture en est achevée, et encore, est-ce pour y penser longtemps après. L'histoire de *L'Auberge rouge* m'a intéressé au dernier point : le dénouement en est triste pourtant, et à vous parler franchement, j'aime assez trouver à la fin d'un livre l'heureux mariage et m'endormir ensuite dans l'idée qu'une demie[1] douzaine d'enfants en naîtront. Je pense avoir raison en cela, car, règle générale, doit-on lire pour se faire du mauvais sang?... Non, dans le cours de sa vie on en accapare assez sans cela. J'ai le même reproche à vous faire au sujet de la *Peau de chagrin*. Vous faites périr votre Raphaël dans un mauvais moment, il était si heureux! Autant valait le laisser faire par le flanc gauche dans la Seine, alors qu'il n'avait pas la chance il n'aurait pas un regret au reste. Vous ne l'avez pas fait non plus bien courageux, bien philosophe, votre Raphaël, sans me flatter j'ai, plus que lui, été philosophe et courageux pendant 4 ans d'épreuves de toutes sortes. [...]

Pardon d'avoir été si long et si ennuyeux, nonobstant[2] ces deux défauts, je n'en suis pas moins

Votre admirateur sincère et votre serviteur dévoué,

Maillet

Expéditionnaire et étudiant en droit

Rue du Paon n°5, hôtel de Condé, près l'École de Médecine.

(11 h. du soir)

**1.** L'édition reprend l'orthographe de l'auteur de la lettre.

**2. nonobstant** : malgré.

## *Lettre d'une lectrice à Gustave Flaubert*

Angers, ce 18 décembre 1856.

*À Monsieur Gustave Flaubert*

Monsieur,

Abonnée et lectrice assidue de la *Revue de Paris*, j'y lis depuis sa première publication votre drame si saisissant de vérité, intitulé *Madame Bovary*. J'ai vu d'abord que vous aviez écrit un chef-d'œuvre de naturel et de vérité. Oui, ce sont bien là les mœurs de cette province où je suis née, où j'ai passé ma vie. C'est vous dire assez, monsieur, combien j'ai compris les tristesses, les ennuis, les misères de cette pauvre dame Bovary. Dès l'abord je l'ai reconnue, aimée, comme une amie que j'aurais connue. Je me suis identifiée à son existence au point qu'il me semblait que c'était elle et que c'était moi ! Non, cette histoire n'est point une fiction, c'est une vérité, cette femme a existé, vous avez dû assister à sa vie, à sa mort, à ses souffrances. Pour moi, monsieur, vous m'avez fait voir, je dirais presque souffrir tout cela. Il y a trente ans que je lis, toutes les productions écrites dans cet espace de temps par les meilleurs auteurs me sont connues. Eh ! bien, je ne crains pas d'affirmer qu'aucun livre ne m'a laissé une impression aussi profonde que celle que je viens d'éprouver à la lecture de *Madame Bovary*. J'ai moi-même écrit plusieurs romans, je vous en enverrai un exemplaire si vous voulez, je lis beaucoup ; et j'ai trop souffert en ma vie pour ne pas pleurer difficilement, et seulement dans les cas extrêmes. Eh ! bien, depuis hier je n'ai cessé de pleurer sur cette pauvre dame Bovary, de la nuit je n'ai fermé l'œil, je la voyais toujours, et je ne puis me consoler, ni me remettre de la commotion violente que m'a causée votre drame. Ceci est peut-être le plus bel éloge que je puisse vous faire, nul auteur ne m'a fait tant de mal, et je regrette d'avoir achevé cette lecture, je crois que j'en deviendrai folle. Ah ! monsieur, où donc avez-vous pris cette parfaite connaissance de la nature humaine, c'est le scalpel appliqué au cœur, à l'âme, c'est, hélas ! le monde dans toute sa hideur. Les caractères sont vrais, trop vrais, car aucun d'eux ne relève l'âme, rien ne console dans ce drame qui ne laisse qu'un immense désespoir mais aussi un sévère avertissement. Voici la morale qui ressort de ceci : les femmes doivent restées attachées à leurs devoirs quoi qu'il leur en coûte. Mais il est si naturel de chercher à être heureux ! Dieu lui-même veut le bonheur de ses créatures, les hommes seuls s'y opposent. Enfin souffrances pour souffrances il vaut mieux mille fois souffrir en accomplissant son devoir.

J'avais besoin, monsieur, de vous exprimer ce que j'ai ressenti en vous lisant; recevez donc le faible tribut de mon admiration, et croyez à la profonde sympathie avec laquelle je suis, monsieur, votre dévouée

Marie-S. LEROYER DE CHANTEPIE

(auteur de *Cécile*, des *Duranti*, d'*Angélique Lagier*).

Adresse : Mademoiselle Leroyer de Chantepie, Tertre – Saint-Laurent, 20, Angers.

Flaubert disséquant Emma Bovary. Caricature de Lemot, 1869. Collection Kharbine-Tapabor.

LIEN

✦ **Lecture d'une œuvre intégrale,** pp. 46

GROUPEMENT I

# Personnages de jeunes lecteurs

## I. L'ÉVASION PAR LE ROMAN

## Jules VALLÈS (1832-1885)

### *L'Enfant*

voir biographie p. 632

J'ai été puni un jour : c'est, je[1] crois, pour avoir roulé sous la poussée d'un grand, entre les jambes d'un petit pion qui passait par là, et qui est tombé derrière par-dessus tête ! Il s'est fait une bosse affreuse, et il a cassé une fiole qui était dans sa poche de côté ; c'est une topette[2] de cognac dont il boit – en cachette, à petits coups, en tournant les yeux. On l'a vu : il semblait faire une prière, et il se frottait délicieusement l'estomac. – Je suis cause de la topette cassée, de la bosse qui gonfle… Le pion s'est fâché.

Il m'a mis aux arrêts[3] : — il m'a enfermé lui-même dans une étude vide, a tourné la clef, et me voilà seul entre les murailles sales, devant une carte de géographie qui a la jaunisse, et un grand tableau noir où il y a des ronds blancs et la binette[4] du censeur.

Je vais d'un pupitre à l'autre : ils sont vides – on doit nettoyer la place, et les élèves ont déménagé.

Rien, une règle, des plumes rouillées, un bout de ficelle, un petit jeu de dames, le cadavre d'un lézard, une agate[5] perdue.

Dans une fente, un livre : j'en vois le dos, je m'écorche les ongles à essayer de le retirer. Enfin, avec l'aide de la règle, en cassant un pupitre, j'y arrive : je tiens le volume et je regarde le titre :

ROBINSON CRUSOÉ[6]

Il est nuit.

Je m'en aperçois d'un coup. Combien y a-t-il de temps que je suis dans ce livre ? – quelle heure est-il ?

Je ne sais pas, mais voyons si je puis lire encore ! Je frotte mes yeux, je *tends* mon regard, les lettres s'effacent, les lignes se mêlent, je saisis encore le coin d'un mot, puis plus rien.

J'ai le cou brisé, la nuque qui me fait mal, la poitrine creuse : je suis resté penché sur les chapitres sans lever la tête, sans entendre rien, dévoré par la curiosité, collé aux flancs de Robinson, pris d'une émotion immense, remué jusqu'au fond de la cervelle et jusqu'au fond du cœur ; et en ce moment où la lune montre là-bas un bout de corne, je fais passer dans le ciel tous les oiseaux de l'île, et je vois se profiler la tête longue d'un peuplier comme le mât du navire de Crusoé ! Je peuple l'espace vide de mes pensées, tout comme il peuplait l'horizon de ses craintes : debout contre cette fenêtre, je rêve à l'éternelle solitude et je me demande où je ferai pousser du pain…

La faim me vient : j'ai très faim.

Vais-je être réduit à manger ces rats que j'entends dans la cale de l'étude ? Comment faire du feu ? J'ai soif aussi. Pas de bananes ! Ah ! lui, il avait des limons[7] frais ! Justement j'adore la limonade !

1. Le narrateur de ce roman autobiographique – premier volet d'une trilogie qui comprend aussi *Le Bachelier* (1881) et *L'Insurgé* (1886) – raconte son enfance assombrie par une éducation sévère.
2. **topette :** fiole longue et étroite.
3. **arrêts :** dans la langue militaire, sanction disciplinaire qui consiste à consigner celui qui est puni en un lieu dont il ne peut sortir.
4. **binette :** dans la langue familière, figure, visage (à rapprocher de « trombine »)
5. **agate :** bille de verre coloré.
6. **Robinson Crusoé :** roman de Daniel Defoe, publié en 1719, sous le titre exact de : *La Vie et les étranges aventures de Robinson Crusoé de York, marin.*
7. **limons :** citrons très acides.

Illustration pour *Robinson Crusoë*, vers 1880. Collection Jonas/Kharbine-Tapabor.

Clic, clac ! on farfouille dans la serrure.

Est-ce Vendredi ? Sont-ce des sauvages ?

C'est le petit pion qui s'est souvenu, en se levant, qu'il m'avait *oublié*, et qui vient voir si j'ai été dévoré par les rats, ou si c'est moi qui les ai mangés.

Il a l'air un peu embarrassé, le pauvre homme ! – il me retrouve gelé, moulu, les cheveux secs, la main fiévreuse : il s'excuse de son mieux et m'entraîne dans sa chambre, où il me dit d'allumer un bon feu et de me réchauffer.

Il a du thon mariné dans une timbale « et peut-être bien une goutte de je ne sais quoi, par là, dans un coin, qu'un ami a laissée il y a deux mois. »

C'est une topette d'eau-de-vie, son péché mignon, sa marotte[8] humide, son dada jaune.

Il est forcé de repartir, de rejoindre sa division. Il me laisse seul, seul avec du thon, – poisson d'Océan – la goutte[9], – salut du matelot – et du feu, – phare des naufragés.

Je me rejette dans le livre que j'avais caché entre ma chemise et ma peau, et je le dévore – avec un peu de thon, des larmes de cognac – devant la flamme de la cheminée.

Il me semble que je suis dans une cabine ou une cabane, et qu'il y a dix ans que j'ai quitté le collège ; j'ai peut-être les cheveux gris, en tout cas le teint hâlé. – Que sont devenus mes vieux parents ? Ils sont morts sans avoir eu la joie d'embrasser leur enfant perdu ? (C'était l'occasion pourtant, puisqu'ils ne m'embrassaient jamais auparavant.) Ô ma mère ! ma mère !

Je dis : « ô ma mère ! » sans y penser beaucoup, c'est pour faire comme dans les livres.

Jules VALLÈS, *L'Enfant*, 1879.

8. **marotte :** ce qui fait l'objet d'un goût excessif et maniaque, synonyme de « dada ».

9. **goutte :** petit verre d'eau-de-vie.

## ANALYSE

### *Le ravissement*

**1.** Par quels procédés l'auteur montre-t-il le fait que la lecture entraîne l'enfant dans un autre monde ? Vous commenterez en particulier l'ellipse des l. 19/20.

**2.** En quoi la lecture est-elle aussi pour l'enfant un état de pur bonheur ? En quoi développe-t-elle la sensibilité ?

### *Le brouillage des univers*

**3.** Relevez les termes qui évoquent l'univers du collège et ceux qui appartiennent au monde de la fiction romanesque.

**4.** Comment se réalise la surimpression des deux univers ? Que traduit-elle ?

### *L'appétit de lecture*

**5.** Établissez le champ lexical de la faim et de la soif dans l'ensemble de la page et montrez l'usage métaphorique qu'en fait l'auteur pour désigner l'appétit du narrateur-lecteur.

**6.** Recopiez les phrases qui décrivent la posture de l'enfant en train de lire : en quoi celle-ci mime-t-elle une sorte de voracité ?

## STYLISTIQUE

Étudiez la composition du texte en paragraphes. Quels effets produit-elle ?

## À VOIX HAUTE

Lisez la première partie du passage, l. 1 à 38 en ménageant les silences induits par les blancs et en soulignant les effets sonores qui rapprochent les mots : « peuplier, peuple, peuplait », « pain, faim »...

## LIENS

✦ **Histoire littéraire,** p. 20 ✦ **Vocabulaire,** p. 48,
✦ **Épreuve Bac,** p. 56

## 2. « UN ATTRAIT MYSTÉRIEUX »

# Marcel PROUST (1871-1922)

## *Du côté de chez Swann*

voir biographie p. 632

*Le narrateur évoque un soir particulier de son enfance où, ne parvenant pas à trouver le sommeil, éprouvant une tristesse sans cause, il finit par persuader sa mère de venir lui tenir compagnie ; elle propose de lui lire un livre qu'il avait reçu pour sa fête.*

Maman s'assit à côté de mon lit ; elle avait pris *François le Champi*[1] à qui sa couverture rougeâtre et son titre incompréhensible donnaient pour moi une personnalité distincte et un attrait mystérieux. Je n'avais jamais lu encore de vrais romans. J'avais entendu dire que George Sand était le type du romancier. Cela me disposait déjà à imaginer dans *François le Champi* quelque chose d'indéfinissable et de délicieux. Les procédés de narration destinés à exciter la curiosité ou l'attendrissement, certaines façons de dire qui éveillent l'inquiétude et la mélancolie, et qu'un lecteur un peu instruit reconnaît pour communs à beaucoup de romans, me paraissaient simplement – à moi qui considérais un livre nouveau non comme une chose ayant beaucoup de semblables mais comme une personne unique, n'ayant de raison d'exister qu'en soi – une émanation troublante de l'essence particulière à *François le Champi*. Sous ces événements si journaliers, ces choses si communes, ces mots si courants, je sentais comme une intonation, une accentuation étrange. L'action s'engagea ; elle me parut d'autant plus obscure que dans ce temps-là, quand je lisais, je rêvassais souvent pendant des pages entières à tout autre chose. Et aux lacunes que cette distraction laissait dans le récit, s'ajoutait, quand c'était maman qui me lisait à haute voix, qu'elle passait toutes les scènes d'amour. Aussi tous les changements bizarres qui se produisent dans l'attitude respective de la meunière et de l'enfant et qui ne trouvent leur explication que dans les progrès d'un amour naissant me paraissaient empreints d'un profond mystère dont je me figurais volontiers que la source devait être dans ce nom inconnu et si doux de « Champi »[2] qui mettait sur l'enfant qui le portait sans que je susse pourquoi, sa couleur vive, empourprée et charmante. Si ma mère était une lectrice infidèle, c'était aussi, pour les ouvrages où elle trouvait l'accent d'un sentiment vrai, une lectrice admirable par le respect et la simplicité de l'interprétation, par la beauté et la douceur du son. Même dans la vie, quand c'étaient des êtres et non des œuvres d'art qui excitaient ainsi son attendrissement ou son admiration, c'était touchant de voir avec quelle déférence elle écartait de sa voix, de son geste, de ses propos, tel éclat de gaîté qui eût pu faire mal à cette mère qui avait perdu autrefois un enfant, tel rappel de fête, d'anniversaire, qui aurait pu faire penser ce vieillard à son grand âge, tel propos de ménage qui aurait paru fastidieux à ce jeune savant. De même, quand elle lisait la prose de George Sand, qui respire toujours cette bonté, cette distinction morale que maman avait appris de ma grand-mère à tenir pour supérieures à tout dans la vie, et que je ne devais lui apprendre que

1. ***François le Champi*** : roman de George Sand, 1847-1848.

2. **Champi** : enfant conçu ou trouvé dans les champs, bâtard. Ce mot régional et peu employé a trouvé une nouvelle vitalité avec le succès du roman de George Sand.

Jeanne WEIL, Madame Adrien Proust.
© Photothèque Hachette.

bien plus tard à ne pas tenir également pour supérieures à tout dans les livres, attentive à bannir de sa voix toute petitesse, toute affectation[3] qui eût pu empêcher le flot puissant d'y être reçu, elle fournissait toute la tendresse naturelle, toute l'ample douceur qu'elles réclamaient à ces phrases qui semblaient écrites pour sa voix et qui pour ainsi dire tenaient tout entières dans le registre de sa sensibilité. Elle retrouvait pour les attaquer dans le ton qu'il faut, l'accent cordial qui leur préexiste et les dicta, mais que les mots n'indiquent pas ; grâce à lui elle amortissait au passage toute crudité dans les temps des verbes, donnait à l'imparfait et au passé défini[4] la douceur qu'il y a dans la bonté, la mélancolie qu'il y a dans la tendresse, dirigeait la phrase qui finissait vers celle qui allait commencer, tantôt pressant, tantôt ralentissant la marche des syllabes pour les faire entrer, quoique leurs quantités fussent différentes, dans un rythme uniforme, elle insufflait à cette prose si commune une sorte de vie sentimentale et continue.

Marcel PROUST, *Du côté de chez Swann*, © Édition Grasset, 1913.

3. **affectation :** caractère maniéré, contraire au naturel.
4. **passé défini :** passé simple.

## RECHERCHE

Renseignez-vous sur les romans champêtres de George Sand : *La Mare au diable*, *François le Champi*, *La Petite Fadette*, *Les Maîtres Sonneurs*. Vous noterez leur date de publication, leur sujet, leur lien avec les idées politiques et sociales de leur auteur.

## ANALYSE

### « Une lectrice infidèle »

**1.** Pourquoi la mère du narrateur passe-t-elle certains détails du roman ?

**2.** Quels effets produit sur l'enfant cette lecture tronquée ?

### « Une lectrice admirable »

**3.** Quelles sont aussi les qualités de cette lecture à haute voix ?

**4.** Montrez que la lectrice interprète le texte au sens musical du terme.

### L'émotion de la lecture

**5.** Quels sentiments la mère du narrateur parvient-elle à transmettre ?

**6.** Montrez à quoi tiennent pour l'enfant le mystère et le charme de la lecture.

## STYLISTIQUE

Étudiez les adjectifs qualificatifs épithètes dans cet extrait : vous en ferez un relevé précis, puis vous commenterez selon les cas leur place, leur sens, leur degré, leurs connotations.

## À VOIX HAUTE

Préparez la lecture du passage qui commence à « Si ma mère était une lectrice infidèle [...] », l. 25, jusqu'à la fin de l'extrait. Vous repérerez les signes de ponctuation interne et vous ferez entendre les effets de rythme et de sonorités qui soulignent la construction syntaxique des phrases et semblent restituer la diction particulière de la mère du narrateur.

## ÉCRITURE

### Écriture d'invention

Le narrateur dit avoir rêvé sur le titre de *François le Champi* avant même d'en connaître l'intrigue.
Choisissez un ou plusieurs exemples de romans qui ont suscité également en vous une attente semblable ; analysez cette curiosité et ce plaisir.

## LIENS

✦ **Histoire littéraire**, p. 20 ✦ **Vocabulaire**, p. 48 ✦ **Grammaire**, p. 50 ✦ **Chapitre 3**, p. 122 ✦ **Chapitre 14**, p. 580

## 3. « UN PUR ÉMERVEILLEMENT »

# Jean-Paul SARTRE (1905-1980)

## *Les Mots*

voir biographie p. 632

*Dans son autobiographie, Jean-Paul Sartre raconte comment il cherchait à éblouir son entourage, et surtout son grand-père, par des lectures très précoces, bien au-dessus de son âge. Cependant, sa mère et sa grand-mère s'inquiètent : l'enfant ne risque-t-il pas de se dessécher prématurément ?*

Ma mère se mit en quête d'ouvrages qui me rendissent à mon enfance : il y eut « les petits livres roses » d'abord, recueils mensuels de contes de fées puis, peu à peu, *Les Enfants du capitaine Grant*[1], *Le Dernier des Mohicans*[2], *Nicolas Nickleby*[3], *Les Cinq Sous de Lavarède*[4]. À Jules Verne, trop pondéré, je préférais les extravagances de Paul d'Ivoi[5]. Mais, quel que fût l'auteur, j'adorais les ouvrages de la collection Hetzel[6], petits théâtres dont la couverture rouge à glands d'or figurait le rideau : la poussière de soleil, sur les tranches, c'était la rampe. Je dois à ces boîtes magiques – et non aux phrases balancées de Chateaubriand – mes premières rencontres avec la Beauté. Quand je les ouvrais j'oubliais tout : était-ce lire ? Non, mais mourir d'extase : de mon abolition naissaient aussitôt des indigènes munis de sagaies, la brousse, un explorateur casqué de blanc. J'étais vision, j'inondais de lumière les belles joues d'Aouda, les favoris de Philéas Fogg[7]. Délivrée d'elle-même enfin, la petite merveille[8] se laissait devenir pur émerveillement. À cinquante centimètres du plancher naissait un bonheur sans maître ni collier, parfait. Le Nouveau Monde semblait d'abord plus inquiétant que l'Ancien : on y pillait, on y tuait ; le sang coulait à flots. Des Indiens, des Hindous, des Mohicans, des Hottentots[9] ravissaient la jeune fille, ligotaient son vieux père et se promettaient de le faire périr dans les plus atroces supplices. C'était le Mal pur. Mais il n'apparaissait que pour se prosterner devant le Bien : au chapitre suivant, tout serait rétabli. Des Blancs courageux feraient une hécatombe de sauvages, trancheraient les liens du père qui se jetterait dans les bras de sa fille. Seuls les méchants mouraient – et quelques bons très secondaires dont le décès figurait parmi les faux frais de l'histoire. Du reste la mort elle-même était aseptisée : on tombait les bras en croix, avec un petit trou rond sous le sein gauche ou, si le fusil n'était pas encore inventé, les coupables étaient « passés au fil de l'épée ». J'aimais cette jolie tournure : j'imaginais cet éclair droit et blanc, la lame ; elle s'enfonçait comme dans du beurre et ressortait par le dos du hors-la-loi, qui s'écroulait sans perdre une goutte de sang. Parfois le trépas était même risible : tel celui de ce sarrasin qui, dans *La Filleule de Roland*, je crois, jetait son cheval contre celui d'un croisé ; le paladin lui déchargeait sur la tête un bon coup de sabre qui le fendait de haut en bas ; une illustration de Gustave Doré représentait cette péripétie. Que c'était plaisant ! Les deux moitiés du corps, séparées, commençaient de choir en décrivant chacune un demi-cercle autour d'un étrier ; étonné, le cheval se cabrait. Pendant plusieurs années je ne pus voir la gravure sans rire aux larmes. Enfin je tenais ce qu'il me fallait :

1. ***Les Enfants du capitaine Grant* :** roman de Jules Verne, 1867-1868.
2. ***Le Dernier des Mohicans* :** roman de Fenimore Cooper, 1826.
3. ***Nicolas Nickleby* :** roman de Charles Dickens, 1838.
4. ***Les Cinq Sous de Lavarède* :** roman de Paul d'Ivoi, 1894.
5. **Paul d'Ivoi :** romancier (1856-1915), d'abord journaliste, auteur de romans-feuilletons et de romans d'aventures.
6. **Hetzel :** Pierre-Jules Hetzel, (1814-1891), célèbre éditeur du XIXe siècle, qui a notamment publié les *Voyages extraordinaires* de Jules Verne dans une collection rouge et or richement illustrée.
7. **Aouda, Philéas Fogg :** personnages du *Tour du monde en quatre-vingts jours* de Jules Verne, 1873.
8. **la petite merveille :** Sartre désigne ainsi ironiquement l'enfant qu'il était, et qui jouait la comédie du petit prodige auprès des adultes.
9. **Hottentots :** peuple nomade d'Afrique du sud.

l'Ennemi, haïssable, mais, somme toute, inoffensif puisque ses projets n'aboutissaient pas et même, en dépit de ses efforts et de son astuce diabolique, servaient la cause du Bien; je constatais, en effet, que le retour à l'ordre s'accompagnait toujours d'un progrès : les héros étaient récompensés, ils recevaient des honneurs, des marques d'admiration, de l'argent; grâce à leur intrépidité, un territoire était conquis, un objet d'art soustrait aux indigènes et transporté dans nos musées; la jeune fille s'éprenait de l'explorateur qui lui avait sauvé la vie, tout finissait par un mariage. De ces magazines et de ces livres j'ai tiré ma fantasmagorie la plus intime : l'optimisme.

Jean-Paul SARTRE, *Les Mots*, © Éditions Gallimard, 1964.

Illustration pour *Le Dernier des Mohicans* de F. Cooper.
© Photothèque Hachette-Livre.

## RECHERCHE

Vous rechercherez les lectures romanesques que pouvait faire un enfant de l'âge de Sartre dans les années 1910-1920.

## ANALYSE

### *Des « boîtes magiques »*

**1.** Relevez et expliquez les métaphores des l. 6/8 évoquant les livres de la collection Hetzel.

**2.** En quoi consiste ici la magie de la lecture ? Quels mots la soulignent ?

### *Un univers exaltant*

**3.** Résumez les caractéristiques des romans d'aventures rappelées dans cet extrait.

**4.** Comment l'écriture de Sartre fait-elle revivre l'enthousiasme du lecteur enfant qu'il était ?

### *Un univers rassurant*

**5.** Quelle est la représentation de la morale et celle de la mort dans ces ouvrages pour la jeunesse ?

**6.** Montrez que le narrateur adulte fait entendre une critique amusée concernant le caractère conventionnel, voire idéologiquement contestable, des romans qu'il adorait lorsqu'il était enfant.

## STYLISTIQUE

Étudiez l'emploi de l'imparfait et du conditionnel dans le passage qui commence l. 10, « Quand je les ouvrais j'oubliais tout » jusqu'à la fin de l'extrait.

## À VOIX HAUTE

Préparez la lecture de la l. 23 à la fin de l'extrait en vous efforçant de faire entendre à la fois le plaisir du lecteur enfant et l'amusement du narrateur adulte.

## ÉCRITURE

### *Écriture d'invention*

En quoi les lectures d'enfance peuvent-elles être fondatrices ? Vous rédigerez un fragment d'autobiographie fictive dans laquelle le personnage-narrateur racontera des souvenirs de lectures qui ont contribué à former sa personnalité et sa vision du monde.

## LIENS

✦ **Histoire littéraire,** p. 20 ✦ **Lecture de l'image,** p. 33
✦ **Vocabulaire,** p. 48 ✦ **Épreuve Bac,** p. 56

## 4. LIRE À LA FOLIE

# Miguel CERVANTÈS (1547-1616)

## *L'Ingénieux Hidalgo Don Quichotte de la Manche*

voir biographie p. 632

*Après avoir illustré* Gargantua *de Rabelais et les* Contes drolatiques *de Balzac, le célèbre graveur Gustave Doré (1832-1883) met en images le roman de Cervantès* Don Quichotte, *en 1863. La gravure ci-contre s'inspire du premier chapitre dont nous reproduisons un court extrait.*
*Le héros, Don Quichotte, est un hidalgo – un gentilhomme – frisant la cinquantaine, qui habite une bourgade de la Manche, au centre de l'Espagne, et qui s'est pris de passion pour la lecture des romans de chevalerie.*

Enfin, notre hidalgo s'acharna tellement à sa lecture que ses nuits se passaient en lisant du soir au matin, et ses jours, du matin au soir. Si bien qu'à force de dormir peu et de lire beaucoup, il se dessécha le cerveau, de manière qu'il en vint à perdre l'esprit. Son imagination se remplit de tout ce qu'il avait lu dans les livres, enchantements, querelles, défis, batailles, blessures, galanteries, amours, tempêtes et extravagances impossibles ; et il se fourra si bien dans la tête que tout ce magasin d'inventions rêvées était la vérité pure qu'il n'y eut pour lui nulle autre histoire plus certaine dans le monde. Il disait que le Cid Ruy Diaz[1] avait sans doute été bon chevalier, mais qu'il n'approchait point du chevalier de l'Ardente-Épée, lequel, d'un seul revers, avait coupé par la moitié deux farouches et démesurés géants. Il faisait plus de cas de Bernard del Carpio[2], parce que, dans la gorge de Roncevaux, il avait mis à mort Roland l'enchanté, s'aidant de l'adresse d'Hercule quand il étouffa Antée, le fils de la Terre, entre ses bras. Il disait grand bien du géant Morgant[3], qui, bien qu'issu de cette race géante, où tous sont arrogants et discourtois, était lui seul affable et bien élevé. Mais celui qu'il préférait à tous les autres, c'était Renaud de Montauban[4], surtout quand il le voyait sortir de son château, et détrousser autant de gens qu'il en rencontrait, ou voler, par-delà le détroit, cette idole de Mahomet, qui était toute d'or, à ce que dit son histoire. Quant au traître Ganelon[5], pour lui administrer une volée de coups de pieds dans les côtes, il aurait volontiers donné sa gouvernante, et même sa nièce par-dessus le marché.

Finalement, ayant perdu l'esprit sans ressource, il vint à donner dans la plus étrange pensée dont jamais fou se fût avisé dans le monde. Il lui parut convenable et nécessaire, aussi bien pour l'éclat de sa gloire que pour le service de son pays, de se faire chevalier errant, de s'en aller par le monde, avec son cheval et ses armes, chercher les aventures, et de pratiquer tout ce qu'il avait lu que pratiquaient les chevaliers errants, redressant toutes sortes de torts, et s'exposant à tant de rencontres, à tant de périls, qu'il acquît, en les surmontant, une éternelle renommée.

Miguel CERVANTÈS, *L'Ingénieux hidalgo Don Quichotte de la Manche*, chapitre premier, 1605, traduit par Louis Viardot, éditions Garnier Frères, 1961.

1. **le Cid Ruy Diaz :** héros du *Cantar de mio Cid*, figure épique centrale en Espagne, dont le modèle historique est un chevalier du XIe siècle, appelé Sidi (Seigneur) par les Arabes et Campeador par les Espagnols, d'où son nom de Cid Campeador.
2. **Bernard del Carpio :** héros castillan du IXe siècle, vainqueur de Roland.
3. **Morgant :** héros du roman de chevalerie intitulé *Morgant le géant* (1460-1470), converti par Roland à la foi chrétienne, il devient son écuyer.
4. **Renaud de Montauban :** personnage de la chanson de geste éponyme (XIIIe siècle) également connue sous le titre des *Quatre fils Aymon* ; il devient un héros très populaire en Espagne, qui le place au même plan que Roland.
5. **Ganelon :** personnage de traître de *La Chanson de Roland*.

# LECTURE DE L'IMAGE

## Gustave DORÉ, illustrateur de *Don Quichotte*

Gustave DORÉ,
*La Folie de Don Quichotte*,
1863, © Archives Hachette.

### ANALYSE

#### *Sur le texte*

**1.** Comment Cervantès montre-t-il l'emprise grandissante de la lecture sur son personnage ? Vous étudierez en particulier l'entrelacement des champs lexicaux de la lecture, de l'enchantement et de la chevalerie.

**2.** Quel est le registre de cette page ?

#### *Sur l'illustration*

**1.** Lisez le texte et confrontez-le à l'illustration.

**2.** Comment Gustave Doré a-t-il figuré l'envahissement de l'univers mental du héros par la lecture ?

**3.** Quels éléments évoquent le monde de la chevalerie ?

**4.** Étudiez la mise en valeur du personnage de Don Quichotte.

### LIENS


- **Ouverture,** Du roman au mythe, p. 58
- **Mémento,** Les registres, p. 618
- **Illustrations,** p. 17 et p. 59

## I. UN MONDE À CONQUÉRIR

# Honoré de BALZAC (1799-1850)

## *Le Père Goriot*

voir biographie p. 632

*Eugène de Rastignac, jeune homme issu de la noblesse pauvre de province, est monté à Paris pour y étudier le droit et tenter de réussir dans le monde. Il se rend chez sa cousine, la vicomtesse de Bauséant. Celle-ci vient d'apprendre la trahison du duc d'Ajuda-Pinto, son amant, qui va la quitter pour se marier ; elle accepte cependant d'être pour Eugène une sorte de mentor, conseillère expérimentée et digne de confiance.*

— Eh bien, monsieur de Rastignac, traitez ce monde comme il mérite de l'être. Vous voulez parvenir, je vous aiderai. Vous sonderez combien est profonde la corruption féminine, vous toiserez la largeur de la misérable vanité des hommes. Quoique j'aie bien lu dans ce livre du monde, il y avait des pages qui cependant m'étaient inconnues. Maintenant je sais tout. Plus froidement vous calculerez, plus avant vous irez. Frappez sans pitié, vous serez craint. N'acceptez les hommes et les femmes que comme des chevaux de poste que vous laisserez crever à chaque relais, vous arriverez ainsi au faîte de vos désirs. Voyez-vous, vous ne serez rien ici si vous n'avez pas une femme qui s'intéresse à vous. Il vous la faut jeune, riche, élégante. Mais si vous avez un sentiment vrai, cachez-le comme un trésor ; ne le laissez jamais soupçonner, vous seriez perdu. Vous ne seriez plus le bourreau, vous deviendriez la victime. Si jamais vous aimiez, gardez bien votre secret ! ne le livrez pas avant d'avoir bien su à qui vous ouvrirez votre cœur. Pour préserver par avance cet amour qui n'existe pas encore, apprenez à vous méfier de ce monde-ci. Écoutez-moi, Miguel[1]… (Elle se trompait naïvement de nom sans s'en apercevoir.) Il existe quelque chose de plus épouvantable que ne l'est l'abandon du père par ses deux filles[2], qui le voudraient mort. C'est la rivalité des deux sœurs entre elles. Restaud a de la naissance, sa femme a été adoptée[3], elle a été présentée[4] ; mais sa sœur, sa riche sœur, la belle Mme Delphine de Nucingen, femme d'un homme d'argent[5], meurt de chagrin ; la jalousie la dévore, elle est à cent lieues de sa sœur ; sa sœur n'est plus sa sœur ; ces deux femmes se renient entre elles comme elles renient leur père. Aussi, Mme de Nucingen laperait-elle toute la boue qu'il y a entre la rue Saint-Lazare[6] et la rue de Grenelle[7] pour entrer dans mon salon. Elle a cru que de Marsay[8] la ferait arriver à son but, et elle s'est faite l'esclave de de Marsay, elle assomme de Marsay. De Marsay se soucie fort peu d'elle. Si vous me la présentez, vous serez son Benjamin[9], elle vous adorera. Aimez-la, si vous le pouvez après, sinon servez-vous d'elle. Je la verrai une ou deux fois, en grande soirée, quand il y aura cohue ; mais je ne la recevrai jamais le matin. Je la saluerai, cela suffira. Vous vous êtes fermé la porte de la com-

1. **Miguel :** prénom de son amant le duc d'Ajuda-Pinto.
2. **l'abandon du père par ses deux filles :** il s'agit du père Goriot, qui loge comme Rastignac dans une modeste pension de famille. Ancien commerçant enrichi, le vieillard, veuf, a donné tout son argent à ses deux filles et les a richement mariées, l'une au comte de Restaud, l'autre au banquier Nucingen. Mais elles ont honte de lui et le délaissent.
3. **adoptée :** acceptée par l'aristocratie.
4. **présentée :** au roi et à la cour.
5. **un homme d'argent :** Nucingen est un riche banquier, mais il n'est pas reconnu par la société aristocratique.
6. **la rue Saint-Lazare :** sur la rive droite de la Seine, dans le quartier des affaires.
7. **la rue de Grenelle :** sur la rive gauche, dans le quartier du faubourg Saint-Germain, où réside l'aristocratie.
8. **de Marsay :** l'amant de Mme de Nucingen.
9. **Benjamin :** son préféré.

Eugène de Rastignac dessiné par Charles HUARD, illustration pour l'édition Conard de *La Comédie humaine*.


tesse, pour avoir prononcé le nom du père Goriot. Oui, mon cher, vous iriez vingt fois chez Mme de Restaud, vingt fois vous la trouveriez absente. Vous avez été consigné. Eh bien, que le père Goriot vous introduise auprès de Mme Delphine de Nucingen. La belle Mme de Nucingen sera pour vous une enseigne. Soyez l'homme qu'elle distingue, les femmes raffoleront de vous. Ses rivales, ses amies, ses meilleures amies, voudront vous enlever à elle. Il y a des femmes qui aiment l'homme déjà choisi par une autre, comme il y a de pauvres bourgeoises qui, en prenant nos chapeaux, espèrent avoir nos manières. Vous aurez des succès. À Paris, le succès est tout, c'est la clef du pouvoir. Si les femmes vous trouvent de l'esprit, du talent, les hommes le croiront, si vous ne les détrompez pas. Vous pourrez alors tout vouloir, vous aurez le pied partout. Vous saurez alors ce qu'est le monde, une réunion de dupes et de fripons. Ne soyez ni parmi les uns ni parmi les autres. Je vous donne mon nom comme un fil d'Ariane pour entrer dans ce labyrinthe. Ne le compromettez pas, dit-elle en recourbant son cou et jetant un regard de reine à l'étudiant, rendez-le moi blanc. Allez, laissez-moi. Nous autres femmes, nous avons aussi nos batailles à livrer.

– S'il vous fallait un homme de bonne volonté pour aller mettre le feu à une mine ? dit Eugène en l'interrompant.

– Eh bien ? dit-elle.

Il se frappa le cœur, sourit au sourire de sa cousine, et sortit.

Honoré de BALZAC, *Le Père Goriot*, 1835.

## RECHERCHE

Faites une brève fiche sur les caractéristiques politiques, économiques, culturelles de la Restauration dans les années 1820.

## ANALYSE

### *Des paroles de mentor*

**1.** Relevez les marques grammaticales et stylistiques qui indiquent la position de supériorité de Mme de Bauséant par rapport à Eugène de Rastignac.

**2.** Étudiez les images des l. 4/5 et 46/47. En quoi renforcent-elles l'aura de la vicomtesse ?

**3.** Quel est l'effet de ce discours sur Rastignac ?

### *Une peinture de la société*

**4.** Notez les détails qui définissent l'aristocratie sous la Restauration : vous serez attentif notamment à la géographie parisienne et aux rites sociaux.

**5.** Quels sont les secrets de la réussite selon Mme de Bauséant ?

**6.** Étudiez avec précision la métaphore filée de la porte, l. 31 à 46.

### *Les failles du discours*

**7.** Quels préjugés nobiliaires ces propos trahissent-ils ?

**8.** Quels indices manifestent le trouble de la vicomtesse ?

**9.** En quoi son état émotionnel peut-il infléchir son discours et sa vision de la société ?

## À VOIX HAUTE

Préparez la lecture à voix haute du début du passage jusqu'à « apprenez à vous méfier de ce monde-ci. » (l. 15/16). Vous vous attacherez à souligner la construction binaire de la plupart des phrases ainsi que le style coupé qui caractérise les propos incisifs de Mme de Bauséant.

## LIENS


- **Histoire littéraire,** p. 20
- **Flaubert,** *L'Éducation sentimentale*, p. 36
- **Vocabulaire,** p. 48 ✦ **Grammaire,** p. 50

# Gustave FLAUBERT (1821-1880)

## *L'Éducation sentimentale*

voir biographie p. 632

*Cette page est extraite du tout début du roman. En septembre 1840, Frédéric Moreau, dix-huit ans, revient chez sa mère à Nogent-sur-Seine, où il retrouve un ami, Charles Deslauriers.*

Ils ne s'étaient pas vus depuis deux ans ; et, leurs embrassades étant finies, ils allèrent sur les ponts afin de causer plus à l'aise.

Le Capitaine[1], qui tenait maintenant un billard à Villenauxe[2], s'était fâché rouge lorsque son fils avait réclamé ses comptes de tutelle[3], et même lui avait coupé les vivres, tout net. Mais comme il voulait concourir plus tard pour une chaire de professeur à l'École et qu'il n'avait pas d'argent, Deslauriers acceptait à Troyes une place de maître clerc chez un avoué. À force de privations, il économiserait quatre mille francs ; et, s'il ne devait rien toucher de la succession maternelle, il aurait toujours de quoi travailler librement pendant trois années, en attendant une position. Il fallait donc abandonner leur vieux projet de vivre ensemble dans la Capitale, pour le présent du moins.

Frédéric baissa la tête. C'était le premier de ses rêves qui s'écroulait.

– « Console-toi, » dit le fils du capitaine, « la vie est longue ; nous sommes jeunes ; je te rejoindrai ! N'y pense plus ! »

Il le secouait par les mains, et, pour le distraire, lui fit des questions sur son voyage[4].

Frédéric n'eut pas grand'chose à narrer. Mais, au souvenir de Mme Arnoux[5], son chagrin s'évanouit. Il ne parla pas d'elle, retenu par une pudeur. Il s'étendit en revanche sur Arnoux[6], rapportant ses discours, ses manières, ses relations ; et Deslauriers l'engagea fortement à cultiver cette connaissance.

Frédéric, dans ces derniers temps n'avait rien écrit ; ses opinions littéraires étaient changées : il estimait par-dessus tout la passion ; Werther, René, Franck, Lara, Lélia[7] et d'autres plus médiocres l'enthousiasmaient presque également. Quelquefois la musique lui semblait seule capable d'exprimer ses troubles intérieurs ; alors, il rêvait des symphonies ; ou alors la surface des choses l'appréhendait, et il voulait peindre. Il avait composé des vers, pourtant ; Deslauriers les trouva fort beaux, mais sans demander une autre pièce.

Quant à lui, il ne donnait plus dans la métaphysique. L'économie sociale et la Révolution française le préoccupaient. C'était, à présent, un grand diable de vingt-deux ans, maigre, avec une large bouche, l'air résolu. Il portait, ce soir-là, un mauvais paletot de lasting[8] ; et ses souliers étaient blancs de poussière, car il avait fait la route de Villenauxe à pied, exprès pour voir Frédéric.

Isidore[9] les aborda. Madame priait Monsieur de revenir, et, craignant qu'il n'eût froid, elle lui envoyait son manteau.

1. **Le Capitaine :** le père de Deslauriers, ancien capitaine sous Napoléon Ier.
2. **Villenauxe :** commune de l'Aube.
3. **ses comptes de tutelle :** la mère de Charles étant morte, c'est son père qui gère la part d'héritage maternel qui doit revenir au jeune homme.
4. **son voyage :** son voyage en bateau sur la Seine, et notamment le trajet entre Paris et Nogent, dont le récit fait l'objet du premier chapitre du roman.
5. **Mme Arnoux :** une jeune femme rencontrée sur le bateau et dont il est tombé amoureux.
6. **Arnoux :** Jacques Arnoux, le mari, propriétaire de « L'Art industriel » à Paris, et avec lequel il avait discuté.
7. **Werther, René, Franck, Lara, Lélia… :** personnages romantiques respectivement inventés par Goethe en 1774, Chateaubriand en 1802, Musset – dans *La Coupe et les lèvres* –, Byron en 1814, George Sand en 1833.
8. **lasting :** étoffe légère et résistante, de laine rase, faite pour durer, comme l'indique l'étymologie anglaise, « to last ». Un « mauvais paletot » est une sorte de manteau court de mauvaise qualité.
9. **Isidore :** le domestique de Mme Moreau.

Joseph VERNET (1714-1789), *Les Haleurs*.


– « Reste donc ! » dit Deslauriers.

Et ils continuèrent à se promener d'un bout à l'autre des deux ponts qui s'appuient sur l'île étroite, formée par le canal et la rivière.

Quand ils allaient du côté de Nogent, ils avaient, en face, un pâté de maisons s'inclinant quelque peu ; à droite, l'église apparaissait derrière les moulins de bois dont les vannes étaient fermées ; et, à gauche, les haies d'arbustes, le long de la rive, terminaient des jardins, que l'on distinguait à peine. Mais, du côté de Paris, la grande route descendait en ligne droite, et des prairies se perdaient au loin, dans les vapeurs de la nuit. Elle était silencieuse et d'une clarté blanchâtre. Des odeurs de feuillage humide montaient jusqu'à eux ; la chute de la prise d'eau, cent pas plus loin, murmurait avec ce gros bruit doux que font les ondes dans les ténèbres.

Deslauriers s'arrêta, et il dit :

– « Ces bonnes gens qui dorment tranquilles, c'est drôle ! Patience ! un nouveau 89 se prépare ! On est las de constitutions, de chartes, de subtilités, de mensonges ! Ah ! si j'avais un journal ou une tribune, comme je vous secouerais tout cela ! Mais, pour entreprendre n'importe quoi, il faut de l'argent ! Quelle malédiction que d'être le fils d'un cabaretier et de perdre sa jeunesse à la quête de son pain ! »

Il baissa la tête, se mordit les lèvres, et il grelottait sous son vêtement mince.

Frédéric lui jeta la moitié de son manteau sur les épaules. Ils s'en enveloppèrent tous deux ; et, se tenant par la taille, ils marchaient dessous, côte à côte.

– « Comment veux-tu que je vive là-bas, sans toi ? » disait Frédéric. L'amertume de son ami avait ramené sa tristesse. « J'aurais fait quelque chose avec une femme qui m'eût aimé... Pourquoi ris-tu ? L'amour est la pâture et comme l'atmosphère du génie. Les émotions extraordinaires produisent les œuvres sublimes. Quant à chercher celle qu'il me faudrait, j'y renonce ! D'ailleurs, si jamais je la trouve, elle me repoussera. Je suis de la race des déshérités, et je m'éteindrai avec un trésor qui était de strass ou de diamant, je n'en sais rien. »

L'ombre de quelqu'un s'allongea sur les pavés, en même temps qu'ils entendirent ces mots :

– « Serviteur, messieurs ! »

Celui qui les prononçait était un petit homme, habillé d'une ample redingote brune, et coiffé d'une casquette laissant paraître sous la visière un nez pointu.

– « M. Roque ? » dit Frédéric.

– « Lui-même ! » reprit la voix.

Le Nogentais justifia sa présence en contant qu'il revenait d'inspecter ses pièges à loup, dans son jardin, au bord de l'eau.

– « Et vous voilà de retour dans nos pays ? Très bien ! j'ai appris cela par ma fillette. La santé est toujours bonne, j'espère ? Vous ne partez pas encore ? »

Et il s'en alla, rebuté, sans doute, par l'accueil de Frédéric.

Mme Moreau, en effet, ne le fréquentait pas ; le père Roque vivait en concubinage avec sa bonne, et on le considérait fort peu, bien qu'il fût le croupier d'élections[10], le régisseur de M. Dambreuse.

– « Le banquier qui demeure rue d'Anjou ? » reprit Deslauriers. « Sais-tu ce que tu devrais faire, mon brave ? »

Isidore les interrompit encore une fois. Il avait ordre de ramener Frédéric, définitivement. Madame s'inquiétait de son absence.

– « Bien, bien ! on y va » dit Deslauriers ; « il ne découchera pas. »

Et, le domestique étant parti :

– « Tu devrais prier ce vieux de t'introduire chez les Dambreuse ; rien n'est utile comme de fréquenter une maison riche ! Puisque tu as un habit noir et des gants blancs, profites-en ! Il faut que tu ailles dans ce monde-là ! Tu m'y mèneras plus tard. Un homme à millions, pense donc ! Arrange-toi pour lui plaire, et à sa femme aussi. Deviens son amant ! »

Frédéric se récriait.

– « Mais je te dis là des choses classiques, il me semble ? Rappelle-toi Rastignac dans *la Comédie humaine* ![11] Tu réussiras, j'en suis sûr ! »

**10. croupier d'élections :** agent électoral.

**11.** Voir p. 34.

Frédéric avait tant de confiance en Deslauriers qu'il se sentit ébranlé, et oubliant Mme Arnoux, ou la comprenant dans la prédiction faite sur l'autre, il ne put s'empêcher de sourire.

– « Dernier conseil : passe tes examens ! Un titre est toujours bon ; et lâche-moi franchement tes poètes catholiques et sataniques, aussi avancés en philosophie qu'on l'était au XIIe siècle. Ton désespoir est bête. De très grands particuliers ont eu des commencements plus difficiles, à commencer par Mirabeau. D'ailleurs, notre séparation ne sera pas si longue. Je ferai rendre gorge à mon filou de père. Il est temps que je m'en retourne, adieu ! As-tu cent sous pour que je paye mon dîner ? »

Frédéric lui donna dix francs, le reste de la somme prise le matin à Isidore.

Cependant, à vingt toises[12] des ponts, sur la rive gauche, une lumière brillait dans la lucarne d'une maison basse.

Deslauriers l'aperçut. Alors, il dit emphatiquement, tout en retirant son chapeau :

– « Vénus, reine des cieux, serviteur ! Mais la Pénurie est la mère de la Sagesse. Nous a-t-on assez calomniés pour ça, miséricorde ! »

Cette allusion à une aventure commune les mit en joie. Ils riaient très haut, dans les rues.

Puis, ayant soldé sa dépense à l'auberge, Deslauriers reconduisit Frédéric jusqu'au carrefour de l'Hôtel-Dieu ; – et, après une longue étreinte, les deux amis se séparèrent.

Gustave FLAUBERT, *L'Éducation sentimentale*, Première partie, chapitre II. 1869.

12. **vingt toises :** environ 40 mètres.

## ANALYSE

### *Une scène de retrouvailles*

**1.** Relevez les marques de complicité et d'amitié entre les deux personnages.

**2.** Qu'apprenons-nous sur leur passé ?

### *Portraits croisés*

**3.** Caractérisez Frédéric et Deslauriers en vous référant précisément au texte.

**4.** En quoi peut-on dire que ces personnages sont à la fois complémentaires et opposés ? Montrez notamment que l'aîné des deux cherche à jouer le rôle du mentor auprès du plus jeune ; vous vous appuierez sur des indices d'écriture précis.

### *Visions d'avenir*

**5.** Précisez quels sont les rêves d'avenir de chacun des personnages, imprégnés de romantisme et d'idéal révolutionnaire. Montrez en quoi ils peuvent être représentatifs des rêves de toute une génération en 1840.

**6.** Quelles sont les marques d'arrivisme, voire de cynisme, chez ces jeunes gens ?

## STYLISTIQUE

Lisez le passage descriptif, l. 42 à 50. En quoi l'évocation du paysage peut-elle mimer les rêves d'avenir des personnages ?

## À VOIX HAUTE

Lisez le passage l. 51 à 70, en vous attachant à faire entendre l'exaltation amère de Deslauriers et la tristesse mélancolique de son ami.

## LIENS


- **Histoire littéraire,** p. 20
- **Balzac,** *Le Père Goriot*, p. 34
- **Lecture d'une œuvre intégrale,** p. 46
- **Vocabulaire,** p. 48
- **Grammaire,** p. 50

# Louis-Ferdinand CÉLINE (1894-1961)

## *Voyage au bout de la nuit*

voir biographie p. 632

*Voici, en entier, l'incipit de ce roman, dont l'histoire débute en été 1914…*

Ça a débuté comme ça. Moi, j'avais jamais rien dit. Rien. C'est Arthur Ganate qui m'a fait parler. Arthur, un étudiant, un carabin[1] lui aussi, un camarade. On se rencontre donc place Clichy[2]. C'était après le déjeuner. Il veut me parler. Je l'écoute. « Restons pas dehors! qu'il me dit. Rentrons! » Je rentre avec lui. Voilà. « Cette terrasse, qu'il commence, c'est pour les œufs à la coque! Viens par ici! » Alors, on remarque encore qu'il n'y avait personne dans les rues, à cause de la chaleur, pas de voitures, rien. Quand il fait très froid, non plus, il n'y a personne dans les rues; c'est lui, même que je m'en souviens, qui m'avait dit à ce propos : « Les gens de Paris ont l'air toujours d'être occupés, mais en fait ils se promènent du matin au soir; la preuve, c'est que lorsqu'il ne fait pas bon à se promener, trop froid ou trop chaud, on ne les voit plus; ils sont tous dedans à prendre des cafés crème et des bocks[3]. C'est ainsi! Siècle de vitesse! qu'ils disent. Où ça? Grands changements, qu'ils racontent. Comment ça? Rien n'est changé en vérité. Ils continuent à s'admirer et c'est tout. Et ça n'est pas nouveau non plus. Des mots, et encore pas beaucoup, même parmi les mots, qui sont changés! Deux ou trois par-ci, par là, des petits… » Bien fiers alors d'avoir fait sonner ces vérités utiles, on est demeuré là assis, ravis, à regarder les dames du café.

Après, la conversation est revenue sur le Président Poincaré[4] qui s'en allait inaugurer, justement ce matin-là, une exposition de petits chiens; et puis, de fil en aiguille, sur le *Temps*[5] où c'était écrit. « Tiens, voilà un maître-journal, le *Temps*! » qu'il me taquine Arthur Ganate, à ce propos. « Y'en a pas deux comme lui pour défendre la race française! – Elle en a bien besoin la race française, vu qu'elle n'existe pas! » que j'ai répondu moi pour montrer que j'étais documenté, et du tac au tac.

– Si donc! qu'il y en a une! Et une belle de race! qu'il insistait, lui, et même que c'est la plus belle race du monde, et bien cocu qui s'en dédit! Et puis le voilà parti à m'engueuler. J'ai tenu ferme bien entendu.

– C'est pas vrai! La race, ce que t'appelles comme ça, c'est seulement ce grand ramassis de miteux dans mon genre, chassieux[6], puceux[7], transis, qui ont échoué ici poursuivis par la faim, la peste, les tumeurs et le froid, venus vaincus des quatre coins du monde. Ils ne pouvaient pas aller plus loin à cause de la mer. C'est ça la France et puis c'est ça les Français.

– Bardamu, qu'il me fait alors gravement et un peu triste, nos pères nous valaient bien, n'en dis pas de mal!…

– T'as raison, Arthur, pour ça t'as raison! Haineux et dociles, violés, volés, étripés et couillons toujours, ils nous valaient bien! Tu peux le dire! Nous ne changeons pas! Ni de chaussettes, ni de maîtres, ni d'opinions, ou bien si tard, que ça n'en vaut plus la peine. On est nés fidèles, on en crève nous

1. **carabin :** étudiant en médecine, dans l'argot estudiantin.
2. **place Clichy :** située au nord de Paris, aux pieds de la butte Montmartre.
3. **bocks :** verres de bière.
4. **Poincaré :** Raymond Poincaré, président de la République de 1913 à 1920.
5. **le *Temps* :** grand quotidien de l'époque.
6. **chassieux :** qui ont de la chassie, substance qui forme un dépôt gluant sur le bord des paupières.
7. **puceux :** néologisme de Céline.

autres ! Soldats gratuits, héros pour tout le monde et singes parlants, mots qui souffrent, on est nous les mignons[8] du Roi Misère. C'est lui qui nous possède ! Quand on est pas sages, il serre... On a ses doigts autour du cou, toujours, ça gêne pour parler, faut faire bien attention si on tient à pouvoir manger... Pour des riens, il vous étrangle... C'est pas une vie...

– Il y a l'amour, Bardamu !

– Arthur, l'amour c'est l'infini mis à la portée des caniches et j'ai ma dignité moi ! que je lui réponds.

– Parlons-en de toi ! T'es un anarchiste et puis voilà tout !

Un petit malin, dans tous les cas, vous voyez ça d'ici, et tout ce qu'il y avait d'avancé dans les opinions.

– Tu l'as dit, bouffi, que je suis anarchiste ! Et la preuve la meilleure, c'est que j'ai composé une manière de prière vengeresse et sociale dont tu vas me dire tout de suite des nouvelles : LES AILES EN OR ! C'est le titre !... Et je lui récite alors :

*Un Dieu qui compte les minutes et les sous, un Dieu désespéré, sensuel et grognon comme un cochon. Un cochon avec des ailes en or qui retombe partout, le ventre en l'air, prêt aux caresses, c'est lui, c'est notre maître. Embrassons-nous !*

– Ton petit morceau ne tient pas devant la vie, j'en suis, moi, pour l'ordre établi et je n'aime pas la politique. Et d'ailleurs le jour où la patrie me demandera de verser mon sang pour elle, elle me trouvera moi bien sûr, et pas fainéant, prêt à le donner. – Voilà ce qu'il m'a répondu.

Justement la guerre approchait de nous deux sans qu'on s'en soye rendu compte et je n'avais plus la tête très solide. Cette brève mais vivace discussion m'avait fatigué. Et puis, j'étais ému aussi parce que le garçon m'avait un peu traité de sordide à cause du pourboire. Enfin, nous nous réconciliâmes avec Arthur pour finir, tout à fait. On était du même avis sur presque tout.

– C'est vrai, t'as raison en somme, que j'ai convenu, conciliant, mais enfin on est tous assis sur une grande galère, on rame tous à tour de bras, tu peux pas venir me dire le contraire !... Assis sur des clous même à tirer tout nous autres ! Et qu'est-ce qu'on en a ? Rien ! Des coups de trique seulement, des misères, des bobards et puis des vacheries encore. On travaille ! qu'ils disent. C'est ça encore qu'est plus infect que tout le reste, leur travail. On est en bas dans les cales à souffler de la gueule, puants, suintants des rouspignolles[9], et puis voilà ! En haut sur le pont, au frais, il y a les maîtres et qui s'en font pas, avec des belles femmes roses et gonflées de parfums sur les genoux. On nous fait monter sur le pont. Alors, ils mettent leurs chapeaux haut de forme et puis ils nous en mettent un bon coup de la gueule comme ça : « Bandes de charognes, c'est la guerre ! qu'ils font. On va les aborder, les saligauds qui sont sur la patrie nº 2, et on va leur faire sauter la caisse ! Allez ! Allez ! Y a de tout ce qu'il faut à bord ! Tous en chœur ! Gueulez voir d'abord un bon coup et que ça tremble : « Vive la Patrie nº 1 ! » Qu'on vous entende de loin ! Celui qui gueulera le plus fort, il aura la médaille et la dragée du bon Jésus ! Nom de Dieu ! Et puis ceux qui ne voudront pas crever sur mer, ils pourront toujours aller crever sur terre où c'est fait bien plus vite encore qu'ici ! »

– C'est tout à fait comme ça ! que m'approuva Arthur, décidément devenu facile à convaincre.

Mais voilà-t-y pas que juste devant le café où nous étions attablés un régiment se met à passer, et avec le colonel par-devant sur son cheval, et même

**8. mignons :** favoris très efféminés, semblables aux mignons du roi Henri III. Voir chap. 11, p. 461.

**9. rouspignolles :** mot d'argot pour « testicules ».

*Voyage au bout de la nuit,* illustré par Jacques TARDI. © Éditions Gallimard, Fonds Futuropolis.

qu'il avait l'air bien gentil et richement gaillard, le colonel ! Moi, je ne fis qu'un bond d'enthousiasme.

– J'vais voir si c'est ainsi ! que je crie à Arthur, et me voici parti m'engager, et au pas de course encore.

– T'es rien c…[10] Ferdinand ! qu'il me crie, lui Arthur en retour, vexé sans aucun doute par l'effet de mon héroïsme sur tout le monde qui nous regardait.

Ça m'a un peu froissé qu'il prenne la chose ainsi, mais ça m'a pas arrêté. J'étais au pas. « J'y suis, j'y reste ! » que je me dis.

– On verra bien, eh navet ! que j'ai même encore eu le temps de lui crier avant qu'on tourne la rue avec le régiment derrière le colonel et sa musique. Ça s'est fait exactement ainsi.

Alors on a marché longtemps. Y en avait plus qu'il y en avait encore des rues, et puis dedans des civils et leurs femmes qui nous poussaient des encouragements, et qui lançaient des fleurs, des terrasses, devant les gares,

**10. rien… :** expression familière du haut degré. « T'es rien… » signifiant « tu es très… »

des pleines églises. Il y en avait des patriotes ! Et puis il s'est mis à y en avoir moins des patriotes... La pluie est tombée, et puis encore de moins en moins et puis plus du tout d'encouragements, plus un seul, sur la route.

Nous n'étions donc plus rien qu'entre nous ? Les uns derrière les autres ? La musique s'est arrêtée. « En résumé, que je me suis dit alors, quand j'ai vu comment ça tournait, c'est plus drôle ! C'est tout à recommencer ! » J'allais m'en aller. Mais trop tard ! Ils avaient refermé la porte en douce derrière nous les civils. On était faits, comme des rats.

Louis-Ferdinand CÉLINE, *Voyage au bout de la nuit*, Denoël, 1932.

## ANALYSE

### *À bâtons rompus* (l. 1 à 18)

**1.** Relevez les premiers éléments de caractérisation des personnages dans cet incipit.

**2.** Par-delà la banalité de ses propos, que dit Arthur Ganate sur la société parisienne de son temps ? Quel leurre dénonce-t-il ?

### *L'ami de l'ordre et l'anarchiste* (l. 19 à 62)

**3.** Sur quel point précis porte l'opposition entre les deux étudiants ?

**4.** **Analyse stylistique** : étudiez le discours du narrateur, l. 29 à 33 et l. 36 à 44. Vous serez attentif notamment aux effets de rythme et de sonorités, ainsi qu'à l'expression de la violence.

**5.** Pourquoi, selon vous, Arthur Ganate traite-t-il Bardamu d'anarchiste ?

### *Réconciliation* (l. 63 à 87)

**6.** Qu'est-ce qui explique la fin de cette « vivace discussion » ?

**7.** Étudiez l'allégorie de la galère (l. 68 à 85) d'un point de vue **stylistique**, puis interrogez-vous sur ses significations.

### *Départ* (l. 88 à 112)

**8.** Qu'est-ce qui souligne le caractère surprenant de l'engagement de Bardamu ? Montrez comment le texte nous fait entendre un départ en fanfare.

**9.** Par quels procédés se lit le désenchantement progressif des troupes dans les deux derniers paragraphes ?

### Sur l'ensemble du texte

#### *Vision et voix*

**10.** La langue de Céline pourrait sembler imitée de l'argot ou du français populaire ; choisissez un extrait prouvant que cette première impression est erronée et qu'au contraire elle est une création singulière.

**11.** La vision du monde qu'exprime le narrateur est indissociable de la voix du personnage : montrez-le à partir d'un thème de votre choix – ses idées sur la guerre, sur l'amour, sur les classes sociales.

#### *Un renversement étonnant*

**12.** Comment interprétez-vous la contradiction entre les opinions affichées par Bardamu et le fait qu'il parte à la guerre en un « bond d'enthousiasme » ?, l. 91

#### *Un mélange de registres*

**13.** Quels sont les registres présents dans cet extrait ?

## À VOIX HAUTE

Reprenez l'un des passages que vous aurez étudiés d'un point de vue stylistique et dites-le à voix haute.
Vous pouvez notamment travailler sur le rythme des phrases dans les deux derniers paragraphes, en vous attachant à faire sentir comment elles suggèrent l'idée de piège en se resserrant et se refermant.

## LIENS

✦ **Vocabulaire,** p. 48 ✦ **Grammaire,** p. 50 ✦ **Mémento,** Les registres, p. 618

## 4. UN MONDE NOUVEAU

# Romain GARY (1914-1980)

## *Éducation européenne*

voir biographie p. 632

*En Pologne, en 1943, Janek Twarkowski, quinze ans, participe à la résistance contre l'occupation nazie : caché dans la forêt depuis plusieurs mois, il partage la vie rude des « partisans ». L'extrait qui suit se situe vers la fin du roman ; pour prouver qu'il n'était plus un enfant, Janek a fait sauter un poste ennemi, tenu par des soldats dont il avait gagné la confiance ; il a dû tuer à bout portant un jeune Allemand. De retour parmi les maquisards, il éprouve plus de tristesse et de colère que de joie à être devenu un vrai combattant pour la liberté.*

Seul, Dobranski[1] comprenait ce qui se passait dans la tête de l'adolescent. Le lendemain matin, comme ils marchaient ensemble à travers les roseaux pour relever les partisans qui montaient la garde aux confins du marécage, il lui dit :

– Ce sera bientôt fini. Peut-être le printemps prochain. Et alors, je te jure, plus de haine, plus de tuerie. Tu verras. La paix, la construction d'un monde nouveau... Tu verras.

– Il[2] était assis sur la glace, dit Janek, avec ses patins et son écharpe si gaie autour du cou – et c'est sûrement sa mère ou sa fiancée qui la lui a tricotée, il n'était pas plus vieux que toi. Il ne m'a même pas regardé. Il acceptait, il avait simplement baissé la tête et il attendait le coup. J'ai bien visé, et j'ai tiré.

– Tu ne pouvais rien faire d'autre, Janek. C'est leur faute, ce sont eux qui ont déclenché ces horreurs.

– Il y a toujours quelqu'un pour les déclencher, dit Janek avec colère. Tadek Chmura[3] avait raison. En Europe on a les plus vieilles cathédrales, les plus vieilles et les plus célèbres universités, les plus grandes librairies et c'est là qu'on reçoit la meilleure éducation – de tous les coins du monde, il paraît, on vient en Europe pour s'instruire. Mais à la fin, tout ce que cette fameuse éducation européenne vous apprend, c'est comment trouver le courage et de bonnes raisons, bien valables, bien propres, pour tuer un homme qui ne vous a rien fait, et qui est assis là, sur la glace, avec ses patins, en baissant la tête, et en attendant que ça vienne.

– Tu as beaucoup appris, dit Dobranski tristement.

Il s'arrêta dans la neige qui leur atteignait les genoux et, levant la tête, il se mit à parler. Il se mit à parler de la liberté et de l'amitié, du progrès, de la paix et de la fraternité, de l'amour universel ; il parlait des peuples unis dans le labeur et dans un effort unanime pour découvrir enfin le sens et le secret du monde ; il parlait de culture, d'art, de musique, des écoles, des Universités, des cathédrales, des livres et de beauté... En fait, il parut soudain à Janek que Dobranski ne parlait pas, mais qu'il chantait. Il se tenait là, debout, dans la neige, son manteau de cuir noir entrouvert sur sa vareuse militaire, avec son baudrier, avec ses épaules étroites, et les yeux brillant d'un tel espoir et d'une telle joie que tout son beau visage en était éclairé ; les bras levés, gesti-

1. **Dobranski :** un ami de Janek, chef des partisans, âgé de vingt-cinq ans. Il espère pouvoir terminer l'écriture d'un livre dont le titre serait *Éducation européenne.*

2. **il :** le jeune Allemand tué par Janek.

3. **Tadek Chmura :** un des partisans, jeune étudiant mort quelques mois auparavant de tuberculose. C'est lui qui avait suggéré à Dobranski le titre de son livre.

culant sans cesse, avec une telle animation que, par contraste, l'immobilité frigide des arbres glacés qui les entourait paraissait à Janek empreinte d'une presque moqueuse hostilité. Il ne parlait pas ; il chantait. Il chantait, et toute la force et la beauté des chants immortels de l'humanité vibraient dans sa voix inspirée. – Il n'y aura jamais plus de guerre, les Américains et les Russes allaient unir fraternellement leurs efforts pour bâtir un monde nouveau et heureux, un monde d'où la crainte et la peur seraient à jamais bannies. Toute l'Europe sera libre et unie ; il y aura une renaissance spirituelle plus féconde et plus constructive que tout ce dont, dans ses heures les plus inspirées, l'homme ait jamais rêvé…

Combien de rossignols, pensait Janek, ont ainsi chanté à travers les âges, dans la nuit ? Combien de rossignols humains, confiants et inspirés, sont morts avec cette éternelle et merveilleuse chanson sur les lèvres ? Combien d'autres mourront encore, dans la froidure et dans la souffrance, dans le mépris, la haine et la solitude, avant que la promesse de leur enivrante voix soit enfin tenue ? Combien de siècles encore ? Combien de naissances, combien de morts ? Combien de prières et de rêves, combien de rossignols ? Combien de larmes et de chansons, combien de voix dans la nuit ? Combien de rossignols ?

Janek n'avait que quinze ans, dix ans de moins que son ami, mais un élan chaud, protecteur, presque paternel le porta soudain vers l'étudiant, et il se garda bien de paraître ironique, il se garda bien de prendre un air supérieur et renseigné. Il essaya de ne pas sourire, de ne pas hausser les épaules, de ne pas demander amèrement : combien de rossignols ?

Il posa sa main sur l'épaule de l'étudiant et lui dit doucement : « Viens. Ils nous attendent, et ils doivent commencer à s'impatienter. »

Romain GARY, *Éducation européenne*, 

## ANALYSE

### *Deux visions du monde*

**1.** En quoi peut-on dire que Dobranski est idéaliste ? Quels procédés d'écriture font de son discours une sorte de chant ?

**2.** Relevez les éléments qui traduisent l'amertume de Janek.

**3.** Comment le texte parvient-il à ne disqualifier aucune de ces deux manières opposées de voir le monde ?

### *Le sens de l'éducation*

**4.** Expliquez : « *Tu as beaucoup appris, dit Dobranski tristement.* », l. 24.

**5.** Quelles sont les sources et les lieux de l'éducation européenne ? Montrez qu'ils sont rattachés au passé.

**6.** Quelles significations le présent de la guerre donne-t-il à cette « éducation européenne » ?

### *La force de l'amitié*

**7.** Quelles phrases, quels gestes révèlent une profonde amitié entre les jeunes gens ? Montrez que Dobranski et Janek savent également faire preuve de délicatesse.

**8.** En quoi le modèle de l'amitié idéale régit-il le rêve d'avenir de Dobranski ?

**9.** Comment se dénoue la tension de cette scène ?

## STYLISTIQUE

Vous étudierez la valeur des répétitions l. 45 à 53.

## À VOIX HAUTE

Préparez la lecture des l. 45 à 53 en vous attachant à rendre sensible le lyrisme du passage.

## LIENS

✦ **Histoire littéraire,** p. 20 ✦ **Vocabulaire,** p. 48
✦ **Grammaire,** p. 50

# Gustave FLAUBERT, *Madame Bovary*, 1857

## Des personnages

### *Noms et prénoms*

**1.** Vous noterez les noms et prénoms des personnages et réfléchirez à leur signification, en vous interrogeant notamment sur l'onomastique. Ainsi le prénom d'« Emma » renvoie-t-il à la fois à un prénom romantique et permet-il l'homophonie avec « aima ». Ce prénom semble en opposition avec le nom de « Bovary », qui, par l'étymologie latine de « bœuf » que l'on entend dans « bov » et par la terminaison « ry », fréquente dans la toponymie normande, évoque doublement la campagne. Le mal de vivre du personnage éponyme semble donc se lire dans la tension entre le prénom et le nom.

### *Personnages principaux, personnages secondaires*

**2.** Classez les personnages du roman en fonction de leur importance relative. Vous montrerez à quel point le texte est riche en personnages secondaires, précisément caractérisés. Vous vous interrogerez sur le rôle et la fonction de ces personnages qui parfois ne font qu'une fugace apparition dans le texte, comme la veuve Dubuc ou Catherine Leroux.

### *Types de personnages*

**3.** Vous proposerez plusieurs modalités de classement des personnages et vous vous demanderez à quel type appartient chacun d'eux. Vous pourrez vous fonder sur les activités professionnelles, sur les opinions, sur l'âge, sur les modes de vie, sur les relations amoureuses, etc.

### *Ceux qui réussissent et ceux qui échouent*

**4.** Quels sont dans le roman les personnages qui réussissent ? Caractérisez leur réussite. Quels sont ceux qui échouent ? Vous serez sensible en particulier aux phénomènes d'ascension sociale ou de déchéance.

## La lecture représentée

Le personnage principal du roman est elle-même une lectrice assidue de littérature romanesque. Vous retrouverez les passages où il est question des lectures d'Emma.

**5.** Quels sont leurs effets sur le personnage ? Par quels moyens Emma se procure-t-elle des livres ? En quoi ces éléments sont-ils un témoignage précieux sur la diffusion des romans au XIX^e siècle et sur la façon dont on les considérait ?

**6.** On a souvent comparé Madame Bovary à Don Quichotte. Vous vous reporterez à l'extrait du roman de Cervantès reproduit p. 32 et vous justifierez ce rapprochement. Vous pouvez également vous aider de l'analyse ci-dessous :

« le Manchègue fut inadapté à la vie par la faute de son imagination et de certaines lectures, et, tout comme la jeune Normande, sa tragédie consista à vouloir insérer ses rêves dans la réalité. » (Mario Vargas Llosa, *L'Orgie perpétuelle*, Gallimard, 1978)

**7.** À côté de la lecture de romans, quelles sont les autres formes de lecture qui sont évoquées ? En quoi forment-elles un contrepoint aux lectures d'Emma ?

## Des scènes

Le roman comporte plusieurs grandes scènes, qui occupent une part importante dans la narration, du point de vue dramatique comme du point de vue stylistique.

**8.** Vous repérerez les pages où se trouvent développées les scènes suivantes : l'entrée de Charles au collège, la noce à la campagne, le bal à la Vaubyessard, les Comices, l'opération du pied-bot, l'agonie d'Emma. Pour chacune d'elles vous noterez les personnages présents, le lieu, les circonstances, le ou les registres employés, la fonction dans l'économie d'ensemble du roman.

## De pied en cap : objets et accessoires

Le roman s'ouvre sur la description mémorable de la casquette de Charles ; il insiste bien souvent sur les chaussures que portent les personnages, qu'il s'agisse des fines bottines d'Emma, des fortes bottes de son mari, des bottes souples de Rodolphe. Une étude récente a montré l'importance dans l'imaginaire flaubertien de ces notations, et souligné par exemple le lien entre le pied, la démarche, le faux pas – au sens propre comme au sens figuré. Le prénom de Berthe, choisi par Emma, qui a passé sa jeunesse à la ferme paternelle des **Bertaux**, ne rappelle-t-il pas de façon dérisoire celui de **Berthe-aux-grands-pieds** ?

**9.** Vous relèverez dans l'ensemble du texte les mentions des couvre-chefs comme des chaussures et montrerez en quoi ils caractérisent les personnages.

**10.** Vous vous intéresserez aux objets qui sont évoqués, comme le curé de plâtre du jardin de Tostes, le tour et les ronds de serviette de Binet, et vous vous interrogerez sur leur signification.

## Une structure pyramidale

On a pu mettre en évidence que le roman était organisé symétriquement autour de l'opération du pied-bot.

Opération d'Hippolyte

| | |
|---|---|
| Rodolphe 1 | Rodolphe 2 |
| Léon 1 | Léon 2 |
| Mariage d'Emma | Agonie et mort d'Emma |
| Entrée en scène de Charles | Mort de Charles |

*Gemma Bovery,* illustration de couverture de Posy Simmonds. Denoël. © Jane Bown.

On a appelé « Léon 1 » la première relation amoureuse d'Emma avec le clerc de notaire, à Yonville, qui reste platonique, et « Léon 2 » la seconde, véritable liaison sensuelle, qui se déroule à Rouen. De même, « Rodolphe 1 » évoque la première phase de l'adultère d'Emma avec le propriétaire de la Huchette et « Rodolphe 2 » la seconde. Dans la première phase du roman, jusqu'à l'opération du pied-bot, Emma peut espérer une amélioration de sa vie, par le mariage, par le sentiment amoureux, par la liaison avec un hobereau, par la réussite espérée de son mari, qui entraînerait une nouvelle estime pour lui. Mais, après l'échec de l'opération et l'amputation du pauvre Hippolyte, la déchéance marque l'enchaînement des désillusions jusqu'au suicide.

**11.** Vous retrouverez cette structure pyramidale dans le roman, puis vous chercherez des passages descriptifs qui donnent à voir des pyramides : la description de la pièce montée du mariage, la disposition des reines-claudes dans un compotier... Vous vous demanderez ce que peut symboliquement représenter la référence à la pyramide.

### *Madame Bovary* et le roman du rien

Lisez cet extrait d'une lettre de Flaubert à Louise Colet.

> Ce qui me semble beau, ce que je voudrais faire, c'est un livre sur rien, un livre sans attache extérieure, qui se tiendrait de lui-même par la force interne de son style, comme la terre sans être soutenue se tient en l'air, un livre qui n'aurait presque pas de sujet ou du moins où le sujet serait presque invisible, si cela se peut. Les œuvres les plus belles sont celles où il y a le moins de matière; plus l'expression se rapproche de la pensée, plus le mot colle dessus et disparaît, plus c'est beau. » (Lettre du 16 janvier 1852)

**12.** Vous vous demanderez en quoi le projet de l'auteur a été réalisé dans le roman.

**13.** À la fin de *Madame Bovary,* alors que Charles vient d'être trouvé mort par sa fille Berthe, nous lisons : « Trente-six heures après, sur la demande de l'apothicaire, M. Canivet accourut. Il l'ouvrit et ne trouva rien. » Vous vous interrogerez sur le sens de ce « rien » dans la phrase, puis d'une manière plus générale vous vous demanderez en quoi *Madame Bovary* peut être considéré comme le roman du rien.

### *Madame Bovary* et ses lecteurs

Fascinés par *Madame Bovary*, certains lecteurs s'inspirent de Flaubert pour en donner leur propre vision : c'est ainsi que Posy Simmonds propose en 2000 une B.D. *Gemma Bovery* qui récrit et modernise le personnage. C'est ainsi également que Julian Barnes, en 2006, imagine une autre fin à l'histoire : Emma réchappe de son empoisonnement et continue de vivre avec Charles...

**14.** Choisissez l'une de ces œuvres écrites à partir du personnage initial; montrez que les auteurs de ces réécritures sont de bons lecteurs du roman. Quelle serait votre transposition du personnage de Madame Bovary?

**15.** Observez l'affiche du film reproduite p. 19 : quels éléments renvoient au roman? En quoi cette affiche traduit-elle une transposition américaine de l'œuvre?

 **Vocabulaire**

# Le nom des personnages et ses substituts

Un personnage de roman se caractérise par son nom, signe de son identité.

Mais, à côté des noms, les G.N. et les périphrases qui désignent les personnages permettent de les caractériser et de préciser les relations qui existent entre eux.

## Analyse onomastique

**L'onomastique** est une discipline ayant pour objet l'étude des noms propres.

Le nom présente au lecteur **des dénotations objectives** : ainsi, le personnage d'Eugène de Rastignac, dans *Le Père Goriot* apparaît-il bien comme un noble (la particule) et issu d'une terre charentaise (terminaison en -ac du patronyme, fréquente dans ce département).

Il présente aussi **des connotations subjectives** : Eugène signifie « le bien né », puisqu'il est étymologiquement formé de l'élément préfixal grec « eu », qui évoque ce qui est bien, et de la racine « genos », « naissance ». Cela renforce le fait que le personnage du jeune homme sera favorisé dans une société, celle de la Restauration, où l'appartenance à l'aristocratie est déterminante pour la réussite sociale. Le discours de la vicomtesse de Beauséant, pp. 34-35, est explicite à cet égard. Le nom du personnage apparaît ainsi comme un sésame : même si Eugène est pauvre, il possède les clés de la réussite dans son seul nom.

### • Du nom commun au nom propre

Il arrive que le nom propre soit dérivé d'un nom commun, et l'interprétation en est facilitée. Dans le roman *Madame Bovary*, la bonne d'Emma s'appelle Félicité, et le marchand de modes Monsieur Lheureux. On entend clairement, avec ces dénominations, l'allusion au bonheur, qui se colore ensuite d'une ironie certaine.

### • Du nom propre au nom commun

Quand un personnage de roman atteint une certaine célébrité, son nom peut être donné à un certain type humain : c'est ainsi qu'on parlera d'un don quichotte ou d'un robinson. Le procédé peut être à l'origine de toute une série de néologismes qui s'installent définitivement dans la langue ou qui n'ont qu'une existence éphémère.

La figure de style désignant le passage du nom commun au nom propre ou du nom propre au nom commun est **l'antonomase.**

Voici la définition qu'en donne un dictionnaire des figures de style.

ANTONOMASE : Prendre un nom commun pour un nom propre ou un nom propre pour un nom commun. LITTRÉ.

**Rem. 1** L'antonomase agrémentait le style : l'époque d'Auguste, le siècle de Périclès, le roi Soleil, la Vierge, la Diva. Elle correspond, dit Barthes, à quelque chose de mythique, l'incarnation d'une vertu dans une figure (cf. *Communication*, t. 16, p. 201) : Caton pour la vertu, Amyclas pour la pauvreté, de nos jours Churchill pour le courage, Jean XXIII pour la bonté.

Elle peut tenir simplement au fait que les grands hommes sont connus (leur nom propre en devient commun). Ex. « Mon professeur de mathématiques m'a prédit que je serais un Vauban ». Il devient commun au sens grammatical du terme quand il est employé sans majuscule, son origine propre étant oubliée (macchabée, pandore).

**Rem. 2** Les Grecs donnaient aux années le nom du magistrat principal, l'archonte éponyme, à leurs villes des noms de dieux (Athènes) : c'est passer de nom propre à nom propre. L'éponymie se retrouve aujourd'hui dans la dénomination des complexes (comme celui d'Œdipe).

D'après Bernard DUPRIEZ, *Gradus Les procédés littéraires*, Union générale d'Éditions, 1984.

➤ **Expliquez les antonomases données ici en guise d'exemples.**

➤ **Proposez d'autres exemples d'antonomase empruntés à la langue actuelle.**

## Les substituts des noms propres

Le personnage n'est pas seulement désigné par son nom : afin d'éviter des répétitions et pour compléter la caractérisation de son personnage, l'auteur emploie des G.N. et des périphrases qui le définissent. Ainsi, par exemple, au tout début du *Voyage au bout de la nuit*, p. 40, nous lisons :

→ *C'est Arthur Ganate qui m'a fait parler. Arthur, un étudiant, un carabin lui aussi, un camarade.*

La succession des trois noms communs permet de définir Arthur par rapport à son âge – celui d'un jeune homme – par rapport aux études qu'il poursuit – études de médecine, avec la mention de « carabin » – et par rapport à ses liens d'égalité avec le narrateur, inférés par le mot de « camarade » et par celui de « aussi ».

# EXERCICES

**1** Dans sa lettre à Balzac reproduite p. 24, l'expéditionnaire Maillet évoque le personnage principal de *La Peau de chagrin* par l'expression « *votre Raphaël* ». Vous rechercherez le nom complet du personnage et vous analyserez l'effet produit par ce G.N. Quel jugement du lecteur vient-il corroborer ?

**2** Dans sa lettre à Flaubert reproduite p. 25, Mademoiselle Leroyer de Chantepie désigne l'héroïne du roman par les G.N. suivants : « *cette pauvre dame Bovary* », l. 5 et l. 17 et « *cette femme* », l. 8. Analysez ces substituts du nom propre. Que révèlent-ils sur les rapports entre la lectrice et le personnage ?

**3** Recherchez à l'aide d'un dictionnaire les mots formés par antonomase à partir du nom de Robinson Crusoé. Quels liens entretiennent-ils avec le personnage de Daniel Defoe ? (voir le texte de Jules Vallès p. 26).

**4** Lisez le texte de Jules Vallès, pp. 26-27. Notez les G.N. désignant le pion. Que nous apprennent-ils sur le personnage ? Recherchez l'étymologie du mot « pion ». À quel vocabulaire appartient-il ?

**5** Dans l'extrait du roman de Proust, pp. 28-29, relevez tous les G.N. qui désignent la mère du narrateur et analysez-les. Quelle image construisent-ils du personnage de la mère ? de celui du narrateur ?

**6** Lisez l'extrait des *Mots* pp. 30-31 et relevez les G.N. désignant des personnages de romans d'aventures. Montrez qu'ils reflètent les stéréotypes du genre.

**7** En quoi le nom de Deslauriers peut-il à la fois évoquer la gloire et l'échec programmé ?
Le père de Deslauriers est successivement désigné par les G.N. : « Le Capitaine » et « mon filou de père » : retrouvez ces occurrences et dites ce qu'elles nous apprennent sur le personnage et sur les rapports qui existent entre son fils et lui.

**8** Le personnage de Dambreuse, dans *L'Éducation sentimentale*, est successivement désigné par les périphrases suivantes :

> *« Le banquier qui demeure rue d'Anjou », « un homme à millions ».*

Retrouvez ces substituts dans le texte p. 36 et analysez-les. Que nous apprennent-ils sur Dambreuse ? sur Deslauriers qui en est l'auteur ?

**9** Relevez les G.N. qui désignent le père Roque dans l'extrait de *L'Éducation sentimentale*, p. 36. Quelles informations recèlent-ils ?

**10** Deslauriers appelle Frédéric « mon brave » : quelles sont les connotations attachées à ce substitut lexical du prénom ?

**11** Le personnage principal de *L'Éducation sentimentale* est présenté ainsi dans l'incipit du roman :

> Un jeune homme de dix-huit ans, à longs cheveux et qui tenait un album sous son bras, restait auprès du gouvernail, immobile. [...]
> M. Frédéric Moreau, nouvellement reçu bachelier, s'en retournait à Nogent-sur-Seine, où il devait languir pendant deux mois, avant d'aller *faire son droit.*

Vous analyserez le G.N. de la première phrase en vous demandant quelles informations apporte l'emploi de ce substitut lexical, puis vous commenterez les éléments qui précisent le nom propre dans la seconde phrase citée.

**12** Bardamu définit ses pareils comme des « mignons du Roi Misère ». Reportez-vous au texte, p. 40, et expliquez cette périphrase.

**13** Lisez l'extrait d'*Éducation européenne* p. 44 et notez les G.N. qui désignent chacun des deux personnages. Que nous disent-ils sur les rapports entre les personnages ? sur le type de roman auquel peut appartenir l'œuvre de Romain Gary ?

**14** Vous rechercherez précisément le sens de « toponymie » puis vous examinerez les noms de lieux ci-dessous tirés de *Voyage au bout de la nuit*. En quoi ces noms peuvent-ils sembler réalistes ? En quoi leurs connotations ouvrent-elles sur une interprétation métaphorique ?

– en France, dans les Ardennes, pendant la guerre : *Barbagny, Noirceur-sur-la-Lys*
– en Afrique : *la colonie de la Bambola-Bragamance*
– en France, en banlieue parisienne : *La Garenne-Rancy.*

# Paroles de personnages : modalités du discours rapporté

La caractérisation des personnages de romans se fait non seulement par la description que l'auteur nous en donne, mais par les paroles qui leur sont prêtées. Or, on distingue quatre modalités du discours rapporté :

## • Le discours direct

Il transcrit les paroles des personnages telles qu'elles auraient pu être prononcées.

→ *« Reste donc ! » dit Deslauriers.*

On note ici la présence de guillemets et d'un verbe introducteur du discours. Il arrive que des propos au discours direct ne soient pas précédés de signes de ponctuation particuliers. Ainsi, dans le texte de Jules Vallès, pp. 26-27, nous lisons :

→ *Je m'en aperçois d'un coup.* ***Combien y a-t-il de temps que je suis dans ce livre ? – quelle heure est-il ?***

Les deux phrases en gras, même sans guillemets, relèvent du discours direct, et plus précisément du monologue intérieur que le personnage du narrateur se tient à lui-même. L'effacement des guillemets permet ici de ne pas rompre la continuité entre récit et paroles.

## • Le discours indirect

Il inclut les propos dans une proposition subordonnée dépendant d'un verbe introducteur.

→ *Le Nogentais justifia sa présence en contant* ***qu'il revenait d'inspecter ses pièges à loup, dans son jardin, au bord de l'eau.***

La proposition en gras est une proposition subordonnée complétive COD du verbe « conter »

Les marques de personne et de temps subissent des changements par rapport à l'emploi du discours direct : le « je » est remplacé par un « il », « mes » par « ses », « mon » par « son », et le présent par l'imparfait.

## • Le discours indirect libre

Il procède à une transposition des marques de personne et de temps mais sans recourir à une proposition subordonnée.

→ *Isidore les aborda. Madame priait Monsieur de revenir.*

Au discours direct, la phrase aurait été :

*Isidore les aborda et dit à Frédéric : « Madame vous prie de revenir ».*

Au discours indirect :

*Isidore les aborda et dit à Frédéric que sa mère le priait de revenir.*

On peut comprendre, avec les deux transpositions précédentes, les raisons qui ont fait que Flaubert ait opté pour le discours indirect libre : cette modalité du discours permet de rendre la manière de parler, pleine de déférence, du domestique, qui s'adresse à son maître en employant la troisième personne, mais en même temps elle ne donne pas à la réplique d'Isidore le même statut qu'au dialogue des deux amis, ce qui laisse celui-ci au premier plan.

Le discours indirect libre a d'autre part **l'avantage de fondre le discours dans le récit** ; il est souvent utilisé dans les romans de la seconde moitié du XIXe siècle, en particulier chez Flaubert.

## • Le discours narrativisé ou récit de paroles

Il évoque le contenu des propos échangés sans en restituer l'exactitude.

→ *Il lui fit des questions sur son voyage.*

Nous savons que Deslauriers a interrogé Frédéric sur son voyage entre Le Havre et Nogent mais le détail même des questions ne nous est pas donné, ce qui permet au romancier de hiérarchiser les propos tout en intégrant les paroles dans le récit.

Ces quatre modalités du discours rapporté sont souvent utilisées conjointement pour des raisons de variété stylistique.

Cependant, dans certains cas, seule une modalité est convoquée : ainsi dans l'extrait de *Michel Strogoff* de Jules Verne (voir p. 53), le discours direct domine : il s'agit d'une scène entre le héros et le tsar pour laquelle la brièveté des questions et des réponses manifeste la tension dramatique. Par ailleurs, le discours indirect libre n'est pas aisé à percevoir et nécessite des compétences de lecture plus grandes que les autres modalités : cela explique aussi qu'il se rencontre rarement dans la littérature de jeunesse.

# EXERCICES

**1** **Dans le texte de Jules Vallès, p. 26, recopiez les passages qui relèvent du discours direct, en distinguant ceux qui expriment le monologue intérieur de l'enfant et ceux qui transcrivent une réplique d'un autre personnage. Qu'est-ce qui permet de les distinguer ? Relevez également un passage au discours indirect.**

**2** **Lisez le discours de Madame de Bauséant, dans l'extrait du *Père Goriot* p. 34. Transposez au discours indirect le passage suivant : *« Je la verrai une ou deux fois [...] suffira. »* Transposez au discours indirect libre le passage suivant : *« À Paris le succès est tout [...] une réunion de dupes et de fripons. »* Quelle modalité de discours Balzac a-t-il choisi pour l'échange entre Rastignac et sa cousine à la fin de l'extrait ? Quelles en sont les marques ? Proposez une transposition dans un autre type de discours et justifiez les choix du romancier.**

**3** **Dans l'extrait de *L'Éducation sentimentale*, p. 36, repérez les passages de discours indirect libre, puis les passages de discours narrativisé. Quels indices vous permettent de faire cette répartition ?**

**4** **Dans le même extrait du roman de Flaubert, notez les passages au discours direct. À quel personnage sont-ils essentiellement attribués ? Quel est dès lors l'effet produit ?**

**5** **Le roman de Céline, p. 40, fait entendre la voix de deux personnages. Relevez deux fragments de discours direct et analysez les distorsions que l'auteur fait subir à la syntaxe. Vous vous intéresserez notamment aux propositions incises.**

**6** **Choisissez un court passage de discours direct de l'extrait du *Voyage au bout de la nuit* et transposez-le dans une autre modalité. Pourquoi, selon vous, Céline a-t-il essentiellement eu recours au discours direct ?**

**7** **Dans l'extrait d'*Éducation européenne*, p. 44, relevez un passage au discours narrativisé. Quels indices vous permettent d'en décider ? Montrez que dans le passage suivant on observe une contamination des marques de discours indirect libre et de discours direct :**

> *Il n'y aura jamais plus de guerre, les Américains et les Russes allaient unir fraternellement leurs efforts pour bâtir un monde nouveau et heureux, un monde d'où la crainte serait à jamais bannie.*

**8** **Comment se distingue le monologue intérieur de Janek dans l'extrait du roman de Romain Gary (p. 44) ?**

**9** **Lisez les extraits de romans d'aventures proposés dans le Corpus Bac, p. 52. Quelle modalité du discours rapporté domine ? Choisissez un court passage que vous recopierez et analyserez du point de vue grammatical. Vous proposerez notamment une transposition dans un autre type de discours.**

**10** **Dans cet extrait de *L'Éducation sentimentale*, Frédéric vient de sympathiser avec un jeune homme, Hussonnet : celui-ci travaille pour la revue de Jacques Arnoux, le mari de la jeune femme que Frédéric a rencontrée dans l'incipit du roman.**
**Vous nommerez les modalités du discours rapporté.**

La causerie fut longue ; ils s'épanchèrent. Hussonnet ambitionnait la gloire et les profits du théâtre. Il collaborait à des vaudevilles non reçus, « avait des masses de plans », tournait le couplet ; il en chanta quelques-uns. Puis, remarquant dans l'étagère un volume de Hugo et un autre de Lamartine, il se répandit en sarcasmes sur l'école romantique. Ces poètes-là n'avaient ni bon sens ni correction, et n'étaient pas Français, surtout ! Il se vantait de savoir la langue et n'épluchait les phrases les plus belles avec cette sévérité hargneuse, ce goût académique qui distinguent les personnes d'humeur folâtre quand elles abordent l'art sérieux.

Frédéric fut blessé dans ses prédilections ; il avait envie de rompre. Pourquoi ne pas hasarder, tout de suite, le mot d'où son bonheur dépendait ? Il demanda au garçon de lettres s'il pouvait le présenter chez Arnoux.

La chose était facile, et ils convinrent du jour suivant.

Gustave FLAUBERT, *L'Éducation sentimentale*, 1869.

**11** **Même travail qu'à l'exercice précédent.**

Il fut d'abord question d'une nommée Apollonie, un ancien modèle, que Burrieu prétendait avoir reconnue sur le boulevard, dans une daumont[1]. Hussonnet expliqua cette métamorphose par la série de ses entreteneurs.

– Comme ce gaillard-là connaît les filles de Paris ! dit Arnoux.

– Après vous, s'il en reste, Sire, répliqua le bohème, avec un salut militaire, pour imiter le grenadier offrant sa gourde à Napoléon.

Puis on discuta quelques toiles, où la tête d'Apollonie avait servi. Les confrères absents furent critiqués. On s'étonnait du prix de leurs œuvres ; et tous se plaignaient de ne point gagner suffisamment [...].

Gustave FLAUBERT, op. cit.

1. **daumont :** voiture d'apparat, à quatre chevaux.

# ÉPREUVE BAC

## CORPUS Le roman d'aventures

### TEXTE A *Le Comte de Monte-Cristo*

*Victime d'une dénonciation calomnieuse, Edmond Dantès est enfermé en 1815 à l'âge de dix-neuf ans au château d'If sur une île près de Marseille. Il se lie avec un autre prisonnier, l'abbé Faria, qui lui confie le secret d'un trésor. Le vieil homme vient de lui donner à lire un document qu'il a reconstitué et interprété.*

« Maintenant », continua Faria en regardant Dantès avec une expression presque paternelle, « maintenant, mon ami, vous en savez autant que moi : si nous nous sauvons jamais ensemble, la moitié de mon trésor est à vous ; si je meurs ici et que vous vous sauviez seul, il vous appartient en totalité.

– Mais, demanda Dantès hésitant, ce trésor n'a-t-il pas dans ce monde quelque plus légitime possesseur que nous ?

– Non, non, rassurez-vous, la famille est éteinte complètement ; le dernier comte de Spada, d'ailleurs, m'a fait son héritier ; en me léguant ce bréviaire symbolique il m'a légué ce qu'il contenait ; non, non, tranquillisez-vous : si nous mettons la main sur cette fortune, nous pourrons en jouir sans remords.

– Et vous dites que ce trésor renferme…

– Deux millions d'écus romains, treize millions à peu près de notre monnaie.

– Impossible ! » dit Dantès effrayé par l'énormité de la somme.

« Impossible ! et pourquoi ? reprit le vieillard. La famille Spada était une des plus vieilles familles et des plus puissantes familles du XV$^{e}$ siècle. D'ailleurs, dans ces temps où toute spéculation et toute industrie étaient absentes, ces agglomérations d'or et de bijoux ne sont pas rares, il y a encore aujourd'hui des familles romaines qui meurent de faim près d'un million en diamants et en pierreries transmis par majorat[1], et auquel elles ne peuvent toucher. »

Edmond croyait rêver : il flottait entre l'incrédulité et la joie.

« Je n'ai gardé si longtemps le secret avec vous, continua Faria, d'abord que pour vous éprouver, et ensuite pour vous surprendre ; si nous nous fussions évadés avant mon accès de catalepsie, je vous conduisais à Monte-Cristo ; maintenant, ajouta-t-il avec un soupir, c'est vous qui m'y conduirez. Eh bien ! Dantès, vous ne me remerciez pas ?

– Ce trésor vous appartient, mon ami, dit Dantès, il appartient à vous seul, et je n'y ai aucun droit : je ne suis point votre parent.

– Vous êtes mon fils, Dantès ! s'écria le vieillard, vous êtes l'enfant de ma captivité ; mon état me condamnait au célibat : Dieu vous a envoyé à moi pour consoler à la fois l'homme qui ne pouvait être père et le prisonnier qui ne pouvait être libre. »

Et Faria tendit le bras qui lui restait au jeune homme qui se jeta à son cou en pleurant.

Alexandre DUMAS, *Le Comte de Monte-Cristo*, 1844-1846, chapitre XVIII, « Le Trésor ».

1. **majorat :** bien inaliénable, transmis au fils aîné d'une famille.

## TEXTE B *Michel Strogoff*

*Dans des circonstances critiques, le tsar de Russie (orthographié ici* ***czar****) doit envoyer un courrier en Sibérie pour porter une lettre, à plus de 5 500 km de Moscou. Cet homme d'exception, c'est un officier, Michel Strogoff, qui se voit ici, au début du roman, investi de cette mission.*

« Voici une lettre, dit-il, que je te charge, toi, Michel Strogoff, de remettre en main propre au grand-duc et à nul autre que lui.

– Je la remettrai, Sire.

– Le grand-duc est à Irkoutsk.

– J'irai à Irkoutsk.

– Mais il faudra traverser un pays soulevé par des rebelles, envahi par des Tartares, qui auront intérêt à intercepter cette lettre.

– Je le traverserai.

– Tu te défieras surtout d'un traître, Ivan Ogareff, qui se rencontrera peut-être sur ta route.

– Je m'en défierai.

– Passeras-tu par Omsk ?

– C'est mon chemin, Sire.

– Si tu vois ta mère, tu risques d'être reconnu. Il ne faut pas que tu voies ta mère ! »

Michel Strogoff eut une seconde d'hésitation.

« Je ne la verrai pas, dit-il.

– Jure-moi que rien ne pourra te faire avouer ni qui tu es ni où tu vas !

– Je le jure !

– Michel Strogoff, reprit alors le czar, en remettant le pli au jeune courrier, prends donc cette lettre, de laquelle dépend le salut de toute la Sibérie et peut-être la vie du grand-duc mon frère.

– Cette lettre sera remise à son Altesse le grand-duc.

– Ainsi tu passeras quand même ?

– Je passerai, ou l'on me tuera.

– J'ai besoin que tu vives !

– Je vivrai et je passerai », répondit Michel Strogoff.

Le czar parut satisfait de l'assurance simple et calme avec laquelle Michel Strogoff lui avait répondu.

« Va donc, Michel Strogoff, dit-il, va pour Dieu, pour la Russie, pour mon frère et pour moi ! »

Michel Strogoff salua militairement, quitta aussitôt le cabinet impérial, et, quelques instants après, le Palais-Neuf.

« Je crois que tu as eu la main heureuse, général, dit le czar.

– Je le crois, Sire, répondit le général Kissoff, et Votre Majesté peut être assurée que Michel Strogoff fera tout ce que peut faire un homme.

– C'est un homme, en effet », fit le czar.

Jules VERNE, *Michel Strogoff*, 1876.

## TEXTE C *L'Or*

*Ce court roman de Blaise Cendrars (1887-1960) est la biographie imaginaire de Johann August Suter, aventurier suisse parti faire fortune en Amérique, dans la première moitié du XIX^e siècle. D'abord fermier dans le Missouri, il entend bien des récits que lui racontent les gens de passage.*

Un jour, il a une illumination. Tous, tous les voyageurs qui ont défilé chez lui, les menteurs, les bavards, les vantards, les hâbleurs, et même les plus taciturnes, tous ont employé un mot immense qui donne toute sa grandeur à leurs récits. Ceux qui en disent trop comme ceux qui n'en disent pas assez, les fanfarons, les peureux, les chasseurs, les outlaws, les trafiquants, les colons, les trappeurs, tous, tous, tous, tous parlent de l'Ouest, ne parlent en somme que de l'Ouest.

L'Ouest.

Mot mystérieux.

Qu'est-ce que l'Ouest ?

Voici la notion qu'il en a.

De la vallée du Mississippi jusqu'au-delà des montagnes géantes, bien loin, bien loin, bien avant dans l'ouest, s'étendent des territoires immenses, des terres fertiles à l'infini, des steppes arides à l'infini. La prairie. La patrie des innombrables tribus peaux rouges et des grands troupeaux de bisons qui vont et viennent comme le flux de la mer.

Mais après, mais derrière ?

Il y a des récits d'Indiens qui parlent d'un pays enchanté, de villes d'or, de femmes qui n'ont qu'un sein. Même les trappeurs qui descendent du nord avec leur chargement de fourrures ont entendu parler sous leur haute latitude, de ces pays merveilleux de l'ouest, où, disent-ils, les fruits sont d'or et d'argent.

L'Ouest ? Qu'est-ce que c'est ? qu'est-ce qu'il y a ? Pourquoi y a-t-il tant d'hommes qui s'y rendent et qui n'en reviennent jamais ? Ils sont tués par les Peaux Rouges ; mais celui qui passe outre ? Il meurt de soif ; mais celui qui traverse les déserts ? Il est arrêté par les montagnes ; mais celui qui franchit le col ? Où est-il ? qu'a-t-il vu ? Pourquoi y en a-t-il tant parmi ceux qui passent chez moi qui piquent directement au nord et qui, à peine dans la solitude, obliquent brusquement à l'ouest ?

La plupart vont à Santa Fé, cette colonie mexicaine avancée dans les montagnes Rocheuses, mais ce ne sont que de vulgaires marchands que le gain facile attire et qui ne s'occupent jamais de ce qu'il y a plus loin.

Johann August Suter est un homme d'action.

Il bazarde sa ferme et réalise tout son avoir. Il achète trois wagons couverts, les remplit de marchandises, monte à cheval armé du fusil à deux coups. Il s'adjoint à une compagnie de trente-cinq marchands qui se rendent à Santa Fé, à plus de 800 lieues. Mais l'affaire était mal montée, l'organisation peu sérieuse et ses compagnons, des vauriens qui s'égaillèrent rapidement. Aussi bien Suter y aurait tout perdu, car la saison était trop avancée, s'il ne s'était établi parmi les Indiens de ces territoires, aux extrêmes confins du monde civilisé, troquant et trafiquant.

Et c'est là, chez ces Indiens, qu'il apprend l'existence d'un autre pays, s'étendant encore beaucoup plus loin à l'ouest, bien au-delà des montagnes Rocheuses, au-delà des vastes déserts de sable.

Enfin il en sait le nom.
La Californie.
Mais pour se rendre dans ce pays, il doit s'en retourner en Missouri.

Il est hanté.

Blaise CENDRARS, *L'Or*, 1925. 



## TEXTE D *La Voie royale*

*L'extrait suivant se situe dans la première partie de ce court roman publié par André Malraux* (voir biographie p. 632) *en 1930. Claude Vannec, un jeune archéologue, rencontre sur le bateau qui le mène en Indochine un aventurier mystérieux, Perken, qu'il cherche à convaincre de s'engager avec lui dans une expédition aux limites de la légalité. Il s'agit de rechercher des temples situés le long d'une ancienne voie qui reliait Angkor à Menam et qui sont désormais recouverts par la végétation, puis de s'emparer des trésors qu'ils recèlent – bas-reliefs, statues – et de les négocier. Perken, qui a besoin d'argent, est tenté, mais encore hésitant.*

Perken, repoussant la carte, s'assit sur la couchette.

« Laissons les objections. Ce projet se défend, toutes réflexions faites – il est vrai que je ne réfléchissais pas, je rêvais au moment où j'aurais l'argent...

– Je ne prétends pas tenter les choses qui doivent réussir d'elles-mêmes ; celles-là je les manque. Pourtant, comprenez bien que si j'accepte, c'est avant tout parce que je dois aller chez les Moïs[1].

– Où ?

– Plus au nord, mais l'un n'empêche pas l'autre. Je ne saurai exactement où je vais qu'à Bangkok[2] : je vais chercher – rechercher – un homme pour qui j'avais une grande sympathie et une grande méfiance... On me remettra à Bangkok l'enquête des miliciens indigènes sur sa disparition, comme ils disent. Je crois...

– Donc, vous acceptez ?

– Oui... qu'il est parti dans la région dont je me suis occupé. S'il est mort, je saurai à quoi m'en tenir. Sinon...

– Sinon ?

– Je ne tiens pas à sa présence... Il gâchera tout... »

Le passage de l'un des sujets à l'autre était trop rapide : à peine Claude pouvait-il écouter. Sitôt après l'acceptation, cet homme n'existait pas. Il suivit le regard de Perken : c'était son image à lui, Claude, que ce regard fixait, mais dans la glace. Son propre front, son menton avançant, il les vit, une seconde, avec les yeux d'un autre. Et c'était à lui que cet autre pensait :

« Ne répondez que s'il vous plaît de répondre... »

Le regard devint plus précis.

«... Pourquoi allez-vous tenter cela ?

– Je pourrais vous répondre : parce que je n'ai presque plus d'argent, ce qui est vrai.

– Il y a d'autres manières d'en gagner. Et pourquoi en voulez-vous ? De toute évidence, ce n'est pas pour en jouir.

(« Et vous ? » pensa Claude.) « Être pauvre empêche de choisir ses ennemis, répondit-il. Je me méfie de la petite monnaie de la révolte... »

1. **Moïs :** peuple d'Indochine vivant dans les montagnes du Vietnam et sur les plateaux du revers de la Cordillère annamitique.

2. **Bangkok :** ville du centre de la Thaïlande, capitale et plus grande ville du royaume.

Perken le regardait toujours, de ce regard à la fois appuyé et perdu, plein de souvenirs, qui faisait songer Claude à celui des prêtres intelligents ; l'expression en devint plus dure :

« On ne fait jamais rien de sa vie.

– Mais elle fait quelque chose de nous.

– Pas toujours. Qu'attendez-vous de la vôtre ? »

Claude ne répondit pas tout d'abord. Le passé de cet homme s'était si bien transformé en expérience, en pensée à peine suggérée, en regard, que sa biographie en perdait toute importance. Il ne restait entre eux – pour les attacher – que ce que les êtres ont de plus profond.

« Je pense que je sais surtout ce que je n'en attends pas…

– Chaque fois que vous avez dû opter, il se…

– Ce n'est pas moi qui opte : c'est ce qui résiste.

– Mais à quoi ? »

Il s'était assez souvent posé lui-même cette question pour qu'il pût lui répondre aussitôt :

« À la conscience de la mort.

– La vraie mort, c'est la déchéance. »

Perken maintenant regardait dans la glace son propre visage.

« Vieillir, c'est tellement plus grave ! – Accepter son destin, sa fonction, la niche à chien élevée sur sa vie unique… On ne sait pas ce qu'est la mort quand on est jeune… »

Et tout à coup, Claude découvrit ce qui le liait à cet homme qui l'avait accepté sans qu'il comprît bien pourquoi : l'obsession de la mort.

Perken prenait la carte.

« Je vous la rapporterai demain. »

Il serra la main de Claude et sortit.

André MALRAUX, *La Voie royale*, 1930.

## Questions

**1.** ***Quels caractères du héros de roman d'aventures ressortent de ces textes ?***

**2.** ***En quoi ces extraits illustrent-ils la diversité des motivations qui poussent les héros à entreprendre leur quête ?***

## Écriture d'invention

*Un portrait en paroles*

***En imitant l'un des textes du corpus, vous rédigerez le portrait d'un héros de roman d'aventures au travers de ses paroles, rapportées dans un dialogue ou dans un monologue intérieur.***

## Commentaire

*Le rêve de l'Ouest américain*

***Vous commenterez le texte de Blaise Cendrars (Texte C).***

### Suggestion de plan

Problématique : que représente l'Ouest dans ce passage ?

I Un mythe

II Un mystère

III Une aventure

## Dissertation

*Le plaisir du texte*

***Dans un essai intitulé*** **Le Roman d'aventures,** ***Jean-Yves Tadié écrit : «*** **À vivre l'aventure on en connaît surtout la peur, parfois l'angoisse ; le plaisir disparaît vite, ne reparaît qu'à la fin […] À lire l'aventure, on en connaît surtout le plaisir, et la peur n'est qu'un jeu. »**

***Vous vous demanderez en quoi ces propos éclairent votre propre expérience de lecteur, en vous interrogeant sur ce plaisir du texte propre au roman d'aventures. Vous vous aiderez des textes du corpus mais aussi du groupement 1 (pp. 26 à 32) et de vos lectures personnelles.***

# MÉTHODE

## Lire un corpus

Le corpus proposé pour un sujet de l'EAF est formé d'un ensemble de textes différents ou d'un seul texte, qu'il s'agisse d'une œuvre intégrale – nouvelle, conte, poème – ou d'un long extrait.
Dans le premier cas, le plus fréquent, il faut **comprendre la cohérence de ce corpus**, saisir ce qui en fait **l'unité** et ce qui en fonde **la diversité**, afin de traiter correctement questions et travaux d'écriture. Vous pouvez établir la liste des éléments de ressemblance entre les textes et celle des différences comme nous vous le proposons dans le tableau ci-dessous.

| Unité du corpus | Diversité du corpus |
| --- | --- |
| ◆ des textes et des auteurs patrimoniaux<br>◆ le genre : roman d'aventures<br>◆ les personnages : des héros de romans d'aventures<br>◆ la présence de dialogues ou de monologue, faisant entendre les paroles des personnages<br>◆ la mise en scène du début d'une quête<br>◆ l'évocation des dangers qui menacent l'aventurier<br>◆ l'évocation, complémentaire, des récompenses si la quête réussit<br>◆ le thème du voyage<br>◆ la notion de dépassement de soi<br>◆ la curiosité et le savoir<br>◆ la présence de la mort | ◆ des textes qui relèvent de la littérature de jeunesse (ceux d'A. Dumas et de J. Verne), d'autres qui s'adressent plutôt à un public adulte (ceux de B. Cendrars et d'A. Malraux).<br>◆ trois auteurs français, un auteur suisse, Blaise Cendrars.<br>◆ deux auteurs du XIXe siècle, deux auteurs du XXe, qui ont écrit à des périodes très proches.<br>◆ le lien, dans les textes A, B et D entre un jeune homme et un homme d'âge mûr, plus expérimenté, qui lance la quête ou qui la permet (l'abbé Faria, le tsar, Perken) tandis que dans le texte C le héros est un homme d'âge mûr qui part en quête de l'eldorado sur la foi de récits colportés par des voyageurs.<br>◆ la diversité géographique (la France et l'Italie avec le château d'If et l'île de Monte-Cristo, la Sibérie, la Californie, la jungle vietnamienne). |

On notera aussi que **l'aventure, extérieure d'une certaine façon au héros dans les romans du XIXe siècle, s'intériorise dans les œuvres du XXe siècle** : si Edmond Dantès est envoyé par l'abbé Faria à l'île de Monte Cristo, si Michel Strogoff, courrier du tsar, reçoit une mission de son maître pour se rendre en Sibérie, c'est Suter lui-même qui nourrit son rêve de conquête de l'Ouest tandis que Claude Vannec a longuement mûri le projet de découvrir les richesses archéologiques des temples de la Voie royale.

Au tournant du siècle, le modèle qu'a constitué ***Au Cœur des ténèbres*** de l'auteur polonais d'expression anglaise Joseph Conrad (1857-1924) a transformé le roman d'aventures, en lui donnant un caractère métaphysique : désormais **il s'agit moins pour le héros d'explorer le monde que de descendre dans les ténèbres de l'âme humaine**. Le corpus donne à lire ce changement dans le traitement du genre.

# Du roman au mythe : Don Quichotte, un gueux et un preux

*Pierre Brunel (né en 1939), professeur de littérature comparée à l'Université de Paris Sorbonne, s'attache dans un essai à explorer la fortune du roman de* Don Quichotte*, nous invitant à le considérer comme le dernier roman de chevalerie ou comme le premier des romans modernes. Il montre en particulier comment s'unissent en un seul personnage les figures jusqu'alors disjointes du preux et du gueux.*

J'aime cette indication étymologique que donne le dictionnaire de Littré au sujet du mot « gueux » : « origine inconnue ». Le substantif est, comme celui qu'il désigne, un pauvre hère, sans ascendance déclarée, sans attache, un mot errant, comme le gueux est condamné à aller par les routes et les chemins, à la recherche d'une douteuse subsistance, – gueux gueusant de gueuserie. […]

Entre le gueux et son contraire, le preux, toutes les catégories ont pu être créées. Cervantès représente dans *Don Quichotte* (1605) celui qui voudrait être preux, et la fine fleur de la noblesse : à bien des égards il n'est pourtant qu'un gueux, qui erre aussi sur les routes, famélique comme son étique[1] cheval, Rossinante. Mais il ne s'en aperçoit pas plus qu'il ne se sent dévoré par la faim. Au contraire, son prétendu « écuyer », Sancho Pança, est conscient de sa gueuserie. Il souffre terriblement d'avoir le ventre vide en dehors des bonnes occasions. Sur les routes d'Espagne, ou plutôt sur les chemins caillouteux tels que nous les laisse deviner Cervantès, d'autres silhouettes du même genre se profilent, – par exemple, dans la Seconde Partie, ce jeune homme qui marche à pied, avec un paquet de hardes rappelant pourtant la mode de la Cour : « Si j'eusse servi quelque grand d'Espagne », gémit-il auprès de Don Quichotte, « ou quelque autre personne de qualité[2], sans doute j'en aurais rapporté [quelque profit], et voilà ce que c'est de servir les bons maîtres. Car de l'office on sort ordinairement lieutenant ou capitaine d'une compagnie, ou bien avec quelque bonne gratification. Mais moi, malheureux que je suis, j'ai toujours servi des gueux et des vagabonds, qui nourrissent et payent si chichement leurs serviteurs, que le salaire qu'on en reçoit se consommait moitié à faire empeser un rabat[3] » (II, 212-213). […]

Tout se passe comme si un preux sommeillait en tout gueux, comme si un gueux accompagnait le preux dans l'ombre. Raymond Queneau, en 1965, recomposera systématiquement ce jeu de doubles dans son roman *Les Fleurs bleues*, qui s'achève sur la rencontre, et la séparation, d'un seigneur venu du temps de saint Louis et d'un pauvre bougre qui se nourrit de boîtes de conserve sur sa péniche qui lui tient lieu de maison. À beaucoup d'égards, le duc d'Auge et Cidrolin[4] prolongent et renouvellent le contrepoint du roman du preux et du gueux.

Sans doute a-t-on connu dans l'Antiquité et au Moyen Âge des ancêtres, ou plutôt des anticipations du roman : le *Satiricon* de Pétrone[5], avec le riche affranchi [6] Trimalcion et des jeunes garçons plutôt interlopes[7], *L'Âne d'or ou les Métamorphoses* d'Apulée[8], « sermo Milesius », causerie milésienne, un

1. **étique :** d'une maigreur extrême.
2. **de qualité :** noble.
3. **rabat :** grand col rabattu, retombant sur la poitrine et tenant lieu de cravate dans le vêtement masculin du XVIIe siècle.
4. **le duc d'Auge et Cidrolin :** personnages principaux des *Fleurs bleues* de R. Queneau.
5. **Pétrone :** écrivain latin du Ier siècle après Jésus-Christ, auteur du roman le *Satiricon* (vers 60).
6. **affranchi :** esclave libéré.
7. **interlopes :** louches, équivoques.
8. **Apulée :** écrivain latin (v. 125-v.200).

Illustration pour *Don Quichotte.* Estampe de Daniel URRABIETTA VIERGE, 2e Partie, chap. 42. Bibl. del Cigarral del Carmen à Tolède.

genre moins fixé que mêlé auquel se réfère encore Cervantès dans le *Quichotte*, et ces innombrables romans de chevalerie, *Amadis de Gaule* et autres, dont, en son modeste manoir de la Manche, le pauvre hidalgo s'est farci la cervelle. Mais l'histoire du roman moderne ne commence pas avant le XVIe siècle, le *Lazarillo de Tormes*[9], les Cinq Livres de Rabelais, et le début du XVIIe avec *Don Quichotte*. Comme l'écrit Maurice Molho[10], « lorsque le picaro fait son entrée dans la littérature, la notion de « roman » est si peu présente à la pensée espagnole que la langue ne dispose même pas encore d'un mot pour la signifier. Non que les ouvrages de fiction fassent défaut à l'aube du Siècle d'or. Les Espagnols lisent d'interminables et merveilleuses histoires de chevalerie, dont ils s'engouent au moment même où l'Europe les délaisse ». Le roman naît peut-être au moment où le preux, venu de ces interminables romans de chevalerie, rencontre le personnage nouveau, le gueux. C'est cette rencontre, cet accompagnement, ces jeux de double et d'échange qui laissent fasciné, – au risque d'être pris dans le vertige créé par le miroir du roman, quand on a la surprise de trouver dans un texte de 1605-1615, le larron, le gueux double du preux que chacun d'entre nous, sans s'appeler Don Quichotte, aspire à être.

Pierre BRUNEL, *« Don Quichotte » et le roman malgré lui*, Klincksieck, 2006.

**9. Lazarillo de Tormès :** roman espagnol paru anonymement en 1554 à Burgos et considéré comme le premier roman picaresque.

**10. Maurice Molho :** auteur d'une introduction aux *Romans picaresques espagnols*, Gallimard, Bibliothèque de la Pléiade, 1968, p. XI.

## LIENS


- ✦ **Lecture de l'image,** illustration pour Don Quichotte, p. 33
- ✦ **Chapitre 14**, *Les Fleurs bleues*, p. 594

CHAPITRE

# 2 Singularité du roman

## OBJECTIFS

- Découvrir l'univers des romans du XVII^e et du XVIII^e siècles
- Étudier la diversité des personnages et des situations romanesques
- Comprendre la singularité du roman avant la Révolution

Francesco HAYEZ (1791-1882), *Le Baiser*, 1859. Huile sur toile, 112 × 90 cm. Galleria Brera, Milan.

# Le roman aux XVII^e et XVIII^e siècles

Le roman aux XVII^e et XVIII^e siècles se caractérise par **une double singularité**. Tout d'abord, il est à la fois, et paradoxalement, un genre **prisé** et **méprisé** : on lit beaucoup de romans mais on l'avoue avec honte. De plus, c'est le seul genre à connaître une aussi grande **diversité**, qui le rend apte à traduire, sous des formes multiples, tous les aspects de l'homme et de la vie.

## Un genre très apprécié

On a trop souvent tendance à penser que le XVII^e siècle serait seulement en France le siècle d'or du théâtre ; c'est aussi un très grand siècle pour le roman. Mme de Sévigné dit, dans l'une de ses lettres, qu'elle « se laisse prendre à la glu » des œuvres de La Calprenède (1610-1663), auteur de romans-fleuves à caractère historique tels *Cléopâtre* dont les douze tomes ont été publiés entre 1646 et 1657. Dès sa publication, *L'Astrée,* (→ p. 64)roman pastoral dont les personnages sont des bergers et des bergères vivant dans un cadre bucolique, passionne les lecteurs qui, dans les cercles mondains et galants, se donnent entre eux des surnoms empruntés aux personnages d'Honoré d'Urfé. Jean-Pierre Camus (1584-1652), évêque de Belley, dans l'Ain, lui-même auteur de romans, et homme d'une grande culture, note que les écoliers d'alors « sont aussi âpres à dévorer des romans qu'à sucer des dragées ».

Les romans offrent aux lecteurs non seulement des récits palpitants, avec des aventures multiples et des héros exaltants, mais aussi des réflexions approfondies sur le sentiment amoureux, qui se voit l'objet d'analyses détaillées.

➤ **Recherchez dans ce chapitre et dans l'extrait des *Précieuses ridicules*, p. 22, des éléments qui viennent corroborer cet intérêt pour le roman au XVII^e siècle et qui montrent que parfois la vie devient un roman.**

Les éloges ne manquent pas, émanant même de savants comme Pierre-Daniel HUET (1630-1721), académicien et précepteur du Dauphin, ami de Mademoiselle de Scudéry et de Madame de Lafayette. C'est en guise de préface à un roman de cette dernière, *Zayde*, qu'il publie son *Traité de l'origine des romans*, dans lequel il souligne le mérite des romans pour la formation intellectuelle et morale.

> Rien ne dérouille tant l'esprit, ne sert tant à le façonner et le rendre propre au monde que la lecture des bons romans. Ce sont des précepteurs muets, qui succèdent à ceux du collège et qui apprennent à parler et à vivre d'une méthode bien plus instructive et bien plus persuasive que la leur, et de qui on peut dire ce qu'Horace disait de l'*Iliade* d'Homère, qu'elle enseigne la morale plus fortement et mieux que les philosophes les plus habiles.
>
> Pierre-Daniel HUET, *Traité de l'origine des romans*, 1670.

➤ **Nommez la figure de style de l'expression « précepteurs muets ». En quoi traduit-elle la fonction essentielle des romans selon Pierre-Daniel Huet ?**

➤ **Quel rôle dans l'argumentation joue la comparaison avec l'épopée homérique ?**

## Un genre très décrié

Pourtant, le genre est aussi violemment critiqué. On lui reproche notamment d'être **amoral** et de corrompre les lecteurs. Aux yeux des dévots, le roman n'est que « *vermine des livres* ».

On lui reproche aussi son **manque de sérieux**. Ainsi, lorsqu'il traite de sujets historiques, les savants se plaisent à repérer erreurs ou approximations afin de dénoncer l'imposture.

On souligne enfin son **invraisemblance**. L'expression péjorative « cela sent le roman » est devenue synonyme de « c'est invraisemblable comme dans un roman ».

C'est pourquoi bien peu d'auteurs de romans se revendiquent comme tels aux XVII^e^ et XVIII^e^ siècles, prétendant n'être que les dépositaires, les éditeurs ou les traducteurs d'une œuvre qu'ils ont pourtant écrite.

Ainsi, **Guilleragues**, né Gabriel de Lavergne (1628-1685), a-t-il eu recours à une supercherie lorsqu'il a fait paraître chez le célèbre libraire Claude Barbin, en 1669, un petit livre anonyme, les *Lettres portugaises*. Il s'agissait de cinq lettres prétendument écrites par une jeune religieuse portugaise, éprise d'un officier français qui l'aurait abandonnée. Le succès fut immense – vingt éditions au XVII^e^ siècle – et l'on crut à leur authenticité, les attribuant à une certaine Mariana Alcoforado. Ce n'est qu'au XX^e^ siècle qu'on acquit la certitude que l'auteur du roman était bien le comte de Guilleragues. Celui-ci, nouvellement nommé secrétaire particulier du roi, ne voulait pas ou ne pouvait pas apparaître comme un romancier.

## Un genre très varié

Le genre se développe malgré la suspicion des doctes à son égard et jouit d'une grande liberté. Les formes romanesques sont en effet multiples. On pourra distinguer notamment, sans que cette liste prétende à l'exhaustivité :

• **Les romans pastoraux** qui, dans la première partie du XVII^e^ siècle, mettent en scène des bergers amoureux, comme dans *L'Astrée,* d'Honoré d'Urfé (→ p. 64). La littérature contribue à raffiner les mœurs et à développer l'étude des sentiments. Les personnages représentent des modèles d'exception et donnent une image idéalisée de l'amour, qui s'inspire des théories néo-platoniciennes mais aussi de penseurs chrétiens comme saint François de Sales.

• **Les romans galants ou précieux**, qui proposent sur des milliers de pages des intrigues complexes. Ainsi la *Clélie, histoire romaine,* 1654-1660, ou encore *Artamène ou le grand Cyrus*, (1649-1653) de Mademoiselle de Scudéry (→ p. 66), œuvres à clefs, où se trouve transposée la vie du XVII^e^ siècle sous les dehors de la fiction antique. Les portraits, souvent élogieux, interrompent souvent l'action, comme les peintures de la vie intérieure des personnages.

➤ **Lisez l'extrait d'*Artamène*, p. 66. En quoi peut-on dire que ce passage illustre la Préciosité ?**

• **Les romans classiques**, qui privilégient une brièveté empruntée à l'art de la nouvelle et dont le chef-d'œuvre est *La Princesse de Clèves*.

• **Les romans comiques**, volontiers satiriques, comme ceux de Paul Scarron (1610-1660) ou d'Antoine Furetière (1619-1688).

➤ **Lisez des extraits de ces romans, p. 76 et, chapitre 12, p. 496. S'agit-il seulement pour les auteurs de parodier les autres formes romanesques selon les codes du burlesque ?**

Pour échapper aux critiques concernant le caractère artificiel des romans, des formes en première personne se trouvent souvent convoquées :

• **Les pseudo-mémoires**, où un narrateur fictif raconte sa vie. C'est le cas par exemple de *Manon Lescaut* qui s'insère dans les *Mémoires d'un homme de qualité* (→ p. 80).

• **Les romans épistolaires**, qui se donnent le plus souvent comme des correspondances authentiques (→ p. 82).

Si *La Princesse de Clèves* ou *L'Astrée* peignent des personnages exceptionnels, atteignant parfois au sublime, *Le Paysan parvenu* de Marivaux ou *Manon Lescaut* de l'Abbé Prévost nous montrent des hommes tels qu'ils sont, avec leurs défauts, leurs faiblesses, leurs manques. Le XVIII^e^ siècle voit un développement de l'art du roman à la fois vers une plus grande intimité et vers une plus grande ouverture – le petit peuple entre dans le roman.

## I. UN PARFAIT AMANT

# Honoré d'URFÉ (1567-1625)

## *L'Astrée*

voir biographie p. 632

*Publié entre 1607 et 1627,* L'Astrée *est le roman qui a connu le plus grand succès de la première moitié du* XVII*e siècle. Ce récit de cinq mille pages décrit les amours contrariées de la bergère Astrée et de son amant Céladon, dans le décor bucolique du Forez, « auprès de l'ancienne ville de Lyon ». Nous sommes ici au tout début du roman : Céladon vient de se faire traiter avec la plus grande froideur par celle qu'il aime. Il n'en comprend pas la raison.*

Quel[1] devint alors ce fidèle berger ? celui qui a bien aimé le peut juger, si jamais tel reproche lui a été fait injustement. Il tombe à ses genoux, pâle et transi[2], plus que n'est pas[3] une personne morte : « Est-ce, belle bergère, lui dit-il, pour m'éprouver ou pour me désespérer ? – Ce n'est, dit-elle, ni pour l'un, ni pour l'autre, mais pour la vérité, n'étant plus de besoin d'essayer[4] une chose si reconnue. – Ah ! dit le berger, pourquoi n'ai-je ôté ce jour malheureux de ma vie ? – Il eût été à propos pour tous deux, dit-elle, que non point un jour, mais tous les jours que je t'ai vu, eussent été ôtés de la tienne et de la mienne. Il est vrai que tes actions ont fait que je me trouve déchargée d'une chose, qui, ayant effet, m'eût déplu davantage que ton infidélité[5]. Que si le ressouvenir de ce qui s'est passé entre nous (que je désire toutefois être effacé) m'a encore laissé quelque pouvoir, va-t'en, déloyal, et garde-toi bien de te faire voir à moi que je ne te le commande[6]. »

Céladon voulut répliquer, mais Amour, qui oit[7] si clairement, à ce coup lui boucha pour son malheur les oreilles ; et parce qu'elle s'en voulait aller, il fut contraint de la retenir par sa robe, lui disant : « Je ne vous retiens pas pour vous demander pardon de l'erreur qui m'est inconnue, mais seulement pour vous faire voir quelle est la fin que j'élis pour ôter du monde celui que vous faites paraître d'avoir tant en horreur. » Mais elle, que la colère transportait, sans tourner seulement les yeux vers lui, se débattit de telle furie qu'elle échappa, et ne lui laissa autre chose qu'un ruban, sur lequel par hasard il avait mis la main. Elle le soulait porter[8] au-devant de sa robe pour agencer son collet[9], et y attachait quelquefois des fleurs, quand la saison le lui permettait ; à ce coup elle y avait une bague que son père lui avait donnée. Le triste berger, la voyant partir avec tant de colère, demeura quelque temps immobile, sans presque savoir ce qu'il tenait en la main, quoiqu'il eût les yeux dessus. Enfin, avec un grand soupir, revenant de cette pensée, et reconnaissant ce ruban : « Sois témoin, dit-il, ô cher cordon, que plutôt que de rompre un seul des nœuds de mon affection, j'ai mieux aimé perdre la vie, afin que, quand je serai mort, et que cette cruelle te verra, pour être sur

1. **quel :** que.
2. **transi :** touché par une émotion paralysante.
3. **plus que n'est pas :** plus que n'est.
4. **n'étant plus de besoin d'essayer :** n'ayant plus besoin de mettre à l'épreuve.
5. comprendre : je me trouve déchargée d'une promesse qui, si elle s'était réalisée (par le mariage), m'aurait déplu encore plus que ton infidélité (note de l'éditeur).
6. **que je ne te le commande :** sauf si je te le commande.
7. **oit :** entend (du verbe « oïr »).
8. **elle le soulait porter :** elle avait coutume de le porter.
9. **collet :** partie d'un vêtement qui entoure le cou.

Salvatore ROSA (1615-1673), *« Astrée se retire de la terre et laisse sa balance et son épée aux bergers. »*, 1640. Kunsthistorisches Museum, Vienne. © AKG-images/Erich Lessing.

moi, tu l'assures qu'il n'y a rien au monde qui puisse être plus aimé que je l'aime, ni amant plus mal reconnu que je suis. » Et lors, se l'attachant au bras et baisant la bague : « Et toi, dit-il, symbole d'une entière et parfaite amitié, sois content de ne me point éloigner[10] à ma mort, afin que ce gage pour le moins me demeure de celle qui m'avait tant promis d'affection. » À peine eut-il fini ces mots que, tournant les yeux du côté d'Astrée, il se jeta les bras croisés dans la rivière.

Honoré d'URFÉ, *L'Astrée*, Livre premier, 1607.

**10. de ne me point éloigner :** de ne point t'éloigner de moi.

## ANALYSE

### *Une querelle amoureuse*

**1.** Quelles sont les étapes de la dispute entre Astrée et Céladon ? Comment les répliques s'enchaînent-elles ?

**2.** Observez le volume de paroles échangées : qui parle le plus ? pourquoi ?

### *Le ruban et la bague*

**3.** En quoi peut-on dire que ces objets jouent le rôle d'accessoires de théâtre dans cette scène ?

**4.** Quelle est leur signification symbolique ?

### *Une issue tragique*

**5.** Quels éléments renforcent le caractère dramatique de la situation finale ?

**6.** Montrez que cette fin était préparée dès le début de l'extrait. Qu'est-ce qui la rend tragique ?

## STYLISTIQUE

Relevez et analysez les marques de l'énonciation dans les passages de discours direct.

## LIENS


+ **Histoire littéraire**, p. 62
+ **Stylistique**, p. 85
+ **Chapitre 12**, groupement de textes « passions romanesques », p. 496
+ **Mémento**, Les marques de l'énonciation, p. 618.

## 2. UNE « ADMIRABLE PERSONNE »

# Madeleine de SCUDÉRY (1607-1701)

## *Artamène ou le grand Cyrus*

voir biographie p. 632

*Ce roman héroïque et précieux comprend de très nombreux portraits, et notamment celui de Cléomire, qui désigne en réalité la marquise de Rambouillet.*
*Le « je » renvoie au narrateur.*

Mais comme ce n'est pas son Histoire que je vous raconte, et que je ne veux que vous faire connaître le mérite de sa Personne, je ne m'arrêterai point à vous exagérer la noblesse de sa Race[1], ni à vous dire mille choses qui lui sont fort glorieuses : mais je vous dirai seulement que Cléomire a épousé un homme d'une des plus grandes maisons de Phénicie[2], et d'un mérite proportionné à sa qualité[3] : après quoi, je tâcherai de vous donner une idée de ce qu'est Cléomire. Imaginez-vous donc, Madame, la beauté même, vous voulez concevoir celle de cette admirable personne : je ne vous dis point que vous vous figuriez quelle est celle que nos Peintres donnent à Vénus, pour comprendre la sienne, car elle ne serait pas assez modeste ; ni celle de Pallas, parce qu'elle serait trop fière ; ni celle de Junon, qui ne serait pas assez charmante ; ni celle de Diane, qui serait un peu trop sauvage ; mais je vous dirai que pour représenter Cléomire, il faudrait prendre de toutes les figures qu'on donne à ces déesses, ce qu'elles ont de beau, et l'on en ferait peut-être une passable peinture. Cléomire est grande et bien faite ; tous les traits de son visage sont admirables ; la délicatesse de son teint ne se peut exprimer ; la majesté de toute sa personne est digne d'admiration ; et il sort je ne sais quel éclat de ses yeux, qui imprime le respect dans l'âme de tous ceux qui la regardent ; et pour moi je vous avoue que je n'ai jamais pu approcher Cléomire sans sentir dans mon cœur je ne sais quelle crainte respectueuse qui m'a obligé de songer plus à moi étant auprès d'elle qu'en nul autre lieu du monde où j'aie jamais été.

Au reste, les yeux de Cléomire sont si admirablement beaux, qu'on ne les a jamais pu bien représenter : ce sont pourtant des yeux qui en donnant de l'admiration n'ont pas produit ce que les autres beaux yeux ont accoutumé[4] de produire dans le cœur de ceux qui les voient : car enfin en donnant de l'amour ils ont toujours donné en même temps de la crainte et du respect, et par un privilège particulier, ils ont purifié tous les cœurs qu'ils ont embrasés. Il y a même, parmi leur éclat et parmi leur douceur, une modestie si grande, qu'elle se communique à ceux qui la voient : et je suis fortement persuadé qu'il n'y a point d'homme au monde qui eût l'audace d'avoir une pensée criminelle[5] en la présence de Cléomire. Au reste, sa physionomie est la plus belle et la plus noble que je vis jamais : et il paraît une tranquillité sur son visage qui fait voir clairement quelle est celle de son âme. On voit même, en la voyant seulement, que toutes ses passions sont soumises à raison et ne font point de guerre intestine dans son cœur : en effet je ne pense pas que l'incarnat[6] qu'on voit sur ses joues ait jamais passé ses limites et se soit épanché sur tout son visage si ce n'a été par la chaleur de l'été, ou par la

1. **race :** famille.
2. **Phénicie :** pays correspondant actuellement au Liban, à la Syrie et à Israël.
3. **qualité :** noblesse.
4. **avoir accoutumé :** avoir l'habitude.
5. **une pensée criminelle :** une mauvaise intention.
6. **incarnat :** d'une couleur vive située entre le rose et le rouge franc.

pudeur : mais jamais par la colère, ni par aucun dérèglement de l'âme : ainsi Cléomire étant toujours également tranquille est toujours également belle. Enfin, Madame, si on voulait donner un corps à la chasteté, pour la faire adorer par toute la terre, je voudrais faire représenter Cléomire ; si on en voulait donner un à la gloire, pour la faire aimer à tout le monde, je voudrais encore faire sa peinture ; et si l'on en donnait un à la vertu, je voudrais aussi la représenter.

Madeleine de SCUDÉRY, *Artamène ou le grand Cyrus*, 1649-1653, Chap. I, Livre 7.

Mme de Rambouillet et sa fille Julie d'Angennes.


## RECHERCHE

À l'aide d'un dictionnaire de mythologie, éclairez les allusions aux déesses mentionnées ici.

## ANALYSE

**1.** Relevez les termes qui évoquent l'art du portrait.

**2.** Comment ce portrait s'organise-t-il ? Comment les remarques sur le physique de Cléomire s'articulent-elles avec l'évocation de son caractère ? Ces remarques permettent-elles de définir précisément les traits du personnage ?

**3.** Quel est l'effet que cherche à produire ce texte ? par quels procédés ?

## PROLONGEMENTS

• Lisez les informations que vous donne le texte suivant sur le salon de la marquise de Rambouillet, modèle de Cléomire. Quels détails soulignent le raffinement esthétique et moral de ce milieu ?

### L'hôtel de Rambouillet

La maîtresse de maison, la marquise de Rambouillet, est une grande aristocrate, née Catherine de Vivonne-Savelli, héritière d'une double culture, italienne par sa mère issue d'une grande famille princière romaine et française par son père ambassadeur de France, et elle est elle-même l'épouse d'un diplomate, le marquis de Rambouillet. Le noyau central du salon est donc le milieu choisi de la grande aristocratie d'épée et de la diplomatie poli par les belles-lettres, le même que celui d'Honoré d'Urfé, où l'air cavalier et les bonnes grâces sont un héritage familial. Pour avoir fréquenté la cour dans sa jeunesse, la marquise l'a trouvée grossière, hors de la bienséance, avec ses ballets dansés par des seigneurs décidément trop rudes. De santé fragile, elle quitte bien volontiers la vie de cour et ses fatigues pour recevoir ses relations dans son hôtel particulier reconstruit en 1604 et qui initie en architecture ce qui deviendra le style Louis XIII, simple et élégant. Elle l'aménage pour en faire une demeure d'agrément propice aux réceptions mondaines et à la conversation avec une série de vastes pièces en enfilade et des alcôves, et fait tendre de bleu le salon principal, qui prend alors le nom de « chambre bleue ». Elle commence à recevoir également des écrivains dès les années 1610, à commencer par Malherbe, le plus grand poète de l'époque qui lui offrira par anagramme* son surnom pastoral de « divine Arthénice ».

Alain GÉNETIOT, *Le Classicisme*, PUF, 2005.

*__anagramme :__ inversion des lettres qui composent un mot ; ainsi, à partir des lettres de « Catherine », Malherbe forme-t-il le surnom d'Arthénice.

• Faites une recherche sur les salons féminins au XVII$^{e}$ et au XVIII$^{e}$ siècles.

## LIENS

✦ **Chapitre 1**, p. 22
✦ **Histoire littéraire** p. 62
✦ **Stylistique**, p. 85
✦ **Chapitre 12**, groupement « passions romanesques », p. 496

## 3. « UN CHEF-D'ŒUVRE DE LA NATURE »

# Madame de LAFAYETTE (1634-1693)

## *La Princesse de Clèves*

voir biographie p. 632

*L'incipit de ce court roman s'ouvre sur la présentation de la cour du roi Henri II en 1558 –* « La magnificence et la galanterie n'ont jamais paru en France avec tant d'éclat que dans les dernières années du règne de Henri second. » *– et l'auteur fait défiler sous nos yeux les plus illustres représentants de cette société brillante.*

Le duc de Nevers, dont la vie était glorieuse par la guerre et par les grands emplois qu'il avait eus, quoique dans un âge un peu avancé, faisait les délices de la cour. Il avait trois fils parfaitement bien faits : le second, qu'on appelait le prince de Clèves, était digne de soutenir la gloire[1] de son nom ; il était brave et magnifique[2], et il avait une prudence qui ne se trouve guère avec la jeunesse. Le vidame[3] de Chartres, descendu de cette ancienne maison de Vendôme, dont les princes du sang n'ont point dédaigné de porter le nom, était également distingué dans la guerre et dans la galanterie. Il était beau, de bonne mine, vaillant, hardi, libéral[4] ; toutes ces bonnes qualités étaient vives et éclatantes ; enfin il était le seul digne d'être comparé au duc de Nemours, si quelqu'un lui eût pu être comparable. Mais ce prince[5] était un chef-d'œuvre de la nature ; ce qu'il avait de moins admirable, c'était d'être l'homme du monde le mieux fait et le plus beau. Ce qui le mettait au-dessus des autres était une valeur incomparable, et un agrément dans son esprit, dans son visage et dans ses actions que l'on n'a jamais vu qu'à lui seul ; il avait un enjouement qui plaisait également aux hommes et aux femmes, une adresse extraordinaire dans tous ses exercices, une manière de s'habiller qui était toujours suivie de tout le monde, sans pouvoir être imitée, et enfin un air dans toute sa personne qui faisait qu'on ne pouvait regarder que lui dans tous les lieux où il paraissait. Il n'y avait aucune dame dans la cour dont la gloire n'eût été flattée de le voir attaché à elle ; peu de celles à qui il s'était attaché se pouvaient vanter de lui avoir résisté, et même plusieurs à qui il n'avait point témoigné de passion, n'avaient pas laissé d'en avoir[6] pour lui. Il avait tant de douceur et tant de disposition à la galanterie qu'il ne pouvait refuser quelques soins à celles qui tâchaient de lui plaire : ainsi, il avait plusieurs maîtresses[7], mais il était difficile de deviner celle qu'il aimait véritablement. Il allait souvent chez la reine dauphine[8] ; la beauté de cette princesse, sa douceur, le soin qu'elle avait de plaire à tout le monde et l'estime particulière qu'elle témoignait à ce prince, avaient souvent donné lieu de croire qu'il levait les yeux jusqu'à elle.

Madame de LAFAYETTE, *La Princesse de Clèves*, Tome premier, 1678.

1. **gloire :** amour-propre, sentiment que l'on a de sa propre valeur.
2. **magnifique :** remarquable, digne d'admiration, à rattacher à l'origine étymologique de « magnus », grand.
3. **vidame :** titre nobiliaire.
4. **libéral :** généreux, sans nuance péjorative de prodigalité.
5. **ce prince :** le duc de Nemours.
6. **n'avaient pas laissé d'en avoir :** en avaient eu.
7. **maîtresses :** femmes aimées sans implication charnelle.
8. **la reine dauphine :** la femme du dauphin François, qui allait devenir Marie Stuart.

François CLOUET (1515-1572), *Portrait présumé du duc de Nemours.* Chantilly, Musée Condé. © Photo RMN/René Gabriel Ojeda.

## RECHERCHE

Renseignez-vous sur la cour de Henri II (dates, caractéristiques du règne).

## ANALYSE

### *Magnificence et galanterie*

**1.** Énumérez les personnages cités ici avant le duc de Nemours et montrez qu'ils composent un cortège prestigieux.

**2.** Dégagez le plan de cet extrait : à quoi concourt-il ?

**3.** Relevez les termes qui appartiennent au vocabulaire de la grandeur et ceux qui évoquent l'amour. Comment les deux réseaux lexicaux se combinent-ils ?

### *Un charme incomparable*

**4.** Expliquez l'expression « un chef-d'œuvre de la nature ».

**5.** Sur quels points le portrait du duc de Nemours insiste-t-il essentiellement ?

**6.** En quoi peut-on parler de charme pour traduire l'effet produit par le personnage du duc de Nemours ? Justifiez précisément votre réponse en vous fondant sur le texte.

## À VOIX HAUTE

Préparez la lecture du passage : « Mais ce prince était un chef-d'œuvre [...] dans tous les lieux où il paraissait. » (l. 11-20). Vous détacherez particulièrement les mots qui définissent la singularité du duc de Nemours et vous soulignerez la gradation qui caractérise l'ordre suivi par l'auteur.

## PROLONGEMENT

En quoi cette page prépare-t-elle les rencontres rapportées p. 70 ?

## LIENS


- **Histoire littéraire**, p. 62
- **Extraits du roman**, pp. 70 à 74
- **Lecture d'une œuvre intégrale**, p. 75
- **Stylistique**, p. 85
- **Chapitre 12**, groupement « passions romanesques », p. 496

## 4. DES RENCONTRES EXTRAORDINAIRES

Il parut alors une beauté à la cour, qui attira les yeux de tout le monde, et l'on doit croire que c'était une beauté parfaite, puisqu'elle donna de l'admiration dans un lieu où l'on était si accoutumé à voir de belles personnes. Elle était de la même maison que le vidame de Chartres et une des plus grandes héritières de France. Son père était mort jeune, et l'avait laissée sous la conduite de Mme de Chartres, sa femme, dont le bien, la vertu et le mérite étaient extraordinaires. Après avoir perdu son mari, elle avait passé plusieurs années sans revenir à la cour. Pendant cette absence, elle avait donné ses soins à l'éducation de sa fille ; mais elle ne travailla pas seulement à cultiver son esprit et sa beauté, elle songea aussi à lui donner de la vertu et à la lui rendre aimable. La plupart des mères s'imaginent qu'il suffit de ne parler jamais de galanterie devant les jeunes personnes pour les en éloigner. Mme de Chartres avait une opinion opposée ; elle faisait souvent à sa fille des peintures de l'amour ; elle lui montrait ce qu'il a d'agréable pour la persuader plus aisément sur ce qu'elle lui en apprenait de dangereux ; elle lui contait le peu de sincérité des hommes, leurs tromperies et leur infidélité, les malheurs domestiques où plongent les engagements[1] ; et elle lui faisait voir, d'un autre côté, quelle tranquillité suivait la vie d'une honnête femme, et combien la vertu donnait d'éclat et d'élévation à une personne qui avait de la beauté et de la naissance ; mais elle lui faisait voir aussi combien il était difficile de conserver cette vertu, que par une extrême défiance de soi-même et par un grand soin de s'attacher à ce qui seul peut faire le bonheur d'une femme, qui est d'aimer son mari et d'en être aimée.

Cette héritière était alors un des grands partis qu'il y eût en France ; et quoiqu'elle fût dans une extrême jeunesse, l'on avait déjà proposé plusieurs mariages. Mme de Chartres, qui était extrêmement glorieuse, ne trouvait presque rien[2] digne de sa fille ; la voyant dans sa seizième année, elle voulut la mener à la cour. Lorsqu'elle arriva, le vidame alla au-devant d'elle ; il fut surpris de la grande beauté de Mlle de Chartres, et il en fut surpris avec raison. La blancheur de son teint et ses cheveux blonds lui donnaient un éclat que l'on n'a jamais vu qu'à elle ; tous ses traits étaient réguliers, et son visage et sa personne étaient pleins de grâce et de charme.

Le lendemain qu'elle fut arrivée, elle alla pour assortir des pierreries chez un Italien qui en trafiquait par tout le monde. Cet homme était venu de Florence avec la reine, et s'était tellement enrichi dans son trafic[3] que sa maison paraissait plutôt celle d'un grand seigneur que d'un marchand. Comme elle y était, le prince de Clèves y arriva. Il fut tellement surpris de sa beauté qu'il ne put cacher sa surprise ; et Mlle de Chartres ne put s'empêcher de rougir en voyant l'étonnement qu'elle lui avait donné. Elle se remit néanmoins, sans témoigner d'autre attention aux actions de ce prince que celle que la civilité[4] lui devait donner pour un homme tel qu'il paraissait. M. de Clèves la regardait avec admiration, et il ne pouvait comprendre qui était cette belle personne qu'il ne connaissait point. Il voyait bien par son air, et par tout ce qui était à sa suite, qu'elle devait être d'une grande qualité[5]. Sa jeunesse lui faisait croire que c'était une fille[6], mais, ne lui voyant point de mère, et l'Italien qui ne la connaissait point l'appelant madame, il ne savait que penser et il la regardait toujours avec étonnement. Il s'aperçut que ses regards l'embarrassaient, contre l'ordinaire des jeunes personnes qui voient toujours avec plaisir l'effet de leur beauté ; il lui parut même qu'il était cause qu'elle

1. **engagements :** liaisons amoureuses.
2. **rien :** personne.
3. **trafic :** commerce, sans nuance péjorative.
4. **civilité :** politesse, convenances.
5. **qualité :** noblesse.
6. **fille :** jeune fille, non mariée.

avait de l'impatience de s'en aller, et en effet elle sortit assez promptement. M. de Clèves se consola de la perdre de vue dans l'espérance de savoir qui elle était ; mais il fut bien surpris quand il sut qu'on ne la connaissait point. Il demeura si touché de sa beauté et de l'air modeste qu'il avait remarqué dans ses actions qu'on peut dire qu'il conçut pour elle dès ce moment une passion et une estime extraordinaires.

[…] *Après bien des difficultés, le prince de Clèves a épousé Mademoiselle de Chartres, la belle inconnue aperçue chez le joaillier ; cependant, il réalise que sa femme l'aime seulement par un sentiment d'estime et de reconnaissance. En février 1558, la cour est occupée par les préparatifs du mariage de la fille du roi, Claude de France, avec le duc de Lorraine. La princesse de Clèves est invitée aux festivités des fiançailles…*

Edmond LECHEVALLIER-CHEVIGNARD (1825-1902), *Mariage de Henri de Bourbon et de Marguerite de Valois, 1572.* (1862). Huile sur toile. © Private Collection/The Bridgeman Art Library.

Elle passa tout le jour des fiançailles chez elle à se parer, pour se trouver le soir au bal et au festin royal qui se faisait au Louvre. Lorsqu'elle arriva, l'on admira sa beauté et sa parure ; le bal commença et, comme elle dansait avec M. de Guise, il se fit un assez grand bruit vers la porte de la salle, comme de quelqu'un qui entrait et à qui on faisait place. Mme de Clèves acheva de danser et, pendant qu'elle cherchait des yeux quelqu'un qu'elle avait dessein de prendre, le roi lui cria de prendre celui qui arrivait. Elle se tourna et vit un homme qu'elle crut d'abord ne pouvoir être que M. de Nemours, qui passait par-dessus quelques sièges pour arriver où l'on dansait. Ce prince était fait d'une sorte qu'il était difficile de n'être pas surprise de le voir quand on ne l'avait jamais vu, surtout ce soir-là, où le soin qu'il avait pris de se parer augmentait encore l'air brillant qui était dans sa personne ; mais il était difficile aussi de voir Mme de Clèves pour la première fois sans avoir un grand étonnement.

M. de Nemours fut tellement surpris de sa beauté que, lorsqu'il fut proche d'elle, et qu'elle lui fit la révérence, il ne put s'empêcher de donner des marques de son admiration. Quand ils commencèrent à danser, il s'éleva dans la salle un murmure de louanges. Le roi et les reines se souvinrent qu'ils ne s'étaient jamais vus, et trouvèrent quelque chose de singulier de les voir danser ensemble sans se connaître. Ils les appelèrent quand ils eurent fini sans leur donner le loisir de parler à personne et leur demandèrent s'ils n'avaient pas bien envie de savoir qui ils étaient, et s'ils ne s'en doutaient point.

– Pour moi, madame, dit M. de Nemours, je n'ai pas d'incertitude ; mais comme Mme de Clèves n'a pas les mêmes raisons pour deviner qui je suis que celles que j'ai pour la reconnaître, je voudrais bien que Votre Majesté eût la bonté de lui apprendre mon nom.

– Je crois, dit Mme la Dauphine, qu'elle le sait aussi bien que vous savez le sien.

– Je vous assure, madame, reprit Mme de Clèves, qui paraissait un peu embarrassée, que je ne devine pas si bien que vous pensez.

– Vous devinez fort bien, répondit Mme la Dauphine ; et il y a même quelque chose d'obligeant pour M. de Nemours à ne vouloir pas avouer que vous le connaissez sans l'avoir jamais vu.

Madame de LAFAYETTE, *La Princesse de Clèves*, Tome premier, 1678.

## ANALYSE

### *Une éducation hors du commun*

**1.** Sur quels points l'éducation donnée à sa fille par Mme de Chartres diffère-t-elle des éducations ordinaires ? Vous relèverez notamment des exemples d'antithèses et de parallélismes qui permettent de distinguer sa méthode de celles qui étaient habituellement suivies. Vous étudierez les expressions : « faire des peintures de », « montrer », « faire voir ».

**2.** Quelle est la finalité de cette éducation ?

**3.** Quels éléments préfigurent en Mademoiselle de Chartres une parfaite héroïne ?

### *Deux scènes de première vue*

**4.** Résumez brièvement chacune des scènes de rencontre.

**5.** Quels sont les points communs que vous repérez ? Quelles sont les différences ?

**6.** Étudiez l'importance du thème de la surprise et de celui de la vue : vous ferez un relevé d'occurrences que vous interpréterez.

### *Éclat, parure, parade*

**7.** Montrez que ces extraits valorisent la notion d'éclat, en donnant au terme son sens concret comme son sens abstrait.

**8.** Si Madame de Chartres cherche à préparer sa fille, celle-ci, pour paraître à la cour, doit également se parer. Analysez le thème de la parure, en vous interrogeant notamment sur son importance dramatique et sur ce qu'il révèle de la société du XVI$^{e}$ siècle.

**9.** En quoi peut-on parler ici de parade amoureuse ?

**10.** Étudiez dans le second extrait la mise en scène de la parole.

## PROLONGEMENTS

- Comparez l'éducation reçue par Mlle de Chartres à celle de Cécile Volanges dans *Les Liaisons dangereuses* de Choderlos de Laclos (voir corpus, p. 87).
- Faites un florilège de scènes de première vue dans les romans. Votre travail pourra prendre la forme d'un recueil de morceaux choisis ou d'un enregistrement de ces textes dont vous aurez préparé la lecture à voix haute.

## LIENS


- **Histoire littéraire** p. 62
- **Lecture d'une œuvre intégrale**, p. 75
- **Stylistique**, p. 85
- **Chapitre 12**, « passions romanesques », p. 496

## 5. UN AVEU INOUÏ

*La princesse de Clèves, réalisant qu'elle aime d'une inclination véritable le duc de Nemours, décide d'avouer cet attachement à son mari pour qu'il la dispense de paraître à la cour. L'aveu a lieu dans les jardins de leur château de Coulommiers ; le duc de Nemours assiste à la scène, caché dans un pavillon du parc.*

– Eh bien, monsieur, lui répondit-elle, en se jetant à ses genoux, je vais vous faire un aveu que l'on n'a jamais fait à son mari ; mais l'innocence de ma conduite et de mes intentions m'en donne la force. Il est vrai que j'ai des raisons de m'éloigner de la cour et que je veux éviter les périls où se trouvent quelquefois les personnes de mon âge. Je n'ai jamais donné nulle marque de faiblesse et je ne craindrais pas d'en laisser paraître si vous me laissiez la liberté de me retirer de la cour ou si j'avais encore Mme de Chartres pour aider à me conduire[1]. Quelque dangereux que soit le parti que je prends, je le prends avec joie pour me conserver digne d'être à vous. Je vous demande mille pardons si j'ai des sentiments qui vous déplaisent, du moins je ne vous déplairai jamais par mes actions. Songez que pour faire ce que je fais, il faut avoir plus d'amitié et plus d'estime pour un mari que l'on en a jamais eu ; conduisez-moi, ayez pitié de moi, et aimez-moi encore, si vous pouvez.

M. de Clèves était demeuré, pendant tout ce discours, la tête appuyée sur ses mains, hors de lui-même, et il n'avait pas songé à faire relever sa femme. Quand elle eut cessé de parler, qu'il jeta les yeux sur elle, qu'il la vit à ses genoux le visage couvert de larmes et d'une beauté si admirable, il pensa mourir de douleur, et l'embrassant en la relevant :

– Ayez pitié de moi vous-même, madame, lui dit-il, j'en suis digne ; et pardonnez si, dans les premiers moments d'une affliction aussi violente qu'est la mienne, je ne réponds pas, comme je dois, à un procédé[2] comme le vôtre. Vous me paraissez plus digne d'estime et d'admiration que tout ce qu'il y a jamais eu de femmes au monde ; mais aussi je me trouve le plus malheureux homme qui ait jamais été. Vous m'avez donné de la passion dès le premier moment que je vous ai vue ; vos rigueurs et votre possession[3] n'ont pu l'éteindre : elle dure encore ; je n'ai jamais pu vous donner de l'amour, et je vois que vous craignez d'en avoir pour un autre. Et qui est-il, madame, cet homme heureux qui vous donne cette crainte ? Depuis quand vous plaît-il ? Qu'a-t-il fait pour vous plaire ? Quel chemin a-t-il trouvé pour aller à votre cœur ? Je m'étais consolé en quelque sorte de ne l'avoir pas touché par la pensée qu'il était incapable de l'être. Cependant un autre fait ce que je n'ai pu faire. J'ai tout ensemble[4] la jalousie d'un mari et celle d'un amant[5] ; mais il est impossible d'avoir celle d'un mari après un procédé comme le vôtre. Il est trop noble pour ne me pas donner une sûreté entière ; il me console même comme votre amant. La confiance et la sincérité que vous avez pour moi sont d'un prix infini : vous m'estimez assez pour croire que je n'en abuserai pas et je ne vous en aimerai pas moins. Vous me rendez malheureux par la plus grande marque de fidélité que jamais une femme ait donnée à son mari. Mais, madame, achevez et apprenez-moi qui est celui que vous voulez éviter.

– Je vous supplie de ne me le point demander, répondit-elle ; je suis résolue de ne vous le pas dire et je crois que la prudence ne veut pas que je vous le nomme.

1. **conduire :** guider moralement.
2.. **procédé :** façon d'agir, avec ici une nuance méliorative.
3. **possession :** le fait de jouir d'une personne dans une relation amoureuse, ici par le mariage.
4. **tout ensemble :** à la fois.
5. **amant :** amoureux.

– Ne craignez point, madame, reprit M. de Clèves, je connais trop le monde pour ignorer que la considération d'un mari n'empêche pas que l'on soit amoureux de sa femme. On doit haïr ceux qui le sont et non pas s'en plaindre ; et encore une fois, madame, je vous conjure de m'apprendre ce que j'ai envie de savoir.

– Vous m'en presseriez inutilement, répliqua-t-elle ; j'ai de la force pour taire ce que je crois ne pas devoir dire. L'aveu que je vous ai fait n'a pas été fait par faiblesse, et il faut plus de courage pour avouer cette vérité que pour entreprendre de la cacher.

Madame de LAFAYETTE, *La Princesse de Clèves*, Tome troisième, 1678.

## ANALYSE

### *Rhétorique et persuasion*

**1.** Faites le plan du discours d'aveu de la princesse, puis de celui de la réponse du prince.

**2.** En quoi chacun des deux manifeste-t-il une maîtrise des procédés rhétoriques ? Quel effet cherche-t-il à produire sur celui (ou celle) auquel il est destiné ?

**3.** Qu'est-ce qui rend ces discours convaincants ? persuasifs ?

### *Parler, se taire*

**4.** Étudiez le lexique de la parole dans cet extrait.

**5.** Comment le caractère exceptionnel de l'aveu est-il souligné ?

**6.** Pourquoi le prince cherche-t-il à faire parler sa femme au-delà de l'aveu qu'elle lui a fait ? Pourquoi celle-ci persiste-t-elle dans sa décision de se taire ? Vous vous fonderez sur le texte pour étayer votre réponse.

**7.** En quoi la présence muette du duc de Nemours influe-t-elle sur votre lecture de la scène et sur son importance dans l'économie de l'œuvre ?

## ÉCRITURE D'INVENTION

À partir des réactions critiques reproduites ci-contre, rédigez un dialogue entre deux lecteurs du roman qui commentent ce passage de l'aveu, en discutant notamment de sa vraisemblance. Vous pouvez au choix inscrire votre dialogue à l'époque de la publication de *La Princesse de Clèves* ou à votre époque.

### Un jugement négatif concernant la scène de l'aveu : Bussy-Rabutin

L'aveu de Mme de Clèves à son mari est extravagant, et ne se peut dire que dans une histoire véritable ; mais quand on en fait une à plaisir, il est ridicule de donner à son héroïne un sentiment si extraordinaire. L'auteur, en le faisant, a plus songé à ne pas ressembler aux autres romans qu'à suivre le bon sens. Une femme dit rarement à son mari qu'on est amoureux d'elle, mais jamais qu'elle ait de l'amour pour un autre que pour lui, et d'autant moins qu'en se jetant à ses genoux, comme fait la princesse, elle peut faire croire à son mari qu'elle l'a offensé jusqu'au bout.

BUSSY-RABUTIN, *Lettre à Madame de Sévigné*, 26 juin 1678.

### Un jugement favorable : Fontenelle

Nous voici à ce trait si nouveau et si singulier, qui est l'aveu que madame de Clèves fait à son mari de l'amour qu'elle a pour le duc de Nemours. Qu'on raisonne tant qu'on voudra là-dessus, je trouve le trait admirable et très bien préparé : c'est la plus vertueuse femme du monde qui croit avoir sujet de se défier d'elle-même, parce qu'elle sent son cœur prévenu malgré elle en faveur d'un autre que de son mari. Elle se fait un crime de ce penchant, tout involontaire et tout innocent qu'il est ; elle cherche du secours pour le vaincre. Elle doute qu'elle eût la force d'en venir à bout si elle s'en fiait à elle seule ; et pour s'imposer encore une conduite plus austère que celle que sa propre vertu lui imposerait, elle fait à son mari la confidence de ce qu'elle sent pour un autre. Je ne vois rien à cela que de beau et d'héroïque.

FONTENELLE, *Lettre sur* La Princesse de Clèves, 1678.

## LIENS

✦ **Histoire littéraire**, p. 62 ✦ **Vocabulaire**, p. 84 ✦ **Chapitre 14**, p. 576 ✦ **Mémento**, Les procédés rhétoriques, p. 618

# LECTURE D'UNE ŒUVRE INTÉGRALE

## Madame de LAFAYETTE, *La Princesse de Clèves*, 1678

### Histoire, histoires

**1.** À l'aide de l'apparat critique de l'édition du roman que vous utilisez, faites un tableau chronologique simple qui vous permette de situer le récit dans son cadre chronologique.

**2.** Si le roman met en scène les dernières années du règne de Henri II, il a été écrit sous Louis XIV. En quoi *La Princesse de Clèves* peut-elle être reliée à chacune de ces époques ?

### *La Princesse de Clèves* et la tragédie

**3.** On a souvent comparé le roman à la tragédie racinienne. Après avoir lu *Bérénice* par exemple, montrez la justesse de ce rapprochement. Vous étudierez notamment la typologie des personnages, les valeurs qu'ils défendent, la présence de monologues, la nature du dénouement. Vous pouvez vous reporter au chapitre 12 du manuel, pp. 492-493.

### La mort à l'œuvre

**4.** Quelles sont les morts représentées dans le roman ? Quelles sont leurs causes ? Montrez qu'elles scandent le roman. Quelles réflexions sur la mort le texte suggère-t-il ?

### Des scènes mémorables

**5.** Repérez et analysez les grandes scènes suivantes : le portrait dérobé, les bals, le tournoi, la lettre volée, le pavillon à Coulommiers. Pour chacune d'entre elles, vous montrerez quelle étape elle représente dans l'amour de la princesse de Clèves et du duc de Nemours, et vous préciserez le nombre de personnages concernés, le lieu où elle se déroule, le caractère dramatique ou poétique qu'elle revêt.

### Des histoires enchâssées

**6.** Outre l'intrigue centrée autour de la princesse de Clèves, de son mari et du duc de Nemours, le roman présente des histoires enchâssées, racontées par divers personnages. Vous les repérerez et les comparerez. Relèvent-elles seulement d'un principe de composition baroque ? En quoi éclairent-elles le récit principal ?

### Une composition savante

**7.** Fontenelle dit avoir lu quatre fois *La Princesse de Clèves* : « un géomètre comme moi, l'esprit tout rempli de mesures et de proportions, ne quitte point son *Euclide* pour lire quatre fois une nouvelle galante, à moins qu'elle n'ait des charmes assez forts pour se faire sentir à des mathématiciens mêmes, qui sont peut-être les gens du monde sur lesquels ces sortes de beautés trop fines et trop délicates font le moins d'effet. »

En vous aidant de la structure donnée ci-dessous, due à l'analyse de Pierre Malandain (in *Madame de Lafayette, La Princesse de Clèves*, Études littéraires, PUF, 1985) vous retrouverez dans votre édition la pagination correspondante et vous réfléchirez aux effets d'opposition et de symétrie que l'on peut déceler.

- LA COUR (de l'extérieur vers l'intérieur : spectacle) *(t. 1, début)*
  - CLÈVES (le mariage) *(t. 1, milieu)*
    - NEMOURS (Mme de Clèves spectatrice)
      - Le bal et ses effets *(t. 1, fin)*
      - Horoscope et préparatif des fêtes *(t. 2, début)*
      - L'accident et ses effets *(t. 2, milieu)*
      - LA LETTRE (centre exact du livre) *(t. 2, fin)* *(t. 3, début)*
    - Mme de CLÈVES (Nemours spectateur)
      - Coulommiers 1 (l'aveu) *(t. 3, milieu)*
      - Le tournoi *(t. 3, fin)*
      - Coulommiers 2 (le pavillon) *(t. 4, début)*
  - CLÈVES (la mort) *(t. 4, milieu)*
- LA RETRAITE (de l'intérieur vers l'extérieur : question)*(t. 4, fin)*

### La grandeur et la gloire

**8.** Faites la liste des personnages principaux du roman, et montrez quelle image de la grandeur ils représentent.

**9.** Quels personnages se montrent particulièrement soucieux de leur gloire ? Que signifie exactement cette gloire ?

### Le sens du dénouement

**10.** En quoi le dénouement peut-il sembler difficile à comprendre, notamment pour des lecteurs modernes ?

**11.** Vous le confronterez à la vision janséniste de l'existence (voir chapitre 12, p. 476), mais aussi à une approche historique et géographique : en effet, la princesse finit ses jours dans les Pyrénées, donc dans une région limitrophe de l'Espagne, tandis qu'au début du roman le duc de Nemours était attiré par l'Angleterre : que représentent ces deux pays ? Quelle interprétation peut-on faire du choix de l'héroïne ? de l'éloignement entre le duc et elle ?

**12.** À côté de cette explication idéologique, quelle motivation psychologique peut également être avancée ? Que redoute la princesse concernant la passion du duc de Nemours ? Ses craintes sont-elles fondées ?

# Des personnages et leurs faiblesses

## I. UN BOURGEOIS RIDICULE

## Antoine FURETIÈRE (1619-1688)

## *Le Roman bourgeois*

voir biographie p. 632

*Furetière savait que le lecteur ne manquerait pas de chercher les « clefs » des personnages de son roman : sous le nom de Charroselles en effet, il n'était pas difficile de reconnaître l'anagramme de Charles Sorel (1600-1674), écrivain qu'il haïssait et dont nous découvrons ici un portrait-charge.*

Charroselles ne voulait point passer pour auteur, quoique ce fût la seule qualité qui le rendît recommandable, et qui l'eût fait connaître dans le monde. Je ne sais si quelque remords de conscience des fautes de sa jeunesse lui faisait prendre ce nom à injure[1] ; tant y a qu'[2] il voulait passer seulement pour gentilhomme[3], comme si ces deux qualités eussent été incompatibles, encore qu'il n'y eût pas plus de trente ans que son père fût mort procureur[4]. Il s'était avisé de se piquer de noblesse dès qu'il avait eu le moyen d'atteler deux haridelles[5] à une espèce de carrosse toujours poudreux et crotté. Ces deux Pégases[6] (tel fut leur nom pendant qu'ils servirent à un nourrisson du Parnasse)[7] ne s'étaient point enorgueillis, et n'avaient la tête plus haute ni la démarche plus fière que lorsqu'ils labouraient les plaines fertiles d'Aubervilliers[8]. Leur maître les traitait aussi délicatement que des enfants de bonne maison. Jamais il ne leur fit endurer le serein[9] ni ne leur donna trop de charge ; il eût voulu presque en faire des Bucéphales[10], pour ne porter ou du moins ne traîner que leur Alexandre. Car il était toujours seul dans son carrosse ; ce n'est pas qu'il n'aimât beaucoup la compagnie, mais son nez demandait à être solitaire, et on le laissait volontiers faire bande à part. Quelque[11] hardi que fût un homme à lui dire des injures, il n'osait jamais les lui dire à son nez, tant ce nez était vindicatif et prompt à payer. Cependant il fourrait son nez partout, et il n'y avait guère d'endroits dans Paris où il ne fût connu. Ce nez, qu'on pouvait à bon droit appeler son Éminence, et qui était toujours vêtu de rouge, avait été fait en apparence pour un colosse ; néanmoins il avait été donné à un homme de taille assez courte. Ce n'est pas que la nature eût rien fait perdre à ce petit homme, car ce qu'elle lui avait ôté en hauteur, elle le lui avait rendu en grosseur, de sorte qu'on lui trouvait assez de chair, mais fort mal pétrie. Sa chevelure était la plus désagréable du monde et c'est sans doute de lui qu'un peintre poétique, pour ébaucher le portrait de sa tête, avait dit :

*On y voit de piquants cheveux,*
*Devenus gras, forts et nerveux,*
*Hérisser sa tête pointue*
*Qui, tout mêlés s'entr'accordants,*

1. **prendre ce nom à injure :** le considérer comme une injure.
2. **tant y a que :** si bien que.
3. **gentilhomme :** homme de naissance noble.
4. détail réel : le père de Charles Sorel était en effet procureur.
5. **haridelles :** chevaux très maigres et sans valeur.
6. **Pégase :** cheval ailé dans la mythologie grecque.
7. **Parnasse :** montagne de Grèce, séjour des Muses et d'Apollon.
8. **Aubervilliers :** localité située au nord-est de Paris, et qui au XVIIe siècle était rurale.
9. **serein :** humidité qui tombe au crépuscule.
10. **Bucéphale :** cheval d'Alexandre le Grand.
11. **quelque hardi :** aussi hardi…

*Font qu'un peigne en vain s'évertue*
*D'y mordre avec ses grosses dents.*

Aussi ne se peignait-il jamais qu'avec ses doigts, et dans toutes les compagnies[12], c'était sa contenance ordinaire. Sa peau était grenue[13] comme celle des maroquins[14] et sa couleur brune était réchauffée par de rouges bourgeons qui la perçaient en assez grand nombre. En général, il avait une vraie mine de satyre. La fente de sa bouche était copieuse[15] et ses dents fort aiguës : belles dispositions pour bien mordre. Il l'accompagnait d'ordinaire d'un ris badin[16], dont je ne sais point la cause, si ce n'est qu'il voulait montrer ses dents à tout le monde. Ses yeux gros et bouffis avaient quelque chose de plus que d'être à fleur de tête. Il y en a qui ont cru que, comme on se met sur des balcons en saillie hors des fenêtres pour découvrir plus loin, ainsi la nature lui avait mis des yeux en dehors pour découvrir ce qui se faisait de mal chez ses voisins. Jamais il n'y eut d'homme plus médisant ni plus envieux; il ne trouvait rien de bien fait à sa fantaisie. S'il eût été du conseil de la création[17], nous n'aurions rien vu de ce que nous voyons à présent. C'était le plus grand réformateur en pis[18] qui ait jamais été, et il corrigeait toutes les choses bonnes pour les mettre mal. Il n'a point vu d'assemblée de gens illustres qu'il n'ait tâché de décrier; encore, pour mieux cacher son venin, il faisait semblant d'en faire l'éloge, lorsqu'il en faisait en effet la censure, et il ressemblait à ces bêtes dangereuses qui en pensant flatter égratignent : car il ne pouvait souffrir la gloire des autres, et autant de choses qu'on mettait au jour, c'était autant de tourments qu'on lui préparait.

Antoine FURETIÈRE, *Le Roman bourgeois*, Livre 2, 1666.

12. **dans toutes les compagnies :** en société.
13. **grenue :** qui est ou paraît recouverte d'une multitude de petits grains saillants.
14. **maroquins :** cuirs de bouc ou de chèvre.
15. **copieuse :** large.
16. **ris badin :** rire léger.
17. **s'il eût été du conseil de la création :** s'il avait participé à la création du monde.
18. le pire réformateur.

## RECHERCHE

Cherchez la définition du burlesque en littérature.

## ANALYSE

### *Un bourgeois gentilhomme*

**1.** Relevez les références aux origines sociales de Charroselles, puis les éléments qui montrent sa volonté de les masquer.

**2.** En quoi le personnage semble-t-il ridicule dans son désir d'appartenance à la noblesse ?

### *Portrait physique, portrait moral*

**3.** Quelles parties du corps sont évoquées dans ce portrait ? Dans quel ordre ? Quel lien Furetière établit-il entre les singularités physiques de Charroselles et son caractère ?

**4.** En vous aidant de citations empruntées au texte, définissez les traits moraux du personnage.

### *L'art de la satire*

**5.** Étudiez les procédés comiques de l'extrait.

**6.** En quoi le burlesque sert-il ici la satire ?

## À VOIX HAUTE

Préparez la lecture du passage : « Il s'était avisé de se piquer de noblesse [...] Alexandre. » (l. 7 à 15), en soulignant par votre diction le comique burlesque.

Lisez le passage de « Sa peau était grenue [...] pour bien mordre. » (l. 36 à 40), en faisant entendre notamment les allitérations en [r], et en vous efforçant de faire écho au style mordant de Furetière.

## PROLONGEMENT

Lisez (ou relisez) *Le Bourgeois gentilhomme* de Molière et comparez Charroselles à Monsieur Jourdain.

## LIENS


✦ **Histoire littéraire**, p. 62 ✦ **Stylistique**, p. 85
✦ **Chapitre 12**, p. 496
✦ **Chapitre 14**, p. 596

## 2. DES DÉVOTES GOURMANDES

# MARIVAUX (1688-1763)

## *Le Paysan parvenu*

voir biographie p. 632

*Ce roman prend la forme de pseudo-mémoires : le narrateur, qui a réussi une ascension sociale remarquable dans la société du XVIII^e^ siècle, se rappelle comment, jeune Champenois de dix-neuf ans, il est allé chercher fortune à Paris : il vient ici d'entrer au service des demoiselles Habert, deux vieilles filles dévotes.*

Je fus de retour à la maison au moment qu'on allait se mettre à table. Malepeste[1], le succulent petit dîner ! Voilà ce qu'on appelle du potage, sans parler d'un petit plat de rôt[2] d'une finesse, d'une cuisson si parfaite... Il fallait avoir l'âme bien à l'épreuve du plaisir que peuvent donner les bons morceaux, pour ne pas donner dans le péché de friandise en mangeant de ce rôt-là, et puis de ce ragoût, car il y en avait un d'une délicatesse d'assaisonnement que je n'ai jamais rencontrée ailleurs. Si l'on mangeait au ciel, je ne voudrais pas y être mieux servi ; Mahomet, de ce repas-là, aurait pu faire une des joies de son paradis.

Nos dames ne mangeaient point de bouilli[3], il ne faisait que paraître sur la table, et puis on l'ôtait pour le donner aux pauvres.

Catherine[4] à son tour s'en passait, disait-elle, par charité pour eux, et je consentis sur-le-champ à devenir aussi charitable qu'elle. Rien n'est tel que le bon exemple.

Je sus depuis que mon devancier[5] n'avait pas eu comme moi part à l'aumône, parce qu'il était trop libertin pour mériter de la faire, et pour être réduit au rôt et au ragoût.

Je ne sais pas au reste comment nos deux sœurs faisaient en mangeant, mais assurément c'était jouer des gobelets[6] que de manger ainsi.

Jamais elles n'avaient d'appétit ; du moins on ne voyait point celui qu'elles avaient ; il escamotait les morceaux ; ils disparaissaient sans qu'il parût presque y toucher.

On voyait ces dames se servir négligemment de leurs fourchettes, à peine avaient-elles la force d'ouvrir la bouche ; elles jetaient des regards indifférents sur ce bon vivre : Je n'ai point de goût aujourd'hui. Ni moi non plus. Je trouve tout fade. Et moi tout trop salé.

Ces discours-là me jetaient de la poudre aux yeux, de manière que je croyais voir les créatures les plus dégoûtées du monde, et cependant le résultat de tout cela était que les plats se trouvaient si considérablement diminués quand on desservait, que je ne savais les premiers jours comment ajuster tout cela.

Mais je vis à la fin de quoi j'avais été les premiers jours dupe. C'était de ces airs de dégoût, que marquaient nos maîtresses, et qui m'avaient caché la sourde activité de leurs dents.

Le plus plaisant, c'est qu'elles s'imaginaient elles-mêmes être de très petites et très sobres mangeuses ; et comme il n'était pas décent que des dévotes fussent gourmandes, qu'il faut se nourrir pour vivre, et non pas

1. **Malepeste :** interjection traduisant la surprise.
2. **rôt :** viande rôtie.
3. **bouilli :** viande bouillie, moins chère et moins prisée que la viande rôtie.
4. **Catherine :** domestique chez les sœurs Habert.
5. **mon devancier :** un jeune homme qui servait dans la maison et qui venait d'être renvoyé.
6. **jouer des gobelets :** tromper habilement, comme le faisaient les joueurs de gobelets dans des tours de prestidigitation.

Luis Eugenio MENENDEZ (1716-1780), *Nature morte.*

vivre pour manger ; que malgré cette maxime raisonnable et chrétienne, leur appétit glouton ne voulait rien perdre, elles avaient trouvé le secret de le laisser faire, sans tremper dans sa gloutonnerie ; et c'était par le moyen de ces apparences de dédain pour les viandes[7], c'était par l'indolence avec laquelle elles y touchaient, qu'elles se persuadaient être sobres en se conservant le plaisir de ne pas l'être ; c'était à la faveur de cette singerie, que leur dévotion laissait innocemment le champ libre à l'intempérance.

MARIVAUX, *Le Paysan parvenu*, 1734.

7. **viandes :** nourritures.

## RECHERCHE

Cherchez dans un dictionnaire le sens du mot « dévot, dévote ».

## ANALYSE

### *Ragoût, dégoût*

**1.** Relevez les termes qui évoquent les plats. Par quels procédés d'écriture l'auteur nous met-il l'eau à la bouche ?

**2.** Comment le dégoût des sœurs Habert par rapport à la nourriture s'exprime-t-il ?

### *Passe-passe et poudre aux yeux*

**3.** Notez les mots ou les expressions appartenant au jeu ; que nous apprennent-ils sur les personnages des dévotes ?

**4.** Montrez que l'extrait oppose de façon comique apparences et vérité.

### *De la naïveté à la lucidité*

**5.** Le genre des pseudo-mémoires permet la dualité du « je » : le pronom désigne tantôt le narrateur jeune, tantôt le narrateur plus âgé, qui a acquis de l'expérience. Relevez des exemples précis de cette dualité.

**6.** Quelle leçon le narrateur adulte semble-t-il tirer de cette scène ? Quelle leçon s'en dégage pour le lecteur ?

## À VOIX HAUTE

Préparez la lecture du passage : « Jamais elles n'avaient d'appétit [...] la sourde activité de leurs dents. » (l. 20 à 34) Vous insisterez notamment, dans la dernière phrase, sur la prononciation des consonnes dentales (« d » et « t »). Quel est l'effet de ces sonorités ?

## LIENS


- **Histoire littéraire**, p. 62
- **Stylistique**, p. 85
- **Chapitre 13**, p. 557
- **Mémento**, Les procédés rhétoriques, p. 618

## 3. UN JEUNE HOMME PASSIONNÉ

# Abbé PRÉVOST (1697-1763)

## *Manon Lescaut*

voir biographie p. 632

*L'*Histoire du Chevalier des Grieux et de Manon Lescaut *s'insère dans un ensemble plus vaste, les* Mémoires d'un homme de qualité. *Le narrateur principal a rencontré un jeune homme qui lui a inspiré de la pitié et de la sympathie, et qu'il a secouru : celui-ci lui fait le récit de sa vie, tout entière dominée par la passion. À dix-sept ans, il tombe amoureux d'une jeune fille avec laquelle il part aussitôt vivre à Paris, malgré la différence de leurs conditions – il est noble, elle pas – et malgré l'opposition de son entourage.*

Un jour que j'étais sorti l'après-midi, et que je l'avais avertie que je serais dehors plus longtemps qu'à l'ordinaire, je fus étonné qu'à mon retour on me fît attendre deux ou trois minutes à la porte. Nous n'étions servis que par une petite fille qui était à peu près de notre âge. Étant venue m'ouvrir, je lui demandai pourquoi elle avait tardé si longtemps. Elle me répondit, d'un air embarrassé, qu'elle ne m'avait point entendu frapper. Je n'avais frappé qu'une fois ; je lui dis : Mais, si vous ne m'avez pas entendu, pourquoi êtes-vous donc venue m'ouvrir ? Cette question la déconcerta si fort, que, n'ayant point assez de présence d'esprit pour y répondre, elle se mit à pleurer, en m'assurant que ce n'était point sa faute, et que madame lui avait défendu d'ouvrir la porte jusqu'à ce que M. de B... [1] fût sorti par l'autre escalier, qui répondait au cabinet[2]. Je demeurai si confus, que je n'eus point la force d'entrer dans l'appartement. Je pris le parti de descendre sous prétexte d'une affaire, et j'ordonnai à cet enfant de dire à sa maîtresse que je retournerais dans le moment, mais de ne pas faire connaître qu'elle m'eût parlé de M. de B...

Ma consternation fut si grande, que je versais des larmes en descendant l'escalier, sans savoir encore de quel sentiment elles partaient. J'entrai dans le premier café et m'y étant assis près d'une table, j'appuyai la tête sur mes deux mains pour y développer[3] ce qui se passait dans mon cœur. Je n'osais rappeler ce que je venais d'entendre. Je voulais le considérer comme une illusion, et je fus prêt deux ou trois fois de retourner au logis, sans marquer que j'y eusse fait attention. Il me paraissait si impossible que Manon m'eût trahi, que je craignais de lui faire injure en la soupçonnant. Je l'adorais, cela était sûr ; je ne lui avais pas donné plus de preuves d'amour que je n'en avais reçu d'elle ; pourquoi l'aurais-je accusée d'être moins sincère et moins constante que moi ? Quelle raison aurait-elle eue de me tromper ? Il n'y avait que trois heures qu'elle m'avait accablée de ses plus tendres caresses et qu'elle avait reçu les miennes avec transport ; je ne connaissais pas mieux mon cœur que le sien. Non, non, repris-je, il n'est pas possible que Manon me trahisse. Elle n'ignore pas que je ne vis que pour elle. Elle sait trop bien que je l'adore. Ce n'est pas là un sujet de me haïr.

Cependant la visite et la sortie furtive de M. de B... me causaient de l'embarras. Je rappelais aussi les petites acquisitions de Manon, qui me sem-

1. **M. de B... :** un « célèbre fermier général », qui est leur voisin à Paris. Sous l'Ancien Régime les fermiers généraux finançaient les caisses royales, et pour se rembourser de ces avances, avaient le privilège de lever les impôts. Ils étaient souvent immensément riches, comme c'est le cas ici.

2. **qui répondait au cabinet :** qui donnait dans le cabinet, c'est-à-dire dans une petite pièce retirée de l'appartement.

3. **développer :** expliquer.

François BOUCHER (1703-1770), *Tête de jeune fille*.


blaient surpasser[4] nos richesses présentes. Cela paraissait sentir les libéralités[5] d'un nouvel amant. Et cette confiance qu'elle m'avait marquée pour des ressources qui m'étaient inconnues ! J'avais peine à donner à tant d'énigmes un sens aussi favorable que mon cœur le souhaitait. D'un autre côté, je ne l'avais presque pas perdue de vue depuis que nous étions à Paris. Occupations, promenades, divertissements, nous avions toujours été l'un à côté de l'autre ; mon Dieu ! un instant de séparation nous aurait trop affligés. Il fallait nous dire sans cesse que nous nous aimions ; nous serions morts d'inquiétude sans cela. Je ne pouvais donc m'imaginer presque un seul moment où Manon pût s'être occupée d'un autre que moi. À la fin, je crus avoir trouvé le dénouement de ce mystère. M. de B..., dis-je en moi-même, est un homme qui fait de grosses affaires, et qui a de grandes relations ; les parents de Manon se seront servis de cet homme pour lui faire tenir quelque argent. Elle en a peut-être déjà reçu de lui ; il est venu aujourd'hui lui en apporter encore. Elle s'est fait sans doute un jeu de me le cacher, pour me surprendre agréablement. Peut-être m'en aurait-elle parlé si j'étais rentré à l'ordinaire, au lieu de venir ici m'affliger ; elle ne me le cachera pas, du moins, lorsque je lui en parlerai moi-même.

Je me remplis si fortement de cette opinion, qu'elle eut la force de diminuer beaucoup ma tristesse.

Antoine-François PRÉVOST, *Histoire du Chevalier des Grieux et de Manon Lescaut*, 1731.

---

4. **surpasser :** excéder. 5. **libéralités :** générosités.

## RECHERCHE

Faites une recherche biographique concernant l'abbé Prévost. Lisez un résumé de *Manon Lescaut* — ou, mieux encore, lisez le roman – puis rédigez une fiche qui montrera les points communs entre la vie de l'auteur et celle du personnage de des Grieux.

## ANALYSE

**1.** Faites apparaître le mouvement de cet extrait, en vous aidant notamment de l'alternance entre récit et discours.

**2.** Quels sont les faits qui semblent signifier la trahison de Manon ?

**3.** Sur quels éléments, au contraire, le narrateur se fonde-t-il pour ne pas mettre en doute la loyauté de sa maîtresse ?

**4.** Relevez les traits qui font de des Grieux un personnage sensible.

## À HAUTE VOIX

Préparez la lecture orale de la fin du texte, à partir de « Cependant la visite [...] » (l. 33), en vous efforçant de ménager des pauses entre les phrases qui traduisent les mouvements intérieurs du personnage, de l'inquiétude à la confiance retrouvée.

## LIENS

✦ **Histoire littéraire**, p. 62
✦ **Vocabulaire**, p. 84
✦ **Chapitre 14**, p. 576

## 4. UNE ÉPISTOLIÈRE AMOUREUSE

# Madame RICCOBONI (1713-1792)

## *Lettres de Mistriss Fanni Butlerd*

voir biographie p. 632

*D'abord actrice, ayant épousé le fils du directeur du Théâtre-Italien, Madame Riccoboni se tourne ensuite vers le roman et en particulier vers sa forme épistolaire : elle imite en cela des écrivains anglais, comme Samuel Richardson, auteur de* Pamela *et de* Clarisse Harlowe. *L'anglicisation des noms et de l'histoire de Fanni Butlerd s'explique en fonction de ce modèle.*
*C'est le premier roman de l'auteur : les lettres – 116 au total – ont été publiées tout d'abord comme une correspondance authentique.*

*Fanni, qui s'est éprise de milord Alfred, est devenue sa maîtresse. L'absence de son amant justifie les lettres où elle dit sa passion.*

LETTRE XXXIV

Hampstead, vendredi***

Le *moi* sur lequel vous comptez n'est pas toujours le plus fort. J'ai, comme Sosie[1], un autre *moi* difficile à réduire, et qui l'emporte souvent sur tout ce que je lui oppose. Ce méchant *moi* ne m'a pas laissée tranquille un instant, depuis que j'ai quitté Londres ; il m'a fait pleurer, vous quereller, pardonner, me fâcher, rester ici pour vous chagriner, m'ennuyer, me priver du seul plaisir où mon cœur puisse être sensible. Je voulais partir ce matin, mais milord Clarendon a changé ma résolution. Il vint hier souper ici : on vous nomma ; il nous dit qu'il vous avait laissé chez la duchesse de Rutland, que vous y étiez seul. Oh, quel mouvement ce discours éleva dans mon âme ! Quoi ! seul chez cette femme qui vous cherche, qui vous suit avec affectation ! Il me fut impossible de souper. Je me plains de la migraine, je cours m'enfermer. Je relis ce billet si tendre, où vous vous soumettez à toutes mes volontés, où vous me conjurez de revenir, avec un empressement si flatteur : je n'y trouve plus que de la fausseté, des mensonges, le désir de me tromper. Une heure sonne, je vous vois *seul avec la duchesse*. Cette image ne peut s'effacer ; je vous écris des duretés ; puis je ne saurais écrire. Pan, la lettre chiffonnée, déchirée, la plume à terre, la table repoussée. Je me couche, tout l'enfer est dans mon lit. Je ne peux dormir, je ne saurais lire ; l'anglais, le français, l'espagnol, tout m'est odieux. Je me lève brusquement, je vais, je viens dans ma chambre : je me fais honte de mon peu de raison. Le jour luit, et ses premiers rayons me font apercevoir de mon accablement. Je retourne dans mon lit : l'extrême lassitude m'assoupit. Réveillée à dix heures, je vous écris à onze une plate et courte élégie[2] dans la prose la plus commune : j'admire ce chef-d'œuvre. Je plie le papier tout de travers ; je mets la cire sur mes doigts, et le cachet à côté de la lettre ; puis je sonne, et puis je ne veux rien. Je déchire la belle lettre, on m'apporte la vôtre ; je la prends, et je me fâche de ce que vous me dites, avant de l'avoir ouverte, sans savoir ce qu'elle contient. *Après*… après je ne sais ce que je veux. Je suis malheureuse, en

1. **Sosie :** personnage de l'*Amphitryon* chez le poète latin Plaute et chez Molière. Tandis que Jupiter a pris les traits d'Amphitryon, l'époux d'Alcmène, une femme dont il est amoureux, son compagnon Mercure a pris ceux du valet d'Amphitryon, Sosie, amenant celui-ci, quand il le rencontre, à douter de son identité.

2. **élégie :** texte triste et plaintif, comme la forme littéraire de l'élégie, poème mélancolique.

Jean-Baptiste-Marie PIERRE (1713-1789), *La Mauvaise Nouvelle.* Huile sur toile. Paris, Musée Nissim de Camondo. Photo Marc Walter © Union centrale des arts décoratifs.

vérité. Mon état est bizarre, ridicule. Une âme tendre est la source de toutes les peines d'une femme ; la sensibilité est en elle un poison actif, que les soins d'un homme qui veut plaire, font fermenter, pour détruire son bonheur, égarer sa raison, et répandre l'amertume sur tous ses sentiments. J'ai envie de m'établir ici ; je hais Londres, ses habitants, l'univers, vous, moi, l'amour, et toutes les folies qu'il inspire. Aimez-moi, ne m'aimez pas ; restez, partez, que m'importe ? Ô ma paisible indifférence, qu'êtes-vous devenue ? Laissez-moi, Milord, laissez-moi…

Madame RICCOBONI, *Lettres de Mistriss Fanni Butlerd*, 1757.

## ANALYSE

### *Les deux « moi »* (l. 1 à 6)

**1.** Que représente cette distinction de Fanni entre les deux « *moi* » qu'elle oppose ?

**2.** Commentez l'allusion à Sosie.

### *D'hier à aujourd'hui, les tourments de la jalousie* (l. 6 à 28)

**3.** Précisez les étapes chronologiques et logiques de l'évolution des sentiments de l'épistolière.

**4.** Comment les objets nécessaires à la correspondance au XVIIIe siècle reflètent-ils ses émotions ?

### *« Un état bizarre, ridicule »* (l. 28 à 36)

**5.** Justifiez les deux adjectifs « *bizarre* » et « *ridicule* » qui définissent selon Fanni l'état qui est le sien.

**6.** Expliquez l'image du poison, l. 30.

### *Sur l'ensemble du texte*

**7.** Par quels procédés lexicaux, syntaxiques, rythmiques, la romancière traduit-elle l'image de l'inquiétude et du trouble amoureux ?

**8.** Montrez que cette lettre théâtralise le « moi » et l'émoi de l'héroïne.

**9.** Si Fanni parle d'elle-même, elle relie son cas à celui de toutes les femmes. Relevez les passages qui le montrent. En quoi peut-on dire que Mme Riccoboni plaide la cause des femmes ?

**10.** Faites apparaître le plan de la lettre.

## LIENS

✦ **Histoire littéraire**, p. 62 ✦ **Vocabulaire**, p. 84
✦ **Stylistique**, p. 85 ✦ **Chapitre 12**, p. 500
✦ **Chapitre 13**, p. 556

LANGUE **Vocabulaire**

# Émotions et sentiments

## • Des larmes éloquentes

Quand elle eut cessé de parler, qu'il jeta les yeux sur elle, qu'il la vit à ses genoux **le visage couvert de larmes** et d'une beauté si admirable, il pensa mourir de douleur. (Madame de LAFAYETTE, *La Princesse de Clèves*, p. 73.)

Les larmes accompagnent l'aveu de la princesse : elles rehaussent sa beauté aux yeux de son mari et ne nuisent pas à sa grandeur. L'émotion du personnage se révèle donc non seulement par son discours mais par cet épanchement qui le prolonge.

Le XVIIe siècle considère que pleurer n'est pas un signe de faiblesse ; il s'agit plutôt d'une marque d'humanité, comme le démontre un essai récent sur le sens des larmes.

Pleurer est un acte légitime que l'honnête homme a le droit d'exercer, et même le plus impérieux et le plus sacré des devoirs. [...] Jusqu'à la fin du XVIIIe siècle, l'homme ému n'a pas honte de pleurer. Il y a une intimité quotidienne des larmes. Samuel Pepys[1], dans son célèbre journal, note avec un grand naturel le 5 février 1667 : « Toute la nuit je pleure », et le 25 octobre 1668 : « Vers deux heures je m'éveillai en pleurant. » [...]

« Toutes les larmes sont des pleurs, mais tous les pleurs ne sont pas des larmes », écrivait Marin Cureau de la Chambre[2]. Aux larmes sont données la discontinuité, la clarté, la précision pour relever le défi de la représentation. Les pleurs évoquent un mouvement plus continu, plus dense, plus vague ; ils seraient la manifestation d'une humeur plus égocentrique, tandis que les larmes, avec leur générosité, prétendraient, elles, au rayonnement universel de notre être. Les pleurs sont sacrifice, si ce n'est chantage, et c'est peut-être là leur limite. La larme ne se sacrifie pas, elle se donne. On ne décide pas d'elle : c'est elle qui nous surprend.

Jean-Loup CHARVET, *L'Éloquence des larmes*, Desclée de Brouwer, 2000.

1. **Samuel Pepys :** écrivain anglais (1633-1703), qui tint un journal intime entre 1660 et 1669, publié partiellement en 1825 et complètement entre 1970 et 1983. 2. **Marin Cureau de la Chambre :** médecin ordinaire du roi, auteur d'un traité intitulé *Les Caractères des passions*, écrit entre 1640 et 1662.

➤ **En quoi l'analyse précédente éclaire-t-elle la signification des larmes de la princesse de Clèves ?**

➤ **Précisez la distinction entre pleurs et larmes dans les extraits ci-après de *Manon Lescaut* (voir p. 80, l. 24 à 32).**

« Cette question la déconcerta si fort, que, n'ayant point assez de présence d'esprit pour y répondre, elle se mit à pleurer, en m'assurant que ce n'était point sa faute [...] »

« Ma consternation fut si grande que je versais des larmes en descendant l'escalier, sans savoir encore de quel sentiment elles partaient. »

## • Notions abstraites, manifestations concrètes

[Mme de Chartres] faisait souvent à sa fille des peintures de l'amour ; elle lui montrait ce qu'il a d'agréable pour la persuader plus aisément sur ce qu'elle lui en apprenait de dangereux ; elle lui contait **le peu de sincérité** des hommes, leurs tromperies et **leur infidélité**, les malheurs domestiques où plongent les engagements [...]

Cet extrait du roman de Madame de Lafayette, p. 70, évoque le sentiment amoureux : il fait alterner des substantifs employés au singulier, en gras ici, qui correspondent à des notions abstraites, et des mots qui revêtent un caractère concret.

➤ **Relevez les termes évoquant concrètement les effets de l'amour.**

➤ **Quel est l'intérêt de ce tressage entre les termes abstraits et les notations concrètes ?**

# EXERCICES

**1** **Donnez les substantifs correspondant à l'adjectif *sensible*. Quelle différence de sens faites-vous entre eux ?**

**2** **Dans l'extrait de *Manon Lescaut*, p. 80 (l. 24 à 32), relevez les mots qui évoquent le sentiment amoureux et précisez s'ils relèvent de l'abstrait ou du concret.**

**3** **En vous aidant d'un dictionnaire historique du français, rappelez le sens de l'adjectif « tendre » aux XVIIe et XVIIIe siècles. Éclairez alors le sens de ces expressions empruntées au texte de Madame Riccoboni (p. 82) :**

« ce billet si tendre », « ses plus tendres caresses », « une âme tendre ».

**4** **Donnez les substantifs correspondant aux verbes « chagriner », « quereller », « affliger », puis vérifiez dans un dictionnaire le sens de ces mots aux XVIIe et XVIIIe siècles.**

**5** **Rédigez une fiche collectant des exemples d'emploi des mots « *gloire* » et « *glorieux* » au XVIIe siècle.**

# L'expression du haut degré

Les romans héroïques, les romans précieux, comme les romans classiques ont recours à l'expression du haut degré pour évoquer des personnages hors du commun. On pense au caractère sublime des protagonistes qui suscite l'admiration ; on pense aussi, dans une autre veine, aux exagérations des romans comiques.

> [...] je ne m'arrêterai point à vous exagérer la noblesse de sa race, ni à vous dire mille choses qui lui sont fort glorieuses : mais je vous dirai seulement que Cléomire a épousé un homme d'une des plus grandes maisons de Phénicie, et d'un mérite proportionné à sa qualité.
>
> Madeleine de SCUDÉRY, *Artamène ou le grand Cyrus*, voir p. 66.

Dans cet extrait de roman, qui propose un portrait élogieux du personnage de Cléomire, se trouvent réunies les marques principales de l'expression du haut degré.

## • Des marques lexicales

Les mots « noblesse », « glorieuses », « mérite » et « qualité » indiquent à eux seuls l'excellence du personnage, son appartenance à la haute société.

Le déterminant numéral « mille », qui a ici une valeur quantitative dans « *mille choses* » marque le grand nombre de faits qui concourent à sa gloire.

## • Des marques syntaxiques

L'emploi du superlatif absolu – « ***fort** glorieuses* » — ou du superlatif relatif – « ***une des plus** grandes maisons de Phénicie* » — soulignent aussi l'élévation de Cléomire.

Certaines propositions peuvent également indiquer le haut degré : propositions comparatives, propositions consécutives.

De même, les types et les formes de phrases traduisent souvent le caractère extraordinaire d'une personne ou d'une situation : on pense notamment à la phrase exclamative ou à la forme emphatique, qui joue sur la place des mots à l'intérieur de la phrase pour les détacher et les mettre en valeur.

## • Des figures de style

Tout en affirmant ne pas vouloir « exagérer la noblesse de sa race », le narrateur mentionne cette noblesse même : c'est la figure de **la prétérition,** qui affecte de ne pas dire une chose pour l'exprimer avec d'autant plus de force.

Parmi les figures de style soulignant le haut degré, notons aussi **l'énumération**, qui crée parfois un effet de **gradation** voire de **saturation**, ou d'**accumulation.**

La **composition** du texte, celle du paragraphe et celle de la phrase peuvent également souligner l'importance d'un fait ou d'un personnage. Ainsi, dans l'incipit de *La Princesse de Clèves*, la galerie de portraits des courtisans culmine avec la description du « *chef-d'œuvre de la nature* », le duc de Nemours (voir p.68), dont le lecteur comprend dès lors le charme inimitable.

# EXERCICES

**1 Relevez les marques du haut degré dans cet extrait de *L'Astrée*, p. 64.**

Quel devint alors ce fidèle berger ? celui qui a bien aimé le peut juger, si jamais tel reproche lui a été fait injustement. Il tombe à ses genoux, pâle et transi, plus que n'est pas une personne morte.

**2 Même travail.**

Sois témoin, dit-il, ô cher cordon, que plutôt que de rompre un seul des nœuds de mon affection, j'ai mieux aimé perdre la vie, afin que, quand je serai mort, et que cette cruelle te verra, pour être sur moi, tu l'assures qu'il n'y a rien au monde qui puisse être plus aimé que je l'aime, ni amant plus mal reconnu que je suis.

**3 Dans l'extrait d'*Artamène*, p. 66, relevez les marques lexicales du haut degré.**

**4 Dans les extraits de *La Princesse de Clèves* (pp. 68-74), relevez les occurrences de l'adjectif « *extraordinaire* » et du nom « *admiration* ». Recherchez l'origine étymologique de chacun de ces termes et montrez qu'elle favorise l'expression du haut degré.**

**5 Comment l'expression du haut degré sert-elle le comique burlesque du portrait de Charroselles dans l'extrait du *Roman bourgeois*, p. 76 ?**

**6 Lisez ou relisez le premier paragraphe du texte de Marivaux, p. 78, et relevez tous les procédés d'expression du haut degré. En quoi concourent-ils à traduire l'étonnement du narrateur ? En quoi sont-ils amusants ?**

# ÉPREUVE BAC

## CORPUS Extraits d'un roman épistolaire

### CHODERLOS de LACLOS, *Les Liaisons dangereuses*

*Voici trois des toutes premières lettres de ce célèbre roman épistolaire de Pierre Choderlos de Laclos (1741-1803), publié en 1782.*

2

DE LA MARQUISE DE MERTEUIL AU VICOMTE DE VALMONT

AU CHÂTEAU DE ...

Paris, ce 4 août 17**.

Revenez, mon cher Vicomte, revenez : que faites-vous, que pouvez-vous faire chez une vieille tante dont tous les biens vous sont substitués[1] ? Partez sur-le-champ ; j'ai besoin de vous. Il m'est venu une excellente idée, et je veux bien vous en confier l'exécution. Ce peu de mots devrait suffire ; et, trop honoré de mon choix, vous devriez venir, avec empressement, prendre mes ordres à genoux : mais vous abusez de mes bontés, même depuis que vous n'en usez plus ; et dans l'alternative d'une haine éternelle ou d'une excessive indulgence, votre bonheur veut que ma bonté l'emporte. Je veux donc bien vous instruire de mes projets : mais jurez-moi qu'en fidèle chevalier, vous ne courrez aucune aventure que vous n'ayez mis celle-ci à fin[2]. Elle est digne d'un héros : vous servirez l'amour et la vengeance ; ce sera enfin une *rouerie** de plus à mettre dans vos mémoires : oui, dans vos mémoires, car je veux qu'ils soient imprimés un jour, et je me charge de les écrire. Mais laissons cela, et revenons à ce qui m'occupe.

Mme de Volanges marie sa fille : c'est encore un secret ; mais elle m'en a fait part hier. Et qui croyez-vous qu'elle ait choisi pour gendre ? Le comte de Gercourt. Qui m'aurait dit que je deviendrais la cousine de Gercourt ? J'en suis dans une fureur... Eh bien ! vous ne devinez pas encore ? oh ! l'esprit lourd ! Lui avez-vous donc pardonné l'aventure de l'intendante ? Et moi, n'ai-je pas encore plus à me plaindre de lui, monstre que vous êtes** ? Mais je m'apaise, et l'espoir de me venger rassérène[3] mon âme.

Vous avez été ennuyé cent fois, ainsi que moi, de l'importance que met Gercourt à la femme qu'il aura, et de la sotte présomption qui lui fait croire qu'il évitera le sort inévitable. Vous connaissez ses ridicules préventions pour les éducations cloîtrées, et son préjugé, plus ridicule encore, en faveur de la retenue[4] des blondes. En effet, je gagerais que malgré les soixante mille livres de rente de la petite Volanges, il n'aurait jamais fait ce mariage si elle eût été brune, ou si elle n'eût pas été au couvent. Prouvons-lui donc qu'il n'est qu'un sot : il le sera sans doute un jour ; ce n'est pas là ce qui m'embarrasse : mais le plaisant serait qu'il débutât par là. Comme nous nous amuserions le lendemain en l'entendant se vanter ! car il se vantera ; et puis, si une fois vous formez cette petite fille, il y aura bien du malheur si le Gercourt ne devient pas, comme un autre, la fable de Paris.

1. **substitués :** terme juridique signifiant qu'une personne est appelée à une succession après une autre, en cas d'absence d'héritier direct. Valmont hériterait donc de sa tante.

2. **mettre une aventure à fin :** l'accomplir jusqu'au bout. L'expression est un archaïsme emprunté aux romans de chevalerie du Moyen Âge.

3. **rasséréner :** calmer.

4. **la retenue :** la pudeur, la réserve.

Au reste, l'héroïne de ce nouveau roman mérite tous vos soins : elle est vraiment jolie ; cela n'a que quinze ans, c'est le bouton de rose ; gauche, à la vérité, comme on ne l'est point, et nullement maniérée[5] : mais, vous autres hommes, vous ne craignez pas cela ; de plus, un certain regard langoureux qui promet beaucoup en vérité : ajoutez-y que je vous la recommande ; vous n'avez plus qu'à me remercier et m'obéir.

Vous recevrez cette lettre demain matin. J'exige que demain, à sept heures du soir, vous soyez chez moi. Je ne recevrai personne qu'à huit, pas même le régnant chevalier[6] : il n'a pas assez de tête pour une aussi grande affaire. Vous voyez que l'amour ne m'aveugle pas. À huit heures je vous rendrai votre liberté, et vous reviendrez à dix souper avec le bel objet[7] ; car la mère et la fille souperont chez moi. Adieu, il est midi passé ; bientôt je ne m'occuperai plus de vous.

**5. maniérée :** rompue aux bonne manières.

**6. le régnant chevalier :** son amant du moment. La marquise reprend l'allusion médiévale du premier paragraphe.

**7. le bel objet :** Cécile de Volanges.

---

* Ces mots *roué* et *rouerie*, dont heureusement la bonne compagnie commence à se défaire, étaient fort en usage à l'époque où ces lettres ont été écrites.
Les roués désignent les compagnons de débauche du Régent (dignes de la roue).

** Pour entendre ce passage, il faut savoir que le comte de Gercourt avait quitté la marquise de Merteuil pour l'intendante de ***, qui lui avait sacrifié le vicomte de Valmont, et que c'est alors que la marquise et le vicomte s'attachèrent l'un à l'autre. Comme cette aventure est fort antérieure aux événements dont il est question dans ces lettres, on a cru devoir en supprimer toute la correspondance.

[* *et* ** *sont des notes de l'auteur*]

## 3
### DE CÉCILE VOLANGES À SOPHIE CARNAY AU COUVENT DES URSULINES DE ...

Paris, ce 4 août 17**.

Je ne sais encore rien, ma bonne amie. Maman avait hier beaucoup de monde à souper. Malgré l'intérêt que j'avais à examiner, les hommes surtout, je me suis fort ennuyée. Hommes et femmes, tout le monde m'a beaucoup regardée, et puis on se parlait à l'oreille ; et je voyais bien qu'on parlait de moi : cela me faisait rougir ; je ne pouvais m'en empêcher. Je l'aurais bien voulu, car j'ai remarqué que quand on regardait les autres femmes, elles ne rougissaient pas ; ou bien c'est le rouge qu'elles mettent, qui empêche de voir celui que l'embarras leur cause ; car il doit être bien difficile de ne pas rougir quand un homme vous regarde fixement.

Ce qui m'inquiétait le plus, était de ne pas savoir ce qu'on pensait sur mon compte. Je crois avoir entendu pourtant deux ou trois fois le mot de *jolie* : mais j'ai entendu bien distinctement celui de *gauche* : et il faut que cela soit bien vrai, car la femme qui le disait est parente et amie de ma mère ; elle paraît même avoir pris tout de suite de l'amitié pour moi. C'est la seule personne qui m'ait un peu parlé dans la soirée. Nous souperons demain chez elle.

J'ai encore entendu, après souper, un homme que je suis sûre qui parlait de moi, et qui disait à un autre : « Il faut laisser mûrir cela, nous verrons cet hiver. » C'est peut-être celui-là qui doit m'épouser; mais alors ce ne serait donc que dans quatre mois! Je voudrais bien savoir ce qui en est.

Voilà Joséphine, et elle me dit qu'elle est pressée. Je veux pourtant te raconter encore une de mes gaucheries. Oh! je crois que cette dame a raison!

Après le souper on s'est mis à jouer. Je me suis placée auprès de ma mère; je ne sais comment cela s'est fait, mais je me suis endormie presque tout de suite. Un grand éclat de rire m'a réveillée. Je ne sais pas si l'on riait de moi, mais je le crois. Maman m'a permis de me retirer, et elle m'a fait grand plaisir. Figure-toi qu'il était onze heures passées. Adieu, ma chère Sophie; aime toujours bien ta Cécile. Je t'assure que le monde n'est pas si amusant que nous l'imaginions.

4

DU VICOMTE DE VALMONT À LA MARQUISE DE MERTEUIL

À PARIS

Du château de … 5 août 17**.

Vos ordres sont charmants; votre façon de les donner est plus aimable encore; vous feriez chérir le despotisme. Ce n'est pas la première fois, comme vous savez, que je regrette de ne plus être votre esclave; et tout *monstre* que vous dites que je suis, je ne me rappelle jamais sans plaisir le temps où vous m'honoriez de noms plus doux. Souvent même je désire de le mériter de nouveau, et de finir par donner, avec vous, un exemple de constance au monde. Mais de plus grands intérêts nous appellent; conquérir est notre destin, il faut le suivre : peut-être au bout de la carrière nous rencontrerons-nous encore; car, soit dit sans vous fâcher, ma très belle marquise, vous me suivez au moins d'un pas égal; et depuis que, nous séparant pour le bonheur du monde, nous prêchons la foi chacun de notre côté, il me semble que dans cette mission d'amour, vous avez fait plus de prosélytes[1] que moi. Je connais votre zèle, votre ardente ferveur; et si ce Dieu-là nous jugeait sur nos œuvres[2], vous serez un jour la patronne de quelque grande ville, tandis que votre ami sera au plus un saint de village. Ce langage mystique vous étonne, n'est-il pas vrai? Mais depuis huit jours, je n'en entends, je n'en parle pas d'autre; et c'est pour m'y perfectionner, que je me vois forcé de vous désobéir.

Ne vous fâchez pas, et écoutez-moi. Dépositaire de tous les secrets de mon cœur, je vais vous confier le plus grand projet qu'un conquérant ait jamais pu former. Que me proposez-vous? de séduire une jeune fille qui n'a rien vu, ne connaît rien; qui, pour ainsi dire, me serait livrée sans défense; qu'un premier hommage ne manquera pas d'enivrer, et que la curiosité mènera peut-être plus vite que l'amour. Vingt autres peuvent y réussir comme moi. Il n'en est pas ainsi de l'entreprise qui m'occupe; son succès m'assure autant de gloire que de plaisir. L'amour qui prépare ma couronne, hésite lui-même entre le myrte et le laurier[3], ou plutôt il les réunira pour honorer mon triomphe.

1. **prosélytes :** nouveaux adeptes d'une religion.

2. **œuvres :** actions méritoires pour le salut de l'âme.

3. **le myrte et le laurier :** le myrte est associé dans l'Antiquité à l'amour, le laurier à la gloire.

Vous-même, ma belle amie, vous serez saisie d'un saint respect, et vous direz avec enthousiasme : « Voilà l'homme selon mon cœur. »

Vous connaissez la présidente de Tourvel, sa dévotion, son amour conjugal, ses principes austères. Voilà ce que j'attaque ; voilà l'ennemi digne de moi ; voilà le but où je prétends atteindre ;

*Et si de l'obtenir je n'emporte le prix,*
*J'aurai du moins l'honneur de l'avoir entrepris.*

On peut citer de mauvais vers, quand ils sont d'un grand poète[4].

Vous saurez donc que le président est en Bourgogne, à la suite d'un grand procès (j'espère lui en faire perdre un plus important). Son inconsolable moitié doit passer ici tout le temps de cet affligeant veuvage. Une messe chaque jour, quelques visites aux pauvres du canton, des prières du matin et du soir, des promenades solitaires, de pieux entretiens avec ma vieille tante, et quelquefois un triste wisk[5], devaient être ses seules distractions. Je lui en prépare de plus efficaces. Mon bon ange m'a conduit ici, pour son bonheur et pour le mien. Insensé ! je regrettais vingt-quatre heures que je sacrifiais à des égards d'usage. Combien on me punirait en me forçant de retourner à Paris ! Heureusement il faut être quatre pour jouer au wisk ; et, comme il n'y a ici que le curé du lieu, mon éternelle tante m'a beaucoup pressé de lui sacrifier quelques jours. Vous devinez que j'ai consenti. Vous n'imaginez pas combien elle me cajole depuis ce moment, combien surtout elle est édifiée de me voir régulièrement à ses prières et à sa messe. Elle ne se doute pas de la divinité que j'y adore.

Me voilà donc, depuis quatre jours, livré à une passion forte. Vous savez si je désire vivement, si je dévore les obstacles : mais ce que vous ignorez, c'est combien la solitude ajoute à l'ardeur du désir. Je n'ai plus qu'une idée ; j'y pense le jour, et j'y rêve la nuit. J'ai bien besoin d'avoir cette femme, pour me sauver du ridicule d'en être amoureux : car où ne mène pas un désir contrarié ? Ô délicieuse jouissance ! je t'implore pour mon bonheur et surtout pour mon repos. Que nous sommes heureux que les femmes se défendent si mal ! nous ne serions auprès d'elles que de timides esclaves. J'ai dans ce moment un sentiment de reconnaissance pour les femmes faciles, qui m'amène naturellement à vos pieds. Je m'y prosterne pour obtenir mon pardon, et j'y finis cette trop longue lettre. Adieu, ma très belle amie : sans rancune.

Pierre CHODERLOS DE LACLOS, *Les Liaisons dangereuses*, 1782, Lettres 2, 3 et 4.

**4. un grand poète :** La Fontaine. Ces deux vers terminent l'*Épître dédicatoire à Monseigneur le Dauphin* des *Fables* de La Fontaine. Le texte exact du premier vers est : *Et si de t'agréer je n'emporte le prix.*

**5. wisk :** jeu de cartes. Les deux formes « wisk » et « whist » étaient en concurrence au XVIII$^e$ siècle. Le français moderne a gardé la seconde.

*Les Liaisons dangereuses*, film de Stephen FREARS, 1988, avec Glenn Close. © Warner Bros/Kobal collection.

## Questions

**1.** *En quoi ces trois lettres répondent-elles aux exigences d'un incipit de roman ?*
**2.** *Comment s'enchaînent-elles ? Analysez précisément les effets d'écho et d'opposition.*
*Vous répondrez à ces questions avec clarté et concision, sans rechercher l'exhaustivité.*

## Écriture d'invention

*Imitation et réécriture*

**Sujet**

*L'originalité de ce roman épistolaire est d'être polyphonique : plusieurs voix s'y font entendre, plusieurs styles s'y donnent à lire, reflétant chacun des scripteurs. Choisissez l'un des trois types de personnages proposés ici – celui de la marquise, celui de Cécile ou celui du vicomte – et rédigez une lettre de ce personnage qui s'insérerait dans l'incipit d'un roman épistolaire situé à votre époque. La visée de cette lettre devra être la même que dans le roman de Choderlos de Laclos.*

**Lire le sujet :** il faut d'abord identifier clairement les trois types de personnages.

• Cécile peut se définir comme une jeune fille naïve qui découvre le monde et qui n'en soupçonne pas les turpitudes. Son style est, à son image, candide et gauche.

➤ **Relevez quelques exemples de maladresses stylistiques dans la lettre 3, ou de maladresses de comportement, en montrant comment elles révèlent l'ignorance des usages.**

➤ **En quoi cette lettre est-elle comique ?**

• La marquise de Merteuil apparaît d'emblée comme une femme autoritaire, énergique, indépendante, qui mène ses amours avec une sorte de lucidité cruelle.

➤ **Relevez et analysez les emplois de l'impératif dans le premier paragraphe et du futur de l'indicatif dans le dernier.**

➤ **Commentez le jeu de mots fondé sur une paronomase : « *mais vous* abusez *de mes bontés, même depuis que vous n'en* usez *plus* », l. 6/7.**

➤ **Nommez les figures de style présentes dans les expressions suivantes : « *l'alternative d'une haine éternelle ou d'une excessive indulgence* », l. 7/8 ; « *la sotte présomption qui lui fait croire qu'il évitera le sort inévitable* », l. 23/24.**

➤ **Faites apparaître la structure logique de la lettre. En quoi Mme de Merteuil semble-t-elle convaincante ?**

• Le vicomte de Valmont rappelle le personnage de Don Juan : grand séducteur, double masculin de la marquise, il pratique une écriture brillante (voir les remarques préparatoires au commentaire ci-contre). Cependant, l'amour qu'il éprouve pour la présidente de Tourvel lui fait adopter aussi un registre lyrique.

➤ **Recopiez un court passage témoignant de l'exaltation amoureuse du vicomte.**

➤ **Choisissez un autre extrait montrant chez lui une forme de cynisme dans son rapport avec Mme de Tourvel.**

➤ **Relevez des traits d'écriture qui apparentent la lettre à une conversation.**

➤ **En quoi le dernier paragraphe de la lettre en résume-t-il le contenu ? En quoi notamment reprend-il le premier ? Montrez que la réponse de Valmont à la requête de la marquise est particulièrement insolente.**

### Choisir un personnage...

• ...parmi les trois types proposés,

• ...en l'actualisant. L'exercice est donc à la fois **une imitation** et **une réécriture**. Ce sont des personnages du XXIe siècle qu'il faut inventer.

### Dresser une liste des contraintes propres au sujet

• Écrire une lettre (voir aussi p. 82 et chapitre 12 p. 500).

• Respecter les exigences d'un incipit de roman épistolaire (voir question 1).

• Définir quelques marques de style propres à caractériser le personnage.

## *Commentaire*

*L'autoportrait de Valmont*

**Sujet**

***Vous commenterez la lettre 4, du début à « J'aurai du moins l'honneur de l'avoir entrepris. » (l. 35)***

### Problématique

Quel autoportrait de Valmont cette première lettre du personnage nous donne-t-elle à lire ?

### Suggestion de plan

Ce long extrait permet de caractériser le personnage de Valmont en nous faisant entendre :

**I** Le discours d'un conquérant

**II** Le discours d'un libertin

**III** Le discours d'un homme d'esprit

➤ **Relisez cette page et notez tous les éléments qui viennent illustrer chacune des trois parties proposées.**

➤ **Pour la partie I, vous tiendrez compte notamment de l'erreur dans la citation de La Fontaine (voir note 4). Que révèle-t-elle ?**

➤ **Pour la partie II, vous étudierez en particulier la métaphore filée du prosélytisme religieux, très subversive. Vous rechercherez précisément le sens que l'on peut donner ici à « libertin ».**

➤ **Pour la partie III, vous relèverez les marques de l'ironie, de l'humour et de l'art de la flatterie amoureuse.**

➤ **Définissez chacune des sous-parties en leur donnant un titre.**

### Prolongements

➤ **Confrontez ce fragment de lettre à la longue tirade de Don Juan dans la pièce de Molière, *Dom Juan*, acte I, scène 2. Quels points communs repérez-vous ? En quoi peut-on parler d'une intertextualité ?**

➤ **Lisez l'ensemble du roman et montrez en quoi certains propos de Valmont sont tragiquement prémonitoires.**

## *Dissertation*

*Le portrait dans le roman épistolaire*

**Sujet**

***Quels rapports les lettres d'un roman épistolaire entretiennent-elles avec l'art du portrait ?***

### Examen du sujet

Les personnages, dans un roman épistolaire, sont présentés de deux façons :
– ils sont décrits par d'autres personnages qui parlent d'eux dans leurs lettres ;
– ils se livrent eux-mêmes, dans les lettres qui leur sont attribuées, nous donnant à lire des sortes d'autoportraits.

Le corpus met d'autant plus en lumière ce traitement particulier de l'art du portrait qu'il présente des lettres tirées de l'incipit du roman.

➤ **Faites la liste des personnages nommés dans les lettres du corpus et relevez les traits physiques et moraux qui leur sont donnés.**

➤ **Selon quels points de vue ces portraits sont-ils présentés ?**

➤ **En quoi peut-on dire que les épistoliers se révèlent eux-mêmes dans leurs lettres ? Vous pourrez également vous fonder sur le texte p. 82 et sur les extraits de *Werther* donné en Ouverture, p. 92.**

➤ **Proposez un plan pour traiter ce sujet.**

# OUVERTURE SUR

## Un roman européen

Publié en 1774, ce court roman épistolaire se présente comme la « confession » d'un jeune homme épris d'absolu, qui ne peut vivre avec la femme qu'il aime et qui finit par se suicider. Le succès de l'œuvre est considérable, notamment en France, et si Goethe s'est souvent dit étonné d'un tel retentissement pour un texte de jeunesse achevé en quatre semaines, il a su analyser la portée universelle de son récit. « La félicité contrariée, l'action entravée, les désirs insatisfaits ne sont point des infirmités particulières à un temps, mais celles de tout homme. Et il serait fâcheux qu'au moins une fois dans sa vie chacun n'ait pas une époque où *Werther* lui semble avoir été écrit spécialement pour lui. »
Nous donnons ici quelques extraits des premières lettres du roman, adressées par Werther à son ami Wilhelm. Werther se trouve depuis mai 1771 à la campagne, où il règle, pour sa mère, une affaire d'héritage. Il profite de la beauté des paysages pour se promener et pour peindre, mais son existence va être bouleversée par une rencontre amoureuse.

## Johann Wolfgang GOETHE (1749-1832)

## *Les Souffrances du jeune Werther*

16 juin.

Pourquoi je ne t'écris pas ? tu peux me demander cela, toi qui es si savant. Tu devrais deviner que je me trouve bien, et même… Bref, j'ai fait une connaissance qui touche de plus près à mon cœur. J'ai… je n'en sais rien.

Te raconter par ordre comment il s'est fait que je suis venu à connaître une des plus aimables créatures, cela serait difficile. Je suis content et heureux, par conséquent mauvais historien. […]

*Werther raconte comment il a rencontré Charlotte S. un soir de bal. Il était passé la prendre chez elle, alors qu'il accompagnait sa cavalière attitrée et une autre jeune fille.*

J'avais mis pied à terre : une servante qui parut à la porte nous pria d'attendre un instant M$^{lle}$ Charlotte, qui allait descendre. Je traversai la cour pour m'approcher de cette maison bien bâtie ; je montai les marches du perron, et en franchissant le seuil, j'eus le plus ravissant spectacle que j'aie vu de ma vie. Six enfants, de deux ans jusqu'à onze, se pressaient autour d'une jeune fille d'une taille moyenne mais bien prise. Elle avait une simple robe blanche, avec des nœuds couleur de rose pâle aux bras et au sein. Elle tenait un pain bis[1], dont elle distribuait des morceaux à chacun de ses petits, en

1. **pain bis :** prononcer « bi » ; pain de couleur grise à cause du son qu'il renferme.

proportion de son âge et de son appétit. Elle donnait avec tant de douceur, et chacun disait *merci* avec tant de naïveté ! Toutes les petites mains étaient en l'air avant que le morceau fût coupé. À mesure qu'ils recevaient leur souper, les uns s'en allaient en sautant ; les autres, plus posés, se rendaient à la porte de la cour pour voir les belles dames et la voiture qui devaient emmener leur chère Lolotte[2]. « Je vous demande pardon, me dit-elle, de vous avoir donné la peine de monter, et je suis fâchée de faire attendre ces dames. Ma toilette et les petits soins du ménage pour le temps de mon absence m'ont fait oublier de donner à goûter aux enfants, et ils ne veulent pas que d'autres que moi leur coupent du pain. » Je lui fis un compliment insignifiant, et mon âme tout entière s'attachait à sa figure, à sa voix, à son maintien. J'eus à peine le temps de me remettre de ma surprise pendant qu'elle courut dans une chambre voisine prendre ses gants et son éventail.

[...]

*Les jeunes gens arrivent au bal. Bons danseurs, Charlotte et Werther abandonnent leurs cavaliers respectifs pour danser ensemble.*

On commença l'allemande[3]. Nous nous amusâmes d'abord à mille passes de bras. Quelle grâce, que de souplesse dans tous ses mouvements ! Quand on en vint aux valses, et que nous roulâmes les uns autour des autres comme des sphères célestes, il y eut d'abord quelque confusion, peu de danseurs étant au fait. Nous fûmes assez prudents pour attendre qu'ils eussent jeté leur feu ; et les plus gauches ayant renoncé à la partie, nous nous emparâmes du parquet, et reprîmes avec une nouvelle ardeur, accompagnés par Audran[4] et sa danseuse. Jamais je ne me sentis si agile. Je n'étais plus un homme. Tenir dans ses bras la plus charmante des créatures ! Voler avec elle comme l'orage ! Voir tout passer, tout s'évanouir autour de soi ! Sentir !... Wilhelm, pour être sincère, je fis alors le serment qu'une femme que j'aimerais, sur laquelle j'aurais des prétentions[5], ne valserait jamais qu'avec moi, dussé-je[6] périr ! tu me comprends.

Nous fîmes quelques tours de salle en marchant, pour reprendre haleine ; après quoi elle s'assit. J'allais lui chercher des oranges que j'avais mises en réserve ; c'étaient les seules qui fussent restées. Ce rafraîchissement lui fit grand plaisir ; mais à chaque quartier qu'elle offrait, par procédé[7], à une indiscrète voisine, je me sentais percé d'un coup de stylet[8].

À la troisième contredanse[9] anglaise, nous étions le second couple. Comme nous descendions la colonne, et que moi, Dieu sait avec quel ravissement, je dansais avec elle, enchaîné à son bras et à ses yeux, où brillait le plaisir le plus pur et le plus innocent, nous vînmes figurer devant une femme qui n'était pas de la première jeunesse, mais qui m'avait frappé par son aimable physionomie. Elle regarda Charlotte en souriant, la menaça du doigt, et prononça deux fois en passant le nom d'Albert, d'un ton significatif.

« Quel est cet Albert, dis-je à Charlotte, s'il n'y a point d'indiscrétion à le demander ? » Elle allait me répondre quand il fallut nous séparer pour faire la grande chaîne. En repassant devant elle, je crus remarquer une expression pensive sur son front. « Pourquoi vous le cacherais-je ? me dit-elle en m'offrant la main pour la promenade, Albert est un galant homme auquel je suis pour ainsi dire promise. » Ce n'était point une nouvelle pour moi, puisque les jeunes filles[10] me l'avaient dit en chemin ; et pourtant cette idée me frappa comme une chose inattendue, lorsqu'il fallut l'appliquer à une

**2. leur chère Lolotte :** le diminutif traduit l'attachement des jeunes enfants pour leur grande sœur ; celle-ci remplace auprès d'eux leur mère, qui est morte.

**3. allemande :** danse exécutée sur un air lent à quatre temps.

**4. Audran :** jeune homme qui danse avec la cousine de la cavalière de Werther.

**5. avoir des prétentions sur une femme :** vouloir l'épouser.

**6. dussé-je :** prononcer « dussè-je », « même si je devais ».

**7. par procédé :** par politesse.

**8. stylet :** sorte de poignard à pointe fine.

**9. contredanse :** danse rustique ancienne, d'origine anglaise.

**10. les jeunes filles :** la cavalière de Werther et sa cousine, qui avaient parlé de Charlotte au jeune homme dans la voiture, lui avaient dit à la fois qu'elle était très belle et qu'elle était promise en mariage à Albert.

KAULBACH, *Lotte au milieu de ses frères et sœurs*, dessin. Munich Wetzlar, Musée Lottehaus. © Photo Bruckmann.

personne que quelques instants avaient suffi pour me rendre si chère. Je me troublai, je me perdis, je brouillai les figures, tout fut dérangé ; il fallut que Charlotte me menât, en me tirant de côté et d'autre ; elle eut besoin de toute sa présence d'esprit pour rétablir l'ordre. […]

19 juin.

Je ne sais plus où dernièrement j'en suis resté de mon récit. Tout ce que je sais, c'est qu'il était deux heures du matin quand je me couchai, et que, si j'avais pu causer avec toi, au lieu d'écrire, je t'aurais peut-être tenu jusqu'au grand jour.

Je ne t'ai pas conté ce qui s'est passé à notre retour du bal ; mais le temps me manque aujourd'hui.

C'était le plus beau lever de soleil ! Il était charmant de traverser la forêt humide et les campagnes rafraîchies. Nos deux voisines s'assoupirent. Elle me demanda si je ne voulais pas en faire autant. « De grâce, me dit-elle, ne vous gênez pas pour moi. – Tant que je vois ces yeux ouverts, lui répondis-je (et je la regardais fixement), pas de danger ! » Nous tînmes bon jusqu'à sa porte. Une servante vint doucement nous ouvrir, et, sur ses questions, l'assura que son père et les enfants se portaient bien et dormaient encore. Je la quittai en lui demandant la permission de la revoir le jour même ; elle y consentit, et je l'ai revue. Depuis ce temps, soleil, lune, étoiles peuvent s'arranger à leur fantaisie ; je ne sais plus quand il est jour, quand il est nuit : l'univers autour de moi a disparu.

26 juillet.

Je me suis déjà proposé bien des fois de ne pas la voir si souvent. Mais le moyen de tenir cette résolution ? Chaque jour je succombe à la tentation. Tous les soirs je me dis avec un serment : « Demain, pour une fois, tu ne la verras pas » ; et lorsque le matin arrive je trouve quelque raison invincible de la voir ; et avant que je m'en aperçoive, je suis auprès d'elle. Tantôt elle m'a dit le soir : « Vous viendrez demain, n'est-ce pas ? » Qui pourrait ne pas y aller ? Tantôt elle m'a donné une commission, et je trouve qu'il est plus convenable de lui porter moi-même la réponse. Ou bien la journée est si belle ! Je vais à Wahlheim, et quand j'y suis… il n'y a plus qu'une demi-lieue jusque chez elle ! Je suis trop près de son atmosphère… Son voisinage m'attire… et m'y voilà encore ! Ma grand-mère nous faisait un conte d'une montagne d'aimant : les vaisseaux qui s'en approchaient trop perdaient tout à coup leur armature de fer ; les clous volaient à la montagne, et les malheureux matelots s'abîmaient entre les planches qui s'écroulaient les unes par-dessus les autres.

Johann Wolfgang GOETHE, *Les Souffrances du jeune Werther*, 1774, traduit de l'allemand par Bernard Groethuysen. © Éditions Gallimard, 1954.

## ANALYSE

**1.** Par quels aspects les extraits cités illustrent-ils le caractère épistolaire du roman ?

**2.** Étudiez l'ordre et le désordre dans le domaine des sentiments, dans celui de la conduite du personnage comme de la conduite du récit.

**3.** Quel est le rôle de la danse, et notamment celui de la valse ?

**4.** Que souligne l'anecdote des oranges, l. 46 à 50 ? Vous pourrez la rapprocher de la scène analysée ci-contre en prolongement

**5.** Expliquez l'allusion à Albert.

**6.** Étudiez la présentation de Charlotte comme personnage d'exception.

**7.** Comment se manifeste la sensibilité de Werther ?

**8.** Quelle image de l'amour Werther donne-t-il ici ?
Vous analyserez en particulier la scène de première rencontre : comment Goethe renouvelle-t-il ce topos romanesque ?

**9.** En quoi le conte entendu dans l'enfance éclaire-t-il la situation du narrateur ?
En quoi semble-t-il s'apparenter à une mise en garde ?

## PROLONGEMENT

Confrontez l'analyse ci-dessous à la scène de première rencontre entre Werther et Charlotte. Quelle signification symbolique Roland Barthes accorde-t-il au partage du pain ?

Werther est capturé par cette image ; Charlotte coupe des tartines et les distribue à ses frères et sœurs. Charlotte est un gâteau, et ce gâteau se partage : à chacun sa tranche : je ne suis pas le seul – en rien, je ne suis le seul, j'ai des frères, des sœurs, je dois partager, je dois m'incliner devant le partage : les déesses du destin ne sont-elles pas aussi les déesses du partage, les Moires – dont la dernière est la Muette, la Mort ? De plus, si je n'accepte pas le partage de l'être aimé, je nie sa perfection, car il appartient à la perfection de se partager : Mélite[1] se partage parce qu'elle est parfaite, et Hypérion[1] en souffre : « Ma tristesse était véritablement sans limites. Il fallut que je m'éloigne. » Ainsi, je souffre deux fois : du partage lui-même, et de mon impuissance à en supporter la noblesse.

Roland BARTHES, *Fragments d'un discours amoureux*, © Éditions du Seuil, 1977.

1. **Mélite, Hypérion :** personnages d'un roman épistolaire de l'écrivain allemand Hölderlin (1770-1843), *Hypérion*, publié en 1797-1799. Roland Barthes cite la traduction de Philippe Jaccottet pour l'édition française de « La Pléiade », © Éditions Gallimard, 1967.

CHAPITRE

# 3 Expérience du roman

## OBJECTIFS

- S'interroger sur la construction du personnage de roman
- Comprendre les renouvellements et les permanences du genre romanesque aux XIXe et XXe siècles

Gustave CAILLEBOTTE (1848-1894), *Rue de Paris, temps de pluie,* 1877. Chicago, Art Institute. © AKG-images/Erich Lessing.

# HISTOIRE LITTÉRAIRE

## Le personnage de roman au XIXe siècle

Le genre romanesque s'impose au XIXe siècle comme un genre littéraire majeur. C'est une époque où les œuvres, parfois isolées et de dimensions modestes, s'organisent aussi en ensembles plus vastes, comme la *Comédie humaine* de Balzac, la fresque des *Misérables* de Victor Hugo ou le cycle des *Rougon-Macquart* de Zola. Mouvements ou écoles se succèdent, du romantisme au réalisme et au naturalisme, du naturalisme à la décadence, imprimant leurs marques au roman, sans pour autant faire oublier des écritures singulières qui échappent à toute classification. Le roman a donc acquis de l'expérience ; il est aussi le lieu d'expériences, voire d'expérimentations sur l'homme et son caractère, l'homme et son milieu, l'homme et le monde.
Dans l'examen que nous proposons ici de quelques approches essentielles du personnage, ce sont les préfaces de romans, où les auteurs s'expliquent sur leur dessein, qui serviront le plus souvent de fil conducteur.

### Une approche psychologique

Si *La Princesse de Clèves* peut être considérée comme le premier grand roman d'analyse psychologique (→ chapitre 2, pp. 68-75), le romantisme, au début du XIXe siècle, accorde au « moi » une attention toute particulière et s'attache à montrer, dans des textes écrits souvent à la première personne, les mouvements de l'âme d'un personnage, comme Chateaubriand dans son roman *René,* en 1802.

La même année, Madame de Staël publie *Delphine* et déclare dans la préface de son roman :

> Observer le cœur humain, c'est montrer à chaque pas l'influence de la morale sur la destinée : il n'y a qu'un secret dans la vie, c'est le bien ou le mal qu'on a fait ; il se cache, ce secret, sous mille formes trompeuses : vous souffrez longtemps sans l'avoir mérité, vous prospérez longtemps par des moyens condamnables ; mais tout à coup votre sort se décide, le mot de votre énigme se révèle, et ce mot, la conscience l'avait dit bien avant que le destin l'eût répété. C'est ainsi que l'histoire de l'homme doit être représentée dans les romans ; c'est ainsi que les fictions doivent nous expliquer, par nos vertus et nos sentiments, les mystères de notre sort.

Proche de Madame de Staël, Benjamin Constant fait paraître en 1816 un roman qui connaît un grand succès, *Adolphe*, racontant la passion amoureuse d'un jeune homme pour une femme plus âgée, à laquelle font suite le détachement puis les remords. En 1824, il ajoute une préface à la troisième édition de son œuvre :

> J'ai voulu peindre le mal que font éprouver même aux cœurs arides les souffrances qu'ils causent, et cette illusion qui les porte à se croire plus légers ou plus corrompus qu'ils ne le sont. À distance, l'image de la douleur qu'on impose paraît vague et confuse, telle qu'un nuage facile à traverser ; on est encouragé par l'approbation d'une société toute factice, qui supplée aux principes par les règles et aux émotions par les convenances, et qui hait le scandale comme importun, non comme immoral, car elle accueille assez bien le vice quand le scandale ne s'y trouve pas ; on pense que des liens formés sans réflexion se briseront sans peine. Mais quand on voit l'angoisse qui résulte de ces liens brisés, ce douloureux étonnement d'une âme trompée, cette défiance qui succède à une confiance si complète, et qui, forcée de se

diriger contre l'être à part du reste du monde, s'étend à ce monde tout entier, cette estime refoulée sur elle-même et qui ne sait plus à se replacer ; on sent alors qu'il y a quelque chose de sacré dans le cœur qui souffre parce qu'il aime [...]

➤ **En relevant les termes mêmes employés par Mme de Staël ou par Benjamin Constant, vous soulignerez l'exigence de vérité morale et humaine de ces romanciers.**

➤ **En quoi le roman est-il pédagogique ?**

Si les romanciers donnent ainsi accès aux ressorts secrets des actions des hommes, ils se font parfois aussi essayistes : c'est le cas de Stendhal qui, outre ses œuvres de fiction, a publié en 1822 un traité, *De l'amour*, où l'on trouve bien des traits psychologiques de ses personnages, qu'il s'agisse de la jalousie d'un comte Mosca, dans *La Chartreuse de Parme* (→chap. 14, p. 578) ou de la passion d'une Madame de Rênal, dans *Le Rouge et le Noir*.
Le recours au **monologue intérieur**, le développement du discours indirect libre, le choix d'un **point de vue interne** alternant avec un **point de vue omniscient** – celui du narrateur – ou encore les interventions d'auteur, sont autant de procédés d'écriture qui, au XIXe siècle, permettent d'affiner la description psychologique du personnage de roman.

➤ **Relisez l'extrait de *La Chartreuse de Parme* p. 104 et montrez comment la sensibilité au paysage donne accès à un portrait psychologique de la comtesse Pietranera.**

## Une approche sociologique

Au-delà de personnalités singulières, le roman du XIXe siècle montre aussi des individus influencés par la société dans laquelle ils vivent et présente les personnages comme **des types sociaux**. Ainsi, par exemple, Frédéric Moreau dans *L'Éducation sentimentale* figure-t-il une façon d'être et d'aimer en conformité, selon Flaubert, avec la façon de faire de la politique propre à la décennie 1840-1850 : il est un jeune bourgeois de ces années-là, se laissant porter par les événements.

La volonté de représenter des types sociaux est particulièrement affirmée par le roman balzacien et l'auteur s'en explique, plusieurs années après avoir entrepris la rédaction de son gigantesque ensemble de la *Comédie humaine*, qui comporte 91 ouvrages sur les 137 prévus, et qui fait vivre 2 000 personnages sur les 3 000 à 4 000 envisagés. Le but du romancier, véritable **démiurge**, c'est de « faire concurrence à l'état-civil » :

Le hasard est le plus grand romancier du monde : pour être fécond, il n'y a qu'à l'étudier. La Société française allait être l'historien, je ne devais être que le secrétaire. En dressant l'inventaire des vices et des vertus, en rassemblant les principaux traits des passions, en peignant les caractères, en choisissant les événements principaux de la Société, en composant des types par la réunion des traits de plusieurs caractères homogènes, peut-être pouvais-je arriver à écrire l'histoire oubliée par tant d'historiens, celle des mœurs. Avec beaucoup de patience et de courage, je réaliserais sur la France au XIXe siècle, ce livre que nous regrettons tous que Rome, Athènes, Tyr, Memphis, la Perse, l'Inde, ne nous ont malheureusement pas laissé sur leurs civilisations [...]

BALZAC, *Avant-propos à la Comédie humaine*, 1842.

…sper MÉRIMÉE, …*zac et ses personnages* …tails), dessin. Paris, …ison de Balzac. …hotothèque des …sées de la vlle de Paris.

➤ **Par quels verbes Balzac décrit-il le travail du romancier ? En quoi ce travail s'apparente-t-il à celui d'un historien doublé d'un sociologue ?**

➤ **Choisissez un ou plusieurs romans du XIXe siècle et illustrez le propos de Balzac, en montrant comment ce ou ces romans constitue(nt) un document sur l'état de la société à l'époque considérée.**

Souhaitant ne pas se cantonner à la peinture des seules classes privilégiées, les romanciers font exister dans leurs œuvres des personnages appartenant à tous les secteurs de la société : Balzac évoque Paris et la province, des nobles et des roturiers, des pauvres et des riches, des « jeunes mariées » et des vieilles filles, des jeunes gens et des vieillards.

➤ **Consultez un tableau reprenant l'ensemble des œuvres de la *Comédie humaine* et montrez ce souci de diversité.**

➤ **Lisez la *Préface à L'Assommoir*, p. 102. Comment Zola justifie-t-il son intérêt pour le peuple ?**

## Une approche scientifique

La science triomphe au XIXe siècle et influence très logiquement le roman.
Deux disciplines, considérées à l'époque avec beaucoup de sérieux, ont pu ainsi guider Balzac dans sa définition du personnage et dans sa conception du portrait : il s'agit de la **phrénologie**, développée par le médecin allemand Gall (1758-1828), et de la **physiognomonie** de Gaspard Lavater (1741-1801). Pour la première, la forme du crâne annonce la conformation psychologique et intellectuelle de l'individu. Selon la seconde, l'interprétation des traits du visage permet de connaître l'individu.

De même, les théories de **Darwin** (1809-1882) sur l'évolution des espèces et sur la sélection naturelle, les recherches du botaniste autrichien **Mendel** (1822-1884) qui ont mis en évidence les lois sur l'hérédité ont pu amener Zola à définir le projet de son cycle romanesque des *Rougon-Macquart* pour en faire l'« *Histoire **naturelle** et sociale d'une famille sous le Second Empire* » :

> Je veux expliquer comment une famille, un petit groupe d'êtres, se comporte dans une société, en s'épanouissant pour donner naissance à dix, à vingt individus, qui paraissent, au premier coup d'œil, profondément dissemblables, mais que l'analyse montre intimement liés les uns aux autres. L'hérédité a ses lois, comme la pesanteur. [...]
>
> Les Rougon-Macquart, le groupe, la famille que je me propose d'étudier, a pour caractéristique le débordement des appétits, le large soulèvement de notre âge, qui se rue aux jouissances. Physiologiquement, ils sont la lente succession des accidents nerveux et sanguins qui se déclarent dans une race, à la suite d'une première lésion organique, et qui déterminent, selon les milieux, chez chacun des individus de cette race, les sentiments, les désirs, les passions, toutes les manifestations humaines, naturelles et instinctives, dont les produits prennent les noms convenus de vertus et de vices.
>
> ZOLA, *Préface à La Fortune des Rougon*, 1871.

➤ **Analysez l'emploi du vocabulaire scientifique.**

➤ **En quoi peut-on dire que l'approche médicale supplée à l'approche morale du personnage ?**

Dans un essai plus étendu, le chef de file de l'école naturaliste assimile sa démarche à celle du médecin **Claude Bernard** (1813-1878) qui avait fait paraître en 1865 une *Introduction à la médecine expérimentale*. Zola écrit quant à lui ***Le Roman expérimental*** en 1880, reprenant à son compte la nécessité exprimée par le physiologiste d'observer et d'expérimenter.

> Eh bien ! en revenant au roman, nous voyons également que le romancier est fait d'un observateur et d'un expérimentateur. L'observateur chez lui donne les faits tels qu'il les a observés, pose le point de départ, établit le terrain solide sur lequel vont marcher les personnages et se développer les phénomènes. Puis, l'expérimentateur

paraît et institue l'expérience, je veux dire fait mouvoir les personnages dans une histoire particulière, pour y montrer que la succession des faits y sera telle que l'exige le déterminisme des phénomènes mis à l'étude.

➤ **Quel sens prend ici le mot « expérimentateur » ?**

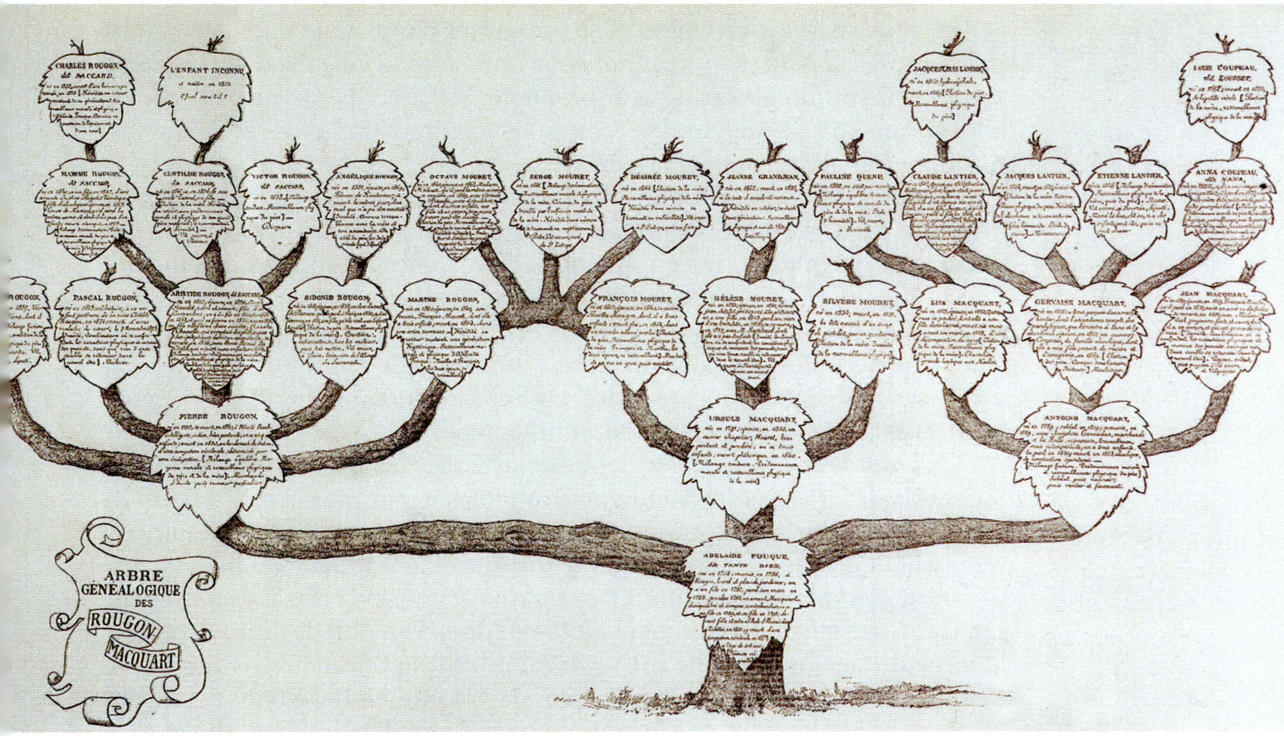


L'arbre généalogique des Rougon-Macquart. © Collection Kharbine-Tapabor.

## Une approche esthétique

Cependant, si la démarche rationnelle des romanciers naturalistes est avérée, la création d'un personnage obéit à des considérations esthétiques. C'est ce que rappelait déjà Théophile Gautier en 1835 dans la *Préface à Mademoiselle de Maupin*, posant les fondements de la théorie de **l'art pour l'art**.

C'est surtout ce que développe avec force Maupassant dans la *Préface à Pierre et Jean* (→ p. 103). Ce long essai, qui n'a pas de rapport direct avec le court roman qu'il précède, permet à l'auteur de prendre quelque peu ses distances avec une interprétation trop restrictive des théories naturalistes. Le romancier, avant tout, est un artiste qui choisit, trie, compose des personnages en vue d'un effet particulier.

➤ **Lisez l'extrait de la *Préface à Pierre et Jean* et résumez-le en faisant apparaître l'argumentation de l'auteur.**

➤ **Développez, en prenant des exemples précis, l'affirmation de Maupassant : « Les Réalistes de talent devraient plutôt s'appeler des Illusionnistes. »**

## *Préface à L'Assommoir*

*Les Rougon-Macquart* doivent se composer d'une vingtaine de romans. Depuis 1869, le plan général est arrêté, et je le suis avec une rigueur extrême. *L'Assommoir* est venu à son heure, je l'ai écrit, comme j'écrirai les autres, sans me déranger une seconde de ma ligne droite. C'est ce qui fait ma force. J'ai un but auquel je vais.

Lorsque *L'Assommoir* a paru dans un journal, il a été attaqué avec une brutalité sans exemple, dénoncé, chargé de tous les crimes. Est-il bien nécessaire d'expliquer ici, en quelques lignes, mes intentions d'écrivain ? J'ai voulu peindre la déchéance fatale d'une famille ouvrière, dans le milieu empesté de nos faubourgs. Au bout de l'ivrognerie et de la fainéantise, il y a le relâchement des liens de la famille, les ordures de la promiscuité, l'oubli progressif des sentiments honnêtes, puis comme dénoûment, la honte et la mort. C'est de la morale en action, simplement.

*L'Assommoir* est à coup sûr le plus chaste de mes livres. Souvent j'ai dû toucher à des plaies autrement épouvantables. La forme seule a effaré. On s'est fâché contre les mots. Mon crime est d'avoir eu la curiosité littéraire de ramasser et de couler dans un moule très travaillé la langue du peuple. Ah ! la forme, là est le grand crime ! Des dictionnaires de cette langue existent pourtant, des lettrés l'étudient et jouissent de sa verdeur, de l'imprévu et de la force de ses images. Elle est un régal pour les grammairiens fureteurs. N'importe, personne n'a entrevu que ma volonté était de faire un travail purement philologique, que je crois d'un vif intérêt historique et social.

Je ne me défends pas, d'ailleurs. Mon œuvre me défendra. C'est une œuvre de vérité, le premier roman sur le peuple qui ne mente pas et qui ait l'odeur du peuple. Et il ne faut point conclure que le peuple tout entier est mauvais, car mes personnages ne sont pas mauvais, ils ne sont qu'ignorants et gâtés par le milieu de rude besogne et de misère où ils vivent. Seulement, il faudrait lire mes romans, les comprendre, voir nettement leur ensemble, avant de porter les jugements tout faits, grotesques et odieux, qui circulent sur ma personne et sur mes œuvres. Ah ! si l'on savait combien mes amis s'égayent de la légende stupéfiante dont on amuse la foule ! Si l'on savait combien le buveur de sang, le romancier féroce, est un digne bourgeois, un homme d'étude et d'art, vivant sagement dans son coin, et dont l'unique ambition est de laisser une œuvre aussi large et aussi vivante qu'il pourra ! Je ne démens aucun conte, je travaille, je m'en remets au temps et à la bonne foi publique pour me découvrir enfin sous l'amas des sottises entassées.

Émile ZOLA

Paris, 1er janvier 1877.

## *Préface à Pierre et Jean* (extrait)

Le vrai peut quelquefois n'être pas vraisemblable.

Le réaliste, s'il est un artiste, cherchera, non pas à nous montrer la photographie banale de la vie, mais à nous en donner la vision plus complète, plus saisissante, plus probante que la réalité même.

Raconter tout serait impossible, car il faudrait alors un volume au moins par journée, pour énumérer les multitudes d'incidents insignifiants qui emplissent notre existence.

Un choix s'impose donc, – ce qui est une première atteinte à la théorie de toute la vérité.

La vie, en outre, est composée des choses les plus différentes, les plus imprévues, les plus contraires, les plus disparates ; elle est brutale, sans suite, sans chaîne, pleine de catastrophes inexplicables, illogiques et contradictoires qui doivent être classées au chapitre *faits divers*.

Voilà pourquoi l'artiste, ayant choisi son thème, ne prendra dans cette vie encombrée de hasards et de futilités que les détails caractéristiques utiles à son sujet, et il rejettera tout le reste, tout l'à-côté.

Un exemple entre mille :

Le nombre de gens qui meurent chaque jour par accident est considérable sur la terre. Mais pouvons-nous faire tomber une tuile sur la tête d'un personnage principal, ou le jeter sous les roues d'une voiture, au milieu d'un récit, sous prétexte qu'il faut faire la part de l'accident ?

La vie encore laisse tout au même plan, précipite les faits ou les traîne indéfiniment. L'art, au contraire, consiste à user de précautions et de préparations, à ménager des transitions savantes et dissimulées, à mettre en pleine lumière, par la seule adresse de la composition, les événements essentiels et à donner à tous les autres le degré de relief qui leur convient, suivant leur importance, pour produire la sensation profonde de la vérité spéciale qu'on veut montrer.

Faire vrai consiste donc à donner l'illusion complète du vrai, suivant la logique ordinaire des faits, et non à les transcrire servilement dans le pêle-mêle de leur succession.

J'en conclus que les Réalistes de talent devraient plutôt s'appeler des Illusionnistes.

Quel enfantillage, d'ailleurs, de croire à la réalité puisque nous portons chacun la nôtre dans notre pensée et dans nos organes. Nos yeux, nos oreilles, notre odorat, notre goût différents créent autant de vérités qu'il y a d'hommes sur la terre. Et nos esprits qui reçoivent les instructions de ces organes, diversement impressionnés, comprennent, analysent et jugent comme si chacun de nous appartenait à une autre race.

Chacun de nous se fait donc une illusion du monde, illusion poétique, sentimentale, joyeuse, mélancolique, sale ou lugubre suivant sa nature. Et l'écrivain n'a d'autre mission que de reproduire fidèlement cette illusion avec tous les procédés d'art qu'il a appris et dont il peut disposer.

Illusion du beau qui est une convention humaine ! Illusion du laid qui est une opinion changeante ! Illusion du vrai jamais immuable ! Illusion de l'ignoble qui attire tant d'êtres ! Les grands artistes sont ceux qui imposent à l'humanité leur illusion particulière.

Guy de MAUPASSANT, *Préface à Pierre et Jean* ou « Étude sur le roman », 1887.

## I. LE PERSONNAGE ET LE LIEU

# STENDHAL (1783-1842)

# *La Chartreuse de Parme*

voir biographie p. 632

*En 1814, après la mort de son mari, tué en duel, la comtesse Gina Pietranera quitte Milan et trouve refuge auprès de son frère, le marquis del Dongo, au château de Grianta, sur les rives du lac de Côme.*

L'âme mobile de la comtesse embrassa avec enthousiasme l'idée de ce nouveau genre de vie ; il y avait vingt ans qu'elle n'avait habité ce château vénérable s'élevant majestueusement au milieu des vieux châtaigniers plantés du temps des Sforce[1]. Là, se disait-elle, je trouverai le repos et, à mon âge, n'est-ce pas le bonheur ? (Comme elle avait trente et un ans elle se croyait arrivée au moment de la retraite.) Sur ce lac sublime où je suis née, m'attend enfin une vie heureuse et paisible.

Je ne sais pas si elle se trompait, mais ce qu'il y a de sûr c'est que cette âme passionnée, qui venait de refuser si lestement l'offre de deux immenses fortunes[2], apporta le bonheur au château de Grianta. Ses deux nièces étaient folles de joie. – Tu m'as rendu les beaux jours de la jeunesse, lui disait la marquise[3] en l'embrassant ; la veille de ton arrivée, j'avais cent ans. La comtesse se mit à revoir, avec Fabrice, tous ces lieux enchanteurs voisins de Grianta, et si célébrés par les voyageurs : la villa Melzi de l'autre côté du lac, vis-à-vis le château, et qui lui sert de point de vue ; au-dessus le bois sacré des *Sfondrata*[4], et le hardi promontoire qui sépare les deux branches du lac, celle de Côme, si voluptueuse, et celle qui court vers Lecco, pleine de sévérité : aspects sublimes et gracieux, que le site le plus renommé du monde, la baie de Naples, égale, mais ne surpasse point. C'était avec ravissement que la comtesse retrouvait les souvenirs de sa première jeunesse et les comparait à ses sensations actuelles. Le lac de Côme, se disait-elle, n'est point environné, comme le lac de Genève, de grandes pièces de terre bien closes et cultivées selon les meilleures méthodes, choses qui rappellent l'argent et la spéculation. Ici de tous côtés je vois des collines d'inégales hauteurs couvertes de bouquets d'arbres plantés par le hasard, et que la main de l'homme n'a point encore gâtés et forcés à *rendre du revenu*. Au milieu de ces collines aux formes admirables et se précipitant vers le lac par des pentes si singulières, je puis garder toutes les illusions des descriptions du Tasse[5] et de l'Arioste[6]. Tout est noble et tendre, tout parle d'amour, rien ne rappelle les laideurs de la civilisation. Les villages situés à mi-côte sont cachés par de grands arbres, et au-dessus des sommets des arbres s'élève l'architecture charmante de leurs jolis clochers. Si quelque petit champ de quelque cinquante pas de large vient interrompre de temps à autre les bouquets de châtaigniers et de cerisiers sauvages, l'œil satisfait y voit croître des plantes plus vigoureuses et plus heureuses là qu'ailleurs. Par-delà ces col-

1. **Sforce :** famille milanaise de la Renaissance.
2. **deux immenses fortunes :** Limercati et le comte de N., tous deux très riches, avaient proposé à la jeune veuve de l'épouser.
3. **la marquise :** la marquise del Dongo, belle-sœur de Gina et mère du personnage principal, Fabrice.
4. **Sfondrata :** jardin de la villa de la grande famille milanaise des Sfondrati, au bord du lac de Côme.
5. **Le Tasse** (1544-1595) **:** poète italien de la Renaissance, auteur notamment en 1573 d'une pastorale dramatique, *Aminta*, mettant en scène des bergers qui parlent d'amour.
6. **L'Arioste** (1474-1533) **:** poète italien de la Renaissance auteur du *Roland furieux* (*Orlando furioso*), une épopée chevaleresque et merveilleuse.

Jean-Baptiste Camille COROT (1796-1875), *Le Lac de Côme*, 1834. Huile sur toile. © Private Collection/Photo Lefevre Fine Art Ltd ; London/Bridgeman.

lines, dont le faîte offre des ermitages qu'on voudrait tous habiter, l'œil étonné aperçoit les pics des Alpes, toujours couverts de neige, et leur austérité sévère lui rappelle des malheurs de la vie ce qu'il en faut pour accroître la volupté présente. L'imagination est touchée par le son lointain de la cloche de quelque petit village caché sous les arbres : ces sons portés sur les eaux qui les adoucissent prennent une teinte de douce mélancolie et de résignation, et semblent dire à l'homme : La vie s'enfuit, ne te montre point si difficile envers le bonheur qui se présente, hâte-toi de jouir. Le langage de ces lieux ravissants, et qui n'ont point de pareil au monde, rendit à la comtesse son cœur de seize ans. Elle ne concevait pas comment elle avait pu passer tant d'années sans revoir le lac. Est-ce donc au commencement de la vieillesse, se disait-elle, que le bonheur se serait réfugié !

STENDHAL, *La Chartreuse de Parme*, Livre I, chapitre 2, 1839.

## RECHERCHE

Situez sur une carte le lac de Côme.
Rédigez une fiche biographique sur Stendhal mettant en évidence son attrait pour l'Italie.

## ANALYSE

### *Paysage et état d'âme*

**1.** Montrez que le paysage est décrit tel qu'il est perçu par le personnage de Gina ; vous repérerez notamment les marques du discours direct et du monologue intérieur.

**2.** Quel est le jugement du narrateur par rapport à ce personnage ?

### *Le bonheur*

**3.** Relevez toutes les allusions à l'âge, qu'il s'agisse de l'âge exact des personnages ou du sentiment qu'ils en ont.

**4.** L'absence de trouble semble liée au bonheur pour la comtesse, qui souhaite « une vie heureuse et paisible », l. 7. Vous étudierez les éléments qui, dans ce texte, suggèrent l'apaisement.

### *Le sublime*

**5.** Après avoir recherché la signification du mot « sublime », l. 6, vous noterez tout ce qui indique l'élévation dans l'extrait.

**6.** Comment s'expriment ici les impressions de plénitude et de ravissement ? En quoi peut-on dire que le personnage est déterminé par le lieu où il évolue ?

## STYLISTIQUE

**7.** Étudiez la phrase : « Par-delà ces collines [...] la volupté présente. », l. 35-41. Comment la syntaxe, la ponctuation interne et le lexique miment-ils un accès gradué vers le bonheur ?

## PROLONGEMENTS

- Confrontez le texte au tableau ci-dessus, *Le Lac de Côme* de Corot.
- En quoi peut-on parler d'une approche rousseauiste du paysage et du bonheur ? Vous comparerez ce passage de roman à l'extrait des *Rêveries du promeneur solitaire*, chapitre 13, p. 562.
- Rapprochez ce texte du poème de Lamartine « Le Lac ».

## LIENS


- **Histoire littéraire**, p. 98
- **Vocabulaire**, p. 112
- **Chapitre 13**, p. 562
- **Chapitre 14**, p. 578
- **Mémento**, Les marques de l'énonciation, p. 618

# Honoré de BALZAC (1799-1850)

## *Illusions perdues*

voir biographie p. 632

*À Angoulême, en 1821, le jeune Lucien de Rubempré, d'origine noble par sa mère et roturière par son père, est reçu dans le salon aristocratique de la femme la plus en vue de la ville, Mme de Bargeton, qui a été touchée par sa beauté et par ses talents de poète. Il lui envoie une lettre sollicitant sa protection pour son meilleur ami, David, imprimeur et amateur de poésie comme lui.*

Maintenant embrassez les pensées qui durent assaillir Lucien pendant qu'il descendait d'Angoulême à l'Houmeau[1]. Cette grande dame s'était-elle fâchée ? allait-elle recevoir David chez elle ? l'ambitieux ne serait-il pas précipité dans son trou à l'Houmeau ? Quoique avant de baiser Louise au front, Lucien eût pu mesurer la distance qui sépare une reine de son favori, il ne se disait pas que David ne pouvait franchir en un clin d'œil l'espace qu'il avait mis cinq mois à parcourir[2]. Ignorant combien était absolu l'ostracisme[3] prononcé sur les petites gens, il ne savait pas qu'une seconde tentative de ce genre serait la perte de Mme de Bargeton. Atteinte et convaincue de s'être encanaillée[4], Louise serait obligée de quitter la ville, où sa caste la fuirait comme au Moyen Âge on fuyait un lépreux. Le clan de fine aristocratie et le clergé lui-même défendraient Naïs[5] envers et contre tous, au cas où elle se permettrait une faute ; mais le crime de voir mauvaise compagnie ne lui serait jamais remis ; car si l'on excuse les fautes du pouvoir, on le condamne après son abdication. Or, recevoir David, n'était-ce pas abdiquer ? Si Lucien n'embrassait pas ce côté de la question, son instinct aristocratique lui faisait pressentir bien d'autres difficultés qui l'épouvantaient. La noblesse des sentiments ne donne pas inévitablement la noblesse des manières. Si Racine avait l'air du plus noble courtisan, Corneille ressemblait fort à un marchand de bœufs, Descartes avait la tournure d'un bon négociant hollandais. Souvent, en rencontrant Montesquieu son râteau sur l'épaule, son bonnet de nuit sur la tête, les visiteurs de La Brède[6] le prirent pour un vulgaire jardinier. L'usage du monde, quand il n'est pas un don de haute naissance, une science sucée avec le lait ou transmise par le sang, constitue une éducation que le hasard doit seconder par une certaine élégance de formes, par une distinction dans les traits, par un timbre de voix. Toutes ces grandes petites choses manquaient à David, tandis que la nature en avait doué son ami. Gentilhomme par sa mère, Lucien avait jusqu'au pied haut courbé du Franc ; tandis que David Séchard avait les pieds plats du Welche[7] et l'encolure de son père le pressier[8]. Lucien entendait les railleries qui pleuvraient sur David, il lui semblait voir le sourire que réprimerait Mme de Bargeton. Enfin, sans avoir précisément honte de son frère, il se promettait de ne plus écouter ainsi son premier mouvement, et de le discuter à l'avenir. Donc, après l'heure de la poésie et du dévouement, après une lecture qui venait de montrer aux deux amis les campagnes littéraires éclairées par un nouveau soleil[9], l'heure de la politique et des calculs sonnait

1. **l'Houmeau :** ville basse d'Angoulême, sur les bords de la Charente, où habite Lucien, s'opposant à la ville haute où réside l'aristocratie. L'incipit du roman insiste sur la bipolarisation de la cité, à la fois topographique et sociale.
2. Allusion au temps qu'il a fallu à Lucien pour obtenir une légère faveur de Louise de Bargeton, la « reine d'Angoulême ».
3. **ostracisme :** mise à l'écart, bannissement.
4. **s'encanailler :** déchoir socialement en fréquentant des gens d'un rang inférieur.
5. **Naïs :** abréviation affective d'Anaïs, autre prénom de Louise de Bargeton, née Marie-Louise-Anaïs de Nègrepelisse.
6. **La Brède :** domaine de Montesquieu, près de Bordeaux.
7. **Welche :** vieux synonyme de « Celte ». Les Francs, envahisseurs des Gaules, méprisaient les « pieds plats » des Welches alors qu'eux-mêmes avaient les pieds fort élevés. C'est cette opposition entre aristocrate et roturier que reprend ici Balzac.
8. **pressier :** le père de David, Nicolas Séchard, ancien imprimeur, travaillait sur une presse à bras, d'où ce nom de métier.
9. Allusion à une lecture commune que les deux amis avaient faite des œuvres du poète André Chénier (1762-1794), nouvellement publiées.

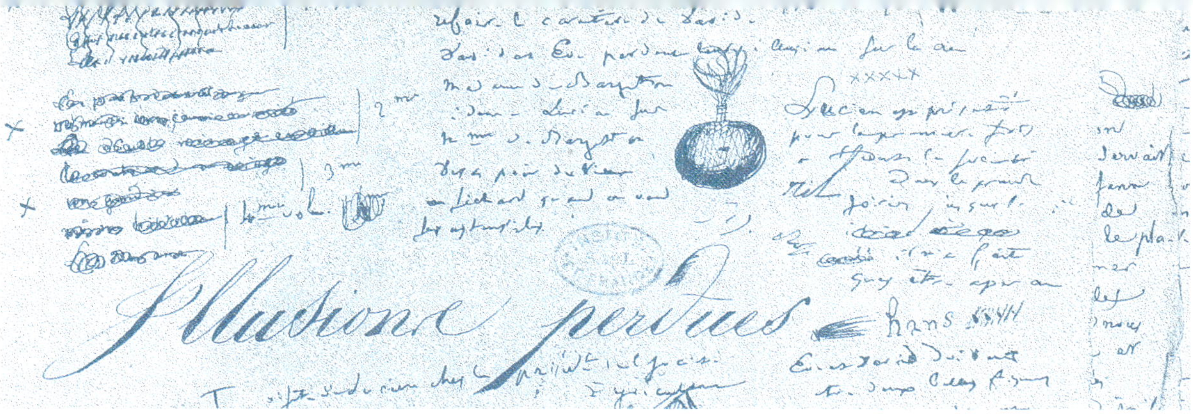


Détail de la première page du manuscrit *Les Illusions perdues*, 1839. Chantilly, Bibliothèque Spoelberch de Louvenjoul. Paris, Maison de Balzac. © Photothèque Hachette Livre.

pour Lucien. En rentrant dans l'Houmeau, il se reprenait de sa lettre, il aurait voulu la reprendre ; car il apercevait par une échappée les impitoyables lois du monde. En devinant combien la fortune acquise favoriserait l'ambition, il lui coûtait de retirer son pied du premier bâton de l'échelle par laquelle il devait monter à l'assaut des grandeurs. Puis les images de sa vie simple et tranquille, parée des plus vives fleurs du sentiment ; ce David plein de génie qui l'avait si noblement aidé[10], qui lui donnerait au besoin sa vie ; sa mère, si grande dame dans son abaissement[11], et qui le croyait aussi bon qu'il était spirituel ; sa sœur[12], cette fille si gracieuse dans sa résignation, son enfance si pure et sa conscience encore blanche ; ses espérances, qu'aucune bise n'avait encore effeuillées, tout refleurissait dans son souvenir. Il se disait alors qu'il était plus beau de percer les épais bataillons de la tourbe aristocratique ou bourgeoise que de parvenir par les faveurs d'une femme. Son génie luirait tôt ou tard comme celui de tant d'hommes, ses prédécesseurs, qui avaient dompté la société ; les femmes l'aimeraient alors ! L'exemple de Napoléon, si fatal au dix-neuvième siècle par les prétentions qu'il inspire à tant de gens médiocres, apparut à Lucien qui jeta ses calculs au vent en se les reprochant. Ainsi était fait Lucien, il allait du mal au bien, du bien au mal avec une égale facilité.

Honoré de BALZAC, *Illusions perdues*, Première partie, « Les deux poètes », 1837.

**10. « ce David… » :** le jeune homme a inventé un procédé pour améliorer la fabrication du papier ; il est venu en aide à Lucien en lui donnant du travail dans son imprimerie.

**11. « sa mère, si grande dame dans son abaissement » :** d'origine noble, née de Rubempré, la mère de Lucien doit « s'abaisser » à travailler – elle aide les femmes en couches.

**12. sa sœur :** Ève, qui travaille comme blanchisseuse, et qui est fiancée à David.

## ANALYSE

### *Un dilemme*

**1.** Quelles sont les deux options qui s'offrent à Lucien ?

**2.** Relevez et étudiez les procédés rhétoriques qui traduisent le débat intérieur du personnage.

### *Descendre, monter*

**3.** En vous appuyant sur le texte, montrez que cette opposition reflète à la fois le trajet accompli spatialement par le personnage et le trajet social imaginaire qu'il envisage.

**4.** Comment les deux actions « descendre » et « monter » s'articulent-elles dans l'extrait ?

### *De « grandes petites choses »*

**5.** Qu'est-ce que Lucien pressent même s'il ne peut le formuler abstraitement ?

**6.** Quelles vérités sur son époque le narrateur délivre-t-il ?

## STYLISTIQUE

- Étudiez la métaphore de la phrase : « Puis les images de sa vie simple et tranquille […] tout refleurissait dans son souvenir. » (l. 41 à 47).
- Relevez des exemples de discours indirect libre et commentez-en l'emploi.

## LIENS

✦ **Histoire littéraire,** p. 98
✦ **Vocabulaire,** p. 112
✦ **Chapitre 1,** p. 34 et p. 50
✦ **Mémento,** Les procédés rhétoriques, Les discours rapportés, p. 618

# Émile ZOLA (1840-1902)

## *Thérèse Raquin*

voir biographie p. 632

*Thérèse Raquin vit à Paris, dans les premières années du Second Empire, une existence étriquée entre un mari maladif et lymphatique, Camille, et une belle-mère entièrement dévouée à son fils, avec laquelle elle tient une boutique de mercerie.*

Un jeudi en revenant de son bureau, Camille amena avec lui un grand gaillard, carré des épaules, qu'il poussa dans la boutique d'un geste familier.

– Mère, demanda-t-il à Mme Raquin en le lui montrant, reconnais-tu ce monsieur-là ?

La vieille mercière regarda le grand gaillard, chercha dans ses souvenirs et ne trouva rien. Thérèse suivait cette scène d'un air placide.

– Comment ! reprit Camille, tu ne reconnais pas Laurent, le petit Laurent, le fils du père Laurent qui a de si beaux champs de blé du côté de Jeufosse[1] ?... Tu ne te rappelles pas ?... J'allais à l'école avec lui ; il venait me chercher le matin, en sortant de chez son oncle qui était notre voisin, et tu lui donnais des tartines de confiture.

Mme Raquin se souvint brusquement du petit Laurent, qu'elle trouva singulièrement grandi. Il y avait bien vingt ans qu'elle ne l'avait vu. Elle voulut lui faire oublier son accueil étonné par un flot de souvenirs, par des cajoleries toutes maternelles. Laurent s'était assis, il souriait paisiblement, il répondait d'une voix claire, il promenait autour de lui des regards calmes et aisés.

– Figurez-vous, dit Camille, que ce farceur-là est employé à la gare du chemin de fer d'Orléans depuis dix-huit mois, et que nous ne nous sommes rencontrés et reconnus que ce soir. C'est si vaste, si important cette administration !

Le jeune homme fit cette remarque, en agrandissant les yeux, en pinçant les lèvres, tout fier d'être l'humble rouage d'une grosse machine. Il continua en secouant la tête :

– Oh ! mais, lui, il se porte bien, il a étudié, il gagne déjà quinze cents francs... Son père l'a mis au collège ; il a fait son droit et a appris la peinture. N'est-ce pas, Laurent ?... Tu vas dîner avec nous.

– Je veux bien, répondit carrément Laurent.

Il se débarrassa de son chapeau et s'installa dans la boutique. Mme Raquin courut à ses casseroles. Thérèse, qui n'avait pas encore prononcé une parole, regardait le nouveau venu. Elle n'avait jamais vu un homme[2]. Laurent, grand, fort, le visage frais, l'étonnait. Elle contemplait avec une sorte d'admiration son front bas, planté d'une rude chevelure noire, ses joues pleines, ses lèvres rouges, sa face régulière, d'une beauté sanguine. Elle arrêta un instant ses regards sur son cou ; ce cou était large et court, gras et puissant. Puis elle s'oublia à considérer les grosses mains qu'il tenait éta-

1. **Jeufosse :** près de Vernon, dans l'Eure, où vivaient les Raquin avant le mariage de Camille et Thérèse.

2. Élevée par Madame Raquin, fille du frère de celle-ci, parti en Afrique, Thérèse a toujours vécu en recluse au sein de cette famille.

Affiche du film de Marcel CARNÉ, *Thérèse Raquin*, 1953, avec Simone Signoret et Raf Vallone © Selva/Leemage.

lées sur ses genoux; les doigts en étaient carrés; le poing fermé devait être énorme et aurait pu assommer un bœuf. Laurent était un vrai fils de paysan, d'allure un peu lourde, le dos bombé, les mouvements lents et précis, l'air tranquille et entêté. On sentait sous ses vêtements des muscles ronds et développés, tout un corps d'une chair épaisse et ferme. Et Thérèse l'examinait avec curiosité, allant de ses poings à sa face, éprouvant de petits frissons lorsque ses yeux rencontraient son cou de taureau.

Camille étala ses volumes de Buffon[3] et ses livraisons[4] à dix centimes, pour montrer à son ami qu'il travaillait, lui aussi. Puis, comme répondant à une question qu'il s'adressait depuis quelques instants :

– Mais, dit-il à Laurent, tu dois connaître ma femme ? Tu ne te rappelles pas cette petite cousine qui jouait avec nous, à Vernon ?

– J'ai parfaitement reconnu madame, répondit Laurent en regardant Thérèse en face.

Sous ce regard droit, qui semblait pénétrer en elle, la jeune femme éprouva une sorte de malaise. Elle eut un sourire forcé, et échangea quelques mots avec Laurent et son mari ; puis elle se hâta d'aller rejoindre sa tante. Elle souffrait.

Émile ZOLA, *Thérèse Raquin*, chapitre V, 1867.

3. **Buffon** (1707-1788) : naturaliste français du siècle des Lumières, auteur d'une gigantesque *Histoire naturelle*, dont Camille a entrepris la lecture pour se cultiver.

4. **livraisons** : fascicules publiés périodiquement contenant chacun une partie d'un ouvrage.

## RECHERCHE

« Dans *Thérèse Raquin*, j'ai voulu étudier des tempéraments et non des caractères. Là est le livre entier. »

Émile ZOLA, *Préface* à la seconde édition du roman, 1868.

Vous rechercherez le sens scientifique du mot « tempérament » et vous définirez notamment les tempéraments : sanguin, lymphatique, nerveux.

## ANALYSE

### *Une entrée en scène*

**1.** Par quels aspects cette scène apparaît-elle comme une scène de retrouvailles ?

**2.** En quoi peut-on parler aussi d'une scène de première rencontre ?

### *Un personnage sanguin*

**3.** Quel mode de focalisation est ici adopté par Zola pour le portrait de Laurent ? Quel en est l'intérêt ?

**4.** Notez les parties du corps qui sont évoquées et les adjectifs utilisés pour les dépeindre.

### *« Un homme »*

**5.** Par quels aspects Laurent capte-t-il l'attention de chacun des membres de la famille Raquin ?

**6.** Montrez que ce personnage réalise la synthèse entre la ville et la campagne.

**7.** En quoi dessine-t-il, en creux, le personnage de Camille ?

## STYLISTIQUE

Étudiez l'animalité dans la description de Laurent.

## LIENS

✦ **Histoire littéraire**, p. 98 et p. 102
✦ **Vocabulaire**, p. 112
✦ **Mémento**, Les points de vue, p. 618

## Guy de MAUPASSANT (1850-1893)

# *Bel-Ami*

voir biographie p. 632

*Le personnage éponyme de ce roman, de son vrai nom Georges Duroy, est entré dans la rédaction d'un journal parisien important grâce à la protection d'un ancien camarade de régiment retrouvé par hasard, Charles Forestier. Celui-ci meurt de maladie et sa veuve, Madeleine, femme intelligente et cultivée, qui écrivait la plupart de ses articles, se rapproche de Georges à qui elle propose le mariage. Si elle est séduite par le physique avantageux et l'aplomb de « Bel-Ami », elle voudrait cependant qu'il change son nom.*

« J'ai pensé à quelque chose, dit-elle, mais c'est assez difficile à expliquer. »

Il demanda : « Quoi donc ?

– Eh bien, voilà, mon cher, je suis comme toutes les femmes, j'ai mes… mes faiblesses, mes petitesses, j'aime ce qui brille, ce qui sonne. J'aurais adoré porter un nom noble. Est-ce que vous ne pourriez pas, à l'occasion de notre mariage, vous… vous anoblir un peu ? »

Elle avait rougi, à son tour, comme si elle eût proposé une indélicatesse.

Il répondit simplement : « J'y ai bien souvent songé, mais cela ne me paraît pas facile.

– Pourquoi donc ? »

Il se mit à rire : « Parce que j'ai peur de me rendre ridicule. »

Elle haussa les épaules : « Mais pas du tout, pas du tout. Tout le monde le fait et personne n'en rit. Séparez votre nom en deux : « Du Roy. » Ça va très bien. »

Il répondit aussitôt, en homme qui connaît la question :

« Non, ça ne va pas. C'est un procédé trop simple, trop commun, trop connu. Moi j'avais pensé à prendre le nom de mon pays[1], comme pseudonyme littéraire d'abord, puis de l'ajouter peu à peu au mien, puis même, plus tard, de couper en deux mon nom comme vous me le proposiez. »

Elle demanda : « Votre pays, c'est Canteleu[2] ?

– Oui. »

Mais elle hésitait : « Non. Je n'en aime pas la terminaison. Voyons, est-ce que nous ne pourrions pas modifier un peu ce mot… Canteleu ? »

Elle avait pris une plume sur la table et elle griffonnait des noms en étudiant leur physionomie. Soudain elle s'écria : « Tenez, tenez, voici. »

Et elle lui tendit un papier où il lut : « Madame Duroy de Cantel. »

Il réfléchit quelques secondes, puis il déclara avec gravité :

« – Oui, c'est très bon. »

Et elle était enchantée, et répétait :

« Duroy de Cantel, Duroy de Cantel, Mme Duroy de Cantel. C'est excellent, excellent ! »

Elle ajouta, d'un air convaincu : « Et vous verrez comme c'est facile à faire accepter par tout le monde. Mais il faut saisir l'occasion. Car il serait trop

1. **pays :** au sens restreint du terme, ville ou village d'origine.

2. **Canteleu :** étymologiquement, le chant du loup. Cette ville de Seine-Maritime est notamment célèbre pour les écrivains qui y ont vécu : Flaubert, Tourgueniev, Maupassant.

tard ensuite. Vous allez, dès demain, signer vos chroniques[3] D. de Cantel, et vos échos[4] tout simplement Duroy. Ça se fait tous les jours dans la presse et personne ne s'étonnera de vous voir prendre un nom de guerre. Au moment de notre mariage, nous pourrons encore modifier un peu cela en disant aux amis que vous aviez renoncé à votre *du* par modestie, étant donnée votre position, ou même sans rien dire du tout. Quel est le petit nom de votre père ?

– Alexandre. »

Elle murmura deux ou trois fois de suite : « Alexandre, Alexandre », en écoutant la sonorité des syllabes, puis elle écrivit sur une feuille toute blanche : « Monsieur et Madame Alexandre du Roy de Cantel ont l'honneur de vous faire part du mariage de Monsieur Georges du Roy de Cantel, leur fils, avec Madame Madeleine Forestier. »

Elle regardait son écriture d'un peu loin, ravie de l'effet, et elle déclara : « Avec un rien de méthode, on arrive à réussir tout ce qu'on veut. »

Quand il se retrouva dans la rue, bien déterminé à s'appeler désormais du Roy, et même du Roy de Cantel, il lui sembla qu'il venait de prendre une importance nouvelle. Il marchait plus crânement, le front plus haut, la moustache plus fière, comme doit marcher un gentilhomme. Il sentait en lui une sorte d'envie joyeuse de raconter aux passants :

« Je m'appelle du Roy de Cantel. »

Guy de MAUPASSANT, *Bel-Ami*, Deuxième partie, chapitre 1, 1885.

**3. chronique :** article de journal consacré à des informations ou des commentaires sur un sujet précis.

**4. échos :** articles rédigés dans un style anecdotique et piquant, racontant les à-côtés de la vie politique, mondaine ou locale.

## ANALYSE

### *Un nom et ses métamorphoses*

**1.** Recopiez les étapes successives par lesquelles passe le nom de Georges avant de parvenir au résultat final.

**2.** Nommez les opérations que subit le nom. Que traduisent-elles ?

### *Faire-part de mariage ou de baptême ?*

**3.** Lisez la formule qui annonce le mariage de Madeleine et de Georges. Montrez que dans ce « message », au sens linguistique du terme, la fonction référentielle est moins importante que la fonction poétique du langage.

**4.** En quoi peut-on dire que cet extrait met en scène une sorte de nouvelle naissance pour Bel-Ami ? pour Madeleine ?

### *Une femme de plume*

**5.** Quelles sont ici les motivations de Madeleine ? celles de Georges ? Pourquoi leur semblent-elles inavouables ?

**6.** En quoi peut-on dire que le personnage féminin joue un rôle déterminant ?
Comment s'explique sa jubilation ?

## À VOIX HAUTE

Préparez la lecture du dernier paragraphe (l. 50 à 55) en vous efforçant de rendre le rythme allègre de la marche dans les rues de Paris. Faites entendre les récurrences sonores et en particulier les rimes en « el » / « elle ».

## PROLONGEMENT

Comparez le personnage de Madeleine Forestier à celui d'un mentor de roman d'apprentissage. Quelle différence cependant pouvez-vous faire entre son attitude par rapport à l'ascension sociale de Georges Duroy et celle de Madame de Bauséant par rapport à Rastignac ? (voir p. 34).

## LIENS


- **Histoire littéraire**, p. 98
- **Vocabulaire**, p. 112
- **Chapitre 1**, p. 34

# Vocabulaire

## Lexique et société au XIX^e^ siècle

### Un système d'oppositions

Le texte de Balzac, p. 106, extrait *d'Illusions perdues*, se construit sur un jeu d'antithèses entre Mme de Bargeton, « cette grande dame », l. 2, et « les petites gens », l. 8, dont David Séchard fait partie, entre « une reine », l. 5, et « son favori », l. 6, entre la « fine aristocratie », l. 11/12 et la « mauvaise compagnie », l. 13. Cette opposition entre un haut et un bas de la société, entre ceux qui détiennent le pouvoir et ceux qui le subissent, renvoie à l'organisation sociale d'Ancien Régime, avant la Révolution de 1789, qui perdure sous la Restauration. On perçoit en effet dans cet extrait l'évocation des trois ordres : la noblesse, le clergé, le tiers-État, ce dernier regroupant tous ceux qui sont obligés de travailler pour vivre.

Le héros, Lucien de Rubempré, touche à deux milieux : celui de la noblesse, par son origine maternelle, qui l'autorise à fréquenter, malgré sa pauvreté, l'aristocrate madame de Bargeton, et celui de la petite bourgeoisie intellectuelle, par son père. Cette hybridité, sans cesse rappelée dans les mots et dans la dénomination du personnage, permet d'explorer des mondes qui resteraient imperméables les uns aux autres. Ses trajets entre la ville haute et la ville basse à Angoulême donnent un équivalent spatial à cette double appartenance tout en rappelant **la bipartition d'un monde entre possédants et exclus**.

### Un clivage immuable ?

La Révolution avait affirmé la fin des privilèges et proclamé l'égalité en droit de tous les hommes. Avec le Premier Empire, le mérite, et notamment en matière militaire, a autorisé des promotions exceptionnelles, bousculant les hiérarchies acquises par la naissance. Mais **après 1815**, avec le retour de l'aristocratie au pouvoir, l'organisation de **la société s'est figée**, ou du moins a-t-elle été ressentie comme telle.

Évoquant l'éventuelle présentation de David à madame de Bargeton, Balzac emploie des termes qui ne laissent pas espérer que la fréquentation du jeune imprimeur puisse être acceptée.

> Ignorant combien était absolu l'ostracisme prononcé sur les petites gens, [Lucien] ne savait pas qu'une seconde tentative de ce genre serait la perte de Mme de Bargeton. Atteinte et convaincue de s'être encanaillée, Louise serait obligée de quitter la ville, où sa caste la fuirait comme au Moyen Âge on fuyait un lépreux. Le clan de fine aristocratie et le clergé lui-même défendraient Naïs envers et contre tous, au cas où elle se permettrait une faute ; mais le crime de voir mauvaise compagnie ne lui serait jamais remis.

➤ **Recherchez précisément l'origine et le sens des mots « ostracisme », « caste », « clan ». En quoi corroborent-ils l'image d'une société compartimentée ?**

➤ **Que laisse entendre la comparaison du « transfuge » à son milieu d'origine avec un lépreux ?**

➤ **Quelle est la différence entre « faute » et « crime » ? Commentez l'emploi de ces mots dans le texte.**

Dans l'extrait ci-dessus, le verbe « s'encanailler » trahit le profond mépris d'une aristocratie conservatrice envers le peuple, qualifié de « canaille ».

### Une mobilité grandissante

Cependant, les romans du XIX^e^ siècle nous montrent des parcours de personnages qui progressent dans la société, ou, au contraire, qui se déclassent.

Ainsi, Lucien de Rubempré espère-t-il conquérir une place éminente dans le monde, sans accepter la fatalité d'une condition misérable. C'est le sens même des phrases suivantes :

> « [...] il lui coûtait de retirer son pied du premier bâton de l'échelle par laquelle il devait monter à l'assaut des grandeurs. »
>
> « Il se disait alors qu'il était plus beau de percer les épais bataillons de la tourbe aristocratique ou bourgeoise que de parvenir par les faveurs d'une femme. »

➤ **Relevez les termes qui suggèrent l'ascension sociale. Analysez les images qui leur sont liées.**

➤ **Quelle voie vers la réussite est ici disqualifiée ? pourquoi ?**

Quand l'action du roman se situe **après 1830, la société apparaît** logiquement **moins sclérosée et plus ouverte**, même si elle reste inégalitaire. C'est pourquoi par exemple un fils de paysan comme Laurent dans *Thérèse Raquin*, p. 108, peut connaître une évolution sociale qui accompagne d'ailleurs sa migration géographique, de Vernon à Paris.

Le « fils du père Laurent » a fréquenté le collège ; « il a fait son droit et a appris la peinture. » Ainsi, grâce à cette éducation, il est devenu un employé de l'administration du chemin de fer d'Orléans, ce qui lui vaut la considération de son camarade Camille. Les études de droit, jusqu'alors réservées aux bourgeois aisés – pensons à

Frédéric Moreau dans *L'Éducation sentimentale* par exemple – paraissent accessibles à un jeune homme issu du peuple ; la fréquentation des milieux artistes s'ouvre elle aussi. Mais néanmoins sa constitution physique le trahit : « Laurent était un vrai fils de paysan ». Peut-on échapper à ses origines ?

Situé à une époque plus tardive encore, les débuts de la Troisième République, *Bel-Ami* donne à lire l'ascension fulgurante d'un jeune homme fils d'aubergistes illettrés, grâce aux femmes, au journalisme et aux collusions entre politique et affaires.

➤ **Lisez l'extrait p. 110 et montrez que les ambitions des personnages se donnent littéralement à comprendre dans les jeux d'onomastique.**

# EXERCICES

**1 Dans le texte de Stendhal, p. 104, relevez les termes qui dénotent l'appartenance des personnages à l'aristocratie. Montrez comment l'idée de noblesse s'accompagne ici du rejet des valeurs matérielles et, corollairement, de l'exaltation des valeurs morales, spirituelles, sentimentales ou esthétiques.**

**2 Dans cet extrait d'*Illusions perdues*, étudiez, par le vocabulaire, la disqualification sociale de la notion de travail, pour une famille d'origine noble, sous la Restauration.**

Le pharmacien Chardon avait épousé la dernière descendante de la famille de Rubempré, qu'il avait sauvée de l'échafaud en 1793. Il mourut sans avoir pu faire valoir une découverte médicale qui aurait pu être lucrative, laissant sa femme avec deux enfants, Ève et Lucien.

La pauvre veuve vendit la pharmacie, située dans la Grand-Rue de l'Houmeau, le principal faubourg d'Angoulême. Le prix de la pharmacie lui permit de se constituer trois cents francs de rente, somme insuffisante pour sa propre existence ; mais elle et sa fille acceptèrent leur position sans en rougir, et se vouèrent à des travaux mercenaires. La mère gardait les femmes en couches, et ses bonnes façons la faisaient préférer à toute autre dans les maisons riches, où elle vivait sans rien coûter à ses enfants, tout en gagnant vingt sous par jour. Pour éviter à son fils de voir sa mère dans un pareil abaissement de condition, elle avait pris le nom de Mme Charlotte. Les personnes qui réclamaient ses soins s'adressaient à M. Postel, le successeur de M. Chardon. La sœur de Lucien travaillait chez une très honnête femme, considérée à l'Houmeau, nommée Mme Prieur, blanchisseuse de fin, sa voisine, et gagnait environ quinze sous par jour. Elle conduisait les ouvrières, et jouissait dans l'atelier d'une espèce de suprématie qui la sortait un peu de la classe des grisettes.

Honoré de BALZAC, *Illusions perdues*, 1837.

**3 Dans l'extrait de *Bel-Ami*, p. 110, relevez les occurrences des mots de la famille de « noble ». À quoi Madeleine Forestier associe-t-elle l'idée de noblesse ?**

**4 Après avoir recherché l'étymologie et le sens du mot « gentilhomme », commentez-en l'emploi dans ces extraits de Balzac et de Maupassant.**

– « Gentilhomme par sa mère, Lucien avait jusqu'au pied haut courbé du Franc ; [...] », p. 106.

– « Il marchait plus crânement, le front plus haut, la moustache plus fière, comme doit marcher un gentilhomme. », p. 110.

**5 Recherchez dans un dictionnaire l'origine des mots : « grisette » et « lorette ». Que dénotent et que connotent ces termes ?**

**6 Recherchez plusieurs synonymes du mot « peuple », ainsi que le sens des termes latins « populus » et « plebs » qui se retrouvent dans les acceptions du mot français. Vous pourrez également vous appuyer sur la *Préface à L'Assommoir*, p. 102.**

**7 Quel est le sens premier du mot « bourgeois » ? Quels sens a-t-il pris au XIXe siècle ? Vous pourrez vous appuyer sur les systèmes d'oppositions dans lesquels il entre (par rapport à l'artiste, par rapport au bohème, par rapport à l'ouvrier...).**

**8 Qu'est-ce qu'un « parvenu » ? Donnez-en un ou plusieurs exemples tirés de romans du XIXe siècle.**

**9 Dans le texte de Zola, p. 108, repérez les termes qui évoquent les lieux de travail et de vie des personnages. Quelles catégories sociales sont ici évoquées ?**

**10 Cherchez dans un dictionnaire la définition du mot « gaillard ». Après l'avoir lu, vous vous reporterez à l'extrait de *Thérèse Raquin*, p. 108. En quoi l'emploi de ce terme pour désigner Laurent relève-t-il à la fois de la caractérisation sociale du personnage et de sa détermination par le tempérament ?**

# ÉPREUVE BAC

## CORPUS Un chapitre des *Misérables*

*Dans ce chapitre des* Misérables*, reproduit intégralement, Victor Hugo présente au lecteur le couple des Thénardier, aubergistes à Montfermeil, auxquels Fantine, jeune fille-mère, vient de confier son enfant, Cosette, qu'elle ne peut élever.*

### PREMIÈRE ESQUISSE DE DEUX FIGURES LOUCHES

La souris prise était bien chétive ; mais le chat se réjouit même d'une souris maigre.[1]

Qu'était-ce que les Thénardier ?

Disons-en un mot dès à présent. Nous compléterons le croquis plus tard.

Ces êtres appartenaient à cette classe bâtarde composée de gens grossiers parvenus et de gens intelligents déchus, qui est entre la classe dite moyenne et la classe dite inférieure, et qui combine quelques-uns des défauts de la seconde avec presque tous les vices de la première, sans avoir le généreux élan de l'ouvrier ni l'ordre honnête du bourgeois.

C'étaient de ces natures naines qui, si quelque feu sombre les chauffe par hasard, deviennent facilement monstrueuses. Il y avait dans la femme le fond d'une brute et dans l'homme l'étoffe d'un gueux[2]. Tous deux étaient au plus haut degré susceptibles de l'espèce de hideux progrès qui se fait dans le sens du mal. Il existe des âmes écrevisses reculant continuellement vers les ténèbres, rétrogradant dans la vie plutôt qu'elles n'y avancent, employant l'expérience à augmenter leur difformité, empirant sans cesse et s'empreignant[3] de plus en plus d'une noirceur croissante. Cet homme et cette femme étaient de ces âmes-là.

Le Thénardier particulièrement était gênant pour le physionomiste. On n'a qu'à regarder certains hommes pour s'en défier, car on les sent ténébreux à leurs deux extrémités. Ils sont inquiets derrière eux et menaçants devant eux. Il y a en eux de l'inconnu. On ne peut pas plus répondre de ce qu'ils ont fait que de ce qu'ils feront. L'ombre qu'ils ont dans le regard les dénonce. Rien qu'en les entendant dire un mot ou qu'en les voyant faire un geste, on entrevoit de sombres secrets dans leur passé et de sombres mystères dans leur avenir.

Ce Thénardier, s'il fallait l'en croire, avait été soldat ; sergent, disait-il ; il avait fait probablement la campagne de 1815, et s'était même comporté assez bravement, à ce qu'il paraît. Nous verrons plus tard ce qu'il en était. L'enseigne de son cabaret[4] était une allusion à l'un de ses faits d'armes. Il l'avait peinte lui-même, car il savait faire un peu de tout ; mal.

C'était l'époque où l'antique roman classique qui, après avoir été *Clélie*[5], n'était plus que *Lodoïska*, toujours noble, mais de plus en plus vulgaire, tombé de mademoiselle de Scudéry à madame Bournon-Malarme et de madame de Lafayette à madame Barthélemy-Hadot[6], incendié l'âme aimante des portières[7] de Paris et ravagé même un peu la banlieue. Madame Thénardier était juste assez intelligente pour lire ces espèces de livres. Elle s'en nourrissait. Elle y noyait ce qu'elle avait de cervelle ; cela lui avait donné, tant qu'elle avait été très jeune, et même un peu plus tard, une sorte

1. Le chapitre précédent évoquait le piège tendu involontairement par Mme Thénardier qui jouait avec ses deux fillettes. Pensant que cette femme était une bonne mère, Fantine lui avait demandé de prendre Cosette en pension, moyennant le versement d'une somme mensuelle.

2. **gueux :** ici, homme vil et méprisable. Sens différent de celui que l'on trouve p. 58 du manuel à propos de Don Quichotte.

3. **s'empreignant :** du verbe s'empreindre, se marquer.

4. Le cabaret s'appelle « Au soldat de Waterloo » et son enseigne, grossièrement peinte, représente, sur fond de bataille, un homme portant sur son dos un autre homme, vêtu d'un uniforme de général.

5. **Clélie :** voir chapitre 2, p. 63.

6. **Marie-Adélaïde Barthélemy-Hadot** (1763-1821) et **Charlotte de Bournon-Malarme** (1753-1830) furent deux romancières à succès aussi fécondes que romanesques. La seconde passe pour avoir écrit 117 romans.

7. **portières :** personnes qui gardaient la porte des immeubles, équivalent de concierges.

Illustration pour *Les Misérables*.


d'attitude pensive près de son mari, coquin d'une certaine profondeur, ruffian[8] lettré à la grammaire près, grossier et fin en même temps, mais, en fait de sentimentalisme, lisant Pigault-Lebrun[9], et pour « tout ce qui touche le sexe », comme il disait dans son jargon, butor correct et sans mélange. Sa femme avait quelque douze ou quinze ans de moins que lui. Plus tard, quand les cheveux romanesquement pleureurs commencèrent à grisonner, quand la Mégère[10] se dégagea de la Paméla[11], la Thénardier ne fut plus qu'une grosse méchante femme ayant savouré des romans bêtes. Or on ne lit pas impunément des niaiseries. Il en résulta que sa fille aînée se nomma Éponine ; quant à la cadette, la pauvre petite faillit se nommer Gulnare ; elle dut à je ne sais quelle heureuse diversion faite par un roman de Ducray-Duminil[12], de ne s'appeler qu'Azelma.

Au reste, pour le dire en passant, tout n'est pas ridicule et superficiel dans cette curieuse époque à laquelle nous faisons ici allusion, et qu'on pourrait appeler l'anarchie des noms de baptême. À côté de l'élément romanesque, que nous venons d'indiquer, il y a le symptôme social. Il n'est pas rare aujourd'hui que le garçon bouvier se nomme Arthur, Alfred ou Alphonse, et que le vicomte – s'il y a encore des vicomtes – se nomme Thomas, Pierre ou Jacques. Ce déplacement qui met le nom « élégant » sur le plébéien et le nom campagnard sur l'aristocrate, n'est autre chose qu'un remous d'égalité. L'irrésistible pénétration du souffle nouveau est là comme en tout. Sous cette discordance apparente, il y a une chose grande et profonde, la Révolution française.

Victor HUGO, *Les Misérables*, Première partie, Livre quatrième, chapitre 2, 1862.

---

**8. ruffian :** homme débauché, souteneur. **9. Pigault-Lebrun** (1753-1835) **:** auteur de romans sentimentaux et larmoyants. **10. Mégère :** nom d'une des trois Furies, déesses de la Vengeance, qui par antonomase désigne une femme acariâtre et méchante. **11. Paméla :** nom du personnage éponyme du roman épistolaire de Richardson (1689-1761), *Paméla ou la Vertu récompensée*, 1740. **12. Ducray-Duminil :** romancier (1761-1819) auteur de romans pour la jeunesse et de romans populaires.

## Questions

**1.** *Étudiez le thème de l'obscurité dans ce chapitre en vous fondant sur un relevé d'occurrences des mots appartenant à ce champ lexical.*

**2.** *En quoi la lecture de romans influe-t-elle sur les Thénardier ?*

## Écriture d'invention

*Première esquisse*

*Vous rédigerez une « esquisse de deux figures louches » : vos personnages, comme ceux de Victor Hugo, seront à la fois monstrueux et comiques.*

## Commentaire

*Portraits croisés*

*Vous commenterez l'extrait de la l. 3 à la l. 31.*

## Dissertation

*Le personnage de roman*

*André Maurois (1885-1967) écrit : « Un personnage de roman est simplifié et construit. On peut le comprendre. Dans la vie réelle, les êtres vivants sont des énigmes dangereuses. »*
*Expliquez, commentez et discutez cette appréciation en vous fondant sur cet extrait et sur vos lectures.*

# LECTURE D'UNE ŒUVRE INTÉGRALE

## Joris-Karl HUYSMANS, *À Rebours*, 1884

*Édition de référence : Folio 898, Gallimard, 1991*

Quand il parut en 1884, en plein naturalisme, *À Rebours*, qualifié vingt ans après par Huysmans d'« aérolithe », fit l'effet d'une bombe, révélateur d'une profonde crise romanesque. L'intrigue se réduit à sa plus simple expression, les marques temporelles sont savamment voilées, l'espace confiné dans un huis clos, la fin problématique. Le roman met en scène la décadence et réunit en un seul personnage, un individu déviant, un héros, la figure de l'artiste.

### Un titre-manifeste

Huysmans privilégie le titre mystère, le titre court. L'adverbe de lieu indique une destination, un parcours, mais qui va « contre » : la nature, la société, le goût dominant. Il s'inscrit également contre le temps et prône les vertus de l'inversion.

**1.** *À Rebours* est un titre polysémique. Comment le comprenez-vous ?

### Une structure « en écrins »

*À Rebours* se construit selon la même « organisation méthodique » que la vie de des Esseintes, tout en obéissant à une extrême concentration. À la Notice initiale, sorte de condensé de roman de formation, succèdent 16 chapitres. Le seizième fait pendant à la Notice et le roman s'achève sur le viol de la thébaïde fontenaisienne. La quête savante, esthétique et décadente du héros qui cherche des essences détermine l'ordre des chapitres.

**2.** Donnez un titre à chacun des chapitres. Comment peut-on les regrouper ?

### Un héros impossible

À étrange roman, héros étrange. Bien plus qu'un personnage, des Esseintes est un « type », celui du névrosé décadent solitaire. Son passé romanesque immédiat le décrit comme un aristocrate dégénéré, un dandy qui deviendra, le temps d'un roman, un esthète.

**3.** Vous ferez une recherche sur la figure du dandy au XIXe siècle.

La Notice met en lumière sa prédisposition pour la névrose, du fait de l'hérédité, comme le montre son portrait p. 78. Son nom exhibe l'ambiguïté, son hystérie est un héritage maternel. Le père est éminemment absent. En bon décadent, il pratique le dérèglement de tous les sens, et l'art devient une forme de maladie.

**4.** Décomposez et analysez le nom du héros : Jean-Floressas des Esseintes.

Dandy, narcisse et solitaire, des Esseintes multiplie les poses, les miroirs, comme le montre le vrai-faux voyage à Londres. Le héros se compose littéralement, et en un temps record, un personnage, un décor anglais. Il fait de l'apparence la chose même, ce qui lui évite de partir pour Londres !

**5.** Relisez le chapitre XI et montrez qu'il est emblématique du roman.

### Un roman-parodie, une parodie de roman

Comme son héros, Huysmans privilégie l'artifice et l'ironie. *À Rebours* parodie un certain nombre de conventions romanesques tout en respectant une ligne naturaliste, ne serait-ce que dans la prééminence des descriptions et la non-intervention directe de l'auteur. La puissance d'évocation et le style prévalent sur l'intrigue. Mais, que reste-t-il de cette « tranche de vie découpée dans le vif » ? Une gageure. En proposant comme héros un personnage reclus dans sa thébaïde, Huysmans pervertit le temps romanesque, accorde une place démesurée à un espace clos dont le décor vire à l'obsession, élimine quasiment les dialogues, privilégiant le soliloque. L'effet catalogue s'oppose à la dynamique d'une quête ou d'une initiation. Cependant, *À Rebours* se présente comme un roman expérimental dans la plus pure tradition zolienne même si, paradoxalement, il se fait évanescent, devient un livre sur rien !

**6.** D'après l'étude de la Notice, dites ce que refuse Huysmans en matière romanesque.

**7.** À partir de l'analyse des pages 111-114 et 295-301, vous direz en quoi consiste pour des Esseintes l'idéal de l'écriture romanesque.

**8.** Montrez que la description du boudoir rose et celle du dîner de deuil sont emblématiques du roman.

Étude clinique d'une **névrose**, le roman met à jour la dégradation d'un héros retiré du monde autant par goût, ou plutôt dégoût, que pour raison de santé. Il ne peut échapper ni à son corps ni à ses nerfs et sa recherche esthétique s'articule sur des événements physiologiques omniprésents. Les aléas du corps, les perturbations nerveuses concourent à structurer le roman et s'avèrent même la véritable ligne directrice d'une intrigue réduite à un parcours clinique.

**9.** Comment fonctionne l'hallucination olfactive dans le chapitre 10 ?

**10.** Comment les plantes préparent-elles le cauchemar dans le chapitre 8 ?

Véritable moteur du roman, à la fois déni et quête, le désir est mis en scène et donne à voir les fantasmes du

Giovanni BOLDINI (1842-1931), *Comte Robert de Montesquiou*, 1897. Huile sur toile. © Musée d'Orsay, Paris/Lauros/Giraudon/The Bridgeman Art Library.

héros. Sa quête se résout en culte de l'artifice, compensation de l'impuissance à être comme de l'impuissance tout court. On peut distinguer deux temps : avant Fontenay, la saturation ; au cours de la retraite : abstinence et raffinement.

**11.** Étudiez, dans le chapitre 9, la résurgence des souvenirs érotiques et leur mise en scène.

*À Rebours* se caractérise par une véritable inflation documentaire qui parodie la prétention au savoir et à la vérité du naturalisme. Mais le document n'intègre plus le personnage dans son milieu et son environnement, comme dans l'esthétique naturaliste, il vaut par lui-même. Et à la richesse des catalogues et des descriptions dans le roman, correspond l'appauvrissement du personnel romanesque.

**12.** Étudiez le chapitre IV ou le chapitre VIII et montrez en quoi consiste à la fois l'illustration et la parodie du naturalisme.

**13.** Montrez à l'aide de quelques exemples comment les nomenclatures sont subtilement intégrées dans la subjectivité du héros, perdant *de facto* leur objectivité première.

**14.** Combien de personnages apparaissent dans le roman ? Quel est leur statut ?

*À Rebours* serait-il un roman canular réservé à des « happy few » ou un génial roman « fourre-tout », véritable spectacle pour lecteur averti, fonctionnant sur une intertextualité littéraire picturale et musicale, affichée ou dissimulée ? C'est un livre fait de livres, un roman de la littérature et de l'art, un véritable exercice de style, et l'écriture semble bien être la préoccupation majeure de Huysmans.

# Le roman en crise ?

**Après 1870**, le roman s'étiole. Commence alors un **âge de contestation**. Est-il entré dans une impasse, un « cul-de-sac », comme le prétend Huysmans dans la célèbre préface à *À Rebours* « écrite vingt ans après » ? Le roman est-il donc privé d'avenir s'il se borne à reproduire le réel ? S'agit-il d'un simple rejet du réalisme et du naturalisme ? Ou faut-il accorder crédit à Paul Alexis qui envoie ce télégramme à Jules Huret en 1891 : « Naturalisme pas mort. Lettre suit. » ? On aboutit au paradoxe suivant : le roman devient objet de suspicion tandis que l'on continue à écrire selon des formes canoniques. « L'ère du soupçon » sera atteinte avec le Nouveau Roman, dans les années 50.

## À la recherche du roman

### • Rupture...

En **1924**, dans le ***Manifeste du surréalisme***, **André Breton** exprime des griefs contre le roman et rejette en particulier la psychologie des personnages et la description qu'il remplace dans *Nadja* par des photos. Ainsi, *Le Paysan de Paris*[1] veut être « une espèce de roman enfreignant toutes les lois traditionnelles du genre, qui ne soit ni un récit (une histoire) ni un personnage (un portrait) »[2]. Dans les romans surréalistes, la structure brisée, le contraste des matériaux concourent à la recherche du choc poétique, de l'instant miraculeux. Ces romanciers allient **technique du collage** et **écriture improvisée**, refusent la composition classique et prônent une « logique de l'illogisme », comme l'écrit Aragon : « Si vous voulez, tout roman m'était la rencontre d'un parapluie et d'une machine à coudre sur une table de dissection »[3].

➤ **Pourquoi les romanciers surréalistes se sont-ils inspirés de Max Ernst ?**

On retrouve dans la deuxième moitié du XXe siècle des montages qui peuvent faire penser aux techniques des peintres du début du siècle, par exemple dans le roman de Michel Butor *Degrés* (1960) et des marques du surréalisme sont encore sensibles dans le fantastique d'André Pieyre de Mandiargues et l'œuvre de Julien Gracq.

### • ...et continuité ?

Le XIXe siècle semble se survivre à lui-même, au XXe, dans le « **roman-cycle** » de **Romain Rolland, *Jean-Christophe***[4], et, sous un certain angle, « les 16 volumes de *À la Recherche du temps perdu*, tranche impressionnante de la durée française, affaire Dreyfus et guerre de 14-18 comprises, vues à travers l'évolution intérieure d'un individu »[5]. On peut encore voir l'influence de Balzac dans ***Les Hommes de bonne volonté***[6] de **Jules Romains.** L'auteur brosse une vaste fresque de la vie politique, économique et sociale entre 1908 et 1933. Son entreprise relève de l'« **unanimisme** ». **Roger Martin du Gard**, lui, reste fidèle à la tradition naturaliste dans son « **roman-fleuve** » ***Les Thibault***.

➤ **Qu'est-ce que l'unanimisme ?**

---

**1.** Aragon a publié *Le Paysan de Paris* en 1925. **2.** Aragon, *Je n'ai jamais appris à écrire ou les « incipit »*, 1969. **3.** Ibid. **4.** L'ensemble compte 10 volumes dont la parution s'échelonne de 1904 à 1912. **5.** C.E Magny, *Histoire du roman français depuis 1918*, Éditions du Seuil, 1950. **6.** 27 volumes s'échelonnent de 1932 à 1947.

### • Impasse

Édouard, dans *Les Faux-Monnayeurs*, rêve d'un **roman** « **sans sujet** » et presque sans intrigue, un « **roman pur** » réduit à ses éléments proprement romanesques : un roman stylisé, écarté de la réalité. En **1896, Valéry** avait réalisé ce roman désincarné avec ***Monsieur Teste,*** mais ce fut un échec retentissant. Que devient en effet le roman si le romancier, comme Valéry, refuse d'écrire « La marquise sortit à cinq heures » ?

> Valéry ne nous permet jamais de nous identifier à Teste ; il maintient soigneusement un écart entre nous et son personnage ; même du « sur-roman » il n'a voulu garder que le résultat, c'est-à-dire la signification transcendante du récit, rejetant toutes les préparations spécifiquement romanesques. Et nous ne pouvons nous empêcher, lisant son livre, de rêver à ce roman, le plus fascinant de tous, qu'il n'a pas voulu écrire : *l'histoire* de M. Teste, la description des étapes par lui parcourues avant d'en arriver là, au point où nous le voyons, les expériences et les rencontres qui l'ont modelé, ses échecs et ses chutes s'il en a eu, les accidents qui ont pu lui advenir, les impasses dans lesquelles il a bien dû parfois s'engager ; bref tout ce qui constitue ce devenir temporel dont toutes traces ont été si soigneusement effacées par lui – ou par son *inventeur* – et qu'une allusion, un mot échappé ici et là [...] nous permettent seulement de conjecturer, laissant entrevoir toute une évolution d'Edmond Teste sur laquelle Valéry ni sa créature n'ont consenti à donner d'explications. »
>
> Claude-Edmonde MAGNY, *Histoire du roman français depuis 1918*. © Éditions du Seuil, 1950.

➤ **En quoi ce jugement de Claude-Edmonde Magny est-il intéressant pour savoir ce que le lecteur attend du roman ?**

### • Innovations

**– La « mise en abyme ».** Le **roman écrit, ou rêvé**, par un personnage est le **motif de l'œuvre**. Ce procédé vient de la peinture : la scène se reflète dans le tableau, comme le montre l'œuvre de Van Eyck, *La Famille Arnolfini*. Ainsi, Édouard, dans *Les Faux-Monnayeurs*, a l'intention d'écrire un roman qui porterait le même titre que celui de Gide. Mais s'il en tient le Journal (tout comme Gide dans la réalité), il échouera dans l'écriture du roman, au contraire de Gide qui nous donnera, en plus, dans son *Journal*, à voir la genèse de son unique roman.

**– Le roman du roman**. L'idée de **raconter l'histoire de la création d'un roman**, de donner à voir d'une certaine manière la naissance du romancier, de l'artiste, à l'issue d'un long cheminement, traverse le XX^e^ siècle. En témoignent ***À la recherche du temps perdu*** qui trouve son aboutissement dans *Le Temps retrouvé* et l'œuvre que le narrateur s'apprête à écrire, mais aussi ***La Modification*** de Michel Butor : à la fin, arrivé à Rome, Delmont nous apprend qu'il tentera de « faire revivre sur le mode de la lecture » (donc en l'écrivant), l'épisode qui vient de s'écouler, le trajet en train de Paris à Rome.

## Le Nouveau Roman

Dans les années cinquante, les nouveaux romanciers refusent de continuer à écrire « à la manière de Balzac » et entendent faire sortir le roman de ses ornières traditionnelles.

### • Refus du personnage et de l'histoire

Intrigue, personnages, évolution du héros dans un espace et un temps solides ont subi, au début du XX$^{e}$ siècle, de sérieuses remises en question avec **Joyce** ou **Kafka,** mais il revient à **Nathalie Sarraute** dans ***L'Ère du soupçon*** de mettre en évidence les nouvelles tendances romanesques. Traditionnellement, le roman repose sur une histoire et des personnages, une certaine vision du monde. Or, deux conflits mondiaux ont ébranlé la société et les mentalités occidentales, le monde a changé et le personnage avec lui. Alain **Robbe-Grillet** refuse ce vestige du passé qui correspond à l'apogée de l'individu.

> Un personnage, tout le monde sait ce que le mot signifie. Ce n'est pas un *il* quelconque, anonyme et translucide, simple sujet de l'action exprimée par le verbe. Un personnage doit avoir un nom propre, double si possible : nom de famille et prénom. Il doit avoir des parents, une hérédité. Il doit avoir une profession. S'il a des biens, cela n'en vaudra que mieux. Enfin il doit posséder un « caractère », un visage qui le reflète, un passé qui a modelé celui-ci et celui-là. Son caractère dicte ses actions, le fait réagir de façon déterminée à chaque événement. Son caractère permet au lecteur de le juger, de l'aimer, de le haïr. C'est grâce à ce caractère qu'il léguera un jour son nom à un type humain, qui attendait, dirait-on, la consécration de ce baptême.
>
> Alain ROBBE-GRILLET, *Pour un Nouveau Roman*, © Les Éditions de Minuit, 1963.

➤ **Vous chercherez dans le chapitre 3 sur le roman au XIXe un exemple de personnage que Robbe-Grillet refuse et vous établirez son portrait en lui appliquant la définition ci-dessus.**

Mais il ne s'agit en aucun cas de supprimer le **personnage**, même s'il devient pour Nathalie Sarraute un **simple accessoire** ou s'il se fond de plus en plus dans l'**anonymat** comme chez Claude Simon qui accorde de moins en moins d'importance à l'intrigue. Pour Robbe-Grillet le nouveau personnage « *n'est plus qu'un support insaisissable, presque invisible* », et pour Nathalie Sarraute :

> Il n'a cessé de perdre successivement tous ses attributs et prérogatives.
> Il était très richement pourvu, comblé de biens de toute sorte, entouré de soins minutieux; rien ne lui manquait, depuis les boucles d'argent de sa culotte jusqu'à la loupe veinée au bout de son nez. Il a, peu à peu, tout perdu : ses ancêtres, sa maison soigneusement bâtie, bourrée de la cave au grenier d'objets de toute espèce, jusqu'aux plus menus colifichets, ses propriétés et ses titres de rente, ses vêtements, son corps, son visage, et, surtout, ce bien précieux entre tous, son caractère qui n'appartient qu'à lui, et souvent jusqu'à son nom.
>
> Nathalie SARRAUTE, *L'Ère du soupçon*, © Éditions Gallimard, 1956.

➤ **Comment Kafka désigne-t-il son personnage dans *Le Château* ? Comment la femme est-elle nommée dans *La Jalousie* (→ p. 582) ? Comment Nathalie Sarraute nomme-t-elle ses personnages dans *Le Planétarium* ? Comment Joyce désigne-t-il le héros protéiforme de *Finnegans Wake* ?**

## • Refus de l'ancien réalisme

Les nouveaux romanciers reprochent au roman traditionnel de donner une image trop simple d'une réalité pour eux beaucoup plus complexe. De **nouvelles formes narratives** doivent donc **refléter cette complexité** entraînant le refus de raconter une histoire selon une gradation savante des événements et de mettre de l'ordre là où il n'y en a pas.

La **réalité sociale** n'est plus compartimentée, figée dans ses hiérarchies mais se révèle **mouvante**, impossible à fixer. Les nouveaux romanciers refusent donc l'idée de l'Histoire séparée en tranches d'événements. Le monde dans lequel évoluent leurs personnages n'est pas donné en bloc, il est au contraire insaisissable et se construit au fur et à mesure.

## • Refus du rôle traditionnel du romancier

**Bernard Pingaud** dénonce le romancier qui « se prend pour Dieu le Père »[7] et **Robbe-Grillet** son omniprésence et son omniscience. Il remplacera dans ses romans Dieu par « un homme », détruisant du même coup l'idée que le romancier « plus qu'un créateur au sens

7. « Le Roman en question », *L'Express*, 14 décembre 1956.

propre du terme, serait un simple médiateur entre le commun des mortels et une puissance obscure, un au-delà de l'humanité, un dieu, un esprit éternel »[8]. **Claude Simon** refuse lui aussi de considérer le romancier comme un observateur privilégié.

## • L'invasion du descriptif

Si l'on note une prolifération des descriptions qui va de pair avec l'amenuisement du personnage et de l'intrigue dans le Nouveau Roman, comme le remarque très justement Robbe-Grillet, « la description n'est pas une invention moderne »[9]. Qu'on se souvienne de Balzac. Mais, au XIXe siècle, elle tendait à produire un effet de réel et le décor renvoyait à l'homme. Grâce à elle, **Robbe-Grillet** entend rendre compte de l'**« être-là » des choses.**

Cependant, même si les objets deviennent envahissants, **l'homme ne disparaît pas** complètement, car pour les voir, il faut **un regard**, et comme l'écrit Robbe-Grillet : « *Il y a toujours et d'abord le regard qui les voit, la pensée qui les revoit, la passion qui les déforme.* »[9]
La description peut aussi être marquée par l'**incertitude**, tout comme l'action ou les personnages ; le lecteur est alors projeté dans un univers instable. Mais elle peut se présenter souvent sous forme de tableaux, en particulier chez Robbe-Grillet.

Les **nombreuses descriptions** peuvent être celles d'objets immobiles ou de fragments de scènes et se dupliquer avec d'infimes variations, comme celle du mille-pattes dans *La Jalousie*. Elles n'apparaissent plus comme des pauses dans un récit, qui n'existe plus vraiment, mais frappent par leur **caractère à la fois gratuit et destructeur**.

## • Un Nouveau Roman ou des nouveaux romans ?

S'ils sont unis dans un même refus, en particulier celui du roman psychologique et du roman d'action, les nouveaux romanciers ne sont pas pour autant d'accord sur les nouvelles formes à adopter. Ils ne composent en effet ni une école, ni un mouvement, et se caractérisent plutôt par leur individualité.

Déjà, en **1936**, dans ***Tropismes,*** **Nathalie Sarraute** suggérait l'existence d'un « **sous-monde** » grouillant, sous les apparences, celui du vrai monde des rapports humains : c'est celui de la « **sous-conversation** » qui apparaît comme la seule vraie conversation.
**Alain Robbe-Grillet,** lui, vise ce que l'on pourrait appeler une forme de littérature « **objective** ». L'espace, dans ses romans, s'affirme avec une terrible évidence tandis que les personnages se réduisent à l'état de silhouettes. Le temps subit des traitements différents. Ainsi, dans *Le Voyeur*, les allées et venues du commis-voyageur sont minutieusement chronométrées pour mieux dissimuler le « trou » dans son emploi du temps – et le meurtre d'une jeune bergère – tandis que dans *La Jalousie,* le temps est aboli, les personnages (le mari, la femme, l'amant), sont réduits aux relations qu'ils entretiennent entre eux et l'espace est minutieusement décrit, le romancier revenant sans cesse sur les mêmes descriptions qu'il modifie subtilement. Mais, le monde étant vu par les yeux du mari jaloux, l'objectivité apparente dissimule en fait une **subjectivité forcenée**.

**Michel Butor,** contrairement à Robbe-Grillet, croit à ses personnages et aux relations qu'ils entretiennent avec le monde. Pour lui, **le temps** est une réalité dont il est difficile de se débarrasser, même si cette réalité a évolué : il cesse d'être donné comme dans le roman traditionnel, il **est en perpétuelle construction**.

---

**8.** « Littérature d'aujourd'hui », *L'Express,* 22 novembre 1955.
**9.** *Pour un Nouveau Roman.*

## I. L'ÉCOULEMENT DU TEMPS

# Marcel PROUST (1871-1922)

## *Du côté de chez Swann*

voir biographie p. 632

*L'extrait proposé constitue l'incipit célèbre de* À la recherche du temps perdu.

Longtemps, je me suis couché de bonne heure. Parfois, à peine ma bougie éteinte, mes yeux se fermaient si vite que je n'avais pas le temps de me dire : « Je m'endors. » Et une demi-heure après, la pensée qu'il était temps de chercher le sommeil m'éveillait ; je voulais poser le volume que je croyais avoir dans les mains et souffler ma lumière ; je n'avais pas cessé en dormant de faire des réflexions sur ce que je venais de lire, mais ces réflexions avaient pris un tour un peu particulier ; il me semblait que j'étais moi-même ce dont parlait l'ouvrage : une église, un quatuor, la rivalité de François Ier et de Charles-Quint. Cette croyance survivait pendant quelques secondes à mon réveil ; elle ne choquait pas ma raison, mais pesait comme des écailles sur mes yeux et les empêchait de se rendre compte que le bougeoir n'était plus allumé. Puis elle commençait à me devenir inintelligible, comme après la métempsycose[1] les pensées d'une existence antérieure ; le sujet du livre se détachait de moi, j'étais libre de m'y appliquer ou non ; aussitôt je recouvrais la vue et j'étais bien étonné de trouver autour de moi une obscurité, douce et reposante pour mes yeux, mais peut-être plus encore pour mon esprit, à qui elle apparaissait comme une chose sans cause, incompréhensible, comme une chose vraiment obscure. Je me demandais quelle heure il pouvait être ; j'entendais le sifflement des trains qui, plus ou moins éloigné, comme le chant d'un oiseau dans une forêt, relevant les distances, me décrivait l'étendue de la campagne déserte où le voyageur se hâte vers la station prochaine ; et le petit chemin qu'il suit va être gravé dans son souvenir par l'excitation qu'il doit à des lieux nouveaux, à des actes inaccoutumés, à la causerie récente et aux adieux sous la lampe étrangère qui le suivent encore dans le silence de la nuit, à la douceur prochaine du retour.

J'appuyais tendrement mes joues contre les belles joues de l'oreiller qui, pleines et fraîches, sont comme les joues de notre enfance. Je frottais une allumette pour regarder ma montre. Bientôt minuit. C'est l'instant où le malade qui a été obligé de partir en voyage et a dû coucher dans un hôtel inconnu, réveillé par une crise, se réjouit en apercevant sous la porte une raie de jour. Quel bonheur, c'est déjà le matin ! Dans un moment les domestiques seront levés, il pourra sonner, on viendra lui porter secours. L'espérance d'être soulagé lui donne du courage pour souffrir. Justement il a cru entendre des pas ; les pas se rapprochent, puis s'éloignent. Et la raie de jour

1. **Métempsycose :** doctrine selon laquelle une même âme peut animer successivement plusieurs corps.

qui était sous sa porte a disparu. C'est minuit ; on vient d'éteindre le gaz ; le dernier domestique est parti et il faudra rester toute la nuit à souffrir sans remède.

Je me rendormais, et parfois je n'avais plus que de courts réveils d'un instant, le temps d'entendre les craquements organiques des boiseries, d'ouvrir les yeux pour fixer le kaléidoscope[2] de l'obscurité, de goûter grâce à une lueur momentanée de conscience le sommeil où étaient plongés les meubles, la chambre, le tout dont je n'étais qu'une petite partie et à l'insensibilité duquel je retournais vite m'unir. Ou bien en dormant j'avais rejoint sans effort un âge à jamais révolu de ma vie primitive, retrouvé telle de mes terreurs enfantines comme celle que mon grand-oncle me tirât par mes boucles et qu'avait dissipée le jour – date pour moi d'une ère nouvelle – où on les avait coupées. J'avais oublié cet événement pendant mon sommeil, j'en retrouvais le souvenir aussitôt que j'avais réussi à m'éveiller pour échapper aux mains de mon grand-oncle, mais par mesure de précaution j'entourais complètement ma tête de mon oreiller avant de retourner dans le monde des rêves.

Marcel PROUST, *Du côté de chez Swann*,


---

2. **Kaléidoscope :** au figuré, succession rapide et changeante d'impressions, de sensations.

Marcel Proust (à droite) et son frère en 1877. © A. Harlingue/Viollet.

## ANALYSE

### *Un début célèbre*

**1.** En quoi cet incipit est-il déroutant ?

**2.** Le lecteur sait-il qui dit « Je » ?

**3.** Quelle image du narrateur se dégage de cet incipit ?

**4.** De quoi parle le narrateur ? Est-ce un sujet traditionnel pour un début de roman ?

### *Le Temps, objet du récit*

**5.** Étudiez l'expression du temps dans cet extrait : lexique et temps verbaux.

**6.** Quelle conception du temps se dégage de cet incipit ?

**7.** Comment Proust rend-il sensibles les différentes strates du passé ?

**8.** Montrez que les brefs tableaux ont une résonance psychologique.

## TRAVAIL D'ÉCRITURE

Vous ferez le commentaire des deux premiers paragraphes.

## 2. LE VERTIGE DU TEMPS

# PROUST (1871-1922)

## *Le Temps retrouvé*

voir biographie p. 632

*Au cours d'une dernière réception chez le prince de Guermantes, le narrateur retrouve la notion du Temps et découvre sa vocation d'écrivain.*

Si c'était cette notion du temps incorporé, des années passées non séparées de nous, que j'avais maintenant l'intention de mettre si fort en relief, c'est qu'à ce moment même, dans l'hôtel du prince de Guermantes, ce bruit des pas de mes parents reconduisant M. Swann, ce tintement rebondissant, ferrugineux, intarissable, criard et frais de la petite sonnette qui m'annonçait qu'enfin M. Swann était parti et que maman allait monter, je les entendis encore, je les entendis eux-mêmes, eux situés pourtant si loin dans le passé. Alors, en pensant à tous les événements qui se plaçaient forcément entre l'instant où je les avais entendus et la matinée Guermantes, je fus effrayé de penser que c'était bien cette sonnette qui tintait encore en moi, sans que je pusse rien changer aux criaillements de son grelot, puisque ne me rappelant plus bien comment ils s'éteignaient, pour le réapprendre, pour bien l'écouter, je dus m'efforcer de ne plus entendre le son des conversations que les masques tenaient autour de moi. Pour tâcher de l'entendre de plus près, c'est en moi-même que j'étais obligé de redescendre. C'est donc que ce tintement y était toujours, et aussi, entre lui et l'instant présent tout ce passé indéfiniment déroulé que je ne savais que je portais. Quand elle avait tinté j'existais déjà, et depuis pour que j'entendisse encore ce tintement, il fallait qu'il n'y eût pas eu discontinuité, que je n'eusse pas un instant cessé, pris le repos de ne pas exister, de ne pas penser, de ne pas avoir conscience de moi, puisque cet instant ancien tenait encore à moi, que je pouvais encore le retrouver, retourner jusqu'à lui, rien qu'en descendant plus profondément en moi. Et c'est parce qu'ils contiennent ainsi les heures du passé que les corps humains peuvent faire tant de mal à ceux qui les aiment parce qu'ils contiennent tant de souvenirs de joies et désirs déjà effacés pour eux, mais si cruels pour celui qui contemple et prolonge dans l'ordre du temps le corps chéri dont il est jaloux, jaloux jusqu'à en souhaiter la destruction. Car après la mort le Temps se retire du corps, et les souvenirs – si indifférents, si pâlis – sont effacés de celle qui n'est plus et le seront bientôt de celui qu'ils torturent encore, mais en qui ils finiront par périr quand le désir d'un corps vivant ne les entretiendra plus. Profonde Albertine que je voyais dormir et qui était morte.

J'éprouvais un sentiment de fatigue et d'effroi à sentir que tout ce temps si long non seulement avait, sans une interruption, été vécu, pensé, sécrété par moi, qu'il était ma vie, qu'il était moi-même, mais encore que j'avais à toute minute à le maintenir attaché à moi, qu'il me supportait, moi, juché à son sommet vertigineux, que je ne pouvais me mouvoir sans le déplacer comme je le pouvais avec lui. La date à laquelle j'entendais le bruit de la sonnette du jardin de Combray, si distant et pourtant intérieur, était un point de repère dans cette dimension énorme que je ne me savais pas avoir. J'avais le vertige de voir au-dessous de moi, en moi pourtant, comme si j'avais des lieues de hauteur, tant d'années.

Je venais de comprendre pourquoi le duc de Guermantes, dont j'avais admiré en le regardant assis sur une chaise, combien il avait peu vieilli bien qu'il eût tellement plus d'années que moi au-dessous de lui, dès qu'il s'était levé et avait voulu se tenir debout, avait vacillé sur des jambes flageolantes comme celles de ces vieux archevêques sur lesquels il n'y a de solide que leur croix métallique et vers lesquels s'empressent des jeunes séminaristes gaillards, et ne s'était avancé qu'en tremblant comme une feuille, sur le sommet peu praticable de quatre-vingt-trois années, comme si les hommes étaient juchés sur de vivantes échasses, grandissant sans cesse, parfois plus hautes que des clochers, finissant par leur rendre la marche difficile et périlleuse, et d'où tout d'un coup ils tombaient. (Était-ce pour cela que la figure des hommes d'un certain âge était, aux yeux du plus ignorant, si impossible à confondre avec celle d'un jeune homme et n'apparaissait qu'à travers le sérieux d'une espèce de nuage ?) Je m'effrayais que les miennes fussent déjà si hautes sous mes pas, il ne me semblait pas que j'aurais encore la force de maintenir longtemps attaché à moi ce passé qui descendait déjà si loin. Aussi, si elle m'était laissée assez longtemps pour accomplir mon œuvre, ne manquerais-je pas d'abord d'y décrire les hommes, cela dût-il les faire ressembler à des êtres monstrueux, comme occupant une place si considérable, à côté de celle si restreinte qui leur est réservée dans l'espace, une place au contraire prolongée sans mesure puisqu'ils touchent simultanément comme des géants plongés dans les années à des époques, vécues par eux si distantes, entre lesquelles tant de jours sont venus se placer – dans le Temps.

FIN

Marcel PROUST, *Le Temps retrouvé*, © Éditions Gallimard, 1927.

## ANALYSE

### *L'effritement du Temps*

**1.** Relevez les métaphores et les comparaisons qui montrent la marche inexorable et insensible du Temps.

**2.** Comment Proust rend-il cependant sensible l'écoulement de la durée ?

**3.** Quel effet produit l'évocation du duc de Guermantes ?

### *Le Temps destin*

**4.** Relevez, dans le texte, les allusions à la mort. Expliquez-les.

**5.** Pourquoi le narrateur éprouve-t-il « un sentiment de fatigue et d'effroi » (l. 33) ?

**6.** Quels rapports le Temps et la mort entretiennent-ils ?

### *Le sens de l'art*

**7.** Que symbolise la sonnette du point de vue de la vocation de l'auteur ?

**8.** Montrez comment, d'un seul coup, le souvenir se reconstruit.

**9.** Quel est le sujet de l'œuvre à venir ? Justifiez précisément votre réponse.

## PROLONGEMENTS

### Sur les deux extraits de Proust

**1.** Analysez le rythme de la première phrase de l'incipit et de la dernière de l'excipit. Que remarquez-vous ?

**2.** Comparez le premier et le dernier mot de *À la recherche du temps perdu*. Que pouvez-vous en conclure sur la composition de l'œuvre ?

**3.** Après avoir relu les deux extraits, vous montrerez que le narrateur passe d'un vertige spatial à un vertige temporel.

## 3. LE TEMPS DES CHOIX

# Roger MARTIN du GARD (1881-1958)

# *Les Thibault*

voir biographie p. 632

*Le roman-fleuve* Les Thibault *s'attache à la destinée de deux frères, Antoine, brillant médecin, et Jacques, révolté, militant pacifiste. Fin juillet 1914, la France se prépare à la guerre.*

Le ton restait si volontairement mesuré, si affectueux, que Jacques en fut touché. Très calme, il regarda son frère, et esquissa même un sourire amical.

« Pourquoi revenir là-dessus, mon vieux ? Tu sais bien ce que je pense… Je n'accepterai jamais qu'un gouvernement puisse me forcer à prendre part à une entreprise que je considère comme un crime, comme une trahison de la vérité, de la justice, de la solidarité humaine… Pour moi, l'héroïsme, il n'est pas du côté de Roy[1] : l'héroïsme n'est pas de prendre un fusil et de courir à la frontière ! c'est de lever les crosses – et de se laisser conduire au poteau, plutôt que de se faire complice !… Sacrifice illusoire ? Qui sait ? C'est l'absurde docilité des foules qui a rendu et rend encore les guerres possibles… Sacrifice isolé ? Tant pis… Si ceux qui ont le cran de dire « non » doivent être peu nombreux, qu'y puis-je ? C'est peut-être simplement parce que… » Il hésita : « parce qu'une certaine… force d'âme ne court pas les rues… »

Antoine avait écouté debout, étrangement immobile. Un mouvement imperceptible faisait vibrer la ligne de ses sourcils. Il regardait fixement son frère, et respirait à petites bouffées, comme un dormeur.

« Je ne nie pas qu'il faille une force morale peu commune pour s'insurger, seul ou presque, contre un décret de mobilisation, fit-il enfin, avec douceur. Mais c'est une force perdue… Une force qui va stupidement se briser contre un mur !… L'homme convaincu, qui se refuse à la guerre et se fait fusiller pour sa conviction, je lui accorde toute ma sympathie, toute ma pitié… Mais je le tiens pour un rêveur inutile… Et *je lui donne tort.* »

Jacques se contenta d'écarter légèrement les bras, comme il avait déjà fait lorsqu'il avait dit : « Qu'y puis-je ? »

Antoine le considéra un instant en silence. Il ne désespérait pas encore.

« Les faits sont là, et nous pressent, reprit-il. Demain, la gravité des événements – des événements qui ne dépendent plus de personne – peut obliger l'État à disposer de nous. Crois-tu vraiment que ce soit l'heure, pour nous, d'examiner si les contraintes que nous impose notre pays sont en accord avec nos opinions personnelles ? Non ! Les responsables décident, les responsables commandent… Dans mon service, quand j'ordonne d'urgence un traitement que je juge opportun, je n'admets pas qu'on le discute… »

Il leva gauchement la main vers son front, et posa une seconde ses doigts sur ses paupières, avant de continuer, avec effort :

« Réfléchis, mon petit… Il ne s'agit pas d'approuver la guerre – crois-tu que je l'approuve ? -, il s'agit de la subir. Avec révolte, si c'est notre tempérament ; mais une révolte intérieure, et que le sentiment du devoir sache

1. **Manuel Roy :** jeune médecin, collaborateur d'Antoine, lecteur de l'*Action française*.

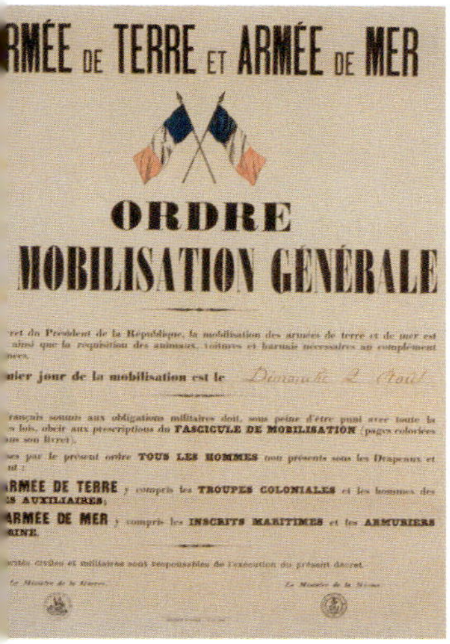


© AKG-Images.

museler. Marchander notre concours, au moment du danger, ce serait trahir la communauté… Oui, c'est là que serait la vraie trahison, le crime envers les autres, le manque de solidarité… Je ne prétends pas nous interdire le droit de discuter les décisions que le gouvernement va prendre. Mais plus tard. Après avoir obéi. »

Jacques ébaucha un nouveau sourire :

« Et moi, vois-tu, je prétends qu'un individu est libre de se désintéresser totalement des prétentions nationales au nom desquelles les États se font la guerre. Je nie à l'État le droit de violenter, pour quelque motif que ce soit, les hommes dans leur conscience… Je répugne à employer toujours ces grands mots. Pourtant, c'est bien ça : c'est ma conscience qui parle plus haut, en moi, que tous les raisonnements opportunistes comme les tiens. Et c'est elle, aussi, qui parle plus haut que vos lois… La seule façon d'empêcher que la violence règle le sort du monde, c'est d'abord de se refuser, soi, à toute violence ! J'estime que le refus de tuer est un signe d'élévation morale qui a droit au respect. Si vos codes et vos juges ne le respectent pas, c'est tant pis pour eux : tôt ou tard, ils auront un compte à rendre…

– Soit, soit… », fit Antoine, agacé de voir l'entretien dévier de nouveau vers les idées générales. Et, croisant les bras : « Mais, *pratiquement*, quoi ? »

Il s'avança vers son frère, et, dans un de ces mouvements spontanés qui étaient si rares entre eux, il lui saisit tendrement les épaules de ses deux mains :

« Réponds-moi, mon petit… On mobilise demain : qu'est-ce que tu vas faire ? »

Jacques se dégagea, sans impatience, mais fermement :

« Je continuerai à lutter contre la guerre ! Jusqu'au bout ! Par tous les moyens ! Tous !… Y compris, – s'il le faut… - le sabotage révolutionnaire ! » Il avait baissé la voix, malgré lui. Il s'arrêta, oppressé : « Je dis ça… Je ne sais pas, reprit-il, après une courte pause. Mais, une chose est sûre, Antoine, absolument sûre : moi, soldat ? Jamais ! »

Il fit l'effort de sourire une dernière fois, esquissa un bref signe d'adieu, et gagna la porte, sans que son frère cherchât à le retenir.

Roger MARTIN du GARD, *Les Thibault*, « L'Été 14 », chapitre LXI. © Éditions Gallimard, 1936.

## RECHERCHES

**1.** Qui était au pouvoir en France en juillet 1914 ?

**2.** Quelles sont les causes directes de la guerre de 14 ?

**3.** Vous ferez une recherche sur les mouvements pacifistes à cette époque.

## ANALYSE

**1.** Quelle est la position de Jacques ? Analysez ses arguments.

**2.** Quelle est la position d'Antoine ? Analysez ses arguments.

**3.** Lequel des deux frères veut convaincre l'autre ? Y parvient-il ?

**4.** Qu'est-ce que l'héroïsme pour Jacques ? Qu'en pensez-vous ?

**5.** Quels rapports entretiennent les deux frères d'après cet extrait ?

**6.** Comment qualifieriez-vous l'écriture de cet extrait ?

**7.** Pourquoi peut-on considérer que Roger Martin du Gard est un héritier du roman du XIX^e^ siècle ?

## TRAVAIL DE RÉFLEXION

Ce dialogue vous semble-t-il daté ou peut-il encore être d'actualité à notre époque ? Auriez-vous une position distincte de celle des deux personnages ?

## 4. L'OUBLI DU TEMPS

# Albert CAMUS (1913-1960)

## *La Peste*

voir biographie p. 632

*En 194., la ville d'Oran est touchée par une épidémie de peste. Le docteur Rieux, aidé en particulier de Tarrou, lutte contre ce fléau, allégorie tout autant de la France occupée par les Allemands que du mal en général. Un soir, alors que l'épidémie semble régresser, Tarrou se confie à Rieux. Les deux amis décident alors d'échapper quelques instants au fléau et de prendre un bain de mer.*

Le vent se levait à nouveau et Rieux sentit qu'il était tiède sur sa peau. Tarrou se secoua :

– Savez-vous, dit-il, ce que nous devrions faire pour l'amitié ?

– Ce que vous voulez, dit Rieux.

– Prendre un bain de mer. Même pour un futur saint, c'est un plaisir digne.

Rieux souriait.

– Avec nos laissez-passer, nous pouvons aller sur la jetée. À la fin, c'est trop bête de ne vivre que dans la peste. Bien entendu, un homme doit se battre pour les victimes. Mais s'il cesse de rien aimer par ailleurs, à quoi sert qu'il se batte ?

– Oui, dit Rieux, allons-y.

Un moment après, l'auto s'arrêtait près des grilles du port. La lune s'était levée. Un ciel laiteux projetait partout des ombres pâles. Derrière eux s'étageait la ville et il en venait un souffle chaud et malade qui les poussait vers la mer. Ils montrèrent leurs papiers à un garde qui les examina assez longuement. Ils passèrent et à travers les terre-pleins couverts de tonneaux, parmi les senteurs de vin et de poisson, ils prirent la direction de la jetée. Peu avant d'y arriver, l'odeur de l'iode et des algues leur annonça la mer. Puis, ils l'entendirent.

Elle sifflait doucement au pied des grands blocs de la jetée et, comme ils les gravissaient, elle leur apparut, épaisse comme du velours, souple et lisse comme une bête. Ils s'installèrent sur les rochers tournés vers le large. Les eaux se gonflaient et redescendaient lentement. Cette respiration calme de la mer faisait naître et disparaître des reflets huileux à la surface des eaux. Devant eux, la nuit était sans limites. Rieux, qui sentait sous ses doigts le visage grêlé des rochers, était plein d'un étrange bonheur. Tourné vers Tarrou, il devina, sur le visage calme et grave de son ami, ce même bonheur qui n'oubliait rien, pas même l'assassinat.

Ils se déshabillèrent. Rieux plongea le premier. Froides d'abord, les eaux lui parurent tièdes quand il remonta. Au bout de quelques brasses, il savait que la mer, ce soir-là, était tiède, de la tiédeur des mers d'automne qui reprennent à la terre la chaleur emmagasinée pendant de longs mois. Il nageait régulièrement. Le battement de ses pieds laissait derrière lui un bouillonnement d'écume, l'eau fuyait le long de ses bras pour se coller à ses jambes. Un lourd clapotement lui apprit que Tarrou avait plongé. Rieux se

Vue générale d'Oran, vers 1900. © Photothèque Hachette Livre.

mit sur le dos et se tint immobile, face au ciel renversé, plein de lune et d'étoiles. Il respira longuement. Puis il perçut de plus en plus distinctement un bruit d'eau battue, étrangement clair dans le silence et la solitude de la nuit. Tarrou se rapprochait, on entendit bientôt sa respiration. Rieux se retourna, se mit au niveau de son ami, et nagea dans le même rythme. Tarrou avançait avec plus de puissance que lui et il dut précipiter son allure. Pendant quelques minutes, ils avancèrent avec la même cadence et la même vigueur, solitaires, loin du monde, libérés enfin de la ville et de la peste. Rieux s'arrêta le premier et ils revinrent lentement, sauf à un moment où ils entrèrent dans un courant glacé. Sans rien dire, ils précipitèrent tous deux leur mouvement, fouettés par cette surprise de la mer.

Habillés de nouveau, ils repartirent sans avoir prononcé un mot. Mais ils avaient le même cœur et le souvenir de cette nuit leur était doux. Quand ils aperçurent de loin la sentinelle de la peste, Rieux savait que Tarrou se disait, comme lui, que la maladie venait de les oublier, que cela était bien, et qu'il fallait maintenant recommencer.

Albert CAMUS, *La Peste*, © Éditions Gallimard, 1947.

## ANALYSE

### *L'ombre de la peste*

**1.** Relevez tout ce qui, dans l'extrait, rappelle la peste. Qu'en concluez-vous sur la situation de la ville et de ses habitants ?

**2.** Qu'est-ce qui montre que ce passage est un épisode à part dans le récit ?

**3.** Quelle est la signification de ce bain, à la fois solitaire et solidaire, dans le contexte de l'épidémie ?

### *Le royaume entrevu*

**4.** À quel moment se déroule la scène ? En quoi est-ce important ?

**5.** Relevez les différentes sensations. Pourquoi peut-on parler de lyrisme ?

**6.** Comment la mer est-elle décrite ? Quel est l'effet produit ?

**7.** Cet épisode, repris de *La Mort heureuse*, (1938), premier roman de Camus, non publié de son vivant, n'est apparu qu'assez tardivement dans la deuxième version de *La Peste*. Pourquoi, à votre avis, Camus a-t-il tenu à l'intégrer ? Quelle est sa valeur symbolique ?

## I. UNE REMISE À L'HEURE

# André GIDE (1869-1951)

## *Les Faux-Monnayeurs*

voir biographie p. 632

*Voici le début du roman.*

« C'est le moment de croire que j'entends des pas dans le corridor », se dit Bernard. Il releva la tête et prêta l'oreille. Mais non : son père et son frère aîné étaient retenus au Palais ; sa mère en visite ; sa sœur à un concert ; et quant au puîné, le petit Caloub, une pension le bouclait au sortir du lycée chaque jour. Bernard Profitendieu était resté à la maison pour potasser son bachot ; il n'avait plus devant lui que trois semaines. La famille respectait sa solitude ; le démon pas. Bien que Bernard eût mis bas sa veste, il étouffait. Par la fenêtre ouverte sur la rue n'entrait rien que de la chaleur. Son front ruisselait. Une goutte de sueur coula le long de son nez, et s'en alla tomber sur une lettre qu'il tenait en main :

« Ça joue la larme, pensa-t-il. Mais mieux vaut suer que de pleurer. »

Oui, la date était péremptoire. Pas moyen de douter : c'était bien de lui, Bernard, qu'il s'agissait. La lettre était adressée à sa mère ; une lettre d'amour vieille de dix-sept ans ; non signée.

« Que signifie cette initiale ? Un V, qui peut aussi bien être un N… Sied-il d'interroger ma mère ?… Faisons crédit à son bon goût. Libre à moi d'imaginer que c'est un prince. La belle avance si j'apprends que je suis le fils d'un croquant ! Ne pas savoir qui est son père, c'est ça qui guérit de la peur de lui ressembler. Toute recherche oblige. Ne retenons de ceci que la délivrance. N'approfondissons pas. Aussi bien j'en ai mon suffisant pour aujourd'hui. »

Bernard replia la lettre. Elle était du même format que les douze autres du paquet. Une faveur rose les attachait, qu'il n'avait pas eu à dénouer ; qu'il refit glisser pour ceinturer comme auparavant la liasse. Il remit la liasse dans le coffret et le coffret dans le tiroir de la console. Le tiroir n'était pas ouvert ; il avait livré son secret par en haut. Bernard rassujettit les lames disjointes du plafond de bois, que devait recouvrir une lourde plaque d'onyx. Il fit doucement, précautionneusement, retomber celle-ci, replaça par-dessus deux candélabres de cristal et l'encombrante pendule qu'il venait de s'amuser à réparer.

La pendule sonna quatre coups. Il l'avait remise à l'heure.

« Monsieur le juge d'instruction et Monsieur l'avocat son fils ne seront pas de retour avant six heures. J'ai le temps. Il faut que Monsieur le juge, en rentrant, trouve sur son bureau la belle lettre où je m'en vais lui signifier mon départ. Mais avant de l'écrire, je sens un immense besoin d'aérer un peu mes pensées – et d'aller retrouver mon cher Olivier, pour m'assurer, provisoirement du moins, d'un perchoir. »

André GIDE, *Les Faux-Monnayeurs*, Première partie, chapitre 1. 

Roger de GREY (1918-1995), *Autoportrait*, 1960. Huile sur toile. © Private Collection/Piano Nobile Fine Painting, Londres/The Bridgeman Art Library.

## ANALYSE

### *Une exposition habile*

**1.** Montrez en quoi ce début de roman est traditionnel.

**2.** Quels sont les différents modes d'apparition du thème du jeu ?

**3.** Comment Gide traite-t-il le thème de la bâtardise ?

### *Un début suspect*

**4.** Pourquoi peut-on dire que cet incipit est à la fois parodique et dérisoire ?

**5.** Étudiez les changements de ton dans le discours intérieur de Bernard.

**6.** En quoi Bernard est-il l'image du romancier ?

## PROLONGEMENT

En 1946, *Thésée* reprend tous les thèmes de l'œuvre gidienne, dont celui de la bâtardise évoqué au début des *Faux-Monnayeurs*.

Il[1] m'enseigna que l'on n'obtient rien de grand ni de valable, ni de durable, sans effort.

L'effort premier je le donnai sur son invite. Ce fut en soulevant des roches, pour chercher les armes que, sous l'une d'elles, me disait-il, Poséidon avait cachées. Il riait de voir, par cet entraînement, mes forces s'accroître assez vite. Et cet entraînement musculaire doublait celui de mon vouloir. Après que, dans cette recherche vaine, j'eus déplacé les lourdes roches d'alentour, comme je commençais de m'attaquer aux dalles du seuil du palais, il m'arrêta :

« – Les armes, me dit-il, importent moins que le bras qui les tient ; le bras importe moins que l'intelligente volonté qui le guide. Voici les armes. Pour te les remettre, j'attendais que tu les mérites. Je sens en toi désormais l'ambition de t'en servir et ce désir de gloire qui ne te laissera t'en servir que pour de nobles causes et pour l'heur de l'humanité. Le temps de ton enfance est passé. Sois homme. Sache montrer aux hommes ce que peut être et se propose de devenir l'un d'entre eux. Il y a de grandes choses à faire. Obtiens-toi. »

II

C'était quelqu'un de très bien, Égée, mon père ; de tout à fait comme il fallait. En vérité, je soupçonne que je ne suis que son fils putatif. On me l'a dit, et que le grand Poséidon m'engendra.

André GIDE, *Thésée*. © Éditions Gallimard, 1946.

1. **Il** désigne Égée, père de Thésée.

On peut également rapprocher cet extrait de *Thésée* de la fin du chapitre 6, première partie du roman (p. 60) où Bernard revient sur sa découverte :

« Je n'aurais pas songé à soulever la plaque de marbre du guéridon si je n'avais pas voulu réparer la pendule… Ce qui n'arrive pas à n'importe qui, c'est de trouver là-dessous des armes ; ou des lettres d'un amour coupable ! »

## RECHERCHE

Quel rôle joue le diable dans *Les Faux-Monnayeurs* ?

## 2. LES AFFRES DU PERSONNAGE ROMANCIER

*L'extrait suivant se situe au cœur de la deuxième partie, à Saas-Fée.*

— À vrai dire, du livre même, je n'ai pas encore écrit une ligne. Mais j'y ai déjà beaucoup travaillé. J'y pense chaque jour et sans cesse. J'y travaille d'une façon très curieuse, que je m'en vais vous dire : sur un carnet, je note au jour le jour l'état de ce roman dans mon esprit ; oui, c'est une sorte de journal que je tiens, comme on ferait celui d'un enfant… C'est-à-dire qu'au lieu de me contenter de résoudre, à mesure qu'elle se propose, chaque difficulté (et toute œuvre d'art n'est que la somme ou le produit des solutions d'une quantité de menues difficultés successives), chacune de ces difficultés, je l'expose, je l'étudie. Si vous voulez, ce carnet contient la critique de mon roman ; ou mieux : du roman en général. Songez à l'intérêt qu'aurait pour nous un semblable carnet tenu par Dickens, ou Balzac ; si nous avions le journal de *L'Éducation sentimentale*, ou des *Frères Karamazov* ! l'histoire de l'œuvre, de sa gestation ! Mais ce serait passionnant… plus intéressant que l'œuvre elle-même…

Édouard espérait confusément qu'on lui demanderait de lire ces notes. Mais aucun des trois autres ne manifesta la moindre curiosité. Au lieu de cela :

« Mon pauvre ami, dit Laura avec un accent de tristesse ; ce roman, je vois bien que jamais vous ne l'écrirez.

Eh bien ! je vais vous dire une chose, s'écria dans un élan impétueux Édouard : ça m'est égal. Oui, si je ne parviens pas à l'écrire, ce livre, c'est que l'histoire du livre m'aura plus intéressée que le livre lui-même ; qu'elle aura pris sa place ; et ce sera tant mieux.

– Ne craignez-vous pas, en quittant la réalité, de vous égarer dans des régions mortellement abstraites et de faire un roman, non d'êtres vivants, mais d'idées ? demanda Sophroniska craintivement.

– Et quand cela serait ! cria Édouard avec un redoublement de vigueur. À cause des maladroits qui s'y sont fourvoyés, devons-nous condamner le roman d'idées ? En guise de romans d'idées, on ne nous a servi jusqu'à présent que d'exécrables romans à thèses. Mais il ne s'agit pas de cela, vous pensez bien. Les idées…, les idées, je vous l'avoue, m'intéressent plus que les hommes ; m'intéressent par-dessus tout. Elles vivent ; elles combattent ; elles agonisent comme les hommes. Naturellement on peut dire que nous ne les connaissons que par les hommes, de même que nous n'avons connaissance du vent que par les roseaux qu'il incline ; mais tout de même le vent importe plus que les roseaux.

– Le vent existe indépendamment des roseaux », hasarda Bernard.

André GIDE, *Les Faux-Monnayeurs*, II, 3. © Éditons Gallimard, 1925.

### ANALYSE

**1.** Qu'est-ce qui structure l'extrait ? Montrez son caractère théâtral.

**2.** Élucidez les allusions littéraires.

**3.** De quelle manière cette conversation dévoile-t-elle les personnages ?

**4.** Qu'est-ce qui différencie Gide de son personnage romancier ? En quoi ce dernier est-il comique ?

**5.** Pourquoi peut-on parler de mise en abyme ?

**6.** Contre quoi s'insurge Édouard ? Quelle théorie du roman se dégage de cet extrait ?

## 3. LE TRIOMPHE DE LA FAUSSE MONNAIE

*Le passage est situé dans le dernier chapitre du roman et se présente comme un dénouement. Il constitue aussi une réécriture d'un fait divers.*

Georges, à la gauche de Ghéridanisol, suivait la scène du coin de l'œil, mais faisait mine de ne pas voir. Il travaillait fébrilement. Jamais l'étude n'avait été si calme. La Pérouse ne reconnaissait plus ses moutards et pour la première fois respirait. Phiphi cependant n'était pas tranquille ; Ghéridanisol lui faisait peur ; il n'était pas bien assuré que ce jeu ne pût mal finir ; son cœur gonflé lui faisait mal et par instants il s'entendait pousser un gros soupir. À la fin, n'y tenant plus, il déchira une demi-feuille de son cahier d'histoire qu'il avait devant lui – car il avait à préparer un examen ; mais les lignes se brouillaient devant ses yeux, les faits et les dates dans sa tête – le bas d'une feuille, et, très vite, écrivit dessus : « Tu es bien sûr au moins que le pistolet n'est pas chargé ? » puis tendit le billet à Georges qui le passa à Ghéri. Mais celui-ci, après l'avoir lu, haussa les épaules sans même regarder Phiphi, puis du billet fit une boulette qu'une pichenette envoya rouler juste à l'endroit marqué par la craie. Après quoi, satisfait d'avoir si bien visé, il sourit. Ce sourire, d'abord volontaire, persista jusqu'à la fin de la scène ; on l'eût dit imprimé sur ses traits.

« Encore cinq minutes ».

C'était dit à voix presque haute. Même Philippe entendit. Une angoisse intolérable s'empara de lui et, bien que l'étude fût sur le point de finir, feignant un urgent besoin de sortir, ou peut-être très authentiquement pris de coliques, il leva la main et claqua des doigts comme les élèves ont coutume de faire pour solliciter du maître une autorisation ; puis, sans attendre la réponse de La Pérouse, il s'élança hors du banc. Pour gagner la porte, il devait passer devant la chaire du maître ; il courait presque, mais chancelait.

Presque aussitôt après que Philippe fut sorti, Boris à son tour se dressa. Le petit Passavant, qui travaillait assidûment derrière lui, leva les yeux. Il raconta plus tard à Séraphine que Boris était « affreusement pâle » ; mais c'est ce qu'on dit toujours dans ces cas-là. Du reste, il cessa presque aussitôt de regarder et se replongea dans son travail. Il se le reprocha par la suite. S'il avait pu comprendre ce qui se passait, il l'aurait sûrement empêché, disait-il plus tard en pleurant. Mais il ne se doutait de rien.

Boris s'avança donc jusqu'à la place marquée. Il marchait à pas lents, comme un automate, le regard fixe ; comme un somnambule plutôt. Sa main droite avait saisi le pistolet, mais le maintenait caché dans

René MAGRITTE (1898-1967), *Échec et mat*, 1926. Coll. privée. © Photothèque René Magritte-Adagp, Paris 2007.

la poche de sa vareuse ; il ne le sortit qu'au dernier moment. La place fatale était, je l'ai dit, contre la porte condamnée qui formait, à droite de la chaire, un retrait, de sorte que le maître, de sa chaire, ne pouvait le voir qu'en se penchant.

La Pérouse se pencha. Et d'abord il ne comprit pas ce que faisait son petit-fils, encore que l'étrange solennité de ses gestes fût de nature à l'inquiéter. De sa voix la plus forte, et qu'il tâchait de faire autoritaire, il commença :

« Monsieur Boris, je vous prie de retourner immédiatement à votre… »

Mais soudain il reconnut le pistolet ; Boris venait de le porter à sa tempe. La Pérouse comprit et sentit aussitôt un grand froid, comme si le sang figeait dans ses veines. Il voulut se lever, courir à Boris, le retenir, crier… Une sorte de râle rauque sortit de ses lèvres ; il resta figé, paralytique, secoué d'un grand tremblement.

Le coup partit. Boris ne s'affaissa pas aussitôt. Un instant le corps se maintint, comme accroché dans l'encoignure ; puis la tête, retombée sur l'épaule, l'emporta ; tout s'effondra.

André GIDE, *Les Faux-Monnayeurs*, III, 18. © Éditions Gallimard, 1925.

## ANALYSE

### *Une scène travaillée*

**1.** Comment Gide multiplie-t-il les points de vue ?

**2.** Relevez les détails symboliques : quelle est leur valeur ?

**3.** En quoi consiste le tragique de la scène ?

### *Un premier dénouement*

**4.** Comparez l'extrait du *Journal de Rouen* reproduit dans le *Journal des Faux-Monnayeurs* et le récit de Gide.

**5.** Montrez que Boris est doublement victime de la fausse monnaie.

**6.** Quel est l'intérêt, pour Gide, de placer le suicide de Boris au début et non à la fin du dernier chapitre ?

**7.** Édouard affirme dans son *Journal* : « Je ne me servirai pas pour mes *Faux-Monnayeurs* du suicide du petit Boris ». Qu'est-ce qui sépare Gide de son personnage romancier ?

### Document complémentaire

*Journal des Faux-Monnayeurs* (Extrait)
Journal de Rouen, du 5 juin 1909

*SUICIDE D'UN LYCÉEN.* – Nous avons signalé le suicide dramatique du jeune Nény, âgé de quinze ans à peine, qui, au lycée Blaise-Pascal, à Clermont-Ferrand, en pleine classe, s'est fait sauter la cervelle d'un coup de revolver.

Le *Journal des Débats* reçoit, de Clermont-Ferrand, les étranges renseignements que voici :

[…] Qu'il y ait eu, dans ce lycée d'une grande ville, une association de quelques gamins pour se pousser mutuellement au suicide, c'est monstrueux et c'est malheureusement ce qu'il faut constater.

On dit qu'il y aurait eu un tirage au sort entre trois élèves, pour savoir qui se tuerait le premier. Ce qui est certain, c'est que les deux complices du malheureux Nény l'ont pour ainsi dire forcé, en l'accusant de lâcheté, à mettre fin à ses jours ; c'est que, la veille, ils lui ont fait faire la répétition et la mise en scène de cet acte odieux ; la place où il devait, le lendemain, se brûler la cervelle, a été marquée à la craie sur le sol. […]

Ce qui est certain encore, c'est que dix minutes avant la scène finale, le voisin de Nény emprunta une montre à un élève et dit à Nény : « Tu sais que tu dois te tuer à trois heures vingt minutes ; tu n'as plus que dix, que cinq, que deux minutes ! » À l'heure juste le malheureux se leva, se plaça à l'endroit marqué à la craie, sortit son revolver et s'en tira un coup dans la tempe droite. Ce qui est vrai encore c'est que, lorsqu'il tomba, un des conjurés eut l'horrible sang-froid de se jeter sur le revolver et de le faire disparaître. […]

## SUJETS D'ÉCRITURE

**1.** La tentation du suicide dans *Les Faux-Monnayeurs*.

**2.** Étudiez dans le roman les mécanismes qui conduisent à la mort de Boris.

# LECTURE D'UNE ŒUVRE INTÉGRALE

## André GIDE, *Les Faux-Monnayeurs*, 1925

Références : Folio 879 pour le roman ;
*Journal des Faux-Monnayeurs*, Gallimard, 1986.

### Titre

Le terme « faux-monnayeur » désigne d'abord un faussaire, ensuite celui qui s'applique à ce trafic. Le jeune Georges et d'autres enfants mettent la fausse monnaie en circulation. Le *Journal des Faux-Monnayeurs* nous indique qu'il s'agit d'un fait divers rapporté par le journal de Rouen (Sept. 1906) ; Gide dit vouloir « rattacher cela à l'affaire des faux-monnayeurs anarchistes du 7 au 8 août 1907, – et à la sinistre histoire des suicides d'écoliers de Clermont-Ferrand (5 juin 1909) ».[1]

**1.** Qui sont les faux-monnayeurs dans le roman ?

### Structure

Le roman est construit en triptyque. Les parties 1 et 3 semblent se répondre : même titre, « Paris », même nombre de chapitres, 18. La partie 2 est décentrée dans l'espace, à « Saas-Fée » et ne comprend que 7 chapitres.

**2.** En quoi la technique de la troisième partie est-elle plus traditionnelle ? Intéressez-vous au lieu, au temps et aux personnages dans cette partie du roman.

### Anti-roman et/ou roman du roman ?

La dédicace à Roger Martin du Gard affiche *Les Faux-Monnayeurs* comme roman. Mais quelle attitude Gide adopte-t-il face au genre codifié dont il hérite ? Il semble vouloir en montrer le côté artificiel et dénonce la position du romancier omniscient. Derrière Édouard, personnage principal de la composition en abyme, apparaît un personnage complexe qui dit « je » ou « nous », sorte de conteur qui découvrirait la fiction avec le lecteur et brise l'illusion d'objectivité réaliste obtenue par le « il ». Son surgissement dans le récit est souvent bref et intervient la plupart du temps en fin de chapitre.

**3.** Étudiez dans II, 7, le jugement du romancier sur ses personnages.

**4.** À quoi correspondent les interventions du narrateur à la fin du chapitre 1, première partie ?

**5.** De quelle manière Gide exhibe-t-il les limites du pouvoir du narrateur omniscient, pp. 40, 115, 215 par exemple ?

Cependant, le romanesque triomphe et Bernard se plaît même à souligner qu'il appartient à une « intrigue » : « Pour m'introduire dans une intrigue aussi corsée, je suis décidément un peu jeune. »

**6.** Montrez que *Les Faux-Monnayeurs* entrelacent plusieurs intrigues qui sont autant de romans possibles.

Le livre est très présent dans le roman : les personnages sont de grands lecteurs ou des écrivains.

**7.** Quelle est la place de la parodie dans le roman ?

**8.** Montrez que *Les Faux-Monnayeurs* sont un livre tissé de romans.

### Les théories du roman

**Le « roman pur »** n'aurait d'autre but que lui-même. Il refuse les idées, les dialogues rapportés, la description. Il ne doit pas être un roman du réel et Gide se reproche par exemple d'avoir manqué le portrait de La Pérouse, trop inspiré d'un personnage réel, Marc de la Nux.

**9.** *Les Faux-Monnayeurs* suivent-ils la théorie du « roman pur » ?

**La théorie des deux foyers** est énoncée dans le *Journal des Faux-Monnayeurs*, p. 45. Gide refuse les symétries parce qu'elles sont vues de face et souhaite au contraire la multiplicité des points de vue, la polyphonie.[2]

**Les enchaînements obliques** reposent sur des ruptures.[3] On trouve ainsi dans le roman des amorces de drames sans suite, comme par exemple Gontran de Passavant devant le lit de mort de son père. Gide refuse de « profiter de l'élan acquis » pour arriver à un roman ouvert susceptible d'accueillir le surnaturel.

**10.** Qu'est-ce qui sépare Gide d'Édouard en ce qui concerne la théorie du roman ?

### Les personnages

Ils n'existent qu'à partir du moment où ils ont un nom. Ensuite, ils deviennent des « petites bobines vivantes » autour desquelles l'auteur « tâche à enrouler les fils divers de l'intrigue et la complexité de [ses] pensées. » Les personnages sont des figures et des fonctions dans un ensemble et Gide éprouve de nombreuses difficultés à les conditionner socialement[4]. Se pose le problème technique des personnages de premier et de second plans que Balzac résolvait par le procédé du retour : un personnage de premier plan passait à l'arrière-plan dans un autre roman, donnant ainsi de l'épaisseur à l'arrière-plan. Gide choisit de « ne pas amener trop au premier plan – ou du moins pas trop vite – les personnages les plus importants, mais les reculer au contraire, les faire attendre ».[5]

**11.** Étudiez l'apparition progressive de Boris dans *Les Faux-Monnayeurs*.

**12.** Esquissez le portrait des personnages dans le roman.

---

1. *Journal des Faux-Monnayeurs*, Gallimard, 1927, pp. 18-19.
2. *Journal des Faux-Monnayeurs*, pp. 13, 28, 32.
3. *Journal des Faux-Monnayeurs*, pp. 26, 69,70, 74, 80.
4. *Journal des Faux-Monnayeurs*, pp. 14 et 23.
5. *Journal des Faux-Monnayeurs*, pp. 51-52.

LANGUE **Stylistique**

# La description de lieux

La description donne à voir, instruit, plaît. Dans les romans du XIXe siècle, elle inaugure souvent le récit et joue alors un rôle utilitaire ; ainsi, Balzac explique le père Grandet par son habitat. Mais elle peut être aussi éducative comme chez Jules Verne.

La description apparaît comme une amplification décorative qui repose sur une sorte d'entassement de figures de style variées : comparaisons, métaphores, adjectifs pittoresques entre autres. Elle est souvent autonome, même si elle est au service du récit et des personnages. Elle est parfois le « lieu d'ostentation d'un savoir encyclopédique sur le réel et d'un savoir onomastique sur les lexiques »[1]. Aussi bien au XIXe qu'au XXe siècle, le dictionnaire fascine le romancier.

• Certaines **figures de style** se révèlent de véritables procédés descriptifs.

L'**allégorie** sert aux romanciers à personnifier une chose ou une idée. C'est ce que fait Zola dans *La Curée* : « les Tuileries, au bord de l'eau, allongeaient leurs bras dans le noir, comme pour une embrassade énorme ».

L'**énumération** renvoie au catalogue des naturalistes à caractère encyclopédique, à la **série**, au recensement. Il peut s'agir de noms, d'adjectifs qui déclinent les « qualités » d'un objet ou d'un personnage, de verbes énumérant par exemple une série d'actions.

L'**hypallage** est un transfert d'adjectif : « Tout ce que cette ombre contenait de tristesse [...] la baignait dans une sorte d'air alangui et morbide ». Alangui et morbide, appliqués à « l'air », désignent en fait Renée, dans *La Curée*.

L'**hypotypose** peut être descriptive et constitue alors une sorte d'hyperbole de la description.

La **prétérition,** figure de prudence, sert très souvent aux romanciers à introduire une description, grâce notamment à l'adjectif « indescriptible ».

Périphrase, métaphore, comparaison, métonymie, hyperbole abondent dans les romans les plus naturalistes comme dans le Nouveau Roman.

## • Insertion d'une description dans un récit

– Un personnage assume la description, gage de vraisemblance : le lecteur voit ce que voit le personnage.

– Postes privilégiés : la fenêtre, un lieu élevé, une lumière suffisante, naturelle ou artificielle, un déplacement du personnage donnant lieu à une « description ambulatoire », le miroir qui renvoie au personnage son portrait.

– La compétence de celui qui regarde justifie l'emploi d'un vocabulaire technique.

– Le regard permet d'introduire et de clore une description mais aussi d'en organiser la distribution interne.

## • Organisation de la description spatiale

Le regard distribue le lexique selon :

– des listes ordinales : premier, deuxième, troisième plan, etc.

– ou cardinales : devant, à gauche, à droite, à l'orient, à l'occident

– un système topographique : la perspective : le près, le loin ; la verticalité : haut, bas ; la latéralité : gauche, droite.

– des repères géométriques, dans le Nouveau Roman, par exemple.

1. Philippe Hamon, *La Description littéraire*, Macula, 1991.

## LIEN

✦ **Mémento,** Les figures de rhétorique, p. 618

# EXERCICES

**1 Relevez la prétérition. Comment Balzac décrit-il cette « odeur sans nom dans la langue » ?**

Cette première pièce exhale une odeur sans nom dans la langue, et qu'il faudrait appeler l'*odeur de pension*. Elle sent le renfermé, le moisi, le rance ; elle donne froid, elle est humide au nez, elle pénètre les vêtements ; elle a le goût d'une salle où l'on a dîné ; elle pue le service, l'office, l'hospice. Peut-être pourrait-elle se décrire si l'on inventait un procédé pour évaluer les quantités élémentaires et nauséabondes qu'y jettent les atmosphères catarrhales et *sui generis* de chaque pensionnaire, jeune ou vieux. [...] Pour expliquer combien ce mobilier est vieux, crevassé, pourri, tremblant, rongé, manchot, borgne, invalide, expirant, il faudrait en faire une description qui retarderait trop l'intérêt de cette histoire, et que les gens pressés ne pardonneraient pas.

Honoré de BALZAC, *Le Père Goriot*, 1835.

**2** **Sur quelle figure de style repose la description suivante ? Quel sentiment traduit-elle ?**

La mer était distinctement visible dans un rayon d'un mille autour du Nautilus. Quel spectacle ! Quelle plume le pourrait décrire ! Qui saurait peindre les effets de la lumière à travers ces nappes transparentes, et la douceur de ses dégradations successives jusqu'aux couches inférieures et supérieures de l'Océan !

Jules VERNE, *Vingt mille lieues sous les mers*, 1869.

**3** **Dans quelle mesure ce jugement de Paul Valéry à propos de la description peut-il s'appliquer à la casquette de Charles dans *Madame Bovary* : « un langage extraordinaire est appelé à suggérer des objets ordinaires » ?**

C'était une de ces coiffures d'ordre composite, où l'on retrouve les éléments du bonnet à poil, du chapska, du chapeau rond, de la casquette de loutre et du bonnet de coton, une de ces pauvres choses, enfin, dont la laideur muette a des profondeurs d'expression comme le visage d'un imbécile. Ovoïde et renflée de baleines, elle commençait par trois boudins circulaires ; puis s'alternaient, séparés par une bande rouge, des losanges de velours et de poil de lapin ; venait ensuite une façon de sac qui se terminait par un polygone cartonné, couvert d'une broderie en soutache compliquée, et d'où pendait, au bout d'un long cordon trop mince, un petit croisillon de fils d'or en manière de gland. Elle était neuve ; la visière brillait.

**4** **a) Étudiez les mécanismes de la description dans cet extrait de *Générique* de Claude Simon.**
**b) À quoi servent les parenthèses ?**
**c) Pourquoi « etc. » (ligne 21) pourrait-il être considéré comme l'emblème de la description ?**

Les langues pendantes du papier décollé laissent apparaître le plâtre humide et gris qui s'effrite, tombe par plaques dont les débris sont éparpillés sur le carrelage devant la plinthe marron, la tranche supérieure de celle-ci recouverte d'une impalpable poussière blanchâtre. Immédiatement au-dessus de la plinthe court un galon (ou bandeau ?) dans des tons ôcre-vert et rougeâtres (vermillon passé) où se répète le même motif (frise ?) de feuilles d'acanthe dessinant une succession de vagues involvées. Sur le carrelage hexagonal brisé en plusieurs endroits (en d'autres comme corrodé) sont aussi éparpillés parmi les débris de plâtre divers objets ou fragments d'objets (morceaux de bois, de briques, de vitres cassées, le châssis démantibulé d'une fenêtre, un sac vide dont la toile rugueuse s'étage en plis mous, une bouteille couchée, d'un vert pâle, recouverte de la même poussière blanchâtre et à l'intérieur de laquelle on voit une pellicule lilas de tanin desséché et craquelé déposée sur le côté du cylindre, etc.). Du plafond pend une ampoule de faible puissance (on peut sans être aveuglé en fixer le filament) vissée sur une douille de cuivre verni.

**5** **Étudiez la mise en place de l'hypotypose dans l'extrait suivant de *À Rebours*.**

Il quitta son vestibule et fut s'étendre sur son lit ; mais, absorbé par un sujet unique, comme monté par un ressort, l'esprit, bien qu'endormi, continua de dévider sa chaîne, et bientôt il roula dans les sombres folies d'un cauchemar.

Il se trouvait, au milieu d'une allée, en plein bois, au crépuscule ; il marchait à côté d'une femme qu'il n'avait jamais ni connue, ni vue ; elle était efflanquée, avait des cheveux filasse, une face de bouledogue, des points de son sur les joues, des dents de travers, lancées en avant sous un nez camus. [...]

**6** **Étudiez l'insertion et la composition de la description dans cet extrait de *À Rebours***

Des Esseintes regardait, effaré, écoutant sonner les noms rébarbatifs des plantes vertes : l'« Encephalartos horridus », un gigantesque artichaut de fer, peint en rouille, tel qu'on en met aux portes des châteaux, afin d'empêcher les escalades ; le « Cocos Micania », une sorte de palmier, dentelé et grêle, entouré, de toutes parts, par les hautes feuilles semblables à des pagaies et à des rames ; le « Zamia Lehmanni », un immense ananas, un prodigieux pain de Chester, planté dans la terre de bruyère et hérissé, à son sommet, de javelots barbelés et de flèches sauvages [...]

**7** **Quels procédés d'écriture Zola privilégie-t-il dans la description du parterre des plantes grasses dans *La Faute de l'abbé Mouret* ? Quel est l'effet produit ?**

Quand ils sortirent du petit bois, ils firent quelques pas sur des gradins de rocher, où s'accroupissait tout un peuple ardent de plantes grasses. C'était un rampement, un jaillissement de bêtes sans nom, entrevues dans un cauchemar, de monstres tenant de l'araignée, de la chenille, du cloporte, extraordinairement grandis, à peau nue et glauque, à peau hérissée de duvets immondes, traînant des membres infirmes, des jambes avortées, des bras cassés, les uns ballonnés comme des ventres obscènes, les autres avec des échines grossies d'un pullulement de gibbosités, d'autres dégingandés, en loques, ainsi que des squelettes aux charnières rompues.

## Le roman européen

# Milan KUNDERA (né en 1929)

## *L'Art du roman*

Mais qu'est-ce que cette sagesse, qu'est-ce que le roman ? Il y a un proverbe juif admirable : *L'homme pense, Dieu rit.* Inspiré par cette sentence, j'aime imaginer que François Rabelais a entendu un jour le rire de Dieu et que c'est ainsi que l'idée du premier grand roman européen est née. Il me plaît de penser que l'art du roman est venu au monde comme l'écho du rire de Dieu.

Mais pourquoi Dieu rit-il en regardant l'homme qui pense ? Parce que l'homme pense et la vérité lui échappe. Parce que plus les hommes pensent, plus la pensée de l'un s'éloigne de la pensée de l'autre. Et enfin, parce que l'homme n'est jamais ce qu'il pense être. C'est à l'aube des Temps modernes que cette situation fondamentale de l'homme, sorti du Moyen Âge, se révèle : don Quichotte pense, Sancho pense, et non seulement la vérité du monde mais la vérité de leur propre moi se dérobent à eux. Les premiers romanciers européens ont vu et saisi cette nouvelle situation de l'homme et ont fondé sur elle l'art nouveau, l'art du roman. […]

Dans le troisième livre de Gargantua et Pantagruel, Panurge, le premier grand personnage romanesque qu'ait connu l'Europe, est tourmenté par la question : doit-il se marier ou non ?[1] Il consulte des médecins, des voyants, des professeurs, des poètes, des philosophes qui à leur tour citent Hippocrate, Aristote, Homère, Héraclite, Platon. Mais après ces énormes recherches érudites qui occupent tout le livre, Panurge ignore toujours s'il doit ou non se marier. Nous, lecteurs, nous ne le savons pas non plus mais, en revanche, nous avons exploré sous tous les angles possibles la situation aussi cocasse qu'élémentaire de celui qui ne sait pas s'il doit ou non se marier.

L'érudition de Rabelais, si grande soit-elle, a donc un autre sens que celle de Descartes. La sagesse du roman est différente de celle de la philosophie. Le roman est né non pas de l'esprit théorique mais de l'esprit de l'humour. Un des échecs de l'Europe est de n'avoir jamais compris l'art le plus européen – le roman ; ni son esprit, ni ses immenses connaissances et découvertes, ni l'autonomie de son histoire. L'art inspiré par le rire de Dieu est, par son essence, non pas tributaire mais contradicteur des certitudes idéologiques. À l'instar de Pénélope, il défait pendant la nuit la tapisserie que des théologiens, des philosophes, des savants ont ourdie la veille.

Milan KUNDERA, « Discours de Jérusalem[2] : Le roman et l'Europe », in *L'Art du roman*,
© Éditions Gallimard, 1986.

**1.** Voir chapitre 10, p. 390.
**2.** Discours prononcé au printemps 1985 à Jérusalem où on lui remettait un prix littéraire.

### ANALYSE

**1.** En quoi peut-on parler de « sagesse du roman » selon Kundera ?
**2.** Quelle est pour ce romancier la spécificité de l'art romanesque ?

PARTIE 2

# LE THÉÂTRE

## TEXTE ET REPRÉSENTATION

Cour du Palais des Papes à Avignon

CHAPITRE

# 4 Personnages, acteurs et rôles

## OBJECTIFS

- Aborder la notion de personnage et son évolution
- S'interroger sur le travail de l'acteur
- Mesurer la diversité des interprétations d'un texte de théâtre

Acteur et masque, fresque en provenance de la Maison du Poète tragique à Pompéi. Naples, Musée archéologique.

## I. LE CHŒUR TRAGIQUE GREC

# SOPHOCLE (496-406 av. J.-C.)

## *Électre*

*Agamemnon, roi grec, héros de la guerre de Troie racontée par Homère, a sacrifié sa fille Iphigénie à la déesse Artémis pour obtenir des vents favorables à son expédition à Troie. Clytemnestre, sa femme, aidée de son amant Égisthe, a tué Agamemnon à son retour de Troie. Leur fille Électre convainc son frère Oreste de tuer leur mère et son amant.*

**Agité.**

LE CHŒUR[1] : *Voyez où il en est déjà, l'Arès[2] qui s'avance, respirant le meurtre implacable.*

*Elles viennent à l'instant même de pénétrer sous le toit de ce palais; elles sont sur la piste des traîtrises méchantes, les chiennes, à qui l'on n'échappe pas.*

*Ah! il n'a plus longtemps à rester en suspens dans l'air, le songe entrevu par mon cœur.*

*Le voilà introduit dans cette demeure, le champion des morts à la marche perfide!*

*Il rentre au foyer de son père et dans son antique opulence. Il tient en main un fer de mort frais aiguisé. C'est le fils de Maïa, c'est Hermès qui le mène au but, qui cache sa fourbe dans l'ombre, qui se refuse à plus attendre.*

*(Électre sort du palais.)*

ÉLECTRE : Ô chères amies, nos hommes vont avoir achevé leur ouvrage. Restez muettes en attendant.

LE CORYPHÉE : Mais comment vont les choses? Que font-ils pour l'instant?

ÉLECTRE : Elle pare l'urne[3] pour les funérailles. Les deux autres sont à ses côtés.

LE CORYPHÉE : Et toi, pourquoi es-tu soudainement sortie?

ÉLECTRE : Pour veiller à ce qu'Égisthe ne nous surprenne pas à son tour en rentrant.

CLYTEMNESTRE, *à l'intérieur* : Ah! maison vide d'amis et toute pleine de tueurs!...

ÉLECTRE : On crie là-dedans, mes amies, n'entendez-vous pas?

**Vif.**

LE CHŒUR : *Malheureuse, j'entends des cris que je ne voudrais pas entendre et qui me donnent le frisson.*

CLYTEMNESTRE : Las! misérable! Égisthe, où donc es-tu?

ÉLECTRE : Entends, encore un cri!

CLYTEMNESTRE : Mon fils, mon fils, aie pitié de ta mère!

1. **le chœur :** il est composé de 15 choreutes, dont le coryphée, chef du chœur. Ici le chœur est composé de jeunes femmes de Mycènes.
2. **Arès :** dieu de la guerre et aussi dieu de la violence sous toutes ses formes.
3. Clytemnestre croit Oreste mort et ses cendres enfermées dans une urne que le précepteur d'Oreste a rapportée. Il s'agit en fait d'une ruse pour qu'Oreste puisse agir sans être soupçonné.

*Électre*, mise en scène d'Antoine Vitez à Chaillot le 22.04.1986. © Marc Enguerand.

Sur une scène contemporaine, Vitez choisit d'évoquer l'Antiquité par le pan de mur surmonté d'une décoration et de statues à l'antique. Il transpose l'action d'*Électre* au XXe siècle et fait interpréter le chœur par trois voisines d'Électre.

ÉLECTRE : As-tu eu pitié de lui, toi, et du père de qui tu l'avais conçu ?

LE CHŒUR : *Ô cité ! ô race infortunée, voici l'heure où le destin qui suit tes jours commence à faiblir, à faiblir.*

CLYTEMNESTRE : Hélas ! je suis frappée !

ÉLECTRE : Va donc, encore un coup, si tu t'en sens la force !

CLYTEMNESTRE : Hélas ! une fois encore !

ÉLECTRE : Ah ! pourquoi pas Égisthe en même temps ?

LE CHŒUR : *Les imprécations s'accomplissent : ils sont vivants, les morts couchés sous terre. Les victimes d'autrefois prennent en représailles le sang de leurs assassins.*

SOPHOCLE, *Électre*, traduction Paul Mazon. © Éditions Les Belles Lettres, 1973.

## ANALYSE

### *Des voix dans un espace*

**1.** Même si la traduction ne rend qu'imparfaitement le texte grec originel, cherchez à dégager les différences sensibles entre les parties chantées transcrites en italique et les parties dialoguées.

**2.** Essayez d'imaginer l'effet produit par cette imbrication du texte chanté et du texte dit. De quel genre de spectacle peut-on rapprocher cette particularité de la tragédie ?

### *Fonctions du chœur*

**3.** Quelle fonction les interventions du coryphée ont-elles dans la dramaturgie ?

**4.** Quels liens peut-on faire entre les paroles du chœur et l'action dramatique ? Qu'apportent ses paroles ?

**5.** D'après la photo du théâtre d'Epidaure, p. 161, le texte de Lacarrière, p. 160 et les indications sur l'espace du théâtre antique, p. 161, situez spatialement les voix que l'on entend dans cet extrait et leur rapport aux spectateurs. Que remarquez-vous ?

**6.** Dégagez, d'après votre réflexion sur les questions précédentes, une ou plusieurs fonctions du chœur.

**7.** Si à votre tour, vous deviez mettre en scène ce moment de la tragédie d'*Électre* dans un théâtre contemporain, quelle scénographie souhaiteriez-vous ? Choisiriez-vous de faire interpréter le chœur par un ou plusieurs acteurs ? et dans ce cas, combien ? Où placeriez-vous les différents acteurs ?

## LIENS


- **Histoire littéraire**, Le personnage et le jeu de l'acteur, p. 172
- **Vocabulaire**, Petit lexique du personnage et de l'acteur, p. 178
- Texte de Jacques Laccarière, p. 160
- **Chapitre 14**, p. 570

# EURIPIDE (480-406 av. J.-C.)

## *Médée*

*Euripide puise dans la mythologie la légende de Médée, la magicienne, qui aida Jason à conquérir la Toison d'or et le suivit de la lointaine Colchide à Corinthe. Jason l'abandonne pour la jeune Glauké, fille du roi. Médée doit quitter Corinthe. Sa vengeance sera terrible : elle enverra à la jeune fille une tunique empoisonnée dont le contact la fera mourir dans d'atroces souffrances et elle tuera ses propres enfants avant de s'envoler sur un char ailé, laissant Jason en proie à la plus terrible des douleurs.*

MÉDÉE : Ô mes petits, mes petits ! Tous les deux, vous avez maintenant
une ville et une maison. Vous y vivrez et me quitterez, malheureuse,
privés de votre mère pour toujours.
Moi, je pars me réfugier dans un autre pays.
Je n'aurai pas profité de vous, pas vu votre bonheur,
je n'aurai pas béni vos mariages, vos femmes, vos lits
de noces, pas porté les torches.
Ô quel malheur de ne penser qu'à moi !
Il n'a servi à rien que je vous élève,
à rien que je souffre et que je m'use dans les fatigues,
que je supporte les douleurs obstinées de l'accouchement.
Autrefois – quelle tristesse ! –, je mettais beaucoup d'espoir
en vous : vous seriez les gardiens de ma vieillesse,
et à ma mort, vos mains me poseraient dans un beau linceul –
tout ce que les hommes envient. Maintenant, cette pensée douce
est morte. Privée de vous deux,
je vais passer la vie dans mes chagrins, dans mes douleurs.
Vous ne verrez plus votre mère de vos yeux
chéris, vous serez partis vers une autre apparence de la vie.
Non ! Non ! Pourquoi vos yeux me regardent, enfants ?
Pourquoi riez-vous du tout dernier rire ?
Hélas ! Que dois-je faire ? Mon cœur s'en est allé,
femmes, quand j'ai vu le visage lumineux des enfants.
Je ne pourrai pas. Qu'ils s'en aillent, mes projets
d'avant ! Je sortirai mes fils de ce pays.
Pour quelle raison attrister leur père en leur faisant du mal
si je me donne un malheur deux fois plus grand,
je refuse. Qu'ils s'en aillent, mes projets !
Mais qu'est-ce qu'il m'arrive ? Je veux mériter les rires
en laissant mes ennemis filer impunis ?
Il faut que j'ose. Il y a déjà tant de bassesse
à introduire dans mon esprit les arguments de la douceur !

*Médée*, mise en scène de Jacques Lassalle, avec Isabelle Huppert. Festival d'Avignon, 2000.

Allez, les enfants, rentrez ! Quiconque n'est pas
en droit d'assister au sacrifice que je vais faire,
qu'il prenne ses dispositions ! Je n'annulerai pas mon geste.
Arrête !
Non, mon ardeur, tu ne dois pas, ne fais pas ce crime !
Laisse-les, ma pauvre, épargne les enfants !
S'il vivent avec nous là-bas, ils te rendront heureuse.
Au nom des démons souterrains qui habitent auprès d'Hadès,
jamais il ne se fera que je permette
à des ennemis d'humilier mes enfants.
Tout les oblige à mourir, et puisqu'il le faut,
nous tuerons, nous qui avons fait naître.
Tout dans cet acte est consommé ; il ne s'échappera pas.
À l'instant, la couronne est sur sa tête, et dans le voile
l'épouse royale se meurt ; je le sais exactement.
Mais puisque je vais prendre le chemin le plus triste
et les accompagner, eux, sur un chemin encore plus triste,
je veux saluer mes fils. Donnez, mes enfants,
donnez la main droite à votre mère, qu'elle l'embrasse !
Ô main que j'aime le plus, bouche que j'aime le plus,
ô beauté et visage bien nés de mes enfants !
Je vous souhaite le bonheur à tous les deux, mais là-bas. Ici,
votre père a tout détruit. Étreinte douce,
tendre peau, souffle des enfants, le plus voluptueux !
Filez, filez ! Je ne peux plus regarder,
pas de votre côté.

*(Les enfants sortent.)*

Le mal m'a vaincue.
Je mesure parfaitement la cruauté de ce que je vais faire,
mais l'ardeur l'emporte sur mes raisons.
Elle est la cause des plus grands malheurs chez les hommes.

EURIPIDE, *Médée*. Traduit par Myrto Gondicas et Pierre Judet de la Combe. © Éditions Comp'Act, 2000.

## ANALYSE

**1.** Relevez les marques de l'énonciation dans le texte. Que nous apprennent-elles sur les différents participants à la scène ? sur la représentation que Médée se fait de son état intérieur ou psychique ?

**2.** Observez les marques de ponctuation dans le discours de Médée. Que traduisent-elles ?

**3.** Mettez en évidence le cheminement de la pensée de Médée.

**4.** Aristote, dans la *Poétique*, affirme que le but de la tragédie est de susciter chez le spectateur la frayeur et la pitié. Pensez-vous que ce passage réponde à cette exigence ? Quel en est le registre ? Justifiez vos réponses.

**5.** Le personnage de Médée, tel qu'Euripide l'a recréé, vous apparaît-il, dans cet extrait, comme un monstre de légende ou comme une femme dans toute son humanité ? Justifiez votre réponse.

**6.** Observez les deux photos ci-dessus. En quoi ces deux moments de l'interprétation rendent-ils compte de deux aspects du personnage ?

## LIENS


✦ **Histoire littéraire**, Le personnage et le jeu de l'acteur, p. 172
✦ **Vocabulaire**, Petit lexique du personnage et de l'acteur, p. 178
✦ **Mémento**, Les marques de l'énonciation, p. 618

## 3. LE TYPE COMIQUE

# CORNEILLE (1606-1684)

## *L'Illusion comique*

voir biographie p. 632

L'Illusion comique, *pièce baroque tout à la gloire du théâtre, nous fait vivre les aventures de Clindor. Il vient d'entrer au service de Matamore, « un brave » de la région de Bordeaux qui, à l'apparition du premier danger, ira prudemment se cacher.*

ACTE II, SCÈNE 2

CLINDOR, MATAMORE

CLINDOR :

Quoi ! Monsieur, vous rêvez ! et cette âme hautaine
Après tant de beaux faits semble être encore en peine !
N'êtes-vous point lassé d'abattre des guerriers,
Soupirez-vous après quelques nouveaux lauriers ?

MATAMORE :

Il est vrai que je rêve, et ne saurais résoudre
Lequel je dois des deux le premier mettre en poudre.
Du grand Sophi[1] de Perse, ou bien du grand Mogor[1].

CLINDOR :

Et de grâce, Monsieur, laissez-les vivre encor !
Qu'ajouterait leur perte à votre renommée ?
Et puis quand auriez-vous rassemblé votre armée ?

MATAMORE :

Mon armée ! ah, poltron ! ah, traître ! pour leur mort
Tu crois donc que ce bras ne soit pas assez fort !
Le seul bruit de mon nom renverse les murailles,
Défait les escadrons et gagne les batailles
Mon courage invaincu contre les empereurs
N'arme que la moitié de ses moindres fureurs ;
D'un seul commandement que je fais aux trois Parques,
Je dépeuple l'État des plus heureux monarques ;
La foudre est mon canon, les destins mes soldats ;
Je couche d'un revers mille ennemis à bas ;
D'un souffle je réduis leurs projets en fumée,
Et tu m'oses parler cependant d'une armée !
Tu n'auras plus l'honneur de voir un second Mars,
Je vais t'assassiner d'un seul de mes regards,
Veillaque[2]. Toutefois, je songe à ma maîtresse,
Le penser m'adoucit ; va, ma colère cesse,
Et ce petit archer qui dompte tous les Dieux

Le capitaine Matamore, France XVII$^{e}$ siècle. Paris, Bibliothèque des Arts décoratifs. © Dagli Orti.

Capitaine Spavento en 1577. « Livre des masques et des bouffons » illustré par M. Sand, France XIX$^{e}$ siècle. Venise, Musée de la maison de Goldoni. © Dagli Orti.

1. **Sophi** désigne le souverain de Perse, et **Mogor** est une déformation de Mogol, dynastie qui régna sur le nord de l'Inde.
2. **Veillaque :** déformation d'un mot espagnol qui signifie coquin, lâche.

*L'Illusion comique*, mise en scène de Giorgio Strehler au Théâtre de l'Europe le 10.10.1985, avec Gérard Desarthe et Stéphane Freiss.

Vient de chasser la mort qui logeait dans mes yeux.
Regarde, j'ai quitté cette effroyable mine
Qui massacre, détruit, brise, brûle, extermine,
Et, pensant au bel œil qui tient ma liberté,
Je ne suis plus qu'amour, que grâce, que beauté.

CORNEILLE, *L'Illusion comique*, 1636.

## ANALYSE

### Portrait ou type ?

**1.** Quels traits de caractère trouve-t-on chez Matamore ?

**2.** Le portrait psychologique de Matamore vous semble-t-il approfondi ? vous semble-t-il vraisemblable ? Quel type comique ce personnage illustre-t-il ?

### Des mots ou des actes ?

**3.** Étudiez les principaux procédés rhétoriques mis en œuvre par Corneille dans la tirade de Matamore. En quoi contribuent-ils à caractériser le personnage ?

### L'interprétation

**4.** L'apparence donnée au personnage de Matamore, interprété par Gérard Desarthe, vous paraît-elle avoir des caractéristiques comparables à celles de l'écriture de Corneille ?

## ÉCRIRE

À votre tour, proposez une tirade où un personnage de votre choix fait son propre éloge en réutilisant les mêmes procédés rhétoriques que Corneille. Un autre personnage pourra intervenir. Vous actualiserez le ou les personnages que vous ferez parler.

## PROLONGEMENTS

### Le type de Matamore par-delà les siècles

- Plaute, écrivain latin du IIe siècle avant J.-C., a écrit une comédie intitulée *Le Soldat fanfaron* à laquelle Corneille a emprunté le personnage de Matamore. Lisez la scène 1 de l'acte I du *Soldat fanfaron* et comparez le personnage du soldat à Matamore.
- Faites une recherche sur le personnage du Capitan dans la commedia dell'arte.
- Lisez dans *Ubu roi* d'Alfred Jarry (1896) la scène 6 de l'acte IV. Quels liens établissez-vous entre ces personnages et Matamore ?

## LIENS

✦ **Histoire littéraire**, Le personnage et le jeu de l'acteur, p. 172 ✦ **Vocabulaire**, Petit lexique du personnage et de l'acteur, p. 178
✦ **Mémento**, Les procédés rhétoriques, p. 618

## 4. UNE HUMANITÉ PATHÉTIQUE

# BEAUMARCHAIS (1732-1799)

## *La Mère coupable*

voir biographie p. 632

La Mère coupable *est représentée pour la première fois à Paris le 26 juin 1793. Le sous-titre en est* Drame moral en cinq actes.
*Dans* La Mère coupable, *on retrouve les personnages des comédies les plus connues de Beaumarchais,* Le Barbier de Séville *et* Le Mariage de Figaro. *Il s'agit de Figaro et de sa femme Suzanne au service du comte et de Rosine, devenue par son mariage, la comtesse.*
*À l'acte IV, le comte apprend à la comtesse qu'il a découvert la faute qu'elle cache depuis vingt ans : leur fils, Léon, n'est pas son fils biologique, mais un enfant adultérin. Le comte vient d'avoir pour sa femme des paroles très dures. Celle-ci s'est évanouie.*

SCÈNE XIV

LÉON *accourant,* LA COMTESSE *évanouie.*

LÉON, *avec force.* – Ô ma mère ! c'est moi qui te donne la mort ! (*Il l'enlève et la remet sur son fauteuil, évanouie.*) Que ne suis-je parti sans rien exiger de personne ! j'aurais prévenu ces horreurs !

SCÈNE XV

LE COMTE, SUZANNE, LÉON, LA COMTESSE *évanouie.*

LE COMTE, *en rentrant, s'écrie.* – Et son fils !

LÉON, *égaré.* – Elle est morte ! Ah ! Je ne lui survivrai pas ! (*Il l'embrasse en criant.*)

LE COMTE, *effrayé.* – Des sels ! des sels ! Suzanne ! un million si vous la sauvez !

LÉON. – Ô malheureuse mère !

SUZANNE. – Madame, aspirez ce flacon. Soutenez-la, Monsieur ; je vais tâcher de la desserrer.

LE COMTE, *égaré.* – Romps tout, arrache tout ! Ah ! j'aurais dû la ménager !

LÉON, *criant avec délire.* – Elle est morte ! elle est morte !

SCÈNE XVI

LE COMTE, SUZANNE, LÉON, LA COMTESSE *évanouie,* FIGARO *accourant.*

FIGARO. – Et qui, morte ? Madame ? Apaisez donc ces cris ! c'est vous qui la ferez mourir ! (*Il lui prend le bras.*) Non, elle ne l'est pas ; ce n'est qu'une suffocation ; le sang qui monte avec violence. Sans perdre de temps, il faut la soulager. Je vais chercher ce qu'il lui faut.

LE COMTE, *hors de lui.* – Des ailes, Figaro ! ma fortune est à toi.

FIGARO, *vivement.* – J'ai bien besoin de vos promesses lorsque Madame est en péril ! (*Il sort en courant.*)

SCÈNE XVII

LE COMTE, LÉON, LA COMTESSE *évanouie,* SUZANNE.

LÉON, *lui tenant le flacon sous le nez.* – Si l'on pouvait la faire respirer ! Ô Dieu ! rends-moi ma malheureuse mère !... La voici qui revient...

SUZANNE, *pleurant.* – Madame ! allons, Madame !...

LA COMTESSE, *revenant à elle.* – Ah ! qu'on a de peine à mourir !

LÉON, *égaré.* – Non, Maman ; vous ne mourrez pas !

LA COMTESSE, *égarée.* – Ô Ciel ! entre mes juges ! entre mon époux et mon fils ! Tout est connu... et criminelle envers tous deux... *(Elle se jette à terre et se prosterne.)* Vengez-vous l'un et l'autre ! il n'est plus de pardon pour moi ! *(Avec horreur.)* Mère coupable ! épouse indigne ! un instant nous a tous perdus. J'ai mis l'horreur dans ma famille ! J'allumai la guerre intestine entre le père et les enfants ! Ciel juste ! il fallait bien que ce crime fût découvert ! Puisse ma mort expier mon forfait !

LE COMTE, *au désespoir.* – Non, revenez à vous ! votre douleur a déchiré mon âme ! Asseyons-la. Léon !... Mon fils ! *(Léon fait un grand mouvement.)* Suzanne, asseyons-la.

*(Ils la remettent sur le fauteuil.)*

SCÈNE XVIII

LES PRÉCÉDENTS, FIGARO.

FIGARO, *accourant.* – Elle a repris sa connaissance ?

SUZANNE. – Ah, Dieu ! j'étouffe aussi. *(Elle se desserre.)*

LE COMTE *crie.* – Figaro ! vos secours !

FIGARO, *étouffé.* – Un moment, calmez-vous. Son état n'est plus si pressant. Moi qui étais dehors, grand Dieu ! je suis rentré bien à propos !... Elle m'avait fort effrayé ! Allons, Madame, du courage !

LA COMTESSE, *priant, renversée.* – Dieu de bonté ! fais que je meure !

LÉON, *en l'asseyant mieux.* – Non, Maman, vous ne mourrez pas, et nous réparerons nos torts. Monsieur ! vous que je n'outragerai plus en vous donnant un autre nom, reprenez vos titres, vos biens ; je n'y avais nul droit : hélas ! je l'ignorais. Mais, par pitié, n'écrasez point d'un déshonneur public cette infortunée qui fut vôtre... Une erreur expiée par vingt années de larmes est-elle encore un crime, alors qu'on fait justice ? Ma mère et moi, nous nous bannissons de chez vous.

LE COMTE, *exalté.* – Jamais ! Vous n'en sortirez point.

BEAUMARCHAIS, *La Mère coupable,* acte IV.

## ANALYSE

**1.** Comparez l'importance des didascalies dans ce texte et dans ceux qui précèdent. Quels rôles jouent les didascalies dans le texte de Beaumarchais ?

**2.** Montrez ce qui, dans les didascalies comme dans les dialogues, rapproche ces scènes de la vie familière.

**3.** Étudiez plus précisément la tirade de la comtesse à la scène XVII. À quel registre appartient-elle ? Ce même registre se retrouve-t-il dans l'ensemble de l'extrait ? Justifiez votre réponse.

**4.** La dernière réplique du comte permet-elle d'envisager ce qui va se passer entre les personnages ?

**5.** Quelle leçon d'ordre moral l'auteur veut-il livrer aux spectateurs ?

## LIENS

✦ **Histoire littéraire**, Le personnage et le jeu de l'acteur, p. 172
✦ **Vocabulaire**, Petit lexique du personnage et de l'acteur, p. 178
✦ **Mémento**, Les registres, p. 618

## 5. LE PERSONNAGE HISTORIQUE

# HUGO (1802-1885)

## *Cromwell*

voir biographie p. 632

*Ce premier drame de Hugo, dont la Préface constitue le manifeste du théâtre romantique, évoque un épisode de l'Histoire anglaise : la double conjuration des royalistes et des puritains contre Cromwell, régicide de Charles 1er, qui s'est emparé du pouvoir. Cromwell déjoue le complot, et, sur le point d'être couronné, renonce à la royauté. L'acte V retrace ce moment. Il se déroule dans la grande salle de Westminster[1] qu'Hugo décrit avec précision dans les didascalies initiales. Y sont rassemblés, dans l'attente de l'arrivée de Cromwell pour son couronnement, tous les dignitaires, les soldats, les conjurés, le peuple.*

SCÈNE XI

*Tout le corps de ville se lève, se découvre, et fait un profond salut à la Protectrice[2] qui paraît accompagnée de ses quatre filles, parées chacune à leur manière. La Protectrice, mistress Fletwood et lady Cleypole sont en noir, avec parure de jais, lady Falconbridge en grand habit de cour, manteau de brocart d'or; Francis en robe de gaze blanche lamée d'argent. La Protectrice s'assied avec ses filles sur le devant de la tribune. Le fond est occupé par leurs femmes. [...]*

VOIX DANS LA FOULE

Quoi ! c'est la Protectrice ! Elle a l'air bien épais.
– La fille d'un certain Bourchier. – C'est un beau rêve
Qu'elle fait là. – Monsieur, quelle est cette jeune Eve
À sa droite ? – Ici ? – Non ; là. – C'est lady Francis.
– Sa fille ? – Oui. – Le vieux Noll[3] en a donc cinq ou six ?
– Non, quatre. Vous voyez. – La plus jeune est charmante
– Qu'il fait chaud ! – Qu'on est mal ! – La foule encore augmente.
– On est ici pressé comme ces fils d'enfer
Dont le nombre égalait le sable de la mer.
– Les oiseaux sont heureux avec leur paire d'ailes.
– On m'écrase.

*On entend tout à coup près de Westminster un coup de canon dans la place.*

SYNDERCOMB[4] *(bas au groupe des conjurés)*

Il arrive.

*Second coup de canon. Grande rumeur dans la place au dehors.*
*Vif murmure d'attention dans la salle.*

OVERTON[5] *(bas aux conjurés)*

À vos postes, fidèles !

*Les conjurés s'échelonnent dans la foule. — Les coups de canon se suivent à intervalles égaux. On entend le bruit des fanfares et des acclamations.*

1. **Westminster :** anciennement palais royal puis palais du Parlement.
2. **La Protectrice :** épouse de Cromwell, lui-même ayant acquis le titre de lord Protecteur.
3. **Le vieux Noll :** surnom donné à Cromwell.
4. **Syndercomb** est un soldat.
5. **Overton** mène la conjuration.

*Nous donnons ici le numéro des vers.

## Le personnage historique

**Olivier Cromwell** (1599-1658), personnage aux multiples facettes, incarnation de la révolution puritaine en Angleterre, il est aussi un militaire hors pair, représentant les milieux d'affaires de son époque. Il donne à l'Angleterre l'élan commercial et colonial qui allait faire sa grandeur.

Robert WALKER (1607-1660), *Portrait d'Olivier Cromwell.* Huile sur toile.


*Le corps de ville sort pour aller au-devant du Protecteur.*

VOIX DANS LA FOULE

Ah ! le voilà ! – C'est lui ! – Voyons ! – Lui-même ! – Ah ! – Oh !
[...]
– L'Achan[6] des nations ! Pharaon Néchao[7]
– Il est seul en carrosse. – Il regarde à sa montre.
– Le maire et les scheriffs[8] marchent à sa rencontre.
– Monsieur, vous qui voyez, comment est-il vêtu ?
– En velours noir. – Voisin, votre coude est pointu
– Le maire l'aborde. – Ah !... – La voiture s'arrête.
– On le harangue. – Il fait un signe de la tête. [...]

*Cromwell, entouré de son cortège, paraît sur le seuil de la grande porte. – Long frémissement dans la foule. Toute l'assemblée se lève et se tient découverte dans l'attitude du respect – Le Protecteur est tout en velours noir. [...]*

SCÈNE XII

*Au moment où Cromwell se montre sur le seuil de Wesminster-Hall, au milieu du bruit du canon qui n'a cessé de tirer durant la scène précédente, des cloches, des fanfares et des roulements de tambours, on distingue les acclamations qui le suivent du dehors. [...] Cromwell reste un moment arrêté sur le seuil de la porte et salue à plusieurs reprises le peuple du dehors.*

6. **Achan :** personnage biblique au crime duquel on imputa la défaite d'Israël interprétée comme un jugement de Dieu.
7. **Néchao :** pharaon égyptien qui tua Josias, roi de Juda et soumit la Palestine.
8. **scheriff :** fonctionnaire royal en Angleterre.

## L'acteur

**François-Joseph Talma** (1763-1826), comédien du roi avant d'être celui de la Révolution, puis celui de l'Empire, il deviendra la vedette de la société de la Restauration. Les jeunes auteurs romantiques viennent lui lire leurs œuvres. Hugo pensait à Talma pour jouer le rôle de Cromwell. La mort de Talma, survenue le 19 octobre 1826, pendant qu'Hugo rédige l'acte IV, le pousse à abandonner totalement l'idée de faire représenter son drame.

Henri François RIESENER (1767-1828), *Portrait de Joseph Talma*. Paris, Musée Marmottan. © Giraudon/ The Bridgeman Art Library.

VOIX DANS LA FOULE

Cromwell ! – C'est là Cromwell ? – Ce roi ! – Ce régicide !
– Il est fort laid ! – Qu'il est petit pour un héros !
– On l'aurait dit plus grand. – Je le croyais moins gros.
– Qu'avec son grand chapeau cet homme m'embarrasse !
Otez votre chapeau. – Moi ? depuis quand, de grâce,
Ote-t-on son chapeau, madame, à l'antechrist[9] ?

*Cromwell se retourne vers la foule de l'intérieur. Profond silence.*

CROMWELL *(faisant quelques pas)*

Au nom du Père, au nom du Fils et de l'Esprit,
La paix soit avec vous !

*Silence dans l'assemblée. Les acclamations continuent dans la place.*

LES VOIX *(du dehors)*

Olivier, Dieu vous aide !
Vive à jamais Cromwell !

*Cromwell se retourne encore et salue le peuple amassé sur la place.*

9. **Antéchrist :** ennemi du Christ, faux prophète. Ce terme appliqué à Cromwell montre qu'il était détesté par certains.

THURLOË[10] *(bas à Cromwell)*

Tout vous rit, tout vous cède.
Que d'acclamations ! quels élans ! quel beau jour !

CROMWELL *(amèrement, bas à Thurloë)*

Oui ! ce peuple innombrable, heureux, ivre d'amour,
Qui de mon haut destin semble un puissant complice,
N'applaudirait pas moins si j'allais au supplice.
Il voit dans mon triomphe un spectacle éclatant,
Il y court, en jouit, et rien ne lui plaît tant
Lorsqu'en joyeux transports tu le vois se répandre,
Que me voir couronner, sinon de me voir pendre.

10. **Thurloë** est le secrétaire de Cromwell.

Victor HUGO, *Cromwell*, 1827. Acte V, scènes XI et XII, extraits.

## ANALYSE

### *L'Histoire en scène*

**1.** Quels éléments d'information les didascalies apportent-elles sur l'ancrage historique de la pièce ? Les didascalies vous semblent-elles à même de rendre compte d'une scène historiquement datée ?

**2.** Quels procédés Hugo utilise-t-il pour donner vie à cette scène ?

**3.** En quoi les propos de la foule sur Cromwell et son épouse et les propos de Cromwell sur le peuple délivrent-ils une réflexion sur l'Histoire ?

### *La tentation de la totalité*

**4.** Comment l'espace est-il évoqué à la fois dans sa partie visible, la salle du couronnement, et dans sa partie invisible, la place, qui se trouve hors scène ? Repérez tout spécialement les divers sons qui constituent l'espace de la scène au niveau sonore.

**5.** En envisageant les différents niveaux sonores des paroles émises, peut-on dire que Hugo écrit la scène de différents points de vue ?

**6.** Comment le drame historique hugolien tente-t-il de rendre compte du monde, au théâtre ?

### *Le drame romantique et la scène*

**7.** Quelles difficultés poserait la mise en scène de cet extrait ? et la mise en scène de l'œuvre, sachant que les cinq actes se passent dans un lieu différent et comptabilisent 6 413 vers ?

## PROLONGEMENTS

### *Le drame romantique et l'Histoire*

- Recherchez quelques noms de personnages-titres des drames romantiques de Hugo ou de Dumas. Comparez-les aux noms des personnages-titres des tragédies classiques et à ceux des drames de Shakespeare. Que constatez-vous dans leur rapport à l'Histoire ?
- Rapprochez le Cromwell historique tel que l'a peint Walker, du comédien Talma, peint par Riesener dont Hugo rêva pour incarner Cromwell. Quelles réflexions ce rapprochement vous inspire-t-il ?
- Quel autre personnage historique, plus proche de Victor Hugo, celui-ci pourrait-il évoquer en écrivant sur Cromwell ?

### *La Préface de Cromwell : le manifeste du drame romantique*

Voici quelques lignes de la longue Préface : « La poésie née du christianisme, la poésie de notre temps est donc le drame ; le caractère du drame est le réel ; le réel résulte de la combinaison toute naturelle de deux types, le sublime et le grotesque, qui se croisent dans le drame comme ils se croisent dans la vie... »

## LIENS


- **Histoire littéraire**, p. 172
- **Stylistique**, L'emploi du vers au théâtre, p. 180

## 6. L'ÂME MISE A NU

# IBSEN (1828-1906)

## *Hedda Gabler*

Hedda Gabler *est créée en 1890 à Munich, puis dans le pays d'Ibsen en Norvège, à Oslo. La pièce surprend. Le personnage d'Hedda, fille du Général Gabler, mariée à Tesman, professeur d'histoire sans grande envergure, affirme sa liberté dans un monde bourgeois dont l'étroitesse l'étouffe. Victime d'une société qui enferme les femmes dans un rôle passif, n'hésitant pas à sacrifier les autres dans sa volonté de puissance, elle entraînera tout son entourage dans une histoire morbide.*
*Au début de l'acte II, Hedda reçoit le conseiller Brack, un ami de la famille, le lendemain de son retour de voyage de noces.*

EXTRAIT DE L'ACTE II

HEDDA. – [...] cher conseiller, – je me suis horriblement ennuyée.

BRACK. – *(compatissant)* Vous le dites vraiment ? Vous êtes sérieuse ?

HEDDA. – Oui, vous n'avez qu'à imaginer –! Six mois entiers sans rencontrer personne qui connaisse un tant soi peu *notre* milieu. Personne avec qui parler des choses qui nous sont proches.

BRACK. – *Moi* aussi, ça me manquerait.

HEDDA. – Et le plus – le plus insupportable –

BRACK. – Eh bien ?

HEDDA. – Être tout le temps, éternellement avec – avec la même personne –

BRACK. – *(opine pour approuver)* Matin et soir, – oui. Pensez, – à toute heure du jour et de la nuit.

HEDDA. – J'ai dit : éternellement.

BRACK. – Laissons cela. Mais avec notre bon Tesman, il me semble qu'on devrait pouvoir –

HEDDA. – Tesman est – un spécialiste, mon cher.

BRACK. – Incontestablement.

HEDDA. – Et les spécialistes, en voyage, ne sont pas drôles du tout. À la longue, en tout cas.

BRACK. – Oui, mais – le spécialiste qu'on *aime* ?

HEDDA. – Pouah, – n'employez pas ce mot gluant !

BRACK. – *(interdit)* Holà, madame Hedda !

HEDDA. – *(moitié riant, moitié fâchée)* Oui, je voudrais vous y voir ! Entendre parler d'Histoire des civilisations du matin au soir –

BRACK. – Tout le temps, éternellement –

HEDDA. – Oui, oui, oui ! Et puis, cette histoire d'industrie domestique au Moyen Âge[1] – ! C'est ce qu'il y a de plus terrifiant !

BRACK. – *(d'un air scrutateur)* Mais, dites-moi, – je n'arrive pas à m'expliquer pourquoi –? Enfin –

HEDDA. – Pourquoi nous sommes devenus mari et femme, Jorgen Tesman et moi, c'est ce que vous voulez dire ?

1. C'est le sujet de la thèse du mari d'Hedda.

BRACK. – Eh bien, oui, disons-le comme ça.

HEDDA. – Mon Dieu, trouvez-vous que ce soit si étonnant ?

BRACK. – Oui et non, – madame Hedda.

HEDDA. – J'en avais assez de danser, cher conseiller. Mon temps était passé – *(un léger tressaillement)* Enfin non, – je ne veux pas dire ça. Ni même le penser !

BRACK. – Vous n'en avez pas la moindre raison.

HEDDA. – Oh, – la raison – *(elle le regarde comme pour le sonder)* Et Jorden Tesman, – on peut quand même le dire, c'est un homme sérieux à tous égards.

BRACK. – Sérieux et positif. C'est bien vrai.

HEDDA. – Et je ne trouve rien en lui de franchement ridicule –. Et vous ?

BRACK. – Ridicule ? N... non, – je n'irais pas jusque-là –

HEDDA. – C'est un inlassable chercheur, en tous cas ! – Cela peut tout de même le mener loin un jour, non ?

BRACK. – *(la regarde, dubitatif)* Je croyais que vous pensiez comme tout le monde ; qu'il deviendrait un homme tout à fait éminent.

HEDDA. – *(avec une expression de lassitude)* Oui, je croyais. Et quand j'ai vu qu'il voulait absolument m'épouser et subvenir à mes besoins –. Je ne vois pas pourquoi j'aurais dû dire non ?

BRACK. – Non, non. Considéré sous *cet* angle –

HEDDA. – C'était plus que mes autres chevaliers servants étaient prêts à faire, cher conseiller.

IBSEN, *Hedda Gabler*. Traduction François Regnault, © Éditions théâtrales, 2000.

## ANALYSE

### *Le naturel de la conversation*

**1.** Cherchez ce qui donne au dialogue une impression de naturel, de conversation courante.

**2.** Sur quoi portent les didascalies ?

**3.** En vous appuyant sur la situation, les didascalies, et la teneur des propos échangés, imagineriez-vous pour les acteurs un jeu naturel ? appuyé ? expressif ?

### *Le dévoilement*

**4.** Analysez précisément le rôle des répliques de Brack dans la manière dont le dialogue avance.

**5.** Si vous deviez préciser le sujet de la conversation entre Hedda et Brack, diriez-vous qu'il s'agit du voyage de noces d'Hedda, du passé d'Hedda ou d'Hedda elle-même ? Justifiez votre réponse.

**6.** Commentez la réplique d'Hedda ligne 34 « *J'en avais assez de danser...* ». Cette réplique nous permet-elle de comprendre pourquoi, Ibsen, contemporain de Freud, est considéré comme un explorateur des profondeurs de l'âme humaine ?

## PROLONGEMENT

Cette scène vous paraît-elle facilement transposable du théâtre au cinéma ? Faites une recherche sur les différents mouvements de caméra et proposez la manière dont vous filmeriez le moment correspondant aux répliques des lignes 25 à 36.

## LIENS

✦ **Histoire littéraire,** Le personnage et le jeu de l'acteur, p. 172
✦ **Vocabulaire,** Petit lexique du personnage et de l'acteur, p. 178

## 7. LA REMISE EN CAUSE DU PERSONNAGE - I

# BECKETT (1906-1989)

## *Fragment de théâtre I*

voir biographie p. 632

*Ce passage se situe au début de la pièce qui est très courte, d'où le titre* Fragment. *La conversation se poursuivra entre les deux personnages sans qu'aucun événement notable n'arrive. Les deux personnages auront un moment la tentation de rejouer la parabole de l'aveugle et du paralytique*[1]*, mais leurs velléités d'entraide tourneront court.*

*Coin de rue. Décombres.*

*A, aveugle, assis sur un pliant, gratte du violon. À côté de lui l'étui, entrouvert, debout, surmonté d'une sébile.*

*A s'arrête de gratter, tourne la tête vers la coulisse droite, écoute.*

*Un temps.*

A. – À votre bon cœur, votre bon cœur.

*Un temps. A se remet à gratter. Il s'arrête de nouveau, tourne la tête vers la coulisse droite, écoute.*

*Entre B dans un fauteuil roulant qu'il fait avancer au moyen d'une perche.*

A. (*Agacé*). – À votre bon cœur !

*Un temps.*

B. – Musique ! (*Un temps.*) Ce n'est donc pas un rêve. Enfin ! Une vision non plus, elles sont muettes, et moi je suis muet, devant elles.

(*Il avance, s'arrête, regarde dans la sébile. Sans émotion.*) Pauvre. (*Il passe la main devant les yeux de A. De même.*) Pauvre. (*Un temps.*) Maintenant je peux rentrer, il n'y a plus de mystère. (*Il recule, s'arrête.*) À moins de nous mettre ensemble, et de vivre ensemble, jusqu'à ce que mort s'ensuive. (*Un temps.*) Qu'est-ce que vous diriez de ça, Billy, je peux vous appeler Billy, comme mon fils ? (*Un temps.*) Aimez-vous la compagnie, Billy ? (*Un temps.*) Aimez-vous les conserves, Billy ?

A. – Quelles conserves ?

B. – Du corned-beef, Billy, uniquement. De quoi tenir jusqu'à l'été, en faisant attention. (*Un temps.*) Non ? (*Un temps.*) Quelques pommes de terre aussi, deux kilos, trois kilos. (*Un temps.*) Aimez-vous les pommes de terre, Billy ? (*Un temps.*) On n'aurait qu'à les laisser germer et puis, au moment propice, les mettre en terre, ce serait à tenter. (*Un temps.*) Non ? (*Un temps.*) Moi je choisirais l'endroit et vous, vous les mettriez dans la terre. (*Un temps.*) Non ?

(*Un temps.*)

A. – Que font les arbres ?

B. – Difficile à dire. C'est l'hiver, vous savez.

(*Un temps.*)

A. – Fait-il jour ou nuit ?

1. **La parabole de l'aveugle et du paralytique**, qui vient de la tradition judaïque, est reprise au XVIII$^{e}$ siècle dans une fable de Florian. L'entraide que l'aveugle et le paralytique s'apportent mutuellement leur permet de surmonter le handicap de chacun. « Je marcherai pour vous, vous y verrez pour moi. »

**Transposition**

L'univers de Beckett a inspiré la chorégraphe Maguy Marin dans *May Be*. © Agence Enguerand.

B. – Oh… (*Il regarde le ciel.*)… jour, si l'on veut. Pas de soleil bien sûr, sinon vous n'auriez pas demandé. (*Un temps.*) Vous suivez mon raisonnement ? (*Un temps.*) Êtes-vous vif, Billy, êtes-vous resté un peu vif ?

A. – Mais de la clarté ?

B. – Oui. (*Il regarde le ciel.*) Oui, de la clarté, il n'y a pas d'autre mot. (*Un temps.*) Dois-je vous la décrire ? (*Un temps.*) Dois-je essayer de vous en donner une idée, de cette clarté ?

A. – Il me semble quelquefois que je passe la nuit ici, à jouer, et à écouter. Autrefois je sentais descendre le soir et je m'apprêtais. Je rangeais mon violon et ma sébile et je n'avais plus qu'à me lever, quand elle me prenait la main. (*Un temps.*)

B. – Elle ?

A. – Ma femme. (*Un temps.*) Une femme. (*Un temps.*) Mais maintenant… (*Un temps.*)

B. – Maintenant ?

A. – Quand je pars je ne sais pas, et quand j'arrive je ne sais pas et pendant que je suis là je ne sais pas, s'il fait jour ou s'il fait nuit.

B. – Vous n'avez pas toujours été ainsi. Qu'est-ce qui vous est arrivé ? Les femmes ? Le jeu ? Dieu ?

Samuel BECKETT, *Fragment de théâtre I*. © Éditions de Minuit, 1978.

## ANALYSE

### *L'effet d'étrangeté*

**1.** Qu'est-ce qui nous désoriente dès l'abord dans cette première page de pièce de théâtre ? pourquoi ?

**2.** Relevez un passage du texte qui vous semble obscur. D'où vient son obscurité ?

**3.** Cherchez à discerner comment le texte progresse. Analysez l'échange de répliques entre A et B. Que peut-on en déduire ?

**4.** Quel effet produisent les silences notés « *Un temps* » par Beckett ?

### *Des corps empêchés*

**5.** Les héros de Beckett sont toujours des corps souffrants, atteints par l'âge, la maladie ou les infirmités. Observez les didascalies initiales. Qu'apportent-elles à notre perception du texte ?

**6.** Analysez les répliques se rapportant à la lumière. Montrez que les questions et les réponses ne se résument pas aux interrogations d'un aveugle qui voudrait se renseigner sur le temps ou l'heure. Quelle autre interprétation peut-on leur donner ?

## LIENS

✦ **Histoire littéraire**, Le personnage et le jeu de l'acteur, p. 172
✦ **Vocabulaire**, Petit lexique du personnage et de l'acteur, p. 178

# Philippe MINYANA (né en 1946)

## *Anne-Marie*

*Philippe Minyana a beaucoup écrit pour le théâtre dont il renouvelle les formes.* Anne-Marie, *raconte Minyana, est une courte pièce inspirée par une histoire de famille. Dans un village, à la mort du père, la mère se dispute avec le reste de la famille et continue à vivre dans la même maison que sa fille sans jamais plus lui adresser la parole. Regardeur 1 et Regardeur 2, qui restent tout le temps en scène, et la fille, appelée la Femme, qui fait quelques apparitions, sont les trois personnages de ce drame domestique.*

REGARDEUR 1
C'est le cirque ici
ici c'est le cirque ils se réveillent et c'est le cirque
c'est elle la fille qui le fait
elle le fait et ceux qui sont toujours dans ses jupes
idem et la mère dans sa
pièce elle subit elle soupire elle fait
les cent pas elle est tenue d'être là dans la pièce
(la grande elle a dit en 1972 toi dans ta turne
toi dans ta turne et basta et la vieille incroyable elle
n'a pas moufté)
donc qu'est-ce qu'elle fait
elle soupire elle fait les cent pas
à sa place qu'est-ce qu'on ferait
on soupirerait on ferait les cent pas

REGARDEUR 2
La mère fait les cent pas
elle se gratte et elle soupire et elle fait les cent pas
parce que tenue d'être là
dans sa pièce (toi dans ta turne et basta)
*Petite pause.*
(alors c'est elle la grande qui a tout fomenté
toi dans ta turne et basta
vingt-quatre heures sur vingt-quatre)

REGARDEUR 1
Non non
en haut il y a l'autre pièce la seconde
une pièce qui est sans chauffage
qui n'est pas chauffée
les pièces du haut ne sont pas chauffées

à part pieuter les pièces du haut non
et le hic
c'est que ceux qui sont toujours dans ses jupes
ils pieutent en haut aussi
et eux à pieuter à côté de la vieille non
ça ne passe pas
ah ça ça ne passe pas

REGARDEUR 2
Donc le soir donc
ils se croisent
il faut bien à un moment qu'ils se croisent
ne me dis pas qu'eux
ils ne disent pas le strict minimum
même un bonsoir entre les dents
comme ça bonsoir
est-ce qu'ils disent bonsoir

REGARDEUR 1
Ils passent sans rien dire

[...]

REGARDEUR 2
Donc c'est la guerre
la guerre à outrance
(chacun chez soi toi dans ta turne
pas même bonjour bonsoir)
c'est la guerre
ne me dis pas qu'ils n'y trouvent pas
leur compte
ils font la guerre
parce qu'ils y trouvent leur compte
tiens la vieille prends ça
et la vieille aïe aïe etc.
et des trêves
est-ce qu'il y en a

REGARDEUR 1
25 décembre trêve obligée
autant te dire que quand la trêve approche
elle sa fille elle sait qu'elle ne s'en remettra pas
et si elle s'en remet
elle mettra du temps à s'en remettre

REGARDEUR 2
La vieille écoute
on chuchote mais nos chuchotements
elle les entend

REGARDEUR 1
Non non elle ne peut pas les entendre

Philippe MINYANA, *Anne-Marie.*


## ANALYSE

### *Minyana héritier de Beckett*

**1.** Les auteurs contemporains se considèrent souvent comme des héritiers de Beckett qui a radicalement transformé le statut de la fable et celui des personnages. Quels rapprochements pouvez-vous faire entre les deux textes ?

**2.** Quel est celui des deux textes qui vous désoriente le plus ? pourquoi ?

### *La spécificité d'une écriture*

**3.** Quel est le niveau de langue utilisé par les personnages ? Qu'est-ce qui fait de ce texte un texte qui ne peut pas être de l'ordre de la conversation courante ?

**4.** Quelle est, à votre avis, la fonction de Regardeur 1 et de Regardeur 2 ? Qui peuvent-ils être ? Vous évoquent-ils une catégorie de personnages qui appartient à une autre forme de théâtre ? laquelle ? Justifiez votre réponse en vous appuyant sur les textes du Groupement 1.

## ÉCRITURE

Proposez votre vision de l'espace scénique d'*Anne-Marie*. Décrivez Regardeur 1 et Regardeur 2 dans votre interprétation de la pièce.
Où seraient-ils placés sur la scène ? Que feraient-ils ? Rendriez-vous présent sur la scène ce qu'ils regardent ? Justifiez vos propositions par votre lecture du texte. Vous pourrez proposer un croquis.

## LIENS

✦ **Histoire littéraire**, Le personnage et le jeu de l'acteur, p. 172
✦ **Vocabulaire**, Petit lexique du personnage et de l'acteur, p. 178
✦ **Mémento**, Les niveaux de langue, p. 618

TEXTES

GROUPEMENT 2 **L'acteur et le personnage**

## I. L'ACTEUR ET L'ESPACE

# Jacques LACARRIÈRE (1925-2005)

## *L'Été grec*

voir biographie p. 632

*Jacques Lacarrière, écrivain, metteur en scène, participe au Groupe de Théâtre Antique de la Sorbonne (1936-1974). Helléniste, il traduit poètes et écrivains grecs contemporains.*
*Dans* L'Été grec, *qui décrit ses libres découvertes sur les chemins buissonniers de la Grèce, il revient sur les moments où, avec le Groupe de Théâtre Antique, il a joué dans les théâtres grecs. Ce texte évoque une représentation des* Perses *d'Eschyle qui date de 1947.*

Détail d'un vase à figure rouge, montrant un acteur tenant un masque. Naples, Musée archéologique. © The Bridgeman Art Library.

Jouer à Épidaure en plein jour devant près de dix mille spectateurs est une épreuve terrifiante mais salutaire que tout comédien se devrait de tenter au moins une fois dans sa vie. Tout ce qu'on peut apprendre au cours des répétitions et des représentations en lieu clos s'effondre en un instant devant l'immensité, la nudité, l'abîme hanté de ce théâtre et surtout devant les milliers de regards dardés sur vous. Déjà, au cours de la mise en place qu'il fallut faire en plein soleil, on s'aperçut d'emblée que tout était à recommencer. Ce n'était ni la voix ni le chant qu'il fallait adapter. À Épidaure, crier ou parler fort ne sert à rien. L'acoustique est d'une telle qualité qu'il suffit de parler nettement, et d'articuler clairement pour que le moindre mot porte jusqu'au dernier gradin. Par contre, les gestes, les attitudes, les déplacements doivent être amplifiés, stylisés autrement, exagérés parfois pour s'adapter aux dimensions de l'orchestra[1]. Du sommet du théâtre, l'acteur apparaît minuscule, réduit à la condition d'homoncule[2] gesticulant. D'en bas, l'impression est plus nette encore. Les gradins semblent monter jusqu'aux limites mêmes du ciel comme si l'on s'adressait non à des êtres humains mais à la création tout entière. On se sent devenu fourmi alors qu'il faudrait devenir géant. Et cette mutation, qui peut nous l'apprendre aujourd'hui ?

La représentation débuta vers cinq heures du soir quand l'ombre commence à recouvrir les gradins. Les coulisses n'existant pas, il fallut nous maquiller, revêtir les costumes, mettre les masques sous les regards d'une foule de curieux, au milieu du braiement opiniâtre des ânes qui, par un miracle jusqu'à ce jour inexpliqué, se turent d'un commun accord pendant toute la représentation. De plus, nos Ondes Martenot, ces fragiles instruments électriques utilisés pour l'accompagnement musical du spectacle s'avérèrent inutilisables. Les fondrières, les cahots de la route avaient, si l'on peut dire, sonné leur glas. Il fallut emprunter le pipeau d'un berger pour que l'instrumentiste puisse jouer les mélodies indispensables aux chants du chœur. Le spectacle y gagna en couleur locale mais cela ne fit qu'accroître notre appréhension.

En fait, la représentation se déroula sans incident notable. Il y eut des

1. **l'orchestra** : espace circulaire situé entre les gradins et la scène où évolue le chœur.
2. **homoncule** : se dit d'une minuscule forme humaine semblable à celle que les biologistes d'autrefois croyaient apercevoir dans l'ovule ou le spermatozoïde.

Théâtre antique d'Epidaure, construit par l'architecte Polyclète le Jeune, IVe siècle av. J.-C. Capacité : 14 000 spectateurs.


❶ L'orchestra où évolue le chœur.
❷ Ruines de la skéné : bâtiment figurant le palais et servant de coulisses. Les acteurs jouaient devant le mur de la skéné, sur un espace surélevé par rapport à l'orchestra.

erreurs, des omissions, quelques accrocs divers mais qui passèrent inaperçus, la plupart des spectateurs ne comprenant pas le français. Nous fûmes donc, nous acteurs, les seuls à remarquer que le roi Darios bégaya presque, tant il était ému, en émergeant du bloc de marbre derrière lequel il se tenait tapi, que le messager (accouru du fond des collines en un marathon saisissant pour annoncer aux vieillards perses la défaite de Salamine) en eut le souffle si coupé qu'il oublia pratiquement la moitié de son texte, que le son du pipeau, emporté loin de nous par une brise traîtresse fit dérailler le chœur bien souvent et que Xerxès, le roi vaincu, arriva en titubant sur l'orchestra comme un homme ivre, en raison des aiguilles de pin qui rendaient sa marche hasardeuse. Tout cela, semble-t-il, fut de peu d'importance au regard du spectacle que tous suivirent pendant une heure dans un silence impressionnant.

Jacques LACARRIÈRE, *L'Été grec*.
Coll. « Terre humaine », © Éditions Plon, 1975.

## ANALYSE

### *L'espace*

**1.** Observez la photo du théâtre d'Épidaure aujourd'hui, et relisez le texte de Jacques Lacarrière. Quelles caractéristiques de ce théâtre sont soulignées par le texte ?

**2.** Quels aspects du travail de l'acteur le texte met-il en lumière ? En quoi l'espace théâtral modifie-t-il le jeu de l'acteur ?

### *Jouer l'antique*

**3.** Le Groupe de Théâtre Antique de la Sorbonne, composé d'étudiants amateurs dont certains devinrent célèbres comme Roland Barthes ou Ariane Mnouchkine, cherchait à se rapprocher de la représentation antique, notamment par l'utilisation des masques. Le récit de Jacques Lacarrière contient-il des éléments révélateurs de cette volonté de reconstitution ?

**4.** Comment comprenez-vous la fin du premier paragraphe (l. 8 à 19) ? Que laisse-t-elle entendre de l'évolution du jeu de l'acteur depuis l'Antiquité ?

## LIENS

✦ **Histoire littéraire**, Le personnage et le jeu de l'acteur, p. 172

## 2. LE « JEU » ANGLAIS

# SHAKESPEARE (1564-1616)

# *Hamlet*

voir biographie p. 632

*Shakespeare, comme Molière, a été acteur et chef de troupe, c'est pourquoi il est un écrivain de théâtre conscient de l'importance du passage du texte à la scène. Hamlet, prince du Danemark, reçoit dans son château des comédiens à qui il demande de jouer une scène de meurtre afin d'impressionner Claudius qu'il soupçonne d'avoir assassiné son père.*

ACTE III, SCÈNE 2 (extrait)

*La grande salle du château.*
*Au fond, la scène dressée.*
*Entrent* HAMLET *et trois des* COMÉDIENS.

HAMLET, *au premier comédien.*

Dites ce texte à la façon dont je vous l'ai lu, n'est-ce pas, d'une voix déliée et avec aisance, car si vous le déclamiez comme font tant de nos acteurs, mieux vaudrait que je le confie au crieur public. Et n'allez pas fendre l'air avec votre main comme ceci, mais soyez mesurés en tout, car dans le torrent, dans la tempête, dans l'ouragan, dirai-je même, de la passion, vous devez trouver et faire sentir une sorte de retenue qui l'adoucisse. Oh! cela me blesse jusque dans l'âme, d'entendre ces grands étourneaux sous leurs perruques mettre la passion en pièces, oui, en lambeaux, et casser les oreilles du parterre qui ne sait d'ailleurs apprécier le plus souvent que les pantomimes inexplicables et le fracas! Je voudrais le fouet pour ces gaillards qui en rajoutent à Termagant[1] et qui renchérissent sur Hérode[1]. Évitez cela, je vous prie.

LE PREMIER COMÉDIEN

J'en fais la promesse à Votre Honneur.

HAMLET

Ne soyez pas non plus trop guindés, fiez-vous plutôt à votre jugement et réglez le geste sur la parole et la parole sur le geste en vous gardant surtout de ne jamais passer outre à la modération naturelle : car tout excès de cette sorte s'écarte de l'intention du théâtre dont l'objet a été dès l'origine, et demeure encore, de présenter pour ainsi dire un miroir à la nature et de montrer à la vertu son portrait, à l'ignominie son visage, et au siècle même et à la société de ce temps quels sont leur aspect et leurs caractères.

William SHAKESPEARE, *Hamlet*, 1602, Acte III, scène 2. Traduction Yves Bonnefoy,
© Éditions Mercure de France.

1. **Termagant**, un prétendu dieu des musulmans et **Hérode**, roi de Judée, étaient des personnages des mistères, pièces religieuses qui retraçaient des épisodes de la Bible ou de la vie des saints.
Pour l'orthographe du mot *mistère*, voir p. 223, note 2.

## ANALYSE

### *L'art de l'acteur*

**1.** Quels éléments du jeu d'acteur Hamlet met-il en évidence ? Quelles critiques fait-il aux acteurs de son époque ?

**2.** Quel style de jeu exige-t-il des comédiens ? Le qualifieriez-vous de moderne ? Pourquoi ?

### *Une conception du théâtre*

**3.** Quelle conception du théâtre Hamlet présente-t-il à travers ses conseils aux acteurs ?

**4.** Pouvez-vous établir le lien qu'il fait entre sa conception du théâtre et le jeu des acteurs qu'il préconise ?

**5.** Les recommandations d'Hamlet aux comédiens vous semblent-elles importantes au regard de l'action, autrement dit, ont-elles une fonction dramaturgique ?

## 3. LE JEU DE LA VÉRITÉ

# MOLIÈRE (1622-1673)

## *L'Impromptu de Versailles*

voir biographie p. 632

*Molière donne à Versailles, en octobre 1663, un Impromptu, comédie qui se présente comme une improvisation. Il s'y met lui-même en scène, entouré de ses comédiens. Il y représente la répétition d'un spectacle commandé par le Roi, mais le spectacle n'est pas prêt. Madeleine Béjart demande alors à Molière s'il a terminé cette « Comédie des comédiens » à laquelle il travaillait. Molière en explique le sujet à sa troupe.*

MOLIÈRE : J'avais songé une comédie où il y aurait eu un poète, que j'aurais représenté moi-même, qui serait venu pour offrir une pièce à une troupe de comédiens nouvellement arrivés de la campagne[1]. « Avez-vous, aurait-il dit, des acteurs et des actrices qui soient capables de bien faire valoir un ouvrage ? Car ma pièce est une pièce… — Eh ! Monsieur, auraient répondu les comédiens, nous avons des hommes et des femmes qui ont été trouvés raisonnables partout où nous avons passé. — Et qui fait les rois parmi vous ? — Voilà un acteur qui s'en démêle parfois. — Qui ? Ce jeune homme bien fait[2] ? Vous moquez-vous ? Il faut un roi qui soit gros et gras comme quatre, un roi, morbleu ! qui soit entripaillé comme il faut, un roi d'une vaste circonférence, et qui puisse remplir un trône de la belle manière[3]. La belle chose qu'un roi d'une taille galante ! Voilà déjà un grand défaut ; mais que je l'entende un peu réciter une douzaine de vers. » Là-dessus le comédien aurait récité, par exemple, quelques vers du roi de *Nicomède*[4] :

> Te le dirai-je, Araspe ? il m'a trop bien servi ;
> Augmentant mon pouvoir…

le plus naturellement qu'il lui aurait été possible. Et le poète : « Comment ? vous appelez cela réciter ? C'est se railler ! il faut dire les choses avec emphase. Écoutez-moi.

*Imitant Montfleury, excellent acteur de l'Hôtel de Bourgogne.*

> Te le dirai-je, Araspe ?… etc.

Voyez-vous cette posture ? Remarquez bien cela. Là, appuyer comme il faut le dernier vers. Voilà ce qui attire l'approbation et fait faire le brouhaha[5].

MOLIÈRE, *L'Impromptu de Versailles*, 1663. Scène 1.

1. La troupe de Molière, après treize ans passés en province, était arrivée à Paris, cinq ans plus tôt, en 1658.
2. On pense qu'il s'agit de l'acteur La Thorillière, âgé alors de trente-sept ans qui avait servi comme officier des armées royales.
3. Molière vise Montfleury, acteur tragique de l'hôtel de Bourgogne, réputé pour sa diction emphatique et son embonpoint.
4. Corneille, *Nicomède*, II 1 vers 413-414.
5. Applaudissements et manifestations d'approbation après un spectacle.

**L'acteur Montfleury**
Charles LE BRUN (1619-1690), *Portrait de Montfleury*.


## ANALYSE

### *Molière dans le rôle de Molière*

**1.** Montrez, en observant précisément l'énonciation de ce passage, comment se met en place une scène à plusieurs personnages.

**2.** Quel rôle le « vrai » Molière jouait-il sur la scène de Versailles quand il disait : « J'avais songé une comédie… de la campagne. » ? Justifiez votre réponse.

### *Le jeu de l'acteur*

**3.** Comment Molière s'y prend-il pour déconsidérer les comédiens de l'Hôtel de Bourgogne ?

**4.** Quelles sont les facettes du talent de Molière que ce texte met en lumière ?

## LIENS

✦ **Le théâtre dans le théâtre,** Marivaux, *Les Acteurs de bonne foi*, p. 164 ✦ **Chapitre XII,** Le XVII^e siècle
✦ **Mémento,** Les marques de l'énonciation, p. 618

## 4. LES DANGERS DE LA SINCÉRITÉ

# MARIVAUX (1688-1763)

## *Les Acteurs de bonne foi*

voir biographie p. 632

*Pour son mariage, Eraste commande à Merlin, son valet de chambre, le divertissement d'une comédie. Celui-ci prend comme acteurs Lisette, suivante d'Angélique, Blaise, fils du fermier, et Colette, la fille du jardinier. Merlin explique son projet : « Nous jouerons à l'impromptu, Monsieur, à l'impromptu. Je n'ai fourni que ce que nous autres beaux esprits appelons le canevas; la simple nature fournira les dialogues. Colette qui doit faire mon amoureuse, et moi qui dois faire son amant, nous sommes convenus tous deux de voir un peu la mine que feront Lisette et Blaise à toutes les tendresses naïves que nous prétendons nous dire; et le tout, pour éprouver s'ils n'en seront pas un peu alarmés et jaloux; car vous savez que Blaise doit épouser Colette, et que l'amour nous destine, Lisette et moi, l'un à l'autre. Lisette, Blaise et Colette vont venir ici pour essayer leurs scènes » (scène 1).*
*La répétition commence.*

SCÈNE IV (extrait)
MERLIN, COLETTE (LISETTE et BLAISE, *assis.*)

MERLIN. – Bonjour, ma belle enfant : je suis bien sûr que ce n'est pas moi que vous cherchez.

COLETTE. – Non, Monsieur Merlin; mais ça n'y fait rien; je suis bien aise de vous y trouver.

MERLIN. – Et moi, je suis charmé de vous rencontrer, Colette.

COLETTE . – Ça est bien obligeant.

MERLIN. – Ne vous êtes-vous pas aperçue du plaisir que j'ai à vous voir?

COLETTE. – Oui, mais je n'ose pas bonnement m'apercevoir de ce plaisir-là, à cause que j'y en prendrais aussi.

MERLIN, *interrompant.* – Doucement, Colette; il n'est pas décent de vous déclarer si vite.

COLETTE. – Dame! comme il faut avoir de l'amitié pour vous dans cette affaire-là, j'ai cru qu'il n'y avait point de temps à perdre.

MERLIN. – Attendez que je me déclare tout à fait, moi.

BLAISE, *interrompant de son siège.* – Voyez en effet comme alle se presse : an dirait qu'alle y va de bon jeu, je crois que ça m'annonce du guignon.

LISETTE, *assise et interrompant.* – Je n'aime pas trop cette saillie-là, non plus.

MERLIN. – C'est qu'elle ne sait pas mieux faire.

COLETTE. – Eh bien! velà ma pensée tout sens dessus dessous; pisqu'ils me blâmont, je sis trop timide pour aller en avant, s'ils ne s'en vont pas.

MERLIN. – Eloignez-vous donc pour l'encourager.

BLAISE, *se levant de son siège.* – Non, morguié, je ne veux pas qu'alle ait du courage, moi; je veux tout entendre.

LISETTE, *assise et interrompant.* – Il est vrai, m'amie, que vous êtes plaisante de vouloir que nous nous en allions.

COLETTE. – Pourquoi aussi me chicanez-vous?

BLAISE, *interrompant, mais assis.* – Pourquoi te hâtes-tu tant d'être amoureuse de Monsieur Merlin? Est-ce que tu en sens de l'amour?

MARIVAUX, *Les Acteurs de bonne foi,* mise en scène de Claude Stratz, Théâtre de la Commune, Aubervilliers, 26.11.1992. Madeleine Assas : Lisette Patrick Catalifo : Merlin.


COLETTE. – Mais, vrament ! je sis bien obligée d'en sentir pisque je sis obligée d'en prendre dans la comédie. Comment voulez-vous que je fasse autrement ?

LISETTE, *assise, interrompant.* – Comment ! vous aimez réellement Merlin !

COLETTE. – Il faut bien, pisque c'est mon devoir.

MERLIN, *à Lisette.* – Blaise et toi, vous êtes de grands innocents tous deux ; ne voyez-vous pas qu'elle s'explique mal ? Ce n'est pas qu'elle m'aime tout de bon ; elle veut dire seulement qu'elle doit faire semblant de m'aimer ; n'est-ce pas, Colette ?

COLETTE. – Comme vous voudrez, Monsieur Merlin.

MERLIN. – Allons, continuons, et attendez que je me déclare tout à fait, pour vous montrer sensible à mon amour.

COLETTE. – J'attendrai, Monsieur Merlin ; faites vite.

MARIVAUX, *Les Acteurs de bonne foi,* 1757, scène IV.

## ANALYSE

**1.** Commentez la réplique de Colette à la ligne 29. Quelle idée cette jeune paysanne se fait-elle du jeu de l'acteur ?

**2.** Quelles sont les répliques de Colette qui prouvent qu'elle se prend au jeu ?

**3.** Montrez comment Merlin, dans son rôle de concepteur du canevas, de metteur en scène et d'acteur, manipule les autres personnages.

**4.** D'où vient le comique de la scène ?

**5.** Observez la photo de la mise en scène de Claude Stratz. Situez dans l'espace Merlin et Colette d'une part, Blaise et Lisette d'autre part. Par rapport à l'image où situez-vous les spectateurs ? L'organisation de l'espace permet-elle de comprendre pourquoi on peut parler ici de « théâtre dans le théâtre » ?

**6.** Montrez comment Marivaux se sert du théâtre dans le théâtre pour mettre en doute la sincérité du sentiment amoureux et en dénoncer l'ambiguïté.

## PROLONGEMENT

- Reportez-vous au texte de Molière, p. 163 : peut-on parler aussi de théâtre dans le théâtre ?
- La scène 2 de l'acte III de *Hamlet* (suite de l'extrait p. 162) montre les comédiens jouant devant Claudius. Relisez la scène : quelle est la fonction du théâtre dans le théâtre ainsi mis en place ?

## 5. TRAVAIL OU INSPIRATION

# DIDEROT (1713-1784)

## *Le Paradoxe sur le comédien*

voir biographie p. 632

Le Paradoxe sur le comédien *est le premier ouvrage consacré au travail de l'acteur et à son fonctionnement intime.*

Si le comédien était sensible, de bonne foi, lui serait-il permis de jouer deux fois de suite un même rôle avec la même chaleur et le même succès ? Très chaud à la première représentation, il serait épuisé et froid comme un marbre à la troisième. Au lieu qu'imitateur attentif et disciple réfléchi de la nature, la première fois qu'il se présentera sur la scène sous le nom d'Auguste, de Cinna, d'Orosmane, d'Agamemnon, de Mahomet[1], copiste rigoureux de lui-même ou de ses études, et observateur continu de nos sensations ; son jeu loin de s'affaiblir se fortifiera des réflexions nouvelles qu'il aura recueillies, il s'exaltera ou se tempérera, et vous en serez de plus en plus satisfait. S'il est lui quand il joue, comment cessera-t-il d'être lui ? S'il veut cesser d'être lui, comment saisira-t-il le point juste auquel il faut qu'il se place et s'arrête ?

Ce qui me confirme dans mon opinion, c'est l'inégalité des acteurs qui jouent d'âme. Ne vous attendez de leur part à aucune unité ; leur jeu est alternativement fort et faible, chaud et froid, plat et sublime. Ils manqueront demain l'endroit où ils auront excellé aujourd'hui ; en revanche ils excelleront dans celui qu'ils auront manqué la veille. Au lieu que le comédien qui jouera de réflexion, d'étude de la nature humaine, d'imitation constante d'après quelque modèle idéal, d'imagination, de mémoire, sera un, le même à toutes les représentations, toujours également parfait. Tout a été mesuré, combiné, appris, ordonné dans sa tête [...]

Quel jeu plus parfait que celui de la Clairon ? Cependant suivez-la, étudiez-la, et vous serez convaincu qu'à la sixième représentation elle sait par cœur tous les détails de son jeu comme tous les mots de son rôle. Sans doute elle s'est fait un modèle auquel elle a d'abord cherché à se conformer ; sans doute elle a conçu ce modèle le plus haut, le plus grand, le plus parfait qu'il lui a été possible ; mais ce modèle qu'elle a emprunté de l'histoire, ou que son imagination a créé comme un grand fantôme, ce n'est pas elle ; si ce modèle n'était que de sa hauteur, que son action serait faible et petite ! Quand à force de travail elle a approché de cette idée le plus près qu'elle a pu, tout est fini ; se tenir ferme là, c'est une pure affaire d'exercice et de mémoire.

Denis DIDEROT, *Le Paradoxe sur le comédien*, 1773.

1. **Auguste, Cinna, Orosmane, Agamemnon, Mahomet :** il s'agit de personnages de diverses tragédies.

**Claire Josèphe LÉRIS**, dite La Clairon (1723-1803). Gravure sur cuivre de Claude Antoine Littrey, 1766. Paris, Bibliothèque nationale. © AKG-Paris.

## ANALYSE

**1.** Quelle problématique, liée au jeu de l'acteur, Diderot pose-t-il ici ?

**2.** Précisez quels sont les deux styles de jeu que Diderot oppose.

**3.** Relevez ce qui fait la supériorité du second sur le premier.

**4.** La Clairon possède, aux yeux de Diderot, les qualités qui font une grande actrice. Quelle en est la plus grande qu'il fait apparaître ici ?

**5.** Dites dans quelle mesure *Le Paradoxe sur le comédien* a pu contribuer à donner de l'acteur une meilleure image.

## 6. LE MONSTRE SACRÉ

# Alexandre DUMAS (1802-1870)

## *Mes Mémoires*

voir biographie p. 632

*Le 25 février 1830, Victor Hugo fait jouer* Hernani *à la Comédie-Française, introduisant la révolution du drame romantique, dans le temple du théâtre classique. Théophile Gautier fait de cette représentation une savoureuse description dans son* Histoire du romantisme. *Il raconte une véritable bataille rangée entre les jeunes romantiques chevelus, venus défendre la pièce, et les partisans de la tragédie classique, en perruque.*
*Dumas, pour sa part, raconte dans ses* Mémoires *les répétitions d'*Hernani *auxquelles il a assisté. Mademoiselle Mars, au faîte de sa gloire d'actrice, interprétait le rôle de doña Sol. L'auteur dirigeait les répétitions.*

Un peu plus loin, Ruy Gomez, après avoir surpris Hernani et doña Sol dans les bras l'un de l'autre, fait, à l'annonce de l'entrée du roi, cacher Hernani dans une chambre dont la porte est masquée par un tableau.

Alors, commence la fameuse scène connue sous le nom de *Scène des portraits*, scène qui a soixante et seize vers, scène qui se passe entre don Carlos et Ruy Gomez, scène que doña Sol écoute muette et immobile comme une statue, scène à laquelle elle ne prend part qu'au moment où le roi veut faire arrêter le duc, et où, arrachant son voile et se jetant entre le duc et les gardes, elle s'écrie :

« Roi don Carlos, vous êtes
Un mauvais roi !... »

Ce long silence et cette longue immobilité avaient toujours choqué mademoiselle Mars. Le Théâtre-Français, habitué aux traditions de la comédie de Molière ou de la tragédie de Corneille, était on ne peut plus rebelle à la mise en scène du drame moderne, et, en général, ne comprenait ni l'ardeur du mouvement ni la poésie de l'immobilité.

Il en résultait que la pauvre doña Sol ne savait que faire de sa personne pendant ces soixante et seize vers.

Un jour, elle résolut de s'en expliquer avec l'auteur.

Vous connaissez sa façon d'interrompre la répétition, et sa manière de s'avancer sur les quinquets[1].

L'auteur est debout à l'orchestre ; mademoiselle Mars debout devant la rampe[2].

– Vous êtes là, monsieur Hugo ?

– Oui, madame.

– Ah ! bien !... Rendez-moi donc un service.

– Avec grand plaisir... Lequel ?

– Celui de me dire ce que je fais là, moi.

– Où cela ?

– Mais sur le théâtre, pendant que monsieur Michelot et monsieur Joanny[3] causent ensemble.

– Vous écoutez, madame.

1. **quinquets :** lampes de la rampe.
2. **rampe :** principe d'éclairage de théâtre, disposé au sol sur le bord de la scène, délimitant ainsi la scène et la salle.
3. Nom des acteurs.

École française, XIX^e siècle. *Mademoiselle Mars*. Huile sur toile. Paris, Musée Carnavalet. © The Bridgeman Art Library.

Mademoiselle Mars et Mademoiselle Georges se disputent la vedette féminine des drames romantiques et sont adulées du public.

– Ah ! j'écoute… Je comprends ; seulement, je trouve que j'écoute un peu longtemps.

– Vous savez que la scène était beaucoup plus longue, et que je l'ai déjà raccourcie d'une vingtaine de vers ?

– Et bien, mais ne pourriez-vous pas la raccourcir encore de vingt autres ?…

– Impossible, madame !

– Ou, tout au moins, faire que j'y prenne part d'une façon quelconque ?

– Mais vous y prenez part naturellement, par votre présence même. Il s'agit de l'homme que vous aimez ; on débat de sa vie ou de sa mort ; il me semble que la situation est assez forte pour que vous en attendiez impatiemment mais silencieusement la fin.

– C'est égal… c'est long !

– Je ne trouve pas, madame.

– Bon ! n'en parlons plus… Mais, certainement, le public se demandera : « Que fait donc là mademoiselle Mars, la main sur sa poitrine ? Ce n'était pas la peine de lui donner un rôle pour la faire tenir debout, un voile sur les yeux, et sans parler, pendant toute une moitié d'acte ! »

– Le public se dira que, sous la main, non pas de mademoiselle Mars, mais de doña Sol, son cœur bat ; que, sous le voile, non pas de mademoiselle Mars, mais de doña Sol, son visage rougit d'espérance ou pâlit de terreur ; que, pendant le silence, non pas de mademoiselle Mars, mais de doña Sol, l'amante d'Hernani amasse dans son cœur l'orage qui éclate par ces mots, médiocrement respectueux d'une sujette à son seigneur :

« Roi don Carlos, vous êtes
Un mauvais roi !… »

et, croyez-moi, madame, cela suffira au public.

– C'est votre idée, soit ! Au fait, je suis bien bonne de me tourmenter ainsi : si l'on siffle pendant la scène, ce ne sera pas moi qu'on sifflera, puisque je ne dis pas un mot… Voyons, Michelot ; voyons, Joanny, continuons.

« Roi don Carlos, vous êtes
Un mauvais roi !… »

Là, vous êtes content, n'est-ce pas, monsieur Hugo ?

– Très content, madame.

Et, avec son imperturbable sérénité, Hugo saluait et s'asseyait.

Le lendemain, mademoiselle Mars arrêtait la répétition au même endroit, s'avançait sur la rampe, mettait sa main sur ses yeux, et, de la même voix que la veille :

– Monsieur Hugo est-il là ? demandait-elle.

– Me voici, madame.

– Et bien, avez-vous trouvé à me faire dire quelque chose ?

– Où cela ?

– Mais vous le savez bien… dans la fameuse scène où ces messieurs disent cent cinquante vers, tandis que je les regarde et que je me tais… Je sais qu'ils sont charmants à regarder ; mais cent cinquante vers, c'est long !

– D'abord, madame, la scène n'a pas cent cinquante vers ; elle n'en a que soixante et seize, je les ai comptés ; puis je ne vous ai pas promis de vous faire dire quelque chose, puisque, au contraire, j'ai essayé de vous prouver que votre silence et votre immobilité, dont vous sortez par un éclat terrible, étaient une des beautés de cette scène.

– Des beautés ! des beautés !… J'ai bien peur que le public ne soit pas de votre avis.

– Nous verrons.

– Oui, mais il sera un peu tard quand vous verrez… Ainsi, vous tenez bien décidément à ce que je ne dise pas un mot de toute la scène ?

– J'y tiens.

– Ça m'est égal ; j'irai au fond, et je laisserai ces messieurs causer de leurs affaires sur le devant de la scène.

– Vous irez au fond si vous voulez, madame, seulement comme ces affaires dont ils parlent sont autant les vôtres que les leurs, vous ferez un contresens… Quand il vous plaira, madame, on continuera la répétition.

Et la répétition continuait.

Alexandre DUMAS, *Mes Mémoires*, tome 2, 1830-1833.

## ANALYSE

### *Un récit plaisant*

**1.** Comment Alexandre Dumas parvient-il à rendre si vivantes ces répétitions d'*Hernani* ?

**2.** Quelle est la tonalité du passage ? Quelles intentions peuvent bien guider la plume d'Alexandre Dumas ?

### *Actrice contre auteur*

**3.** Quels reproches Mademoiselle Mars fait-elle à l'auteur dans la scène dite *Scène des portraits* ?

**4.** Peut-on en déduire la représentation qu'elle se fait de son métier d'actrice ? Que semble-t-elle rechercher avant tout ?

**5.** Comment Hugo justifie-t-il le silence du personnage de doña Sol ?

## ÉCRITURE

Après avoir lu la scène 6 de l'acte III d'*Hernani*, vous proposerez des jeux de scène pour l'actrice dont le personnage ne sait pas si son futur mari, le comte Ruy Gomez, va ou non livrer son amant à la mort.
Vous pourrez adopter une présentation proche de celle du texte de J.-L. Barrault à propos de *Phèdre*, p. 195.

## LIENS


✦ **Histoire littéraire,** Le personnage et le jeu de l'acteur, p. 172
✦ **Vocabulaire,** Petit lexique du personnage et de l'acteur, p. 178
✦ **Chapitre 5,** p. 216

# Antonin ARTAUD (1896-1948)

## *Le Théâtre et son double*

voir biographie p. 632

*Auteur, acteur, Antonin Artaud n'est pas satisfait des formes de théâtre traditionnelles qui mettent en avant un texte, dans un jeu basé essentiellement sur des techniques vocales. À l'exposition coloniale de 1931, il découvre le théâtre balinais. Bouleversé par cette approche du théâtre aux antipodes de nos habitudes occidentales, il voit qu'il existe en Orient une autre forme de théâtre qu'il qualifie de « plastique et physique » et il en sent le caractère sacré.*
*Ce sera le point de départ du recueil de textes* Le Théâtre et son double *qui aura une très grande influence sur toute la pratique théâtrale du* XX*e siècle.*

« Le Ramayana », Théâtre masqué et dansé. Village de Telepud (Bali), présenté au Festival d'Avignon en 1990. © Marc Enguerand.

Une des raisons de notre plaisir devant ce spectacle sans bavures, réside justement dans l'utilisation par ces acteurs d'une quantité précise de gestes sûrs, de mimiques éprouvées venant à point nommé, mais surtout dans l'enrobement spirituel, dans l'étude profonde et nuancée qui a présidé à l'élaboration de ces jeux d'expression, de ces signes efficaces et dont on a l'impression que depuis des millénaires l'efficacité ne s'est pas épuisée. Ces roulements mécaniques d'yeux, ces moues des lèvres, ce dosage des crispations musculaires, aux effets méthodiquement calculés et qui enlèvent tout recours à l'improvisation spontanée, ces têtes mues d'un mouvement horizontal et qui semblent rouler d'une épaule à l'autre comme si elles s'encastraient dans des glissières, tout cela, qui répond à des nécessités psychologiques immédiates, répond en outre à une sorte d'architecture spirituelle, faite de gestes et de mimiques, mais aussi du pouvoir évocateur d'un rythme, de la qualité musicale d'un mouvement physique, de l'accord parallèle et admirablement fondu d'un ton.

Antonin ARTAUD, *Le Théâtre et son double*,
« Sur le théâtre balinais », 1933.


## ANALYSE

**1.** Qu'est-ce qui, dans le jeu des acteurs balinais, a frappé Antonin Artaud ?

**2.** Quel terme utilise-t-il pour parler de la qualité de leur travail ? Ce terme nous aide-t-il à comprendre ce qu'Artaud recherche dans un spectacle théâtral ?

**3.** Artaud place le jeu de l'acteur balinais sur trois plans différents. Lesquels ?

**4.** Observez l'image qui vous est proposée. Y reconnaissez-vous des éléments décrits par Artaud ?

# LECTURE DE L'IMAGE

## Sarah BERNHARDT met en scène sa propre mort

**L'actrice Sarah Bernhardt** (1844-1923) répétant sa propre mort dans le cercueil qu'elle avait installé dans son salon, photographiée par Achille Melandri, photographe parisien, fin XIXe siècle.

**1.** Quelle impression retirez-vous de cette image ? Décrivez les éléments qui contribuent à la créer.

**2.** Comment la composition de l'image met-elle en valeur l'actrice couchée dans son cercueil ?

**3.** En posant sur le meuble un buste de marbre blanc mis en évidence par la photographie, que veut nous signifier Sarah Bernhardt ?

**4.** Que nous disent la photographie et sa légende sur les rapports qu'un acteur peut établir entre son art et sa vie ?

# Le personnage et le jeu de l'acteur

École française, *Farceurs français et italiens*, 1670. Paris, Théâtre français. © RMN-Bulloz.

## Comment définir le personnage de théâtre ?

**Le personnage** de théâtre est **un être de papier**, en attente du corps et de la voix d'un acteur.

Il est une illusion de personne humaine.

Il est aussi immatériel qu'un héros de roman, tout en ayant pour vocation d'être **incarné** sur une scène de théâtre **par un acteur** en chair et en os.

Le personnage de théâtre nous est connu par ce qu'il dit, par ce que les autres personnages disent de lui, et par ce que l'auteur nous apprend sur lui dans les didascalies, parfois réduites à un nom.

## Le théâtre antique : naissance du personnage

### • L'origine religieuse

Le théâtre naît vraisemblablement du **dithyrambe**, chant accompagné de musique et de danse, au cours de grandes processions en l'honneur de Dionysos. Le personnage apparaît quand un individu, puis deux, se détachent du groupe et qu'un dialogue s'instaure. Cette origine est encore sensible dans la structure des tragédies et des comédies des v$^{e}$ et iv$^{e}$ siècles av. J.-C. qui ont été conservées. Les parties dialoguées entre acteurs alternent avec les parties chantées par le personnage collectif que constitue le **chœur**. Le chœur, qui ne quitte jamais l'**orchestra**, dialogue avec les protagonistes par l'intermédiaire du **coryphée** ou chef de chœur.

➤ Reportez-vous au texte de Sophocle, *Électre* (p. 142).

### • Le personnage tragique

Les personnages de tragédies sont empruntés à l'**épopée**. Les membres des grandes familles de la mythologie grecque fournissent à Homère ses héros, et aux grands auteurs tragiques grecs leurs personnages.

Puissantes figures venues du fond des âges dont la destinée est immuable et connue de tous les spectateurs, les personnages sont plus grands que les êtres qui appartiennent au monde réel. De leur origine mythique, ils gardent des pouvoirs magiques, une proximité avec le monde des dieux. Mus par des forces obscures et violentes, confrontés à la **fatalité tragique**, ils font également preuve de sentiments humains.

➤ **Dans les textes de Sophocle et d'Euripide, *Électre* (p. 142) et *Médée* (p. 144), recherchez d'autres titres de tragédies grecques qui reprennent le nom d'un personnage de la mythologie.**

**Aristote** écrit la *Poétique* au IV^e siècle avant J.-C., soit un siècle environ après les grands tragiques grecs auxquels il se réfère et dont une partie de l'œuvre est parvenue jusqu'à nous. Il y traite essentiellement de la tragédie. Il emploie le terme de **catharsis**, traduit par purgation ou purification, pour désigner le processus d'ordre psychologique par lequel le spectateur transforme en plaisir les émotions pénibles ressenties au cours du spectacle. Pour Aristote, la représentation du texte tragique est propre à provoquer chez le spectateur terreur et pitié.

### • Le personnage de comédie

Les personnages de comédie, pris dans l'humanité ordinaire, sont caricaturés, rapetissés ou grossis, par rapport aux êtres réels.

➤ **En quoi le texte de Corneille, *L'Illusion comique*, p. 146, héritier du texte de Plaute, *Le Soldat fanfaron*, illustre-t-il cette affirmation ?**

## Évolution du personnage vers le théâtre psychologique et réaliste

### • La dramaturgie classique

L'influence d'Aristote, de ses traducteurs et de ses commentateurs, va être déterminante dans l'élaboration de la dramaturgie classique, c'est-à-dire de l'ensemble des règles qui régissent la composition, l'écriture et les personnages de la pièce.

Jusqu'au XVII^e siècle, les personnages empruntent leur nom et leur histoire à des œuvres très largement imitées de l'Antiquité. Comme leurs modèles antiques, les **héros de la tragédie classique** sont des personnages hors du commun, habités de sentiments portés à une intensité maximale.

Les auteurs de tragédies interprètent dans un sens moral la notion de **catharsis** aristotélicienne : en montrant les conséquences terribles de certaines actions, la tragédie nous détournerait de toutes les passions mauvaises. Pour Corneille, le spectacle de la tragédie permet au spectateur d'accomplir un retour sur soi et l'incite à « *purger, modérer, rectifier, et même déraciner en lui la passion* ». Pour Racine, les larmes versées sur les héros souffrants aident à épurer les passions, en leur ôtant « *tout ce qu'elles ont d'excessif et de vicieux* ».

Les personnages doivent être **vraisemblables**, c'est-à-dire suffisamment semblables au vrai pour permettre aux spectateurs de s'identifier à eux et de retirer de la représentation le bénéfice d'une leçon morale (→ *Phèdre*, p. 194).

Dans la deuxième moitié du XVII^e siècle, **la comédie** devient un genre majeur avec **Molière** dont les pièces exploitent toutes les formes du comique. Molière ne renie pas la farce populaire née au Moyen Âge, et développe parallèlement la **comédie-ballet** et la **comédie de**

**caractère**. La comédie de caractère éclaire en les grossissant les traits psychologiques marquants du personnage qui oscille entre type comique et caractère plus approfondi et plus nuancé (→ *George Dandin* et ses diverses interprétations possibles, pp. 182-185).

➤ **Citez des titres de pièces de Molière. Quelles sont celles que vous rangeriez du côté des farces et celles que vous rangeriez du côté des comédies de caractère ?**

### • Le drame

À partir du XVIIIe siècle, on assiste au **bouleversement des règles de la dramaturgie classique** sous l'impulsion de **Diderot** qui refuse la distinction entre tragédie et comédie et leur substitue le **drame**. Les auteurs cherchent maintenant leurs modèles dans la vie quotidienne, psychologique et sociale. Ils s'efforcent de **favoriser l'illusion** que leurs personnages existent dans la réalité en multipliant les indices de ressemblance avec le réel. Leurs personnages ont un état civil, une situation sociale, une biographie. La scène tend un miroir au spectateur qui est amené à rapporter à lui-même ce qu'il voit sur la scène. Cette tendance se confirme au XIXe siècle et perdure au XXe siècle, notamment avec le théâtre de boulevard qui place des personnages très ordinaires dans des situations comiques de la vie domestique, pour le plus grand divertissement du public.

**Le drame romantique**, à l'honneur de 1830 à 1843, **met en scène des héros** qui ne sont pas des hommes du commun mais se différencient néanmoins nettement des héros classiques. Abandonnant le mythe ou l'Histoire ancienne, ce sont des personnages tirés de l'Histoire plus récente, comme les héros de Shakespeare dont les dramaturges romantiques revendiquent l'héritage. Ces personnages ne sont pas traités en grandes figures mais en êtres humains pétris de contradictions, insérés dans un monde représenté sur la scène. **Hugo** veut « illuminer à la fois l'intérieur et l'extérieur des hommes » comme il l'écrit à propos de *Cromwell* et peindre son personnage sous toutes ses facettes, tel qu'il a pu véritablement exister, à la fois homme d'État et homme privé (→ *Cromwell*, p. 150).

Quand il ne naît pas de l'Histoire, le héros romantique peut être issu du peuple, rencontrer des personnages proprement comiques, et se retrouver dans des situations prosaïques ou drôles. La pièce de Victor Hugo, *Ruy Blas,* décrit le parcours d'un homme du peuple porté aux plus hautes responsabilités. Il croise sur sa route Don César, personnage dans la pure tradition comique. Dans *Hernani*, autre drame romantique de Victor Hugo, le roi Carlos se retrouve enfermé dans une armoire comme dans le comique traditionnel de l'amant surpris dans la chambre de son aimée.

**À la fin du XIXe et au début du XXe siècles**, l'intérêt pour la psychologie, dont témoignent les travaux de Freud, amène les auteurs de théâtre à attribuer à leurs personnages souvenirs, hésitations, mystère, infimes manifestations de leur psychologie profonde. Ils apparaissent dotés d'une véritable **épaisseur psychologique**.

➤ **Qu'est-ce qui rapproche l'extrait de *Hedda Gabler* (p. 154) et celui de *La Cerisaie* (p. 188) ?**

## Dissolution du personnage

La fin du XIXe et le début du XXe siècles sont également des années qui **remettent en cause** les lois de **la figuration réaliste**. Le théâtre est concerné par cette évolution très sensible en peinture avec les mouvements qui vont de l'impressionnisme à l'abstraction, en passant notamment par le cubisme.

La crise du personnage s'inscrit dans la crise générale des valeurs humanistes que génèrent les deux guerres mondiales. On en trouve les premières manifestations chez Beckett et Ionesco, rangés sous l'étiquette d'auteurs du **théâtre de l'absurde**.

**La communication entre les personnages est perturbée.** Le personnage en crise perd jusqu'à son nom, son identité, son passé, la cohérence même de son langage (→ Beckett, Minyana). Le théâtre contemporain ne prétend plus donner forme à des êtres dont la vie et la psychologie seraient explorées à travers quelques moments de leur histoire représentés sur la scène ; il donne à voir des corps ici et maintenant, sur une scène.

Le traitement du personnage a subi une évolution qui s'est accélérée au XXe siècle et remet en cause son statut. Néanmoins, le paysage théâtral reste divers aujourd'hui, et certains auteurs conservent une approche traditionnelle du personnage. Vous en trouverez un exemple dans *L'Atelier* de Grumberg, p. 226.

➤ **Mettez en parallèle les personnages de Beckett, p. 156, et ceux de Minyana, p. 158, avec les personnages de Grumberg (p. 226), au niveau de leur identité, de leur histoire personnelle, de leur psychologie, de leur rapport à l'Histoire.**

## Le jeu de l'acteur ou le jeu du « je »

La manière de jouer s'est modifiée au cours des siècles, en relation avec l'évolution du personnage et les techniques de la scène. Elle a été également influencée par la découverte de styles de jeu propres à l'Orient (→ Artaud, p. 170).

➤ **Quelle est la part de sincérité et la part d'artifice dans le travail de l'acteur que décrivent *Hamlet* (p. 162) et *Le Paradoxe sur le comédien* (p. 166) ?**

Comédien se maquillant.
© Martine Franck / Magnum.

L'acteur et metteur en scène russe, **Stanislavski** (1863-1938), fait considérablement avancer la réflexion sur la **formation de l'acteur** et le processus de **construction du personnage**. Il propose à l'acteur une prise en charge du personnage par son moi profond à travers d'incessants allers-retours de la personne de l'acteur au personnage de l'œuvre.

En revanche, **Brecht**, auteur, metteur en scène et théoricien de théâtre allemand (1898-1956), demande aux acteurs de tenir leur personnage à distance, de le « montrer » plutôt que de l'incarner. La **distanciation** brechtienne, obtenue par le style de jeu des acteurs, mais également par des ruptures dans la représentation à l'aide de chants ou d'adresses au public, veut casser l'illusion théâtrale. Le spectateur ne peut plus alors s'identifier totalement au personnage, ni croire que ce qu'il voit sur la scène est la réalité. La distance ainsi créée permet au spectateur de mener une réflexion sur ses propres conditions de vie, éclairées par l'histoire qui lui est contée.

**L'arrivée de l'électricité**, au début du XXe siècle, va donner la primauté au regard du spectateur. Jusque-là, l'art de l'acteur s'adressait essentiellement à l'oreille et était plus déclamatoire que gestuel. Éclairés, les corps des acteurs sont vus comme des volumes dans un espace, et l'œil est attiré par leurs déplacements.

**Une nouvelle sensibilité à la gestuelle de l'acteur** naît avec la photographie qui développe l'attention aux détails d'une attitude. La pensée du spectateur, dominée pendant des siècles par le livre et le texte, appréhende désormais un spectacle total dont le corps de l'acteur est un élément fondamental.

# LECTURE D'UNE ŒUVRE INTÉGRALE

## Jean GENET, *Les Bonnes*, 1946

Entrer dans l'univers théâtral des *Bonnes* implique un détour par l'étonnant parcours de son auteur, des allers et retours entre la pièce et sa célèbre préface : « Comment jouer *Les Bonnes* ? », et des incursions dans les mises en scène de la pièce.
L'édition proposée est celle de la collection « folio théâtre », Gallimard, 2001, l'édition de référence restant celle de La Pléiade : Jean Genet, *Théâtre Complet*, 2002. Introduction et notes de Michel Corvin.

### Le rituel du théâtre

Genet s'est inspiré d'un fait divers : le meurtre perpétré par les sœurs Papin, deux bonnes au comportement exemplaire qui tuèrent sauvagement leur patronne et sa fille et s'acharnèrent sur leurs cadavres. Cependant, la pièce qu'il écrit n'est pas l'étude d'un cas clinique de psychose. Ce n'est pas non plus une mise en scène réaliste d'une histoire vraie : « *Il ne s'agit pas d'un plaidoyer sur le sort des domestiques. Je suppose qu'il existe un syndicat de gens de maison – cela ne nous regarde pas.* » Genet revendiquera souvent sa volonté de « *se débarrasser des apparences* ». Il écrit aussi : « *Si nous opposons la vie à la scène, c'est que nous pressentons que la scène est un lieu voisin de la mort où toutes les libertés sont permises.* »
La pièce débute par une scène de théâtre dans le théâtre qui se prolonge jusqu'à la sonnerie du réveil, p. 32.

**1.** Vous montrerez en quoi les deux sœurs se livrent à une sorte de cérémonial sacré en même temps qu'à un jeu bien réglé.

**2.** Dans la suite du texte, vous rechercherez une scène comparable et en dégagerez les enjeux.

**3.** Dans les deux scènes, vous mettrez en évidence comment le langage introduit un perpétuel décalage avec le réel.

### Le jeu des doubles

Le thème traditionnel des rapports maître-valet peut amener à réfléchir sur le double, son semblable et son contraire (cf. *Dom Juan*, p. 214).

**4.** Vous montrerez comment, dans *Les Bonnes*, le jeu de doubles se démultiplie jusqu'au vertige de l'identité menacée.

### L'inversion des signes. Quand la laideur se transforme en beauté

Dans toute son œuvre, Genet inverse les valeurs ordinairement associées aux actes ou aux lieux. La prison devient évasion, liberté, là où on peut échapper à l'insignifiant pour revenir à l'essentiel. Ses héros appartiennent au monde de la délinquance, du meurtre, de la prostitution. Objets de fascination pour Genet, ils sont magnifiés par le lyrisme et rejoignent une forme de transcendance. Le meurtrier, pour avoir commis l'irrémédiable, incarne la transgression. Il a franchi un seuil sans possibilité de retour. « *Une des fonctions de l'art est de substituer à la foi religieuse l'efficacité de la beauté* » écrit Genet dans une lettre à l'éditeur Jean-Jacques Pauvert.

**5.** Analysez la tirade de Solange, pp. 105 à 108. Montrez comment, à la fin de la tirade, la descente vers le crime est traitée en apothéose.

### Comment jouer *Les Bonnes* ?

Dans une lettre au metteur en scène Roger Blin, Genet revendique que la représentation théâtrale soit « *un acte poétique, non un spectacle* ». Rappelons que « poétique » vient d'un verbe grec qui signifie « faire ». Par cette affirmation, Genet refuse le théâtre comme divertissement ou plate copie du réel, il veut en faire un acte de pure création.
Déçu par la mise en scène des *Bonnes* par Jouvet en 1947, Genet exprime ce qu'il attend de la mise en scène et du jeu des acteurs dans « Comment jouer *Les*

*Les Bonnes*, mise en scène de Louis Jouvet au Théâtre de l'Athénée en 1947, avec Yvette Étiévant et Monique Mélinand. © Agence de Presse Bernand.

*Les Bonnes*, mise en scène de Philippe Adrien au Théâtre du Vieux Colombier en 1995, avec Dominique Constanza et Catherine Hiegel.


*Bonnes* ? », texte placé par Genet avant la pièce depuis l'édition de 1963.

**6.** Relevez dans cette préface les passages où Genet rejette toute trace de réalisme.

**7.** Quels effets Genet semble-t-il rechercher quand il demande un jeu « furtif », des gestes « retenus » ou « cassés » et aussi des voix « comme suspendues et cassées » ?

**8.** Pouvez-vous rapprocher les conceptions d'Artaud et celles de Genet sur le théâtre ? Vous justifierez votre réponse en vous appuyant sur le texte d'Artaud ou sur d'autres textes du *Théâtre et son double*, ainsi que sur la préface des *Bonnes* et sur cet aveu de Genet à propos des *Bonnes* : « *Déjà ému par la morne tristesse d'un théâtre qui reflète trop exactement le monde visible, les actions des hommes et non des dieux, je tâchai d'obtenir un décalage qui, permettant un ton déclamatoire, porterait le théâtre dans le théâtre. J'espérais obtenir l'abolition des personnages.* », ou sur cette affirmation de Genet dans une lettre à Jean-Jacques Pauvert dans laquelle il déplore la manière de jouer des acteurs de son époque : « *L'acteur occidental ne cherche pas à devenir un signe chargé de signes, simplement il veut s'identifier à un personnage de drame ou de comédie.* »

## Des mises en scène

On a joué *Les Bonnes* à cheval. On a joué *Les Bonnes* avec des acteurs uniquement masculins ou avec un ou bien deux acteurs masculins sur trois. Les nombreux metteurs en scène des *Bonnes* ont donné libre cours à leur imagination dans l'interprétation de cette pièce. Nous nous arrêterons sur deux mises en scène marquantes, celle de la création en 1947 par Jouvet et celle de Philippe Adrien en 1996.

**9.** Dans la mise en scène de Jouvet (photo p. 176), décrivez les attitudes des actrices qui jouent les deux bonnes. Le jeu des actrices vous semble-t-il réaliste ? Quel lien peut-on établir entre le décor et le style de jeu des actrices ?

**10.** Dans la mise en scène de Philippe Adrien (ci-dessus), montrez comment l'attitude des deux sœurs témoigne d'un jeu qui s'éloigne du naturel. Comment interprétez-vous leur regard ?
Lorsqu'on sait que les meubles, qui pourraient être ceux d'une vraie chambre, s'enfonçaient peu à peu dans les murs, que la fenêtre se murait de lourds parpaings, et que Claire s'admirait dans un miroir qui n'était autre que le public, on comprend mieux comment les actrices de Philippe Adrien parvenaient à basculer l'univers de la pièce de Genet dans un monde halluciné entre rêve et réalité.

**11.** Vous chercherez le sens du mot « stylisation » en art et direz ce qui relève de la stylisation dans l'image de la mise en scène de Ph. Adrien.

## Un parcours d'écrivain atypique

**12.** Faites une recherche sur la vie de Jean Genet qui vous permette de mieux comprendre ce que dit Sartre dans l'ouvrage qu'il lui consacre en 1952, *Saint Genet comédien et martyr* :

« *Genet vole et se fait appeler voleur. Il reprend ce mot à son compte et décide de se vouloir voleur dans une perversion éthique généralisée qui le mène à l'homosexualité et à la trahison dans une conversion au mal. Mais on ne peut faire le mal ni être méchant absolument. Genet ne peut s'en sortir que dans l'imaginaire, en esthète. Une dernière métamorphose change l'artiste en écrivain.* » Et encore : « *Le génie n'est pas un don mais l'issue que l'on s'invente dans les cas désespérés.* »

# Vocabulaire

# Petit lexique du personnage et de l'acteur

## Un peu d'étymologie

### • Personnage, rôle, type

**Persona** : « personne » en latin, est un mot d'origine étrusque employé pour désigner le masque de théâtre. La pratique du masque, passée de Grèce à Rome, se retrouve dans la commedia dell'arte. L'acteur masqué perd son identité, pour se dissimuler derrière le masque qui a pour fonction de représenter le personnage. La relation au rôle peut être envisagée différemment selon qu'il s'agit, pour l'acteur, de s'approcher du rôle comme d'un vêtement étranger qu'on va endosser en essayant de s'y adapter le mieux possible, ou bien de chercher à mettre le rôle à sa mesure, de tailler le vêtement selon sa personnalité.

Masques d'acteurs de théâtre, mosaïques provenant de la villa Adriana. Rome, Musées capitolins. © Dagli Orti.

**Le rôle,** c'est chez les Grecs comme chez les Latins, un rouleau de bois autour duquel s'enroulait le parchemin qui contenait le texte à dire par l'acteur. La notion de rôle correspond à l'image d'une partition, d'un lambeau de peau qu'il faut dérouler, qui existe avant l'interprétation par l'acteur et existera encore après.

Le mot grec **typos** est passé de l'idée de marque imprimée ou gravée, à celle de signe d'écriture (cf. le mot typographie), puis à celle de représentation de quelque chose.

En français, le mot **type** part de l'idée d'empreinte destinée à en faire d'autres, pour aboutir à celle d'un modèle original, d'un modèle de référence.

### • Acteur

L'acteur **interprète un rôle**, comme le devin interprète la parole de la divinité. Il transmet au public le ou les sens que le texte a pour lui.

L'acteur en grec se dit **hypocritès** qui signifie littéralement « celui qui répond », celui qui donne la réplique, puis celui qui joue la comédie.

Le terme de **protagoniste** est attribué à l'acteur qui joue le rôle principal. Il est composé du mot *premier* et du mot *agon* : concours, lutte, combat, débat dans un procès, il évoque le conflit ou le rapport de force.

## Un art et un métier

### • Acteur ou comédien ? Emploi ou rôle ?

**Comédien**, dans la langue classique, s'opposait parfois à **tragédien**. C'est maintenant un terme commode qui désigne tout artiste de la scène.

La distinction entre acteur de cinéma et comédien de théâtre tend aujourd'hui également à s'effacer. Le terme d'acteur s'est imposé en raison de son sens premier, « celui qui agit ». La distinction subsiste encore entre l'acteur, considéré comme protagoniste dans l'action, et la personne sociale qui exerce le métier de comédien.

Le **rôle** se limite à l'ensemble du texte et du jeu d'un acteur dans une pièce. Le terme d'**emploi**, plus large, recouvre la notion de type de rôle qui correspond à l'âge, au physique, à la voix, à la morphologie d'un comédien. On distingue les emplois comiques, les emplois tragiques, l'emploi de soubrette, celui de jeune premier, de l'ingénue, du barbon, ou vieillard amoureux...

### • Dans l'Histoire du théâtre occidental

**En Grèce antique**, trois acteurs seulement, se partageaient les différents rôles. Seuls les hommes pouvaient être acteurs. Les **masques** et les **costumes** permettaient aux spectateurs d'identifier les personnages. Les masques, les hautes chaussures appelées **cothurnes** qui grandissaient les acteurs et qui s'imposèrent à partir du IVe siècle, l'éloignement dans l'espace d'avec le public, tous ces aspects de la représentation antique contribuaient à faire apparaître les personnages comme de **grandes figures** venues du fond des âges et à impressionner les spectateurs.
Le chœur, en revanche, était composé de citoyens qui n'étaient pas des acteurs professionnels.

**Au Moyen Âge**, dans les mistères religieux, les acteurs, toujours de sexe masculin, hommes d'Église ou bourgeois des villes, sont des officiants plus que des acteurs. À la fin du XVe siècle, certains d'entre eux deviennent comédiens professionnels. L'évolution du **théâtre sacré** vers le **théâtre profane** explique la méfiance et l'hostilité que l'Église va nourrir à l'encontre des comédiens. La veuve de Molière rencontrera en 1673 les pires difficultés pour le faire enterrer chrétiennement.

**Au XVIIe siècle** le théâtre sert la gloire de Louis XIV qui **crée la Comédie-Française** en faisant fusionner deux troupes professionnelles, les tragédiens de l'Hôtel de Bourgogne et la troupe de Molière.

**Les XVIIIe et XIXe siècles**, dans la voie ouverte par Diderot, s'intéressent au travail de l'acteur. L'image des acteurs, **monstres sacrés** ou vedettes, coexiste avec l'image de l'artiste bohême, car la plupart vivent mal de revenus précaires.

**Aujourd'hui**, le travail de l'acteur est reconnu comme un art. Le statut d'**intermittent du spectacle**, qui recouvre des situations très diverses et permet aux artistes et aux techniciens du spectacle vivant de bénéficier d'un minimum de sécurité économique, fait l'objet de sérieuses remises en question.

## De l'imitation à l'illusion

Pour Aristote, l'art en général imite la nature et le terme qu'il utilise est **mimésis**, imitation. Si on prend « imiter » au sens de « reproduire », le théâtre, pas plus que les autres arts, n'imite le monde, les hommes et leurs rapports.

Il est plus juste de dire qu'il les représente, c'est-à-dire qu'il en donne à voir certains aspects à travers une série de **conventions**. En effet, même si le personnage de théâtre peut évoquer une personne appartenant au domaine de la vie réelle, même si le corps et la voix de l'acteur lui donnent une certaine réalité, nous savons bien que ce personnage n'existe pas, que tout est faux sur la scène, et que **l'acteur joue** un personnage qui s'évanouira quand, à la fin de la représentation, il quittera son costume.

La volonté d'imiter le réel au plus près a pour objectif de **créer l'illusion théâtrale**, c'est-à-dire d'amener le spectateur à prendre pour vrai ce qui n'est qu'une fiction. On peut remarquer qu'illusion a la même origine latine que le mot *ludique* qui se rapporte à l'idée de jeu.

Quand il joue, l'acteur se joue du spectateur et l'entraîne contre toute rationalité à croire, le temps de la représentation, à un univers d'artifice.

Le **processus d'illusion**, déclenché par l'acteur qui imite des personnes pouvant exister dans la vie réelle, amène le spectateur à s'identifier au personnage. L'**identification au héros** est un plaisir essentiel au théâtre, comme au cinéma, et plonge ses racines dans l'inconscient. Nietzsche définit ainsi ce phénomène : « *Se voir soi-même métamorphosé devant soi et agir maintenant comme si on était entré dans un autre corps, dans un autre caractère.* ».

## EXERCICES

**1** **Aidez-vous de l'étymologie pour expliquer pourquoi on parle de type au théâtre.**
**a) Donnez des exemples de types comiques que vous connaissez.**
**b) Faites une recherche sur les noms de personnages de la commedia dell'arte. Que remarquez-vous ?**

**2** **On entend parfois, à propos d'un acteur dont on salue le jeu, l'expression « *entrer dans la peau du personnage* ». Pouvez-vous expliquer en quoi cette expression n'est pas adaptée au travail de l'acteur et pourquoi il est préférable de lui substituer « *trouver son personnage* » ou encore « *construire son personnage* » ? Développez vos explications en vous aidant des textes du groupement.**

**3** **Continuez à écrire l'histoire du mot « hypocrite » dans la langue française en tenant compte de son origine, et faites parallèlement une recherche sur la manière dont les comédiens étaient considérés par l'Église.**

**4** **Jusqu'où pourrait-on rapprocher le jeu de l'acteur de celui de l'enfant ?**

**5** **La racine latine *sem/sim* est liée à l'idée d'unité. Le mot latin *similis* signifie littéralement « qui ne fait qu'un avec ».**
**a) À partir de cette étymologie, mettez en évidence le lien qui unit les mots : *sembler*, *simultané*, *simuler*, *simulacre*.**
**b) On remarque que le verbe « représenter », si on veut bien lui donner le sens de « rendre présent », n'est pas éloigné, sur le plan sémantique, des mots de la famille de « sembler ». Justifiez cette affirmation.**

**6** **Faites une recherche sur les mots de la famille de *mimésis*. Quels sont ceux qui renvoient explicitement à des formes de théâtre ?**

**7** **Parmi les expressions suivantes « *jouer un rôle* », « *simuler des sentiments* », « *interpréter un texte* » », « *représenter un personnage* », quelle est celle qui correspond le mieux à l'idée que vous vous faites du travail de l'acteur, à partir des textes du groupement 2 ?**

# Stylistique

## L'emploi du vers au théâtre

### Poésie ou théâtre ?

**Le vers appartient à la poésie et au théâtre.** Le langage dramatique cherche la spontanéité et le naturel du langage vivant. Le vers, en revanche, se conforme à des règles préétablies.
« *Il n'est pas naturel de parler en vers* » dit Hugo.

**Au théâtre, le vers est une convention.** L'abbé D'Aubignac dans *La pratique du théâtre* (1657) l'affirme : « *Tout ce qui est au théâtre étant l'image de quelque chose, ces grands vers qui ne sont pas du langage commun et usité parmi les hommes, ne représentent rien que la prose dont on se sert en parlant ensemble.* »

Les humanistes traduisent les tragédies antiques en alexandrins, parce que l'alexandrin, selon Ronsard, s'approche de « *la prose libre et variée du langage familier* ». C'est ainsi que **l'alexandrin** devient le vers du théâtre classique. (*Cf.* Les types de vers, p. 272.)

### Petit historique d'une convention

**Au XVII^e^ siècle,** le théâtre en vers s'impose dans la hiérarchie des genres. Les tragédies ou les comédies héroïques sont versifiées. **La prose est réservée au genre mineur et populaire de la farce.** Molière alterne comédies en prose et comédies en vers, sans que cette répartition recoupe toujours la distinction farce / grande comédie.

**Au XVIII^e^ siècle,** la question du vers au théâtre se cristallise autour du modèle que constitue la tragédie en vers du XVII^e^. Face à la doctrine conservatrice, **une nouvelle esthétique** juge la convention du vers au théâtre trop artificielle.

**Le XIX^e^ siècle romantique** rejette également le vers. Manquant de naturel, il est contraire à l'illusion théâtrale. Hugo, cependant, le défend parce qu'il permet de « *communiquer son relief aux choses qui, sans lui, paraîtraient insignifiantes et vulgaires.* » L'alexandrin de Hugo innove : il se propose de tout dire et se libère de la traditionnelle coupe à l'hémistiche autant que de l'obligation du mot noble et recherché :
« *Je fis une tempête au fond de l'encrier.* »

**Au XX^e^ siècle,** les dramaturges, **rompent avec une convention désormais désuète.** Cependant, Claudel adopte le verset qui ménage des effets de coupe et d'accentuation. Certains textes contemporains, soucieux d'imprimer un rythme au souffle de l'acteur, se présentent avec des retours réguliers à la ligne.

## EXERCICES

**1 Corneille, *L'Illusion comique*, p. 146, vers 15 à 36**
**Déterminez les coupes des vers dans la tirade de Matamore. Montrez comment leur régularité accentue l'emphase du discours. Commentez le rythme du vers 29 ; quel effet produit-il ?**

**2 Molière, *George Dandin*, p. 182 et *Tartuffe*, p. 206**
**Comparez le niveau de langue, le registre des discours, le rythme des échanges de ces deux extraits. Que pouvez-vous conclure sur les choix de Molière en matière de vers ou de prose ?**

**3 Hugo, *Cromwell*, p. 150**
**a) Quel traitement Hugo réserve-t-il à l'alexandrin, tout particulièrement aux vers 5660 à 5670 ? Quel est l'effet produit ?**
**b) Analysez le rythme des vers 5721 à 5727. Observez précisément la longueur des phrases grammaticales par rapport aux vers, ainsi que la coupe après le premier mot *oui*. Quels sont les effets produits ?**
**c) Cet extrait des scènes XI et XII vous paraît-il correspondre aux souhaits de Victor Hugo : « *Nous voudrions un vers libre, franc, loyal, osant tout dire sans pruderie, tout exprimer sans recherche, passant d'une naturelle allure de la comédie à la tragédie, du sublime au grotesque ; tour à tour positif et poétique, tout ensemble artiste et inspiré, profond et soudain, large et vrai ; sachant briser à propos et déplacer la césure pour déguiser sa monotonie d'alexandrin* » ?**

**4 Théâtre contemporain, *Anne-Marie*, p. 158**
**En quoi la disposition typographique du texte de Minyana se rapproche-t-elle d'une page versifiée ? Permet-elle de mettre en relief certains mots, voire certaines syllabes ? Quel est l'effet recherché ?**

### Écriture

**Partagez-vous l'opinion de Racan, poète et auteur dramatique du XVII^e^ siècle, quand il affirme « *les vers ne sont introduits [au théâtre] que pour soulager la mémoire des acteurs ; et si l'autre poésie est le langage des dieux, celle-ci n'est que le langage des hommes et l'image de leur conversation.* ».**
**Vous appuierez votre argumentation sur les textes de ce chapitre et sur ceux du chapitre 5.**

# Dire ou lire à voix haute

Un texte écrit est le **relais graphique de la pensée et des sentiments** de son auteur. On peut le comparer à la partition musicale qui reste lettre morte tant que l'instrumentiste ne lui donne pas vie. L'instrument de l'acteur ou du lecteur à voix haute, c'est son **souffle**. Les mots ont besoin du souffle, des **résonances**, des **vibrations** et de l'articulation pour atteindre leur but et être modulés.

## • Le silence

La capacité à ménager des silences est **indispensable** pour prendre le temps de poser le regard sur son auditoire, pour permettre à celui-ci de s'approprier le sens des mots, tout simplement **pour faire entendre le texte**. « *Le silence est une confirmation de la parole* », disait Cicéron auteur et orateur latin.

Au théâtre, le silence est tellement important qu'il est parfois noté dans les didascalies ou fait partie de l'écriture même du dramaturge.

## • La question du « ton »

« Mettre le ton », c'est vouloir donner une couleur émotionnelle au texte. La lecture neutre qui s'applique à respecter le **rythme**, l'**articulation** et la **sonorité des mots** est préférable. « Mettre le ton » et négliger la matérialité sonore du texte, c'est prendre le risque de lui imposer trop vite un sens univoque et de ne pas le faire entendre dans toutes ses résonances et ses sens possibles.

## • Dire le vers de théâtre

La diction du texte de théâtre en vers met devant une contradiction : **faut-il privilégier la métrique ou le sens** ? Cette contradiction impose des choix : poser la voix à la fin du vers et ménager un court silence met en valeur la rime et le mètre, mais, dans le cas d'un enjambement, contrarie le sens porté par la syntaxe de la phrase. Une phrase ne correspond pas toujours à l'unité rythmique du vers. Voir exercice 3 b, p. 180.

Respecter la coupe à l'hémistiche de l'alexandrin classique met en valeur son rythme mais crée une diction artificielle et ne permet pas d'éviter la monotonie. On demande alors au récitant de ne pas « chanter ».

Faut-il éviter de faire la liaison que l'on ferait en prose entre deux mots séparés par la césure du vers ?

Faire entendre le e muet à la fin du vers implique également une diction non naturelle, ne pas le faire entendre, c'est supprimer l'opposition rimes masculines / rimes féminines, chère aux classiques.

Chaque époque résoudra ces questions à sa manière.

**La diction classique privilégie la musicalité des vers.** Lulli disait : « *Si vous voulez bien chanter ma musique, allez entendre La Champmeslé* », grande actrice racinienne.

Cette tradition se poursuit jusqu'à la fin du XIXe et au début du XXe siècles. Sarah Bernhardt, l'archétype de la tragédienne, module prodigieusement son souffle à l'égal d'une cantatrice.

**Au nom du naturel**, certains acteurs disent les vers comme de la prose ; quelques metteurs en scène au contraire s'attachent à retrouver la déclamation baroque et classique. Barrault traite le texte de Racine comme une partition (voir p. 195). Actuellement, on s'attache à nouveau au travail du souffle et le vers est traité comme **une unité de souffle** plus que de sens.

# EXERCICES ORAUX

**1** **Lisez à plusieurs voix le texte de Tchekhov (p. 188) et celui de Beckett (p. 156) à un rythme continu et sans intonation particulière. Relisez-les en rajoutant un récitant qui dira les mots *pause* et *un temps* contenus dans les textes. Relisez-les une dernière fois en vous obligeant à compter dix secondes à chaque pause ou temps. Appréciez l'effet produit dans les deux textes.**

**2** **Proposez une lecture du texte *Hedda Gabler* (p. 154) dans laquelle vous aurez introduit un certain nombre de silences de durée variable. Justifiez votre proposition.**

**3** **Lisez le texte *Cromwell* (p. 150) à plusieurs voix : comment répartirez-vous entre les lecteurs *les voix dans la foule* ? Relisez-le sans marquer la ponctuation mais en faisant entendre le mètre et les rimes. Est-ce toujours compréhensible ?**

**4** **Entraînez-vous à la lecture des passages de *Phèdre* (p. 194) en prenant en compte les indications de Barrault. Passages correspondant aux annotations de Barrault nos 11, 17, 23, 32 et 33, et à ce que Barrault nomme le récitatif : nos 41 à 53.**

# CORPUS MOLIÈRE, *George Dandin*

## *George Dandin*

*George Dandin est trompé par sa femme Angélique qui appartient à la petite noblesse. Angélique a été contrainte par ses parents d'épouser Dandin. Ce mariage était pour eux le moyen d'éviter la ruine de la famille Des Sotenville. Au cours des deux premiers actes, George Dandin a cru pouvoir confondre sa femme, mais elle a toujours réussi à retourner la situation à son profit. À la scène 6 de l'acte III, il pense tenir sa vengeance : Angélique, sortie de nuit pour retrouver son amant Clitandre, se retrouve dehors, à la porte. Elle appelle le valet Colin pour qu'il lui ouvre, mais c'est son mari qui lui répond.*

ACTE III, SCÈNE 6

[...]

GEORGE DANDIN, *mettant le nez à la fenêtre.* Colin, Colin ! Ah ! je vous y prends donc. Madame ma femme, et vous faites des *escampativos* pendant que je dors. Je suis bien aise de cela, et de vous voir dehors à l'heure qu'il est.

ANGÉLIQUE. Hé bien ! quel grand mal est-ce qu'il y a à prendre le frais de la nuit ?

GEORGE DANDIN. Oui, oui, l'heure est bonne à prendre le frais. C'est bien plutôt le chaud, Madame la coquine ; et nous savons toute l'intrigue du rendez-vous et du damoiseau. Nous avons entendu votre galant entretien, et les beaux vers à ma louange que vous avez dits l'un et l'autre. Mais ma consolation, c'est que je vais être vengé, et que votre père et votre mère seront convaincus maintenant de la justice de mes plaintes, et du dérèglement de votre conduite. Je les ai envoyés quérir, et ils vont être ici dans un moment.

ANGÉLIQUE. Ah Ciel !

CLAUDINE. Madame.

GEORGE DANDIN. Voilà un coup sans doute où vous ne vous attendiez pas. C'est maintenant que je triomphe, et j'ai de quoi mettre à bas votre orgueil, et détruire vos artifices. Jusques ici vous avez joué mes accusations, ébloui vos parents, et plâtré vos malversations. J'ai eu beau voir, et beau dire, et votre adresse toujours l'a emporté sur mon bon droit, et toujours vous avez trouvé moyen d'avoir raison ; mais à cette fois, Dieu merci, les choses vont être éclaircies, et votre effronterie sera pleinement confondue.

ANGÉLIQUE. Hé ! je vous prie, faites-moi ouvrir la porte.

GEORGE DANDIN. Non, non : il faut attendre la venue de ceux que j'ai mandés, et je veux qu'ils vous trouvent dehors à la belle heure qu'il est. En attendant qu'ils viennent, songez, si vous voulez, à chercher dans votre tête quelque nouveau détour pour vous tirer de cette affaire, à inventer quelque moyen de rhabiller votre escapade, à trouver quelque belle ruse pour éluder ici les gens et paraître innocente, quelque prétexte spécieux de pèlerinage nocturne, ou d'amie en travail d'enfant, que vous veniez de secourir.

ANGÉLIQUE. Non : mon intention n'est pas de vous rien déguiser. Je ne prétends point me défendre, ni vous nier les choses, puisque vous les savez.

GEORGE DANDIN. C'est que vous voyez bien que tous les moyens vous en sont fermés, et que dans cette affaire vous ne sauriez inventer d'excuse qu'il ne me soit facile de convaincre de fausseté.

ANGÉLIQUE. Oui, je confesse que j'ai tort, et que vous avez sujet de vous plaindre. Mais je vous demande par grâce de ne m'exposer point maintenant à la mauvaise humeur de mes parents, et de me faire promptement ouvrir.

GEORGE DANDIN. Je vous baise les mains.

ANGÉLIQUE. Eh ! mon pauvre petit mari, je vous en conjure !

GEORGE DANDIN. Ah ! mon pauvre petit mari ? Je suis votre petit mari maintenant, parce que vous vous sentez prise. Je suis bien aise de cela, et vous ne vous étiez jamais avisée de me dire de ces douceurs.

ANGÉLIQUE. Tenez, je vous promets de ne vous plus donner aucun sujet de déplaisir, et de me…

GEORGE DANDIN. Tout cela n'est rien. Je ne veux point perdre cette aventure, et il m'importe qu'on soit une fois éclairci à fond de vos déportements.

ANGÉLIQUE. De grâce, laissez-moi vous dire. Je vous demande un moment d'audience.

GEORGE DANDIN. Hé bien, quoi ?

ANGÉLIQUE. Il est vrai que j'ai failli, je vous l'avoue encore une fois, et que votre ressentiment est juste ; que j'ai pris le temps de sortir pendant que vous dormiez, et que cette sortie est un rendez-vous que j'avais donné à la personne que vous dites. Mais enfin ce sont des actions que vous devez pardonner à mon âge ; des emportements de jeune personne qui n'a encore rien vu, et ne fait que d'entrer au monde ; des libertés où l'on s'abandonne sans y penser de mal, et qui sans doute dans le fond n'ont rien de…

GEORGE DANDIN. Oui, vous le dites et ce sont de ces choses qui ont besoin qu'on les croie pieusement.

ANGÉLIQUE. Je ne veux point m'excuser par là d'être coupable envers vous, et je vous prie seulement d'oublier une offense dont je vous demande pardon de tout mon cœur, et de m'épargner en cette rencontre le déplaisir que me pourraient causer les reproches fâcheux de mon père et de ma mère. Si vous m'accordez généreusement la grâce que je vous demande, ce procédé obligeant, cette bonté que vous me ferez voir, me gagnera entièrement. Elle touchera tout à fait mon cœur, et y fera naître pour vous tout ce que le pouvoir de mes parents et les liens du mariage n'avaient pu y jeter. En un mot, elle sera cause que je renoncerai à toutes les galanteries, et n'aurai de l'attachement que pour vous. Oui, je vous donne ma parole que vous m'allez voir désormais la meilleure femme du monde, et que je vous témoignerai tant d'amitié, tant d'amitié, que vous en serez satisfait.

GEORGE DANDIN. Ah ! crocodile, qui flatte les gens pour les étrangler.

ANGÉLIQUE. Accordez-moi cette faveur.

GEORGE DANDIN. Point d'affaires. Je suis inexorable.

ANGÉLIQUE. Montrez-vous généreux.

GEORGE DANDIN. Non.

ANGÉLIQUE. De grâce !

GEORGE DANDIN. Point.

*George Dandin*, mise en scène de Catherine Hiégel en 2000 à la Comédie-Française, avec Bruno Putzulu et Anne Kessler. © Marc Enguerand.

*George Dandin*, mise en scène de Jacques Lassalle en 1992 à la Comédie-Française, avec Alain Prelon et Muriel Mayette. © Agence Bernand.

ANGÉLIQUE. Je vous en conjure de tout mon cœur!

GEORGE DANDIN. Non, non, non. Je veux qu'on soit détrompé de vous, et que votre confusion éclate.

ANGÉLIQUE. Hé bien! si vous me réduisez au désespoir, je vous avertis qu'une femme en cet état est capable de tout, et que je ferai quelque chose ici dont vous vous repentirez.

GEORGE DANDIN. Et que ferez-vous, s'il vous plaît?

ANGÉLIQUE. Mon cœur se portera jusqu'aux extrêmes résolutions, et de ce couteau que voici je me tuerai sur place.

GEORGE DANDIN. Ah! ah! à la bonne heure!

ANGÉLIQUE. Pas tant à la bonne heure pour vous que vous vous imaginez. On sait de tous côtés nos différends, et les chagrins perpétuels que vous concevez contre moi. Lorsqu'on me trouvera morte, il n'y aura personne qui mette en doute que ce ne soit vous qui m'aurez tuée; et mes parents ne sont pas gens assurément à laisser cette mort impunie, et ils en feront sur votre personne toute la punition que leur pourront offrir et les poursuites de la justice, et la chaleur de leur ressentiment. C'est par là que je trouverai moyen de me venger de vous, et je ne suis pas la première qui ait su recourir à de pareilles vengeances, qui n'ait pas fait difficulté de se donner la mort pour perdre ceux qui ont la cruauté de nous pousser à la dernière extrémité.

GEORGE DANDIN. Je suis votre valet. On ne s'avise plus de se tuer soi-même, et la mode en est passée il y a longtemps.

ANGÉLIQUE. C'est une chose dont vous pouvez vous tenir sûr; et si vous persistez dans votre refus, si vous ne me faites pas ouvrir, je vous jure que tout à l'heure je vais vous faire voir jusques où peut aller la résolution d'une personne qu'on met au désespoir.

GEORGE DANDIN. Bagatelles, bagatelles. C'est pour me faire peur.

ANGÉLIQUE. Hé bien! puisqu'il le faut, voici qui nous contentera tous deux, et montrera si je me moque. Ah! c'en est fait. Fasse le Ciel que ma mort soit vengée comme je le souhaite, et que celui qui en est cause reçoive un juste châtiment de la dureté qu'il a eue pour moi!

GEORGE DANDIN. Ouais ! serait-elle bien si malicieuse que de s'être tuée pour me faire pendre ? Prenons un bout de chandelle pour aller voir.

ANGÉLIQUE. St. Paix ! Rangeons-nous chacune immédiatement contre un des côtés de la porte.

GEORGE DANDIN. La méchanceté d'une femme irait-elle bien jusque-là ? (*Il sort avec un bout de chandelle, sans les apercevoir ; elles entrent ; aussitôt elles ferment la porte.*) Il n'y a personne. Eh ! je m'en étais bien douté, et la pendarde s'est retirée, voyant qu'elle ne gagnait rien après moi, ni par prières ni par menaces. Tant mieux ! cela rendra ses affaires encore plus mauvaises, et le père et la mère qui vont venir en verront mieux son crime. Ah ! Ah ! la porte s'est refermée. Holà ! ho ! quelqu'un ! qu'on m'ouvre promptement !

ANGÉLIQUE, *à la fenêtre avec Claudine*. Comment ? c'est toi ! D'où viens-tu, bon pendard ? Est-il l'heure de revenir chez soi quand le jour est près de paraître ? et cette manière de vie est-elle celle que doit suivre un honnête mari ?

CLAUDINE. Cela est-il beau d'aller ivrogner toute la nuit ? et de laisser ainsi toute seule une pauvre jeune femme dans la maison ?

GEORGE DANDIN. Comment ? vous avez…

ANGÉLIQUE. Va, va, traître, je suis lasse de tes déportements, et je m'en veux plaindre, sans plus tarder, à mon père et à ma mère.

GEORGE DANDIN. Quoi ? c'est ainsi que vous osez…

MOLIÈRE, *George Dandin*, Acte III, scène 6.

**Roger PLANCHON**
*À propos de la mise en scène de* George Dandin, *1987.*

Un des moments les plus troublants de cette pièce est l'instant où George a la possibilité de sortir du cercle, de gagner enfin le cœur d'Angélique. C'est un instant de théâtre parfait.

Angélique est à la porte. Elle demande pardon de tout son cœur. Et, pour éviter la colère de ses parents, elle propose à Dandin un marché : s'il ouvre la porte, elle s'engage à lui donner ce qu'il réclame depuis toujours. Est-ce sincère ? Décider qu'elle ne l'est pas, c'est déjà trancher qu'Angélique ne mérite pas d'être aimée.

C'est un instant de théâtre poignant. Si Dandin fait confiance à Angélique, ils tombent alors dans les bras l'un de l'autre.

Depuis plus de deux actes, il réclame publiquement le respect des liens du mariage, et secrètement l'amour de sa femme. À cet instant, les deux lui sont offerts.

Pour la première fois, dans leur vie commune, Angélique sort du cercle infernal du couple en crise. Une ouverture est faite, mais George doit faire un don, risquer de tout perdre. Et c'est le seul chemin : « Si vous m'accordez généreusement la grâce que je vous demande, ce procédé obligeant, cette bonté que vous me ferez voir me gagnera entièrement. Elle touchera tout à fait mon cœur et je n'aurai d'attachement que pour vous. »

Mille mots terribles ont été prononcés, le conflit du couple exige un dénouement. Il faut savoir. Il y a urgence. C'est un de ces instants de vertige où nous avons le sentiment de jouer à quitte ou double. Tout va basculer, dans un sens ou dans un autre. Un mot va être dit qui va changer l'orientation de deux vies. Dans le silence qui précède, deux cœurs battent plus vite. Et c'est terrible. […]

Certains commentateurs de Molière ici s'inquiètent et affirment que *George Dandin* n'est qu'une piécette paysanne un peu drue qu'il convient de jouer en farce, sans trop se poser de questions. L'un d'eux, pourtant intelligent, ajoute même : « Le cœur était dur chez nos aïeux du bon vieux temps. » Sans doute, mais d'après ce que l'on sait, même dans une société permissive « évoluée » comme la nôtre, les cœurs restent durs, autant dans les salons bourgeois que dans les HLM de banlieue.

Roger PLANCHON, Préface au programme du spectacle.

**Jacques LASSALLE**
*À propos de la mise en scène de* George Dandin, *1992.*

J'ai cherché la haine à laquelle peuvent atteindre Dandin et Angélique : une haine presque strindbergienne[1] à certains égards. Mais justement, il y a trop de haine pour qu'elle ne s'explique que par le déclassement, par la mésalliance. Je pense que, comme très souvent dans ces cas-là, le chemin de croix est aussi un chemin l'un vers l'autre : Angélique et Dandin s'étant fait autant de mal qu'ils pouvaient s'en faire, le couple, impensable au début, devenait presque vraisemblable à la fin de la pièce. [...]

Voilà ce que j'essayais de raconter, c'était mon enjeu secret : l'avènement d'un couple dans le processus même de sa destruction.

Jacques LASSALLE.

1. **strindbergienne :** allusion au dramaturge suédois Strindberg qui pousse jusqu'à l'extrême les tensions entre les personnages de ses pièces.

## Question

***À partir de ces documents, mettez en évidence les différentes interprétations ou lectures que l'on peut faire du personnage d'Angélique dans cette scène.***

## Écriture d'invention

*Du texte de théâtre au récit subjectif*

**Sujet**

***Dandin, puis Angélique, racontent à un ami très proche la scène qu'ils viennent de vivre. Ils essaient très précisément de décrire et d'analyser le cheminement de leurs sentiments, leurs états d'âme, le parti qu'ils ont pris.***

### Quelles compétences pour ce sujet ?

• Il faut choisir l'écriture d'invention si on aime écrire.

• Le travail demandé ici consiste à passer d'un dialogue de théâtre à une forme particulière de récit, celui qu'un personnage fait de ses aventures. La première personne sera donc utilisée et on fera appel au style indirect pour rapporter les paroles de l'autre personnage.

Il est souhaitable d'introduire les deux récits en situant brièvement leur cadre, les interlocuteurs en présence. Ceux-ci seront-ils volubiles ou répugneront-ils à raconter leur histoire ? Les récits seront-ils d'une seule pièce ou bien l'interlocuteur devra-t-il relancer le personnage ? sous quelle forme ?

• Difficulté supplémentaire : il faut écrire un double récit, celui de Dandin et celui d'Angélique. S'il ne s'agissait que de faire le compte rendu d'une scène, la consigne ne porterait pas sur deux récits. Intervient alors la question du point de vue de celui qui parle. À quel besoin répond-il en racontant son histoire ? Est-il exhaustif ou passe-t-il certains détails sous silence ? Quelle est la part de subjectivité dans sa vision des choses ? Quelle est sa vérité ? Voit-il clair en lui-même ? Les deux récits auront donc de grandes divergences, néanmoins, il faut respecter une certaine cohérence. L'aventure que vous ferez raconter par Angélique aura été vécue avec le même Dandin que vous ferez également s'exprimer. Comment respecter la cohérence entre les deux récits ?

• Le langage des deux personnages est-il différent dans le texte de Molière ? Si oui, comment le rendre dans les récits ? Il est tout à fait possible de reprendre certaines expressions du texte, mais le récit ne doit pas ressembler à un collage ou à une imitation trop proche du texte de Molière, car la part d'invention et la qualité de l'écriture personnelle sont évaluées dans ce type de sujet.

• Enfin, l'intérêt du sujet réside dans la finesse d'analyse du texte de Molière afin de pouvoir, comme on le demande, rendre compte des sentiments dont sont agités les personnages et de la manière dont ils agissent. À ce niveau, les compétences recouvrent celles qui sont demandées pour le commentaire.

## Commentaire

*La dimension du jeu*

**Sujet**

***Vous commenterez la scène de la l. 54 « Il est vrai que j'ai failli... » à la l. 125 : « Bagatelles, bagatelles, c'est pour me faire peur », sans oublier de vous interroger sur le passage du texte à la scène au niveau du jeu des acteurs.***

### Organiser ses remarques et être attentif à l'écriture

On peut choisir le commentaire si on sait organiser ses remarques en rubriques et si on est sensible à l'écriture d'un texte, si on sait reconnaître certains procédés d'écriture ou faits de langue.

• Toutes les remarques faites lors du travail préalable, ainsi que la réponse à la question doivent être réutilisées dans le commentaire. La difficulté est de les organiser.

• Être sensible à l'écriture, c'est ici repérer les différents niveaux de langue dans lesquels les personnages s'expriment, la longueur respective des répliques, le rythme des échanges.

• Ne pas oublier le théâtre. Il ne suffit pas de commenter les paroles des personnages, mais il faut aussi envisager la façon dont elles sont reçues par l'autre. Que font Dandin ou Angélique pendant que leur partenaire parle ?

### Suggestion de plan

I - Une scène de ménage. Le registre de la farce.

II - Une grande intensité dramatique.

III - Un texte de théâtre ouvert aux lectures plurielles des metteurs en scène et des acteurs.

### Suggestion de conclusion

Les deux premières parties développent deux points de vue très différents sur cette scène. Comment les concilier ? C'est justement la troisième partie qui, mettant en évidence la part de liberté et de créativité du metteur en scène, permettra de souligner que les deux approches sont contenues dans le texte de Molière.

La conclusion doit s'attacher à retracer brièvement le cheminement de la réflexion au cours du devoir. S'attacher à commenter un texte de théâtre en envisageant les modalités de son passage à la scène, c'est aussi poser la question essentielle du rapport du récepteur de l'œuvre, question qui nous renvoie au sujet de dissertation, question valable pour tout type de texte, question sur laquelle une conclusion peut ouvrir.

## Dissertation

*Actualité du théâtre classique*

**Sujet**

**« Nous aimons cette pièce car elle a été écrite le mois dernier, c'est pour nous la définition d'un classique »,** ***écrit Roger Planchon dans le programme de*** **George Dandin** ***de Molière qu'il monte à Villeurbane le 23 octobre 1958.***

***Vous commenterez les propos de Roger Planchon et direz si vous adhérez à cette définition d'une pièce classique. Vous vous appuierez sur les textes et les documents du corpus, mais aussi sur votre expérience de lecteur et de spectateur de théâtre.***

### Maîtriser les connaissances sur l'objet d'étude

La dissertation est le sujet qui demande le plus de culture littéraire et théâtrale.

Néanmoins, le corpus donne beaucoup d'éléments de réflexion pour nourrir la problématique. Il faut aussi impérativement recourir à des œuvres théâtrales lues et étudiées, et surtout à des souvenirs de spectacles de théâtre. Il n'est pas nécessaire qu'ils soient nombreux. Deux ou trois exemples pris hors corpus peuvent suffire. Si on n'en a aucun à sa disposition, mieux vaut éviter la dissertation.

### L'analyse de la citation

Elle est apparemment paradoxale. *George Dandin* a été écrit trois siècles avant que Roger Planchon signe la mise en scène. Cette fausse affirmation permet à Planchon de livrer sa définition d'un classique, une œuvre capable de traverser le temps et de nous intéresser, de nous interpeller, de nous émouvoir longtemps après l'époque de son écriture.

Il s'agit de savoir si nous partageons cette conception ou si nous lui apporterions quelques restrictions. Dans notre expérience personnelle de lecteur ou de spectateur, y a-t-il des œuvres du passé qui nous apparaissent extrêmement actuelles ?

Le sujet n'est pas explicitement limité au théâtre mais il y a tout intérêt à se souvenir que Roger Planchon pense à *George Dandin,* donc à une œuvre de théâtre.

### Suggestions de plan

**I - Un texte de théâtre classique témoigne d'une époque révolue**

Il a alors pour nous un intérêt historique.

*George Dandin* témoigne de la société du XVIIe siècle, en pleine mutation sociale. On y voit la petite noblesse ruinée s'allier à une paysannerie enrichie, assimilable à la bourgeoisie montante. On y voit aussi les fractures qui subsistent entre les classes sociales et le sort réservé aux jeunes filles qui ne sont pas libres de choisir leur époux.

Un texte du passé témoigne d'un état de langue qui nous en rend parfois l'accès difficile. Néanmoins, l'écriture peut nous toucher par sa qualité littéraire.

**II - L'époque contemporaine se retrouve aussi dans un classique**

Certaines situations se reproduisent sous des formes différentes. Ariane Mnouchkine place *Tartuffe* dans une Algérie où sévissent les islamistes. Les fractures sociales et les mariages forcés sont-ils totalement oubliés au XXe siècle ?

Par l'intensité des sentiments éprouvés et traduits en mots, le texte nous touche comme authentiquement humain, on peut parler d'universalité. Roger Planchon évoque les HLM.

**III - Le théâtre pourrait bien être le lieu privilégié pour accéder aux textes classiques**

La représentation rend présent le texte quelle que soit l'époque de son écriture. Les personnages s'incarnent dans des corps vivants, la salle vit dans l'instant ce qui se passe sur la scène.

Le décor, les costumes peuvent affirmer la volonté d'actualisation de la pièce et faire ainsi prendre conscience de son universalité.

Un texte de théâtre, contrairement à tout autre type de texte, reste ouvert, devient la somme de toutes ses représentations éphémères, de sa création à nos jours.

# OUVERTURE SUR

## Une pièce du patrimoine russe

Tchekhov, d'origine modeste, très tôt atteint de tuberculose, partage sa vie entre l'exercice de la médecine et l'écriture. Il écrit près de six cents nouvelles et une vingtaine de pièces de théâtre. On retiendra surtout les personnages de ses chefs-d'œuvre, *La Mouette, Les Trois Sœurs, Oncle Vania* et *La Cerisaie,* qui ont pris place auprès de ceux de Shakespeare ou de Molière et que tout acteur rêve d'interpréter.

Tchekhov innove dans le mélange des genres, le traitement de l'action, du temps et des personnages. Très sensible aux profondes mutations de la société russe à la charnière des XIX$^e$ et XX$^e$ siècles, il nous livre une vision du monde qui annonce déjà l'absurde de la deuxième moitié du XX$^e$ siècle.

Avec les pièces de Tchekhov, les spectateurs entrent dans un univers où ils croient saisir un moment de la vie ordinaire qui les entraîne vers des profondeurs insoupçonnées.

Comme Shakespeare ou Molière, Tchekhov écrit ses grandes pièces pour des acteurs qu'il connaît bien, ceux du **Théâtre d'art de Moscou**, que dirigeait **Stanislavski**.

## Anton TCHEKHOV (1860-1904)

### *La Cerisaie*

*La Cerisaie est un grand domaine que les propriétaires, Lioubov et son frère Gaev, n'ont plus les moyens d'entretenir. Lopakhine, fils d'un serf (le servage a été aboli en Russie en 1861) s'est enrichi. Pragmatique, il conseille aux anciens maîtres de son père de raser les arbres et la maison pour faire des lotissements loués aux gens de la ville, d'autant que maintenant le train passe près de la propriété. Dépensiers, négligents et affectivement trop attachés à une maison remplie de leurs souvenirs qui symbolisent le passé, Lioubov et son frère laisseront vendre la Cerisaie aux enchères. C'est Lopakhine qui la rachètera. Autour de ces personnages gravitent des domestiques, amis ou membres de la famille qui représentent une constellation de la société russe au tournant du siècle. Nous sommes au début de la pièce.*

ACTE I

*Une chambre, qu'on appelle toujours la chambre des enfants. L'une des portes donne sur la chambre d'Ania. Le point du jour, juste avant le lever du soleil. On est déjà en mai, les cerisiers sont en fleur mais il fait froid, le brouillard du matin couvre la cerisaie. Les fenêtres de la chambre sont fermées.*

1. **Douniacha :** servante de la maison.

*Entre Douniacha[1], tenant une bougie, et Lopakhine, un livre à la main.*

LOPAKHINE. Il est arrivé, le train. Quelle heure est-il ?

DOUNIACHA. Bientôt deux heures. (*Elle souffle la bougie.*) Il fait déjà clair.

LOPAKHINE. Il a combien de retard, ce train ? Deux heures, au moins. (*Il bâille et s'étire.*) Et moi aussi, bravo, quel animal. Je viens exprès pour les attendre à la gare, et pan, je m'endors… Je m'assieds, je m'endors. La guigne… Tu aurais pu me réveiller.

DOUNIACHA. Je pensais que vous étiez parti. (*Elle tend l'oreille.*) Ça y est, je crois qu'ils arrivent déjà.

LOPAKHINE (*tendant l'oreille.*) Non… Les bagages, et ci et ça…

*Pause*

Lioubov Andreevna a passé cinq ans à l'étranger, je ne sais pas ce qu'elle est devenue maintenant… Ah, c'est quelqu'un de bien. Facile, simple… Je me souviens, j'étais gamin, quinze ans peut-être, mon défunt père – à l'époque, il tenait une boutique, ici, au village –, il m'avait envoyé un coup de poing en pleine figure, le sang giclait du nez… Je ne sais plus pourquoi on était venu voir les maîtres, lui, il était soûl. Lioubov Andreevna, je la vois comme si c'était hier, toute jeune encore, toute mince, elle m'a conduit devant le lavabo, là, dans cette chambre, la chambre des enfants. « Pleure pas, petit moujik, elle me disait, ce sera guéri pour ton mariage… »

Petit moujik… Mon père, c'est vrai que c'était un moujik, et moi, je suis là, gilet blanc, chaussures jaunes. Le groin d'un porc dans les petits fours… sauf que je suis riche, j'ai de l'argent plein les poches, mais si on réfléchit, si on veut voir les choses – moujik cent pour cent. (*Il feuillette le livre.*) Ce livre, tiens, je l'ai lu – rien compris. Je lis, je m'endors.

*Une pause.*

DOUNIACHA. Les chiens, eux, ils n'ont pas dormi de la nuit ; ils sentent bien que leurs maîtres reviennent.

LOPAKHINE. Qu'est-ce qui t'arrive encore, Douniacha ?…

DOUNIACHA. Les mains qui tremblent. Je vais m'évanouir.

LOPAKHINE. Tu es bien tendre, Douniacha. Je te vois mise, là, comme une demoiselle, et la coiffure aussi… Ça ne se fait pas. N'oublie pas qui tu es.

2. **Epikhodov :** comptable du domaine.

*Entre Epikhodov[2], avec un bouquet ; il porte un veston et des bottes cirées à bloc qui grincent très fort ; en entrant, il laisse tomber son bouquet.*

**Anton Tchekhov** au centre et Meyerhold debout à sa gauche, puis Stanislavski au premier plan, assis de profil, avec les interprètes de *La Mouette* lors de la reprise de la pièce par le Théâtre d'Art de Moscou, en 1899. © Harlingue-Viollet.

EPIKHODOV (*ramassant le bouquet*). C'est le jardinier, euh, qui m'envoie le mettre dans la salle à manger.

*Il donne le bouquet à Douniacha.*

LOPAKHINE. Tu m'apporteras du kvas, pendant que tu y es.

DOUNIACHA. Bien, monsieur.

EPIKHODOV. Il y a du brouillard ce matin, il fait moins trois, et la cerise qui est en fleur. Je ne peux pas approuver notre climat. (*Il soupire.*) Je ne peux pas. Notre climat est inapte à favoriser la direction dans le mille. Tenez, Iermolaï Alexeïtch, si je puis vous rajouter, je me suis acheté, le jour d'avant-hier, des bottes, et ces bottes-là, je prends sur moi de vous être catégorique, elles grincent si fort que c'est hors du possible. Qu'est-ce que je pourrais mettre pour les graisser ?

LOPAKHINE. Ça va. La barbe.

EPIKHODOV. Nul jour pour moi sans son malheur. Mais je ne me plains pas, je m'y fais, et même je souris.

*Entre Douniacha ; elle sert du kvas à Lopakhine.*

J'y vais. (*Il se cogne dans une chaise, qui tombe.*) La preuve !... (*D'un air triomphant.*) Tenez, vous voyez, passez-moi l'expression, quelle circonstance, entre nous soit dit... C'est simplement très remarquable !

*Il sort.*

DOUNIACHA. N'empêche que moi, pour tout vous dire, Iermolaï Alexeïtch, Epikhodov m'a demandé ma main.

LOPAKHINE. Ah !

DOUNIACHA. Je ne sais trop que faire… C'est quelqu'un de réservé, mais, parfois, il se met à parler, on ne comprend rien de ce qu'il dit. C'est beau, c'est sensible, à part qu'on ne comprend rien. Moi, j'ai l'impression qu'il me plaît. Lui, il m'aime à la folie. C'est un homme malheureux, chaque jour – quelque chose. On le moque, chez nous, on l'appelle : Mille malheurs…

LOPAKHINE (*tendant l'oreille*). Ça y est, je crois que c'est eux !

DOUNIACHA. C'est eux ! Qu'est-ce qui me prend… je suis toute transie.

LOPAKHINE. C'est eux, cette fois, ça y est. Sortons les accueillir. Est-ce qu'elle va me reconnaître ? Cinq ans qu'on ne s'est pas vus.

DOUNIACHA (*très agitée*). Je sens que je vais tomber… Ah, je tombe !

*On entend deux équipages s'approcher de la maison. Lopakhine et Douniacha sortent à pas pressés. La scène est vide. Du bruit vient des chambres voisines. Firs, qui était allé à la gare chercher Lioubov Andreevna, traverse rapidement la scène, appuyé sur une petite canne ; il porte une vieille livrée et un haut-de-forme ; il parle tout seul mais on ne comprend pas un mot de ce qu'il dit. Une voix : « Passons par là… » Lioubov Andreevna, Ania et Charlotta Ivanovna, tenant un petit chien en laisse, toutes trois en tenue de voyage. Varia, en manteau et foulard, Gaev, Simeonov-Pichtchik, Lopakhine, Douniacha, portant un balluchon et un parapluie ; un serviteur avec les bagages – tout le monde traverse la chambre.*

Anton TCHEKHOV, *La Cerisaie*, traduit du russe par André Markowicz et Françoise Morvan.


## ANALYSE

**1.** Quelles informations ce début de pièce nous fournit-il ? Distinguez les informations contenues dans les didascalies et celles que nous livrent les paroles des personnages.

**2.** Montrez comment ce passage fait émerger la thématique du temps.

**3.** Montrez comment les personnages ne se répondent pas toujours. Quel est l'effet produit par cette écriture ?

**4.** Ce début donne-t-il raison à l'auteur quand il affirme avoir écrit une comédie ? Justifiez votre réponse.

**5.** Relevez les différents éléments du texte qui vont permettre que soit donnée sur la scène l'illusion d'un moment de vie. Prenez aussi en compte les didascalies.

**6.** Vous ferez une lecture dans l'espace des l. 15 à 34. Vous choisirez entre ces différents partis-pris :
– les personnages s'adressent-ils l'un à l'autre ? se tournent-ils le dos ?
– Lopakhine est-il furieux contre lui-même ? fier de son parcours se rappelle-t-il avec plaisir des souvenirs ? A-t-il aimé Lioubov ? l'aime-t-il encore et redoute-t-il de la revoir ?

## LIEN

✦ **Histoire littéraire**, p. 175

CHAPITRE

# 5 Du texte à la scène

## OBJECTIFS

- **Découvrir les contraintes de la représentation**
- **Comprendre le rôle du metteur en scène et du scénographe**
- **Connaître quelques figures majeures de la mise en scène**

Jean Vilar et Gérard Philipe à Avignon en 1952. © Agence Enguerand.

## I. LE PREMIER AVEU

# RACINE (1639-1699)

## *Phèdre*

voir biographie p. 632

*Nous sommes à Trézène, un port de l'Attique (Grèce). Le roi d'Athènes, Thésée, a quitté son royaume et ne donne plus de ses nouvelles. Son fils Hippolyte, dont la mère est une Amazone, va partir à sa recherche. Phèdre, la dernière épouse de Thésée, accablée par un mal inconnu, s'affaiblit. Dans la scène 1, Hippolyte révèle à son gouverneur Théramène qu'il quitte Trézène pour tenter de rejoindre son père Thésée et fuir en même temps Aricie qu'il n'a pas le droit d'aimer. À la scène 2, l'arrivée de Phèdre « mourante » est annoncée par Œnone, sa fidèle nourrice, et Hippolyte se retire. Dans la scène 3, Œnone essaie de percer le secret de Phèdre.*

*Nous reproduisons intégralement ici la scène 3 de l'acte I avec, en regard, signalés par des chiffres en bleu, les commentaires de Jean-Louis Barrault, metteur en scène de la pièce en 1944.(Voir la plantation du décor p. 204.)*

ACTE I SCÈNE 3 [1] *Phèdre, Œnone*

PHÈDRE [2]. – N'allons point plus avant. Demeurons, chère Œnone. [3]
Je ne me soutiens plus : ma force m'abandonne. [4]
Mes yeux sont éblouis du jour que je revoi, [5]
Et mes genoux tremblants se dérobent sous moi. [6]
Hélas ! (*Elle s'assoit.*)

ŒNONE. – Dieux tout puissants que nos pleurs vous apaisent !

PHÈDRE [7]. – Que ces vains ornements, que ces voiles me pèsent !
Quelle importune main, en formant tous ces nœuds,
A pris soin sur mon front d'assembler mes cheveux ?
Tout m'afflige et me nuit, et conspire à me nuire.

ŒNONE. – Comme on voit tous ses vœux l'un l'autre se détruire ! [8]
Vous-même, condamnant vos injustes desseins,
Tantôt à vous parer vous excitiez nos mains ;

# Jean-Louis BARRAULT (1910-1994)

## *Mise en scène de Phèdre*

*Jean-Louis Barrault, acteur, metteur en scène, et directeur de théâtre, fonde en 1946 la Compagnie Renaud-Barrault et dirige l'Odéon-Théâtre de France de 1959 à 1968.*

PREMIER MOUVEMENT

1. […] Grande allure, grande noblesse mais aussi grande pâleur, chez cet être élégant et charmant […]

2. Pour l'instant, dans cette « Reine Incandescente », comme dit Valéry, le feu couve. La bête qui lui dévore le ventre veut sortir. Comme Hippolyte, Phèdre résiste à la bête. Mais son état est bien plus lamentable que celui d'Hippolyte. Du fond, elle apparaît, pas à pas, soutenue par Panope*. Puisque Racine n'a spécifié d'autre suite féminine à Phèdre que Panope, il n'y a aucune raison d'inventer deux servantes. Œnone, les a rejointes et c'est elle maintenant qui soutient Phèdre.
Celle-ci a-t-elle vu sortir Hippolyte ? ne l'a-t-elle pas vu ?…Toutes trois avancent lentement. Au premier faisceau lumineux de soleil qui l'éclaire, Phèdre s'arrête, chancelle, ferme les yeux et, toujours appuyée sur Œnone, murmure le début de sa première réplique.

* **Panope** est une « femme de la suite de Phèdre ». Jean-Louis Barrault choisit de la faire intervenir au tout début de cette scène, alors que le texte de Racine ne signale pas sa présence.

3. Panope se précipite à la recherche d'un siège qu'elle ramène et dispose au 2e plan milieu droite.

4. Phèdre tourne lentement la tête du côté opposé au soleil. Le siège est placé à la fin de ce vers.

5. Phèdre avance vers le siège, toujours soutenue par Œnone.

6. Elle s'assied au ralenti. Respiration. Puis « hélas ! »[1]. Pendant la respiration et le « hélas ! », Œnone va s'appuyer contre la cloison du 1er plan extrême droite. Panope est au milieu, debout 3e plan. Œnone n'en peut plus. Sa réplique est un gémissement qu'elle pousse pour se soulager ; mais pas de larmes. Il y a beau temps qu'elle ne pleure plus. Le début s'est déroulé dans une grande lenteur et après un énorme temps.

*Phèdre*, mise en scène de Jean Vilar, le 10.01.1958 au Théâtre National de Chaillot, avec Lucienne Lemarchand et Maria Casarès. © Agence Bernand.

7. Caprice de Phèdre. Le mouvement se ranime sensiblement. Panope se précipite pour l'aider. Œnone se tourne vers elle mais sans avancer. Elle est vraiment lasse. Voiles, diadèmes sont enlevés. Des cheveux (très peu, une mèche seulement) se défont.

8. Ce vers est dit à Panope, à qui elle fait signe de sortir (celle-ci obéit sur la pointe des pieds et, escamotant les voiles et le diadème retirés, en les laissant par exemple sur le dossier ou sur un des bras du siège, sort par le chemin d'Évasion)[2]. Œnone alors se dirige lentement vers Phèdre. Ses gestes sont en rapport direct avec ce qu'elle dit.

1. Au XVIIe siècle, le *a* de *hélas* était long et le *s* se sifflait longtemps après, comme un soupir serré par les dents.
2. Voir le schéma, p. 204.

Vous-même, rappelant votre force première,
Vous vouliez vous montrer et revoir la lumière.
Vous la voyez, Madame ; 9 et prête à vous cacher,
Vous haïssez le jour que vous veniez chercher ?

PHÈDRE 10. – Noble et brillant auteur d'une triste famille,
Toi, dont ma mère osait se vanter d'être fille[2],
Qui peut-être rougis du trouble où tu me vois,
Soleil, je te viens voir pour la dernière fois.

ŒNONE. – Quoi ? vous ne perdrez point cette cruelle envie ?
Vous verrai-je toujours, renonçant à la vie,
Faire de votre mort les funestes apprêts ?

PHÈDRE 11. – Dieux ! que ne suis-je assise à l'ombre des forêts !
Quand pourrai-je, au travers d'une noble poussière,
Suivre de l'œil un char fuyant dans la carrière ?

ŒNONE. – Quoi, Madame ?

PHÈDRE 12. – Insensée, où suis-je ? et qu'ai-je dit ?
Où laissai-je égarer mes vœux et mon esprit ?
Je l'ai perdu : les Dieux m'en ont ravi l'usage.
Œnone, la rougeur me couvre le visage :
Je te laisse trop voir mes honteuses douleurs ;
Et mes yeux, malgré moi, se remplissent de pleurs.

ŒNONE 13. – Ah ! s'il vous faut rougir, rougissez d'un silence
Qui de vos maux encore aigrit la violence.
Rebelle à tous nos soins, sourde à tous nos discours,
Voulez-vous sans pitié laisser finir vos jours ? 14
Quelle fureur les borne au milieu de leur course ?
Quel charme ou quel poison en a tari la source ? 15
Les ombres par trois fois ont obscurci les cieux
Depuis que le sommeil n'est entré dans vos yeux,
Et le jour a trois fois chassé la nuit obscure
Depuis que votre corps languit sans nourriture.
À quel affreux dessein vous laissez-vous tenter ? 16
De quel droit sur vous-même osez-vous attenter ? 17
Vous offensez les Dieux auteurs de votre vie ;
Vous trahissez l'époux à qui la foi vous lie ;
Vous trahissez enfin vos enfants malheureux[3],
Que vous précipitez sous un joug rigoureux.
Songez qu'un même jour leur ravira leur mère,
Et rendra l'espérance au fils de l'étrangère,
18 À ce fier ennemi de vous, de votre sang,
Ce fils qu'une Amazone a porté dans son flanc,
Cet Hippolyte…

PHÈDRE. – Ah, Dieux !

**2.** Phèdre est petite-fille du Soleil par sa mère Pasiphaé.

**3.** Phèdre a deux jeunes enfants.

9. Phèdre se lève péniblement et s'avance vers le rayon de soleil qui, en ce moment est vif (projecteur « saignant »)[3].

10. Dans le recueillement. Large. Registre grave. Œnone l'observe, immobile. Pour ces répliques comme pour celles d'Œnone, choisir le ton caractéristique et, une fois trouvé, ne pas le moduler.

*Phèdre*, mise en scène de Jean Vilar, Compagnie du TNP, avec Maria Casarès. Théâtre national de Chaillot, 1958. © Agence Bernand.

11. Pendant la réplique d'Œnone, l'œil de Phèdre s'est perdu dans le lointain, face à la salle. L'état de ses nerfs la prédispose à l'hallucination. Débit lent et monocorde. Expression machinale, automatique. Œnone est surprise. Tout dans le comportement de Phèdre est d'ailleurs surprenant. Son : *Quoi, Madame ?* ramène Phèdre à la réalité et le mouvement, qui menaçait de s'éteindre, avec l'angoisse, reparaît.

12. Elle se précipite vers le siège, sur lequel elle tombe de profil (direction gauche). Sa voix est étouffée, son débit est rapide. Elle cache son visage dans ses mains. La première phase de la scène est terminée. Le portrait de Phèdre est dessiné. Phèdre est toute à sa honte[4].

13. Œnone, maintenant, va attaquer. Elle veut savoir. Il faut qu'elle sache. Dès cet instant le mouvement est mené par Œnone, comme était menée par Théramène la première phase de la scène première.

14. ½ temps. Silence. Phèdre ne bronche pas. Elle reste toujours de profil, lui tournant le dos, le visage dans ses mains.

15. ½ temps. Phèdre ne bronche toujours pas. Pendant les quatre vers qui suivent, Œnone, qui maintenant « discourt », trace un arc de cercle derrière le siège et se retrouve plus près de Phèdre et face à elle (gauche du siège)[5].

16. Léger temps. Phèdre ne bronche pas.

17. Temps plus court. Tous les arguments vont y passer : les Dieux, Thésée, ses enfants (petite réaction de Phèdre), enfin : ce fils de l'étrangère (la réaction de Phèdre augmente).

18. À la description d'Hippolyte, la passion de Phèdre lui remonte à la gorge comme un sanglot, sa poitrine se gonfle, elle se relève lentement et retombe de l'autre côté en « étranglant » un : *Ah! Dieux!*

**3.** Se dit d'un projecteur allumé et serré au maximum dont la lumière claque sur les objets d'une façon éblouissante et crue.

**4.** Symétrie entre les premiers mouvements des première et deuxième parties de cet acte.

**5.** Œnone peut très bien, comme ici, s'exprimer dans un style particulièrement noble. De même qu'Hippolyte n'en est plus à montrer sa beauté, Phèdre s'exprime moins en reine que ne peut le faire Œnone. Œnone, nous l'avons dit, est moins la confidente de Phèdre que son « double » (le double de ses forces noires).

ŒNONE 19. – Ce reproche vous touche.

PHÈDRE. – Malheureuse, quel nom est sorti de ta bouche ?

ŒNONE 20. – Hé bien ! votre colère éclate avec raison :
J'aime à vous voir frémir à ce funeste nom.
Vivez donc. Que l'amour, le devoir vous excite.
Vivez, 21 ne souffrez pas que le fils d'une Scythe[4],
Accablant vos enfants d'un empire odieux,
Commande au plus beau sang de la Grèce et des Dieux. 22
Mais ne différez point : chaque moment vous tue.
Réparez promptement votre force abattue,
Tandis que de vos jours, prêts à se consumer,
Le flambeau dure encore et peut se rallumer.

PHÈDRE 23. – J'en ai trop prolongé la coupable durée.

ŒNONE 24. – Quoi ? de quelques remords êtes-vous déchirée ?
Quel crime a pu produire un trouble si pressant ?
Vos mains n'ont point trempé dans le sang innocent ?

PHÈDRE 25. – Grâces au ciel, mes mains ne sont point criminelles.
Plût aux Dieux que mon cœur fût innocent comme elles !

ŒNONE. – Et quel affreux projet avez-vous enfanté
Dont votre cœur encor doive être épouvanté ?

PHÈDRE 26. – Je t'en ai dit assez. Épargne-moi le reste.
Je meurs, pour ne point faire un aveu si funeste.

ŒNONE 27. – Mourez donc, et gardez un silence inhumain ;
Mais pour fermer vos yeux cherchez une autre main.
Quoiqu'il vous reste à peine une faible lumière,
Mon âme chez les morts descendra la première.
Mille chemins ouverts y conduisent toujours,
Et ma juste douleur choisira les plus courts.
Cruelle, quand ma foi vous a-t-elle déçue ?
Songez-vous qu'en naissant mes bras vous ont reçue[5] ?
Mon pays, mes enfants, pour vous j'ai tout quitté.
Réserviez-vous ce prix à ma fidélité ?

PHÈDRE 28. – Quel fruit espères-tu de tant de violence ? 29
Tu frémiras d'horreur si je romps le silence.

ŒNONE 30. – Et que me direz-vous qui ne cède, grands Dieux !
À l'horreur de vous voir expirer à mes yeux ? 31

PHÈDRE 32. – Quand tu sauras mon crime, et le sort qui m'accable,
Je n'en mourrai pas moins, j'en mourrai plus coupable.

**4.** Périphrase pour désigner Hippolyte dont la mère est scythe, c'est-à-dire issue d'un peuple considéré dans l'Antiquité comme barbare et nomade.

**5.** Œnone est la nourrice de Phèdre.

19. Œnone vient, en quelque sorte, de marquer « une touche ». Encouragée, elle poursuit.

20. Œnone s'anime. Elle se penche sur le fauteuil. Elle fascine sa maîtresse (qui lui tourne de nouveau le dos).

21. Elle se redresse et passe une deuxième fois derrière le fauteuil en regardant du côté du chemin d'Évasion[6] (1er plan droite) par où Hippolyte était sorti. Comme elle quitte un instant le siège (d'un mètre à peine), Phèdre se redresse lentement, et, lasse, s'y adosse, l'œil de nouveau à l'infini, le visage morne.

**6.** Voir le schéma, p. 204.

22. Œnone revient, toujours plus pressante et termine sa réplique tout contre le siège. Enfin, à la limite de tout argument, elle s'arrête de parler.

23. Un temps. Phèdre va-t-elle répondre ? Est-elle morte ? Ah ! la voilà qui respire... D'un seul son, elle égrène, syllabe par syllabe, le seul vers de sa réplique.

24. Phèdre a eu un drôle d'œil. Nous ne sommes pas chez les chrétiens, Phèdre aurait-elle versé le sang ? En somme, quoi, de la part d'une Reine... La réplique d'Œnone ne présente aucun symptôme d'affolement. Simplement, elle demande !

25. Cette demande fait légèrement sourire Phèdre, mais tandis que celle-ci dit le premier vers de sa réplique, sa souffrance intérieure redouble. La bête, au-dedans, veut sortir. Sa poitrine se gonfle de douleur et elle gémit le second vers.

26. Phèdre souffre, elle est épuisée ; qu'on la laisse.

27. Alors Œnone entre dans une colère sourde. Elle s'écarte de Phèdre et retourne à la place qu'elle occupait au vers 157 (1er plan droite). Ses reproches ne doivent avoir aucun éclat. Ils doivent s'inscrire dans ce « ton de confessionnal » qui domine le premier acte. Mais ils n'en doivent pas être moins intenses. L'intimité de Phèdre et d'Œnone permet à cette dernière une pareille « licence ». Le masque de Phèdre se durcit, mais jusqu'à la fin de cette réplique, reste de face et le regard perdu.

28. Phèdre tourne simplement les yeux et la regardant de côté dit le premier vers.

29. ½ temps pendant lequel Œnone, la première touchée de ce qu'elle s'est permis de faire, éclate en sanglots (les *premières* larmes qu'on lui voit et les *seules*) et vient s'agenouiller aux pieds de Phèdre qu'elle enlace (à l'endroit des genoux). Œnone est de profil, le genou gauche à terre, Phèdre est restée de face. Elle achève sa réplique, de nouveau absente : somnambule.

30. Dans les pleurs.

31. Temps très court pendant lequel Œnone relève légèrement la tête vers sa maîtresse, dont elle attend la vérité.

32. Toujours monocorde, l'œil vague et lointain ; débit lent.

ŒNONE 33. – Madame, au nom des pleurs que pour vous j'ai versés,
Par vos faibles genoux que je tiens embrassés[6],
Délivrez mon esprit de ce funeste doute.

PHÈDRE 34. – Tu le veux 35. Lève-toi.

ŒNONE 36. – Parlez, je vous écoute.

PHÈDRE 37. – Ciel ! que lui vais-je dire, et par où commencer ?

ŒNONE. – Par de vaines frayeurs cessez de m'offenser.

PHÈDRE. – Ô haine de Vénus[7] ! Ô fatale colère !
Dans quels égarements l'amour jeta ma mère[8] !

ŒNONE. – Oublions-les, Madame ; et qu'à tout l'avenir
Un silence éternel cache ce souvenir.

PHÈDRE. – Ariane, ma sœur, de quel amour blessée,
Vous mourûtes aux bords où vous fûtes laissée[9] !

ŒNONE. – Que faites-vous, Madame ? et quel mortel ennui[10]
Contre tout votre sang vous anime aujourd'hui ?

PHÈDRE. – Puisque Vénus le veut, de ce sang déplorable
Je péris la dernière et la plus misérable[11].

ŒNONE. – Aimez-vous ?

PHÈDRE 38. – De l'amour j'ai toutes les fureurs[12].

ŒNONE. – Pour qui ?

PHÈDRE. – Tu vas ouïr le comble des horreurs.
J'aime... À ce nom fatal, je tremble, je frissonne,
J'aime...

ŒNONE. – Qui ?

PHÈDRE – Tu connais ce fils de l'Amazone,
Ce prince si longtemps par moi-même opprimé ?

ŒNONE. – Hippolyte ? Grands Dieux ! 39

PHÈDRE. – C'est toi qui l'as nommé.

ŒNONE 40. – Juste ciel ! tout mon sang dans mes veines se glace.
Ô désespoir ! ô crime ! ô déplorable race !
Voyage infortuné ! Rivage malheureux[13],
Fallait-il approcher de tes bords dangereux ?

**6.** Œnone entoure de ses bras les genoux de Phèdre : cela correspond à une didascalie interne (intégrée dans la réplique).

**7. Vénus :** déesse de la beauté et mère de l'Amour.

**8.** Pasiphaé, épouse de Minos, roi de Crète, aima un taureau dont elle eut le Minotaure.

**9.** Ariane mourut sur l'île de Naxos, abandonnée par Thésée qu'elle avait pourtant aidé à sortir du labyrinthe après qu'il eut tué le Minotaure.

**10. ennui :** désespoir.

**11. misérable :** malheureuse.

**12. fureurs :** emportements.

**13.** Allusion au lieu de l'action : Trézène.

33. Rythme pressant.

34. Un éclair a traversé l'œil de Phèdre. Elle dit, sans prendre de temps, mais sans se presser : *Tu le veux*.

35. Alors, le silence reparaît sur le théâtre. On voit la main de Phèdre qui, d'un geste large, vient placer sa main sous le menton d'Œnone et, très lentement, soulève Œnone (c'est en réalité Œnone qui se lève, au ralenti[7], cette levée correspond au rythme de : lève-toi).

*Phèdre*, mise en scène de Jean-Louis Barrault à la Comédie-Française en 1942, avec Marie Bell dans le rôle de Phèdre.
© Collections de la Comédie-Française.

DEUXIÈME MOUVEMENT

36. Avec la plus grande précaution, pour ne troubler ni l'air ni Phèdre, Œnone murmure sa réplique. L'intérêt dramatique est tendu : Phèdre va-t-elle avouer ? L'air est opaque.

37. Temps pendant lequel Phèdre essaye de rassembler ses forces mais s'affole. Elle ne peut supporter le supplice intérieur que la bête lui inflige. La voilà tout à coup qui s'émeut et commence à se débattre sur son siège : le moment d'*agitation*, annonciateur du prochain récitatif, est arrivé. Depuis ce 247e vers jusqu'au 258e (compris) ce n'est qu'un cri de Phèdre. Le mouvement d'abord est rapide, puis s'amplifie en intensité. Phèdre, toujours assise sur le siège, se livre à une véritable danse du désespoir ; elle se tourne d'un côté et d'autre, se renverse, se tord les mains, s'étire, lève le poing vers le ciel, puis retombe enfin, essoufflée et épuisée. Œnone, d'un seul mouvement rapide, accompagne ces mouvements importants, comme un trémolo de contrebasses soutient les phrases d'un orchestre. Phèdre s'est agitée comme un malade qui, sous l'effet d'une crise, se retourne dans son lit. Dans cette crise, ne pas oublier toutefois la musicalité des vers.

*Palier d'élan*

38. Immobilité générale. Œnone a posé LA question. Phèdre s'est brusquement pétrifiée. Elle se ferme totalement, même les yeux. C'est le *palier d'élan*. Le récitatif est proche. Phèdre s'éloigne de plus en plus. On dirait qu'elle se résorbe. Elle n'est plus qu'une petite lueur. Elle murmure à peine d'un ton faible et aigu la réplique suivante. C'est à peine si on l'entend – comme quelqu'un qui parle tandis qu'on l'endort – on la voit qui, profondément, frissonne. Œnone l'écoute autant avec les yeux qu'avec les oreilles. Tout le théâtre est suspendu aux mouvements de la bouche de Phèdre. C'est le passage du récitatif.

39. Œnone a dit le Nom fatal. C'est comme si l'horizon se débouchait soudain. Phèdre, pendant tout ce palier, n'avait pas relâché sa respiration ; on voit alors sa poitrine qui se dégonfle, étrangement soulagée. Dans un sourire curieux, et en rouvrant seulement les yeux, elle dit : *C'est toi qui l'as nommé*.

40. C'est à Œnone, maintenant, de se lamenter. Véritable pleureuse antique, elle crie, gémit ; elle déambule autour du siège en gesticulant. Il souffle sur scène une espèce de vent d'Orient. Le corbeau affolé vole de tous côtés, se heurte à la cloison et vient retomber, flétri, derrière le siège (à l'angle gauche). *Ce sont, avec le sommet du récitatif qui va suivre et les cris de lamentation que Phèdre a poussés tout à l'heure, les seuls éclats qui sont permis pendant tout le premier acte.*

**7.** Il est préférable même, que la paume ne touche pas réellement le menton d'Œnone. Celle-ci se soulève comme si l'irradiation qui se dégage comme une buée de cette paume la forçait à se soulever. Souvent ainsi les personnages doivent donner l'illusion qu'ils se touchent, alors que leur peau n'est pas exactement en contact. Ces personnages de tragédie sont des foyers tellement chargés, disons d'électricité, qu'ils sont enveloppés constamment par une sorte de halo irradiant. Ainsi le sens du toucher est prolongé au-delà de la peau d'une couche de quelques centimètres. Si l'œil dessine artificiellement leurs contours à l'endroit exact de leur peau, le « toucher » perçoit leurs enchevêtrements sans solution de continuité dans le champ magnétique du théâtre, comme les astres dans le cosmos.

PHÈDRE 41. – Mon mal vient de plus loin. À peine au fils d'Égée[14]
Sous les lois de l'hymen je m'étais engagée,
Mon repos, mon bonheur semblait être affermi ;
42 Athènes me montra mon superbe[15] ennemi.
Je le vis, je rougis, je pâlis à sa vue ;
Un trouble s'éleva dans mon âme éperdue ;
Mes yeux ne voyaient plus, je ne pouvais parler ;
Je sentis tout mon corps et transir et brûler. 43
Je reconnus Vénus et ses feux redoutables,
D'un sang qu'elle poursuit tourments inévitables.
Par des vœux assidus je crus les détourner :
Je lui bâtis un temple, et pris soin de l'orner.
De victimes moi-même à toute heure entourée,
Je cherchais dans leurs flancs[16] ma raison égarée. 44
D'un incurable amour remèdes impuissants !
En vain sur les autels ma main brûlait l'encens :
Quand ma bouche implorait le nom de la Déesse,
J'adorais Hippolyte ; et le voyant sans cesse,
Même au pied des autels que je faisais fumer,
J'offrais tout à ce Dieu que je n'osais nommer. 45
46 Je l'évitais partout. Ô comble de misère !
Mes yeux le retrouvaient dans les traits de son père. 47
48 Contre moi-même enfin j'osai me révolter :
J'excitai mon courage[17] à le persécuter.
Pour bannir l'ennemi dont j'étais idolâtre,
J'affectai les chagrins[18] d'une injuste marâtre ;
Je pressai son exil, et mes cris éternels
L'arrachèrent du sein et des bras paternels. 49
Je respirais, Œnone ; et depuis son absence,
Mes jours moins agités coulaient dans l'innocence.
Soumise à mon époux, et cachant mes ennuis,
De son fatal hymen je cultivais les fruits[19]. 50
Vaines précautions ! Cruelle destinée !
51 Par mon époux lui-même à Trézène amenée,
J'ai revu l'ennemi que j'avais éloigné :
Ma blessure trop vive aussitôt a saigné.
Ce n'est plus une ardeur dans mes veines cachée :
C'est Vénus tout entière à sa proie attachée.
52 J'ai conçu pour mon crime une juste terreur ;
J'ai pris la vie en haine, et ma flamme en horreur.
Je voulais en mourant prendre soin de ma gloire[20],
Et dérober au jour une flamme si noire :
53 Je n'ai pu soutenir tes larmes, tes combats ;
Je t'ai tout avoué ; je ne m'en repens pas,
Pourvu que de ma mort respectant les approches,
Tu ne m'affliges plus par d'injustes reproches,
Et que tes vains secours cessent de rappeler
Un reste de chaleur tout prêt à s'exhaler.

Jean RACINE, *Phèdre*, acte I, scène 3, 1677.

**14.** Il s'agit évidemment d'une périphrase qui désigne Thésée.
**15. superbe :** orgueilleux.
**16.** Phèdre évoque ici ses pratiques divinatoires.
**17. courage :** cœur.
**18. chagrins :** mauvaises dispositions.
**19.** Phèdre élevait les enfants de Thésée.
**20. gloire :** honneur.

*Récitatif*

41. Phèdre a à peine entendu les lamentations d'Œnone. Elle nous a déjà quittés. Et c'est maintenant « en plein vol » qu'elle commence à décrire les courbes de son *récitatif.* Alternances de crescendo et de diminuendo.
Les vers qui se terminent par des points d'exclamation ne doivent pas être « lancés », au contraire : ce sont des points d'appui intérieur, pendant lesquels Phèdre respire et reprend de l'élan. Cette forme de récitatif interdit à l'acteur de « jouer » le récit, comme il vivrait un événement « actuel ». Dans la diction de tout récit qui retrace le passé, les contours sont arrondis. Le récitatif n'en est que plus harmonieux.

42. Large, et le vers suivant, profond (diminuendo de rythme et d'intensité vocale).

43. Après ce long crescendo, un ½ temps.

44. Après le ½ temps, nouveau crescendo. Respiration et : vers 283, exclamation d'appui, comme si elle s'étirait (léger mouvement).

45. Après cet alexandrin 283 d'exclamation, le mouvement est devenu plus rapide. Elle ferme les yeux et se redresse à la fin du vers 288.

46. Vers 289 premier hémistiche : lent. 2$^{e}$ hémistiche : exclamation d'appui.

47. Vers 290 : ses yeux se rouvrent lentement tout au long du vers.

48. Réflexe et soudaine rapidité dans le débit.

49. Un temps. Elle plane. La voix devient morne. Naturellement, elle n'a aucun regard vers Œnone.

50. Soupir. Le vers suivant est un appui. Il se termine par une nouvelle respiration.

51. C'est la grande montée en flèche. On atteint le sommet du récitatif :
« *C'est Vénus toute entière à sa proie attachée.* »
3$^{e}$ et dernier éclat qu'autorise le 1$^{er}$ acte.

52. La retombée du récitatif, rapide, sifflant, cinglant comme un coup de fouet.

53. Phèdre a retrouvé le sol. Elle prend conscience de la situation ; revoit Œnone, sa nourrice ; lui tend les bras comme une enfant ; elle se réfugie contre elle en enfouissant sa tête contre sa poitrine dans un désir de consolation. Elle est toute faiblesse. Depuis le vers 311 le mouvement est fébrile, rapide et court. Phèdre, après cet effort, s'effondre. Elle ne peut tenir plus longtemps ce mouvement qui s'éteint « smorzando ». À la fin de la tirade, nous retrouvons la Phèdre mourante qui avait fait son entrée au début de la scène. La boucle est fermée. La circonférence a encore une fois été parfaitement dessinée.

Jean-Louis BARRAULT, *Mise en scène de Phèdre*, collection « Mises en scène »,
sous la direction de Pierre-Aimé Touchard. © Éditions du Seuil, 1946.

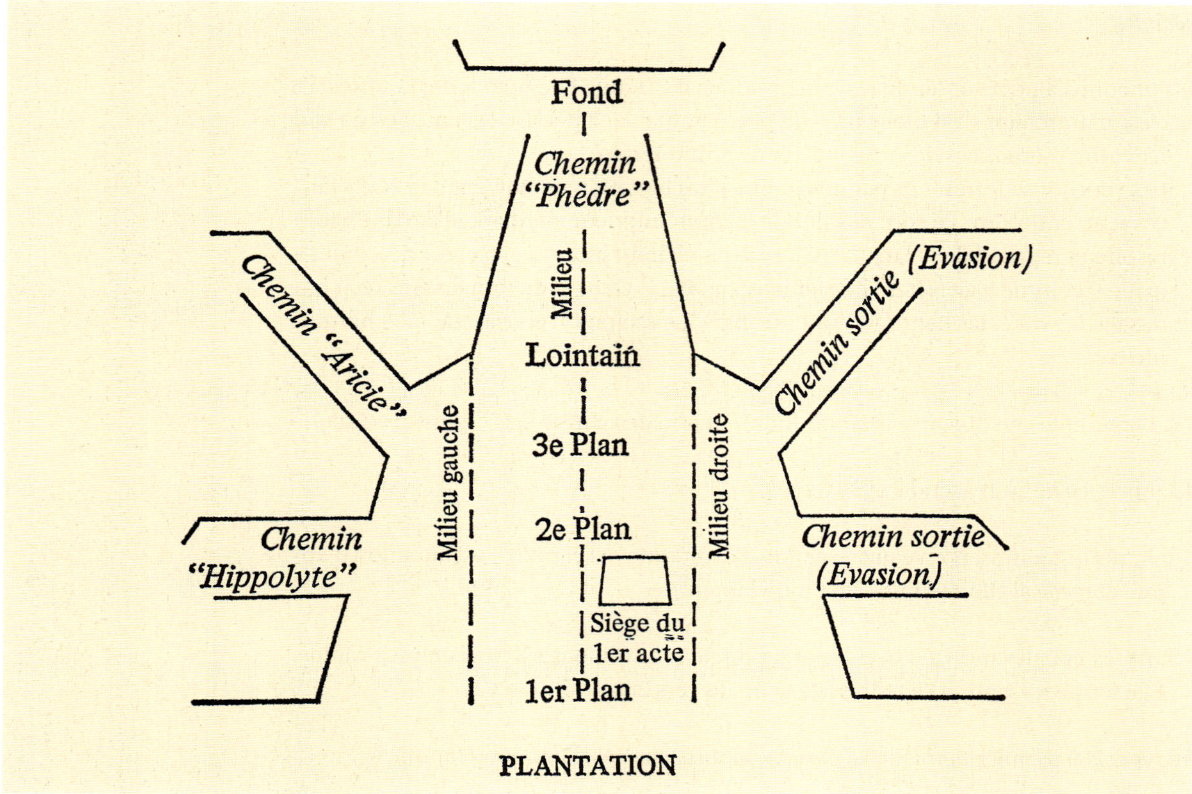


**Schéma de la plantation du décor pour la mise en scène de *Phèdre* par Jean-Louis Barrault.**
Il désigne les déplacements des personnages par rapport au décor. Les « Chemins sortie (Évasion) » indiquent la sortie de certains personnages, en particulier Hippolyte et Œnone, mais surtout la sortie et l'entrée des personnages secondaires.
Au début de la scène 3, ayant débarrassé sa maîtresse de ses voiles, Panope sort par un des deux chemins Évasion (voir la note 8 de Barrault p. 195). Elle empruntera aussi ce chemin pour revenir sur scène seule à la scène 4. Œnone partira lentement par le chemin Évasion à la fin de la scène 6 de l'acte IV.

## ANALYSE

### Le texte du metteur en scène : un discours didascalique

**1.** Le metteur en scène s'engouffre dans le texte de Racine comme dans un texte « troué »[1], incomplet.
En quoi les commentaires de Jean-Louis Barrault complètent-ils le texte de Racine ? Sur quoi nous renseignent-ils ? À qui sont-ils destinés ?

**2.** Comment le discours didascalique en marge du texte théâtral exprime-t-il le processus d'incarnation des personnages ? Montrez que le metteur en scène invente aussi le langage des corps. Donnez des exemples précis. Qu'en concluez-vous sur le rôle du metteur en scène ?

### Le cadre spatio-temporel : la lecture dramaturgique de Jean-Louis Barrault

**3.** Appréciez les déplacements dans l'espace scénique : vous semblent-ils importants ? Comment pourriez-vous les justifier ?

**4.** Comment le metteur en scène arrive-t-il à rendre visible la durée d'une réplique qui échappe à la lecture et que seul le comédien peut donner ? Répondez en choisissant et commentant quelques exemples.

**5.** Quels rôles Jean-Louis Barrault assigne-t-il à la lumière ? En quoi cela peut-il constituer une indication temporelle pour la tragédie dans son ensemble ?

**6.** Jean-Louis Barrault travaille le texte de Racine comme une partition musicale. Quel sens donnez-vous aux mots « crescendo » et « diminuendo » ? Cherchez la définition du mot « récitatif » : que pensez-vous de son utilisation pour désigner certaines tirades de Phèdre ? Comment la diction du vers ou des vers est-elle guidée ? pour quels effets ?

---

**1.** Expression empruntée à Anne Ubersfeld dans « Le texte dramatique », *Le Théâtre*, Éd. Bordas, Paris, 1980. (Voir p. 232.)

*Phèdre*, mise en scène de Jean-Louis Barrault à la Comédie-Française en 1942. © Collections de la Comédie-Française.

### *Une scène pathétique*

**7.** Jean-Louis Barrault envisage deux mouvements à la scène : pouvez-vous justifier ce choix ? Proposez un autre choix et justifiez-le.

**8. Vers 153 à 258.** Le personnage est écrasé par le malheur. Phèdre est très lucide sur sa propre misère : comment se traduit, dans le texte de Racine, la violence de la déchéance d'une femme livrée à la divinité ? Citez le texte de Racine et commentez la gestuelle proposée par Jean-Louis Barrault. Comment le metteur en scène rend-il concrète la plainte élégiaque de Phèdre, son chant de douleur ?

**9.** Phèdre attend la mort comme une délivrance. Comment le metteur en scène se propose-t-il de faire jouer à la fois le désespoir et la résignation de Phèdre ?

### *Phèdre (du grec phaïdra, brillante) : les ambiguïtés d'un personnage solaire*

**10. Vers 260 à 264.** Comment la parole libère-t-elle l'abomination (l'amour incestueux) ? Pourquoi l'aveu de son amour pour Hippolyte revêt-il une intensité si particulière ? Comment la mise en scène le souligne-t-elle ?

**11.** Quel est le rôle assigné à Œnone par Racine ? Comment Jean-Louis Barrault voit-il les relations Œnone/Phèdre ?

**12. Vers 269 à 316.** Le discours amoureux de Phèdre est fondé sur des images concrètes : quand, et comment l'expression de la passion fait-elle une place au corps ? « Phèdre a atteint sa sensualité la plus dense » écrit J.-L. Barrault dans le texte de présentation de cette scène. Comment le metteur en scène traduit-il le texte racinien pour l'actrice qui va endosser le rôle ? Pouvez-vous justifier les alternances de crescendo et de diminuendo ?
Commentez l'interprétation proposée des vers 311 à 316.

**13.** Phèdre est un être de lumière et d'ombre : quelle est la place et le rôle de la métaphore filée autour du soleil, du feu, de la flamme et de la clarté dans l'ensemble de la scène ? Montrez qu'en réalité, Phèdre exprime un état de disjonction. Comment le metteur en scène le prend-il en charge ?

## LIENS


- **Chapitre 4**, Histoire littéraire, p. 172
- **Chapitre 4**, Dire ou lire à voix haute, p. 181
- **Chapitre 12**, Histoire littéraire, p. 486

## 2. UNE SCÈNE D'EXPOSITION EN MOUVEMENT

# MOLIÈRE (1622-1673)

## *Tartuffe*

voir biographie p. 632

*Nous reproduisons ici la didascalie initiale et la scène 1 de l'acte I. En marge du texte de Molière et en italique, on peut lire la relation de la mise en scène de Roger Planchon en 1967. Les gestes et les déplacements des acteurs sont exprimés à l'imparfait. Les rédacteurs, Jean-Louis Martin-Barbaz et Jacques Rosner, ont voulu indiquer par là qu'ils décrivent une représentation telle qu'elle a eu lieu.*

*Mme Pernelle, mère d'Orgon*
*Orgon, mari d'Elmire*
*Elmire, femme d'Orgon*
*Damis, fils d'Orgon*
*Mariane, fille d'Orgon et amante de Valère*
*Valère, amant de Mariane*
*Cléante, beau-frère d'Orgon*
*Tartuffe, faux dévot*
*Dorine, suivante de Mariane*
*M. Loyal, sergent*
*Flipote, servante de Mme Pernelle*
*Un exempt*

*La scène est à Paris*

ACTE I, SCÈNE 1

*Madame Pernelle, Flipote, Elmire, Mariane, Dorine, Damis, Cléante* 1

MADAME PERNELLE. – Allons, Flipote, allons, que d'eux je me délivre.

ELMIRE. – Vous marchez d'un tel pas qu'on a peine à vous suivre.

1. *Après une ouverture musicale « à la française »*[1] *la lumière montait et découvrait un très grand tableau fermant complètement la scène. C'était une Déposition*[2]*, œuvre d'un maître anonyme du XVII*^e^ *siècle*[3]*. Puis une petite porte cachée dans le tableau s'ouvrait et Flipote entrait. Flipote, seule en scène, dans une sorte de couloir regardait le tableau et attendait que la discussion se terminât dans la pièce à côté. Elle, étrangère à la famille, ne participait pas à cette réunion. Sur la fin de l'ouverture musicale, le tableau du Christ montait dans les cintres*[4]*, découvrant une antichambre qui brusquement était envahie par les portes du fond. Grande agitation. Mme Pernelle se dirigeait vers la sortie, porte face cour*[A] *Elmire, souriante et un peu stupéfaite de la sortie intempestive de Mme Pernelle.*

**1.** Locution adverbiale signifiant « à la mode française ». Paradoxalement, c'est le musicien Lully (1632-1687), Italien au service du roi de France, qui est le plus parfait représentant de « l'ouverture française ».
**2. Déposition :** tableau représentant Jésus-Christ lorsqu'on le dépose après la descente de croix : c'est un thème très répandu en peinture (voir p. 213).
**3.** L'auteur de ce tableau est inconnu.
**4.** Voir le vocabulaire, p. 218.

MADAME PERNELLE. – Laissez ma bru, laissez, ne venez pas plus loin ;
Ce sont toutes façons dont je n'ai pas besoin.

ELMIRE. – De ce que l'on vous doit envers vous on s'acquitte.
Mais, ma mère, d'où vient que vous sortez si vite ?

MADAME PERNELLE. – 2 C'est que je ne puis voir tout ce ménage-ci[5],
Et que de me complaire on ne prend nul souci.
Oui, je sors de chez vous fort mal édifiée :
Dans toutes mes leçons j'y suis contrariée,
On n'y respecte rien, chacun y parle haut,
Et c'est tout justement la cour du roi Pétaut[6].

2. *Volte-face de Mme Pernelle.*
*Nous nous sommes efforcés de ne pas montrer une Mme Pernelle uniquement agressive.*
*Ici l'interprète passait d'un ton agressif à un grand abandon.*
*On lui demandait une explication raisonnée et cela créait un grand vide intérieur.*

DORINE. – Si... 3

3. *Mme Pernelle menaçante allait à Dorine.*
*Elle redevenait agressive, mais ce n'était qu'un mouvement de faiblesse parce qu'elle se sentait malheureuse et fragile, elle réattaquait.*
*Elle commençait le procès des autres de peur d'une objection.*

MADAME PERNELLE. – Vous êtes, mamie, une fille suivante
Un peu trop forte en gueule[7], et fort impertinente :
Vous vous mêlez sur tout de dire votre avis.

DAMIS. – Mais...

MADAME PERNELLE. – 4 Vous êtes un sot en trois lettres, mon fils ;
C'est moi qui vous le dis, qui suis votre grand-mère ;
Et j'ai prédit cent fois à mon fils, votre père,
Que vous preniez tout l'air d'un méchant garnement,
Et ne lui donneriez jamais que du tourment.

4. *Elle allait à Damis et sur le ton des grandes personnes qui s'adressent aux enfants :*

MARIANE. – 5 Je crois...

5. *Ici la mise en scène prenait une petite liberté ; bien que rien ne le précisât dans le texte, Mariane s'adressait à tous.*

MADAME PERNELLE. – Mon Dieu, sa sœur, vous faites la discrète,
Et vous n'y touchez pas, tant vous semblez doucette ;
Mais il n'est, comme on dit, pire eau que l'eau qui dort,
Et vous menez sous chape un train que je hais fort[8].

ELMIRE. – 6 Mais, ma mère...

6. *Elmire allait à Mme Pernelle dans un mouvement très généreux, sollicitant une tendresse.*
*Cet appel d'Elmire raidissait Mme Pernelle dans son irritation. On la sentait trop violente pour être sincère.*

MADAME PERNELLE. – Ma bru, qu'il ne vous en déplaise,
Votre conduite en tout est tout à fait mauvaise ;
Vous devriez leur mettre un bon exemple aux yeux,
Et leur défunte mère en usait beaucoup mieux.

---

**5.** *Je ne puis supporter la manière dont cette maison est tenue.*
**6. la cour du roi Pétaut :** c'est une « cour des miracles ». Le roi Pétaut était le chef traditionnel de la corporation des gueux où régnait l'anarchie.
**7.** Un peu trop bavarde.
**8.** *Vous avez en secret une conduite que je réprouve.* Mme Pernelle accuse sa petite-fille d'hypocrisie.

7 Vous êtes dépensière, et cet état me blesse[9],
Que vous alliez vêtue ainsi qu'une princesse.
Quiconque à son mari veut plaire seulement,
Ma bru, n'a pas besoin de tant d'ajustement.

*7. Regroupement de toute la famille autour d'Elmire. L'attitude et le ton de Mme Pernelle prouvait qu'elle était excessive.*

CLÉANTE. – 8 Mais, Madame, après tout…

*8. Cléante sur un ton plus sévère.*

MADAME PERNELLE. – Pour vous, Monsieur son frère,
Je vous estime fort, vous aime, et vous révère ;
Mais enfin, si j'étais de mon fils, son époux,
Je vous prierais bien fort de n'entrer point chez nous.
Sans cesse vous prêchez des maximes de vivre
Qui par d'honnêtes gens ne se doivent point suivre.
Je vous parle un peu franc ; mais c'est là mon humeur,
9 Et je ne mâche point ce que j'ai sur le cœur.

*9. Mme Pernelle se dirigeait vers la sortie, suivie de Flipote.*

DAMIS. – 10 Votre Monsieur Tartuffe est bien heureux sans doute…

*10. Jusqu'alors le mouvement général de la famille était de retenir Mme Pernelle et là Damis ne la regardait même pas.*

MADAME PERNELLE. – 11 C'est un homme de bien, qu'il faut que l'on écoute ;
Et je ne puis souffrir sans me mettre en courroux
De le voir querellé par un fou comme vous.

*11. Mme Pernelle sur le pas de la porte se retournait violemment vers Damis, et sur un ton lent, froid et sévère, dénué de passion.*

DAMIS. – Quoi ! je souffrirai, moi, qu'un cagot de critique[10]
Vienne usurper céans[11] un pouvoir tyrannique,
Et que nous ne puissions à rien nous divertir
12 Si ce beau Monsieur-là n'y daigne consentir ?

*12. Damis s'adressait à l'ensemble de la famille.*

DORINE. – S'il le faut écouter et croire à ses maximes,
On ne peut faire rien qu'on ne fasse des crimes[12] ;
Car il contrôle tout, ce critique zélé.

MADAME PERNELLE. – Et tout ce qu'il contrôle est fort bien contrôlé.
C'est au chemin du Ciel qu'il prétend vous conduire,
Et mon fils à l'aimer vous devrait tous induire[13].

DAMIS. – 13 Non, voyez-vous, ma mère, il n'est père ni rien
Qui me puisse obliger à lui vouloir du bien :
Je trahirais mon cœur de parler d'autre sorte ;
Sur ses façons de faire à tous coups je m'emporte ;

*13. Damis, déférent[14] en surface mais avec beaucoup d'humour sous-jacent.*

---

**9.** *Cette tenue me choque.*
**10.** Un homme à la dévotion excessive et suspecte, ayant la manie de tout critiquer.
**11. céans :** ici, dans cette maison.
**12.** *Tout ce qu'on fait passe pour un crime à ses yeux.*
**13.** *Mon fils devrait vous le faire aimer.*
**14. déférent :** très respectueux.

J'en prévois une suite, et qu'avec ce pied plat
Il faudra que j'en vienne à quelque grand éclat.

DORINE. – 14 Certes, c'est une chose aussi qui scandalise,
De voir qu'un inconnu céans s'impatronise[16],
Qu'un gueux qui, quand il vint, n'avait pas de souliers
Et dont l'habit entier valait bien six deniers,
En vienne jusque-là que de se méconnaître[17],
De contrarier tout, et de faire le maître.

14. *Dans un grand mouvement Dorine traversait le plateau*[15] *en direction de Mme Pernelle. D'abord calme, elle s'énervait malgré les signes d'Elmire.*

MADAME PERNELLE. – 15 Hé ! merci de ma vie[18] ! il en irait bien mieux,
Si tout se gouvernait par ses ordres pieux.

15. *Mme Pernelle levait les bras au ciel et ironisait.*

DORINE. – 16 Il passe pour un saint dans votre fantaisie[19] :
Tout son fait[20], croyez-moi, n'est rien qu'hypocrisie.

16. *Violence et dureté de ton.*

MADAME PERNELLE. – Voyez la langue !

DORINE. – À lui, non plus qu'à son Laurent,
Je ne me fierais, moi, que sur un bon garant.

MADAME PERNELLE. 17 – J'ignore ce qu'au fond le serviteur peut être ;
Mais pour homme de bien je garantis le maître.
Vous ne lui voulez mal et ne le rebutez
Qu'à cause qu'il vous dit à tous vos vérités.
C'est contre le péché que son cœur se courrouce,
Et l'intérêt du Ciel est tout ce qui le pousse.

17. *Mme Pernelle, au centre. Sur ses deux derniers vers on sentait une femme profondément attachée à la religion catholique. Il n'y avait aucun ridicule dans son attitude, aucune distance.*

DORINE. – 18 Oui ; mais pourquoi, surtout depuis un certain temps,
Ne saurait-il souffrir qu'aucun hante céans[21] ?
En quoi blesse le Ciel une visite honnête,
Pour en faire un vacarme à nous rompre la tête ?
Veut-on que là-dessus je m'explique entre nous ?
Je crois que de Madame il est, ma foi, jaloux. 19

18. *Dorine laissait un temps après chacune de ses questions. Mme Pernelle, lointaine, ne répondait pas. La famille savourait les deux objections.*

19. *Pour la première fois, Dorine parlait d'un attrait de Tartuffe pour Elmire. Stupeur devant ce qui paraît une invraisemblable supposition, puis sourire de tous et hilarité de Mme Pernelle.*

**15.** Voir vocabulaire, p. 228.
**16.** *De voir qu'un inconnu prétende tout régenter ici.*
**17.** *En vienne jusqu'à oublier qui il est.*
**18.** *Dieu me protège !*
**19.** *Dans votre imagination.*
**20.** *Toute sa conduite.*
**21.** *Pourquoi… ne peut-il supporter aucune visite dans cette maison ?*

MADAME PERNELLE. – Taisez-vous, et songez aux choses que vous dites.
Ce n'est pas lui tout seul qui blâme ces visites.
20 Tout ce tracas qui suit les gens que vous hantez,
Ces carrosses sans cesse à la porte plantés,
Et de tant de laquais le bruyant assemblage
Font un éclat[22] fâcheux dans tout le voisinage.
Je veux croire qu'au fond il ne se passe rien ;
Mais enfin on en parle, et cela n'est pas bien.

*20. À Elmire, sur un ton maternel et un peu triste, elle terminait le dernier vers sur un ton très dur.*

CLÉANTE. – 21 Hé ! voulez-vous, Madame, empêcher qu'on ne cause ?
Ce serait dans la vie une fâcheuse chose
Si, pour les sots discours où l'on peut être mis[23],
Il fallait renoncer à ses meilleurs amis.
Et quand même on pourrait se résoudre à le faire,
Croiriez-vous obliger tout le monde à se taire ?
Contre la médisance il n'est point de rempart.
À tous les sots caquets n'ayons donc nul égard ;
Efforçons-nous de vivre avec toute innocence,
Et laissons aux causeurs une pleine licence.

*21. Courtois, amusé, dans un assez haut volume sonore. Ses yeux pétillaient de malice.*

DORINE. – 22 Daphné, notre voisine, et son petit époux
Ne seraient-ils point ceux qui parlent mal de nous ?
Ceux de qui la conduite offre le plus à rire
Sont toujours sur autrui les premiers à médire ;
23 Ils ne manquent jamais de saisir promptement
L'apparente lueur du moindre attachement[24],
D'en semer la nouvelle avec beaucoup de joie,
Et d'y donner le tour qu'ils veulent qu'on y croie :
Des actions d'autrui, teintes de leurs couleurs,
Ils pensent dans le monde autoriser les leurs,
Et sous le faux espoir de quelque ressemblance,
Aux intrigues qu'ils ont donner de l'innocence,
24 Ou faire ailleurs tomber quelques traits partagés
De ce blâme public dont ils sont trop chargés[25].

*22. Un silence. Mme Pernelle haussait les épaules. Grand éclat de rire de la famille. Dorine, de bonne humeur, s'amusait elle-même de ses plaisanteries.*

*23. Pendant ce grand discours, Mme Pernelle, distraitement, prenait Flipote par le bras. Flipote suivait sans trop comprendre. Mme Pernelle, finalement la faisait asseoir près d'elle, sur la banquette.*

*24. Dorine chassait Flipote et s'asseyait. Tous se regroupaient autour de la banquette pour écouter Dorine, cernant Mme Pernelle.*

MADAME PERNELLE. – Tous ces raisonnements ne font rien à l'affaire[26].
25 On sait qu'Orante mène une vie exemplaire :
Tous ses soins vont au Ciel ; et j'ai su par des gens
Qu'elle condamne fort le train qui vient céans[28].

*25. Mme Pernelle se levait et dégageait au jardin[27], marquant ainsi son hostilité envers Dorine.*

---

**22. éclat :** bruit, scandale.
**23.** Par peur des ragots.
**24.** *Ils ne manquent jamais de se précipiter sur la plus faible apparence de liaison.*
**25.** vers 111 à 116 : *Ils espèrent en chargeant autrui, soit détourner l'attention de leurs propres fautes, soit, tout au moins, ne plus être seuls à encourir la répréhension de la société.*
**26.** *Tout cela ne rime à rien.*
**27.** Voir vocabulaire, p. 228.
**28.** L'affluence des visiteurs d'Elmire.

*Tartuffe*, mise en scène de Roger Planchon au Théâtre de France en 1964, avec Marcelle Demuyères, Françoise Seigner, Colette Dompietrini et Guy Jacquet. © Agence Bernand.

DORINE. 26 – L'exemple est admirable, et cette dame est bonne !
Il est vrai qu'elle vit en austère personne ;
Mais l'âge dans son âme a mis ce zèle ardent,
Et l'on sait qu'elle est prude à son corps défendant[29].
Tant qu'elle a pu des cœurs attirer les hommages,
Elle a fort bien joui de tous ses avantages ;
Mais, voyant de ses yeux tous les brillants baisser,
27 Au monde, qui la quitte, elle veut renoncer,
Et du voile pompeux d'une haute sagesse
De ses attraits usés déguiser la faiblesse.
28 Ce sont là les retours des coquettes du temps[30].
Il leur est dur de voir déserter les galants.
Dans un tel abandon, leur sombre inquiétude
Ne voit d'autre recours que le métier de prude ;
Et la sévérité de ces femmes de bien
29 Censure toute chose, et ne pardonne à rien ;
Hautement d'un chacun elles blâment la vie,
Non point par charité, mais par un trait d'envie
Qui ne saurait souffrir qu'une autre ait les plaisirs
Dont le penchant de l'âge a sevré leurs désirs. 30

26. *Sous prétexte que Dorine est gentille et bonne, les interprètes n'osent jamais montrer ses moments de méchanceté. Nous avons essayé ici de marquer, dans le ton, son ironie cruelle pour Orante. Elmire s'asseyait à côté de Dorine. Elle tentait parfois de la faire taire.*

27. *Mme Pernelle rectifiait la toilette de Flipote, montrant ainsi, qu'elle n'écoutait plus.*

28. *Dorine se levait et venait tout près de Mme Pernelle.*

29. *Dorine allait se rasseoir dos au public sur la banquette. Durant tout le monologue, la famille avait par rapport à Dorine une attitude complice et amusée qu'elle n'osait pas extérioriser.*

30. *Mme Pernelle était complètement isolée. Plus que de l'amertume l'interprète exprimait une émotion réelle qui créait une gêne chez les autres. De la voir si émue arrêtait leurs sourires.*

**29.** *Et l'on sait qu'elle est vertueuse contre son gré.*

**30.** *Ce sont là les artifices des anciennes coquettes.*

MADAME PERNELLE. – Voilà les contes bleus[31] qu'il vous faut pour vous plaire.
Ma bru, l'on est chez vous contrainte de se taire,
Car Madame à jaser tient le dé[32] tout le jour.
31 Mais enfin je prétends discourir à mon tour :
Je vous dis que mon fils n'a rien fait de plus sage
Qu'en recueillant chez soi ce dévot personnage ;
32 Que le ciel au besoin l'a céans envoyé
Pour redresser à tous votre esprit fourvoyé ;
Que pour votre salut vous le devez entendre,
Et qu'il ne reprend rien qui ne soit à reprendre.
Ces visites, ces bals, ces conversations
Sont du malin esprit toutes inventions[33].
Là jamais on n'entend de pieuses paroles :
Ce sont propos oisifs, chansons et fariboles ;
Bien souvent le prochain en a sa bonne part,
Et l'on y sait médire et du tiers et du quart[34].
Enfin les gens sensés ont leurs têtes troublées
De la confusion de telles assemblées :
Mille caquets divers s'y font en moins de rien ;
Et comme l'autre jour un docteur dit fort bien,
C'est véritablement la tour de Babylone, 33
Car chacun y babille, et tout du long de l'aune[35],
34 Et pour conter l'histoire où ce point l'engagea...
*Montrant Cléante.*
Voilà-t-il pas Monsieur qui ricane déjà ! 35
Allez chercher vos fous qui vous donnent à rire,
Et sans... Adieu, ma bru : je ne veux plus rien dire.
Sachez que pour céans j'en rabats de moitié[38],
Et qu'il fera beau temps quand j'y mettrai le pied.
*Donnant un soufflet à Flipote.*
Allons, vous ! vous rêvez, et bayez aux corneilles.
Jour de Dieu ! je saurai vous frotter les oreilles.
Marchons, gaupe[39], marchons !

MOLIÈRE, *Tartuffe*, acte I, scène 1. 1669.

31. *Avec colère, au bord des larmes, Mme Pernelle revenait au centre, au milieu de la famille.*

32. *Sans s'apercevoir que les autres effectuaient le même mouvement, chacun commençait à s'éloigner discrètement de Mme Pernelle qui essayait de parler tantôt à l'un, tantôt à l'autre. La solitude émouvante de la vieille dame était traduite scéniquement par l'espace qui la séparait des autres.*

33. *Le mot surprenait.*
*Chacun redressait la tête sans comprendre.*
34. *Sur un ton lourdement didactique*[36], *elle expliquait le jeu de mots.*
35. *Rire général sur l'erreur de Mme Pernelle. Cléante, seul, ne riait pas, car justement elle le regardait.*
*Il protestait de sa bonne foi, déclenchant le rire des autres.*
*Mme Pernelle restait bouche bée, puis avec violence, elle se dirigeait vers la sortie face cour*[37].
*Émue, Mme Pernelle giflait nerveusement Flipote, qui sortait précipitamment derrière elle après de nombreuses révérences à la famille. À sa sortie, tout le monde riait de Mme Pernelle, mais en même temps tous couraient après elle pour la rattraper et la consoler.*

Mise en scène de Roger Planchon pour *Tartuffe* dans la collection « Classiques du théâtre » dirigée par L. Lobreaux.


**31.** Contes de fées fréquemment publiés à l'époque sous une couverture bleue ; par extension, extravagances.
**32. tenir le dé :** diriger une partie de dés et, par extension, une conversation.
**33.** *Sont autant d'inventions du diable.*
**34.** *Et l'on sait y médire du premier venu, de n'importe qui.*
**35.** Vers 161-162 : jeu de mots sur Babel et Babylone dont l'étymologie fait ici calembour. « Tout du long de l'aune » : à pleine mesure, excessivement.
**36.** Sur un ton professoral.
**37.** Voir vocabulaire, p. 228.
**38.** *J'ai perdu la moitié de l'estime que j'avais pour cette maison.*
**39. gaupe :** souillon, fille malpropre.

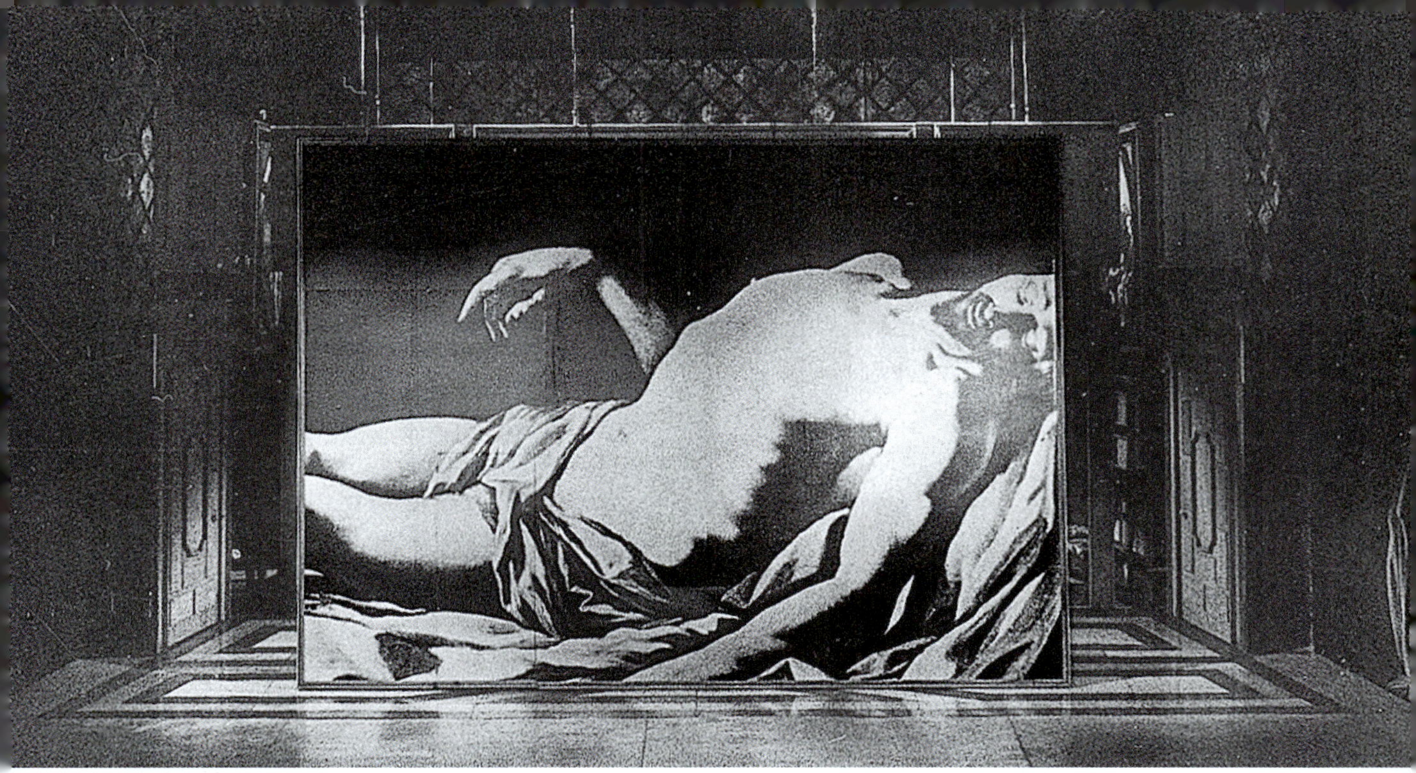

Ce tableau, représentant une « Déposition », apparaissait au lever de rideau dans la mise en scène de Roger Planchon. DR.

## ANALYSE

### *La lecture d'un metteur en cène*

**1.** Quel point commun voyez-vous entre les indications de mise en scène de Jean-Louis Barrault et celles qui sont rapportées ici, en marge du texte de Molière ?

**2.** Roger Planchon invente ce qui se passe avant le premier vers : Molière ne donne aucune didascalie. Comment peut se justifier le dispositif scénographique, l'immense tableau représentant la déposition qu'on découvre au lever du rideau ? Ce dispositif disparaît dans les cintres peu avant la première réplique : quelle signification cela peut-il avoir ?

**3.** Au vers 21, quel sens peut prendre le « *Je crois* » de Mariane adressé à tous ? Aurait-on le même sens si Mariane ne s'adressait qu'à Mme Pernelle ? Qu'est-ce que cette possibilité sous-entend sur le texte de théâtre quand il est porté à la scène et investi par le comédien ?

### *Le traitement de l'espace et du rythme : des comédiens en mouvement*

**4.** Quelle situation originale Molière invente-t-il dans cette scène d'exposition ? Qui sont les personnages meneurs de jeu dans le dialogue ? Par quels procédés sont présentés les personnages ? Qui sont les absents évoqués ?

**5.** Comment Planchon traduit-il cette situation sur le plan de l'espace ? Sept comédiens sont en scène : quels mouvements exécutent-ils afin d'occuper l'espace scénique de manière cohérente et signifiante ?

### *Madame Pernelle : un personnage progressivement isolé dans l'espace, dans la famille*

**6.** Comment Damis et Dorine prennent-ils la tête de la lutte contre Tartuffe et de la résistance de la maisonnée ?

**7.** Vers 71 à 106 : montrez que la mise en scène isole Mme Pernelle et met les rieurs du côté de Dorine et de Cléante.

**8.** À partir du vers 71 les répliques sont incontestablement plus larges. Comment le metteur en scène montre-t-il le désarroi croissant de Mme Pernelle face aux attaques de Dorine ?

**9.** Montrez que la scène culmine dans le duel oratoire Mme Pernelle/Dorine.

**10.** La scène se termine sur une tension entre comique et gravité : comment la mise en scène choisit-elle de montrer à la fois la solitude de Mme Pernelle et son ridicule ?

**11.** Montrez qu'en même temps que le problème posé (Tartuffe dévot ou pique-assiette ?), s'installent le registre comique et le genre de la comédie.

## LIENS


- **Groupement 1**, p. 195
- **Vocabulaire**, Le lexique spécifique de la mise en scène, p. 228
- **Chapitre 4**, Histoire littéraire, p. 172
- **Chapitre 12**, La question religieuse, p. 476

# MOLIÈRE (1622-1673)

## *Dom Juan*

voir biographie p. 632

*Ces trois documents photographiques sont issus de trois mises en scène différentes de* Dom Juan. *On s'interrogera précisément sur les interprétations possibles du couple Don Juan / Sganarelle, le maître et son double bouffon. Le metteur en scène sait utiliser la marge de manœuvre que le texte de théâtre, incomplet*[1] *par nature, lui laisse. L'étude comparée proposée ici permet de réfléchir sur la manière dont on peut rendre signifiants des attitudes, des costumes, des accessoires, un décor qui s'intègrent dans un projet global de lecture.*

*Dom Juan*, Georges Descrières et Jacques Charon dans une mise en scène d'Antoine Bourseiller, Comédie-Française, 1967. © Enguerand.

1. Voir p. 232, le texte d'Anne Ubersfeld.

## ANALYSE

**1.** Décrivez avec précision le costume des trois Don Juan et des trois Sganarelle. Qu'en concluez-vous ? À quel point de vue du metteur en scène sur la pièce cela peut-il correspondre ?

**2.** Georges Descrières (Don Juan), Jacques Charon (Sganarelle) : comment interprétez-vous le geste de Don Juan ? Comment Sganarelle vous paraît-il réagir ? D'après votre connaissance de la pièce, de quelle(s) scène(s) pourrait-il s'agir ?

*Dom Juan,*
Pierre Arditi
et Marcel Maréchal
dans une mise en scène
de Marcel Maréchal.
Théâtre de La Criée,
Marseille, 1989.
© Alain Sauvan
/Enguerand.

*Dom Juan,*
Andrzej Seweryn
et Roland Bertin
dans une mise en scène
de Jacques Lassalle,
Festival d'Avignon, 1993.
© Marc et Brigitte
Enguerand.

**3.** Andrzej Seweryn (Don Juan), Roland Bertin (Sganarelle) : un Don Juan bien assis comme sur un trône, un Sganarelle à genoux qui, malgré sa haute stature, s'agrippe au bras du fauteuil.
Qui parle ? Quel rapport s'installe entre les deux personnages ?

**4.** Pierre Arditi (Don Juan) et Marcel Maréchal (Sganarelle) : que suggère l'attitude de Don Juan ? Le rapport installé entre Don Juan et Sganarelle est-il le même que dans les deux autres photographies ? Justifiez votre réponse.

**5.** Quelle photo représente un vrai face à face ? Justifiez votre réponse.
Quel Don Juan préférez-vous ? pourquoi ?
Quel Sganarelle préférez-vous ? pourquoi ?

## LIEN

✦ **Chapitre 12**, Lecture d'une œuvre intégrale, p. 494

## GROUPEMENT 2 De la didascalie à la scénographie

### I. FAUX PÈLERIN, VRAI BANNI

# Victor HUGO (1802-1885)

## *Hernani*

voir biographie p. 632

*Yannis Kokkos, né en 1944, réalise la scénographie d'*Hernani *de Victor Hugo pour la mise en scène d'Antoine Vitez (création au Théâtre national de Chaillot le 31 janvier 1984).*
*À côté du texte de théâtre, la mise en scène propose un discours dans (et de) l'espace, un volume inventé avec des matériaux divers y compris la lumière et le son. Tout cela est pris en charge par le scénographe, n'a d'existence qu'au théâtre et pour la seule durée de la représentation. Les documents iconographiques (pp. 217 et 220) témoignent du traitement par Yannis Kokkos de la scène 2 de l'acte III et de la scène 6 de l'acte V (le dénouement).*

*La didascalie initiale de l'Acte III indique :*

Le château de Silva
Dans les montagnes d'Aragon
La galerie des portraits de la famille de Silva ; grande salle dont ces portraits, entourés de riches bordures et surmontés de couronnes ducales et d'écussons dorés, font la décoration. Au fond, une haute porte gothique. Entre chaque portrait une panoplie complète, toutes de siècles différents.

*La didascalie de la scène 1 signale une table et* « un grand fauteuil ducal en bois de chêne ».

*Nous sommes chez Don Gomez, vieil oncle de Doña Sol, qui va l'épouser alors qu'elle aime passionnément Hernani, un proscrit (révolté contre le roi d'Espagne parce qu'il veut venger son père). Poursuivi par la garde royale, Hernani, déguisé en pèlerin, trouve refuge chez Don Gomez.*

ACTE III, SCÈNE 2

DON RUY GOMEZ, HERNANI
*Hernani s'arrête sur le seuil de la porte*

HERNANI
Monseigneur,
Paix et bonheur à vous !

DON RUY GOMEZ, *le saluant de la main.*
À toi paix et bonheur,
Mon hôte !

***Hernani*, Acte III, scène 2**

*Hernani*, mise en scène d'Antoine Vitez, décor de Yannis Kokkos.
Don Ruy Gomez de Silva : Antoine Vitez
Hernani : Aurélien Recoing
Théâtre national de Chaillot, 1985.
© Agence Enguerand.

*Hernani entre. Le duc se rassied.*

N'es-tu pas pèlerin ?

HERNANI, *s'inclinant.*

Oui.

DON RUY GOMEZ

Sans doute
Tu viens d'Armillas ?

HERNANI

Non. J'ai pris une autre route ;
On se battait par là.

DON RUY GOMEZ

La troupe du banni,
N'est-ce pas ?

HERNANI

Je ne sais.

DON RUY GOMEZ

Le chef, le Hernani,
Que devient-il ? sais-tu ?

HERNANI

Seigneur, quel est cet homme ?

*Hernani*, Théâtre Marigny en octobre 1974, mise en scène de Robert Hossein, avec Dominique Rozan. © Lipnitzki/Viollet.

DON RUY GOMEZ

Tu ne le connais pas ? tant pis ! la grosse somme
Ne sera point pour toi. Vois-tu, ce Hernani,
C'est un rebelle au roi, trop longtemps impuni.
Si tu vas à Madrid, tu le pourras voir pendre.

HERNANI

Je n'y vais pas.

DON RUY GOMEZ

Sa tête est à qui veut la prendre.

HERNANI, *à part.*

Qu'on y vienne !

DON RUY GOMEZ

Où vas-tu, bon pèlerin ?

HERNANI

Seigneur,
Je vais à Saragosse.
(...)

## ANALYSE

**1.** Comment Yannis Kokkos a-t-il choisi de traiter les didascalies de Victor Hugo ? Comparez avec le décor dans la mise en scène de Robert Hossein ci-dessus.

**2.** Qu'apporte cette succession de gros plans différents sur des mains en lieu et place de portraits ? Quelle intention du metteur en scène peut-elle contribuer à éclaircir ? Aidez-vous de cette remarque de Yannis Kokkos dans *Le Scénographe et le héron* (Éd. Actes Sud) : « Il ne s'agit pas de se mettre "au service" d'une œuvre, mais de "réfléchir avec" ».

## 2. LA MORT EXHIBÉE

FIN DE LA SCÈNE 6 DE L'ACTE V (dénouement)

*Hernani se révèle être Don Juan d'Aragon. Le roi d'Espagne, devenu Charles Quint, lui pardonne et lui permet d'épouser Doña Sol. L'acte V est à la fois l'acte des noces d'Hernani et de Doña Sol et celui de leur mort. À la scène 6, Don Gomez vient chercher Doña Sol mais les deux amants ont bu une fiole de poison…*

(…)

DOÑA SOL

Voilà notre nuit de noces commencée !
Je suis bien pâle, dis, pour une fiancée ?

HERNANI

Ah !

DON RUY GOMEZ

La fatalité s'accomplit.

HERNANI

Désespoir !
O tourment ! doña Sol souffrir, et moi le voir !

DOÑA SOL

Calme-toi. Je suis mieux. – Vers des clartés nouvelles
Nous allons tout à l'heure ensemble ouvrir nos ailes.
Partons d'un vol égal vers un monde meilleur.
Un baiser seulement, un baiser !

*Ils s'embrassent.*

DON RUY GOMEZ

Ô douleur !

HERNANI, *d'une voix affaiblie.*

Oh ! béni soit le ciel qui m'a fait une vie
D'abîmes entourée et de spectres suivie,
Mais qui permet que, las d'un si rude chemin,
Je puisse m'endormir ma bouche sur ta main !

DON RUY GOMEZ

Qu'ils sont heureux !

HERNANI, *d'une voix de plus en plus faible.*

Viens, viens… doña Sol… tout est sombre…
Souffres-tu ?

DOÑA SOL, *d'une voix également éteinte.*

Rien, plus rien.

Dessin de Yannis KOKKOS, *Hernani*, acte V, 1984.
© Archives IMEC.

***Hernani*, Acte V, scène 6**

*Hernani*, mise en scène d'Antoine Vitez,
décor de Yannis Kokkos.
Don Ruy Gomez de Silva : Antoine Vitez
Doña Sol : Jany Castaldi
Hernani : Aurélien Recoing
Don Ruy Gomez de Silva : Antoine Vitez
Théâtre national de Chaillot, 1985.
© Agence Enguerand.

HERNANI

Vois-tu des feux dans l'ombre ?

DOÑA SOL

Pas encor.

HERNANI, *avec un soupir.*

Voici…

*Il tombe.*

DON RUY GOMEZ, *soulevant sa tête qui retombe.*

Mort !

DOÑA SOL, *échevelée, et se dressant à demi sur son séant.*

Mort ! non pas ! nous dormons.
Il dort. C'est mon époux, vois-tu. Nous nous aimons.
Nous sommes couchés là. C'est notre nuit de noce.

*D'une voix qui s'éteint.*
Ne le réveillez pas, seigneur duc de Mendoce.
Il est las.
*Elle retourne la figure d'Hernani.*
Mon amour, tiens-toi vers moi tourné...
Plus près... plus près encor...
*Elle retombe.*

DON RUY GOMEZ

Morte! – Oh! je suis damné.
*Il se tue.*

Victor HUGO, *Hernani*, 1830.

## ANALYSE

**1.** Identifiez et commentez les métaphores dans le dialogue entre Hernani et Doña Sol.

**2.** Les morts en cascade peuvent prêter à sourire ou porter la marque d'une esthétique désuète. Le dispositif scénique de Yannis Kokkos représente des marches aux termes desquelles le couple formé par Hernani et Doña Sol meurt, tandis que, resté en bas, Don Ruy Gomez va mourir. La lecture donne-t-elle la même impression que la photographie ? En vous servant aussi de la gravure de Louis Boulanger représentant la mort d'Hernani (ci-dessous), vous vous demanderez pourquoi le metteur en scène a choisi ce traitement du dénouement de la pièce.

**3.** Dans *Le Scénographe et le héron* Yannis Kokkos écrit :

> Ce que je n'aime pas dans une scénographie, ce sont les décors signifiants. Je n'aime pas le symbolisme immédiatement lisible. J'aime bien la métaphore, mais pas le symbolisme... même s'il s'agit d'un symbolisme psychologique ou social. (...) Je n'aime pas les décors clos sur eux-mêmes, décors qui interdisent à l'imagination du spectateur de s'envoler. (...).

Le scénographe ne crée pas un espace réel, référencé. Il invente un espace dévolu aux acteurs qui est lui-même un ensemble de signes interprétatifs.

Montrez que cet escalier est largement vidé de sa fonction référentielle et qu'il est métaphorique.

**4.** Qu'en concluez-vous sur le rôle du scénographe ? Que privilégie-t-il ? Comment rend-il la mise en scène plus efficace ?

Louis BOULANGER, *Mort d'Hernani*, acte V, scène 6. 1836. © AKG-Images.

## PROLONGEMENT

En vous appuyant sur les spectacles auxquels vous avez pu assister, vous réfléchirez à cette affirmation de Yannis Kokkos :

> Le théâtre est, par vocation et par nécessité, le lieu où le faux est roi, c'est à lui que revient de constituer une fiction, un réel faux, avec des éléments parfaitement contrôlés, d'imposer l'image d'un réel d'autant plus intense qu'il se présente dans l'écrin du faux. (*Le Scénographe et le héron*, p. 81)

## LIENS


- **Histoire littéraire,** pp. 224-225
- **Chapitre 4,** p. 167

# La représentation théâtrale : les lieux, le metteur en scène

## Le théâtre dans l'Antiquité grecque et romaine

### • L'architecture du théâtre grec

C'est en Grèce antique que naît le premier lieu théâtral, dès le VIIe siècle avant J.-C., autour d'un autel rond en pierre ou ***thymèlé***, sur lequel on sacrifiait un animal à la fin de la procession en l'honneur de Dionysos. Ainsi, à l'origine, le théâtre fait partie d'un sanctuaire.

**L'orchestra** est l'espace circulaire central réservé au **chœur**[1]. Le chœur entre et sort de l'orchestra par deux espaces latéraux : les ***parodoï***.

**La scène** est une estrade (le ***proskénion***), adossée à une construction rectangulaire, la ***skéné***, dont le mur, percé de trois ouvertures, va servir de coulisses.

**Les gradins,** au flanc d'une colline, sont disposés en demi-cercle, c'est le ***théatron***, le lieu d'où l'on regarde.

D'abord en bois, les théâtres sont progressivement construits en pierre. Le théâtre d'Épidaure, qui pouvait contenir jusqu'à 14 000 spectateurs, est le plus parfaitement conservé des théâtres grecs de l'époque classique (→ p. 161).

### • Les conditions de représentation

Les représentations théâtrales en Grèce antique relèvent d'une pratique à la fois religieuse et citoyenne. Les magistrats de la cité les organisent sous forme de concours lors des grandes Dionysies qui durent plusieurs jours.

### • Le théâtre chez les Romains

Les premiers théâtres romains, en bois, datent de 146 avant J.-C. L'orchestra, devenue semi-circulaire, est réservée aux sièges des sénateurs. Le chœur, dont le rôle est considérablement réduit, se produit uniquement pour chanter sur la scène agrandie. Orné de statues, le mur de scène, qui peut s'élever à plus de 40 mètres, et un grand voile, tendu au-dessus des spectateurs, isolent du paysage alentour.

Depuis le XIXe siècle, le théâtre antique d'Orange, construit au Ier siècle après J.-C., a retrouvé sa fonction d'origine. Il est le plus beau vestige théâtral de l'architecture romaine.

➤ **Recherchez une photographie du théâtre antique d'Orange et documentez-vous sur la programmation de ces trois dernières années. Pourquoi, selon vous, ce lieu est-il dévolu aujourd'hui à l'opéra ?**

## Les théâtres médiévaux

### • Le théâtre religieux

Comme le théâtre antique s'inscrit dans le culte de Dionysos, le théâtre médiéval s'enracine dans le christianisme.

---

1. **le chœur :** il est formé de **choreutes**, tous hommes, 15 pour les tragédies, 24 pour les comédies. Dirigés par le **coryphée** (ou chef du chœur), ils chantent et dansent mais dialoguent aussi avec les acteurs.

Jean FOUQUET (1420-1481), *Mise en scène de la Passion de Sainte Apolline*, vers 1455. Chantilly, Musée Condé. © AKG.

**Le drame liturgique,** qui n'est pas tout à fait du théâtre mais plutôt une cérémonie élaborée à partir des textes évangéliques, se déroule à l'intérieur de l'église ; les clercs (prêtres et moines) sont les acteurs, et les spectateurs sont les fidèles que le texte sacré, ainsi interprété, touche beaucoup plus. **Les miracles** (XIVe siècle) et **les mistères**[2] (XVe siècle) proposent des formes plus élaborées.

### • Le théâtre profane

Il a son origine dans les fêtes de carnaval, de corporations d'étudiants, des confréries de laïcs qui donnent des pantomimes, des tableaux vivants, des parodies de procès... Ainsi, **jeux**, **sermons joyeux**, **farces** et **soties** sont les formes variées de ce théâtre, pris en général en charge par la bourgeoisie des villes et qui est aussi riche que mal connu.

### • Les lieux

La représentation s'est installée sur le parvis de l'église, puis sur les places ou dans les rues. Les aires de jeu ou **mansions** sont multiples et figurent des espaces très éloignés les uns des autres (Rome et Jérusalem par exemple). Les mansions sont situées sur un même plan ou à des hauteurs différentes : la représentation s'y déroule simultanément, exactement comme dans la peinture médiévale qui juxtapose sur un même plan des scènes différentes[3]. On ne recherche pas l'effet de réel. Certains metteurs en scène d'aujourd'hui se souviendront de cette pratique. S'affranchissant de plus en plus de la tutelle de l'Église, le spectacle, petit à petit, devient payant.

## Les lieux de théâtre en Europe au XVIe siècle

### • Le corral[4] espagnol

Les cours intérieures des maisons et des auberges sont aménagées pour devenir des lieux de représentation.

### • Le théâtre élisabéthain[5]

Les tréteaux à ciel ouvert déterminent différentes aires de jeu et sont adossés à un mur de fond, tandis que les deux autres murs sont équipés de galeries couvertes pour les spectateurs aisés, les autres se tenant debout autour de la scène. Il n'y a pas de décor, on ne cherche pas l'illusion réaliste. Le public, très divers, peut être très bruyant et indiscipliné. Les acteurs sont professionnels et l'auteur est souvent chef de troupe et comédien. Tous les rôles sont tenus par des hommes.

➤ **Le théâtre du Globe à Londres où Shakespeare a créé ses pièces, a été reconstitué. Faites des recherches à ce sujet. Demandez-vous pourquoi ce lieu est tout à fait adapté aux mises en scène d'aujourd'hui.**

---

2. **mistère :** le mot s'écrit avec un « i » parce qu'il n'a pas de parenté étymologique avec le mot *mystère*. Il vient de *ministerium* et a le sens de célébration, de représentation, non de chose secrète.
3. Au XVIe siècle, certains de ces dispositifs de théâtre de rue pouvaient avoir des proportions impressionnantes : quarante-huit mètres de long, dix-huit de large et douze de haut.
4. **corral :** mot espagnol signifiant enclos, basse-cour.
5. L'Angleterre élisabéthaine commence avec le règne d'Élisabeth 1re et se termine par la prise de pouvoir de Cromwell (1558-1642).

## Du XVIIe au XIXe siècle, le triomphe progressif d'une scénographie de l'illusion

### • XVIIe siècle : une nouvelle architecture du théâtre

**L'influence italienne**

L'intérêt pour le jeu scénique va progressivement modifier le lieu théâtral. Ainsi, naissent l'amphithéâtre à gradins et les balcons adossés aux murs, latéralement et au fond de la salle. Sur la scène, le décor à « mansions » évolue plus lentement. Des rideaux désormais peuvent faire apparaître et disparaître des lieux de jeu spécifiques. Deux architectes italiens, **Serlio** (1475-1554) et **Palladio** (1508-1580), ont une influence décisive : ils organisent la perspective depuis la salle de sorte que l'illusion est parfaite et l'espace du spectateur nettement différencié de l'espace scénique. Richelieu dote son palais du premier théâtre « à l'italienne ».

➤ **Documentez-vous sur le théâtre de Vicence construit par Palladio. Comment y est conçue l'illusion théâtrale ?**

### • XVIIIe et XIXe siècles : multiplication des salles et diversification du public

**La salle à l'italienne et le triomphe de l'effet de réel**

Entre le début et la fin du XVIIIe siècle, le nombre des théâtres parisiens triple. Les théâtres de foire se développent et se confondent avec les petits théâtres qui se multiplient sur les boulevards. Chaque grande ville de province possède à la fin du XVIIIe siècle un théâtre qui donne des spectacles variés. Le théâtre devient un monument important dans la ville[6].

L'illusion est renforcée par l'agrandissement de la scène, l'invention du cadre de scène, du rideau de scène, et de la rampe[7]. L'éclairage au gaz rend moins artificiel la lumière créée. Tout est fait pour amplifier l'effet de réel. Par ailleurs, dans la nouvelle dramaturgie, celle prônée par Diderot mais aussi par Beaumarchais, il s'agit de faire vrai dans les décors, les accessoires, les costumes et les maquillages. Les didascalies, de plus en plus nombreuses dans le texte théâtral, renforcent cette volonté.

**Le public**

Les rares privilégiés qui pouvaient s'asseoir sur la scène jusque-là ne le peuvent plus depuis 1759. Le parterre est dévolu aux moins fortunés tandis que la bonne société occupe les loges et les balcons latéraux d'où il est aussi important d'être vu que de voir.

## XXe siècle, l'avènement du metteur en scène

### • L'utilisation de l'électricité

Elle a des conséquences considérables. Le public étant dans le noir, les jeux de lumière auxquels les acteurs et les décorateurs doivent se soumettre, peuvent moduler l'espace scénique. Il faut un maître d'œuvre pour donner de la cohérence à tout cela : ce sera le metteur en scène. Il s'entourera de toute une équipe technique. Le jeu des comédiens s'en trouvera modifié, et surtout, on repensera l'espace scénique traditionnel et le réalisme des décors.

### • Le rôle nouveau du metteur en scène

Le metteur en scène va progressivement imposer ses partis pris dans l'espace scénique (décor, costumes, lumières, musique, choix des acteurs et direction de leur jeu).

Par ailleurs, certains auteurs dramatiques contemporains pensent la mise en scène en même temps qu'ils écrivent. Ainsi, les didascalies qui étaient pratiquement inexistantes dans le théâtre classique, peuvent être très nombreuses dans les textes de théâtre d'aujourd'hui.

---

**6.** Il en est ainsi du théâtre de Lyon, conçu par l'architecte Soufflot et construit en 1756, et de l'Opéra de Paris imaginé par Garnier en 1870.

**7. la rampe :** rangée de chandelles d'abord, puis de godets à huile, et enfin d'ampoules électriques situées au ras de la scène, orientées vers les spectateurs et délimitant l'espace de la scène et celui des spectateurs.

Louis Jouvet.
© Corbis.

Peter Brook.
© Gamma.

Patrice Chéreau.
© Gamma.

[Ari]ane Mnouchkine.
© Martine Franck /Magnum.

Antoine Vitez
[© M]arc Enguerand.

Roger Planchon
[© M]arc Enguerand.

➤ **Comparez les didascalies de *Phèdre* (p. 194), de *Tartuffe* (p. 206), à celles de *La Mère coupable* (p. 148), d'*Hernani* (p. 216) et de *Fragment de théâtre I* de Beckett (p. 156). Feuilletez *La Dernière Bande* de Beckett. Qu'en concluez-vous sur l'évolution de l'écriture dramatique ?**

### • Quelques fondateurs de la mise en scène

– **André Antoine** est le créateur du Théâtre-Libre en 1887. Il est véritablement l'inventeur de la mise en scène, celui qui revendique la réalisation du spectacle. Partisan du naturalisme au théâtre, Antoine ressent vite la nécessité de la stylisation.

– **Lugné-Poe** fonde le Théâtre de l'Œuvre en 1893 et fait adopter à ses acteurs un jeu à l'opposé du réalisme : diction monocorde, déplacements très lents.

– **Firmin Gémier** est le précurseur de la décentralisation théâtrale : il sillonne la France avec son Théâtre national ambulant.

– **Jacques Copeau** transforme en scène élisabéthaine le Théâtre du Vieux-Colombier à Paris. Il met en scène des auteurs contemporains dans des réalisations extrêmement dépouillées.

– **Charles Dullin** et **Louis Jouvet**, élèves de Copeau, associés à **Gaston Baty** et **Georges Pitoëff** fondent en 1927 le **Cartel des Quatre** qui va dominer la vie théâtrale française jusqu'en 1940 et faire connaître des auteurs classiques et contemporains, français et étrangers.

### • Les metteurs en scène contemporains

– **Jean Vilar** est le créateur du festival d'Avignon en 1946. Il compte dans sa troupe du Théâtre National Populaire le célèbre comédien Gérard Philipe (voir p. 59).

– **Jean-louis Barrault**, **Roger Blin**, **Jean-Marie Serreau**, **Roger Planchon**, se consacrent d'abord au théâtre d'avant-garde : Ionesco, Beckett, Adamov.

– **Antoine Vitez**, partisan d'un théâtre « élitaire pour tous », travaille à partir de scénographies très dépouillées qui rythment l'espace de quelques éléments symboliques ou métaphoriques. Parmi les metteurs en scène essentiels de ces trente dernières années, citons Peter Brook, Jean-Pierre Vincent, Patrice Chéreau, Marcel Maréchal, Ariane Mnouchkine, Jacques Nichet, Jean-Louis Martinelli, Georges Lavaudant, Daniel Mesguich, Jacques Lassalle, Gildas Bourdet.

## XX$^{e}$ siècle, les nouveaux lieux

### • Mise en cause de la conception illusionniste du théâtre

Favorisée par la scène à l'italienne, cette conception est battue en brèche par des metteurs en scène qui préfèrent afficher les conventions dans un autre rapport entre la scène et les spectateurs. L'espace scénique se transforme en objet signifiant, à traiter dans la perspective du texte à jouer. **Le scénographe** devient le collaborateur essentiel du metteur en scène ; c'est lui qui **crée un lieu** qui n'a jamais d'équivalent dans la réalité, à la fois abstrait et concret. Les planchers de la scène peuvent s'organiser en niveaux différents, la lumière fragmente l'aire de jeu. Les objets et accessoires perdent leur valeur quotidienne, anecdotique, pour endosser d'autre significations.

### • Le théâtre hors du théâtre

Le public aujourd'hui voit du théâtre dans les lieux les plus divers. La lumière pouvant seule déterminer l'aire de jeu, on peut réaliser des spectacles dans la cour d'un hôtel particulier, dans une église, un cloître, des jardins, un hangar industriel, un site naturel[8]...

---

**8.** La troupe d'Ariane Mnouchkine est installée depuis 1970 dans les bâtiments désaffectés d'une fabrique de munitions : la Cartoucherie de Vincennes.

# LECTURE D'UNE ŒUVRE INTÉGRALE

## Jean-Claude GRUMBERG, *L'Atelier*, 1979

Pièce créée le 18 avril 1979 au Théâtre National de l'Odéon, dans une mise en scène de Maurice Bénichou, Jean-Claude Grumberg et Jacques Rosner (éditions Actes Sud-Papiers).

C'est l'évocation d'un atelier de confection pour hommes à partir de 1945. Il y a les ouvrières, en particulier Simone, dont le mari n'est pas revenu des camps de concentration, mais aussi le couple de patrons : Hélène et Léon. Nous ne quittons pas l'atelier qui est le lieu unique de l'action ; on y rit et on y pleure, on y raconte l'innommable. Les personnages sont à peu près les mêmes du début jusqu'à la fin. L'Histoire fait intrusion dans la quotidienneté du travail.

### Les différents niveaux de temporalité : la guerre et l'après-guerre

**1.** Le temps de la représentation, dans la mise en scène de Gildas Bourdet, est de 2 h 15. En vous aidant des didascalies, déterminez la durée de l'action. Par quels procédés Jean-Claude Grumberg arrive-t-il à intégrer et à articuler le temps de la fiction dans le temps de la représentation ?

**2.** Observez les titres des scènes : comment se justifient-ils ? Comment un metteur en scène peut-il en tenir compte à la représentation ?

**3.** Recherchez des précisions sur le contexte politique français à la même époque.

**4.** Quel est le rôle de la chanson *Les Roses blanches* ?

### Le lieu de l'action : une vision réaliste

**5.** Qu'apprenons-nous sur les ateliers de confection hommes et leur évolution ? Déterminez le rôle de chacun des personnages dans l'atelier : justifiez votre réponse par des exemples précis.

**6.** Montrez que l'atelier est évoqué dans sa vétusté et que Léon est le représentant d'une espèce de patrons en voie de disparition.

**7.** Qu'apporte à la pièce cette unité de lieu ?

**8.** Quelles différences voyez-vous entre les deux dispositifs scéniques représentés dans les photographies 1 et 2 ?

### L'Histoire dans l'histoire

**9.** La question juive : comment et quand la réalité de la déportation est-elle évoquée ? Qu'apprenons-nous sur la situation des Juifs apatrides ?

**10.** Le récit de Simone (scène 5, pp. 36-37), celui de Léon (scène 5, pp.41-42) : quelle place et quelle fonction ont-ils dans la dramaturgie de la pièce ?

**11.** À quels moments dans la pièce et par quels person-

*L'Atelier* de Jean-Claude Grumberg, mise en scène de Jacques Rosner, en 1979. © Agence Enguerand.

*L'Atelier* de Jean-Claude Grumberg, mise en scène de Gildas Bourdet, Théâtre Hébertot, 1998. © Agence Enguerand.

nages l'Europe de l'immédiate après-guerre est-elle rendue perceptible (la présence des Américains, l'influence du Parti communiste, la création de l'Allemagne de l'Est) ?

**12.** Comment la condition des ouvrières est-elle représentée ? Quel parti cela peut-il offrir à un metteur en scène ? Inspirez-vous des deux photographies issues de deux mises en scène différentes de la pièce.

## Entre rires et pleurs : des tranches de vie

**13.** Caractérisez rapidement Gisèle, Marie, Mimi, madame Laurence. Comment les voyez-vous ?

**14.** Quelle scène, à votre avis, est illustrée par la photographie ci-dessus ? Justifiez votre réponse par des références précises au texte.

**15.** Simone, Léon, Hélène : vivent-ils de la même façon la mémoire de la Shoah ? Comment comprenez-vous la violence des propos de Léon à la scène 10 : « *... je ne veux rien avoir à faire avec les morts, les morts sont morts non ? et ceux-là sont mille fois plus morts que les autres morts puisque on les a même pas... bon... Il faut penser aux vivants non ? et par hasard le seul vivant proche qui lui reste c'est moi, moi, et elle, elle me tue la nuit pendant que les autres m'assassinent le jour...* » ?

**16.** Montrez que la gravité est souvent concurrencée par la légèreté. Par quels signes le dramaturge arrive-t-il à évoquer la vie sentimentale des personnages, la vie de couple de Léon et Hélène ? Comment un metteur en scène peut-il en tirer parti ? Donnez des exemples précis.

**17.** Vous devez mettre en scène la scène 2 : exposez vos partis pris en vous servant de la photographie ci-contre.

## Étude de la scène 5 : déportation, survie et libération

La scène 5 constitue le centre de la pièce. Elle se compose de deux moments : le premier, dominé par le récit de Simone, le second, par celui de Léon. Le presseur sert naturellement d'interlocuteur, de destinataire privilégié des récits, et en même temps de lien dramaturgique entre les deux parties de la scène.

**18.** En quoi l'évocation des hors-scène impossibles à mettre en scène apparente-t-elle ces récits à ceux de pièces du XVII^e^ siècle que vous connaissez ?

**19.** Ici l'Histoire est évoquée par ses acteurs les plus humbles. Quelles informations quasi « documentaires » Jean-Claude Grumberg nous donne-t-il par ces intermédiaires ?

**20.** Étudiez comment cette scène construit à la fois le personnage de Simone et celui de Léon.

**21.** Quels sont les registres à l'œuvre ? pour quels effets ? Montrez que l'humour noir de Léon renforce à la fois sa vision très pessimiste de l'existence et son inaltérable appétit de vivre.

## Étude de la scène 10 : un dénouement ?

**22.** En quoi consistent le comique et le pathétique de cette scène ?

**23.** Montrez comment s'entrelacent les histoires individuelles.

**24.** Comment un metteur en scène et un scénographe peuvent-ils rendre compte de la durée de la fiction ? Vous répondrez à la question en vous attachant au traitement que vous pourriez faire de la scène 10.

# Le lexique spécifique de la mise en scène

## • La scène proprement dite

**Avant-scène** : partie du plateau qui s'avance vers le public au-delà du cadre de scène.

**Cadre de scène** : cadre de bois qui limite sur les côtés et en hauteur l'ouverture de la scène sur la salle.

**Cintres** : vaste espace au-dessus de la scène où se dissimulent toiles et éléments de décor que l'on fera descendre en temps voulu par un système de poulies.

**Côté cour** : expression traditionnelle désignant le côté de la scène qui se trouve à la droite du spectateur.

**Côté jardin** : par opposition à **côté cour**, désigne le côté de la scène qui se trouve à la gauche du spectateur.

**Face** : désigne la partie médiane de la scène qui se trouve la plus proche du spectateur.

**Lointain** : désigne la partie de la scène qui se trouve la plus éloignée du spectateur.

**Plateau** : plancher qui supporte les acteurs et certains éléments du décor.

## • Le jeu des acteurs

**Dégager** : (employé intransitivement) se dit d'un acteur qui s'écarte de son ou de ses partenaires.

**Descendre** : se dit d'un acteur qui se déplace du lointain vers l'avant-scène. Terme propre car le plateau est toujours légèrement incliné vers le public.

**Remonter** : se dit d'un acteur qui va de l'avant-scène vers le lointain.

**Serrer** : (le texte, le dialogue) passer immédiatement d'une réplique à l'autre, sans laisser entre elles de silence et dans un rythme en général rapide ou tendu.

## • La mise en scène

**Dramaturge** : 1. Équivalent d'auteur dramatique, c'est-à-dire d'auteur de pièces de théâtre.
2. À travers l'emploi allemand de *dramaturg*, conseiller littéraire attaché à une troupe, à un metteur en scène. Il est chargé de faire des recherches autour et sur l'œuvre afin d'aider le metteur en scène dans son travail de lecture et d'interprétation, d'adapter le texte s'il s'agit d'un texte étranger, d'intervenir au cours des répétitions comme « observateur critique ».

**Dramaturgie** : 1. À l'origine, selon Littré, *l'art de la composition des pièces de théâtre*. Ainsi les actes et les scènes, le chœur, les liaisons entre les scènes, les apartés, les trois unités, le quiproquo, le rebondissement, le hors-scène... font partie de l'écriture dramaturgique.
2. Quand on dit aujourd'hui étudier la dramaturgie d'un spectacle, c'est à la fois parler du texte et des moyens scéniques de sa mise en scène.

**Quatrième mur** : mur imaginaire séparant la scène de la salle où sont assis les spectateurs. Dans le cadre du théâtre de l'illusion, tout doit se passer comme si les spectateurs n'existaient pas. Le théâtre contemporain d'une part, et les mises en scène contemporaines d'autre part, nient cette séparation ou s'en amusent.

**Scénographie** : 1. la *skênographia* chez les Grecs est l'art d'orner le théâtre, en particulier par le décor de peinture.
2. Par métonymie, le mot désigne le décor lui-même, le travail du **scénographe**. On parle de « dispositif propre à éclairer le texte », à établir des correspondances entre le texte et la scène, sans qu'il s'agisse toujours d'une réplique mimétique et passive de la réalité. Certaines scénographies sont abstraites, uniquement fabriquées par des jeux de lumière et des objets débarrassés de toute valeur référentielle.

**Espace scénique** : c'est l'espace réel où évoluent les acteurs.

**Espace dramatique** : il appartient à la fiction ; c'est l'espace (ou les espaces) dont parle le texte théâtral et que le spectateur est obligé d'imaginer.

## EXERCICES

**1** **Lisez la scène 2 de l'acte I de *Lorenzaccio* d'Alfred de Musset. Déterminez les espaces dramatiques créés par le texte. Quels sont les problèmes que pose sa réalisation scénique ? Quelles pourraient être les solutions d'un scénographe d'aujourd'hui ?**

**2** **Lisez l'acte II du *Mariage de Figaro* de Beaumarchais. Un metteur en scène et son scénographe ne souhaitent pas respecter à la lettre la didascalie initiale. Quels obstacles vont-ils rencontrer ? pourquoi ? Quelles propositions peuvent-ils faire ?**

**3** ***Dom Juan* de Molière. Proposez une scénographie pour l'acte V, justifiez-la et donnez des indications de mise en scène pour les scènes 5 et 6.**

**4** **Vous occupez les fonctions de dramaturge auprès d'un metteur en scène qui veut monter *Victor ou les enfants au pouvoir* de Roger Vitrac. Conformément à votre mission, vous rédigez deux pages dans lesquelles vous lui suggérez, en les justifiant par votre lecture de la pièce, les différentes directions qu'il pourrait emprunter.**

# Lire le dialogue de Molière

Une énonciation complexe s'inscrit dans le texte théâtral : d'une part, l'auteur dramatique s'adresse au public, d'autre part et à l'intérieur du cadre précédent, des personnages, endossés par des acteurs, parlent entre eux... ce à quoi s'ajoute aussi la lecture particulière que le metteur en scène fait du texte dramatique qu'il a choisi de représenter. Il ne faut jamais oublier que le dialogue théâtral n'est pas destiné à être lu comme n'importe quel autre texte et qu'il n'est complet que lorsqu'il est interprété dans un espace.

Travailler sur le dialogue de Molière, en particulier, c'est essayer de se demander en quoi il est si éminemment théâtral, si éminemment efficace.

Il est indispensable de se poser quelques questions simples avant d'analyser un dialogue de théâtre en général et celui de Molière en particulier :

1. Identification de la scène : exposition / dénouement / affrontement / duo d'amour.
2. Observation de la longueur des répliques dans la scène : tirades / répliques courtes.
3. Fonction de ces répliques : informative / de contact / émotive / psychologique / exhortative / argumentative.
4. Enchaînement dans le dialogue, prise en compte (ou non) du (ou des) destinataire(s).

Voici, sous forme de questions, quelques jalons pour analyser la circulation de la parole dans le dialogue de Molière :

## • La complexité de l'énonciation

➤ **Le contact entre les personnages se fait-il de manière particulière ? par l'attaque, par exemple, ou une intonation interrogative, exclamative, etc. ?**

➤ **Qui a l'initiative de la parole ? Comment le rapport de force s'installe-t-il ? Comment s'inverse-t-il ? Y a-t-il une rupture de ton ? pour quel effet ?**

Dans la scène 6 de l'acte III de *George Dandin*, le dialogue n'est pas celui que l'on attend puisque Angélique appelle Colin (son domestique) dans les premières répliques et que c'est son mari qui lui répond. Le dialogue commence par une **attaque** de Dandin qui oblige Angélique à se faire suppliante, ce qui explique que le rapport de force soit en faveur de Dandin jusqu'au moment où Angélique trouve le moyen de piéger son interlocuteur en inventant le chantage qui le fera sortir de sa maison.

➤ **Y a-t-il des apartés ? Quelle fonction ont-ils ?**

➤ **Quels sont les différents destinataires possibles des répliques ?**

➤ **Quels sont les interlocuteurs ? sont-ils actifs, passifs, muets ? Des personnages cachés assistent-ils au dialogue ? Comment la construction du dialogue conduit-elle l'action ?**

Dans la scène citée de *George Dandin*, on ne doit pas oublier la **présence muette** de Claudine, servante et complice d'Angélique. Elle ne prononce que quatre répliques très courtes au début de la scène et une, un peu plus longue à la fin, mais pour la mise en scène et le jeu d'Angélique, en particulier la destination de sa parole, l'utilisation de sa présence peut être très intéressante.

La scène 5 qui précède immédiatement celle-ci, est un duo d'amour au cours duquel Clitandre, amant d'Angélique, se plaint de son sort. Dandin, caché par la nuit, ponctue la conversation des amants à trois reprises par des considérations sommaires mais comiques sur l'état de mari. La scène en effet serait « sérieuse » sans cette situation éminemment théâtrale, d'autant que l'expression des sentiments amoureux a cédé le pas dans une réplique d'Angélique à une argumentation sur la condition des jeunes filles mariées sans amour à « de certains maris » pour complaire aux parents. Clitandre est l'interlocuteur explicite, le public, l'interlocuteur implicite, et sur le plan de la construction dramatique, cela va nourrir les griefs de Dandin qui prépare la « punition » d'Angélique. Comme nous sommes dans la comédie, c'est aussi à son propre piège que Dandin est pris puisque la scène 6 se terminera par un renversement de situation (voir p. 185).

## • L'enchaînement dans le dialogue

➤ **Quelle est la nature de l'enchaînement dans le dialogue : la cohérence est-elle assurée sur le plan grammatical ou uniquement sémantique ? Comment sont assurés les passages de la parole ? par quel « *terme-pivot* » ? quelle « *identité de structure* » ?**

Dans la scène 7 de l'acte II des *Fourberies de Scapin*, le comique du dialogue entre Géronte et Scapin – qui ici n'avance pas – est entièrement construit sur la répétition du mot « oui » :

> *Géronte*. – Mais dis à ce Turc que c'est un scélérat.
> *Scapin*. – Oui.
> *Géronte*. – Un infâme.
> *Scapin*. – Oui.
> Etc.

Dans la scène 2 du même acte, on a une variante (reprise de la question posée) qui aboutit aux mêmes effets :

> *Géronte*. – Qu'est-ce donc qu'il s'est passé ici ?
> *Léandre*. – Ce qui s'est passé ?
> *Géronte*. – Oui. Qu'avez-vous fait dans mon absence ?
> *Léandre*. – Que voulez-vous, mon père, que j'aie fait ?
> *Géronte*. – Ce n'est pas moi qui veux que vous ayez fait, mais qui demande ce que vous avez fait.

➤ **A-t-on un échange argumenté et contradictoire ? A-t-on (ou non) une vraie progression sur le schéma question/réponse ou injonction/réponse ? A-t-on une intervention parasite dans l'échange ? pour quel effet ?**

➤ **Le comique dans le dialogue : comment les niveaux de langue (lisez *George Dandin*) et la variété des registres sont-ils utilisés, en particulier quand les personnages rapportent des paroles ou quand ils jouent un rôle ? (Voyez Toinette déguisée en médecin dans *Le Malade imaginaire*, ou Sganarelle dans *Le Médecin malgré lui*.)**

➤ **Le dialogue a un rythme particulier : observez les effets de symétrie, de répétition (en particulier dans les répliques courtes), d'accentuation et de ralentissement, de suspension, d'interruption.**

**– Le dialogue informatif dans l'exposition**
(scène 1 de l'acte I du *Tartuffe*)

On connaît la fonction informative de la scène d'exposition dans la dramaturgie classique : il faut donner tous les éléments de la situation le plus vite possible. Cependant, les personnages n'ont nul besoin de se souvenir des liens de parenté qui les lient ! Comment Molière se sert-il de cette convention ?

D'abord par une **attaque brève** et la plupart du temps directe – Molière utilise l'injonction sous la forme de l'impératif ou du présent de l'indicatif – en début de réplique, procédé volontiers répété qui participe du comique et qui a une double destination : le personnage interlocuteur fictif et (surtout) le spectateur invité à être particulièrement attentif. À ce propos, voyez comment en six répliques, Madame Pernelle désigne au spectateur sa famille et identifie l'espace dramatique.

→ Vers 1 Flipote, (*Allons, Flipote, allons*) vers 3, sa bru (*Laissez ma bru, laissez, ne venez pas plus loin*) vers 9, l'espace est identifié, c'est la maison du fils, (*Oui, je sors de chez vous fort mal édifiée*), vers 13, la servante (*Vous êtes, mamie, une fille suivante / Un peu trop forte en gueule*), vers 17, le petit-fils (*Vous êtes un sot en trois lettres, mon fils ;/ C'est moi qui vous le dis, qui suis votre grand-mère*), vers 21, la sœur de ce dernier, sa petite fille (*Mon Dieu, sa sœur, vous faites la discrète*).

**La convention est exhibée** (Molière ne cherche pas à l'esquiver) mais, en même temps, par ce procédé d'écriture dramatique, il installe immédiatement Madame Pernelle dans sa fonction, d'une part, de personnage comique, d'autre part, d'adjuvant d'Orgon et de Tartuffe. Madame Pernelle fait à chacun des autres membres de la famille un très bref exposé de ses griefs à leur encontre. À partir de ces constatations, il devient « vraisemblable » que les autres personnages aient de la peine à répondre, puisqu'emportée par la colère, elle est le meneur de jeu, gagne dans un premier temps le rapport de force et ne les laisse pas parler. Ce qui pourrait être un faux dialogue conventionnel se transforme en vrai dialogue de théâtre qui révèle les tensions entre les personnages.

**– Des rapports de force entre les personnages aux enjeux du dialogue** (scène 6 de l'acte III de *George Dandin*) ; quelques pistes :

Le dialogue entre Angélique et Dandin dans cette scène se termine par le triomphe inattendu d'Angélique. Du moins, c'est ce que l'on saisit dans une première lecture. Mais, il faudrait s'entendre sur l'enjeu de ce triomphe. Angélique a retourné la situation à son profit : son mari veut la confondre, elle confond son mari en jouant le rôle de l'épouse bafouée parce qu'elle ne peut assumer le regard de ses parents sur sa « faute ». Et c'est précisément le défi que lui lance Dandin en lui disant au début de la scène : « *[...] songez, si vous voulez, à chercher dans votre tête quelque nouveau détour pour vous tirer de cette affaire, [...]* ». À cet égard, le dialogue est parfaitement bouclé : les quatre dernières répliques constituent la mise en abyme parodique, la « victime » devenant bourreau, de ce qui avait été prévu par Dandin. Et nous nous retrouvons presque dans le genre de la farce.

Mais, à y regarder de près, et les deux metteurs en scène de la pièce, cités pp. 185-186 nous y invitent, c'est Dandin, dans son refus réitéré – on peut relever toutes les variations de la dénégation dans ses répliques – de donner une chance à Angélique qui accule cette dernière à réussir par la ruse. Avant de simuler son désespoir et d'inventer un dernier stratagème : « *[...] je vous avertis qu'une femme en cet état est capable de tout, et que je ferai quelque chose ici dont vous vous repentirez* », Angélique a en effet essayé en vain de persuader Dandin de sa bonne foi, lui avouant que si elle ne l'a pas aimé jusque-là, elle sera sensible à sa générosité. Parallèlement aux refus réaffirmés, amplifiés de Dandin – qui utilise la menace, l'injure, le persiflage, l'ironie, tout entier tendu vers l'exécution du châtiment qu'il a patiemment mis au point (« *Tout cela n'est rien. Je ne veux point perdre cette aventure, et il importe qu'on soit une fois éclairci à fond de vos déportements* » et enfin « *Non, non, non. Je veux qu'on soit détrompé de vous, et que votre confusion éclate* ») – les répliques d'Angélique utilisent la rhétorique du *plaidoyer pro domo* non sans une certaine finesse. Elle concède qu'elle a eu des écarts de conduite par quatre fois : « *[...] Je ne prétends point me défendre, ni vous nier les choses [...]* », « *Oui, je confesse que j'ai tort [...]* », « *Il est vrai que j'ai failli [...]* », « *Je ne veux point m'excuser par là d'être coupable envers vous [...]* ». Monolithique dans son acharnement à se venger, Dandin ne saisit pas l'opportunité qui lui est donnée de se faire aimer. C'est du moins une lecture possible de la scène. Sans doute est-il aussi vaincu par la maîtrise du langage que continue à déployer Angélique après l'échec de sa prière. Ainsi, le chantage au suicide est-il exprimé avec un pathétique mesuré et une grande logique dans l'exposé des conséquences de l'acte. C'est parce qu'il a finalement peur de se « *faire pendre* » que Dandin ouvre imprudemment la porte de sa maison. C'est dire l'efficacité du discours prêté à Angélique.

Si le spectateur ou le lecteur rit avec Angélique contre Dandin, c'est que le procédé comique, dans la tradition de l'arroseur arrosé, est sûr. Mais l'enjeu essentiel de l'échange reste la situation difficilement supportable vécue par une jeune femme mariée contre son gré. Le développement qui lui est consacré dans le dialogue est trop important, trop structuré, pour qu'on le croie simplement accessoire.

L'intérêt de cette scène va donc bien au-delà de la mise en place d'un renversement de situation.

# EXERCICES

**1** **Quels sont les effets produits par le changement des destinataires (Dandin, Claudine, le Ciel, le public...) de certaines répliques d'Angélique dans la scène 6 de l'acte III de *George Dandin* (voyez p. 182, l. 64 à 75, l. 127 à 132, l. 152 à 154) ?**

**2** **Relisez les scènes 2 et 3 de l'acte II du *Bourgeois gentilhomme*. Quel rôle est assigné à Monsieur Jourdain dans le dialogue ?**

**3** **Dans la scène 10 de l'acte III du *Bourgeois gentilhomme* (p. 233), comment progresse le dialogue jusqu'à la l. 22 ? et de la l. 39 à la l. 65 ? pour quels effets ? Quand y a-t-il renversement de situation ? pourquoi ?**
**Le redoublement du dialogue des maîtres par celui des valets relève de la parodie, montrez-le en analysant les procédés de circulation de la parole et les effets de répétition et de symétrie.**

**4** **Relisez la scène 4 de l'acte IV de *Dom Juan*. Que traduit la fameuse réplique de Don Juan à son père : *Monsieur, si vous étiez assis, vous en seriez mieux pour parler*. Quel effet produit-elle dans l'économie de la scène ?**

**5** **Dans la scène 1 de l'acte I de *Tartuffe* (p. 208), comment Molière choisit-il d'introduire le personnage éponyme dans le dialogue ? À quel moment précis ? Pourquoi selon vous ? Qu'est-ce que cela produit dans le rapport de force qui s'était établi entre les personnages ? Justifiez votre réponse.**

**6** **Analysez les procédures dans le dialogue qui ouvre *Les Fourberies de Scapin* ; en particulier les effets de redondance qui fondent le comique entre deux personnages dont l'un renseigne l'autre sur ce qu'il sait déjà.**

**7** **Voici les premières répliques de la scène 1 de l'acte I du *Médecin malgré lui* :**

*Sganarelle.* – Non, je te dis que je n'en veux rien faire, et que c'est à moi de parler et d'être le maître.
*Martine.* – Et je te dis, moi, que je veux que tu vives à ma fantaisie, et que je ne me suis point mariée avec toi pour souffrir tes fredaines.
*Sganarelle.* – O la grande fatigue que d'avoir une femme ! et qu'Aristote a bien raison, quand il dit qu'une femme est pire qu'un démon !
*Martine.* – Voyez un peu l'habile homme, avec son benêt d'Aristote !
*Sganarelle.* – Oui, habile homme : trouve-moi un faiseur de fagots qui sache, comme moi, raisonner des choses, qui ait servi six ans un fameux médecin, et qui ait su, dans son jeune âge, son rudiment par cœur.
*Martine.* – Peste du fou fieffé !
*Sganarelle.* – Peste de la carogne !
*Martine.* – Que maudit soit l'heure et le jour où je m'avisai d'aller dire oui !
*Sganarelle.* – Que maudit soit le bec cornu de notaire qui me fit signer ma ruine !

**Sur quels procédés ce début de scène est-il construit ? Pour quels effets ? Montrez qu'en même temps qu'une querelle de ménage, il s'agit d'une scène d'exposition. Comment dire ces répliques ? À qui les dire ? Proposez deux mises en espace différentes.**

**8** **La scène 2 de l'acte III des *Fourberies de Scapin*, la scène 4 de l'acte IV de *L'École des femmes*, la fin de la scène 5 de l'acte II du *Malade Imaginaire* offrent des moments de théâtre dans le théâtre (*cf.* p. 165). Dites comment ce procédé est introduit dans le dialogue, ce qu'il révèle des personnages et analysez son efficacité comique.**

**9** ***Dom Juan*, scène 1 de l'acte II : Comment Pierrot se met-il en scène ? dans quel but ? Quelle(s) fonction(s) attribuez-vous aux deux récits dans le dialogue ? Comment le dialogue assure-t-il la cohérence de l'ensemble de la scène ? En particulier, quel rôle peut-on assigner au discours amoureux dans ce dialogue ?**

ÉPREUVE BAC

# CORPUS Le texte théâtral, un texte incomplet

## TEXTE A « Le texte et la scène »

L'une des caractéristiques les plus étonnantes du texte théâtral, la moins visible mais peut-être la plus importante, c'est son caractère incomplet. Les autres textes de fiction doivent, dans une certaine mesure, combler l'imagination du lecteur : la mansarde de Lucien de Rubempré, le jardin enchanté de *La Faute de l'abbé Mouret*, le champ de bataille de *Guerre et Paix* sont des lieux sur lesquels le lecteur reçoit assez de renseignements pour se les figurer à loisir, même si ces figurations sont individuellement assez différentes. De même, les personnages sont décrits assez fidèlement pour que le lecteur puisse vivre imaginairement avec eux. Ce travail de détermination irait contre les possibilités de la scène : il faut que la représentation puisse avoir lieu n'importe où et que n'importe qui puisse jouer le personnage.

Un exemple frappant, le début du *Misanthrope*, qui ne souffle mot des rapports entre les personnages et les lieux. Comment ces personnages arrivent-ils ? En courant, au pas ? Lequel va devant ? Ou sont-ils déjà là, debout, assis ? Le texte n'en dit rien. Rien non plus sur l'âge des personnages. Est-ce le même ? Y en a-t-il un qui paraisse l'aîné ? Lequel ? Autant d'éléments sur lesquels le texte reste résolument muet. Ce sera le travail du metteur en scène de donner des réponses. Réponses absolument nécessaires : il faut bien que les personnages se présentent de telle ou telle façon. En outre, ni l'aspect ni la présentation ne sont neutres : le rapport Alceste-Philinte et, par-là, le sens même du personnage d'Alceste et de toute la pièce seront fixés dans le premier instant. Quelles que soient les modifications ultérieures apportées à ces premières images, elles devront s'inscrire en différence par rapport à elle. Ainsi dans la mise en scène de Jean-Pierre Vincent (Théâtre National de Strasbourg, 1977), Alceste est assis dans une sorte de certitude boudeuse, côté cour, et Philinte, debout auprès de lui, a l'air de s'excuser comme un jeune garçon pris en faute. Tout le développement ultérieur est déterminé par ce départ ; or il est une pure création du metteur en scène : l'incomplétude du texte oblige le metteur en scène à prendre un parti.

Anne UBERSFELD, « Le texte et la scène »,
dans *Le Théâtre*, ouvrage collectif sous la direction
de Daniel Couty et Alain Rey. © Éditions Bordas.

## TEXTE B *Tartuffe*

*Acte I scène 1 avec le récit de la mise en scène de Roger Planchon par Jean-Louis Martin-Barbaz et Jacques Rosner* (voir pp. 206-212).

## TEXTE C *Le Bourgeois gentilhomme*

*Lucile, fille de M. Jourdain, et Cléonte sont amoureux l'un de l'autre. Nicole, servante de la famille Jourdain, et Covielle, valet de Cléonte, sont également amoureux. Cléonte croit avoir été trahi par Lucile; Covielle a les mêmes soupçons à propos de Nicole.*

ACTE III, SCÈNE 10

*Cléonte, Lucile, Covielle, Nicole*

*Nicole* : Pour moi, j'en ai été toute scandalisée.

*Lucile* : Ce ne peut être, Nicole, que ce que je te dis. Mais le voilà.

*Cléonte* : Je ne veux pas seulement lui parler.

*Covielle* : Je veux vous imiter.

*Lucile* : Qu'est-ce donc, Cléonte? Qu'avez-vous?

*Nicole* : Qu'as-tu donc, Covielle?

*Lucile* : Quel chagrin vous possède?

*Nicole* : Quelle mauvaise humeur te tient?

*Lucile* : Êtes-vous muet, Cléonte?

*Nicole* : As-tu perdu la parole, Covielle?

*Cléonte* : Que voilà qui est scélérat!

*Covielle* : Que cela est Judas!

*Lucile* : Je vois bien que la rencontre de tantôt a troublé votre esprit.

*Cléonte* : Ah! ah! On voit ce qu'on a fait.

*Nicole* : Notre accueil de ce matin t'a fait prendre la chèvre[1].

*Covielle* : On a deviné l'enclouure[2].

*Lucile* : N'est-il pas vrai, Cléonte, que c'est là le sujet de votre dépit?

*Cléonte* : Oui, perfide, ce l'est, puisqu'il faut parler; et j'ai à vous dire que vous ne triompherez pas comme vous pensez de votre infidélité, que je veux être le premier à rompre avec vous, et que vous n'aurez pas l'avantage de me chasser. J'aurai de la peine, sans doute, à vaincre l'amour que j'ai pour vous, cela me causera des chagrins, je souffrirai un temps; mais j'en viendrai à bout, et je me percerai plutôt le cœur que d'avoir la faiblesse de retourner à vous.

*Covielle* : Queussi, queumi[3].

*Lucile* : Voilà bien du bruit pour rien. Je veux vous dire, Cléonte, le sujet qui m'a fait ce matin éviter votre abord.

*Cléonte* : Non, je ne veux rien écouter.

*Nicole* : Je te veux apprendre la cause qui nous a fait passer si vite.

*Covielle* : Je ne veux rien entendre.

*Lucile* : Sachez que ce matin…

*Cléonte* : Non, vous dis-je.

*Nicole* : Apprends que…

*Covielle* : Non, traîtresse.

*Lucile* : Écoutez.

*Cléonte* : Point d'affaire.

*Nicole* : Laisse-moi dire.

*Covielle* : Je suis sourd.

*Lucile* : Cléonte.

*Cléonte* : Non.

*Nicole* : Covielle.

*Covielle* : Point.

*Lucile* : Arrêtez.

*Cléonte* : Chansons.

*Nicole* : Entends-moi.

*Covielle* : Bagatelles.

*Lucile* : Un moment.

*Cléonte* : Point du tout.

*Nicole* : Un peu de patience.

*Covielle* : Tarare[4].

*Lucile* : Deux paroles.

*Cléonte* : Non, c'en est fait.

*Nicole* : Un mot.

*Covielle* : Plus de commerce[5].

*Lucile* : Hé bien! puisque vous ne voulez pas m'écouter, demeurez dans votre pensée, et faites ce qu'il vous plaira.

*Nicole* : Puisque tu fais comme cela, prends-le tout comme tu voudras.

*Cléonte* : Sachons donc le sujet d'un si bel accueil.

*Lucile* : Il ne me plaît plus de le dire.

---

1. **prendre la chèvre :** prendre la mouche, se fâcher.
2. **enclouure :** blessure faite au sabot d'un cheval par un clou. Ici expression synonyme de « point sensible ».
3. **Queussi, queumi :** expression picarde : *Il en est pour moi comme pour lui.*
4. **Tarare :** Pas du tout (taratata).
5. **Plus de commerce :** *cessons toute relation.*

*Le Bourgeois gentilhomme*, acte III, scène 10, Cléonte, Lucile, Covielle et Nicole. © Compagnie Colette Roumanoff.

*Covielle* : Apprends-nous un peu cette histoire.

*Nicole* : Je ne veux plus, moi, te l'apprendre.

*Cléonte* : Dites-moi...

*Lucile* : Non, je ne veux rien dire.

*Covielle* : Conte-moi...

*Nicole* : Non, je ne conte rien.

*Cléonte* : De grâce.

*Lucile* : Non, vous dis-je.

*Covielle* : Par charité.

*Nicole* : Point d'affaire.

*Cléonte* : Je vous en prie.

*Lucile* : Laissez-moi.

*Covielle* : Je t'en conjure.

*Nicole* : Ôte-toi de là.

*Cléonte* : Lucile.

*Lucile* : Non.

*Covielle* : Nicole.

*Nicole* : Point.

*Cléonte* : Au nom des Dieux !

*Lucile* : Je ne veux pas.

*Covielle* : Parle-moi.

*Nicole* : Point du tout.

*Cléonte* : Éclaircissez mes doutes.

*Lucile* : Non, je n'en ferai rien.

*Covielle* : Guéris-moi l'esprit.

*Nicole* : Non, il ne me plaît pas.

*Cléonte* : Hé bien ! Puisque vous vous souciez si peu de me tirer de peine, et de vous justifier du traitement indigne que vous avez fait à ma flamme, vous me voyez, ingrate, pour la dernière fois, et je vais loin de vous mourir de douleur et d'amour.

*Covielle* : Et moi, je vais suivre ses pas.

*Lucile* : Cléonte.

*Nicole* : Covielle.

*Cléonte* : Eh ?

*Covielle* : Plaît-il ?

*Lucile* : Où allez-vous ?

*Cléonte* : Où je vous ai dit.

*Covielle* : Nous allons mourir.

*Lucile* : Vous allez mourir, Cléonte ?

*Cléonte* : Oui, cruelle, puisque vous le voulez.

*Lucile* : Moi, je veux que vous mouriez ?

*Cléonte* : Oui, vous le voulez.

*Lucile* : Qui vous le dit ?

*Cléonte* : N'est-ce pas le vouloir, que de ne vouloir pas éclaircir mes soupçons !

*Lucile* : Est-ce ma faute ? Et si vous aviez voulu m'écouter, ne vous aurais-je pas dit que l'aventure dont vous vous plaignez a été causée ce matin par la présence d'une vieille tante, qui veut à toute force que la seule approche d'un homme déshonore une fille, qui perpétuellement nous sermonne sur ce chapitre, et nous figure tous les hommes comme des diables qu'il faut fuir.

*Nicole* : Voilà le secret de l'affaire.

*Cléonte* : Ne me trompez-vous point, Lucile ?

*Covielle* : Ne m'en donnes-tu point à garder[6] ?

*Lucile* : Il n'est rien de plus vrai.

*Nicole* : C'est la chose comme elle est.

*Covielle* : Nous rendrons-nous à cela !

*Cléonte* : Ah ! Lucile, qu'avec un mot de votre bouche vous savez apaiser de choses dans mon cœur ! et que facilement on se laisse persuader aux personnes qu'on aime !

*Covielle* : Qu'on est aisément amadoué par ces diantres d'animaux-là !

MOLIÈRE, *Le Bourgeois gentilhomme*, Acte III, scène 10, 1670.

---

**6.** *Ne me trompes-tu pas ?* en registre familier.

## Question

*Dites en quoi la scène 1 de l'acte I de* Tartuffe *(voir p. 206) et la scène 10 de l'acte III du* Bourgeois gentilhomme *illustrent les propos tenus par Anne Ubersfeld, p. 232.*

## Écriture d'invention

*L'écriture de la mise en scène*

**Sujet**

*Vous êtes metteur en scène : rédigez un texte de présentation de votre mise en scène de la scène 10 de l'acte III du* Bourgeois gentilhomme *qui justifiera vos propositions de jeu et votre parti pris scénographique.*

### Lire le sujet

Il ne s'agit pas d'écrire des didascalies en marge du texte de la scène, mais d'éclairer le lecteur sur les choix que vous faites en matière d'espace scénique, de jeu d'acteur, et de déplacements dans l'espace. Vos propos devront faciliter le passage du texte lu au texte vu et permettre au lecteur d'imaginer ce que sera votre mise en scène.

### Travail préparatoire

Après avoir relu le texte, demandez-vous comment vous feriez jouer la scène : décor ? accessoires ? C'est une scène de dépit amoureux particulière : le couple des valets parodie le couple des maîtres.

La scène joue sur des effets de symétrie, d'opposition et de parallélisme qu'il faudra transposer dans l'espace. Elle est construite en deux mouvements d'égale ampleur qui s'inversent. Au langage soutenu des maîtres correspond le langage familier des valets : les personnages jouent à se bouder ; les répliques, très courtes, impliquent un rythme très rapide. Il faut donc donner à voir la scène de dépit amoureux et montrer comment sa « réécriture » par les valets renforce le comique.

Avant de rédiger, aidez-vous d'un croquis, visualisez l'espace que vous voulez faire parcourir à vos personnages, réfléchissez aux accessoires possibles (mobilier ou éléments du costume).

## Commentaire

*L'interprétation d'un personnage*

**Sujet**

*Vous ferez un commentaire de l'extrait de l'acte I scène 1 de* Tartuffe*, vers 118 à 171 (voir pp. 210-212). Les indications qui relatent une représentation et qui vous sont données en marge du texte ne sont pas à commenter en tant que telles mais peuvent être appréciées, discutées.*

### Problématique

Quel rapport de force s'installe à la fin de la scène 1 ? Comment peut-il être représenté ?

### Pistes de réflexion

C'est la fin de la scène : deux tirades s'opposent. Celle de Dorine qui « exécute » Orante et met les rieurs de son côté, et celle de Mme Pernelle, vaincue, qui plaide encore pour Tartuffe mais va enfin trouver la porte de sortie. Son désarroi la conduit à décharger son agressivité et son amertume sur sa servante : geste peu charitable pour une dévote mais rire assuré. Molière crée une chute et installe efficacement le registre de la comédie.
Quelle signification prend cette sortie de scène ?
La mise en scène de Planchon choisit de montrer concrètement l'isolement de la vieille femme dans son soutien à Tartuffe, mais aussi sa véritable émotion. Elle dit ce que Molière ne dit pas : la famille, bien que complice de Dorine, a de la sympathie pour Mme Pernelle. Votre commentaire du texte de Molière peut vous permettre de discuter ce point de vue.

### Plan possible

**I.** La fin d'une scène d'exposition
**II.** Une violente sortie de scène

## Dissertation

*Le metteur en scène et la « recréation » du texte*

**Sujet**

*Anne Ubersfeld écrit : « La part de création et de recréation du metteur en scène est très considérable. Il est lui-même producteur d'un nouveau texte didascalique, complément et précision, voire contradiction du texte littéraire. » En vous appuyant sur le présent corpus et sur vos lectures de l'année, vous direz pourquoi l'on peut parler de « recréation » du texte de théâtre par le metteur en scène.*

### Problématique

Elle reprend l'essentiel de ce qui a été vu dans ce chapitre. Quels devoirs, quels pouvoirs le metteur en scène a-t-il ? En complétant le texte de théâtre, le respecte-t-il toujours ? N'excède-t-il pas ses droits ? Illustre-t-il ou interprète-t-il ?

### Pistes de réflexion et suggestion de plan

**I.** Le sens du texte de théâtre est-il donné une fois pour toutes ?

**II.** Le texte de base qui sert à la représentation est-il seulement le texte de l'auteur ?

**III.** Trahison, enrichissement, recréation ? Comment parler du rôle du metteur en scène : aider à voir, rendre « présent », éclairer des significations cachées ?

# Ouverture sur

## Une pièce tchèque contemporaine

L'écriture dramatique de Vaclav Havel utilise le rire sous toutes ses formes : l'absurde, le burlesque, l'humour, l'ironie, pour évoquer l'individu, « *rouage anonyme d'une machine gigantesque* », souvent prisonnier des mécanismes absurdes de la société ou du pouvoir, dont le libre-arbitre et l'identité sont toujours menacés. Voici le quatorzième et dernier tableau de *La Grande Roue* (1972), pièce comique et cruelle, fable sur la manipulation politique. Les personnages n'ont pas d'identité bien précise : ils sont sans doute tous des gangsters y compris Max, jeune homme aux allures romantiques. Vollard, bureaucrate patriote, et Tourmakoff, responsable de la sécurité, dominent ce microcosme traversé d'indicateurs, de vrais et faux policiers, de mères maquerelles, de jeunes filles ingénues et perverses, où chacun cherche à tromper l'autre pour le triomphe de son « organisation ». On ne sait plus au juste qui commande et qui obéit mais au dénouement, il semble bien que Tourmakoff soit une représentation du manipulateur suprême. La scène se passe chez les Tourmakoff. Tourmakoff interroge Max qu'il a fait arrêter et qui a reçu dans sa cellule la visite de Vollard. Vollard a proposé à Max la liberté sous la condition qu'il accepte la fusion de leurs deux « organisations ».

## Vaclav HAVEL[1] (né en 1936)

## *La Grande Roue*

***Quatorzième tableau –***

[...]

TOURMAKOFF. – On a toujours sa chance, Max, du moins dans cette prison.

MAX. – Je ne veux plus vivre, je ne suis pas fait pour ce monde !

TOURMAKOFF. – Allez, allez, pas de mélo, je vous en prie !

*Une pause assez longue.*

MAX. – Alors ? Qu'est-ce que vous attendez ? Emmenez-moi, je suis prêt !

TOURMAKOFF. – J'attends que vous vous calmiez un peu.

*À Madame Tourmakoff.*

Je crois, Maria, qu'une goutte d'alcool ne ferait pas de mal à Monsieur Maxence.

*Madame Tourmakoff verse un peu d'alcool dans un verre et le pose devant Maxence.*

MADAME TOURMAKOFF. – Tenez !

MAX. – Merci.

*Une pause. Max continue à fixer le sol. Par petites gorgées, il boit, l'air absent. Puis il dit d'une voix étouffée.*

Je vous écoute.

**1.** À l'époque de la Tchécoslovaquie, il sera le dramaturge d'une jeune compagnie un peu subversive. En 1968, il s'engage dans le fameux Printemps de Prague. Après l'écrasement de cet espoir par les chars soviétiques, Vaclav Havel est interdit de publication et devient manutentionnaire en fûts de bière quand il ne fait pas de la prison. Il continue à écrire mais ses pièces ne sont créées qu'à l'étranger ; parmi celles-ci citons : *Largo Desolato, Audience, Vernissage, La Grande Roue, La Pétition*. À la chute du régime communiste en 1989, Vaclav Havel devient président de la République tchèque.

TOURMAKOFF. – Voilà, Max. Vollard travaille pour moi. Il a toute ma confiance, vous l'avez remarqué, je suppose. Or, c'est justement parce qu'il est un collaborateur fidèle que ses services méritent plus que ma simple confiance, il me faut des preuves.

MAX. – Et qu'est-ce que je dois faire… moi ?

TOURMAKOFF. – Oh, ni plus ni moins qu'accepter la fusion avec Vollard. Et puis, comme directeur adjoint, il vous suffira de jeter un œil par-ci par-là, de venir me voir de temps en temps pour me tenir au courant de ce qu'il y a de nouveau dans le bureau, dans l'organisation, et au besoin de me signaler comment se comporte le patron, s'il verse toute la recette à la caisse de la ville – et c'est tout, j'assure votre sécurité et celle de vos hommes. Qu'en pensez-vous ?

MAX. – Et vous n'avez pas peur que je vous roule ?

TOURMAKOFF. – Comment ?

MAX. – Par exemple, si je découvrais que Vollard triche, et qu'au lieu de le donner, je le couvrais ou si, carrément, je m'alliais avec lui contre vous ?

TOURMAKOFF. – C'est exclu, Max.

MAX. – Comment le savez-vous ?

TOURMAKOFF. – Eh bien, d'abord, vous ne serez jamais sûr, vous, que Vollard me trahit vraiment et que ce n'est pas moi qui met à l'épreuve votre fidélité – ce que je ne manquerai pas de faire. Et si c'est vous qui vous liguez avec Vollard contre moi, il m'en informera aussitôt, lui, soit par excès de zèle, soit par crainte que je mette à l'épreuve sa fidélité – ce que je ne manquerai pas de faire non plus. Vous comprenez ? Alors, c'est oui ?

*Longue pause, pleine de tension. Max très préoccupé arpente la pièce. Puis soudain à Tourmakoff.*

MAX. – Écoutez, Tourmakoff, je n'ai pas peur de la mort, je suis même prêt à faire le sacrifice de ma vie – à condition, bien sûr, qu'il aide à renforcer les valeurs morales pour lesquelles je meurs et qu'ainsi ma mort profite aux autres. Je suis le gardien d'une vie qui m'a été donnée – la perdre sans raison serait manquer à mon devoir. Puis-je me le permettre ? Si tous me trompent, comme je m'en aperçois maintenant, ce n'est pas qu'ils attendent de moi des actes différents des leurs, mais bien au contraire : ils m'offrent leur propre conception des rapports humains. Si je refuse, que se passera-t-il ? On prendra mon geste pour une manifestation suprême de mépris et d'orgueil, avec, en finale, la cérémonie théâtrale qu'est l'exécution capitale. Et alors chacun de se demander : cet homme, de quel droit est-il si ostensiblement différent des autres, pourquoi ne marche-t-il pas dans le rang, pourquoi méprise-t-il l'opinion générale, pourquoi ose-t-il cracher sur ce minimum de discipline élémentaire qui est à la base de toute société ? On me prendrait pour un exhibitionniste prétentieux qui veut incarner à lui seul la conscience du monde. Je me sacrifierais pour un idéal auquel personne ne croit – sauf moi. Ma mort resterait alors incomprise, elle ne renforcerait pas les valeurs morales pour lesquelles je meurs, elle ne servirait à rien, à personne, à la rigueur, elle ferait de la peine à quelques-uns de mes proches. Ce serait bien l'exemple typique d'une mort inutile. Après tout, on peut comprendre qu'il est facile de refuser les règles du jeu proposées à l'être humain aujourd'hui, c'est très commode – mais ça ne sert strictement à rien. Il est beaucoup plus difficile, mais bien plus sage, de les accepter pour pouvoir communiquer avec

*La Grande Roue* de Vaclav Havel, mise en scène de Alain Timar, Théâtre des Quartiers d'Ivry, 1987. © Vincent Fournier/Enguerand.

autrui et élargir ainsi le champ de bataille pour les améliorer peu à peu, ces règles du jeu. Autrement dit : la seule solution correcte, digne d'un homme vrai, c'est de regarder la vie en face, d'affronter avec courage les tempêtes et les vagues, de ne pas craindre de se salir les mains ni de s'avilir en déjouant les pièges tendus sur les chemins de l'humanité, de se jeter corps et âme dans la lutte finale pour une vie meilleure !

TOURMAKOFF. – Vous êtes un homme, Max, un vrai ! Bravo ! Je suis extrêmement touché.

*Tourmakoff tend la main à Maxence ce qui n'est pas chose facile parce que Max a toujours les menottes. Ils se serrent la main. Puis Tourmakoff sort du tiroir une feuille, une plume et les dispose solennellement devant Max.*

Signez-là, s'il vous plaît.

MAX. – Un accord verbal ne vous suffit pas ?

TOURMAKOFF. – Non.

*Maxence se penche sur la table et signe avec difficulté – à cause de ses menottes. Tourmakoff suit l'opération très attentivement. Il enlève prestement le papier, souffle sur la signature et quand l'encre est sèche, le range précieusement… Les deux hommes se serrent longuement les mains.*

J'espère qu'une nouvelle étape de collaboration solide et constructive vient de s'ouvrir devant nous, Max !

*Il crie vers la porte droite.*

Marcel !

*Marcel entre.*

Retire-lui les menottes !

*Marcel enlève les menottes à Maxence. Max remue doucement les mains pour en dégourdir les muscles endoloris.*

Vous êtes libre, Max ! Bonne chance.

*Max en massant ses doigts, s'incline devant Madame Tourmakoff qui commence à mettre la table.*

MAX. – Mes salutations très distinguées, Madame !

MADAME TOURMAKOFF. – *Très aimable.*

Puisque tout se termine bien, j'espère qu'on ne parlera plus de toutes vos petites folies et que vous vivrez gentiment avec votre Lucie. Elle vous aime tant, ma Lucie.

MAX. – Faites-moi confiance, maman !

*À Tourmakoff.*

Salut !

*Maxence s'éloigne d'un pas rapide et sort... Marcel sort derrière lui... Madame Tourmakoff verse la soupe, puis elle se met à table avec Tourmakoff. Il glisse sa serviette sous son menton.*

TOURMAKOFF. – C'est chose faite, Maria, à dater d'aujourd'hui notre organisation a presque tout ce monde-là sous son contrôle !

MADAME TOURMAKOFF. – Dis-donc, il a fallu drôlement turbiner !

TOURMAKOFF. – Mettre toute la police sous le contrôle de notre organisation – c'était un jeu d'enfant à côté de ça !

MADAME TOURMAKOFF. – C'est quand même curieux, Serge, personne ne connaît notre organisation et tout le monde la sert !

TOURMAKOFF. – Celui qui ignore qu'il sert, sert toujours le mieux ! Bon appétit !

*Tourmakoff et Madame Tourmakoff se mettent à manger.*

FIN

Vaclav HAVEL, *La Grande Roue,* 1972, traduction-adaptation de Ivan Palec.
Texte paru dans *L'Avant-scène Théâtre* nº 803, 1er février 1987.

## QUESTIONS

### *Un dénouement ?*

**1.** Comment, à la lecture de ce tableau, pouvez-vous justifier le titre de la pièce qui se réfère explicitement à la fête foraine ?

**2.** Quel est l'objet du long discours de Max ? Au service de qui se met-il finalement ? Quelle vous paraît être la morale de la fable ?

**3.** Sommes-nous en présence d'un vrai dénouement ? Dans quel sens la pièce pourrait-elle continuer ?

### *La scénographie d'Alain Timar*

**4.** Alain Timar a été pour cette pièce à la fois metteur en scène et scénographe. L'univers plastique qu'il a conçu (voir photo) est une série de cubes ouverts qui figurent chacun un lieu particulier (appartement ou prison) et dans lesquels les comédiens se meuvent, « *surgissent, grimpent, escaladent, sautent* ». Cet espace morcelé correspond-il à votre propre lecture du dernier tableau ?

**5.** Le seul personnage debout est Tourmakoff. On aperçoit également sur la structure quelques écrans de télévision qui peuvent à la fois enregistrer l'action et les réactions du public. Quel est l'intérêt de montrer aux spectateurs qu'ils peuvent, eux aussi, être pris au piège ?

## *Nora (Maison de poupée)* d'Henrick IBSEN

théâtre
Théâtre municipal
21 h
durée 2 h 10
spectacle en allemand, surtitré

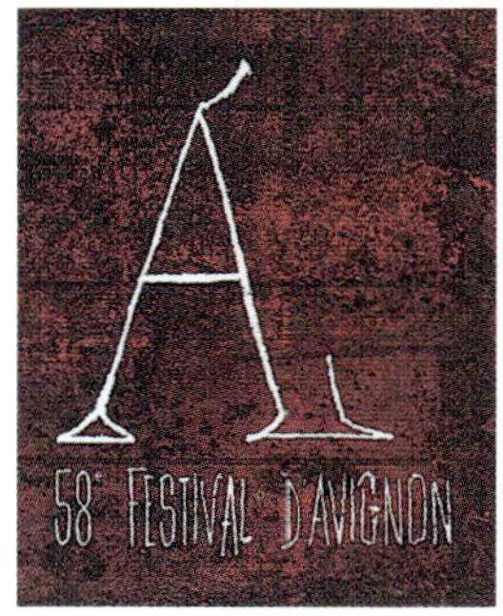


**13 14 15 16**

**Nora (Maison de poupée)**
d'**Henrik Ibsen**
mise en scène **Thomas Ostermeier**
avec
**Jörg Hartmann** – Helmer, avocat
**Anne Tismer** – Nora, son épouse
**Lars Eidinger** – Docteur Rank
**Jenny Schily** – Madame Linde
**Kay Bartholomäus Schulze** – Krogstad, avocat
**Milena Bühring, Constantin Fischer, Sören Hinnenthal** – les enfants
**Isabelle Redfern** – Jeune fille au pair
**Peter Kühlborn** – Un facteur

traduction en allemand **Hinrich Schmidt-Henkel**
scénographie **Jan Pappelbaum**
costumes **Almut Eppinger**
musique **Lars Eidinger**
dramaturgie **Beate Heine, Maja Zade**
lumières **Erich Schneider**
assistant à la mise en scène **Peter Kühlborn**

direction technique **Reinhard Wizisla**
régie générale **Bernd Fischer**
régie lumières **Paul Simoncelli, Franz Schuff**
régie son et vidéo **Sven Poser**
régie plateau **Frank Mencke**
maquillage **Helga Petritsch**
accessoires **Anaïs Laskus**
habilleuse **Marita Kaiser**
techniciens **Lothar Raves, Wolfgang Glinke, Peter Hinsch, Michael Martin**
souffleuse **Ursula Kuropka**
traduction française et régie surtitrage **Uli Menke**
chargé de production **Tobias Veit**

production Schaubühne am Lehniner Platz (Berlin)
droits de représentation Rowohlt Theater Verlag, Reinbek bei Hamburg
avec le soutien de l'Onda pour les surtitres

Les chiffres 13, 14, 15, 16 désignent les dates des jours de juillet 2004 où les représentations de *Nora* devaient avoir lieu au Théâtre municipal d'Avignon.

**1.** Outre le nom de l'auteur de la pièce, Henrik Ibsen, et celui du metteur en scène, l'Allemand Thomas Ostermeier, la présentation de l'équipe qui a réalisé le spectacle se décline, dans ce programme, en quatre parties. À quoi correspondent-elles précisément ?

**2.** *Maison de poupée* est le seul titre de la pièce. Ici, il est entre parenthèses. Pourquoi a-t-on préféré intituler le spectacle *Nora* ?

**3.** En quoi peuvent avoir consisté les fonctions de Jean Pappelbaum et de Beate Heine ?

**4.** Comment comprenez-vous le mot « régie » ? Quelles sont, selon vous, les responsabilités d'un régisseur plateau ?

**5.** Que sous-entend le mot « production » ?

PARTIE 3

# LA POÉSIE

Gustave MOREAU (1826-1898),
*Poète mort porté par un centaure.*
Paris, Musée G. Moreau.

CHAPITRE

# 6 Poésie versifiée

## OBJECTIFS

- Étudier les contraintes formelles de la poésie versifiée
- Découvrir des textes poétiques majeurs
- Aborder les liens entre la poésie et la chanson

Nicolas de STAËL (1914-1955), *Mer et nuages*, 1953. Huile sur toile, 100 × 73 cm. Paris, Galerie Jeanne Bucher. © Adagp, Paris 2007.

## I. UNE BALLADE DU XVe SIÈCLE

# François VILLON (1431-1463)

# « Ballade des Dames du temps jadis »

*Auteur à la vie mal connue, François Villon a acquis une réputation sulfureuse de mauvais garçon, se mêlant aux bagarres estudiantines à Paris, accusé de délits multiples, condamné au bannissement.*
*Il est aussi un très grand poète, reconnu comme tel dès son époque, familier des cours princières, comme celles des ducs de Bourbon et d'Orléans.*
*Il laisse deux œuvres importantes,* le Lais *et* le Testament, *dont est extraite cette célèbre ballade.*

### BALLADE DES DAMES DU TEMPS JADIS

Dites-moi où, n'en[1] quel pays
Est Flora la belle Romaine[2];
Archipiades[3] ne Thaïs[4]
Qui fut sa cousine germaine;
Écho[5] parlant quand bruit on mène
Dessus rivières ou sur étang,
Qui beauté eut trop plus qu'humaine?
Mais où sont les neiges d'antan?

Où est la très sage Héloïs[6],
Pour qui fut châtré et puis moine
Pierre Esbaillart[6] à Saint Denis?
Pour son amour eut cette essoine[7].
Semblablement où est la reine
Qui commanda que Buridan[8]
Fût jeté en un sac en Seine?
Mais où sont les neiges d'antan?

**1. n'en :** et en. Au vers 3, on retrouve cette conjonction de coordination.
**2. Flora :** courtisane qui laissa au peuple romain de grandes richesses; la fête des floralies aurait été instituée en son honneur.
**3. Archipiades :** Alcibiade, né à Athènes vers 450 av. J.-C., modèle de beauté, que l'on prenait communément au Moyen Âge pour une femme.
**4. Thaïs :** courtisane grecque qui vivait en Égypte dans la première moitié du IVe siècle. Elle fut convertie par saint Paphnuce, brûla ses parures, et vécut désormais dans un couvent à la porte murée, se contentant de pain et d'eau pour toute nourriture.
**5. Écho :** nymphe amoureuse de Narcisse. Comme il restait insensible à son amour, elle éprouva tant de douleur qu'elle fut métamorphosée en rocher; seule sa voix lui resta.
**6. Héloïs, Esbaillart :** Héloïse, née en 1101, Parisienne noble, nièce du chanoine Fulbert. Esbaillart est l'une des graphies du nom d'Abélard (on trouve aussi Abailard, Abeillard, etc.). Pierre Abélard était un poète, philosophe et théologien scolastique, né en 1079 dans la région de Nantes. À Paris, il séjourna chez le chanoine Fulbert et s'éprit de sa nièce dont il devait parfaire l'éducation : « très sage » signifie « très savante ». Leurs amours, découvertes, furent condamnées : Abélard subit la castration tandis qu'Héloïse devint religieuse.
**7. essoine :** épreuve.
**8. Buridan :** philosophe du XIVe siècle, dont la légende a fait l'un des amants de Marguerite de Bourgogne ou de Jeanne de Navarre. Marguerite, femme de Louis X le Hutin, fut convaincue d'adultère ainsi que sa belle-sœur Blanche de la Marche. Toutes deux furent enfermées au Château-Gaillard et Blanche fut étranglée par ordre de son mari. La reine Marguerite, selon la légende, faisait jeter ses amants d'un soir dans la Seine; Buridan aurait échappé à la noyade, sauvé par des étudiants.

La reine Blanche[9] comme un lys
Qui chantait à voix de sirène,
Berthe au grand pied[10], Bietris, Alis[11],
Aremburgis[12] qui tint le Maine,
Et Jeanne la bonne Lorraine[13]
Qu'Anglais brûlèrent à Rouen ;
Où sont-ils, où, Vierge souvraine[14] ?
Mais où sont les neiges d'antan ?

Prince n'enquérez de semaine[15]
Où elles sont, ne de cet an,
Qu'à ce refrain ne vous remène[16] :
Mais où sont les neiges d'antan ?

François VILLON, *Testament*, 1462, orthographe modernisée.

---

**9. La reine Blanche :** sans doute Blanche de Castille (1188-1252) reine de France, réputée pour sa beauté et sa sagesse, femme de Louis VIII et mère de saint Louis.

**10. Berthe au grand pied :** femme de Pépin le Bref et mère de Charlemagne.

**11. Bietris, Alis :** noms de personnages d'une chanson de geste médiévale.

**12. Aremburgis :** ou Haremburgis, Erembour, fille et héritière d'Hélie, comte du Maine, morte en 1220. Villon a adopté la forme latine du nom.

**13. Jeanne la bonne Lorraine :** Jeanne d'Arc, née en 1412 à Domrémy et brûlée en 1431.

**14. souvraine :** souveraine, l'absence du « e », licence poétique, permet d'enlever une syllabe au mot.

**15. n'enquérez de semaine… :** ne demandez pas [où elles sont] de cette semaine ni de cet an.

**16.** vers 27 : **que** (= sans que) je ne vous ramène à ce refrain.

Domenico GHIRLANDAIO, *Portrait de Ludovica Tornabuoni*, fresque, 1486-1490, Florence, Santa Maria Novella. © AKG.

## À VOIX HAUTE

Préparez la lecture de la ballade en repérant les diérèses et la prononciation particulière de certains mots pour assurer la rime. Comment pourriez-vous mettre en valeur l'envoi final (les quatre derniers vers) ? le refrain ?

## ANALYSE

**1.** Retrouvez les éléments formels qui définissent la ballade (voir p. 267) et décrivez précisément cette page du point de vue du mètre, des strophes, de l'alternance des rimes.

**2.** Expliquez et justifiez le mot « Dames » du titre.

**3.** Qu'est-ce qui rapproche les différentes figures de ce cortège féminin ? Quel ordre le poète a-t-il suivi ?

**4.** Que signifie, selon vous, le refrain ? Comment peut-on expliquer le fait qu'il soit resté comme un des vers les plus célèbres de la poésie française ?

## LIENS


- **Histoire littéraire,** Le sonnet et autres formes fixes, p. 266
- **Versification,** Les types de vers, les rimes, p. 272
- **Ouverture,** Poésie et chanson, p. 278

# Pierre de RONSARD (1524-1585)

voir biographie p. 632

*Pierre de Ronsard et Joachim du Bellay sont les deux membres les plus connus de **La Pléiade**, qui regroupait, autour de l'humaniste Dorat, sept poètes de la Renaissance désireux de porter très haut la poésie française, en s'inspirant de modèles italiens et antiques mais en les adaptant à la langue nationale. Les sonnets occupent une part importante de leur œuvre : les textes qui suivent illustrent la faculté de cette forme brève à traduire des thèmes et des sentiments divers.*

*Le premier est extrait du recueil de Ronsard la* Continuation des Amours, *publié en 1555 et centré sur la célébration d'une jeune paysanne de Bourgueil, Marie ; les deux suivants appartiennent à la période romaine de du Bellay ; en 1553 le poète a suivi à Rome, comme secrétaire, son oncle cardinal : surmontant le dégoût et l'ennui que lui inspire ce séjour de quatre ans loin de France, il y a écrit plusieurs recueils publiés après son retour en 1558, dont* Les Antiquités de Rome, *qui comprend 32 sonnets, et* Les Regrets, *composé de 191 sonnets. Ronsard fait d'ailleurs une allusion directe au séjour de son ami.*

## « CEPENDANT QUE TU VOIS LE SUPERBE RIVAGE »

Cependant que tu vois le superbe rivage
De la rivière Tusque[1], et le mont Palatin[2],
Et que l'air des Latins te fait parler Latin,
Changeant à l'étranger[3] ton naturel langage,

Une fille d'Anjou[4] me retient en servage,
À laquelle baisant maintenant le tetin,
Et maintenant les yeux endormis au matin,
Je vis (comme l'on dit) trop plus heureux que sage.

Tu diras à Maigni[5], lisant ces vers ici,
Et, quoi ! Ronsard est donc encores amoureux ?
Mon Bellay, je le suis, et le veux être aussi,

Et ne veux confesser qu'Amour soit malheureux,
Ou si c'est un malheur, baste[6], je délibère[7]
De vivre malheureux en si belle misère.

Pierre de RONSARD, *Continuation des Amours*, 3, 1555.

1. **la rivière Tusque :** le Tibre, qui prend sa source en Toscane.
2. **le mont Palatin :** l'une des sept collines de Rome.
3. **à l'étranger :** pour un langage étranger. Ronsard fait allusion aux *Poemata*, poèmes écrits par du Bellay en latin.
4. **une fille d'Anjou :** Marie, à laquelle est consacré le recueil.
5. **Maigni :** Olivier de Magny, un poète ami de Ronsard et de du Bellay qui, comme ce dernier, séjournait à Rome.
6. **baste :** il suffit.
7. **délibère :** décide.

# Joachim du BELLAY (1522-1560)

voir biographie p. 632

## « NOUVEAU VENU, QUI CHERCHES ROME EN ROME »

Nouveau venu, qui cherches Rome en Rome
Et rien de Rome en Rome n'aperçois,
Ces vieux palais, ces vieux arcs que tu vois,
Et ces vieux murs, c'est ce que Rome on nomme.

Vois quel orgueil, quelle ruine : et comme
Celle qui mit le monde sous ses lois,
Pour dompter tout, se dompta quelquefois,
Et devint proie au temps, qui tout consomme[1].

Rome de Rome est le seul monument,
Et Rome Rome a vaincu seulement.
Le Tibre seul, qui vers la mer s'enfuit,

Reste de Rome. Ô mondaine[2] inconstance !
Ce qui est ferme, est par le temps détruit,
Et ce qui fuit, au temps fait résistance.

Joachim du BELLAY, *Les Antiquités de Rome*, 1558.

1. **consomme :** consume.
2. **mondaine :** du monde.

## « HEUREUX QUI, COMME ULYSSE, A FAIT UN BEAU VOYAGE »

Heureux qui, comme Ulysse, a fait un beau voyage,
Ou comme cestuy-là[1] qui conquit la toison[2],
Et puis est retourné, plein d'usage et raison,
Vivre entre ses parents le reste de son âge[3] !

Quand reverrai-je, hélas ! de mon petit village
Fumer la cheminée, et en quelle saison
Reverrai-je le clos de ma pauvre maison,
Qui m'est une province et beaucoup davantage ?

Plus me plaît le séjour qu'ont bâti mes aïeux,
Que des palais romains le front audacieux,
Plus que le marbre dur me plaît l'ardoise fine,

Plus mon Loire gaulois[4] que le Tibre latin,
Plus mon petit Liré[5] que le mont Palatin,
Et plus que l'air marin la douceur angevine.

Joachim du BELLAY, *Les Regrets*, 1558.

1. **cestuy-là :** celui-là.
2. Jason, qui conduisit les Argonautes pour conquérir la Toison d'or.
3. **son âge :** latinisme pour dire sa vie.
4. Le fleuve Loire pouvait être au masculin.
5. **Liré :** lieu de naissance de du Bellay en Anjou.

## ANALYSE

**1.** Décrivez ces trois sonnets d'un point de vue formel : mètre, schéma des rimes, liens syntaxiques et lexicaux entre les quatrains et les tercets.

**2.** Comparez les trois textes pour ce qui est de leur thématique et de leurs registres.

**3.** En quoi la structure du sonnet sert-elle le lyrisme amoureux, l'argumentation, l'expression de la mélancolie, celle de la nostalgie ?

**4.** De quelle façon Ronsard et du Bellay affirment-ils ici une forme de spécificité française, voire de distance, par rapport au modèle italien ?

## LIENS


- **Histoire littéraire,** Le sonnet et autres formes fixes, p. 266,
- **Vocabulaire,** p. 270 ✦ **Versification,** p. 272
- **Exercice 2,** p. 274 ✦ **Corpus,** p. 275
- **Chapitre 11,** XVIe siècle, pp. 434-435
- **Mémento,** Les registres, p. 618

# Charles BAUDELAIRE (1821-1867)

## « Correspondances »

voir biographie p. 632

*Ce sonnet, le plus commenté par la critique, en raison de sa densité et de son mystère, est situé au tout début de la première section des* Fleurs du mal *; il introduit à la conception baudelairienne des symboles, que le poète seul perçoit et peut décrypter.*

### CORRESPONDANCES

La Nature est un temple où de vivants piliers[1]
Laissent parfois sortir de confuses paroles ;
L'homme y passe à travers des forêts de symboles
Qui l'observent avec des regards familiers.

Comme de longs échos qui de loin se confondent
Dans une ténébreuse et profonde unité,
Vaste comme la nuit et comme la clarté,
Les parfums, les couleurs et les sons se répondent.

Il est des parfums frais comme des chairs d'enfants,
Doux comme les hautbois, verts comme les prairies,
– Et d'autres, corrompus, riches et triomphants,

Ayant l'expansion[2] des choses infinies,
Comme l'ambre[3], le musc[4], le benjoin[5] et l'encens,
Qui chantent les transports de l'esprit et des sens.

Charles BAUDELAIRE, *Les Fleurs du mal*, 1857.

Pierre-Auguste RENOIR (1841-1919),
*Dans la forêt de Fontainebleau*. Huile sur toile.
London, Christie's Images. © The Bridgeman Art Library.

**1.** L'image de la Nature-temple suggère à la fois la notion de sacré et l'idée d'une unité de la création. Ce premier vers évoque la forêt-cathédrale que l'on trouve chez Chateaubriand ; il renvoie aussi à la forêt mythique et oraculaire de Dodone, en Épire, dont les chênes, bruissant au souffle du vent, faisaient entendre des sons que les prêtres de Zeus interprétaient.
**2. expansion :** prononcer expansi-on, avec une **diérèse**.
**3. ambre :** parfum extrait d'une substance sécrétée dans les intestins du cachalot.
**4. musc :** substance à forte odeur produite par un cervidé d'Asie et utilisée en parfumerie.
**5. benjoin :** résine aromatique provenant d'un arbre d'Asie, utilisée en médecine comme balsamique et antiseptique.

## À PROPOS DES…

### *Correspondances*

Les correspondances témoignent de l'unité du monde.
Baudelaire a emprunté sa théorie à plusieurs sources, et notamment au philosophe suédois Swedenborg (1688-1772).

**• Les correspondances horizontales, ou synesthésies**
Elles unissent les sensations entre elles : « les parfums, les couleurs et les sons se répondent ». Ainsi, une sensation olfactive peut-elle renvoyer à une sensation visuelle, tactile, auditive ou gustative.

**• Les correspondances verticales**
Elles établissent un lien entre le monde sensible et le monde abstrait. Ainsi, une sensation peut-elle renvoyer à un sentiment ou à une notion morale ou philosophique.

**• Les symboles**
Dans l'Antiquité, le symbole était une marque permettant à deux personnes de se reconnaître : deux amis qui se séparaient pouvaient emporter chacun la moitié d'un objet cassé en deux, une poterie ou un anneau par exemple ; lorsqu'ils se retrouvaient ou envoyaient un messager, la coïncidence parfaite des deux parties de l'objet représentait leur union reconstituée.
Dérivant de cette étymologie, le mot « symbole » désigne un objet ou une personne qui est le signe figuratif d'une notion abstraite. Ainsi, la balance est-elle le symbole de la justice.
Chez Baudelaire, les symboles sont les signes concrets d'une correspondance secrète entre le monde visible et le monde des idées ou le monde moral. Ils sont perceptibles au poète seul, qui les interprète pour les autres hommes.

## ANALYSE

### *De la théorie à l'application*

**1.** Montrez comment la structure du sonnet permet d'exposer la théorie des correspondances, puis d'en donner un exemple d'application.

**2.** Quels sont les procédés de généralisation employés dans les quatrains ?

**3.** D'où vient l'unité des tercets ? Vous vous intéresserez notamment à la syntaxe et au choix des mots à la rime.

### *De la diversité à l'unité du monde*

**4.** Relevez les marques du pluriel et les mots et verbes employés au singulier. Quelles déductions pouvez-vous en tirer ?

**5.** Étudiez l'emploi du mot « comme » dans le deuxième quatrain et dans les tercets.
Qu'exprime ici la comparaison ?

**6.** Par quels moyens sonores Baudelaire figure-t-il l'unité du monde sensible (v. 5 à 14) ?

### *Du passant au passeur*

**7.** Qu'est-ce qui, selon le poète, rend la perception des symboles difficile à l'homme qui « *passe* » (v. 3) ?

**8.** En quoi peut-on dire que le sonnet initie le lecteur ? Vous étudierez en particulier les effets produits par les expressions ou les mots « *vivants piliers* » (v. 1) et « *expansion* » (v. 12).

**9.** Le poète apparaît ici comme un passeur : montrez-le en vous fondant sur la prise en compte du sonnet tout entier. Vous pouvez corroborer votre analyse en citant d'autres pièces des *Fleurs du mal*.

## À VOIX HAUTE

En tenant compte de la note 2, préparez la lecture du sonnet : vous essaierez notamment de faire sentir oralement l'effet d'« *expansion* » vers les « *choses infinies* ».

## PROLONGEMENT

Faites un florilège de poèmes empruntés aux *Fleurs du mal* illustrant l'importance du parfum pour Baudelaire.

## LIENS


- **Histoire littéraire**, Le sonnet et autres formes fixes, p. 266
- **Vocabulaire**, Les mots en poésie, p. 270
- **Versification**, Les types de vers, les rimes, p. 272
- **Chapitre 7**, Recueils poétiques, p. 285
- **Mémento**, Les procédés rhétoriques, p. 618

## 4. VARIATIONS SUR LE PANTOUM

# Charles BAUDELAIRE (1821-1867)

# « Harmonie du soir »

voir biographie p. 632

*Le pantoum est une forme importée de Malaisie par les Romantiques. Il est constitué de quatrains d'octosyllabes ou de décasyllabes à rimes croisées avec un enchaînement de refrains entrelacés dont chacun n'apparaît que deux fois. Le second vers de chacune des strophes devient le premier de la strophe suivante, le quatrième de chaque strophe devient le troisième de la strophe suivante. Enfin, le premier vers et le dernier sont identiques.*

### HARMONIE DU SOIR

Voici venir les temps où vibrant sur sa tige
Chaque fleur s'évapore ainsi qu'un encensoir;
Les sons et les parfums tournent dans l'air du soir;
Valse mélancolique et langoureux vertige!

Chaque fleur s'évapore ainsi qu'un encensoir;
Le violon frémit comme un cœur qu'on afflige;
Valse mélancolique et langoureux vertige!
Le ciel est triste et beau comme un grand reposoir.

Le violon frémit comme un cœur qu'on afflige,
Un cœur tendre qui hait le néant vaste et noir!
Le ciel est triste et beau comme un grand reposoir;
Le soleil s'est noyé dans son sang qui se fige.

Un cœur tendre, et qui hait le néant vaste et noir,
Du passé lumineux recueille tout vestige.
Le soleil s'est noyé dans son sang qui se fige…
Ton souvenir en moi lui comme un ostensoir!

Charles BAUDELAIRE, *Les Fleurs du mal*, 1857.

## RECHERCHE

À l'aide d'un dictionnaire, vérifiez le sens des mots : « encensoir », « reposoir », « ostensoir ».

## ANALYSE

**1.** Décrivez avec précision la structure du texte et mettez en évidence le fait qu'il s'agit ici d'un pantoum irrégulier.

**2.** Quels sont les phénomènes de reprise, propres néanmoins au pantoum, que met en œuvre ici Baudelaire ?

**3.** Décrivez le système de rimes. Quelle atmosphère contribue-t-il à créer ?

**4.** Relevez et étudiez les comparaisons et les métaphores. Expliquez notamment l'image du v. 12.

**5.** En quoi le titre oriente-t-il l'interprétation ?

## À VOIX HAUTE

En vous aidant de la scansion des vers, et en particulier de celle des v. 3 et 4, vous essaierez de suggérer, en disant le poème, le vertige et la mélancolie.

# Paul VERLAINE (1844-1896)

## « Pantoum négligé »

voir biographie p. 632

*Ce poème où Verlaine prend des libertés par rapport à la forme du pantoum a été publié pour la première fois en 1872, puis inséré dans le recueil* Jadis et naguère *en 1884.*

### PANTOUM NÉGLIGÉ

Trois petits pâtés, ma chemise brûle.
Monsieur le Curé n'aime pas les os.
Ma cousine est blonde, elle a nom Ursule,
Que n'émigrons-nous vers les Palaiseaux !

Ma cousine est blonde, elle a nom Ursule,
On dirait d'un cher glaïeul sur les eaux.
Vivent le muguet et la campanule !
Dodo, l'enfant do, chantez doux fuseaux.

Que n'émigrons-nous vers les Palaiseaux !
Trois petits pâtés, un point et virgule ;
On dirait d'un cher glaïeul sur les eaux.
Vivent le muguet et la campanule !

Trois petits pâtés, un point et virgule ;
Dodo, l'enfant do, chantez doux fuseaux.
La libellule erre emmi les roseaux.
Monsieur le Curé, ma chemise brûle !

Paul VERLAINE, *Jadis et naguère*, 1884.

Paul Verlaine, dessin de Vallotton. © Photothèque Hachette Livre.

## ANALYSE

**1.** Décrivez d'un point de vue formel ce pantoum de Verlaine.

**2.** Comment comprenez-vous le titre ?

**3.** Quels sont les rapprochements que l'on peut faire avec la comptine ? avec la chanson populaire ? avec la berceuse ?

**4.** Montrez que le poète mêle ici des traits de langue savante et de langue familière.

**5.** Quels effets produit ce poème : coq-à-l'âne, disparate, fantaisie ? Justifiez votre réponse.

# GROUPEMENT 2 Expériences poétiques

## I. UNE MÉDITATION LYRIQUE

## Victor HUGO (1802-1885)

## « Paroles sur la dune »

voir biographie p. 632

*Le recueil des* Contemplations, *publié pendant l'exil du poète, doit se lire, selon l'expression de l'avant-propos, comme les « mémoires d'une âme ». Victor Hugo évoque ici ses promenades solitaires « au bord des flots profonds » dans l'île de Jersey. Couché sur l'herbe de la dune, il prend le temps de méditer sur son existence.*

*Nous donnons les cinq dernières strophes du poème qui en comporte treize.*

PAROLES SUR LA DUNE

Où donc s'en sont allés mes jours évanouis ?
Est-il quelqu'un qui me connaisse ?
Ai-je encor[1] quelque chose en mes yeux éblouis,
De la clarté de ma jeunesse ?

Ne verrai-je plus rien de tout ce que j'aimais ?
Au-dedans de moi le soir tombe.
Ô terre, dont la brume efface les sommets,
Suis-je le spectre, et toi la tombe ?

Ai-je donc vidé tout, vie, amour, joie, espoir ?
J'attends, je demande, j'implore ;
Je penche tour à tour mes urnes[2] pour avoir
De chacune une goutte encore !

Comme le souvenir est voisin du remord[3] !
Comme à pleurer tout nous ramène !
Et que je te sens froide en te touchant, ô mort,
Noir verrou de la porte humaine !

Et je pense, écoutant gémir le vent amer,
Et l'onde aux plis infranchissables ;
L'été rit, et l'on voit sur le bord de la mer
Fleurir le chardon bleu des sables.

5 août 1854, anniversaire de mon arrivée à Jersey.

Victor HUGO, *Les Contemplations*, Livre V, poème XIII, 1856.

1. **encor :** orthographe du mot « encore », qui est une **licence poétique**, par nécessité rythmique, le mot ayant ainsi deux syllabes et non trois.
2. **mes urnes :** vases antiques de grande taille servant à porter de l'eau.
3. **remord :** orthographe de « remords », licence poétique permettant une sorte de rime pour l'œil avec le mot « mort ».

Victor HUGO, *Le Rocher Ortach*. Paris, Bibliothèque nationale de France. DR.

## RECHERCHE

Rédigez une fiche rappelant les dates principales de la vie de Victor Hugo, et mentionnant notamment celle de la mort de sa fille Léopoldine et la période de l'exil à Jersey et à Guernesey.

Mettez en rapport la date d'écriture du poème avec cette chronologie.

## ANALYSE

### *Une tristesse douloureuse*

**1.** Relevez et commentez les marques du registre lyrique dans cette page.

**2.** Nommez les types de vers employés ici. Quel effet produit leur alternance régulière ?

**3.** Quels liens se tissent entre le paysage extérieur et l'intériorité du poète ?

### *Le sentiment du vide*

**4.** Notez les termes qui évoquent l'absence ou le néant. Comment leur place dans les vers les met-elle en valeur ?

**5.** Relevez et expliquez les allusions explicites à la mort, et notamment l'image des vers 15/16.

**6.** Le verbe « *penser* » est employé sans complément dans le dernier quatrain : quelle acception prend-il ?

### *L'apaisement*

**7.** En quoi les deux derniers vers marquent-ils une rupture par rapport à l'ensemble du poème ? Montrez que cette rupture concerne à la fois le registre, le thème, le rythme, l'énonciation.

**8.** Quels sont les sens du mot « contemplation » que ce texte vient illustrer ?

**9.** Ces « Paroles sur la dune » sont-elles paroles d'amertume ou paroles d'espoir ? paroles de vie ou paroles de mort ? Justifiez votre réponse.

## ÉCRITURE

Comment le thème de la mer se mêle-t-il dans cette page à celui de la contemplation ? Développez votre réponse en citant le texte.

## LIENS


- **Vocabulaire**, Les mots en poésie, p. 270
- **Versification,** Types de vers et rimes, p. 272
- **Chapitre 7,** p. 282
- **Mémento**, Les registres, p. 618

## 2. LA CRÉATION DE MYTHES

# Charles BAUDELAIRE (1821-1867)

# « Le Cygne »

voir biographie p. 632

*Le poème qui suit fait partie de la section* « Tableaux parisiens » *créée pour l'édition de 1861 du recueil des* Fleurs du mal. *Il développe, sur un ton mélancolique, le thème de l'exil associé au paysage urbain et au travail de l'écriture.*

LE CYGNE

*À Victor Hugo.*

I

Andromaque[1], je pense à vous ! Ce petit fleuve,
Pauvre et triste miroir où jadis resplendit
L'immense majesté de vos douleurs de veuve,
Ce Simoïs[2] menteur qui par vos pleurs grandit,

A fécondé soudain ma mémoire fertile,
Comme je traversais le nouveau Carrousel.
Le vieux Paris n'est plus[3] (la forme d'une ville
Change plus vite, hélas ! que le cœur d'un mortel) ;

Je ne vois qu'en esprit tout ce camp de baraques,
Ces tas de chapiteaux[4] ébauchés et de fûts[5],
Les herbes, les gros blocs verdis par l'eau des flaques,
Et brillant aux carreaux, le bric-à-brac confus.

Là, s'étalait jadis une ménagerie ;
Là je vis, un matin, à l'heure où sous les cieux
Froids et clairs le Travail s'éveille, où la voirie
Pousse un sombre ouragan dans l'air silencieux,

**1. Andromaque :** princesse légendaire de Troie, femme d'Hector et mère d'Astyanax. L'Andromaque évoquée ici est celle que présente Virgile au troisième chant de l'*Énéide*, laquelle reçoit la visite d'Énée et de ses compagnons. Après la destruction de Troie et la mort de son mari, elle a été l'épouse de Pyrrhus, qui l'a ensuite abandonnée et l'a laissée à Hélénus, le devin troyen, son beau-frère. En Épire, son lieu d'exil, elle a reconstitué le paysage troyen et célèbre, sur le cénotaphe d'Hector, le culte du souvenir.

**2. Simoïs :** cours d'eau troyen. Dans l'*Énéide*, Énée dit avoir vu Andromaque « aux portes de la ville [de Buthrote] dans un bois sacré sur les bords d'un cours d'eau qui imitait le Simoïs ».

**3. Le vieux Paris n'est plus… :** Baudelaire fait allusion ici aux transformations haussmaniennes de Paris qui, après 1849, ont détruit le quartier du Doyenné, entre l'arc de triomphe du Carrousel et la cour du Louvre ; ce quartier était fait de vieilles rues et d'immeubles vétustes loués à des artistes.

**4. chapiteau :** pierre évasée et sculptée qui couronne une colonne.

**5. fût :** tige d'une colonne entre la base et le chapiteau.

Un cygne qui s'était évadé de sa cage[6],
Et, de ses pieds palmés frottant le pavé sec,
Sur le sol raboteux traînait son blanc plumage.
Près d'un ruisseau sans eau la bête ouvrant le bec

Baignait nerveusement ses ailes dans la poudre[7],
Et disait, le cœur plein de son beau lac natal :
« Eau, quand donc pleuvras-tu ? quand tonneras-tu, foudre ? »
Je vois ce malheureux, mythe étrange et fatal,

Vers le ciel quelquefois, comme l'homme d'Ovide[8],
Vers le ciel ironique et cruellement bleu,
Sur son cou convulsif tendant sa tête avide,
Comme s'il adressait des reproches à Dieu !

II

Paris change ! mais rien dans ma mélancolie
N'a bougé ! palais neufs, échafaudages, blocs,
Vieux faubourgs, tout pour moi devient allégorie,
Et mes chers souvenirs sont plus lourds que des rocs.

Aussi devant ce Louvre une image m'opprime :
Je pense à mon grand cygne avec ses gestes fous,
Comme les exilés, ridicule et sublime,
Et rongé d'un désir sans trêve ! et puis à vous,

Andromaque, des bras d'un grand époux tombée,
Vil bétail, sous la main du superbe Pyrrhus,
Auprès d'un tombeau vide en extase courbée ;
Veuve d'Hector, hélas ! et femme d'Hélénus !

Je pense à la négresse[9], amaigrie et phtisique[10],
Piétinant dans la boue, et cherchant, l'œil hagard,
Les cocotiers absents de la superbe Afrique
Derrière la muraille immense du brouillard ;

Odilon REDON (1840-1916), *La Femme en rouge*, pastel. Paris, Musée d'Orsay. © Photo RMN/Christian Jean.

6. **Un cygne qui s'était évadé de sa cage… :** un fait divers du 16 mars 1846 rapportait que quatre cygnes sauvages étaient venus s'abattre sur le grand bassin des Tuileries et qu'ils étaient restés à prendre leurs ébats jusqu'au moment où on avait ouvert le robinet du grand jet d'eau.

7. **poudre :** poussière (latinisme).

8. **l'homme d'Ovide :** dans les *Métamorphoses*, racontant la création de l'homme dans le Chaos, Ovide écrivait que le créateur avait élevé le front de l'homme et lui avait ordonné de contempler les cieux et de fixer ses regards sur les astres au lieu d'avoir la face courbée vers le sol comme les animaux.

9. **négresse :** femme de couleur noire, sans connotation péjorative.

10. **phtisique :** qui est atteinte de phtisie, ou tuberculose pulmonaire.

À quiconque a perdu ce qui ne se retrouve
Jamais, jamais! à ceux qui s'abreuvent de pleurs
Et tètent la Douleur comme une bonne louve!
Aux maigres orphelins séchant comme des fleurs!

Ainsi dans la forêt où mon esprit s'exile
Un vieux Souvenir sonne à plein souffle du cor!
Je pense aux matelots oubliés dans une île,
Aux captifs, aux vaincus!... à bien d'autres encor!

Charles BAUDELAIRE, *Les Fleurs du mal*,
« Tableaux parisiens », 1861.

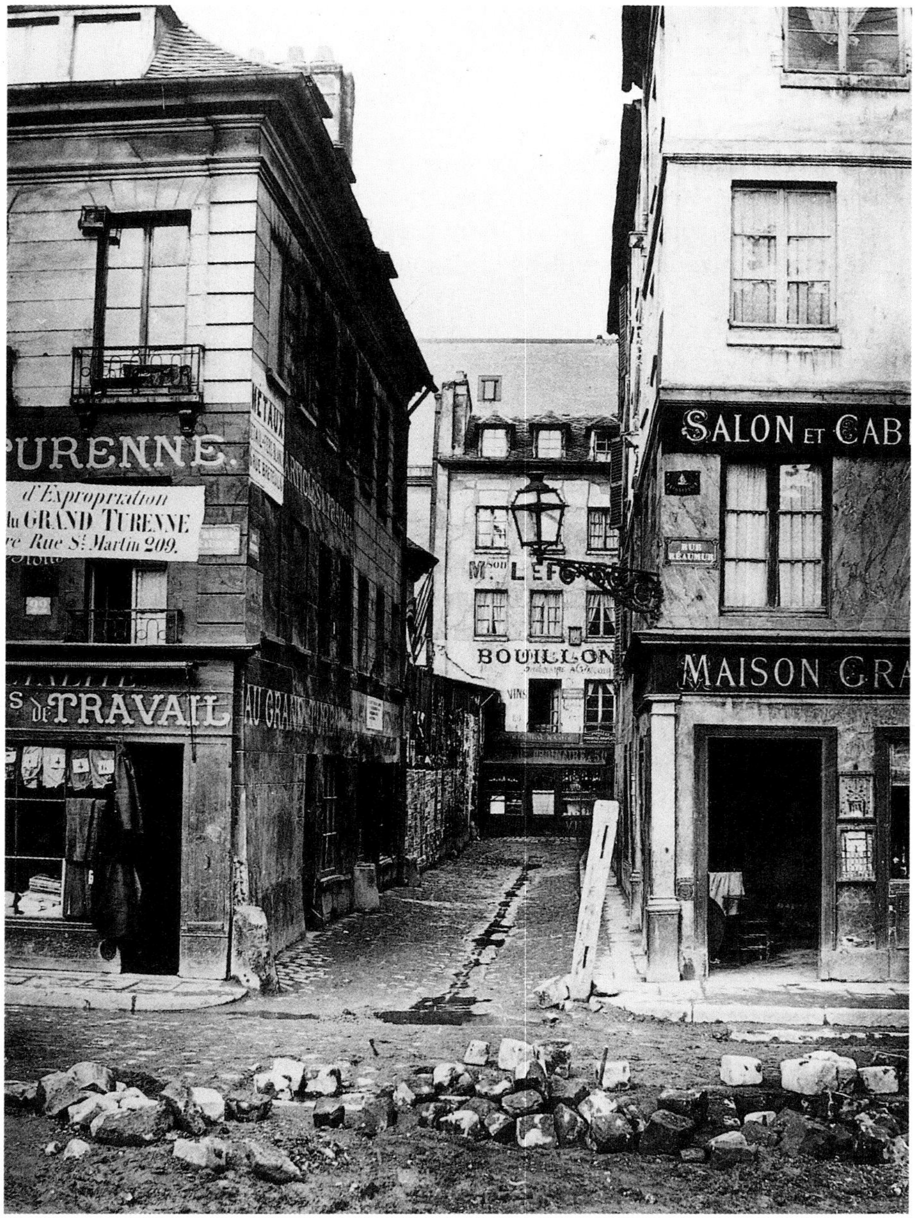


Charles MARVILLE (1816-1879), Rue de Breteuil à Paris, vers 1860. Paris, Bibliothèque historique de la Ville de Paris. © The Bridgeman Art Library.

## RECHERCHE

Pour apprécier la signification de la dédicace à Victor Hugo, vous vous renseignerez sur la vie de cet auteur et sur sa situation dans les années 1859-1860, date de l'écriture du texte.

## ANALYSE

### D'Andromaque au cygne, d'une invocation à une évocation

#### *La mémoire fertile* (v. 1 à 12)

**1.** En quoi peut-on dire que le poème commence par une invocation ?

**2.** Comment s'opère le passage entre l'Antiquité historique et littéraire, attachée à Andromaque, et la ville du XIX^e siècle ?

**3.** Quelle est la portée de la remarque entre parenthèses, vers 7/8 ? Justifiez votre réponse en observant la valeur du présent.

**4.** Caractérisez le « *bric-à-brac confus* » qui se présente à la mémoire du poète : de quoi est-il fait ? Quelles impressions suggère-t-il ?

#### *Une chose vue : un tableau parisien* (v. 13 à 28)

**5.** Montrez que le tableau du souvenir s'anime.

**6.** Quels éléments tendent à humaniser le cygne ?

**7.** Expliquez l'expression « *mythe étrange et fatal* » (v. 24).

**8.** Comment se fait la transition entre le cygne moderne et l'allusion à l'œuvre de l'Antiquité latine ?

### De la ville à l'exil

#### *La création de l'allégorie* (v. 29 à 32)

**9.** À quel vers de la première partie fait écho l'exclamation liminaire : « *Paris change !* » ?

**10.** Quelle est l'attitude du poète par rapport aux métamorphoses de la ville ?

**11.** Comment s'affirme la densité des souvenirs ?

#### *Les exilés* (v. 33 à 52)

**12.** Montrez que les strophes 9 et 10 reprennent en les inversant les deux figures d'exilés de la première partie. Justifiez cette inversion ou disposition en chiasme.

**13.** En quoi la « *négresse* » de la strophe 11 peut-elle sembler une intruse dans ce cortège ? En quoi cependant se trouve-t-elle liée à Andromaque et au cygne ?

**14.** Comment s'élargit l'évocation des exilés ? Quelle est la référence culturelle implicite de la strophe 12 ? celle de la strophe 13 ?

### Sur l'ensemble du texte

#### *Le « ridicule » et le « sublime » des exilés*

**15.** Relevez les éléments qui marquent un abaissement, moral et physique, des exilés, et ceux qui traduisent leur grandeur.

**16.** Nommez les exilés mentionnés dans le texte et dites ce qui les rapproche de la condition du poète lui-même.

#### *La compassion*

**17.** Notez toutes les occurrences de la phrase « *Je pense à vous* ». Quelle portée le poème lui confère-t-il ?

**18.** Quels mots évoquent la douleur ? Analysez le registre lyrique du texte.

#### *Le travail de la mémoire*

**19.** Comment le poème nous présente-t-il le mécanisme de la mémoire ?

**20.** En quoi peut-on parler ici d'un travail de la mémoire, dans tous les sens du mot « travail » ?

#### *Du cygne au signe*

**21.** Le titre du poème semble vouloir jouer sur l'homophonie entre « cygne » et « signe ». Dites en quoi on peut considérer ce « tableau parisien » comme une réflexion sur l'allégorie.

**22.** Comment le poète transforme-t-il le cygne en mythe ?

## PROLONGEMENTS

- Lisez « L'Albatros » dans *Les Fleurs du mal*, et comparez ce poème avec « Le Cygne ». Votre travail pourra prendre la forme d'un commentaire comparatif entre les deux textes qui envisagera notamment les espaces évoqués par ces deux tableaux, l'image de l'oiseau qu'ils donnent à voir, le travail de l'allégorie.
- Faites un florilège de poèmes du XIX^e siècle qui ont pour figure principale un oiseau.

## ÉCRITURE

« *La forme d'une ville / Change plus vite, hélas ! que le cœur d'un mortel* »

Se promenant dans une ville qu'il connaît bien, un personnage de votre invention observe les transformations qui l'ont modifiée et pense avec mélancolie à ce qu'elle était auparavant. Rapportez ses réflexions dans un texte en prose ou en vers.

## LIENS

✦ **Vocabulaire**, Les mots en poésie, p. 270 ✦ **Versification**, Les types de vers, les rimes, p. 272 ✦ **Chapitre 7**, Recueils poétiques, p. 285 ✦ **Mémento**, Les registres, p. 618

## 3. UN VOYAGE INITIATIQUE

# Arthur RIMBAUD (1854-1891)

## *Le Bateau ivre*

voir biographie p. 632

*C'est le dernier poème de Rimbaud composé à Charleville avant son départ pour Paris en septembre 1871 : il le porta lui-même à Verlaine.* Le Bateau ivre, *écrit par un jeune homme de dix-sept ans qui n'avait alors jamais vu la mer, valut aussitôt à son auteur la célébrité littéraire.*

*Le « je » qui parle est le bateau, symbole du poète.*

*Les notes en bleu sont développées p. 261.*

### LE BATEAU IVRE

Comme je descendais des Fleuves impassibles,
Je ne me sentis plus guidé par les haleurs :
Des Peaux-Rouges criards les avaient pris pour cibles
Les ayant cloués nus aux poteaux de couleurs[1].

J'étais insoucieux de tous les équipages[2],
Porteur de blés flamands ou de cotons anglais,
Quand avec mes haleurs[3] ont fini ces tapages
Les Fleuves m'ont laissé descendre où je voulais.

Dans les clapotements furieux des marées,
Moi, l'autre hiver, plus sourd que les cerveaux d'enfants[4],
Je courus ! Et les Péninsules démarrées[5]
N'ont pas subi tohu-bohus plus triomphants.

La tempête a béni mes éveils maritimes.
Plus léger qu'un bouchon j'ai dansé sur les flots
Qu'on appelle rouleurs éternels de victimes,
Dix nuits, sans regretter l'œil niais des falots[1] !

Plus douce qu'aux enfants la chair des pommes sures[2],
L'eau verte pénétra ma coque de sapin
Et des taches de vin bleu et des vomissures
Me lava[6], dispersant gouvernail et grappin.

Et dès lors, je me suis baigné dans le Poème
De la Mer, infusé d'astres, et lactescent[7],
Dévorant les azurs verts[8] ; où, flottaison blême
Et ravie, un noyé pensif parfois descend[9] ;

1. **falots :** grandes lanternes des quais sur les ports. Le bateau ne regrette pas de n'être plus guidé par ces lanternes, préférant être libre.

2. **sures :** au goût légèrement aigre et acide.

Valentine HUGO (1890-1968), *Portrait d'Arthur Rimbaud*, lithographie.


Où, teignant tout à coup les bleuités[10], délires
Et rhythmes[3] lents sous les rutilements du jour,
Plus fortes que l'alcool, plus vastes que nos lyres,
Fermentent les rousseurs amères de l'amour !

Je sais les cieux crevant en éclairs, et les trombes
Et les ressacs et les courants : je sais le soir,
L'Aube exaltée[11] ainsi qu'un peuple de colombes,
Et j'ai vu quelquefois ce que l'homme a cru voir[12] !

J'ai vu le soleil bas, taché d'horreurs mystiques,
Illuminant de longs figements violets,
Pareils à des acteurs de drames très-antiques[13]
Les flots roulant au loin leurs frissons de volets[14] !

J'ai rêvé la nuit verte aux neiges éblouies,
Baiser montant aux yeux des mers avec lenteurs,
La circulation des sèves inouïes,
Et l'éveil jaune et bleu des phosphores chanteurs[15] !

J'ai suivi, des mois pleins, pareille aux vacheries[16]
Hystériques, la houle à l'assaut des récifs,
Sans songer que les pieds lumineux des Maries
Pussent forcer le mufle aux Océans poussifs !

J'ai heurté, savez-vous, d'incroyables Florides
Mêlant aux fleurs des yeux de panthères à peaux
D'hommes ! Des arcs-en-ciel tendus comme des brides
Sous l'horizon des mers, à de glauques troupeaux !

J'ai vu fermenter les marais énormes, nasses
Où pourrit dans les joncs tout un Léviathan[4] !
Des écroulements d'eaux au milieu des bonaces[5],
Et les lointains vers les gouffres cataractant !

Glaciers, soleils d'argent, flots nacreux[17], cieux de braises !
Échouages hideux au fond des golfes bruns
Où les serpents géants dévorés des punaises
Choient, des arbres tordus, avec de noirs parfums !

J'aurais voulu montrer aux enfants ces dorades
Du flot bleu, ces poissons d'or, ces poissons chantants[18].
– Des écumes de fleurs ont bercé mes dérades[6]
Et d'ineffables vents m'ont ailé par instants.

Parfois, martyr lassé des pôles et des zones,
La mer dont le sanglot faisait mon roulis doux
Montait vers moi ses fleurs d'ombre aux ventouses jaunes
Et je restais, ainsi qu'une femme, à genoux…

3. **rhythmes :** orthographe voulue par Rimbaud. « Délires » et « rhythmes » sont apposés à « rousseurs » : l'amour, la mer, la poésie sont des rousseurs qui tranchent sur le bleu de la mer.

4. **Léviathan :** monstre biblique, auquel Victor Hugo fait allusion dans son poème « Pleine Mer » de *La Légende des siècles*.

5. **bonaces :** périodes de calme de la mer précédant ou suivant une tempête.

6. **dérades :** néologisme formé sur « dérader », sortir de la rade.

Presque île[19], ballottant sur mes bords les querelles
Et les fientes d'oiseaux clabaudeurs aux yeux blonds[20],
Et je voguais, lorsqu'à travers mes liens frêles
Des noyés descendaient dormir, à reculons !

Or moi, bateau perdu sous les cheveux des anses,
Jeté par l'ouragan dans l'éther sans oiseau[21],
Moi dont les Monitors[7] et les voiliers des Hanses[8]
N'auraient pas repêché la carcasse ivre d'eau ;

Libre, fumant, monté de brumes violettes[22],
Moi qui trouais le ciel rougeoyant comme un mur
Qui porte, confiture exquise aux bons poètes[23],
Des lichens de soleil et des morves d'azur,

Qui courais, taché de lunules électriques[24],
Planche folle, escorté des hippocampes noirs,
Quand les juillets faisaient crouler à coups de triques
Les cieux ultramarins aux ardents entonnoirs[25] ;

Moi qui tremblais, sentant geindre à cinquante lieues
Le rut des Béhémots[9] et les Maelstroms[10] épais,
Fileur éternel des immobilités bleues,
Je regrette l'Europe aux anciens parapets !

J'ai vu des archipels sidéraux ! et des îles
Dont les cieux délirants sont ouverts au vogueur :
– Est-ce en ces nuits sans fond que tu dors et t'exiles,
Million d'oiseaux d'or, ô future Vigueur ? – [26]

Mais, vrai, j'ai trop pleuré ! Les Aubes sont navrantes.
Toute lune est atroce et tout soleil amer :
L'âcre amour m'a gonflé de torpeurs enivrantes.
Ô que ma quille éclate ! Ô que j'aille à la mer[11] !

Si je désire une eau d'Europe, c'est la flache[12]
Noire et froide où vers le crépuscule embaumé
Un enfant accroupi plein de tristesses, lâche
Un bateau frêle comme un papillon de mai.

Je ne puis plus, baigné de vos langueurs, ô lames,
Enlever leur sillage[13] aux porteurs de cotons,
Ni traverser l'orgueil des drapeaux et des flammes[14],
Ni nager[15] sous les yeux horribles des pontons[27].

Arthur RIMBAUD, *Le Bateau ivre*, 1871.

7. **Monitors :** navires cuirassés servant de garde-côtes.
8. **Hanses :** compagnies maritimes d'Allemagne au Moyen Âge.
9. **Béhémots :** de Béhémoth, nom biblique désignant l'hippopotame.
10. **Maelstrom :** courant marin qui produit un tourbillon.
11. **aller à la mer :** s'abîmer dans la mer, couler.
12. **flache :** mot ardennais pour désigner une surface d'eau.
13. **enlever le sillage d'un bateau :** le suivre de très près.
14. **flammes :** banderoles qui pavoisent les mâts.
15. **nager :** au sens de « ramer ».

## Notes complémentaires

**1.** Cette évocation exotique a pu être empruntée à Chateaubriand.

**2.** Une telle affirmation traduit la liberté et l'isolement du poète qui ne se soucie pas, comme les autres hommes, de préoccupations matérielles et commerciales.

**3. avec mes haleurs :** en même temps que mes haleurs. Tout en tirant le bateau, les haleurs chantent ; donc leur disparition entraîne la fin des « *tapages* ».

**4.** allusion autobiographique à l'isolement des enfants dans leur monde intérieur, distinct de celui des adultes.

**5. Péninsules démarrées :** un article du *Magasin pittoresque*, que Rimbaud avait sans doute lu, intitulé « Promontoire flottant », évoquait une île flottante, détachée du continent africain, et que des marins auraient aperçue en 1718. Chateaubriand parlait aussi des îles flottantes du Missouri, tandis que les écrivains de l'Antiquité faisaient déjà mention d'îles flottantes comme celle de Délos.

**6. Et des taches de vin bleu et des vomissures / Me lava :** en rapprochant cette proposition du poème *Le Cœur volé*, de Rimbaud, on peut penser qu'il s'agit d'une allusion à la participation du jeune poète à la Commune de Paris en avril-mai 1871. Il aurait sans doute été mêlé à des scènes de beuverie dans une caserne et en aurait été profondément dégoûté, physiquement et moralement.

**7. lactescent :** au sens littéral, « qui commence à devenir laiteux ». Jules Verne avait parlé d'une mer de lait et employé le mot « lactifié ». On peut penser aussi à la voie lactée qui se refléterait dans les flots.

**8. Dévorant les azurs verts :** l'océan absorbe la couleur du ciel. Il faut comprendre que « où » a pour antécédent le « *Poème de la Mer* ».

**9.** Dans « Tristesse d'Olympio », Victor Hugo avait déjà parlé des « morts pensifs » et dans « Oceano Nox » des « morts qui dorment dans les goémons verts ». Le roman de Jules Verne *Vingt mille lieues sous les mers* décrit des cadavres flottant dans le golfe du Bengale.

**10. bleuités :** néologisme de Rimbaud.

**11. exaltée :** au sens étymologique, qui se lève.

**12.** Cette phrase se lit chez saint Paul. On peut également trouver dans *Vingt mille lieues sous les mers* : « *Je voudrais avoir vu ce que nul homme n'a vu encore.* »

**13. Pareils à des acteurs de drames très-antiques :** les « *figements violets* », qui pourraient être des récifs de teintes violacées, feraient penser aux attitudes des acteurs tragiques grecs. On dit aussi que le moment où l'on représentait Œdipe se crevant les yeux à la fin d'*Œdipe-roi* coïncidait avec le coucher du soleil.

**14. Les flots roulant au loin leurs frissons de volets ! :** dans *Vingt mille lieues sous les mers*, on lit : « *La mer revêtait une admirable teinte d'indigo... Une moire, à larges raies, se dessinait régulièrement sur les flots onduleux.* »

**15. phosphores chanteurs :** animalcules nommés noctiluques qui rendent la mer phosphorescente. Dans son poème *Les Conquérants*, José Maria de Heredia parlait de « *L'azur phosphorescent de la mer des Tropiques* ».

**16.** Le point de départ de cette image pourrait être une comparaison d'Edgar Poe entre le bruit de la tempête et celui d'un troupeau de buffles. Rimbaud aurait pu lui associer l'évocation des troupeaux de taureaux camarguais, non loin des Saintes-Maries-de-la-Mer : cette hypothèse expliquerait l'allusion aux « Maries », les trois Marie qui auraient débarqué en ce lieu de Camargue après avoir traversé une tempête.

**17. nacreux :** néologisme de Rimbaud.

**18. poissons chantants :** à l'époque de Rimbaud un savant avait annoncé avoir découvert des poissons émettant des cris.

**19.** Il ne faut pas confondre avec « presqu'île » : le bateau est devenu presque une île.

**20. oiseaux clabaudeurs aux yeux blonds :** il pourrait s'agir des oiseaux moqueurs ou, en anglais, mock-birds, évoqués par Chateaubriand dans *Les Natchez*, et qui auraient en effet un œil « *du blond d'une jeune châtaigne* ». On a proposé aussi un rapprochement avec les sternes ou hirondelles de mer dont les cris sont discordants, « *clabaudeurs* » se disant d'un animal dont le cri est fort.

**21. l'éther sans oiseau :** « dans ces hautes régions de l'air, pas un oiseau » notait le *Magasin pittoresque*.

**22. monté de brumes violettes :** enveloppé dans mon ascension de brumes violettes...

**23. bons poètes :** à interpréter ironiquement, les poètes médiocres qui abusent d'images conventionnelles de l'azur et du soleil.

**24. lunules électriques :** dans *Vingt mille lieues sous les mers*, le Nautilus répand un éclat « *de nature essentiellement électrique* ».

**25. entonnoirs :** l'image s'explique par un texte de Poe traduit par Baudelaire, *Une descente dans le Maelstrom*, où le Maelstrom est décrit comme « un terrible entonnoir ».

**26.** Ce vers peut trouver son origine chez Victor Hugo qui, dans « Plein Ciel » écrivait : « *Arcturus, oiseau d'or, scintille dans son nid* ». La future vigueur serait invoquée comme le désir d'un avenir meilleur, du point de vue philosophique et social, par le bateau qui s'épuise.

**27. pontons :** bâtiments carrés à fond plat que l'on trouve dans les ports où ils servent de débarcadères ; lieux où l'on gardait les prisonniers. « *Les yeux horribles des pontons* » sont à rapprocher de « *l'œil niais des falots* » au v. 16 : le bateau, qui a goûté la liberté et l'aventure rejette une existence captive et routinière.

Illustration de Yves Brayer pour *Le Bateau ivre*. Paris, Bibliothèque nationale. © Adagp, Paris 2007.

## La vie de Rimbaud en quelques dates

**1854** Naissance de Jean Nicolas Arthur RIMBAUD le 10 octobre à Charleville dans les Ardennes. Il a un frère, Frédéric, né en 1853, et deux sœurs, Vitalie, née en 1858, et Isabelle, née en 1860.

**1865** Études au collège de Charleville. Brillant latiniste, il remporte de nombreux prix. Il publie quelques poèmes en 1869 et fait la rencontre d'un professeur de rhétorique, Georges Izambard, qui le soutient et l'encourage.

**1870** Août : première fugue à Paris. Octobre : fugue en Belgique.

**1871** Février : deuxième fugue à Paris ; il manifeste ses sympathies pour la Commune. En été, il écrit *Le Bateau ivre*. En septembre, il part pour Paris, mène une vie de bohème au Quartier latin, se lie avec Verlaine.

**1872** Retour dans les Ardennes, puis à nouveau à Paris en mai. En juillet, il entraîne Verlaine avec lui en Belgique, puis en Angleterre. Retour à Charleville en décembre.

**1873** Rimbaud rejoint Verlaine à Londres puis le quitte à nouveau. Il commence à rédiger *Une Saison en enfer*. En mai, il retrouve Verlaine, repart avec lui en Angleterre. Disputes. En juillet, Verlaine s'enfuit en Belgique. Rimbaud le rejoint. Le 10 juillet, Verlaine tire deux coups de pistolet sur Rimbaud et l'atteint sans gravité au poignet gauche. Il est emprisonné. En août, Rimbaud achève *Une Saison en enfer*.

**1874** De janvier à mars, il est en Angleterre avec le poète Germain Nouveau. Il recopie quelques textes des *Illuminations*.

**1875** Précepteur à Stuttgart. Dernière rencontre avec Verlaine.

**1876** Voyages, errances. Rimbaud s'engage dans l'armée coloniale hollandaise, se rend à Batavia, puis déserte en août et rejoint Charleville.

**1877-1880** Après Vienne, Hambourg, le Danemark, la Suède, l'Italie, il est chef de chantier à Chypre, d'où il s'embarque pour l'Égypte, puis Aden où une maison de commerce lui confie la succursale de Harrar en Abyssinie.

**1880-1890** : Rimbaud à Harrar. À côté de pratiques comme le trafic d'armes, Rimbaud se livre aussi à des travaux de géographe.

Arthur Rimbaud par Paul Verlaine, juin 1872. Collection Matarasso, Paris. © Photothèque Hachette Livre.

**1891** Malade, il est rapatrié en France, amputé de la jambe droite. Il part s'installer dans le Midi espérant que le climat améliorera son état de santé. Il meurt à Marseille le 10 novembre, à l'âge de trente-sept ans.

## ANALYSE

### *Une libération progressive* (v. 1 à 20)

**1.** Comment se marque l'opposition entre les « Fleuves » du vers 1 et la mer ?

**2.** Que rejette le bateau ? Quels éléments – lexicaux, rythmiques, sonores – traduisent son enthousiasme à rompre avec ses habitudes ?

**3.** En quoi peut-on dire que la navigation en pleine mer est une sorte de purification ?

**4.** Que suggère la dispersion du gouvernail et du grappin ?

### *Une expérience d'immersion totale dans la poésie* (v. 21 à 56)

**5.** Relevez les phrases ou les expressions qui permettent de comprendre que la navigation du bateau symbolise une expérience poétique. Vous étudierez notamment les vers 21, 22, 25 à 27.

**6.** Notez les formules qui ouvrent de façon anaphorique les strophes 8 à 13. Que marquent-elles ? Vous analyserez en particulier la valeur du passé composé.

**7.** Choisissez une ou plusieurs « visions » du bateau et dites ce qui fait leur étrangeté et leur beauté.

**8.** Qu'est-ce qui suggère l'idée de multiplicité ? de grandeur ? de création ? de catastrophe ?

### *Une lassitude progressive* (v. 57 à 84)

**9.** Le vers 57 commence par un constat d'impuissance : montrez-le, en nommant et analysant le mode et le temps du verbe « vouloir ». Quel rôle le bateau, ou le poète, semble-t-il regretter de n'avoir pu tenir ?

**10.** Quels traits indiquent une sorte de laisser-aller du bateau ?

**11.** Lisez la longue phrase qui occupe les strophes 18 à 21 ; réduisez-la à une proposition reliant le vers 69 au vers 84. Pourquoi, selon vous, l'aveu est-il ainsi retardé ?

**12.** Comment le texte fait-il entendre une contradiction entre l'attitude présente du bateau et celle qu'il avait dans les strophes précédentes ?

### *Un retour plein de tristesses* (v. 85 à 100)

**13.** En quoi le vers 85 reprend-il le vers 32 ? En quoi cependant s'en détache-t-il ?

**14.** Montrez que cette dernière partie du poème correspond à un mouvement de resserrement inverse de l'expansion et de la libération initiales. Vous étudierez notamment l'avant-dernière strophe.

**15.** Que révèle l'emploi de la forme négative de la phrase dans le dernier quatrain ?

### *Sur l'ensemble du texte*

**16.** À l'aide des notes, rédigez un court paragraphe montrant que l'imaginaire de Rimbaud se nourrit de lectures multiples.

**17.** Quelle est la place de l'enfance dans ce texte ?

**18.** Comment se mêlent l'évocation d'un voyage maritime et celle d'une navigation en plein ciel ?

**19.** Étudiez les valeurs que prend la phrase exclamative et mettez-les en rapport avec le registre dominant du texte.

**20.** Faut-il nécessairement comprendre toutes les allusions pour apprécier la force de ce poème ou peut-on se laisser porter par le rythme des vers, par les images ? Justifiez votre réponse à l'aide d'exemples empruntés au texte.

**21.** Commentez le titre du poème.

**22.** En quoi peut-on parler d'un voyage initiatique ?

## PROLONGEMENT

On a pu voir dans ce texte comme la prémonition du destin littéraire et personnel de Rimbaud. Faites une recherche biographique montrant qu'en effet ces phases de révolte, d'exaltation créatrice, puis de renoncement désenchanté, ont correspondu à des étapes de la vie du poète. Vous pouvez vous aider de l'encadré ci-contre.

## LIENS

✦ **Vocabulaire**, Les mots en poésie, p. 270 ✦ **Versification**, Les types de vers, les rimes, p. 272 ✦ **Chapitre 8**, p. 340

# Guillaume APOLLINAIRE (1880-1918)

## « La Chanson du mal aimé »

voir biographie p. 632

Troisième pièce du recueil *Alcools*, « La Chanson du mal aimé », composée en 1903, s'inspire d'un chagrin d'amour du poète, qui s'était épris d'une jeune Anglaise, Annie Playden, rencontrée en Allemagne, en 1902, et qu'il ne réussit pas à reconquérir.
Nous ne donnons ici que les cinq dernières strophes. Le choix de l'italique et l'absence de ponctuation ont été voulus par Apollinaire.

*Juin ton soleil ardente lyre*
*Brûle mes doigts endoloris*
*Triste et mélodieux délire*
*J'erre à travers mon beau Paris*
*Sans avoir le cœur d'y mourir*

*Les dimanches s'y éternisent*
*Et les orgues de Barbarie*
*Y sanglotent dans les cours grises*
*Les fleurs aux balcons de Paris*
*Penchent comme la tour de Pise*

*Soirs de Paris ivres du gin*
*Flambant de l'électricité*
*Les tramways feux verts sur l'échine*
*Musiquent au long des portées*
*De rails leur folie de machines*

*Les cafés gonflés de fumée*
*Crient tout l'amour de leurs tziganes*
*De tous leurs siphons enrhumés*
*De leurs garçons vêtus d'un pagne*
*Vers toi toi que j'ai tant aimée*

*Moi qui sais des lais pour les reines*
*Les complaintes de mes années*
*Des hymnes d'esclaves aux murènes*
*La romance du mal aimé*
*Et des chansons pour les sirènes*

Guillaume APOLLINAIRE, « La Chanson du mal aimé »,
*Alcools*, © Éditions Gallimard, 1913.

Antoine BLANCHARD (1904-1988), *Scène de rue à Paris*. John Noott Galleries, Broadway, Worcestershire. © The Bridgeman Art Library.

## ANALYSE

### *Une errance poétique*

**1.** Quel type de démarche induit le verbe « errer » employé au vers 4 ?

**2.** Cette errance dans Paris trouve pour s'exprimer une forme régulière. Décrivez-la. Montrez ce que l'écriture peut aussi avoir de résolument nouveau.

**3.** En quoi peut-on dire que le vers 1 évoque mimétiquement un attribut du poète ? À quelle figure légendaire Apollinaire semble-t-il s'apparenter ? À quel registre se réfère-t-il ?

### *Une célébration de la ville moderne*

**4.** Relevez les éléments qui évoquent le Paris du tout début du XXe siècle.

**5.** Comment Apollinaire suggère-t-il la beauté de ce monde moderne ? Vous montrerez notamment en quoi Paris se fait le lieu d'une synthèse entre plusieurs civilisations, historiquement et géographiquement distinctes.

**6.** Expliquez de façon très précise les images des strophes trois et quatre. Qu'est-ce qui fait leur caractère surprenant ? Qu'est-ce qui les rend étonnamment justes ?

### *Une chanson d'amour*

**7.** La dernière strophe propose plusieurs synonymes du mot « chanson » : précisez chacun d'entre eux et dites à quel univers historique et littéraire il se rattache.

**8.** Appréciez la musicalité du poème à partir de quelques exemples que vous analyserez.

**9.** Après avoir décrit la situation d'énonciation dans ces strophes, vous vous demanderez quels sont les éléments qui font de la chanson une chanson d'amour.

## ÉCRITURE

Célébrez dans un texte court les beautés de la ville moderne à travers l'évocation d'une errance rapportée à la première personne, en vers ou en prose.

## LIENS


- **Histoire littéraire,** Le sonnet et autres formes fixes, p. 266
- **Vocabulaire,** Les mots en poésie, p. 270
- **Versification,** Les types de vers, les rimes, p. 272
- **Chapitre 7,** Recueils poétiques, p. 295
- **Mémento,** Les registres, Les marques de l'énonciation, p. 618.

# Le sonnet et autres formes fixes

La poésie versifiée adopte des formes fixes dès le Moyen Âge, mais c'est surtout à la Renaissance que se définissent des règles précises. La génération de 1550 notamment, avec les hommes de la **Pléiade** – un groupe de poètes, autour de Joachim du Bellay et de Pierre de Ronsard, appelé ainsi à cause d'une comparaison avec un groupe de sept étoiles – codifie l'écriture dans des traités d'art poétique. Cette démarche procède d'une conception de la littérature qui valorise l'imitation de modèles, essentiellement de l'Antiquité, pour parvenir au Beau.

## Le sonnet

### • À l'origine

C'est une forme qui apparaît en Sicile au XIIIe siècle et qui s'impose au XVIe siècle, en France notamment, grâce à la traduction française en 1548 de l'œuvre de **Pétrarque** (1304-1374), le *Canzoniere,* qui chante le personnage féminin de Laure, une jeune Avignonnaise rencontrée par le poète en 1327.

Les sonnets sont d'abord écrits en décasyllabes, puis en alexandrins. Des recueils de sonnets paraissent, qui célèbrent l'amour – thématique essentielle, notamment dans *L'Olive* de Joachim du Bellay, dans les *Erreurs amoureuses* de Pontus de Tyard en 1549, dans les *Amours* de Ronsard (en 1552 puis en 1555), dans les *Amours* d'Olivier de Magny (1553) ou dans l'*Amoureux repos* de Guillaume des Autels (1553). Cependant, les sonnets peuvent exprimer également des considérations philosophiques ou historiques, comme *Les Antiquités de Rome* de du Bellay ou encore refléter une expérience personnelle.

➤ **Lisez les sonnets de Ronsard et de du Bellay pp. 246-247 et relevez la présence de la thématique amoureuse, celle du lyrisme personnel et celle de la réflexion historique et philosophique. En quoi ces thématiques s'opposent-elles à l'intérieur parfois d'un même sonnet ? En quoi se complètent-elles ?**

### • Caractéristiques

Le sonnet est un poème de **quatorze vers**, répartis en **deux quatrains** et **deux tercets** (qui au XVIe siècle se présentaient sous la forme d'un **sizain**, c'est-à-dire d'une strophe de six vers non séparés par un blanc).

Dans le sonnet régulier, **les rimes des quatrains sont identiques et embrassées** :

abba abba

En revanche, **la disposition des rimes des tercets est variable**. On peut trouver notamment les combinaisons : ccd eed, ccd ede, cdc dee

Quand il ne respecte pas les règles ci-dessus énoncées le sonnet est dit **sonnet irrégulier** ou **sonnet libertin** ou encore sonnet licencieux ou faux sonnet.

Forme brève et concentrée, le sonnet se termine fréquemment sur **une pointe** ou **une chute** qui en concentre tout l'effet. Ainsi, dans le poème de Ronsard « Cependant que tu vois le superbe rivage... » p. 246, les deux derniers vers mettent en valeur un oxymore :

« Ou si c'est un malheur, baste, je délibère, / De vivre malheureux **en si belle misère** ».

Par un effet de retournement, la condition du poète est montrée dans tout son paradoxe : l'aveu de servage du début devient affirmation de liberté.

➤ **Faites un petit florilège de « pointes » ou de « chutes » de sonnets. Précisez chaque fois l'effet produit par la pointe ou par la chute.**

Il convient également d'envisager **les rapports de sens entre quatrains et tercets.** On trouve souvent une unité sémantique ou syntaxique entre les deux premières strophes et une unité différente entre les deux dernières. Ainsi, un sonnet fondé sur une comparaison peut-il faire entendre le comparé dans les quatrains et le comparant dans les tercets.

À la masse solide que constituent les deux quatrains, succède un ensemble plus léger constitué des tercets : on a pu parler, pour cet allégement, d'une « lévitation » du sonnet, qui lui permet de s'élever vers un ordre supérieur des choses. Ainsi, dans « Correspondances », p. 248, les quatrains développent-ils logiquement la théorie baudelairienne tandis que les tercets, plus légers, s'attachent-ils à un exemple. De même, les tercets du sonnet de du Bellay « Heureux qui comme Ulysse... », p. 247, suivent un mouvement qui va du concret et du solide vers l'impalpable – « l'air marin » – voire l'ineffable – « la douceur angevine ».

➤ **Lisez les sonnets de ce chapitre et décrivez leur structure : comment les quatrains s'opposent-ils aux tercets ? Comment se lient-ils à eux ?**

## Autres formes fixes

### • Le lai

On connaît le **lai narratif**, ancêtre du fabliau, et le **lai lyrique** ; au Moyen Âge, le mot « lai » était employé au sens de « chant » ou de « mélodie ». Pratiqué par les troubadours, il prend une grande extension au XIVe siècle et se donne des règles avec Guillaume de Machaut : divisé en deux parties de huit vers, chaque huitain se divisant lui-même en deux parties qui forment un quart de la strophe. Chaque quart de strophe, à rimes embrassées, est hétérométrique, c'est-à-dire constitué de vers de longueur différente (sept et quatre syllabes le plus souvent).

Le lai dépérit à partir du XVe siècle.

➤ **Recherchez dans « La Chanson du mal aimé », p. 264, une allusion au « lai ». Comment comprenez-vous la mention de cette forme médiévale dans un poème du XXe siècle ?**

### • La ballade

Le mot vient du verbe « baller », qui en ancien français signifie « danser » et désigne une forme lyrique qui, au XIVe siècle, comporte **trois strophes** à refrain, de composition semblable pour le choix du mètre, le nombre de vers, la disposition des rimes.

Cette forme ne pouvait que convenir à une époque où l'on pratique le syllogisme, c'est-à-dire un raisonnement en **trois parties** dont la troisième se déduit logiquement des deux premières. La ballade se clôt sur un envoi, dédié à une personne réelle ou fictive, souvent nommée « prince » et qui pouvait être le président d'une association littéraire organisant des concours de poésie.

➤ **Lisez la « Ballade des Dames du temps jadis » de François Villon, p. 244, et décrivez sa structure.**

### • L'ode

Elle est héritée de l'Antiquité grecque – avec Pindare – et latine – avec Horace. Mise en valeur par l'*Art poétique* de Thomas Sébillet en 1555 et par les cinq livres d'*Odes* que publie Ronsard, elle présente initialement trois strophes, correspondant aux trois parties de l'ode pindarique : strophe, antistrophe, épode.

C'est une forme aux règles assez libres qui se prête bien à la mise en musique : on la considère comme la forme haute de la chanson.

➤ **Lisez « Mignonne, allons voir si la rose... », p. 275, et décrivez son organisation.**

# LECTURE D'UNE ŒUVRE INTÉGRALE

## Louise LABÉ, *Sonnets*, 1555

(L'édition utilisée est celle de GF-Flammarion, nº 413)

### Une œuvre de femme

**1.** Relevez toutes les marques, lexicales et grammaticales, qui indiquent **une écriture féminine**.
Qu'est-ce qui caractérise l'expression de l'amour au féminin ?

**2.** Le recueil peut aussi être lu comme **une œuvre féministe.** Montrez-le en faisant un florilège de citations empruntées à diverses pièces.

**3.** L'auteur fait précéder l'édition de ses œuvres complètes d'une épître dédicatoire adressée à une amie, Mademoiselle Clémence de Bourges, Lyonnaise. Au-delà de la destinatrice réelle, c'est à toutes les femmes que Louise Labé entend parler. En voici les premières lignes, transposées en français moderne.

> Étant le temps venu, Mademoiselle, que les sévères lois des hommes n'empêchent plus les femmes de s'appliquer aux sciences et disciplines, il me semble que celles qui en ont la possibilité doivent employer cette honnête liberté que notre sexe a autrefois tant désirée, à les apprendre et à montrer aux hommes le tort qu'ils nous faisaient en nous privant du bien et de l'honneur qui nous en pouvaient venir. Et si l'une d'entre elles parvient au point de pouvoir mettre ses conceptions par écrit, elle doit le faire soigneusement et non dédaigner la gloire mais s'en parer plutôt que de chaînes, anneaux et somptueux habits, que nous ne pouvons estimer nôtres sinon par l'usage que nous en faisons. Mais l'honneur que la science nous procurera sera entièrement nôtre [...].
>
> Louise LABÉ, *Œuvres complètes*, p. 41.

Quels arguments la poétesse met-elle en avant pour inciter les femmes à la culture et notamment à l'écriture littéraire ? Contre quelle image stéréotypée de la femme entend-elle s'élever ? En quoi cette page résonne-t-elle comme un manifeste humaniste ? (voir chap. 10)

### L'œuvre d'une Lyonnaise

**4.** Louise Labé fait partie d'un groupe de poètes que l'on a nommé **l'école lyonnaise**. Vous rechercherez des renseignements sur son chef de file, Maurice Scève, ainsi que sur Pernette du Guillet.

**5.** Lyon représentait un véritable pôle culturel en même temps qu'un centre artisanal et commercial important. Le surnom de Louise Labé, « **la Belle Cordière** », fait allusion au métier de sa famille comme à celui de son mari. Dans quel poème est-il fait mention de « cordes » ? Que représentent-elles ?

**6.** On a pu rapprocher la poétesse de la figure d'Arachné. Recherchez dans un dictionnaire de mythologie grecque l'histoire de cette jeune fille. En quoi peut-elle donner à comprendre en effet certains aspects de l'écriture de Louise Labé ?

### La présence de l'Italie

**7.** Quel est le sonnet qui ouvre le recueil ? En quoi peut-on considérer qu'il s'agit là d'un hommage à l'Italie ? Comment s'explique-t-il ?

**8.** Les références à la mythologie gréco-latine sont nombreuses dans le recueil. Faites-en un relevé exhaustif et expliquez chacune d'elles.

### Un recueil amoureux

**9.** Ce recueil retrace les différents visages d'une relation amoureuse : montrez-le en résumant l'idée essentielle de chacun des 24 poèmes qui le composent.

**10.** Faites une recherche sur Olivier de Magny, poète que Louise Labé aurait aimé et qui lui aurait inspiré ce recueil. Quels détails trahissent la référence à Olivier ?

**11.** Comment s'expriment : l'amour sensuel ? les douleurs de l'amour ? l'exaltation amoureuse ? le lien entre l'amour et la poésie ? Vous pourrez illustrer chacune de ces rubriques en faisant référence aux textes du recueil et en constituant un florilège de citations.

**12.** Le ton des sonnets varie : on sent tantôt l'influence de Pétrarque, avec notamment un goût pour les formules antithétiques et les oppositions et pour l'art de la pointe, tantôt un rejet de cette façon d'écrire.
Analysez chacun des sonnets en fonction de ce critère.

**13.** L'humaniste italien Marsile Ficin (1433-1499), qui avait traduit *Le Banquet* de Platon à la Renaissance, est à l'origine du **néo-platonisme**. Selon ce courant philosophique, l'harmonie du cosmos n'existe que parce que l'Amour est le principe qui gouverne l'univers.
Recherchez les poèmes de la fin du recueil qui semblent développer cette idée.

**14.** Les sonnets cependant laissent apparaître des fissures et des contradictions par rapport à cette représentation idéale : relevez tous les éléments qui viennent introduire du désordre, voire du chaos, dans la relation amoureuse.

**15.** En quoi le sonnet final complète-t-il l'épître dédicatoire dont un extrait est rapporté ci-contre ?

**16.** À quoi tient, selon vous, le caractère universel de cette poésie amoureuse ?

Master of the Female half Lengths (1490-1540), *Portrait of a Lady as the Magdalen*. Coll. particulière. © The Bridgeman Art Library.

## PROLONGEMENT

*L'universitaire François Rigolot, auteur de nombreux ouvrages sur le* XVI*e siècle, éditeur des* Œuvres complètes *de Louise Labé, nous aide à comprendre la situation de la poétesse dans le milieu culturel lyonnais de la Renaissance.*

Si la culture classique avait pénétré les milieux bourgeois lyonnais, elle ne leur avait pas fait oublier pour autant leurs activités artisanales et commerciales. Loin d'offrir un refuge, comme elle le fera à d'autres époques, hors de la vie politique de la cité, la lecture des classiques et des Italiens correspondait aux besoins d'une élite avide de s'affiner et de confirmer son aspiration à une nouvelle civilité. Cela explique sans doute l'étonnant succès du *Cortegiano*[1] de Castiglione dont le programme contribue à renforcer l'impatience des femmes lyonnaises, dans un milieu culturel encore mal dégrossi, et à justifier l'accueil que leur réservent les esprits masculins les plus mal avertis. On lisait les anciens moines pour se dépayser au contact d'une civilisation admirable que pour trouver chez eux des modèles de conduite ou des préceptes moraux qui serviraient de guide dans la vie de tous les jours, tout en la transfigurant.

Ainsi l'admiration de la Renaissance pour les *Géorgiques*[2] peut étonner aujourd'hui. Elle s'explique en partie par l'intérêt très pratique que suscitait ce grand poème didactique sur l'agriculture et l'élevage. Montaigne n'hésitera pas à le placer au sommet de la poésie. Dans une large mesure l'accès aux études allait de pair avec l'apprentissage des métiers manuels : les musiciens étaient luthiers ; les peintres se faisaient teinturiers et les plus grands humanistes n'avaient pas honte de se salir les mains avec l'encre des ateliers d'imprimerie. Le mot « art » conservait encore son sens original de « technique appropriée ». La culture, en somme, n'était pas encore l'apanage d'une élite oublieuse – voire dédaigneuse – de la production des objets matériels et de leur commercialisation.

Être artisan c'était être artiste : la différence se remarquait à peine. Dans ces conditions, on peut comprendre qu'une cordière n'ait pas eu honte d'écrire des poèmes d'amour ; bien plus, que certains notables, en dépit des coutumes, aient pu l'encourager au point d'associer leur nom dans un hommage collectif associé à la publication de ses œuvres. S'accompagnait-elle du luth ? Les cordes de l'instrument étaient donc doublement de son ressort. L'humble fil de chanvre se trouvait transmué par sa destination musicale. C'est en ce sens qu'il faut lire les vers célèbres du sonnet XIV :

*Tant que ma main pourra les cordes tendre […]*
*Je ne souhaite encore point mourir…*

Dans le « climat lyonnois » des années 1550 ces vers prenaient sans doute une dimension réaliste qu'ils ont depuis perdue. La Cordière, fière de son humble métier, savait en transfigurer l'image et lui donner un « plus hault » sens allégorique, cet *altior sensus* de bon aloi que prisaient les humanistes et dont Rabelais[3] venait de donner une plaisante version à ses propres lecteurs lyonnais.

François RIGOLOT, *Louise Labé Lyonnaise ou la Renaissance au féminin*, © Éditions Honoré Champion, 1997.

1. ***Il Cortegiano*** **:** *Le Courtisan*, voir p. 441.
2. **les *Géorgiques*** **:** poème de l'écrivain latin Virgile (70-19 av. J.-C.) composé de quatre chants traitant successivement de l'agriculture, de l'arboriculture, de l'élevage et de l'apiculture.
3. allusion au prologue de *Gargantua*, roman publié à Lyon, voir p. 443.

### Sujets d'écriture

**Écriture d'invention**

- En imitant Louise Labé, écrivez un sonnet amoureux.
- Rédigez un article qui fera l'éloge d'une poésie féminine et féministe.

**Dissertation**

Quelle est la place de la femme dans la poésie ?
Vous pourrez vous intéresser à la femme auteur de poèmes (en prenant comme exemple essentiel Louise Labé) et à la femme comme objet de la poésie.

# Les mots en poésie

Du point de vue lexical, la poésie se caractérise tantôt par un vocabulaire particulier, vocabulaire savant ou rare, tantôt par un vocabulaire courant, où les mots cependant retrouvent une saveur nouvelle, grâce notamment à la place qu'ils occupent dans le vers.

Un même poète peut adopter successivement ou conjointement ces deux attitudes par rapport à la langue : c'est le cas de Ronsard, qui, après avoir imité Pétrarque dans son premier livre des *Amours* et privilégié les latinismes et les allusions à la mythologie, adopte dans le second un « style bas » aux termes simples.

Il arrive cependant qu'un écrivain emploie essentiellement un vocabulaire savant, comme Mallarmé au XIXe siècle ou Saint-John Perse au XXe, ou, au contraire, un lexique familier, comme le fera Prévert.

## Des mots recherchés

### • Un registre soutenu

Dans le souci de se démarquer de la prose, les poètes ont pu choisir des termes spécifiques qui embellissaient le monde réel. Ainsi, le cheval se voyait nommé « cavale », un cours d'eau « onde », les nuages « nuées »...

Victor Hugo a souligné dans « Réponse à un acte d'accusation », au premier livre des *Contemplations*, en 1856, la révolution lexicale qu'il avait opérée :

> Je mis un bonnet rouge au vieux dictionnaire.
> Plus de mot sénateur ! plus de mot roturier !
> Je fis une tempête au fond de l'encrier
> [...]
> Je nommai le cochon par son nom ; pourquoi pas ?
> [...]
> J'ai dit à la narine : Eh, mais tu n'es qu'un nez !
> J'ai dit au long fruit d'or : Mais tu n'es qu'une
> poire !

➤ **Expliquez l'image du « *bonnet rouge* ».**
➤ **Quel est le sens des exclamations dans ces vers ?**
➤ **Pourquoi le mot « *cochon* » pouvait-il être rejeté ?**
➤ **Comment nomme-t-on la figure présente dans le dernier vers ?**
➤ **D'où vient le comique de ces déclarations ? En quoi cependant représentent-elles une profession de foi littéraire ?**

### • Des mots rares

Dans *Le Bateau ivre*, nous lisons :

*J'ai suivi, des mois pleins, pareille aux* ***vacheries*** */Hystériques, la houle...* (p. 259, v. 41-42)

*Le rut des* ***Béhémots*** *et les Maelstroms épais* (p. 260, v. 82).

Le sens du mot « *vacheries* » – troupeau de vaches – relève d'un emploi exceptionnel que seul éclaire le contexte (voir note 16 p. 261).

La compréhension de « *Béhémots* » suppose une érudition biblique, ou une note explicative.

Cet emploi de mots rares renforce ici l'effet d'étrangeté lié au voyage extraordinaire du bateau.

### • Des latinismes

Les poètes, qui, notamment au XIXe siècle, ont une solide formation littéraire classique, sollicitent le sens étymologique des mots, et, en particulier, leur racine latine.

Dans « Le Cygne », au vers 21, p. 255, Baudelaire utilise le nom « poudre » au sens de « poussière », ce qui ramène à l'étymologie latine du mot *pulvis*.

De même, Rimbaud fait dire au bateau ivre :

*[Je sais...] / L'Aube* ***exaltée*** *ainsi qu'un peuple de colombes* (p. 259, v. 31)

Le mot « *exaltée* » ne peut être compris que si l'on revient au sens latin de « qui se lève » : dès lors, l'image prend sens, puisqu'elle donne à voir la naissance du jour comme une blancheur qui envahit le ciel dans un mouvement d'ascension, tel un envol d'oiseaux blancs. L'usage moderne d'« exaltée » a retenu l'acception abstraite du mot, inopérante ici.

### • Des néologismes

Le poète crée des mots comme « *nacreux* », « *bleuités* », « *lactescent* », « *dérades* » (*Le Bateau ivre*, p. 258), ou encore « *musiquer* » (« La Chanson du mal aimé », p. 264), à partir de racines connues et de suffixes d'adjectifs, de noms ou de verbes. Ces néologismes, dont certains passent ensuite dans le langage courant, traduisent un souci du mot juste et évocateur.

## Des mots familiers

### • Un vocabulaire usuel

Ce sont les mots de tous les jours, qui font leur entrée en poésie à la fois pour marquer la présence du quotidien : on pense au « *bric-à-brac* » du « Cygne » (p. 254, v. 12), ou à la « *voirie* » (v. 15), et pour célébrer la beauté du monde moderne, comme dans « La Chanson du mal aimé », avec le gin, l'électricité et les tramways.

### • Un vocabulaire régional

Dans le poème de Rimbaud, p. 260, nous lisons, à la fin du voyage :

*Si je désire une eau d'Europe, c'est la* ***flache****.* (v. 93)

Le mot signalé ici en gras appartient au vocabulaire ardennais. Il révèle les origines de l'auteur et sans doute aussi le caractère autobiographique du *Bateau ivre*. Mais surtout il propose un contraste très net avec l'érudition quasi constante du texte.

Ce retour « *plein de tristesses* » coïncide avec un repli sur la langue de l'enfance, comme la navigation reste désormais circonscrite dans des limites resserrées.

## EXERCICES

**1** **Relevez les noms propres de « La Ballade des Dames du temps jadis », p. 244. Que dénotent-ils ? Que suggèrent-ils ?**

**2** **Retrouvez, dans le texte de la p. 246, les éléments lexicaux qui peuvent définir le « style bas » de Ronsard dans le second livre des *Amours*.**

**3** **Relevez et analysez les emplois du mot « Rome » dans le sonnet *Les Antiquités de Rome* de du Bellay p. 247.**

**4** **Expliquez les allusions à l'Antiquité dans le sonnet « Heureux qui comme Ulysse... » p. 247.**

**5** **Si Victor Hugo déclare avoir « *mis un bonnet rouge au vieux dictionnaire* », il ne se prive pas d'employer aussi des termes propres à la langue poétique : vous le vérifierez en lisant l'extrait de « Paroles sur la dune », p. 252, et en notant tous les mots relevant d'un registre soutenu ou d'un usage spécifiquement poétique.**

**6** **De l'abstrait au concret : lisez le sonnet des « Correspondances », p. 248, et relevez les noms abstraits du deuxième quatrain et du dernier tercet. En quoi peut-on les considérer comme des clés pour l'interprétation du poème ?**
**Ces termes abstraits sont suivis de noms concrets : relevez-les et montrez que le passage des uns aux autres favorise la compréhension de la théorie baudelairienne.**

**7** **Le pluriel peut donner un caractère concret ou particulier à des noms qui, au singulier, auraient un sens abstrait ou général. Vous commenterez l'emploi du pluriel des mots en gras dans les extraits suivants :**

« *Fleurir le chardon bleu des* ***sables*** »
« *Et mes chers* ***souvenirs*** *sont plus lourds que des rocs.* »
« *Un enfant accroupi plein de* ***tristesses*** [...] »
« *Mais où sont les* ***neiges*** *d'antan* »
« *Las ! voyez comme en peu d'espace, / Mignonne, elle a dessus la place, / Las, las ses* ***beautés*** *laissé choir !* »

**8** **Lisez *Le Bateau ivre*, p. 258, et faites un relevé des termes qui appartiennent à la marine. Vous vous aiderez des notes pour les mots peu usités et vous vous demanderez quels sont les effets produits par l'emploi de ce champ lexical.**

**9** **Dans cet extrait de « La Chanson du mal aimé », p. 264, expliquez « *ardente* » par l'étymologie latine du mot. Lisez ensuite l'ensemble des cinq strophes et étudiez le champ lexical du feu.**

« *Juin ton soleil ardente lyre*
*Brûle mes doigts endoloris* »

**10** **Verlaine ouvre « Résignation », p. 274, par une énumération de mots rares : notez-les. Quelle atmosphère créent-ils ? Comment le lexique permet-il de souligner l'opposition entre quatrains et tercets ?**

**11** **Justifiez l'emploi du mot en gras.**

*Et les orgues de Barbarie*
*Y* ***sanglotent*** *dans les cours grises*

**12** **Commentez l'emploi du mot « *enrhumés* » dans le passage de « La Chanson du mal aimé » donné ci-dessous.**

« *Les cafés gonflés de fumée / Crient tout l'amour de leurs tziganes / De tous leurs siphons* ***enrhumés*** */ De leurs garçons vêtus d'****un pagne*** »

**Qu'est-ce qui rend incongru le mot « *pagne* » dans cet extrait du même poème ? À quel univers ce mot renvoie-t-il habituellement ? Que désigne-t-il ici ? En quoi cette image renouvelle-t-elle la façon de voir les garçons de café ?**

**13** **La place de mots usuels dans le vers, les échos sonores, les accents leur donnent un lustre nouveau. Commentez ainsi les vers suivants. Par quels moyens suggèrent-ils l'impatience, le sentiment d'enfermement, la compassion ?**

« *Eau, quand donc pleuvras-tu ? quand tonneras-tu, foudre ?* »
« *Derrière la muraille immense du brouillard* »
« *Je pense aux matelots oubliés dans une île* »

LANGUE **Versification**

# Les types de vers, les rimes

## Les types de vers

### • Le décompte des syllabes

Les vers se définissent par leur mètre, évalué en nombre de syllabes.

Pour compter les syllabes il faut appliquer les règles suivantes :

#### Concernant le « e » muet

– Quand un mot terminé par un « e » muet est suivi d'un mot qui commence par une voyelle, ce « e » muet est élidé.
– S'il est suivi d'un mot qui commence par une consonne, il se prononce.
– Un « e » muet en fin de vers n'est pas compté.

Dans l'exemple ci-dessous, les « e » non comptés sont mis entre parenthèses, les « e » comptés sont soulignés.

→ *An / dro / ma / que, / je / pen / s(e) à / vous ! /*
1 2 3 4 5 6 7 8
*Ce / pe / tit / fleuv(e),*
9 10 11 12

#### Concernant les diérèses

Certains sons voyelles peuvent être prononcés d'une seule émission de voix ou en détachant deux voyelles distinctes : on parle de synérèse et de diérèse. Ainsi, on peut dire :
– « Lion », en synérèse, et le mot présente une seule syllabe, ou
– « Li-on », en diérèse, et le mot en présente deux.

La poésie joue de cette possibilité.

→ *Tris / t(e) et / mé / lo / di / eux / dé / lir(e)*
1 2 3 4 5 6 7 8

est un exemple de diérèse. La diérèse permet de mieux entendre le mot, de lui donner l'ampleur d'une syllabe supplémentaire, souvent en lien avec un effet de sens particulier. Dans le vers cité, la diérèse vient renforcer la musicalité du vers, et corrobore la mélodie inscrite dans le mot lui-même.

### • Les types de vers

On distingue les **vers pairs** – les plus courants :
– vers de **six** syllabes ou **hexasyllabes**
– vers de **huit** syllabes ou **octosyllabes**
– vers de **dix** syllabes ou **décasyllabes**
– vers de **douze** syllabes ou **alexandrins**

Les **vers impairs** ont été mis en honneur notamment par Verlaine.

Un poème peut être composé de mètres identiques : on dit qu'il est **homométrique**, ou comporter des vers de longueur différente ; il est alors **hétérométrique**.

### • Les accents dans l'alexandrin

Une suite de mots ne suffit pas à constituer un vers : il faut que celui-ci obéisse à un rythme, défini par des accents.

Ainsi, l'alexandrin comporte-t-il :
– deux accents fixes : l'un sur la sixième syllabe (à l'hémistiche du vers), l'autre sur la douzième (à la rime) ;
– deux accents mobiles.

(**N.B. :** Un mot en français est accentué sur l'avant-dernière syllabe s'il se termine par un « e » muet et sur la dernière dans le cas contraire.)

/ /
→ *Pau / vr(e) et / tris / te / mi / roir /*
1 2 3 4 5 6
/ /
*où / ja / dis / res / plen / dit*
7 8 9 10 11 12

Les accents rythment le vers de la façon suivante :

3 + 3 // 3 + 3.

On notera la parfaite régularité qui fait ressentir, par cette scansion lancinante, la douleur du personnage.

/ /
→ *L'im / men / se / ma / jes / té /*
1 2 3 4 5 6
/ /
*de / vos / dou / leurs / de / veuve*
7 8 9 10 11 12

Les accents se répartissent ici selon le rythme suivant :

2 + 4 // 4 + 2.

Cet effet de chiasme tend à souligner un repli d'Andromaque sur son attitude de deuil.

Par rapport à la règle énoncée ci-dessus et qui vaut pour l'alexandrin classique, on note, à l'époque romantique, un souci d'affranchissement qui découpe le vers non plus en deux grandes parties mais en trois : on parle de **trimètre** romantique.

/ / /
→ *Et je restais, ainsi qu'une femme, à genoux...*

L'emploi du trimètre a pour effet de rompre la monotonie des alexandrins coupés à la césure.

### • Enjambements, rejets, contre-enjambements et contre-rejets

La syntaxe de la phrase ne coïncide pas toujours avec les limites du vers. Ainsi, on emploie le mot enjambement ou rejet quand la phrase se termine après la fin du vers :

→ *Et dès lors, je me suis baigné dans le Poème*
***De la Mer,...***

On parle de contre-enjambement ou de contre-rejet dans le cas inverse d'avance du vers sur la phrase :

→ *Où, teignant tout à couples bleuités, **délire***
*Et rhythmes lents sous les rutilements du jour,...*

Il n'est pas toujours aisé de distinguer entre « enjambement » et « rejet ». Selon Jean Mazaleyrat, on emploie le terme « enjambement » quand la diction du poème tend à effacer la rupture entre les vers ; on parle en revanche de rejet si la coupure est soulignée de manière nette.

Enjambements et rejets peuvent intervenir d'un vers à un autre mais aussi d'une strophe à une autre ou même à l'intérieur d'un vers : on parle ainsi de **coupe enjambante**.

## Les rimes et les échos sonores

On appelle rime le retour de sonorités identiques en fin de vers.

Les rimes se notent habituellement en utilisant l'Alphabet Phonétique International ou A.P.I. (voir mémento). Chaque son ou phonème est représenté par un signe et le mot est retranscrit entre crochets.

→ La rime « espoir / avoir » s'écrit ainsi : [war]

### • Caractérisation des rimes

On distingue **les rimes féminines**, qui se terminent par un « e » muet, et **les rimes masculines**, qui se terminent par toute autre sonorité.

→ *espoir / avoir*, est une rime masculine ;
*j'implore / encore*, une rime féminine.

On considère souvent que la finale en « e » muet tend à allonger le vers, à la manière d'un point d'orgue en musique. Il est ainsi intéressant d'observer si un poème se termine sur une rime masculine, ce qui renforce l'aspect conclusif du dernier vers, ou sur une rime féminine, ce qui a pour effet, paradoxalement, de l'ouvrir.

« Paroles sur la dune » se termine sur les deux vers suivants :

→ *L'été rit, et l'on voit au bord de la mer*
*Fleurir le chardon bleu des sables.*

Le choix de Victor Hugo de finir sur la rime féminine « sables » a pour effet de prolonger cette dernière évocation, en rupture complète avec la mélancolie du poème.

En revanche, « Correspondances » s'achève sur la rime masculine de « sens » : « *Qui chantent les transports de l'esprit et des sens* », p. 248, ce qui donne un caractère plus définitif à la théorie baudelairienne.

### Quelques rimes particulières

**Rimes léonines** ou rimes doubles : rimes particulièrement riches, comprenant voyelle + consonne + voyelle, comme dans « Résignation » de Verlaine,

→ *Somptuosité persane et **papale**/*
*Héliogabale et Sardan**apale**.*

**Rimes équivoquées**, ou équivoques : mots de prononciation identique mais de sens différent.

→ *rimailleurs / rime ailleurs*, dans une épître de Clément Marot.

### • Disposition des rimes

Les rimes peuvent êtres disposées de la manière suivante :

– selon le schéma **aabbccdd** : elles sont dites **suivies** ou plates

→ *l'encens / des sens*

– selon le schéma **ababcdcd** : elles sont dites **croisées** ou alternées

→ *enfants / prairies / triomphants / infinies*

– selon le schéma **abba** : elles sont dites **embrassées**

→ *piliers / paroles / symboles / familiers*

Un poème peut s'organiser selon un seul schéma de rimes, comme « Le Cygne » qui pratique des rimes alternées tout au long des treize strophes, ou en combiner plusieurs, comme les sonnets.

En général, les poètes font alterner rimes féminines et rimes masculines.

### • Allitérations et assonances

On appelle « allitérations » le retour de sons consonnes, et « assonances » le retour de sons voyelles.

Ces phénomènes de récurrences sonores peuvent créer parfois un effet d'**harmonie imitative**. Ainsi, dans le vers du *Bateau ivre* :

→ *Et les Péninsules démarrées*
*N'ont pas subi tohu-bohus plus triomphants,*

les allitérations en [t] et [b] et les assonances en [i], [o] et [y] miment le vacarme cacophonique de cette libération tapageuse.

Cependant, il faut se garder de donner aux sonorités une valeur sémantique qu'elles n'ont pas intrinsèquement. Bien souvent, elles unifient un propos, le rendent harmonieux ou discordant, et renforcent des effets de sens qui procèdent des mots et du contexte.

# EXERCICES

**1 En vue de la lecture à voix haute des trois sonnets de la Renaissance pp. 246-247, repérez les mètres utilisés, les diérèses à faire entendre, les effets d'enjambement d'un vers à l'autre ou d'une strophe à l'autre.**

**2 Décrivez précisément l'organisation des vers et des rimes dans ce sonnet de Ronsard :**

« Marie, qui voudrait votre beau nom tourner »

Marie, qui voudrait votre beau nom tourner,
Il trouverait Aimer : aimez-moi donc, Marie,
Faites cela vers[1] moi dont votre nom vous prie,
Votre amour ne se peut en meilleur lieu donner :

S'il vous plaît pour jamais un plaisir demener[2],
Aimez-moi, nous prendrons les plaisirs de la vie
Pendus l'un l'autre au col[3], et jamais nulle envie
D'aimer en autre lieu ne nous pourra mener.

Si[4] faut-il bien aimer au monde quelque chose :
Celui qui n'aime point, celui-là se propose
Une vie d'un Scythe[5], et ses jours veut passer

Sans goûter la douceur des douceurs la meilleure.
Hé qu'est-il rien de doux sans Vénus ? las ! à l'heure
Que je n'aimerai point, puissé-je trépasser !

RONSARD, *Continuation des Amours*,
« Amours des Amours », 7, 1555.

1. **vers :** envers.
2. **demener :** ressentir.
3. **l'un l'autre au col :** au cou l'un de l'autre.
4. **si :** toujours est-il que.
5. Dans l'Antiquité, les Scythes étaient considérés comme des barbares.

**3 Étudiez très précisément les effets de symétrie syntaxiques, sonores, rythmiques et sémantiques dans les vers suivants :**

« *Ce qui est ferme, est par le temps détruit, / Et ce qui fuit, au temps fait résistance.* » (voir p. 247).

**4 Nommez les types de vers utilisés par Victor Hugo dans « Paroles sur la dune », p. 252, par Apollinaire dans « La Chanson du mal aimé », p. 264, par Verlaine dans « Pantoum négligé », p. 251. Quels effets découlent de ces choix ?**

**5 Recopiez le poème de « Correspondances », p. 248, notez les « e » muets élidés et les « e » muets prononcés, indiquez la place des accents et les diérèses. Entraînez-vous à le lire à haute voix en tenant compte de ces éléments.**

**6 Repérez dans « Le Cygne », p. 254, un rejet d'une strophe à une autre : quel effet produit-il ?**

**7 Notez les diérèses dans *Le Bateau ivre*, p. 258, et commentez-les.**

**8 Observez la disposition des rimes dans « La Chanson du mal aimé », p. 264, dans la « Ballade des Dames du temps jadis », p. 244, dans « Pantoum négligé », p. 251.**

**9 Caractérisez les rimes des cinq premières strophes du *Bateau ivre*, p.258.**

**10 Le recueil des *Poèmes saturniens* s'ouvre sur une section, « Mélancholia », composée de huit sonnets dont le premier, reproduit ci-dessous, présente une structure particulière. Vous montrerez en quoi on peut parler ici d'un sonnet inversé.**

RÉSIGNATION

Tout enfant, j'allais rêvant Ko-Hinnor,[1]
Somptuosité persane et papale,
Héliogabale[2] et Sardanapale[3] !

Mon désir créait sous des toits en or,
Parmi les parfums, au son des musiques,
Des harems sans fin, paradis physiques ![4]

Aujourd'hui, plus calme et non moins ardent,
Mais sachant la vie et qu'il faut qu'on plie,
J'ai dû refréner ma belle folie,
Sans me résigner par trop cependant.

Soit ! Le grandiose échappe à ma dent,
Mais, fi de l'aimable et fi de la lie !
Et je hais toujours la femme jolie,
La rime assonante et l'ami prudent.

Paul VERLAINE (1844-1896), *Poèmes saturniens*, 1866.

1. **Ko-Hinnor** : ou Koh-i-Noor, ou Kuh-i-Nur, mot indien signifiant « montagne de lumière », énorme diamant mentionné pour la première fois en Inde au XIVe siècle. Il devient au XVIe siècle la propriété d'un sultan, puis il est pris au XVIIIe siècle par les Persans et change plusieurs fois de propriétaire avant d'être offert en 1850 à la reine Victoria.
2. **Héliogabale** : ou Elagabal, empereur romain (218-222) qui s'est attaché au culte de Baal solaire d'Émèse, en Syrie. Il est grand prêtre de ce dieu adoré sous la forme d'une pierre noire. Son règne sera celui de l'extravagance orientale.
3. **Sardanapale** : souverain assyrien fictif symbolisant un personnage puissant qui mène une vie de luxe et de débauche.
4. Les six premiers vers semblent s'inspirer du roman de Théophile Gautier, *Fortunio*, publié en 1837 sous le titre d'*Eldorado*, où le héros vit en plein Paris dans un somptueux palais oriental.

# ÉPREUVE BAC

## CORPUS « Cueillir le jour » en poésie

### TEXTES A ET B Deux poèmes de Ronsard

**A. Ode à Cassandre**

*Ce poème de Ronsard, dont l'inspiratrice est Cassandre Salviati, a d'abord paru en 1553 dans le recueil des* Amours *sous le titre* Ode à Cassandre. *Il connut un succès immédiat, fut mis en musique, avant d'être intégré aux Odes en 1584.*

ODE À CASSANDRE

Mignonne, allons voir si la rose,
Qui ce matin avait déclose[1]
Sa robe de pourpre au soleil,
A point perdu cette vêprée[2],
Les plis de sa robe pourprée,
Et son teint au vôtre pareil.

Las ! Voyez comme en peu d'espace,
Mignonne, elle a, dessus la place,
Las ! las ! ses beautés laissé choir !
Ô vraiment marâtre[3] Nature,
Puisqu'une telle fleur ne dure
Que du matin jusques au soir !

Donc, si vous me croyez, mignonne,
Tandis que votre âge fleuronne
En sa plus verte nouveauté,
Cueillez[4], cueillez votre jeunesse :
Comme à cette fleur la vieillesse
Fera ternir votre beauté.

Pierre de RONSARD, *Odes*, I, 17, 1550.

**B. « Quand vous serez bien vieille... »**

*Ce poème reprend le thème du* carpe diem *sur un mode pathétique non dénué d'humour, afin de persuader Hélène de Surgères de profiter de sa jeunesse. Il a paru en 1578 dans les* Sonnets pour Hélène.

« QUAND VOUS SEREZ BIEN VIEILLE... »

Quand vous serez bien vieille, au soir à la chandelle,
Assise auprès du feu, dévidant et filant,
Direz, chantant mes vers, en vous émerveillant :
« Ronsard me célébrait du temps que j'étais belle ! »

Lors vous n'aurez servante oyant[1] telle nouvelle,
Déjà sous le labeur à demi sommeillant,
Qui au bruit de Ronsard ne s'aille réveillant[2],
Bénissant votre nom de louange immortelle.

Je serai sous la terre, et fantôme sans os,
Par les ombres myrteux[3] je prendrai mon repos ;
Vous serez au foyer une vieille accroupie,

Regrettant mon amour et votre fier dédain.
Vivez, si m'en croyez, n'attendez à demain :
Cueillez dès aujourd'hui les roses de la vie.

Pierre de RONSARD, *Sonnets pour Hélène*, II, 43, 1578.

---

1. **déclose :** ouvert (l'accord du participe se fait, selon une ancienne règle, avec le sujet).
2. **vêprée :** après-midi, moment où l'on célébrait les vêpres.
3. **marâtre :** mère mauvaise et cruelle.
4. **Cueillez :** traduction littérale de la formule du poète latin Horace *carpe diem*.

---

1. **oyant :** entendant.
2. **s'aller + forme verbale en -ant :** indique l'aspect progressif du verbe, traduisant une action en train de se réaliser.
3. **les ombres myrteux :** à l'ombre (mot masculin au XVIe siècle) des myrtes, consacrés à Vénus et symboles de gloire dans l'Antiquité.

Guido RENI (1575-1642),
*Jeune fille à la rose.*
© Prado, Madrid/The Bridgeman Art Librairy.

## TEXTE C « Si tu t'imagines… »

*L'auteur des* Exercices de style, *Raymond Queneau (1903-1976), se livre ici à un jeu de variation sur un thème ronsardien.*

Si tu t'imagines
si tu t'imagines
fillette fillette
si tu t'imagines
xa va xa va xa
va durer toujours
la saison des za
la saison des za
saison des amours
ce que tu te goures
fillette fillette
ce que tu te goures

Si tu crois petite
si tu crois ah ah
que ton teint de rose
ta taille de guêpe
tes mignons biceps
tes ongles d'émail
ta cuisse de nymphe
et ton pied léger
si tu crois petite
xa va xa va xa
va durer toujours
ce que tu te goures
fillette fillette
ce que tu te goures

Les beaux jours s'en vont
les beaux jours de fête
soleils et planètes
tournent tous en rond
mais toi ma petite
tu marches tout droit
vers sque tu vois pas
très sournois s'approchent
la ride véloce
la pesante graisse
le menton triplé
le muscle avachi
allons cueille cueille
les roses les roses
roses de la vie
et que leurs pétales
soient la mer étale
de tous les bonheurs
allons cueille cueille
si tu le fais pas
ce que tu te goures
fillette fillette
ce que tu te goures

Raymond QUENEAU,
*L'Instant fatal*, 1943-1948,
© Éditions Gallimard.

## Questions

**1.** *Relevez, dans les trois textes, les éléments qui en font des discours de persuasion amoureuse.*

**2.** *Comment chacun des poèmes définit-il l'action de « cueillir le jour » ? Vous confronterez notamment le choix des registres.*

## Écriture d'invention

*Un discours de persuasion*

***Dans un discours en vers ou en prose, vous imiterez les procédés de persuasion mis en œuvre ici par Ronsard dans l'un ou l'autre de ses poèmes, afin d'inciter un personnage, destinataire de ce discours, à profiter de la vie et à « cueillir le jour ».***

### Préparation à l'écriture d'invention

Le travail d'imitation suppose que l'on identifie au préalable la spécificité de l'écriture de chaque texte. En fonction du modèle retenu, on s'efforcera de reprendre la structure, la démarche, les registres de ce texte.

• Dans l'« Ode à Cassandre », le poète invite la femme aimée à une promenade qui va lui permettre de développer la métaphore de la rose-femme (strophe 1) qui s'inverse ensuite en femme-rose (strophe 3). Cette inversion, très habile, légitime le processus même de l'image et contribue à dramatiser une scène qui aurait été anecdotique.

➤ **Montrez que dans les strophes 1 et 2 se joue un micro-drame.**

➤ **Quel terme indique que le poète tire la leçon de ce micro-drame ?**

➤ **Étudiez le jeu des temps verbaux : que démontre-t-il ?**

• Dans le *Sonnet pour Hélène*, les deux derniers vers développent une morale du *carpe diem* qui découle de la scène rapportée par les douze vers qui précèdent. Cette concentration de la leçon de vie renforce son efficacité argumentative.

➤ **Relevez les temps verbaux et montrez comment ils structurent le sonnet.**

➤ **Étudiez le champ lexical de la vieillesse.**

➤ **En quoi peut-on dire que ce poème est aussi à la gloire du poète ?**

➤ **Comment s'y exprime le lyrisme ?**

## Commentaire

*Un jeu d'influences*

***Vous ferez le commentaire du texte de Raymond Queneau.***

« Si tu t'imagines » reprend à l'évidence, sous une forme parodique, les textes de Ronsard cités dans ce corpus. Le commentaire devra donc tenir compte de cet aspect du poème, qui se présente comme une réécriture.

➤ **Relevez précisément les échos de l'ode et du sonnet que l'on retrouve dans ce texte.**

➤ **En quoi peut-on parler ici d'une désacralisation de la femme ?**

➤ **Notez les familiarités, voire les expressions argotiques du poème. Montrez qu'elles relèvent du registre burlesque (voir p. 596).**

➤ **En quoi ce texte appartient-il à la poésie versifiée ? En quoi se démarque-t-il du langage poétique traditionnel ?**

### Suggestion de plan

Le projet de lecture pourra se formuler ainsi : la reprise d'un thème ronsardien est-elle ici seulement parodique ?

**I Une transposition burlesque**

« Si tu t'imagines... » est bien une parodie des poèmes de Ronsard, convoquant un langage familier là où Ronsard utilisait un registre soutenu et proposant une vision désacralisée de la femme et de l'amour.

**II Une stratégie argumentative efficace**

L'énonciation, la structure du poème, les exemples choisis reprennent ceux des deux poèmes cités, dans le même but d'emporter l'adhésion.

**III Une réécriture fidèle**

Par-delà les différences apparentes, on retrouve à la fois la lucidité cruelle, ironique, cinglante même parfois, et la tendresse profonde des textes de Ronsard.

## Dissertation

*La poésie et le temps*

***En vous fondant sur les textes du corpus et sur vos lectures personnelles, vous vous demanderez comment la poésie propose à son lecteur d'envisager le temps.***

### Suggestion de plan

La problématique pourra être : quelle vérité sur le temps humain la poésie délivre-t-elle ? La poésie apprend à :

**I Lire les signes concrets du temps**

Les images – métaphores, comparaisons – y occupent une place importante.

**II Affronter la vérité du temps qui passe**

Les trois poèmes du corpus nous font accéder à une vérité humaine : le caractère transitoire de toute vie.

**III Dépasser le temps**

Par un mode de vie inspiré de l'épicurisme et du *carpe diem*, par la distance qu'induit toute connaissance, l'écriture même de la poésie permet d'accéder à l'immortalité.

# OUVERTURE SUR

## Poésie et chanson

La poésie a, depuis longtemps, partie liée avec la chanson : les poèmes étaient chantés dès l'Antiquité, accompagnés de la lyre puis du luth. L'écriture poétique est une écriture musicale, qui joue sur les rythmes et les sons.
Le mot « chanson » a désigné tout d'abord une forme poétique, lyrique ou épique, avant de prendre le sens moderne que nous lui connaissons. Les rapports que la chanson entretient aujourd'hui avec la poésie sont étroits : c'est la chanson qui permet bien souvent à la poésie de toucher un large public, tandis que la poésie offre à la chanson des textes riches et originaux.

### Un poème-chanson de Victor HUGO

*Ce texte appartient à la première section des* Contemplations.

VIEILLE CHANSON DU JEUNE TEMPS

Je ne songeais pas à Rose ;
Rose au bois vint avec moi ;
Nous parlions de quelque chose,
Mais je ne sais plus de quoi.

J'étais froid comme les marbres ;
Je marchais à pas distraits ;
Je parlais des fleurs, des arbres ;
Son œil semblait dire : « Après ? »

La rosée offrait ses perles,
Le taillis ses parasols ;
J'allais ; j'écoutais les merles,
Et Rose les rossignols.

Moi, seize ans, et l'air morose.
Elle vingt ; ses yeux brillaient.
Les rossignols chantaient Rose
Et les merles me sifflaient.

Rose, droite sur ses hanches,
Leva son beau bras tremblant
Pour prendre une mûre aux branches ;
Je ne vis pas son bras blanc.

Une eau courait, fraîche et creuse,
Sur les mousses de velours ;
Et la nature amoureuse
Dormait dans les grands bois sourds.

Rose défit sa chaussure,
Et mit, d'un air ingénu,
Son petit pied dans l'eau pure ;
Je ne vis pas son pied nu.

Je ne savais que lui dire ;
Je la suivais dans le bois,
La voyant parfois sourire
Et soupirer quelquefois.

Je ne vis qu'elle était belle
Qu'en sortant des grands bois sourds
« Soit ; n'y pensons plus ! » dit-elle.
Depuis, j'y pense toujours.

Paris, juin 1831.

Victor HUGO, *Les Contemplations*, Livre I, 1856.

LIEN

✦ **Chapitre 7**, pp. 282-283

## ANALYSE

**1.** Étudiez les effets d'opposition et de contraste.

**2.** Justifiez le titre, et notamment l'emploi du mot « chanson ».

**3.** Quel est le mètre employé ? En quoi ce choix participe-t-il de la légèreté du texte ?

**4.** Le ton du poème est-il humoristique ? nostalgique ? Justifiez votre réponse en vous fondant sur le texte.

**5.** Par-delà sa légèreté, quelle question plus grave cette chanson suggère-t-elle ?

John William WATERHOUSE (1849-1917), *L'Âme de la Rose*, 1908. Huile sur toile, 91,4 × 61 cm. © Julian Hartnoll, London. The Bridgeman Art Library.

## Poètes et chanteurs

*Le chanteur et compositeur Léo Ferré (1916-1993), parallèlement à son œuvre personnelle, a mis en musique de nombreux poètes classiques : Rutebeuf, Baudelaire, Verlaine, Rimbaud, Apollinaire, auxquels il a consacré des albums entiers. Il a aussi interprété des poètes contemporains, et notamment Aragon (1897-1982).*

**1.** Sur la pochette du disque *Les Chansons d'Aragon*, en 1961, Aragon écrivait : « *Léo Ferré rend à la poésie un service dont on calcule mal encore la portée, en mettant à la disposition du nouveau lecteur, un lecteur d'oreille, la poésie doublée de la magie musicale.* »

Après avoir écouté un enregistrement de Léo Ferré chantant Aragon, vous commenterez librement ces propos, qui pourront être l'objet d'une recherche, d'un exposé, d'un débat.

**2.** Des articles croisés d'Aragon et de Ferré dans la revue *Lettres françaises* des 19-25 janvier 1961 avaient pour titre : Léo Ferré, « Aragon et la création musicale » ; Aragon, « Léo Ferré et la mise en chanson ».

En quoi peut-on parler d'un double hommage ?

**3.** Un même poème a pu être interprété par plusieurs chanteurs – citons « Est-ce ainsi que les hommes vivent ? », extrait du poème d'Aragon « La guerre et ce qui s'en suivit », interprété par Léo Ferré, Marc Ogeret, Bernard Lavilliers.

Choisissez un de ces poèmes et confrontez les différentes interprétations que vous aurez réunies. Laquelle préférez-vous ? pourquoi ?

**4.** Vous reprendrez les poèmes du chapitre qui ont été l'objet de « mise en chanson ». Écoutez l'interprétation de la « Ballade des Dames du temps jadis » par Georges Brassens (1921-1981) : comment rend-elle perceptibles les particularités et les beautés de l'écriture poétique ?

**5.** Vous ferez le même travail pour le texte de Raymond Queneau « Si tu t'imagines… », chanté par Juliette Gréco : comment l'interprète traduit-elle l'humour et la complexité du texte ?

CHAPITRE

# 7 Recueils poétiques

## OBJECTIFS

- Approfondir la notion de recueil
- Découvrir la vision d'un auteur

Auguste RODIN (1840-1917), *Danseuse cambodgienne de face dite « Le Printemps »*. Mine de plomb, aquarelle et gouache sur papier crème. Paris, © Musée Rodin.

# Du poème au recueil

À l'époque de la Renaissance, du baroque et du classicisme, le poète est le plus souvent un poète de Cour. Il vit protégé par un grand seigneur ou par le Roi et il chante les louanges de son protecteur dans ses dédicaces, ses préfaces ou ses œuvres. Sa notoriété provient de son activité dans ces cours secondaires ou à la Cour. Ses revenus sont assurés par son protecteur qui le pensionne. La poésie est surtout faite pour être dite ou mise en musique. Elle n'est donc publiée que de manière accessoire, souvent dans des recueils collectifs ou des publications à la périodicité aléatoire. Mais, à partir du XVIII^e^ siècle, cette situation change : l'idée de protection juridique des œuvres théâtrales et des auteurs s'est imposée depuis Beaumarchais. Le poème aussi devient une œuvre d'art signée et authentifiée. À partir du XIX^e^ siècle, les auteurs eux-mêmes veillent à la publication de leurs poèmes en recueils.

## l'élaboration du recueil

### • La publication indépendante et le rôle des revues

Lamartine, Nerval ou Baudelaire ont d'abord écrit des poèmes isolés publiés dans des revues, telles, au XIX^e^ siècle, *Le Mercure de France* ou *L'Artiste, La Revue de Paris, La Revue des Deux mondes*. Ces revues sont un support très important pour se faire connaître, ainsi le poète Paul Demeny conseille-t-il à Rimbaud d'envoyer ses premiers poèmes aux revues parnassiennes.

### • La publication en recueil

Les poètes ont pris conscience de l'unité d'écriture qui était la leur et, par conséquent, de l'intérêt à publier en un seul volume leurs poèmes épars, classés et organisés en fonction du sens global. C'est ce qui conduit Lamartine à publier en 1820 *Les Méditations poétiques* et Victor Hugo à publier en 1855 *Les Contemplations*. On le voit par le titre, la publication en recueil a force de signification. Le mot renvoie à ses extases de jeunesse, puis à la méditation sur la mort de sa fille, et enfin à son renoncement aux vanités du monde. Le recueil montre qu'on peut trouver dans cette pratique régulière qu'est l'écriture une raison de vivre.

**➤ Cherchez en quoi les titres *Les Destinées* de Vigny ou *Alcools* d'Apollinaire prennent sens.**

## Le travail éditorial

### • L'exemple de Rimbaud

Rimbaud publie lui-même, en 1873, *Une Saison en enfer,* dans une petite maison d'édition de Bruxelles ; mais comme il part sans payer son éditeur, son ouvrage ne sera pas diffusé. C'est l'auteur qui a choisi le titre et l'ordre des textes.

Verlaine, scrupuleusement respectueux à l'égard des intentions de Rimbaud, intentions qu'il connaissait, procède à l'édition dans la revue *La Vogue,* en 1886, d'un second recueil de Rimbaud auquel il donne le titre *Illuminations*. Il affirme que son ami voulait ce titre qui évoque à la fois des peintures naïves et mièvres, des jeux de lumière, et l'expérience d'une révélation religieuse. C'est donc une édition qui respecte la volonté de l'auteur, mais par les soins d'un ami.

Quant aux poèmes plus anciens, encore écrits en vers et réunis parfois sous le titre « Recueil Demeny » du nom de son dédicataire, c'est un éditeur qui les publie avec le titre neutre de *Poésies*.

## Un objet particulier

### • Un titre

– Le choix du titre par le poète est significatif.

– Il peut avoir une valeur concrète, renvoyer au réel en désignant le genre : Baudelaire, *Petits Poèmes en prose* ; Rainer Maria Rilke, *Sonnets à Orphée* ; Paul Claudel, *Cent Phrases pour éventail* ; Jean Cassou, *Trente-trois Sonnets composés en secret.*

– Il peut indiquer une direction d'interprétation : Hugo, *Les Contemplations* ; Bernard Noël, *La Chute du temps* ; John Milton, *Le Paradis perdu* ; Agrippa d'Aubigné, *Les Tragiques.*

– Il peut choisir de rester énigmatique pour jouer sur une polysémie ou une étymologie : Henri Michaux, *Lointain intérieur* ; Henri Pichette, *Apoèmes* ; Yves Bonnefoy, *Ce qui fut sans lumière.*

### • Une table des matières

Là encore, plusieurs choix s'offrent au poète, par exemple classer les textes chronologiquement. La chronologie peut cependant être faussée : Victor Hugo, dans *Les Contemplations*, classe les textes non par ordre d'écriture car on n'impose pas de loi à son chagrin, mais par ordre de référence aux événements réels. Ainsi tient-il, chaque 4 septembre, à célébrer la mémoire de sa fille Léopoldine.

« **Autrefois** » (1830-1843)
Livre premier : « Aurore »
Livre deuxième : « L'âme en fleur »
Livre troisième : « Les luttes et les rêves »
« **Aujourd'hui** » (1843-1855)
Livre quatrième : « Pauca meae » (en latin : « quelques [vers] pour ma [fille] »)
Livre cinquième : « En marche »
Livre sixième : « Au bord de l'infini »

**➤ Que suggèrent ces titres de sections ?**

### • Une préface

Victor Hugo écrit dans sa préface :

> Si un auteur pouvait avoir quelque droit d'influer sur la disposition d'esprit des lecteurs qui ouvrent son livre, l'auteur des *Contemplations* se bornerait à dire ceci : ce livre doit être lu comme on lirait le livre d'un mort.
>
> [...] Qu'est-ce que *Les Contemplations* ? C'est ce qu'on pourrait appeler, si le mot n'avait quelque prétention, *Les Mémoires d'une âme.* [...]
>
> Nous venons de le dire, c'est une âme qui se raconte dans ces deux volumes, « Autrefois », « Aujourd'hui ». Un abîme les sépare, le tombeau. »
>
> Victor HUGO, préface des *Contemplations*, Guernesey, 1856.

**➤ Que défend Victor Hugo dans cette préface ?**

**➤ Hugo utilise la métaphore « *d'une fleur qui s'effeuille page à page* ». Cherchez l'étymologie du mot « anthologie », du mot « florilège », du mot « recueil » et du verbe « lire », et dites quel lien implicite traverse ces termes et quelle est leur spécificité.**

Un recueil poétique représente un enjeu. Là où un texte philosophique fait une démonstration d'idées sur la condition humaine, là où un roman fait une démonstration par une « fiction », une « fable » qui doit nous inviter à réfléchir sur un aspect de la condition humaine, un recueil poétique oppose à ces écrits continus et linéaires une écriture discontinue et fragmentaire, à la manière d'un album de photos. Mais, comme dans l'album de photos, les fragments ne sont pas innocemment mis à côté les uns des autres : un sens se dégage de leur ordre. Si la poésie signifie, c'est par des réseaux d'images, en pointillé. Mais le sens n'en est pas moins aigu.

# RECUEIL I Charles BAUDELAIRE, *Les Fleurs du mal*, 1857

## INTRODUCTION PAR L'IMAGE

**Félicien ROPS (1833-1898), *La Mort au bal*, 1865.**

Huile sur toile, 150,8 × 84,9 cm. © Coll. Kröller-Müller Museum, Otterlo, Pays-Bas.

## LECTURE DE L'IMAGE

**1.** Étudiez le jeu des couleurs et celui des ombres et des lumières : cherchez dans un dictionnaire des symboles la signification du blanc, du noir et du rouge. Après avoir lu le chapitre demandez-vous pourquoi ce sont des couleurs baudelairiennes.

**2.** Quels sont les éléments qui donnent à ce portrait une allure féminine ? Quels sont les éléments inquiétants ?

**3.** Rapprochez le titre de Rops de celui de Baudelaire ; quelle image de la femme ces deux titres donnent-ils ? Qu'est-ce qui, dans la tradition occidentale, peut lier l'idée de femme à celle de mal et à celle de mort ? Qu'est-ce qui peut la lier à celle de fleur ou à celle de bal ?

**4.** Cherchez une expression qui rendrait compte de manière synthétique du pouvoir maléfique de la femme.

# ARCHITECTURE DE L'ŒUVRE

## Autour du texte

1857 est une date importante dans l'histoire de la littérature : c'est à la fois la publication et le procès de *Madame Bovary* de Flaubert et des *Fleurs du mal* de Baudelaire. Dans les deux cas, l'accusation est la même : « *Le livre de M. Charles Baudelaire intitulé* Les Fleurs du mal, *est un défi aux lois qui protègent la religion et la morale.* » Dans les deux cas, le réquisitoire, prononcé par maître Pinard, est identique. Maître Gustave Chaix D'Est-Ange défend avec fougue Baudelaire. Pourtant, alors que Flaubert est acquitté, Baudelaire est condamné à retirer certaines pièces du recueil.

➤ **Quelles pièces du recueil Baudelaire a-t-il dû retirer ? pourquoi selon vous ?**

Pour comprendre ce jugement, il faut rappeler que la France traverse alors une crise morale : tandis que sous le Second Empire (1852-1870), le pouvoir politique s'allie au pouvoir religieux catholique romain, la réflexion scientifique évolue vers l'athéisme ; sous l'influence de la philosophie allemande, le nihilisme est introduit en France, mais le romantisme n'a pas perdu son prestige idéaliste. Alors que Victor Hugo est tenté par une vision profondément religieuse qui sauve l'homme, d'autres, tel Courbet avec *Un Enterrement à Ornans*, mettent l'homme face au néant. Baudelaire montre l'homme à la croisée de ces contradictions, entre aspiration vers le Bien et aspiration vers le Mal, certitude du néant, fascination pour l'Invisible et l'Inconnu.

### • Le titre

Par opposition aux titres explicites de Victor Hugo, Baudelaire choisit un titre plus énigmatique.

➤ **Étudiez tout d'abord la structure de l'expansion nominale : quel lien est induit entre le nom et son complément ? Comparez avec les expressions « fleurs des champs », « fleur de farine », « fine fleur », « fleurs naturelles », « fleurs artificielles », « fleur de l'âge ». Un complément de nom peut avoir un sens d'origine, de cause, de but, de moyen ou autre. Qu'en est-il ici ?**

➤ **Établissez un lien entre le « Mal », le « Malheur », le « Malin », la « Chair ».**

### • La table des matières

En 1861, deuxième édition, le recueil des *Fleurs du mal* se présente divisé en 6 sections.

Section 1 : « Spleen et idéal »
Section 2 : « Tableaux parisiens »
Section 3 : « Le Vin »
Section 4 : « Fleurs du mal »
Section 5 : « Révolte »
Section 6 : « La Mort »

Ce parcours, proposé par Baudelaire, peut apparaître plus clairement grâce à une analyse et un classement des poèmes en 5 étapes.

**1. Une adresse**

« Au lecteur » instaure une connivence entre le poète et son lecteur.

### 2. Un texte confidentiel

« Bénédiction », texte liminaire du recueil, désigne par antiphrase la malédiction dont le poète est victime.

### 3. Une série d'expériences

*L'aventure d'une écriture*

- II-VI : Grandeur du poète, réfutation de la vision traditionnelle idéaliste.
- VII-XVI : Misère du poète, vision désenchantée.
- XVIII-XXI : Idéal parnassien.

*L'aventure de l'amour*

- XXII-XXXIX : L'Amour fou, Jeanne Duval, « grand ange au front d'airain ».
- XL-XLVIII : L'Amour pur, Madame Sabatier, « Ange plein de gaieté »
- XLIX-LVII : L'Amour charnel, Marie Daubrun, « Adorable sorcière »
- LVIII-LXIV : L'Amour vénal, « Ô beauté, dur fléau des âmes ».

*L'aventure de la mélancolie*

- LXV-LXXXII : Le « Spleen », une descente en enfer.
- LXXXIII-LXXXV : Première pause, transformation d'une expérience en conscience, **une conscience coupable**.

### 4. La fuite

*La fuite comme fascination*

- LXXXVII-CIII : La fuite dans la multitude, c'est-à-dire dans la ville, dans la vie moderne, une sorte de « saison en enfer ». (La ville, le jour LXXXVII-XCV ; La ville, la nuit XCVI- CIII).
- CIV-CVIII : La fuite dans les substances qui provoquent la transe et l'illusion de l'absence au monde (vin, drogues).
- CIX-CXVII : La fuite dans la débauche. Deuxième pause : transformation de la conscience morale en **une conscience d'existence**.

### 5. De la révolte à la mort

*La révolte comme discipline d'esprit*

- CXVIII-CXX : Au lieu de fuir l'homme fait face. Il rencontre trois figures, saint Pierre, Caïn et Satan. C'est d'eux qu'il apprend à dire « non ». C'est d'eux qu'il apprend à regarder la mort en face.
- CXXI-CXXV : La mort des amants, des artistes, des pauvres, c'est-à-dire des innocents est inacceptable, pourtant elle montre qu'une « essence supérieure » existe, celle qui a voulu, conçu, fondé la mort.

*« Que philosopher c'est apprendre à mourir »* (Montaigne)

- CXXVI : « Le Voyage », le texte refait le parcours d'une vie menant inexorablement du berceau au tombeau.

## • Une dédicace curieuse

Au poète impeccable
au parfait magicien ès lettres françaises
à mon très cher et très vénéré
maître et ami
THÉOPHILE GAUTIER
Avec les sentiments
De la plus profonde humilité
Je dédie
Ces fleurs maladives.

C. B.

➤ **Qui est Théophile Gautier ? Pourquoi un poète dédie-t-il son œuvre à un autre poète ? Quelle image de la poésie ce texte donne-t-il ? Relevez les termes qui impliquent que la poésie est un art inspiré. Relevez les termes qui désignent le poète comme un artisan du vers.**

➤ **Renseignez-vous sur le courant parnassien. Quelles influences parnassiennes peuvent se lire dans la poésie de Baudelaire ?**

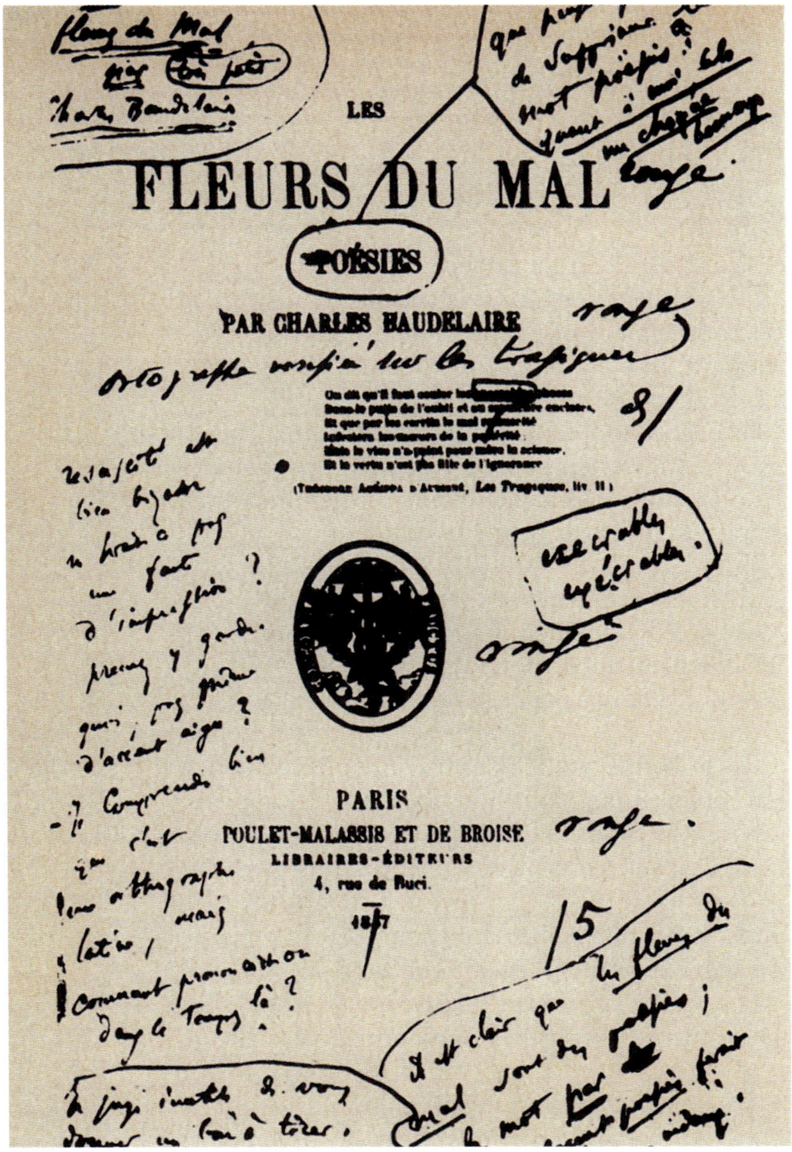


Épreuve de la page de titre des *Fleurs du mal,* édition de 1857, corrigée par Baudelaire. Paris, BnF. © BnF.

## ANALYSE

**1.** Quels éléments doivent figurer obligatoirement sur une première de couverture ?

**2.** Un vrai peintre ne « gomme » rien. Il repasse par-dessus le premier dessin. On appelle « repentir » en peinture ces remaniements successifs. Même si vous avez du mal à lire les « repentirs » de Baudelaire, que signifie le fait même qu'ils existent ? Que signifie pour un poète le fait de « publier » au lieu de rester confidentiel ?

TEXTES

GROUPEMENT I **Une vision rebelle de l'homme**

## Charles BAUDELAIRE (1821-1867)

## *Les Fleurs du mal*

voir biographie p. 632

TEXTE I

### AU LECTEUR

La sottise, l'erreur, le péché, la lésine[1],
Occupent nos esprits et travaillent nos corps,
Et nous alimentons nos aimables remords,
Comme les mendiants nourrissent leur vermine.

Nos péchés sont têtus, nos repentirs sont lâches ;
Nous nous faisons payer grassement nos aveux,
Et nous rentrons gaiement dans le chemin bourbeux,
Croyant par de vils pleurs laver toutes nos taches.

Sur l'oreiller du mal c'est Satan Trismégiste[2]
Qui berce longuement notre esprit enchanté[3],
Et le riche métal de notre volonté
Est tout vaporisé par ce savant chimiste.

C'est le Diable qui tient les fils qui nous remuent !
Aux objets répugnants nous trouvons des appas ;
Chaque jour vers l'Enfer nous descendons d'un pas,
Sans horreur, à travers des ténèbres qui puent.

Ainsi qu'un débauché pauvre qui baise et mange
Le sein martyrisé d'une antique catin,
Nous volons au passage un plaisir clandestin
Que nous pressons bien fort comme une vieille orange.

Serré, fourmillant, comme un million d'helminthes[4],
Dans nos cerveaux ribote[5] un peuple de Démons,
Et, quand nous respirons, la Mort dans nos poumons
Descend, fleuve invisible, avec de sourdes plaintes.

Si le viol, le poison, le poignard, l'incendie,
N'ont pas encor brodé de leurs plaisants dessins
Le canevas banal de nos piteux destins,
C'est que notre âme, hélas ! n'est pas assez hardie.

1. **lésine :** ladrerie, épargne extrême, avarice.
2. **Trismégiste :** qualificatif d'Hermès, signifiant « trois fois grand », assimilé au culte à mystères du dieu égyptien Thot, indique une religion hermétique, secrète faisant appel à la magie et à l'alchimie.
3. **enchanté :** le mot comprend la racine « chant », en latin, *carmen*, c'est-à-dire chant magique. L'enchantement peut être bienfaisant ou maléfique, comme ici.
4. **helminthes :** vers parasites.
5. **ribote :** riboter, se livrer à la débauche.

GOYA (1746-1828), « Le Sommeil de la raison enfante des monstres », extrait des *Caprices*. Lithographie. © The Bridgeman Art Library.

Mais parmi les chacals, les panthères, les lices[6],
Les singes, les scorpions, les vautours, les serpents,
Les monstres glapissants, hurlants, grognants, rampants,
Dans la ménagerie infâme de nos vices,

Il en est un plus laid, plus méchant, plus immonde !
Quoiqu'il ne pousse ni grands gestes ni grands cris,
Il ferait volontiers de la terre un débris
Et dans un bâillement avalerait le monde ;

C'est l'Ennui ! – l'œil chargé d'un pleur involontaire,
Il rêve d'échafauds en fumant son houka[7].
Tu le connais, lecteur, ce monstre délicat,
– Hypocrite lecteur, – mon semblable, – mon frère !

Charles BAUDELAIRE, *Les Fleurs du mal*, Texte liminaire, 1857.

6. **lices :** chiennes.
7. **houka :** pipe orientale de type narguilé (mot hindi).

## RECHERCHE

Révisez vos connaissances en matière de rhétorique de l'image. Précisez ce qu'est une comparaison, une métaphore, une allégorie, un symbole.

## ANALYSE

### *Une adresse provocatrice*

**1.** Étudiez l'énonciation de ce texte. Analysez le dernier vers. Quelle est sa fonction ? Comment se justifie cette deuxième personne du singulier ?

**2.** Que nous apprend le mot « lecteur » sur la diffusion de la poésie au XIXe siècle ?

### *Un lexique provocateur*

**3.** Étudiez le champ lexical du diabolique. Classez les termes selon leur appartenance à l'idée de Mal, à l'idée de Faute, à l'idée de Mort.

**4.** Étudiez le champ lexical de la faute. Quelle différence faites-vous entre l'erreur, la faute et le péché ? Classez les mots que vous avez trouvés selon ces trois notions. Quel portrait de l'homme est ainsi tracé ?

### *Un lyrisme provocateur*

**5.** Étudiez la forme poétique choisie par Baudelaire : combien de strophes compte ce poème ? De combien de vers est composée chaque strophe ? Quelle est la nature et la disposition des rimes ? Est-ce conforme à un système classique ?

**6.** Observez les mots auxquels Baudelaire a mis une majuscule. Cherchez, dans un dictionnaire de la langue du XVIIe siècle, ce que signifie « ennui ». Rapprochez ce mot de la mélancolie et du mal du siècle.

**7.** Que signifie le fait de personnifier l'« Ennui », d'en faire une allégorie ?

## A VOIX HAUTE

Étudiez les enjambements et les coupes : quelle est la conséquence de ces audaces sur la diction ?

## LIENS


- **Chapitre 6**, p. 272
- **Mémento**, Les marques de l'énonciation, p. 618

TEXTE 2

## DON JUAN AUX ENFERS

Quand Don Juan descendit vers l'onde souterraine
Et lorsqu'il eut donné son obole à Charon[1]
Un sombre mendiant, l'œil fier comme Antisthène[2],
D'un bras vengeur et fort saisit chaque aviron.

Montrant leurs seins pendants et leurs robes ouvertes,
Des femmes se tordaient sous le noir firmament,
Et, comme un grand troupeau de victimes offertes,
Derrière lui traînaient un long mugissement.

Sganarelle en riant lui réclamait ses gages,
Tandis que Don Luis avec un doigt tremblant
Montrait à tous les morts errant sur les rivages
Le fils audacieux qui railla son front blanc.

Frissonnant sous son deuil, la chaste maigre Elvire,
Près de l'époux perfide et qui fut son amant,
Semblait lui réclamer un suprême sourire
Où brillât la douceur de son premier serment.

Tout droit dans son armure, un grand homme de pierre
Se tenait à la barre et coupait le flot noir;
Mais le calme héros, courbé sur sa rapière[3],
Regardait le sillage et ne daignait rien voir.

Charles BAUDELAIRE, *Les Fleurs du mal*, Première section,
« Spleen et idéal », texte XV, 1857.

1. **Charon :** (prononcez Karon) dans les Enfers grecs, il était le passeur des âmes des morts qui leur faisait traverser le Styx sur une barque. On le représentait comme un vieillard bougon dont on apaisait l'humeur en lui donnant une « obole », la plus petite pièce de monnaie grecque.
2. **Antisthène :** philosophe grec du IVe siècle avant J.-C., fondateur de l'école cynique. Cette école rejette les conventions sociales, renie les explications mythologiques, ainsi que la possibilité de progrès scientifiques et propose la provocation comme action politique et le retour à l'état de nature.
3. **rapière :** épée à lame fine et longue.

## RECHERCHE

Qui est Don Juan ? Qu'est-ce qu'un don Juan ?

## ANALYSE

### *Une lecture de Molière*

**1.** À la lumière de la pièce de Molière, reconnaissez-vous chacun des épisodes évoqués dans le poème ?

**2.** Comment ce personnage de comédie classique peut-il devenir un symbole romantique ?

### *Un tableau infernal*

**3.** Relevez les termes qui donnent une image de l'enfer et cherchez à les classer selon les références culturelles qu'ils évoquent. Qu'en déduisez-vous ?

**4.** Chaque personnage a un reproche à faire à Don Juan. Lequel ? Nommez ses fautes avec des termes qui marquent bien l'idée de péché.

### *Un symbole neuf*

**5.** Quelle place occupe Don Juan ? Quelle place mentale cela lui donne-t-il ?

**6.** À l'aide des réponses à la question 2 et de recherches faites aux chapitres 5 (p. 214) et 12 (p. 494), établissez ce dont Don Juan est le symbole pour le XVIIIe et le XIXe siècles.

Eugène DELACROIX (1798-1863), *Dante et Virgile aux Enfers*, 1822. Huile sur toile, 189 × 241,5 cm. Paris, Musée du Louvre.


## PROLONGEMENTS

**7.** D'autres damnés sont restés célèbres. Après avoir cherché en quoi consiste leur histoire et après avoir lu « La Conscience » de Victor Hugo, dans *La Légende des siècles*, imaginez que la barque de Charon emmène à leur tour aux Enfers, Caïn, Prométhée ou Faust.

**8.** Dans « Les Phares », Baudelaire présente ainsi certains artistes :

> Goya, cauchemar plein de choses inconnues,
> De fœtus qu'on fait cuire au milieu des sabbats,
> De vieilles au miroir et d'enfants toutes nues,
> Pour tenter les démons ajustant bien leurs bas ;
>
> Delacroix, lac de sang hanté des mauvais anges,
> Ombragé par un bois de sapins toujours vert ;
> Où, sous un ciel chagrin, des fanfares étranges
> Passent, comme un soupir étouffé de Weber ;
> [...]
>
> C'est un cri répété par mille sentinelles,
> Un ordre renvoyé par mille porte-voix ;
> C'est un phare allumé sur mille citadelles,
> Un appel de chasseurs perdus dans les grands bois !
>
> Car c'est vraiment, Seigneur, le meilleur témoignage
> Que nous puissions donner de notre dignité
> Que cet ardent sanglot qui roule d'âge en âge
> Et vient mourir au bord de votre éternité !

Vous étudierez les symboles associés aux artistes et vous chercherez en vous appuyant sur les expressions du texte quelles sont les caractéristiques de l'art pour Baudelaire. Pourquoi et comment la représentation de l'horrible et de l'étrange peut-elle devenir un hommage au divin ? En quoi le mythe de Don Juan y participe-t-il ? Aidez-vous de ce que représente Delacroix dans le tableau ci-dessus.

## LIENS


- **Chapitre 5**, p. 214
- **Chapitre 12**, p. 494

TEXTE 3

## SPLEEN

Quand le ciel bas et lourd pèse comme un couvercle
Sur l'esprit gémissant en proie aux longs ennuis,
Et que de l'horizon embrassant tout le cercle
Il nous verse un jour noir plus triste que les nuits ;

Quand la terre est changée en un cachot humide,
Où l'Espérance, comme une chauve-souris,
S'en va battant les murs de son aile timide
Et se cognant la tête à des plafonds pourris ;

Quand la pluie étalant ses immenses traînées
D'une vaste prison imite les barreaux,
Et qu'un peuple muet d'infâmes araignées
Vient tendre ses filets au fond de nos cerveaux,

Des cloches tout à coup sautent avec furie
Et lancent vers le ciel un affreux hurlement,
Ainsi que des esprits errants et sans patrie
Qui se mettent à geindre opiniâtrement.

– Et de longs corbillards, sans tambours ni musique,
Défilent lentement dans mon âme ; l'Espoir
Vaincu, pleure, et l'Angoisse atroce, despotique,
Sur mon crâne incliné plante son drapeau noir.

Charles BAUDELAIRE, *Les Fleurs du mal*, Première section, « Spleen et idéal », texte LXXVIII, 1857.

Victor HUGO (1802-1885), *Animal fabuleux*. Mine de plomb, plume, lavis. Paris, Musée Victor Hugo. © RMN-Bulloz.

## RECHERCHE

Cherchez le sens du mot « *spleen* » en anglais et reliez-le à celui de « mélancolie » dont vous vérifierez l'étymologie.

## ANALYSE

### *La musique du spleen*

**1.** De combien de strophes se compose ce poème ? Combien de vers comporte chacune d'elle ? Quel est le mètre employé ? Quel est le rythme créé ?

**2.** Faites un commentaire musical et lexical des rimes.

### *La couleur du spleen*

**3.** Quels sont les animaux nommés dans « Spleen » ?

**4.** Le poème présente un tableau : quelles en sont les couleurs ?

### *L'obsession du spleen*

**5.** Relevez des « e » muets prononcés entre deux consonnes et des diérèses. Comment ces éléments de diction contribuent-ils à l'idée d'obsession ?

**6.** Quelles sont les allégories présentes dans ce texte ? Quelle image donnent-elles de l'état d'âme du poète ? Quels termes montrent des oppositions, un combat intérieur ?

## PROLONGEMENT

- Quelle différence faites-vous entre « voir » et « regarder », entre « vue » et « vision », entre « observateur » et « visionnaire » ?
- Quelles sont les qualités du poète ?

## LIEN

✦ **Chapitre 8**, p. 338

TEXTE 4

## L'HORLOGE

Horloge! dieu sinistre, effrayant, impassible,
Dont le doigt nous menace et nous dit : « *Souviens-toi!*
Les vibrantes Douleurs dans ton cœur plein d'effroi
Se planteront bientôt comme dans une cible;

Le Plaisir vaporeux fuira vers l'horizon
Ainsi qu'une sylphide[1] au fond de la coulisse;
Chaque instant te dévore un morceau du délice
À chaque homme accordé pour toute sa saison.

Trois mille six cents fois par heure, la Seconde
Chuchote : *Souviens-toi!* – Rapide, avec sa voix
D'insecte, Maintenant dit : Je suis Autrefois,
Et j'ai pompé ta vie avec ma trompe immonde!

*Remember! Souviens-toi*, prodigue!, *Esto memor*[2]*!*
(Mon gosier de métal parle toutes les langues.)
Les minutes, mortel folâtre, sont des gangues
Qu'il ne faut pas lâcher sans en extraire l'or!

*Souviens-toi* que le Temps est un joueur avide
Qui gagne sans tricher, à tout coup! c'est la loi.
Le jour décroît; la nuit augmente; *souviens-toi!*
Le gouffre a toujours soif; la clepsydre[3] se vide.

Tantôt sonnera l'heure où le divin Hasard,
Où l'auguste Vertu, ton épouse encor vierge,
Où le Repentir même (oh! la dernière auberge!)
Où tout dira : Meurs, vieux lâche! il est trop tard. »

Charles BAUDELAIRE, *Les Fleurs du mal*, dernier poème de la section « Spleen et idéal », LXXXV, 1857.

1. **sylphide :** féminin du mot « sylphe », génie de l'air dans les mythologies germaniques; le mot est utilisé, depuis Chateaubriand, pour désigner une femme idéale, gracieuse et légère.
2. ***Remember* :** impératif anglais, « souviens-toi »; ***Esto memor* :** impératif latin : « sois capable de souvenir, souviens-toi ».
3. **clepsydre :** horloge à eau dans l'Antiquité. Elle mesurait le temps de parole des orateurs politiques ou judiciaires par un système comparable à celui de nos sabliers modernes.

## ANALYSE

### *Une fable*

**1.** Identifiez les différents discours. Qui parle?

**2.** Où commence et où finit chaque propos?

### *Un symbole*

**3.** Quels sont les attributs familiers du Temps?

**4.** Quels sont les attributs sonores du Temps?

**5.** Quels sont les attributs allégoriques du Temps?

## LIEN

✦ **Chapitre 6**, Versification, p. 272

## PROLONGEMENT

Baudelaire a traduit un poème d'Edgar Allan Poe, « The Raven », dont voici la dernière strophe.

« Le Corbeau »
Mais le corbeau, perché solitairement sur le buste placide, ne proféra que ce mot unique, comme si, dans ce mot unique, il répandait toute son âme. Il ne prononça rien de plus; il ne remua pas une plume – jusqu'à ce que je me prisse à murmurer faiblement : « D'autres amis se sont déjà envolés loin de moi; vers le matin, lui aussi, il me quittera comme mes anciennes espérances déjà envolées ». L'oiseau dit alors : « Jamais plus! »

Comment, dans ces deux poèmes, est symbolisé le Temps? Définissez leur essence tragique respective.

# RECUEIL 2 Guillaume APOLLINAIRE, *Alcools*

## INTRODUCTION PAR L'IMAGE

**Frank KUPKA (1871-1957), *Disques de Newton.***
Aquarelle sur papier, vers 1912. Paris, Musée national d'Art moderne.


## LECTURE DE L'IMAGE

**1.** Cherchez qui était Kupka et quels ont été notamment ses rapports avec Apollinaire dans les années 1910.

**2.** Observez le tableau. Dites ce qui domine. Pour vous aider, voici la façon dont on analyse l'histoire de la peinture depuis l'impressionnisme, mouvement qui a travaillé sur l'analyse de la décomposition de la lumière et sur la traduction de l'impression que produit le sujet. Il lègue deux méthodes de travail : le **travail sur le trait**, tel que le pratique Cézanne, qui évoluera vers la peinture cubiste ; le **travail sur la couleur** comme le fait Gauguin et dont hériteront Matisse et d'autres.

**3.** Que peut signifier cette explosion de couleurs ? En quoi serait-elle liée à l'idée de début de siècle ? Justifiez votre réponse.

**4.** Qu'est-ce qui, selon vous, peut justifier le rapprochement entre ce tableau et le recueil *Alcools* ?

# ARCHITECTURE DE L'ŒUVRE

## • Autour du texte

La vie d'Apollinaire se fonde dans **un espace nouveau** en ce début du XX^e siècle : alors que le XIX^e siècle semblait avoir légué l'idée de « nation » et les replis sur soi que cela suppose, l'art semble avoir besoin de l'espace européen pour s'épanouir. Apollinaire en est la preuve vivante : Wilhelm Apollinaris Albertus de Kostrowitzky est le fils d'une jeune Balte et d'un officier italien qui ne le reconnaîtra pas. Son nom est déjà l'amalgame des influences qui forment les alluvions culturelles de la vieille Europe. Le choix du pseudonyme *Apollinaire* ne ramène-t-il pas le poète à une filiation grecque et apollinienne ? C'est mettre la poésie sous l'égide de la raison et du chant à la fois. Tout en habitant Paris, Apollinaire ne cesse de découvrir l'Allemagne, les Ardennes, l'Europe centrale.

## • Autour d'un créateur

Revenons à l'Italie : un mouvement est très actif de l'autre côté des Alpes, le **futurisme** dont Marinetti fait paraître le manifeste, en 1909 et 1910. Les peintres se servent de la technique divisionniste, des expériences **cubistes** pour exprimer la simultanéité des états d'âme et la pluralité de regards qu'on peut poser sur un objet donné. La littérature va-t-elle pouvoir se proposer des expériences similaires ? Les travaux d'Apollinaire témoignent d'une grande variété d'intérêts auxquels il soumet une large palette d'écriture :

– Une revue, *L'Enchanteur pourrissant,* en 1904, s'ouvre à la peinture : Derain, Picasso, Max Jacob.

– Une adresse d'avant-garde : Montmartre puis Montparnasse, lieux parisiens où, entre cafés et ateliers d'artistes se pense et se trame l'art.

– Un recueil tonitruant : *Alcools*, 1913, suivi d'un recueil lyrique, *Poèmes à Lou*, 1914, puis *Calligrammes* et *Le Poète assassiné*, 1915. Il sort de la guerre, blessé à la tête en 1915, ce qui lui vaut une opération à crâne ouvert. Mais ce n'est pas ce qui l'emporta. En 1917 il s'intéresse aux ballets, au cinéma et au théâtre et fait jouer *Les Mamelles de Tirésias* devant une salle enthousiaste.

– Apollinaire meurt le 9 novembre 1918, non pas des conséquences de son opération, mais de la grippe espagnole qui fit plus de victimes que les tranchées.

## • Autour d'un titre : *Alcools*

Le recueil reprend des textes écrits de 1898 à 1913. On y trouve donc des expériences variées d'écriture que note également le pluriel.

Le titre prévu initialement était *Eau-de-vie*. C'était assez souligner la vertu de la poésie, être une eau, comme l'eau utérine, être une eau comme l'eau primitive des mythes cosmiques, être une eau-source et donner la vie. Mais le titre *Alcools* l'emporta pour deux raisons : le lien avec le poète du *Bateau ivre* (→ p. 258) et la méthode du « raisonné *dérèglement de tous les sens* » (→ p. 340), le lien avec l'inspiration dionysiaque qui contredit en apparence le choix du pseudonyme, une ambivalence héritée de Nietzsche, *L'Origine de la tragédie, Apollon et Dionysos*.

➤ **Relevez dans le recueil les pièces qui sont directement liées à « Alcools ». Quel effet produit le pluriel du mot dans le titre ?**

## • Autour d'une table des matières hybride dont on peut cependant regrouper les cycles :

➤ **Reportez-vous à la table des matières d'*Alcools* et classez les titres selon une logique thématique.**

GROUPEMENT 2 **Une vision en kaléidoscope de l'homme**

# Guillaume APOLLINAIRE (1880-1918)

## *Alcools*

voir biographie p. 632

TEXTE 1

### ZONE

[...]
Tu regardes les yeux pleins de larmes ces pauvres émigrants
Ils croient en Dieu ils prient les femmes allaitent des enfants
Ils emplissent de leur odeur le hall de la gare Saint-Lazare
Ils ont foi dans leur étoile comme les rois-mages
Ils espèrent gagner de l'argent dans l'Argentine
Et revenir dans leur pays après avoir fait fortune
Une famille transporte un édredon rouge comme vous transportez votre cœur
Cet édredon et nos rêves sont aussi irréels
Quelques-uns de ces émigrants restent ici et se logent
Rue des Rosiers[1] ou rue des Écouffes[1] dans des bouges
Je les ai vus souvent le soir ils prennent l'air dans la rue
Et se déplacent rarement comme les pièces aux échecs
Il y a surtout des Juifs leurs femmes portent perruque
Elles restent assises exsangues au fond des boutiques

Tu es debout devant le zinc d'un bar crapuleux
Tu prends un café à deux sous parmi les malheureux

Tu es la nuit dans un grand restaurant

Ces femmes ne sont pas méchantes elles ont des soucis cependant
Toutes même la plus laide a fait souffrir son amant

Elle est la fille d'un sergent de ville de Jersey

Ses mains que je n'avais pas vues sont dures et gercées

J'ai une pitié immense pour les coutures de son ventre

J'humilie maintenant à une pauvre fille au rire horrible ma bouche

Tu es seul le matin va venir
Les laitiers font tinter leurs bidons dans les rues

La nuit s'éloigne ainsi qu'une belle Métive[2]
C'est Ferdine la fausse ou Léa l'attentive

1. Deux rues du quartier juif traditionnel de Paris.
2. **Métive** : les ouvriers migrants étaient nommés « métiviers », ils touchent la « métive » ou 1/7e de la moisson. Le nom devient l'emblème de la Moissonneuse migrante. Il s'ajoute à plusieurs noms de femmes juives.

Giacomo BALLA (1871-1958), *Mercure passant devant le soleil, vu au télescope*, 1914. Vienne, Kunstmuseum. Photo Erich Lessing/AKG Images, © Adagp, Paris, 2007.

Et tu bois cet alcool brûlant comme ta vie
Ta vie que tu bois comme une eau-de-vie

Tu marches vers Auteuil tu veux aller chez toi à pied
Dormir parmi tes fétiches d'Océanie et de Guinée
Ils sont des Christ d'une autre forme et d'une autre croyance
Ce sont les Christ inférieurs des obscures espérances

Adieu Adieu

Soleil cou coupé

Guillaume APOLLINAIRE, *Alcools*, © Éditions Gallimard, 1913.

## ANALYSE

**1.** Lisez le texte intégral du poème et dans cette dernière partie relevez tout ce qui vous paraît « moderne » dans la forme, le lexique, les thèmes, la syntaxe. Le peintre a pour matériau la couleur, le sculpteur la matière, le poète les mots. Comment chacun peut-il à la fois mener un travail de recherche sur le sens et sur la forme ?

**2.** Des éléments de ce texte donnent sens au titre du recueil. Lesquels ? Comment s'allient misère des peuples et bonheur de plume, espoir et désespoir ? Qui est « tu » ? Quelle image se fait-on d'une révolution bienfaisante ?

**3.** Le dernier texte du recueil s'intitule « Vendémiaire ». Que veut dire ce mot? Quelles tonalités propose-t-il? Pourquoi commencer par « Zone » qui est provocateur par sa modernité et finir par « Vendémiaire » qui évoque la Révolution française?

## TEXTE 2 MARIE

Vous y dansiez petite fille
Y danserez-vous mère-grand
C'est la maclotte qui sautille
Toutes les cloches sonneront
Quand donc reviendrez-vous Marie

Les masques sont silencieux
Et la musique est si lointaine
Qu'elle semble venir des cieux
Oui je veux vous aimer mais vous aimer à peine
Et mon mal est délicieux

Les brebis s'en vont dans la neige
Flocons de laine et ceux d'argent
Des soldats passent et que n'ai-je
Un cœur à moi ce cœur changeant
Changeant et puis encore que sais-je

Sais-je où s'en iront tes cheveux
Crépus comme mer qui moutonne
Sais-je où s'en iront tes cheveux
Et tes mains feuilles de l'automne
Que jonchent aussi nos aveux

Je passais au bord de la Seine
Un livre ancien sous le bras
Le fleuve est pareil à ma peine
Il s'écoule et ne tarit pas
Quand donc finira la semaine

Guillaume APOLLINAIRE, *Alcools*, © Éditions Gallimard, 1913.

## STYLISTIQUE

Étudiez les effets produits par l'absence de ponctuation.

## ANALYSE

**1.** Nommez le type de strophe utilisé par Apollinaire. Est-il fréquent ? En connaissez-vous d'autres utilisateurs ? Quels sont les vers utilisés ? Quel est l'intrus ? Quel effet crée-t-il ?

**2.** Essayez d'associer chaque strophe à une époque et à un registre particulier.
Reformulez ces « fragments d'un discours amoureux ».

**3.** Relevez dans le texte une comparaison, une métaphore *in praesentia*, une métaphore *in absentia*, une métonymie. Quel travail sur l'image accomplit Apollinaire ?

**4.** Quel est le rythme de la dernière strophe ? Quelles sont ses caractéristiques musicales ? Quel point commun y a-t-il entre le livre, le fleuve, la semaine et le « moi » ? Quelle inflexion cette dernière strophe donne-t-elle à l'ensemble du poème ?

## LIENS


- **Chapitre 8,** Stylistique, p. 338
- **Mémento,** Les registres, Les figures de rhétorique, p. 618

## TEXTE 3 NUIT RHÉNANE

Mon verre est plein d'un vin trembleur comme une flamme
Écoutez la chanson lente d'un batelier
Qui raconte avoir vu sous la lune sept femmes
Tordre leurs cheveux verts et longs jusqu'à leurs pieds

Debout chantez plus haut en dansant une ronde
Que je n'entende plus le chant du batelier
Et mettez près de moi toutes les filles blondes
Au regard immobile aux nattes repliées

Le Rhin le Rhin est ivre où les vignes se mirent
Tout l'or des nuits tombe en tremblant s'y refléter
La voix chante toujours à en râle-mourir
Ces fées aux cheveux verts qui incantent l'été

Mon verre s'est brisé comme un éclat de rire

Guillaume APOLLINAIRE, *Alcools*, « Rhénanes », © Éditions Gallimard, 1913.

Arthur RACKHAM (1867-1939), « Les Filles du Rhin », extrait du *Crépuscule des Dieux*, 1910. Coll. Privée. Avec l'aimable autorisation de la famille de l'auteur. © Bridgeman.

## RECHERCHES

**1.** Cherchez les caractéristiques du romantisme allemand et sa diffusion en France au XIXe siècle.

**2.** Cherchez les éléments de la légende de *La Loreley*, la fable elle-même, sa signification, quelques interprétations en peinture, en musique, en littérature.

**3.** La section « Rhénanes » comporte neuf poèmes dont voici les titres : « Nuit rhénane », « Mai », « La Synagogue », « Les Cloches », « La Loreley », « Schinderhannes », « Rhénane d'automne », « Les Sapins », « Les Femmes ». Quels rapports pouvez-vous relever entre ces titres et celui de la section ? entre celui de la section et celui du recueil ?

## ANALYSE

**1.** Étudiez les relations entre musique, chanson et poésie à travers les mots et la prosodie du texte.

**2.** Que signifie le paysage rhénan ? Dans ce paysage, distinguez le réel, le légendaire et le sens poétique voulu par Apollinaire.

**3.** Voici une liste de mots ou d'expressions : « trembleur » (v. 1), « tombe en tremblant s'y refléter » (v. 10), « à en râle-mourir » (v. 11), « incantent l'été » (v. 12). Quel est leur sens propre, leur sens figuré, leur polysémie poétique ?

**4.** Quel rapport faites-vous entre le vin, la poésie et le rire ? Que dit ce poème sur l'inspiration poétique ?

# Jules SUPERVIELLE, *La Fable du monde*, 1938

## INTRODUCTION PAR L'IMAGE

**Marc CHAGALL (1887-1985), *La Création de l'homme*, 1958.**
Huile sur toile, 301 × 200 cm. Nice, Musée Marc Chagall. © Peter Willi. Photo The Bridgeman Art Library. Adagp, Paris 2007.

## LECTURE DE L'IMAGE

**1.** Cherchez qui est Marc Chagall. Quelles cultures différentes synthétise-t-il ?

**2.** Observez le tableau de Chagall : quelles sont les lignes de construction ? Où est le centre géométrique du tableau ? Où est son centre d'intérêt ? Quel est le mouvement naturel du regard ? Montrez le mouvement des courbes. Qu'est-ce qui symbolise Dieu ? pourquoi ?

**3.** Quelles sont les couleurs employées ? Quelles couleurs reviennent à Dieu ? Quelles couleurs reviennent aux êtres humains ?

**4.** Que peut-on dire de l'attitude dans laquelle l'homme est représenté ? Que vous inspire-t-elle ?

**5.** Quelles attentes de lecture le choix de ce tableau implique-t-il pour aborder *La Fable du monde ?*

# ARCHITECTURE DE L'ŒUVRE

## Autour du texte

La vie de Jules Supervielle (1884-1960) commence par une tragédie : la mort de ses parents à la suite d'un empoisonnement accidentel, peu après sa naissance. Ce vide initial conduit l'auteur à une vision à la fois révoltée et fantasmagorique du monde. Son rapport à l'explication du monde s'en trouve orienté dans deux voies : la question existentielle et métaphysique, « pourquoi ? », et la question d'un surnaturel familier tout à la fois inquiétant et protecteur.

### • Le titre

L'emploi du mot « fable » à la place du mot « genèse » montre que le texte n'est pas celui d'un croyant.

Il élargit la réflexion parce que l'auteur de cette fable est non plus un dieu, énigmatique et révélé mais un homme qui, à l'instar des autres, souffre et rêve. Il oblige à une réflexion sur la manière dont les hommes de chaque civilisation se sont racontés l'origine du monde. Il fait donc de la genèse biblique un texte équivalent aux textes des Indes (les *Veda*, 1300 av. J.-C.) ou de la Grèce (Hésiode, *La Théogonie*, vers 750 av. J.-C.) et en cherche essentiellement la valeur poétique.

➤ **Cherchez les sens du mot « fable » : quel rapport peut-on instaurer entre fable et fiction, fable et mythe, fable et récit, fable et surnaturel ?**

### • La table des matières

Le recueil publié en 1938 comporte les dix textes suivants :

> « Le Chaos et la Création », « *Emmêlé à tant d'étoiles* », « Dieu pense à l'homme », « Dieu crée l'homme », « Dieu parle à l'homme », « Dieu crée la femme », « Le Premier Arbre », « Le Premier Chien », « La Goutte de pluie », « Premiers jours du monde ».

➤ **Dans quel ordre se fait cette « création » ? En quoi perturbe-t-elle celui de la « Genèse » ?**

➤ **Combien de textes sont consacrés à l'homme ? Quels sont les verbes des titres ? Si vous comparez avec les fables animalières d'Ésope et de La Fontaine pourquoi les règnes animal, végétal et minéral sont-ils placés à la fin ?**

### • Le verbe poétique

L'*Évangile* selon saint Jean commence par la sentence suivante : « *Au commencement était le Verbe* ». Supervielle construit son œuvre par rapport à ce destin qui est, en filigrane, donné au poète.

➤ **Cherchez les sens du mot « verbe » qui donnent au poète une certaine fonction dans la société. Laquelle ? En quoi l'écriture peut-elle être un apaisement, comment peut-elle combattre le sentiment d'absurde et de non-sens ?**

➤ **Dégagez l'image de ce Dieu créateur : est-il sûr de lui ? Est-il seulement concepteur ? En quoi est-il pleinement un « Père » ? En quoi l'homme, qui est donc à la fois son « ouvrage », sa « chose », son « fils », son « enfant » se réveille-t-il révolté ? Quelle est la différence de réaction de la Création (la Nature) et de la Créature (l'Homme) ?**

GROUPEMENT 3 **Une vision attendrie de l'homme**

# Jules SUPERVIELLE (1884-1960)

## *La Fable du monde*

voir biographie p. 632

TEXTE 1

DIEU PENSE À L'HOMME

Il faudra bien qu'il me ressemble,
Je ne sais encore comment,
Moi qui suis les mondes ensemble
Avec chacun de leurs moments.
Je le veux séparer du reste
Et me l'isoler dans les bras,
Je voudrais adopter ses gestes
Avant qu'il soit ce qu'il sera,
Je le devine à sa fenêtre
Mais la maison n'existe pas.
Je le tâte, je le tâtonne,
Je le forme sans le vouloir
Je me le donne, je me l'ôte,
Que je suis pressé de le voir !
Je le garde, je le retarde
Afin de le mieux concevoir.
Tantôt, informe, tu t'éloignes
Tu boites au fond de la nuit,
Ou tu m'escalades, grandi,
Jusqu'à devenir un géant.
Moi que nul regard ne contrôle
Je te veux visible de loin,
Moi qui suis silence sans fin
Je te donnerai la parole,
Moi qui ne peux pas me poser
Je te veux debout sur tes pieds,
Moi qui suis partout à la fois
Je te veux mettre en un endroit,
Moi qui suis plus seul dans ma fable
Qu'un agneau perdu dans les bois,
Moi qui ne mange ni ne bois
Je veux t'asseoir à une table,
Une femme en face de toi,
Moi qui suis sans cesse suprême
Toujours ignorant le loisir,
Qui n'en peux mais avec moi-même
Puisque je ne peux pas finir,
Je veux que tu sois périssable,
Tu seras mortel, mon petit,
Je te coucherai dans le lit
De la terre où se font les arbres.

Jules SUPERVIELLE, *La Fable du monde*,


## ANALYSE

**1.** Relevez les verbes et dites ce qu'ils indiquent sur ce Dieu créateur tel que se l'invente Supervielle.

**2.** Réalisez un commentaire composé en suivant ce plan : I - La naissance de l'idée, II – La naissance d'un père, III- L'évidence de la mort. Cherchez une belle introduction et une belle conclusion pour compléter le travail.

Sandro BOTTICELLI (1444-1510), *La Naissance de Vénus*, 1485, (détail). Florence, Musée des Offices. © The Bridgeman Art Library.

## TEXTE 2

### DIEU CRÉE LA FEMME

Pense aux plages, pense à la mer,
Au lisse du ciel, aux nuages,
À tout cela devenant chair
Et dans le meilleur de son âge,
Pense aux tendres bêtes des bois,
Pense à leur peur sur tes épaules,
Aux sources que tu ne peux voir
Et dont le murmure t'isole,
Pense à tes plus profonds soupirs,
Ils deviendront un seul désir,
À ce dont tu chéris l'image,
Tu l'aimeras bien davantage.
Ce qui était beaucoup trop loin
Pour le parfum ou le reproche,
Tu vas voir comme il se rapproche
Se faisant femme jusqu'au lien,
Ce dont rêvaient tes yeux, ta bouche,
Tu vas voir comme tu le touches.
Elle aura des mains comme toi
Et pourtant combien différentes,
Elle aura des yeux comme toi
Et pourtant rien ne leur ressemble.
Elle ne te sera jamais
Complètement familière,
Tu voudras la renouveler
De mille confuses manières.
Voilà, tu peux te retourner
C'est la femme que je te donne
Mais c'est à toi de la nommer,
Elle approche de ta personne.

Jules SUPERVIELLE, *La Fable du monde*,


## RECHERCHES

- Documentez-vous sur la naissance de Vénus et ses interprétations par la sculpture antique ou la peinture de la Renaissance.
- Documentez-vous sur la naissance d'Ève.

## ANALYSE

**1.** Comment qualifieriez-vous ce texte : un hymne à Vénus ? un hymne à Ève ? un hymne à l'amour ? Défendez votre point de vue à l'aide d'arguments tirés du texte.

**2.** Comparez avec le mythe d'Orphée et d'Eurydice et avec le mythe de Loth, de sa femme et de ses filles. Quelle signification symbolique donnez-vous à l'idée d'interdiction de se retourner ? Qu'en fait Supervielle ?

# Louis ARAGON, *La Diane française*, 1941

## INTRODUCTION PAR L'IMAGE

**Jean FAUTRIER (1898-1964), *Tête d'otage n° 21*, 1949.**

Paris, Musée national d'Art moderne. © MNAM Dist. RMN/J.-C. Planchot. Adagp, Paris 2007.

## LECTURE DE L'IMAGE

**1.** Vous avez vu beaucoup de reproductions d'œuvres d'art où dominait la couleur. Ici, c'est le trait, le dessin qui prime. Qu'apporte-t-il ? Que représente-t-il ?

**2.** « Voici les faits : Jean Fautrier servait de boîte aux lettres à la Résistance quand son ami, l'écrivain Jean Paulhan l'avertit d'entrer sans plus tarder dans la clandestinité car la Gestapo le recherchait. Paulhan lui donnait en même temps une adresse : la clinique du Docteur Le Savoureux à Châtenay-Malabry qui, officiellement, accueille des intellectuels fatigués. [...] C'est là que Fautrier a commencé dans un secret total, une série de tableaux consacrés au thème douloureusement actuel des otages. L'atelier mis à la disposition du peintre par le docteur Le Savoureux, au fond du jardin, occupe en effet l'étage supérieur de la tour Velléda dans laquelle Chateaubriand écrivit *Les Martyrs*. De cette tour, Fautrier entend le roulement des camions allemands qui descendent un chemin vicinal menant au Bois de l'Orme où seront fusillés les otages qu'ils transportent, puis le fracas des balles répercuté par les futaies. Insupportable. Il en est résulté des œuvres qui sont moins l'image de suppliciés, comme il en existe beaucoup dans la peinture, que leur empreinte ou leur trace pathétique. »

*Art du XXe siècle*, sous la direction de Jean-Louis FERRIER.
© Éditions du Chêne, 1999.

Relisez attentivement ce texte et regardez à nouveau le tableau. Avec vos propres mots, donnez sens au tableau.

# ARCHITECTURE DE L'ŒUVRE

## Autour du texte

**Louis Aragon** (1897-1982) appartient à la même génération que **Jean Fautrier** (1898-1964). Il est jeune étudiant en médecine psychiatrique en 1917 et est envoyé comme médecin sur le front. Trois influences vont déterminer sa vocation : **André Breton** qui exerce la même fonction, la lecture de Freud qui éclaire le fonctionnement de l'inconscient, et l'expérience cruelle des maladies mentales engendrées par la guerre. De retour à Paris, Aragon et Breton fréquentent les quartiers littéraires (Montmartre, Montparnasse) et subissent alors deux influences définitives : **Apollinaire** par l'audace formelle inscrite dans une tradition lyrique, **Tristan Tzara** par le nihilisme de la révolte « **dada** ». Aragon s'engage alors sur la voie de la création littéraire en fondant le **mouvement surréaliste** qui explore à la fois les ressources du langage et celles de l'inconscient. Cette discipline particulière, qui consiste à faire advenir ce qu'il y a de plus refoulé en nous, est utilisée au service d'une certaine joie de vivre et d'aimer. D'autres, comme Michaux, Vaché ou Perret, exploreront davantage les forces destructrices et morbides de l'inconscient.

L'arrivée au pouvoir de Mussolini en 1922, celle de Hitler en 1933, la crise économique de 1929, la Guerre d'Espagne et, en France, le Front Populaire en 1936 ne peuvent pas laisser indifférent. Deux courants s'opposent à l'intérieur du Surréalisme : certains, comme Breton et Perret, s'exileront et se réfugieront à New York dans le travail poétique, en restant au-dessus de la mêlée, refusant de s'engager dans des partis qui, tous, nient la part de l'homme. D'autres, comme Aragon, Desnos, Éluard, estiment qu'il est du devoir des poètes de s'engager aux côtés de ceux qui souffrent en luttant contre le nazisme et en participant activement à la Résistance. Deux points de vue s'affrontent, illustrés en 1941, par deux pamphlets, *Le Déshonneur des poètes* que publie Pierre Reverdy, auquel Éluard répond dans *L'Honneur des poètes*. Les Éditions de Minuit, engagées dans la Résistance, publient ce texte et diffusent les poèmes d'Aragon dont certains seront « bombardés » par les avions alliés en 1944-1945. Mais le plus souvent ces textes circuleront de manière clandestine.

### • Le titre

On connaît le mot « diane » par un poème de Baudelaire, « Crépuscule du matin » :

« *La diane chantait dans les cours des casernes* ».

Il s'agit d'une batterie de tambour ou d'une sonnerie de clairon qui annonce le réveil dans les casernes. Le titre se veut donc comme le moment où se réveille en France, sous l'égide de la Résistance, le **sentiment d'avoir quelque chose de culturel et d'humain à défendre**. Si l'on regarde de près le texte inaugural « Ô mares sur la terre au soir de mon pays... » on fait le constat d'un texte en prose, en prose poétique, scandé par le refrain qu'est le titre qui, de verset en verset, s'amenuise jusqu'à n'être plus qu'un souffle « mon pays » avant de s'achever sur « *Alors la diane française sonna* » où l'absence de majuscule, contrairement au titre du recueil, confirme le sens baudelairien.

Naturellement, la déesse antique Diane prête son profil, en surimpression, à ce premier sens. Rappelons qu'elle est Artémis en Grèce, sœur d'Apollon, qu'elle préside à la nuit, à l'obscur, à la forêt, aux animaux qu'il faut protéger et défendre. Ce n'est qu'ensuite que son image est réduite à celle de déesse de la chasse. Elle indique donc la clandestinité, la lutte, la protection des faibles. De la chasse à la guerre, il n'est qu'un pas qu'on peut franchir, elle est donc vraiment figure de proue d'un combat, inspiratrice de ce combat.

➤ **Relevez dans « La Rose et le Réséda », « Je ne connais pas cet homme », « Ballade de celui qui chanta dans les supplices » et « Paris » les termes qui indiquent ce combat. Quand y a-t-il combat contre un ennemi ? combat pour une cause ? combat contre soi-même ?**

## • La table des matières

Le recueil d'Aragon contient, dans l'ordre, les vingt-six textes suivants :

> « Ô mares sur la terre au soir de mon pays », « Prélude à la Diane française », « Six tapisseries inachevées », « La Rose et le Réséda », « Je ne connais pas cet homme », « Le drôle de printemps », « Lyon les mystères », « Il n'y a pas d'amour heureux », « Elsa au miroir », « Une entre toutes les femmes », « On dormait encore en ce temps-là », « Ballade de celui qui chanta dans les supplices », « Romance des quarante mille », « Chanson du franc-tireur », « La Délaissée », « Le Conscrit des cent villages », « La Nuit de Juillet », « Les Roses de Noël », « Chant français », « Chanson de l'Université de Strasbourg », « Légende de Gabriel Péri », « Marche française », « Gloire », « D'une petite fille massacrée », « Paris », « Du poète à son parti ».

➤ **Classez ces titres par thèmes qui définissent la « patrie » : un espace, un temps, une terre, une mère, une fille, une femme, une culture.**

➤ **Classez ces textes par genres poétiques (prélude, chant, chanson, ballade...) et cherchez la définition historique de ces genres poétiques. Quelle tonalité, quels registres impliquent-ils ? Quels sont les buts de cette poésie engagée ?**

« Prélude à la Diane française » est un texte musical qui fait, comme son nom l'indique, figure d'ouverture : l'absence de ponctuation, les anaphores, les figures de l'insistance contribuent à créer un univers sonore d'échos qui sonnent comme autant de devoirs pour nous faire sortir de notre torpeur : « l'homme », « l'amour », « les martyrs », « la France » se résorbent dans la chute, « Valmy », qui désigne assez que le combat est républicain. L'idée inachevée de « tapisserie » évoque le lent tissage détissé la nuit par Pénélope. Or, cette histoire est aussi une histoire d'amour. Celle de la Résistance n'est-elle pas une histoire d'amour pour la France ? « Elsa au miroir », « Il n'y a pas d'amour heureux » sont de magnifiques chants d'amour, qui sont à la fois des chants patriotiques. On a pu dire qu'à l'époque toute la France avait les yeux d'Elsa. Cette polysémie permet la diffusion clandestine. Tous ces textes offrent un parcours générique dans les formes poétiques populaires : ballade, chant, chanson, romance sont autant de pratiques culturelles partagées à l'ère de la radio, à la fois par le public lettré qui connaît, et par le public populaire qui fredonne et sifflote. Nombre de ces textes ont d'ailleurs été mis en musique (Brassens, Ferré, Ferrat, Juliette Gréco).

Peu à peu, de l'anonyme qui soude un idéal commun, on passe à l'évocation de résistants historiques : « Légende de Gabriel Péri », « Une petite fille massacrée » où l'innocence bafouée appelle la réaction.

Ces sacrifices rappelés, l'auteur peut « finir en fanfare » avec trois actes de foi : « Gloire », « Paris » et « Du poète à son parti » qui montrent à la fois les causes grandioses ou contingentes de l'engagement.

➤ **Cherchez des textes où l'on voit leur dernier monologue intérieur, des textes où l'on suit la pression de leurs bourreaux. Qu'est-ce qu'un « Résistant » ? Quelle est la différence avec un « Terroriste » ? Comment la prosodie et les rimes traduisent-elles cette émotion ? Étudiez de près la « Ballade de celui qui chanta dans les supplices » (p. 307).**

Bien avant la trilogie du Général de Gaulle, réunie sous le titre *Mémoires de guerre* divisés en trois tomes : *L'Appel* (1954), *L'Unité* (1956), *Le Salut* (1959), Aragon exprime par l'émotion ce qui se révélera être la condition rationnelle de la Résistance.

UN EXEMPLE DE RÉSISTANT : CELUI QUI NE TRAHIT PAS

# Louis ARAGON (1897-1982)

## *La Diane française*

voir biographie p. 632

### BALLADE DE CELUI QUI CHANTA DANS LES SUPPLICES

Et s'il était à refaire
Je referais ce chemin
Une voix monte des fers
Et parle des lendemains

On dit que dans sa cellule
Deux hommes cette nuit-là
Lui murmuraient Capitule
De cette vie es-tu las

Tu peux vivre tu peux vivre
Tu peux vivre comme nous
Dis le mot qui te délivre
Et tu peux vivre à genoux

Et s'il était à refaire
Je referais ce chemin
La voix qui monte des fers
Parle pour les lendemains

Rien qu'un mot la porte cède
S'ouvre et tu sors Rien qu'un mot
Le bourreau se dépossède
Sésame Finis tes maux

Rien qu'un mot rien qu'un mensonge
Pour transformer ton destin
Songe songe songe songe
À la douceur des matins

Et si c'était à refaire
Je referais ce chemin
La voix qui monte des fers
Parle aux hommes de demain

J'ai dit tout ce qu'on peut dire
L'exemple du Roi Henri
Un cheval pour mon empire
Une messe pour Paris

Rien à faire Alors ils partent
Sur lui retombe son sang
C'était son unique carte
Périsse cet innocent

Et si c'était à refaire
Referait-il ce chemin
La voix qui monte des fers
Dit Je le ferai demain

Je meurs et France demeure
Mon amour et mon refus
Ô mes amis si je meurs
Vous saurez pourquoi ce fut

Ils sont venus pour le prendre
Ils parlent en allemand
L'un traduit veux-tu te rendre
Il répète calmement

Et si c'était à refaire
Je referais ce chemin
Sous vos coups chargés de fers
Que chantent les lendemains

Il chantait lui sous les balles
Des mots *sanglant est levé*
D'une seconde rafale
Il a fallu l'achever

Une autre chanson française
À ses lèvres est montée
Finissant la Marseillaise
Pour toute l'humanité

Louis ARAGON, *La Diane française*, « Ballade de celui qui chanta dans les supplices », © Éditions Seghers, 1945.

## QUESTIONS

**1.** Identifiez les personnages de cette tragédie. Quel est l'enjeu ? Quel est le dilemme du prisonnier ?
**2.** Dites le texte à voix haute en distinguant chaque rôle.
**3.** Que signifie la dernière strophe ?

# RECUEIL 5 Léopold Sédar SENGHOR, *Éthiopiques*, 1938

## INTRODUCTION PAR L'IMAGE

**Éphraïm NGATANE, *Les Lavandières*, 1970.**
Aquarelle sur papier. Collection University of Witwatersrand Art Gallery. D.R.

*Éphraïm Ngatane a d'abord étudié au Polly Street Center de Johannesburg sous la tutelle de Cecil Skotnes de 1952 à 1954. Ce type de centre permettait aux peintres de chaque pays d'Afrique de suivre des cours dispensés par des peintres modernes américains ou européens.*

## LIRE L'IMAGE

**1.** Étudiez les couleurs choisies par le peintre et dites en quoi elles sont symboles de l'Afrique.

**2.** Quels sont les éléments de chaque plan (premier plan, plan moyen, arrière-plan) ? Comment se superposent la Nature, la Culture (le village) et l'Humain ? Quel effet crée l'indécision des traits et des couleurs ?

**3.** Pourquoi les « lavandières » sont-elles symboliques ? Que représentent-elles pour le passé, le présent et l'avenir de l'Afrique ? En quoi ce tableau éclaire-t-il le travail de Léopold Sédar Senghor ?

**4.** Étudiez le rythme des couleurs et comparez avec le rythme du poème de Senghor.

**5.** Que raconte ce tableau ? Comment une anecdote devient-elle symbole d'un peuple, d'un continent ?

# ARCHITECTURE DE L'ŒUVRE

## Autour du texte

Senghor est né en 1906 à Joal, une ville du pays sérère. De ces origines, il garde les influences : sentiment d'appartenance à un très ancien peuple et désir de retrouver leur archéologie à la manière dont les Européens retrouvent les racines grecques, pour refaire le trajet qui conduit d'un passé primitif à un présent civilisé, dette à l'égard des religions animistes (religions de la nature qui confèrent à chaque chose une parcelle de divin et d'âme).

Senghor reçoit également une éducation à la française : il est reçu à l'École Normale Supérieure de la rue d'Ulm où il est condisciple de Georges Pompidou. Enfin, il relie sa connaissance de la tradition orale des épopées antiques à l'expérience africaine des « griots », bardes ou aèdes propres à l'Afrique.

Parmi les influences plus tardives mais fondamentales, il faut compter celle du grand poète antillais **Aimé Césaire** (né en 1913) dont l'engagement politique est plus radical et plus violent (*Discours sur le colonialisme*) mais qui travaille, comme lui, à retrouver une « certaine idée » de l'identité noire. C'est en ce sens que fut inventé le concept de « négritude ».

### • Le titre

Le choix de l'Éthiopie pour synthétiser son travail n'est pas un hasard. Il y a une volonté d'unifier l'identité noire africaine autour du pays supposé le plus ancien du continent, où, peut-être serait née l'humanité. D'autre part, ce pays a ensuite eu une influence considérable sur les peuples alentour :

– Les peuples d'Afrique de l'Est ont sans doute fait commerce avec les peuples du Moyen-Orient (Akkadiens au Nord de la Mésopotamie et Sumériens au Sud) par le golfe persique. Ils ont de cette manière influencé la mythologie mésopotamienne.

– Les peuples d'Afrique de l'Est ont influencé l'Égypte, notamment par l'aspect animiste de sa religion.

– Les peuples d'Afrique de l'Est ont influencé l'Afrique de l'Ouest par les échanges facilités par les grands fleuves.

– Les peuples d'Afrique de l'Est ont offert aux trois religions du Livre un mythe, celui de la reine de Saba qui parfois se confond avec celui de l'Atlantide.

➤ **Pourquoi le titre du recueil est-il au pluriel ?**

### • La table des matières

Le recueil de Senghor, publié en 1956, se présente comme un diptyque comprenant deux sections, encadrées d'une ouverture et d'un final :

**Ouverture (huit textes)** : « L'Homme et la bête », « Congo », « Le Kaya-Magan », « Messages », « Teddungal », « L'Absente », « À New York », Chaka ».
***Épîtres à la Princesse*** **(six textes)** : « Belborg Belborg », « Ambassadeur du peuple noir », « Comme rosée du soir », « Princesse, ma Princesse », « Princesse, ton épître », *La mort de la princesse.*
***D'autres chants*** **(huit textes)** : « Par-delà quelle nuit d'orage », « Ce soir Sopé », « Je ne sais », « Si je pouvais haler », « Absente absente », « Bec inutile », *Laetare Jerusalem,* « Mais c'est midi ».
**Une postface en prose** : « Comme les lamantins vont boire à la source ».

**➤ Cherchez les sens du mot « épître » et du mot « chant » et dites quels sont leurs rapports avec la poésie en Occident. Quel est le registre probable de la première section ? Quel est celui de la seconde ?**

**➤ Baudelaire introduit la modernité dans la poésie. D'après ces titres et intertitres, qu'introduit Senghor ? Supervielle introduit la métaphysique, qu'introduit Senghor ? Aragon introduit la réflexion sur le langage et mêle l'amour pour une femme, l'amour pour sa langue maternelle et l'amour pour sa patrie ; comment Senghor s'approprie-t-il ces modes d'inspiration ?**

Le dernier mot du recueil est le mot « source » qui fait « programme ». Senghor y reconnaît ses dettes envers chacun, les troubadours, la poésie métaphysique de Supervielle ou de Saint-John Perse, la musique africaine traditionnelle. Il montre surtout la dette à l'égard de la poésie orale que les griots (troubadours sénégalais) transmettent et il admire cette culture orale que l'Occident possédait mais qu'il a laissé perdre : « *L'encre du scribe est sans mémoire* ».

## • Les textes théoriques du poète

Senghor oriente son travail dans plusieurs directions :

**– Le témoignage d'un passé africain** riche et poétique par ses légendes et sa sensualité. C'est sa contribution à la notion de « négritude ».

**– L'orientation vers l'avenir** par la connaissance du travail sur les images poétiques, fait par les Surréalistes, et par l'affirmation de la sensualité même de chaque langue. C'est sa contribution à la « francophonie ». Ardent défenseur de la langue française, il montre la vitalité dont elle peut faire preuve si elle se laisse influencer par les langues de ses anciennes colonies. Ainsi, l'Occident donne-t-il la trame de formes poétiques abouties et la structure syntaxique des strophes ou des versets. Mais l'Afrique donne le chatoiement des mots dont l'exotisme sonore résonne dans les consciences.

**– Un concert africain** : tous les textes sont présentés avec une sorte de didascalie qui précise le nom d'un instrument – tabalas, kôras, balafong, orchestre de jazz, tam-tam funèbre, khalam, flûtes et balafong, flûtes d'orgues.

Le texte n'est donc pas dissociable de sons sénégalais qui colorent les émotions d'une sonorité particulière.

**– Un poème-fleuve** : à l'instar de la poésie européenne des années 1913 (Cendrars, Max Jacob, Larbaud) ou des années 1930 (Supervielle, Saint-John Perse, Michaux), le poème est mu par un souffle puissant qui roule comme une vague et parfois une tempête. Non seulement il y a la revendication du caractère oral originel de toute poésie, mais il y a aussi l'incitation à la diction collective que ne démentent pas les textes conçus comme des partitions lyriques de poèmes dramatiques. On n'oubliera pas que Senghor, agrégé de grammaire, avait minutieusement traduit les tragédies grecques.

**➤ Cherchez les emplois respectifs des mots « noir », « nègre », « black ». Cherchez le terme « négritude ». Qui l'a inventé ? quand ? pourquoi ? Dans quel contexte ces termes prennent-ils une connotation méliorative ou péjorative ?**

UN POÈME-FLEUVE

# Léopold Sédar SENGHOR (1906-2001)

## *Éthiopiques*

voir biographie p. 632

*Poème destiné à être accompagné au « khalam », sorte de guitare à quatre cordes qui soutient l'expression élégiaque.*

### D'AUTRES CHANTS

*Je ne sais* en quels temps c'était, je confonds toujours l'enfance et l'éden
Comme je mêle la Mort et la Vie – un pont de douceur les relie.

Or, je revenais de Fa'oye[1], m'étant abreuvé à la tombe solennelle
Comme les lamantins[2] s'abreuvent à la fontaine de Simal.
Or, je revenais de Fa'oye, et l'horreur était au zénith
Et c'était l'heure où l'on voit les Esprits, quand la lumière est transparente
Et il fallait s'écarter des sentiers, pour éviter leur main fraternelle et mortelle.
L'âme d'un village battait à l'horizon. Était-ce des Vivants ou des Morts ?

« Puisse mon poème de paix être l'eau calme sur tes pieds et ton visage
et que l'ombre de notre cour soit fraîche à ton cœur » me dit-elle.
Ses mains polies me revêtirent d'un pagne de soie et d'estime
Son discours me charma de tout mets délectable – douceur du lait de la mi-nuit
Et son sourire était plus mélodieux que le khalam de son dyâli[3]
L'étoile du matin vint s'asseoir parmi nous, et nous pleurâmes délicieusement.

– Ma sœur exquise, garde donc ces grains d'or qu'ils chantent l'éclat sombre de ta gorge.
Ils étaient pour ma fiancée belle, et je n'avais pas de fiancée.
– Mon frère élu, dis-moi ton nom. Il doit résonner haut comme un sorong[4]
Rutiler comme le sabre au soleil. Oh ! chante seulement ton nom.
Mon cœur est un coffret de bois précieux, ma tête un vieux parchemin de Djenné[5].
Chante seulement ton lignage, que ma mémoire te réponde.

Je ne sais en quel temps c'était, je confonds toujours présent et passé
Comme je mêle la Mort et la Vie – un pont de douceur les relie.

Léopold Sédar SENGHOR, *Éthiopiques*, « D'autres chants », © Éditions du Seuil, 1956.

1. **Fa'oye** est un sanctuaire, centre d'un pèlerinage près de Joal. **Simal** est un puits d'eau douce. Midi est l'heure des Esprits donc une heure inquiétante.
2. **lamantins :** mammifères aquatiques tropicaux.
3. **dyâli :** poète.
4. **sorong :** instrument de musique.
5. **Djenné :** ancienne capitale religieuse et culturelle de l'empire Songhaï, actuellement au Mali.

## ANALYSE

**1.** Relevez ce qui appartient à un récit et à une épopée.

**2.** Quels sont les différents registres poétiques présents dans ce texte ?

**3.** Étudiez l'énonciation. En quoi peut-on dire qu'elle est ambiguë ? Quels sont les effets de cette ambiguïté ?

# CORPUS Charles BAUDELAIRE, *Les Fleurs du mal*

## « Le Voyage »

LE VOYAGE

*À Maxime du Camp*[1]

I

Pour l'enfant, amoureux de cartes et d'estampes[2],
L'univers est égal à son vaste appétit.
Ah ! que le monde est grand à la clarté des lampes !
Aux yeux du souvenir que le monde est petit !

Un matin nous partons, le cerveau plein de flamme,
Le cœur gros de rancune et de désirs amers,
Et nous allons, suivant le rythme de la lame,
Berçant notre infini sur le fini des mers :

Les uns, joyeux de fuir une patrie infâme ;
D'autres, l'horreur de leurs berceaux, et quelques-uns,
Astrologues noyés dans les yeux d'une femme,
La Circé[3] tyrannique aux dangereux parfums.

Pour n'être pas changés en bêtes, ils s'enivrent
D'espace et de lumière et de cieux embrasés ;
La glace qui les mord, les soleils qui les cuivrent,
Effacent lentement la marque des baisers.

Mais les vrais voyageurs sont ceux-là seuls qui partent
Pour partir ; cœurs légers, semblables aux ballons,
De leur fatalité jamais ils ne s'écartent,
Et, sans savoir pourquoi, disent toujours : Allons !

Ceux-là dont les désirs ont la forme des nues,
Et qui rêvent, ainsi qu'un conscrit le canon,
De vastes voluptés, changeantes, inconnues,
Et dont l'esprit humain n'a jamais su le nom !

II

Nous imitons, horreur ! la toupie et la boule
Dans leur valse et leurs bonds ; même dans nos sommeils
La Curiosité nous tourmente et nous roule,
Comme un Ange cruel qui fouette des soleils.

1. **Maxime du Camp** (1822-1894) ami de Flaubert et de Baudelaire, il écrit des récits de voyages et est l'un des premiers reporters photographes de ses voyages.
2. **estampes :** images imprimées sur papier après avoir été gravées sur métal ou sur bois.
3. **Circé :** magicienne qui, dans l'*Odyssée*, séduit Ulysse dont elle transforme les compagnons en pourceaux.

François Valentin GAZARD (1750-1817), *La Tempête*. Toulouse, Musée des Augustins. © The Bridgeman Art Library.

Singulière fortune où le but se déplace,
Et, n'étant nulle part, peut être n'importe où!
Où l'Homme, dont jamais l'espérance n'est lasse,
Pour trouver le repos court toujours comme un fou!

Notre âme est un trois-mâts cherchant son Icarie[4]
Une voix retentit sur le pont : « Ouvre l'œil! »
Une voix de la hune[5], ardente et folle, crie :
« Amour… gloire… bonheur! » Enfer! c'est un écueil!

Chaque îlot signalé par l'homme de vigie[6]
Est un Eldorado promis par le Destin;
L'Imagination qui dresse son orgie
Ne trouve qu'un récif aux clartés du matin.

Ô le pauvre amoureux des pays chimériques!
Faut-il le mettre aux fers, le jeter à la mer,
Ce matelot ivrogne, inventeur d'Amériques
Dont le mirage rend le gouffre plus amer?

Tel le vieux vagabond, piétinant dans la boue,
Rêve, le nez en l'air, de brillants paradis;
Son œil ensorcelé découvre une Capoue[7]
Partout où la chandelle illumine un taudis.

**4. Icarie :** île de la mer Égée symbole d'utopie.

**5. hune :** plate-forme à l'extrémité supérieure d'un mât.

**6. homme de vigie :** homme de veille placé en observation sur un navire, en général à l'extrémité supérieure d'un mât.

**7. Capoue :** capitale de la Campanie dans l'Antiquité, au sud de Rome, symbole de lieu de délices.

III

Étonnants voyageurs ! quelles nobles histoires
Nous lisons dans vos yeux profonds comme les mers !
Montrez-nous les écrins de vos riches mémoires,
Ces bijoux merveilleux, faits d'astres et d'éthers.

Nous voulons voyager sans vapeur et sans voile !
Faites, pour égayer l'ennui de nos prisons,
Passer sur nos esprits, tendus comme une toile,
Vos souvenirs avec leurs cadres d'horizons.

Dites, qu'avez-vous vu ?

IV

« Nous avons vu des astres
Et des flots ; nous avons vu des sables aussi ;
Et, malgré bien des chocs et d'imprévus désastres,
Nous nous sommes souvent ennuyés, comme ici.

La gloire du soleil sur la mer violette[8]
La gloire des cités dans le soleil couchant,
Allumaient dans nos cœurs une ardeur inquiète
De plonger dans un ciel au reflet alléchant.

Les plus riches cités, les plus grands paysages,
Jamais ne contenaient l'attrait mystérieux
De ceux que le hasard fait avec les nuages.
Et toujours le désir nous rendait soucieux !

– La jouissance ajoute au désir de la force.
Désir, vieil arbre à qui le plaisir sert d'engrais,
Cependant que grossit et durcit ton écorce,
Tes branches veulent voir le soleil de plus près !

Grandiras-tu toujours, grand arbre plus vivace
Que le cyprès ? – Pourtant nous avons, avec soin,
Cueilli quelques croquis pour votre album vorace,
Frères qui trouvez beau tout ce qui vient de loin !

Nous avons salué des idoles à trompe[9]
Des trônes constellés de joyaux lumineux ;
Des palais ouvragés dont la féerique pompe
Serait pour vos banquiers un rêve ruineux ;

Des costumes qui sont pour les yeux une ivresse ;
Des femmes dont les dents et les ongles sont teints,
Et des jongleurs savants que le serpent caresse. »

**8. mer violette :** épithète homérique, marque les abîmes de la haute mer dans l'*Odyssée*.

**9. idoles à trompe :** statuettes polynésiennes ou africaines représentant des divinités totalement différentes des dieux idolâtrés en Occident.

V

Et puis, et puis encore ?

VI

« Ô cerveaux enfantins !

Pour ne pas oublier la chose capitale,
Nous avons vu partout, et sans l'avoir cherché,
Du haut jusques en bas de l'échelle fatale,
Le spectacle ennuyeux de l'immortel péché :

La femme, esclave vile, orgueilleuse et stupide,
Sans rire s'adorant et s'aimant sans dégoût ;
L'homme, tyran goulu, paillard[10], dur et cupide,
Esclave de l'esclave et ruisseau dans l'égout ;

Le bourreau qui jouit, le martyr qui sanglote ;
La fête qu'assaisonne et parfume le sang ;
Le poison du pouvoir énervant le despote,
Et le peuple amoureux du fouet abrutissant ;

Plusieurs religions semblables à la nôtre,
Toutes escaladant le ciel ; la Sainteté,
Comme en un lit de plume un délicat se vautre,
Dans les clous et le crin cherchant la volupté ;

L'Humanité bavarde, ivre de son génie,
Et, folle, maintenant comme elle était jadis,
Criant à Dieu dans sa furibonde agonie :
"Ô mon semblable, ô mon maître, je te maudis !"

Et les moins sots, hardis amants de la Démence,
Fuyant le grand troupeau parqué par le Destin,
Et se réfugiant dans l'opium immense !
– Tel est du globe entier l'éternel bulletin. »

VII

Amer savoir, celui qu'on tire du voyage !
Le monde, monotone et petit, aujourd'hui,
Hier, demain, toujours, nous fait voir notre image :
Une oasis d'horreur dans un désert d'ennui !

Faut-il partir ? rester ? Si tu peux rester, reste ;
Pars, s'il le faut. L'un court, et l'autre se tapit
Pour tromper l'ennemi vigilant et funeste,
Le Temps ! Il est, hélas ! des coureurs sans répit,

Comme le Juif errant[11] et comme les apôtres,
À qui rien ne suffit, ni wagon ni vaisseau,
Pour fuir ce rétiaire infâme ; il en est d'autres
Qui savent le tuer sans quitter leur berceau.

Odilon REDON (1840-1916), *La Barque mystique*, 1897. Londres, Sotheby's. © AKG-Images.

**10. paillard :** se livrant à la débauche.

**11. le Juif errant :** en 1844 un roman feuilleton d'Eugène Sue a popularisé sous ce titre le personnage d'Ahasverus, tiré de la Bible. Il est supposé avoir été condamné à l'errance perpétuelle pour avoir maltraité le Christ montant au Calvaire. Il symbolise dans le roman le peuple juif tout entier.

Lorsque enfin il mettra le pied sur notre échine,
Nous pourrons espérer et crier : En avant !
De même qu'autrefois nous partions pour la Chine,
Les yeux fixés au large et les cheveux au vent,

Nous nous embarquerons sur la mer des Ténèbres
Avec le cœur joyeux d'un jeune passager.
Entendez-vous ces voix, charmantes et funèbres,
Qui chantent : « Par ici ! vous qui voulez manger

Le Lotus parfumé[12] ! C'est ici qu'on vendange
Les fruits miraculeux dont votre cœur a faim ;
Venez vous enivrer de la douceur étrange
De cette après-midi qui n'a jamais de fin. »

À l'accent familier nous devinons le spectre ;
Nos Pylades[13] là-bas tendent leurs bras vers nous.
« Pour rafraîchir ton cœur nage vers ton Électre ! »
Dit celle dont jadis nous baisions les genoux.

VIII

Ô Mort, vieux capitaine, il est temps ! levons l'ancre !
Ce pays nous ennuie, ô Mort ! Appareillons !
Si le ciel et la mer sont noirs comme de l'encre,
Nos cœurs que tu connais sont remplis de rayons !

Verse-nous ton poison pour qu'il nous réconforte !
Nous voulons, tant ce feu nous brûle le cerveau,
Plonger au fond du gouffre, Enfer ou Ciel, qu'importe ?
Au fond de l'Inconnu pour trouver du *nouveau* !

Charles BAUDELAIRE, *Les Fleurs du mal*, section « La Mort », 1857.

**12. Le lotus parfumé :** plante aquatique d'ornement qui appartient à la famille des nénuphars, le lotus bleu d'Égypte est symbole d'exotisme.

**13. Pylade :** dans le mythe des Atrides, l'ami d'Oreste (cf. *Andromaque* de Racine). Il le conseille et le voit avec tristesse accomplir son destin, impérativement rappelé par sa sœur Électre qui souhaite assassiner leur mère, Clytemnestre, pour venger l'assassinat précédent de leur père, Agamemnon.

## *Questions*

**1.** *Faites le plan précis du texte intégral en donnant un titre aux différentes parties et en identifiant ses acteurs.*

**2.** *De quoi le voyage est-il le symbole ?*

## *Commentaire*

*La fin de « Voyage »*

*Vous commenterez les vers 109 à 144.*

## *Écriture d'invention*

*Une lettre*

*« Étonnants voyageurs » est le nom d'un festival annuel de littérature de voyage proposé à Saint-Malo. À la lumière de ce que vous connaissez désormais de Baudelaire, vous écrivez au commissaire de ce festival pour réagir au choix de cet intitulé.*

## *Dissertation*

*Poésie et réflexion*

*« Il faut parler de l'échec, du scandale, de la mort » affirmait Simone de Beauvoir.*
*Pensez-vous que les arts, et notamment la poésie, doivent assumer une réflexion si grave et si sérieuse ?*

# Un poète italien : Giacomo LEOPARDI (1798-1837)

*Contemporain des romantiques français, Leopardi naît à Recanati dans une grande famille aristocratique. Il réussit la synthèse entre les thèmes traditionnels italiens forcément classiques et hérités de l'Antiquité, et l'expression lyrique profondément romantique, mélancolique, violente, parfois suicidaire.*
*Voici un extrait d'un texte intitulé « Les Souvenirs », composé en 1829 et publié en 1831.*

## LES SOUVENIRS

Savais-je, belles étoiles de l'Ourse,
Qu'un jour je viendrais vous revoir
Scintillant au-dessus du jardin de mon père,
Que je vous parlerais encore des fenêtres
De la demeure où je vécus enfant
Et contemplai la fin de mes bonheurs ?
Que de désirs trompeurs, que de folles images
Votre vue et les feux qui vous entourent
Ont fait naître en mon âme !
J'étais assis sur l'herbe, je me taisais,
Passant de mes soirées très grande part
À regarder le ciel, à recueillir
Le chant des lointaines grenouilles.
La luciole errait auprès des haies
Et sur les fleurs ; les allées odorantes
Et les cyprès là-bas dans la futaie
Chuchotaient sous le vent ; sous le toit de mon père
Sonnaient les voix et les calmes travaux
Des serviteurs. Que de vastes pensées,
Que de doux songes m'apportaient
La mer lointaine et les montagnes bleues
Que je revois d'ici, que j'espérais alors
Franchir un jour, mondes cachés, arcanes
Des félicités que ma vie se forgeait.
J'ignorais mon destin, j'ignorais que souvent
Contre la mort je voudrais échanger
Ma nue, mon amère existence.

Giacomo LEOPARDI, « Les Souvenirs », 1831.

## *LE RICORDANZE*

*Vaghe stelle dell'Orsa, io non credea*
*Tornare ancor per uso a contemplarvi*
*Sul paterno giardino scintillanti,*
*E ragionar con voi dalle finestre*
*Di questo albergo ove abitai fanciullo,*
*E delle gioie mie vidi la fine.*
*Quante immagini un tempo, e quante fole*
*Creommi nel pensier l'aspetto vostro*
*E delle luci a voi compagne ! allora*
*Che, tacito, seduto in verde zolla,*
*Delle sere io solea passar gran parte*
*Mirando il cielo, ed ascoltando il canto*
*Della rana rimota alla campagna !*
*E la lucciola errava appo le siepi*
*E in su l'aiuole, susurrando al vento*
*I viali odorati, ed i cipressi*
*Là nella selva ; e sotto al patrio tetto*
*Sonavan voci alterne, e le tranquille*
*Opre de'servi. E che pensieri immensi,*
*Che dolci sogni mi spiro la vista*
*Di quel lontano mar, quei monti azzurri,*
*Che di qua scopro, e che varcare un giorno*
*Io mi pensava, arcani mondi, arcana*
*Felicità fingendo al viver mio !*
*Ignaro del mio fato, e quante volte*
*Questa mia vita dolorosa e nuda*
*Volentier con la morte avrei cangiato.*

Giacomo LEOPARDI, « Le Ricordanze », 1831.

## ANALYSE

**1.** Relevez les éléments stylistiques qui montrent l'effort pour ressusciter les souvenirs enfouis.

**2.** Étudiez la relation entre la nature, le temps et la mort.

**3.** Quels textes de Baudelaire dans *Les Fleurs du mal* partent d'une inspiration identique ?

CHAPITRE

# 8 Poésie en liberté

## OBJECTIFS

- Lire des poèmes en vers libres, en versets, en prose
- S'interroger sur le rôle de la poésie

René CHAR, « Effacement du peuplier » in *Retour amont*. Reproduit avec l'aimable autorisation de Marie-Claude Char.

# Le poème en prose

L'expression de « poème en prose », par son caractère oxymorique, semble étrange et contradictoire. Et pourtant, cette forme poétique existe depuis le XIXe siècle, illustrée par de grands auteurs et des recueils importants. Elle a fait l'objet de travaux de critique et de recherche universitaire ; on ne la confond plus désormais avec le poème en vers libres, ni avec la prose poétique, c'est-à-dire une prose harmonieuse et musicale.

## Aux origines

Historiquement, on peut noter depuis le XVIIIe siècle un affaiblissement de la poésie versifiée tandis que se développe l'usage d'une prose rythmée et poétique, celle de Rousseau dans les *Rêveries du promeneur solitaire* (→ p. 562) ou de Chateaubriand dans *René*. De plus, l'usage de la traduction permet de goûter, en prose, la saveur de textes écrits en vers dans leur langue d'origine, comme les sonnets de Shakespeare ou les ballades des préromantiques anglais.

Mais c'est le poète français **Aloysius Bertrand** (1807-1841) qui crée le genre du poème en prose avec *Gaspard de la nuit*, recueil composé en 1835, qu'il sous-titra « Fantaisies à la manière de Rembrandt et de Callot ». Ces références à un peintre et à un dessinateur et graveur du XVIIe siècle soulignent le caractère pictural de compositions qui évoquent des scènes oniriques ou fantastiques, empruntées le plus souvent au Moyen Âge mais aussi à d'autres époques passées, comme le montre le poème ci-dessous.

Jacques CALLOT (1592-1635), *Femme drapée*. Crayon noir, lavé de bistre. Paris, Musée du Louvre.


### MADAME DE MONTBAZON

Madame de Montbazon était une fort belle créature qui mourut d'amour, cela pris à la lettre, l'autre siècle, pour le chevalier de la Rue qui ne l'aimait point.
*Mémoires* de SAINT-SIMON.

La suivante rangea sur la table un vase de fleurs et les flambeaux de cire, dont les reflets moiraient de rouge et de jaune les rideaux de soie bleue au chevet du lit de la malade.

« Crois-tu, Mariette, qu'il viendra ? – Oh ! dormez, dormez un peu madame ! – Oui, je dormirai bientôt, pour rêver à lui toute l'éternité ! »

On entendit quelqu'un monter l'escalier : « Ah ! si c'était lui ! » murmura la mourante, en souriant, le papillon des tombeaux déjà sur les lèvres.

C'était un petit page qui apportait de la part de la reine, à Mme la duchesse, des confitures, des biscuits et des élixirs, sur un plateau d'argent.

« Ah ! il ne vient pas, dit-elle d'une voix défaillante, il ne viendra pas ! Mariette, donne-moi une de ces fleurs, que je la respire et la baise pour l'amour de lui ! »

Alors Mme de Montbazon, fermant les yeux, demeura immobile. Elle était morte d'amour, rendant son âme dans le parfum d'une jacinthe.

Aloysius BERTRAND, *Gaspard de la nuit*, 1842.

➤ **Comment le texte s'organise-t-il typographiquement ? Quelle en est l'unité narrative ? Quel en est le ton ?**

➤ **En quoi peut-on dire que ce poème en prose est une forme « condensée et précieuse » pour reprendre une expression de Mallarmé ?**

## Caractéristiques

Le poème en prose s'organise selon plusieurs aspects, qu'il combine ou qu'il présente isolément :

– **un aspect narratif**, qui le rapproche du conte, de la nouvelle, du récit réaliste ou merveilleux. Dans le poème « Un Rêve », extrait de *Gaspard de la Nuit*, le narrateur déclare, scandant les trois premiers couplets par l'une de ces formules : « *ainsi j'ai vu, ainsi je raconte* », « *ainsi j'ai entendu, ainsi je raconte* », « *ainsi s'acheva ce rêve, ainsi je raconte* », ce qui souligne de manière insistante l'importance de la narration.

Ce récit peut prendre parfois le caractère d'un apologue et se doter d'une moralité.

– **un aspect descriptif**, qui le rapproche du tableau : la référence d'Aloysius Bertrand à Callot comme celle de Baudelaire aux peintres tels Constantin Guys, capables de saisir des instantanés de vie. Cette description se fait précise, avec des contours nets, ou floue et impressionniste.

– **un aspect musical**, car le poète se montre attentif à des effets de rythme et de sonorités.

Si l'on reprend le dernier groupe rythmique du poème cité, on peut noter un équilibre parfait entre trois groupes de quatre syllabes et une assonance en [**a**] et en voyelles nasales, notées ici en rouge, qui semblent adoucir l'idée même de la mort pour en faire un tableau harmonieux et apaisé.

*rendant son âme // dans le parfum // d'une jacinthe*
4 4 4

– **une mise en page particulière**

Aloysius Bertrand montrait un soin scrupuleux pour la disposition de ses textes sur la page : c'est en effet un des éléments qui permet de définir le poème en prose.

Voici un extrait de ses *Instructions à M. le Metteur en pages* :

> *Règle générale.* – Blanchir comme si le texte était de la poésie.
> […]
> M. le Metteur en pages remarquera que *chaque pièce* est divisée en *quatre, cinq, six* et *sept alinéas ou couplets.* Il jettera de *larges blancs* entre ces *couplets* comme si c'étaient des strophes en vers.
> […]
> Je le prie de ne pas oublier de placer dans la mise en page les étoiles que j'ai figurées dans le manuscrit entre les *couplets* de quelques pièces, et qui indiquent qu'il faut en outre un *double blanc.*
> Quant aux *épigraphes de chaque pièce* et *aux notes du bas des pages,* je le prie de les composer en *très petits caractères.* Il remplacera par des *astérisques* les *chiffres* de renvoi de ces notes.

➤ **Confrontez ces instructions au poème en prose « Madame de Montbazon ».**

➤ **En quoi les blancs permettent-ils de percevoir le texte comme un texte poétique ?**

➤ **Cherchez le sens précis d'« épigraphe » et expliquez pourquoi Aloysius Bertrand insiste pour que le corps du caractère employé soit très petit. Quels liens voyez-vous entre l'épigraphe empruntée à Saint-Simon et « Madame de Montbazon » ?**

Le poème en prose se distingue en effet très souvent par une mise en page soignée, qui signale au lecteur une différence et une recherche, sans impliquer nécessairement le recours aux alinéas.

## *Le Spleen de Paris* de Baudelaire

S'il n'est pas le créateur du genre, c'est **Baudelaire** qui l'a illustré de la façon la plus forte avec son recueil des *Petits Poèmes en prose*, publié à titre posthume en 1869. Il explique dans une préface en forme de lettre à son confrère Arsène Houssaye, les buts qu'il a poursuivis, tout en affichant sa dette envers son prédécesseur.

[...] J'ai une petite confession à vous faire. C'est en feuilletant, pour la vingtième fois au moins, le fameux *Gaspard de la nuit*, d'Aloysius Bertrand (un livre connu de vous, de moi et de quelques-uns de nos amis, n'a-t-il pas tous les droits à être appelé *fameux*?) que l'idée m'est venue de tenter quelque chose d'analogue, et d'appliquer à la description de la vie moderne et plus abstraite, le procédé qu'il avait appliqué à la peinture de la vie ancienne, si étrangement pittoresque.

Quel est celui de nous qui n'a pas, dans ses jours d'ambition, rêvé le miracle d'une prose poétique, musicale sans rythme et sans rime, assez souple et assez heurtée pour s'adapter aux mouvements lyriques de l'âme, aux ondulations de la rêverie, aux soubresauts de la conscience ?

C'est surtout de la fréquentation des villes énormes, c'est du croisement de leurs innombrables rapports que naît cet idéal obsédant. [...]

Charles BAUDELAIRE, *Le Spleen de Paris*, 1869, Préface en forme de lettre à Arsène Houssaye.

➤ **Que nous apprend ce premier paragraphe sur le jeu des influences dans la création poétique ?**

➤ **Comment définit-il formellement le poème en prose ? Vous expliquerez précisément les trois mots qui évoquent l'idée de mouvement.**

➤ **Quelle est, pour Baudelaire, la thématique privilégiée de ses poèmes en prose ? En quoi, selon vous, correspond-elle bien à l'emploi même de la prose ?**

Le recueil comporte cinquante poèmes, dont certains apparaissent comme des doublets de poèmes en vers publiés dans *Les Fleurs du mal* (→ p. 285). Textes *« cruels et coupants »* selon l'expression de critiques, ils se donnent à lire de façon fragmentaire ou suivie et définissent une véritable poétique de la ville.

La pièce du recueil reproduite ci-dessous illustre bien le fait que la curiosité du poète soit à l'origine même de son écriture.

LES FENÊTRES

Celui qui regarde du dehors à travers une fenêtre ouverte ne voit jamais autant de choses que celui qui regarde une fenêtre fermée. Il n'est pas d'objet plus profond, plus mystérieux, plus fécond, plus ténébreux, plus éblouissant qu'une fenêtre éclairée d'une chandelle. Ce qu'on peut voir au soleil est toujours moins intéressant que ce qui se passe derrière une vitre. Dans ce trou noir ou lumineux vit la vie, rêve la vie, souffre la vie. [...]

Par-delà des vagues de toits, j'aperçois une femme mûre, ridée déjà, pauvre, toujours penchée sur quelque chose, et qui ne sort jamais. Avec son visage, avec son vêtement, avec son geste, avec presque rien, j'ai refait l'histoire de cette femme, ou plutôt sa légende, et quelquefois je me la raconte à moi-même en pleurant. [...]

Si c'eût été un pauvre vieux homme, j'aurais refait la sienne tout aussi aisément.

Et je me couche, fier d'avoir vécu et souffert dans d'autres que moi-même. [...]

Peut-être me direz-vous : « Es-tu sûr que cette légende soit la vraie ? » Qu'importe ce que peut être la réalité placée hors de moi, si elle m'a aidé à vivre, à sentir que je suis et ce que je suis ?

Charles BAUDELAIRE, *Le Spleen de Paris*, XXXV, 1869.

➤ **Dégagez et commentez la structure de ce poème en prose.**

➤ **En quoi peut-on dire que ce texte comporte des contradictions ? Comment les dépasse-t-il ?**

À la suite de Baudelaire, d'autres poètes écriront des recueils de poèmes en prose. Citons parmi les plus importants :

Arthur RIMBAUD, *Illuminations*, 1886 : recueil composite, dont on ignore la date exacte d'écriture – 1872-1873 ou 1873-1875 – il marque une rupture nette par rapport à la facture classique qu'avait adoptée Rimbaud jusque-là. Il propose des textes fulgurants, énigmatiques parfois, aux interprétations multiples. (Voir p. 326 et p. 341)

Paul CLAUDEL (1868-1955), *Connaissance de l'est*, 1907 : recueil composé en Chine, et dans lequel le poète, héritier de Rimbaud et de Baudelaire, développe des textes descriptifs empreints d'un lyrisme tourné vers le monde extérieur.

Victor SEGALEN (1878-1919), *Stèles*, 1912 : recueil dont la forme a en partie été inspirée au poète par les poèmes en prose de *Connaissance de l'est*. Il traduit une volonté d'atteindre à la concision, à la rigueur et à la clarté des stèles chinoises sans chercher l'exotisme ni la transmission d'une sagesse orientale. (Voir p. 327)

Francis PONGE (1899-1986), *Le Parti pris des choses*, 1942 : recueil qui se présente à la fois comme une collection d'éléments du monde extérieur, parmi les plus humbles, les plus prosaïques – la pluie, l'huître, le cageot… –, mais aussi comme un « compte tenu des mots », avec une attention particulière portée au langage.

La forme du poème en prose est largement adoptée par les écrivains du XX$^{e}$ siècle, comme le poète René Char (1907-1988), qui intitule un de ses recueils *La Fontaine narrative*.

En voici la pièce liminaire.

FASTES

L'été chantait sur son roc préféré quand tu m'es apparue, l'été chantait à l'écart de nous qui étions silence, sympathie, liberté triste, mer plus encore que la mer dont la longue pelle bleue s'amusait à nos pieds.

L'été chantait et ton cœur nageait loin de lui. Je baisais ton courage, entendais ton désarroi. Route par l'absolu des vagues vers ces hauts pics d'écume où croisent des vertus meurtrières pour les mains qui portent nos maisons. Nous n'étions pas crédules. Nous étions entourés.

Les ans passèrent. Les orages moururent. Le monde s'en alla. J'avais mal de sentir que ton cœur justement ne m'apercevait plus. Je t'aimais. En mon absence de visage et mon vide de bonheur. Je t'aimais, changeant en tout, fidèle à toi.

René CHAR, *La Fontaine narrative*, 1947.

➤ **Comment s'organise ce poème ?**

➤ **En quoi relève-t-il de la prose ? En quoi relève-t-il de la poésie ?**

➤ **Quelles significations donnez-vous au titre « Fastes » ?**

Qu'il se présente comme une alternative au poème versifié ou comme une manière de libérer l'écriture de ses contraintes, épousant plus souplement les contours de la rêverie ou de la méditation intérieure, qu'il rende compte du monde moderne avec l'acuité d'une forme condensée et brève, le poème en prose a le mérite de pousser le lecteur à s'interroger sur la définition même et la nature de la poésie.

# « Miracle d'une prose poétique »

## I. DU POÈME VERSIFIÉ AU POÈME EN PROSE

## Charles BAUDELAIRE (1821-1867)

# « La Chevelure »

voir biographie p. 632

*Publié en 1857 dans la première édition des* Fleurs du mal, *le poème versifié, « La Chevelure », trouve un écho dans le poème en prose, « Un Hémisphère dans une chevelure », écrit en 1862 et publié dans* Le Spleen de Paris.

Ô toison, moutonnant jusque sur l'encolure !
Ô boucles ! Ô parfum chargé de nonchaloir !
Extase ! Pour peupler ce soir l'alcôve obscure
Des souvenirs dormant dans cette chevelure,
Je la veux agiter en l'air comme un mouchoir !

La langoureuse Asie et la brûlante Afrique,
Tout un monde lointain, absent, presque défunt,
Vit dans tes profondeurs, forêt aromatique !
Comme d'autres esprits voguent sur la musique,
Le mien, ô mon amour ! nage sur ton parfum.

J'irai là-bas où l'arbre et l'homme, pleins de sève,
Se pâment longuement sous l'ardeur des climats ;
Fortes tresses, soyez la houle qui m'enlève !
Tu contiens, mer d'ébène, un éblouissant rêve
De voiles, de rameurs, de flammes et de mâts :

Un port retentissant où mon âme peut boire
À grands flots le parfum, le son et la couleur ;
Où les vaisseaux, glissant dans l'or et dans la moire[1],
Ouvrent leurs vastes bras pour embrasser la gloire
D'un ciel pur où frémit l'éternelle chaleur.

Je plongerai ma tête amoureuse d'ivresse
Dans ce noir océan où l'autre est enfermé ;
Et mon esprit subtil que le roulis caresse
Saura vous retrouver, ô féconde paresse,
Infinis bercements du loisir embaumé !

Cheveux bleus, pavillon de ténèbres tendues,
Vous me rendez l'azur du ciel immense et rond ;
Sur les bords duvetés de vos mèches tordues
Je m'enivre ardemment des senteurs confondues
De l'huile de coco, du musc et du goudron.

Longtemps ! toujours ! ma main dans ta crinière lourde
Sèmera le rubis, la perle et le saphir,
Afin qu'à mon désir tu ne sois jamais sourde !
N'es-tu pas l'oasis où je rêve, et la gourde
Où je hume à longs traits le vin du souvenir ?

Charles BAUDELAIRE, *Les Fleurs du mal*, 1861.

1. **moire :** tissu ayant un aspect ondoyant et des reflets changeants.

ROSSETTI (1828-1882), *La Pia*. Huile sur toile, 104,8 × 120,6 cm. Spencer Museum of Art.


## « Un Hémisphère dans une chevelure »

Laisse-moi respirer longtemps, longtemps, l'odeur de tes cheveux, y plonger tout mon visage, comme un homme altéré dans l'eau d'une source, et les agiter avec ma main comme un mouchoir odorant, pour secouer des souvenirs dans l'air.

Si tu pouvais savoir tout ce que je vois! tout ce que je sens! tout ce que j'entends dans tes cheveux! Mon âme voyage sur le parfum comme l'âme des autres hommes sur la musique.

Tes cheveux contiennent tout un rêve, plein de voilures et de mâtures; ils contiennent de grandes mers dont les moussons me portent vers de charmants climats, où l'espace est plus bleu et plus profond, où l'atmosphère est parfumée par les fruits, par les feuilles et par la peau humaine.

Dans l'océan de ta chevelure, j'entrevois un port fourmillant de chants mélancoliques, d'hommes vigoureux de toutes nations et de navires de toutes formes découpant leurs architectures fines et compliquées sur un ciel immense où se prélasse l'éternelle chaleur.

Dans les caresses de ta chevelure, je retrouve les langueurs des longues heures passées sur un divan, dans la chambre d'un beau navire, bercées par le roulis imperceptible du port, entre les pots de fleurs et les gargoulettes[1] rafraîchissantes.

Dans l'ardent foyer de ta chevelure, je respire l'odeur du tabac mêlé à l'opium et au sucre; dans la nuit de ta chevelure, je vois resplendir l'infini de l'azur tropical; sur les rivages duvetés de ta chevelure, je m'enivre des odeurs combinées du goudron, du musc et de l'huile de coco.

Laisse-moi mordre longtemps tes tresses lourdes et noires. Quand je mordille tes cheveux élastiques et rebelles, il me semble que je mange des souvenirs.

Charles BAUDELAIRE, *Le Spleen de Paris*, 1869.

1. **gargoulettes :** récipients en matière poreuse permettant le rafraîchissement par l'évaporation des liquides qu'ils contiennent.

## ANALYSE

**1.** Comparez les deux poèmes, du point de vue de la structure, du thème, de l'écriture, en citant précisément les textes.

**2.** Commentez les différences entre les titres des poèmes. Lequel de ces titres préférez-vous ? pourquoi ?

**3.** Baudelaire a-t-il réussi à atteindre l'idéal qu'il définissait dans sa lettre à Arsène Houssaye (p. 322) ? Justifiez votre réponse.

**4.** Lisez « Parfum exotique », extrait des *Fleurs du mal*, et notez les rapprochements que l'on peut faire entre ce poème versifié et « Un Hémisphère dans une chevelure ».

## 2. UN PAYSAGE DE MODERNITÉ

# Arthur RIMBAUD (1854-1891)

## « Villes »

voir biographie p. 632

*Les* Illuminations *sont, pour Rimbaud, l'occasion de noter des sortes de « flashes », sous diverses formes – conte, diatribe, description. La découverte de Londres, après celle de Paris, entre 1870 et 1874, fascine l'adolescent ; trois pièces du recueil portent le titre de « Villes », comme celui qui vous est ici proposé et dont l'étude est développée p. 342.*

L'acropole officielle outre les conceptions de la barbarie moderne les plus colossales. Impossible d'exprimer le jour mat produit par ce ciel immuablement gris, l'éclat impérial des bâtisses, et la neige éternelle du sol. On a reproduit dans un goût d'énormité singulier toutes les merveilles classiques de l'architecture. J'assiste à des expositions de peinture dans des locaux vingt fois plus vastes qu'Hampton-Court[1]. Quelle peinture ! Un Nabuchodonosor[2] norwégien a fait construire les escaliers des ministères ; les subalternes que j'ai pu voir sont déjà plus fiers que des Brahmas[3], et j'ai tremblé à l'aspect des gardiens de colosses et officiers de constructions. Par le groupement des bâtiments en squares, cours et terrasses fermées[4], on a évincé les cochers. Les parcs représentent la nature primitive travaillée par un art superbe. Le haut quartier a des parties inexplicables : un bras de mer, sans bateaux, roule sa nappe de grésil bleu[5] entre des quais chargés de candélabres géants. Un pont court conduit à une poterne immédiatement sous le dôme de la Sainte-Chapelle. Ce dôme est une armature d'acier artistique de quinze mille pieds de diamètre environ.

Sur quelques points des passerelles de cuivre, des plates-formes, des escaliers qui contournent les halles et les piliers, j'ai cru pouvoir juger la profondeur de la ville ! C'est le prodige dont je n'ai pu me rendre compte : quels sont les niveaux des autres quartiers sur ou sous l'acropole[6] ? Pour l'étranger de notre temps la reconnaissance est impossible. Le quartier commerçant est un circus[7] d'un seul style, avec galeries à arcades. On ne voit pas de boutiques, mais la neige de la chaussée est écrasée ; quelques nababs[8] aussi rares que les promeneurs d'un matin de dimanche à Londres, se dirigent vers une diligence de diamants. Quelques divans de velours rouge : on sert des boissons polaires dont le prix varie de huit cents à huit mille roupies[9]. À l'idée de chercher des théâtres sur ce circus, je me réponds que les boutiques doivent contenir des drames assez sombres. Je pense qu'il y a une police. Mais la loi doit être tellement étrange, que je renonce à me faire une idée des aventuriers[10] d'ici.

Le faubourg, aussi élégant qu'une belle rue de Paris, est favorisé d'un air de lumière. L'élément démocratique compte quelques cents âmes[11]. Là encore les maisons ne se suivent pas ; le faubourg se perd bizarrement dans la campagne, le « Comté »[12] qui remplit l'occident éternel des forêts et des plantations prodigieuses où les gentilshommes sauvages chassent leurs chroniques sous la lumière qu'on a créée.

Arthur RIMBAUD, *Illuminations*, recueil édité par Verlaine en 1886.

1. **Hampton-Court :** résidence royale au sud-ouest de Londres.
2. **Nabuchodonosor :** roi de Babylone.
3. **Brahmas :** membres de la caste sacerdotale dans la religion hindoue.
4. **squares, cours, terrasses :** l'urbanisme de Londres a conservé les anciens hôtels particuliers du XVIII^e siècle en maisons particulières. Bien des pâtés de maison sont composés en place carrée à cause des anciennes dépendances.
5. **grésil bleu :** pluie congelée formée de petits grains de glace brisée.
6. **acropole :** colline fortifiée dans les villes grecques, celle d'Athènes transformée en site religieux par Périclès est la plus célèbre, mais ici il n'est question que d'une colline, d'un point culminant.
7. **circus :** cirque, place d'une ville en forme de cirque.
8. **nababs :** gouverneurs ou officiers en Inde, souvent synonyme d'hommes qui font étalage de leur opulence.
9. **roupies :** unité monétaire de l'Inde (l'Inde a longtemps été un *dominium* de l'Empire britannique).
10. **aventuriers :** ici ces « aventuriers » sont les hors-la-loi qui se risquent à affronter une police dont Rimbaud dit qu'il n'a pas compris les règles.
11. **quelques cents âmes :** quelques centaines d'âmes.
12. **Comté :** l'Angleterre est divisée traditionnellement en « comtés » (*county*) qui conservent les limites des seigneuries médiévales.

### 3. UN POÈME-STÈLE

# Victor SEGALEN (1878-1919)

## « Conseils au bon voyageur »

*Victor SEGALEN , écrivain et sinologue, a accompli une mission archéologique en Chine. Un recueil de poèmes en prose, accompagné d'idéogrammes, témoigne de cette expérience. Le poème reproduit ici ouvre la section « Stèles du bord du chemin ».*

行路須知

*Conseils au bon voyageur*

Ville au bout de la route et route prolongeant la ville : ne choisis donc pas l'une ou l'autre, mais l'une et l'autre bien alternées.

Montagne encerclant ton regard le rabat et le contient que la plaine ronde libère. Aime à sauter roches et marches ; mais caresse les dalles où le pied pose bien à plat.

Repose-toi du son dans le silence, et, du silence, daigne revenir au son. Seul si tu peux, si tu sais être seul, déverse-toi parfois jusqu'à la foule.

Garde bien d'élire un asile. Ne crois pas à la vertu d'une vertu durable : romps-la de quelque forte épice qui brûle et morde et donne un goût même à la fadeur.

Ainsi, sans arrêt ni faux pas, sans licol et sans étable, sans mérites ni peines, tu parviendras, non point, ami, au marais des joies immortelles,

Mais aux remous pleins d'ivresses du grand fleuve Diversité.

Victor SEGALEN, *Stèles*, © Éditions Mercure de France, 1912.

## ANALYSE

**1.** Comment la disposition du texte sur la page semble-t-elle mimer une stèle ?

**2.** Relevez les procédés lexicaux, syntaxiques ou rythmiques par lesquels le poème donne à saisir des tensions contradictoires.

**3.** Quelle leçon émane de ce texte ? À qui s'adresse-t-elle ?

## I. L'APPRENTISSAGE DE L'AVENTURE

# Blaise CENDRARS (1887-1961)

## *Prose du Transsibérien et de la petite Jeanne de France*

voir biographie p. 632

*Le poète suisse Blaise Cendrars a séjourné à Moscou comme apprenti-bijoutier entre 1904 et 1907. Les images, les impressions qu'il en a gardé nourrissent ce poème de 446 vers libres qui raconte un voyage entre Moscou et Kharbine.*
*Nous donnons deux larges extraits de cette œuvre de jeunesse, publiée en 1913, après les* Grandes Pâques à New York.

En ce temps-là j'étais en mon adolescence
J'avais à peine seize ans et je ne me souvenais déjà plus de mon enfance
J'étais à 16.000 lieues du lieu de ma naissance[1]
J'étais à Moscou, dans la ville des mille et trois clochers et des sept gares
Et je n'avais pas assez des sept gares et des mille et trois tours
Car mon adolescence était si ardente et si folle
Que mon cœur, tour à tour, brûlait comme le temple d'Éphèse[2] ou comme la Place Rouge de Moscou
Quand le soleil se couche.
Et mes yeux éclairaient des voies anciennes.
Et j'étais déjà si mauvais poète
Que je ne savais pas aller jusqu'au bout.

Le Kremlin était comme un immense gâteau tartare
Croustillé[3] d'or,
Avec les grandes amandes des cathédrales toutes blanches
Et l'or mielleux des cloches…
Un vieux moine me lisait la légende de Novgorode[4]

---

1. **à 16.000 lieues du lieu de ma naissance :** l'indication chiffrée doit être prise comme soulignant une distance indéterminée mais très grande ; la lieue équivaut en effet à 4 km… Blaise Cendrars est né à La Chaux-de-Fonds.

2. **temple d'Éphèse :** temple d'Artémis à Éphèse, ville de Turquie, connu dans l'Antiquité comme une des sept merveilles du monde.

3. **Croustillé :** qui présente une apparence craquelée.

4. **Novgorode :** une des villes les plus anciennes de la Russie, à l'ouest de Moscou, centre très célèbre jusqu'au XVIe siècle pour l'art des icônes. *La Légende de Novgorode* est un texte publié par Cendrars en 1907.

J'avais soif
Et je déchiffrais des caractères cunéiformes[5]
Puis, tout à coup, les pigeons du Saint-Esprit s'envolaient sur la place
Et mes mains s'envolaient aussi, avec des bruissements d'albatros
Et ceci, c'était les dernières réminiscences du dernier jour
Du tout dernier voyage
Et de la mer.

Pourtant, j'étais fort mauvais poète.
Je ne savais pas aller jusqu'au bout.
J'avais faim
Et tous les jours et toutes les femmes dans les cafés et tous les verres
J'aurais voulu les boire et les casser
Et toutes les vitrines et toutes les rues
Et toutes les maisons et toutes les vies
Et toutes les roues des fiacres qui tournaient en tourbillon sur les mauvais pavés
J'aurais voulu les plonger dans une fournaise de glaives
Et j'aurais voulu broyer tous les os
Et arracher toutes les langues
Et liquéfier tous ces grands corps étranges et nus sous les vêtements qui m'affolent...
Je pressentais la venue du grand Christ rouge de la révolution russe[6]...
Et le soleil était une mauvaise plaie
Qui s'ouvrait comme un brasier.

En ce temps-là j'étais en mon adolescence
J'avais à peine seize ans et je ne me souvenais déjà plus de ma naissance
J'étais à Moscou, où je voulais me nourrir de flammes
Et je n'avais pas assez des tours et des gares que constellaient mes yeux
En Sibérie tonnait le canon, c'était la guerre
La faim le froid la peste le choléra
Et les eaux limoneuses de l'Amour[7] charriaient des millions de charognes
Dans toutes les gares je voyais partir tous les derniers trains
Personne ne pouvait plus partir car on ne délivrait plus de billets
Et les soldats qui s'en allaient auraient bien voulu rester...
Un vieux moine me chantait la légende de Novgorode.

[...]

---

5. **cunéiformes :** littéralement « en forme de coins », ce qui désigne une écriture faite de combinaisons de signes en forme de clous triangulaires et qui a servi à noter des langues anciennes comme le sumérien ou le hittite.
6. **révolution russe :** celle de 1905, dont Cendrars a été témoin.
7. **Amour :** fleuve d'Asie matérialisant la frontière entre la Chine et la Russie.

Sonia DELAUNAY (1885-1979), *La Prose du Transsibérien et de la petite Jeanne de France*, 1913. Huile sur toile. © L et M SERVICES B.V. Amsterdam 20050206.

Or, un vendredi matin, ce fut enfin mon tour
On était en décembre
Et je partis moi aussi pour accompagner le voyageur en bijouterie qui se rendait à Kharbine[8]
Nous avions deux coupés[9] dans l'express et 34 coffres de joaillerie de Pforzheim[10]
De la camelote allemande « Made in Germany »
Il m'avait habillé de neuf, et en montant dans le train j'avais perdu un bouton
– Je m'en souviens, je m'en souviens, j'y ai souvent pensé depuis –
Je couchais sur les coffres et j'étais tout heureux de pouvoir jouer avec le browning[11] nickelé qu'il m'avait aussi donné

J'étais très heureux insouciant
Je croyais jouer aux brigands
Nous avions volé le trésor de Golconde[12]
Et nous allions, grâce au transsibérien, le cacher de l'autre côté du monde
Je devais le défendre contre les voleurs de l'Oural qui avaient attaqué les saltimbanques de Jules Verne
Contre les Khoungouzes[13], les boxers[14] de la Chine
Et les enragés petits mongols du Grand-Lama
Alibaba et les quarante voleurs
Et les fidèles du terrible Vieux de la montagne[15]
Et surtout, contre les plus modernes
Les rats d'hôtel[16]
Et les spécialistes des express internationaux.

Et pourtant, et pourtant
J'étais triste comme un enfant
Les rythmes du train
La « *moëlle chemin-de-fer* » des psychiatres américains
Le bruit des portes des voix des essieux grinçant sur les rails congelés
Le ferlin[17] d'or de mon avenir
Mon browning le piano et les jurons des joueurs de cartes dans le compartiment d'à côté
L'épatante présence de Jeanne[18]
L'homme aux lunettes bleues qui se promenait nerveusement dans le couloir et qui me regardait en passant
Froissis de femmes

---

**8. Kharbine :** ville de la Mandchourie chinoise.
**9. coupé :** compartiment antérieur d'un wagon où il n'y a qu'une seule banquette.
**10. Pforzheim :** ville du nord de la Forêt Noire, en Allemagne.
**11. browning :** pistolet automatique.
**12. Golconde :** ville indienne connue pour le commerce du diamant dans l'Antiquité, avec ses mines légendaires qui font son « trésor ».
**13. Khoungouzes :** habitants de l'Asie centrale.
**14. les boxers :** secte dirigée contre la présence des Occidentaux en Chine. Ils ont mené une guerre dans les années 1900.
**15. Vieux de la montagne :** terrible seigneur de guerre musulman légendaire du temps des croisades, chef de la secte des Assassins (mangeurs de haschisch).
**16. rats d'hôtels :** voleurs qui s'introduisent dans les chambres des hôtels.
**17. ferlin :** ancienne petite monnaie.
**18. Jeanne :** une jeune Française qui accompagne le poète dans ce voyage. Orthographié parfois « Jehanne ».

Sonia DELAUNAY(1885-1979),
*Projet d'affiche pour la Prose du Transsibérien*,
1913. Aquarelle et crayons de couleur sur papier.


Et le sifflement de la vapeur
Et le bruit éternel des roues en folie dans les ornières du ciel
Les vitres sont givrées
Pas de nature !
Et derrière, les plaines sibériennes le ciel bas et les grandes
ombres des Taciturnes qui montent et qui descendent
Je suis couché dans un plaid
Bariolé
Comme ma vie
Et ma vie ne me tient pas plus chaud que ce châle
Écossais
Et l'Europe tout entière aperçue au coupe-vent d'un express
à toute vapeur
N'est pas plus riche que ma vie
Ma pauvre vie
Ce châle
Effiloché sur des coffres remplis d'or
Avec lesquels je roule
Que je rêve
Que je fume
Et la seule flamme de l'univers
Est une pauvre pensée…

Blaise CENDRARS, *Prose du Transsibérien et de la petite Jeanne de France*,
© Éditions Denoël, 1913.

## ANALYSE

### *À Moscou* (v. 1 à 49)

**1.** Quels détails évoquent la Russie ?

**2.** Comment se traduit l'appétit de vivre et de découvrir propre à l'adolescence ?

**3.** Repérez des éléments qui sont repris en écho. Que soulignent ces reprises ?

### *À bord du train* (v. 50 à 99)

**4.** Pourquoi ce voyage est-il ressenti par l'adolescent comme une étape importante de son apprentissage ? Citez le texte à l'appui de votre réponse.

**5.** Quel est le rôle des références littéraires ou légendaires des vers 59 à 69 ?

**6.** Que peut marquer le raccourcissement du vers à la fin de l'extrait ?

### *Sur l'ensemble du texte*

**7.** Par quels traits le poème semble-t-il autobiographique ?

**8.** Étudiez les marques du lyrisme.

**9.** En quoi ce texte est-il émouvant ? drôle ? violent ?

**10.** Comment justifieriez-vous le mot de « Prose » ?

**11.** Étudiez le thème du feu dans le poème.

## PROLONGEMENT

Nicolas Bouvier, un écrivain-voyageur du xxe siècle, compatriote de Blaise Cendrars, a désigné l'auteur de la *Prose du Transsibérien* comme un « suisse pérégrin ». Vous illustrerez ce jugement en rédigeant une courte biographie de Blaise Cendrars qui rappellera ses voyages et ses aventures.

## ÉCRITURE

À votre tour, vous raconterez un voyage ferroviaire en notant les impressions que vous en avez gardé. Vous utiliserez des vers libres et un registre lyrique.

## LIENS

- **Vocabulaire**, Vers libres, versets, vers blancs, p. 336
- **Stylistique**, Les images, p. 338
- **Chapitre 1**, p. 54

## 2. UN ÉLOGE DES AVENTURIERS

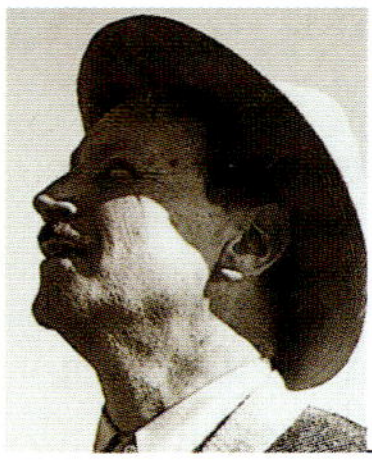

# SAINT-JOHN PERSE (1887-1975)

## *Vents*

De son vrai nom Alexis Saint-Léger Léger, le poète Saint-John Perse mène d'abord une carrière brillante, en Chine, au Japon, puis comme directeur politique au Quai d'Orsay, période durant laquelle il s'interdit de publier. Exilé aux États-Unis après avoir été révoqué en 1940 par le gouvernement de Vichy, il se consacre entièrement à la littérature et obtient le prix Nobel en 1960. Ses poèmes célèbrent la force des éléments : le recueil *Vents* fait notamment entendre un éloge des conquérants du passé, de ces hommes capables de « tenir face au vent ».
L'emploi de l'italique est conforme à l'édition originale.

*Des hommes dans le temps ont eu cette façon de tenir face au vent :*
*Chercheurs de routes et d'eaux libres, forceurs de pistes en Ouest, par les cañons et par les gorges et les raillères[1] chargées d'ans – Commentateurs de chartes et de bulles[2], Capitaines de corvée et Légats d'aventure, qui négociaient au prix du fer les hautes passes insoumises, et ces gisements au loin de mers nouvelles en plein ciel, dans leur mortier de pierre pâle, comme une lactation en songe de grandes euphorbes[3] sous la meule...*

*Et par là-bas s'en furent, au bruit d'élytres de la terre, les grands Itinérants du songe et de l'action : les Interlocuteurs avides de lointains et les Dénonciateurs d'abîmes mugissants, grands Interpellateurs de cimes en exil et Disputateurs de chances aux confins, qui sur les plaines bleuissantes menaient un œil longtemps froncé par l'anneau des lunettes.*

*Et la terre oscillait sur les hauts plans du large, comme aux bassins de cuivre d'invisibles balances,*

*Et c'était de toutes parts, dans une effloraison[4] terrestre, toute une fraîcheur nouvelle de Grandes Indes exondées[5], et comme un souffle de promesses à l'ouverture de grands Legs[6] – dotations à fonds perdu et fondations de sinécures, institution de majorats[7] pour filles nobles de grands poètes vieillissants...*

*Les Cavaliers sous le morion[8], greffés à leur monture, montaient, au grincement du cuir, parmi les ronces d'autre race... La barbe sur l'épaule et l'arme de profil, ils s'arrêtaient parfois à mesurer, sur les gradins de pierre, la haute crue de terres en plein ciel succédant derrière eux à la montée des eaux. Ou bien, la tête haute, entourés de moraines[9], ils éprouvaient de l'œil et de la voix l'impasse silencieuse, à fond de cirque, comme aux visions grandioses du dormeur l'immense mur de pierre, à fond d'abîme, scellé d'un mufle de stupeur et d'un anneau de bronze noir.*

*Et les mers étaient vastes, aux degrés de leur songe, dont ils perdaient un jour mémoire sur les plus hautes marches.*

*Et d'avoir trop longtemps, aux côtes basses, dans les criques, écouté sous la pluie l'ennui trouer la vase des vasières, et d'avoir trop longtemps, au lit des*

1. **raillères :** versants à pentes abruptes et caillouteuses (mot des Pyrénées et du sud-ouest).
2. **bulles :** décisions du pape sur des matières importantes.
3. **euphorbes :** plantes produisant un suc lactifère souvent vénéneux.
4. **effloraison :** action d'entrer en fleurs.
5. **exondées :** néologisme signifiant « sorties de l'eau ».
6. **Legs :** biens laissés en héritage.
7. **majorat :** institution juridique en vigueur jusqu'en 1849 selon laquelle le fils aîné, dans une famille aristocratique, héritait d'un ensemble de biens immobiliers, inaliénable et indivisible.
8. **morion :** casque léger des XVe et XVIIe siècles.
9. **moraines :** amas de blocs et de débris rocheux entraînés par le mouvement de glissement d'un glacier.

Wassily KANDINSKY (1866-1944), *Le Cavalier*. Huile sur toile. Munich, Staatsgalerie Moderner Kunst. Photo The Bridgeman Art Library. © Adagp, Paris 2007.

*fleuves équivoques, poussé comme blasphèmes leurs coques lourdes d'algues, et leurs montures, de sangsues, ils émergeaient, la lèvre haute au croc du rire, dans les trouées de fièvre du ciel bleu, fouettés d'alcools et de grand vent.*

*Et comme les pluies étaient légères sur ces pentes, moins promptes à prendre le hâle y furent les armes offertes au spectre de la terre : une lignée de lances pures et d'épées chastes y tinrent veillée d'âmes à l'insu de leurs maîtres… Mais la chair étrangère hantait d'un goût d'oronge et d'amanite ces hommes nés, aux Chrétientés, de chair plus blonde que chair d'alberges*[10] *ou de pavies*[11]*… Fils de la femme en toutes chairs ! ô pas de l'homme, d'âge en âge, sur toutes menthes de la terre !… Où furent ces hommes sous le fer, où furent ces hommes dans le vent, montant, au pas des bêtes, avec le spectre de la terre,*

*les grands itinéraires encore s'illuminent au revers de l'esprit, comme traces de l'ongle au vif des plats d'argent.*

SAINT-JOHN PERSE, *Vents*, III, 1, © Éditions Gallimard, 1946.

10. **alberge :** fruit qui tient de la pêche et de l'abricot, à la peau rugueuse et colorée, à la chair fondante légèrement amère.

11. **pavie :** variété de pêche à pulpe ferme.

## ANALYSE

### Un texte à dire

**1.** Après avoir lu mentalement le texte, dites-le à voix haute pour être sensible à ses effets sonores et rythmiques.

**2.** Quels passages, difficiles à comprendre lors de la première lecture, vous semblent maintenant plus clairs ?

**3.** En quoi peut-on dire qu'il s'agit bien d'une poésie du souffle ?

### Un registre épique

**4.** Quels sont les personnages esquissés dans le poème qui pourraient faire partie d'une épopée ? À quelle époque serait-elle située ? Aidez-vous des notes pour répondre.

**5.** D'où vient la force qui pousse ces héros à « tenir face au vent » ? Comment cette énergie vitale est-elle traduite ?

**6.** Relevez et commentez un passage marquant le grandissement épique.

### Le chant de la terre

**7.** Quels éléments concrets de la nature et du paysage sont évoqués ici ?

**8.** En quoi peut-on parler d'une célébration du monde ?

**9.** Comment la composition du poème et l'écriture en versets renforcent-elles cette célébration ?

## LIENS


- **Vocabulaire**, Vers libres, versets, vers blancs, p. 336
- **Stylistique**, Les images, p. 338
- **Ouverture sur** Le rôle de la poésie, p. 344
- **Mémento**, Les registres, p. 618

## 3. LE PRÉSENT PLUTÔT QUE L'ÉTERNITÉ

# René-Guy CADOU[1] (1920-1951)

# *Le Diable et son train*

### LA NUIT SURTOUT

La nuit! La nuit surtout je ne rêve pas je vois
J'entends je marche au bord du trou
J'entends gronder
Ce sont les pierres qui se détachent des années
La nuit nul ne prend garde
C'est tout un pan de l'avenir qui se lézarde
Et rien ne vivra plus en moi
Comme un moulin qui tourne à vide
L'éternité
De grandes belles filles qui ne sont pas nées
Se donneront pour rien dans les bois
Des hommes que je ne connaîtrai jamais
Battront les cartes sous la lampe un soir de gel
Qu'est-ce que j'aurai gagné à être éternel?
Les lunes et les siècles passeront
Un million d'années ce n'est rien
Mais ne plus avoir ce tremblement de la main
Qui se dispose à cueillir les œufs dans la haie
Plus d'envie plus d'orgueil tout l'être satisfait
Et toujours la même heure imbécile à la montre
Plus de départs à jeun pour d'obscures rencontres
Je me dresse comme un ressort tout neuf dans mon lit
Je suis debout dans la nuit noire et je m'agrippe
À des lampions à des fantômes pas solides
Où la lucarne? Je veux fuir! Où l'écoutille[2]?
Et je m'attache à cette étoile qui scintille
Comme un silex en pointe dans le flanc
Ivrogne de la vie qui conjugue au présent
Le liseron du jour et le fer de la grille.

René-Guy CADOU, *Le Diable et son train*, 1947-1948,
in *Poésie la vie entière*, © Éditions Seghers, 1978.

1. À l'écart du surréalisme, René-Guy Cadou revendique un « surromantisme », une poésie du moi où la nature est le miroir de l'homme : poésie du quotidien, simple et familière, mais qui traduit aussi une inquiétude métaphysique.

2. **écoutille :** ouverture carrée ou rectangulaire pratiquée dans le pont d'un bateau permettant l'accès à l'intérieur.

## ANALYSE

**1.** Dégagez la structure du poème.

**2.** Quel est ici le rôle du rêve ?

**3.** Qu'y a-t-il d'insupportable dans l'idée d'éternité pour le poète ?

**4.** Comment, inversement, la vie au présent se voit-elle célébrée ?

**5.** Quels procédés traduisent l'angoisse ?

**6.** Que peut représenter l'étoile au vers 26 ?

## 4. LE RAPPORT DU POÈTE À LA RÉALITÉ

# Eugène GUILLEVIC (1907-1997)

## *Art poétique*

*Eugène Guillevic définit sa conception de l'écriture poétique tout en s'interrogeant sur les limites de son art.*

Le poème
Ne tue pas le vide,
Il l'éloigne.

Le poème fait toucher
Le vide
Qui le borde.

Ce vide plus fort,
Plus dominateur
Que lui.

Si bien
Que c'est sa présence
À la lisière

Qui donne sa puissance
Au poème
Dans ses limites.

***

Fatalement, rimer
C'est répéter, piétiner,
Poser un son
Pour le retrouver.

Or, je veux que les mots
Aillent à l'aventure,

Et que l'on découvre
S'ils s'accordent.

Pourquoi, faut-il, d'ailleurs,
Qu'ils s'accordent ?

***

Qui te dira
Si ton poème
Est poème ?

S'il restera gravé
Dans cet espace durable
Où se tient le poème ?

***

Le poème
Nous met au monde.

***

Forcé d'écrire ?
Je n'en ai pas envie.

J'aimerais
Rester là, immobile.

À regarder le ciel ;
Il n'y a pas plus bleu,

Et de temps en temps
L'horizon et ses approches.

Je voudrais
Me passer des mots.

***

Je ne sais pas
Si je serai compris,

Je ne sais même pas
Si je me comprendrai.

Je continue
À soupeser la pomme.

Eugène GUILLEVIC, *Art poétique*,


## ANALYSE

**1.** Quel effet produit la disposition typographique du poème ?

**2.** En quoi peut-on parler ici d'aphorismes ? d'expressions lapidaires ?

**3.** Ce texte énonce-t-il des certitudes ou des inquiétudes ? Justifiez votre réponse.

**4.** Comment comprenez-vous la phrase finale ?

**5.** Justifiez le titre *Art poétique*.

## LIENS

✦ **Vocabulaire,** Vers libres, versets, vers blancs, p. 336
✦ **Ouverture sur** Le rôle de la poésie, pp. 343-344

# LANGUE Vocabulaire

## Vers libres, versets, vers blancs

Avec la libération de l'écriture poétique au tournant du xxe siècle, les vers réguliers se voient remplacés par :

### 1. Les vers libres

Le poème de Cendrars (p. 328) est écrit en vers libres.

→ *Or, un vendredi matin, ce fut enfin mon tour*
*On était en décembre*
*Et je partis moi aussi pour accompagner le voyageur*
*en bijouterie qui se rendait à Kharbine*

Les vers libres se caractérisent par **un abandon de la rime**, par **un effacement** fréquent **de la ponctuation**, depuis le recueil *Alcools* d'Apollinaire, par une **irrégularité dans la longueur des vers**.

Les vers libres sont proches du monologue intérieur : c'est ainsi qu'ils conviennent aux poèmes à caractère autobiographique, qui suivent les méandres des réflexions et des états d'âme du narrateur.

Ils s'adaptent aussi à une vision fragmentaire et syncopée du réel, celle que nous proposent notamment les poètes du début du xxe siècle.

### 2. Les versets

#### • Définition

Le mot « versets » désigne initialement de petits paragraphes numérotés extraits de la *Bible* et offrant un sens complet.

Ensuite, il a été appliqué à des unités de prose rythmée excédant la mesure de la ligne. On attribue à Claudel l'origine du verset poétique dans les *Cinq Grandes Odes*.

Typographiquement, les versets se présentent de deux manières différentes :

– un alinéa pour la première ligne et la suite du texte adossée à la marge de gauche, comme pour *Vents*, p. 332

– une première ligne adossée à la marge de gauche et les autres lignes du verset en retrait, comme pour *Stèles*, p. 327.

#### • L'unité des versets

Le verset présente non seulement **une unité sémantique** mais aussi **une unité sonore et rythmique** : il s'écrit au rythme du souffle et de la respiration. Les poèmes en versets, plus encore que les autres textes poétiques, doivent être dits à haute voix.

Le verset ne coïncide pas toujours avec la phrase : ainsi, le dernier verset de *Vents* est-il la fin de la dernière phrase du verset précédent :

→ *les grands itinéraires encore s'illuminent au revers de l'esprit, comme traces de l'ongle au vif des plats d'argent.*

L'unité de ce verset final tient à l'image qui s'y développe, associant l'abstrait au concret ; elle tient aussi à l'idée de rayonnement du passé sur le présent, qui conclut l'évocation des « *chercheurs de routes* ».

#### • Application

Soient les deux premiers versets du poème *Vents*.

• Le premier s'organise en trois groupes égaux, de six syllabes, unis phonétiquement par les voyelles nasales qui les terminent :

/ /
→ *Des /hom/mes /dans /le /**temps** //*
1 2 3 4 5 6

/ / / /
*ont /eu/cet/te /fa/**çon** //de /te/nir/fa/c(e) au /**vent***
1 2 3 4 5 6 1 2 3 4 5 6

Ce rythme régulier et solennel prépare l'évocation des conquérants du verset suivant. On notera, avec la disposition des accents, représentés par les barres obliques rouges, que les mots mis en valeur à la fin de chaque groupe renvoient au thème essentiel du recueil – *« vent »* fait écho à *Vents* – mais aussi à la célébration du passé – l'expression « *dans le temps* », désigne une époque révolue, lointaine, dotée d'une grandeur légendaire – et à une certaine posture existentielle – dans le G.N. « *cette façon* », l'adjectif démonstratif « cette » revêt une connotation laudative.

• Le second, avec une grande ampleur rythmique, fait exister ces « hommes » en les présentant comme des aventuriers animés d'un désir de conquête. Ce sont des hommes d'action, qui bravent le danger, ce que soulignent le choix des mots et les allitérations en [r], qui roulent comme des cailloux au fond des « cañons », des « gorges » et des « raillères » :

→ ***Chercheurs** de routes et d'eaux libres, **forceurs** de pistes en Ouest, par les cañons et par les gorges et les raillères chargées d'ans –*

Mais ce sont aussi des hommes de réflexion et de langage, liés au pouvoir politique et religieux, qui ont joué un rôle dans la conquête du Nouveau Monde :

→ ***Commentateurs** de chartes et de bulles, **Capitaines** de corvée et **Légats** d'aventure, qui négociaient au prix du fer les hautes passes insoumises,*

En effet, les trois noms apposés qui définissent encore ces hommes en font des érudits, des hommes de guerre, des émissaires qui accomplissent une mission civilisatrice.

Ce sont enfin des hommes capables de rêver, poussés par un songe magnifique plus que par des intérêts matériels, comme le prouve la fin du verset :

→ *et ces gisements au loin de mers nouvelles en plein ciel, dans leur mortier de pierre pâle, comme une lactation en songe de grandes euphorbes sous la meule...*

Les conquêtes ne sont plus situées sur terre mais « en plein ciel », au-delà des mers nouvellement explorées : ce sont des « gisements » nourriciers comme le lait obtenu à partir des « euphorbes ». On peut penser bien sûr aux gisements de minerais précieux, mais, plutôt que la réalité, c'est le rêve qui pousse ces hommes. L'imaginaire de la conquête s'ouvre sur un infini que traduisent les points de suspension.

Le verset parvient donc à mimer l'exaltation de ces hommes, de ces « *grands Itinérants du songe et de l'action* ».

## 3. Les vers blancs

À l'intérieur d'un texte écrit en vers libres ou en versets, mais également en prose, on peut parfois entendre des rythmes de vers réguliers, alexandrins, octosyllabes... On parle alors de vers blancs.

/ / / /

→ ***Et les mers étaient vastes, au degré de leurs songes,*** *dont ils perdaient un jour mémoire sur les plus hautes marches.*

Dans ce verset de *Vents*, le passage indiqué en gras est un alexandrin, dont la régularité – il est accentué 3 + 3 / 3 + 3 – renforce l'impression d'immensité et de solennité qui convient pour évoquer ces paysages oniriques.

# EXERCICES

**1 Choisissez une strophe de la *Prose du Transsibérien* et observez la disposition des vers. Comment les phrases sont-elles segmentées ? Quels effets sont obtenus par cette segmentation ?**

**2 Quels sont les principes d'unification des vers libres suivants, extraits du texte de Blaise Cendrars, p. 329 ?**

Et tous les jours et toutes les femmes dans les cafés et tous les verres
J'aurais voulu les boire et les casser
Et toutes les vitrines et toutes les rues
Et toutes les maisons et toutes les vies
Et toutes les roues des fiacres qui tournaient en tourbillon sur les mauvais pavés
J'aurais voulu les plonger dans une fournaise de glaives

**3 Même exercice que précédemment.**

Et les eaux limoneuses de l'Amour charriaient des millions de charognes

**4 Repérez le nombre de versets que comporte le poème de Saint-John Perse (p. 332). Quelle est l'unité sémantique de chacun d'eux ?**

**5 Faites le même travail qu'à l'exercice 4 pour le texte de Victor Segalen, p. 327.**

**6 Choisissez un verset emprunté à l'un ou l'autre des poèmes cités et recopiez-le. Indiquez par un code couleur les assonances, les allitérations, les accents rythmiques qui le caractérisent. Dites-le à voix haute.**

**7 Recopiez et scandez des vers blancs empruntés au poème extrait du recueil *Vents*, p. 332.**

**8 Étudiez les premiers versets du poème liminaire du recueil *Vents* reproduits ci-dessous, en relevant les effets rythmiques et sonores.**

*C'étaient de très grands vents sur toutes faces de ce monde,*
*De très grands vents en liesse par le monde, qui n'avaient d'aire ni de gîte,*
*Qui n'avaient garde ni mesure, et nous laissaient, hommes de paille,*
*En l'an de paille sur leur erre... Ah! oui, de très grands vents sur toutes faces de vivants!*

*Flairant la pourpre, le cilice, flairant l'ivoire et le tesson, flairant le monde entier des choses,*
*Et qui couraient à leur office sur nos plus grands versets d'athlètes, de poètes,*
*C'étaient de très grands vents en quête sur toutes pistes de ce monde,*
*Sur toutes choses périssables, sur toutes choses saisissables, parmi le monde entier des choses...*

SAINT-JOHN PERSE, *Vents*, op. cit.

# Les images

Métaphores et comparaisons caractérisent l'écriture de la poésie dans ses formes les plus libres. Il est parfois difficile de percevoir la logique des images, mais il faut se laisser prendre au jeu d'associations qui les fondent.

## • Comparaisons

→ *Car mon adolescence était si ardente et si folle*
*Que mon cœur, tour à tour,* ***brûlait comme*** *le temple d'Éphèse* ***ou comme*** *la Place Rouge de Moscou*

Ces deux vers, extraits de la *Prose du Transsibérien*, développent une double comparaison.
– En bleu apparaît **le comparé** : « mon cœur »
– En gras **les mots de comparaison** : « brûlait comme »
– En rouge **les comparants** : « le temple d'Éphèse » et « la Place Rouge ».

Le comparé, abstrait, se voit donc rapproché de deux lieux symboliques, l'un évoquant le pouvoir religieux, l'autre le pouvoir politique, ce qui a pour effet de souligner l'intensité des émotions ainsi que le besoin d'expansion et d'espace de l'adolescent. On notera que la comparaison est amenée par l'adjectif « ardente » du vers précédent, qui aurait présenté un sens abstrait en l'absence de l'image, mais dont la signification se dote, a posteriori, d'un caractère concret proche de l'étymologie : *ardeo* en latin veut dire « brûler ».

## • Métaphores

→ *Ivrogne de la vie qui conjugue au présent*
*Le liseron du jour et le fer de la grille*

Ces deux vers qui terminent le poème de René-Guy Cadou, p. 334, comportent plusieurs métaphores.

« Le liseron du jour » présente une identification entre la fleur grimpante, élément concret, et le jour, abstrait. Le jour enrubanne la grille comme les volutes du liseron, le végétal s'unissant au métal, qui lui donne un appui et le moyen de s'élever vers le ciel.

Le verbe « conjuguer » est lui-même employé métaphoriquement, puisqu'il signifie ici « unir », « marier » – sens toujours présent dans le mot « conjoint » pour désigner un époux – tout en gardant le sens grammatical courant dans l'expression « conjuguer au présent ».

Le poète – « ivrogne de la vie », pensons à l'ivresse poétique héritée de l'Antiquité, et au moderne recueil *Alcools* – est donc celui qui est capable de transformer le monde par le jeu des images : il trouve ainsi le moyen de conjurer les visions désespérantes de la nuit. Le fer de la grille – comme l'architecture du poème – permet à la fleur de se redresser, à l'espoir de s'attacher à un appui solide.

On distingue les métaphores *in praesentia* et *in absentia*.

• Les métaphores ***in praesentia*** donnent à lire les deux termes rapprochés par l'image :

→ *N'es-tu pas l'oasis où je rêve...* (v. 34)

Dans ce vers extrait de « La Chevelure », p. 324, Baudelaire associe la femme aimée, désignée par le pronom « tu » à « l'oasis » bienfaisante, rafraîchissante et salutaire.

• Les métaphores ***in absentia*** ne donnent que l'un des éléments, l'autre pouvant se déduire du contexte, ou restant parfois mystérieux.
Le premier vers du même poème, lu isolément, en propose un exemple :

→ *Ô toison moutonnant jusque sur l'encolure...*

Le titre du poème et le vers suivant permettent d'éclairer l'image et de comprendre qu'il s'agit d'une métaphore de la chevelure féminine.

Quand une métaphore se prolonge sur plusieurs lignes ou sur tout un texte, on parle de **métaphore filée**.
Ainsi, dans le poème de Baudelaire « La Chevelure », la métaphore maritime qui commence au vers 1 avec « moutonnant » se prolonge dans la deuxième strophe par les verbes « voguer », puis « nager », dans la troisième avec le mot « houle », et s'amplifie aux vers 14 et 15 :

Tu contiens, ***mer*** d'ébène, un éblouissant rêve
*De* ***voiles****, de* ***rameurs****, de* ***flammes*** *et de* ***mâts***

Elle se prolonge ensuite et connaît une expansion, la mer se faisant océan. La métaphore filée structure l'ensemble du texte.

## • Allégories

On appelle allégorie **une métaphore continue**, qui suppose cependant **une identification élément par élément** et **une personnification**.
Ainsi, dans le poème d'Apollinaire « La Chanson du mal aimé », extrait d'*Alcools*, nous lisons :

*Mon beau navire ô ma mémoire*
*Avons-nous assez navigué*
*Dans une onde mauvaise à boire*
*Avons-nous assez divagué*
*De la belle aube au triste soir*

Le navire ici se présente comme une allégorie de la mémoire : après l'invocation initiale, qui correspond à une première métaphore, il est fait allusion à la durée de la navigation (v. 2), à l'amertume de l'eau (v. 3), aux errances journalières (v. 3 et 4). Ce sont donc trois éléments qui viennent légitimer l'identification entre la mémoire et le navire – l'inscription dans le temps, les vicissitudes, les troubles. La mémoire, abstraite, se voit donc personnifiée par l'image du navire, concret.

# EXERCICES

**1 Relevez et commentez les images gourmandes de Moscou dans la deuxième strophe de la *Prose du Transsibérien*, p. 328.**

**2 Quelles sont les dénotations et les connotations de la comparaison suivante ?**

Et le soleil était une mauvaise plaie
Qui s'ouvrait comme un brasier.

**3 Étudiez la succession et la cohérence des comparaisons dans les vers suivants.**

Je suis couché dans un plaid
Bariolé
Comme ma vie
Et ma vie ne me tient pas plus chaud que ce châle
Écossais

**4 Comment se dessine l'image du tourbillon de la vie dans ce fragment de la *Prose du Transsibérien* ? Vous serez attentifs notamment au jeu des sonorités.**

Et tous les jours et toutes les femmes dans les cafés et tous les verres
J'aurais voulu les boire et les casser
Et toutes les vitrines et toutes les rues
Et toutes les maisons et toutes les vies
Et toutes les roues des fiacres qui tournaient en tourbillon sur les mauvais pavés

**5 Recopiez et analysez la comparaison de ce verset final du poème de la p. 332. Vous nommerez le comparant, le comparé, le terme de comparaison, et vous partirez de l'image concrète et de ce qu'elle suggère pour parvenir à la signification abstraite de la phrase.**

*les grands itinéraires encore s'illuminent au revers de l'esprit, comme traces de l'ongle au vif des plats d'argent.*

**6 Expliquez les expressions suivantes extraites du poème p. 332 :**

*Capitaines* ***de corvée*** (l. 4)
*Les Cavaliers sous le morion,* ***greffés*** *à leur monture* (l. 20)
*une lignée de lances pures et d'épées chastes y tinrent* ***veillée d'âmes*** (l. 36-37)

**7 Relevez et expliquez les images extraites du poème « La Nuit surtout », p. 334.**

Ce sont les pierres qui se détachent des années (v. 4)
C'est tout un pan de l'avenir qui se lézarde (v. 6)
Et rien ne vivra plus en moi (v. 7)
Comme un moulin qui tourne à vide (v. 8)

**8 Expliquez, en fonction de l'ensemble du poème, la comparaison empruntée à René-Guy Cadou, p. 334 :**

Je me dresse comme un ressort tout neuf dans mon lit (v. 22)

**9 Quel est le sens des métaphores suivantes extraites du texte de Guillevic, p. 335 ?**

Fatalement, rimer
C'est répéter, **piétiner,**

Or, je veux que les mots
**Aillent à l'aventure,**

Le poème
**Nous met au monde.**

**10 Expliquez les métaphores de ces phrases extraites du poème de Victor Segalen, p. 327.**

[...] Ne crois pas à la vertu
d'une vertu durable : romps-la de quelque forte épice qui brûle et morde et donne un goût même à la fadeur.

[...] tu parviendras, non point,
ami, au marais des joies immortelles,
Mais aux remous pleins d'ivresses du grand fleuve Diversité.

**11 Relevez les métaphores désignant la chevelure dans le poème de Baudelaire, p. 324. Précisez s'il s'agit de métaphores *in praesentia* ou *in absentia*. Quelles sont leurs dénotations et leurs connotations ?**

**12 Commentez précisément l'image empruntée à ce poème de René Char :**

[...] la mer dont la longue pelle bleue s'amusait à nos pieds.

**13 Que suggère chacune des métaphores suivantes empruntées au poème en prose de Baudelaire, p. 325 ?**

l'océan de ta chevelure ◇ l'ardent foyer de ta chevelure ◇ la nuit de ta chevelure ◇ les rivages duvetés de ta chevelure

**14 Lisez « Le Cygne », chap. 6, p. 254. Quelles sont les allégories que propose cette pièce des *Fleurs du mal* ?**

**15 Quelles allégories peuvent se lire dans le poème de Cendrars p. 328 ? Justifiez votre réponse en vous référant précisément au texte.**

# ÉPREUVE BAC

## CORPUS La liberté poétique de Rimbaud

### TEXTE A Lettre à Paul Demeny[1], dite « Lettre du Voyant »

– Voici de la prose sur l'avenir de la poésie : –

[...] Car JE est un autre. Si le cuivre s'éveille clairon, il n'y a rien de sa faute. Cela m'est évident : j'assiste à l'éclosion de ma pensée : je la regarde, je l'écoute : je lance un coup d'archet : la symphonie fait son remuement dans les profondeurs, ou vient d'un bond sur la scène.

Si les vieux imbéciles n'avaient pas trouvé du Moi que la signification fausse, nous n'aurions pas à balayer ces millions de squelettes qui, depuis un temps infini, ont accumulé les produits de leur intelligence borgnesse en s'en clamant les auteurs !

[...]

La première étude de l'homme qui veut être poète est sa propre connaissance, entière ; il cherche son âme, il l'inspecte, il la tente, l'apprend. Dès qu'il la sait, il doit la cultiver ; cela semble simple : en tout cerveau s'accomplit un développement naturel ; tant d'*égoïstes* se proclament auteurs ; il en est bien d'autres qui s'attribuent leur progrès intellectuel ! – Mais il s'agit de se faire l'âme monstrueuse : à l'instar des comprachicos[2], quoi ! Imaginez un homme s'implantant et se cultivant des verrues sur le visage.

Je dis qu'il faut être *voyant*, se faire *voyant*.

Le Poète se fait *voyant* par un long, immense et raisonné *dérèglement* de *tous les sens*. Toutes les formes d'amour, de souffrance, de folie ; il cherche lui-même, il épuise en lui tous les poisons, pour n'en garder que les quintessences. Ineffable torture où il a besoin de toute la foi, de toute la force surhumaine, où il devient entre tous le grand malade, le grand criminel, le grand maudit, – et le suprême Savant ! – Car il arrive à *l'inconnu* ! Puisqu'il a cultivé son âme, déjà riche, plus qu'aucun ! Il arrive à l'inconnu, et quand, affolé, il finirait par perdre l'intelligence de ses visions, il les a vues ! Qu'il crève dans son bondissement par les choses inouïes et innommables : viendront d'autres horribles travailleurs ; ils commenceront par les horizons où l'autre s'est affaissé ! [...]

Donc le poète est vraiment voleur de feu.

Il est chargé de l'humanité, des *animaux* même ; il devra faire sentir, palper, écouter ses inventions ; si ce qu'il apporte de *là-bas* a forme, il donne forme ; si c'est informe, il donne de l'informe. Trouver une langue ; – Du reste, toute parole étant idée, le temps d'un langage universel viendra ! Il faut être académicien, – plus mort qu'un fossile, – pour parfaire un dictionnaire, de quelque langue que ce soit. Des faibles se mettraient à *penser* sur la première lettre de l'alphabet, qui pourraient vite ruer dans la folie !

Cette langue sera de l'âme pour l'âme, résumant tout, parfums, sons, couleurs, de la pensée accrochant la pensée et tirant.

Lettre d'Arthur RIMBAUD à Paul Demeny, le 15 mai 1871.

1. **Paul Demeny :** jeune poète ami du professeur de Rimbaud, Georges Izambard.
2. **comprachicos :** emprunt au roman de Victor Hugo, *L'Homme qui rit*, publié en 1869, où le mot désignait des voleurs d'enfants qui mutilaient leurs victimes pour en faire des monstres à exhiber dans les foires.

## DOCUMENT B

J. M. WHISTLER (1834-1903), *Le Vieux Pont de Battersea,* vers 1865. Londres, Tate Gallery. © Erich Lessing/AKG Londres.

## TEXTE C « Villes » p. 326

## TEXTE D « Les Ponts »

Des ciels gris de cristal. Un bizarre dessin de ponts, ceux-ci droits, ceux-là bombés, d'autres descendant ou obliquant en angles sur les premiers, et ces figures se renouvelant dans les autres circuits éclairés du canal, mais tous tellement longs et légers que les rives, chargées de dômes, s'abaissent et s'amoindrissent. Quelques-uns de ces ponts sont encore chargés de masures. D'autres soutiennent des mâts, des signaux, de frêles parapets. Des accords mineurs se croisent et filent, des cordes montent des berges. On distingue une veste rouge, peut-être d'autres costumes et des instruments de musique. Sont-ce des airs populaires, des bouts de concerts seigneuriaux, des restants d'hymnes publics ? L'eau est grise et bleue, large comme un bras de mer. – Un rayon blanc, tombant du haut du ciel, anéantit cette comédie.

Arthur RIMBAUD, *Illuminations*, recueil édité par Verlaine en 1886.

## Questions

**1.** ***Dégagez les idées principales du texte A et classez celles qui définissent l'inconscient, la conscience et le travail du poète. Donnez pour chacune de ces étapes un exemple tiré des autres textes du corpus.***

**2.** ***Observez le tableau et menez vous-même une courte lecture de l'image selon la démarche suivante :***

***– À l'aide d'une règle, d'un crayon et d'un calque, tracez les médianes, bissectrices et médiatrices du rectangle : où est le centre géométrique ? Correspond-il au centre d'intérêt du tableau ? Que pensez-vous de cette structure ?***

***– Quelles sont les couleurs dominantes ? sont-elles primaires ou secondaires ? passées en à-plat ou par taches successives ? Quel est l'effet produit ? Quel est le rôle du doré posé en pluie ?***

***– Quels éléments proviennent de la nature ? Quels éléments proviennent de la culture (civilisation) ? Y a-t-il un être humain ? quelle est sa fonction ?***

***– À partir de ces observations, quelle interprétation donnez-vous du tableau ? En quoi complète-t-elle ou est-elle complétée par le texte de Rimbaud ?***

## Écriture d'invention

*Un poème en prose*

**Sujet**

***Sur le modèle de « Villes », p. 326, vous évoquerez, dans un poème en prose, un paysage de modernité, à la fois attirant et inquiétant, et vous mettrez cette évocation au service de votre perception du monde à venir.***

### Conseils

Lisez attentivement le texte de Rimbaud.

– Dégagez les lignes principales de ce tableau urbain.

– Dégagez les références urbaines dont s'inspire Rimbaud : qu'est-ce qui est londonien ? qu'est-ce qui est parisien ? qu'est-ce qui paraît oriental ?

– Quel mélange de civilisations souhaiteriez-vous accomplir dans votre « rêve de ville » ? Quels seraient les symboles architecturaux des civilisations auxquelles vous songez ?

## Commentaire

*Une vision impressionniste de Londres*

***Vous ferez le commentaire du Texte D, « Les Ponts ».***

## Dissertation

*Le poète « voleur de feu »*

**Sujet**

**« Donc le poète est vraiment voleur de feu »** ***déclare Rimbaud dans sa lettre à Paul Demeny. En quoi, à votre avis, Rimbaud, ou le poète en général, est-il « voleur de feu » ?***

### Conseils

L'expression « voleur de feu » renvoie au mythe de Prométhée. Le titan Prométhée avait volé le feu aux dieux pour le donner aux hommes. Ce faisant, il permit la civilisation puisque le feu conduisit les hommes à transformer la matière pour se l'assujettir. À la suite de cette « trahison », le titan fut maudit par les dieux et Zeus le condamna à être attaché sur un rocher aux confins de l'univers et à avoir le foie dévoré par un vautour, à perpétuité.

Appliquons cette fable au poète.

Si le titan vole quelque chose aux dieux pour le donner aux hommes, qu'est-ce que le poète vole au divin pour le donner aux autres hommes ? Est-ce le langage ? Est-ce la vérité ? Est-ce le sens du monde ?

Si Prométhée apporte par son larcin la civilisation au sens matériel du terme, qu'apporte le poète ? On se souviendra que *poïéô* en grec, signifie « faire », « créer ». Le poète est donc une sorte de démiurge, un artisan, un forgeron des mots qui, par la force du langage, crée du sens. N'apporte-t-il pas la civilisation au sens spirituel du terme ? On sait que la poésie fut toujours à l'origine cultuelle, cantique, hymne, prière mais aussi épopée, « fable du monde ». C'est cette capacité de mettre le monde en mots et de lui donner sens qui fait le danger du poète : il conduit l'homme à vouloir comprendre le monde, peut-être à le contester alors que tout État préfère des sujets ou des citoyens soumis. Au feu de la poésie, on peut se brûler.

C'est par cette responsabilité dans la conscience du monde que le poète est dangereux donc maudit.

Telle est la vision de Rimbaud.

Le débat consiste donc à opposer l'opinion commune, qui voit dans la poésie un simple amusement inconsistant et innocent, à la thèse de Rimbaud qui fait de la poésie le lieu privilégié d'une voyance, au sens émotionnel, politique et philosophique du terme. Le poète « voit » ce que les autres ne voient pas, l'acuité de nos sentiments, l'exaltation de nos sens, la colère où le plongent les choix politiques de son temps, le doute existentiel.

**Suggestion de plan :**

**I** - La poésie comme moyen de fuir les réalités du monde. Le poète, doux rêveur. **Le poète voleur de rêves.**

**II** - La poésie comme moyen de s'opposer aux cruautés du monde. Le poète, précepteur de résistance. **Le poète voleur d'idées.**

**III** - La poésie comme moyen d'atteindre les vérités cachées du monde. **Le poète, voleur de sens.**

# OUVERTURE SUR

## Le rôle de la poésie

Quand les poètes s'expliquent sur la poésie...

TEXTE A

Le domaine le plus riche, le moins connu, celui dont l'étendue est infinie étant l'imagination, il n'est pas étonnant que l'on ait réservé plus particulièrement le nom de poète à ceux qui cherchent les joies nouvelles qui jalonnent les énormes espaces imaginatifs.

Le moindre fait est pour le poète le postulat, le point de départ d'une immensité inconnue où flambent les feux de joie des significations multiples.
Il n'est pas besoin pour partir à la découverte de choisir à grand renfort de règles, même édictées par le goût, un fait classé comme sublime. On peut partir d'un fait quotidien : un mouchoir qui tombe peut être pour le poète le levier avec lequel il soulèvera tout un univers. On sait ce que la chute d'une pomme vue par Newton fut pour ce savant que l'on peut appeler un poète. C'est pourquoi le poète d'aujourd'hui ne méprise aucun mouvement de la nature, et son esprit poursuit la découverte aussi bien dans les synthèses les plus vastes et les plus insaisissables : foules, nébuleuses, océans, nations, que dans les faits en apparence les plus simples : une main qui fouille une poche, une allumette qui s'allume par le frottement, des cris d'animaux, l'odeur des jardins après la pluie, une flamme qui naît dans un foyer. Les poètes ne sont pas seulement les hommes du beau. Ils sont encore et surtout les hommes du vrai, en tant qu'il permet de pénétrer dans l'inconnu, si bien que la surprise, l'inattendu est un des principaux ressorts de la poésie d'aujourd'hui.

Guillaume APOLLINAIRE, « L'Esprit nouveau et les poètes », conférence prononcée en 1917, recueilli dans *Œuvres en prose complètes*, tome II, « Pléiade », © Éditions Gallimard.

TEXTE B

On a coutume de représenter la poésie comme une dame voilée, langoureuse, étendue sur un nuage. Cette dame a une voix musicale et ne dit que des mensonges.

Maintenant, connaissez-vous la surprise qui consiste à se trouver soudain en face de son propre nom comme s'il appartenait à un autre, à voir, pour ainsi dire, sa forme et à entendre le bruit de ses syllabes sans l'habitude aveugle et sourde que donne une longue intimité. [...]

Il arrive que le même phénomène se produise pour un objet, un animal. L'espace d'un éclair, nous voyons un chien, un fiacre, une maison pour la première fois. Tout ce qu'ils présentent de spécial, de fou, de ridicule, de beau nous accable. Immédiatement après, l'habitude frotte cette image puissante avec sa gomme. Nous caressons le chien, nous arrêtons le fiacre, nous habitons la maison. Nous ne les voyons plus.

Voilà le rôle de la poésie. Elle dévoile, dans toute la force du terme. Elle montre nues, sous une lumière qui secoue la torpeur, les choses surprenantes qui nous environnent et que nos sens enregistraient machinalement.

Inutile de chercher au loin des objets et des sentiments bizarres pour surprendre le dormeur éveillé. C'est là le système du mauvais poète et ce qui nous vaut l'exotisme.

Il s'agit de lui montrer ce sur quoi son cœur, son œil glissent chaque jour sous un angle et avec une vitesse tels qu'il lui paraît le voir et s'en émouvoir pour la première fois.

Voici bien la seule création permise à la créature.

Car, s'il est vrai que la multitude des regards patine les statues, les lieux communs, chefs-d'œuvre éternels, sont recouverts d'une épaisse patine qui les rend invisibles et cache leur beauté.

Mettez un lieu commun en place, nettoyez-le, frottez-le, éclairez-le de telle sorte qu'il frappe avec sa jeunesse et avec la même fraîcheur, le même jet qu'il avait à sa source, vous ferez œuvre de poète.

Tout le reste est littérature.

Jean COCTEAU, *Le Secret professionnel*, 

## TEXTE C

La poésie n'est rien que ce grand élan qui nous transporte vers les choses usuelles – usuelles comme le ciel qui nous déborde.

*

Les poètes sont les aristocrates du peuple.

*

La poésie sera toujours l'éloge de la vie dangereuse.

René-Guy CADOU, *Usage interne*, 

## TEXTE D

La poésie n'est pas souvent à l'honneur. C'est que la dissociation semble s'accroître entre l'œuvre poétique et l'activité d'une société soumise aux servitudes matérielles. Écart accepté, non recherché par le poète, et qui serait le même pour le savant sans les applications pratiques de la science. [...]

Mais plus que mode de connaissance, la poésie est d'abord mode de vie – et de vie intégrale. Le poète existait dans l'homme des cavernes, il existera dans l'homme des âges atomiques : parce qu'il est part irréductible de l'homme. De l'exigence poétique, exigence spirituelle, sont nées les religions elles-mêmes, et par la grâce poétique, l'étincelle du divin vit à jamais dans le silex humain. Quand les mythologies s'effondrent, c'est dans la poésie que trouve refuge le divin ; peut-être même son relais. [...]

Elle n'attend rien pourtant des avantages du siècle. Attachée à son propre destin, et libre de toute idéologie, elle se connaît égale à la vie même, qui n'a d'elle-même à justifier. Et c'est d'une même étreinte, comme une seule grande strophe vivante, qu'elle embrasse au présent tout le passé et l'avenir, l'humain avec le surhumain, et tout l'espace planétaire avec l'espace universel. L'obscurité qu'on lui reproche ne tient pas à sa nature propre, qui est d'éclairer, mais à la nuit même qu'elle explore, et qu'elle se doit d'explorer : celle de l'âme elle-même et du mystère où baigne l'être humain. Son expression toujours s'est interdit l'obscur, et cette expression n'est pas moins exigeante que celle de la science. [...]

[*Saint-John Perse montre ensuite un poète engagé dans l'Histoire, qui doit rappeler à l'homme sa double vocation d'être à la fois temporel et intemporel.*]

Face à l'énergie nucléaire, la lampe d'argile du poète suffira-t-elle à son propos ? – Oui, si d'argile se souvient l'homme.

Et c'est assez, pour le poète, d'être la mauvaise conscience de son temps.

SAINT-JOHN PERSE, « Poésie », extrait du discours prononcé lors de la réception du prix Nobel de littérature en 1960, 

PARTIE 4

# L'AUTOBIOGRAPHIE

TAMARA de LEMPICKA (1898-1980), *Mon Portrait*, 1929. Huile sur bois. Paris, coll. privée.

CHAPITRE

# 9 Récits autobiographiques

## OBJECTIFS

- Découvrir les caractéristiques de l'autobiographie
- Analyser ses formes et ses enjeux

REMBRANDT (1606-1669), *Autoportrait*, 1630. 15,5 × 12 cm. Stockholm, Musée national. © The Bridgeman Art Library.

GROUPEMENT I

# Le projet autobiographique

## I. UNE PEINTURE DE SOI

## MONTAIGNE (1533-1592)

## *Essais*

voir biographie p. 632

*Dans l'avis « Au lecteur » qui ouvre les* Essais, *en 1580, Montaigne fait part de son projet :* « Je veux qu'on m'y voie en ma façon simple, naturelle et ordinaire, sans contention et artifice : car c'est moi que je peins. » *L'extrait suivant du chapitre XVII du Livre II, sans doute écrit entre 1578 et 1580, propose un portrait physique et moral de l'auteur. Montaigne veut savoir s'il n'y a pas quelque « présomption » à se peindre soi-même.*[1]

J'ai au demeurant la taille forte et ramassée ; le visage non pas gras, mais plein ; la complexion entre le jovial et le mélancolique, moyennement sanguine et chaude,

*Unde rigent setis mihi crura et pectora villis*[2] ;

La santé forte et allègre, jusque bien avant en mon âge rarement troublée par les maladies. J'étais tel, car je ne me considère pas à cette heure que je suis engagé dans les avenues de la vieillesse, ayant piéça[3] franchi les quarante ans :

*Minutatim vires et robur adultum*
*Frangit, et in partem pejorem liquitur aetas*[4].

Ce que je serai dorénavant, ce ne sera plus qu'un demi-être, ce ne sera plus moi ; je m'échappe tous les jours et me dérobe à moi :

*Singula de nobis anni praedantur euntes*[5].

D'adresse et de disposition, je n'en ai point eu ; et si[6] suis fils d'un père très dispos, et d'une allégresse qui lui dura jusques à son extrême vieillesse. Il ne trouva guère homme de sa condition qui s'égalât à lui en tout exercice de corps : comme je n'en ai guère trouvé aucun qui ne me surmontât, sauf au courir (en quoi j'étais des médiocres[7]). De la musique, ni pour la voix, que j'y ai très inepte[8], ni pour les instruments, on ne m'y a jamais su[9] rien apprendre. À la danse, à la paume, à la lutte, je n'y ai pu acquérir qu'une bien fort légère et vulgaire suffisance[10] ; à nager, à escrimer, à voltiger[11] et à sauter, nulle du tout. Les mains, je les ai si gourdes que je ne sais pas écrire seulement pour moi : de façon que, ce que j'ai barbouillé, j'aime mieux le refaire que de me donner la peine de le démêler ; et ne lis guère mieux : je me sens peser aux écoutants ; autrement bon clerc[12]. Je ne sais pas clore à droit[13] une lettre, ni ne sus jamais tailler plume, ni trancher à table, qui vaille[14], ni équiper un cheval de son harnais, ni porter à point[15] un oiseau et le lâcher, ni parler aux chiens, aux oiseaux, aux chevaux.

1. Le texte de 1580 est imprimé en noir, celui de 1588 en **bleu**, et les additions de l'exemplaire de Bordeaux en **violet**.
2. « Aussi mes jambes et ma poitrine sont-elles hérissées de poils » (Martial, *Épigrammes*, II, XXXVI, v. 5).
3. **piéça :** depuis longtemps.
4. « Peu à peu l'âge brise les forces et la vigueur de la maturité, et glisse à la décrépitude » (Lucrèce, *De la Nature*, II, 5, v. 1131-1132).
5. « Les ans viennent, pillant un à un tous nos dons » (Horace, *Épîtres*, II, II, v. 55).
6. **si :** pourtant.
7. **médiocre :** moyen.
8. **inepte :** inapte.
9. **su :** pu.
10. **suffisance :** capacité.
11. **voltiger :** faire des acrobaties.
12. **clerc :** homme cultivé.
13. **à droit :** comme il faut.
14. **qui vaille :** de façon valable.
15. **porter à point :** comme il convient.

Mes conditions corporelles sont, en somme, très bien accordantes à celles de l'âme. Il n'y a rien d'allègre : il y a seulement une vigueur pleine et ferme. Je dure[16] bien à la peine ; mais j'y dure si je m'y porte moi-même, et autant que mon désir m'y conduit,

*Molliter austerum studio fallente laborem*[17].

Autrement, si je n'y suis alléché par quelque plaisir, et si j'ai autre guide que ma pure et libre volonté, je n'y vaux rien. Car j'en suis là que, sauf la santé et la vie, il n'est chose pour quoi je veuille ronger mes ongles et que je veuille acheter au prix du tourment d'esprit et de la contrainte,

*Tanti mihi non sit opaci*
*Omnis arena Tagi, quodque in mare volvitur aurum*[18] ;

extrêmement oisif, extrêmement libre, et par nature et par art. Je prêterais aussi volontiers mon sang que mon soin.

J'ai une âme toute sienne, accoutumée à se conduire à sa mode. N'ayant jamais eu jusques à cette heure ni commandant ni maître forcé, j'ai marché aussi avant et le pas qu'il m'a plu : cela m'a amolli et rendu inutile au service d'autrui, et ne m'a fait bon qu'à moi. Et pour moi, il n'a été besoin de forcer ce naturel pesant, paresseux et fainéant ; car, m'étant trouvé en tel degré de fortune dès ma naissance, que j'ai eu occasion de m'y arrêter[19], et en tel degré de sens que j'ai senti en avoir occasion, je n'ai rien cherché et n'ai aussi rien pris :

*Non agimur tumidis velis Aquilone secundo ;*
*Non tamen adversis aetatem ducimus Austris :*
*Viribus, ingenio, specie, virtute, loco, re,*
*Extremi primorum, extremis usque priores*[20].

Je n'ai eu besoin que de la suffisance de me contenter, qui est pourtant un règlement d'âme, à le bien prendre, également difficile en toute sorte de condition, et que par usage nous voyons se trouver plus facilement encore en la nécessité qu'en l'abondance ; d'autant à l'aventure[21] que, selon le cours de nos autres passions, la faim des richesses est plus aiguisée par leur usage que par leur disette, et la vertu de la modération plus rare que celle de la patience. Et n'ai eu besoin que de jouir doucement des biens que Dieu par sa libéralité m'avait mis entre mains. Je n'ai goûté aucune sorte de travail ennuyeux. Je n'ai eu guère en maniement que mes affaires.

Michel de MONTAIGNE, *Essais*, 1595, Livre II, chapitre XVII : *De la présomption.*

**16. dure :** endure, résiste.

**17.** « Car l'ardeur abuse doucement l'austère labeur. » (Horace, *Satires*, II, II, v. 12)

**18.** « Je ne voudrais point à si grand prix de tout le sable du Tage bourbeux ni de tout l'or qu'il roule vers la mer. » (Juvénal, *Satires*, III, v. 54-55)

**19. de m'y arrêter :** de me contenter de cette fortune.

**20.** « Nous ne sommes pas poussés, voiles gonflées, par l'aquilon favorable ; nous ne passons pourtant pas notre vie sous des vents contraires : en force, intelligence, beauté, mérite, rang, biens, nous sommes les derniers des premiers, mais les premiers chez les derniers. » (Horace, *Épîtres*, II, II v. 201-204)

**21. à l'aventure :** sans doute.

## ANALYSE

**1.** Quel portrait physique et moral Montaigne brosse-t-il de lui-même ?

**2.** Cet autoportrait est-il complaisant ?

**3.** Montrez, en étudiant les figures de rhétorique, de quelle manière l'auteur tend à approcher la réalité au plus près.

**4.** Étudiez les différentes strates du texte. Que nous apprennent-elles sur l'évolution de Montaigne ?

**5.** En quoi l'auteur est-il une figure représentative de son époque ?

**6.** Montrez en quoi consiste la modernité de Montaigne.

## LIENS


- **Histoire littéraire,** L'autobiographie, p. 366
- **Vocabulaire,** Mémoire, souvenir et oubli, p. 374
- **Ouverture sur** L'autoportrait au XXe siècle, p. 382
- **Chapitre 11,** p. 448 et p. 450
- **Mémento,** Les figures de rhétorique, p. 618

# Jean-Jacques ROUSSEAU (1712-1778)

## *Les Confessions*

voir biographie p. 632

*Le Préambule occupe une position stratégique, en tête des* Confessions. *Sa date de rédaction est incertaine : la critique hésite entre juillet 1766 et août 1768.*
*Ce Préambule constitue véritablement ce que Philippe Lejeune appelle « le pacte autobiographique ».*

*Intus, et in cute*[1]

Je forme une entreprise[2] qui n'eut jamais d'exemple et dont l'exécution n'aura point d'imitateur. Je veux montrer à mes semblables un homme dans toute la vérité de la nature ; et cet homme, ce sera moi.

Moi seul. Je sens mon cœur et je connais les hommes. Je ne suis fait comme aucun de ceux que j'ai vus ; j'ose croire n'être fait comme aucun de ceux qui existent. Si je ne vaux pas mieux, au moins je suis autre. Si la nature a bien ou mal fait de briser le moule dans lequel elle m'a jeté, c'est ce dont on ne peut juger qu'après m'avoir lu.

Que la trompette du jugement dernier[3] sonne quand elle voudra ; je viendrai, ce livre à la main, me présenter devant le souverain juge. Je dirai hautement : voilà ce que j'ai fait, ce que j'ai pensé, ce que je fus. J'ai dit le bien et le mal avec la même franchise. Je n'ai rien tu de mauvais, rien ajouté de bon, et s'il m'est arrivé d'employer quelque ornement indifférent, ce n'a jamais été que pour remplir un vide occasionné par mon défaut de mémoire ; j'ai pu supposer vrai ce que je savais avoir pu l'être, jamais ce que je savais être faux. Je me suis montré tel que je fus, méprisable et vil quand je l'ai été, bon, généreux, sublime, quand je l'ai été : j'ai dévoilé mon intérieur tel que tu l'as vu toi-même. Être éternel[4], rassemble autour de moi l'innombrable foule de mes semblables ; qu'ils écoutent mes confessions, qu'ils gémissent de mes indignités, qu'ils rougissent de mes misères. Que chacun d'eux découvre à son tour son cœur aux pieds de ton trône avec la même sincérité ; et puis qu'un seul te dise, s'il l'ose : *Je fus meilleur que cet homme-là.*

Jean-Jacques ROUSSEAU, *Les Confessions*, 1782.

---

**1.** « Dans et sous la peau ». Épigraphe tirée du poète latin Perse.
**2. entreprise :** projet.
**3. trompette du jugement dernier :** trompette qui, dans la religion catholique, annonce le jugement solennel au cours duquel Dieu, à la fin du monde, statuera sur le sort des hommes.
**4. Être éternel :** Dieu, selon Rousseau et les théistes.

Jean COUSIN, dit Le Jeune (1522-1594), *Le Jugement dernier*.
Huile sur toile, 145 × 142 cm. Paris, Musée du Louvre.
© The Bridgeman Art Library.

## ANALYSE

### *Un pacte autobiographique*

**1.** Quel est le but de Rousseau ?

**2.** Qui est son interlocuteur privilégié ? Qu'en déduisez-vous sur l'homme Rousseau ?

### *Un homme unique et exemplaire : Rousseau*

**3.** De quelle manière Rousseau montre-t-il qu'il est unique ?

**4.** Son exemplarité signifie-t-elle pour autant qu'il est meilleur que les autres ?

### *Un Préambule théâtral*

**5.** À quelle figure de style Rousseau a-t-il recours dans le troisième paragraphe ? pourquoi ?

**6.** Commentez le style du Préambule. Quelle image, volontaire ou involontaire, Rousseau nous transmet-il de lui ? Vous étudierez en particulier le choix, le nombre et la place des adjectifs qualificatifs dans la phrase : « *Je me suis montré tel que je fus [...] tel que tu l'as vu toi-même.* »

## LIENS


+ **Histoire littéraire,** L'autobiographie, p. 366
+ **Vocabulaire,** Mémoire, souvenir et oubli, p. 374
+ **Grammaire,** L'énonciation dans l'écriture autobiographique, p. 376
+ **Mémento,** Les figures de rhétorique, p. 618


## PROLONGEMENT

Le critique suisse, Jean Starobinski, né en 1920, a publié une étude importante sur Jean-Jacques Rousseau qui éclaire le projet des *Confessions* :

Au reste, peu importe l'exactitude de la réminiscence. Que retentisse et s'amplifie le souvenir, qu'il se confonde avec le sentiment actuel jusqu'à ne plus s'en distinguer. Rousseau veut peindre son âme en nous racontant l'histoire de sa vie ; ce qui compte par-dessus tout n'est pas la vérité historique, c'est l'émotion d'une conscience laissant le passé émerger et se représenter en elle. Si l'image est fausse, du moins l'émotion actuelle ne l'est pas. La vérité que Rousseau veut nous communiquer n'est pas l'exacte localisation des faits biographiques, mais la relation qu'il entretient avec son passé. Il se peindra doublement, puisqu'au lieu de reconstituer son histoire, il se raconte lui-même tel qu'il revit son histoire en l'écrivant. Peu importe alors s'il comble par l'imagination les lacunes de sa mémoire ; la qualité de nos rêves n'exprime-t-elle pas notre nature ? peu importe le peu de ressemblance « anecdotique » de l'autoportrait, puisque l'âme du peintre s'est manifestée par la manière, par la touche, par le style. En déformant son image, il révèle une réalité plus essentielle, qui est le regard qu'il porte sur lui-même, l'impossibilité où il est de se saisir autrement qu'en se déformant. Il ne prétend plus dominer son objet (qui est lui-même) de la façon impartiale et froide qui serait celle de l'historien, possesseur d'une vérité *ne varietur*[1]. Il s'expose dans sa recherche et son erreur, conjointement avec l'objet incertain qu'il croit saisir. Cet ensemble constitue une vérité plus complète, mais qui échappe aux lois habituelles de la vérification. Nous ne sommes plus dans le domaine de la *vérité* (de l'*histoire* véridique) nous sommes désormais dans celui de l'*authenticité* (du *discours* authentique).

Jean STAROBINSKI, *Jean-Jacques Rousseau : la transparence et l'obstacle*, © Éditions Gallimard, 1971.

1. ***ne varietur*:** latin, « pour qu'il ne soit pas changé », c'est-à-dire : définitif.

**1.** Quelle différence établissez-vous entre « vérité » et « authenticité » ?

**2.** Pourquoi Jean Starobinski oppose-t-il « *histoire* véridique » et « *discours* authentique » ?

**3.** Résumez la pensée de Starobinski. En quoi consiste pour lui l'intérêt de l'écriture autobiographique ?

**4.** Quelles phrases du Préambule ce texte commente-t-il ?

## 3. LE PREMIER AVEU

# Jean-Jacques ROUSSEAU (1712-1778)

## *Les Confessions*

voir biographie p. 632

*L'extrait suivant, le célèbre épisode de la fessée, constitue le premier aveu de Rousseau, sans doute le plus difficile, puisqu'il concerne l'éveil de sa sexualité. En 1722, Rousseau et son cousin furent mis en pension chez le pasteur Lambercier et sa sœur, à Bossey. Dans les lignes qui précèdent, l'auteur avoue avoir éprouvé du plaisir à la « punition des enfants », administrée par Mlle Lambercier.*

Cette récidive, que j'éloignais sans la craindre, arriva sans qu'il y eût de ma faute, c'est-à-dire de ma volonté, et j'en profitai, je puis dire, en sûreté de conscience. Mais cette seconde fois fut aussi la dernière, car Mlle Lambercier, s'étant sans doute aperçue à quelque signe que ce châtiment n'allait pas à son but, déclara qu'elle y renonçait et qu'il la fatiguait trop. Nous avions jusque-là couché dans sa chambre, et même en hiver quelquefois dans son lit. Deux jours après, on nous fit coucher dans une autre chambre, et j'eus désormais l'honneur, dont je me serais bien passé, d'être traité par elle en grand garçon.

Qui croirait que ce châtiment d'enfant, reçu à huit ans[1] par la main d'une fille de trente, a décidé de mes goûts, de mes désirs, de mes passions, de moi pour le reste de ma vie, et cela précisément dans le sens contraire à ce qui devait s'ensuivre naturellement ? En même temps que mes sens furent allumés, mes désirs prirent si bien le change, que, bornés[2] à ce que j'avais éprouvé, ils ne s'avisèrent point de chercher autre chose. Avec un sang brûlant de sensualité presque dès ma naissance, je me conservai pur de toute souillure jusqu'à l'âge où les tempéraments les plus froids et les plus tardifs se développent. Tourmenté longtemps sans savoir de quoi, je dévorais d'un œil ardent les belles personnes ; mon imagination me les rappelait sans cesse, uniquement pour les mettre en œuvre à ma mode, et en faire autant de demoiselles Lambercier.

1. En réalité, il en avait onze.
2. **bornés :** arrêtés, limités.

Jean-Jacques ROUSSEAU, *Les Confessions*, Livre I, 1782.

## ANALYSE

### *Une scène de théâtre*

**1.** Comment la fessée est-elle évoquée ? Quel est le registre dominant ?

**2.** Qui sont les véritables acteurs de la scène ? S'agit-il uniquement de Jean-Jacques et de Mlle Lambercier ?

**3.** De quelle manière Rousseau adulte énonce-t-il les conséquences de cette seconde fessée pour Jean-Jacques, héros de la scène ?

### *Une scène muette*

**4.** Y-a-t-il eu préméditation de la part de Jean-Jacques ? Vous pourrez vous intéresser en particulier aux atténuations et aux réticences.

**5.** À quel discours les paroles de Mlle Lambercier sont-elles rapportées ? Que pensez-vous du contenu de ce discours ?

**6.** Quelles furent les conséquences de cette seconde fessée sur la vie sentimentale de Rousseau ?

### Le commentaire de Rousseau

**7.** Pourquoi les adultes refusent-ils d'expliquer leurs décisions ? Quelle conséquence entraîne une telle attitude ?

**8.** De quelle manière Rousseau adulte insiste-t-il sur la fatalité du destin de Jean-Jacques ?

## PROLONGEMENT

L'universitaire Philippe Lejeune, né en 1938, pose, dans un ouvrage fondateur pour l'autobiographie, un regard critique sur le « premier aveu » de Rousseau.

En racontant l'épisode de la fessée donnée par Mlle Lambercier, Rousseau fait « le premier pas et le plus pénible dans le labyrinthe obscur et fangeux de (ses) souvenirs ». C'est le pas le plus célèbre : mais peut-être aussi le pas le plus méconnu, le texte le moins lu. L'incongruité bloque toute réflexion. Le lecteur se sent tenu de réagir rapidement, il n'a pas le temps de lire. Aussi ce qui domine est-il la réaction d'humeur, qui masque le refus de lire.

Les réactions des premiers lecteurs de 1782 marquent toutes une totale incompréhension, aussi bien chez les partisans de Rousseau que chez ses adversaires. Ces derniers s'étonnent qu'il ait prétendu intéresser le public par tant de « niaiseries puériles », tant de détails sans intérêt, qui « impatientent » le lecteur[1] ; certains isolent au milieu de ces bagatelles insignifiantes la fessée, pour en signaler le scandale en ironisant. Ainsi le critique de *L'Année littéraire*, qui trouve tous les détails du premier livre « très ordinaires », mais… :

*Ce qui n'est pas commun assurément, ce qu'on peut remarquer comme rare, extraordinaire,* ***unique****, c'est l'explication curieuse et détaillée des sensations qu'il éprouva lorsque le châtiment des enfants lui fut infligé par la main de Mlle Lambercier, sœur de son maître de pension ; si le trop sincère Jean-Jacques n'avait aucun respect pour la pudeur, s'il ne craignait point de blesser la délicatesse de ses lecteurs, par des idées aussi étranges, il devait du moins redouter la honte et le mépris que le monde attache à des goûts bizarres qui annoncent une organisation vicieuse ; cet aveu de faiblesse involontaire mais extravagante, fait au public sans nécessité, sans aucun fruit, doit étonner les uns, faire rougir les autres, fournir au plus grand nombre une source intarissable de mauvaises plaisanteries, et imprimer à la mémoire de Rousseau un ridicule ineffaçable*[2].

Du moins ce critique a-t-il été sensible à la longueur et à la bizarrerie de cet aveu, plus perspicace en cela que les partisans de Rousseau : ainsi le critique du *Journal de Monsieur*, classe la fessée parmi les puérilités inintéressantes, et soupçonne Mlle Lambercier d'avoir « adouci la rigueur » du châtiment. […]

Le XIX<sup>e</sup> siècle a jeté un voile pudique sur cet épisode. Ce sont les sexologues qui ont levé ce voile : Krafft-Ebing le premier qui, en analysant la perversion qu'il baptisa, d'après Sacher Masoch, du nom de « masochisme », la fit également parrainer par Rousseau. […] À partir de Krafft-Ebing, la fessée de Mlle Lambercier devient un cliché, une idée reçue. […]

Quant aux réactions des critiques modernes, elles éludent en général la lecture du texte. Ou bien on fait des pirouettes, comme Cocteau :

*Le postérieur de Jean-Jacques est-il le soleil de Freud qui se lève ? J'y distingue plutôt le clair de lune romantique. Se croire malade parce qu'on garde le souvenir d'une fessée charmante est encore une preuve de candeur*[3].

Ou bien comme Jean Guéhenno, après avoir résumé le texte de manière caricaturale, on affiche une incrédulité totale ; on écoute les aveux de Jean-Jacques avec une indulgence larmoyante, ce seraient des élucubrations invraisemblables, destinées à cacher la pauvreté de sa vie sexuelle :

*Pauvre vieil homme ! quelle manie de s'accuser, mais aussi quelle habileté à le faire. Ce n'est qu'un vieil homme qui parle, aux médiocres amours, et qui regrette et qui explique, comme il peut, leur médiocrité et sa timidité à entreprendre*[4].

Philippe LEJEUNE, *Le Pacte autobiographique*,


1. La Harpe, *Correspondance littéraire*, 1801, t. III (lettre CLXVIII).
2. *L'Année littéraire*, 1782, t. IV.
3. Jean Cocteau, *Tableau de la Littérature française*, © Éditions Gallimard, 1939.
4. Jean Guéhenno, *Jean-Jacques, en marge des « Confessions »*, t. I. © Éditions Grasset, 1948.

**1.** Résumez les différentes interprétations de cet épisode.

**2** Quelle perspective sur l'écriture autobiographique Jean Guéhenno propose-t-il ?

**3.** Pensez-vous qu'un tel épisode dans la vie d'un enfant soit un élément fondateur de sa personnalité ?

## LIENS


- **Histoire littéraire,** L'autobiographie, p. 366
- **Vocabulaire,** Mémoire, souvenir et oubli, p. 374
- **Grammaire,** L'énonciation dans l'écriture autobiographique, p. 376
- **Mémento,** Les registres, Les modalités du discours, p. 618

# RESTIF de LA BRETONNE (1734-1806)

## *Monsieur Nicolas ou le cœur humain dévoilé*

voir biographie p. 632

*Surnommé « le Rousseau des Halles », Restif de La Bretonne connut le succès en 1775 avec un roman autobiographique :* Le Paysan perverti. *À partir de 1794, il écrivit ses* Mémoires *qu'il conclut ainsi :* « Je suis un livre vivant. » *L'extrait proposé se trouve au début de l'ouvrage.*

L'exactitude et la sincérité sont absolument nécessaires, dans mon plan, puisque je dois anatomiser le cœur humain sur mon sens intime, et sonder les profondeurs du *moi.* Ce ne sont pas mes *Confessions* que je fais : ce sont les *Ressorts du cœur humain* que je *dévoile.* Disparaisse Nicolas-Edme, et que l'homme seul demeure !... Mais il n'en est pas moins vrai que c'est Nicolas-Edme qui s'immole, et qui, au lieu de son corps malade, lègue aux moralistes son âme viciée, pour qu'ils la dissèquent utilement, aux yeux de leur siècle et des âges futurs. Je serai vrai, lors même que la vérité m'exposera au mépris. C'est ici le cas de tout braver, ou de se cacher ; le parti mitoyen serait une infamie.

Je suis né avec des passions vives : elles m'ont rendu heureux et malheureux. Si l'on me considère sous le premier point de vue, il ne fut jamais de monarque, de favori de la Fortune, qui ait eu plus de jouissances que moi. Si, au contraire, on fait attention à mes privations, à mes peines, qui fut jamais plus à plaindre ! Haï, méprisé, persécuté, trahi, condamné par la pauvreté au travail le plus rude et le plus continuel, abreuvé d'opprobres, mis au-dessous de ceux qui ne me valaient pas, malheureux par les femmes sous tous les rapports, réduit longtemps à manquer du nécessaire, tremblant pour ma liberté, craignant pour ma vie, tenté par l'affreuse idée du suicide, ne trouvant de la joie, ou plutôt de la consolation, que dans la vue d'une destruction prochaine, voilà quel a été mon sort : cet horrible tableau n'est pas exagéré.

Si, jetant les yeux sur mes qualités, on en fait l'énumération, l'on trouvera que j'ai toujours été frugal, laborieux, économe, compatissant à l'excès ; que je n'ai été ni joueur, ni buveur, ni gourmand ; modeste sur mon compte, je rougissais d'être estimé ; depuis, j'ai souvent été le censeur le plus rigide de mes ouvrages, et quelquefois le plus éclairé ; souvent, j'ai diminué mon salaire, en disant : « Je n'ai pas tant mérité. »

Mais, d'un autre côté, j'ai été emporté, brutal, furieux, d'un caractère impatient au joug, dur, impérieux, sacrifiant tout au penchant frénétique pour les femmes, me livrant, pour le satisfaire, à des excès punissables ; ne respectant ni la pudeur, ni la décence ; m'exposant moi-même, exposant des âmes encore pures aux suites affreuses du libertinage, achevant de précipiter, dans ce gouffre immonde, des jeunes filles qui ne s'en étaient encore qu'approchées. Avare quelquefois jusqu'à l'inhumanité, je refusais une bagatelle ; prodigue souvent jusqu'à la pusillanimité qui se laisse dépouiller, je soldais lâchement le vice, honteux par orgueil, avide de louanges, en paraissant les dédaigner ; insouciant et désintéressé par paresse ; cynique par un sentiment superbe de mon mérite ; coquet jusqu'au ridicule ; jaloux, envieux, caustique, grotesque, impudent, quels défauts n'ai-je pas eus !... Et pourtant, je me suis quelquefois privé du nécessaire pour le pauvre ; j'ai souvent été obligeant en secret ; j'ai servi, secouru mes ennemis sans que jamais ils l'aient su ; j'ai obligé mes amis, sous le nom de personnes qui ne songeaient pas à eux, parce que je préférais le titre d'ami à celui de bienfaiteur ; j'ai adouci les derniers moments d'un moribond, en feignant d'être chargé d'une réconciliation, que j'ai ensuite effectuée ; j'ai sauvé l'honneur à des filles, à trois femmes ; j'ai vaincu les plus fortes passions ; j'ai, habituellement, rapporté obligeamment les discours désobligeants, pour calmer les inimitiés. Mais on m'a vu brouiller des amis, par imprudence, par légèreté ; j'ai menti avec le ton de la candeur ; j'ai insulté des femmes, des jeunes filles, par des expressions libertines...

Inconcevable labyrinthe du cœur humain ! Ô chaos, qui renfermes tous les contraires, qui te débrouillera ?... Moi, dans moi-même.

Nicolas-Edme RESTIF de LA BRETONNE,
*Monsieur Nicolas ou le cœur humain dévoilé*, 1797.

École française,
XVIII^e siècle.
*Les Regrets inutiles.*
Paris, Musée Carnavalet.
© The Bridgeman
Art Library.

## ANALYSE

### *Un projet autobiographique original*

**1.** En quoi consiste précisément le projet de Restif de La Bretonne ?

**2.** Comment expliquez-vous l'emploi de l'italique dans le premier paragraphe ?

**3.** Quelles images l'auteur utilise-t-il pour énoncer son projet autobiographique ?

**4.** De quelle manière le destinataire est-il présent dans le texte ?

### *Un autoportrait contrasté*

**5.** Quelle figure de style l'auteur privilégie-t-il ? Relevez des exemples et montrez l'intention de l'auteur.

**6.** Relevez les énumérations et les accumulations. Que suggèrent-elles ?

**7.** Montrez de quelle manière les connecteurs logiques d'opposition nuancent le portrait.

**8.** Ce portrait vous semble-t-il relever plus de l'auto-accusation ou du plaidoyer ? Justifiez précisément votre réponse.

## ÉCRITURE

**1.** Après avoir comparé cet extrait avec le Préambule des *Confessions* (p. 350), vous direz, dans un développement argumenté, lequel des deux projets vous semble le mieux convenir à un récit autobiographique.

**2. Commentaire comparé**
Vous proposerez un plan détaillé du commentaire comparé des textes 2 et 4 selon deux axes possibles :

a) L'autoportrait : singularité ou universalité ?

b) Rousseau / Restif de La Bretonne face à l'écriture autobiographique.

## LIENS


- **Histoire littéraire**, L'autobiographie, p. 366
- **Vocabulaire**, Mémoire, souvenir et oubli, p. 374
- **Grammaire**, L'énonciation dans l'écriture autobiographique, p. 376
- **Chapitre 13**, p. 548.
- **Mémento,** Les figures de rhétorique, p. 618

## 5. UNE JEUNE FILLE BIEN PEU RANGÉE

# Simone de BEAUVOIR (1908-1986)

## *Mémoires d'une jeune fille rangée*

*Romancière, essayiste, philosophe, compagne de Jean-Paul Sartre, Simone de Beauvoir a laissé une importante œuvre autobiographique qui s'ouvre, en 1958, par* Mémoires d'une jeune fille rangée, *récit de son enfance et de sa jeunesse. Après avoir passé son bac, Simone, au grand désespoir de son père qui tient les fonctionnaires en piètre estime, opte pour le professorat.* « Il nourrissait contre les professeurs de plus sérieux griefs ; ils appartenaient à la dangereuse secte qui avait soutenu Dreyfus : les intellectuels. »*, écrit-elle à son sujet.*

Demain j'allais trahir ma classe et déjà je reniais mon sexe ; cela non plus, mon père ne s'y résignait pas : il avait le culte de la jeune fille, la vraie. Ma cousine Jeanne incarnait cet idéal : elle croyait encore que les enfants naissaient dans les choux. Mon père avait tenté de préserver mon ignorance ; il disait autrefois que lorsque j'aurais dix-huit ans il m'interdirait encore les *Contes* de François Coppée ; maintenant, il acceptait que je lise n'importe quoi : mais il ne voyait pas beaucoup de distance entre une fille avertie, et la Garçonne dont, dans un livre infâme, Victor Margueritte[1] venait de tracer le portrait. Si du moins j'avais sauvé les apparences ! Il aurait pu s'accommoder d'une fille exceptionnelle à condition qu'elle évitât soigneusement d'être insolite : je n'y réussissais pas. J'étais sortie de l'âge ingrat, je me regardais de nouveau dans les glaces avec faveur ; mais en société, je faisais piètre figure. Mes amies, et Zaza[2] elle-même, jouaient avec aisance leur rôle mondain ; elles apparaissaient au « jour »[3] de leur mère, servaient le thé, souriaient, disaient aimablement des riens ; moi je souriais mal, je ne savais pas faire du charme, de l'esprit ni même des concessions. Mes parents me citaient en exemple des jeunes filles « remarquablement intelligentes » et qui cependant brillaient dans les salons. Je m'en irritais car je savais que leur cas n'avait rien de commun avec le mien : elles travaillaient en amateurs tandis que j'avais passé professionnelle. Je préparais cette année les certificats de littérature, de latin, de mathématiques générales, et j'apprenais le grec ; j'avais établi moi-même ce programme, la difficulté m'amusait ; mais précisément, pour m'imposer de gaieté de cœur un pareil effort, il fallait que l'étude ne représentât pas un à-côté de ma vie mais ma vie même : les choses dont on parlait autour de moi ne m'intéressaient pas. Je n'avais pas d'idées subversives ; en fait, je n'avais guère d'idées, sur rien ; mais toute la journée je m'entraînais à réfléchir, à comprendre, à critiquer, je m'interrogeais, je cherchais avec précision la vérité : ce scrupule me rendait inapte aux conversations mondaines.

1. **Victor Margueritte** fit scandale en publiant en 1922 son roman, *La Garçonne*, qui campe une héroïne affranchie de tout lien.
2. **Zaza** était l'une des meilleures amies de l'auteur. *Mémoires d'une jeune fille rangée* se clôt sur sa mort.
3. **jour :** jour où la mère recevait.

Somme toute, en dehors des moments où j'étais reçue aux examens, je ne faisais pas honneur à mon père ; aussi attachait-il une extrême importance à mes diplômes et m'encourageait-il à les accumuler. Son insistance me persuada qu'il était fier d'avoir pour fille une femme de tête ; au contraire : seules des réussites extraordinaires pouvaient conjurer la gêne qu'il en éprouvait. Si je menais de front trois licences, je devenais une espèce d'Inaudi[4], un phénomène qui échappait aux normes habituelles ; mon destin ne reflétait plus la déchéance familiale, mais s'expliquait par l'étrange fatalité d'un don.

Je ne me rendais évidemment pas compte de la contradiction qui divisait mon père : mais je réalisai vite celle de ma propre situation. Je me conformais très exactement à ses volontés : et il en paraissait fâché ; il m'avait vouée à l'étude, et me reprochait d'avoir tout le temps le nez dans mes livres. On aurait cru, à voir sa morosité, que je m'étais engagée contre son gré dans cette voie qu'il avait en vérité choisie pour moi. Je me demandais de quoi j'étais coupable ; je me sentais mal à l'aise dans ma peau et j'avais de la rancune au cœur.

Simone de BEAUVOIR, *Mémoires d'une jeune fille rangée*, © Éditions Gallimard, 1958.

Simone de Beauvoir en novembre 1945. © Harlingue-Viollet.

4. **Inaudi :** mathématicien surdoué (1867-1950).

## ANALYSE

### *Un portrait, celui du père*

**1.** En quoi consistent les préjugés du père ?

**2.** Montrez qu'à travers le portrait de son père, Simone de Beauvoir brosse celui d'un certain milieu.

**3.** Par quels moyens le discours parental est-il mis à distance ?

**4.** Commentez le titre : *Mémoires d'une jeune fille rangée*.

### *Un autoportrait*

**5.** Sur quel aspect de sa personnalité adolescente la narratrice adulte insiste-t-elle ?

**6.** Qu'est-ce qui, dans le présent de l'écriture aussi bien que dans le passé, paraît essentiel à l'auteur ?

**7.** En quoi consiste le malentendu entre le père et la fille ?

**8.** Montrez que le discours autobiographique met en lumière une situation inconfortable et douloureuse.

## RECHERCHE

Vous ferez une recherche sur la place de la femme dans la bourgeoisie parisienne entre les deux guerres.

## ÉCRITURE

**1.** Imaginez un passage de l'autobiographie du père de Simone de Beauvoir à propos de sa fille.

**2.** En mêlant narration, description et dialogue, développez la scène suggérée par Simone de Beauvoir aux l. 13 à 16.

## LIENS


- **Histoire littéraire**, L'autobiographie, p. 366
- **Vocabulaire**, Mémoire, souvenir et oubli, p. 374
- **Grammaire**, L'énonciation dans l'écriture autobiographique, p. 376

# L'autoportrait en peinture

**Johannes GUMP,**
***Autoportrait*, 1646.**
Florence, Galerie des Offices.

**Honoré DAUMIER,**
**« Un Français peint par lui-même »,**
*Le Charivari*, 1848.
Paris, Bibliothèque nationale, 

**Norman ROCKWELL (1894-1978), *Triple autoportrait*, 1960.**

Huile sur toile, 123,2 × 97,8 cm. Collection of Norman Rockwell Museum, Stockbridge, Massachusetts.


**1.** De quelle manière l'artiste se peint-il dans les trois autoportraits ?

**2.** Dans chacun des autoportraits, les deux faces, celle du miroir et celle du tableau, sont-elles identiques ? Etudiez les jeux de regards.

**3.** De quelle manière, aussi bien Daumier que Rockwell, reprennent-ils le tableau de Gump ?

**4.** Étudiez la composition du tableau de Rockwell. Pourquoi, à votre avis, voit-on un livre ouvert sur la chaise ? Pouvez-vous relever des références directes à l'Europe ? aux États-Unis ?

**5.** Diriez-vous que ce triple autoportrait de Rockwell est fidèle ou mensonger ?

## I. SOUVENIR D'ENFANCE

# CASANOVA (1725-1798)

## *Mémoires* ou *Histoire de ma vie*

*Casanova écrivit en français ses* Mémoires *qui furent publiés à titre posthume, d'abord en 1822, dans une adaptation traduite en allemand, et en 1826 en français, dans un texte remanié. Ces* Mémoires *constituent non seulement un des textes les plus importants pour connaître la vie au* XVIII*e siècle, mais aussi un récit autobiographique, comme le montre l'extrait proposé.* Histoire de ma vie *est le titre du manuscrit.*

Antonio CANALETTO (1697-1768), *Place San Marco à Venise* (détails). Huile sur toile, 51 × 83 cm. Florence, Galerie des Offices. © Rabatti-Domingie /AKG-images.

Venons actuellement au commencement de mon existence en qualité d'être pensant.

L'organe de ma mémoire se développa au commencement du mois d'août de 1733 : j'avais donc alors huit ans et quatre mois. Je ne me souviens de rien de ce qui peut m'être arrivé avant cette époque. Voici le fait.

J'étais debout au coin d'une chambre, courbé vers le mur, soutenant ma tête et tenant les yeux fixés sur le sang qui ruisselait par terre et que je perdais abondamment par le nez.

Marzia, ma grand-mère, dont j'étais le bien-aimé, vint à moi, me lava le visage avec de l'eau fraîche et, à l'insu de toute la maison, me fit monter avec elle dans une gondole et me mena à Muran, île très peuplée et qui n'est qu'à une demi-lieue de Venise.

Descendus de gondole, nous entrons dans un taudis, où nous trouvons une vieille femme assise sur un grabat, tenant entre ses bras un chat noir, et en ayant cinq ou six autres autour d'elle. C'était une sorcière. Les deux vieilles femmes tinrent entre elles un long discours, dont il est probable que je dus être l'objet. À la fin de ce dialogue en patois de Forli, la sorcière, ayant reçu de ma grand-mère un ducat d'argent, ouvrit une caisse, me prit entre ses bras, me mit dedans et m'y enferma en me disant de n'avoir pas peur, ce qui aurait suffi pour m'en inspirer, si j'avais eu un peu d'esprit : mais j'étais hébété. Je me tenais tranquille dans un coin, tenant mon mouchoir au nez parce que je saignais encore, et du reste très indifférent au vacarme que j'entendais faire au-dehors. J'entendais tour à tour rire, pleurer, chanter, crier et frapper sur la caisse ; tout cela m'était égal. On me tire enfin de la caisse, mon sang s'étanche. Cette femme extraordinaire, après m'avoir fait cent caresses, me déshabille, me met au lit, brûle des drogues, en ramasse la fumée dans un drap, m'y emmaillote, fait des conjurations, me démaillote ensuite et me donne à manger cinq dragées très agréables au goût. Elle me frotte tout de suite les tempes et la nuque avec un onguent qui exhalait une odeur suave, après quoi elle me rhabille. Elle me dit que mon hémorragie se perdrait insensiblement, pourvu que je ne rendisse compte à personne de ce qu'elle m'avait fait pour me guérir, et elle me menaça au contraire de la perte de tout mon sang et de la mort, si j'osais révéler ces mystères à qui que ce fût. Après m'avoir ainsi instruit, elle m'annonça qu'une charmante dame viendrait me faire une visite la nuit suivante, et me dit que mon bonheur dépendait d'elle, si je pouvais avoir la force de ne dire à personne que j'avais reçu cette visite. Là-dessus, nous partîmes et nous retournâmes chez nous.

À peine couché, je m'endormis, sans me souvenir de la belle visite que je devais avoir ; mais m'étant réveillé quelques heures après, je vis, ou crus voir, descendre de la cheminée une femme éblouissante, en grand panier[1], et vêtue d'une étoffe superbe, portant sur la tête une couronne de pierreries qui me semblaient étincelantes de feu. Elle vint à pas lents, d'un air majestueux et doux, s'asseoir sur mon lit ; puis, tirant de sa poche de petites boîtes, elle les vida sur ma tête en murmurant des mots. Après m'avoir tenu un long discours auquel je ne compris rien, elle me baisa et repartit par où elle était venue ; ensuite je me rendormis.

Le lendemain ma grand-mère, étant venue pour m'habiller, commença dès qu'elle fut près de mon lit par m'imposer silence, m'intimant la mort, si j'osais parler de ce qui devait m'être arrivé pendant la nuit. Cette sentence, lancée par la seule femme qui eût sur moi un ascendant absolu, et qui m'avait accoutumé à obéir aveuglément à tous ses ordres, fut la cause que je me suis ressouvenu de la vision, et qu'en y apposant le sceau, je l'ai placée dans le plus secret recoin de ma mémoire naissante. D'ailleurs je ne me sentais pas tenté de conter ce fait à quelqu'un : d'abord parce que je ne savais pas qu'on pût le trouver intéressant, et puis je n'aurais su à qui en faire la narration ; car ma maladie me rendant morne et point du tout amusant, chacun me plaignit et me laissa tranquille : on croyait mon existence passagère, et quant aux auteurs de mes jours, ils ne me parlaient jamais.

Après le voyage de Muran et la visite nocturne de la fée, je saignais encore, mais moins de jour en jour, et ma mémoire se développait peu à peu. J'appris à lire en moins d'un mois.

Il serait ridicule sans doute d'attribuer ma guérison à ces extravagances ; mais je crois aussi qu'on aurait tort de nier absolument qu'elles aient pu y contribuer. Pour ce qui regarde l'apparition de la belle reine, je l'ai toujours crue un songe, à moins que ce n'ait été une mascarade que l'on m'ait faite exprès ; mais les remèdes aux plus grandes maladies ne se trouvent pas toujours dans les pharmacies. Tous les jours quelque phénomène nous démontre notre ignorance, et je crois que c'est ce qui fait qu'il est si rare de trouver un savant dont l'esprit soit entièrement exempt de toute superstition. Sans doute jamais il n'y a eu de sorciers au monde, mais il n'en est pas moins vrai que leur pouvoir a toujours existé pour ceux auxquels des fourbes ont eu le talent de se faire croire tels.

CASANOVA, *Mémoires*, chapitre premier, 1826.

1. **panier :** robe à paniers, corps de jupe baleiné servant à faire bouffer les jupes.

## ANALYSE

**1.** Lequel des deux titres vous semble le mieux convenir ? Justifiez précisément votre réponse.

**2.** En quoi le texte nous renseigne-t-il sur la manière de penser au XVIIIe siècle ?

**3.** Étudiez l'art de la narration dans cet extrait des *Mémoires* de Casanova.

**4.** Mettez en évidence le caractère traditionnel de l'entreprise autobiographique de Casanova.

**5.** En quoi consiste la modernité de ce texte ? Vous pourrez vous intéresser aux réflexions de Casanova sur la mémoire et sur les rapports qu'il établit entre souvenir et vérité.

## 2. UNE AUTOBIOGRAPHIE LITTÉRAIRE

# Alain ROBBE-GRILLET (né en 1922)

# *Le Miroir qui revient*

*Avec* Le Miroir qui revient *en 1985, Alain Robbe-Grillet propose une curieuse autobiographie que compléteront en 1988* Angélique ou l'enchantement *et en 1994,* Les Derniers Jours de Corinthe. *Cette trilogie originale est intitulée :* Romanesques.

Et aussitôt je me réveille, ayant implosé, dans l'envers du monde où j'ai vécu jusqu'à présent : moi qui prétendais ne pouvoir exister qu'en me projetant vers le dehors, voici que je suis maintenant, par une cruelle inversion topologique de l'espace, emmuré dans une cellule de prison, quelque chose de fermé, de cubique, de blanc selon toute probabilité, et il n'y a rien à l'intérieur de ces quatre murs qui représenteront désormais mon seul extérieur possible, ni meubles, ni gens, ni sable, ni mer, rien d'autre que moi.

Étrange caricature du ventre maternel que ce trou sans soleil, qui est comme l'antichambre de mon exécution toute proche, car – je le sais bien – je vais être condamné à mort pour cause d'implosion. Par une petite ouverture carrée, inaccessible, tout en haut de la paroi verticale, je regarde avec une intensité nouvelle et une émotion aujourd'hui acceptée, sans en perdre une nuance, les couleurs changeantes que prend le ciel à la tombée du jour ; et dans ce bel azur sans nuage qui tourne imperceptiblement au rose, au mauve, au vert jade, dont je « mange des yeux » la moindre parcelle, je reconnais cette fois la douceur latine : de l'autre côté de ma dérisoire fenêtre (le côté perdu à jamais), c'est Goethe à nouveau qui me fait signe.

Si je ne contemple pas le ciel, parce que la nuit est tout à fait noire, ou bien pendant la clarté trop fixe des heures de midi, j'essaie de me souvenir : je m'efforce à la reconstitution minutieuse de tous les objets que contenait ma chambre d'autrefois, dans leur position exacte et leur état réel, m'acharnant avec toute la lenteur nécessaire à en retrouver les moindres détails, leur forme, leur teinte, leur matière, ainsi que les menus défauts ou accidents de la surface, hasardeux, inexplicables, écailles de peinture, éraflure du bois, léger enfoncement du métal, irrégularité de la faïence, qui en faisaient de vraies choses et non pas des modèles abstraits. Souvent, recherchant par exemple la découpe précise de quelques millimètres de placage arrachés au coin d'un meuble, je me dis que peut-être j'invente, mais je vois tout comme sous mes yeux avec une telle évidence, une telle acuité, que je comprends de moins en moins où résiderait la différence. Et même, quelquefois, je ne suis pas loin de penser que le plus réel est précisément ce que j'ai construit de toute pièce.

Alain ROBBE-GRILLET, *Le Miroir qui revient*. © Les éditions de Minuit, 1985.

## ANALYSE

**1.** En quoi consiste la véracité du récit ?

**2.** Montrez que temps verbaux et espace sont liés.

**3.** Identifiez et analysez les deux thèmes récurrents.

**4.** Comment comprenez-vous l'« implosion » dont parle le narrateur (l. 1) ?

**5.** Montrez que le « Je » se remet en cause.

**6.** De quelle manière le narrateur affirme-t-il la suprématie de l'imaginaire sur le réel ?

## 3. DES DIFFICULTÉS DE L'AUTOBIOGRAPHIE

# Michel BUTOR (né en 1926)

# *Curriculum vitae*

*Dans* Curriculum vitae, *Michel Butor s'entretient avec André Clavel. Le début aborde de manière originale le problème de l'écriture de soi.*

*Les livres d'entretiens avec vous, Michel Butor, sont déjà fort nombreux. Pendant près d'un demi-siècle, on n'a cessé de vous mettre sur la sellette mais, curieusement, on s'est rarement intéressé à votre biographie. C'est ce que nous allons faire : fouiller ensemble le petit tas de secrets…*

Je n'aime pas beaucoup parler de moi, cela tient à mon éducation, et pourtant une grande partie de mes livres est autobiographique. Il y a donc de la matière, mais elle est parfois voilée. Dans ces entretiens, au contraire, nous allons essayer d'enlever le voile. Cela dit, je crois que je serais incapable de rédiger moi-même mon autobiographie : « Je suis né le 14 septembre 1926 à Mons-en-Barœul, etc. ». Je m'arrêterais assez vite car ce n'est pas ma façon d'être avec moi-même. J'ai donc besoin que quelqu'un me pose des questions, pour m'aider à passer un fil entre les fragments morcelés de ma vie.

*Les autobiographes célèbres – saint Augustin ou Rousseau, Chateaubriand ou Stendhal, Sartre ou Leiris – ont raconté leur vie pour deux raisons essentielles : parce qu'ils souhaitaient se défendre et parce qu'ils s'estimaient exemplaires. Est-ce votre cas ?*

Je ne me considère pas comme un exemple, encore moins comme un modèle ! En revanche, j'ai souvent besoin de défendre mes livres…

*Biographie et autobiographie sont des genres littéraires que la critique a longtemps dévalorisés, voire censurés, surtout à l'époque du Nouveau roman, dont vous êtes un des pionniers. Quelle était alors votre attitude ?*

Il est vrai qu'une certaine critique structuraliste a toujours écarté l'approche biographique. Personnellement, je n'ai jamais été de cet avis car la vie d'un écrivain fait intégralement partie de son œuvre. Elle n'est pas un élément marginal ou anecdotique.

*Et pourtant, dans le Larousse des citations, on trouve cette phrase signée Michel Butor : « Notre existence quotidienne est un mauvais feuilleton par lequel nous nous laissons envoûter »…*

Notre existence à tous est en effet un mauvais feuilleton. Il faut fouiller pas mal, brasser beaucoup de choses avant de trouver le minerai sous la surface. Nous allons parcourir ce feuilleton en essayant de l'analyser un peu, de le radiographier.

Michel BUTOR, *Curriculum vitae,* extrait du chap. I, « L'arbre à sucettes » (Entretien avec André Clavel). © Éditions Plon, 1996.

## ANALYSE

**1.** Que suggère le titre *Curriculum vitae* ?

**2.** Pourquoi Michel Butor a-t-il toujours refusé l'autobiographie traditionnelle ?

**3.** « Trouver le minerai sous la surface » (l. 31) Quelle est cette figure de style ? Comment comprenez-vous l'expression ?

**4.** Pourquoi, à votre avis, la critique a-t-elle longtemps dévalorisé biographie et autobiographie ?

## 4. L'AUTOFICTION

# Serge DOUBROVSKY (né en 1928)

# *Le Livre brisé*

*Dans* Le Livre brisé, *Serge Doubrovsky explique comment lui est venue l'idée de l'autofiction, au cours de l'écriture d'un roman.*

Je laisse tomber mon roman. Écrire AUTRE CHOSE. Quoi. Je ne sais pas. Quelque chose de moins léger, de moins aérien. Soudain, me frappe, ça y est. Je veux DU SOLIDE. J'ai toujours soif, mais DE RÉEL. L'idée devait être tapie dans l'ombre, dans ma tête. Maintenant, un oiseau de feu m'illumine, se pose sur moi. S'impose. Irrésistible, sans réplique. Quand on a le moi vacant, comme ce matin, telle une baudruche crevée, rien ne sert de lui insuffler du vent. Le roman, bien joli, bien agréable, mais il ne produit que des songes, il ne crée que des vapeurs. Il a, naturellement, ses avantages : en romançant sa vie, on la trouve rétrospectivement plus tolérable. En se rendant intéressant, on lui découvre, après coup, un vif intérêt. Mais une vie romancée, même la sienne, devient une vie imaginaire. Ça ne veut pas dire qu'elle soit fausse : elle n'existe que dans l'imagination. Si je me transforme en Julien Sorel, j'existe comme lui. Je veux exister COMME MOI. Ressaisir enfin ma VRAIE vie. Au lieu de m'halluciner en personnage, ressusciter ma VRAIE personne. Ce qui en subsiste. Fragments, débris, détritus, peu importe : au moins, ce seront de VRAIS restes. Même si l'on n'arrive jamais à faire la synthèse, on peut faire la somme de ses actes. Pas trente-six moyens.

Il n'y a qu'un seul livre de comptes : UNE AUTOBIOGRAPHIE. Voilà, tout simple, il faut que je me mette à la mienne. Moins prenant, moins palpitant qu'un roman, ça c'est sûr. Mais un roman fait l'opération inverse : avec un être réel, il fabrique un être fictif. Et moi, je suis devenu tellement fictif : je souffre d'évanouissements incessants. À la longue, je disparaîtrai d'une évanescence mortelle. Halte, j'arrête : petit à petit, modestement, avec des points d'appui solides, je me rebâtirai. Je me reconstruirai sur d'authentiques fondements. Comme Cuvier, grâce à mon histoire véritable, je reconstituerai mon squelette. Je cesserai d'être un néant invertébré. L'autobiographie n'est pas un genre littéraire, c'est un remède métaphysique. Je n'y avais jamais pensé, et puis, ça m'est venu d'un seul coup, comme ça, assené sur le crâne, au détour d'une matinale déprime. Je me réveille, je me secoue, je me secours : enfin une vie solide comme du roc, bâtie sur du Cogito : *j'écris ma vie, donc j'ai été.* Inébranlable. Si on raconte sa vie pour de vrai, ça vous refait une existence. Ça y est, décidé, résolu. En une seconde, sans l'ombre d'une hésitation, chez moi, plutôt rare. Je suis un professionnel de l'indécision, mais là, non. Je me lève en un élan, un flux d'enthousiasme me frictionne les neurones. Je cours, au pas cadencé, jusqu'à mon bureau. Allons, en route vers moi, le vrai, il est temps, levons l'encre. Je m'attable devant ma vieille machine déglinguée, mais encore vaillante. Après tout, une autobiographie, grand mot ronflant, c'est quoi? Une simple biographie. Mais, au lieu d'être écrite par un autre, elle est écrite par soi. C'est tout. Une biographie, rédigée par l'intéressé, est, au fond, beaucoup plus intéressante. À condition, naturellement, d'être honnête. Véridique. Bref. Je m'attelle à ma nouvelle tâche.

Sauvé, je jubile. César, Richelieu, Napoléon, les grands hommes, Louis XIV, Robespierre, leur vraie tombe, ce qui en reste : leurs restes graphiques, biographiques. Leurs hauts faits n'existent plus qu'en mots. La vraie mémoire, l'unique survie : les livres d'histoire. Seulement, voilà. L'Histoire ne retient que les noms de ceux qui l'ont faite. QU'EST-CE QUE J'AI FAIT. Cette pensée inopinée me reste en travers du gosier, comme une arête. Elle me stoppe. Retour à mon inanité de départ. À peine ranimé, de nouveau anéanti. Le roman est ouvert à tous, n'importe qui peut s'y essayer. Les chances sont égales. L'autobiographie n'est pas un genre démocratique : une chasse gardée, un club fermé, un privilège jaloux. Réservé aux importants de ce monde, grands écrivains, capitaines d'armée, d'industrie. Pour les chefs, les meneurs, les géants, les nababs. Je suis un nabot. Un type timide, rien qu'un prof. Pas un prophète. Rencogné dans une existence effacée : cela me gomme. *Grand-homme-au-soir-de-sa-vie-et-dans-un-beau-style.* Peux pas prendre la pose. J'ai l'âge. Mais l'autobiographie ne se mérite pas à l'ancienneté. JE N'Y AI PAS DROIT. Pas membre du club, on me refuse l'entrée. MA VIE N'INTÉRESSE PERSONNE. Un fait. Irréductible. Coupé net dans son élan, mon projet retombe. Mon enthousiasme débande. Les doigts déjà frétillants sur le clavier, prêts à taper. Je demeure sur la touche. J'abandonne. Je sombre corps et âme dans le clair-obscur grisâtre de mon bureau. Et puis, une petite lueur s'allume dans ma tête. Une petite idée, ingénue, perverse. L'autobiographie, ce panthéon des pompes funèbres, l'accès m'en est interdit. D'accord. Mais je puis m'y introduire en fraude. Resquiller, à la faveur de la fiction, sous le couvert du roman. Puisque j'ai commencé par là. Le fictif cautionnera, chaperonnera le réel. Telle est l'astuce. Si le lecteur a bien voulu me suivre, si j'ai réussi un peu, rien qu'un peu, à éveiller son intérêt pour mon personnage, je lui refilerai ma personne. Si je suis arrivé un tantinet à l'épater, à l'appâter, il mordra à l'hameçon. En dévorant le roman, il avalera l'autobiographie. Des morceaux de mon vrai moi, des tranches de ma vraie vie seront assimilés. Seulement, de mon côté, il y a aussi un prix à payer. Au jeu de la vérité, on ne peut plus se payer de mots. Il faut payer de sa personne. En direct, à nu. Sans masques, sans fioritures. Adieu, les volutes stylistiques, les acrobaties verbales. Rousseau disait, *un homme dans toute la vérité de sa nature.* Fini, les feux d'artifice.

Aujourd'hui 9 mai 1985, à l'âge, requis pour cette entreprise, de cinquante-sept ans, j'aimerais tenter d'esquisser le récit de ma vie. Ce qu'on est convenu d'appeler une autobiographie. Je me rends parfaitement compte qu'un tel récit ne saurait avoir qu'un seul titre : *L'autobiographie de Tartempion.*

Serge DOUBROVSKY, *Le Livre brisé.* © Éditions Grasset, 1989.

## ANALYSE

**1.** Expliquez les allusions à Cuvier et Descartes. Qu'apportent-elles ?

**2.** Pourquoi certains mots sont-ils en majuscules ?

**3.** Montrez comment s'opère pour Doubrovsky le passage du roman à l'autobiographie et de l'autobiographie au roman.

**4.** Quels enjeux de l'autobiographie traditionnelle Doubrovsky met-il ici en scène ?

**5.** Mettez en évidence les caractéristiques de l'écriture dans cet extrait. Vous pourrez étudier en particulier la structure des phrases, les figures de style, les jeux sur les mots.

**6.** En quoi consiste la théâtralité du texte ?

# L'autobiographie

## À l'origine du mot

Le terme **autobiographie**, apparu en Angleterre vers 1800 sous la forme « autobiography », est presque aussitôt intégré dans la langue française. Trois mots grecs le composent : *graphein*, écrire, *bios*, de sa vie, *autos*, (par) soi-même. Si l'on trouve à Delphes, sur le temple d'Apollon, la célèbre maxime : « Connais-toi toi-même », cet encouragement socratique à l'examen de conscience s'est toujours doublé, dans l'Antiquité, d'une méfiance à l'égard de cet exercice. Ce n'est pas Socrate qui transcrivit ses dialogues avec son *daimon*, son génie intérieur, mais son disciple Platon, avec quelques scrupules. Peu à peu, au cours des âges, l'écriture va devenir le moyen privilégié de l'examen de conscience.

## Les précurseurs : saint Augustin et Montaigne

Même si le mot autobiographie est récent, la pratique est ancienne. On considère les *Confessions* de saint Augustin (354-430), évêque d'Hippone, un des Pères de l'Église, comme l'ancêtre du genre. **Son ouvrage conte la quête de Dieu**. Pour lui, raconter sa vie, c'est avouer l'histoire d'un pécheur. Son interlocuteur privilégié est Dieu, mais il s'adresse aussi aux hommes pour essayer de leur venir en aide. Il présente à ses semblables un miroir, celui du pauvre pécheur. Enfin, saint Augustin est aussi son propre destinataire.

**Montaigne**, dans les *Essais*, veut s'amender, non se faire absoudre. **Il ne s'adresse pas à Dieu**. Ses destinataires sont ses parents et ses amis, le lecteur. Si l'œuvre a un caractère autobiographique, elle n'est pas autobiographie pure. Montaigne ne raconte pas sa vie mais présente plutôt son autoportrait, ses pensées, fruits de ses expériences (→ p. 348).

## Définition

Philippe Lejeune, en 1975, dans *Le Pacte autobiographique,* donne cette définition de l'autobiographie :

*Récit rétrospectif en prose qu'une personne réelle fait de sa propre existence, lorsqu'elle met l'accent sur sa vie individuelle, en particulier sur l'histoire de sa personnalité.*

L'autobiographie suppose donc **l'identité entre auteur, narrateur et personnage**, et cette identité se marque le plus souvent par l'emploi de la première personne.

➤ **Reportez-vous à l'extrait de Restif de La Bretonne, p. 354. Comment l'identité entre auteur, narrateur et personnage est-elle inscrite dans le texte ?**

**Le « Je » de l'autobiographe** est ambigu, **il est double**, à la fois sujet et objet de son étude. À cet égard, le Préambule des *Confessions* est très intéressant. « *Je forme une entreprise...* » ; « *je veux montrer à mes semblables un homme... ; et cet homme ce sera moi.* » Les deux premiers « Je » désignent Rousseau au moment de l'écriture ; « moi » se réfère à l'objet d'étude : **le narrateur montre, le personnage est montré**. Le narrateur s'insère parfois au présent dans le passé du personnage pour commenter des actions révolues, ou fouiller sa mémoire. « *Je sens en écrivant ceci que mon pouls s'élève encore* », écrit Rousseau en évoquant le souvenir de la première injustice. Ainsi, s'il s'agit de la même personne, Rousseau, elle n'est pas envisagée au même moment de sa vie. On pourrait donc parler d'une sorte de trinité.

➤ Pourquoi pourrait-on parler d'une sorte de trinité ? Que vous évoque ce terme ?
➤ Comparez les informations fournies par le titre de ces ouvrages :

*Les Confessions*, Jean-Jacques Rousseau
*Les Mots*, Jean-Paul Sartre
*Mémoires d'Hadrien*, Marguerite Yourcenar

Qu'évoquent précisément « Confessions » et « Mémoires » ?
Lequel ou lesquels de ces titres se présentent d'emblée comme une autobiographie ?
Justifiez précisément votre réponse.

## Un récit rétrospectif

L'autobiographe s'engage à raconter une histoire vraie, la sienne. La rétrospection est donc nécessaire et consiste soit en une **réorganisation du passé**, soit en **un effort pour tenter de raconter un événement tel qu'il a été vécu**. Mais ce qui importe, c'est moins la ressemblance de l'auteur, Rousseau, par exemple, à l'âge de seize ans représenté dans le texte des *Confessions*, avec le Rousseau de 1728, que le double effort de Rousseau vers 1764 pour peindre sa relation au passé et ce passé tel qu'il était, avec l'intention de n'y rien changer.

Le narrateur ne peut, en principe, qu'évoquer son passé : quand il commence à raconter, les jeux sont faits, et le dernier recours quand tout est fini est sans doute la narration. Certains ont rêvé d'une autobiographie prospective ; d'autres ont écrit des fictions avouées qui se sont révélées plus tard des autobiographies anticipées ; certains ont programmé dans leurs récits leur mort et leur survie. Mais il n'empêche ; la marche arrière reste la seule vitesse que puisse passer le conducteur d'autobiographie, et le passé, pour ce qui concerne l'histoire, est la seule dimension temporelle du genre. Cependant, la parfaite rétrospective d'une existence à partir d'un point ultime est une utopie : le temps d'écrire le livre, la vie continue, et le moment de la rédaction se déplace ; une fois écrite la dernière page, l'écrivain n'a pas toujours le bon goût de passer sur le champ de vie à trépas et de synchroniser les deux fins, comme le firent Drieu La Rochelle et Stefan Zweig. Ce mouvement rétrospectif a ses limites : on n'a jamais vu des autobiographies conçues comme les modernes *curriculum vitae*, s'ouvrant sur le passé récent pour remonter au passé éloigné. Au contraire, pour commencer la rétrospective de la mémoire, pour inverser le mouvement de l'anamnèse première, le narrateur s'ingéniera souvent à retrouver la dynamique prospective d'une existence : il se montrera hésitant ou enthousiaste, ignorant la suite des événements. S'il est vrai qu'on vit sa vie dans un sens et qu'on la raconte en sens inverse, tout le travail de l'autobiographe est de parvenir à faire fonctionner cet étrange tourniquet.

Jacques LECARME, Éliane LECARME-TABONE, *L'Autobiographie*, © Éditions Armand Colin, 2004.

➤ Quel est le seul regard envisageable pour l'autobiographe ?
➤ Pourquoi Drieu La Rochelle et Zweig ont-ils synchronisé les deux fins ?
➤ Qu'est-ce que l'anamnèse ?
➤ Comment comprenez-vous la métaphore finale ?

**Le récit d'enfance** est un passage obligé de l'autobiographie qui commence souvent par : « Je suis né... », gage d'authenticité puisque la personne réelle se trouve inscrite dans un lieu et un temps donnés, en général aisément vérifiables. Mais cette formule traditionnelle n'est pas obligatoire.

Tréguier, ma ville natale, est un ancien monastère fondé, dans les dernières années du Ve siècle, par saint Tudwal ou Tual, un des chefs religieux de ces grandes émigrations qui portèrent dans la péninsule armoricaine le nom, la race et les institutions religieuse de l'île de Bretagne. (Ernest RENAN, *Souvenirs d'enfance et de jeunesse*, 1883)

En Alsace, aux environs de 1850, un instituteur accablé d'enfants consentit à se faire épicier. (Jean-Paul SARTRE, *Les Mots*, 1964)

Si j'ai bonne mémoire, j'ai commencé l'écriture du présent livre vers la fin de l'année 76, ou bien au début de 77, c'est-à-dire quelques mois après la publication de *Topologie d'une cité fantôme*. (Alain ROBBE-GRILLET, *Le Miroir qui revient*, 1985)

➤ **Commentez ces premières phrases d'autobiographie. Qu'attendez-vous en tant que lecteur du récit de vie qui suivra ? Vous lirez une de ces autobiographies.**

➤ **À votre tour, écrivez l'incipit de votre propre autobiographie.**

## En prose... ?

Philippe Lejeune limite l'autobiographie à la prose. Existe-t-il des autobiographies poétiques ? En 1937, dans *Chêne et chien*, Raymond Queneau invente, comme le dit Jacques Lecarme, « *une forme autobiographique nouvelle pour ce qui est à la fois un récit d'enfance, l'odyssée de la névrose et de la perversion, ainsi que le tout premier récit d'une cure psychanalytique.* » Mais l'auteur a intitulé l'œuvre : « roman en vers »...

Je naquis au Havre un vingt et un février
en mil neuf cent et trois.
Ma mère était mercière et mon père mercier :
ils trépignaient de joie.
Inexplicablement je connus l'injustice
et fus mis un matin
chez une femme avide et bête, une nourrice,
qui me tendit son sein.
De cette outre de lait j'ai de la peine à croire
que j'en tirais festin
en pressant de ma lèvre une sorte de poire,
organe féminin.

Et lorsque j'eus atteint cet âge respectable
vingt-cinq ou vingt-six mois,
repris par mes parents, je m'assis à leur table
héritier, fils et roi
d'un domaine excessif où de très déchus anges
sanglés dans des corsets
et des démons soufreux jetaient dans les vidanges
des oiseaux empaillés,
où des fleurs de métal ou de bure[1]
poussaient dans les tiroirs
en bouquets déjà prêts à orner des galures[2],
spectacle horrible à voir.

Raymond QUENEAU, *Chêne et chien*, 

1. **bure :** grosse étoffe de laine de coloration brune. 2. **galure :** chapeau (populaire).

➤ **En quoi le début de *Chêne et chien* peut-il faire penser à une autobiographie traditionnelle ? En quoi s'en éloigne-t-il ?**

Daniel SPOERRI, *Marché aux puces : hommage à Giacometti*, 1961. Photo CNAC/MNAM Dist. RMN © Adagp, Paris 2007.

## Les destinataires de l'autobiographie : Dieu, soi-même, les autres

Le « Je » de l'autobiographe suppose un « Tu » plus ou moins explicite, le lecteur. Dans le Préambule des *Confessions* (→ p. 350), Rousseau s'adresse au « Souverain juge », mais aussi à « l'innombrable foule de [ses] semblables ». Il se réfère à Dieu pour quatre raisons :

– Comme Alceste, il pense qu'on ne voit pas les cœurs. Il est donc nécessaire d'être sincère, de rendre son âme transparente.

– Rousseau, un homme sincère, se dévoile pour nous offrir la connaissance d'un cœur qu'il connaît bien, le sien, capable de bien comme de mal.

– Rousseau, et non Dieu, rassemble autour de lui ses semblables pour qu'ils prennent conscience de ce qu'ils sont mais aussi de leur différence.

– Seul Dieu est capable d'opérer le miracle de rendre son âme transparente à nos yeux.

L'autobiographie est aussi le lieu privilégié des aveux. L'écriture, comme le remords, oblige le coupable à revivre son forfait, elle a une valeur cathartique : c'est ce que montre l'épisode du ruban volé et l'accusation fallacieuse de Marion à la fin du second livre des *Confessions* :

Ce souvenir cruel me trouble quelquefois et me bouleverse au point de voir dans mes insomnies cette pauvre fille[1] venir me reprocher mon crime, comme s'il n'était commis que d'hier. Tant que j'ai vécu tranquille, il m'a moins tourmenté ; mais au milieu d'une vie orageuse il m'ôte la plus douce consolation des innocents persécutés : il me fait bien sentir ce que je crois avoir dit dans quelque ouvrage, que le remords s'endort durant un destin prospère, et s'aigrit dans l'adversité. Cependant je n'ai jamais pu prendre sur moi de décharger mon cœur de cet aveu dans le sein d'un ami. La plus étroite intimité ne me l'a jamais fait faire à personne, pas même à Mme de Warens[2]. Tout ce que j'ai pu faire a été d'avouer que j'avais à me reprocher une action atroce, mais jamais je n'ai dit en quoi elle consistait. Ce poids est donc resté jusqu'à ce jour sans allègement sur ma conscience, et je puis dire que le désir de m'en délivrer en quelque sorte a beaucoup contribué à la résolution que j'ai prise d'écrire mes confessions.

Jean-Jacques ROUSSEAU, *Les Confessions*, Livre second, 1782.

**1.** Il s'agit de Marion. **2.** Rousseau l'a rencontrée en 1728 et en tomba follement amoureux. Surnommée « Maman », elle avait 16 ans de plus que lui.

**➤ Pourquoi Rousseau avoue-t-il cette faute pour la première fois dans *Les Confessions* ?**
**➤ À votre avis, qui est le destinataire de cet extrait des *Confessions* ?**

Sartre, dans *Les Mots*, résume en une formule enlevée les destinataires du récit de vie : « *On écrit pour ses voisins ou pour Dieu. Je pris le parti d'écrire pour Dieu en vue de sauver mes voisins.* » Le lecteur, la troisième personne, c'est celle en face de laquelle il faut se justifier. Le lecteur peut être pris directement à témoin, comme dans *Au lecteur* de Montaigne ; apparaître sous la forme d'un « nous », comme chez Sartre : « *Un malade criait dans son lit : "Je suis prince ! Qu'on mette le Grand-Duc aux arrêts." On s'approchait [...] on lui demandait : "Quel est ton métier ?", il répondait doucement : "Cordonnier" et repartait à crier. Nous ressemblons tous à cet homme, j'imagine.* »

Dans son récit, Sartre évoque ses souvenirs d'enfance, ses parents ; mais ce récit s'adresse aussi et essentiellement à lui-même, car l'autobiographe est le premier destinataire de l'entreprise. *Les Mots* expriment le regret de n'avoir pas été un enfant comme tous les autres. Il a joué son enfance plus qu'il ne l'a vécue. Il décrit sa névrose, élucidant ainsi sa propre histoire.

## Les difficultés du projet autobiographique

L'autobiographie est un texte référentiel qui prétend apporter une information sur une « réalité » extérieure au texte, et donc se soumettre à une épreuve de vérification. On peut relever des erreurs dans le texte des *Confessions*. Ainsi, quand Rousseau raconte l'épisode de la fessée, il rajeunit à la fois Jean-Jacques et Mlle Lambercier. Pourquoi ? Est-ce un acte volontaire ou une défaillance de la mémoire ?

Que l'autobiographe veuille se faire connaître ou se connaître, son entreprise s'avère difficile. Dans le Préambule des *Confessions*, Rousseau s'engage à dire toute la vérité, mais apporte aussitôt un rectificatif : « *S'il m'est arrivé d'employer quelque ornement indifférent, ce n'a jamais été que pour remplir un vide occasionné par mon défaut de mémoire.* » Il se trouve confronté aux problèmes de la mémoire et de l'oubli. Est-il facile de se souvenir de tout ce que l'on a vécu ?

On peut se demander si l'autobiographe restitue fidèlement le passé. *Les Mots* donnent-ils réellement à voir Poulou, l'enfant que fut Sartre entre 1905 et 1916, ou celui qu'il croit, cinquante ans plus tard, avoir été ?

Se peindre, est-ce se représenter, se créer ou se recréer ?

Qu'est-ce qui pousse un écrivain à entreprendre le récit de sa vie ? Il obéit souvent, au seuil de la cinquantaine, au désir de ressaisir son passé avant qu'il ne tombe dans l'oubli. Simone de Beauvoir, dans le Prologue à *La Force de l'âge*, répond :

> Mes vingt premières années, il y a longtemps que je désirais me les raconter ; je n'ai jamais oublié les appels que j'adressais, adolescente, à la femme qui allait me résorber en elle, corps et âme : il ne restait rien de moi, pas même une pincée de cendres ; je la conjurais de m'arracher un jour à ce néant où elle m'aurait plongée. Peut-être mes livres n'ont-ils été écrits que pour me permettre d'exaucer cette ancienne prière. À cinquante ans, j'ai jugé que le moment était venu ; j'ai prêté ma conscience à l'enfant, à la jeune fille abandonnée au fond du temps perdu, et perdues[1] avec lui. Je les ai fait exister en noir et blanc sur du papier.
>
> Simone de BEAUVOIR, *La Force de l'âge*, © Éditions Gallimard, 1960.
>
> 1. accord avec l'enfant (féminin) et la jeune fille.

**➤ Cherchez les titres des cinq ouvrages autobiographiques écrits par Simone de Beauvoir et commentez-les.**

## Vers une « nouvelle autobiographie » ?

On note, au **début des années 1980**, un regain d'intérêt pour l'autobiographie. Faut-il y voir une volte face des « nouveaux romanciers » qui se tournent finalement vers le « sujet », le moi ? **Robbe-Grillet** parle de « **Nouvelle Autobiographie** », **Doubrovsky** d'« **autofiction** ». Les nouveaux autobiographes insistent sur les **difficultés de l'entreprise**, difficultés que mettait déjà en lumière Montaigne. L'auteur des *Essais* est le sujet de son œuvre, même si celle-ci n'est pas une autobiographie canonique. Dans les deux dernières décennies du XXe siècle, l'imagination va combler la mémoire défaillante déjà notée par Rousseau. Pour tous les autobiographes, la question de base est toujours la même : « Qui suis-je ? », mais la réponse n'est plus fournie maintenant par la peinture exacte et fidèle de soi à laquelle prétendait Rousseau. Les nouveaux autobiographes abandonnent les critères de sincérité et de vérité, mettent l'accent sur l'imprécision des souvenirs et l'imperfection de la mémoire. Le moi moderne apparaît aussi fragmenté et multiple que celui de Montaigne.

Tous ces auteurs contestent l'entreprise autobiographique traditionnelle en plaçant **sur le même plan le référentiel et l'imaginaire**. En 1977, Doubrovsky écrit dans le prière d'insérer de *Fils* : « Autobiographie ? Non, [...] Fiction, d'événements et de faits strictement réels. » Déjà, en 1967, *Portrait de l'artiste en jeune singe* de Michel Butor annonçait cette nouvelle autobiographie à caractère romanesque. En effet, le **JE** est **à la fois « Monsieur Butor » enfant** puis **étudiant**, et **un singe**. Le premier renvoie au réel, le second au rêve, à l'imaginaire. Mais il met plus l'accent sur ses idées que sur l'histoire de sa propre personnalité. Les renvois à des textes littéraires et non littéraires occupent une place centrale dans cet ouvrage. On retrouve ce même principe de composition, mélange de réel et d'imaginaire, dans *W ou le souvenir d'enfance* de Perec (→ p. 372).

**L'autobiographie nouvelle remet donc en question le pacte de sincérité, mêle le réel et le fictionnel**. Elle contient non seulement la vie de l'auteur, mais aussi ses livres, puisqu'elle reprend, en particulier chez Robbe-Grillet, certains éléments fictionnels des romans antérieurs (→ p. 362).

➤ **Quelles sont les différences entre l'autobiographie classique définie par Philippe Lejeune et la « nouvelle autobiographie » ?**

Il faut rappeler que depuis son origine, le **genre autobiographique** entretient des **rapports complexes et problématiques avec le roman**. Ainsi, au XIXe siècle, on trouve un grand nombre de romans autobiographiques : *René* de Chateaubriand, *Le Lys dans la vallée* de Balzac, *Volupté* de Sainte-Beuve, et au XXe siècle, on ne sait trop qui est Jacques Vintras[1] : un pseudonyme de Vallès, le double de l'auteur ou un personnage autonome ? Jouant toujours sur le mélange des genres, en 1984, Philippe Sollers publie *Portrait du joueur*, sous-titré « roman », dont le héros est Philippe Diamant alors que le vrai nom de Sollers est Philippe Joyaux !

---

**1.** Héros de la trilogie de Vallès : *L'Enfant*, 1878, *Le Bachelier*, 1881, *L'Insurgé*, 1886.

## ÉCRITURE

**Dissertation** : Partagez-vous cette opinion d'André Clavel : « *Les autobiographes célèbres – saint Augustin ou Rousseau, Chateaubriand ou Stendhal, Sartre ou Leiris – ont raconté leur vie pour deux raisons essentielles : parce qu'ils souhaitaient se défendre et parce qu'ils s'estimaient exemplaires.* »

**Écriture d'invention** : Rédigez un article dans lequel vous engagez vos lecteurs à lire des autobiographies.

# Georges PEREC, *W ou le souvenir d'enfance*, 1975

L'édition de référence est celle de la collection « L'Imaginaire », Gallimard, 1993.

## Genèse

La conception et la rédaction de l'œuvre demandèrent à Perec cinq longues années d'un travail difficile et douloureux, en deux phases, séparées par trois ans : d'abord de juillet 1969 à août 1970, puis de janvier à novembre 1974. La **version initiale** de *W ou le souvenir d'enfance* avait été conçue, à l'origine, en juillet 1969, comme la troisième partie d'une autobiographie qui en comprenait quatre. Les trois autres étant : **L'Arbre**, qui ne fut jamais écrit, **Lieux**, et **Lieux où j'ai dormi** dont il mena la rédaction à terme. Cette première version se présentait à l'origine comme un roman d'aventure, d'éducation, destiné à raconter son enfance. La première idée lui en vint à Venise en 1967, sous la forme du souvenir d'un fantasme d'adolescent oublié pendant des années : celui d'une société vivant selon un rigoureux idéal sportif, sur un îlot de la Terre de Feu, et dont les athlètes portaient un survêtement blanc marqué d'un grand W noir.

**1.** Regardez la couverture de *W ou le souvenir d'enfance*. Qu'évoque pour vous ce W ?

**2.** Recherchez dans le début de *W* le passage correspondant à cette première étape de la genèse.

Perec voulait, **à l'origine**, publier son roman **sous forme de feuilleton** dans *La Quinzaine littéraire,* dirigée par Maurice Nadeau. Il voyait dans la nécessité d'imaginer un épisode tous les quinze jours, une contrainte créatrice. Six épisodes parurent entre octobre 1969 et janvier 1970. D'autres, complètement différents, furent imprimés jusqu'en août 1970.

**3.** Qu'est-ce que l'OULIPO ? L'appartenance de Perec à ce mouvement peut-elle expliquer ce désir de publication en feuilleton ?

**4.** Qu'appelle-t-on « roman feuilleton » ? De quand date-t-il ? Citez des auteurs de romans feuilletons et dites si leur objectif et celui de Perec coïncident.

**Au printemps 1970**, Perec conçoit l'idée d'un roman autobiographique qui reprendrait les éléments du feuilleton, intégrés dans une structure plus complexe, alternant trois séries :

– **Première série :** les souvenirs d'enfance personnels.
– **Deuxième série :** reprise de l'histoire racontée dans le feuilleton.
– **Troisième série :** chronique des relations de l'écrivain avec son propre sujet.

L'auteur se proposait d'établir le lien entre remémoration du passé, élaboration du fantasme et activité d'écriture. Mais la tentative avorta à l'automne 1970, et le projet fut mis en sommeil pendant plusieurs années.

**En 1974, après une psychanalyse, Perec reprit le projet,** élaborant une nouvelle composition de l'ouvrage, fondée sur l'ellipse et le hiatus : il renonça à la troisième série, le rapport entre l'écrivain et son œuvre. **Le manuscrit fut achevé en 1975**. Le travail psychanalytique avait permis de mener à terme l'écriture du livre abandonné dans un premier temps. On retrouve d'ailleurs ce **motif de la quête analytique** dans celle qu'entreprend Gaspard Winckler dans la première partie de *W*. Le docteur Otto Apfelstahl rappelle la figure de l'analyste dans la mesure où il confie à Gaspard une mission d'exploration et de sauvetage concernant un enfant disparu surnommé aussi Gaspard Winckler. Dans une sorte de dédoublement, il invite donc le second Gaspard, celui qui est vivant et a usurpé l'identité du premier, à chercher les traces de l'enfant que fut celui-ci. Dans la mesure où le récit privilégie l'ellipse, le silence, la rupture, on peut considérer que sa construction garde l'empreinte de la psychanalyse. D'autre part, le fantasme et le souvenir appartiennent à la fois au divan et à l'écriture autobiographique. Mais il faut toutefois se garder de voir dans *W* le récit d'une cure psychanalytique faite ailleurs par Perec, dans ***Les Lieux d'une ruse***.

## Titre

*W ou le souvenir d'enfance* indique la dualité et suscite l'étonnement. Le **W**, une des dernières lettres de l'alphabet, non suivi d'un point, donc non abrégé, est dépourvu d'interprétation directe. Par sa graphie et sa prononciation, il évoque la gémellité.

**5.** Cherchez, dans un dictionnaire, l'origine de W. Pourquoi cette lettre évoque-t-elle la gémellité ?

La conjonction de coordination « ou » n'est pas explicative et le second élément « le souvenir d'enfance » se réfère directement à l'autobiographie. Dans tous les cas, le second élément précise le premier et, chez Perec, le titre annonce la dissociation du récit.

**6.** Comment comprenez-vous l'emploi de l'article défini singulier « le » ?

**7.** Les (...) de la p. 89 peuvent-ils éclairer le titre ?

**8.** Recherchez dans *W ou le souvenir d'enfance* une autre lettre à l'origine de combinaisons imaginaires.

**9.** Connaissez-vous, dans la littérature, d'autres titres doubles ?

## Structure

*W*, divisé en **deux parties,** est formé de **deux récits entrecroisés** qui rappellent les exercices combinatoires de l'OULIPO. La narration peut être considérée comme doublement binaire. Deux typographies, dont le choix est loin d'être neutre, correspondent aux deux récits.

Les deux parties, annoncées par une citation de Queneau en exergue, produisent un effet de symétrie. Elles proviennent toutes deux du même quatrain de *Chêne et chien,* autobiographie en vers de Queneau (p. 368). Cette citation, coupée en deux, invite à considérer la deuxième partie de *W* comme le prolongement détourné de la première, même si la continuité narrative pose problème.

**10.** Comment comprenez-vous ces citations en exergue ?

**Le récit fictionnel** est imprimé **en italique**. Ce procédé sert normalement à mettre en relief quelques éléments isolés : un titre, une citation, une expression digne d'être soulignée. Or, l'italique occupe dans *W* une place beaucoup plus importante que dans les récits classiques. Perec la réserve à la fiction ; l'italique se rapproche de l'écriture manuscrite, elle est donc plus romanesque.

**Le récit autobiographique** est imprimé **en caractères romains** qui correspondent, dans un récit, au texte principal. Perec veut-il signifier que *W* est essentiellement autobiographique ? Il semblerait que le récit d'enfance, lacunaire, soit comblé par la fiction en italique.

En lisant *W*, on peut avoir l'impression d'une étoffe rayée.

**11.** Que peut évoquer l'alternance des rayures dans une étoffe ?

**12.** Combien de chapitres composent la première partie ? la seconde ?

**Les chapitres en italique de la première partie**, qui se rattachent donc au récit fictionnel, sont **au passé**. La narration, à la première personne, due à **Gaspard Winckler**, prend progressivement le tour d'un récit d'aventures. Dès la première phrase, le narrateur annonce son intention de raconter un voyage au cours duquel il a été témoin d'événements dont il ne rapporte pas la nature. La destination en est énigmatique : W. Il s'interrompt avant d'avoir commencé le récit proprement dit : le chapitre IX se termine sur une incertitude.

**13.** Sur quelle incertitude se clôt le chapitre IX ?

**Les chapitres en caractères romains de la première partie** concernent les fragments d'une quête autobiographique. La narration est toujours à la première personne du singulier, mais le narrateur a changé. Il s'agit de **Georges Perec**. Le lecteur déduit son identité de la référence à *La Quinzaine littéraire,* à la fin du chapitre II. La narration est essentiellement **au présent**. Le recours au conditionnel est le fait de l'adulte qui commente des bribes de souvenirs et dénonce les pièges de la mémoire.

**14.** Pourquoi le premier souvenir, chapitre IV, est-il rapporté au présent ?

**15.** Quand et pourquoi s'arrête la première suite de fragments autobiographiques ? Quel âge Perec a-t-il, environ ?

**16.** Comment s'effectue la transition entre la première et la deuxième partie ?

**La deuxième partie** reprend l'alternance entre chapitres en italique et en caractères romains. Mais cette fois-ci, les **chapitres pairs** sont en **italique**, et les **impairs** en **caractères romains**. Cependant, l'alternance des typographies correspond au même contenu que dans la première partie. Les chapitres fictionnels correspondent à la description de l'île.

**17.** Est-ce toujours Gaspard Winckler qui assume la narration ?

**18.** Le récit d'aventures commencé dans la première partie se poursuit-il ?

**19.** Quelle interprétation pouvez-vous donner à la vie sur l'île de W ?

Les chapitres impairs, en **caractères romains**, poursuivent le **projet autobiographique** entrepris dans la première partie. Mais l'enfance évoquée est différente, le héros a grandi, ses *« souvenirs existent maintenant, même fugaces ou tenaces, futiles ou pesants, mais rien ne les rassemble ».*

**20.** Qu'est-ce qui explique la division du récit autobiographique en deux parties ?

**21.** Quel âge a le héros dans cette deuxième partie ?

**22.** Quels sont les lieux où se déroule cette deuxième partie autobiographique ?

**23.** Montrez qu'il s'agit plus d'une quête autobiographique que du récit des souvenirs.

### Sur l'ensemble de l'œuvre

**24.** Perec mentionne dix photos. Quelles sont-elles ? Comment les évoque-t-il ?

**25.** Étudiez les signes alphabétiques qui apparaissent dans *W*. En quoi réside leur importance ?

**26.** Étudiez précisément la société sur W. En quoi consiste le fantasme olympique ? Pourquoi peut-on parler d'une dégradation de l'idéal olympique ?

**27.** La vie sur W relève-t-elle de l'utopie ou de la contre utopie (distopie) ?

**28.** Relevez tout ce qui apparente W à un camp de concentration.

# Mémoire, souvenir et oubli

## Origine et sens

### • Mémoire

« Mémoire » vient du latin *memoria*, issu de *memor*, « qui se souvient ». Le mot présente plusieurs sens selon le genre et le nombre.

**Au féminin singulier,** « la mémoire » désigne :
1. La faculté de conserver et de rappeler des états de conscience passés. Ainsi, on peut la comparer à un palimpseste.
2. Ce que la mémoire d'une personne ou de la postérité a retenu : souvenir, remembrance, réminiscence.
3. Souvenir qu'une personne laisse d'elle à la postérité.
4. En informatique, partie de l'ordinateur qui conserve, d'une part le programme, et d'autre part les données permanentes, les tables et les résultats nécessaires au travail à effectuer.

**Au masculin singulier,** « un mémoire » désigne :
1. Un écrit destiné à rappeler certains faits ou à les faire connaître.
2. Un écrit destiné à exposer et à soutenir la prétention d'un plaideur.
3. Une dissertation sur un sujet d'étude généralement destinée à être lue dans une société savante.
4. L'état détaillé des sommes dues à un entrepreneur, un artisan, un fournisseur, un homme de justice.

**Au masculin pluriel,** « Mémoires » (avec une majuscule dans le titre d'une œuvre) :
1. Récit, relation qu'une personne fait par écrit des choses, des événements auxquels elle a participé ou dont elle a été témoin au cours de sa vie.
2. Annales, chronique, commentaire, autobiographie, journal, souvenir.

Selon Littré, le terme de *mémoires,* au masculin et au pluriel, signifie le plus souvent soit des « écrits sommaires contenant des exposés et des instructions », soit « des ouvrages manuscrits ou imprimés contenant les faits et les moyens d'une cause qui va être jugée » (les « mémoires de Beaumarchais en sont un bon exemple »), soit « des relations de faits particuliers pour servir à l'histoire ». Ils ne sont donc pas actes de mémoire mais écrits ou inscriptions servant à aider la mémoire, à la conserver ou à l'influencer : aide-mémoire, *memoranda,* mémorial, mémorables, *memento.* C'est en ce sens que Montaigne rappelle que son père faisait inscrire sur un papier journal « les mémoires de l'histoire de la maison », ce qui n'a aucun rapport avec la vie de l'individu mais avec celle de la famille et surtout de la lignée.

Jacques LECARME, *L'Autobiographie,*
© Éditions Armand Colin, 2004.

➤ **Qu'est-ce qu'un palimpseste ?**

On trouve aussi le **préfixe et la racine grecs *mnémo-*, *-mnésie*** qui a donné naissance à des mots de formation savante.

### • Souvenir

**Souvenir** vient du latin *subvenire* au sens de « se présenter à l'esprit », infinitif qui s'est substantivé au XIIIe siècle. Il désigne d'abord la mémoire, puis le fait de se souvenir, synonyme de souvenance, ressouvenance. Le souvenir est ce qui revient à l'esprit, spontanément ou non, des expériences passées ; on parle de réminiscence ; il s'agit de la mémoire individuelle. Enfin, c'est ce qui fait souvenir de..., ce qui reste comme un témoignage du passé. Le mot désigne alors un monument ou un trophée, par exemple. Il s'agit alors de la mémoire collective.

L'autobiographe s'intéresse aux mécanismes de la **mémoire individuelle**. Elle peut être **involontaire**, les souvenirs envahissant alors la conscience au hasard, amenés par une sensation commune, banale, analogue à celle que l'écrivain a ressentie une première fois dans le passé. Chateaubriand, et après lui Proust, ont fait cette expérience.

**La mémoire peut aussi être volontaire.** On constate qu'elle privilégie alors des souvenirs heureux qui, comparés au présent malheureux de l'auteur, apparaissent souvent parés des couleurs du bonheur. Les textes donnés dans les exercices illustrent ces deux types de mémoire.

### • Oubli

On ne peut parler de la mémoire et du souvenir sans évoquer l'oubli. Le travail de la mémoire consiste à lutter contre l'amnésie, volontaire ou non. C'est justement ce qui est mis en œuvre par l'écriture autobiographique. Il s'agit de retrouver et de reconstruire son passé pour survivre et lutter contre l'oubli qui est la longue traîne de la mort.

Lorsque Perec écrit au début de *W* : « *Je n'ai pas de souvenirs d'enfance* », il met le doigt sur l'oubli. Pour combler ce vide, il poursuit : « *À treize ans, j'inventai, racontai et dessinai une histoire. Plus tard, je l'oubliai.* » On voit bien que le souvenir, comme l'oubli, gisent au cœur de l'autobiographie.

# EXERCICES

**1** **Cherchez des mots formés à l'aide du préfixe *mnémo-* ou de la racine *mnèse* et employez-les dans une phrase de manière à faire apparaître leur sens.**

**2** **Qu'appelle-t-on moyens mnémotechniques ? Citez ceux que vous connaissez.**

**3** **À l'aide d'un dictionnaire, recherchez les mots composant la famille lexicale des termes suivants : « souvenir », « mémoire », « oubli ».**

**4** **Relisez le texte page 362 et montrez comment Robbe-Grillet essaie de reconstituer sa chambre d'enfant.**

**5** **Qu'est-ce que la rémanence ?**

**6** **Consultez un dictionnaire de la mythologie grecque et cherchez qui était Léthé.**

**7** **Lisez l'extrait suivant et répondez aux questions.**

Ce qui me rendait mon état plus insupportable était la comparaison continuelle que j'en faisais avec celui que j'avais quitté ; c'était le souvenir de mes chères Charmettes, de mon jardin, de mes arbres, de ma fontaine, de mon verger, et surtout de celle pour qui j'étais né, qui donnait de l'âme en tout cela. En repensant à elle[1], à nos plaisirs, à notre innocente vie, il me prenait des serrements de cœur, des étouffements qui m'ôtaient le courage de rien faire. Cent fois j'ai été violemment tenté de partir à l'instant et à pied pour retourner auprès d'elle ; pourvu que je la revisse encore une fois, j'aurais été content de mourir à l'instant même. Enfin je ne pus résister à ces souvenirs si tendres, qui me rappelaient auprès d'elle à quelque prix que ce fût. Je me disais que je n'avais pas été assez patient, assez complaisant, assez caressant, que je pouvais encore vivre heureux dans une amitié très douce en y mettant du mien plus que je n'avais fait. Je forme les plus beaux projets du monde, je brûle de les exécuter. Je quitte tout, je renonce à tout, je pars, je vole, j'arrive dans tous les mêmes transports de ma première jeunesse, et je me retrouve à ses pieds. Ah ! J'y serais mort de joie si j'avais trouvé dans son accueil, dans ses caresses, dans son cœur enfin, le quart de ce que j'y retrouvais autrefois, et que j'y reportais encore.

Affreuse illusion des choses humaines ! Elle me reçut toujours avec son excellent cœur, qui ne pouvait mourir qu'avec elle ; mais je venais rechercher le passé qui n'était plus et qui ne pouvait renaître.

ROUSSEAU, *Les Confessions*, Livre sixième.

1. **elle :** il s'agit de Mme de Warens auprès de laquelle il vécut deux étés, en 1735 et 1736, aux Charmettes, en Savoie.

**a) Montrez que Rousseau évoque dans ce texte un souvenir volontaire.**
**b) De quel sentiment s'accompagne le souvenir ?**
**c) Le souvenir que Rousseau a gardé de Mme de Warens et des Charmettes correspond-il à la réalité ?**

**8** **Lisez l'extrait suivant et répondez aux questions.**

Et tout d'un coup le souvenir m'est apparu. Ce goût c'était celui du petit morceau de madeleine que le dimanche matin à Combray (parce que ce jour-là je ne sortais pas avant l'heure de la messe), quand j'allais lui dire bonjour dans sa chambre, ma tante Léonie m'offrait après l'avoir trempé dans son infusion de thé ou de tilleul. La vue de la petite madeleine ne m'avait rien rappelé avant que je n'y eusse goûté ; peut-être parce que, en ayant souvent aperçu depuis, sans en manger, sur les tablettes des pâtissiers, leur image avait quitté ces jours de Combray pour se lier à d'autres plus récents ; peut-être parce que de ces souvenirs abandonnés si longtemps hors de la mémoire, rien ne survivait, tout s'était désagrégé ; les formes – et celle aussi du petit coquillage de pâtisserie, si grassement sensuel, sous son plissage sévère et dévot – s'étaient abolies, ou, ensommeillées, avaient perdu la force d'expansion qui leur eût permis de rejoindre la conscience. Mais, quand d'un passé ancien rien ne subsiste, après la mort des êtres, après la destruction des choses, seules, plus frêles mais plus vivaces, plus immatérielles, plus persistantes, plus fidèles, l'odeur et la saveur restent encore longtemps, comme des âmes, à se rappeler, à attendre, à espérer, sous la ruine de tout le reste, à porter sans fléchir, sur leur gouttelette presque impalpable, l'édifice immense du souvenir.

Marcel PROUST, *À la recherche du temps perdu*, « Du côté de chez Swann », I, 1, 1913.

**a) Étudiez le mécanisme de l'émergence du souvenir.**
**b) Combien d'époques le récit évoque-t-il ? Étudiez en particulier les temps verbaux.**

# L'énonciation dans l'écriture autobiographique

L'autobiographie suppose **l'identité entre auteur, narrateur et personnage**. La première personne du singulier est usuelle, même si l'on peut trouver le « JE » allié au « TU », comme dans *Enfance* de Nathalie Sarraute. Cependant, il n'existe pas d'autobiographie écrite entièrement à la deuxième personne, contrairement à la fiction (*La Modification* de Michel Butor, par exemple) mais le « Tu » intervient de façon ponctuelle « *dans des discours que le narrateur adresse au personnage qu'il fut, soit pour le réconforter, s'il est en mauvaise posture, soit pour le sermonner ou pour le répudier* » comme le remarque Philippe Lejeune.

**La troisième personne** suppose une **mise à distance par orgueil**, comme le montrent à des siècles de distance les *Commentaires* de César ou certains textes du Général de Gaulle, par **modestie**, c'est le cas de certaines autobiographies religieuses anciennes, ou par **autodérision**. On trouve cette distance ironique dans *The Education of Henry Adams*, livre dans lequel l'auteur, Henry Adams, rapporte à la troisième personne la quête d'un Américain, lui-même, à la recherche d'une éducation.

En faisant intervenir le problème de l'*auteur*, l'autobiographie met en lumière des phénomènes que la fiction laisse dans l'indécision : en particulier le fait qu'il peut très bien y avoir identité du narrateur et du personnage principal dans le cas du récit « à la troisième personne ». Cette identité n'étant plus établie à l'intérieur du texte par l'emploi du « je », est établie indirectement, mais sans aucune ambiguïté, par la double équation : auteur = narrateur, et auteur = personnage, d'où l'on déduit que narrateur = personnage même si le narrateur reste implicite. Ce procédé est conforme, au pied de la lettre, au sens premier du mot autobiographie : c'est une biographie, écrite par l'intéressé, mais écrite comme une simple biographie.

Philippe LEJEUNE, *Le Pacte autobiographique*, © Éditions du Seuil, 1975.

## • La première personne. Le « Je narré » et le « Je narrant »

Les autobiographies sont écrites la plupart du temps à la première personne : « Je soussigné ». « Je » (et « tu ») n'a de référence qu'à l'intérieur du discours, il renvoie à la situation d'énonciation. Rappelons avec Benveniste que **« je » désigne à chaque fois celui qui parle.** Le pronom personnel de première personne marque l'identité du sujet de l'énonciation et du sujet de l'énoncé. Dans : « Je suis né... », le « je » identifie la personne qui parle et celle qui naquit. Il ne faut pas oublier dans les marques de la personne les adjectifs et pronoms possessifs.

**Le « je narré »** (personnage évoluant dans le passé), **le « je narrant »** (narrateur évoluant dans le présent). L'écriture autobiographique suppose un va-et-vient incessant entre passé et présent. Prenons un exemple dans *Les Confessions* : l'épisode du ruban volé montre que dans une même instance énonciative, deux « je » se confondent, celui qu'était Rousseau à seize ans (le « je narré ») et celui, âgé, qui raconte (le « je narrant »).

La seule Mlle Pontal perdit un petit ruban couleur de rose et argent, déjà vieux. Beaucoup d'autres meilleures choses étaient à ma portée ; ce ruban seul me tenta, je le volai, et comme je ne le cachais guère, on me le trouva bientôt. On voulut savoir où je l'avais pris. Je me trouble, je balbutie, et enfin je dis, en rougissant, que c'est Marion qui me l'a donné. [...] L'on n'avait guère moins de confiance en moi qu'en elle, et l'on jugea qu'il importait de vérifier lequel était le fripon des deux. On la fit venir ; l'assemblée était nombreuse, le comte de la Roque y était. Elle arrive, on lui montre le ruban, je la charge effrontément ; elle reste interdite, se tait, me jette un regard qui aurait désarmé les démons, et auquel mon barbare cœur résiste. Elle nie enfin avec assurance, mais sans emportement, m'apostrophe, m'exhorte à rentrer en moi-même, à ne pas déshonorer une fille innocente qui ne m'a jamais fait de mal ; et moi, avec une impudence infernale, je confirme ma déclaration et lui soutiens en face qu'elle m'a donné le ruban. [...]

J'ignore ce que devint cette victime de ma calomnie. [...]

Ce souvenir cruel me trouble quelquefois et me bouleverse au point de voir dans mes insomnies cette pauvre fille venir me reprocher mon crime, comme s'il n'était commis que d'hier. Tant que j'ai vécu tranquille, il m'a moins tourmenté ; mais au milieu d'une vie orageuse, il m'ôte la plus douce consolation des innocents persécutés : il me fait bien sentir ce que je crois avoir dit dans quelque ouvrage, que le remords s'endort durant un destin prospère, et s'aigrit dans l'adversité.

ROUSSEAU, *Les Confessions*, Livre second.

## • Les formes d'insistance

Le « moi » étant au centre de l'autobiographie, les formes d'insistance apparaissent fréquemment, d'abord sous la forme tonique du pronom personnel : Moi, Toi, (nous, vous, au pluriel) qui peut être isolée dans une réponse :

→ *Qui avait-on accusé de cette ignominie ? MOI.*

« Moi » accompagne aussi le présentatif ; il est alors attribut du démonstratif :

→ *... cet homme, ce sera MOI.*
(ROUSSEAU, *Les Confessions*)

« Moi » et « Toi » peuvent être renforcés par l'indéfini d'identité « même » : moi-même, toi-même. Au début du deuxième paragraphe du Préambule des *Confessions*, il est renforcé par l'emploi de l'adjectif qualificatif « seul » : « moi seul ».

On peut aussi, pour mettre en relief, détacher un ou plusieurs mots en tête de phrase. Ainsi, dans l'exemple suivant :

→ *Et cet homme, ce sera moi*

Rousseau détache par anticipation « homme », qu'il accentue grâce à l'emploi de l'adjectif démonstratif « cet » à valeur laudative, repris après le verbe par le pronom tonique « moi ».

### • Le temps de l'histoire et le temps de la narration

Le « JE narré » est associé au passé simple, à l'imparfait, au-plus-que parfait, au présent de narration :

→ *Je le volai, et comme je ne le cachais guère [...]. On voulut savoir où je l'avais pris. Je me trouble, je balbutie...*

Il désigne le personnage à l'intérieur du récit.

Le « JE narrant » est associé au passé composé, au présent de l'énonciation et au futur. Il désigne Rousseau à l'époque où il écrit *Les Confessions*, et rend compte du commentaire du narrateur sur son passé.

Lorsqu'il écrit : « *J'ignore ce que devint cette victime de ma calomnie* », il se place au moment de l'écriture.

Le discours est en prise sur la situation d'énonciation à l'aide d'outils linguistiques appelés **déictiques** ; il s'agit des indicateurs de repères spatio-temporels qui ne prennent sens que par rapport au lieu et au moment de la parole, ici et maintenant. Le récit, au contraire, est déconnecté de la situation d'énonciation.

## EXERCICES

**1** **Observez le va-et-vient entre le « Je narré » et le « Je narrant » dans le texte de Casanova pp. 360-361.**

**2** **Même exercice à propos de l'extrait de Queneau, *Chêne et chien*, p. 368.**

**3** **Dans le texte de Restif de La Bretonne, p. 354, relevez les formes d'insistance du pronom personnel.**

**4** **Même exercice dans le Préambule des *Confessions*, p. 350.**

**5** **Dans la phrase suivante de Restif de La Bretonne, vous étudierez les formes et le jeu des pronoms personnels : « *Ô chaos, qui renfermes tous les contraires, qui te débrouillera ?... Moi, dans moi-même.* »**

**6** **« *Je me regardais de nouveau dans les glaces* » (Simone de Beauvoir). Nommez les formes du pronom personnel. Que marquent-elles ?**

**7** **Dans le texte de Robert Antelme, p. 378, distinguez ce qui relève du discours et ce qui appartient au récit.**

**8** **Comment interprétez-vous l'alternance des pronoms personnels de première et deuxième personnes dans l'extrait ci-dessous :**

– Alors, tu vas vraiment faire ça ? « évoquer tes souvenirs d'enfance »... Comme ces mots te gênent, tu ne les aimes pas. Mais reconnais que ce sont les seuls mots qui conviennent. Tu veux « Évoquer tes souvenirs »... il n'y a pas à tortiller, c'est bien ça.
– Oui, je n'y peux rien, ça me tente, je ne sais pas pourquoi...
– C'est peut-être... est-ce que ce ne serait pas... on ne s'en rend parfois pas compte... c'est peut-être que tes forces déclinent...

(Nathalie SARRAUTE, *Enfance*)

**9** **Quelle est la valeur du passé composé dans le texte de Restif de la Bretonne p. 354 ?**

**10** **Analysez le jeu des temps dans le texte de Doubrovsky, p. 364, l. 20 à la l. 32, de « Mais un roman... » à « résolu ».**

**11** **Quelle est la valeur des temps verbaux dans les deux premiers paragraphes du texte de Restif de La Bretonne, p. 354 ?**

**12** **Rédigez un extrait de votre autobiographie qui rapportera un souvenir d'enfance. Vous prendrez soin d'alterner récit et discours.**

ÉPREUVE BAC

# CORPUS La Seconde Guerre mondiale, du témoignage au roman

## TEXTE A Robert ANTELME, *L'Espèce humaine*

*Robert Antelme fut interné à Buchenwald. Dans* L'Espèce humaine, *rédigé en 1946-1947, il retrace la vie d'un kommando et tente de faire partager l'*« inimaginable ».

De l'usine arrive le bruit du compresseur qui commence à fonctionner. Les épaules en dedans, les mains dans les poches, on se tait. Il va être six heures ; il faut attendre midi. On n'a pas encore commencé. Comment commencer ? On pourrait le faire les yeux fermés, mais il faut sortir les mains des poches, faire un pas en avant, se baisser. C'est difficile.

Pourtant, nous ne sommes pas encore très faibles ; mais il a fallu sortir du sommeil, il a fallu se rassembler, il a fallu arriver ici, il va falloir sortir les mains des poches, il va falloir charrier les poutres, il va falloir revenir après midi, il va falloir résister à la faim après la soupe, il va falloir attendre que la nuit revienne, il va falloir dormir, il va falloir recommencer demain, il va falloir attendre dimanche matin, il va falloir recommencer lundi, il va falloir attendre qu'ils soient sur le Rhin, il va falloir être sûr que ça viendra, il va falloir ne rien imaginer, ne rien rêver, il va falloir savoir que nous sommes ici absolument, que, sur chacun de nos jours, le SS règne, le savoir jusqu'à la dernière minute, jusqu'à ce que ceux qui derrière le micro disent : « Dans un mois… au printemps prochain… » ceux qui ont le temps arrivent, se montrent et disent : « Vous êtes libres ! »

Sortir les mains des poches, faire un pas, c'est faire quelque chose en attendant, c'est attendre. Ce n'est pas encore le froid ni la fatigue qui nous ankylosent, ni le passé, c'est le temps.

*

Là-bas, la vie n'apparaît pas comme une lutte incessante contre la mort. Chacun travaille et mange, se sachant mortel, mais le morceau de pain n'est pas immédiatement ce qui fait reculer la mort, la tient à distance ; le temps n'est pas exclusivement ce qui rapproche la mort, il porte les œuvres des hommes. La mort est fatale, acceptée, mais chacun agit en dépit d'elle.

Nous sommes tous, au contraire, ici pour mourir. C'est l'objectif que les SS ont choisi pour nous. Ils ne nous ont ni fusillés ni pendus mais chacun, rationnellement privé de nourriture, doit devenir le mort prévu, dans un temps variable. Le seul but de chacun est donc de s'empêcher de mourir. Le pain qu'on mange est bon parce qu'on a faim, mais s'il calme la faim, on sait et on sent aussi qu'avec lui la vie se défend dans le corps. Le froid est douloureux, mais les SS veulent que nous mourions de froid, il faut s'en protéger parce que c'est la mort qui est dans le froid. Le travail est vidant – pour nous, absurde – mais il use, et les SS veulent que nous mourions par le travail ; aussi faut-il s'économiser dans le travail parce que la mort est dedans. Et il y a le temps : les SS pensent qu'à force de ne pas manger et de travailler, nous finirons par mourir ; les SS pensent qu'ils nous auront à la fatigue c'est-à-dire par le temps, la mort est dans le temps.

Robert ANTELME, *L'Espèce humaine* (1947). 

## TEXTE B Irène NÉMIROVSKY, *Suite française*

*Irène Némirovsky est née en 1903 à Kiev. En 1918, sa famille fuit la Russie et s'installe en France en 1919. Irène n'obtiendra jamais la nationalité française. En 1939, elle se convertit au catholicisme. En juin 1940, accompagnée de son mari et de ses deux filles, elle quitte Paris pour la province où elle entreprend* Suite française. *Le 13 juillet 1942, elle est arrêtée par la police française, internée au camp de Pithiviers et déportée à Auschwitz où elle meurt le 17 août 1942. Le manuscrit du roman quasi autobiographique a été conservé par ses deux filles*[1]*. Il s'agit d'une fresque extraordinaire des premiers temps de la guerre. L'extrait suivant décrit l'exode en juin 1940.*

À minuit, dans tout Orléans, il n'y avait pas une chambre libre, pas un lit. Des gens couchaient par terre dans les salles des cafés, dans les rues, dans les gares, la tête appuyée sur leurs valises. L'embouteillage était tel qu'il était impossible de sortir de la ville. Certains disaient qu'un barrage avait été établi afin de laisser la route pour la troupe.

Sans bruit, phares éteints, les autos arrivaient les unes derrière les autres, pleines à craquer, surchargées de bagages et de meubles, de voitures d'enfants et de cages à oiseaux, de caisses et de paniers à linge, chacune avec son matelas solidement attaché sur le toit ; elles formaient des échafaudages fragiles et elles paraissaient avancer sans l'aide du moteur, emportées par leur propre poids le long des rues en pente jusqu'à la place. À présent elles fermaient toutes les issues ; elles étaient pressées les unes contre les autres comme des poissons pris dans une nasse, et de même il semblait qu'un coup de filet pût les ramasser ensemble, les rejeter vers un affreux rivage. On n'entendait pas de pleurs, pas de cris, les enfants eux-mêmes se taisaient. Tout était calme. Par moments, un visage se montrait à une vitre baissée et interrogeait longuement le ciel. Une faible et sourde rumeur faite de respirations oppressées, de soupirs, de paroles échangées à mi-voix comme si on eût craint d'être entendu par un ennemi aux aguets, montait de cette multitude. Certains essayaient de dormir, le front heurtant l'angle d'une valise, les jambes douloureuses sur l'étroite banquette ou une joue chaude pressée contre la vitre. Des jeunes gens et des femmes s'interpellaient d'une voiture à une autre, et parfois riaient gaiement ! Mais une tache sombre glissait sur le ciel scintillant d'étoiles, tous devenaient attentifs, les rires cessaient. Ce n'était pas à proprement parler de l'inquiétude mais une étrange tristesse qui n'avait rien d'humain car elle ne comportait ni vaillance ni espérance, ainsi les bêtes attendent la mort. Ainsi le poisson pris dans les mailles du filet voit passer et repasser l'ombre du pêcheur.

L'avion avait surgi tout à coup au-dessus de leurs têtes, on entendait son bruit fin et strident qui tantôt s'éloignait, se perdait, puis dominait de nouveau les mille sons de la ville, suspendait tous les souffles haletants. Le fleuve, le pont métallique, les rails du chemin de fer, la gare, les cheminées de l'usine brillaient doucement, autant de « points stratégiques », autant de buts à atteindre pour l'ennemi. Pour cette foule silencieuse, autant de périls ! Les optimistes disaient : « Je crois que c'est un Français ! » Français, ennemi, nul ne le savait. Mais il disparaissait maintenant. Parfois une explosion lointaine retentissait : « ce n'est pas pour nous », songeaient les gens avec un soupir de bonheur : « Ce n'est pas pour nous, c'est pour les autres. Nous avons de la chance ! »

Irène NÉMIROVSKY, *Suite française*, © Éditions Denoël, 2004.

**1.** Confié à l'IMEC, il fut publié en 2004.

## TEXTE C Jonathan LITTELL, *Les Bienveillantes*

*Jonathan Littell est né en 1967 à New York. Son premier roman,* Les Bienveillantes, *est écrit en français. Son héros, le Dr Maximilien Aue, retrace, à la première personne, son parcours pendant la Seconde Guerre mondiale. Docteur en droit constitutionnel, juriste, fonctionnaire de la sécurité, il fut aussi officier SS, sturmbannführer chargé d'améliorer la production des camps.*

Frères humains, laissez-moi vous raconter comment ça s'est passé. On n'est pas votre frère, rétorquerez-vous, et on ne veut pas le savoir. Et c'est bien vrai qu'il s'agit d'une sombre histoire, mais édifiante aussi, un véritable conte moral, je vous l'assure. Ça risque d'être un peu long, après tout il s'est passé beaucoup de choses, mais si ça se trouve vous n'êtes pas trop pressés, avec un peu de chance vous avez le temps. Et puis ça vous concerne : vous verrez bien que ça vous concerne. Ne pensez pas que je cherche à vous convaincre de quoi que ce soit ; après tout, vos opinions vous regardent. Si je me suis résolu à écrire, après toutes ces années, c'est pour mettre les choses au point pour moi-même, pas pour vous. Longtemps, on rampe sur cette terre comme une chenille, dans l'attente du papillon splendide et diaphane que l'on porte en soi. Et puis le temps passe, la nymphose ne vient pas, on reste larve, constat affligeant, qu'en faire ? Le suicide, bien entendu, reste une option. Mais à vrai dire, le suicide me tente peu. J'y ai, cela va de soi, longuement songé ; et si je devais y avoir recours, voici comment je m'y prendrais : je placerais une grenade tout contre mon cœur, et partirais dans un vif éclat de joie. Une petite grenade ronde que je dégoupillerais avec délicatesse avant de lâcher la cuiller, en souriant au petit bruit métallique du ressort, le dernier que j'entendrais, à part les battements de mon cœur dans mes oreilles. Et puis le bonheur enfin, ou en tout cas la paix, et les murs de mon bureau décorés de lambeaux. Aux femmes de ménage de nettoyer, elles sont payées pour ça, tant pis pour elles. Mais comme je l'ai dit le suicide ne me tente pas. Je ne sais pas pourquoi, d'ailleurs, un vieux fond de morale philosophique peut-être, qui me fait dire qu'après tout on n'est pas là pour s'amuser. Pour faire quoi, alors ? Je n'en ai pas idée, pour durer, sans doute, pour tuer le temps avant qu'il ne vous tue. Et dans ce cas, comme occupation, aux heures perdues, écrire en vaut bien une autre. Non que j'aie tant d'heures que ça à perdre, je suis un homme occupé ; j'ai ce qu'on appelle une famille, un travail, des responsabilités donc, tout cela prend du temps, ça n'en laisse pas beaucoup pour raconter ses souvenirs. D'autant que des souvenirs, j'en ai, et une quantité considérable même. Je suis une véritable usine à souvenirs. J'aurai passé ma vie à me manufacturer des souvenirs, même si l'on me paye plutôt, maintenant, pour manufacturer de la dentelle. En fait, j'aurais tout aussi bien pu ne pas écrire. Après tout, ce n'est pas une obligation. Depuis la guerre, je suis resté un homme discret ; grâce à Dieu, je n'ai jamais eu besoin, comme certains de mes anciens collègues, d'écrire mes Mémoires à fin de justification, car je n'ai rien à justifier, ni dans un but lucratif, car je gagne assez bien ma vie comme ça. Une fois, j'étais en Allemagne, en voyage d'affaires, je discutais avec le directeur d'une grande maison de sous-vêtements, à qui je voulais vendre de la dentelle. Je lui avais été recommandé par d'anciens amis ; ainsi, sans poser de questions, nous savions tous les deux à quoi nous en tenir, l'un envers l'autre.

Après notre entretien, qui s'était d'ailleurs déroulé de manière fort positive, il se leva pour tirer un volume de sa bibliothèque et me l'offrit. Il s'agissait des mémoires posthumes de Hans Frank, le General-Gouverneur de Pologne ; cela s'intitulait *Face à l'échafaud.* « J'ai reçu une lettre de sa veuve, m'expliqua mon interlocuteur. Elle a fait éditer le manuscrit, qu'il a rédigé après son procès, à ses propres frais, et elle vend le livre pour subvenir aux besoins de ses enfants. Vous vous imaginez, en arriver là ? La veuve du General-Gouverneur. Je lui en ai commandé vingt exemplaires, pour les offrir. J'ai aussi proposé à tous mes chefs de départements d'en acheter un. Elle m'a écrit une émouvante lettre de remerciements. Vous l'avez connu ? » Je lui assurai que non, mais que je lirais le livre avec intérêt. En fait si, je l'avais brièvement croisé, je vous le raconterai peut-être plus tard, si j'en ai le courage ou la patience. Mais là, ça n'aurait eu aucun sens d'en parler. Le livre, d'ailleurs, était fort mauvais, confus, geignard, baigné d'une curieuse hypocrisie religieuse. Ces notes-ci seront peut-être confuses et mauvaises aussi, mais je ferai de mon mieux pour rester clair ; je peux vous assurer qu'au moins elles demeureront libres de toute contrition. Je ne regrette rien : j'ai fait mon travail, voilà tout ; quant à mes histoires de famille, que je raconterai peut-être aussi, elles ne concernent que moi ; et pour le reste, vers la fin, j'ai sans doute forcé la limite, mais là je n'étais plus tout à fait moi-même, je vacillais et d'ailleurs autour de moi le monde entier basculait, je ne fus pas le seul à perdre la tête, reconnaissez-le. Et puis, je n'écris pas pour nourrir ma veuve et mes enfants, moi, je suis tout à fait capable de subvenir à leurs besoins. Non, si j'ai enfin décidé d'écrire, c'est bien sans doute pour passer le temps, et aussi, c'est possible, pour éclairer un ou deux points obscurs, pour vous peut-être et pour moi-même. En outre je pense que cela me fera du bien.

Jonathan LITTELL, *Les Bienveillantes,* © Éditions Gallimard, 2006.

## Question

***Tous les textes relèvent-ils du témoignage ? Vous mettrez en évidence les choix d'écriture de chacun des auteurs.***

## Écriture d'invention

*Écriture d'un dialogue contradictoire*

**Sujet**

***À propos du roman de J.Littell, vous n'êtes pas d'accord avec l'un de vos camarades sur cette question : un romancier a-t-il le droit de donner la parole aux bourreaux ? L'un de vous soutient, contre l'autre, que c'est faire l'apologie du mal. Dans un dialogue argumenté, illustré d'exemples, vous rendrez compte des positions de chacun des deux interlocuteurs. Un langage correct est requis.***

## Commentaire

*L'écriture de l'indicible*

**Sujet**

***Vous ferez le commentaire du texte de Robert Antelme.***

## Dissertation

*Autobiographie et roman*

**Sujet**

***Le recours à la fiction vous semble-t-il un bon moyen pour pallier les difficultés inhérentes à l'écriture autobiographique ?***

***Vous tenterez de répondre à cette question dans un développement argumenté, illustré d'exemples pris dans le corpus ou dans vos lectures personnelles.***

# L'autoportrait au xxe siècle

## L'autoportait

Vers 1500, avec Dürer, l'autoportrait apparaît comme un genre autonome. Les intentions qui sous-tendent cette forme d'art, qui repose sur l'emploi du miroir, sont infinies, depuis le désir de maîtriser une technique jusqu'à celle de « s'immortaliser ».

L'autoportrait en littérature est un terme métaphorique, puisqu'il est emprunté à la peinture. Tout texte autobiographique contient un autoportrait, avoué ou inscrit en creux. Nous proposons ici des autoportraits d'artistes, peintres ou sculpteurs, du xxe siècle. Tout autoportrait, ou presque, en peinture, jusqu'au xxe siècle, est une « *huile sur toile* ». Or, comme le note Pascal Bonafoux, « *l'un des signes particuliers du xxe siècle est l'extraordinaire diversité des techniques auxquelles les artistes ont eu recours [...]*

*L'autoportrait peut être aussi bien un assemblage disparate d'objets qu'une photographie, aussi bien une estampe qu'un dessin, aussi bien une empreinte qu'un collage... Ce qui n'exclut pas que l'autoportrait puisse être encore une huile sur toile... Le choix des matériaux auxquels l'artiste a eu recours, la technique qu'il a peut-être inventée deviennent une part essentielle de ce que l'autoportrait révèle.* »

➤ **Selon vous, l'avènement de l'art non figuratif a-t-il tué l'autoportrait ? Vous illustrerez votre réponse argumentée par des exemples précis.**

Voici un extrait de la préface de Pascal Bonafoux, au catalogue de l'exposition **MOI ! Autoportraits du xxe siècle**, musée du Luxembourg, Paris, 31 mars-25 juillet 2004.

**Trouble**

O TOUT PARTIRA... Ces mots qui semblent annoncer une promesse – ou une déconfiture ? – ne sont rien d'autre que l'anagramme du mot AUTOPORTRAIT. Les anagrammes de ce mot – qui n'est guère apparu dans un dictionnaire usuel de langue française que dans les années 50 – sont peut-être au bout du compte les métaphores des ambiguïtés, des paradoxes ou des extravagances encore qui auront été celles de l'autoportrait au cours du xxe siècle. Pour preuve, cette liste qui va de l'absurdité à l'inconséquence en passant par l'excentricité, de OU TOT PARTIRA à TROU A PORTRAIT en passant par O TOUR PARTAIT, TORA PRIA TOUT, OU TROP RATAIT, A TOT POURRAIT, A TROUAIT TROP, RAPORTAIT TOUT, TOT PARI OU RAT, OU RATAIT TROP, OTARI PARTOUT, etc.

Au-delà de ces extravagances, de ces loufoqueries, de ces bizarreries, c'est à la première collection de portraits d'artistes par eux-mêmes qu'il faut remonter.

Pascal BONAFOUX, *MOI ! Autoportraits du xxe siècle*, © Éditions Skira, 2004.

➤ **Vous proposerez une interprétation pour quelques anagrammes qui vous agréent, dans le texte de Pascal Bonafoux.**

## Autoportrait 1

Erik BOULATOV (né en 1933), *Autoportrait*, 1968. Huile sur toile. Fondation Dina Vierny-Musée Mayol. © Banque d'Images - Adagp, Paris 2007.

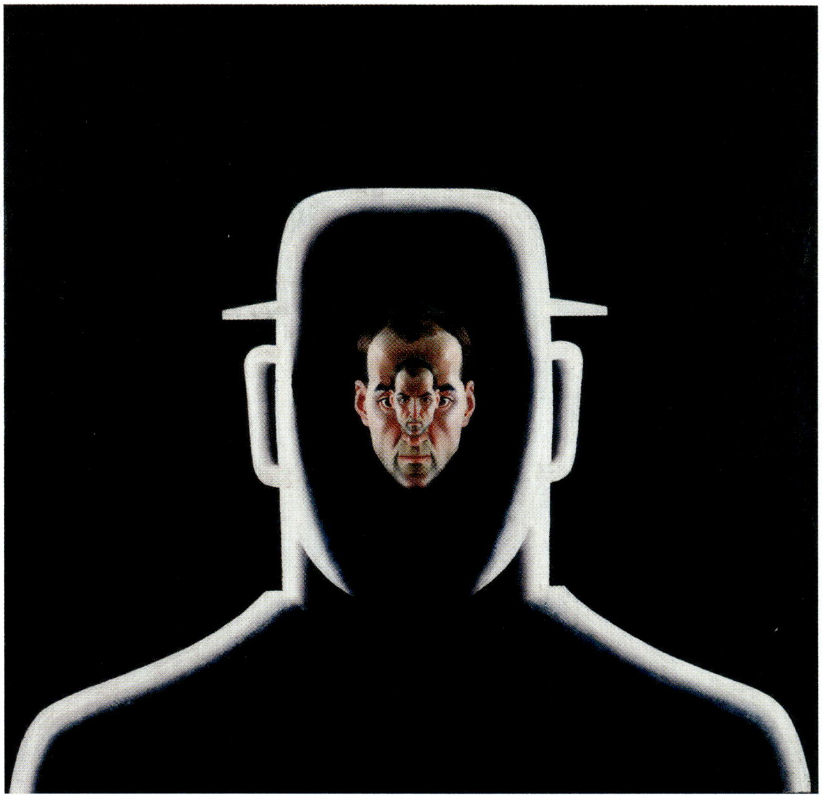

➤ **Étudiez la composition de l'autoportrait. Qu'évoque-t-il pour vous ?**

## Autoportrait 2

Pablo GARGALLO (1881-1934), *Autoportrait*, 1927. Tôle de fer, 18 × 15 × 9. Madrid, Museo Reina Sofia-esculptura © Oronoz.

➤ **Qu'apporte la sculpture à l'autoportrait ? Connaissez-vous d'autres sculpteurs qui aient fait leur autoportrait ?**

## Autoportrait 3

Claes OLDENBURG (né en 1929), *Autoportrait symbolique,* 1971. Lithographie d'après un dessin de 1969.
Tel Aviv, Museum of Art-Collection. Don de Charles et Evelyn Kramer, New York.

➤ **Pourquoi peut-on dire que le peintre se présente lui-même comme un théâtre ?**

## Autoportrait 4

Alberto SAVINIO (DE CHIRICO), *Autoportrait en forme de hibou*, 1936. Turin, Galleria Civica d'Arte moderne.
© Adagp, Paris 2007.

➤ Comment interprétez-vous cet autoportrait ?

## Pour comprendre l'autoportrait

Dans *L'Art de l'autoportrait*, Omar Calabrese analyse les différentes positions de l'artiste par rapport au « spectateur ». Il distingue plusieurs cas :
– celui où l'autoportrait ne regarde pas le spectateur,
– celui qui le regarde « *sans tourner la tête* »,
– celui qui se présente « *avec la torsion du cou, mais sans l'inversion de la droite et de la gauche.* »,
– celui « *dans lequel l'artiste n'est pas du tout en train de travailler à son propre autoportrait.* »,
– celui qui conjugue « *les trois ingrédients (regard à la caméra, torsion du cou, inversion de la droite et de la gauche) mais n'est pas pour autant un autoportrait* ».
Il établit ensuite un rapprochement intéressant avec les techniques littéraires de l'autoportrait :

Examinons le premier cas, celui de l'autoportrait qui ne regarde pas « la caméra » (ou le spectateur). C'est comme si, dans le discours, le sujet qui parle n'utilisait pas la première personne (« je »), mais la troisième (« il »). L'auteur prend ses distances avec lui-même et se représente comme dans un portrait historique. La littérature offre des exemples comparables. Nous n'en citerons qu'un seul, divertissant au demeurant ; celui conçu par le sémiologue Roland Barthes en 1975. Dans « Roland Barthes par Roland Barthes », une recension qu'il a livrée à *La Quinzaine*, l'auteur se traite comme une tierce personne et joue, tout au long de l'article, sur le rapport je/il. Nous sommes en face du cas le plus évident de transformation du discours direct en discours historique (où la troisième personne n'est plus quelqu'un qui parle). En peinture, le mécanisme consiste à transformer l'autoportrait en portrait et celui-ci en biographie [...].

Deuxième cas, celui de l'autoportrait qui regarde le spectateur sans tourner la tête. Ici, la transformation est simple : l'autoportrait est simplement un portrait [...].

Troisième cas, celui où l'inversion de la droite et de la gauche est marquée. Ici, la double spécularité est niée et ce que l'on voit dans le miroir, c'est un reflet direct. Mais comme il existe des indicateurs de la réflexion, on en déduit que la stratégie consiste à signifier l'*instantanéïté* du portrait par rapport à sa production en tant qu'image, et la *durée* du temps de la peinture. Il y a donc, en substance, deux temps qui se superposent : le temps de l'image et le temps de l'art. Cette idée est confirmée par de nombreux portraits de peintres occupés à exécuter leur autoportrait [...].

Quatrième cas : le portrait qui regarde le spectateur, tourne la tête, inverse la droite et la gauche, mais qui n'est pas un autoportrait. Là, les choses sont plus compliquées. On peut expliquer de diverses manières le détournement de l'échange communicatif. Par exemple, on peut faire appel aux catégories du « je narrant » et du « je narré » [...]. On peut également suggérer l'idée que le genre-portrait est toujours un texte qui raconte explicitement une histoire, mais qui, au même temps, parle aussi d'un autre texte, c'est-à-dire renvoie à quelque théorie plus abstraite. En ce qui concerne notre portrait en forme d'autoportrait, c'est la nature de la *pose* de la personne représentée qui peut nous permettre de le définir ainsi. Elle est, en effet, une simulation de la pose propre à l'autoportrait.

Mais s'agit-il vraiment d'une simulation ? La pose ne serait-elle pas elle-même interprétable comme un texte qui cite la structure de l'autoportrait (du reste, le personnage représenté est théoriquement posté devant un miroir). Il y a là quelqu'un qui assume l'activité communicative (il regarde le spectateur : et donc c'est comme s'il disait « je ») ; il y a là aussi des indicateurs qui renvoient à la situation et aux circonstances relatives à la production du texte (je suis « ici », « je vous parle maintenant »). La structure typique de l'autoportrait est dans le même temps le « scénario » d'un autre texte – le portrait – dont il fournit le mode d'emploi.

Omar CALABRESE, *L'Art de l'autoportrait*, © Citadelles et Mazenod, 2006.

➤ **Retrouvez dans les autoportraits proposés les techniques expliquées par Omar Calabrese.**

PARTIE 5

# L'ARGUMENTATION

*onsieur Smith au Sénat,*
m de Franck Capra, 1939, avec
mes Stewart.
Collection Christophe L.

CHAPITRE

# 10 Convaincre, persuader et délibérer

## OBJECTIFS

- **Analyser les procédés propres à emporter l'adhésion**
- **Étudier l'éloquence dans des textes de genres différents**

Pierre SUBLEYRAS (1599-1749), *Le Faucon*. Huile sur toile, 34,5 × 28 cm. Paris, Musée du Louvre. © The Bridgeman Art Library.

## 1. UNE DÉLIBÉRATION SUSPENSIVE DANS UN ROMAN

# François RABELAIS (1494-1553)

## *Le Tiers Livre*

voir biographie p. 632

*En 1532, paraît* Pantagruel, *suivi en 1535, de* Gargantua, *premier roman de la geste des géants. En 1546, est publié* Le Tiers Livre *qui met au premier plan le personnage de Panurge préoccupé par la question du mariage. À partir du chapitre 7, se pose le problème central : Panurge sera-t-il heureux s'il se marie ? Au chapitre 9, il consulte Pantagruel.*

### COMMENT PANURGE CONSULTE PANTAGRUEL POUR SAVOIR S'IL DOIT SE MARIER

Comme Pantagruel ne répliquait rien[1], Panurge poursuivit et dit avec un profond soupir :

« Seigneur, vous avez compris mon dessein[2], qui serait de me marier si tous les trous n'étaient pas, par malchance, fermés, clos et bouclés ; je vous en supplie, au nom de l'amour que depuis si longtemps vous me portez, dites-moi votre avis sur la question.

– Puisque, répondit Pantagruel, une fois pour toutes les dés ont été jetés, que vous l'avez décidé et que telle est votre ferme intention, n'en parlons plus, il ne reste qu'à la mettre à exécution.

– Oui, dit Panurge, mais je ne voudrais pas la mettre à exécution sans votre conseil et votre avis éclairé.

– Je suis de votre avis sur ce choix, répondit Pantagruel, et vous le conseille.

– Mais, dit Panurge, si vous étiez convaincu qu'il fût préférable pour moi de demeurer dans ma situation actuelle, sans me lancer dans une nouvelle entreprise, j'aimerais mieux ne point me marier.

– Ne vous mariez donc point, répondit Pantagruel.

– Oui, dit Panurge, mais voudriez-vous que je demeure si seulet toute ma vie sans compagnie conjugale ? Vous savez qu'il est écrit : *Malheur au solitaire*[3]. L'homme seul ne connaît jamais l'épanouissement que l'on trouve chez les gens mariés.

– Mariez-vous donc, au nom de Dieu ! répondit Pantagruel.

– Mais, dit Panurge, si ma femme me faisait cocu (vous savez que nous avons une bonne année de cocus), cela suffirait à mettre ma patience hors de ses gonds. J'aime bien les cocus, ils me semblent être gens de bien, et je les fréquente volontiers, mais, dussé-je mourir, je ne le voudrais être. C'est un point trop poignant pour moi.

1. Panurge vient de faire, au chapitre 8, l'éloge de la braguette.
2. **dessein :** projet.
3. ***Vae solis ! Malheur au solitaire !*** Cette expression vient de L'*Ecclésiaste*, chapitre IV, verset 10.

Gravure, XVII^e siècle. Paris B.N. © B.N.F.

– Ne vous mariez donc point, répondit Pantagruel, car la sentence de Sénèque est valable sans aucune exception : ce qu'à autrui tu auras fait, sois certain qu'autrui te le fera.

– Dites-vous cela, demanda Panurge, sans faire d'exception ?

– Il le dit sans faire d'exception, répondit Pantagruel.

– Ho, ho ! dit Panurge, de par le petit diable ! Il veut dire valable dans ce monde, ou dans l'autre.

Oui, mais puisque je ne peux pas plus me passer de femme qu'un aveugle de bâton (car il faut que le virolet[4] trotte, sinon je ne saurais vivre), n'est-il pas préférable que je prenne pour compagne quelque honnête et vertueuse femme, plutôt que d'en changer tous les jours, et de risquer constamment d'attraper quelque coup de bâton, ou la vérole, pour mettre les choses au pis ? Car jamais femme de bien n'eut affaire avec moi. Et n'en déplaise à leurs maris.

**4. le virolet :** au sens propre, le foret. Ici, le membre viril.

– Mariez-vous donc, au nom de Dieu ! répondit Pantagruel.

– Mais, dit Panurge, si Dieu le voulait et si par hasard j'épousais une femme de bien, au cas où elle me battrait, je ne serais plus qu'un modèle réduit de Job[5] si je ne me fâchais tout rouge. En effet, on m'a dit que ces femmes si honnêtes ont généralement une mauvaise tête : aussi ont-elles du bon vinaigre dans leur ménage[6]. Je l'aurais encore plus mauvaise, et lui battrais tant et tant les abattis, c'est-à-dire, bras, jambes, tête, poumon, foie et rate, je lui déchiquetterais tant ses habits à coups redoublés, que le grand Diable attendrait son âme damnée à la porte. Je me passerais bien de ces troubles pour cette année et serais content de les éviter.

– Ne vous mariez donc point, répondit Pantagruel.

– Oui, dit Panurge, mais dans l'état où je suis, quitte de mes dettes et non marié (remarquez que je veux dire quitte au mauvais moment, car, si j'étais très endetté, mes créanciers ne prendraient que trop grand soin de ma paternité), mais étant quitte et non marié, je n'ai personne qui se soucie autant de moi et me porte un amour aussi grand que l'est, dit-on, l'amour conjugal. Et si par hasard je tombais malade, je ne subirais que le traitement inverse. Le sage[7] dit : là où il n'y a point de femme, c'est-à-dire de mère de famille et d'épouse légitime, le malade est dans un grand embarras. J'en ai vu une preuve évidente avec les papes, légats, cardinaux, évêques, abbés, prieurs, prêtres et moines. Or, vous ne me réduirez jamais à cela.

– Mariez-vous donc, au nom de Dieu ! répondit Pantagruel.

– Mais, dit Panurge, si j'étais malade et inapte au devoir du mariage et que ma femme, ne pouvant supporter ma langueur, se donnât à un autre, et non seulement ne me vînt pas en aide au besoin, mais encore se moquât de mon infirmité et (qui pis est) me volât, comme je l'ai souvent vu se produire, il ne manquerait plus rien au tableau et je n'aurais plus qu'à courir les champs en gilet[8].

– Ne vous mariez donc point, répondit Pantagruel.

– Oui, dit Panurge, mais alors, je n'aurais jamais ni fils ni filles légitimes, par lesquels je puisse espérer perpétuer mon nom et mes armes ; auxquels je puisse laisser mes acquisitions (j'en ferai de superbes un de ces quatre matins, n'en doutez pas, et qui plus est, serai un grand retireur de rentes[9]) ; avec lesquels je puisse me distraire, quand par ailleurs je serai chagriné, ainsi que je vois journellement agir avec vous votre père si indulgent et si débonnaire, et comme le font tous les gens de bien dans leur foyer et dans leur intimité. En effet, alors que je suis quitte, que je ne suis pas marié, que je suis en proie à des tracas inhabituels… J'ai l'impression qu'au lieu de me consoler, vous riez de mon malheur !

– Mariez-vous donc, au nom de Dieu ! » répondit Pantagruel.

François RABELAIS, *Le Tiers Livre*, Chapitre 9, 1546. Orthographe modernisée.

**5. Job :** personnage de la Bible. Dieu l'ayant accablé de malheurs, il se révolta et fut condamné à la pauvreté, d'où l'expression « pauvre comme Job ». Quand il se soumit, il retrouva la prospérité.

**6. proverbe poitevin :** une femme honnête devient acariâtre en se mariant comme le bon vin devient vinaigre.

**7. le sage :** *L'Ecclésiaste*, chapitre XXXVI, verset 27.

**8.** errer comme un vagabond, être fou.

**9.** rembourser le capital d'une rente.

## ANALYSE

### *Une consultation*

**1.** En quoi les deux premières répliques sont-elles contradictoires ?

**2.** Quel mode verbal semble privilégier Panurge ? pourquoi ?

**3.** Panurge a-t-il pris sa décision ?

### *Un jeu de ping-pong*

**4.** Quel premier argument Panurge oppose-t-il au conseil de Pantagruel : « *Ne vous mariez donc point* » (l. 17) ?

**5.** Quels sont les six autres arguments de Panurge ? Les développe-t-il ? si oui, de quelle manière ?

**6.** Montrez que l'argument 6 rejoint la peur initiale de Panurge.

**7.** En quoi les réponses de Pantagruel sont-elles à la fois déconcertantes et comiques ?

## ÉCRITURE

**1.** Vous imaginerez une réponse argumentée de Pantagruel à toutes les hésitations de Panurge.

**2.** Imaginez la conversation de Pantagruel et de Panurge, étudiants du début du XXIe siècle, à propos du mariage.

## PROLONGEMENT

*Le romancier d'origine tchèque Milan Kundera (né en 1929) s'explique sur l'art du roman dans un essai écrit en français et publié en 1993 ; il en vient à évoquer le personnage de Panurge, regrettant que l'héritage de Rabelais ne se retrouve guère aujourd'hui dans la littérature européenne.*

LE JOUR OÙ PANURGE NE FERA PLUS RIRE

Ce qui me fait revenir une dernière fois à Panurge. Dans *Pantagruel*, il tombe amoureux d'une dame et à tout prix veut l'avoir. Dans l'église, pendant la messe (n'est-ce pas un sacré sacrilège ?), il lui adresse d'ébouriffantes obscénités (qui, dans l'Amérique d'aujourd'hui, lui coûteraient cent treize ans de prison pour harcèlement sexuel) et, quand elle ne veut pas entendre, il se venge en dispersant sur ses vêtements le sexe d'une chienne en chaleur. Sortant de l'église, tous les chiens des environs (six cent mille et quatorze, dit Rabelais) courent après elle et pissent sur elle. Je me rappelle mes vingt ans, un dortoir d'ouvriers, mon Rabelais tchèque sous mon lit. Aux ouvriers curieux de ce gros livre, maintes fois j'ai dû lire cette histoire que, bientôt, ils ont connue par cœur. Bien qu'ils fussent des gens d'une morale paysanne plutôt conservatrice, il n'y avait, dans leur rire, pas la moindre condamnation du harceleur verbal et urinaire ; ils ont adoré Panurge. […] Ils étaient enchantés des obscénités que Panurge adressait à la dame de l'église, mais également enchantés de la punition que lui infligeait la chasteté de la dame, laquelle, à son tour, à leur grand plaisir, était punie par l'urine des chiens. Avec qui avaient-ils sympathisé, mes compagnons d'antan ? Avec la pudeur ? Avec l'impudeur ? Avec Panurge ? Avec la dame ? Avec des chiens ayant l'enviable privilège d'uriner sur la beauté ?

L'humour : l'éclair divin qui découvre le monde dans son ambiguïté morale et l'homme dans sa profonde incompétence à juger les autres ; l'humour : l'ivresse de la relativité des choses humaines ; le plaisir étrange issu de la certitude qu'il n'y a pas de certitude.

Mais l'humour, pour rappeler Octavio Paz[1], est « la grande invention de l'esprit moderne ». Il n'est pas là depuis toujours, il n'est pas là pour toujours non plus.

Le cœur serré, je pense au jour où Panurge ne fera plus rire.

Milan KUNDERA, *Les Testaments trahis*,


1. **Octavio Paz** (1914-1998) **:** poète et essayiste mexicain, Prix Nobel de littérature, 1990.

**1.** Montrez que la réaction des ouvriers tchèques, à la lecture de cet épisode de *Pantagruel*, est conforme à ce qu'attendait Rabelais de ses lecteurs (voir chapitre 11, pp. 442-443).

**2.** Comment Kundera explique-t-il cette grossièreté, qui n'est pas vulgaire mais empreinte d'humanité joyeuse ? Quelle fonction donne-t-il au rire ?
Expliquez les craintes du romancier dans la dernière phrase.

**3.** De quelle manière le texte de Rabelais, p. 391, illustre-t-il l'ambiguïté dont parle Kundera, l. 32-33 ?

## LIENS


✦ **Vocabulaire,** Les mots « convaincre », « persuader », « délibérer », p. 418
✦ **Chapitre 3,** p. 138
✦ **Chapitre 11,** p. 442

# Blaise PASCAL (1623-1662)

## « Divertissement »

voir biographie p. 632

*Les* Pensées *sont un ouvrage inachevé dont nous connaissons la finalité et le plan puisque Pascal le présenta à Port-Royal sous le titre* Apologie de la religion chrétienne. *Il s'adresse aux indécis, aux incroyants et aux esprits forts tentés par la fascination des Libertins. Or, le philosophe, qui a fréquenté le monde dans sa jeunesse, connaît le goût des hommes pour le jeu, pour le divertissement sous quelque forme qu'il se présente.*
*Il propose ici de démonter le mécanisme du divertissement.*

Divertissement.

Quand je m'y suis mis quelquefois à considérer les diverses agitations des hommes et les périls et les peines où ils s'exposent dans la cour, dans la guerre, d'où naissent tant de querelles, de passions, d'entreprises hardies et souvent mauvaises, j'ai dit souvent que tout le malheur des hommes vient d'une seule chose, qui est de ne pas savoir demeurer en repos dans une chambre. Un homme qui a assez de bien pour vivre, s'il savait demeurer chez soi avec plaisir, n'en sortirait pas pour aller sur la mer ou au siège d'une place, ou n'achèterait une charge à l'armée si cher que parce qu'on trouverait insupportable de ne bouger de la ville, et on ne recherche les conversations et les divertissements des jeux que parce qu'on ne peut demeurer chez soi avec plaisir.

Mais quand j'ai pensé de plus près et qu'après avoir trouvé la cause de tous nos malheurs, j'ai voulu en découvrir les raisons, j'ai trouvé qu'il y en a une bien effective, qui consiste dans le malheur naturel de notre condition faible et mortelle, et si misérable que rien ne peut nous consoler lorsque nous y pensons de près.

Quelque condition qu'on se figure où l'on assemble tous les biens qui peuvent nous appartenir, la royauté est le plus beau poste du monde, et cependant qu'on s'en imagine accompagné de toutes les satisfactions qui peuvent le toucher. S'il est sans divertissement, et qu'on le laisse considérer et faire réflexion sur ce qu'il est, cette félicité languissante ne le soutiendra point ; il tombera par nécessité dans les vues qui le menacent des révoltes qui peuvent arriver et enfin de la mort et des maladies qui sont inévitables, de sorte que s'il est sans ce qu'on appelle divertissement, le voilà malheureux, et plus malheureux que le moindre de ses sujets qui joue et qui se divertit.

De là vient que le jeu et la conversation des femmes, la guerre, les grands emplois sont si recherchés. Ce n'est pas qu'il y ait en effet du bonheur, ni qu'on s'imagine que la vraie béatitude soit d'avoir l'argent qu'on peut gagner au jeu, ou dans le lièvre qu'on court ; on n'en voudrait pas s'il était offert. Ce n'est pas cet usage mol et paisible et qui nous laisse penser à notre malheureuse condition qu'on recherche ni les dangers de la guerre ni la peine des emplois, mais c'est le tracas qui nous détourne d'y penser et nous divertit.

De là vient que les hommes aiment tant le bruit et le remuement. De là vient que la prison est un supplice si horrible, de là vient que le plaisir de la solitude est une chose incompréhensible. Et c'est enfin le plus grand sujet de félicité de la condition des rois, de ce qu'on essaie sans cesse à les divertir et à leur procurer toutes sortes de plaisirs.

Voilà tout ce que les hommes ont pu inventer pour se rendre heureux; et ceux qui font sur cela les philosophes et qui croient que le monde est bien peu raisonnable de passer tout le jour à courir un lièvre qu'ils ne voudraient pas avoir acheté, ne connaissent guère notre nature. Ce lièvre ne nous garantirait pas de la vue de la mort et des misères qui nous en détournent, mais la chasse nous en garantit.

Blaise PASCAL, *Pensées*, Fragment 126, 1670.

## À PROPOS DE...

### Blaise Pascal

• **Un parfait mathématicien** : il reconstitue tout seul, à l'âge de 12 ans, la géométrie d'Euclide. Il correspond avec les plus grands savants de son époque, comme Pierre de Fermat à Toulouse. Il fonde le calcul des probabilités.

• **Un adolescent imaginatif et technicien** : il invente pour son père, collecteur d'impôts, la première machine à calculer mécanique.

• **Un jeune homme tourné vers le monde** : il invente le carrosse à cinq sols, premier transport en commun pour traverser Paris. (Le sol est une monnaie.) Il fréquente les salons libertins.

• **Un chrétien convaincu** : il reçoit, la nuit du 24 novembre 1643, la révélation de l'existence de Dieu. Il met alors toute son énergie au service de cette foi chrétienne dont il est persuadé. C'est pour attaquer les Jésuites, trop conciliants avec le péché, qu'il compose *Les Provinciales*. C'est pour convaincre les Libertins qu'il conçoit un grand ouvrage, *L'Apologie de la religion chrétienne*, resté inachevé.

## ANALYSE

**1.** Notez les étapes du raisonnement adopté par Pascal et relevez dans chaque paragraphe les mots qui caractérisent les opérations logiques de la pensée.

**2.** En quoi peut-on parler d'une démarche inductive ? Vous étudierez en particulier les deux premiers paragraphes.

**3.** Quels termes décrivent le travail du philosophe ?

**4.** Pourquoi Pascal choisit-il l'exemple du roi, l. 18 à 27 ?

**5.** Le mot de divertissement a un champ sémantique très large dans ce texte : définissez-le précisément en citant des passages à l'appui de votre réponse. Vous vous reporterez notamment à l'énumération de la l. 28 : en quoi paraît-elle étonnante ?

**6.** Expliquez l'emploi de la forme emphatique de la phrase dans le quatrième paragraphe et l'usage des anaphores dans la fin du texte. En quoi peut-on dire que Pascal cherche non seulement à convaincre, par l'exercice de la logique, mais aussi à persuader son lecteur ?

## PROLONGEMENT

Lisez l'encadré ci-contre et relevez les éléments de la biographie de Pascal qui expliquent sa conception du divertissement et sa capacité à développer une démonstration claire et convaincante.

## ÉCRITURE

Le divertissement pascalien permet-il de comprendre la société d'aujourd'hui ?
Dans un développement ordonné, vous étudierez les formes modernes que prend le divertissement, puis vous vous demanderez s'il obéit au même besoin.

## LIENS

✦ **Vocabulaire**, Les mots « convaincre », « persuader », « délibérer », p. 418
✦ **Grammaire**, L'expression de l'opposition, p. 420
✦ **Chapitre 12**, p. 484

## 3. UN MONOLOGUE DE THÉÂTRE

# BEAUMARCHAIS (1732-1799)

## *Le Mariage de Figaro*

voir biographie p. 632

*L'Acte V de cette comédie se passe dans le parc du château d'Aguas-Frescas en Espagne, demeure du comte et de la comtesse Almaviva.*
*Au soir de la « folle journée » de son mariage, Figaro, serviteur du comte, doit épouser Suzanne, la camériste de la comtesse. Cependant, le comte est amoureux de Suzanne, dont il voudrait faire sa maîtresse. Afin de regagner l'amour de son mari, la comtesse a imaginé un stratagème : elle a fait écrire par sa camériste un billet donnant rendez-vous au comte le soir même sous les grands marronniers ; c'est elle qui sera au rendez-vous, costumée en Suzanne. Mais, à l'Acte IV, Figaro a vu ce billet et acquis la conviction que Suzanne veut effectivement le tromper. Il attend ici l'arrivée du comte au rendez-vous donné par celle qu'il croit être Suzanne.*

*Dans ce long monologue, pause à l'intérieur d'une comédie au rythme endiablé, Figaro exprime son désarroi mais aussi sa colère contre l'injustice.*

ACTE V, scène 3

– FIGARO, *seul, se promenant dans l'obscurité, dit sur le ton le plus sombre :*

Ô femme ! femme ! femme ! créature faible et décevante !... nul animal créé ne peut manquer à son instinct : le tien est-il donc de tromper ?... Après m'avoir obstinément refusé quand je l'en pressais devant sa maîtresse[1] ; à l'instant qu'elle me donne sa parole, au milieu même de la cérémonie. Il riait en lisant, le perfide[2] ! et moi comme un benêt... Non, Monsieur le Comte, vous ne l'aurez pas... vous ne l'aurez pas. Parce que vous êtes un grand seigneur, vous vous croyez un grand génie !... Noblesse, fortune, un rang, des places, tout cela rend si fier ! Qu'avez-vous fait pour tant de biens ? Vous vous êtes donné la peine de naître, et rien de plus. Du reste, homme assez ordinaire ; tandis que moi, morbleu ! perdu dans la foule obscure, il m'a fallu déployer plus de science et de calculs, pour subsister seulement, qu'on n'en a mis depuis cent ans à gouverner toutes les Espagnes[3] : et vous voulez jouter... On vient... c'est elle... ce n'est personne. – La nuit est noire en diable, et me voilà faisant le sot métier de mari, quoique je ne le sois qu'à moitié ! (*Il s'assied sur un banc.*) Est-il rien de plus bizarre que ma destinée ? Fils de je ne sais pas qui, volé par des bandits, élevé dans leurs mœurs, je m'en dégoûte et veux courir une carrière honnête ; et partout je suis repoussé ! J'apprends la chimie, la pharmacie, la chirurgie, et tout le crédit d'un grand seigneur peut à peine me mettre à la main une lancette vétérinaire ! – Las d'attrister des bêtes malades, et pour faire un métier contraire, je me jette à corps perdu dans le théâtre : me fussé-je mis une pierre au cou ! Je broche une comédie dans[4] les mœurs du sérail. Auteur espagnol, je crois

1. **quand je l'en pressais devant sa maîtresse :** allusion à la scène 2 de l'Acte IV où Figaro tentait d'obtenir une déclaration d'amour.
2. **le perfide :** le comte, qui lisait le billet à l'Acte IV, scène 9.
3. **les Espagnes :** les anciens royaumes composant l'Espagne.
4. **dans :** sur.

pouvoir y fronder Mahomet sans scrupule : à l'instant un envoyé… de je ne sais où se plaint que j'offense dans mes vers la Sublime-Porte[5], la Perse, une partie de la presqu'île de l'Inde, toute l'Égypte, les royaumes de Barca[6], de Tripoli, de Tunis, d'Alger et de Maroc : et voilà ma comédie flambée, pour plaire aux princes mahométans, dont pas un, je crois, ne sait lire, et qui nous meurtrissent l'omoplate en disant : *chiens de chrétiens*. – Ne pouvant avilir l'esprit, on se venge en le maltraitant. – Mes joues creusaient[7], mon terme était échu : je voyais de loin arriver l'affreux recors[8], la plume fichée dans sa perruque : en frémissant je m'évertue. Il s'élève une question[9] sur la nature des richesses ; et, comme il n'est pas nécessaire de tenir les choses pour en raisonner, n'ayant pas un sou j'écris sur la valeur de l'argent et sur son produit net : sitôt je vois du fond d'un fiacre baisser pour moi le pont d'un château fort, à l'entrée duquel je laissai l'espérance et la liberté. (*Il se lève.*) Que je voudrais bien tenir un de ces puissants de quatre jours, si légers sur le mal qu'ils ordonnent, quand une bonne disgrâce a cuvé son orgueil ! Je lui dirais… que les sottises imprimées n'ont d'importance qu'aux lieux où l'on en gêne le cours ; que, sans la liberté de blâmer, il n'est point d'éloge flatteur ; et qu'il n'y a que les petits hommes qui redoutent les petits écrits. (*Il se rassied.*) Las de nourrir un obscur pensionnaire, on me met un jour dans la rue ; et comme il faut dîner, quoiqu'on ne soit plus en prison, je taille encore ma plume et demande à chacun de quoi il est question : on me dit que, pendant ma retraite économique, il s'est établi dans Madrid un système de liberté sur la vente des productions, qui s'étend même à celle de la presse ; et que, pourvu que je ne parle en mes écrits ni de l'autorité, ni du culte, ni de la politique, ni de la morale, ni des gens en place, ni des corps en crédit, ni de l'Opéra, ni des autres spectacles, ni de personne qui tienne à quelque chose, je puis tout imprimer librement, sous l'inspection de deux ou trois censeurs. Pour profiter de cette douce liberté, j'annonce un écrit périodique et, croyant n'aller sur les brisées d'aucun autre, je le nomme *Journal inutile*. Pou-ou ! je vois s'élever contre moi mille pauvres diables à la feuille[10], on me supprime, et me voilà derechef[11] sans emploi ! – Le désespoir m'allait saisir ; on pense à moi pour une place, mais par malheur j'y étais propre : il fallait un calculateur, ce fut un danseur qui l'obtint. Il ne me restait plus qu'à voler ; je me fais banquier de pharaon[12] : alors, bonnes gens ! je soupe en ville, et les personnes dites *comme il faut* m'ouvrent poliment leur maison, en retenant pour elles les trois quarts du profit. J'aurais bien pu me remonter ; je commençais même à comprendre que, pour gagner du bien, le savoir-faire vaut mieux que le savoir. Mais comme chacun pillait autour de moi, en exigeant que je fusse honnête, il fallut bien périr encore. Pour le coup je quittais le monde, et vingt brasses[13] d'eau allaient m'en séparer, lorsqu'un dieu bienfaisant m'appelle à mon premier état. Je reprends ma trousse et mon cuir anglais ; puis, laissant la fumée aux sots qui s'en nourrissent, et la honte au milieu du chemin, comme trop lourde à un piéton, je vais rasant de ville en ville, et je vis enfin sans souci. Un grand seigneur passe à Séville ; il me reconnaît, je le marie ; et pour prix d'avoir eu par mes soins son épouse, il veut intercepter la mienne[14] ! Intrigue, orage à ce sujet. Prêt à tomber dans un abîme, au moment d'épouser ma mère[15], mes parents m'arrivent à la file. (*Il se lève en s'échauffant.*) On se débat, c'est vous, c'est lui, c'est moi, c'est toi, non, ce n'est pas nous ; eh ! mais qui donc ? (*Il retombe assis.*) Ô bizarre suite d'événements ! Comment cela m'est-il arrivé ? Pourquoi ces choses et

5. **Sublime-Porte :** porte majestueuse à Istambul menant au palais du Grand Vizir, et, par extension, siège du gouvernement ottoman.

6. **Barca :** la Cyrénaïque, au nord-est de l'actuelle Libye.

7. **creusaient :** se creusaient.

8. **recors :** huissier.

9. **question :** débat.

10. **pauvres diables à la feuille :** mauvais journalistes, autrement appelés folliculaires.

11. **derechef :** à nouveau.

12. **banquier de pharaon :** joueur de cartes ; le « pharaon » est l'ancêtre du baccara.

13. **une brasse :** 1,62 m.

14. Résumé du *Barbier de Séville* et du début du *Mariage de Figaro*.

15. **au moment d'épouser ma mère :** par méprise, Figaro a failli être contraint d'épouser Marceline, femme de charge au château, qui s'est avérée être sa mère.

non pas d'autres ? Qui les a fixées sur ma tête ? Forcé de parcourir la route où je suis entré sans le savoir, comme j'en sortirai sans le vouloir, je l'ai jonchée d'autant de fleurs que ma gaieté me l'a permis : encore je dis ma gaieté sans savoir si elle est à moi plus que le reste, ni même quel est ce *moi* dont je m'occupe : un assemblage informe de parties inconnues ; puis un chétif être imbécile ; un petit animal folâtre ; un jeune homme ardent au plaisir, ayant tous les goûts pour jouir, faisant tous les métiers pour vivre ; maître ici, valet là, selon qu'il plaît à la fortune ; ambitieux par vanité, laborieux par nécessité, mais paresseux... avec délices ! orateur selon le danger ; poète par délassement, musicien par occasion : amoureux par folles bouffées, j'ai tout vu, tout fait, tout usé. Puis l'illusion s'est détruite, et, trop désabusé... Désabusé... ! Suzon, Suzon, Suzon ! que tu me donnes de tourments !.... J'entends marcher... on vient. Voici l'instant de la crise. (*Il se retire près de la première coulisse à sa droite.*)

BEAUMARCHAIS, *Le Mariage de Figaro*, V, 3, 1784.

## ANALYSE

### *Le benêt et les perfides* (l. 1 à 15)

**1.** Comment s'expriment la souffrance et l'indignation de Figaro ? Sur quoi portent-elles ?

**2.** Étudiez l'énonciation et les marques du lyrisme.

**3.** À quel genre théâtral renvoie le mot « benêt » employé par Figaro pour se désigner lui-même ? et le mot « perfide » pour désigner le comte ? En quoi peut-on parler ici de contraste, voire de discordance ?

**4.** Quels termes donnent au propos un tour philosophique ?

### *Une destinée bizarre* (l. 15 à 35)

**5.** Expliquez les fonctions de ce résumé de vie qu'entreprend Figaro.

**6.** À quelles difficultés le dramaturge se voit-il confronté ?

**7.** Quelles contradictions caractérisent la censure ?

**8.** Relevez la périphrase par laquelle Figaro désigne la prison. Quel est l'effet produit par cette figure de style ?

### *Contre la censure* (l. 35 à 40)

**9.** Quel est le ton de l'expression : « *un de ces puissants de quatre jours* » ?

**10.** Recopiez et commentez la formule qui vous semble la plus efficace pour dénoncer la censure.

### *Vicissitudes, péripéties* (l. 41 à 71)

**11.** Résumez les diverses activités de Figaro.

**12.** Qu'y a-t-il d'apparemment contradictoire dans cette destinée ?

**13.** Comment le style rend-il compte de l'enchaînement rapide des faits ?

### *Une méditation* (l. 71 à 86)

**14.** Quelle formule semble reprendre le début du monologue ? Quel effet produit cette reprise ?

**15.** En quoi peut-on dire que Figaro considère sa vie avec un regard plus apaisé ?

**16.** Commentez « *j'ai tout vu, tout fait, tout usé.* », l. 82.

**17.** Qu'est-ce qui vient mettre un terme au monologue ?

### *Sur l'ensemble du texte*

**18.** Beaumarchais déclarait avoir voulu faire entrer dans sa comédie « *la critique d'une foule d'abus qui désolent la société* ». Montrez que le monologue de Figaro sert ce projet.

**19.** Certaines phrases de ce texte sont passées à la postérité : lesquelles ? pourquoi ?

**20.** Étudiez les variations de l'énonciation dans l'ensemble du monologue et mettez-les en rapport avec les indications scéniques. En quoi peut-on dire que Figaro se montre en effet « orateur », « poète », « musicien » ?

*Le Mariage de Figaro* de Beaumarchais.
Mise en scène d'Antoine Vitez, Comédie-Française, 1989, avec Richard Fontana. © Ph. Coqueux/Specto.

## PROLONGEMENTS

- Faites une recherche sur la vie de Beaumarchais et montrez à quel point le monologue de Figaro reflète l'existence du dramaturge.
- Dans la préface du *Mariage de Figaro*, Beaumarchais se défend d'avoir fait une œuvre blâmable. Il répond ainsi à ses détracteurs.

– Mais dans cette *Folle Journée*[1], au lieu de saper les abus, vous vous donnez des libertés très répréhensibles au théâtre ; votre monologue surtout contient, sur les gens disgraciés[2], des traits qui passent la licence ! – Eh ! croyez-vous, Messieurs, que j'eusse un talisman pour tromper, séduire, enchaîner la censure et l'autorité, quand je leur soumis mon ouvrage ? que je n'aie pas dû justifier ce que j'avais osé écrire ? Que fais-je dire à Figaro, parlant à l'homme déplacé[3] ? *Que les sottises imprimées n'ont d'importance qu'aux lieux où l'on en gêne le cours.* Est-ce donc là une vérité d'une conséquence dangereuse ? Au lieu de ces inquisitions[4] puériles et fatigantes, et qui seules donnent de l'importance à ce qui n'en aurait jamais, si, comme en Angleterre, on était assez sage pour traiter les sottises avec ce mépris qui les tue, loin de sortir du vil fumier qui les enfante elles y pourriraient en germant, et ne se propageraient point. Ce qui multiplie les libelles[5] est la faiblesse de les craindre ; ce qui fait vendre les sottises est la sottise de les défendre.

Et comment conclut Figaro ? *Que sans la liberté de blâmer, il n'est point d'éloge flatteur, et qu'il n'y a que les petits hommes qui redoutent les petits écrits.* Sont-ce là des hardiesses coupables, ou bien des aiguillons de gloire ? des moralités insidieuses ou des maximes réfléchies aussi justes qu'encourageantes ? […]

BEAUMARCHAIS, *Le Mariage de Figaro*, Préface.

1. ***Folle Journée* :** autre titre du *Mariage* qui s'intitule en effet : *La Folle Journée ou Le Mariage de Figaro*.
2. **disgraciés :** qui ont subi des revers de destinée.
3. **l'homme déplacé :** l'homme à qui l'on a retiré sa place, « un de ces puissants de quatre jours », un ministre éphémère.
4. **inquisitions :** enquêtes indiscrètes et arbitraires.
5. **libelles :** courts textes polémiques et revendicateurs.

Par quels arguments Beaumarchais défend-il sa pièce ? Étudiez les procédés rhétoriques qui donnent de la force à son argumentation.

## LIENS

✦ **Vocabulaire**, Les mots « convaincre », « persuader », « délibérer », p. 418 ✦ **Chapitre 4**, p. 148 ✦ **Chapitre 5**, p. 228
✦ **Chapitre 13**, p. 557 ✦ **Mémento**, Les marques de l'énonciation, p. 618, Les procédés rhétoriques, p. 618

## 4. UN POÈME POLÉMIQUE

# Victor HUGO (1802-1885)

## « Ultima Verba »

voir biographie p. 632

*Le recueil des* Châtiments *est tout entier dirigé contre Napoléon III et le coup d'État qui lui a permis de prendre le pouvoir le 2 décembre 1851.*

ULTIMA VERBA

[...]

Oh ! tant qu'on le verra trôner, ce gueux, ce prince[1],
Par le pape béni, monarque malandrin[2],
Dans une main le sceptre et dans l'autre la pince,
Charlemagne taillé par Satan dans Mandrin[3] ;

Tant qu'il se vautrera, broyant dans ses mâchoires
Le serment, la vertu, l'honneur religieux ;
Ivre, affreux, vomissant sa honte sur nos gloires ;
Tant qu'on verra cela sous le soleil des cieux ;

Quand même grandirait l'abjection publique
À ce point d'adorer l'exécrable trompeur ;
Quand même l'Angleterre et même l'Amérique
Diraient à l'exilé[4] : – Va-t-en ! nous avons peur !

Quand même nous serions comme la feuille morte,
Quand pour plaire à César on nous renîrait[5] tous ;
Quand le proscrit devrait s'enfuir de porte en porte,
Aux[6] hommes déchirés comme un haillon aux clous ;

Quand le désert, où Dieu contre l'homme proteste,
Bannirait les bannis, chasserait les chassés ;
Quand même, infâme aussi, lâche comme le reste,
Le tombeau jetterait dehors les trépassés ;

Je ne fléchirai pas ! Sans plainte dans la bouche,
Calme, le deuil au cœur, dédaignant le troupeau,
Je vous embrasserai dans mon exil farouche,
Patrie, ô mon autel ! liberté, mon drapeau !

Mes nobles compagnons, je garde votre culte ;
Bannis, la République est là qui nous unit.
J'attacherai la gloire à tout ce qu'on insulte ;
Je jetterai l'opprobre à tout ce qu'on bénit !

1. **ce prince :** Napoléon III.
2. **malandrin :** voleur.
3. **Mandrin** (1725-1755) **:** voleur célèbre qui s'est attaqué au système de perception des impôts.
4. **l'exilé :** le poète. Victor Hugo s'est exilé dans les Îles anglo-normandes. Des rumeurs d'amnistie circulent en 1852 qui justifient l'écriture de ce texte.
5. **renîrait :** licence poétique permettant d'écrire le verbe au conditionnel sans le « e » muet attendu qui allongerait le mot d'une syllabe. Voir aussi v. 42, « j'oublîrai ».
6. **Aux :** par.

Caricature extraite du *Puppet Show* :
« La grenouille et le bœuf : le petit et le grand Napoléon ».
Paris, B.N. © Roger Viollet.

Je serai, sous le sac de cendre qui me couvre,
La voix qui dit : malheur ! la bouche qui dit : non !
Tandis que tes valets te montreront ton Louvre,
Moi, je te montrerai, César, ton cabanon[7].

Devant les trahisons et les têtes courbées,
Je croiserai les bras, indigné, mais serein.
Sombre fidélité pour les choses tombées,
Sois ma force et ma joie et mon pilier d'airain !

Oui, tant qu'il sera là, qu'on cède ou qu'on persiste,
Ô France ! France aimée et qu'on pleure toujours,
Je ne reverrai pas ta terre douce et triste,
Tombeau de mes aïeux et nid de mes amours !

Je ne reverrai pas ta rive qui nous tente,
France ! hors le devoir, hélas ! j'oublîrai tout.
Parmi les éprouvés je planterai ma tente :
Je resterai proscrit, voulant rester debout.

J'accepte l'âpre exil, n'eût-il ni fin ni terme ;
Sans chercher à savoir et sans considérer
Si quelqu'un a plié qu'on aurait cru plus ferme,
Et si plusieurs s'en vont qui devraient demeurer.

Si l'on n'est plus que mille, eh bien, j'en suis ! Si même
Ils ne sont plus que cent, je brave encor Sylla[8] ;
S'il en demeure dix, je serai le dixième ;
Et s'il n'en reste qu'un, je serai celui-là !

Jersey, 2 décembre 1852.

Victor HUGO, *Les Châtiments*, 1853.

7. **cabanon :** cellule étroite et sombre. Mot péjoratif, désignant souvent la cellule où l'on enfermait un fou.

8. **Sylla** (138-78 av. J.-C.) **:** général et homme politique romain qui s'empara du pouvoir par la force, condamnant à la mort ou à l'exil les partisans de Marius, chef du parti populaire.

## ANALYSE

### *La condamnation du prince*

**1.** Relevez les différents G. N. qui désignent l'empereur et commentez-les.

**2.** Quelle est la fonction argumentative des références historiques ?

**3.** Comment les partisans de Napoléon III sont-ils désignés ? Quelle est la connotation de ces termes ?

### *La fierté du proscrit*

**4.** Par quels mots le poète se nomme-t-il ?

**5.** En quoi s'oppose-t-il à l'empereur et à ses partisans ? Vous montrerez qu'il est à la fois un homme de l'affirmation et un homme du refus.

**6.** Quelle image de l'exil donne-t-il à voir ?

### *Le souffle des « dernières paroles »*

**7.** Expliquez le titre.

**8.** Étudiez quelques effets rythmiques et sonores dans des vers de votre choix et montrez comment la poésie versifiée sert ici l'éloquence.

**9.** Quelles sont les fonctions du lyrisme dans ce texte ?

## LIENS

✦ **Vocabulaire**, Les mots « convaincre », « persuader », « délibérer », p. 418
✦ **Grammaire**, L'expression de l'opposition, p. 420

# Les fables

**L'apologue** est un genre très ancien, **à visée didactique**, qui unit deux éléments : **un récit**, souvent agrémenté de dialogues, et **une moralité**, explicite ou parfois seulement implicite. Il cherche à plaire et à instruire, selon l'idéal exprimé par les rhétoriciens : *placere* et *docere*. La fable et le conte philosophique constituent deux variantes de l'apologue. Nous nous intéresserons aux fables de La Fontaine et aux contes philosophiques de Voltaire, chacun de ces deux écrivains ayant porté le genre à un degré de perfection tel qu'il n'a pu être égalé.

## Aux origines

C'est le grec **Ésope** qui est considéré comme le fondateur du genre. Cet ancien esclave, qui aurait vécu au VIe siècle avant Jésus-Christ, a laissé quelques centaines de fables mettant souvent en scène des animaux et développant une morale facile à comprendre. L'apprentissage des fables d'Ésope faisait partie de l'enseignement de base des jeunes Grecs de l'Antiquité et La Fontaine considère leur auteur comme « l'oracle de la Grèce ».

La tradition ésopique est aussi parvenue à La Fontaine par le truchement du fabuliste latin **Phèdre**, au Ier siècle après Jésus-Christ, et par l'**Humanisme** du XVIe siècle qui a donné des traductions et des imitations des fables antiques.

Mais, si La Fontaine reconnaît ce modèle, il s'approprie le genre de la fable pour lui donner des caractéristiques particulières.

## Caractéristiques

### • L'importance du récit

Si chez Ésope le récit semble subordonné à la morale qu'il doit illustrer, il est au contraire largement développé chez La Fontaine, comme le prouvent les nombreuses pièces qui ne comportent qu'une moralité très brève, voire aucune.

Les personnages, animaux ou hommes, sont décrits et montrés dans une action qui prend souvent la forme d'une scène dramatique. Aux passages descriptifs succèdent les passages narratifs ; le dialogue s'intercale dans le récit et lui donne de la vivacité.

### • La variété

Variété des mètres, variété des dispositions de rimes, variété des tons, variété des situations, les trois recueils publiés successivement en 1668 (Livres I à VI), en 1678 (Livres VII à XI) et en 1694 (Livre XII) offrent une grande richesse de composition et propose « *une ample comédie à cent actes divers /et dont la scène est l'univers* ».

### • La complexité

La leçon de la fable n'est pas toujours univoque. Ainsi, l'absence de moralité de *La Cigale et la fourmi* autorise-t-elle des interprétations opposées : l'une favorable à la cigale et au mode de vie qu'elle incarne, l'autre plus proche de l'économie sourcilleuse de la fourmi. De même, la réflexion philosophique et politique ne se laisse pas réduire à des affirmations simplistes.

Les recueils de La Fontaine ne sont donc pas destinés aux jeunes enfants : dans son traité d'éducation, *L'Émile*, en 1762, Rousseau s'opposera d'ailleurs à un apprentissage prématuré des fables, qui pourrait entraîner des contresens sur leur portée morale et esthétique.

## I. DU CÔTÉ DES ANIMAUX

# Jean de LA FONTAINE (1621-1695)

## « Le Renard et la cigogne »

voir biographie p. 632

Compère le renard se mit un jour en frais,
Et retint à dîner commère la cigogne.
Le régal fut petit, et sans beaucoup d'apprêts ;
Le galant pour toute besogne
Avait un brouet[1] clair (il vivait chichement[2]).
Ce brouet fut par lui servi sur une assiette :
La cigogne au long bec n'en put attraper miette ;
Et le drôle eut lapé le tout en un moment.
Pour se venger de cette tromperie,
À quelque temps de là, la cigogne le prie.
« Volontiers, lui dit-il, car avec mes amis
Je ne fais point cérémonie. »
À l'heure dite il courut au logis
De la cigogne son hôtesse,
Loua très fort la politesse,
Trouva le dîner cuit à point.
Bon appétit surtout ; renards n'en manquent point.
Il se réjouissait à l'odeur de la viande
Mise en menus morceaux, et qu'il croyait friande.
On servit, pour l'embarrasser,
En un vase à long col, et d'étroite embouchure.
Le bec de la cigogne y pouvait bien passer,
Mais le museau du sire était d'autre mesure.
Il lui fallut à jeun retourner au logis,
Honteux comme un renard qu'une poule aurait pris,
Serrant la queue, et portant bas l'oreille.
Trompeurs, c'est pour vous que j'écris,
Attendez-vous à la pareille.

Jean de LA FONTAINE, *Fables*, Livre premier, XVIII.

Jean-Baptiste OUDRY (1686-1755),
*Le Renard et la cigogne*, 1747. Huile sur toile.
Château de Versailles. © The Bridgeman Art Library.

1. **brouet :** plat semi-liquide composé d'éléments simples. 2. **chichement :** en dépensant peu.

## ANALYSE

**1.** Dégagez la structure du texte. Où se concentre la moralité ? En quoi est-elle efficace ?

**2.** Appréciez les effets de symétrie et précisez quel procédé comique est utilisé ici par La Fontaine.

**3.** De quels types de vers la fable est-elle composée ? En quoi servent-ils la variété recherchée par le fabuliste ?

**4.** Par quels moyens (versification, enchaînement logique) la moralité est-elle liée au récit ?

# « Les Deux Amis »

Deux vrais amis vivaient au Monomotapa[1] :
L'un ne possédait rien qui n'appartînt à l'autre.
Les amis de ce pays-là
Valent bien, dit-on, ceux du nôtre.
Une nuit que chacun s'occupait au sommeil,
Et mettait à profit l'absence du soleil,
Un de nos deux amis sort du lit en alarme ;
Il court chez son intime, éveille les valets :
Morphée[2] avait touché le seuil de ce palais.
L'ami couché s'étonne, il prend sa bourse, il s'arme ;
Vient trouver l'autre, et dit : « Il vous arrive peu
De courir quand on dort ; vous me paraissiez homme
À mieux user du temps destiné pour le somme.
N'auriez-vous point perdu tout votre argent au jeu ?
En voici. S'il vous est venu quelque querelle,
J'ai mon épée, allons. Vous ennuyez-vous point
De coucher toujours seul ? Une esclave assez belle
Était à mes côtés : voulez-vous qu'on l'appelle ?
– Non, dit l'ami, ce n'est ni l'un ni l'autre point :
Je vous rends grâce de ce zèle.
Vous m'êtes en dormant un peu triste apparu ;
J'ai craint qu'il ne fût vrai, je suis vite accouru.
Ce maudit songe en est la cause. »
Qui d'eux aimait le mieux ? que t'en semble[3], lecteur ?
Cette difficulté vaut bien qu'on la propose.
Qu'un ami véritable est une douce chose !
Il cherche vos besoins au fond de votre cœur ;
Il vous épargne la pudeur
De les lui découvrir vous-même.
Un songe, un rien, tout lui fait peur,
Quand il s'agit de ce qu'il aime.

Jean de LA FONTAINE, *Fables*, Livre huitième, XI.

*Les Deux Amis*, gravure d'après J.-B. Oudry pour la fable de La Fontaine. © Photothèque Hachette Livre.

1. **Monomotapa :** pays imaginaire. Un poète du XXe siècle, Paul-Jean Toulet s'amusa dans ses *Contrerimes* (1921) à pasticher les deux premiers vers de la fable en jouant sur les sonorités de ce nom inventé :
*Deux vrais amis vivaient au Monomotapa*
*Jusqu'au jour où l'un vint voir l'autre, et le tapa.*
2. **Morphée :** dieu des rêves dans la mythologie grecque, fils d'Hypnos.
3. **que t'en semble :** quel est ton avis.

## ANALYSE

**1.** Comment comprenez-vous l'adresse directe au lecteur ?

**2.** Quels éléments participent de la vivacité du récit et du dialogue ?

**3.** En quoi peut-on trouver intéressant de réfléchir à ce cas d'amitié, comme le fabuliste nous y invite ?

## LIEN

✦ **Chapitre 11**, p. 455

## 3. UNE FABLE ET SES ILLUSTRATEURS

# « Les Loups et les brebis »

Après mille ans et plus de guerre déclarée,
Les loups firent la paix avecque[1] les brebis.
C'était apparemment le bien des deux partis :
Car, si les loups mangeaient mainte bête égarée,
Les bergers de leur peau se faisaient maints habits.
Jamais de liberté, ni pour les pâturages,
Ni d'autre part pour les carnages.
Ils ne pouvaient jouir qu'en tremblant de leurs biens.
La paix se conclut donc ; on donne des otages :
Les loups leurs louveteaux, et les brebis leurs chiens.
L'échange en étant fait aux formes ordinaires,
Et réglé par des commissaires,
Au bout de quelque temps que messieurs les louvats[2]
Se virent loups parfaits et friands de tuerie,
Ils vous prennent le temps que dans la bergerie
Messieurs les bergers n'étaient pas,
Étranglent la moitié des agneaux les plus gras,
Les emportent aux dents, dans les bois se retirent.
Ils avaient averti leurs gens secrètement.
Les chiens, qui, sur leur foi, reposaient sûrement,
Furent étranglés en dormant :
Cela fut si tôt fait qu'à peine ils le sentirent.
Tout fut mis en morceaux ; un seul n'en échappa.
Nous pouvons conclure de là
Qu'il faut faire aux méchants guerre continuelle.
La paix est fort bonne de soi[3],
J'en conviens ; mais de quoi sert-elle
Avec des ennemis sans foi ?

Jean de LA FONTAINE, *Fables*, Livre troisième, XIII.

Jean-Baptiste OUDRY (1686-1755), *Les Loups et les brebis*. © Château-Thierry, Musée Jean de La Fontaine.

Gustave DORÉ (1832-1883), *Les Loups et les brebis*. Paris, coll. particulière.

1. **avecque :** orthographe de la préposition « avec » qui permet de donner au mot une syllabe supplémentaire.
2. **louvats :** jeunes loups.
3. **de soi :** en soi.

## ANALYSE

### *La fable*

**1.** Lisez la fable et faites-en apparaître la structure dramatique, logique et argumentative.

**2.** Montrez que le texte allie le vocabulaire du droit et celui de la violence. Pourquoi ?

Quelle est la leçon politique du fabuliste ? Comment se marque son implication ?

### *Les illustrateurs*

**3.** Observez les illustrations de la fable par Jean-Baptiste Oudry et par Gustave Doré reproduites ci-dessus.

**4.** Quel passage de la fable chacun des illustrateurs a-t-il choisi de représenter ? Recopiez un ou plusieurs vers que vous mettriez en légende de l'illustration.

**5.** En quoi l'illustration est-elle une interprétation du texte ?

## 4. LA FABLE DANS LA FABLE

# « Le Pouvoir des fables »

*Nous donnons ici la seconde partie de cette longue fable qui s'ouvre sur une adresse à un ambassadeur, M. de Barillon, dans une période délicate pour la politique extérieure de la France, qui pourrait voir se liguer contre elle plusieurs États européens.*

Dans Athène[1] autrefois, peuple vain et léger,
Un orateur, voyant sa patrie en danger,
Courut à la tribune, et d'un art tyrannique,
Voulant forcer les cœurs dans une république,
Il parla fortement sur le commun salut.
On ne l'écoutait pas : l'orateur recourut
À ces figures violentes
Qui savent exciter les âmes les plus lentes.
Il fit parler les morts, tonna, dit ce qu'il put.
Le vent emporta tout; personne ne s'émut.
L'animal aux têtes frivoles,
Étant fait à ces traits[2], ne daignait l'écouter.
Tous regardaient ailleurs : il en vit s'arrêter
À des combats d'enfants, et point à ses paroles.
Que fit le harangueur? Il prit un autre tour.
« Cérès[3], commença-t-il, faisait voyage un jour
Avec l'anguille et l'hirondelle.
Un fleuve les arrête, et, l'anguille en nageant,
Comme l'hirondelle en volant,
Le traversa bientôt. » L'assemblée à l'instant,
Cria tout d'une voix : « Et Cérès, que fit-elle?
– Ce qu'elle fit? Un prompt courroux
L'anima d'abord contre vous.
Quoi! de contes d'enfants son peuple s'embarrasse!
Et du péril qui le menace
Lui seul entre les Grecs il néglige l'effet!
Que ne demandez-vous ce que Philippe[4] fait? »
À ce reproche l'assemblée,
Par l'apologue réveillée,
Se donne entière à l'orateur :
Un trait de fable en eut l'honneur.
Nous sommes tous d'Athène en ce point, et moi-même,
Au moment que je fais cette moralité,
Si Peau d'âne[5] m'était conté,
J'y prendrais un plaisir extrême.
Le monde est vieux, dit-on, je le crois; cependant
Il le faut amuser encor comme un enfant.

Jean de LA FONTAINE, *Fables*, Livre VIII, 4, 1678.

1. **Athène :** l'absence de « s » s'explique par une raison prosodique, pour éviter une syllabe excédentaire.
2. **étant fait à ces traits :** étant habitué à ces procédés rhétoriques.
3. **Cérès :** dans la mythologie romaine, déesse des moissons et de l'agriculture, identifiée à la déesse grecque Déméter.
4. **Philippe :** Philippe de Macédoine, ennemi des Grecs, qui inspira à l'orateur athénien Démosthène les discours des *Philippiques*.
5. Il s'agit du conte populaire, le conte de Perrault n'ayant été publié qu'en 1695.

# ANALYSE

## La rhétorique et ses effets

**1.** Dégagez la structure de la fable. Où se situe la moralité ? En quoi est-elle particulièrement convaincante pour le lecteur ?

**2.** Identifiez la figure de style évoquée au v. 9.

**3.** Montrez, par un relevé lexical, en quoi l'expression d'« art tyrannique » qualifie justement l'attitude initiale de l'orateur.

**4.** Pourquoi, selon vous, les Athéniens ne sont-ils pas attentifs à ce premier discours ?

## L'efficacité de la fable

**5.** Comment comprenez-vous : « Il prit un autre tour. » (v. 15) ?

**6.** Quels éléments traditionnels de l'apologue l'orateur emprunte-t-il ?

**7.** Par quels moyens capte-t-il l'intérêt des auditeurs ?

## Le goût des contes

**8.** Comment La Fontaine élargit-il la leçon de sa fable ?

**9.** En quoi ce texte célèbre-t-il l'attrait du récit ? les séductions du merveilleux ?

**10.** En quoi cependant montre-t-il aussi le caractère dangereux de cette séduction ?

*Choix de fables de La Fontaine*, Paris, A. Bédelet, 1847. « Bibliothèque du premier âge ». Paris, BnF.

## Un texte et sa source : d'Ésope à La Fontaine

Voici le texte, traduit, du fabuliste grec Ésope qui a servi de modèle à La Fontaine. Vous confronterez les deux apologues.

L'ORATEUR DÉMADE

L'orateur Démade haranguait un jour le peuple athénien. Comme l'assemblée ne l'écoutait guère, il demanda qu'on lui permît de raconter une fable d'Ésope. La demande accordée, il commença en ces termes : « Déméter, l'hirondelle et l'anguille cheminaient de conserve. Arrivées devant un fleuve, l'hirondelle le franchit à tire-d'aile, et l'anguille y plongea. » Là-dessus, il garda le silence. « Et Déméter, alors », s'écria l'auditoire, « que lui est-il arrivé ? » – « Elle a laissé éclater sa colère contre vous, rétorqua Démade, qui négligez les affaires de la cité pour vous attacher à une fable d'Ésope ! »

De même, parmi les hommes, ceux-là ont perdu la raison qui dédaignent le nécessaire pour s'attacher plutôt à leurs plaisirs.

ÉSOPE, *Fables*, édition bilingue, traduction de Daniel Loayza, Garnier-Flammarion, 1995.

# PROLONGEMENTS

- Les documents iconographiques ci-dessous témoignent du succès des fables de La Fontaine auprès du public enfantin notamment. Vous les identifierez et vous essaierez de définir les raisons d'une telle fortune.
- Poursuivez votre enquête en établissant un recensement des fables les plus connues et les plus souvent citées, soit dans le domaine strictement scolaire, soit dans celui de la publicité, des arts, de la vie morale et intellectuelle.

*Le Lièvre et la Tortue*, protège-cahier publicitaire pour les pastilles Pulmoll. Rouen, Musée national de l'Éducation.

# Les contes philosophiques de Voltaire

« *Tout le monde conte à présent* », déclare Diderot en 1767. On peut en effet considérer le XVIIIe siècle comme une période de triomphe pour le genre littéraire du conte. Rien d'étonnant que les philosophes des Lumières aient adopté ce type de récit pour diffuser leurs idées, de manière habile et plaisante, en évitant les pièges de la censure et en se ralliant un public plus large. C'est le cas de Voltaire, qui écrit trente-six contes dont les plus connus sont *Zadig ou la destinée* (1748), *Micromégas* (1752), *Candide* (1759) ou *L'Ingénu* (1767).

## Aux origines

### • L'influence littéraire des *Mille et Une Nuits*

Entre 1704 et 1717, l'orientaliste Antoine Galland publie une traduction du recueil des *Mille et Une Nuits*, qui donne accès à un imaginaire nourri de traditions indiennes, perses, égyptiennes. La trame du récit est bien connue : la jeune Schéhérazade, pour éviter de mourir décapitée par le sultan Schariar qui a coutume de mettre à mort son épouse au lendemain de la nuit de noces, entreprend de raconter à sa sœur le premier récit du recueil, en faisant en sorte que le sultan l'entende et en s'arrêtant, à l'aube, avant la fin de l'histoire. Désireux de connaître le dénouement, Schariar lui accorde un sursis. L'expérience se renouvelle, jusqu'à ce que le sultan annule la sentence de mort.

➤ **Recherchez et lisez, ou relisez, un des contes des *Mille et Une Nuits*.**

➤ **Quels pouvoirs du conte sont illustrés par une telle trame narrative ?**

Anton HICKEL (1750-1798), *Roxelane et le Sultan*, 1780. Huile sur toile, 184 × 88 cm. Mayence, Mittelrheinisches Landesmuseum. © AKG-Paris.

### • L'influence de Fontenelle

Fontenelle (1657-1757) avait publié, en 1686, ses *Entretiens sur la pluralité des mondes*, conversations savantes et galantes à la fois entre un narrateur et une marquise, dont l'objet était de vulgariser les théories de Copernic. En 1687, son *Histoire des oracles* visait à dénoncer les impostures en matière de religion, à l'aide de courts récits.

Voltaire a pu trouver chez ce précurseur des Lumières l'idée même d'utiliser la fiction narrative au service du combat philosophique contre l'obscurantisme.

## Caractéristiques du conte voltairien

### • Le thème du voyage

La plupart des héros de contes voyagent : ils courent le monde, poussés par leur curiosité ou par un enchaînement de circonstances qui évoquent les épreuves des contes de fées. La structure narrative oppose ainsi une situation initiale, point de départ, à une situation finale, point d'aboutissement du périple comme du texte.

Ainsi, *Candide* s'ouvre sur la vie du héros éponyme dans le château westphalien de Thunder-ten-tronckh pour s'achever, au trentième chapitre, sur son bonheur dans la métairie turque où il vit après un long voyage en Europe et en Amérique.

➤ **À partir de la table des matières de *Candide*, retrouvez les étapes du périple qu'accomplit le héros.**

## • Un héros candide

Le héros du conte voltairien est souvent un jeune homme naïf, plein de candeur et d'illusions. C'est une façon pour le narrateur de poser sur le monde un regard neuf qui en dénonce les absurdités ou les injustices.

➤ **Lisez, ou relisez *Memnon* et les extraits de *L'Ingénu* dans ce chapitre. En quoi peut-on dire que les héros de ces contes sont des candides ?**

## • La satire

Le conte est le lieu d'une critique virulente, de nature politique, religieuse, sociale, philosophique.

Ainsi, dans *L'Ingénu*, Voltaire dénonce-t-il la collusion entre les jésuites et le pouvoir royal de même que leur absence de scrupules. Un père jésuite conseille en effet à une jeune femme – la belle Saint-Yves – de céder aux avances d'un grand seigneur de la Cour qui doit lui permettre de faire libérer celui qu'elle aime et qui est injustement enfermé à la Bastille. Il déploie pour cela une argumentation très persuasive selon laquelle l'action est a priori excusée par la justesse de l'intention : la fin justifie les moyens.

De même, Voltaire dénonce, au chapitre III de *Candide* (→ p. 524), les méfaits de la guerre dont il montre la cruauté et l'absurdité.

D'une manière générale, le conteur stigmatise toute domination inique de l'homme par l'homme.

➤ **Recherchez, dans un conte philosophique de votre choix, des exemples de la satire voltairienne, telle que la dénonciation de l'esclavage dans *Candide*, avec l'épisode du « nègre de Surinam ».**

## • Des liens avec l'actualité

Si le conte se situe dans un Orient de fantaisie ou dans un lieu et un temps non précisés, il évoque très souvent des événements réels, appartenant à l'actualité de l'auteur et de ses lecteurs. C'est le cas du tremblement de terre de Lisbonne, qui eut lieu le 1er novembre 1755, et où 30 000 victimes avaient péri. Voltaire s'en était vivement ému en découvrant le récit de la catastrophe dans un journal ; il en fait la relation dans les chapitres V et VI de *Candide*.

➤ **Lisez ces chapitres et dites comment s'expriment l'émotion et l'indignation de Voltaire.**

## • Un art du récit

Le style voltairien, fait de concision, d'ellipse, d'ironie, emporte le lecteur tout au long d'aventures racontées avec vivacité.

La structure même des histoires est très travaillée : que le conte soit bref, comme c'est le cas pour *Les Deux Consolés* (→ p. 423), ou qu'il s'apparente à un petit roman, comme *L'Ingénu* ou *Candide*, il présente des effets de reprises, d'oppositions, qui permettent de mesurer le parcours d'un héros et celui d'une pensée, vers un peu plus de sagesse, ou un peu moins d'illusions.

➤ **Illustrez ce propos en vous appuyant sur l'un des contes donnés intégralement.**

## I. LE CONTE PHILOSOPHIQUE ET LA CRITIQUE DE LA SOCIÉTÉ

# VOLTAIRE (1694-1778)

## *L'Ingénu*

voir biographie p. 632

*En 1689, dans un petit port de Basse-Bretagne, un navire anglais vient d'accoster. Parmi ses occupants, se trouve un jeune Huron avec lequel l'abbé de Kerkabon et sa sœur, célibataire de quarante-cinq ans, ont sympathisé. Ils l'invitent chez eux.*

Le bruit se répandit bientôt qu'il y avait un Huron au prieuré. La bonne compagnie du canton s'empressa d'y venir souper. L'abbé de Saint-Yves y vint avec mademoiselle sa sœur, jeune Basse-Brette[1], fort jolie et très bien élevée. Le bailli[2], le receveur des tailles[3] et leurs femmes furent du souper. On plaça l'étranger entre Mlle de Kerkabon et Mlle de Saint-Yves. Tout le monde le regardait avec admiration ; tout le monde lui parlait et l'interrogeait à la fois ; le Huron ne s'en émouvait pas. Il semblait qu'il eût pris pour sa devise celle de milord Bolingbroke : *nihil admirari*[4]. Mais à la fin, excédé de tant de bruit, il leur dit avec assez de douceur, mais avec un peu de fermeté : « Messieurs, dans mon pays on parle l'un après l'autre ; comment voulez-vous que je vous réponde quand vous m'empêchez de vous entendre ? » La raison fait toujours rentrer les hommes en eux-mêmes pour quelques moments. Il se fit un grand silence. Monsieur le bailli, qui s'emparait toujours des étrangers dans quelque maison qu'il se trouvât, et qui était le plus grand questionneur de la province, lui dit en ouvrant la bouche d'un demi-pied : « Monsieur, comment vous nommez-vous ? – On m'a toujours appelé l'*Ingénu*, reprit le Huron, et on m'a confirmé ce nom en Angleterre, parce que je dis toujours naïvement ce que je pense, comme je fais tout ce que je veux.

– Comment, étant né Huron, avez-vous pu, monsieur, venir en Angleterre ?

– C'est qu'on m'y a mené ; j'ai été fait, dans un combat, prisonnier par les Anglais, après m'être assez bien défendu ; et les Anglais, qui aiment la bravoure, parce qu'ils sont braves et qu'ils sont aussi honnêtes que nous, m'ayant proposé de me rendre à mes parents ou de venir en Angleterre, j'acceptai le dernier parti, parce que de mon naturel j'aime passionnément à voir du pays.

– Mais, monsieur, dit le bailli avec son ton imposant, comment avez-vous pu abandonner ainsi père et mère ? – C'est que je n'ai jamais connu ni père ni mère », dit l'étranger. La compagnie s'attendrit, et tout le monde répétait : *Ni père, ni mère !* « Nous lui en servirons, dit la maîtresse de maison à son frère le prieur ; que ce monsieur le Huron est intéressant ! » L'Ingénu la remercia avec une cordialité noble et fière, et lui fit comprendre qu'il n'avait besoin de rien.

« Je m'aperçois, monsieur l'Ingénu, dit le grave bailli, que vous parlez mieux français qu'il n'appartient à un Huron. – Un Français, dit-il, que nous avions pris dans ma grande jeunesse en Huronie, et pour qui je conçus

1. **Basse-Brette :** de Basse-Bretagne.
2. **bailli :** officier de police, d'administration et de justice sous l'Ancien Régime.
3. **taille :** impôt direct sous l'Ancien Régime.
4. ***nihil admirari* :** ne s'étonner de rien.

Benjamin WEST (1738-1870), *La Mort du Général Wolfe* (détail). Huile sur toile. Collection particulière. © The Bridgeman Art Library.

beaucoup d'amitié, m'enseigna sa langue ; j'apprends très vite ce que je veux apprendre. J'ai trouvé en arrivant à Plymouth un de vos Français réfugiés que vous appelez *huguenots*, je ne sais pourquoi ; il m'a fait faire quelques progrès dans la connaissance de votre langue ; et, dès que j'ai pu m'exprimer intelligiblement, je suis venu voir votre pays, parce que j'aime assez les Français quand ils ne font pas trop de questions. »

L'abbé de Saint-Yves, malgré ce petit avertissement, lui demanda laquelle des trois langues lui plaisait davantage, la huronne, l'anglaise ou la française. « La huronne, sans contredit, répondit l'Ingénu. – Est-il possible ? s'écria Mlle de Kerkabon ; j'avais toujours cru que le français était la plus belle de toutes les langues après le bas-breton. »

Alors ce fut à qui demanderait à l'Ingénu comment on disait en huron du tabac, et il répondait *taya* ; comment on disait manger, et il répondait *essenten*. Mlle de Kerkabon voulut absolument savoir comment on disait faire l'amour[5] ; il lui répondit *trovander*, et soutint, non sans apparence de raison, que ces mots-là valaient bien les mots français et anglais qui leur correspondaient. *Trovander* parut très joli à tous les convives.

Monsieur le prieur, qui avait dans sa bibliothèque la grammaire huronne dont le révérend père Sagard-Théodat, récollet[6], fameux missionnaire, lui avait fait présent, sortit de table un moment pour l'aller consulter. Il revint tout haletant de tendresse et de joie. Il reconnut l'Ingénu pour un vrai Huron. On disputa[7] un peu sur la multiplicité des langues, et on convint que, sans l'aventure de la tour de Babel, toute la terre aurait parlé français.

L'interrogant bailli, qui jusque-là s'était défié un peu du personnage, conçut pour lui un profond respect ; il lui parla avec plus de civilité qu'auparavant, de quoi l'Ingénu ne s'aperçut pas.

Mlle de Saint-Yves était fort curieuse de savoir comment on faisait l'amour au pays des Hurons. « En faisant de belles actions, répondit-il, pour plaire aux personnes qui vous ressemblent. » Tous les convives applaudirent avec étonnement. Mlle de Saint-Yves rougit, et fut fort aise. Mlle de Kerkabon rougit aussi, mais elle n'était pas si aise ; elle fut un peu piquée que la galanterie ne s'adressât pas à elle, mais elle était si bonne personne que son affection pour le Huron n'en fut point du tout altérée. Elle lui demanda, avec beaucoup de bonté, combien il avait eu de maîtresses en Huronie. « Je n'en ai jamais eu qu'une, dit l'Ingénu ; c'était Mlle Abacaba, la bonne amie de ma chère nourrice ; les joncs ne sont pas plus droits, l'hermine n'est pas plus blanche, les moutons sont moins doux, les aigles moins fiers, et les cerfs ne sont pas si légers que l'était Abacaba. Elle poursuivait un jour un lièvre dans notre voisinage, environ à cinquante lieues[8] de notre habitation. Un Algonquin[9] mal élevé, qui habitait cent lieues plus loin, vint lui prendre son lièvre ; je le sus, j'y courus, je terrassai l'Algonquin d'un coup de massue, je l'amenai aux pieds de ma maîtresse, pieds et poings liés. Les parents d'Abacaba voulurent le manger, mais je n'eus jamais de goût pour ces sortes de festins ; je lui rendis sa liberté, j'en fis un ami. Abacaba fut si touchée de mon procédé qu'elle me préféra à tous ses amants. Elle m'aimerait encore si elle n'avait pas été mangée par un ours. J'ai puni l'ours, j'ai porté longtemps sa peau, mais cela ne m'a pas consolé. »

5. **faire l'amour :** parler d'amour et faire la cour à la personne aimée pour s'en faire aimer en retour.

6. **récollet :** religieux franciscain réformé.

7. **disputer :** discuter en échangeant des arguments.

8. **lieue :** environ 4 km. Appréciez les distances mentionnées.

9. **Algonquin :** indien du nord-est du Canada.

Mlle de Saint-Yves, à ce récit, sentait un plaisir secret d'apprendre que l'Ingénu n'avait eu qu'une maîtresse, et qu'Abacaba n'était plus; mais elle ne démêlait pas la cause de son plaisir. Tout le monde fixait les yeux sur l'Ingénu; on le louait beaucoup d'avoir empêché ses camarades de manger un Algonquin.

L'impitoyable bailli, qui ne pouvait réprimer sa fureur de questionner, poussa enfin la curiosité jusqu'à s'informer de quelle religion était monsieur le Huron; s'il avait choisi la religion anglicane, ou la gallicane, ou la huguenote. « Je suis de ma religion, dit-il, comme vous de la vôtre. – Hélas! s'écria la Kerkabon, je vois bien que ces malheureux Anglais n'ont pas seulement songé à le baptiser. – Eh! mon Dieu, disait Mlle de Saint-Yves, comment se peut-il que les Hurons ne soient pas catholiques? Est-ce que les RR. PP.[10] jésuites ne les ont pas tous convertis? » L'Ingénu l'assura que dans son pays on ne convertissait personne; que jamais un vrai Huron n'avait changé d'opinion, et que même il n'y avait point dans sa langue de terme qui signifiât *inconstance*. Ces derniers mots plurent infiniment à Mlle de Saint-Yves.

« Nous le baptiserons, nous le baptiserons, disait la Kerkabon à monsieur le prieur; vous en aurez l'honneur, mon cher frère; je veux absolument être sa marraine; M. l'abbé de Saint-Yves le présentera sur les fonts[11] : ce sera une cérémonie bien brillante; il en sera parlé dans toute la Basse-Bretagne, et cela nous fera un honneur infini. » Toute la compagnie seconda la maîtresse de la maison; tous les convives criaient : « Nous le baptiserons! » L'Ingénu répondit qu'en Angleterre on laissait vivre les gens à leur fantaisie. Il témoigna que la proposition ne lui plaisait point du tout, et que la loi des Hurons valait pour le moins la loi des Bas-Bretons; enfin, il dit qu'il repartait le lendemain. On acheva de vider sa bouteille d'eau des Barbades, et chacun s'alla coucher.

Quand on eut reconduit l'Ingénu dans sa chambre, Mlle de Kerkabon et son amie Mlle de Saint-Yves ne purent se tenir de regarder par le trou d'une large serrure pour voir comment dormait un Huron. Elles virent qu'il avait étendu la couverture de son lit sur le plancher, et qu'il reposait dans la plus belle attitude du monde.

VOLTAIRE, *L'Ingénu*, chapitre premier, 1767.

**10. RR. PP. :** Révérends Pères.

**11. fonts :** fonts baptismaux, c'est-à-dire bassin contenant l'eau bénite du baptême, généralement placé sur un socle à l'entrée de l'église.

## ANALYSE

**1.** En quoi le Huron peut-il susciter la curiosité des convives ?

**2.** Relevez tous les éléments de satire religieuse, sociale et politique.

**3.** Que représente le bailli ?

**4.** Recopiez et analysez des éléments prouvant l'ethnocentrisme de cette micro-société.

**5.** Justifiez le nom d'« ingénu » donné au héros. Peut-on dire qu'il corresponde à l'image de l'Indien sauvage ?

**6.** Analysez en détail le récit des amours de l'Ingénu en Huronie. En quoi peut-on dire que Voltaire se livre ici à un exercice de style ? Vous relèverez notamment les expressions imagées.

**7.** Relevez les détails qui rendent hommage à l'Angleterre.

**8.** D'où vient l'humour de cette page ? Vous étudierez en particulier la chute de certaines phrases.

**9.** Quelles sont les attentes du lecteur en cette fin de premier chapitre ?

## ÉCRITURE

Un jeune étranger est invité à dîner dans un groupe où tout le monde lui manifeste intérêt et curiosité. Racontez la scène en imitant le style de Voltaire.

## La Princesse de Babylone

*Le roi de Babylone, Bélus, veut marier sa fille Formosante. Trois rois se présentent, qui doivent subir plusieurs épreuves destinées à élire le meilleur d'entre eux. La première consiste à tendre un arc légendaire, l'arc de Nembrod. Les prétendants échouent.*

Alors le jeune inconnu[1] descendit d'un saut dans l'arène et, s'adressant au roi des Scythes[2] : « Que Votre Majesté, lui dit-il, ne s'étonne point de n'avoir pas entièrement réussi. Ces arcs d'ébène se font dans mon pays ; il n'y a qu'un certain tour à donner. Vous avez beaucoup plus de mérite à l'avoir fait plier que je n'en peux avoir à le tendre. » Aussitôt il prit une flèche, l'ajusta sur la corde, tendit l'arc de Nembrod[3] et fit voler la flèche bien au-delà des barrières. Un million de mains applaudit à ce prodige. Babylone retentit d'acclamations, et toutes les femmes disaient : « Quel bonheur qu'un si beau garçon ait tant de force ! »

Il tira ensuite de sa poche une petite lame d'ivoire, écrivit sur cette lame avec une aiguille d'or, attacha la tablette d'ivoire à l'arc, et présenta le tout à la princesse avec une grâce qui ravissait tous les assistants. Puis il alla modestement se remettre à sa place entre son oiseau et son valet. Babylone entière était dans la surprise ; les trois rois étaient confondus, et l'inconnu ne paraissait pas s'en apercevoir.

Formosante fut encore plus étonnée en lisant sur la tablette d'ivoire attachée à l'arc ces petits vers en beau langage chaldéen[4] :

*L'arc de Nembrod est celui de la guerre ;*
*L'arc de l'amour est celui du bonheur ;*
*Vous le portez. Par vous ce dieu vainqueur*
*Est devenu le maître de la terre.*
*Trois rois puissants, trois rivaux aujourd'hui,*
*Osent prétendre à l'honneur de vous plaire :*
*Je ne sais pas qui votre cœur préfère,*
*Mais l'univers sera jaloux de lui.*

Ce petit madrigal ne fâcha point la princesse. Il fut critiqué par quelques seigneurs de la vieille cour, qui dirent qu'autrefois, dans le bon temps, on aurait comparé Bélus au soleil, et Formosante à la lune, son cou à une tour, et sa gorge à un boisseau de froment. Ils dirent que l'étranger n'avait point d'imagination, et qu'il s'écartait des règles de la véritable poésie ; mais toutes les dames trouvèrent les vers fort galants.

VOLTAIRE, *La Princesse de Babylone*, I, 1768.

1. **le jeune inconnu :** un jeune homme arrivé « sur une licorne, accompagné de son valet monté de même, et portant sur le poing un gros oiseau ».
2. **roi des Scythes :** un des prétendants.
3. **Nembrod :** fait écho à Nemrod, mythique bâtisseur d'empires dans la Bible.
4. **chaldéen :** langue parlée par le peuple de Chaldée.

Charles VAN LOO (1705-1765), *La Sultane servie par des eunuques.* Nice, Musée des Beaux-Arts.


## ANALYSE

**1.** De quelles qualités le jeune inconnu fait-il preuve ? À quels héros légendaires peut-il faire penser ?

**2.** Relevez les détails qui évoquent l'Orient et l'univers des *Mille et Une Nuits*.

**3.** Relisez le passage consacré au jugement porté sur le madrigal. En quoi traduit-il une prise de position de Voltaire ?

**4.** À quoi tient dans cette page le plaisir du conte ?

**5.** En quoi le jeune inconnu est-il ici convaincant ? persuasif ?

# *Memnon* (texte intégral)

Memnon conçut un jour le projet insensé d'être parfaitement sage[1]. Il n'y a guère d'hommes à qui cette folie n'ait quelquefois passé par la tête. Memnon se dit à lui-même : « Pour être très sage, et par conséquent très heureux, il n'y a qu'à être sans passions ; et rien n'est plus aisé, comme on sait. Premièrement, je n'aimerai jamais de femme ; car, en voyant une beauté parfaite, je me dirai à moi-même : « Ces joues-là se rideront un jour ; ces beaux yeux seront bordés de rouge ; cette gorge ronde deviendra plate et pendante ; cette belle tête deviendra chauve. » Or je n'ai qu'à la voir à présent des mêmes yeux dont je la verrai alors ; et assurément cette tête ne fera pas tourner la mienne.

« En second lieu, je serai toujours sobre. J'aurai beau être tenté par la bonne chère, par des vins délicieux, par la séduction de la société ; je n'aurai qu'à me représenter les suites des excès, une tête pesante, un estomac embarrassé, la perte de la raison, de la santé et du temps : je ne mangerai alors que pour le besoin ; ma santé sera toujours égale, mes idées toujours pures et lumineuses. Tout cela est si facile qu'il n'y a aucun mérite à y parvenir.

« Ensuite, disait Memnon, il faut penser un peu à ma fortune. Mes désirs sont modérés ; mon bien est solidement placé sur le receveur général des finances de Ninive[2] ; j'ai de quoi vivre dans l'indépendance ; c'est là le plus grand des biens. Je ne serai jamais dans la cruelle nécessité de faire ma cour : je n'envierai personne, et personne ne m'enviera. Voilà qui est encore très aisé. J'ai des amis, continuait-il, je les conserverai, puisqu'ils n'auront rien à me disputer. Je n'aurai jamais d'humeur avec eux, ni eux avec moi. Cela est sans difficulté. »

Ayant fait ainsi son petit plan de sagesse dans sa chambre, Memnon mit la tête à la fenêtre. Il vit deux femmes qui se promenaient sous des platanes auprès de sa maison. L'une était vieille et paraissait ne songer à rien. L'autre était jeune, jolie, et semblait fort occupée. Elle soupirait, elle pleurait, et n'en avait que plus de grâces. Notre sage fut touché, non pas de la beauté de la dame (il était bien sûr de ne pas sentir une telle faiblesse), mais de l'affliction[3] où il la voyait. Il descendit, il aborda la jeune Ninivienne dans le dessein de la consoler avec sagesse. Cette belle personne lui conta, de l'air le plus naïf et le plus touchant tout le mal que lui faisait un oncle qu'elle n'avait point ; avec quels artifices il lui avait enlevé un bien qu'elle n'avait jamais possédé, et tout ce qu'elle avait à craindre de sa violence. « Vous me paraissez un homme de si bon conseil, lui dit-elle, que si vous aviez la condescendance de venir jusque chez moi, et d'examiner mes affaires, je suis sûre que vous me tireriez du cruel embarras où je suis. » Memnon n'hésita pas à la suivre pour examiner sagement ses affaires et pour lui donner un bon conseil.

La dame affligée le mena dans une chambre parfumée, et le fit asseoir avec elle poliment sur un large sofa, où ils se tenaient tous deux jambes croisées vis-à-vis l'un de l'autre. La dame parla en baissant les yeux, dont il échappait quelquefois des larmes, et qui en se relevant rencontraient toujours les regards du sage Memnon. Ses discours étaient pleins d'un attendrissement qui redoublait toutes les fois qu'ils se regardaient. Memnon prenait ses

1. **sage :** réfléchi et raisonnable, proche du sens de « philosophe ».
2. **Ninive :** capitale de l'ancien empire assyrien.
3. **affliction :** profonde tristesse.

*Memnon*. Gravure par Moreau Le Jeune. Paris, BnF.

affaires extrêmement à cœur, et se sentait de moment en moment la plus grande envie d'obliger[4] une personne si honnête et si malheureuse. Ils cessèrent insensiblement, dans la chaleur de la conversation, d'être vis-à-vis l'un de l'autre. Leurs jambes ne furent plus croisées. Memnon la conseilla de si près, et lui donna des avis si tendres, qu'ils ne pouvaient ni l'un ni l'autre parler d'affaires, et qu'ils ne savaient plus où ils en étaient.

Comme ils en étaient là, arrive l'oncle, ainsi qu'on peut bien le penser ; il était armé de la tête aux pieds ; et la première chose qu'il dit fut qu'il allait tuer, comme de raison, le sage Memnon et sa nièce ; la dernière qui lui échappa fut qu'il pouvait pardonner pour beaucoup d'argent. Memnon fut obligé de donner tout ce qu'il avait. On était heureux, dans ce temps-là, d'en être quitte à si bon marché ; l'Amérique n'était pas encore découverte, et les dames affligées n'étaient pas à beaucoup près si dangereuses qu'elles le sont aujourd'hui.

Memnon, honteux et désespéré, rentra chez lui : il y trouva un billet qui l'invitait à dîner avec quelques-uns de ses intimes amis. « Si je reste seul chez moi, dit-il, j'aurai l'esprit occupé de ma triste aventure, je ne mangerai point, je tomberai malade. Il vaut mieux aller faire avec mes amis intimes un repas frugal. J'oublierai, dans la douceur de leur société, la sottise que j'ai faite ce matin. » Il va au rendez-vous ; on le trouve un peu chagrin[5]. On le fait boire pour dissiper sa tristesse. Un peu de vin pris modérément est un remède pour l'âme et pour le corps. C'est ainsi que pense le sage Memnon ; et il s'enivre. On lui propose de jouer après le repas. Un jeu réglé avec des amis est un passe-temps honnête. Il joue ; on lui gagne tout ce qu'il a dans sa bourse, et quatre fois autant sur sa parole. Une dispute s'élève sur le jeu, on s'échauffe : l'un de ses amis intimes lui jette à la tête un cornet, et lui crève un œil. On rapporte chez lui le sage Memnon ivre, sans argent et ayant un œil de moins.

Il cuve un peu son vin ; et, dès qu'il a la tête plus libre, il envoie son valet chercher de l'argent chez le receveur général des finances de Ninive, pour payer ses intimes amis : on lui dit que son débiteur a fait le matin une banqueroute frauduleuse qui met en alarme cent familles. Memnon, outré, va à la cour avec un emplâtre[6] sur l'œil et un placet[7] à la main, pour demander justice au roi contre le banqueroutier. Il rencontre dans un salon plusieurs dames qui portaient toutes d'un air aisé des cerceaux de vingt-quatre pieds de circonférence. L'une d'elles, qui le connaissait un peu, dit en le regardant de côté : « Ah, l'horreur ! » Une autre, qui le connaissait davantage, lui dit : « Bonsoir, monsieur Memnon ; mais vraiment, monsieur Memnon, je suis fort aise de vous voir ; à propos, monsieur Memnon, pourquoi avez-vous perdu un œil ? » Et elle passa sans attendre sa réponse. Memnon se cacha dans un coin, et attendit le moment où il pût se jeter aux pieds du monarque. Ce moment arriva. Il baisa trois fois la terre, et présenta son placet. Sa Gracieuse Majesté le reçut très favorablement, et donna le mémoire à un de ses satrapes[8] pour lui en rendre compte. Le satrape tire Memnon à part, et lui dit d'un air de hauteur, et ricanant amèrement : « Je vous trouve un plaisant borgne de vous adresser au roi plutôt qu'à moi, et encore plus plaisant d'oser demander justice contre un honnête banqueroutier, que

**4. obliger quelqu'un :** lui rendre service.

**5. chagrin :** triste.

**6. emplâtre :** médicament contre l'inflammation et la douleur.

**7. placet :** requête écrite.

**8. satrape :** homme puissant, équivalent ici de « ministre », avec une nuance péjorative.

j'honore de ma protection et qui est le neveu d'une femme de chambre de ma maîtresse. Abandonnez cette affaire-là, mon ami, si vous voulez conserver l'œil qui vous reste. »

Memnon, ayant ainsi renoncé le matin aux femmes, aux excès de table, au jeu, à toute querelle, et surtout à la cour, avait été avant la nuit trompé et volé par une belle dame, s'était enivré, avait joué, avait eu une querelle, s'était fait crever l'œil, et avait été à la cour, où l'on s'était moqué de lui.

Pétrifié d'étonnement, et navré de douleur, il s'en retourne la mort dans le cœur. Il veut rentrer chez lui ; il y trouve des huissiers qui démeublaient sa maison de la part de ses créanciers. Il reste presque évanoui sous un platane ; il y rencontre la belle dame du matin, qui s'y promenait avec son cher oncle, et qui éclata de rire en voyant Memnon avec son emplâtre. La nuit vint ; Memnon se coucha sur de la paille auprès des murs de sa maison. La fièvre le saisit ; il s'endormit dans l'accès, et un esprit céleste lui apparut en songe.

Il était tout resplendissant de lumière. Il avait six belles ailes, mais ni pieds, ni tête, ni queue, et ne ressemblait à rien. « Qui es-tu ? lui dit Memnon. – Ton bon génie, lui répondit l'autre. – Rends-moi donc mon œil, ma santé, mon bien, ma sagesse », lui dit Memnon. Ensuite, il lui conta comment il avait perdu tout cela en un jour. « Voilà des aventures qui ne nous arrivent jamais dans le monde que nous habitons, dit l'esprit. – Et quel monde habitez-vous ? dit l'homme affligé. – Ma patrie, répondit-il, est à cinq cent millions de lieues du soleil, dans une petite étoile auprès de Sirius, que tu vois d'ici. – Le beau pays ! dit Memnon. Quoi ! vous n'avez point chez vous de coquines qui trompent un pauvre homme, point d'amis intimes qui lui gagnent son argent et qui lui crèvent un œil, point de banqueroutiers, point de satrapes qui se moquent de vous en vous refusant justice ? – Non, dit l'habitant de l'étoile, rien de tout cela. Nous ne sommes jamais trompés par les femmes, parce que nous n'en avons point ; nous ne faisons point d'excès de table, parce que nous ne mangeons point ; nous n'avons point de banqueroutiers, parce qu'il n'y a chez nous ni or ni argent ; on ne peut pas nous crever les yeux, parce que nous n'avons point de corps à la façon des vôtres ; et les satrapes ne nous font jamais d'injustices, parce que dans notre petite étoile tout le monde est égal. »

Memnon lui dit alors : « Monseigneur, sans femme et sans dîner, à quoi passez-vous votre temps ? – À veiller, dit le génie, sur les autres globes qui nous sont confiés ; et je viens pour te consoler. – Hélas ! reprit Memnon, que ne veniez-vous la nuit passée pour m'empêcher de faire tant de folies ? – J'étais auprès d'Assan, ton frère aîné, dit l'être céleste. Il est plus à plaindre que toi. Sa Gracieuse Majesté le roi des Indes, à la cour duquel il a l'honneur d'être, lui a fait crever les deux yeux pour une petite indiscrétion, et il est actuellement dans un cachot, les fers aux pieds et aux mains. – C'est bien la peine, dit Memnon, d'avoir un bon génie dans une famille, pour que de deux frères l'un soit borgne, l'autre aveugle, l'un couché sur la paille, l'autre en prison. – Ton sort changera, reprit l'animal de l'étoile. Il est vrai que tu seras toujours borgne ; mais, à cela près, tu seras assez heureux, pourvu que tu ne fasses jamais le sot projet d'être parfaitement sage. – C'est donc une chose à laquelle il est impossible de parvenir ? s'écria Memnon en soupirant. – Aussi impossible, lui répliqua l'autre, que d'être parfaitement habile, parfaitement fort, parfaitement puissant, parfaitement heureux. Nous-mêmes, nous en sommes bien loin. Il y a un globe où tout cela se trouve ; mais dans les cent mille millions de mondes qui sont dispersés dans l'étendue, tout se suit par degrés. On a moins de sagesse et de plaisir dans le second que dans le premier, moins dans le troisième que dans le second. Ainsi du reste jusqu'au dernier, où tout le monde est complètement fou. – J'ai bien peur, dit Memnon, que notre petit globe terraqué[9] ne soit précisément les petites-maisons[10] de l'univers dont vous me faites l'honneur de me parler. – Pas tout à fait, dit l'esprit ; mais il en approche : il faut que tout soit en sa place. – Eh mais ! dit Memnon, certains poètes, certains philosophes, ont donc grand tort de dire que *tout est bien*. – Ils ont grande raison, dit le philosophe de là-haut, en considérant l'arrangement de l'univers entier. – Ah ! je ne croirai cela, répliqua le pauvre Memnon, que quand je ne serai plus borgne. »

VOLTAIRE, *Memnon ou la sagesse humaine*, 1748.

**9. terraqué :** composé de terre et d'eau.

**10. petites-maisons :** asile de fous.

École française, XVIIIe siècle, *Voltaire disant un conte*, vers 1768.


## ANALYSE

### *Une structure efficace*

**1.** En vous aidant de la numérotation des lignes, dégagez la structure du conte.
En quoi peut-on dire qu'elle est à la fois rigoureuse pour la démonstration, recherchée et habile du point de vue dramatique ?

**2.** Comment s'articule l'épisode du songe avec ce qui précède ?

### *La leçon du conte*

**3.** Quels sont les différents éléments qui composent l'enseignement de ce récit ? Qu'apprenons-nous du point de vue psychologique, philosophique, politique, social ? Quelles critiques de Voltaire contre la société du XVIIIe siècle pouvons-nous percevoir ?

**4.** Relevez toutes les occurrences de « sage », de « sagesse », de leurs synonymes et de leurs antonymes et commentez-les. Quelle évolution pouvez-vous noter dans l'emploi de ces mots entre le début et la fin du récit ?

**5.** Comment comprenez-vous le fait que le personnage principal, censé représenter la sagesse, devienne borgne ? Vous pouvez rapprocher Memnon, et son frère Assan, du personnage d'Œdipe, qui se crève les yeux quand il apprend la vérité.

### *Le plaisir du conte*

**6.** Montrez que certains épisodes du récit empruntent au théâtre.

**7.** Comment l'auteur joue-t-il des attentes du lecteur ?

# Les mots « convaincre », « persuader », « délibérer »

S'ils se rattachent tous au domaine de l'argumentation, ces trois verbes désignent des opérations intellectuelles diverses, que l'étude de l'étymologie et celle de la famille de mots peuvent éclairer.

## • Le mot « persuader »

Étymologie : suave

SUAVE famille sav. D'une racine ind.-eur. **swād-* « être agréable ».
En latin (1) *suavis* « doux », *suavitas* « agrément » (2) *suadere* « conseiller », *persuadere* « convaincre », d'où *persuasio*, et *dissuadere* « déconseiller ».
**I. mots d'origine latine**
[1] SUAVITÉ XII^e s. : *suavitas* ; SUAVE XVI^e s. : *suavis* ; a éliminé la forme pop. *souef* XI^e s., de même origine. [2] PERSUADER, PERSUASION, PERSUASIF XIV^e s. : *persuadere, persuasio*, et bas lat. *persuasivus*. [3] DISSUADER, DISSUASION XIV^e s. : *dissuadere, dissuasio*.

Jacqueline PICOCHE, *Dictionnaire étymologique du français*, Le Robert, 1992.

➤ **Précisez le sens des abréviations dans cet article de dictionnaire et dites ce qu'elles nous apprennent sur le registre de langue auquel appartient le mot « persuader ».**

➤ **Peut-on persuader seulement avec des arguments d'ordre rationnel ? Comment l'étymologie le laisse-t-elle présager ?**

➤ **Donnez l'étymologie du mot « convaincre ». Quelle différence souligne-t-elle entre ce verbe et le verbe « persuader » ?**

Pascal oppose « les deux entrées par où les opinions sont reçues dans l'âme, à savoir l'entendement (qui consent aux vérités démontrées et aux preuves) et la volonté (qu'on touche par l'agrément) ».

Il paraît de là que, quoi que ce soit qu'on veuille persuader, il faut avoir égard à la personne à qui on en veut, dont il faut connaître l'esprit et le cœur, quels principes il accorde, quelles choses il aime ; et ensuite remarquer, dans la chose dont il s'agit, quelle rapport elle a avec les principes avoués, ou avec les objets délicieux par les charmes qu'on lui donne. De sorte que l'art de persuader consiste autant en celui d'agréer qu'en celui de convaincre, tant les hommes se gouvernent plus par caprice que par raison !

Blaise PASCAL, « De l'art de persuader », *Opuscules*, troisième partie, cité par Gérard GENETTE, Figures II, 1969.

➤ **Relevez les termes par lesquels Pascal insiste sur la prise en compte du destinataire.**

➤ **Pourquoi cette prise en compte est-elle nécessaire dans le cadre de la persuasion ?**

➤ **Comment s'explique, selon Pascal, le fait que « l'art de persuader consiste autant en l'art d'agréer qu'en celui de convaincre » ?**

## • Le mot « convaincre »

1. Apporter des preuves de la culpabilité de quelqu'un. (v. 1190)
*Convaincre un témoin de mensonge.*
2. Rendre manifeste un acte coupable. (1541)
*Tout ce qui convaincra leurs perfides amours.* (RACINE)
3. Amener quelqu'un, par le raisonnement ou par des preuves, à reconnaître quelque chose comme vrai. (1660)
*Pour les convaincre de l'innocuité de son breuvage, il en absorba devant eux plusieurs bouteilles.* (FLAUBERT)

D'après le *Grand Larousse de la langue française*, 1972.

➤ **De quel domaine relèvent les deux premières acceptions du verbe « convaincre » ?**

➤ **La troisième acception date de l'emploi que Pascal a fait du verbe. En quoi convient-elle au projet apologétique des *Pensées* ? (voir p. 394)**

Convaincre et persuader participent de la même finalité : **emporter l'adhésion de l'autre**. Mais, on convainc avec des arguments rationnels en s'adressant aux capacités intellectuelles de l'interlocuteur, tandis que l'on cherche à le persuader en jouant sur ses émotions et sur sa sensibilité.

## • Le mot « délibérer »

Étymologiquement, « délibérer » a pour racine *libra*, la livre, au sens de poids que l'on met sur la balance.

Quand il est employé de manière intransitive (c'est-à-dire sans C.O.D.) le verbe a deux significations :

1. Examiner, discuter à plusieurs d'une question en vue de prendre une décision.

2. Réfléchir soi-même sur les raisons et les conséquences d'une action à entreprendre.

➤ **Quel aspect de l'action de délibérer l'image de la balance, appelée par l'étymologie, permet-elle de saisir ?**

➤ **À quelles formes littéraires chacun des deux sens du mot renvoie-t-il ?**

# EXERCICES

**1** **Lisez l'extrait du *Tiers Livre*, p. 390, et justifiez l'emploi de l'expression de « *délibération suspensive* » choisie pour le définir.**

**2** **En vous aidant d'un dictionnaire, donnez tous les mots appartenant à la famille de « délibérer » et employez chacun d'eux dans une courte phrase.**

**3** **Quels sens prend le nom « conviction » dans les expressions suivantes ?**

« ressentir une intime conviction », « parler avec conviction », « avoir des convictions »

**4** **Lisez le texte de Pascal sur le divertissement, p. 394, et montrez qu'il cherche à convaincre le lecteur en s'appuyant sur la logique. Vous relèverez les mots qui soulignent cet aspect du texte.**

**5** **Dans le monologue de Figaro, p. 396, relevez des extraits qui montrent les efforts de persuasion déployés par Beaumarchais pour dénoncer les abus de l'Ancien Régime.**

**6** **« Ultima Verba », p. 400, peut être lu comme un texte qui cherche à convaincre, à persuader et à délibérer. Montrez-le en vous appuyant sur le poème de Victor Hugo.**

**7** **Voici une allégorie de la persuasion (document ci-dessous) et le texte qui l'explicite.**
**Vous vous appuierez sur ces documents pour retrouver et préciser le sens du mot « persuasion » et pour différencier « persuader » et « convaincre ».**

Les cordages d'or qui lui ceignent le corps, montrent que par la force de l'éloquence l'homme peut lier en quelque sorte les volontés d'autrui, et les tenir en arrêt par le moyen de la Persuasion. L'Animal à trois têtes signifie que trois choses sont nécessaires à celui qui veut persuader quelqu'un. La première, de s'insinuer en la bienveillance de son Auditeur, ce qui est dénoté par le Chien, qui flatte et caresse pour ses intérêts. La seconde, de le rendre docile, en lui faisant nettement comprendre ce qu'il lui veut persuader : de quoi sert d'exemple le Singe, parce qu'il semble être celui de tous les animaux qui comprend le mieux les pensées des hommes. Et la troisième, de le réduire à être attentif, à l'imitation du Chat, qui l'est grandement en tout ce qu'il fait. Or ce qu'elle tient ferme avec les deux mains de la corde à laquelle cet animal est attaché, est pour montrer que, si l'orateur ne sait agir avec les conditions que je viens de dire, ou il ne gagne rien du tout sur l'esprit de son auditeur, ou du moins il n'avance pas beaucoup.

Cesare RIPA, *Nova Iconologia*, traduit par Baudoin, 1664, orthographe modernisée.

Allégorie de la persuasion. D. R.

# Grammaire

## L'expression de l'opposition

### L'opposition indiquée par une juxtaposition

Dans « Ultima Verba », p. 400, nous lisons :

*Oh ! tant qu'on le verra trôner* ***ce gueux, ce prince,***

Les deux termes en gras, juxtaposés, sont antithétiques puisque le premier indique une bassesse extrême et le second la position première dans l'État, selon l'étymologie latine – *princeps* voulant dire « le premier ».
La seule juxtaposition vient souligner ici l'opposition profonde qui les sépare et le scandale du pouvoir impérial selon Victor Hugo. Implicitement, le lecteur comprend : « ce gueux qui est pourtant un prince ». Stylistiquement, le choix de la parataxe paraît servir la vigueur du propos.

### L'opposition indiquée par une conjonction de coordination

Le fragment des *Pensées*, p. 394, se termine sur cette phrase :

*Ce lièvre ne nous garantirait pas de la vue de la mort et des misères qui nous en détournent,*

Proposition principale

***mais*** *la chasse nous en garantit.*

Proposition indépendante

La conjonction de coordination « mais », qui lie la proposition indépendante à la principale, souligne l'opposition que la reprise du même verbe, avec changement de mode et de sujet, vient établir. À ce stade de sa démonstration, Pascal ne veut laisser aucune difficulté d'interprétation. La conjonction sert son projet pédagogique : elle montre bien que c'est le divertissement en soi – la chasse – et non ce qu'il procure – le lièvre – qui fait courir les hommes.

La ponctuation peut venir souligner le sens de la conjonction. Ainsi, la préface du *Mariage de Figaro* s'ouvre par ces mots :

→ *En écrivant cette préface, mon but n'est pas de rechercher oiseusement si j'ai mis au théâtre une pièce bonne ou mauvaise, il n'est plus temps pour moi* **:** *mais d'examiner scrupuleusement, et je le dois toujours, si j'ai fait une œuvre blâmable.*

Les deux points permettent de renforcer l'effet d'opposition et de symétrie entre « *rechercher oiseusement* » et « *examiner scrupuleusement* ».

Certains adverbes, comme **pourtant**, **cependant**, permettent également d'exprimer l'opposition.

### L'opposition indiquée par une subordonnée

Le poème des *Châtiments*, p. 400, précise :

***Tandis que*** *tes valets te montreront ton Louvre,*

Proposition subordonnée

*Moi, je te montrerai, César, ton cabanon.*

Proposition principale

La subordonnée indique une action opposée à celle de la principale, comme le montre l'emploi de la locution conjonctive de subordination « tandis que » qui n'a pas ici un sens temporel. On pourrait la remplacer par : « Alors que... ».
La reprise du même verbe souligne bien la différence entre les sujets du prince, obéissants jusqu'à la servilité, et le poète, qui oppose un « Moi », pronom personnel tonique, à « César ».

### Les tournures concessives

***Quelque*** *condition* ***qu'****on se figure, [...] la royauté est le plus beau poste du monde.*

Cette citation de Pascal, p. 394, comporte une tournure concessive, soulignée, que l'on pourrait expliciter en la développant :

*«* ***Quelle que soit*** *la condition* ***que*** *l'on se figure... »*

L'emploi de « quelque ... que » suivi d'un nom ou d'un adjectif appartient à un niveau de langue très soutenu.
Quand il est suivi d'un adjectif, « quelque » reste invariable : il peut être remplacé par « aussi ».

→ ***Quelque*** *puissants que vous soyez, vous avez besoin des autres.*

En revanche, les tournures comme « quelle que soit » se rencontrent fréquemment. Il ne faut pas oublier que le mot « quel » est un adjectif, susceptible de varier en genre et en nombre, et que le verbe « être » au subjonctif s'accorde avec le sujet.

Ainsi, on écrirait :

***Quelles*** *que* ***soient*** *les conditions...* (sujet féminin pluriel)
***Quel*** *que* ***soit*** *l'état...* (sujet masculin singulier)
***Quels*** *que* ***soient*** *les états...* (sujet masculin pluriel)

# EXERCICES

**1 Dans ces extraits de phrases empruntées au monologue de Figaro, p. 396, relevez les modes d'expression de l'opposition.**

1. Après m'avoir obstinément refusé quand je l'en pressais devant sa maîtresse…
2. Du reste, homme assez ordinaire ; tandis que moi, morbleu !
3. La nuit est noire en diable, et me voilà faisant le sot métier de mari, quoique je ne le sois qu'à moitié…
4. Comme il faut dîner, quoiqu'on ne soit plus en prison…
5. On pense à moi pour une place, mais par malheur j'y étais propre…
6. Il fallait un calculateur, ce fut un danseur qui l'obtint.

**2 Observez la manière d'exprimer l'opposition dans les phrases ci-dessous et proposez-en un équivalent syntaxique. Appréciez ensuite le choix adopté par l'auteur.**

1. Tout le monde lui parlait et l'interrogeait à la fois ; le Huron ne s'en émouvait pas.
2. Il leur dit avec assez de douceur, mais avec un peu de fermeté…
3. Comment, étant né Huron, avez-vous pu, monsieur, venir en Angleterre ?
4. Mlle de Kerkabon rougit aussi, mais elle n'était pas si aise.
5. J'aurai beau être tenté par la bonne chère […] je ne mangerai alors que pour le besoin.

**3 *Quoique* ou *quoi… que* ?**
**Recopiez et complétez les phrases suivantes.**

1. … que fasse le comte, Figaro l'empêchera de séduire Suzanne.
2. … Figaro ait servi les amours d'Almaviva, celui-ci ne semble pas lui en être reconnaissant.
3. … Napoléon III ait proposé une amnistie, Victor Hugo veut rester en exil.
4. Il restera à Guernesey … le régime impérial entreprenne pour le convaincre.
5. … écrits au XIX$^{e}$ siècle, ses propos gardent une résonance toujours actuelle.

**4 *Quelque* ou *quel que…* ?**

1. … enviable que soit la position du roi, elle ne le console pas de sa tristesse s'il lui manque le divertissement.
2. … soit son occupation, l'homme veut être diverti.
3. … entreprise que l'on envisage, elle nous ramène à ce besoin fondamental d'oublier la condition humaine.
4. … soient les difficultés de son dessein, Pascal entreprend de rédiger son *Apologie de la religion chrétienne.*
5. … soient les périls que peuvent courir les hommes, ils leur permettent d'échapper à eux-mêmes.

**5 Dans cet extrait du *Cid*, de Corneille, Acte III scène IV, étudiez les expressions de l'opposition.**

*Chimène aime Rodrigue ; or, pour défendre l'honneur de son père, Don Diègue, Rodrigue a dû combattre en duel le père de Chimène et il l'a tué.*

CHIMÈNE
Ah Rodrigue ! il est vrai, quoique ton ennemie,
Je ne puis te blâmer d'avoir fui l'infamie,
Et de quelque façon qu'éclatent mes douleurs,
Je ne t'accuse point, je pleure mes malheurs.
[…]
Va, je suis ta partie, et non pas ton bourreau.
Si tu m'offres ta tête, est-ce à moi de la prendre ?
Je la dois attaquer, mais tu dois la défendre,
C'est d'un autre que toi qu'il me faut l'obtenir
Et je dois te poursuivre et non pas te punir.

DON RODRIGUE
De quoi qu'en ma faveur notre amour
[t'entretienne,
Ta générosité doit répondre à la mienne
Et pour venger un père emprunter d'autres bras,
Ma Chimène, crois-moi, c'est n'y répondre pas :
Ma main seule du mien a su venger l'offense,
Ta main seule du tien doit prendre la vengeance.

CHIMÈNE
Cruel, à quel propos sur ce point t'obstiner ?
Tu t'es vengé sans aide et tu m'en veux donner !
Je suivrai ton exemple, et j'ai trop de courage
Pour souffrir qu'avec toi ma gloire se partage.
Mon père et mon honneur ne veulent rien devoir
Aux trait s de ton amour, ni de ton désespoir.

DON RODRIGUE
Rigoureux point d'honneur ! hélas ! quoi que je
[fasse
Ne pourrai-je à la fin obtenir cette grâce ?
Au nom d'un père mort, ou de notre amitié,
Punis-moi par vengeance, ou du moins par pitié.
Ton malheureux amant aura bien moins de peine
À mourir par ta main qu'à vivre avec ta haine.

# ÉPREUVE BAC

## CORPUS Apologues sur le temps consolateur

### TEXTE A « La Jeune Veuve »

La perte d'un époux ne va point sans soupirs.
On fait beaucoup de bruit, et puis on se console.
Sur les ailes du Temps la tristesse s'envole ;
Le Temps ramène les plaisirs.
Entre la veuve d'une année
Et la veuve d'une journée
La différence est grande : on ne croirait jamais
Que ce fût la même personne.
L'une fait fuir les gens, et l'autre a mille attraits.
Aux soupirs vrais ou faux celle-là s'abandonne ;
C'est toujours même note et pareil entretien :
On dit qu'on est inconsolable ;
On le dit, mais il n'en est rien,
Comme on verra par cette fable,
Ou plutôt par la vérité.
L'époux d'une jeune beauté
Partait pour l'autre monde. À ses côtés sa femme
Lui criait : « Attends-moi, je te suis ; et mon âme,
Aussi bien que la tienne, est prête à s'envoler. »
Le mari fait seul le voyage.
La belle avait un père, homme prudent et sage :
Il laissa le torrent couler.
À la fin, pour la consoler :
« Ma fille, lui dit-il, c'est trop verser de larmes :
Qu'a besoin le défunt que vous noyiez vos charmes ?
Puisqu'il est des vivants, ne songez plus aux morts.
Je ne dis pas que tout à l'heure
Une condition meilleure
Change en des noces ces transports ;
Mais, après certain temps, souffrez qu'on vous propose
Un époux beau, bien fait, jeune, et tout autre chose
Que le défunt. – Ah ! dit-elle aussitôt,
Un cloître est l'époux qu'il me faut. »
Le père lui laissa digérer sa disgrâce.
Un mois de la sorte se passe.
L'autre mois on l'emploie à changer tous les jours
Quelque chose à l'habit, au linge, à la coiffure.
Le deuil enfin sert de parure,
En attendant d'autres atours.
Toute la bande des amours

1. **ris :** rires.

Revient au colombier : les jeux, les ris[1], la danse,
Ont aussi leur tour à la fin.
On se plonge soir et matin
Dans la fontaine de Jouvence.
Le père ne craint plus ce défunt tant chéri ;
Mais, comme il ne parlait de rien à notre belle :
« Où donc est le jeune mari
Que vous m'avez promis ? » dit-elle.

Jean de LA FONTAINE, *Fables*, Livre sixième, XXI.

## TEXTE B *Les Deux Consolés*

Le grand philosophe Citophile[1] disait un jour à une femme désolée, et qui avait juste sujet de l'être : « Madame, la reine d'Angleterre[2], fille du grand Henri IV, a été aussi malheureuse que vous : on la chassa de ses royaumes ; elle fut prête à périr sur l'Océan par les tempêtes ; elle vit mourir son royal époux sur l'échafaud. – J'en suis fâchée pour elle », dit la dame ; et elle se mit à pleurer ses propres infortunes.

« Mais, dit Citophile, souvenez-vous de Marie Stuart[3] : elle aimait fort honnêtement un brave musicien qui avait une très belle basse-taille[4]. Son mari tua son musicien à ses yeux ; et ensuite sa bonne amie et sa bonne parente la reine Élisabeth[5], qui se disait pucelle, lui fit couper le cou sur un échafaud tendu de noir, après l'avoir tenue en prison dix-huit années. – Cela est fort cruel », répondit la dame ; et elle se replongea dans sa mélancolie.

« Vous avez peut-être entendu parler, dit le consolateur, de la belle Jeanne de Naples, qui fut prise et étranglée ? – Je m'en souviens confusément, dit l'affligée. – Il faut que je vous conte, ajouta l'autre, l'aventure d'une souveraine qui fut détrônée de mon temps après souper, et qui est morte dans une île déserte. – Je sais toute cette histoire, répondit la dame.

– Eh bien donc, je vais vous apprendre ce qui est arrivé à une autre grande princesse à qui j'ai montré la philosophie. Elle avait un amant, comme en ont toutes les grandes et belles princesses. Son père entra dans sa chambre, et surprit l'amant, qui avait le visage tout en feu et l'œil étincelant comme une escarboucle ; la dame aussi avait le teint fort animé. Le visage du jeune homme déplut tellement au père qu'il lui appliqua le plus énorme soufflet[6] qu'on eût jamais donné dans sa province. L'amant prit une paire de pincettes et cassa la tête au beau-père, qui guérit à peine[7], et qui porte encore la cicatrice de cette blessure. L'amante, éperdue, sauta par la fenêtre et se démit le pied ; de manière qu'aujourd'hui elle boite visiblement, quoique d'ailleurs elle ait la taille admirable. L'amant fut condamné à la mort pour avoir cassé la tête à un très grand prince. Vous pouvez juger de l'état où était la princesse quand on menait pendre l'amant. Je l'ai vue longtemps lorsqu'elle était en prison ; elle ne me parlait jamais que de ses malheurs.

– Pourquoi ne voulez-vous donc pas que je songe aux miens ? lui dit la dame. – C'est, dit le philosophe, parce qu'il n'y faut pas songer, et que, tant de grandes dames ayant été si infortunées, il vous sied mal de vous désespérer.

1. **Citophile :** qui aime les citations.
2. **la reine d'Angleterre :** Henriette-Marie (1609-1670), épouse de Charles Ier d'Angleterre, qui fut exécuté en 1649.
3. **Marie Stuart :** reine d'Écosse (1542-1587), qui vit mourir en effet son amant David Rizzio.
4. **basse-taille :** timbre de voix masculine intermédiaire entre le baryton et la basse.
5. **Élisabeth** (1533-1603) **:** reine au pouvoir absolu, elle fit exécuter sa cousine dont elle redoutait un complot.
6. **soufflet :** gifle.
7. **à peine :** avec peine.

Laurence STERNE (1713-1768), *La Solitude de Marie.* Huile sur toile, 31 × 22,9 cm. Stamford, The Burghley House Collection. © AKG-images.

Songez à Hécube[8], songez à Niobé[9]. – Ah! dit la dame, si j'avais vécu de leur temps, ou de celui de tant de belles princesses, et si pour les consoler vous leur aviez conté mes malheurs, pensez-vous qu'elles vous eussent écouté? »

Le lendemain, le philosophe perdit son fils unique, et fut sur le point d'en mourir de douleur. La dame fit dresser une liste de tous les rois qui avaient perdu leurs enfants, et la porta au philosophe; il la lut, la trouva fort exacte, et n'en pleura pas moins. Trois mois après ils se revirent et furent étonnés de se trouver d'une humeur très gaie. Ils firent ériger une belle statue au Temps, avec cette inscription : À CELUI QUI CONSOLE.

VOLTAIRE, *Les Deux Consolés*, 1756.

---

8. **Hécube :** femme de Priam, roi légendaire de Troie, elle eut le malheur de voir sa famille décimée et sa patrie vaincue.

9. **Niobé :** fille de Tantale, elle se montra coupable aux yeux des dieux d'une présomption intolérable : elle voulait en effet que l'on célèbre son culte à Thèbes dont elle était la reine, plutôt que celui de la déesse Léto. Apollon et Artémis vengèrent leur mère en tuant les six filles et les six garçons de Niobé.

## Questions

**1.** ***Notez les indications temporelles dans chacun des textes et établissez la chronologie narrative. Relevez les passages où il est question du temps. Comment le récit présente-t-il l'œuvre consolatrice du temps dans chaque apologue ?***

**2.** ***Montrez que si les sujets abordés sont graves, le registre employé ne l'est pas.***

## Écriture d'invention

*Un apologue*

**Sujet**

***Rédigez un apologue sur le thème du temps consolateur. Vous choisirez entre la fable, en vers ou en prose, et le conte philosophique. Vous adopterez un ton plaisant tout en traitant d'événements tragiques ou tristes.***

### Conseils

La fable et le conte montrent le changement radical opéré par le temps. Dans l'exemple de « La Jeune Veuve », la moralité est donnée au préalable ; dans celui des *Deux Consolés*, la leçon est donnée à la fin par l'inscription lapidaire. À vous de choisir l'une ou l'autre démarche, en vous montrant conscient des effets produits par chacune d'elles :

- une certaine légèreté chez La Fontaine, qui conclut sur une parole interrogative et sur une incise : le propos est laissé en suspens mais l'issue ne fait aucun doute.
- Une volonté de généraliser le propos chez Voltaire, avec la devise inscrite sur la statue.

## Commentaire

*Une fable*

**Sujet**

***Vous ferez le commentaire du texte de La Fontaine « La Jeune Veuve ».***

### Conseils

Tout commentaire suppose une lecture analytique préalable. Dans le cas d'une page de poésie comme celle-ci, il convient de faire alterner :

– une prise en compte synthétique de la fable, qui s'intéresse à sa structure et à son idée essentielle ;

– une approche linéaire très précise, qui observe en particulier la longueur des vers, les rimes, les sonorités, les rythmes et les effets de sens produits par tous ces éléments de versification.

## Dissertation

*La gaieté de l'apologue*

**Sujet**

***De nombreux apologues sont écrits sur un ton plaisant et cherchent à faire rire ou sourire le lecteur. Comment s'explique selon vous la gaieté de la fable ou du conte philosophique ?***

### Examen du sujet

On pourra partir du décalage, déjà repéré, entre la gravité des sujets abordés par l'apologue et le ton léger, plaisant ou franchement comique, sur lequel ils sont traités.

La question ouvre à plusieurs réponses. On peut ainsi formuler très simplement la problématique :
Quelles sont les fonctions de la gaieté dans les apologues ?

**I Rendre le récit plaisant (une fonction esthétique)**
L'apologue est avant tout un texte agréable à lire par son caractère spirituel. On apprécie l'art du dialogue de La Fontaine et de Voltaire, les retournements de situation qui font penser à un comique de théâtre, la connivence amusée qui s'établit entre écrivain et lecteur.

**II Convaincre et persuader le lecteur (une fonction argumentative)**
Cependant, la gaieté ne se limite pas à provoquer le sourire ou le rire du lecteur, mais elle participe d'une stratégie argumentative de l'auteur. Un lecteur emporté par le plaisir du texte se laisse d'autant plus facilement convaincre et persuader.

**III Traiter de sujets graves (une fonction psychologique)**
L'auteur peut ainsi aborder des thèmes douloureux : la mort, le deuil. Il traite de la condition humaine dans ce qu'elle a de plus tragique, sans heurter son lecteur, avec une sorte de politesse.

On pourra cependant apporter des réserves à cette thèse en fonction des apologues retenus pour la dissertation. Dans certains cas, le conteur ou le fabuliste quittent le ton de la gaieté. Ainsi, dans le dénouement de *L'Ingénu* ou dans la moralité des *Deux Pigeons*, la gravité et la mélancolie l'emportent, créant un effet de contraste et suscitant l'émotion du lecteur.

OUVERTURE SUR

# Argumentation et publicité

## Roland BARTHES (1915-1980)

## *Mythologies*

*Entre 1954 et 1956, le sémiologue Roland Barthes s'emploie notamment à décrypter textes et images publicitaires. Le texte ci-dessous reproduit un des essais qui constituent le recueil* Mythologies.

### Publicité de la profondeur

J'ai indiqué qu'aujourd'hui la publicité des détergents flattait essentiellement une idée de la profondeur : la saleté n'est plus arrachée de la surface, elle est expulsée de ses loges les plus secrètes. Toute la publicité des produits de beauté est fondée, elle aussi, sur une sorte de représentation épique de l'intime. Les petits avant-propos scientifiques, destinés à introduire publicitairement le produit, lui prescrivent de nettoyer en profondeur, de débarrasser en profondeur, de nourrir en profondeur, bref, coûte que coûte, de s'infiltrer. Paradoxalement, c'est dans la mesure où la peau est d'abord surface, mais surface vivante, donc mortelle, propre à sécher et à vieillir, qu'elle s'impose sans peine comme tributaire de racines profondes, de ce que certains produits appellent *la couche basique de renouvellement.* La médecine permet d'ailleurs de donner à la beauté un espace profond (le derme et l'épiderme) et de persuader aux femmes qu'elles sont le produit d'une sorte de circuit germinatif où la beauté des efflorescences dépend de la nutrition des racines.

L'idée de profondeur est donc générale, pas une réclame où elle ne soit présente. Sur les substances à infiltrer et à convertir au sein de cette profondeur, vague total ; on indique seulement qu'il s'agit de *principes* (vivifiants, stimulants, nutritifs) ou de *sucs* (vitaux, revitalisants, régénérants), tout un vocabulaire moliéresque, à peine compliqué d'une pointe de scientisme (*l'agent bactéricide R 51*). Non, le vrai drame de toute cette petite psychanalyse publicitaire, c'est le conflit de deux substances ennemies qui se disputent subtilement l'acheminement des « sucs » et des « principes » vers le champ de la profondeur. Ces deux substances sont l'eau et la graisse.

Toutes deux sont moralement ambiguës : l'eau est bénéfique, car tout le monde voit bien que la peau vieille est sèche et que les peaux jeunes sont fraîches, pures (d'une fraîche moiteur, dit tel produit) ; le ferme, le lisse, toutes les valeurs positives de la substance charnelle sont spontanément senties comme tendues par l'eau, gonflées comme un linge, établies dans cet état idéal de pureté, de propreté et de fraîcheur dont l'eau est la clef générale. Publicitairement, l'hydratation des profondeurs est donc une opération nécessaire. Et pourtant l'infiltration d'un corps opaque apparaît peu facile à l'eau : on imagine qu'elle est trop volatile, trop légère, trop impatiente pour atteindre raisonnablement ces zones cryptuaires où s'élabore la beauté. Et puis l'eau, dans la physique charnelle et à l'état libre, l'eau décape, irrite, elle retourne à l'air, fait partie du feu ; elle n'est bénéfique qu'emprisonnée, maintenue.

La substance grasse a les qualités et les défauts inverses : elle ne rafraîchit pas ; sa douceur est excessive, trop durable, artificielle ; on ne peut fonder une publicité de la beauté sur la pure idée de crème, dont la compacité même est sentie comme un état peu naturel. Sans doute la graisse (appelée plus poétiquement *huiles*, au pluriel comme dans la Bible ou en Orient) dégage-t-elle une idée de nutrition, mais il est plus sûr de l'exalter comme élément véhiculaire, lubrifiant heureux, conducteur d'eau au sein des profondeurs de la peau. L'eau est donnée comme volatile, aérienne, fuyante, éphémère, précieuse ; l'huile au contraire, tient, pèse, force lentement les surfaces, imprègne, glisse sans retour le long des « pores » (personnages essentiels de la beauté publicitaire). Toute la publicité des produits de beauté prépare donc une conjonction miraculeuse des liquides ennemis, déclarés désormais complémentaires ; respectant avec diplomatie toutes les valeurs positives de la mythologie des substances, elle parvient à imposer la conviction heureuse que les graisses sont véhicules d'eau, et qu'il existe des crèmes aqueuses, des douceurs sans luisance.

La plupart des nouvelles crèmes sont donc nommément *liquides, fluides, ultra-pénétrantes*, etc. ; l'idée de graisse, pendant longtemps consubstantielle à l'idée même de produit de beauté, se voile ou se complique, se corrige de liquidité, et parfois même disparaît, fait place à la fluide *lotion*, au spirituel *tonique*, glorieusement *astringent* s'il s'agit de combattre la cirosité[1] de la peau, pudiquement *spécial* s'il s'agit au contraire de nourrir grassement ces voraces profondeurs dont on nous étale impitoyablement les phénomènes digestifs. Cette ouverture publique de l'intériorité du corps humain est d'ailleurs un trait général de la publicité des produits de toilette. « La pourriture s'expulse (des dents, de la peau, du sang, de l'haleine) » : la France ressent une grande fringale de propreté.

Roland BARTHES, *Mythologies*, coll. « Pierres vives »
© Éditions du Seuil, 1957, coll. « Points », 1970.

1. **Cirosité :** caractère gras.

Magazine *Elle*, 1951. © Collection Jonas/Kharbine Tapabor.

## ANALYSE

**1.** Éclairez les expressions suivantes : « une sorte de représentation épique de l'intime », « un vocabulaire moliéresque », « cette petite psychanalyse publicitaire », « ces zones cryptuaires où s'élabore la beauté ».

**2.** Que nous apprend ici le sémiologue concernant le vocabulaire des messages publicitaires sur les produits de beauté ?

**3.** Montrez comment la publicité utilise un discours pseudo-scientifique tout en ayant recours à l'imaginaire, voire à la mythologie du corps.

**4.** En quoi ce texte démystifie-t-il les messages publicitaires qu'il évoque ?

OUVERTURE SUR

# Un récit allégorique

## George ORWELL (1903-1950)

## *La Ferme des animaux*

*Nous sommes au début du récit, dans la Ferme du Manoir qui appartient à Mr. Jones. Un cochon, Sage l'Ancien, vient de réunir les animaux pour leur rendre compte d'un rêve qu'il a fait la nuit précédente.*

Tous les animaux étaient maintenant au rendez-vous – sauf Moïse, un corbeau apprivoisé qui sommeillait sur un perchoir, près de la porte de derrière – et les voyant à l'aise et bien attentifs, Sage l'Ancien se râcla la gorge puis commença en ces termes :

« Camarades, vous avez déjà entendu parler du rêve étrange qui m'est venu la nuit dernière. Mais j'y reviendrai tout à l'heure. J'ai d'abord quelque chose d'autre à vous dire. Je ne compte pas, camarades, passer encore de longs mois parmi vous. Mais avant de mourir je voudrais m'acquitter d'un devoir, car je voudrais vous faire profiter de la sagesse qu'il m'a été donné d'acquérir. Au cours de ma longue existence, j'ai eu, dans le calme de la porcherie, tout loisir de méditer. Je crois être en mesure de l'affirmer : j'ai, sur la nature de la vie en ce monde, autant de lumières que tout autre animal. C'est de quoi je désire vous parler.

Quelle est donc, camarades, la nature de notre existence ? Regardons les choses en face : nous avons une vie de labeur, une vie de misère, une vie trop brève. Une fois au monde, il nous est donné tout juste de quoi survivre, et ceux d'entre nous qui ont la force voulue sont astreints au travail jusqu'à ce qu'ils rendent l'âme. Et dans l'instant que nous cessons d'être utiles, voici qu'on nous égorge avec une cruauté inqualifiable. Passée notre première année sur cette terre, il n'y a pas un seul animal qui entrevoie ce que signifient des mots comme loisir ou bonheur. Et quand le malheur l'accable, ou la servitude, pas un animal qui soit libre. Telle est la simple vérité.

Et doit-il en être tout uniment[1] ainsi par un décret de la nature ? Notre pays est-il donc si pauvre qu'il ne puisse procurer à ceux qui l'habitent une vie digne et décente ? Non, camarades, mille fois non ! Fertile est le sol de l'Angleterre et propice son climat. Il est possible de nourrir dans l'abondance un nombre d'animaux bien plus considérable que ceux qui vivent ici. Cette ferme à elle seule pourrait pourvoir aux besoins d'une douzaine de chevaux, d'une vingtaine de vaches, de centaines de moutons – tous vivant dans l'aisance une vie honorable. Le hic, c'est que nous avons le plus grand mal à imaginer chose pareille. Mais puisque telle est la triste réalité, pourquoi en sommes-nous toujours à végéter dans un état pitoyable ? Parce que tout le produit de notre travail, ou presque, est volé par les humains. Camarades, là se trouve la réponse à nos problèmes. Tout tient en un mot : l'Homme. Car l'Homme est notre seul véritable ennemi. Qu'on le supprime, et voici extirpée la racine du mal. Plus à trimer sans relâche ! Plus de meurt-la-faim !

L'Homme est la seule créature qui consomme sans produire. Il ne donne pas de lait, il ne pond pas d'œufs, il est trop débile[2] pour pousser la charrue, bien trop lent pour attraper un lapin. Pourtant le voici le suzerain de tous les animaux. Il distribue les tâches entre eux, mais ne leur donne en retour que la maigre pitance qui les maintient en vie. Puis il garde pour lui le surplus. Qui laboure le sol ? Nous ! Qui le féconde ? Notre fumier ! Et pourtant pas un parmi nous qui n'ait que sa peau pour tout bien. Vous, les vaches là devant moi, combien de centaines d'hectolitres de lait n'avez-vous pas produit l'année dernière ? Et qu'est-il advenu de ce lait qui vous aurait permis d'élever vos petits, de leur donner force et vigueur ? De chaque goutte l'ennemi s'est délecté et rassasié. Et vous les poules, combien d'œufs n'avez-vous pas pondus cette année-ci ? Et combien de ces œufs avez-vous couvés ? Tous les autres ont été vendus au marché, pour enrichir Jones et ses gens ! Et toi, Douce, où sont les quatre poulains que tu as portés, qui auraient été la consolation de tes vieux jours ? Chacun d'eux fut vendu à l'âge d'un an, et plus jamais tu ne les reverras ! En échange de tes quatre maternités et du travail aux champs, que t'a-t-on donné ? De strictes rations de foin plus un box dans l'étable !

[...]

J'ai peu à ajouter. Je m'en tiendrai à redire que vous avez à montrer en toutes circonstances votre hostilité envers l'Homme et ses façons de faire. L'ennemi est tout deuxpattes[3], l'ami tout quatrepattes ou tout volatile. Ne perdez pas de vue non plus que la lutte elle-même ne doit pas nous changer à la ressemblance de l'ennemi. Même après l'avoir vaincu, gardons-nous de ses vices. Jamais animal n'habitera une maison, ne dormira dans un lit, ne portera de vêtements, ne touchera à l'alcool ou au tabac, ni à l'argent, ni ne fera négoce. Toutes les mœurs de l'Homme sont de mauvaises mœurs. Mais surtout, jamais un animal n'en tyrannisera un autre. Quand tous sont frères, peu importe le fort ou le faible, l'esprit profond ou simplet. Nul animal jamais ne tuera un autre animal. Tous les animaux sont égaux.

Maintenant, camarades, je vais vous dire mon rêve de la nuit dernière. Je ne m'attarderai pas à le décrire vraiment. La terre m'est apparue telle qu'une fois délivrée de l'Homme, et cela m'a fait me ressouvenir d'une chose enfouie au fin fond de la mémoire. Il y a belle lurette, j'étais encore cochon de lait, ma mère et les autres truies chantaient souvent une chanson dont elles ne savaient que l'air et les trois premiers mots. Or, dans mon rêve de la nuit dernière, cette chanson m'est revenue avec toutes les paroles – des paroles, j'en suis sûr, que jadis ont dû chanter les animaux, avant qu'elles se perdent dans la nuit des temps. Mais maintenant, camarades, je vais la chanter pour vous. Je suis d'un âge avancé, certes, et ma voix est rauque, mais quand vous aurez saisi l'air, vous vous y retrouverez mieux que moi. Le titre, c'est *Bêtes d'Angleterre.* »

Sage l'Ancien se râcla la gorge et se mit à chanter. Sa voix était rauque, ainsi qu'il avait dit, mais il se tira bien d'affaire. L'air tenait d'*Amour toujours* et de *La Cucaracha*, et on en peut dire qu'il était plein de feu et d'entrain. Voici les paroles de la chanson :

**1. tout uniment :** de manière immuable, dans une soumission à l'ordre des choses.

**2. débile :** faible.

**3. deuxpattes :** néologisme de Sage l'Ancien pour désigner l'homme, comme « quatrepattes » désigne les animaux.

*Bêtes d'Angleterre et d'Irlande,*
*Animaux de tous les pays,*
*Prêtez l'oreille à l'espérance*
*Un âge d'or vous est promis.*

*L'homme tyran exproprié,*
*Nos champs connaîtront l'abondance,*
*De nous seuls ils seront foulés,*
*Le jour vient de la délivrance.*

*Plus d'anneaux qui pendent au nez,*
*Plus de harnais sur nos échines,*
*Les fouets cruels sont retombés*
*Éperons et mors sont en ruine.*

*Des fortunes mieux qu'en nos rêves,*
*D'orge et de blé, de foin, oui da*[4]*,*
*De trèfle, de pois et de raves*
*Seront à vous ce jour-là.*

*Ô comme brillent tous nos champs,*
*Comme est plus pure l'eau d'ici,*
*Plus doux aussi souffle le vent*
*Du jour que l'on est affranchi.*

*Vaches, chevaux, oies et dindons,*
*Bien que l'on meure avant le temps,*
*Ce jour-là préparez-le donc,*
*Tout être libre absolument.*

*Bêtes d'Angleterre et d'Irlande,*
*Animaux de tous les pays,*
*Prêtez l'oreille à l'espérance*
*Un âge d'or vous est promis.*

D'avoir chanté un chant pareil suscita chez les animaux l'émotion, la fièvre et la frénésie. Sage l'Ancien n'avait pas entonné le dernier couplet que tous s'étaient mis à l'unisson. Même les plus bouchés des animaux avaient attrapé l'air et jusqu'à des bribes de paroles. Les plus délurés, tels que cochons et chiens, apprirent le tout par cœur en quelques minutes. Et, après quelques répétitions improvisées, la ferme entière retentit d'accents martiaux, qui étaient beuglements des vaches, aboiements des chiens, bêlements des moutons, hennissements des chevaux, couac-couac des canards. *Bêtes d'Angleterre, animaux de tous les pays* : c'est ce qu'ils chantaient en chœur à leurs différentes façons, et d'un tel enthousiasme qu'ils s'y reprirent cinq fois de suite et d'un bout à l'autre. Si rien n'était venu les arrêter dans leur élan, ils se seraient exercés toute la nuit.

George ORWELL, *La Ferme des animaux*, 1945, traduit de l'anglais par Jean Quéval,


4. **da :** particule ancienne qui renforce l'affirmation.

## ANALYSE

**1.** Résumez les arguments de Sage l'Ancien en faveur d'un soulèvement des animaux contre leur oppresseur.

**2.** Qu'est-ce qui donne de l'autorité à son propos ?

**3.** Étudiez les procédés d'éloquence et les moyens de persuasion employés par l'orateur.

**4.** Qu'apporte le récit du rêve à ce discours ?

**5.** En quoi la chanson développe-t-elle un message fédérateur et universel ? À quel célèbre chant révolutionnaire fait-elle penser ? Quel effet produit-elle sur l'assistance ?

**6.** Quel enseignement d'ordre politique et historique cette page donne-t-elle ?

**7.** D'où vient le comique de l'extrait ? Quelle en est la fonction ?

## ÉCRITURE

À la manière de George Orwell, inventez un récit allégorique qui transpose dans le monde des animaux d'une ferme des situations et des débats de votre époque.

## PROLONGEMENT

On a pu comparer la situation de la Ferme du Manoir à celle de la Russie de 1917 et voir dans ce récit une allégorie de la Révolution russe.

Lisez l'ensemble du texte et dites en quoi cette lecture semble pertinente.

Pourquoi cependant George Orwell s'est-il gardé de toute référence trop explicite ?

PARTIE 6

# LA LITTÉRATURE DANS SON TEMPS

L'Institut de France à Paris (1665-1688)

CHAPITRE

11

# Le XVI^e siècle

## OBJECTIFS

- Découvrir les idéaux de la Renaissance
- Comprendre l'instauration du français comme langue de culture
- Connaître quelques figures majeures de l'humanisme

*Salomon rencontrant la Reine de Saba.* Cheminée peinte de la salle d'armes du Château d'Écouen. École française, XVIe siècle. Écouen, Musée de la Renaissance. © RMN-R.G. Ojeda.

# ENTRER DANS LE

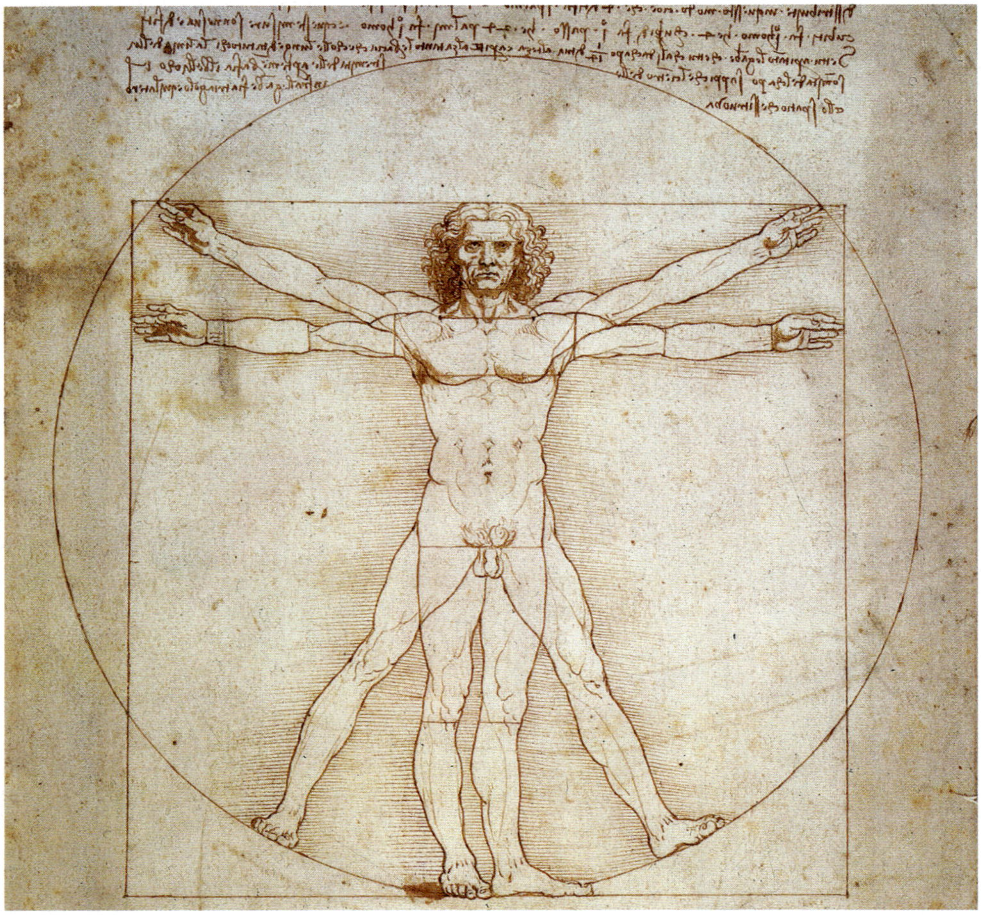

Léonard de VINCI (1452-1519), *Proportions de l'homme* (détail), 1492.
Crayon et encre sur papier, 34,3 × 24,5 cm. Venise, Galerie de l'Académie. © The Bridgeman Art Library.

Le XVIe siècle est lié au mouvement de la Renaissance et définit l'idéal de l'humanisme.

## • Repères historiques

La Renaissance s'est d'abord déployée en Italie au XVe siècle avant de gagner la France au siècle suivant.
On a coutume de distinguer trois périodes :

**1515-1534 : les débuts** de la Renaissance, marqués par l'avènement de François Ier. Ce sont les guerres d'Italie qui révèlent aux seigneurs français le raffinement des mœurs et des arts à Florence ou dans les autres grands centres urbains. Ils en reviennent avec la volonté de les imiter. Ainsi, le manoir du père de Ronsard, qui participa aux guerres d'Italie, s'orne-t-il d'éléments d'architecture directement empruntés à l'Italie.

Les deux auteurs majeurs de cette première période sont **Clément Marot** et **François Rabelais.**

➤ **Faites une courte fiche biographique concernant Clément Marot.**

➤ **Citez des éléments empruntés aux textes de Rabelais (p. 442) témoignant du bonheur d'exister.**

➤ **Observez le dessin de Léonard de Vinci reproduit ci-dessus et montrez qu'il illustre parfaitement la place éminente que la Renaissance accorde à l'homme.**

**1534-1560 :** la **seconde génération**, qui correspond à **une forme de plénitude**.
En littérature, c'est le triomphe de l'école lyonnaise, autour des poètes **Maurice Scève** et **Louise Labé**, mais aussi de la **Pléiade**, qui rassemble sept poètes, dont

Jan van der STRAET (1523-1605), *Le Développement de l'imprimerie* (1600), gravure.
The Stapleton Collection. © The Bridgeman Art Library.

**Ronsard** et **du Bellay**. Le souci d'enrichir et d'embellir la langue est constant. On publie de nombreux traités théoriques de poésie et de philologie ; l'**ordonnance de Villers-Cotterêts** (1539) impose l'usage du français dans les textes officiels. Cette décision politique de François Ier, qui vise à unifier la pratique de la justice et de l'administration, joue un rôle culturel et littéraire majeur.

**1560-1598 :** l'atmosphère s'obscurcit. **Huit guerres de Religion** successives entre catholiques et protestants, espacées par des trêves fragiles, déchirent le pays. Dans un climat de violence et d'instabilité politique, le massacre de la **Saint-Barthélemy**, en **1572**, fait vaciller les certitudes humanistes. La littérature témoigne de ces doutes avec les *Essais* de Montaigne et avec *Les Tragiques* d'**Agrippa d'Aubigné** (voir p. 458).

## • La Renaissance et le livre

Avec la découverte de l'imprimerie, attribuée à **Gutenberg** en **1450**, les livres se multiplient et sont diffusés rapidement. Ce progrès technique permet le développement de l'esprit critique, notamment dans le domaine religieux : c'est en partie ce qui explique la Réforme. En effet, en s'appuyant sur les textes, les chrétiens ressentent un besoin de retrouver une authenticité de la foi et de ses pratiques, ternies par la corruption de certains membres du clergé.

Les humanistes, en redécouvrant les œuvres antiques, surtout grecques, se laissent gagner par le culte du texte. Ils éditent et commentent les œuvres de l'Antiquité. De 1480 à 1550, ils créent des établissements modernes, les **collèges.** Le Collège de France, à Paris, créé par François Ier, en 1530, sera dirigé par Guillaume Budé.

# POUR COMPRENDRE

## La question religieuse au XVIe siècle

Le XVIe siècle va être secoué en France par de graves querelles religieuses où se conjuguent :
**un aspect politique** : la question du pouvoir du roi, qui par le Concordat de 1516 est reconnu comme chef temporel de l'Église ;
**un aspect intellectuel** : l'esprit de libre examen des textes sacrés, qui permet aux humanistes de remettre en cause les idées reçues et de se détacher du poids et des contraintes de l'Église.

### Trois grandes figures de la Réforme

#### • Érasme (1469-1536) et l'évangélisme

Érasme de Rotterdam (voir p. 468) est sans doute le plus prestigieux des humanistes chrétiens. L'**évangélisme** ou **réformisme** est une philosophie chrétienne qui vise à **purifier la religion**. Érasme préconise un **retour à l'Écriture sainte** ; il veut aussi apprendre aux princes à exercer religieusement leur ministère. En 1516, paraît *De l'Institution du prince chrétien*, destiné au futur Charles-Quint. Il soutient que l'accord entre les peuples ne peut provenir que d'une foi commune, et la paix de la chrétienté que des enseignements du christianisme. Pour lui, le Prince est l'intermédiaire entre l'Église et le peuple.

#### • Luther (1483-1546) et la Réforme

Pour le théologien allemand Luther, le Prince n'est plus, comme chez Érasme, l'intermédiaire entre l'Église et le peuple ; il règne absolument sur l'Église. Le **31 octobre 1517**, Luther fait afficher **95 thèses dirigées contre les indulgences** sur la porte de l'église du château de Wittenberg. Il nie aussi l'infaillibilité du Pape ; l'Église catholique réagit violemment et le condamne. En **1521**, il est **excommunié et mis au ban de l'Empire par la diète de Worms**. La même année, **il traduit la Bible en allemand**. Il soutient l'intelligibilité de l'Écriture par tout croyant et la responsabilité de tous les fidèles dans le gouvernement de l'Église. Il ne garde des sacrements que le baptême et l'eucharistie, nie l'existence du purgatoire, refuse l'intercession de la Vierge et des Saints, c'est-à-dire leur médiation entre l'homme et Dieu. La messe en latin est remplacée par un service en allemand ; le célibat des prêtres est abandonné. La Réforme se répand rapidement tout autour de la Baltique. Elle remporte vite un immense succès, favorisé par l'invention de l'imprimerie.

Toute la théologie luthérienne tourne autour de l'*Épître aux Romains* de saint Paul : après la mort, l'homme peut-il être sauvé de la damnation éternelle ? **Selon Luther, croire est nécessaire et suffisant pour être sauvé**, pour échapper à la damnation éternelle. C'est la raison pour laquelle il s'est dressé contre les **indulgences**.

La paix d'Augsbourg en 1555 marque le triomphe du luthérianisme.

**Indulgences :** rémissions (ou pardons) des peines que les péchés méritent et qui sont accordées par l'Église aux fidèles contre une somme d'argent. Sortes de « bons pour le Ciel », elles donnèrent lieu à un véritable trafic, destiné, en particulier, à construire la basilique Saint-Pierre de Rome.

#### • Calvin (1509-1564) et le protestantisme réformé

La révolte de Luther a ouvert la voie à d'autres mouvements hétérodoxes dont le plus important naît à Paris, au sein de l'université, et se développe en Suisse et aux Pays-Bas.

Lors de l'**affaire des Placards**, le théologien Calvin s'exile à Bâle, puis s'installe à Genève.

> **Affaire des Placards :** en octobre 1534, des « placards » protestants injurieux furent affichés dans plusieurs villes, notamment à Amboise sur la porte de la chambre de François Ier. Cette provocation entraîna une riposte de la part du roi jusque-là bienveillant à l'égard des idées nouvelles. Il fit procéder à des arrestations, brûler des hérétiques et interdire, sous peine de mort, toute publication sans son autorisation.

La doctrine de Calvin est tirée de l'Écriture sainte ; il admet pour seule autorité la Bible. Pour lui, le péché originel a séparé Dieu de l'homme, qui n'a plus la volonté de faire le bien. Dieu vient donc le délivrer de cette condition de servitude. Les actes du fidèle n'ont aucune efficacité, seule la grâce est importante. La foi est un don de Dieu ; **la prédestination** prend une place centrale dans le calvinisme : Dieu décide de toute éternité d'accorder ou non sa grâce. Au contraire, Luther croit au libre arbitre : l'homme peut faire son salut.

L'Église de Calvin est dirigée par des conseils composés de pasteurs et de laïcs ; son gouvernement échappe aux princes ; il est entre les mains du peuple. À la mort de Calvin, sa doctrine se diffuse rapidement dans l'Europe non germanique. Dès 1550, **la Réforme** atteint l'ensemble de la France et la répression organisée par Henri II va aboutir aux guerres de Religion.

## La contre-réforme catholique

Pour ramener à elle les déçus du protestantisme et affirmer l'universalité de ses dogmes, l'Église catholique met en place la contre-réforme.

**En 1542, l'Inquisition** – institution judiciaire ecclésiastique créée au Moyen Âge pour lutter contre les hérésies – **est réorganisée**, car les protestants sont considérés comme des hérétiques. Dans le même temps, **Ignace de Loyola** crée la **Compagnie de Jésus**, les jésuites, directement rattachée au pape. Le **Concile de Trente (1545-1563)** précise les dogmes, réaffirme l'infaillibilité du pape, l'existence des sept sacrements, et impose la messe en latin. Le concile interdit les abus de l'Église et du clergé. On fonde des établissements religieux, les séminaires, dans lesquels on forme les prêtres et les jeunes qui se destinent à l'état ecclésiastique. On imprime des missels, le catéchisme voit le jour. En **1559**, le pape **Paul IV** met au point **l'Index**, liste d'ouvrages condamnés et interdits à la lecture dont font partie les livres d'Érasme, de Rabelais et des protestants. La vie religieuse gagne en intensité, de nouvelles églises, baroques, somptueusement décorées, sont édifiées ; le protestantisme recule.

## Les guerres de Religion

En 1559, François II monte sur le trône. Les Guise, catholiques, arrivent au pouvoir : les persécutions contre les protestants commencent. En **avril 1560**, les protestants fomentent la **Conjuration d'Amboise**, qui échoue. La répression est violente. Après la mort de François II en 1560, Catherine de Médicis assure la régence. L'Édit de janvier 1562 autorise le culte réformé dans certains lieux. Le massacre de Wassy par Henri de Guise en mars 1562, suivi par la prise d'Orléans en avril, ouvre les guerres de Religion qui dureront trente ans.

Le **24 août 1572**, lors des noces de Marguerite de Valois (la reine Margot) et de Henri de Navarre, le **massacre de la Saint-Barthélemy** décime les huguenots. En **décembre 1588**, Henri III fait **assassiner le duc de Guise**, chef de la Ligue catholique. En **avril 1589**, le moine ligueur **Jacques Clément assassine Henri III**. Henri de Navarre se convertit le 25 juillet 1593 pour pouvoir monter sur le trône : il est **sacré roi sous le nom de Henri IV le 27 février 1594** : « *Paris vaut bien une messe.* » Le **13 avril 1598, l'Édit de Nantes** met fin aux guerres de Religion et rétablit l'unité nationale. Il reconnaît la liberté de conscience, la liberté de culte dans certains lieux et l'égalité des protestants avec les catholiques devant la loi.

# L'humanisme triomphant

Les deux termes « Renaissance » et « humanisme » sont tellement proches qu'il est rare de ne pas les employer conjointement, même si la Renaissance désigne un mouvement culturel européen qui s'est affirmé aux XVe et XVIe siècles, et l'humanisme un idéal philosophique empreint de respect pour la dignité de la vie humaine. La Renaissance, comme l'humanisme, se fonde sur la redécouverte enthousiaste des textes de l'Antiquité qui viennent nourrir une création artistique foisonnante. La civilisation occidentale, qui a désormais accès au livre, s'en trouve profondément transformée.

## Caractéristiques de la Renaissance

### • « Un printemps, un nouveau départ »

Introduisant son essai sur *La Philosophie de la Renaissance*, le philosophe allemand Ernst Bloch écrit :

> Le sujet de notre étude est un renouveau comme l'humanité n'en avait pas encore connu : l'ascension, pleine de fraîcheur, d'une classe nouvelle, une renaissance. Mais cette renaissance n'était pas la réapparition d'une chose passée, de l'Antiquité, selon une interprétation fort répandue ; c'était la naissance de quelque chose qui n'avait jamais encore été conçu par l'homme, l'apparition de figures qu'on n'avait jamais vues sur terre. Elles surgirent et accomplirent leur œuvre ; c'était un printemps, un nouveau départ. Friedrich Engels[1] a qualifié à juste titre la renaissance de « bouleversement progressif le plus important que ce monde ait connu jusque-là ». L'architecte Alberti[2] traduit le sentiment de son temps par une formule sobre mais significative : « L'homme est créé pour agir, l'utilité est sa destinée. » Hutten[3] a conscience de la jeunesse de son époque quand il s'exclame : « La science prospère, les esprits se heurtent de face, c'est un plaisir de vivre ! »
>
> Ernst BLOCH (1885-1977), *La Philosophie de la Renaissance*, traduit en français par Pierre Kamnitzer, © Petite bibliothèque Payot, 1972.
>
> 1. **Engels** (1820-1895) **:** philosophe allemand.
> 2. **Alberti** (1404-1472) **:** architecte, théoricien de l'art, humaniste et homme de lettres italien, une des figures majeures de la Renaissance italienne.
> 3. **Hutten** (1488-1523) **:** poète et humaniste allemand, adepte de Luther.

Le philosophe allemand souligne ici avec force l'énergie et la vitalité extraordinaires qui caractérisent la Renaissance.

### • Le néo-platonisme

Liée au philosophe italien **Marsile Ficin** (1433-1499), traducteur et commentateur de Platon, cette doctrine s'efforce de concilier la philosophie platonicienne et le christianisme. Dans sa conception de l'amour, elle considère que l'attirance pour la beauté humaine de l'être aimé prépare à la contemplation future de la beauté de Dieu : elle s'appuie sur l'idée de l'immortalité de l'âme.

➤ **Observez le tableau de Botticelli représenté ci-contre.**
**Identifiez les personnages : Zéphir poursuivant Chloris, celle-ci étant métamorphosée ensuite en Flore, le groupe des trois Grâces dansantes, Mercure dispersant les nuages avec son caducée, Vénus Humanitas, au centre, et Cupidon aux yeux bandés.**

Sandro BOTTICELLI (1445-1510), *Le Printemps*, 1478. 20,3 × 3,14 cm. Florence, Musée des Offices. © The Bridgeman Art Library.

➤ **Montrez comment se retrouvent ici les caractéristiques de la Renaissance : la vitalité et le renouveau, le goût pour les mythes antiques, la recherche d'une beauté idéale.**

## Principes humanistes

### • L'appétit de savoir

Il s'incarne dans des **personnages imaginaires**, comme les géants de Rabelais, mais aussi dans des hommes bien réels tel l'érudit italien **Pic de la Mirandole** (1463-1494), disciple de Marsile Ficin, homme d'une culture étonnante, disposant d'une immense bibliothèque, auteur de nombreux traités philosophiques.

Des collèges universitaires sont créés et accueillent professeurs et étudiants dans des centres culturels d'une grande vitalité, en France, en Italie, en Allemagne. C'est aussi le début des grandes découvertes qui vont permettre d'établir des cartes du monde.

➤ **Citez quelques noms de navigateurs célèbres de la Renaissance en rappelant quelles furent leurs découvertes.**

### • L'optimisme

Les humanistes croient en la **perfectibilité humaine** : c'est pourquoi les traités d'éducation abondent, qui doivent former les hommes à vivre dans la concorde et le partage, animés d'un même amour du beau et du bien.

Les humanistes s'opposent par conséquent à la guerre : « *Si au nombre des affaires humaines, il en est une qu'il convienne d'entreprendre avec hésitation... et même qu'il faille fuir, c'est certainement la guerre : rien n'est plus indigne de l'homme* », déclarait ainsi Érasme.

### • La vocation à l'universel

Loin de se limiter à une seule discipline, les humanistes aspirent à les embrasser toutes.

**Léonard de Vinci** représente parfaitement cette volonté, lui qui fut peintre, dessinateur, architecte, qui se passionna pour l'anatomie comme pour les techniques, adepte de la *pittura mentale* qui voulait percer les mystères de l'univers et donner accès à l'invisible.

## Une figure de l'humaniste : le savant lettré

**ANTONELLO DE MESSINE (1430-1479),** ***Saint Jérôme dans son cabinet de travail,*** **1475.**

Huile sur toile, 45,7 × 36,2 cm. Londres, National Gallery. © The Bridgeman Art Library.

**1.** Comment la composition du tableau met-elle en valeur le personnage principal ? Quelle est son attitude par rapport au monde extérieur ?

**2.** Quels objets représentent l'humaniste ? Dans quelle activité est-il montré ? En quoi peut-on parler d'un éloge du lettré ?

**3.** Le paon qui figure au premier plan est opposé à une perdrix. Dans un dictionnaire des symboles, recherchez le sens symbolique de ces oiseaux et proposez une explication à leur présence. De même, à droite du tableau, à l'arrière-plan, on distingue la silhouette d'un lion : comment interprétez-vous ce détail ?

## Texte complémentaire

# Baldassare CASTIGLIONE (1478-1529)

## *Le Livre du courtisan*[1]

Je veux que celui-ci soit plus que médiocrement instruit dans les lettres, du moins dans ces études que nous disons d'humanité, et que non seulement il ait connaissance de la langue latine, mais aussi de la grecque, à cause des nombreuses et diverses choses qui sont divinement écrites dans cette langue.

Qu'il pratique les poètes tout aussi bien que les orateurs et les historiens, et qu'il soit encore habile à écrire en vers et en prose, principalement dans notre langue vulgaire[2] ; car outre le contentement que lui-même en recevra, il ne manquera jamais par ce moyen de plaisants entretiens avec les dames, qui, à l'ordinaire, aiment ce genre de choses. Et si, à cause de ses autres occupations, ou parce qu'il a peu étudié, il ne parvient pas à une perfection telle que ses écrits soient dignes de grande louange, qu'il veille à les supprimer, pour ne pas donner à autrui l'occasion de s'en moquer, et qu'il les montre seulement à un ami auquel il puisse se fier. Car au moins ils lui serviront en ce que, par un tel exercice, il saura juger les œuvres d'autrui, parce qu'il est rare que celui qui n'est point accoutumé à écrire, pour érudit qu'il soit[3], puisse jamais connaître parfaitement les peines et les procédés des écrivains, ni goûter la douceur et l'excellence des styles, et les subtilités cachées qui se trouvent souvent chez les auteurs anciens.

En outre, ces études-là le rendront abondant[4] et, comme répondit Aristippe[5] à un tyran, hardi pour parler avec assurance à chacun.

Je veux néanmoins que notre Courtisan retienne bien ce précepte en son esprit : qu'en ceci comme en toute autre chose il soit toujours avisé et timide plutôt qu'audacieux, et qu'il se garde de se persuader faussement qu'il sait ce qu'il ne sait pas. Car naturellement nous sommes tous avides de louange bien plus que nous ne devrions, et nos oreilles aiment mieux la mélodie des paroles qui nous louent, que n'importe quel autre doux chant ou musique ; et pourtant elles sont cause souvent, comme les voix des sirènes, de ce que périssent noyés ceux qui ne se bouchent pas bien les oreilles pour ne pas entendre leur harmonie trompeuse.

Baldassare CASTIGLIONE, *Le Livre du courtisan*, traduit de l'italien par Alain Pons.


**1.** Sous forme de conversations entre l'auteur et des amis, ce texte définit le modèle idéal du courtisan de la Renaissance.

**2. notre langue vulgaire :** l'italien, par opposition au latin. « Vulgaire » n'a pas de connotation péjorative.

**3. pour érudit qu'il soit :** même s'il est très érudit, très savant.

**4. abondant :** éloquent.

**5. Aristippe de Cyrène :** philosophe grec (435-355 av. J.-C.), disciple de Socrate.

## ANALYSE

**1.** Comment l'auteur justifie-t-il la connaissance des lettres pour le courtisan ?

**2.** Montrez en quoi cette étude vise à développer les qualités de sociabilité. Qu'est-ce qui différencie le savant lettré du courtisan lettré ?

**3.** Quelles sont les qualités morales qui accompagnent les qualités intellectuelles du courtisan ?

## I. L'ACCOMPLISSEMENT PAR LA LECTURE

# François RABELAIS (1494-1553)

## *Gargantua*

voir biographie p. 632

*Né au domaine de La Devinière près de Chinon, Rabelais a d'abord été moine franciscain (de l'ordre de saint François) et a étudié la théologie ainsi que les lettres grecques et latines à Fontenay-le-Comte; il est ensuite passé dans l'ordre des bénédictins, plus savant, et a vécu notamment au prieuré de Ligugé, près de Poitiers. À partir de 1527, il entreprend une sorte de tour de France des universités; il devient bachelier en médecine à Montpellier et exerce cette science à l'Hôtel-Dieu de Lyon. C'est là, en 1532, qu'il publie un récit purement fantaisiste en apparence,* Pantagruel, roi des Dipsodes. *En 1535, paraît un deuxième roman qui raconte l'histoire du père de Pantagruel,* Gargantua. *Comme le premier, ce texte va bien au-delà du divertissement comique : il célèbre avec enthousiasme l'appétit de connaissances des hommes de ce début du XVI^e^ siècle.*

### EXTRAIT I

AUX LECTEURS

Amis lecteurs qui ce livre lisez,
Dépouillez-vous de toute affection[1];
Et, le lisant, ne vous scandalisez :
Il ne contient mal ni infection[2].
Vrai est qu'ici peu de perfection
Vous apprendrez, sinon en cas de[3] rire;
Autre argument[4] ne peut mon cœur élire[5],
Voyant le deuil qui vous mine et consomme[6]
Mieux est de ris[7] que de larmes écrire,
Pour ce que rire est le propre de l'homme.

1. **affection :** passion.
2. **infection :** corruption.
3. **en cas de :** en manière de.
4. **argument :** sujet.
5. **élire :** choisir.
6. **consomme :** consume.
7. **ris :** rire.

## ANALYSE

**1.** Quelle forme prend cet avertissement aux lecteurs? Quel effet produit le choix des vers plutôt que celui de la prose? Observez la prononciation des mots à la rime, v. 2, 4 et 5 : comment la nomme-t-on? Quel effet produit-elle? (voir p. 272)

**2.** On appelle en rhétorique *captatio benevolentiae* un ensemble de procédés destinés à gagner la confiance et la bienveillance de l'auditoire. En quoi peut-on dire que ce texte relève de la *captatio benevolentiae*?

**3.** Quels sont les deux mots-clés employés par Rabelais qui définissent à la fois le thème et la structure de la page?

Attribué au PRIMATICE, *La chambre des Arts décorée de fresques des Arts libéraux et des Muses.* Décoration Renaissance avec grotesques et animaux. Château d'Ancy-le-Franc. © Dagli Orti.

## Prologue de l'auteur

*Rabelais a tout d'abord rappelé un passage du* Banquet*, dialogue du philosophe grec Platon, où Alcibiade loue son précepteur Socrate, soulignant le contraste entre un physique déplaisant, tant il était « laid de corps et ridicule en son maintien », et une intelligence exceptionnelle, qui faisait de lui le « prince des philosophes ». La sagesse et le savoir sont ainsi très souvent dissimulés sous des apparences trompeuses.*

EXTRAIT 2

[…] l'habit ne fait point le moine ; et tel a revêtu un habit monacal, qui n'est en dedans rien moins que moine, et tel a revêtu une cape espagnole, qui, au fond du cœur, ne doit rien à l'Espagne. C'est pourquoi il faut ouvrir le livre et soigneusement peser ce qui y est exposé. C'est alors que vous vous rendrez compte que l'ingrédient contenu dedans est de bien autre valeur que ne le promettait la boîte ; c'est-à-dire que les matières traitées ici ne sont pas aussi frivoles que, au-dessus, le titre le laissait présumer.

Et, en supposant que, au sens littéral, vous trouviez une matière assez joyeuse et qui corresponde bien au titre, il faut pourtant ne pas s'arrêter là, comme enchanté par les Sirènes, mais interpréter dans le sens transcendant[1] ce que peut-être vous pensiez être dit de verve[2].

N'avez-vous jamais attaqué une bouteille au tire-bouchon ? Nom d'un chien ! Rappelez-vous la contenance que vous aviez. Mais n'avez-vous jamais vu un chien rencontrant un os à moelle ? C'est, comme dit Platon au

1. **transcendant :** supérieur.
2. **de verve :** par fantaisie créatrice. (Le texte original donne : « en gaieté de cœur ».)

Livre II de *La République*, la bête la plus philosophe du monde. Si vous en avez vu un, vous avez pu remarquer avec quelle sollicitude il guette son os, avec quel soin il le garde, avec quelle ferveur il le tient, avec quelles précautions il l'entame, avec quelle passion il le brise, avec quelle diligence il le suce. Quel instinct le pousse ? Qu'espère-t-il de son travail, à quel fruit prétend-il ? À rien de plus qu'à un peu de moelle. Il est vrai que ce peu est plus délicieux que le beaucoup de toute autre nourriture, parce que la moelle est un aliment élaboré jusqu'à sa perfection naturelle, selon Galien[3] au Livre III des *Facultés naturelles* et au Livre IX de *L'Usage des parties du corps*.

À l'exemple de ce chien, il vous convient d'avoir, légers à la poursuite et hardis à l'attaque, le discernement de humer, sentir et apprécier ces beaux livres de haute graisse[4] ; puis, par une lecture attentive et une réflexion assidue, rompre l'os et sucer la substantifique moelle (c'est-à-dire ce que je comprends par ces symboles pythagoriques[5] avec le ferme espoir de revenir avisés et vertueux grâce à cette lecture : vous y trouverez un goût plus subtil et une philosophie cachée qui vous révélera de très hauts arcanes[6] et d'horrifiques[7] mystères, en ce qui concerne tant notre religion que, aussi, la situation politique et la gestion des affaires).

François RABELAIS, *Gargantua*, 1535, translation de Guy Demerson,


3. **Galien** (v. 131 - v. 201) : très grand médecin de l'Antiquité, auteur de nombreux traités, et que les humanistes de la Renaissance tenaient en haute estime.

4. **de haute graisse** : substantiels, de grande valeur.

5. **symboles pythagoriques** : Pythagore présentait ses leçons sous forme imagée, en utilisant des allégories.

6. **arcanes** : choses ou aspects cachés, réservés aux seuls initiés.

7. **horrifiques** : qui inspirent l'horreur, la crainte.

## RECHERCHE

Vous retrouverez l'épisode de l'*Odyssée* d'Homère où il est question des Sirènes et vous expliquerez l'allusion de la l. 10.

## ANALYSE

### *« L'habit ne fait point le moine »* (l. 1 à 7)

**1.** Expliquez précisément les comparaisons utilisées ici – l'habit monacal, la cape, la boîte contenant la « drogue ». À quelles classes de la société renvoient-elles de manière explicite ou implicite ?

**2.** Le titre complet du roman était : *La Vie très horrifique du grand Gargantua père de Pantagruel* : en quoi pouvait-il annoncer des matières « frivoles » ou « folâtres » selon le texte original ?

### *Du « sens littéral » au « sens transcendant »* (l. 8 à 11)

**3.** Pourquoi la lecture purement comique du récit est-elle fausse ou incomplète selon l'auteur ?

**4.** Comment Rabelais suggère-t-il l'idée d'un effort et d'un approfondissement ?

**5.** Quel sens et quelles connotations prend ici le mot « interpréter » ?

### *Le chien et « l'os à moelle »* (l. 12 à 23)

**6.** Expliquez l'allusion à la bouteille.

**7.** En quoi le chien, pris comme exemple, est-il vraiment philosophe selon Rabelais ?

**8.** Par quels mots l'auteur prépare-t-il la comparaison entre le chien (le comparant) et le lecteur (le comparé) ?

### *« La substantifique moelle »* (l. 24 à 32)

**9.** Comment le lien est-il fait avec le paragraphe précédent ? Vous observerez l'articulation entre comparaison et métaphore filée.

**10.** Relevez les termes religieux et justifiez leur emploi.

### *Sur l'ensemble des extraits 1 et 2*

**11.** Montrez que l'avertissement et l'extrait du Prologue reflètent l'ambition de l'écrivain. Vous étudierez en particulier les références à la philosophie, les domaines qu'entend traiter le romancier, mais également son souci de la variété stylistique.

**12.** Quel éloge de la lecture trouvons-nous ici ? Vous analyserez notamment ce qui évoque son caractère rituel, ce qui suggère qu'elle est une activité nourrissante, et ce qui souligne le plaisir qu'elle procure.

**13.** Pédagogue, Rabelais offre à son lecteur un véritable art de lire : résumez-le et recopiez les formules qui vous semblent les plus heureuses.

## LIENS


- **Histoire littéraire**, L'humanisme triomphant, p. 438
- **Chapitre 10**, p. 390
- **Mémento**, Les procédés rhétoriques, p. 618

## 2. L'ACCOMPLISSEMENT PAR L'ÉDUCATION

# François RABELAIS (1494-1553)

## *Gargantua*

voir biographie p. 632

*Pour remercier le moine frère Jean des Entommeures de sa participation à la guerre contre le roi Picrochole, Gargantua, devenu lui-même roi des Dipsodes, lui permet de fonder une abbaye qui accueillera jeunes gens et jeunes filles pour leur donner une éducation idéale : ce sera Thélème. Thélème signifie en grec « volonté » : l'abbaye de Thélème sera celle de la libre volonté.*
*Le texte est ici présenté dans une traduction-adaptation.*

Toute leur vie était organisée non par des lois, des statuts ou des règles, mais selon leur vouloir et franc arbitre. Ils se levaient du lit quand bon leur semblait, buvaient, mangeaient, travaillaient, dormaient quand le désir leur venait ; nul ne les éveillait, nul ne les forçait ni à boire ni à manger, ni à faire autre chose. Ainsi l'avait établi Gargantua. En leur règle n'était que cette clause :

« Fais ce que voudras »,

parce que les gens libres, bien nés, bien instruits, conversant en compagnie honnête, ont par nature un instinct et un aiguillon, qui toujours les pousse à accomplir des faits vertueux et les éloigne du vice, aiguillon qu'ils nommaient honneur. Quand une vile[1] servitude ou une contrainte les font déchoir[2] et les assujettissent[3], ils emploient cette noble inclination, par laquelle ils tendaient librement vers la vertu, à repousser et à enfreindre ce joug[4] de la servitude : car nous entreprenons toujours les choses défendues, et convoitons ce qui nous est refusé.

Grâce à cette liberté, ils entrèrent en louable émulation[5] de faire tous ensemble ce qu'ils voyaient plaire à un seul. Si l'un ou l'une d'entre eux disait : « Buvons », tous buvaient ; s'il disait : « Jouons », tous jouaient. S'il disait : « Allons nous ébattre aux champs », tous y allaient. Si c'était pour chasser au vol[6] ou poursuivre le gibier, les dames montées sur de belles haquenées[7], portaient chacune un épervier, ou un lanier, ou un émerillon[8]. Les hommes portaient les autres oiseaux.

Ils étaient si noblement instruits qu'il n'y en avait aucun qui ne sût lire, écrire, chanter, jouer d'instruments de musique, parler cinq ou six langues et composer en ces langues autant en vers qu'en prose. Jamais ne furent vus chevaliers si preux, de si belle allure, si adroits à pied et à cheval, si vigoureux, plus alertes et plus aptes à manier toutes sortes d'armes. Jamais ne furent vues dames si élégantes, si mignonnes, moins acariâtres, plus adroites aux travaux manuels, à la broderie, et à toute occupation convenant à une femme honnête et libre.

1. **vile :** humiliante.
2. **déchoir :** perdre leur dignité.
3. **assujettissent :** asservissent.
4. **joug :** domination. L'image provient de la pièce d'attelage en bois que l'on mettait sur la tête des bœufs pour les atteler.
5. **émulation :** rivalité, dans un sens mélioratif.
6. **chasser au vol :** en utilisant des oiseaux de proie dressés pour la chasse.
7. **haquenées :** chevaux calmes, faciles à monter.
8. **lanier, émerillon :** petits oiseaux de proie.

*Abbaye de Thélème,*
gravure de Gustave DORÉ.


Pour cette raison, quand le temps était venu qu'un membre de l'abbaye voulût en sortir, ou à la requête de ses parents, ou pour tout autre cause, il emmenait avec lui une de ces dames, celle qui l'avait pris pour son cavalier servant, et ils se mariaient. Et s'ils avaient vécu à Thélème en confiance et en amitié, encore mieux poursuivaient-ils cette existence dans le mariage. Ils s'aimaient à la fin de leurs jours comme au premier jour de leurs noces.

François RABELAIS, *Gargantua*, 1535, traduction de Françoise Joukovsky, collection « Étonnants Classiques », © GF-Flammarion, 1995.

## ANALYSE

### *Une liberté parfaite*

**1.** Relevez les mots et les expressions qui évoquent la liberté.

**2.** Analysez précisément la devise de Thélème. Comment est-elle mise en valeur ? En quoi peut-elle rappeler un « commandement » religieux ou civil ? En quoi s'en détache-t-elle ?

**3.** Quels sont les risques que pourrait comporter une telle devise ? Comment Rabelais répond-il aux objections éventuelles ? Vous étudierez les procédés de généralisation, l. 8 à 15, et soulignerez leur efficacité argumentative.

### *Un équilibre parfait*

**4.** Montrez, par un relevé et une analyse de mots et de structures, que la vie à Thélème procède d'un souci d'équilibre dans tous les domaines.

**5.** Étudiez la place de la femme.

**6.** Comment l'individu et le groupe, l'individu et le couple, parviennent-ils à l'harmonie ?

### *Une éducation parfaite*

**7.** Quelles sont les disciplines enseignées à Thélème ?

**8.** En quoi peut-on parler d'un idéal intellectuel, social et humain ?

**9.** Comment l'auteur suggère-t-il les effets durables d'une telle éducation ?

## PROLONGEMENT

Vous rechercherez des renseignements sur l'utopie – notamment au XVIe siècle – et vous vous demanderez en quoi l'abbaye de Thélème peut se rattacher à l'utopie.

## LIENS

✦ **Histoire littéraire**, L'humanisme triomphant, p. 438 ✦ **Vocabulaire**, L'enrichissement du vocabulaire au XVIe s., p. 462

# LECTURE D'UNE ŒUVRE INTÉGRALE

## RABELAIS, *Gargantua,* 1535

La lecture d'une œuvre du XVIe siècle dans le texte original est possible, mais ardue. Nous conseillons donc de recourir à une traduction – transposition qui restitue avec justesse l'écriture de Rabelais, comme celle de Françoise Joukovsky dans la collection « Étonnants Classiques » de Garnier-Flammarion.

### Un roman d'apprentissage

**1.** Étudiez la structure du roman. En quoi marque-t-elle un progrès continu du personnage principal ? Quelles sont les étapes de l'apprentissage de Gargantua ? Quelle place occupe le voyage dans cette formation ?

**2.** À quels rôles le géant est-il successivement initié ?

### *« Mieux est de ris que de larmes écrire »*

Cette phrase, extraite de l'avertissement aux lecteurs, annonce le registre comique du récit, en en faisant un projet d'écriture.

**3.** Recensez les formes de comique présentes dans le texte et relevez des exemples de chacune d'elles.

**4.** S'agit-il seulement d'un comique de grossissement, voire d'un comique grossier ?

**5.** En quoi le rire est-il libérateur ? En quoi peut-il représenter une sorte de thérapie ?

### Un roman total

Ce roman aborde divers domaines de la vie humaine, notamment l'éducation, le pouvoir, la religion, la guerre.

**6.** Comment ces thèmes sont-ils traités ? Quelle position Rabelais adopte-t-il sur chacun de ces sujets ?

### *« La substantifique moelle »*

**7.** Appliquez le précepte de lecture préconisé dans le Prologue (voir p. 443) et efforcez-vous d'interpréter le texte « *à plus haut sens* ». Ainsi, vous choisirez un ou plusieurs épisodes du roman, vous en rappellerez le sens littéral et en explorerez les sens cachés.

Pour vous aider dans cette approche, voici un extrait d'une œuvre critique, qui rattache l'inspiration de Rabelais à la culture populaire.

> Dans le livre de Rabelais, les images de banquet, c'est-à-dire du manger, du boire, de l'ingestion, sont directement liées aux formes de la fête populaire [...]. Il ne s'agit absolument pas du boire et du manger quotidiens et faisant partie de l'existence de tous les jours d'individus isolés. Il s'agit du *banquet* qui se déroule *pendant la fête populaire*, à la limite de *la grand-chère*. La puissante tendance à l'abondance et à l'universalité est présente dans chacune des images du boire et du manger que nous présente Rabelais, elle détermine la mise en forme de ces images, leur *hyperbolisme positif, leur ton triomphal et joyeux*. Cette tendance à l'abondance et à l'universalité est le levain ajouté à toutes les images de nourriture ; grâce à lui, elles lèvent, croissent, enflent jusqu'à atteindre le niveau du superflu et de l'excessif. Chez Rabelais, toutes les images du manger sont identiques aux saucisses et pains géants, habituellement portés en grande pompe dans les processions du carnaval.
>
> [...]
>
> Le manger et le boire sont une des manifestations les plus importantes de la vie du corps grotesque. Les traits particuliers de ce corps sont qu'il est ouvert, inachevé, en interaction avec le monde. C'est dans *le manger* que ces particularités se manifestent de la manière la plus tangible et la plus concrète : le corps échappe à ses frontières, il avale, engloutit, déchire le monde, le fait entrer en lui, s'enrichit et croît à son détriment.
>
> [...]
>
> La conscience de l'homme qui s'éveillait ne pouvait manquer de se concentrer sur cet aspect, ne pouvait manquer d'en extraire une série d'images essentielles, déterminant les rapports entre lui-même et le monde. *Cette rencontre avec le monde dans l'absorption de nourriture était joyeuse et triomphante.* L'homme *triomphait du monde*, l'avalait au lieu d'être avalé par lui ; la frontière entre l'homme et le monde s'effaçait dans un sens qui lui était favorable.
>
> Mikhaïl BAKHTINE, *L'Œuvre de François Rabelais et la culture populaire au Moyen Âge et sous la Renaissance*, traduit du russe par Andrée Robel, © Éditions Gallimard, 1970.

**8.** Vous étudierez notamment le rôle des images de banquet ou de nourriture dans le récit des enfances de Gargantua et dans la guerre picrocholine – avec le pain et le vin.

**9.** L'épisode de l'abbaye de Thélème cependant n'évoque pas de telles images : pourquoi ?

## 3. L'ACCOMPLISSEMENT PAR LA SAGESSE

# MONTAIGNE (1533-1592)

# *Essais*, III, 13

voir biographie p. 632

*Le dernier livre des* Essais *(voir présentation p. 450) délivre une leçon de sagesse qui invite à savoir goûter pleinement la vie.*

Quand je danse, je danse ; quand je dors, je dors ; voire et[1] quand je me promène solitairement en un beau verger[2], si mes pensées se sont entretenues des occurrences[3] étrangères quelque partie du temps, quelque autre partie je les ramène à la promenade, au verger, à la douceur de cette solitude et à moi. Nature a maternellement observé cela, que[4] les actions qu'elle nous a enjointes pour notre besoin nous fussent aussi voluptueuses, et[5] nous y convie non seulement par la raison, mais aussi par l'appétit : c'est injustice de corrompre ses règles.

Quand je vois et César et Alexandre, au plus épais de sa grande besogne[6], jouir si pleinement des plaisirs naturels, et par conséquent nécessaires et justes, je ne dis pas que ce soit relâcher son âme, je dis que c'est la raidir, soumettant par vigueur de courage[7] à l'usage de la vie ordinaire ces violentes occupations et laborieuses[8] pensées. Sages, s'ils eussent cru que c'était là leur ordinaire vacation[9], celle-ci l'extraordinaire. Nous sommes de grands fols[10] : « Il a passé sa vie en oisiveté, disons-nous ; je n'ai rien fait d'aujourd'hui. – Quoi, avez-vous pas vécu ? C'est non seulement la fondamentale, mais la plus illustre de vos occupations. – Si on m'eût mis au propre des grands maniements[11] j'eusse montré ce que je savais faire. – Avez-vous su méditer et manier votre vie ? vous avez fait la plus grande besogne de toutes. »

Pour se montrer et exploiter[12] nature n'a que faire de fortune, elle se montre également en tous étages et derrière[13], comme sans rideau. Composer[14] nos mœurs[15] est notre office[16], non pas composer des livres, et gagner, non pas des batailles et provinces, mais l'ordre et tranquillité à notre conduite. Notre grand et glorieux chef-d'œuvre c'est vivre à propos.

Michel de MONTAIGNE, *Essais*, Livre III, chapitre XIII, « De l'expérience ».
Orthographe modernisée.

1. **voire et :** et aussi.
2. **verger :** jardin d'agrément, parc.
3. **occurrences :** événements.
4. **que :** au point que.
5. **et :** elle (la Nature) nous y convie…
6. **de sa grande besogne :** leur grande entreprise. Le singulier s'explique par le fait que les deux noms, César, Alexandre, sont coordonnés par « et ».
7. **courage :** cœur.
8. **laborieuses :** qui coûtent beaucoup de travail.
9. **vacation :** occupation.
10. **fols :** fous.
11. **si on m'eût mis au propre des grands maniements :** si on m'eût donné l'occasion de manier les grandes affaires.
12. **exploiter :** se mettre en œuvre.
13. **derrière :** il faut comprendre : derrière un rideau, comme sans rideau.
14. **composer :** arranger, mettre de l'ordre.
15. **nos mœurs :** notre manière de vivre.
16. **office :** devoir.

Jardin et oiseaux, fresque romaine, Ier siècle av. J.-C. (détail). Rome, Musée des Thermes. © Scala.

## RECHERCHE

Cherchez des renseignements sur le rôle politique que Montaigne a pu jouer en tant que maire de Bordeaux notamment, et, d'une manière plus générale, sur les différentes expériences qu'il a faites dans sa vie avant de rédiger précisément ce dernier chapitre des *Essais*.

## ANALYSE

### *D'une façon de vivre à un précepte de vie*

**1.** On nomme « tautologie » une affirmation d'évidence. Montrez que les deux premiers membres de la phrase liminaire (l. 1), semblent des tautologies. Quelle en est la forme ? Quel en est le ton ? Expliquez-les de façon à faire comprendre qu'elles recèlent un sens plus profond.

**2.** Commentez la dernière phrase de la page, en vous attachant en particulier à la forme emphatique, au rythme, au choix des adjectifs. Qu'est-ce qui en fait une sorte de précepte ? En quoi se rattache-t-il aux activités évoquées dans le premier paragraphe ?

**3.** Dites, en un court développement qui tienne compte de l'ensemble du texte, ce que signifie « *vivre à propos* ».

### *Vie privée et vie publique*

**4.** Montaigne cite des hommes célèbres. Précisez l'allusion. Quel est le rôle de ces exemples dans son argumentation ?

**5.** Lisez le dialogue qui clôt le deuxième paragraphe et expliquez quelle est l'image habituelle que les hommes se font des activités publiques par rapport aux occupations privées.

**6.** Commentez la transition entre : les « *grands maniements* » (l. 18) et « *méditer et manier votre vie* » (l. 19). Quelle méprise courante le philosophe dénonce-t-il ?

### *Les règles de la nature*

**7.** Relevez tous les emplois de « Nature » et de « naturel ». Par quels procédés d'écriture Montaigne parvient-il à faire sentir le plaisir de vivre en laissant la nature nous guider ?

**8.** En quoi la nature s'oppose-t-elle à la « *fortune* » ? Vous étudierez l'image des l. 21/22.

**9.** À qui s'adresse cette leçon de sagesse ? au lecteur uniquement ou à l'auteur lui-même ? Justifiez votre réponse.

## LIENS

✦ **Histoire littéraire**, L'humanisme triomphant, p. 438 ✦ **Ouverture sur** l'humanisme européen, p. 468

# Une approche de l'humanisme : Montaigne, *Essais* , 1588

L'œuvre majeure de Montaigne reflète les incertitudes qui caractérisent la seconde moitié du XVIe siècle. Dans un monde troublé par les guerres et la mort, l'écriture des *Essais* permet de réfléchir, de questionner, de construire et de transmettre une expérience. C'est Montaigne qui a créé le genre de l'essai et qui a attaché au mot l'idée de liberté d'esprit, puisque ce terme désigne en effet « un ouvrage dans lequel l'auteur traite librement d'une question sans prétendre épuiser le sujet » (Larousse). Mais ses *Essais* restent singuliers et inimitables.

## L'œuvre d'une vie

En 1572, à trente-neuf ans, alors qu'il est conseiller au Parlement de Bordeaux depuis 1557, Montaigne décide de se retirer dans son château non pour écrire, mais pour mener une vie de gentilhomme campagnard. Cependant, dès cette date, il compose les premiers essais qui sont, à l'origine, une « leçon », c'est-à-dire un choix d'exemples commentés, comme le montre le Livre I dans sa forme initiale. Mais il n'a pas encore d'idée très précise sur l'œuvre qu'il entame, pas plus que le projet de se peindre.

Au cours des années suivantes, jusqu'en 1580, l'ouvrage va gagner en richesse et en profondeur. Le Livre II, composé entre 1578 et 1580, en apporte la preuve. La confrontation du premier chapitre des Livres I et II nous montre l'évolution de Montaigne. En 1572, il constate « *l'inconstance de l'homme* » ; en 1580, il la découvre en lui-même. À partir de 1576, il s'engage, expose ses opinions et ses expériences. Ce ton très personnel se retrouve dans l'Avant-Propos de 1580.

AU LECTEUR

* C'est ici un livre de bonne foi, lecteur. Il t'avertit dès l'entrée, que je ne m'y suis proposé aucune fin, que domestique et privée. Je n'y ai eu nulle considération de ton service, ni de ma gloire. Mes forces ne sont pas capables d'un tel dessein. Je l'ai voué à la commodité particulière de mes parents et amis : à ce que m'ayant perdu (ce qu'ils ont à faire bientôt) ils y puissent retrouver aucuns traits de mes conditions et humeurs, et que par ce moyen ils nourrissent plus entière et plus vive la connaissance qu'ils ont eue de moi. Si c'eût été pour rechercher la faveur du monde, je me fusse mieux paré et me présenterais en une marche étudiée. Je veux qu'on m'y voie en ma façon simple, naturelle et ordinaire, sans contention et artifice : car c'est moi que je peins. Mes défauts s'y liront au vif, et ma forme naïve, autant que la révérence publique me l'a permis. Que si j'eusse été entre ces nations qu'on dit vivre encore sous la douce liberté des premières lois de nature, je t'assure que je m'y fusse très volontiers peint tout entier, et tout nu. Ainsi, lecteur, je suis moi-même la matière de mon livre : ce n'est pas raison que tu emploies ton loisir en un sujet si frivole et si vain. Adieu donc, de Montaigne, ce premier de Mars mille cinq cent quatre-vingt.

*Pour distinguer les différentes éditions, on emploie les couleurs suivantes :
1580 : **noir** ; 1588 : **bleu** ; 1595 : violet.

➤ **De quelle manière Montaigne définit-il son public ?**
➤ **Comment définit-il son projet ?**

➤ **Pourquoi insiste-t-il sur la peinture de ses défauts ?**

➤ **En quoi ce texte introducteur a-t-il un aspect conclusif ?**

Dès la fin du Livre I, Montaigne se propose de faire l'**essai de son jugement et de celui d'autrui**. Au Livre II, il y ajoute le domaine de l'expérience, d'abord personnelle, à propos de sa maladie, puis élargie au monde entier. En effet, au chapitre XXXVII, il raconte comment il est atteint de la maladie de la pierre et comment, surtout, elle se répercute sur son jugement. Il rapporte aussi une autre expérience essentielle, intellectuelle, celle du scepticisme, commencée sans doute en 1576, à l'occasion de la lecture de Sextus Empiricus. Elle aboutit à la fameuse devise : « ***Que sais-je ?*** ».

C'est aussi l'époque où il écrit le chapitre XII, « Apologie de Raymond Sebond », apogée du Livre II, et qui occupe environ 170 pages. En 1580, les deux premiers livres sont publiés à Bordeaux chez Simon Millanges. Il quitte alors son château pour un voyage destiné à soigner sa maladie. Il passe par Paris et présente son ouvrage à Henri III. Il va en Allemagne, en Suisse, en Italie. Le 7 septembre 1581, à Rome, une lettre lui apprend son élection, pour deux ans, à la mairie de Bordeaux. Il rentre en France, connaît une période troublée (guerre civile, peste) et abandonne finalement son mandat le 31 juillet 1585. Cependant, il se remet à l'écriture des *Essais*. En 1582, paraît une deuxième édition, à Bordeaux, avec de nombreuses additions ; puis, en 1587, une autre, à Paris.

Entre 1586 et 1588, il compose les treize longs chapitres du Livre III qui prennent une tournure beaucoup plus personnelle. On y trouve la peinture du Moi, mais d'un **Moi ondoyant et divers**. Il note au chapitre II, « Du repentir » : « *Je propose une vie basse et sans lustre ; c'est tout un. On attache aussi bien toute la philosophie morale à une vie populaire et privée qu'à une vie de plus riche étoffe : chaque homme porte la forme entière de l'humaine condition.* »

En 1588, les *Essais* sont terminés et Montaigne fait publier à Paris la cinquième édition qui comprend les Livres I, II, III, et six cents additions aux deux premiers. Il meurt quatre ans plus tard, le 13 septembre 1592. Mais auparavant, il a continué à relire son ouvrage, l'annotant sur l'exemplaire dit « de Bordeaux ». En 1595, sa « fille d'alliance », Marie Le Jars de Gournay, fait paraître une édition posthume à partir de l'exemplaire de Bordeaux. Les *Essais* sont donc composés de couches successives correspondant aux trois éditions : 1580, 1588, 1595.

## Une forme ouverte et discontinue

Quand Montaigne commence à écrire, il doit trouver une forme pour fixer des « *chimères et monstres fantasques* » (Livre I, 8). Elle se devait d'être ouverte et discontinue.

### • À l'origine...

« Essai » vient d'*exagium*, la pesée. Il s'agit donc de peser sa pensée, comme sur une balance dont Montaigne fit un usage symbolique. En effet, en 1558, il fit frapper une médaille qui représentait une balance vide aux plateaux en équilibre portant la devise : « *Je suspends mon jugement* ». Écrire un « essai » revient donc à peser sa pensée en la mesurant à celle des autres, en la comparant à un autre sujet. Il mettra aussi dans la balance le poids de ses lectures.

### • Les modèles

Le XVI^e^ siècle offre des modèles de littérature ouverte. On peut penser aux ***Adages*** d'Érasme (1508) dont le critique Marcel Bataillon a pu dire : « *Avec les* Adages, *nous sommes au cœur de la littérature humanistique et nous touchons à ce genre mal défini qui s'appelle l'"essai"* ».

➤ **Qui était Érasme ? (voir p. 468) Que signifie un adage ? Que contenait le recueil des *Adages* ?**

D'autres genres, issus de l'Antiquité, ont pu servir de modèle à Montaigne, en particulier les **Opuscules moraux ou philosophiques** de Cicéron ou Sénèque, comme en témoignent certains chapitres des *Essais :* « Du pédantisme », « De l'amitié », « De la servitude ». S'il n'avait été privé, jeune, de La Boétie, destinataire idéal, Montaigne aurait pu se laisser tenter par le genre de la lettre, suivant en cela Sénèque et ses *Lettres à Lucilius* : « *J'eusse été plus attentif et plus sûr ayant une adresse forte et amie que je ne suis, regardant les divers visages d'un peuple.* » Enfin, il a certainement été influencé par les *Œuvres morales* de Plutarque. Montaigne possédait la traduction d'Amyot qui parut en 1572, au moment où il commença à écrire les *Essais*.

Réfléchissant, dans le chapitre XL, sur les lettres de Cicéron et de Pline, Montaigne, dans une série d'additions, envisage le genre épistolaire et se situe par rapport à lui.

*Essais*, Livre I, chapitre XL
CONSIDÉRATION SUR CICÉRON

Sur ce sujet de lettres, je veux dire ce mot, que c'est un ouvrage auquel mes amis tiennent que je suis quelque chose. Et eusse pris plus volontiers cette forme à publier mes verves[1], si j'eusse eu à qui parler. Il me fallait, comme je l'ai eu autrefois, un certain commerce qui m'attristât, qui me soutînt et me soulevât. Car de négocier au vent, comme d'autres, je ne saurai que de songes, ni forger des vains noms à entretenir en chose sérieuse : ennemi juré de toute falsification. J'eusse été plus attentif et plus sûr, ayant une adresse forte et amie, que je ne suis, regardant les divers visages d'un peuple. Et suis déçu, s'il ne m'eût mieux succédé. J'ai naturellement un style comique et privé, mais d'une forme mienne, inepte aux négociations publiques, comme en toutes façons est mon langage : trop serré, désordonné, coupé, particulier ; et ne m'entends pas en lettres cérémonieuses, qui n'ont autre substance que d'une belle enfilure[2] de paroles courtoises. Je n'ai ni la faculté, ni le goût de ces longues offres d'affection et de service. Je n'en crois pas tant, et me déplaît d'en dire guère outre ce que j'en crois. C'est bien loin de l'usage présent ; car il ne fut jamais si abjecte et servile prostitution de présentations ; la vie, l'âme, dévotion, adoration, serf, esclave, tous ces mots y courent si vulgairement que, quand ils veulent faire sentir une plus expresse volonté et plus respectueuse, ils n'ont plus de manière pour l'exprimer.

Je hais à mort de sentir au flatteur ; qui fait que je me jette naturellement à un parler sec, rond et cru qui tire, à qui ne me connaît d'ailleurs, un peu vers le dédaigneux. J'honore le plus ceux que j'honore le moins ; et où mon âme marche d'une grande allégresse, j'oublie les pas de la contenance. Et m'offre maigrement et fièrement à ceux à qui je suis. Et me présente moins à qui je me suis le plus donné : il me semble qu'ils le doivent lire en mon cœur, et que l'expression de mes paroles fait tort à ma conception.

1. **verve :** caprice, fantaisie. 2. **enfilure :** enchaînement, suite.

➤ **Pour quelles raisons Montaigne a-t-il renoncé à la lettre, genre court, fragmenté et ouvert ?**
➤ **D'après l'extrait précédent, vous direz quels rapports entretiennent l'essai et la lettre.**
➤ **Comment Montaigne conçoit-il le genre épistolaire ?**

## • Originalité des *Essais*

S'inspirant de ces modèles, Montaigne a inventé une forme très libre, de longueur et de structure variables, caractérisée par son aspect « ouvert ». Il n'ignore pas pour autant le sens courant du terme : ébauche ou tentative, comme le montre son jugement à propos du *Discours de la servitude volontaire* : « *Il l'écrivit par manière d'essai* » (Livre I, 28). Le mot peut signifier aussi : épreuve ou preuve : « *Je remets à la mort l'essai du fruit de mes études* » (Livre I, 19).

Bibliothèque de Montaigne, XVIe siècle. © Marc Garanger.

L'essai tel que le conçoit Montaigne a pour seule limite sa volonté. On peut le percevoir comme un « *rouleau* » sur lequel on peut noter à l'infini. Il se propose de « *mettre en rôle* » ses « *chimères et monstres fantasques* » (Livre I, 8). Les éditions successives montrent bien la manière dont il travaillait : ajoutant sans jamais rien retrancher. Chaque chapitre est susceptible de s'accroître, au fil du temps, ce qui lui fera écrire dans le Livre III : « *Qui ne voit que j'ai pris une route par laquelle sans cesse et sans travail j'irai autant qu'il y aura d'encre et de papier au monde* » (chapitre IX). **Forme ouverte de structure linéaire**, l'ouvrage se caractérise par une démarche accumulative, les exemples se succédant sans limitation, comme le montre le chapitre III, Livre I.

La composition reste entièrement libre, Montaigne insiste d'emblée sur ce point : « *Je n'ai ni composition, ni explication* (développement) *qui vaille* » (Livre I, 21). Il revient au Livre II sur ce point : « *À même que mes rêveries se présentent, je les entasse.* » Le lecteur ne peut qu'être frappé par l'allure très libre de Montaigne qui rompt la monotonie des exemples par des commentaires ou des anecdotes personnelles. Le chapitre IX, Livre III, définit sa manière très particulière d'écrire :

> Cette farcissure[1] est un peu hors de mon thème ; je m'égare, mais plutôt par licence que par mégarde : mes fantaisies se suivent mais parfois c'est de loin ; et se regardent, mais d'une vue oblique. J'ai passé les yeux sur tel dialogue de Platon, mi-parti d'une fantastique bigarrure, le devant à l'amour, tout le bas à la rhétorique : ils[2] ne craignent point ces muances[3], et ont une merveilleuse grâce à se laisser ainsi rouler au vent, ou à le sembler. Les noms de mes chapitres n'en embrassent pas toujours la matière [...]. J'aime l'allure poétique, à sauts et à gambades : c'est une art[4], comme dit Platon, légère, volage, démoniacle[5].
>
> 1. **farcissure :** digression. 2. **ils :** les Anciens. 3. **muances :** changements. 4. Le mot « art » pouvait être employé au féminin. 5. **démoniacle :** ailée, divine.

➤ **À l'aide de quelle métaphore Montaigne définit-il son style ?**

Un sujet librement choisi et son commentaire constituent l'essentiel de l'essai. Les titres des chapitres prouvent leur variété : « De l'oisiveté », « Des menteurs », « De la punition de la couardise », « Comme nous pleurons et rions d'une même chose », « De l'âge »...
Le début du chapitre L, Livre I, expose sa conception de l'essai :

*Essais*, 1595, Livre I, chapitre L

Le jugement est un outil à tous sujets, et se mêle par tout. À cette cause, aux essais que j'en fais ici, j'y emploie toutes sortes d'occasions. Si c'est un sujet que je n'entende point, à cela même je l'essaie, sondant le gué de bien loin ; et puis, le trouvant trop profond pour ma taille, je me tiens à la rive ; et cette reconnaissance de ne pouvoir passer outre, c'est un trait de son effet, voire de ceux dequoi il se vante le plus. Tantôt, à un sujet vain et de néant, j'essaie voir s'il trouvera dequoi lui donner corps et dequoi l'appuyer et estançonner[1]. Tantôt je le promène à un sujet noble et tracassé[2], auquel il n'a rien à trouver de soi, le chemin en étant si frayé qu'il ne peut marcher que sur la piste d'autrui. Là il fait son jeu à élire[3] la route qui lui semble la meilleure, et, de mille sentiers, il dit que celui-ci, ou celui-là, a été le mieux choisi.

1. **estançonner :** mettre une pièce de bois comme appui, étayer. 2. **tracassé :** rebattu. 3. **élire :** choisir.

➤ **Relevez et expliquez les deux métaphores du texte.**

Le commentaire personnel est l'attribut essentiel de l'essai qui prend chez Montaigne un sens particulier, celui d'expérience. **Faire un essai, c'est faire une expérience** de nature intellectuelle, destinée dans un premier temps à éprouver la capacité de jugement. Mais il permet aussi d'éprouver l'objet sur lequel il s'exerce et dont il révèle la valeur et les caractères : la coutume, la solitude, l'institution des enfants, les senteurs... Il suffit de se reporter à la table des matières ! Le terme cependant implique toujours **une part d'inachèvement** comme le montre le chapitre « Des prières » : « *Je propose des fantaisies informes et irrésolues, comme font ceux qui publient des questions douteuses à débattre aux écoles ; non pour établir la vérité, mais pour la chercher. Et les soumets au jugement de ceux à qui il touche de régler non seulement mes actions et mes écrits, mais encore mes pensées.* » En aucun cas l'essai ne débouche sur l'action : « *Tel fait des Essais qui ne saurait faire des effets* », ce que confirme le chapitre « De la coutume » : « *Le sage doit retirer son âme de la presse et la tenir en liberté et puissance de juger librement des choses.* »

## L'homme, au centre de l'essai

Dès le Livre I, Montaigne a trouvé la signification profonde de l'essai qui vise **à mettre en valeur l'homme lui-même**. Ce Livre apparaît, que le sujet soit futile ou plus grave, comme une longue enquête sur l'homme dans la société, à travers les différentes époques, dans des lieux variés. Le premier chapitre donne une image de l'homme qui perdurera dans toute l'œuvre, celui d'un être contradictoire et mouvant : « *Certes, c'est un sujet merveilleusement vain, divers et ondoyant que l'homme. Il est malaisé d'y fonder jugement constant et uniforme.* » On retrouve cette même conception dès l'ouverture du Livre II : « *Et ne fut jamais au monde deux opinions pareilles, non plus que deux poils ou deux grains. Leur plus universelle qualité, c'est la diversité.* » Au Livre III, le titre du chapitre IX, « De la vanité », reprend cette idée qui va lui servir à définir l'homme : « *C'est un objet plein de mécontentement ; nous n'y voyons que misère et vanité.* »

Dès le Livre I, apparaissent les grandes préoccupations de Montaigne : la mort, la coutume, le Nouveau Monde, l'écriture, l'amitié. Il faut bien sûr y ajouter la peinture du Moi annoncée dans l'avis au lecteur : « ***Je suis moi-même la matière de mon livre.*** »

# LECTURE D'UNE ŒUVRE INTÉGRALE

## MONTAIGNE, *Essais*, Livre I, chap. XXVIII, « De l'amitié »

Ce chapitre apparaît d'abord comme un discours raisonné sur l'amitié, à la manière des Anciens. Son titre renvoie tout naturellement au *De Amicitia* de Cicéron, mais il n'a rien d'impersonnel, bien au contraire, puisqu'il s'inspire d'une expérience personnelle : celle de son amitié avec La Boétie que Montaigne veut faire revivre. Il le rencontre en 1558. La Boétie, plus âgé que lui de trois ans, l'impressionne par sa personnalité « *à l'antique* ». Il meurt prématurément en 1563.

### Un discours sur l'amitié

Ce chapitre veut démontrer la supériorité de l'amitié et repose sur une structure logique fondée sur la comparaison, qui n'est pas sans rappeler Plutarque. Mais avant, Montaigne présente l'opuscule *Discours de la servitude volontaire* qu'il projette d'insérer au milieu de son livre. Il abandonnera ce projet, mais conserve le préambule qui lui permet de présenter son ami et le thème du chapitre. Sa démonstration repose sur un système comparatif plein de souplesse : il établit un va-et-vient continuel de la théorie aux exemples, sans oublier son expérience personnelle. Il analyse avec précision les rapports « *des enfants aux pères* », fondés sur le « *respect* » mais excluant « *une messeante privauté* » (une privauté qui ne convient pas) et pouvant déboucher sur l'indifférence, voire l'hostilité en raison de « *l'empêchement qu'ils se peuvent quelquefois entreporter* ».

> Il s'est trouvé des philosophes dédaignant cette couture naturelle, témoin Aristippus : quand on le pressait de l'affection qu'il devait à ses enfants pour être sortis de lui, il se mit à cracher, disant que cela en était aussi bien sorti ; que nous engendrions bien des poux et des vers.

➤ **Que pensez-vous de l'exemple que prend Montaigne pour illustrer les rapports père-fils ?**

Il compare ensuite le sentiment amoureux et l'affection entre amis. Son propos repose sur des structures parallèles rigoureuses que les oppositions de termes mettent en valeur.

> D'y comparer l'affection envers les femmes, quoiqu'elle naisse de notre choix, on ne peut, ni la loger en ce rôle. Son feu, je le confesse […] est plus actif, plus cuisant et plus âpre. Mais c'est un feu téméraire et volage, ondoyant et divers, feu de fièvre, sujet à accès et remises, et qui ne nous tient qu'à un coin. […] en l'amour, ce n'est qu'un désir forcené après ce qui nous fuit […]
>
> Quant aux mariages, outre ce que c'est un marché qui n'a que l'entrée libre (sa durée étant contrainte et forcée, dépendant d'ailleurs que de notre vouloir), et marché qui ordinairement se fait à autres fins, il y survient mille fusées (complications) étrangères à démêler parmi, suffisantes à rompre le fil et troubler le cours d'une vive affection.

➤ **Relevez les parallélismes et les oppositions à propos de « *l'affection des femmes aux hommes* ».**

➤ **Quel jugement Montaigne porte-t-il sur le mariage ?**

Une addition, postérieure à 1588, expose le caractère de l'amour grec et montre son incompatibilité avec l'amitié :

> […] une si nécessaire disparité d'âges et différence d'offices entre les amants ne répondait pas non plus assez à la parfaite union et convenance qu'ici nous demandons.

La dernière comparaison oppose aux amitiés ordinaires l'amitié parfaite pour montrer la nature unique de ses liens. Montaigne les analyse longuement, faisant intervenir et son expérience personnelle, et les exemples antiques à valeur universelle.

### Un texte autobiographique

Sublimé ou non, La Boétie, fauché à la fleur de l'âge, apparaît comme un modèle de vertu et de talents comme le souligne Montaigne : « […] *en cette partie des dons de nature je n'en connais point qui lui soit comparable* ». Il le place, éloge suprême, au même rang que les sages de l'Antiquité, et la fin du chapitre insiste sur sa grandeur et son austérité.

L'histoire de leur amitié, qui imprègne tout le chapitre, s'apparente à un « *poème d'amour et de mort* ». Elle devient exemplaire et rejoint les grands modèles antiques. Montaigne décrit une amitié profonde, réciproque, qui anime une réflexion plus générale. Il passe insensiblement de l'exemple général, celui de Caïus Blosius, à la confidence, substituant sa propre réponse à celle du Romain :

> Nos âmes ont charrié si uniment ensemble, elles se sont considérées d'une si ardente affection et de pareille affection jusqu'au fin fond des entrailles l'une à l'autre, que non seulement je connaissais la sienne comme la mienne, mais je me fusse certainement plus volontiers fié à lui de moi qu'à moi.

La perfection de cette amitié se voit dans l'alliance du « je » au « il » ; à la fin du chapitre, Montaigne abandonne les considérations générales pour centrer son propos sur la disparition tragique de La Boétie qui le laisse amputé de la moitié de lui-même :

> J'étais déjà si fait et accoutumé à être deuxième partout, qu'il me semble n'être plus qu'à demi.

Le style de ce chapitre est beaucoup plus lyrique que celui du reste des *Essais* peut-être parce que Montaigne

RAPHAËL (1483-1520), *Portrait de l'artiste avec un ami*. Paris, Musée du Louvre. © Photo RMN – Jean-Gilles Berizzi.

se trouve obligé de dire l'indicible. Or, les mots ordinaires, non seulement se révèlent peu aptes à décrire les réalités d'une telle amitié, mais n'ont pas cours entre deux amis véritables :

> Elle [l'amitié] leur fait perdre le sentiment de tels devoirs et haïr et chasser d'entre eux ces mots de division et de différence, bienfait, obligation, reconnaissance, prière, remerciement et leurs pareils.

Il réussit à traduire l'indicible dans une formule célèbre, ajout de 1595 : « ***Par ce que c'était lui ; par ce que c'était moi.*** »

Le chapitre XXVIII, situé au centre du Livre I, prend la place initialement prévue pour l'opuscule de La Boétie. Tout comme un peintre, il « *choisit le plus bel endroit et milieu de chaque paroi, pour y loger un tableau élaboré de toute sa suffisance, et, le vide tout autour, il le remplit de grotesques, qui sont peintures fantasques, n'ayant grâce qu'en la variété et étrangeté* ». Son tableau est celui d'une admirable peinture de l'amitié et l'on peut dire que, d'une certaine manière, les *Essais* se sont construits sur le vide laissé par la disparition de son ami. La réflexion sur l'amitié, véritable école de sagesse, se poursuivra tout au long de l'œuvre.

## De quelques ambiguïtés

On peut cependant se demander si le tableau que présente ici Montaigne n'est pas idéalisé. En effet, il rédige ce chapitre plus de dix ans après la mort de La Boétie et certaines additions sont encore postérieures de plusieurs années. Toutes montrent une expression beaucoup plus achevée, parfois même emphatique. On peut se demander si, tout comme les amitiés antiques, celle-ci n'est pas à la fois objet d'écriture et de lecture, comme tendrait à le montrer cette phrase : « *Cette amitié si entière et si parfaite que certainement il ne s'en lit guère de pareille* ». Si l'on ne peut mettre en doute la sincérité de son amitié pour La Boétie, on peut cependant s'étonner qu'il ait renoncé à donner à l'opuscule de son ami et aux vingt-huit sonnets annoncés dans le chapitre XXIX la place centrale qu'il estimait devoir leur revenir. C'est le seul ouvrage de La Boétie qui soit passé à la postérité et celui qui les a fait se rencontrer.

> Parce que j'ai trouvé que cet ouvrage a été depuis mis en lumière, et à mauvaise fin, par ceux qui cherchent à troubler et changer l'état de notre police, sans se soucier s'ils l'amenderont, qu'ils ont mêlé à d'autres écrits de leur farine, je me suis dédit de le loger ici.

➤ **Comment Montaigne justifie-t-il l'absence, dans les *Essais*, de l'opuscule que La Boétie écrivit à 18 ans ?**

Ce chapitre trace aussi un portrait involontaire et inconscient de son auteur qui apparaît bon fils, bon père, mais mari médiocre. Très sensible à sa relation avec son ami, il apparaît bien peu attiré par l'amour féminin. Son entourage est essentiellement masculin. On peut se demander pourquoi il regrette tant « *une accointance libre et volontaire où non seulement les âmes eussent cette entière jouissance, mais encore où les corps eussent part à l'alliance, où l'homme fût engagé tout entier* ».

## Deux extraits pour comprendre « De l'amitié »

**TEXTE 1**

**Montaigne, *Essais*, chapitre XXVIII**

Au demeurant, ce que nous appelons ordinairement amis et amitiés, ce ne sont qu'accointances et familiarités nouées par quelque occasion ou commodité, par le moyen de laquelle nos âmes s'entretiennent[1]. En l'amitié dequoi je parle, elles se mêlent et confondent l'une en l'autre, d'un mélange si universel, qu'elles effacent et ne retrouvent plus la couture qui les a jointes. Si on me presse de dire pourquoi je l'aimais, je sens que cela ne se peut exprimer, qu'en répondant : « Par ce que c'était lui ; par ce que c'était moi. »

Il y a, au delà de mon discours, et de ce que j'en puis dire particulièrement, ne sais quelle force inexplicable et fatale, médiatrice de cette union. Nous nous cherchions avant que de nous être vus, et par des rapports que nous oyions l'un de l'autre, qui faisaient en notre affection plus d'effort que ne porte la raison des rapports, je crois par quelque ordonnance du ciel ; nous nous embrassions par nos noms. Et à notre première rencontre, qui fut par hasard en une grande fête et compagnie de ville, nous nous trouvâmes si pris[2], si connus, si obligés[3] entre nous, que rien dès lors ne nous fut si proche que l'un à l'autre. Il écrivit une Satire Latine excellente, qui est publiée, par laquelle il excuse et explique la précipitation de notre intelligence[4], si promptement parvenue à sa perfection. Ayant si peu à durer, et ayant si tard commencé, car nous étions tous deux hommes faits, et lui plus de quelque année, elle n'avait point à perdre temps et à se régler au patron des amitiés molles et régulières, auxquelles il faut tant de précautions de longue et préalable conversation. Celle-ci n'a point d'autre idée que d'elle-même, et ne se peut rapporter qu'à soi. Ce n'est pas une spéciale considération, ni deux, ni trois, ni quatre, ni mille : c'est je ne sais quelle quintessence de tout ce mélange, qui, ayant saisi toute ma volonté, l'amena se plonger et se perdre dans la sienne ; qui, ayant saisi toute sa volonté, l'amena se plonger et se perdre en la mienne, d'une faim, d'une concurrence pareille. Je dis perdre, à la vérité, ne nous réservant rien qui nous fut propre, ni qui fut ou sien, ou mien.

MONTAIGNE, *Essais*, Livre I, chapitre XXVIII.

1. **s'entretiennent :** se tiennent ensemble. 2. **pris :** épris. 3. **obligés :** liés. 4. **intelligence :** liaison.

➤ **Quels sont, pour Montaigne, les caractères dominants de la parfaite amitié ?**

➤ **Comment Montaigne exprime-t-il la perte d'identité qu'il ressent ?**

**TEXTE 2**

**La Boétie (1530-1563)**

***Discours de la servitude volontaire***

L'amitié, c'est un nom sacré, c'est une chose sainte ; elle ne se met jamais qu'entre gens de bien, et ne se prend que par une mutuelle estime ; elle s'entretient non tant par bienfaits que par la bonne vie. Ce qui rend un ami assuré de l'autre, c'est la connaissance qu'il a de son intégrité : les répondants qu'il en a, c'est son bon naturel, la foi et la constance. Il n'y peut avoir d'amitié là où est la cruauté, là où est la déloyauté, là où est l'injustice ; et entre les méchants, quand ils s'assemblent, c'est un complot, non pas une compagnie ; ils ne s'entraiment pas, mais ils s'entrecraignent ; ils ne sont pas amis, mais ils sont complices.

Or, quand bien cela n'empêcherait point, encore serait-il malaisé de trouver en un tyran un amour assuré, parce qu'étant au-dessus de tous, et n'ayant point de compagnon, il est déjà au-delà des bornes de l'amitié, qui a son vrai gibier en l'égalité, qui ne veut jamais clocher, ainsi est toujours égale. Voilà pourquoi il y a bien entre les voleurs (ce dit-on) quelque foi au partage du butin, pour ce qu'ils sont pairs et compagnons, et s'ils ne s'entraiment, au moins ils s'entrecraignent et ne veulent pas, en se désunissant, rendre leur force moindre ; mais du tyran, ceux qui sont ses favoris n'en peuvent avoir jamais aucune assurance, de tant qu'il a appris d'eux-mêmes qu'il peut tout, et qu'il n'y a droit ni devoir aucun qui l'oblige, faisant son état de compter sa volonté pour raison, et n'avoir compagnon aucun, mais d'être de tous maître. Donc n'est-ce pas grande pitié que, voyant tant d'exemples apparents, voyant le danger si présent, personne ne se veuille faire sage aux dépens d'autrui, et que, de tant de gens s'approchant si volontiers des tyrans, qu'il n'y ait pas un qui ait l'avisement et la hardiesse de leur dire ce que dit, comme porte le conte[1], le renard au lion qui faisait le malade : « *Je t'irais volontiers voir en ta tanière ; mais je vois bien assez de traces de bêtes qui vont en avant vers toi, mais qui reviennent en arrière, je n'en vois pas une.* »

LA BOÉTIE, *Discours de la servitude volontaire*, 15, 1548.

1. Il s'agit d'une fable d'Ésope – *Le Cheval et le lion* – dont s'inspirera La Fontaine.

➤ **Quelle conception La Boétie a-t-il de l'amitié ?**

➤ **Un tyran peut-il avoir des amis ?**

GROUPEMENT 2 **Un humanisme déchiré**

## UNE DÉNONCIATION DE LA GUERRE ET DU POUVOIR

# Agrippa d'AUBIGNÉ (1552-1630)

## *Les Tragiques*

voir biographie p. 632

Les Tragiques *sont un long poème en alexandrins, composé de sept chants :* Misères, Princes, La Chambre dorée, Les Feux, Les Fers, Vengeances, Jugement. *Le Livre I évoque les malheurs de la France ; les Livres II et III analysent les causes de* Misères *et déterminent les responsabilités ; les Livres IV et V sont un approfondissement de la foi, une prise de conscience des valeurs de la Réforme ; les deux derniers montrent la revanche des persécutés et introduisent le lecteur dans le domaine mystique.*

*Le chant I des* Tragiques, Misères, *est consacré aux misères de la France en proie aux guerres de Religion. L'extrait suivant peint le tableau pathétique de la France sous les traits d'une mère déchirée par ses enfants.*

### EXTRAIT 1

Je veux peindre la France une mère affligée,
Qui est entre ses bras de deux enfants chargée.
Le plus fort, orgueilleux, empoigne les deux bouts
Des tétins nourriciers ; puis, à force de coups
D'ongles, de poings, de pieds, il brise le partage
Dont nature donnait à son besson[1] l'usage ;
Ce voleur acharné, cet Esaü[2] malheureux
Fait dégât du doux lait qui doit nourrir les deux,
Si que, pour arracher à son frère la vie,
Il méprise la sienne et n'en a plus d'envie.
Mais son Jacob[2], pressé d'avoir jeûné meshui[3],
Ayant dompté longtemps en son cœur son ennui,
À la fin se défend, et sa juste colère
Rend à l'autre un combat dont le champ est la mère.
Ni les soupirs ardents, les pitoyables cris,
Ni les pleurs réchauffés ne calment leurs esprits ;
Mais leur rage les guide et leur poison les trouble,
Si bien que leur courroux par leurs coups se redouble.
Leur conflit se rallume et fait si furieux
Que d'un gauche malheur ils se crèvent les yeux.
Cette femme éplorée, en sa douleur plus forte,
Succombe à la douleur, mi-vivante, mi-morte ;
Elle voit les mutins tout déchirés, sanglants,
Qui, ainsi que du cœur, des mains se vont cherchant.

1. **besson :** jumeau.
2. **Esaü**, l'aîné, représente le catholique, dépossédé de son héritage au profit de son frère cadet, **Jacob**, l'élu de Dieu, le protestant.
3. **meshui :** aujourd'hui.

Quand, pressant à son sein d'une amour maternelle
Celui qui a le droit et la juste querelle,
Elle veut le sauver, l'autre qui n'est pas las
Viole en poursuivant l'asile de ses bras.
Adonc se perd le lait, le suc de sa poitrine ;
Puis, aux derniers abois de sa proche ruine,
Elle dit : « Vous avez, félons[4], ensanglanté
Le sein qui vous nourrit et qui vous a porté ;
Or, vivez de venin, sanglante géniture[5],
Je n'ai plus que du sang pour votre nourriture. »

Agrippa d'AUBIGNÉ, *Les Tragiques*, 1616,
Livre I, vers 97-130.
Orthographe modernisée.

---

4. **félons :** cruels.
5. **géniture :** fils, rejeton.

Giorgio VASARI (1511-1574), *Scène de la Saint-Barthélemy, le massacre des huguenots*. Vatican, Salle Regia. © 1990, Scala, Florence.

## RECHERCHE

Vous ferez une recherche sur les guerres de Religion.

## ANALYSE

### *La violence*

**1.** Sur quelle figure de rhétorique repose cette peinture de la France ?

**2.** Nommez les personnages évoqués ici. Justifiez leur choix.

**3.** Étudiez la mise en scène réaliste du combat.

**4.** Peut-on trouver des marques du registre épique ?

### *La passion*

**5.** Relevez les marques de la présence de l'auteur dans le texte.

**6.** D'Aubigné exprime-t-il clairement sa préférence dans ce combat ?

**7.** En quoi consiste la véhémence du ton ?

## LIENS


- **Entrer dans le XVI<sup></sup>e siècle**, p. 434
- **La question religieuse au XVIe siècle**, p. 436
- **Chapitre 8**, Allégorie, p. 338
- **Mémento**, Les procédés rhétoriques, p. 618

*Le Livre II des* Tragiques *propose une vision très satirique de Catherine de Médicis et de ses trois enfants. Au portrait de Charles IX, succède celui de Henri III, beaucoup plus long, dont nous donnons le début.*

## EXTRAIT 2

L'autre[1] fut mieux instruit à juger des atours
Des putains de sa cour, et, plus propre aux amours,
Avoir ras le menton, garder la face pâle,
Le geste efféminé, l'œil d'un Sardanapale[2] :
Si bien qu'un jour des Rois[3] ce douteux animal,
Sans cervelle, sans front[4], parut tel en son bal.
De cordons emperlés sa chevelure pleine,
Sous un bonnet sans bord fait à l'italienne,
Faisait deux arcs voûtés ; son menton pinceté[5],
Son visage de blanc et de rouge empâté,
Son chef tout empoudré nous montrèrent ridée,
En la place d'un Roi, une putain fardée.
Pensez quel beau spectacle, et comme il fit bon voir
Ce prince avec un busc[6], un corps de satin noir
Coupé à l'espagnole, où, des déchiquetures[7],
Sortaient des passements[8] et des blanches tirures[9] ;
Et, afin que l'habit s'entresuivît de rang,
Il montrait des manchons gaufrés de satin blanc,
D'autres manches encor qui s'étendaient fendues,
Et puis jusques aux pieds d'autres manches perdues.
Pour nouveau parement il porta tout ce jour
Cet habit monstrueux, pareil à son amour :
Si qu'au[10] premier abord chacun était en peine
S'il voyait un Roi femme ou bien un homme Reine.

Agrippa d'AUBIGNÉ, *Les Tragiques*, 1616, Livre II, vers 773-796.
Orthographe modernisée.

1. **L'autre :** situe Henri III par rapport à Charles IX. D'Aubigné rend Catherine de Médicis responsable de la conduite scandaleuse de son fils comme le montre « *fut mieux instruit* ».
2. **Sardanapale :** souverain asiatique connu pour sa vie de débauche.
3. **un jour des Rois :** pourrait désigner le jour des Rois Mages.
4. **sans front :** sans pudeur.
5. **pinceté :** épilé.
6. **busc :** sorte de gilet corseté réservé aux femmes.
7. **déchiquetures :** taillades faites dans le satin.
8. **passements :** dentelles qui servent d'ornement.
9. **tirures :** lacets en fil d'argent.
10. **Si que :** de sorte que.

## RECHERCHE

Vous ferez une recherche sur Catherine de Médicis et la Cour des Valois, objet de la satire de d'Aubigné dans *Princes*.

## ANALYSE

### *Un portrait en pied...*

**1.** Étudiez la composition du portrait.

**2.** Relevez tous les éléments féminins du costume.

**3.** Montrez que le costume, en soi, est beau.

### *... à vocation satirique*

**4.** D'Aubigné a-t-il assisté au bal ? Citez le vers qui vous permet de répondre.

**5.** De quelle manière d'Aubigné rend-il le Roi à la fois ridicule et odieux ?

**6.** En quoi consiste la violence de la satire ? Vous pourrez vous intéresser en particulier aux figures de rhétorique et au lexique.

*Poursuivant la satire de la Cour des Valois, d'Aubigné, dans* Princes, *dresse le portrait des « mignons » qui entourent le Roi. Ce terme désigne ses « favoris », coupables comme lui du « péché de Sodome ».*

## EXTRAIT 3

Qu'on doute des secrets, nos yeux[1] ont vu comment
Ces hommes vont bravant des femmes l'ornement,
Les putains de couleurs, les pucelles de gestes ;
Plus de frisons tortus[2] déshonorent les têtes
De nos mignons parés, plus de fard sur leurs teints
Que ne voudraient porter les honteuses putains ;
On invente toujours quelque trait plus habile
Pour effacer du front toute marque virile ;
Envieux de la femme on trace, on vient souiller
Tout ce qui est humain qu'on ne peut dépouiller.
Les cœurs des vertueux à ces regards transissent,
Les vieillards avisés en leur secret gémissent.
Des femmes les métiers quittés et méprisés,
Se font, pour parvenir[3], des hommes déguisés.
On dit qu'il faut couler les exécrables choses
Dans le puits de l'oubli et au sépulcre encloses,
Et que par les écrits le mal ressuscité
Infectera les mœurs de la postérité :
Mais le vice n'a point pour mère la science,
Et la vertu n'est pas fille de l'ignorance ;
Elle[4] est le chaud fumier sous qui les ords[5] péchés
S'engraissent en croissant s'ils ne sont arrachés,
Et l'acier des vertus même intellectuelles
Tranche et détruit l'erreur, et l'histoire par elles.
Mieux vaut à découvert montrer l'infection
Avec sa puanteur et sa punition.
Le bon père Africain[6] sagement nous enseigne
Qu'il faut que les tyrans de tout point on dépeigne,
Montrer combien impurs sont ceux-là qui de Dieu
Condamnent la famille aux couteaux et au feu.

Agrippa d'AUBIGNÉ, *Les Tragiques*, 1616, Livre II, vers 1069-1098.
Orthographe modernisée.

École française, *Portrait d'homme*, 1575.
Huile sur toile. Saumur, Musée des Arts décoratifs.


**1.** En admettant qu'on doute des choses secrètes, on ne peut douter de ce qui s'étale sous nos yeux.

**2. frisons tortus :** petits cheveux frisés.

**3. parvenir :** réussir à la Cour.

**4. Elle :** l'ignorance.

**5. ords :** sales, puants.

**6. Le bon père Africain :** il s'agit sans doute de saint Cyprien, père de l'Église africaine.

## ANALYSE

### *Dénonciation des mignons*

**1.** Relevez et étudiez le lexique qui vise à féminiser les mignons. Quel effet produit-il sur le lecteur ?

**2.** Quels sont les seuls à la Cour à être choqués par la métamorphose des mignons en femmes ? Combien de vers d'Aubigné leur consacre-t-il ? Qu'en concluez-vous ?

**3.** Étudiez l'emploi de « *On* » dans l'extrait.

### *Justification de la satire*

**4.** Étudiez les figures d'opposition et montrez qu'elles servent à la persuasion.

**5.** Relevez et expliquez la métaphore filée sur laquelle s'appuie la justification de l'entreprise satirique.

**6.** Relevez un argument d'autorité. En quoi sert-il le discours du poète ?

# L'enrichissement du vocabulaire au XVIe siècle

Le français du XVIe siècle n'est pas une langue incompréhensible au lecteur moderne mais elle peut lui sembler étrange, sinon étrangère, pour des raisons qui tiennent au vocabulaire, à la syntaxe ou à la morphologie.

Du point de vue lexical, la Renaissance se caractérise par une volonté d'enrichissement.

## 1. Un projet concerté

Le latin était au XVIe siècle la langue des savants qui permettait les échanges intellectuels. La promotion du français comme langue nationale relève d'une démarche politique de François Ier : ainsi, en 1539, l'ordonnance de Villers-Cotterêts impose-t-elle l'usage du français dans les actes administratifs. Cette initiative trouve aussi un écho favorable dans les travaux des lettrés, qui sont tous amenés à réfléchir à la langue, et à se faire philologues.

Dans sa *Défense et illustration de la langue française*, publiée en 1549, le poète Joachim du Bellay assignait clairement deux objectifs à son entreprise :
– **défendre** le français, essentiellement contre le latin,
– **l'illustrer**, en lui donnant de la richesse et de l'éclat.

En matière lexicale, du Bellay propose d'augmenter le nombre de mots, soit **en retrouvant des mots anciens**, soit **en utilisant la langue des métiers ou les dialectes régionaux**, soit **en inventant** de nouveaux termes : par **composition** (des moutons *porte-laine*, un ton *aigre-doux*) ou par **dérivation** (*vert* donne *verdoyer)* notamment à l'aide de diminutifs (*faiblelet*, *seulet*), ou encore par **emprunt au latin** ou **au grec** (*exceller*, *sympathie*).

## 2. Une italianisation du français

Les échanges avec l'Italie entraînent un apport de mots issus de cette langue : mots de la guerre – *escopette, mousquet* –, mots de la mer – *frégate, gondole, misaine, corsaire*.

Si le pouvoir royal favorise le rapprochement, certains humanistes comme l'imprimeur Henri Estienne déplorent au bout de quelques années une véritable italianisation du français. La linguiste Henriette Walter rapporte ainsi sa réaction :

Sans craindre de pousser le trait un peu trop loin, Estienne exercera aussi son ironie dans les *Dialogues du nouveau langage françois italianizé et autrement desguizé* (1578), où il se met en scène lui-même, comme le défenseur de la langue française pure et dure, face à un courtisan qui argumente en faveur de cette langue moderne, à la mode, bourrée d'italianismes. « Je m'esbahi, dit l'auteur, comment vous imbrattez notre langue d'une telle spurquesse de paroles. » On peut reconnaître dans cette phrase deux italianismes aujourd'hui disparus, l'un formé à partir du verbe *imbattrare*, « souiller », l'autre à partir du substantif *sporchezza*, « saleté ».

Dans ce même ouvrage, il fait dire à l'un de ses personnages qu'il est un peu *straque* (d'un mot italien signifiant « fatigué ») parce qu'il a *battu la strade* (« il a parcouru les rues ») depuis le matin et qu'il ne pourra donc pas se rendre dans *une case un peu discoste* (« une maison un peu éloignée »).

Au fil des pages, on apprend aussi avec surprise que *risque* et *réussir*, ainsi que *parapet* ou *caprice*, copiés sur l'italien, sont alors des néologismes insupportables.

Henriette WALTER, *L'Aventure des mots venus d'ailleurs*,


➤ **Par quels moyens le puriste Estienne ridiculise-t-il les emprunts à l'italien ?**

➤ **Que prouve, avec le recul que donne le temps, la remarque de la linguiste concernant les mots « risque », « réussir », « parapet » ou « caprice » ?**

➤ ***Enquête*** **: dans un corpus écrit, composé de journaux et de magazines que vous choisirez, ou dans un corpus oral, fait d'enregistrements d'émissions de radio ou de télévision, relevez les emprunts lexicaux à l'anglais (ou à une autre langue, selon le cas). Lesquels sont ressentis comme des néologismes ? Lesquels sont déjà intégrés à la langue française ?**

➤ **L'emprunt à une langue étrangère manifeste-t-il pour vous un appauvrissement ou un enrichissement ? Justifiez votre réponse. Élargissez votre réflexion dans un débat qui confrontera les recherches de toute la classe.**

➤ **Vous pouvez consulter en bibliothèque le pamphlet de René Étiemble publié en 1964 :** ***Parlez-vous franglais ?***

Alessandro ALLORI, *Décor de grotesques représentant les amours des dieux.*
Florence, Musée du Bargello. © AKG-Paris.

# EXERCICES

**1 Recherchez l'étymologie et le sens des mots suivants donnés en italique. À quelle langue sont-ils empruntés ? Précisez, le cas échéant, leur composition.**

– sens *littéral, diligence, doctrine, absconse, religion*
– *philosophe, symbole, mystère, politique*

**2 Le texte de *Gargantua*, p. 445, oppose le vice et la vertu, l. 8 à 15. Établissez le champ lexical de ces deux termes et précisez, pour chaque mot relevé, son origine, sa classe grammaticale, son sens.**

**3 Quelle époque historique est implicitement évoquée par les mots « haquenée », « épervier », « lanier », « émerillon », « chevaliers si preux » p. 445 ? En quoi peut-on dire que Thélème, utopie renaissante, assimile – lexicalement au moins – un héritage ?**

**4 Relevez, dans le dernier paragraphe du texte de la p. 444, le champ lexical de la nourriture. Pourquoi est-il employé ? Recherchez l'étymologie et le sens initial du verbe « instruire ».**

**5 Montaigne utilise les mots suivants pour désigner les activités humaines :**

*besogne, occupations, vacation, maniements.*

**En vous reportant précisément au passage des *Essais*, p. 448, précisez les nuances – dénotations et connotations – attachées à chacun d'eux.**

**6 Dans une lettre de Gargantua à son fils, extraite de *Pantagruel*, Rabelais emploie un grand nombre de mots savants tirés du latin et du grec et utilise fréquemment des termes français dont le sens s'explique par leur origine. Retrouvez l'étymologie des mots suivants :**

*Discipline, précepteur, docte, librairie.*

**7 Dans la lettre citée à l'exercice précédent, nous lisons : « *Sapience* n'entre point en âme *malivole* » telle est la version originale de l'expression « Sagesse n'entre pas en âme malveillante ».**
**Quel effet produit ici l'emploi des deux termes en italique, dont vous préciserez l'étymologie et le sens ?**

**8 En déclarant dans cette même lettre que « *science sans conscience n'est que ruine de l'âme* », Rabelais joue sur les échos sonores et sémantiques entre un mot simple et un mot composé. Expliquez la formation de « conscience » en vous reportant à un dictionnaire de langue française. En quoi les mots « science » et « conscience » entrent-ils en résonance avec les mots de la fin de la sentence ? Comment ce réseau de sens et de sons donne-t-il à l'assertion la force de la vérité ?**

**9 Vérifiez le sens contextuel des mots suivants et donnez leur sens courant actuel.**

*affection*, p. 442, l. 2 ; *élire*, p. 442, l. 7 ; *occurrences*, p. 448, l. 3.

**10 Quel est le sens de « fols », p. 448 ?**
**Prolongez votre réflexion en recherchant dans un dictionnaire tous les mots appartenant à la famille de « fou ». La folie s'oppose-t-elle nécessairement à la sagesse à la Renaissance ?**

**11 Comment Ronsard semble-t-il avoir mis en application les préceptes de la *Défense et illustration de la langue française* dans le poème ci-dessous ?**

Âmelette Ronsardelette,
Mignonnelette, doucelette,
Très-chère hôtesse de mon corps,
Tu descends là-bas faiblelette,
Pâle, maigrelette, seulette,
Dans le froid royaume des morts ;
Toutefois simple, sans remords
De meurtre, poison ou rancune,
Méprisant faveurs et trésors
Tant enviés par la commune.
Passant, j'ai dit : suis ta fortune,
Ne trouble mon repos, je dors.

Pierre de RONSARD, *Derniers vers*, orthographe modernisée.

# ÉPREUVE BAC

## CORPUS Une nouvelle humaniste

### Marguerite de NAVARRE, *L'Heptaméron*

*Sœur de François Ier, Marguerite de Navarre (1492-1549) est une femme cultivée, amie des écrivains de son temps – elle protège notamment Clément Marot et Rabelais. Elle se montre tolérante et ouverte en matière religieuse.*
*Son recueil de nouvelles,* L'Heptaméron, *a été écrit à l'imitation de celui de Boccace,* Le Décaméron, *composé entre 1348 et 1353. L'auteur italien avait imaginé que dix personnages, trois hommes et sept femmes, s'étaient réunis dans un château proche de Florence pour échapper à l'épidémie de peste qui ravageait la ville. Dans leur havre de paix, ils se racontaient mutuellement des histoires, une chacun pendant dix jours, d'où un total de cent nouvelles. Marguerite de Navarre, elle, met en scène cinq femmes et cinq hommes retenus dans une abbaye des Pyrénées que des intempéries ont coupée du monde ; pour passer agréablement le temps, avant que les ponts ne soient reconstruits et permettent à chacun de regagner son domicile, ces dix personnages se rassemblent chaque après-midi, se content des histoires et les commentent pour en dégager l'intérêt. Le recueil cependant n'a pas pu être rédigé intégralement : il comporte soixante-douze nouvelles au lieu des cent prévues, ce qui justifie le titre que les éditeurs lui ont donné : il se divise en effet en sept parties (« sept » en grec se dit « hepta ») correspondant à sept journées, et non en dix (en grec « déca ») comme celui de Boccace.*

*Nous donnons ici, intégralement, une nouvelle extraite de la première journée. Racontée par un homme, Guébron, qui affirme qu'il s'agit d'une histoire authentique, elle est destinée à montrer que l'intelligence et la vertu féminines ne sont pas l'apanage des princesses.*

École italienne, XVe siècle.


Une batelière s'échappa de deux cordeliers[1] qui la voulaient forcer[2], et fit si bien que leur péché fut découvert à tout le monde.

NOUVELLE CINQUIÈME

Au port à Coulon près de Niort, y avait une batelière, qui jour et nuit ne faisait que passer un chacun. Advint que deux cordeliers dudit Niort, passèrent la rivière[3] tous seuls avec elle. Et pource que le passage est un des plus longs qui soit en France, pour la garder d'ennuyer vinrent à la prier d'amours : à quoi elle fit telle réponse qu'elle devait. Mais eux qui pour le travail du chemin n'étaient lassés, ni pour froideur de l'eau refroidis, ni aussi pour le refus de la femme honteux, se délibérèrent[4] la prendre tous deux par force : ou si elle se plaignait la jeter dedans la rivière. Elle aussi sage et fine,

1. **cordeliers :** c'est la première apparition dans le recueil des « cordeliers » qui seront les héros de plusieurs histoires comiques ou tragiques, où ils ont toujours le mauvais rôle. Voir « cordelier » dans les documents annexes, p. 466.
2. **forcer :** prendre par force, violer.
3. **la rivière :** la Sèvre niortaise.
4. **se délibérèrent** + verbe à l'infinitif **:** décidèrent de + verbe à l'infinitif.

qu'ils étaient fous et malicieux[5], leur dit : « Je ne suis pas si mal gracieuse que j'en fais le semblant, mais je vous veux prier de m'octroyer[6] deux choses, et puis vous connaîtrez que j'ai meilleure envie de vous obéir, que vous n'avez de me prier. » Les cordeliers lui jurèrent par leur bon saint François[7], qu'elle ne leur saurait demander chose qu'ils ne lui octroyassent, pour avoir ce qu'ils désiraient d'elle. « Je vous requiers[8] premièrement, dit-elle, que vous me juriez et promettiez, que jamais à homme vivant nul de vous ne déclarera notre affaire » : ce qu'ils lui promirent très volontiers. Ainsi leur dit : « Que l'un après l'autre veuille prendre son plaisir de moi, car j'aurais trop de honte, que tous deux me vissiez ensemble : regardez lequel me veut avoir la première. » Ils trouvèrent très juste sa requête, et accorda le plus jeune que le vieux commencerait : et en approchant d'une petite île, elle dit au beau-père[9] le jeune : « Dites là vos oraisons[10], jusques à ce qu'aie[11] mené votre compagnon ici devant en une autre île : et si à son retour il se loue de moi, nous le laisserons ici, et nous en irons ensemble. » Le jeune sauta dedans l'île, attendant le retour de son compagnon, lequel la batelière mena en une autre : et quand ils furent au bord, faisant semblant d'attacher son bateau, lui dit : « Mon ami regardez en quel lieu nous nous mettrons. » Le beau-père entra en l'île pour chercher l'endroit qui lui serait plus à propos : mais sitôt qu'elle le vit à terre, donna un coup de pied contre un arbre, et se retira avec son bateau dedans la rivière, laissant ces deux beaux-pères aux déserts, auxquels elle cria tant qu'elle put : « Attendez messieurs, que l'Ange de Dieu[12] vous vienne consoler, car de moi n'aurez aujourd'hui chose qui vous puisse plaire. »

Ces deux pauvres cordeliers connaissant la tromperie, se mirent à genoux sur le bord de l'eau la priant ne leur faire cette honte, et que si elle les voulait doucement mener au port, ils lui promettaient de ne lui demander rien. Et s'en allant toujours leur disait : « Je serais folle si après avoir échappé de vos mains, je m'y remettais. » Et en retournant au village appela son mari, et ceux de la justice, pour venir prendre ces deux loups enragés, dont[13] par la grâce de Dieu elle avait échappé de leurs dents. Eux et la justice s'y en allèrent si bien accompagnés, qu'il n'y demeura ni grand ni petit, qui ne voulut avoir part au plaisir de cette chasse. Ces pauvres fratres[14] voyant venir si grande compagnie se cachèrent chacun dans son île, comme Adam quand il se vit devant la face de Dieu[15]. La honte mit leur péché devant leurs yeux, et la crainte d'être punis les faisait trembler si fort qu'ils étaient demi morts. Mais cela ne les garda d'être pris et menés prisonniers, qui[16] ne fut pas sans être moqués et hués d'hommes et de femmes. Les uns disaient : « Ces beaux-pères nous prêchent chasteté, et puis la veulent ôter à nos femmes. » Le mari

« Codex sophilogium », début XVIe siècle. *Moine conseillant un noble et un roi* (détail). Lisbonne, Archives Torre de Tombo. © Dagli Orti.

5. **malicieux :** disposés à faire le mal.
6. **octroyer :** accorder.
7. **saint François :** saint François d'Assise, qui fonda l'ordre des cordeliers.
8. **requiers :** demande.
9. **beau-père :** formule usuelle de politesse, employée peut-être ironiquement, par raillerie.
10. **oraisons :** prières.
11. **jusques à ce qu'aie :** jusqu'à ce que j'aie…
12. **l'Ange de Dieu :** ange consolateur qui apparaît au Christ priant et souffrant au Mont des Oliviers. Dans les vies de saints, des anges apparaissent souvent aux ermites vivant au désert pour les soutenir et les consoler dans leurs tentations et leurs épreuves. L'emploi est ici ironique.
13. **dont… :** aux dents desquels elle avait échappé.
14. **fratres :** frères en latin, employé ironiquement.
15. **comme Adam… :** au paradis terrestre, Adam, après sa faute, se cacha de la face de Dieu. (voir p. 466, *Genèse*, 3, 8)
16. **qui :** ce qui.

disait : « Ils n'osent toucher l'argent la main nue[17], et veulent bien manier les cuisses des femmes, qui sont plus dangereuses. » Les autres disaient : « Sont sépulcres par dehors blanchis[18], et dedans pleins de morts et de pourriture. » Et une autre criait : « À leurs fruits connaissez-vous quels arbres sont[19] ». Croyez que tous les passages, que l'Écriture dit contre les hypocrites, furent là allégués contre les pauvres prisonniers : lesquels par le moyen du gardien furent recoux[20] et délivrés, qui[21] en grande diligence[22] les vint demander, assurant ceux de la justice qu'il en ferait plus grande punition que les séculiers[23] n'en sauraient faire. Et pour satisfaire à partie, protesta qu'ils diraient tant de suffrages[24] et prières qu'on les voudrait charger. Parquoi le juge accorda sa requête et lui donna les prisonniers, qui furent si bien chapitrés du gardien (qui était homme de bien) que oncques puis[25] ne passèrent rivière sans faire le signe de la croix, et se recommander à Dieu.

Marguerite de NAVARRE, *L'Heptaméron*, 1559, orthographe modernisée.

**17. ils n'osent toucher l'argent la main nue :** allusion ironique à la règle qui interdisait aux franciscains de recevoir de l'argent.
**18. sépulcres blanchis :** les sépulcres sont des tombeaux, mais il s'agit là d'une référence aux pharisiens hypocrites (voir ci-dessous l'extrait de l'*Évangile selon saint Matthieu*).
**19.** autre maxime évangélique, devenue proverbiale, sur l'arbre qui se juge à ses fruits (voir ci-dessous).
**20. recoux :** participe passé de « rescourre », secourus.
**21. qui :** ce pronom relatif a pour antécédent le « gardien » de l'ordre des cordeliers, supérieur hiérarchique des deux moines.
**22. en grande diligence :** très vite.
**23. séculiers :** étymologiquement, ceux qui vivent « dans le siècle », qui ne sont liés par aucun engagement religieux. Les cordeliers échappent à la justice séculière, ou civile, pour être remis à leur supérieur, ou « gardien » et être « chapitrés », c'est-à-dire blâmés devant tous leurs frères assemblés en « chapitre ».
**24. suffrages :** prières adressées aux saints.
**25. oncques puis :** jamais plus.

## Documents annexes

**Cordelier** : moine itinérant et mendiant, appartenant à l'ordre des Franciscains fondé au début du XIII$^e$ siècle par saint François d'Assise. Les cordeliers sont ainsi appelés en raison de la corde qui leur sert de ceinture : saint François, d'après la légende, en portait une. *L'Heptaméron* les montre débauchés et sans scrupules, comme il était de tradition dans les textes satiriques médiévaux.

***Genèse*, 3, 8**
Le serpent était le plus rusé de tous les animaux des champs que Yahvé Dieu avait faits. Il dit à la femme : « Alors, Dieu a dit : Vous ne mangerez pas de tous les arbres du jardin? » La femme répondit au serpent : « Nous pouvons manger du fruit des arbres du jardin. Mais du fruit de l'arbre qui est au milieu du jardin, Dieu a dit : Vous n'en mangerez pas, vous n'y toucherez pas, sous peine de mort. »

***Évangile selon saint Matthieu*, 23, 27**
« Malheur à vous, scribes et Pharisiens hypocrites, qui ressemblez à des sépulcres blanchis : au-dehors ils ont belle apparence, mais au-dedans ils sont pleins d'ossements de morts et de toute pourriture; vous de même, au-dehors vous offrez aux yeux des hommes l'apparence de justes, mais au-dedans vous êtes pleins d'hypocrisie et d'iniquité. »

***Évangile selon saint Matthieu*, 12, 34**
« Prenez un arbre bon : son fruit sera bon; prenez un arbre gâté : son fruit sera gâté. Car c'est au fruit qu'on reconnaît l'arbre. »

## Questions

**1.** *Dégagez la structure de la nouvelle et donnez un titre à chacune de ses parties. Quels liens voyez-vous entre elles ?*

**2.** *Montrez que ce récit est empreint de l'esprit humaniste de la Renaissance.*

### Lire les questions

Les deux questions permettent d'appréhender deux aspects essentiels du récit :

– **forme brève et structurée**, la nouvelle s'ordonne en effet en deux parties bien distinctes, qui sont de longueur presque égale. Dans la première, l. 1 à 32, une batelière parvient à déjouer les mauvaises intentions de deux cordeliers qui veulent la violer; elle est en danger de mort jusqu'à ce qu'elle inverse la situation en sa faveur, ayant séparé ses deux ennemis. Dans la seconde, l. 33 à 60, les moines se retrouvent en position de victimes éventuelles d'une justice qui pourrait être expéditive mais qui les délivre après les avoir retenus prisonniers.

➤ **Relevez les effets d'écho entre les deux parties.**

– **empreinte d'humanisme**, la nouvelle dépasse le comique hérité du Moyen Âge qui caractérise le registre de la première partie, selon le modèle farcesque du trompeur trompé. Dans la seconde partie, en effet, les moines, qui apparaissaient comme des monstres, deviennent des hommes dont on peut avoir pitié et qui sont soumis à un jugement destiné à les corriger, à les amender. Il ne faut pas désespérer de la nature humaine.

➤ **Recherchez tous les éléments qui évoquent l'humanisme, notamment la tolérance, la référence aux textes sacrés (vous vous aiderez des documents annexes et consulterez une Bible en vous aidant des notes pour les références), la liberté, l'intelligence, le rire enfin.**

➤ **Comment Marguerite de Navarre évite-t-elle le schématisme et le parti pris dans son évocation des cordeliers ?**

## Écriture d'invention

*Dialogue argumenté entre deux personnages*

***Imaginez et écrivez une discussion entre deux personnages qui ont écouté le récit oral de cette nouvelle. Ils commentent l'attitude des cordeliers, celle de la batelière, de son mari, des villageois et du supérieur des deux moines.***

***Vous ferez entendre des avis divergents, qui s'appuient sur des éléments du texte de Marguerite de Navarre pour fonder leurs arguments.***

### Préparation à l'écriture d'invention

Faites une liste des éléments qui viendraient à charge et à décharge pour les deux cordeliers ; procédez de la même façon pour la batelière en vous demandant qui pourrait critiquer sa façon d'agir, qui pourrait la célébrer. Insistez sur l'intelligence et le sens de la vertu de cette femme du peuple.

Au-delà du caractère moral du jugement, interrogez-vous sur le plaisir du texte, sur son efficacité comique, son audace, son inscription dans une époque.

Donnez un nom à vos personnages, que vous pouvez choisir de faire contemporains de Guébron et des personnages de *L'Heptaméron* (on les appelle les « devisants » quand ils commentent ainsi une histoire après l'avoir entendue), ou préférez des personnages modernes.

## Commentaire

*Un récit dramatique*

***Vous commenterez la nouvelle de la l. 1 à la l. 32.***

### Suggestion de plan

Projet de lecture : comment définir ce conte ?

**I Un conte réaliste**

**II Un conte farcesque**

**III Un conte moral**

## Dissertation

*Le caractère exemplaire de la nouvelle*

***En quoi cette nouvelle peut-elle sembler exemplaire ?***

### Examen du sujet

Il faut élucider le sens de l'adjectif « exemplaire » : il est à rapprocher du mot latin *exemplum*, désignant un récit utile et instructif, à valeur emblématique.

On rappellera que l'écrivain espagnol Cervantès a publié un recueil de *Nouvelles exemplaires*, soulignant ainsi par le titre la valeur d'exemplarité que peut présenter ce genre littéraire.

### Suggestion de plan

Problématique : de quelle exemplarité ce récit est-il porteur ?

La nouvelle présente :

**I Une exemplarité morale** (la concupiscence et ses excès, la vertu et l'intelligence)

**II Une exemplarité humaine** (la condition de la femme, la tentation de la justice « directe », celle de la foule, par lynchage, le dépassement par le recours à une justice humaine puis religieuse, la sagesse et la modération triomphant des passions et des instincts)

**III Une exemplarité esthétique** (un art du suspense, un sens du comique, un mélange des registres, une construction efficace…)

À vous de choisir parmi les suggestions proposées ou d'en proposer d'autres : la lecture de la nouvelle que vous laisserez transparaître dans votre travail d'écriture doit manifester une capacité à saisir la « *substantifique moelle* » d'un texte qui n'est pas aussi folâtre et léger qu'on pourrait le penser, et la capacité à en goûter le plaisir.

OUVERTURE SUR

# Deux figures de l'humanisme européen

## ÉRASME (1469-1536)

## *Traité de civilité puérile*

*Dédié au prince Henri de Bourgogne, ce court traité en sept chapitres s'adresse en fait à tous les enfants et se propose de leur enseigner les règles de savoir-vivre. Dans un Préambule, Érasme justifie son entreprise.*

PRÉAMBULE

[…] L'art d'instruire l'enfance consiste en plusieurs parties, dont la première et la principale est que l'esprit encore tendre reçoive les germes de la piété ; la seconde, qu'il s'adonne aux belles-lettres et s'en pénètre à fond ; la troisième, qu'il s'initie aux devoirs de la vie ; la quatrième, qu'il s'habitue de bonne heure aux règles de la civilité. C'est cette dernière partie que j'ai aujourd'hui choisie pour sujet ; d'autres se sont occupés des trois premières et moi-même j'en ai traité maintes fois. Quoique le savoir-vivre soit inné chez tout esprit bien réglé, cependant, faute de préceptes formels, des hommes honnêtes et instruits en manquent parfois, ce qui est regrettable. Je ne nie pas que la civilité ne soit la plus humble section de la philosophie, mais (tels sont les jugements des mortels) elle suffit aujourd'hui à concilier la bienveillance et à faire valoir des qualités plus sérieuses. Il convient donc que l'homme règle son maintien, ses gestes, son vêtement aussi bien que son intelligence. La modestie, voilà ce qui convient surtout aux enfants, et principalement aux enfants nobles : or, *il faut réputer nobles tous ceux qui cultivent leur esprit par la pratique des belles-lettres*. Que d'autres fassent peindre sur leurs écussons des lions, des aigles, des taureaux, des léopards : ceux-là possèdent plus de vraie noblesse, qui pourraient orner leurs armoiries d'autant d'emblèmes qu'ils ont cultivé d'arts libéraux.

ÉRASME, *Traité de civilité puérile*, traduit du latin par Alcide Borneau en 1877, collection « Mille et une Nuits », © Librairie Arthème Fayard, 2001.

## RECHERCHE

Rédigez une fiche biographique précise concernant Érasme, mentionnant ses œuvres.

## QUESTIONS

**1.** Comment Érasme justifie-t-il la publication de ce traité ?

**2.** En quoi le Préambule est-il une profession de foi humaniste ?

**3.** Quels domaines recouvre le terme de « civilité » ?

# LECTURE DE L'IMAGE

## *Portrait d'Érasme* par Albrecht DÜRER

**Albrecht DÜRER (1471-1528), *Portrait d'Érasme*, 1526.**

Gravure, 24,9 × 19,3 cm. Paris, Musée de la ville de Paris. © The Bridgeman Art Library.

Traduction du latin : « Par Albrecht Dürer, portrait d'Érasme de Rotterdam dessiné pour que reste vivante son image. » ; traduction du grec : « Ses écrits la montreront plus grande. » (la = son image).
Les violettes indiquent la modestie du caractère, le muguet, la pureté de l'âme.

**1.** Décrivez précisément les éléments qui composent cette gravure.

**2.** En quoi le bouquet diffère-t-il des autres objets qui entourent l'humaniste ?

**3.** Montrez que le livre est présent dans tous ses états.

**4.** Comment la concentration intellectuelle de l'humaniste se trouve-t-elle suggérée ? À quoi Érasme est-il occupé ?

**5.** Quel cadrage a été choisi pour le personnage ? En quoi ce choix correspond-il à une forme d'éloge ?

**6.** Pourquoi Dürer a-t-il inscrit son nom sur le cartouche à l'arrière-plan ? (voir traduction ci-dessus).

# MACHIAVEL (1469-1527)

## *Le Prince*[1]

Venant ensuite aux autres qualités citées ci-dessus[2], je dis que chaque prince doit désirer être réputé miséricordieux et non pas cruel : néanmoins il doit prendre garde de ne pas faire un mauvais usage de la pitié. César Borgia[3] était jugé cruel ; néanmoins sa cruauté avait restauré la Romagne, l'avait unifiée, l'avait ramenée en paix et en confiance. Ce en quoi, si l'on considère bien, on verra qu'il a été beaucoup plus miséricordieux que le peuple florentin, qui, pour fuir le nom de cruel, laissa détruire Pistoia[4]. Aussi un prince ne doit-il pas se soucier du mauvais renom de cruel, pour maintenir ses sujets dans l'union et la confiance. Car, avec très peu d'exemples, il sera plus miséricordieux que ceux qui, par excès de pitié, laissent se développer les désordres, d'où naissent meurtres et brigandages : car ceux-ci nuisent d'ordinaire à une collectivité tout entière, alors que les exécutions venant du prince nuisent à un individu. Parmi tous les princes, c'est au prince nouveau qu'il est impossible de fuir le nom de cruel, car les nouveaux États sont pleins de dangers. Virgile dit par la bouche de Didon : « Les circonstances difficiles et la nouveauté de mon règne me contraignent à procéder ainsi et à faire garder toutes les frontières[5]. »

Néanmoins le prince doit être pondéré[6] dans ses opinions et ses décisions, ne pas s'effrayer lui-même et procéder d'une manière tempérée par la sagesse et l'humanité, afin qu'une excessive confiance ne le rende pas imprudent et que trop de défiance ne le rende pas insupportable.

De là naît un débat : vaut-il mieux être aimé que craint, ou l'inverse ? On répond qu'il faudrait être l'un et l'autre ; mais, parce qu'il est difficile de les assembler, il est beaucoup plus sûr d'être craint qu'aimé, si l'on doit manquer de l'un des deux. Car l'on peut dire des hommes généralement ceci : qu'ils sont ingrats, changeants, simulateurs et dissimulateurs, lâches devant les dangers, avides de profit. Tant que vous leur faites du bien, ils sont tout à vous, vous offrent leur richesse, leurs biens, leur vie et leurs enfants, comme je l'ai dit plus haut[7], quand le besoin en est éloigné. Mais, quand celui-ci s'approche de vous, ils se détournent. Le prince qui s'est entièrement fondé sur leurs paroles, se trouvant dépourvu de tout préparatif, s'effondre. Car les amitiés que l'on acquiert à prix d'argent et non par grandeur et noblesse d'âme, on les achète, mais on ne les possède pas, et le moment venu on ne peut les dépenser. Les hommes ont moins d'hésitation à nuire à quelqu'un qui se fait aimer qu'à quelqu'un qui se fait craindre, parce que l'amour est maintenu par un lien d'obligation qui, les hommes étant méchants, est rompu par toute occasion de profit personnel ; mais la cruauté est maintenue par la peur du châtiment, qui ne vous abandonne jamais. Néanmoins le prince doit se faire craindre de façon que, s'il n'acquiert pas l'amour, il fuie la haine ; car être craint et n'être pas haï sont deux choses qui peuvent très bien aller ensemble. Il y arrivera toujours pourvu qu'il s'abstienne des biens de

1. Traité composé de 26 courts chapitres, étudiant les divers processus de constitution des principautés et l'organisation des forces armées. Le chapitre XVII, donné ici, aborde le problème de la morale en politique sous l'angle d'une des questions clés de l'ouvrage : la nécessité de la violence et le « bon usage de la cruauté ».

2. *De la cruauté et de la pitié et s'il vaut mieux être aimé que craint, ou le contraire.*

3. **César Borgia** (1475-1507) **:** homme politique habile, fourbe et cruel, qui servit de modèle à Machiavel pour *Le Prince*.

4. **Pistoia :** ville de Toscane.

5. Virgile, *Énéide*, I, 562-563.

6. **pondéré :** mesuré, modéré.

7. *Le Prince*, chap. XV.

ses concitoyens et de ses sujets, et de leurs femmes. S'il lui faut cependant s'en prendre à la vie de quelqu'un, il faut le faire à condition qu'il y ait une justification convenable et une cause manifeste ; mais surtout s'abstenir du bien d'autrui, car les hommes oublient plus vite la mort de leur père que la perte de leur patrimoine. Ensuite, les motifs d'enlever son bien à autrui ne manquent jamais ; et toujours celui qui commence à vivre de brigandages trouve des motifs de prendre le bien d'autrui ; contre la vie, au contraire, ils sont plus rares et font plus vite défaut.

Mais quand le prince est avec ses armées et a sous ses ordres une foule de soldats, alors il est absolument nécessaire de ne pas se soucier du nom de cruel, car sans ce nom on n'a jamais maintenu l'unité de l'armée et sa disponibilité à tous les combats. Parmi toutes les admirables actions d'Hannibal on compte celle-ci, qu'ayant une très grosse armée, mêlée de toutes sortes d'hommes, qu'il mena combattre en des terres étrangères, jamais n'y surgit aucune dissension ni interne ni contre son chef, dans la bonne comme dans la mauvaise fortune. Ce qui ne put provenir d'autre chose que de son inhumaine cruauté, qui, avec ses infinies qualités, le rendit toujours vénérable et terrible aux yeux de ses soldats ; sans elle, pour obtenir cet effet, ses autres vertus ne lui auraient pas suffi. Les écrivains inconsidérés, d'une part, admirent ses actions, et d'autre part condamnent leur cause principale. Qu'il soit vrai que ses autres qualités ne lui auraient pas suffi, on peut le voir en Scipion, homme exceptionnel non seulement en son temps mais dans la mémoire des choses que l'on connaît, dont les armées se révoltèrent en Espagne[8]. Ce qui ne provint de rien d'autre que de sa trop grande miséricorde, qui avait donné à ses soldats plus de licence qu'il ne convenait à la discipline militaire. Chose qui lui fut reprochée au sénat par Fabius Maximus, qui l'appela corrupteur de l'armée romaine. Les Locriens[9], ayant été détruits par un légat de Scipion, ne furent pas vengés par lui, ni châtiée l'insolence de ce légat, tout cela provenant de la facilité de sa nature ; si bien que quelqu'un qui voulait l'excuser au sénat dit qu'il y avait nombre d'hommes comme lui qui savaient mieux ne pas commettre d'erreurs que corriger les erreurs. Avec le temps une telle nature aurait gâté la renommée et la gloire de Scipion, s'il avait persévéré de la sorte dans son commandement, mais, comme il vivait sous le gouvernement du sénat, cette qualité dommageable non seulement fut dissimulée, mais fut tout à sa gloire.

Je conclus donc, en revenant à ce qui est d'être craint et aimé, que, les hommes aimant selon leur gré et craignant selon le gré du prince, un prince sage doit se fonder sur ce qui lui est propre, non pas sur ce qui est propre à autrui : il doit donc seulement s'efforcer de fuir la haine, comme on a dit.

MACHIAVEL, *Le Prince*, Chapitre XVII, « De la cruauté et de la pitié et s'il vaut mieux être aimé que craint ou le contraire », 1532.

**8. Scipion l'Africain** (235-183 av. J.-C.) **:** il mit un terme à la domination de Carthage en Espagne par la prise de Carthagène, en 209.

**9. Locriens :** habitants de Locride, contrée de la Grèce continentale ancienne.

## ANALYSE

**1.** Quels exemples historiques Machiavel étudie-t-il ?

**2.** Montrez comment l'argumentation passe de l'histoire à la morale.

**3.** Diriez-vous que ce texte est une apologie de la violence ?

**4.** Qu'entend-on par « machiavélisme » ?

CHAPITRE

# 12 Le XVII^e siècle

## OBJECTIFS

- Connaître les caractéristiques du XVII^e siècle
- Découvrir le baroque et le classicisme

Guido RENI (1575-1642), *L'Aurore* (détail), 1612. Rome, Palais Rospigliosi Pallavicini. © Scala.

## La démesure baroque

LE BERNIN (1598-1680), *L'Extase de Sainte-Thérèse*, autel de la Chapelle Cornaro, Église Santa Maria della Vittoria, Rome. © Scala.

## LECTURE DE L'IMAGE

**1.** La chapelle, un lieu organisé : comment se mêlent peinture, sculpture et architecture ? D'où vient la lumière ? Quelles couleurs renforcent la luminosité ?

**2.** La chapelle, un ensemble narratif : reformulez à votre manière l'histoire racontée par le tableau.

**3.** La chapelle, un ensemble expressif : qu'est-ce qui accentue l'extase de Sainte-Thérèse dans le travail du marbre ?

**4.** Que signifient les rayons d'or ? Selon vous, quelle est la fonction didactique de cet ensemble ?

**5.** Voici quelques termes qui désignent le style baroque : *exubérance*, *abondance*, *virtuosité*, et d'autres plus spécifiques à la désignation du style classique : *épure*, *simplicité*, *retenue*. À quel style appartient cet ensemble ?

## La mesure classique

Georges de LA TOUR (1593-1652), *Marie-Madeleine pénitente.* Paris, Musée du Louvre. © Scala/Florence.

### LECTURE DE L'IMAGE

**1.** Qui était Marie-Madeleine ? En vous aidant du titre du tableau, vous direz quel moment de la vie de Marie-Madeleine le peintre a privilégié.

**2.** D'où vient la lumière ? Quelle atmosphère crée-t-elle ?

**3.** Montrez de quelle manière la lumière et les couleurs concourent à la dramatisation de la scène.

**4.** Nommez les accessoires qui entourent la femme. Que peuvent-ils symboliser ?

**5.** Que signifie pour vous ce tableau ?

# La question religieuse au XVII$^{e}$ siècle

## Le protestantisme et le pouvoir

### • Une histoire résumée en deux dates :

– 1598 : promulgation par Henri IV de l'**Édit de Nantes.**

– 1685 : promulgation par Louis XIV de l'Édit de Fontainebleau, **révocation de l'Édit de Nantes**. On assiste à la fuite des protestants vers l'Angleterre ou la Prusse, qui les accueillent avec enthousiasme : ils apportent leurs compétences, leurs capacités de recherche philosophique et scientifique et leur dynamisme économique.

### • Pourquoi la révocation de l'Édit de Nantes ?

L'Édit de Nantes n'a jamais été complètement respecté, comme en témoigne l'assassinat de Henri IV par Ravaillac (1610), et les **rébellions** et les **répressions** qui scandent la Régence de Marie de Médicis (1610-1623) ou le règne de Louis XIII (1623-1643).

Le pouvoir catholique, considéré par Louis XIV comme un mal nécessaire au début d'un règne somme toute très **libertin,** resserre son étau à mesure que le Roi, sous l'effet de deuils familiaux cruels et d'influences habiles se range sous la bannière **catholique romaine**.

➤ **Après avoir assisté à la projection du film *Le Roi danse* (p. 513), essayez de définir l'atmosphère des années 1660-1673.**

Monarque de « droit divin », le roi s'appuie sur sa propre obéissance à Rome pour exiger l'obéissance de ses sujets à ses propres lois.

➤ **Après avoir assisté à la projection du film *Saint-Cyr* (p. 512), essayez de comprendre et de discuter ce qui oppose Madame de Maintenon aux jeunes filles auxquelles elle fait jouer *Esther* ou *Athalie*. Classez vos impressions : le sujet religieux des pièces, le sujet passionnel des pièces, l'enjeu d'un rôle d'actrice, la fonction de l'éducation, la fonction du théâtre...**

## Les rapports conflictuels du jansénisme et du pouvoir royal

### • Qu'est-ce que le jansénisme ?

Le jansénisme n'a jamais voulu se séparer de Rome, quand bien même Rome eût aimé qu'il fît sécession. Il s'agit plutôt d'une **réinterprétation de la religion** catholique dans un contexte philosophique où se posent la question de **la liberté** et celle de **la prédestination** : plus on vénère un Dieu parfait et omniscient, moins l'homme a de liberté individuelle. La condition de l'homme est alors tragique puisqu'il doit se confier aveuglément à un Dieu qui le sauve ou non par **la grâce**.

Les aventures du jansénisme au royaume de France :

– 1608-1625 : réforme du couvent de Port-Royal par la Mère Angélique.

– 1636 : ouverture à Port-Royal des « **Petites écoles** » que fréquentèrent Pascal et Racine.

– 1640 : la publication de l'*Augustinus*, texte clé du jansénisme, est condamnée par le pape et les religieuses sont poursuivies.

– 1648 : un groupe de religieuses s'installe à nouveau à Port-Royal. En 1660, les petites écoles doivent se disperser.

– 1709 : **condamnation et interdiction** du jansénisme par Rome.

– 1710 : **destruction complète de Port-Royal** par l'armée de Louis XIV.

**L'héritage janséniste :**
– La formation d'écrivains comme Pascal et Racine.
– La lutte contre les vanités du monde.

## Les rapports conflictuels des congrégations catholiques et du pouvoir royal

### • Qui sont les jésuites ?

C'est un ordre religieux fondé par **Ignace de Loyola** en 1540 (Contre- Réforme) dont l'objectif est de reconquérir le pouvoir que la Réforme a retiré à Rome (→ chap. 11, p. 436). Pour y parvenir :

– une mission à l'intérieur de l'Occident : **éduquer**
– une mission sur les autres continents : **convertir**

Jansénistes et jésuites s'opposent sur le libre arbitre. Pour les jésuites chaque faute est un cas qui mérite d'être étudié, c'est ce qu'on appelle la **casuistique**. Pour s'exercer, la casuistique favorise **l'examen de conscience**. La confession prend alors un tour particulier à l'aide d'un **directeur de conscience**.

➤ **Cherchez le sens religieux et le sens littéraire du mot *confession*.**

Cependant, le pouvoir royal reprochera à la Compagnie de Jésus d'être trop assujettie à Rome. Versailles ne le tolère pas. Les protestants, les jansénistes, les libertins, et, au XVIIIe siècle, les encyclopédistes se ligueront tour à tour pour faire chasser les jésuites de France. Ce sera chose faite en 1762 (voir chap. 13, p. 518).

**L'héritage jésuite :**
– Un modèle esthétique : le style jésuite que l'on peut observer dans la façade de la Sorbonne et plus encore dans la construction des dômes.
– Un modèle pédagogique : formation scientifique, ambition humaniste et rêve encyclopédiste forment le socle d'un enseignement actif qui s'appuie sur l'éloquence et le théâtre.

## Une atmosphère de conflits à l'intérieur du catholicisme

### • Les ramifications du catholicisme : les dévots

La Compagnie du Saint-Sacrement est créée en 1629. Son objectif est de remettre dans le droit chemin de la Foi les brebis égarées. Elle est protégée par la reine, Anne d'Autriche. Elle est pourtant interdite par Mazarin le 13 décembre 1661.

La Compagnie mène une guerre sans pitié non seulement contre les vices ordinaires mais contre tout ce qui ne semble pas convenir à sa lecture de la Bible. Dans son désir de moraliser la société, elle poursuit les prostituées, les bateleurs, les comédiens, elle condamne les duels et le luxe des femmes. Mais surtout son activité s'étend, au-delà de la mort de Mazarin, dans des réseaux secrets. Voilà qui indignera Louis XIV pour qui tout pouvoir autonome, quand bien même il serait fait pour soutenir le sien, est suspect. Le caractère secret de la Compagnie favorise délation, dénonciation, arbitraire.

### • Les ordres charitables : une remise en cause du pouvoir temporel de l'Église

Saint Vincent de Paul, formé par Bérulle, devient responsable de la commune de Clichy. Il décide alors d'être le curé des pauvres et fonde des confréries de charité au service des déshérités, des mendiants et des enfants trouvés. Il crée surtout l'ordre des Sœurs de Saint-Vincent-de-Paul dont la mission sera essentiellement hospitalière et qu'on retrouvera jusque dans les tranchées de la Première Guerre mondiale.

# Un siècle baroque

Guido RENI (1575-1642), *L'Aurore*, 1612. Rome, Palais Rospigliosi Pallavicini. © Scala.

## Aux origines du mot

### • L'histoire d'un mot

Le mot « baroque » vient du portugais « baroco » qui désigne, en joaillerie, une **perle** irrégulière non taillée. On en déduira le goût pour ce qui est à l'état brut, pour ce qui est sauvage, tourmenté, violent, trouble, souterrain, voire inconscient.

### • Un mot dans l'Histoire

En Histoire de l'art, le terme « baroque » n'est apparu qu'à partir du XIX<sup>e</sup> siècle sous l'influence des critiques d'art allemands. Pendant cette période, l'affrontement politique de la France et de l'Allemagne se double d'un affrontement culturel. Le romantisme allemand revendique sa parenté avec le baroque : l'Allemagne sera donc baroque. La France s'enorgueillit d'être classique : le terme « baroque » sera à l'origine péjoratif. Il faudra attendre le XX<sup>e</sup> siècle pour que la France reconnaisse sa contribution à l'esthétique baroque, d'abord en musique, puis en architecture, en peinture et enfin en littérature. Le terme est désormais mélioratif. Loin de détruire le classicisme auquel s'identifie volontiers la pensée française, cette reconnaissance montre l'interaction des deux mouvements. Le classicisme est en réalité un baroque contenu qui n'exclut pas la violence des passions mais la maîtrise.

➤ **Relisez les textes de Cyrano de Bergerac (p. 482) et de Pascal (p. 484). Montrez comment la même idée, par une utilisation différente de l'image et de la syntaxe, passe d'un baroque flamboyant à un classicisme mesuré. Pourquoi peut-on dire que chaque écrivain est à la fois baroque et classique ?**

## Le baroque et les arts

Depuis l'apogée de la Renaissance dans les années 1559, l'art a subi une triple évolution.

– Une expansion vers la virtuosité : le **maniérisme**. Essentiellement esthétique, ce mouvement qu'on rencontre à Fontainebleau joue de toutes les compétences acquises au contact de l'Antiquité et de l'Italie. En art, c'est le règne de la courbe et de la spirale, des jardins labyrinthiques, des sculptures très expressives.

➤ **Cherchez, dans le tableau de Guido Reni ci-contre, des éléments encore maniéristes.**

– Une profonde imprégnation du scepticisme philosophique : le **baroque de déception**. L'inquiétude contemporaine des *Tragiques* d'Agrippa d'Aubigné trouve un écho dans la traduction d'un livre biblique peu connu auparavant, *L'Ecclésiaste*. Cet ouvrage amène l'homme à réfléchir à sa condition, à refuser le plaisir de l'éphémère et à se consacrer à la méditation. En art, c'est le règne de la courbe concave, du creux, de la nature tourmentée, du morbide et de l'inquiétant.

➤ **Cherchez ce qu'a de mélancolique le tableau de Georges de La Tour, p. 475.**

– Une profonde et active réaction contre les interrogations des Réformes : le **baroque de conviction.** Dès le Concile de Trente, l'église de Rome réagit en organisant son dogme et sa diffusion : en Europe, par l'éducation, dans le monde, par les missions. L'importance des jésuites dans cet enseignement est fondamentale. En art, c'est le règne de la courbe convexe, de la coupole d'où descend la vérité divine, des jardins et des places en perspectives ouvertes.

➤ **Montrez que la sculpture du Bernin, p. 474, est une représentation à la fois de l'assurance de soi et d'un certain esprit de conquête.**

## Des querelles d'époque

### • La querelle baroque en peinture

Cette querelle concerne, certes, les thèmes qui redisent la mélancolie (Le Caravage) ou la certitude (Poussin), mais elle oppose surtout, de manière technique, le **dessin** (le trait) et la **couleur**. Les partisans du trait comme Poussin (→ p. 488) font du tableau presque une épure d'architecte. Les partisans de la couleur, par exemple Rubens (→ p. 489), estompent les lignes de séparation entre les sujets ou les objets peints au profit d'un jeu sur les couleurs : ce sont les ombres qui marquent les séparations. La peinture dessinée accentue la profondeur, la peinture colorée, les reliefs.

### • La querelle baroque en musique

On retrouverait facilement l'opposition entre mélancolie et certitude en écoutant successivement les musiques religieuses faites pour les temps de carême (*Leçons de Ténèbres* de Couperin) et les musiques profanes des entrées royales dans les villes, auxquelles participaient les rois après chaque victoire.

### • La géographie européenne de la querelle baroque

Une frontière en forme de croissant se dessine entre **pays protestants**, qui interdisent la représentation divine mais favorisent l'exaltation musicale, et **pays catholiques** frontaliers, qui accentuent la lisibilité divine par la peinture et la sculpture. C'est le cas de la Savoie, de la Bavière et de l'Autriche. Face au sud de la France, souvent influencé par le protestantisme, un autre « croissant baroque » se dessine de l'Italie à l'Espagne, pays qui exportera en Amérique latine l'exubérance baroque portée à un point d'incandescence parfois exceptionnel.

## • Baroque et politique

De 1550 à 1750, le baroque ne cesse de s'implanter en Europe. Il s'épanouit en réaction contre le sens de la mesure propre aux années 1550. En France, cette opposition hante tout le XVIIe siècle. Si, à Rome, le Vatican comprend l'intérêt d'apprivoiser le baroque de conviction pour marquer le pouvoir de son empreinte, en France, Louis XIV soumet très rapidement le pouvoir culturel au pouvoir politique pour lui donner une diffusion considérable. C'est pourquoi la mesure, l'ordre et la raison seront les ambassadeurs du règne du Grand Roi. Le classicisme s'en empare. Certains critiques anciens nient l'existence du baroque en France, tout entière identifiée à son roi, à son classicisme et à son absolutisme. D'autres, très récents, nient au contraire la spécificité du classicisme, tout entier résumé dans le « baroque de conviction ». À la mort de Louis XIV, la réaction à ce classicisme d'État fut l'art rococo, résurgence baroque. À ce moment précisément, toutes les Cours d'Europe ont compris la leçon de Louis XIV et apprivoisent un classicisme politique.

## • Baroque et question scientifique

En même temps que se déroule cette querelle en apparence seulement esthétique, un autre débat se livre chez les scientifiques. Or, on l'a vu, l'idée de baroque peut facilement être contestataire. Les hommes de science, qui veulent en découdre avec la tradition et l'autorité, vont donc être très sensibles à la quête baroque et la soutenir dans les salons précieux et mondains. La volonté de découvrir les vérités scientifiques, en astrophysique (héliocentrisme contre géocentrisme de Copernic, Galilée, Tycho Brahé, Kepler), en médecine et en chirurgie (Ambroise Paré, Harvey...), se heurte au contrôle royal et religieux ; la censure universitaire est au service de Rome. Les savants, conduits à relire les textes sacrés et à les contester dans la Réforme, cherchent encore à se libérer de la contrainte religieuse.

Les **libertins d'idées** attachent de l'importance à l'émancipation du texte biblique. *Libertini* veut dire en latin « affranchis ». Cela marque assez une étape méthodologique et provisoire jusqu'à obtention de la vérité pour, alors, repenser le monde. Certains Libertins vont plus loin et s'identifient au matérialisme antique des Épicuriens qui affirment que tout est néant. Ils prônent une première théorie atomiste et en déduisent, en matière de morale, qu'il faut vivre dans l'instant. Aussi recherchent-ils le plaisir qui est, pour eux, absence de douleur.

Mais d'autres libertins du XVIIe siècle, comme d'autres Épicuriens dans l'Antiquité, vont déduire de cette idée de plaisir que la vie humaine n'a de sens que si elle se livre aux plaisirs, à tous les plaisirs, notamment à ceux qu'interdisent les Dix Commandements, devenus obsolètes puisqu'on s'est détaché de la Genèse. Ils ouvrent la voie à des **libertins de mœurs** qui restent parfois philosophes, comme Cyrano de Bergerac, mais permettent surtout l'exploration des jouissances terrestres, comme le montre l'émergence d'un mythe nouveau, celui de Don Juan (→ p. 494).

Pour ne pas être confondus avec ceux qu'ils ne tardèrent pas à mépriser, les **libertins de pensée** préférèrent, à la fin du XVIIe siècle, le titre de « philosophes ».

## • Baroque et question mondaine

**Les salons**, laboratoires d'idées. Sous l'influence conjuguée des « cours » provinciales et des « académies » italiennes se développent les salons parisiens : souvent situés dans le Marais, quartier neuf à l'époque, ils constituent l'occasion de réunions où règnent les femmes. Sous l'apparente futilité de jeux d'amour, ils sont l'occasion d'un changement des mentalités : diffusion, contestation, discussion de nouvelles idées scientifiques, littéraires, religieuses et esthétiques. On y critique les tableaux de Poussin tout autant que les pièces de Corneille, les *Méditations* de Descartes ou les faits de langue, comme le montre bien le film d'Ariane Mnouchkine, *La Vie de Molière*, 1978. Les salons voient l'émergence, à partir de l'esthétique baroque, de l'épure classique, aussi bien dans la langue que dans la question des règles ou celle de l'imitation. Mais ils sont, pour l'absolutisme royal, un contre-pouvoir dangereux. La Cour de Versailles, composée sur le modèle de l'étiquette du salon, cherche à diminuer leur influence.

### • Un dôme baroque

La reine Anne d'Autriche, femme de Louis XIII, avait fait le vœu de bâtir « un temple magnifique » à l'emplacement du couvent royal du Val-de-Grâce, si la Providence lui accordait un fils : ce fut chose faite après vingt-trois ans de mariage, le 5 septembre 1638, avec la naissance de Louis XIV.

Val de Grâce, à Paris,
© Collection Artédia.

➤ **Observez le rapport entre la façade et le dôme : comment ce dernier est-il rendu visible ?**

➤ **Par quels procédés l'architecture s'efforce-t-elle de traduire la vérité religieuse ?**

➤ **En quoi peut-on dire, si l'on considère ce monument, que le pouvoir politique s'empare de la diffusion de la vérité religieuse pour théâtraliser sa propre fonction ?**

GROUPEMENT 1 **De la métaphore baroque à la métaphore classique**

## I. LA MÉTAPHORE BAROQUE

# CYRANO de BERGERAC (1619-1655)

# « Lettre 13 »

voir biographie p. 632

*Le véritable Cyrano, qui inspira Rostand, eut une vie non moins mouvementée que son double fictif. Il fréquente surtout les leçons du philosophe libertin Gassendi et les salons précieux. Il écrit deux textes qui fondent la science-fiction fantaisiste :* L'Autre Monde ou les États et Empire de la lune *(1650) et* Histoire comique des États et Empires du Soleil *(qui ne paraîtra qu'après sa mort, en 1662). Il publie aussi un grand nombre de lettres.*

« Monsieur,

Le ventre couché sur le gazon d'une rivière, et le dos étendu sous les branches d'un saule qui se mire dedans, je vais renouveler aux arbres l'histoire de Narcisse ; cent peupliers précipitent dans l'onde cent autres peupliers : et ces aquatiques ont été tellement épouvantés de leur chute, qu'ils tremblent encore tous les jours, du vent qui ne les touche pas. Je m'imagine que la nuit ayant noirci toutes les choses, le soleil les plonge dans l'eau pour les laver ; mais que dire de ce miroir fluide, de ce petit monde renversé, qui place les chênes au-dessous de la mousse, et le Ciel plus bas que les chênes ? Ne sont-ce point de ces vierges de jadis métamorphosées en arbres[1], qui désespérées de sentir encore violer leur pudeur par les baisers d'Apollon, se précipitent dans ce fleuve la tête en bas ? Ou n'est-ce point qu'Apollon lui-même, offensé qu'elles aient osé protéger contre lui la fraîcheur les ait ainsi pendues par les pieds ? Aujourd'hui le poisson se promène dans les bois et des forêts entières sont au milieu des eaux sans se mouiller ; un vieil orme, entre autres, vous ferait rire, qui s'est quasi couché jusque dessus l'autre bord, afin que son image prenant la même posture, il fît de son corps et de son portrait un hameçon pour la pêche. L'onde n'est pas ingrate de la visite que ces saules lui rendent ; elle a percé l'univers à jour, de peur que la vase de son lit ne souillât leurs rameaux, et non contente d'avoir formé du cristal avec de la bourbe[2], elle a voûté des Cieux et des Astres par dessous, afin qu'on ne pût dire que ceux qui l'étaient venus voir eussent perdu le jour qu'ils avaient quitté pour elle. Maintenant nous pouvons baisser les yeux au ciel, et par elle le jour se peut vanter que tout faible qu'il est à quatre heures du matin, il a pourtant la force de précipiter le Ciel dans des abîmes. Mais admirez l'empire que la basse région de l'âme exerce sur la haute ; après avoir découvert que tout ce miracle n'est qu'une imposture des sens, je ne puis encore empêcher ma vue de prendre au moins ce Firmament[3] imaginaire pour un grand lac sur qui la terre flotte. Le rossignol qui du haut d'une branche se regarde dedans, croit être tombé dans la rivière : il est au sommet d'un chêne, et, s'[4]il a peur de se noyer ; mais lorsqu'après s'être affermi de l'œil et des pieds, il a dissipé sa frayeur, son portrait ne lui paraissant plus qu'un rival à combattre, il gazouille, il éclate, il s'égosille comme lui, mais si[5] vraisemblablement qu'on se figure presque qu'il chante et ne dit

**1.** Image mythologique de jeunes filles transformées en arbres ; ici, c'est le reflet dans l'eau qui, en animant les arbres inanimés, donne l'illusion d'une métamorphose.

**2. bourbe :** boue, il nous reste en français moderne l'adjectif « bourbeux ».

**3. Firmament :** ciel. Il s'agit toujours de l'illusion donnée par le reflet du ciel dans l'eau.

**4. si :** aux XVIe et XVIIe siècles, le mot « si » peut être un adverbe d'opposition qui signifie « pourtant ».

**5. si :** ici, il s'agit de l'intensif en corrélation avec « que ».

Marten RYCKAERT (1587-1631), *Paysage*, 1624. Huile sur toile, 10,2 × 21 cm. Collection particulière. © The Bridgeman Art Library.

mot tout ensemble, pour répondre en même temps à son ennemi et pour n'enfreindre pas les lois du pays qu'il habite, dont le peuple est muet ; la perche, la dorade et la truite qui le voient, ne savent si[6] c'est un poisson vêtu de plumes ou si c'est un oiseau dépouillé de son corps ; elle s'amassent autour de lui, le considèrent comme un monstre et le brochet (ce tyran des rivières), jaloux de rencontrer un étranger sur son trône, le cherche en le trouvant, le touche et ne le peut sentir, court après lui au milieu de lui-même et s'étonne de l'avoir tant de fois traversé sans le blesser. Moi-même j'en demeure tellement consterné que je suis contraint de quitter ce tableau. Je vous prie de suspendre sa condamnation, puisqu'il est malaisé de juger d'une ombre ; car quand mes enthousiasmes auraient la réputation d'être fort éclairés, il n'est pas impossible que la lumière de celui-ci soit petite, ayant été prise à l'ombre ; et puis quelle autre chose pourrais-je ajouter à la description de cette image enluminée, sinon que c'est un rien visible, un caméléon spirituel, une nuit que la nuit fait mourir, un procès des yeux et de la raison, une privation de clarté, que la clarté met au jour : enfin que c'est un esclave qui ne manque non plus à la matière qu'à la fin de mes lettres, votre Serviteur, De Bergerac.

Savinien CYRANO de BERGERAC, *Lettres*, Lettre 13, 1654.

6. **si** : ici, il s'agit de l'interrogatif indirect correspondant à la locution « est-ce que ? »

## ANALYSE

### *Un esprit observateur et visionnaire* (l. 1 à 23)

**1.** Dans chaque phrase, relevez les éléments qui proviennent de l'appréciation des sens et expriment une sensation perçue par la vue, l'ouïe ou le toucher.

**2.** Cherchez, dans le rythme des phrases, des exemples d'alternance entre rythme ondulatoire de la rêverie et rythme net de la raison (voir p. 332).

**3.** Dans chaque phrase, montrez la transformation de la réception par les sens en imagination visionnaire.

**4.** Cherchez, dans l'ensemble du texte, un exemple d'écriture burlesque, précieuse et libertine.

### *Un esprit visionnaire et rationnel* (l. 23 à 52)

**5.** Comment Cyrano de Bergerac montre-t-il l'osmose entre science, intuition, philosophie et poésie ?

**6.** Comment parvient-il à une réflexion sur la relativité des informations que nous donnent les sens et la raison ?

## LIRE À VOIX HAUTE

Lisez à voix haute la première phrase en dégageant bien les articulations syntaxiques. Préparez la lecture des phrases : « L'onde n'est pas ingrate » jusqu'à « abîmes », (l. 18 à 26).

## 2. LA MÉTAPHORE CLASSIQUE

# Blaise PASCAL (1623-1662)

## *Pensées*

voir biographie p. 632

Disproportion de l'homme : Que[1] l'homme contemple donc la nature entière dans sa haute et pleine majesté, qu'il éloigne sa vue des objets bas qui l'environnent. Qu'il regarde cette éclatante lumière, mise comme une lampe[2] éternelle pour éclairer l'univers, que la terre lui paraisse comme un point au prix du vaste tour que cet astre décrit, et qu'il s'étonne de ce que ce vaste tour lui-même n'est qu'une pointe très délicate à l'égard de celui que les astres qui roulent dans le firmament embrassent. Mais si notre vue s'arrête là, que l'imagination passe outre[3]; elle se lassera plutôt de concevoir que la nature de fournir. Tout ce monde visible n'est qu'un trait imperceptible dans l'ample sein de la nature. Nulle idée n'en approche. Nous avons beau enfler nos conceptions au-delà des espaces imaginables, nous n'enfantons que des atomes au prix de la réalité des choses. C'est une sphère infinie dont le centre est partout, la circonférence nulle part. Enfin, c'est le plus grand caractère sensible de la toute-puissance de Dieu, que notre imagination se perde dans cette pensée.

Que l'homme, étant revenu à soi, considère ce qu'il est au prix de ce qui est ; qu'il se regarde comme égaré dans ce canton[4] détourné de la nature ; et que, de ce petit cachot où il se trouve logé, j'entends l'univers, il apprenne à estimer la terre, les royaumes, les villes et soi-même son juste prix.

Qu'est-ce qu'un homme dans l'infini ?

Mais pour lui présenter un autre prodige aussi étonnant, qu'il recherche dans ce qu'il connaît les choses les plus délicates. Qu'un ciron[5] lui offre dans la petitesse de son corps des parties incomparablement plus petites, des jambes avec des jointures, des veines dans ses jambes, du sang dans ses veines, des humeurs dans ce sang, des gouttes dans ces humeurs, des vapeurs dans ces gouttes ; que, divisant encore ces dernières choses, il épuise ses forces en ces conceptions, et que le dernier objet où il peut arriver soit maintenant celui de notre discours ; il pensera peut-être que c'est là l'extrême petitesse de la nature. Je veux lui faire voir là-dedans un abîme nouveau. Je lui veux peindre non seulement l'univers visible mais l'immensité qu'on peut concevoir de la nature, dans l'enceinte de ce raccourci d'atome. Qu'il y voie une infinité d'univers, dont chacun a son firmament, ses planètes, sa terre, en la même proportion que le monde visible ; dans cette terre, des animaux, et enfin des cirons dans lesquels il retrouvera ce que les premiers ont donné ; et trouvant encore dans les autres la même chose, sans fin et sans repos, qu'il se perde dans ces merveilles, aussi étonnantes dans leur petitesse que les autres par leur étendue ; car qui n'admirera que notre corps, qui tantôt n'était pas perceptible dans l'univers, imperceptible lui-même dans le sein du tout, soit à présent un colosse, un monde, ou plutôt un tout, à l'égard du néant où l'on ne peut arriver ?

Qui se considérera de la sorte s'effrayera de soi-même, et, se considérant soutenu dans la masse que la nature lui a donnée, entre ces deux abîmes de l'infini et du néant, il tremblera dans la vue de ces merveilles, et je crois que,

**1.** Le subjonctif employé dans une proposition indépendante ou principale a un sens de souhait. Ici, il marque la pétition de principe que Pascal exige de celui qu'il entraîne dans son observation.

**2.** Cette « lampe » est le soleil.

**3.** L'imagination, que Pascal récuse ailleurs, est ici la qualité du savant qui sait passer de la vue (observation) à la vision (conception projetée dans l'invisible). « Passer outre » signifie « aller plus loin ».

**4.** **canton :** petite unité administrative, marque ici ce qui est le plus local, quasiment le village.

**5.** **ciron :** petit insecte acarien, considéré avant l'invention du microscope comme le plus petit être vivant.

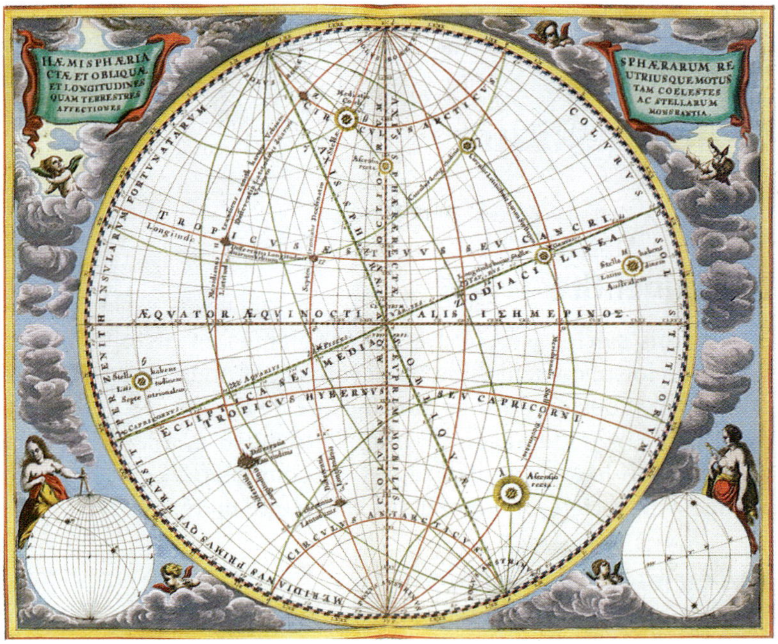

Andreas CELLARIUS, XVIIe siècle, *Mappemonde montrant le mouvement de la Terre et des Planètes.* Collection particulière. © The Bridgeman Art Library.

sa curiosité se changeant en admiration, il sera plus disposé à les contempler en silence qu'à les rechercher avec présomption.

Car enfin qu'est-ce que l'homme dans la nature ? Un néant à l'égard de l'infini, un tout à l'égard du néant, un milieu entre rien et tout, infiniment éloigné de comprendre les extrêmes. La fin des choses et leur principe sont pour lui invinciblement cachés dans un secret impénétrable, également incapable de voir le néant d'où il est tiré, et l'infini, où il est englouti.

Blaise PASCAL (1623-1662), *Pensées*, « Les deux infinis », 1670.

## ANALYSE

### *L'ordre des corps : le regard*

**1.** Relevez ce que l'homme peut percevoir de l'infiniment grand et de l'infiniment petit avec ses sens. Comment est-ce présenté par Pascal ?

**2.** Comment Pascal rend-il sensible au lecteur la perception de l'infiniment grand et de l'infiniment petit ? À quel concept scientifique fait-il appel pour nous le faire comprendre ?

### *L'ordre de l'esprit : le regard et la vision*

**3.** Relevez les liens logiques qui articulent chaque phrase. Comment s'organise le raisonnement ?

**4.** Comment passe-t-on de l'observation à l'hypothèse plausible ?

### *L'ordre du cœur : l'intuition*

**5.** Par quel procédé Pascal crée-t-il un double vertige qui conduit à l'hypothèse du divin ?

**6.** Comparez ce texte avec celui de Cyrano de Bergerac. Étudiez, dans chaque texte, la part de l'image et celle de la logique. Comment s'articulent la fascination et la raison ?

**7.** Quelle place Cyrano de Bergerac et Pascal donnent-ils à l'homme ?

## PROLONGEMENT

Recherchez quand a été inventée et perfectionnée la lunette astronomique. De quand date l'invention du microscope ?

## ÉCRITURE

Imaginez une « conversation dans un parc » : Cyrano et Pascal sont à Versailles et débattent de la place de l'homme dans l'univers.

– Phrase de départ :
  CYRANO : Cachons-nous dans ce bosquet, cher Blaise Pascal, et regardons passer la Cour : voyez tous ces grands confondus d'orgueil. Qu'est-ce que l'homme dans l'univers ?
– Phrase de fin :
  PASCAL : Un néant à l'égard de l'infini, un tout à l'égard du néant !

# HISTOIRE LITTÉRAIRE

## Un siècle classique

### Un mot, une identité

Les trois siècles, XVIe, XVIIe et XVIIIe, nommés en Histoire les Temps modernes, sont des siècles de foisonnement et de bouleversement pour la pensée et l'esthétique. Ces bouleversements font désirer un sens plus mesuré de l'harmonie et de la sérénité. Là est l'œuvre du classicisme. À la démesure, il oppose la mesure, à la disparité, l'unité. Un triple travail d'épure – de la langue, des règles de composition et du comportement de « l'honnête homme » en société – permet d'atteindre cette unité.

#### • L'unité du matériau : la langue

De même que le sculpteur travaille le marbre et le peintre la pâte de couleur, l'écrivain modèle un matériau spécifique : sa langue. Depuis le XVIe siècle, la langue française, comme toutes les langues modernes, n'a cessé d'évoluer. Elle le fait désormais dans un cadre : Richelieu a fondé l'**Académie française** en 1634. Il lui assigne la fonction d'écrire un dictionnaire (qui ne sera publié qu'en 1694) et une grammaire officiels. Le délai est tellement long que Furetière (1619-1688), académicien de la première heure, publiera son propre dictionnaire en 1684. Ainsi **se constitue une norme**. On peut, certes, déplorer qu'elle ait contribué à exclure des parlers régionaux, qu'elle ait oublié le parler chaleureux, imagé et savoureux de Rabelais et de Montaigne, et qu'elle ait peu à peu enfermé le lexique dans le corset étroit des convenances. Mais on doit reconnaître que cette norme a contribué à donner à la langue française son identité conceptuelle et analytique et à découvrir ses caractères rythmiques et phonétiques modernes. Plusieurs auteurs ont apporté leur contribution à cette réflexion sur notre langue : **Guez de Balzac** (1595-1654), auteur de *Lettres* (1624) réputées, consacre la vingt-et-unième aux questions grammaticales et lexicales. **Vaugelas** (1585-1650) publie des *Remarques sur la langue française* (1647) qui sont l'écho vivant des débats propres aux salons précieux. **Pierre Nicole** (1625-1695), en éditant la *Logique de Port-Royal* (1622), apporte un regard neuf sur la syntaxe française qui n'est plus considérée comme une émanation servile du latin.

➤ **Cherchez, dans le texte de Cyrano (p. 482) et dans celui de Pascal (p. 484), cette évolution de notre langue. Donnez un exemple syntaxique, et un exemple lexical, de tournures encore proches du latin et de tournures résolument modernes.**

#### • L'unité de la conception : l'écrivain

Le désir d'**illustrer**, c'est-à-dire de rendre illustre la langue au sens de du Bellay, ne s'est pas atténué, au contraire. Mais on cherche moins à redécouvrir d'anciennes civilisations qu'à se découvrir soi-même à l'aide des principes que ces civilisations nous ont légués. L'imitation permet de s'approprier la pensée antique, mais sans oublier de la teinter des préceptes chrétiens. On imite par conséquent en transformant, en transfigurant. L'écrivain est, dès lors, **un rouage fondamental dans la diffusion d'une identité française**. Il est, avec l'artiste, un des éléments essentiels dans un système politique qui doit affirmer ses valeurs. Mais, si les artistes critiquent l'homme individuel parce que la pensée religieuse donne pour finalité à l'homme de chercher à s'améliorer, ils ne cherchent guère à réformer l'État, la « chose publique », le royaume, dont le destin est voulu par Dieu. Cependant, quand le règne de Louis XIV se fera plus âpre et plus intolérant, les écrivains utiliseront l'imitation des Anciens (fables, caractères, maximes, pensées, comédies) pour peu à peu dénoncer, en ayant l'air de traduire seulement (La Fontaine, La Bruyère, La Rochefoucauld, Pascal, Saint-Simon, Molière). Le statut de l'écrivain pensionné par le Roi, mais cependant critique, est un statut fragile. Il appartiendra au XVIIIe siècle de réfléchir aux « droits » de l'écrivain.

➤ **Cherchez, dans le tableau de Guido Reni, p. 473, cette présence et cette réactualisation de l'Antiquité. Comment donne-t-elle foi en l'avenir ?**

## Un mot, une idée d'harmonie

### • L'unité d'écriture : les règles

Même si l'exemple du théâtre est le plus flagrant, le débat sur « les règles » ou sur « les canons » de la beauté est propre à tous les arts. On se souviendra de ne pas confondre les artistes, qui revendiquent le droit au nom de la Beauté de transgresser les règles, et les critiques, souvent plus vétilleux et légalistes que les créateurs.

Face au théâtre baroque, exubérant, historique, fabuleux, à décor changeant ou jouant sur l'illusion, le théâtre classique va faire le choix de la concentration ou de la densité.

C'est dans cette perspective que l'on éprouve le besoin de revenir aux trois règles fondamentales formulées par Aristote : **unités de temps**, **d'espace** et **d'action**, auxquelles les auteurs et les critiques ajoutent le principe des **bienséances** (pas de sang sur la scène) et celui de la **vraisemblance**.

## Un mot, un idéal

### • L'unité éthique : l'homme

Dès le XVIe siècle, apparaît la volonté de centrer l'intérêt des artistes, des écrivains et des moralistes sur l'homme par opposition avec l'univers et Dieu. Au XVIIe siècle, un mouvement inexorable d'intériorisation permet non plus de fixer l'image extérieure de l'homme mais de descendre dans l'âme humaine. La vision encore profondément religieuse empêche de penser qu'on puisse vraiment changer un monde voulu par Dieu. En revanche, bien conduit, **l'homme peut se changer lui-même**. Les progrès dans l'éducation ont montré plusieurs images d'homme idéal : au chevalier médiéval brutal ont succédé le **chevalier courtois**, le chevalier « sans peur et sans reproche », puis le brillant **courtisan** du XVIe siècle. Survient alors le **héros** qui plie ses passions à son idéal par l'exercice de sa raison. Mais l'observation des hommes ne laisse pas de montrer ses faiblesses : « *L'homme est un roseau, le plus faible de la nature ; mais c'est un roseau pensant. Il ne faut pas que l'univers entier s'arme pour l'écraser : une vapeur, une goutte d'eau, suffit pour le tuer. Mais, quand l'univers l'écraserait, l'homme serait encore plus noble que ce qui le tue, puisqu'il sait qu'il meurt, et l'avantage que l'univers a sur lui, l'univers n'en sait rien.* » (Pascal, *Pensées*). Cette lucidité s'accompagne d'une forme de modestie et tend vers l'honnêteté. Le mot vient du latin *honos* « honneur » et renvoie à l'idée d'un homme qui ne faillit ni à l'idée qu'on se fait de lui ni à celle qu'il se fait de lui-même. L'idéal de la fin du siècle est celui de **l'honnête homme**, vision ambitieuse qui montre l'homme à la recherche perpétuelle de la dignité humaine.

### • L'unité esthétique : le goût

Cet idéal se traduit par le goût de l'élégance, de la mesure et de la vérité : l'art classique se revendique simple, naturel et vrai. Mais cette simplicité se fait par une conquête sur l'exubérance baroque. Cette mesure se conquiert par la maîtrise des passions et des tourments qui n'ont jamais quitté les artistes de cette génération, comme le montre la difficile ligne de partage entre baroque et classicisme. Ce n'est ni une question de dates, ni une question de personnes, **c'est un combat intérieur permanent**. Ce **naturel** est un naturel non pas inné mais **conquis** par une longue ascèse sur soi-même.

# LECTURE DE L'IMAGE

## La querelle du dessin et de la couleur

### DOCUMENT A *L'Empire de Flore*

**Nicolas POUSSIN (1594-1665), *L'Empire de Flore*, 1631.** Huile sur toile, 131 × 181 cm.
Dresde, Staatliche Kunstsammlungen Gemäldegalerie Arte Meister. © DR.

Comme en littérature et en architecture, la peinture connaît une profusion de débats, de traités et de conflits qui montrent la vitalité de l'époque. On oppose en général le dessin (ou le trait) et la couleur (ou le coloris), au XVIe, Raphaël et Le Titien, au XVIIe, Poussin et Rubens, au XVIIIe, Chardin et David. Cette querelle est fondamentale : si elle apparente la peinture au trait, elle en fait la fille de l'architecture et la peinture obéit, dès lors, à des règles (de nombres, d'harmonie) ; si elle l'apparente à la couleur, elle en fait la sœur du drame qui ne répond qu'à deux règles : plaire et toucher et exprimer par les ombres et le relief les passions. L'Académie royale de peinture et de sculpture est créée en 1648. Des conférences s'y succèdent où les thèses s'affrontent : en 1688, Philippe de Champaigne, devant Colbert, fait l'éloge de Poussin, Gabriel Blanchard répliquera par une défense de la couleur chez Rubens, Le Brun répond en définissant les principes de la peinture dessinée à quoi réplique Roger de Piles, à la tête du « parti des coloristes ».

Jacqueline LICHTENSTEIN, *La Peinture*,
coll. « Textes essentiels », © Éditions Larousse-Bordas, 1997.

➤ **Comment chacun des peintres traite-t-il respectivement la couleur et le dessin ?**

## ÉCRITURE

Ces tableaux représentent à la fois une anecdote, une réflexion et une image du monde.

## DOCUMENT B *Les Malheurs de la guerre*

**Pierre Paul RUBENS (1577-1640), *Les Malheurs de la guerre*.** Florence, Palazzo Pitti, © Scala.

- Racontez dans vos propres termes la « fable » du tableau, observez le paratexte pour désigner les personnages et situer l'espace et le temps de l'action.
- Évoquez la signification de chaque tableau en donnant la parole à un personnage de votre choix. Il s'exprimera dans une tirade de théâtre pathétique ou tragique, épique ou dramatique. De toutes manières, il sera éloquent.
- Quelle image poétique du monde est donnée par l'équilibre du tableau de Poussin, par le déséquilibre du tableau de Rubens ? Lequel préférez-vous ? pourquoi ?

## LECTURE DE L'IMAGE

### *Document A*

**1.** Observez le tableau de Nicolas Poussin et décrivez ce que vous voyez. Vous pourrez vous intéresser aux lignes de construction, au mouvement impliqué par le char, les jeunes danseuses, les chevaux et l'Aurore.

**2.** Après avoir observé le dessin des personnages, vous ferez les remarques qui s'imposent sur les règles de la perspective, du contour des êtres et des choses, de la représentation.

**3.** Quelles remarques vous inspirent les couleurs employées ?

### *Document B*

**4.** Observez le tableau de Rubens. Que représente cette scène ? En quoi est-elle narrative ?

**5.** Tracez sur un calque les lignes de construction du tableau. Quelle ligne géométrique imprime le mouvement d'ensemble ?

**6.** Étudiez les couleurs de la nature, celles des personnages. Que pensez-vous de leur utilisation ?

**7.** Après avoir précisé ce qui est foulé au sol, vous donnerez en quelques lignes la signification du tableau. Vous pourrez, pour vous aider, rechercher quelle était la situation de l'Europe en 1638.

GROUPEMENT 2 **Un duel à fleurets mouchetés**

## I. « DES LIENS SI DOUX »

# Pierre CORNEILLE (1606-1684)

## *Tite et Bérénice*

voir biographie p. 632

*À une semaine d'intervalle, en novembre 1670, sont jouées une tragédie de Racine,* Bérénice, *et une comédie héroïque de Corneille,* Tite et Bérénice, *sur un sujet commun. Ce duel littéraire entre les deux rivaux verra le triomphe de Racine.*

*L'argument : en 79 après Jésus-Christ, Titus, héritier du trône, doit devenir empereur à la mort de son père Vespasien. Il aime Bérénice, reine de Judée. Mais, dès lors qu'il prend en charge l'empire, il ne peut, selon les lois de Rome, épouser une reine. Il se trouve donc au cœur d'un dilemme entre raison d'État et passion personnelle.*

ACTE I, SCÈNE 3

ALBIN[1]

Cependant n'est-ce rien que ce cœur soit à vous ?

DOMITIAN[1]

D'un bonheur si mal sûr je ne suis pas jaloux,
Et trouve peu de jour[2] à croire qu'elle m'aime,
Quand elle ne regarde, et n'aime que soi-même.

ALBIN

Seigneur, s'il m'est permis de parler librement,
Dans toute la Nature, aime-t-on autrement ?
L'amour-propre est la source en nous de tous les autres :
C'en est le sentiment qui forme tous les nôtres.
Lui seul allume, éteint, ou change nos désirs,
Les objets de nos vœux le sont de nos plaisirs :
Vous-même qui brûlez d'une ardeur si fidèle
Aimez-vous Domitie, ou vos plaisirs en elle ?
Et quand vous aspirez à des liens si doux,
Est-ce pour l'amour d'elle ou pour l'amour de vous ?
De sa possession l'aimable et chère idée
Tient vos sens enchantés et votre âme obsédée,
Mais si vous conceviez quelques destins meilleurs
Vous porteriez bientôt toute cette âme ailleurs.
Sa conquête est pour vous le comble des délices,
Vous ne vous figurez ailleurs que des supplices,
C'est par là qu'elle seule a droit de vous charmer,
Et vous n'aimez que vous, quand vous croyez l'aimer.

Pierre CORNEILLE, *Tite et Bérénice*, acte I, scène 3, 1670.

1. Voir didascalie initiale p. 491 « Recherche ».
2. **Trouver peu de jour :** trouver peu de vraisemblance.

## 2. « LA PERDRE, OU L'ÉPOUSER »

ACTE II, SCÈNE 1

FLAVIAN

[…] En un mot il vous faut la perdre, ou l'épouser.

TITUS

J'en sais la politique, et cette loi cruelle
A presque fait l'amour qu'il m'a fallu pour elle.
Réduit au triste choix dont tu viens de parler,
J'aime mieux, Flavian, l'aimer, que l'immoler,
Et ne puis démentir cette horreur magnanime,
Qu'en recevant le jour je conçus pour le crime.
Moi qui seul des Césars me vois en ce haut rang,
Sans qu'il en coûte à Rome une goutte de sang[1],
Moi que du genre humain on nomme les délices[2],
Moi qui ne puis souffrir les plus justes supplices,
Pourrais-je autoriser une injuste rigueur,
À perdre une héroïne à qui je dois mon cœur ?
Non, malgré les attraits de sa belle rivale[3],
Malgré les vœux flottants de mon âme inégale[4],
Je veux l'aimer, je l'aime, et sa seule beauté
Pouvait me consoler de ce que j'ai quitté ;
Elle seule en ses yeux porte de quoi contraindre
Mes feux à s'assoupir, s'ils ne peuvent s'éteindre,
De quoi flatter mon âme, et forcer mes douleurs
À souhaiter du moins de n'aimer plus ailleurs.
Mais je ne vois pas bien que j'en sois encor maître ;
Dès que ma flamme expire, un mot la fait renaître,
Et mon cœur malgré moi rappelle un souvenir
Que je n'ose écouter, et ne saurais bannir.
Ma raison s'en veut faire en vain un sacrifice,
Tout me ramène ici, tout m'offre Bérénice,
Et même je ne sais par quel pressentiment
Je n'ai souffert personne en son appartement.
Mais depuis cet adieu si cruel, et si tendre,
Il est demeuré vide, et semble encor l'attendre.

Pierre CORNEILLE, *Tite et Bérénice*, acte II, scène 1, 1670.

Costume de Titus pour *Bérénice*, 1802.
© Private collection/The Stapleton Collection/
The Bridgeman Art Library.

**1.** Après la série des empereurs Julio-claudiens, descendants d'Auguste, dont la succession s'est faite dans le sang, l'avènement de Titus semble naturel.

**2.** Suétone nous apprend que le surnom de Titus était « amour et délice du genre humain ».

**3.** Dans la pièce de Corneille, Titus aime Bérénice qui l'aime, mais il est aussi aimé de cette Domitie qu'aime aussi Domitian, et dont il était question dans le premier extrait.

**4.** **âme inégale :** cœur hésitant.

## RECHERCHE

La didascalie initiale dit à propos des personnages :

- TITE : *empereur* de Rome et *amant* de Bérénice.
- DOMITIAN : frère de Tite (il sera connu sous le nom de Domitien), et *amant* de Domitie.
- BÉRÉNICE : reine d'une partie de la *Judée*.
- DOMITIE : fille de Corbulon.
- ALBIN : *confident* de Domitian.
- FLAVIAN : *confident* de Tite.

Cherchez le sens de ces mots et dites ce qu'ils impliquent pour le déroulement de la pièce.

## ANALYSE

**1.** Ces deux textes nous présentent une sorte de quadrille amoureux.

À l'aide de vos connaissances sur le roman du XVII^e siècle (voir chap. 2), essayez d'établir le caractère romanesque de cette pièce singulière.

**2.** L'intitulé générique de cette pièce est « comédie héroïque ».

Que signifie cette expression au XVII^e siècle ? Quelles sont les attentes des spectateurs ?

## 3. « UN AVEU VÉRITABLE »

# Jean RACINE (1639-1699)

## *Bérénice*

voir biographie p. 632

*Le sujet de* Bérénice *peut se formuler en quelques mots, traduits de l'historien latin Suétone : « invitus invitam demisit », « malgré lui, malgré elle, il la renvoya ». La tragédie racinienne nous fait assister aux hésitations, aux revirements et aux déchirements des deux héros, jusque dans les dernières scènes.*

ACTE V, SCÈNE 6

TITUS

Madame, il faut vous faire un aveu véritable.[1]
Lorsque j'envisageai le moment redoutable
Où, pressé par les lois d'un austère devoir
Il fallait, pour jamais, renoncer à vous voir ;
Quand de ce triste adieu je prévis les approches,
Mes craintes, mes combats, vos larmes, vos reproches,
Je préparai mon âme à toutes les douleurs
Que peut faire sentir le plus grand des malheurs.
Mais quoi que je craignisse, il faut que je le die,[2]
Je n'en avais prévu que la moindre partie.
Je croyais ma vertu[3] moins prête à succomber,
Et j'ai honte du trouble où je la vois tomber.
J'ai vu devant mes yeux Rome entière assemblée
Le sénat m'a parlé. Mais mon âme accablée
Écoutait sans entendre, et ne leur a laissé,
Pour prix de leurs transports, qu'un silence glacé.
Rome de votre sort est encore incertaine.
Moi-même à tous moments, je me souviens à peine
Si je suis empereur et si je suis Romain.
Je suis venu vers vous sans savoir mon dessein.
Mon amour m'entraînait, et je venais peut-être
Pour me chercher moi-même, et pour me reconnaître.
Qu'ai-je trouvé ? Je vois la mort peinte en vos yeux.
Je vois, pour la chercher que vous quittez ces lieux.
C'en est trop. Ma douleur, à cette triste vue
À son dernier excès est enfin parvenue.
Je ressens tous les maux que je puis ressentir.
Mais je vois le chemin par où je puis sortir.

Jean RACINE, *Bérénice*, acte V, scène 6, 1670.

1. **véritable :** authentique, sincère.
2. **que je le die :** forme archaïque du subjonctif présent, en français moderne : que je le dise.
3. **vertu :** courage, dignité.

## ANALYSE

**1.** Qu'apprend ici Titus à Bétrénice ?

**2.** Comparez le lexique de l'amour dans cet extrait avec celui de Corneille, et réfléchissez à ce jugement courant au XVIIe siècle : la pièce de Racine serait une longue « élégie ». Cherchez le sens de ce mot et démontrez avec le texte la présence du registre élégiaque.

## 4. « ADIEU, SEIGNEUR, RÉGNEZ »

ACTE V, SCÈNE 7

*(Bérénice à Titus)*

Mon cœur vous est connu, Seigneur, et je puis dire
Qu'on ne l'a jamais vu soupirer pour l'Empire.
La grandeur des Romains, la pourpre des Césars
N'a point, vous le savez, attiré mes regards.
J'aimais, Seigneur, j'aimais : je voulais être aimée.
Ce jour, je l'avouerai, je me suis alarmée :[1]
J'ai cru que votre amour allait finir son cours.
Je connais[2] mon erreur, et vous m'aimez toujours.
Votre cœur s'est troublé, j'ai vu couler vos larmes ;
Bérénice, Seigneur, ne vaut point tant d'alarmes,
Ni que[3] par votre amour l'univers malheureux,
Dans le temps[4] que Titus attire tous ses vœux
Et que de vos vertus il goûte les prémices,[5]
Se voie en un moment enlever ses délices.[6]
Je crois, depuis cinq ans jusqu'à ce dernier jour,
Vous avoir assuré d'un véritable amour.
Ce n'est pas tout : je veux, en ce moment funeste,
Par un dernier effort couronner tout le reste.
Je vivrai, je suivrai vos ordres absolus.
Adieu, Seigneur, régnez : je ne vous verrai plus.

Jean RACINE, *Bérénice*, acte V, scène 7, vers 1475-1494.

René Antoine HOUASSE (1645-1710), *Titus et Bérénice*, plafond du Salon de Vénus, Château de Versailles.
© RMN/Gérard Blot.

1. **alarmée :** effrayée. 2. **je connais :** je reconnais. 3. **ni que :** ne vaut pas non plus que… 4. **dans le temps que :** au moment où… 5. **prémices :** débuts. 6. **délices :** cf. la note 2, p. 491.

## RECHERCHE

En quoi les deux scènes de la pièce de Corneille (pp. 490-491) correspondent-elles à ce qu'on attend d'une exposition ?
En quoi les deux scènes de la pièce de Racine correspondent-elles à ce qu'on attend d'un dénouement de tragédie ?
Justifiez vos réponses.

## ANALYSE

**1.** Que signifie à votre avis le fait que ce soit le personnage féminin qui ait les derniers mots ? Titus ne dira rien, Antiochus, amoureux éconduit de Bérénice dira seulement « Hélas ! ».

**2.** Dans la scène précédente, Titus craignait une fin sanglante. Comment nommer la fin réelle de la pièce ?
À quoi une telle fin vous fait-elle penser ?

## PROLONGEMENTS

**1.** La Bruyère dira dans *Les Caractères*, section « Des ouvrages de l'esprit » : « Corneille nous assujettit à ses caractères et à ses idées, Racine se conforme aux nôtres ; celui-là peint les hommes comme ils devraient être, celui-ci les peint tels qu'ils sont » Qu'en pensez-vous à la lumière de ces 4 extraits ?

**2.** Dans la *Lettre à d'Alembert sur les spectacles* (1758), Rousseau propose un autre dénouement :

> Qu'après avoir mieux consulté son cœur, Titus ne voulant ni enfreindre les lois de Rome, ni vendre le bonheur à l'ambition, vienne avec des maximes opposées, abdiquer l'Empire aux pieds de Bérénice ; que pénétrée d'un si grand sacrifice, elle sente que son devoir serait de refuser la main de son amant et que pourtant, elle l'accepte ; que tous deux, enivrés des charmes de l'amour, de la paix, de l'innocence, et, renonçant aux vaines grandeurs, prennent, avec cette douce joie qu'inspirent les vrais mouvements de la Nature, le parti d'aller vivre heureux et ignorés dans un coin de la terre.

# Molière, *Dom Juan*, 1665

## Un défi de Molière

**Une pièce mineure** : obligé d'interrompre la représentation de *Tartuffe*, interdite par la censure, mais contraint à faire vivre sa troupe, Molière s'excuse de ne livrer qu'une pièce hâtive, écrite en prose parce qu'il n'aurait pas eu le temps de la mettre en vers.

**Une pièce majeure** : pourtant, il s'agit de *Dom Juan*, sujet emprunté à une source espagnole mais qu'il transforme : chez Tirso de Molina, Don Juan est un mécréant puni pour ses forfaits. La pièce est donc pleinement morale. Or, Molière, par une fin ouverte et une mise en scène séduisante du séducteur, rend la signification du personnage plus ambiguë.

**Un mythe** : au fil des réécritures, le personnage, en perdant sa dimension anecdotique, acquiert de multiples significations. Molière joue sur la double valeur du libertinage, Mozart accentue pour l'opéra le rythme de la séduction effrénée. Au XIX<sup>e</sup> siècle, les romantiques verront en Don Juan un rebelle intéressant, à la fois pour son audace, son orgueil et son destin.

## Le conflit du libertin et du superstitieux

**• Une structure comique**

Le duo-duel : selon une tradition issue de la farce. La situation comique est centrée sur l'exagération du décalage entre deux caractères physiques ou moraux opposés. Cette opposition se reproduit plusieurs fois :

– Dans la scène d'exposition, le valet Sganarelle est d'autant plus provocateur, en faisant l'éloge du tabac, et gesticulateur que son partenaire, Gusman, valet d'Elvire, est rigide et crispé.

– Le couple central formé de Don Juan et d'Elvire est composé de deux êtres que tout sépare : la jeune femme pieuse et le « grand seigneur méchant homme », libertin avéré.

– L'autre duo de la pièce, entre le maître et le valet, rapproche aussi des êtres improbables : le maître athée et le valet superstitieux. Toute la pièce est fondée sur la théâtralisation de l'opposition.

**1.** Cherchez, dans chaque acte, un exemple de cette opposition.

**2.** Quelles scènes tendent, en apparence, à inverser cette donnée et à construire un Sganarelle audacieux et provocateur ? Quand et pourquoi réussit-il ? Quand et pourquoi échoue-t-il ?

**• La théâtralisation de l'opposition**

Don Juan se définit d'abord comme quelqu'un qui conteste et contredit tout le monde.

**3.** En quoi cette attitude définit-elle le « grand seigneur » insolent à l'égard des valeurs bourgeoises ?

**4.** Pourquoi les scènes de l'Acte IV permettent-elles de préciser le portrait de Don Juan ?

Parfois, Don Juan se trouve malgré tout, pris à son propre piège :

**5.** Étudiez l'Acte II et cherchez comment le décor, la situation, les caractères enferment Don Juan dans ses contradictions.

**6.** Relisez le dénouement. Quelles significations attachez-vous à la présence sur scène de la statue du Commandeur, d'Elvire, du Temps, de la Mort ?

**7.** Comment comprenez-vous l'aspiration de Don Juan par le gouffre et la dernière réplique de Sganarelle ?

## Le conflit de l'esthétique baroque et de l'esthétique classique

**• Les éléments baroques**

– Une pièce à machines : dans l'Antiquité la « machina » était la poulie par laquelle on faisait descendre sur scène un dieu, d'où l'expression *deus ex machina*, le dieu « venu » de la machine, pour désigner une intervention inopinée qui permet le dénouement. Or, Molière a besoin à l'Acte V de plusieurs artifices scéniques.

**8.** Énumérez ces artifices et dites en quoi ces interventions mécaniques, exigeant de lourds décors, relèvent plus du théâtre baroque que du théâtre classique.

**9.** Étudiez de près le décor de chaque acte : convient-il dans une pièce classique ?

À cette absence d'unité de lieu correspond une absence d'unité de temps et d'action.

**10.** Est-il plausible que les actions, dans cette pièce, se déroulent en 24 heures ?

– Le mélange des genres. La veine comique : Sganarelle s'adonne à des pitreries de farce. L'Acte II mêle comique de langage et de situation. Molière introduit, dans le monde fruste des paysans, des propos de salon précieux : problème de la recherche du véritable amour, de la rivalité, du dépit.

La satire : au déguisement de Sganarelle à l'Acte III, s'ajoute la satire de la bourgeoisie, de la noblesse, de l'argent, de la Cour et de la religion.

La dimension romanesque : Elvire a été enlevée du couvent où elle avait prononcé ses vœux par Don Juan qui voulait l'épouser. Ses frères, qui obéissent au code de l'honneur et se battent en duel, relèvent du roman de chevalerie.

*Dom Juan* de MOLIÈRE. Mise en scène de Jean-Luc Boutté avec Francis Huster, Comédie-Française, 1979. © Agence Bernand.

La dimension tragique : le comique relève toujours de l'enfermement dans le matériel et le contingent, le tragique intervient dès que l'homme est relié à l'invisible, au divin, au transcendant. Même si c'est dans le déni, ce divin est présent de manière constante dans la pièce. D'autre part, la tragédie est l'inexorable mise en route d'un destin. Or, dès l'Acte I, Elvire appelle la vengeance divine et Sganarelle craint la punition de Dieu.

**• Les éléments classiques**

– Le principe de l'imitation et le modèle espagnol, la fable originelle.

**11.** En quoi le principe de l'imitation est-il classique ?

– L'unité de conscience : toute la disparité de l'action et des figurants s'évanouit si l'on prend comme centre le « caractère » de Don Juan, fidèle à lui-même dans son défi permanent.

**12.** Dans combien de scènes, à chaque acte, Sganarelle et Don Juan sont-ils présents ? Qu'en concluez-vous ?

Don Juan est à la fois un personnage singulier qui pousse la désinvolture à un point rarement atteint, et un personnage emblématique qui fixe l'image d'une noblesse en perte de sens. Certes, on est encore loin de 1789, c'est bien pourquoi Don Juan a l'ardeur, la violence et le panache d'un Cyrano, mais il n'en est pas moins « condamné », plus d'ailleurs par la société que par Dieu.

### Le fin mot de Molière

**• Théâtre, déterminisme et liberté**

**13.** Comment est exprimée la notion de « libre arbitre » ?

**14.** La pièce est-elle tragique ou comique ?

**15.** Pourquoi Molière a-t-il choisi d'interpréter, non pas le rôle de Don Juan, mais celui de Sganarelle ?

**• La prédominance d'un personnage**

**16.** En quoi Don Juan est-il emblématique d'un certain XVII^e^ siècle ?

**17.** Par quelle image Molière nous séduit-il ?

**18.** Sommes-nous séduits ou instruits par la pièce ?

## I. L'ENVOLÉE BAROQUE

# Paul SCARRON (1610-1660)

## *Le Roman comique*

voir biographie p. 632

Il y avait deux gentilshommes[1] qui étaient les plus qualifiés de la ville, déjà avancés en âge, sans être pourtant mariés, comme il arrive souvent aux personnes de condition, ce que l'on dit en proverbe : *Entre qui nous veut et qui nous ne voulons pas, nous demeurons sans nous marier.* À la fin tous deux se marièrent. L'un, qu'on appelait Monsieur de Fonsblanche, prit une fille de Châteaudun, laquelle était de fort petite noblesse, mais fort riche. L'autre, qu'on appelait Monsieur du Lac, épousa une demoiselle de la ville de Chartres, qui n'était pas riche, mais qui était très belle et d'une si illustre maison qu'elle appartenait à des ducs et pairs et à des maréchaux de France. Ces deux gentilshommes, qui pouvaient partager la ville, furent toujours de fort bonne intelligence, mais elle ne dura guère après leurs mariages, car leurs deux femmes commencèrent à se regarder d'un œil jaloux, l'une se tenant fière de son extraction et l'autre de ses grands biens. Madame de Fonsblanche n'était pas belle de visage mais elle avait grand-mine, bonne grâce et était fort propre[2] ; elle avait beaucoup d'esprit et était fort obligeante. Madame du Lac était très belle, comme j'ai dit, mais sans grâce. Elle avait de l'esprit infiniment mais si mal tourné que c'était une artificieuse et dangereuse personne. Ces deux dames étaient de l'humeur de la plupart des femmes de ce temps, qui ne croiraient pas être du grand monde si elles n'avaient chacune une douzaine de galants ; aussi elles faisaient tous leurs efforts et employaient tous leurs soins pour faire des conquêtes, à quoi la du Lac réussissait beaucoup mieux que la Fonsblanche, car elle tenait sous son empire toute la jeunesse de la ville et du voisinage, s'entend[3] des personnes très qualifiées, car elle n'en souffrait point d'autres ; mais cette affectation causa des murmures sourds qui éclatèrent enfin ouvertement en médisance sans que pour cela elle discontinuât de sa manière d'agir ; au contraire, il sembla que ce lui fût un sujet pour prendre plus de soin à faire de nouveaux galants. La Fonsblanche n'était pas du tout si soigneuse d'en avoir et elle en avait pourtant quelques-uns qu'elle retenait avec adresse, entre lesquels était un jeune gentilhomme très bien fait dont l'esprit correspondait au sien et qui était un des braves du temps. Celui-là en était le plus favori, aussi son assiduité causa des soupçons et la médisance éclata hautement.

Ce fut là la source de la rupture entre ces deux dames, car auparavant elles se visitaient civilement, mais, comme j'ai dit, toujours avec une jalouse envie.

Paul SCARRON, *Le Roman comique*, Troisième partie[4], chapitre 15, 1657.

1. L'insertion de « nouvelles » dans le récit permet des sortes de trompe-l'œil dans l'écriture. Voici l'incipit de l'une de ces histoires enchâssées.
2. **propre :** élégante.
3. **s'entend :** c'est-à-dire.
4. Cette troisième partie est une suite donnée à ce roman, dont on ne connaît pas l'auteur, et qui a été publiée en 1663.

## ANALYSE

**1.** Relevez dans le texte les indices d'un récit oral avec présence du conteur. Ce texte est écrit et inséré dans le *Roman comique*. Quelle est la fonction d'un récit enchâssé dans un récit cadre ?

**2. Travail d'écriture :** un groupe invente une fin morale à cet incipit. Un autre groupe invente une fin immorale, mais drôle. Un dernier groupe invente une fin invraisemblable et fabuleuse. Comparez.

# SAINT-RÉAL (1639-1692)

## *Dom Carlos*

*Portrait à gauche :* France XVIe siècle. Élisabeth de France, reine d'Espagne. © The Picture Desk/Musée du Château de Versailles/Dagli Orti.

*Portrait à droite :* Dom Carlos, infant d'Espagne. © The Picture Desk/Musée du Château de Versailles/Dagli Orti.

Lorsque Charles Quint[1] résolut de quitter ses États pour se retirer dans une solitude, il craignit de laisser son fils exposé à la bonne fortune de Henri II, dont il avait ressenti les effets, et il fit trêve pour cinq ans avec ce prince. Entre les ouvertures de paix qui furent faites pendant la trêve, on proposa de marier le prince d'Espagne, Dom Carlos, fils unique de Philippe II et de Marie de Portugal, sa première femme, avec Madame Élisabeth, fille aînée de France. [...]

Après les premières civilités, ces deux illustres personnes, occupées à se considérer l'une l'autre, cessèrent de parler, et, le reste de la compagnie se taisant par respect, il se fit durant quelque temps un silence assez extraordinaire dans cette occasion.

Dom Carlos n'était pas régulièrement bien fait. Mais, outre qu'il avait le teint admirable et la plus belle tête du monde, il avait les yeux si pleins de feu et d'esprit, et l'air si animé, qu'on ne pouvait pas dire qu'il fût désagréable. D'abord, il fut ébloui de la beauté de la reine : mais quand il considérait ce qu'il avait perdu en la perdant son admiration se changeait en douleur, et prévoyant ce qu'elle lui ferait souffrir, il vint insensiblement à la regarder avec quelque sorte de frayeur.

Cependant, le duc de l'Infantade crut qu'elle attendait par civilité que Dom Carlos voulût partir et que le prince attendait par respect qu'elle fît la même chose. Dans cette pensée il les avertit qu'il en était temps et il les tira tous deux d'un embarras plus grand qu'il ne pensait. Le prince ayant pris place dans le carrosse de la reine, il ne leva point les yeux de dessus elle pendant le chemin ; et il eut toute la commodité qu'il pouvait souhaiter de la considérer et de se perdre. La reine le remarqua aussitôt. Un sentiment secret, dont elle ne fut point la maîtresse, lui fit trouver de la douceur à voir le ravissement de Dom Carlos. Cependant elle n'osait l'observer, et il ne la regardait d'abord qu'en tremblant ; mais enfin leurs yeux, après s'être évités quelque temps, lassés de se faire violence, s'étant rencontrés par hasard, ils n'eurent jamais la force de les détourner. Ce fut par ces fidèles interprètes que Dom Carlos dit à la reine tout ce qu'il avait à lui dire. Il la prépara par mille regards tristes et passionnés à toute l'obstination et la grandeur de sa passion. Le cœur de ce prince, chargé de son secret et serré de la douleur de son infortune, ne put différer plus longtemps à se soulager, et, comme il crut voir dans l'air interdit et embarrassé de la reine qu'elle l'entendait, il en eut une joie si sensible qu'il en oublia pour quelques moments le bonheur de son père et ses propres malheurs.

SAINT-RÉAL, *Dom Carlos*, 1672.

1. Il s'agit de montrer les amours d'Élisabeth de Valois et de Dom Carlos, infant d'Espagne. À l'origine, le roi d'Espagne Philipe II souhaitait le mariage entre son fils et la princesse, mais son veuvage imprévu lui fit décider d'épouser Élisabeth. Néanmoins, c'est Dom Carlos qui doit accueillir la jeune future.

## ANALYSE

**1.** Relevez les éléments romanesques et baroques dans ce passage.

**2.** Relevez les éléments théâtraux. Lesquels semblent empruntés à la tragédie ? Comment la syntaxe traduit-elle le caractère implacable du destin ?

**3.** Lisez à voix haute la fin du passage (à partir de « Cependant elle n'osait l'observer... » l. 27) et marquez l'augmentation de la tension et l'anticipation tragique.

# Madame de LAFAYETTE (1636-1693)

## *Histoire de la princesse de Montpensier*

voir biographie p. 632

*La princesse de Montpensier a aimé jadis le duc de Guise mais elle a été obligée d'épouser le prince de Montpensier. Ce dernier, pour raison d'État, laisse sa femme sous la protection du comte de Chabannes. Au cours d'une promenade au bord de l'eau, survient le duc de Guise.*

Le duc d'Anjou allait souvent visiter les places qu'il faisait fortifier[1]. Un jour qu'il revenait à Loches par un chemin peu connu de ceux de sa suite, le duc de Guise, qui se vantait de le savoir, se mit à la tête de la troupe pour servir de guide, mais, après avoir marché quelque temps, il s'égara et se trouva sur le bord d'une petite rivière qu'il ne reconnut par lui-même. Le duc d'Anjou lui fit la guerre de les avoir si mal conduits et, étant arrêtés en ce lieu, aussi disposés à la joie qu'ont accoutumé de l'être de jeunes princes, ils aperçurent un petit bateau qui était arrêté au milieu de la rivière, et, comme elle n'était pas large, ils distinguèrent aisément dans ce bateau trois ou quatre femmes, et une entre autres qui leur sembla fort belle, qui était habillée magnifiquement, et qui regardait avec attention deux hommes qui pêchaient auprès d'elle. Cette aventure donna une nouvelle joie à ces jeunes princes et à tous ceux de leur suite. Elle leur parut une chose de roman. Les uns disaient au duc de Guise qu'il les avait égarés exprès pour leur faire voir cette belle personne, les autres, qu'il fallait, après ce qu'avait fait le hasard, qu'il en devînt amoureux, et le duc d'Anjou soutenait que c'était lui qui devait être son amant. Enfin, voulant pousser l 'aventure à bout, ils firent avancer dans la rivière de leurs gens à cheval le plus avant qu'il se put pour crier à cette dame que c'était monsieur d'Anjou qui eût bien voulu passer de l'autre côté de l'eau et qui priait qu'on le vînt prendre. Cette dame, qui était la princesse de Montpensier, entendant dire que le duc d'Anjou était là et ne doutant point, à la quantité des gens qu'elle voyait au bord de l'eau, que ce ne fût lui, fit avancer son bateau pour aller du côté où il était. Sa bonne mine le lui fit bientôt distinguer des autres, mais elle distingua encore plus tôt le duc de Guise. Sa vue lui apporta un trouble qui la fit un peu rougir et qui la fit paraître aux yeux de ces princes dans une beauté qu'ils crurent surnaturelle. Le duc de Guise la reconnut d'abord[2], malgré le changement avantageux qui s'était fait en elle depuis les trois années qu'il ne l'avait vue. Il dit au duc d'Anjou qui elle était, qui fut honteux d'abord de la liberté qu'il avait prise, mais voyant Madame de Montpensier si belle, et cette aventure lui plaisant si fort, il se résolut de l'achever, et, après mille excuses et mille compliments, il inventa une affaire considérable, qu'il disait avoir au-delà de la rivière et accepta l'offre qu'elle lui fit de le passer dans son bateau. Il y entra seul avec le duc de Guise, donnant ordre à tous ceux qui le suivaient d'aller passer la rivière à un autre endroit et de les venir joindre à Champigny, que

1. L'action de cette nouvelle historique se situe en effet pendant les guerres de Religion, entre 1566 et le massacre de la Saint-Barthélemy, 1572.

2. **d'abord :** dès l'abord, aussitôt.

Madame de Montpensier leur dit qui n'était qu'à deux lieues de là. Sitôt qu'ils furent dans le bateau, le duc d'Anjou lui demanda à quoi ils devaient une si agréable rencontre et ce qu'elle faisait au milieu de la rivière. Elle lui répondit qu'étant partie de Champigny avec le prince son mari dans le dessein de le suivre à la chasse, s'étant trouvée trop lasse, elle était venue sur le bord de la rivière où la curiosité de voir prendre un saumon, qui avait donné dans un filet, l'avait fait entrer dans ce bateau. Monsieur de Guise ne se mêlait point dans la conversation ; mais, sentant réveiller vivement dans son cœur tout ce que cette princesse y avait autrefois fait naître, il pensait en lui-même qu'il sortirait difficilement de cette aventure sans rentrer dans ses liens.

Madame de LAFAYETTE, *Histoire de la princesse de Montpensier*, 1662.

François CLOUET (1515-1572), *Portrait de Nicolas d'Anjou, marquis de Mézières*. Chantilly, Musée Condé.


## ANALYSE

### *Comme un conte*

**1.** Quels sont les éléments qui rapprochent ce récit d'un conte ?

**2.** Relevez des mots et des expressions qui appartiennent à la rhétorique de l'insistance : hyperboles, intensifs, superlatifs.

### *Comme un roman*

**3.** Quels éléments relèvent de la description ?

**4.** Les descriptions sont-elles réalistes ou allégoriques ? Justifiez votre réponse.

**5.** Relevez tous les éléments narratifs et montrez comment l'auteur renouvelle les clichés.

**6.** Relevez les passages de discours rapporté.

**7.** Comment comprenez-vous la phrase : « *Elle leur parut une chose de roman.* » (l. 13) ?

### *Comme une histoire*

**8.** Quels sont les référents historiques des lieux et des personnages ? En quoi réside leur importance ?

**9.** Comment la thématique amoureuse est-elle mêlée aux circonstances historiques ?

## LIENS


- **Chapitre 1**, p. 50
- **Chapitre 2**, pp. 68 à 75
- **Mémento**, Les modalités du discours rapporté, p. 618

GROUPEMENT4 **Une correspondance, miroir du siècle**

## I. UNE PASSION ROMANESQUE

# Madame de SÉVIGNÉ (1626-1696)

## *Lettre à Madame de Grignan*[1]

voir biographie p. 632

à Livry, Mardi saint, 24 mars 1671[2]

Voici une terrible causerie[3], ma pauvre bonne[4]. Il y a trois heures que je suis ici ; je suis partie de Paris avec l'abbé, Hélène, Hébert et *Marphise*[5], dans le dessein de me retirer[6] pour jusqu'à jeudi au soir du monde[7] et du bruit. Je prétends être en solitude. Je fais de ceci une petite Trappe[8] ; je veux y prier Dieu, y faire mille réflexions. J'ai dessein d'y jeûner beaucoup par toutes sortes de raisons, marcher pour tout le temps que j'ai été dans ma chambre, et, sur le tout, m'ennuyer pour l'amour de Dieu.[9]. Mais, ma pauvre bonne, ce que je ferai beaucoup mieux que tout cela, c'est de penser à vous. Je n'ai pas encore cessé depuis que je suis arrivée, et ne pouvant tenir tous mes sentiments, je me suis mise à vous écrire au bout de cette petite allée sombre que vous aimez, assise sur ce siège de mousse où je vous ai vue quelquefois couchée. Mais, mon Dieu, où ne vous ai-je point vue ici ? et de quelle façon toutes ces pensées me traversent-elles le cœur ? Il n'y a point d'endroit, point de lieu, ni dans la maison, ni dans l'église, ni dans le pays[10], ni dans le jardin, où je ne vous aie vue. Il n'y en a point qui ne me fasse souvenir de quelque chose de quelque manière que ce soit. Et de quelque façon que ce soit aussi, cela me perce le cœur. Je vous vois ; vous m'êtes présente. Je pense et repense à tout. Ma tête et mon esprit se creusent, mais j'ai beau tourner, j'ai beau chercher, cette chère enfant que j'aime avec tant de passion est à deux cents lieues de moi ; je ne l'ai plus. Sur cela, je pleure sans pouvoir m'en empêcher ; je n'en puis plus, ma chère bonne. Voilà qui est bien faible, mais pour moi, je ne sais point être forte contre une tendresse si juste et si naturelle. Je ne sais en quelle disposition vous serez en lisant cette lettre. Le hasard peut faire qu'elle viendra mal à propos, et qu'elle ne sera peut-être pas lue de la manière qu'elle est écrite. À cela je ne sais point de remède. Elle sert toujours à me soulager présentement ; c'est tout ce que je lui demande. L'état où ce lieu m'a mise est une chose incroyable. Je vous prie de ne point parler de mes faiblesses, mais vous devez les aimer, et respecter mes larmes qui viennent d'un cœur tout à vous.

Madame de SÉVIGNÉ, *Lettres*, 24 mars 1671. Édition posthume, 1726.

**1.** Madame de Grignan est la fille de Madame de Sévigné. Le Roi, qui cherche à éloigner de la Cour ceux qui ont fait partie du cercle de Fouquet, l'a mariée à monsieur de Grignan qu'il a nommé administrateur des Alpes provençales. Ce départ est insupportable pour cette mère éplorée.

**2.** Livry est à l'époque une bourgade à une vingtaine de kilomètres de Paris. La semaine sainte est la semaine qui conduit au vendredi qui commémore la mort du Christ, et le dimanche à sa résurrection. Chaque jour de cette semaine est « saint ». Cette semaine clôt les 40 jours du Carême et s'achève dans la fête de Pâques pour les chrétiens.

**3. causerie :** conversation. L'adjectif « terrible » a une connotation morale.

**4. ma pauvre bonne :** est un hypocoristique, c'est-à-dire une apostrophe affectueuse.

**5.** Les compagnons de la marquise sont l'abbé de Coulanges, une femme de chambre, un domestique et sa petite chienne.

**6. se retirer** a un sens religieux : une retraite est un temps où, par des privations (jeûne : privation alimentaire ; abstinence : privation sexuelle) et par la méditation et la prière, on prépare son âme à la révélation de la foi.

**7. monde :** le contact avec les hommes et, plus particulièrement, ici, la vie mondaine.

**8.** Le couvent de la Trappe est célèbre pour l'obligation de silence qui y règne.

**9.** L'ennui est le sentiment aigu du vide du monde, de sa vanité ; **« s'ennuyer pour l'amour de Dieu » :** créer en soi un silence propice à retrouver le chemin de la foi.

**10. pays :** la campagne aux alentours. Au XVIIe siècle, Livry n'est pas en banlieue mais à la campagne.

# ANALYSE

### Une lettre ou une situation particulière de communication

**1.** Relevez les marques d'énonciation, de personne, de lieu, de temps qui caractérisent une lettre. À quoi contribuent-elles pour des lecteurs modernes ?

**2.** Relevez les termes qui témoignent de la relation particulière entre cette émettrice et sa réceptrice. Caractérisez cette relation.

**3.** Observez l'amorce et le congé de la lettre et dites sur quel registre ils sont respectivement écrits.

### Une lettre ou un aveu émouvant

**4.** Relevez les termes qui caractérisent l'amour de cette mère pour sa fille. En quoi sont-ils attendus ou étonnants ?

**5.** Le début de la lettre est tout entier soumis à un contexte religieux légitimé par sa date. Quel effet produit le rapprochement entre l'amour pour Dieu et l'amour pour son enfant ?

**6.** Qu'est-ce qui provoque l'intensité du sentiment de la marquise ? Étudiez la fonction de la mémoire dans ce mouvement intérieur.

### Une lettre ou un monologue intérieur

**7.** En quoi cette passion pour sa fille peut-elle paraître « romanesque » ? Définissez le registre « romanesque » à partir du groupement précédent et appliquez cette définition à cette lettre.

**8.** En quoi le silence et la retraite autorisent-ils la prise de conscience d'un amour exceptionnel ? Relevez et commentez les passages où la marquise s'étonne elle-même.

# PROLONGEMENT

Dans *À la recherche du temps perdu*, Marcel Proust fait intervenir plusieurs personnages, fervents lecteurs de Madame de Sévigné : la grand-mère et la mère du narrateur y retrouvent une image de leur amour maternel et filial et la beauté d'un style « naturel » et non pédant. Madame de Villeparisis, marquise et mondaine elle-même, y trouve de quoi satisfaire son goût pour les potins mondains (cf. texte suivant). Le baron de Charlus est celui qui a l'analyse la plus profonde dans *À l'ombre des jeunes filles en fleurs* : il lit Madame de Sévigné comme précurseur de Dostoïevski :

[Madame de Villeparisis] s'étonnait qu'un homme pût comprendre [ces *Lettres*] si bien. Elle trouvait à M. de Charlus des délicatesses, une sensibilité féminines. Nous nous dîmes plus tard quand nous fûmes seuls et parlâmes tous les deux de lui, qu'il avait dû subir l'influence profonde d'une femme, sa mère, ou plus tard, sa fille, s'il avait des enfants. Moi, je pensai : « une maîtresse », en me reportant à l'influence que celle de Saint-Loup me semblait avoir eue sur lui et qui me permettait de me rendre compte à quel point les femmes avec lesquelles ils vivent affinent les hommes.

– Une fois près de sa fille elle n'avait probablement rien à lui dire, répondit Madame de Villeparisis.

– Certainement si ; fût-ce de ce qu'elle appelait « choses si légères qu'il n'y a que vous et moi qui les remarquions » et, en tout cas, elle était près d'elle. Et La Bruyère nous dit que c'est tout : « Être près des gens qu'on aime, leur parler, ne leur parler point, tout est égal. » Il a raison. C'est le seul bonheur, ajouta Monsieur de Charlus d'une voix mélancolique ; et ce bonheur là, hélas, la vie est si mal arrangée qu'on le goûte bien rarement ; Madame de Sévigné a été en somme moins à plaindre que d'autres. Elle a passé une grande partie de sa vie auprès de ce qu'elle aimait.

– Tu oublies que ce n'était pas de l'amour, c'était de sa fille qu'il s'agissait.

– Mais l'important dans la vie, ce n'est pas ce qu'on aime, reprit-il d'un ton compétent, péremptoire et presque tranchant, c'est d'aimer. Ce que ressentait Madame de Sévigné pour sa fille peut prétendre beaucoup plus justement ressembler à la passion que Racine a dépeinte dans *Andromaque* ou dans *Phèdre*, que les banales relations que le jeune Sévigné avait avec ses maîtresses. De même l'amour de tel mystique pour son Dieu. Les démarcations trop étroites que nous traçons autour de l'amour viennent seulement de notre grande ignorance de la vie.

Marcel PROUST, *À l'ombre des jeunes filles en fleurs*,


À la lumière de cette interprétation sur Racine, relisez la lettre de Madame de Sévigné et démontrez son caractère tragique.

Pierre MIGNARD (1612-1695), *Françoise de Sévigné, Comtesse de Grignan* (détail). Huile sur toile. Paris, Musée Carnavalet. © The Bridgeman Art Library.

## 2. UNE « MÉDITATION MÉTAPHYSIQUE »

*À Madame de Grignan*

À Paris, ce mercredi 16 de mars 1672

[...] Vous me demandez, ma chère enfant, si j'aime toujours bien la vie. Je vous avoue que j'y trouve des chagrins cuisants ; mais je suis encore plus dégoûtée de la mort : je me trouve si malheureuse d'avoir à finir tout ceci[1] par elle que, si je pouvais retourner en arrière, je ne demanderais pas mieux. Je me trouve dans un engagement qui m'embarrasse : je suis embarquée dans la vie sans mon consentement ; il faut que j'en sorte, cela m'assomme et comment en sortirai-je ? Par où ? Par quelle porte ? Quand sera-ce ? En quelle disposition ? Souffrirai-je mille et mille douleurs, qui me feront mourir désespérée ? Aurai-je un transport au cerveau ? Mourrai-je d'un accident ? Comment serai-je avec Dieu ? Qu'aurai-je à lui présenter ? La crainte, la nécessité feront-elles mon retour vers lui ? N'aurai-je aucun autre sentiment que la peur ? Que puis-je espérer ? Suis-je digne du paradis ? Suis-je digne de l'enfer ? Quelle alternative ! Quel embarras ! Rien n'est si fou que de mettre son salut dans l'incertitude mais rien n'est si naturel, et la sotte vie que je mène est la chose du monde la plus aisée à comprendre. Je m'abîme dans ces pensées et je trouve la mort si terrible, que je hais plus la vie parce qu'elle y mène que par les épines qui s'y rencontrent. Vous me direz que je veux vivre éternellement. Point du tout, mais si on m'avait demandé mon avis, j'aurais bien aimé à mourir entre les bras de ma nourrice : cela m'aurait ôté bien des ennuis et m'aurait donné le ciel bien sûrement et bien aisément. Mais parlons d'autre chose.

Madame de SÉVIGNÉ, *Lettre* du 16 mars 1672. Édition posthume, 1726.

1. **ceci :** sa vie.

### ANALYSE

#### *Une lettre confidence*

**1.** Relevez tout ce qui fait de ce texte une écriture de l'intime, dans le fond comme dans la forme.

**2.** En réfléchissant au statut du destinataire, dites pourquoi une lettre permet une telle introspection.

#### *Une lettre délibérative*

**3.** Étudiez à partir de la ponctuation la nature des phrases et le rythme du texte. Que traduisent-ils ?

**4.** Avec qui Madame de Sévigné dialogue-t-elle ? Avec qui d'ordinaire peut-on avoir ce type de conversation ?

#### *Une lettre méditative*

**5.** Cherchez le sens du mot « méditation ». Quelle différence faites-vous entre « contemplation », « méditation », « confession » ? Qu'apprenons-nous sur cette marquise un peu « mondaine » et fantasque qu'on juge possessive à l'extrême à l'égard de sa fille ? Que signifie finalement ce besoin possessif ?

**6.** À quoi sert une méditation sur la mort ? Relevez, nommez et classez les phases de cette méditation. Madame de Sévigné surmonte-t-elle sa peur ? Quel est le rôle des religions dans ce rapport à la mort ?

### PROLONGEMENT

Cherchez dans les *Pensées* de Pascal, la pensée célèbre sur « le Pari », fragment 397, « Preuves de la religion » dont voici le début :

Examinons donc ce point et disons : Dieu est ou il n'est pas ; mais de quel côté pencherons-nous ? La raison n'y peut rien déterminer. Il y a un chaos infini qui nous sépare. Il se joue à un jeu à l'extrémité de cette distance infinie où il arrivera croix ou pile[1]. Que gagnerez-vous ? Par raison vous ne pouvez faire ni l'un ni l'autre ; par raison, vous ne pouvez défendre nul des deux.

Ne blâmez donc pas la fausseté[2] de ceux qui ont pris un choix, car vous n'en savez rien. – Non mais je les blâmerai d'avoir fait non ce choix, mais un choix, car, encore que celui qui prend croix et l'autre soient en pareille faute, ils sont tous deux en faute ; le juste[3] est de ne point parier.

– Oui, mais il faut parier. Cela n'est pas volontaire, vous êtes embarqué.

Blaise PASCAL, *Pensées*, publication posthume, 1670.

1. Les pièces de monnaie portaient sur leur face une croix, l'autre côté est « pile » bien sûr. 2. **fausseté :** erreur, comme « faute » plus loin. 3. **le juste :** adjectif substantivé, ce qui est juste.

## 3. DES POTINS MONDAINS

*À Madame de Grignan*

Ce vendredi 17 juillet 1676

Enfin c'en est fait, la Brinvilliers est en l'air[1]. Son pauvre petit corps a été jeté, après l'exécution, dans un fort grand feu, et les cendres au vent, de sorte que nous la respirerons, et par la communication des petits esprits[2], il nous prendra quelque humeur empoisonnante dont nous serons tous étonnés. Elle fut jugée dès hier. Ce matin, on lui a lu son arrêt, qui était de faire amende honorable à Notre-Dame et d'avoir la tête coupée, son corps brûlé, les cendres au vent. On l'a présentée à la question[3]; elle a dit qu'il n'en n'était pas besoin, et qu'elle dirait tout. En effet, jusqu'à cinq heures du soir elle a conté sa vie, encore plus épouvantable qu'on ne le pensait. Elle a empoisonné dix fois de suite son père (elle ne pouvait en venir à bout), ses frères et plusieurs autres. Et toujours l'amour et les confidences mêlés partout. Elle n'a rien dit contre Pennautier[4]. Après cette confession, on n'a pas laissé de lui donner la question dès le matin, ordinaire et extraordinaire[5]; elle n'en a pas dit davantage. Elle a demandé à parler à Monsieur le Procureur général; elle a été une heure avec lui. On ne sait point encore le sujet de cette conversation. À six heures on l'a menée, nue en chemise et la corde au cou, à Notre-Dame faire l'amende honorable. Et puis on l'a remise dans le même tombereau où je l'ai vue, jetée à reculons sur la paille, avec une cornette basse et sa chemise, un docteur[6] auprès d'elle, le bourreau de l'autre côté. En vérité, cela m'a fait frémir. Ceux qui ont vu l'exécution disent qu'elle a monté sur l'échafaud[7] avec beaucoup de courage. Pour moi, j'étais sur le pont Notre-Dame avec la bonne d'Escars[8]; jamais il ne s'est vu tant de monde, ni Paris si ému ni si attentif. Et demandez-moi ce qu'on a vu, car pour moi je n'ai vu qu'une cornette, mais enfin ce jour était consacré à cette tragédie. J'en saurai demain davantage, et cela vous reviendra.[9]

Madame de SÉVIGNÉ, *Lettre* du 17 juillet 1676. Édition posthume, 1726.

1. **en l'air :** dans les airs. Vous allez apprendre que ses cendres ont été dispersées. La marquise de Brinvilliers a été condamnée pour avoir empoisonné son père en 1666 et ses frères en 1670.
2. **petits esprits :** ou « esprits animaux » désignent les particules matérielles du corps qui, ici, se dissolvent dans l'air.
3. **la question :** la torture.
4. **Pennautier :** un des amis de la Brinvilliers qui fut ensuite mis hors de cause.
5. **on n'a pas laissé de… :** on n'a eu de cesse que…
6. Il s'agit d'un docteur en théologie, son confesseur.
7. **échafaud** n'a pas le sens révolutionnaire. Ce n'est pas la guillotine qui n'existait pas encore, mais l'échafaudage sur lequel est installé le bûcher.
8. **Attention à l'emploi de l'hypocoristique « bonne » :** Madame d'Escars, une noble, est une amie de Madame de Sévigné.
9. **cela vous reviendra :** cela vous sera rapporté.

## ANALYSE

### *Un humour très particulier*

**1.** Ce texte relève-t-il de l'humour, du comique ou de l'ironie ? Quelles sont les conditions d'énonciation de chacun de ces registres ?

**2.** Relevez les modalisateurs et dites leur fonction dans ce récit.

**3.** Relevez les antiphrases ou les réticences et dites leur fonction.

**4.** Que peut-on reprocher à Madame de Sévigné à la lecture de cette lettre ? Que peut-on apprécier ?

### *Le récit d'une exécution capitale à Paris au XVIIe siècle*

**5.** Faites une recherche sur l'affaire des poisons et repérez, dans le récit, ce qui est factuel.

**6.** Isolez ce qui est émotionnel et interrogez-vous sur le propos de Madame de Sévigné. Est-elle « badaud » au milieu des badauds ? Qu'implique le ton de ce récit ?

**7.** L'exécution capitale est faite pour devenir exemplaire. L'est-elle ?

### *Un document, un témoignage ou un morceau de bravoure littéraire ?*

**8.** Trouvez dans le texte ce qui permet de lui attribuer chacune de ces fonctions. Laquelle domine ?

## ÉCRITURE

**Dissertation**

Peut-on affirmer à la lecture de ces lettres ou d'autres lettres que vous pouvez connaître qu'il existe un « genre épistolaire » ?

# L'abstraction dans la langue du XVII^e siècle

La caractéristique de la langue française au XVI^e siècle, notamment en matière de lexique, est d'absorber d'abord l'influence italienne de la Renaissance et de l'humanisme, ensuite l'influence allemande au moment de la Réforme.

Une belle au bois dormant qui se serait endormie au début du XVI^e siècle et se serait réveillée en 1598 n'aurait pas reconnu son pays, tant ce siècle l'avait métamorphosé, aussi bien en ce qui concerne les mentalités, les cultures, les religions, que les connaissances. La langue n'échappe pas à cette transformation radicale. Au XVII^e siècle, sur le modèle antique, l'idée de nation s'incarne dans un corps qui est sa géographie. À la fin des guerres de Religion on a souvent exprimé l'adage « Un Roi, une Foi, une Loi » à quoi peut s'ajouter « une langue » dans laquelle l'âme de la nation transparaît.

Le « Génie » d'un peuple, c'est donc son esprit propre.

Le projet du XVII^e siècle est de définir et d'incarner ce « génie ».

Or, le XVII^e siècle va connaître deux évolutions radicales.

## 1. La logique

La phrase française se libère peu à peu de son carcan latin : on allège considérablement l'enchâssement des subordonnées entre elles, on évite l'emploi trop abondant de participes, on intensifie la parataxe au détriment de la syntaxe.

Soit le passage suivant, extrait de *L'Astrée* d'Honoré d'Urfé, p. 64 :

→ *Est-ce, belle bergère, lui dit-il, pour m'éprouver ou pour me désespérer ? – Ce n'est, dit-elle, ni pour l'un, ni pour l'autre, mais pour la vérité, **n'étant** plus de besoin d'essayer une chose si reconnue.*

La seconde phrase présente des difficultés de compréhension au lecteur du XXI^e siècle. Le participe présent exprime une circonstance : cause, temps, opposition, conséquence. Ici, « étant » a un sens causal. Le français moderne ne tolère plus cette construction et exige l'emploi d'une subordonnée : « puisqu'il n'est plus besoin d'essayer une chose si reconnue ». D'autre part, à quel mot se rattache « étant » ? On comprend que la construction équivaut à une tournure impersonnelle dont le sujet est le groupe « d'essayer une chose si reconnue ».

La phrase suivante tirée du même texte :

→ *Il est vrai que tes actions ont fait que je me trouve déchargée d'une chose qui, **ayant effet**, m'eût déplu davantage que ton infidélité.*

offre tout autant de difficultés au lecteur moderne. Le groupe de mots en caractères gras équivaut à une proposition hypothétique « si elle avait eu de l'effet ». La syntaxe est parfaitement correcte, mais obscure, et nécessite donc une note explicative (voir note 5 p. 64).

## 2. La clarté

Le lexique français s'enrichit de termes abstraits à mesure que disparaît l'emploi du neutre commun au latin, au grec et à l'allemand. Si la langue y perd des étapes intermédiaires de conceptualisation, elle y gagne en précision et en concision.

Deux principes commandent cette évolution, deux lieux l'accueillent :

- **Les deux principes** sont « **l'usage** » et la « **norme** ». L'usage est déterminé par le nombre de gens qui emploient une expression ou une forme. Il vient d'en bas. La norme est construite par un petit collège de spécialistes. Elle vient d'en haut, non pas socialement, mais divinement, comme un dogme, une règle, un principe moral. D'ailleurs il est intéressant qu'elle génère l'idée de « faute » comme en morale (dysorthographie, barbarisme, solécisme).
- **Les deux lieux** sont d'un côté les **salons** où les débats sur la langue sont nombreux et vifs (on pourrait citer la « querelle » de « car » au cours de laquelle on débattit âprement de la rivalité entre « car » et « parce que ») ; de l'autre **l'Académie** où la réflexion est plus feutrée et plus érudite. On y discute surtout des mots admis au dictionnaire.

En matière de lexique, l'usage et la norme gouvernent aussi. Ils produisent un certain nombre d'interdits :
– refus des mots vieillis, techniques, bas ou déshonnêtes ;
– recherche du terme exact, refus des doublets et des ambivalences ;
– interdiction de fabriquer des néologismes.

➤ **Qu'est-ce qu'un *puriste* ? Qu'est-ce qu'un *pédant* ? Quand risque-t-on de passer de l'un à l'autre ? Qu'est-ce qu'un *cuistre* ? Qui est Trissotin ?**

→ Honoré d'Urfé, *L'Astrée*, op. cit. :

Savez-vous bien **ce que c'est qu'aimer ?** C'est mourir en soi pour revivre en autrui, **c'est ne se point aimer** que **d'autant que l'on est agréable à la chose aimée.**

→ Mme de Lafayette :

Le comte demeura seul avec la princesse et continua d'avoir pour elle un **respect** et une **amitié** proportionnée à sa **qualité** et à son **mérite**. La **confiance** s'augmenta de part et d'autre et à tel point du côté de la Princesse de Montpensier qu'elle lui apprit l'**inclination** qu'elle avait eue pour Monsieur de Guise, mais *elle lui apprit aussi en même temps qu'elle était presque éteinte et qu'il ne lui restait que ce qui était nécessaire pour défendre l'entrée de son cœur* à tout autre et que, la vertu se joignant à toute autre **impression**, elle n'était capable que d'avoir du **mépris** pour tous ceux qui oseraient lever les yeux jusques à elle.

➤ **Quel est, au XVII^e siècle, le sens précis des mots en gras ?**

➤ **Relevez dans la partie écrite en italique les tournures périphrastiques utilisant un neutre. De quoi parle-t-on ?**

➤ **Relevez une locution vieillie, moins employée de nos jours.**

# EXERCICES

**1** **Dans le texte de Scarron, p. 496, étudiez les systèmes d'oppositions syntaxiques et lexicales des lignes 1 à 18, jusqu'à « une artificieuse et dangereuse personne ». Faites l'analyse syntaxique des phrases 1 (« Il y avait deux gentilshommes... ») et 5 (« Ces deux gentilshommes... ») l. 10.**
**Bilan : classez dans toute cette première partie de texte les articulations logiques en juxtaposition, coordination, subordination. Interprétez stylistiquement vos observations.**

**2** **Faites l'analyse syntaxique du premier paragraphe du texte de Saint-Réal, p. 497. Proposez-en une interprétation stylistique.**

**3** **Faites le même travail sur les premières phrases de deuxième paragraphe.**

**4** **Même travail sur la deuxième phrase du texte de Mme de Lafayette, p. 498.**

**5** **Dans les trois extraits suivants analysez les mots en italique.**

« mais *cette* affectation causa des murmures sourds qui éclatèrent enfin ouvertement en médisance *sans que* pour *cela* elle discontinuât de *sa* manière d'agir ; au contraire, il sembla que *ce lui* fût un sujet *pour prendre* plus de soin *à faire* de nouveaux galants. » (p. 496)

« Cependant, elle n'osait *l'*observer et *il* ne *la* regardait d'abord *qu'en tremblant*, mais enfin leurs yeux, après *s'être évités* quelque temps, lassés de *se faire violence, s'étant rencontrés* par hasard, *ils* n'eurent jamais la force de *les* détourner. *Ce* fut par *ces* fidèles interprètes *que* Dom Carlos dit à la reine *tout ce qu'il* avait à *lui* dire » (p. 497)

« Sitôt qu'ils furent dans le bateau, le duc d'Anjou lui demanda *à quoi* ils devaient une si agréable rencontre et *ce qu'*elle faisait au milieu de la rivière. » (p. 498)

**6** **Relevez dans les phrases de l'exercice précédent les noms abstraits et les noms concrets. Commentez leur emploi.**

**7** **a) Dans les extraits suivants, définissez les mots abstraits en gras. Donnez leur sens exact au XVII^e siècle et maintenant. Lesquels sont imagés ? Lesquels sont des dérivations d'adjectifs ? Lesquels peuvent devenir des allégories ?**

**b) Comment passe-t-on de l'indéfini au défini ou du défini à l'indéfini, de l'inconnu au connu ? En quoi est-ce au service de l'analyse ?**

**c) Relevez dans les deux extraits les adverbes et expliquez leur rôle modalisateur.**

Le premier < précepte > était de ne recevoir jamais **aucune chose** pour vraie que je ne **la** connusse évidemment être telle ; c'est-à-dire d'éviter soigneusement la **précipitation** et la **prévention** et de ne comprendre rien de plus en mes **jugements** que **ce qui** se présenterait si clairement et si distinctement à mon esprit que je n'eusse aucune occasion de **le** mettre en **doute**.

DESCARTES, *Discours de la méthode.*

La **justice** sans la **force** est impuissante, la **force** sans la **justice** est tyrannique.

**Rien** n'est si insupportable à l'homme que d'être dans un plein **repos**, sans **passions**, sans **affaire**, sans **divertissement**, sans **application**. Il sent alors son **néant**, son **abandon**, son **insuffisance**, sa **dépendance**, son **impuissance**, son **vide**. Incontinent, il sortira du fond de son âme l'**ennui**, la **noirceur**, la **tristesse**, le **chagrin**, le **dépit**, le **désespoir**.

PASCAL, *Pensées.*

# Les figures de style et leur rapport à l'esthétique

On se souvient que la caractéristique baroque est la démesure, l'exagération, l'exubérance. On ne sera donc pas étonné, en littérature, de voir se développer les procédés de l'insistance, au cœur desquels on compte l'hyperbole. De même, la caractéristique de l'art classique est l'épure, la mesure, l'harmonie. C'est donc une esthétique de la réticence, la figure de choix des classiques est la litote.

On peut dénombrer quelques procédés rhétoriques propres à l'**insistance**.

• **Anaphore** : répétition d'un mot ou d'une structure grammaticale en tête de vers, de strophe ou de paragraphe. Le procédé a des vertus expressives et incantatoires allant jusqu'à la litanie.

→ Voir p. 491, vers 433, 435 et 436.

• **Hypotypose** : procédé de description qui consiste à la rendre si vivante et si crédible qu'on a l'impression de l'avoir sous les yeux. Par exemple, la description du naufrage dans lequel le seigneur Anselme a cru perdre ses enfants, dans *L'Avare*. C'est une utilisation particulière de la description qui concerne un paragraphe entier.

• **Hyperbole** : procédé qui consiste à exagérer l'expression pour produire une impression plus forte. Elle est caractéristique de l'art baroque et pourrait même en devenir le symbole. Dans les phrases, elle se manifeste par un rythme oratoire avec une construction qui fait se succéder une phase ascendante (protase), une acmé et une chute (apodose).

→ *La magnificence et la galanterie n'ont jamais paru en France avec tant d'éclat que dans les dernières années de Henri second. Ce prince était galant, bien fait et amoureux quoique sa passion pour Diane de Poitiers, duchesse de Valentinois, eût commencé il y avait plus de vingt ans, elle n'en était pas moins violente, et il n'en donnait pas des témoignages moins éclatants.* (Mme de Lafayette, *La Princesse de Clèves*, 1678, incipit)

• **L'emphase** : procédé d'exagération qui fait appel soit au registre pompeux, soit à la grandiloquence, c'est-à-dire à des procédés propres à l'éloquence.

→ *Mille gens se ruinent au jeu, et vous disent froidement qu'ils ne sauraient se passer de jouer : quelle excuse ! Y a-t-il une passion, quelque violente ou honteuse qu'elle soit, qui ne pût tenir le même langage ? Serait-on reçu à dire qu'on ne peut se passer de voler, d'assassiner, de se précipiter ?* (La Bruyère, *Les Caractères*)

Du côté des procédés de **réticence**, on peut récapituler quelques figures de rhétorique importantes, fréquemment utilisées par les classiques.

• **La litote** : procédé stylistique qui consiste à dire le moins pour exprimer le plus. Elle concerne tantôt les mots isolément, tantôt la syntaxe. On la retrouve dans la ponctuation sous la forme du discours interrompu par des points de suspension, dans le discours par la présence d'ironie par antiphrase.

→ *Va, je ne te hais point*

expression par laquelle en disant le moins Chimène exprime le plus. C'est une manière détournée d'avouer son amour à Rodrigue.

• **L'ironie** : elle suppose une connivence avec le lecteur dont le personnage fait les frais. On peut évoquer deux catégories d'ironie : l'ironie par sous-entendu et l'ironie par antiphrase.

→ *Le sage quelquefois évite le monde, de peur d'être ennuyé.* (La Bruyère, *Les Caractères*)

→ *N*** arrive avec grand bruit ; il écarte le monde, se fait place ; il gratte, il heurte presque ; il se nomme, on respire, et il n'entre qu'avec la foule.* (La Bruyère, *Les Caractères*)

• **L'asyndète** : figure de style qui consiste à effacer les mots de liaison entre des groupes syntaxiques.

→ *Le nez de Cléopâtre, s'il eût été plus court, la face du monde en eût été changée.* (Pascal)

• **Le blanc** typographique, vertical (marges) ou horizontal (interlignes) désigne un silence. Il contribue à la respiration du texte. Il appartient totalement à la poésie versifiée dont il est un élément structurel, mais l'émergence de proses fragmentaires (pensées, maximes, portraits, caractères) lui donna sa place dans la prose. S'il soutient le lyrisme, il souligne la rêverie, s'il soutient l'argumentation, il est ironie. Par exemple dans les *Maximes* de La Rochefoucauld, la brièveté de chaque phrase et la juxtaposition de l'ensemble créent un effet qui en dit plus long qu'une démonstration sur les effets de l'amour propre.

• **L'ellipse** : figure de construction consistant en l'omission d'un mot.

→ *Je t'aimais inconstant, qu'aurais-je fait fidèle ?* (= si tu avais été fidèle) (Racine, *Andromaque*)

- **L'oxymore** : figure qui permet, en rapprochant deux mots grammaticaux (adjectif + nom) de sens opposé, d'obtenir un effet de contraste très fort grâce à la concision.

→ *Cette obscure clarté qui tombe des étoiles.*
(Corneille, *Le Cid*)

- **Le parallélisme** : figure qui rapproche des structures apparentées et fait donc ressortir l'élément qui les oppose.

- **La parataxe** : construction qui juxtapose deux propositions au lieu de les faire dépendre l'une de l'autre. Sa logique est implicite et non explicite.

- **La prétérition** : consiste à affirmer qu'on ne parlera pas ou qu'on n'a pas parlé de quelqu'un ou de quelque chose alors que, manifestement, on l'a fait ou on va le faire. Par exemple, dans un poème consacré à Versailles, Musset, après soixante-dix vers de description, affirme :

→ *Non, je ne vous décrirai pas.*

- **La réticence** : figure de rétention apparentée à l'ellipse et au sous-entendu. Elle consiste à retenir une information, un nom, un lieu. Son emploi crée un climat de complicité ou de connivence propre à la tendresse ou à l'ironie.

# EXERCICES

**1** **Choisissez un des textes du groupement 1 ; relevez des exemples des figures de style répertoriées ici et expliquez leur intérêt.**

## À voix haute (exercices 2, 3 et 4)

**2** **Lisez à voix haute le texte de *Cyrano de Bergerac*, p. 482, en préservant votre souffle et en soulignant par la voix l'effet des métaphores.**

**3** **Dites à voix haute la 3e lettre de Madame de Sévigné, p. 503, en vous efforçant de rendre le ton d'une conversation.**

**4** **Préparez la lecture orale de *La Princesse de Montpensier*, p. 498, à partir de la l. 39 « Elle lui apprit » jusqu'à « dans les filets du pêcheur » (l. 47), en faisant ressortir la subtilité de la comparaison.**

**5** **Dans les deux textes de Corneille (pp. 490-91), puis dans les deux textes de Racine (pp. 492-93), relevez les figures de l'amplification, notamment les comparaisons et les métaphores.**
**À quoi servent-elles ?**

**6** **Comment l'auteur joue-t-il sur les mots, les noms et les images dans le texte p. 496 ?**

**7** **Comparez l'utilisation de l'image chez Saint-Réal (p. 497) et chez Madame de Lafayette (p. 498).**

## Écriture (exercices 8, 9 et 10)

**8** **Mettez les ressources de la rhétorique baroque au service de la description d'un monstre pour le cinéma fantastique.**

**9** **Documentez-vous sur un palais ou une église baroque en Amérique latine, en Espagne ou en Allemagne. Faites-en une description.**

**10** **Aimez-vous le baroque ? Justifiez votre réponse à l'aide d'arguments et d'exemples.**

**11** **En quoi peut-on parler de « style naturel » dans les lettres de Madame de Sévigné, pp. 500-503, et dans les extraits de Racine, pp. 492-493 ?**

**12** **Transformez le texte que vous avez écrit à l'exercice 8 selon les procédés de l'écriture classique.**

**13** Hâtez-vous lentement, et, sans perdre courage,
Vingt fois sur le métier remettez votre ouvrage :
Polissez-le sans cesse et le repolissez ;
Ajoutez quelquefois, et souvent effacez.

BOILEAU, *L'Art poétique*, chant I, 1674

**Reprenez un paragraphe d'un devoir récent et cherchez à l'améliorer en mettant en œuvre ce précepte de l'esthétique classique.**

**14** **Aimez-vous le classicisme ? Justifiez votre réponse à l'aide d'arguments et d'exemples.**

# ÉPREUVE BAC

## CORPUS Vanités

### DOCUMENT A

Simon Renard de SAINT-ANDRÉ (1613-1677), *Vanité*. Huile sur toile, 65 × 54 cm. Collection particulière. © The Bridgeman Art Library.

## TEXTE B « Je m'embarque joyeux… »

Je m'embarque joyeux, et ma voile pompeuse
M'ôte déjà la terre et me donne les mers,
Je ne vois que le ciel uni aux sillons pers[1] :
C'est le premier état de mon âme amoureuse.

Puis je vois s'élever une vapeur confuse,
Ombrageant tout le ciel qui se fend en éclairs,
Le tonnerre grondant s'anime par les airs ;
C'est le second état dont elle est langoureuse.

Le troisième est le flot hideusement frisé,
Le mât rompu des vents[2] et le timon brisé,
Le navire enfondrant[3], la perte de courage.

Le quatrième[4] est la mort entre les flots salés
Abattus, rebattus, vomis et avalés :
Bref mon amour n'est rien qu'un horrible naufrage.

Abraham de VERMEIL, *Poésies*, 1603.

1. **pers :** couleur changeante de l'eau du bleu au vert.
2. **rompu des vents :** rompu par les vents.
3. **enfondrer (participe présent) :** couler, sombrer.
4. **quatrième :** pour que le nombre de syllabes soit respecté, il convient de faire une synérèse, c'est-à-dire « quatrème » pour ne pas fausser l'alexandrin.

## TEXTE C « Paraphrase du Psaume CXLV »

N'espérons plus, mon âme, aux promesses du monde :
Sa lumière est un verre, et sa faveur une onde
Que toujours quelque vent empêche de calmer.
Quittons ses vanités, lassons-nous de les suivre ;
C'est Dieu qui nous fait vivre,
C'est Dieu qu'il faut aimer.

En vain, pour satisfaire à nos lâches envies,
Nous passons près des rois tout le temps de nos vies
À souffrir des mépris et ployer les genoux :
Ce qu'ils peuvent n'est rien : ils sont comme nous sommes,
Véritablement hommes,
Et meurent comme nous.

Ont-ils rendu l'esprit, ce n'est plus que poussière
Que cette majesté si pompeuse et si fière
Dont l'éclat orgueilleux étonne l'univers ;
Et dans ces grands tombeaux où leurs âmes hautaines
Font encore les vaines,
Ils sont mangés des vers.

Là se perdent ces noms de maîtres de la terre,
D'arbitres de la paix, de foudres de la guerre ;
Comme ils n'ont plus de sceptre, ils n'ont plus de flatteurs,
Et tombent avec eux d'une chute commune
  Tous ceux que leur fortune
  Faisait leurs serviteurs.

François de MALHERBE, « Paraphrase du Psaume CXLV », 1627.

## TEXTE D *Oraison funèbre de Henriette-Anne d'Angleterre*

*Henriette-Marie de France (1609-1669), fille du roi Henri IV et de la reine Marie de Médicis, épousa Charles Premier d'Angleterre en 1625 et vint s'exiler en France après la première révolution anglaise et l'exécution du roi. Sa fille, dite Henriette-Anne d'Angleterre, née en 1644, mourut un an après sa mère, en 1670, à l'âge de 26 ans, ce qui bouleversa toute la Cour de Louis XIV. Bossuet prononça les oraisons funèbres des deux femmes. Ici, il s'agit de la jeune fille et l'on comprend que le prédicateur fasse de cette mort injuste le symbole de la vanité de nos existences.*

Considérez, Messieurs, ces grandes puissances que nous regardons de si bas. Pendant que nous tremblons sous leur main, Dieu les frappe, pour nous avertir. Leur élévation en est la cause ; et il les épargne si peu, qu'il ne craint pas de les sacrifier à l'instruction du reste des hommes. Chrétiens, ne murmurez pas si Madame[1] a été choisie pour nous donner une telle instruction. Il n'y a rien ici de rude pour elle, puisque, comme vous le verrez dans la suite, Dieu la sauve par le même coup qui nous instruit. Nous devrions être assez convaincus de notre néant ; mais s'il faut des coups de surprise à nos cœurs enchantés[2] de l'amour du monde, celui-ci est assez grand et assez terrible. Ô nuit désastreuse ! ô nuit effroyable ! où retentit tout à coup, comme un éclat de tonnerre, cette étonnante[3] nouvelle : Madame se meurt ! Madame est morte ! Qui de nous ne se sentit frappé à ce coup, comme si quelque tragique accident avait désolé sa famille ? Au premier bruit d'un mal si étrange, on accourut à Saint-Cloud de toutes parts ; on trouve tout consterné, excepté le cœur de cette princesse. Partout on entend des cris ; partout on voit la douleur et le désespoir, et l'image de la mort. Le Roi, la Reine, Monsieur, toute la Cour, tout le peuple, tout est abattu, tout est désespéré ; et il me semble que je vois l'accomplissement de cette parole du prophète : *Le roi pleurera, le prince sera désolé, et les mains tomberont au peuple, de douleur et d'étonnement*[4].

BOSSUET, *Oraison funèbre de Henriette-Anne d'Angleterre*, 1670.

1. **Madame** est un titre venant de la langue médiévale, « Ma Dame », et ne désigne que des membres de la famille royale, mère, sœur ou belle-sœur du roi.
2. **enchantés :** sens étymologique « sous l'effet d'un enchantement, d'un ensorcellement, d'une illusion ».
3. **étonnant :** sens étymologique : « frappé par le tonnerre » ; ici, bouleversant.
4. Citation du prophète Ézéchiel prédisant la ruine de Jérusalem.

## Questions

**1.** ***Relevez deux procédés ou deux images profondément baroques dans le tableau comme dans les textes.***

**2.** ***Définissez à l'aide des quatre documents la notion de « vanité ».***

## Écriture d'invention

*De la forme développée à la forme brève*

**Sujet**

***Vous mettez en garde vos concitoyens sur les risques actuels de la vanité des paillettes et des mondanités. Vous écrivez tout d'abord un portrait ou une fable en prose, puis vous transformez ce texte long en « pensée », plus brève, mais encore argumentée, pour finir par l'écriture d'une maxime, lapidaire et impitoyable.***

### Le travail préparatoire

Choisissez un défaut du monde actuel que vous voulez impitoyablement combattre.

### La rédaction

Il s'agit de réécrire, avec les mêmes intentions, des textes appartenant à des genres différents, comme la fable, le caractère, la maxime, la pensée.

On définira donc bien chacun de ces genres : la « fable » a besoin d'un récit, d'une partie narrative et s'achève sur une sentence, une leçon. Le « caractère » nécessite une fiction plus brève concentrée sur un personnage dont les attributs doivent montrer les défauts, le caractère élude la leçon parce qu'elle doit paraître évidente. La « pensée » élimine la partie narrative ou descriptive et conduit une réflexion sur un défaut humain. Elle constitue donc un vrai raisonnement, même si dans sa forme elle pratique l'ellipse et le sous-entendu. Enfin, la « maxime », concentre la leçon dans une expression lapidaire.

On choisira donc un défaut contemporain, par exemple, le désir de « passer à la télévision ».

On l'analysera dans un débat approfondi, puis, pour la fable, on choisira un personnage et une situation qui représentent la tentation de la futilité. On pourra s'inspirer de La Fontaine, « Perrette et le pot au lait », mais il sera plus intéressant d'être vraiment inventif.

La « fable » représente un ensemble complet (fiction et sentence). Pour la transformer en « caractère », que doit-on enlever ? Que doit-on transformer ?

Pour la transformer en « pensée » que doit-on supprimer ? Sur quoi doit-on insister ?

Quels procédés stylistiques permettront d'aboutir à la « maxime » ?

Vous noterez à la fin de votre travail, quel mode d'expression vous a paru le plus proche de votre tempérament. Pourquoi ?

### La présentation

Vous pourrez présenter votre travail en colonne pour noter dans la marge ce que vous gagnez ou ce que vous perdez dans chaque formulation.

## Commentaire

*Analyse de stances lyriques*

***Vous ferez le commentaire du Texte B de Malherbe, p. 509.***

### Consignes de travail

Vous procéderez d'abord à une bonne étude analytique (énonciation, prosodie, lexique, syntaxe, rhétorique), puis vous rassemblerez les résultats de votre observation autour de réseaux d'interprétation :

**I** - Un tableau baroque des vanités
**II** - Une leçon classique de stoïcisme
**III** - Un psaume lyrique.

## Dissertation

*La notion de « classiques »*

**Sujet**

***« Il faut lire les classiques » dit, par exemple, Italo Calvino. D'autres disent qu'on peut s'en passer. À partir des textes de ce groupement ou de ceux étudiés dans l'ensemble de l'année, vous construirez une réflexion argumentée pour dire quelle doit être à votre avis leur place dans la formation culturelle d'un citoyen contemporain.***

### Analyse du sujet

Vous chercherez les diverses significations du mot « classiques », puis vous vous demanderez pourquoi on peut les craindre, les refuser, les critiquer ou au contraire les admirer, les imiter, les considérer comme des familiers et des amis. Vous veillerez à bien formuler les arguments, surtout ceux de l'opinion qui n'est pas a priori la vôtre. Vous apporterez à chaque argument un exemple, pris dans l'objet d'étude, connaissance du XVIIe siècle. Vous chercherez à dépasser la contradiction en trouvant ce qu'apporte vraiment l'étude des classiques moins comme modèles de thèmes que comme modèles d'une discipline intellectuelle.

### La rédaction

Vous tenterez de devenir conscient des procédés stylistiques que vous voulez utiliser. Ainsi vous pouvez chercher à être véhément dans l'argumentation et ferme dans chaque conclusion partielle. Vous travaillerez donc l'art de la formule.

# Le XVII^e siècle au cinéma

## *Saint-Cyr*

*Saint-Cyr*, Film de Patricia MAZUY (1999). © TCD/Daniel Bouteiller.

### Une fiche technique

Mai 1999. Réalisatrice : Patricia Mazuy sur un scénario de Patricia Mazuy et Yves Thomas. Durée : 119 minutes. Mme de Maintenon : Isabelle Huppert ; Lucie de Fontenelle : Nina Meurisse ; Anne de Grandcamp : Morgane Moré ; Louis XIV : Jean-Pierre Kalfon.

### Une recherche

Documentez-vous sur la création de Saint-Cyr, sur les intentions de la marquise de Maintenon et sur ses dernières années à partir de 1683 (date de son mariage morganatique avec le roi).

### Une analyse du film

Le film est conçu comme une tragédie qui conduit inexorablement à l'échec et à la mort. Mme de Maintenon se souvient du paradoxe de son enfance, noble et pauvre. Elle sait ce qu'elle doit à l'éducation de M. de Méré. Elle souhaite donc doter les jeunes filles déshéritées de la noblesse d'une éducation solide, à la fois mondaine, culturelle et philosophique. Précisément, elle fait appel à Racine pour écrire des pièces adaptées à ces jeunes filles. C'est justement la mise en scène de ces pièces qui provoquera chez les jeunes filles la naissance des passions, pouvoir, séduction, ambition, jalousies et révolte contre cette mère spirituelle qui leur enlève la liberté dont elle leur a donné le goût.

### Une lecture du siècle

L'appartenance de Françoise d'Aubigné, marquise de Maintenon, à une famille calviniste, sa conversion au catholicisme, la tentation jésuite, puis la tentation austère et stoïcienne, lui font prendre des décisions contradictoires : c'est parce qu'elle contribue à émanciper ces jeunes filles, notamment par le théâtre, qu'elle leur donne un espoir dans « le monde ». Mais c'est parce qu'elle sait la vanité du « monde » qu'elle veut les assujettir et, quasiment, leur retirer l'émancipation qu'elle leur avait fait miroiter.

# Le Roi danse

*Le Roi danse,* Film de Gérard CORBIAU (2000). © Christophe L.

- **De quel type de danse s'agit-il ?**
- **En quoi la danse est-elle, en fait, un spectacle total ?**
- **Quelle est la signification des allégories ?**
- **À la fin de la séquence, la reine mère, Anne d'Autriche, est émue de voir son fils si magnifiquement solaire. Elle murmure, comme toute mère, fière de son fils : « Cet enfant ». Mazarin la reprend « Ce n'est plus un enfant, Madame, c'est un Roi ». En quoi cette danse, performance technique et artistique, est-elle aussi politique ?**

## Une fiche technique

Scénario d'Ève de Castro, Andrée et Gérard Corbiau avec la participation de Didier Decoin, d'après l'ouvrage biographique de Philippe Beaussant *Lully ou le musicien du Soleil.* Le réalisateur est Gérard Corbiau. Louis XIV est joué par Benoît Magimel, Molière par Tcheky Karyo, Lully par Boris Terral.

## Une recherche

Documentez-vous sur les danses de Cour, les ballets, comédies-ballets, tragédies-ballets, tragédies à machines, pastorales.

## Une analyse du film

Le film est traité comme une série de « flashes » sur le grand règne. Il donne donc l'impression d'une écriture fragmentaire dans laquelle les silences font sens. Du soleil levant au soleil couchant, on parcourt le règne comme on suit le cours d'un astre. Le jeune roi Louis, par la complicité malicieuse et magistrale de Lully et de Molière, fait une entrée en scène qui est aussi son entrée sur la scène politique. Jeu, libertinage, mouvement, présence, épiphanie, la danse de Cour est le moyen que le roi découvre, puis apprivoise au point de s'y identifier pour théâtraliser un pouvoir naissant.

La phrase « Le Roi danse » est présentée comme un leitmotiv qui pourrait être farcesque si on le prenait comme le refrain « Le Roi boit » donnant l'autorisation à une assemblée d'en faire autant. Mais la phrase semble aussi être le délire d'un Lully, malade, dont les chirurgiens veulent amputer une jambe. Mutilation abominable pour un danseur. C'est donc à partir d'un futur tragique qu'on revient sur le passé de cette permanente fête royale que furent les années 1655-1665.

## Une lecture du siècle

Les oppositions entre austérité et frivolité, religieux et mondains, Paris et la Cour, sont marquées et stylisées au point de devenir autant de monologues ou de dialogues délibératifs : la reine mère et le jeune roi, le clan Conti et le clan Lully, la danse ou la religion. L'esthétique du ballet et celle de la comédie-ballet dont la contradiction sera dépassée par la naissance de l'opéra.

CHAPITRE

# 13 Le XVIII$^{e}$ siècle

## OBJECTIFS

- Découvrir l'esprit des Lumières
- Aborder la diversité des textes du XVIII$^{e}$ siècle

École française, XVIII^e siècle, *Café du caveau du Palais-Royal*. Paris, Musée Carnavalet. © The Bridgeman Art Library.

# ENTRER DANS LE

Frontispice de l'*Encyclopédie*, gravé en 1772 par Benoit-Louis Prévost. © Photothèque Hachette Livre.

## TEXTE D Article « Autorité politique »

AUTORITÉ POLITIQUE. Aucun homme n'a reçu de la nature le droit de commander aux autres. La liberté est un présent du ciel, et chaque individu de la même espèce a le droit d'en jouir aussitôt qu'il jouit de la raison. Si la nature a établi quelque *autorité*, c'est la puissance paternelle : mais la puissance paternelle a ses bornes, et dans l'état de nature, elle finirait aussitôt que les enfants seraient en état de se conduire. Toute autre *autorité* vient d'une autre origine que la nature. Qu'on examine bien, et on la fera toujours remonter à l'une de ces deux sources : ou la force et la violence de celui qui s'en est emparé, ou le consentement de ceux qui s'y sont soumis par un contrat fait ou supposé entre eux, et celui à qui ils ont déféré l'*autorité*.

La puissance qui s'acquiert par la violence n'est qu'une usurpation, et ne dure qu'autant que la force de celui qui commande l'emporte sur celle de ceux qui obéissent ; en sorte que, si ces derniers deviennent à leur tour les plus forts et qu'ils secouent le joug, ils le font avec autant de droit et de justice que l'autre qui le leur avait imposé. La même loi qui a fait l'*autorité* la défait alors : c'est la loi du plus fort.

Denis DIDEROT, article « Autorité politique », *Encyclopédie*, 1751.

## Questions

**1.** ***Vous direz de manière concise si les Textes A, B et D relèvent pour vous d'un article d'une encyclopédie ou d'un dictionnaire.***

**2.** ***À quel genre littéraire appartient le Texte C ? Justifiez précisément votre réponse.***

## Écriture d'invention

*Un article d'encyclopédie*

**Sujet**

***Vous écrirez l'article* Guerre *ou* Paix*, destiné à paraître dans une Encyclopédie du XXI<sup></sup>e siècle.***

### Remarque

Le sujet ne présente pas de difficulté. Il conviendra cependant d'indiquer clairement au début l'entrée choisie : *Guerre* ou *Paix* et de veiller à actualiser l'article en tenant compte des différents conflits du XXe siècle et du début du XXIe siècle.

## Commentaire

*Un conte oriental*

***Vous ferez le commentaire du Texte C :* Le Bon Sens, *de d'Holbach.***

### Conseils

Le siècle des Lumières fait coïncider le conte oriental et l'insolence de la réflexion. Le choix de l'apologue permet d'aborder, en les condensant, les différentes facettes d'un problème, ici celui de la guerre et de la providence. Cette alliance du plaisir et du savoir vient de Voltaire. Les élèves pourront s'attacher aux invariants du conte.

Mais il s'agit d'un conte philosophique... Que pastiche le texte ? par quels moyens ? Comment interpréter l'intervention des loups, à la fin ? Qu'est-ce que la providence et pourquoi peut-on dire que d'Holbach montre ici son inutilité ?

### Plan

**I.** Un conte oriental...

**II.** ... à valeur didactique (dénonciation de la guerre et inutilité de la providence).

## Dissertation

*Une littérature engagée ?*

**Sujet**

***Pensez-vous que la littérature, ou l'art en général, ait un rôle à jouer dans la dénonciation des horreurs de notre temps ? Vous appuierez votre argumentation sur les textes du corpus et sur votre culture personnelle.***

### Plan

**I.** L'écriture, et l'art en général, est d'abord une esthétique.

**II.** Mais elle peut aussi, dans certains cas, devenir une éthique.

# L'ironie, une arme de combat

Les philosophes du XVIIIe siècle sont volontiers contestataires et usent, pour dénoncer les abus de leur temps, de toutes les ressources de l'écriture, véritable arme de combat. Ils privilégient souvent **l'ironie**, qui provoque chez le lecteur un effet de surprise, le conduit à réfléchir sur les intentions véritables de l'auteur.

## • Définitions

D'après Fontanier[1], l'**ironie** « *consiste à dire par une raillerie, ou plaisante, ou sérieuse, le contraire de ce qu'on pense, ou de ce qu'on veut faire penser.* » Elle apparaît comme une forme verbale de la **feinte**. Elle s'appuie sur les **figures d'opposition** : prétérition, antiphrase.

La **prétérition** « *consiste à feindre de ne pas vouloir dire ce que néanmoins on dit très clairement, et souvent même avec force.* » Elle peut se présenter soit sous forme négative, soit sous forme affirmative, comme le montrent ces paroles de Mme de T... à propos de la Comtesse de... « *Je suis loin de l'accuser de coquetterie ; mais une prude n'a pas moins de vanité qu'une coquette.* »

L'**antiphrase** consiste à employer un mot, une locution, une phrase, dans un sens contraire à sa véritable signification. Il semble bien que ce soit le cas de « prude » dans l'exemple précédent.

**Figure de l'ambiguïté,** l'ironie joue sur divers ressorts de l'**implicite**. Écriture décalée, elle nécessite, pour être bien comprise, et pour que le lecteur ne prenne pas au premier degré les propos de l'auteur, un certain nombre d'indices. Lorsque Voltaire écrit dans *Candide* : « *Monsieur le baron était un des plus grands seigneurs de la Westphalie car son château avait une porte et des fenêtres.* », l'expression est ironique. Voltaire se moque et l'attention du lecteur est attirée par la **fausse logique** énoncée par la conjonction de coordination « car ». En effet, la présence d'« une porte et des fenêtres » n'a rien à voir avec la puissance d'un baron.

L'ironie peut être liée aussi à d'**autres figures de rhétorique** : périphrase, métaphore, hyperbole, litote par exemple, ou à une différence entre le ton et le propos comme le montre cet exemple tiré de *Candide* : « *Le spectacle de gens brûlés à petit feu en grande cérémonie est un secret infaillible pour empêcher la terre de trembler.* » Voltaire adopte ici un ton léger pour mieux dénoncer les abus de l'Inquisition.

Elle peut prendre aussi la forme du **persiflage** qui s'accompagne du **trait d'esprit**.

L'**ironie est double** : dans un premier temps, **elle détruit**, mais parce qu'elle provoque la réflexion du lecteur, **elle est constructive**. Elle a souvent permis aux philosophes d'échapper à la censure : l'auteur pouvait toujours se réfugier derrière le premier degré en invoquant une lecture naïve, comme le montrent le conte philosophique ou les *Lettres persanes* de Montesquieu.

1. *Les Figures du discours.*

# EXERCICES

**1 Dans le texte de Voltaire, p. 524, relevez les marques d'ironie dans le premier paragraphe et expliquez-en le fonctionnement.**

**2 Dans l'extrait suivant, quelles figures de rhétorique employées par Voltaire concourent à l'ironie ?**

Or maintenant, Monsieur du Télémaque[1],
Vantez-nous bien votre petite Ithaque,
Votre Salente[2], et vos murs malheureux,
Où vos Crétois, tristement vertueux,
Pauvres d'effets et riches d'abstinence,
Manquent de tout pour avoir l'abondance :
J'admire fort votre style flatteur
Et votre prose, encor qu'un peu traînante ;
Mais mon ami, je consens de grand cœur
D'être fessé dans vos murs de Salente,
Si je vais là pour chercher mon bonheur.

VOLTAIRE, *Le Mondain*, 1736.

1. Fénelon. 2. Ville de l'Italie ancienne rendue célèbre par Fénelon. Dans un chapitre de *Télémaque*, c'est là que Mentor apprend à Idoménée l'art de gouverner les hommes, art qui relève de l'utopie.

**3 Vous montrerez comment Mme de T. manie l'art du persiflage dans cet extrait de *Point de lendemain*. (Elle parle de la Comtesse de..., maîtresse du jeune narrateur.)**

Comme elle est fine ! disait-elle, qu'elle a de grâces ! une perfidie dans sa bouche prend l'air d'une saillie ; une infidélité paraît un effort de raison, un sacrifice à la décence. Point d'abandon ; toujours aimable ; rarement tendre, et jamais vraie ; galante par caractère, prude par système, vive, prudente, adroite, étourdie, sensible, savante, coquette, et philosophe : c'est un Protée[1] pour les formes, c'est une grâce pour les manières : elle attire, elle échappe. Combien je lui ai vu jouer de rôles !

1. Dans la mythologie grecque, nom d'une divinité de la mer qui avait le don de prendre des formes variées.

LANGUE **Stylistique**

# L'écriture libertine

L'écriture libertine est très **suggestive,** comme recouverte d'une gaze ; elle correspond tout à la fois aux euphémismes de la langue mondaine du temps et au souci de mesure des Lumières. On a pu parler à son propos de « demi-jour », de « demi-teinte ». On note d'ailleurs de nombreux **néologismes en « demi »** à la fin du XVIII$^{e}$ siècle. Dans *Point de lendemain*, Vivant Denon parle de « demi-jour » lors de l'enlèvement du jeune narrateur. Dans les récits libertins, la gaze est autant vestimentaire que linguistique. On s'accorde à qualifier de **langue « gazée »** celle de Crébillon, en particulier, qui réussit à tout dire sans un seul terme malséant, dans un langage allusif. La fin du discours préliminaire du *Sultan Misapouf* est éloquente : « *Tout est voilé mais la gaze est si légère que les faibles vues ne perdront rien du tableau.* ». Les personnages se dissimulent souvent derrière des **tournures impersonnelles** ou le pronom indéfini « **on** », forme extrême de l'ambiguïté.

Une autre caractéristique de la langue libertine est **l'art des transitions**, exprimé par **degrés.** La politique des petits pas s'oppose à la violence des coups de surprise, de foudre ou de sympathie. **La gradation, la progression par degrés constituent une esthétique de l'amour.**

L'**ambiguïté** caractérise aussi l'écriture libertine, qui multiplie les **termes abstraits** : « complaisances », « bagatelles », « minuties » sont ainsi spécialisés dans un sens érotique précis. Les **euphémismes** « anéantissement », « langueur », les adjectifs « éteint », « enchanté », suggèrent poliment, mais de manière quelque peu équivoque, l'impuissance masculine ! Mais cette ambiguïté se révèle être un code.

L'écriture libertine privilégie la **négation et la litote**, commandées par la prudence et les bienséances. Les négations ont alors une fonction plus rhétorique que réellement négative.

## EXERCICES

**1 Étudiez les termes abstraits pluriels dans l'extrait suivant de *Ah, quel conte !* de Crébillon Fils. Qu'apportent-ils au discours ?**

Mon premier amant avait dans l'esprit une galanterie singulière ; [...] vous concevriez difficilement [...] le parti qu'il tirait des plus légères minuties, avec quel art il les mettait en œuvre, et combien il les rendait intéressantes. L'autre, sans usage, sans politesse, sans imagination, ne savait, dans des situations difficiles, que rester dans un étonnement stupide, semblait ignorer quel est le prix des bagatelles...

**2 Mettez en évidence les caractéristiques de l'écriture libertine dans l'extrait suivant :**

Tout ceci avait été un peu brusqué. Nous sentîmes notre faute. Nous reprîmes avec plus de détails ce qui nous était échappé. Trop ardent, on est moins délicat. On court à la jouissance en confondant toutes les délices qui la précèdent ; on arrache un nœud, on déchire une gaze ; partout la volupté marque sa trace, et bientôt l'idole ressemble à la victime. (Vivant DENON, *Point de lendemain*)

**3 Étudiez les négations dans les phrases suivantes. Quelle est leur réelle valeur ?**

Je suis bien trompé si je ne me suis excusé plus que je ne devais : ce n'est pas que je n'aie eu tort, mais c'est qu'il était impossible de ne pas l'avoir, et qu'à mon sens je serais bien plus coupable envers vous, si je l'avais moins été.

CRÉBILLON Fils, *L'Écumoire ou Tanzaï et Néadarné, histoire japonaise.*

**4 Étudiez la structure et le rythme de la phrase suivante :**

Si, d'un côté, on veut donner ce qu'on a laissé prendre, on veut, de l'autre, recevoir ce qui fut dérobé ; et, de part et d'autre, on se hâte d'obtenir une seconde victoire pour s'assurer de sa conquête. (Vivant DENON)

**5 Montrez que dans l'extrait suivant, le « déshabillé » peut être une métaphore de la langue libertine.**

J'étais, rapporte Margot, dans un déshabillé plus agaçant que coquet. L'art que j'y avais mis était si voisin de la nature que mes charmes ne semblaient rien emprunter de mon ajustement. J'avais tout lieu de présumer de leur pouvoir. Mon financier me trouvait adorable. L'avidité de ses regards, l'impatience de ses mains ne me laissaient pas douter que je ne touchasse au dénouement de la pièce.

J.-L. FOUGERET de MONBRON, *Margot la ravaudeuse.*

# Le siècle du libertinage

## Deux sens pour un mot

Étymologiquement, « libertin » vient du latin *libertinus*, affranchi, par opposition à l'homme libre, *ingenuus*. Au XVIe siècle, le mot est connoté péjorativement. Au XVIIe siècle, est « libertin » **celui qui affirme sa liberté de penser**, en général contre la pensée dominante, la religion catholique. Il devient pratiquement synonyme d'impie. On l'appellera philosophe au siècle suivant. Peu à peu, il désigne **celui qui étend cette exigence de liberté à la vie quotidienne, et en particulier aux mœurs**. Le mot se spécialise. De la liberté à la licence, il n'y a qu'un pas qui sera vite franchi au XVIIIe siècle. Mais cela reste toujours une manière de contrer la pensée dominante. À côté d'auteurs plus mineurs, les plus grands écrivains du XVIIIe siècle se sont essayés aux récits libertins, reflet d'une époque : Diderot, Laclos, Restif de La Bretonne pour ne citer qu'eux.

Louis-Philibert DEBUCOURT, *La Rose mal défendue*, 1791. Paris, B.N. © Photo Bibliothèque Nationale.

## Une réalité mondaine

En 1715, avec Philippe d'Orléans, le libertinage arrive au pouvoir. Les compagnons du Régent se nomment eux-mêmes les « roués », dignes du supplice de la roue. Les joyeuses parties du Palais-Royal font se côtoyer princes et proxénètes, duchesses et courtisanes. Un roman comme *Manon Lescaut* de l'Abbé Prévost décrit bien cette atmosphère de la Régence. Paru en 1731, il fut réimprimé en 1733 et saisi par la justice comme un livre « abominable » et scandaleux. Le libertinage évoque en effet **la débauche**. Manon, d'ailleurs, sera exilée en Louisiane où elle mourra chrétiennement : la morale est sauve, *in extremis* ! Un autre ouvrage, qui se veut plus précisément libertin, *Les Cannevas de la Pâris ou Mémoires pour servir à l'histoire de l'hôtel du Roule* de Rochon de Chabannes et Moufle d'Angerville, en 1750, s'inspire d'une histoire véridique, celle de Mme Pâris, fille d'un parfumeur. Elle ouvrit un premier établissement rue de Bagneux, dans le Faubourg Saint-Germain, décrit par les mémorialistes du temps, et que fréquenta Casanova, puis émigra en 1750 dans le fameux Hôtel du Roule, faubourg Saint-Honoré. Le début du roman décrit cet hôtel qui n'est pas sans rappeler les célèbres « petites maisons » : « Nous parcourûmes les différents appartements ; nous en louâmes la distribution et l'étendue, le goût et l'élégance naïve des meubles. Elle nous fit passer en revue les boudoirs, les garde-robes, tous ces petits dégagements commodes pour le tête-à-tête. Outre le nécessaire, on y trouvait tout ce que pouvait désirer la volupté la plus raffinée. L'art des Rembrandt y offrait aux yeux les attitudes les plus voluptueuses et les grotesques les plus singuliers : des parfums exquis y satisfaisaient l'odorat ; rien n'y manquait de ces bijoux précieux, de ces somptueuses bagatelles que prodigue le luxe dans la petite maison d'un fastueux publicain. Nous finîmes par le sérail, et cet endroit ne me parut pas le moins curieux de la maison. » Mme Pâris renseigne le narrateur et son ami sur la « compagnie nombreuse » qui fréquente son établissement : « Qu'une grande réputation est à charge, mes enfants ! Du matin jusqu'au soir, je suis obsédée de visites et de messagers. C'est un seigneur qui envoie chercher celle-ci, c'est le duc de… qui veut coucher avec telle autre, c'est un vieux financier qui désire admirer à loisir la beauté du corps de la… -, c'est ce fade conseiller au parlement qui veut en emmener une chez lui… Il craint de gâter ses cheveux en long, son habit de moire et ses manchettes à dentelle ; il veut badiner à l'aise en bonnet de nuit et en pantoufles. Que vous dirai-je ? C'est un mélange d'inutiles importuns et de nécessaires ennuyeux qui, ne sachant comment remplir les heures d'une journée ecclésiastique inondent cet hôtel, et nous viennent anéantir par leur impertinence. Cependant, mes chers amis, comme je vous estime infiniment, je saurai vous ménager un souper avec deux aimables convives, si votre cour n'est pas en défaut. »

## Du libertinage en littérature

La littérature n'est pas en reste, et la nouvelle donne du jeu amoureux envahit le roman comme le montre le début des *Égarements du cœur et de l'esprit* de Crébillon fils en 1736 : « *Ce qu'alors les deux sexes nommaient Amour, était une sorte de commerce, où l'on s'engageait, souvent même sans goût, où la commodité était toujours préférée à la sympathie, l'intérêt au plaisir, et le vice au sentiment.* » L'homme joue logiquement un rôle prépondérant dans les romans libertins, univers androcentrique. L'amour est un commerce et il ne saurait durer sans lasser. Pour le libertin, prodigue dans le plaisir, l'épicurisme est une morale et une règle de conduite qui aboutit à l'hédonisme. C'est ce qu'enseignent aussi bien Crébillon dans *La Nuit et le Moment* que Vivant Denon dans *Point de lendemain*. **La chasse au plaisir s'étend à toute la société**, comme le montrent les romans. *Les Égarements du cœur et de l'esprit* de Crébillon se déroulent dans la plus haute noblesse ; *Margot la ravaudeuse* de Fougeret de Monbron commence dans les bas-fonds de Paris. Il s'ensuit des différences de traitement dans les aventures : Margot perd son pucelage au bout de trois pages ; le héros de Crébillon attend tout le roman… Les difficultés sont plus physiologiques que psychologiques. L'histoire se présente souvent comme une succession de liaisons qui déroulent la diversité des âges ou des fonctions sociales, quand ce ne sont pas les nationalités. Selon les auteurs, la vie sexuelle est suggérée ou traduite dans une langue plus directe.

Un roman comme *Thérèse philosophe*, attribué au marquis d'Argens, rapproche les deux traditions du libertinage : celle de la **liberté de penser** et celle de la **licence des mœurs**. Thérèse devient philosophe en prenant conscience de ses besoins, en les acceptant, en en tirant autant de plaisir que de savoir. En 1789, la censure est supprimée et la liberté d'imprimer totale, la crudité remplace les bienséances mondaines.

## Libertinage et philosophie

À la liberté de penser correspond la liberté de jouir. Les discours des libertins au XVIIIe siècle font souvent appel au raisonnement et les titres des ouvrages sont éloquents : *La Philosophie dans le boudoir*, par exemple. Dans *Point de lendemain* (→ p. 554), les héros raisonnent avant de passer à l'acte.

Le plaisir n'est pas seulement un but, il interpelle aussi la morale, profite du développement des sciences. Les philosophes croient au progrès, y compris à celui des jouissances. L'initiation sexuelle devient alors un moyen de connaissance. D'ailleurs, de manière éloquente, dans le monde de la librairie, on appelle « romans philosophiques » les « romans licencieux ». L'Église et les penseurs ne s'y trompent pas et signalent comme dangereuses les œuvres des philosophes ou les romans interdits qui sont mis sur le même plan. Et selon Duclos, comtesses et marquises professent « une espèce d'athéisme en amour ».

# GROUPEMENT 3 Des récits bien enlevés

## I. UN « CONTE MORAL »

## CRÉBILLON Fils (1707-1777)

## *Le Sopha*

voir biographie p. 632

*Dans* Le Sopha, *sous-titré « conte moral » – signe que Crébillon entendait être pris au sérieux – le narrateur est condamné par décrets divins à se réincarner en sophas successifs. Le lecteur assiste, au long des vingt chapitres qui composent le récit, à une suite de défaites féminines. Le roman a du piquant et nous dévoile toutes les ruses et roueries d'un siècle qui n'en manqua point.*

Ah ! Phéléas ! lui dit Zéïnis avec émotion, que venez-vous chercher ici ?

– Vous que j'espérais y trouver, répondit-il en se jetant à ses genoux ; vous sans qui je ne puis vivre, et qui voulûtes bien hier me promettre de me voir sans témoins.

– Ah ! n'espérez pas, reprit-elle vivement, que je vous tienne parole ! Sortons, je ne veux pas rester plus longtemps dans ce cabinet.

– Zéïnis, répliqua-t-il, m'enviez-vous le bonheur de rester seul un moment avec vous, et se peut-il que vous vous repentiez si tôt de la première faveur que vous m'accordez ?

– Mais, répondit-elle d'un air embarrassé, ne puis-je pas vous parler ailleurs qu'ici, et si vous m'aimiez, vous obstineriez-vous à me demander une chose pour laquelle j'ai tant de répugnance ?

Phéléas, sans lui répondre, lui saisit une main, et la baisa avec toute l'ardeur dont j'aurais été capable. Zéïnis le regardait languissamment, elle soupirait, encore émue de ce songe que lui avait peint son amant si pressant, et où elle avait été si faible : disposée encore plus à l'amour par les impressions qui lui en étaient restées, chaque fois que ses yeux se tournaient vers Phéléas, ils devenaient plus tendres, et reprenaient insensiblement un peu de cette volupté que mon amour y avait mise quelques moments auparavant.

Malgré le peu d'expérience de Phéléas, sa tendresse, qui le rendait attentif à tous les mouvements de Zéïnis, les lui laissait assez remarquer pour qu'il ne pût pas douter qu'elle le voyait avec plaisir. Zéïnis, d'ailleurs, simple et sans art, ne cachant à Phéléas que par pudeur l'état où sa présence la mettait, en croyant lui dérober beaucoup du trouble dont elle était agitée, le lui montrait tout entier. Phéléas n'en savait pas assez pour triompher d'une coquette, dont la fausse vertu et les airs décents l'auraient effrayé, mais il n'était que trop dangereux pour Zéïnis qui, pressée par son amour, ignorait, même en craignant de céder, la façon dont elle aurait pu se défendre.

Avec quelque plaisir qu'elle vît Phéléas à ses genoux, elle le pria de se lever. Loin de lui obéir, il les lui serrait avec une expression si tendre et des transports si vifs, que Zéïnis en soupira.

– Ah ! Phéléas ! lui dit-elle avec émotion, sortons d'ici, je vous en conjure !

– Me craindrez-vous toujours ? lui demanda-t-il tendrement. Ah ! Zéïnis !

Gabriel-Jacques de SAINT-AUBIN (1724-1780), *Deux Femmes turques à la Liotard.* Paris, Musée du Louvre. Photo RMN / © Thierry Le Mage.

Que mon amour vous touche peu ! Que pouvez-vous craindre d'un amant qui vous adore, qui presque en naissant fut soumis à vos charmes, et qui depuis, uniquement touché d'eux, n'a voulu vivre que pour vous ? Zéïnis ! ajouta-t-il en versant des larmes, voyez l'état où vous me réduisez !

En achevant ces paroles, il leva sur elle ses yeux chargés de pleurs ; elle le fixa quelque temps d'un air attendri, et cédant enfin aux transports que l'amour et la douleur de Phéléas lui causaient :

– Ah ! cruel ! lui dit-elle d'une voix étouffée par les pleurs qu'elle tâchait de retenir, ai-je mérité les reproches que vous me faites, et quelles preuves puis-je vous donner de ma tendresse, si après toutes celles que vous en avez reçues, vous voulez en douter encore ?

– Si vous m'aimiez, répondit-il, ne vous oublieriez-vous pas avec moi dans cette solitude, et, loin d'en vouloir sortir, auriez-vous quelqu'autre crainte que celle qu'on ne vînt nous y troubler ?

– Hélas ! reprit-elle naïvement, qui vous dit que j'en aie d'autres ?

À ces mots, Phéléas quittant brusquement ses genoux, courut à la porte et la ferma. En revenant, il rencontra Zéïnis, qui, devinant ce qu'il allait faire, s'était levée pour l'en empêcher. Il la prit entre ses bras, et malgré la résistance qu'elle lui opposait, il la remit sur moi et s'y assit auprès d'elle.

CRÉBILLON Fils, « Amusements de l'âme », *Le Sopha*, chapitre XX, 1742.

## ANALYSE

**1.** Qu'est-ce qu'un « sopha » ?

**2.** Qui prend en charge le récit ? En quoi consiste l'humour ? Justifiez précisément votre réponse.

**3.** Montrez qu'il s'agit d'une véritable scène de théâtre.

**4.** Étudiez l'emploi des adverbes. Qu'apportent-ils ?

**5.** Le XVIII$^{e}$ siècle est réputé pour ses larmes. Quelle est, selon vous, la signification des pleurs dans cet extrait ? Que trahissent-ils ? (voir p. 84)

**6.** Pourquoi peut-on dire que le titre du roman l'impose d'emblée comme libertin ?

**7.** Montrez que *Le Sopha* relève de l'inspiration orientale mise à l'honneur par *Les Mille et une Nuits*.

## ÉCRITURE

- **Sujet 1** : Achevez le récit en respectant la langue « gazée » de Crébillon fils.
- **Sujet 2** : Transformez cet extrait en scène de théâtre. N'oubliez pas d'inclure des didascalies.

# Antoine BRET et/ou Claude VILLARET

## *Les Galanteries de Thérèse*

*On ne sait trop à qui attribuer la paternité de ce roman : Antoine Bret ou Claude Villaret ? Un écrit à quatre mains ? Bret et Villaret ont collaboré pour* Le Quartier d’hiver, *petite comédie jouée le 4 décembre 1744 à la Comédie-Française. La scène proposée se situe au début du roman. La mère de la narratrice s’est établie à Metz avec son deuxième mari qui lie connaissance avec G… . Ce dernier tente de séduire la jeune fille en s’établissant dans les bonnes grâces de sa mère. Mais Thérèse redoute la jalousie de cette dernière. G… les invite à une partie de campagne.*

C’est ainsi que de réflexions en réflexions je préparais à l’amour un triomphe aisé sur un cœur dont il s’était déjà frayé le chemin par l’instinct de la volupté. Mon imagination, remplie de toutes les idées qui m’occupaient, ne me laissait guère de repos. La satisfaction que G… ressentait de se trouver auprès de moi avait augmenté sa vivacité et son enjouement naturels, cela ne servait qu’à le rendre plus propre à faire naître des désirs. Ces désirs m’agitaient sans cesse : il me fut impossible de fermer l’œil de la nuit. Je me levai dès la pointe du jour et je descendis dans le jardin, à dessein d’y promener ma rêverie. G…. qui ne dormait pas plus que moi, était à la fenêtre de son appartement. Il ne m’eut pas vue prendre la route du berceau[1], qui était au bout du jardin, qu’il vint sur mes pas. J’étais trop appliquée à ce qui faisait l’objet de ma méditation pour m’apercevoir qu’on me suivait.

– Vous êtes bien matineuse, me dit-il en s’approchant de moi.

Je revins de ma distraction à sa voix. Mon premier mouvement fut de chercher à l’éviter, mais la surprise où j’étais m’en empêcha. Je demeurai interdite ; j’étais combattue par une infinité de pensées qui se contrariaient. Lorsque je songeais à la fuite, un charme inconnu m’arrêtait. J’étais émue, le trouble que la présence de G… portait dans mon cœur m’avait interdit l’usage de la parole. Je craignais, et je désirais, sans pouvoir démêler le principe de mes désirs ni de ma crainte. Nous nous regardâmes quelque temps, sans prononcer un mot. Il était trop bon connaisseur pour ne pas deviner ce qui se passait dans mon âme. Il rompit enfin le silence, et prenant une de mes mains, sur laquelle il imprima un baiser que je n’eus pas la force de lui refuser :

– Voulez-vous, mademoiselle, me dit-il, m’accorder la permission de me promener avec vous ?

– Très volontiers, monsieur, repris-je en tremblant.

– Que vous êtes aimable ! poursuivit-il en réitérant le baiser, je ne puis trop vous témoigner à quel point je vous suis obligé de cette faveur.

– Modérez, monsieur, lui dis-je en rougissant, l’excès de votre reconnaissance.

Je fis en même temps un faible effort pour retirer ma main. Nos yeux se rencontrèrent dans ce moment. Je puisais dans les siens une ardeur qui me dévorait. Je me sentais le visage en feu, les battements précipités de mon cœur m’ôtaient presque la respiration, mes genoux tremblants me soute-

1. **berceau :** voûte de feuillage couvrant une allée, une tonnelle.

Nicolas LANCRET (1690-1743), *Le Rendez-vous*. Rome, Galleria nazionale d'Arte antica.


naient à peine, je fus obligée de m'asseoir sur un banc de gazon pour essayer de reprendre l'usage de mes sens. G… se mit aussitôt à mes genoux, cette attitude redoubla mon émotion, ses regards touchants me pénétrèrent, mon cœur se plongeait de plus en plus dans une ivresse délicieuse, mes yeux se troublèrent, je ne pouvais plus distinguer les objets qui m'environnaient. Le désordre de mes sens passa jusqu'à mon âme, il se fit tout à coup une révolution qui me fit perdre la connaissance. Un sentiment de plaisir et de douleur vint me rappeler à la vie ; j'ouvris les yeux, je me trouvai dans les bras de l'amour vainqueur. L'état où j'étais, les transports de G… m'apprirent son triomphe : ce que je venais d'éprouver ne me permettait pas de me mettre en colère.

Les premiers traits de volupté que j'avais éprouvés me causaient des ravissements auxquels je m'abandonnais tout entière. Je trouvais une douceur inexprimable à m'égarer dans l'abîme du plaisir. G…, qui partageait mes transports, ajoutait encore par ses caresses à l'illusion qui m'enchantait, mes attraits, étalés à sa vue et dévorés par ses baisers rapides, semblaient le mettre hors de lui-même. Quelquefois sans mouvement, toutes les facultés de son âme demeuraient comme suspendues. Entraîné ensuite par un torrent de désirs, son amour irrité ne mettait plus de bornes à l'ardeur de ses feux. J'étais embrasée, et mon cœur succombait à chaque instant. Nos vœux remplis, loin d'épuiser notre sensibilité, renaissaient avec violence. Il y avait près de deux heures que nous étions ensemble, que je croyais à peine avoir passé quelques instants.

Antoine BRET et/ou Claude VILLARET, *Les Galanteries de Thérèse*, 1745.

## ANALYSE

**1.** Comment se manifeste le trouble de la jeune fille ?

**2.** En quoi la scène proposée relève-t-elle d'une sorte de roman d'apprentissage au féminin ?

**3.** Montrez qu'il existe un décalage entre ce qui est raconté et la manière de le raconter. Intéressez-vous en particulier au lexique, au niveau de langue et aux formulations hyperboliques.

**4.** Le récit contient une ellipse. Où se situe-t-elle ? Quel est son intérêt ?

## ÉCRITURE

- **Sujet 1** : Vous transformerez cet épisode de roman en scène de théâtre. Pensez à inclure des didascalies.
- **Sujet 2** : Racontez la scène en adoptant le point de vue de G… Vous n'oublierez pas que l'homme a plus d'expérience que Thérèse…

## RECHERCHE

Quelle était la condition des femmes, dans les villes, avant la Révolution ?

## PROLONGEMENT

De quelle manière *Manon Lescaut* de l'Abbé Prévost, rend-il compte de l'atmosphère de la Régence ?

## LIEN

✦ ***Manon Lescaut***, p. 80

## 3. UN ENLÈVEMENT À L'OPÉRA

# Vivant DENON (1747-1825)

## *Point de lendemain*

voir biographie p. 632

*Ce court récit d'une trentaine de pages est l'œuvre presque unique d'un amoureux forcené de la vie. L'intrigue est fort simple : apparemment réconciliée avec son mari, Mme de T… ramène chez elle le narrateur qu'elle fait passer pour son amant. S'ensuit une nuit de passion à l'issue de laquelle l'amant en titre arrive, accueilli par le mari comme un ami. Le narrateur rentre chez lui. Voici l'incipit.*

J'aimais éperdument la comtesse de… ; j'avais vingt ans, et j'étais ingénu ; elle me trompa, je me fâchai, elle me quitta. J'étais ingénu, je la regrettai ; j'avais vingt ans, elle me pardonna : et comme j'avais vingt ans, que j'étais ingénu, toujours trompé, mais plus quitté, je me croyais l'amant le mieux aimé, partant le plus heureux des hommes. Elle était amie de Mme de T…, qui semblait avoir quelques projets sur ma personne, mais sans que sa dignité fût compromise. Comme on le verra, Mme de T… avait des principes de décence auxquels elle était scrupuleusement attachée.

Un jour que j'allais attendre la comtesse dans sa loge, je m'entends appeler dans la loge voisine. N'était-ce pas encore la décente Mme de T… ?

Quoi ! déjà ? me dit-on. Quel désœuvrement ! Venez donc près de moi.

J'étais loin de m'attendre à tout ce que cette rencontre allait avoir de romanesque et d'extraordinaire. On va vite avec l'imagination des femmes ; et dans ce moment celle de Mme de T… fut singulièrement inspirée.

Il faut, me dit-elle, que je vous sauve le ridicule d'une pareille solitude ; puisque vous voilà, il faut… L'idée est excellente. Il semble qu'une main divine vous ait conduit ici. Auriez-vous par hasard des projets pour ce soir ? Ils seraient vains, je vous en avertis ; point de questions, point de résistance… appelez mes gens. Vous êtes charmant.

Je me prosterne… on me presse de descendre, j'obéis.

– Allez chez monsieur, dit-on à un domestique, avertissez qu'il ne rentrera pas ce soir…

Puis on lui parle à l'oreille, et on le congédie. Je veux hasarder quelques mots, l'opéra commence, on me fait taire : on écoute, ou l'on fait semblant d'écouter. À peine le premier acte fini, que le même domestique rapporte un billet à Mme de T…, en lui disant que tout est prêt. Elle sourit, me demande la main, descend, me fait entrer dans sa voiture, et je suis déjà hors de la ville avant d'avoir pu m'informer de ce qu'on voulait faire de moi.

Vivant DENON, *Point de lendemain*, 1777, version de 1812.

## ANALYSE

**1.** Expliquez l'emploi du pronom indéfini « on » dans l'extrait.

**2.** Le cadre spatial est-il décrit ? En quoi le lieu favorise-t-il les rencontres ? Vous préciserez le sens de « loge », l. 9

**3.** Étudiez les clichés, la convention de ce début de récit libertin.

**4.** Analysez la ponctuation et le rythme de la phrase.

**5.** Caractérisez le style de cet extrait.

# Vivant DENON, *Point de lendemain*

Édition de référence : version de 1812, Folio classique nº 2739, pp. 35-69

Paru une première fois en 1777 dans le *Journal des dames*, sous la signature M.D.G.O.D.R.[1], ce conte libertin sera repris dans plusieurs publications jusqu'à ce qu'il soit réécrit[2] et publié sans nom d'auteur en 1812, soit trente cinq ans après l'édition originale. Il ne sera attribué que tardivement à Vivant Denon. Entre les deux, le texte a subi des transformations qui vont toutes dans le sens de la condensation.

En une trentaine de pages, l'auteur met en scène une nuit extraordinaire que vont partager Mme de T… et le héros âgé de vingt ans. Ni l'un ni l'autre ne sont précisément nommés dans la version de 1812, alors que dans celle de 1777, le jeune protagoniste s'appelle Damon. Les deux femmes, dans les deux versions, sont protégées par le même anonymat : la Comtesse de ***, maîtresse en titre de Damon, et Mme de T… « qui avait de grands desseins sur [sa] personne ».

**1.** Pourquoi les personnages ne sont-ils pas nommés dans la version de 1812 ?

**2.** Vous étudierez les différentes manières de nommer Mme de T…

**3.** Quels personnages apparaissent ? Quel rôle jouent-ils ?

**4.** Que suppose le choix du titre ?

**5.** Pourquoi la rencontre du héros et du marquis, à la fin, est-elle savoureuse ? Montrez qu'il s'agit d'une véritable scène de théâtre.

## Structure

Même si la brève aventure d'une nuit est menée à un train d'enfer, on peut cependant distinguer des épisodes et noter une alternance d'accélérations et de ralentissements qui correspondent souvent au silence et à la parole.

**6.** Vous établirez la structure du conte.

## Un conte libertin

*Point de lendemain* est un modèle de concision, d'ironie et d'irrespect. Quelques pages racontent comment une grande dame enlève, à l'Opéra, l'amant de sa meilleure amie, l'entraîne à la campagne, à la barbe du mari et de l'amant en titre, pour une nuit sans lendemain ; on ne sait finalement qui a trompé qui. Comme l'avoue le jeune ingénu à la fin : « Je cherchai bien la morale de toute cette aventure, et… je n'en trouvai point. »

L'aventure se présente comme un voyage initiatique qui suit un itinéraire convenu, de l'Opéra, lieu mondain par excellence, au château de M. de T… qui n'est pas sans rappeler les « petites maisons » du XVIIIe siècle, lieux de plaisir. Après les premiers frôlements dans le carrosse, le banc de gazon dans le parc est témoin des premiers baisers et le pavillon de la première étreinte. Les amants délaissent le parc et pénètrent dans le labyrinthe du château qui les conduit dans le cabinet, « vaste cage de glaces » : en son cœur, une grotte obscure, étape finale de l'initiation.

**7.** Pourquoi peut-on dire que le héros subit une double initiation au cours de cette nuit sans lendemain ?

**8.** Étudiez dans le conte les jeux d'ombre et de lumière.

**9.** Quels sont les différents visages du libertin au XVIIIe siècle ?

**10.** Vous ferez une recherche sur les « petites maisons » (appelées aussi « folies ») au XVIIIe siècle. Vous pouvez lire *La Petite Maison* de J.-F. Bastide, dans le même volume.

**11.** Quels lieux, dans le conte, rappelle les « petites maisons » ?

## *Point de lendemain* ou la maîtrise du temps

Le libertinage juxtapose désir et satisfaction et focalise l'attention sur le *moment*[3]. Il élimine les temps morts, comme le montre le début du conte, l'hésitation dans la conquête ou l'alanguissement dans la possession. Ici, quelques heures de pur plaisir ! Tout ralentissement risque l'ennui, qui attenterait à la réputation du séducteur, ou de la séductrice, chez Vivant Denon. Cette suite discontinue de moments apparaît comme autant de victoires. Le rythme accéléré de l'amour mondain hait la répétition. Le style est à l'image de la fiction ; rapide, concis, efficace, elliptique et « gazé ».

**12.** Montrez comment Mme de T… maîtrise le temps.

---

**1.** M. Denon, gentilhomme ordinaire du roi.

**2.** Sous forme pornographique et sous le titre *La Nuit merveilleuse*, à la fin du XVIIIe siècle.

**3.** *La Nuit et le moment* (1755), titre significatif de Crébillon Fils.

# Le siècle de la sensibilité

Siècle de la raison, siècle des philosophes, le XVIIIe siècle voit aussi s'affirmer une sensibilité nouvelle, qui explore les méandres du cœur humain et du sentiment, et invite l'homme à jouir du bonheur dans un état d'harmonie avec la nature.

## La réhabilitation des passions

« *Interdire les passions aux hommes, c'est leur interdire d'être hommes.* » déclare le baron d'Holbach en 1770 dans son *Système de la nature*.

Il ne s'agit plus seulement de désigner par ce mot un état où l'homme serait passif, mais un ensemble de sentiments violents et tourmentés qui emportent l'être humain tout entier.

La sensibilité est d'autant plus importante qu'elle est, pour les philosophes sensualistes, à l'origine même de la vie de l'esprit.

La littérature fait de la passion amoureuse un de ses thèmes majeurs : les romans, qui connaissent un développement sans précédent, peignent des personnages passionnés. On peut penser à *Manon Lescaut* (1731) de l'abbé Prévost (→ chap. 2, p. 80), ou encore à la littérature féminine, qui s'illustre avec Mme de Graffigny, *Lettres d'une Péruvienne* (1747), ou Mme de Tencin, *Les Malheurs de l'amour* (1747).

## L'exploration des sentiments

Au théâtre, dès la première moitié du siècle, les pièces de Marivaux (1688-1763) interrogent le sentiment amoureux, comme le prouvent les titres de ses principales œuvres : *Arlequin poli par l'amour*, *La Surprise de l'amour*, *La Double Inconstance*, *Le Jeu de l'amour et du hasard*. Le dramaturge met en scène des personnages que la découverte de l'amour révèle à eux-mêmes.

Dans la *Profession de foi du vicaire savoyard*, au livre IV de son traité d'éducation *L'Émile* (1762), Rousseau évoque un Dieu « *sensible au cœur* » : les questions métaphysiques trouvent ainsi, selon lui, une réponse qui procède non de l'esprit mais du sentiment.

À la fin du siècle, le romancier Bernardin de Saint-Pierre (1737-1814), disciple de Rousseau, évoque, avec *Paul et Virginie,* des amours enfantines dans le cadre exotique de l'île de France (l'actuelle île Maurice).

## Le bonheur et la nature

La sensibilité du XVIIIe siècle s'exprime aussi dans un goût nouveau pour la nature. Rousseau évoque dans ses œuvres autobiographiques le plaisir parfait qu'il éprouve à marcher dans la montagne, à herboriser, à contempler un lac, à se sentir exister au contact de la nature.

Le goût pour les jardins « à l'anglaise », qui contrastent avec l'ordonnance régulière des jardins « à la française », traduit ce changement.

## I. LE SENTIMENT AMOUREUX EXPLORÉ

# MARIVAUX (1688-1763)

## *Le Jeu de l'amour et du hasard*

voir biographie p. 632

*Pour échapper à un mariage arrangé par son père, Monsieur Orgon, Silvia a changé de costume et de rôle avec sa servante Lisette : elle peut ainsi observer librement le jeune homme qui lui est promis, Dorante, et décider s'il est digne d'être aimé. Mais Dorante a eu la même idée qu'elle et a pris les habits et le nom de son valet Bourguignon. Cependant, Dorante et Silvia tombent amoureux l'un de l'autre sous leurs personnalités d'emprunt. Dorante révèle sa véritable identité à Silvia, mais celle-ci prolonge le jeu : elle voudrait obtenir qu'il lui propose de l'épouser malgré la différence de condition sociale qui le sépare de celle qu'il prend pour une simple soubrette.*

DORANTE, *à part*. – Qu'elle est digne d'être aimée ! Pourquoi faut-il que Mario[1] m'ait prévenu ?

SILVIA. – Où étiez-vous donc, Monsieur ? Depuis que j'ai quitté Mario, je n'ai pu vous retrouver pour vous rendre compte de ce que j'ai dit à Monsieur Orgon.

DORANTE – Je ne me suis pourtant pas éloigné. Mais de quoi s'agit-il ?

SILVIA, *à part*. – Quelle froideur ! (*Haut*.) J'ai eu beau décider votre valet[2] et prendre sa conscience à témoin de son peu de mérite ; j'ai eu beau lui représenter qu'on pouvait du moins reculer le mariage, il ne m'a pas seulement écoutée. Je vous avertis même qu'on parle d'envoyer[3] chez le notaire, et qu'il est temps de vous déclarer.

DORANTE. – C'est mon intention. Je vais partir *incognito*, et je laisserai un billet qui instruira Monsieur Orgon de tout.

SILVIA, *à part*. – Partir ! ce n'est pas là mon compte.

DORANTE. – N'approuvez-vous pas mon idée ?

SILVIA. – Mais... pas trop.

DORANTE. – Je ne vois pourtant rien de mieux dans la situation où je suis, à moins que de parler moi-même ; et je ne saurais m'y résoudre. J'ai d'ailleurs d'autres raisons qui veulent que je me retire ; je n'ai plus que faire ici.

SILVIA. – Comme je ne sais pas vos raisons, je ne puis ni les approuver ni les combattre ; et ce n'est pas à moi de vous les demander.

DORANTE. – Il vous est aisé de les soupçonner, Lisette.

SILVIA. – Mais je pense, par exemple, que vous avez du goût pour la fille de Monsieur Orgon.

DORANTE. – Ne voyez-vous que cela ?

SILVIA. – Il y a bien encore certaines choses que je pourrais supposer ; mais je ne suis pas folle, et je n'ai pas la vanité de m'y arrêter.

1. **Mario :** le frère de Silvia ; pour corser le jeu, il a dit à Dorante qu'il aimait la pseudo-Lisette. Il a donc « prévenu », c'est-à-dire devancé, Dorante.

2. **votre valet :** Bourguignon, qui est tombé amoureux de la vraie Lisette. Le mariage dont il est question semble choquant socialement puisqu'il engagerait un valet et une femme de qualité, la pseudo-Silvia. C'est pourquoi Dorante doit vite révéler la supercherie à Monsieur Orgon.

3. **envoyer :** envoyer quelqu'un pour aller chercher le notaire afin qu'il dresse le contrat de mariage.

DORANTE. – Ni le courage d'en parler ; car vous n'auriez rien d'obligeant à me dire. Adieu, Lisette.

SILVIA. – Prenez garde : je crois que vous ne m'entendez[4] pas, je suis obligée de vous le dire.

DORANTE. – À merveille ! et l'explication ne me serait pas favorable ; gardez-moi le secret jusqu'à mon départ.

SILVIA. – Quoi ! sérieusement, vous partez ?

DORANTE. – Vous avez bien peur que je ne change d'avis.

SILVIA. – Que vous êtes aimable d'être si bien au fait !

DORANTE. – Cela est bien naïf, Adieu.

*Il s'en va.*

SILVIA, *à part.* – S'il part, je ne l'aime plus, je ne l'épouserai jamais… (*Elle le regarde aller.*) Il s'arrête pourtant ; il rêve[5] ; il regarde si je tourne la tête : je ne saurais le rappeler, moi… Il serait pourtant singulier qu'il partît, après tout ce que j'ai fait !… Ah ! voilà qui est fini : il s'en va ; je n'ai pas tant de pouvoir sur lui que je le croyais. Mon frère est un maladroit ; il s'y est mal pris : les gens indifférents gâtent tout. Ne suis-je pas bien avancée ? Quel dénouement !… Dorante reparaît pourtant ; il me semble qu'il revient ; je me dédis donc ; je l'aime encore… Feignons de sortir, afin qu'il m'arrête : il faut bien que notre réconciliation lui coûte quelque chose.

DORANTE, *l'arrêtant.* – Restez, je vous prie ; j'ai encore quelque chose à vous dire.

SILVIA. – À moi, Monsieur ?

DORANTE. – J'ai de la peine à partir sans vous avoir convaincue que je n'ai pas tort de le faire.

SILVIA. – Eh ! Monsieur, de quelle conséquence[6] est-il de vous justifier auprès de moi ? Ce n'est pas la peine ; je ne suis qu'une suivante, et vous me le faites bien sentir.

DORANTE. – Moi, Lisette ! est-ce à vous de vous plaindre, vous qui me voyez prendre mon parti sans me rien dire ?

SILVIA. – Hum ! Si je voulais, je vous répondrais bien là-dessus.

DORANTE. – Répondez donc ; je ne demande pas mieux que de me tromper. Mais que dis-je ? Mario vous aime.

SILVIA. – Cela est vrai.

DORANTE. – Vous êtes sensible à son amour, je l'ai vu par l'extrême envie que vous aviez tantôt que je m'en allasse ; ainsi vous ne sauriez m'aimer.

SILVIA. – Je suis sensible à son amour ! qui est-ce qui vous l'a dit ? Je ne saurais vous aimer ! qu'en savez-vous ? Vous décidez bien vite.

DORANTE. – Eh bien, Lisette, par tout ce que vous avez de plus cher au monde, instruisez-moi de ce qui en est, je vous en conjure.

SILVIA. – Instruire un homme qui part !

DORANTE. – Je ne partirai point.

SILVIA. – Laissez-moi ; tenez, si vous m'aimez, ne m'interrogez point ; vous ne craignez que mon indifférence, et vous êtes trop heureux que je me taise. Que vous importent mes sentiments ?

DORANTE. – Ce qu'ils m'importent, Lisette ? peux-tu douter encore que je ne t'adore ?

4. **entendez :** comprenez.
5. **il rêve :** il reste indécis, comme s'il réfléchissait au parti qu'il doit prendre.
6. **conséquence :** importance.

*Le Jeu de l'amour et du hasard*, mise en scène de Philippe Ferran, avec Hammou Graia et Anne Coutureau. Théâtre de l'Atelier, 1997. © Ph. Coqueux/Specto.

SILVIA. – Non, et vous me le répétez si souvent que je vous crois, mais pourquoi m'en persuadez-vous ? que voulez-vous que je fasse de cette pensée-là, Monsieur ? Je vais vous parler à cœur ouvert. Vous m'aimez ; mais votre amour n'est pas une chose bien sérieuse pour vous. Que de ressources n'avez-vous pas pour vous en défaire ! La distance qu'il y a de vous à moi, mille objets[7] que vous allez trouver sur votre chemin, l'envie qu'on aura de vous rendre sensible[8], les amusements d'un homme de votre condition, tout va vous ôter cet amour dont vous m'entretenez impitoyablement. Vous en rirez peut-être au sortir d'ici, et vous aurez raison. Mais moi, Monsieur, si je m'en ressouviens, comme j'en ai peur, s'il m'a frappée, quel secours aurai-je contre l'impression qu'il m'aura faite ? Qui est-ce qui me dédommagera de votre perte ? Qui voulez-vous que mon cœur mette à votre place ? Savez-vous bien que, si je vous aimais, tout ce qu'il y a de plus grand dans le monde ne me toucherait plus ? Jugez donc de l'état où je resterais ; ayez la générosité de me cacher votre amour. Moi qui vous parle, je me ferais un scrupule de vous dire que je vous aime, dans les dispositions où vous êtes ; l'aveu de mes sentiments pourrait exposer[9] votre raison, et vous voyez bien aussi que je vous les cache.

DORANTE. – Ah ! ma chère Lisette, que viens-je d'entendre ? tes paroles ont un feu qui me pénètre ; je t'adore, je te respecte. Il n'est ni rang, ni naissance, ni fortune qui ne disparaisse devant une âme comme la tienne ; j'aurais honte que mon orgueil tînt contre toi ; et mon cœur et ma main t'appartiennent.

MARIVAUX, *Le Jeu de l'amour et du hasard*, III, 8, 1730.

7. **objets :** femmes.
8. **sensible :** amoureux.
9. **exposer :** mettre en danger.

## ANALYSE

**1.** Dégagez la structure de la scène en tenant compte notamment des didascalies qui indiquent les mouvements des personnages.

**2.** Que cherche à obtenir Silvia ? par quels moyens ?

**3.** Étudiez la fonction des apartés dans la page.

**4.** Que traduit, chez Dorante, le passage au tutoiement ?

**5.** Quelles différences la tirade de Silvia établit-elle entre sa situation et celle de Dorante ?

**6.** Caractérisez le langage de la pseudo-Lisette en vous fondant sur quelques exemples précis. Est-il celui que l'on attend d'une soubrette ? En quoi peut-il toucher Dorante ?

**7.** Montrez que cette scène est à la fois une scène de dépit amoureux et une scène de déclaration. Quel dénouement prépare-t-elle ?

# Denis DIDEROT (1713-1784)

## *Salon de 1767*

voir biographie p. 632

*Le mot « Salon » au XVIIIe siècle désigne à la fois une exposition annuelle de peinture et l'ouvrage de critique esthétique qui lui est consacré.*
*Au Salon de 1767 le peintre Hubert Robert (1733-1808) expose des toiles représentant des ruines antiques, qui soulèvent l'enthousiasme de Diderot.*

Les idées que les ruines éveillent en moi sont grandes. Tout s'anéantit, tout périt, tout passe. Il n'y a que le monde qui reste. Il n'y a que le temps qui dure. Qu'il est vieux, ce monde ! Je marche entre deux éternités. De quelque part que je jette les yeux, les objets qui m'entourent m'annoncent une fin et me résignent à celle qui m'attend. Qu'est-ce que mon existence éphémère, en comparaison de celle de ce rocher qui s'affaisse, de ce vallon qui se creuse, de cette forêt qui chancelle, de ces masses suspendues au-dessus de ma tête et qui s'ébranlent ? Je vois le marbre des tombeaux tomber en poussière ; et je ne veux pas mourir ! et j'envie un faible tissu de fibres et de chair, à une loi générale qui s'exécute sur le bronze ! Un torrent entraîne les nations les unes sur les autres au fond d'un abîme commun ; moi, moi seul je prétends m'arrêter sur le bord et fendre le flot qui coule à mes côtés !

Si le lieu d'une ruine est périlleux, je frémis. Si je m'y promets le secret et la sécurité, je suis plus libre, plus seul, plus à moi, plus près de moi. C'est là que j'appelle mon ami. C'est là que je regrette mon amie. C'est là que nous jouirons de nous, sans trouble, sans témoins, sans importuns[1], sans jaloux. C'est là que je sonde mon cœur. C'est là que j'interroge le sien, que je m'alarme et me rassure.

Si je te perdais jamais, idole de mon âme ; si une mort inopinée, un malheur imprévu te séparait de moi, c'est ici que je voudrais qu'on déposât ta cendre[2] et que je viendrais converser avec ton ombre.

Si l'absence nous tient éloignés, j'y viendrai rechercher la même ivresse qui avait si entièrement, si délicieusement disposé de nos sens ; mon cœur palpitera derechef[3] ; je rechercherai, je retrouverai l'égarement voluptueux. Tu y seras, jusqu'à ce que la douce langueur, la douce lassitude du plaisir soit passée. Alors je me relèverai ; je m'en reviendrai ; mais je n'en reviendrai pas sans m'arrêter, sans retourner la tête, sans fixer mes regards sur l'endroit où je fus heureux avec toi et sans toi. Sans toi ! je me trompe, tu y étais encore ; et à mon retour, les hommes verront ma joie ; mais ils n'en devineront pas la cause. Que fais-tu à présent ? où es-tu ? n'y a-t-il aucun antre, aucune forêt, aucun lieu secret, écarté, où tu puisses porter tes pas et perdre aussi ta mélancolie ?

Denis DIDEROT, *Salon de 1767*.

1. **importuns :** personnes qui dérangent.
2. **ta cendre :** singulier pour « tes cendres ».
3. **derechef :** une seconde fois, de nouveau.

Hubert ROBERT (1733-1808), *Ruines antiques*. Paris, Musée du Louvre. © Photo RMN/Jean Schormans.

## RECHERCHE

Renseignez-vous sur le peintre Hubert Robert et sur le goût pour les ruines dans la peinture de la fin du XVIIIe siècle.

## ANALYSE

**1.** Quelle perception du temps le spectacle des ruines fait-il naître ?

**2.** Montrez qu'il suscite à la fois des mouvements de l'esprit et du cœur chez Diderot.

**3.** Comment le texte mêle-t-il la méditation sur la mort, l'expression de la joie et celle de la tristesse ?

**4.** Identifiez les marques du registre lyrique et du registre élégiaque.

## STYLISTIQUE

Étudiez l'énonciation dans ce passage. En quoi permet-elle de dégager le mouvement de la page ?

## À VOIX HAUTE

Préparez la lecture du premier paragraphe en soulignant les effets de répétition et en marquant l'intonation liée aux différents types de phrases.

## LIENS


- **Histoire littéraire**, p. 556
- **Mémento**, Les marques de l'énonciation, Les registres, p. 618

# Jean-Jacques ROUSSEAU (1712-1778)

## *Les Rêveries du promeneur solitaire*

voir biographie p. 632

*Dernière œuvre de Jean-Jacques Rousseau, composée entre 1776 et 1778,* Les Rêveries du promeneur solitaire *constituent un ensemble de dix promenades où l'auteur évoque son passé et la quête du bonheur au sein de la nature.*

Quand le lac[1] agité ne me permettait pas la navigation je passais mon après-midi à parcourir l'île en herborisant à droite et à gauche, m'asseyant tantôt dans les réduits[2] les plus riants et les plus solitaires pour y rêver à mon aise, tantôt sur les terrasses et les tertres, pour parcourir des yeux le superbe et ravissant coup d'œil du lac et de ses rivages couronnés d'un côté par des montagnes prochaines, et de l'autre élargis en riches et fertiles plaines dans lesquelles la vue s'étendait jusqu'aux montagnes bleuâtres plus éloignées qui la bornaient.

Quand le soir approchait je descendais des cimes de l'île et j'allais volontiers m'asseoir au bord du lac, sur la grève, dans quelque asile caché ; là le bruit des vagues et l'agitation de l'eau fixant mes sens et chassant de mon âme toute autre agitation la plongeaient dans une rêverie délicieuse où la nuit me surprenait souvent sans que je m'en fusse aperçu. Le flux et le reflux de cette eau, son bruit continu mais renflé par intervalles frappant sans relâche mon oreille et mes yeux, suppléaient aux mouvements internes que la rêverie éteignait en moi et suffisaient pour me faire sentir avec plaisir mon existence, sans prendre la peine de penser. De temps à autre naissait quelque faible et courte réflexion sur l'instabilité des choses de ce monde dont la surface des eaux m'offrait l'image : mais bientôt ces impressions légères s'effaçaient dans l'uniformité du mouvement continu qui me berçait, et qui sans aucun concours actif de mon âme ne laissait pas de m'attacher au point qu'appelé par l'heure et par le signal convenu je ne pouvais m'arracher de là sans effort.

Après le souper, quand la soirée était belle, nous allions encore tous ensemble faire quelque tour de promenade sur la terrasse pour y respirer l'air du lac et la fraîcheur. On se reposait dans le pavillon, on riait, on causait, on chantait quelque vieille chanson qui valait bien le tortillage[3] moderne, et enfin l'on s'allait coucher content de sa journée et n'en désirant qu'une semblable pour le lendemain.

Telle est, laissant à part les visites imprévues et importunes, la manière dont j'ai passé mon temps dans cette île durant le séjour que j'y ai fait. Qu'on me dise à présent ce qu'il y a d'assez attrayant pour exciter dans mon cœur des regrets si vifs, si tendres et si durables qu'au bout de quinze ans[4] il m'est impossible de songer à cette habitation chérie sans m'y sentir à chaque fois transporté encore par les élans du désir.

J'ai remarqué dans les vicissitudes d'une longue vie que les époques des plus douces jouissances et des plaisirs les plus vifs ne sont pourtant pas celles dont le souvenir m'attire et me touche le plus. Ces courts moments de délire et de passion, quelque vifs qu'ils puissent être ne sont cependant, et

1. **le lac :** le lac de Bienne, situé dans le canton de Berne, au nord-ouest de la Suisse. Victime de l'hostilité publique en 1765, Rousseau a dû se réfugier sur les rives de ce lac, dans l'île Saint-Pierre.

2. **réduits :** recoins.

3. **tortillage :** allusion à la musique française que Rousseau juge « entortillée ».

4. **quinze ans :** douze ans si l'on se réfère à la chronologie exacte.

Pierre-Louis DE LA RIVE (1753-1817), *Rochers et grands arbres, avec personnage assis.* Pinceau et encre de Chine, lavis d'encre de Chine sur quelques traits à la mine de plomb sur papier blanc. 38,9 × 50,1 cm. Photo Bettina Jacot-Descombes. © Musée d'Art et d'Histoire, Genève.

par leur vivacité même, que des points bien clairsemés dans la ligne de la vie. Ils sont trop rares et trop rapides pour constituer un état, et le bonheur que mon cœur regrette n'est point composé d'instants fugitifs mais un état simple et permanent, qui n'a rien de vif en lui-même, mais dont la durée accroît le charme au point d'y trouver enfin la suprême félicité.

Tout est dans un flux continuel sur la terre. Rien n'y garde une forme constante et arrêtée, et nos affections qui s'attachent aux choses extérieures passent et changent nécessairement comme elles. Toujours en avant ou en arrière de nous, elles rappellent le passé qui n'est plus ou préviennent l'avenir qui souvent ne doit point être : il n'y a rien là de solide à quoi le cœur se puisse attacher. Aussi n'a-t-on guère ici-bas que du plaisir qui passe ; pour le bonheur qui dure je doute qu'il y soit connu. À peine est-il dans nos plus vives jouissances un instant où le cœur puisse véritablement nous dire : *Je voudrais que cet instant durât toujours* ; et comment peut-on appeler bonheur un état fugitif qui nous laisse encore le cœur inquiet et vide, qui nous fait regretter quelque chose avant, ou désirer encore quelque chose après ?

Mais s'il est un état où l'âme trouve une assiette assez solide pour s'y reposer tout entière et rassembler là tout son être, sans avoir besoin de rappeler le passé ni d'enjamber sur l'avenir ; où le temps ne soit rien pour elle, où le présent dure toujours sans néanmoins marquer sa durée et sans aucune trace de succession, sans aucun autre sentiment de privation ni de jouissance, de plaisir ni de peine, de désir ni de crainte que celui seul de notre existence, et que ce sentiment seul puisse la remplir tout entière ; tant que cet état dure celui qui s'y trouve peut s'appeler heureux, non d'un bonheur imparfait, pauvre et relatif, tel que celui qu'on trouve dans les plaisirs de la vie mais d'un bonheur suffisant, parfait et plein, qui ne laisse dans l'âme aucun vide qu'elle sente le besoin de remplir. Tel est l'état où je me suis trouvé souvent à l'île de Saint-Pierre dans mes rêveries solitaires, soit couché dans mon bateau que je laissais dériver au gré de l'eau, soit assis sur les rives du lac agité, soit ailleurs, au bord d'une belle rivière ou d'un ruisseau murmurant sur le gravier.

Jean-Jacques ROUSSEAU, *Les Rêveries du promeneur solitaire*, Cinquième promenade.

## ANALYSE

**1.** En quoi cette page relève-t-elle de la confession autobiographique ?

**2.** Comment s'articulent le récit du passé et la définition du bonheur ?

**3.** Relevez les occurrences du mot « rêverie ». Quelles connotations prend-il ?

**4.** À quoi permet d'accéder le « farniente » que célèbre ici Rousseau ?

**5.** Faites l'étude stylistique précise du deuxième paragraphe, en vous attachant notamment au rythme de la phrase.

**6.** Faites le même travail que précédemment pour le dernier paragraphe. Quelles similitudes notez-vous ?

OUVERTURE SUR

# Une voix féministe pendant la Révolution

## Olympe de GOUGES (1748-1793)

### *Déclaration des droits de la femme et de la citoyenne*

*La chanson de Gavroche dans* Les Misérables – « Je suis tombé par terre / C'est la faute à Voltaire/ Le nez dans le ruisseau / C'est la faute à Rousseau » *a popularisé une idée qui s'est imposée ensuite avec force : ce sont bien les philosophes du siècle des Lumières qui ont influencé les hommes de 1789 et, au-delà, l'esprit révolutionnaire qui a animé toute l'histoire du XIXe siècle.*

*Mais si les orateurs et les écrivains sont essentiellement des hommes, il ne faut pas minimiser la part que les femmes ont pu tenir dans ce combat.*

*Ainsi, une des premières féministes, Olympe de Gouges, femme de lettres, a d'abord défendu la cause des femmes par des romans et des pièces de théâtre. En 1791, elle publie la* Déclaration des droits de la femme et de la citoyenne *et revendique l'égalité en droit des deux sexes.*

*Elle prendra une position courageuse lors du procès de Louis XVI, faisant la distinction entre l'homme, qu'elle ne juge pas coupable, et le souverain. Proche des Girondins, elle est victime de la Terreur : elle est arrêtée le 20 juillet 1793, condamnée à mort, et guillotinée le 2 novembre 1793.*

*Nous donnons ici un extrait de sa* Déclaration.

ARTICLE PREMIER

La femme naît libre et demeure égale à l'homme en droits. Les distinctions sociales ne peuvent être fondées que sur l'utilité commune.

II

Le but de toute association politique est la conservation des droits naturels et imprescriptibles de la femme et de l'homme ; ces droits sont la liberté, la propriété, la sûreté et surtout la résistance à l'oppression.

III

Le principe de toute souveraineté réside essentiellement dans la Nation, qui n'est que la réunion de la femme et de l'homme : nul corps, nul individu, ne peut exercer d'autorité qui n'en émane expressément.

IV

La liberté et la justice consistent à rendre tout ce qui appartient à autrui ; ainsi l'exercice des droits naturels de la femme n'a de bornes que la tyrannie perpétuelle que l'homme lui oppose : ces bornes doivent être réformées par les lois de la nature et de la raison.

[...]

VI

La loi doit être l'expression de la volonté générale ; toutes les citoyennes et citoyens doivent concourir personnellement, ou par leurs représentants, à sa formation ; elle doit être la même pour tous ; toutes les citoyennes et tous les citoyens, étant égaux à ses yeux, doivent être également admissibles à toutes dignités, places et emplois publics, selon leurs capacités, et sans autres distinctions que celles de leurs vertus et de leurs talents.

VII

Nulle femme n'est exceptée; elle est accusée, arrêtée, et détenue dans les cas déterminés par la Loi. Les femmes obéissent comme les hommes à cette Loi rigoureuse.

VIII

La Loi ne doit établir que des peines strictement et évidemment nécessaires, et nul ne peut être puni qu'en vertu d'une Loi établie et promulguée antérieurement au délit et légalement appliquée aux femmes.

IX

Toute femme étant déclarée coupable : toute rigueur est exercée par la Loi.

X

Nul ne doit être inquiété pour ses opinions même fondamentales; la femme a le droit de monter sur l'échafaud; elle doit avoir également celui de monter à la Tribune; pourvu que ses manifestations ne troublent pas l'ordre public établi par la Loi.

XI

La libre communication des pensées et des opinions est un des droits les plus précieux de la femme, puisque cette liberté assure la légitimité des pères envers les enfants. Toute citoyenne peut donc dire librement, je suis mère d'un enfant qui vous appartient, sans qu'un préjugé barbare la force à dissimuler la vérité; sauf à répondre de l'abus de cette liberté dans les cas déterminés par la Loi.

XII

La garantie des droits de la femme et de la citoyenne nécessite une utilité majeure; cette garantie doit être instituée pour l'avantage de tous et non pour l'utilité particulière de celles à qui elle est confiée.

XIII

Pour l'entretien de la force publique, et pour les dépenses d'administration, les contributions de la femme et de l'homme sont égales; elle a part à toutes les corvées, à toutes les tâches pénibles; elle doit donc avoir de même part à la distribution des places, des emplois, des charges, des dignités et de l'industrie.

XIV

Les citoyennes et citoyens ont le droit de constater par eux-mêmes, ou par leurs représentants, la nécessité de la contribution publique. Les citoyennes ne peuvent y adhérer que par l'admission d'un partage égal, non seulement dans la fortune, mais encore dans l'administration publique, et de déterminer la quotité, l'assiette, le recouvrement et la durée de l'impôt.

XV

La masse des femmes, coalisée pour la contribution à celle des hommes, a le droit de demander compte, à tout agent public, de son administration.

XVI

Toute société, dans laquelle la garantie des droits n'est pas assurée, ni la séparation des pouvoirs déterminée, n'a point de constitution; la constitution est nulle, si la majorité des individus qui composent la Nation, n'a pas coopéré à la rédaction.

Olympe de GOUGES,
*Déclaration des droits de la femme et de la citoyenne*, 1791.

## ANALYSE

**1.** Quels éléments traduisent les idéaux des philosophes du XVIIIe siècle ?

**2.** Appréciez en particulier l'influence rousseauiste dans ce texte.

**3.** Relevez les procédés d'écriture qui lui confèrent un statut universel.

**4.** Quels sont les devoirs des femmes, corollaires de leurs droits, selon Olympe de Gouges ?

**5.** À la lumière du destin personnel de leur auteur, quels articles de ce texte semblent dotés d'une ironie tragique ?

# W. A. MOZART (1756-1791), *La Flûte enchantée*

## • L'argument

Un roi fort sage, qui possède le cercle solaire aux sept auréoles, vient à mourir. Sa veuve, la Reine de la Nuit, s'oppose alors à Sarastro, chef d'une confrérie secrète auquel le roi avait confié sa fille Pamina. Un jeune prince, Tamino, d'abord chargé par la Reine de s'emparer du cercle solaire que garde Sarastro, comprend que celui-ci est un homme de bien. Il change de camp et s'engage, avec son compagnon l'oiseleur Papageno, dans une voie faite d'épreuves, qu'il surmonte grâce à l'aide d'une flûte magique : au terme de ce parcours, il pourra épouser la princesse Pamina. À leur couple enfin uni, auquel répond symétriquement le couple de Papageno et de Papagena, est transmis le pouvoir de rendre la vie des hommes plus heureuse.

## • Des ténèbres à la lumière

Au-delà d'**un récit féerique**, il s'agit bien, dans la tradition du XVIIIe siècle, d'une **fable philosophique** qui raconte l'initiation de deux jeunes gens. Par ailleurs, Schikaneder, l'auteur du livret, et Mozart appartiennent à la franc-maçonnerie et veulent défendre avec cette œuvre les Francs-maçons, alors menacés par le pouvoir politique : *La Flûte enchantée* peut être considérée comme **un opéra maçonnique** (→ p. 519).

➤ **Repérez, sur la photo ci-dessous, les formes géométriques : en quoi renvoient-elles à des symboles maçonniques ?**

Plus largement, l'opéra s'inscrit parfaitement dans le mouvement de pensée du siècle des Lumières : les personnages cherchent à **fuir l'obscurité** et l'obscurantisme, pour atteindre **un idéal de clarté**.

➤ **Comment la mise en scène de Robert Wilson traduit-elle l'opposition entre l'ombre et la lumière et le passage des ténèbres à la clarté ?**

➤ **Écoutez un enregistrement du finale de l'opéra de Mozart : comment la musique suggère-t-elle un sentiment de plénitude ?**

*La Flûte enchantée*, dernier opéra de Mozart, fut créée à Vienne le 30 septembre 1791. Mise en scène de Robert WILSON. Compositeur : Amadeus Wolfgang MOZART. Représentation du 21.6.2004 à l'Opéra Bastille à Paris, avec Stéphane Degout : Papageno, Alfred Reiter : Sarastro et Rachel Harnisch : Pamina. © Ramon SENERA/ Agence Bernand.

# PARTIE 7

# HÉRITAGES

William MORRIS (1834-1896), *La Quête du Saint-Graal* (détail). Tapisserie, 1891, 2,44 × 6,95, d'après une esquisse d'Edward Burne-Jones. Birmingham, City Museum and Art Gallery. © AKG-images.

CHAPITRE

# 14 Réécritures

## OBJECTIFS

- Aborder la diversité des réécritures
- Comprendre la notion d'héritage culturel

Vue de la cour d'honneur du Palais-Royal avec les 260 colonnes de BUREN (né en 1938), installées en 1986. Photo 2000. © AKG-images.

## I. MYTHE ET TRAGÉDIE

# SOPHOCLE (496-406 av. J.-C.)

## *Œdipe roi*

*Nous proposons le début de la tragédie de Sophocle.*

*Devant le palais d'Œdipe. Un groupe d'enfants est accroupi sur les degrés du seuil. Chacun d'eux a en main un rameau d'olivier. Debout, au milieu d'eux, est le prêtre de Zeus.*

PROLOGUE

ŒDIPE. – Enfants, jeune lignée de notre vieux Cadmos[1], que faites-vous là ainsi à genoux, pieusement parés de rameaux suppliants[2] ? La ville est pleine tout ensemble et de vapeurs d'encens et de péans[3] mêlés de plaintes. Je n'ai pas cru dès lors pouvoir laisser à d'autres le soin d'entendre votre appel, je suis venu à vous moi-même, mes enfants, moi, Œdipe – Œdipe au nom que nul n'ignore. Allons ! vieillard, explique-toi : tu es tout désigné pour parler en leur nom. À quoi répond votre attitude ? À quelque crainte ou à quelque désir ? Va, sache-le, je suis prêt, si je puis, à vous donner une aide entière. Il faudrait bien que je fusse insensible pour n'être pas pris de pitié à vous voir ainsi à genoux.

LE PRÊTRE. – Eh bien ! je parlerai. Ô souverain de mon pays, Œdipe, tu vois l'âge de tous ces suppliants à genoux devant tes autels. Les uns n'ont pas encore la force de voler bien loin, les autres sont accablés par la vieillesse ; je suis, moi, prêtre de Zeus ; ils forment, eux, un choix de jeunes gens. Tout le reste du peuple, pieusement paré, est à genoux, ou sur nos places, ou devant les deux temples consacrés à Pallas[4], ou encore près de la cendre prophétique d'Isménos[5]. Tu le vois comme nous, Thèbes, prise dans la houle, n'est plus en état de tenir la tête au-dessus du flot meurtrier. La mort la frappe dans les germes où se forment les fruits de son sol, la mort la frappe dans ses troupeaux de bœufs, dans ses femmes, qui n'enfantent plus la vie. Une déesse porte-torche, déesse affreuse entre toutes, la Peste, s'est abattue sur nous, fouaillant[6] notre ville et vidant peu à peu la maison de Cadmos, cependant que le noir Enfer va s'enrichissant de nos plaintes, de nos sanglots. Certes ni moi ni ces enfants, à genoux devant ton foyer, nous ne t'égalons aux dieux ; non, mais nous t'estimons le premier de tous les mortels dans les incidents de notre existence et les conjonctures créées par les dieux. Il t'a suffi d'entrer jadis dans cette ville de Cadmos pour la libérer du tribut qu'elle payait alors à l'horrible Chanteuse[7]. Tu n'avais rien appris pourtant de la bouche d'aucun de nous, tu n'avais reçu aucune leçon : c'est par l'aide d'un dieu – chacun le dit,

1. **Cadmos :** fondateur mythique de Thèbes.
2. **rameaux suppliants :** dans le rituel religieux de la supplication, le suppliant porte une couronne de rameaux.
3. **péans :** le péan est un chant adressé au dieu Apollon, pour lui demander de détourner un fléau ou pour le remercier de l'avoir fait.
4. **Pallas :** autre nom de la déesse Athéna.
5. **cendre prophétique d'Isménos :** Isménos, fils d'Apollon. Sur son autel, à Thèbes, on examinait les cendres pour prédire l'avenir.
6. **fouaillant :** fouettant, frappant.
7. **horrible Chanteuse :** le Sphinx.

chacun le pense – que tu as su relever notre fortune. Eh bien ! cette fois encore, puissant Œdipe aimé de tous ici, à tes pieds, nous t'implorons. Découvre pour nous un secours. Que la voix d'un dieu te l'enseigne ou qu'un mortel t'en instruise, n'importe ! Les hommes éprouvés se trouvent aussi ceux dont je vois les conseils le plus souvent couronnés de succès. Oui, redresse notre ville, ô toi, le meilleur des humains ! Oui, prends garde pour toi-même ! Ce pays aujourd'hui t'appelle son sauveur, pour l'ardeur à le servir que tu lui montras naguère : ne va pas maintenant lui laisser de ton règne ce triste souvenir qu'après notre relèvement il aura ensuite marqué notre chute. Redresse cette ville définitivement. C'est sous d'heureux auspices[8] que tu nous apportas autrefois le salut : ce que tu fus, sois-le encore. Aussi bien, si tu dois régner sur cette terre, comme tu y règnes aujourd'hui, ne vaut-il pas mieux pour cela qu'elle soit peuplée que déserte ? Un rempart, un vaisseau ne sont rien, s'il n'y a plus d'hommes pour les occuper.

ŒDIPE. – Mes pauvres enfants, vous venez à moi chargés de vœux que je n'ignore pas – que je connais trop. Vous souffrez tous, je le sais, mais quelle que soit votre souffrance, il n'est pas un de vous qui souffre autant que moi. Votre douleur, à vous, n'a qu'un objet : pour chacun lui-même et nul autre. Mon cœur à moi gémit sur Thèbes et sur toi et sur moi tout ensemble. Vous ne réveillez pas ici un homme pris par le sommeil. Au contraire, j'avais, sachez-le, répandu déjà bien des larmes et fait faire bien du chemin à ma pensée anxieuse. Le seul remède que j'aie pu, tout bien pesé, découvrir, j'en ai usé sans retard. J'ai envoyé le fils de Ménécée, Créon, mon beau-frère, à Pythô[9], chez Phœbos[10] demander ce que je devais dire ou faire pour sauvegarder notre ville. Et même le jour où nous sommes, quand je le rapproche du temps écoulé, n'est pas sans m'inquiéter : qu'arrive-t-il donc à Créon ? La durée de son absence dépasse le délai normal beaucoup plus qu'il n'est naturel. Mais dès qu'il sera là, je serais criminel, si je refusais d'accomplir ce qu'aura déclaré le dieu.

LE PRÊTRE. – Tu ne pouvais parler plus à propos : ces enfants me font justement signe que Créon est là, qui approche.

ŒDIPE. – Ah ! s'il pouvait, cher Apollon, nous apporter quelque chance de sauver Thèbes, comme on se l'imagine à son air radieux !

LE PRÊTRE. – On peut du moins croire qu'il est satisfait. Sinon, il n'irait pas le front ainsi paré d'une large couronne de laurier florissant.

SOPHOCLE, *Œdipe roi*.

8. **auspices :** présages.
9. **Pythô :** autre nom de Delphes.
10. **Phœbos :** autre nom d'Apollon.

## ANALYSE

**1.** Quelle est la fonction du prologue ?

**2.** Où se trouvent les personnages ? En quoi le décor est-il symbolique ?

**3.** En étudiant le jeu des temps, vous montrerez que passé, présent et futur n'ont pas la même signification pour les deux personnages.

**4.** Repérez les didascalies explicites et implicites et donnez leur signification.

**5.** Qu'apprenons-nous des personnages ? Comment sont-ils présentés ?

# LECTURE DE L'IMAGE

## Peinture et mythe

**Gustave MOREAU (1826-1898), *Œdipe et le sphinx.***
Paris, Musée du Louvre. © RMN-Gérard Blot.

**Jean-Dominique INGRES (1780-1867), *Œdipe et le sphinx.***
Huile sur toile, 189 × 144 cm.
Paris, Musée du Louvre. © The Bridgeman Art Library.

### RECHERCHE

Consultez un dictionnaire de mythologie. Qui était le sphinx ? Comment est-il décrit ? Quel rapport a-t-il avec le mythe d'Œdipe ?

### ANALYSE

**1.** La peinture de Gustave Moreau vous semble-t-elle fidèle à cette description antique ?

**2.** Qu'est-ce qui rend le tableau angoissant ?

**3.** Qu'est-ce qui, dans ce tableau, se présente comme une réécriture de l'énigme du sphinx ?

**4.** Comparez le tableau de Gustave Moreau et la peinture de Jean-Dominique Ingres ci-dessus. En quoi les deux œuvres s'opposent-elles ?

## 2. DE LA TRAGÉDIE ANTIQUE AU DRAME

# André GIDE (1869-1951)

# *Œdipe*

voir biographie p. 632

*En 1930, Gide publie* Œdipe, *drame en trois actes. Devant ses enfants Polynice et Etéocle, Œdipe déclare sa confiance en l'homme, capable de se sauver tout seul s'il rejette conformisme et servitude.*

ŒDIPE. – … Persuadez-vous que l'humanité est sans doute beaucoup plus loin de son but que nous ne pouvons encore entrevoir, que de son point de départ que nous ne distinguons déjà plus.

ÉTÉOCLE. – Le but… Quel peut être le but ?

ŒDIPE. – Il est devant nous, quel qu'il soit. J'imagine, beaucoup plus tard, la terre couverte d'une humanité désasservie, qui considérera notre civilisation d'aujourd'hui du même œil que nous considérons l'état des hommes au début de leur lent progrès. Si j'ai vaincu le sphinx, ce n'est pas pour que vous vous reposiez. Ce dragon dont tu parlais, Étéocle, est pareil à celui qui m'attendait aux portes de Thèbes, où je me devais d'entrer en vainqueur. Tirésias nous embête avec son mysticisme et sa morale. On m'avait appris tout cela chez Polybe… Tirésias n'a jamais rien inventé, et ne saurait approuver ceux qui cherchent et qui inventent. Si inspiré par Dieu qu'il se dise, avec ses révélations, ses oiseaux, ce n'est pas lui qui sut répondre à l'énigme. J'ai compris, moi seul ai compris, que le seul mot de passe, pour n'être pas dévoré par le sphinx, c'est : l'Homme. Sans doute fallait-il un peu de courage pour le dire, ce mot. Mais je le tenais prêt dès avant d'avoir entendu l'énigme ; et ma force est que je n'admettais pas d'autre réponse, à quelle que pût être la question.

Car, comprenez bien, mes petits, que chacun de nous, adolescent, rencontre, au début de sa course, un monstre qui dresse devant lui telle énigme qui nous puisse empêcher d'avancer. Et, bien qu'à chacun de nous, mes enfants, ce sphinx particulier pose une question différente, persuadez-vous qu'à chacune de ses questions la réponse reste pareille ; oui, qu'il n'y a qu'une seule et même réponse à de si diverses questions ; et que cette réponse unique, c'est : l'Homme ; et que cet homme unique, pour un chacun de nous, c'est : Soi.

*(Tirésias est entré.)*

TIRÉSIAS. – Œdipe, est-ce là le dernier mot de ta sagesse ? Est-ce là que ta science aboutit ?

ŒDIPE. – C'est de là qu'elle part au contraire. C'en est le premier mot.

TIRÉSIAS. – Les mots suivants ?

ŒDIPE. – Mes fils auront à les chercher.

André GIDE, *Œdipe*, Acte II, paru dans *Commerce*, XXV, 1930.

## ANALYSE

**1.** Qu'est-ce qui, dans cet extrait de la pièce de Gide, est conforme au mythe antique ?

**2.** En quoi Gide s'éloigne-t-il du mythe antique ? En quoi consiste précisément, du point de vue thématique, son originalité ?

**3.** La réécriture gidienne concerne-t-elle aussi le style ?

## 3. UNE TRAGÉDIE MODERNISÉE

# Jean COCTEAU (1889-1963)

# *La Machine infernale*

voir biographie p. 632

La Machine infernale *a été représentée pour la première fois le 10 avril 1934 au Théâtre Louis Jouvet, à Paris. La pièce se compose de quatre actes non divisés en scènes. Dans l'extrait proposé, Jocaste et Tirésias font leur entrée après le dialogue burlesque des deux soldats attendant le retour du spectre de Laïus*[1].

*Ils apparaissent.*

Là... là... là... quatre, cinq, six, sept...

*... Jocaste arrive sur la plate-forme et se dirige vers la gauche. Tirésias marche sur le bout de son écharpe. Elle pousse un cri.*

TIRÉSIAS – Qu'avez-vous ?

JOCASTE – C'est votre pied, Zizi ! Vous marchez sur mon écharpe.

TIRÉSIAS – Pardonnez-moi...

JOCASTE – Encore, il se vexe ! Mais ce n'est pas contre toi que j'en ai... C'est contre cette écharpe ! Je suis entourée d'objets qui me détestent ! Tout le jour cette écharpe m'étrangle. Une fois, elle s'accroche aux branches, une autre fois, c'est le moyeu d'un char où elle s'enroule, une autre fois tu marches dessus. C'est un fait exprès. Et je la crains, je n'ose pas m'en séparer. C'est affreux ! C'est affreux ! Elle me tuera[2].

TIRÉSIAS – Voyez dans quel état sont vos nerfs.

JOCASTE – Et à quoi sert ton troisième œil, je demande ? As-tu trouvé le Sphinx ? As-tu trouvé les assassins de Laïus ? As-tu calmé le peuple ? On met des gardes à ma porte et on me laisse avec des objets qui me détestent, qui veulent ma mort !

TIRÉSIAS – Sur un simple racontar...

JOCASTE – Je sens les choses. Je sens les choses mieux que vous tous ! *(Elle montre son ventre.)* Je les sens là ! A-t-on fait tout ce qu'on a pu pour découvrir les assassins de Laïus ?

TIRÉSIAS – Madame sait bien que le Sphinx rendait les recherches impossibles.

JOCASTE – Eh bien, moi, je me moque de vos entrailles de poulets... Je sens, là... que Laïus souffre et qu'il veut se plaindre. J'ai décidé de tirer cette histoire au clair, et d'entendre moi-même ce jeune garde ; et je l'en-tendrai. Je suis votre reine, Tirésias, ne l'oubliez pas.

TIRÉSIAS – Ma petite brebis, il faut comprendre un pauvre aveugle qui t'adore, qui veille sur toi et qui voudrait que tu dormes dans ta chambre au lieu de courir après une ombre, une nuit d'orage, sur les remparts.

JOCASTE, *mystérieuse.* – Je ne dors pas.

TIRÉSIAS – Vous ne dormez pas ?

JOCASTE – Non, Zizi, je ne dors pas. Le Sphinx, le meurtre de Laïus, m'ont mis les nerfs à bout. Tu avais raison de me le dire. Je ne dors plus et c'est mieux, car, si je m'endors une minute, je fais un rêve, un seul et je reste malade toute la journée.

TIRÉSIAS – N'est-ce pas mon métier de déchiffrer les rêves ?...

JOCASTE – L'endroit du rêve ressemble un peu à cette plate-forme ; alors je te le raconte. Je suis debout, la nuit ; je berce une espèce de nourrisson. Tout

1. **Laïus :** il s'agit de Laïos, autre orthographe possible.

2. La danseuse Isadora Duncan fut étranglée par son écharpe qui s'était prise dans la roue d'une voiture de sport qu'elle essayait sur la promenade des Anglais à Nice, le soir du 14 septembre 1927. Cocteau s'est inspiré de cet accident pour raconter la mort de Michaël dans *Les Enfants terribles*.

à coup, ce nourrisson devient une pâte gluante qui me coule entre les doigts. Je pousse un hurlement et j'essaie de lancer cette pâte ; mais… oh ! Zizi… Si tu savais, c'est immonde… Cette chose, cette pâte reste reliée à moi et quand je me crois libre, la pâte revient à toute vitesse et gifle ma figure. Et cette pâte est vivante. Elle a une espèce de bouche qui se colle sur ma bouche. Et elle se glisse partout : elle cherche mon ventre, mes cuisses. Quelle horreur !

TIRÉSIAS – Calmez-vous.

JOCASTE – Je ne veux plus dormir, Zizi… Je ne veux plus dormir. Écoute la musique. Où est-ce ? Ils ne dorment pas non plus. Ils ont de la chance avec cette musique. Ils ont peur, Zizi… Ils ont raison. Ils doivent rêver des choses épouvantables et ils ne veulent pas dormir. Et au fait, pourquoi cette musique ? Pourquoi permet-on cette musique ? Est-ce que j'ai de la musique pour m'empêcher de dormir ? Je ne savais pas que ces boîtes restaient ouvertes toute la nuit. Pourquoi ce scandale, Zizi ? Il faut que Créon donne des ordres ! Il faut empêcher cette musique ! Il faut que ce scandale cesse immédiatement.

TIRÉSIAS – Madame, je vous conjure de vous calmer et de vous en retourner. Ce manque de sommeil vous met hors de vous. Nous avons autorisé les musiques afin que le peuple ne se démoralise pas, pour soutenir le moral. Il y aurait des crimes… et pire, si on ne dansait pas dans le quartier populaire.

JOCASTE – Est-ce que je danse, moi ?

TIRÉSIAS – Ce n'est pas pareil. Vous portez le deuil de Laïus.

JOCASTE – Et tous sont en deuil, Zizi. Tous ! Tous ! Tous ! et ils dansent et je ne danse pas. C'est trop injuste… Je veux…

TIRÉSIAS – On vient, madame.

JOCASTE – Écoute, Zizi, je tremble, je suis sortie avec tous mes bijoux.

TIRÉSIAS – N'ayez crainte. Sur le chemin de ronde, on ne rencontre pas de rôdeurs. C'est certainement une patrouille.

JOCASTE – Peut-être le soldat que je cherche ?

TIRÉSIAS – Ne bougez pas. Nous allons le savoir.

Jean COCTEAU, *La Machine infernale*, Acte I, © Éditions Grasset, 1934.

Isadora Duncan (1877-1927).
© Bridgeman.

## ANALYSE

### *Un dialogue révélateur*

**1.** Comment nous apparaît Jocaste ? Son portrait est-il conforme au mythe ?

**2.** Tirésias correspond-il à l'image antique traditionnelle ?

**3.** Quelle relation entretiennent les deux personnages ?

### *Les signes prémonitoires d'un destin tragique*

**4.** Étudiez les phrases à double sens. Annoncent-elles toutes la tragédie ?

**5.** Montrez que l'extrait est saturé de signes de la catastrophe.

**6.** Cet extrait répond-il aux exigences de l'exposition ?

### *Une réécriture de la tragédie et du mythe antiques*

**7.** En quoi consiste la modernité de la dramaturgie ?

**8.** Mettez en évidence l'originalité du langage.

**9.** Étudiez le mélange des tonalités.

## PROLONGEMENT

Sachant que chaque acte de *La Machine infernale* porte un sous-titre : Acte I, « Le fantôme », Acte II, « La rencontre d'Œdipe et du sphinx », Acte III, « La nuit de noces », Acte IV, « Œdipe Roi (dix-sept ans après) », que pouvez-vous en conclure sur la manière dont Cocteau a abordé le mythe antique ?

# GROUPEMENT 2 Réécritures d'un type de personnage romanesque, le jaloux

## I. JALOUSIE ET SOUPÇONS

## Abbé PRÉVOST (1697-1763)

## *Histoire d'une Grecque moderne*

voir biographie p. 632

*Le récit se présente comme une fiction à la première personne. Le narrateur évoque de manière rétrospective ses relations avec une jeune Grecque, Théophé, qu'il a libérée du sérail où elle était enfermée pour lui donner une éducation de femme occidentale du XVIIIe siècle, sur le modèle de Madame du Châtelet ou de Julie de Lespinasse. Mais peu à peu il s'est épris de cette jeune beauté et en devient jaloux au point de suspecter chacun de ses actes réels ou supposés. Il a cru surprendre Théophé avec un amant en surveillant sa chambre. Royale, elle sort blessée de ses doutes, et le laisse dans la chambre vide.*

Cependant je sentais un remords cruel de l'outrage que je faisais à l'aimable Théophé; et dans l'agitation de mille sentiments qui combattaient en sa faveur, je me demandais si mes noires défiances étaient assez bien fondées pour autoriser des observations si injurieuses. La nuit se passa tout entière sans qu'il se présentât rien qui pût blesser mes yeux. Je m'approchai même plusieurs fois de la porte. J'y prêtai curieusement l'oreille. Le moindre bruit réveillait mes soupçons, et je fus tenté sur un léger mouvement que je crus entendre de frapper brusquement pour me faire ouvrir. Enfin, j'allais me retirer au lever du soleil, lorsque la porte de Théophé s'ouvrit. Un frisson mortel me glaça le sang tout d'un coup; c'était elle-même qui sortait avec sa suivante. Cette diligence à se lever me causa d'abord un autre trouble; mais je me souvins qu'elle m'avait averti plusieurs fois que dans la chaleur excessive où nous étions, elle allait prendre l'air au jardin, qui donnait sur la mer. Je la suivis des yeux, et je ne fus rassuré qu'après lui avoir vu prendre ce chemin.

Il semblera que je devais être satisfait de l'emploi que j'avais fait de la nuit, et qu'après une épreuve de cette nature, il ne me restait qu'à m'aller livrer au sommeil, dont je me sentais un extrême besoin. Cependant mon cœur n'était qu'à demi soulagé. Le mouvement que j'avais entendu dans la chambre me laissait encore des doutes. La clef était restée à la porte. J'y entrai, dans l'espérance de trouver quelque vestige de ce qui m'avait alarmé. C'était peut-être une chaise ou un rideau que Théophé avait elle-même remué. Mais en portant un œil curieux dans toutes les parties de la chambre, j'aperçus une petite porte qui donnait sur un escalier dérobé, et que je n'avais point encore eu l'occasion de remarquer. Toutes mes agitations se renouvelèrent à cette vue. Voilà le chemin du comte, m'écriai-je douloureusement. Voilà la source de ma honte; et celle de ton crime, misérable Théophé! Je ne pourrais donner qu'une faible idée de l'ardeur avec laquelle j'examinai tous les passages pour m'assurer où l'escalier pouvait conduire. Il

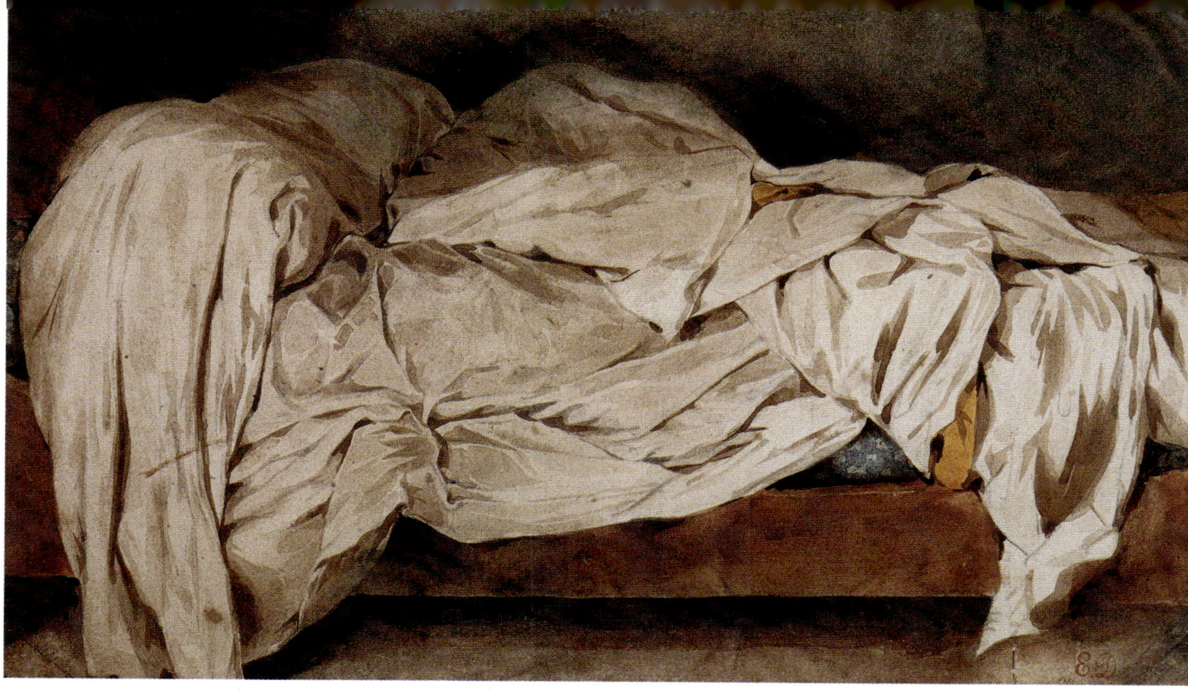

Eugène DELACROIX (1798-1863), *Le Lit défait*, aquarelle. Paris, Musée Delacroix. © Photo RMN/Michèle Bellot.

conduisait dans une cour écartée, et la porte qui était au pied paraissait fermée soigneusement. Mais ne pouvait-elle pas avoir été ouverte pendant la nuit ? Il me vint à l'esprit que si j'avais des lumières certaines à espérer, c'était au lit même de Théophé, qui était encore en désordre. Je saisis avidement cette pensée. Je m'en rapprochai avec un redoublement de crainte, comme si j'eusse touché à des éclaircissements qui emportaient la dernière conviction. J'observai jusqu'aux moindres circonstances la figure du lit, l'état des draps et des couvertures. J'allai jusqu'à mesurer la place qui suffisait à Théophé et à chercher si rien ne paraissait foulé hors des bornes que je donnais à sa taille. Je n'aurais pu m'y tromper ; et quoique je fisse réflexion que dans une grande chaleur elle pouvait s'être agitée pendant le sommeil, il me semblait que rien n'était capable de me faire méconnaître ses traces.

Abbé PRÉVOST, *Histoire d'une Grecque moderne*, 1740.

## ANALYSE

**1.** Étudiez la manière dont se mêlent inculpation et disculpation de Théophé dans la syntaxe comme dans le lexique. Notez la place et la fonction des interrogations indirectes. À quoi servent-elles ?

**2.** Quels sont les éléments qui rappellent les romans picaresques ? Quels sont ceux qui évoquent un roman classique, épuré comme chez Madame de Lafayette ?

**3.** Relevez les éléments qui montrent l'aliénation du personnage.

**4.** Définissez le rapport entre amour et jalousie. Comment est vécu le rapport à la femme aimée ? L'attitude du narrateur est-elle plausible ? justifiable ? Provoque-t-elle de la part du lecteur une identification ? une révolte ? une pitié ? Selon vos réponses, que vous justifierez par l'observation du texte, dites quels sont les registres convoqués par l'auteur.

**5.** Montrez en quoi ce texte reprend l'analyse de la jalousie telle que l'a faite Madame de Lafayette dans *La Princesse de Clèves*, mais lui donne un tour nouveau, propre au XVIII^e siècle.

## PROLONGEMENT

Lisez *Othello* de Shakespeare et proposez à travers ce texte et ceux de ce groupement une analyse du rapport entre amour, possession et jalousie.

## LIENS


- **Chapitre 2**, pp. 68 à 75 et p. 80
- **Chapitre 13**, p. 556
- **Mémento**, Les registres, p. 618

## 2. « L'HUMEUR ABOMINABLE » DU JALOUX

# STENDHAL (1783-1842)

# *La Chartreuse de Parme*

voir biographie p. 632

*Gina Pietranera (voir chapitre 3, p. 104) est devenue la brillante duchesse Sanseverina. Elle trouve beaucoup de charme à son jeune neveu Fabrice del Dongo et voudrait utiliser la puissance politique du comte Mosca pour assurer l'avenir social de son protégé. Mais celui-ci aime la Sanseverina et, averti de son inclination pour Fabrice, en devient jaloux.*
*Ranuce-Ernest IV, prince de Parme, vient de transmettre à Mosca une lettre qui démontre l'intérêt que la Sanseverina porte à Fabrice.*

Faut-il parler de l'humeur abominable qui agitait le premier ministre, comte Mosca della Rovere, à l'instant où il lui fut permis de quitter son auguste maître ? Ranuce-Ernest IV était parfaitement habile dans l'art de torturer un cœur, et je pourrais faire ici sans trop d'injustice la comparaison du tigre qui aime à jouer avec sa proie.

Le comte se fit reconduire chez lui au galop ; il cria en passant qu'on ne laissât monter âme qui vive, fit dire à l'*auditeur* de service qu'il lui rendait la liberté (savoir un être humain à portée de sa voix lui était odieux), et courut s'enfermer dans la grande galerie de tableaux. Là enfin il put se livrer à toute sa fureur ; là il passa la soirée sans lumières à se promener au hasard, comme un homme hors de lui. Il cherchait à imposer silence à son cœur, pour concentrer toute la force de son attention dans la discussion du parti à prendre. Plongé dans des angoisses qui eussent fait pitié à son plus cruel ennemi, il se disait : L'homme que j'abhorre loge chez la duchesse, passe tous ses moments avec elle. Dois-je tenter de faire parler une de ses femmes ? Rien de plus dangereux ; elle est si bonne ; elle les paie bien ! elle en est adorée ! (Et de qui, grand Dieu, n'est-elle pas adorée ?) Voici la question, reprenait-il avec rage :

Faut-il laisser deviner la jalousie qui me dévore ou ne pas en parler ?

Si je me tais, on ne se cachera point de moi. Je connais Gina, c'est une femme toute de premier mouvement ; sa conduite est imprévue même pour elle ; si elle veut se tracer un rôle d'avance, elle s'embrouille ; toujours, au moment de l'action, il lui vient une nouvelle idée qu'elle suit avec transport comme étant ce qu'il y a de mieux au monde, et qui gâte tout.

Ne disant mot de mon martyre, on ne se cache point de moi et je vois tout ce qui peut se passer…

Oui, mais en parlant, je fais naître d'autres circonstances ; je fais faire des réflexions ; je préviens beaucoup de ces choses horribles qui peuvent arriver… Peut-être on l'éloigne (le comte respira), alors j'ai presque partie gagnée ; quand même on aurait un peu d'humeur dans le moment, je la calmerai… et cette humeur quoi de plus naturel ?… elle l'aime comme un fils depuis quinze ans. Là gît tout mon espoir : *comme un fils…* mais elle a cessé de le voir depuis sa fuite pour Waterloo ; mais en revenant de Naples, surtout pour elle, c'est un autre homme. *Un autre homme*, répéta-t-il avec rage, et cet homme est charmant ; il a surtout cet air naïf et tendre, et cet œil souriant qui promettent tant de bonheur ! et ces yeux-là la duchesse ne doit pas être accoutumée à les trouver à notre cour !... Ils y sont remplacés par le regard morne ou sardonique. Moi-même, poursuivi par les affaires, ne régnant que par mon influence sur un homme qui voudrait me tourner en ridicule, quels regards dois-je avoir souvent ? Ah ! quelques soins que je prenne, c'est surtout mon regard qui doit être vieux en moi ! Ma gaieté n'est-elle pas toujours voisine de l'ironie ?... Je dirai plus : ici il faut être sincère, ma gaieté ne laisse-t-elle pas entrevoir, comme chose toute proche, le pouvoir absolu... et la méchanceté ? Est-ce que quelquefois je ne me dis pas à moi-même, surtout quand on m'irrite : je puis ce que je veux ? et même j'ajoute une sottise : je dois être plus heureux qu'un autre, puisque je possède ce que les autres n'ont pas : le pouvoir souverain dans les trois quarts des choses... Eh bien ! soyons juste ; l'habitude de cette pensée doit gâter mon sourire... doit me donner un air d'égoïsme... content... Et, comme son sourire à lui est charmant ! il respire le bonheur facile de la première jeunesse, et il le fait naître.

STENDHAL, *La Chartreuse de Parme*, Livre I, chapitre 7, 1838.

Portrait présumé d'Angela Pietragrua, comtesse Simonetta, maîtresse supposée de Stendhal quand il était en Italie entre 1811 et 1815. Dessin XIXe s. © Bibliothèque Nationale, Paris/Archives Charmet/The Bridgeman Art Library.

## ANALYSE

**1.** Étudiez la progression du texte et montrez comment se traduit la tension du monologue intérieur.

**2.** Étudiez la projection du comte dans ses comportements ultérieurs. En quoi le discours du jaloux devient-il stratégie ?

**3.** Étudiez la comparaison que le comte conduit entre Fabrice et lui-même. En quoi ce passage est-il satirique ? En quoi attise-t-il le ressentiment du comte à l'égard de Fabrice ?

**4.** Voici un extrait d'un célèbre essai de Stendhal, *De l'Amour*, I, 2.

> Laissez travailler la tête d'un amant pendant vingt-quatre heures, et voici ce que vous trouverez :
>
> Aux mines de sel de Salzbourg, on jette, dans les profondeurs abandonnées de la mine, un rameau d'arbre effeuillé par l'hiver ; deux ou trois mois après on le retire couvert de cristallisations brillantes : les plus petites branches, celles qui ne sont pas plus grosses que la patte d'une mésange, sont garnies d'une infinité de diamants, mobiles et éblouissants ; on ne peut plus reconnaître le rameau primitif.
>
> Ce que j'appelle cristallisation, c'est l'opération de l'esprit, qui tire de tout ce qui se présente la découverte que l'objet aimé a de nouvelles perfections.

• En vous fondant sur l'étude de ce texte et sur l'analyse des autres textes du groupement, montrez en quoi la jalousie est une autre forme, perverse, de la cristallisation.

• En vous appuyant sur le texte de Stendhal, ainsi que sur les autres textes du groupement, montrez en quoi la jalousie est aussi une étude du moi, un doute sur soi-même, une inquiétude existentielle.

## LIENS

✦ **Chapitre 1**, p. 50 ✦ **Chapitre 3**, p. 104
✦ **Vocabulaire-Grammaire**, exercice 3, p. 599

## 3. L'ANGOISSE DU JALOUX

# Marcel PROUST (1871-1922)

## *Un Amour de Swann*

voir biographie p. 632

*Charles Swann, le personnage principal de ce roman inclus dans le premier volet de* À la recherche du temps perdu, *est tombé amoureux d'une demi-mondaine, Odette de Crécy, qu'il rencontre dans le salon bourgeois des Verdurin.*
*Un soir, Swann cherche désespérément Odette dans tout Paris.*

Elle n'était pas chez Prévost[1] ; il voulut chercher dans tous les restaurants des boulevards. Pour gagner du temps, pendant qu'il visitait les uns, il envoya dans les autres son cocher Rémi (le doge Lorédan de Rizzo)[2] qu'il alla attendre ensuite – n'ayant rien trouvé lui-même — à l'endroit qu'il lui avait désigné. La voiture ne revenait pas et Swann se représentait le moment qui approchait, à la fois comme celui où Rémi lui dirait : « Cette dame est là » et comme celui où Rémi lui dirait : « Cette dame n'était dans aucun des cafés ». Et ainsi il voyait la fin de la soirée devant lui, une et pourtant alternative, précédée soit par la rencontre d'Odette qui abolirait son angoisse, soit par le renoncement forcé à la trouver ce soir, par l'acceptation de rentrer chez lui sans l'avoir vue.

Le cocher revint, mais au moment où il s'arrêta devant Swann, celui-ci ne lui dit pas : « Avez-vous trouvé cette dame ? » mais : « Faites-moi donc penser demain à commander du bois, je crois que la provision doit commencer à s'épuiser. » Peut-être se disait-il que si Rémi avait trouvé Odette dans un café où elle l'attendait, la fin de la soirée néfaste était déjà anéantie par la réalisation commencée de la fin de soirée bienheureuse et qu'il n'avait pas besoin de se presser d'atteindre un bonheur capturé et en lieu sûr, qui ne s'échapperait plus. Mais aussi c'était par force d'inertie ; il avait dans l'âme le manque de souplesse que certains êtres ont dans le corps, ceux-là qui au moment d'éviter un choc, d'éloigner une flamme de leur habit, d'accomplir un mouvement urgent, prennent leur temps, commencent par rester une seconde dans la situation où ils étaient auparavant comme pour y trouver leur point d'appui, leur élan. Et sans doute, si le cocher l'avait interrompu en lui disant : « Cette dame est là », il eût répondu : « Ah ! oui, c'est vrai, la course que je vous avais donnée, tiens, je n'aurais pas cru » et aurait continué à lui parler provision de bois pour lui cacher l'émotion qu'il avait eue et se laisser à lui-même le temps de rompre avec l'inquiétude et de se donner au bonheur.

Mais le cocher revint lui dire qu'il ne l'avait trouvée nulle part et ajouta son avis, en vieux serviteur :

– Je crois que Monsieur n'a plus qu'à rentrer.

« Mais l'indifférence que Swann jouait facilement quand Rémi ne pouvait plus rien changer à la réponse qu'il apportait tomba, quand il le vit essayer de le faire renoncer à son espoir et à sa recherche :

Mais pas du tout, s'écria-t-il, il faut que nous trouvions cette dame ; c'est de la plus haute importance. Elle serait extrêmement ennuyée, pour une affaire, et froissée, si elle ne m'avait pas vu.

1. **Prévost :** un des cafés-restaurants à la mode, boulevard Bonne-Nouvelle, à Paris.
2. **Antonio Rizzo :** architecte et sculpteur italien (1471-1532) ; la famille Lorédan était une des grandes familles vénitiennes dont les bustes en bronze ou en marbre étaient exécutés par les plus grands sculpteurs.

– Je ne vois pas comment cette dame pourrait être froissée, répondit Rémi, puisque c'est elle qui est partie sans attendre Monsieur, qu'elle a dit qu'elle allait chez Prévost et qu'elle n'y était pas.

D'ailleurs on commençait à éteindre partout. Sous les arbres des boulevards, dans une obscurité mystérieuse, les passants plus rares erraient, à peine reconnaissables. Parfois l'ombre d'une femme qui s'approchait de lui, lui murmurant un mot à l'oreille, lui demandant de la ramener, fit tressaillir Swann. Il frôlait anxieusement tous ces corps obscurs comme si parmi les fantômes des morts, dans le royaume sombre, il eût cherché Eurydice[3].

Marcel PROUST, *Un Amour de Swann*, Grasset, 1913.

3. Dans la légende d'Orphée, **Eurydice** est la femme que le poète adore. Poursuivie un jour par un berger, elle tente de lui échapper et dans sa fuite est mordue par un serpent. Inconsolable, Orphée descend aux Enfers ; il charme, comme d'habitude, par son chant. Cette fois ce sont les divinités infernales qui se laissent charmer et l'autorisent à ramener sur terre la jeune femme, à condition de ne pas se retourner vers elle, avant cette résurrection. Orphée ne pourra tenir parole et, une seconde fois, de manière définitive, Eurydice meurt.

Odilon REDON (1840-1916), *Portrait de Marie Botkin*, vers 1900. Paris, Musée du Louvre D.A.G. © Photo RMN/Hervé Lewandowski.

## ANALYSE

### *La comédie du jaloux face au monde*

**1.** En quoi la scène rapportée ici s'apparente-t-elle à une scène de comédie ? En quoi Swann notamment joue-t-il la comédie devant son cocher ?

**2.** Étudiez le personnage de Rémi : par quels aspects peut-il rappeler les serviteurs de la comédie classique ?

**3.** Montrez que cet extrait présente des traits comiques.

### *La tragédie du jaloux face à lui-même*

**4.** Relevez les termes qui indiquent le malaise de Swann. Comment ce sentiment progresse-t-il au fil du texte ?

**5.** Repérez les passages de discours intérieur. Que nous apprennent-ils sur le personnage ?

**6.** Par quels procédés le romancier suggère-t-il qu'une sorte de piège se referme sur le jaloux ?

### *L'écriture de la jalousie*

**7.** En vous fondant sur le texte, l. 19 à 24, analysez la signification des remarques qui, par le biais de la comparaison, permettent d'accéder à des considérations générales.

**8.** Comment l'extrait passe-t-il du monde réel au monde mythique ? Explicitez de deux façons différentes, l'une réaliste, l'autre symbolique, la référence à « l'ombre d'une femme qui s'approchait de lui », l. 46.

**9.** Quelles images donnent corps au mystère de la jalousie dans la fin de l'extrait ?

## EXPOSÉS

Présentez chacun des trois romans, *Histoire d'une Grecque moderne*, *La Chartreuse de Parme*, *Un Amour de Swann*, en résumant très brièvement l'action et en montrant dans chaque texte l'évolution de l'amour heureux à l'amour inquiet, de l'amour inquiet aux différentes phases de la jalousie jusqu'à la névrose complète.

## LIENS


- **Chapitre 1**, p. 28
- **Chapitre 3**, p. 122

## 4. JALOUSIE ET REGARD

# Alain ROBBE-GRILLET (né en 1922)

## *La Jalousie*

*La caractéristique du Nouveau roman* (chap. 3, p. 119) *consiste à travailler moins sur l'aventure des personnages que sur « l'aventure d'une écriture », selon la formule de l'essayiste Jean Ricardou. Comme dans les années 1930, l'écriture romanesque traverse une crise. Elle prend deux directions : la distance, qui conduit l'auteur à jouer sur la narration, le jeu littéraire qui consiste à accroître artificiellement la description ou à faire disparaître action et personnage.*

*Dans* La Jalousie, *un narrateur, qui reste anonyme, observe A., sa femme, qu'il soupçonne d'avoir un amant, Franck. L'observation reste en apparence patiente et neutre, mais elle est aussi impitoyable, soulignée par le caractère obsessionnel de la description géométrique d'un angle de la maison dont l'ombre portée joue le rôle d'un cadran solaire. Comme dans une tragédie, le temps se déroule inexorablement, le lieu est limité dans le huis clos d'une terrasse de maison coloniale d'où les personnages s'échappent d'autant moins qu'ils lisent un roman qui, en abyme, dit leur propre histoire. Seule progresse lentement l'ombre portée jusqu'à une jalousie – persienne à l'italienne qui permet de voir sans être vu – métaphorique du sentiment qui progresse chez le narrateur.*

Adossée à la porte intérieure qu'elle vient de refermer, A..., sans y penser, regarde le bois dépeint de la balustrade, plus près d'elle l'appui dépeint de la fenêtre, puis, plus près encore, le bois lavé du plancher.

Elle fait quelques pas dans la chambre et s'approche de la grosse commode, dont elle ouvre le tiroir supérieur. Elle remue les papiers, dans la partie droite du tiroir, se penche et, afin d'en mieux voir le fond, tire un peu plus le casier vers elle. Après de nouvelles recherches elle se redresse et demeure immobile, les coudes au corps, les deux avant-bras repliés et cachés par le buste – tenant sans aucun doute une feuille de papier entre les mains.

Elle se tourne maintenant vers la lumière, pour continuer sa lecture, sans se fatiguer les yeux. Son profil incliné ne bouge plus. La feuille est de couleur bleue très pâle, du format ordinaire des papiers à lettres, et porte la trace bien marquée d'un pliage en quatre.

Ensuite, gardant sa lettre en mains, A... repousse le tiroir, s'avance vers la petite table de travail (placée près de la seconde fenêtre, contre la cloison qui sépare la chambre du couloir) et s'assied aussitôt, devant le sous-main d'où elle extrait en même temps une feuille de papier bleu pâle – identique à la première, mais vierge. Elle ôte le capuchon de son stylo, puis, après un bref regard du côté droit (regard qui n'a même pas atteint le milieu de l'embrasure, située plus en arrière), elle penche la tête vers le sous-main pour se mettre à écrire.

Les boucles noires et brillantes s'immobilisent, dans l'axe du dos, que matérialise un peu plus bas l'étroite fermeture métallique de la robe.

Maintenant l'ombre du pilier – le pilier qui soutient l'angle sud-ouest du toit – s'allonge, sur les dalles, en travers de cette partie centrale de la terrasse, devant la façade, où l'on a disposé les fauteuils pour la soirée. Déjà l'extrémité du trait d'ombre atteint presque la porte d'entrée, qui en marque le milieu. Contre le pignon ouest de la maison, le soleil éclaire le bois sur un mètre cinquante de hauteur, environ. Par la troisième fenêtre, qui donne de ce côté, il pénétrerait donc largement dans la chambre, si le système des jalousies n'avait pas été baissé.

Alain ROBBE-GRILLET, *La Jalousie*,

## ANALYSE

**1.** Dans quelles circonstances vous mettez-vous à observer et à décrire minutieusement ce que vous avez sous les yeux ? Déduisez-en la construction « en creux » du narrateur.

**2.** Qu'est-ce qu'une « jalousie » en architecture ? En quoi le jeu d'ombre et de lumière, de fermeture et d'ouverture permet-il la surveillance mutuelle des deux membres du couple ? En quoi la jalousie architecturale est-elle métaphore de la jalousie sentimentale ?

**3.** Relevez tous les termes qui définissent l'espace. Pouvez-vous les qualifier ? Dans quelle mesure cette description pourrait-elle donner un tableau, une photo, un film ? Cherchez qui est Robbe-Grillet et dites quel art l'a sans doute inspiré.

## ÉCRITURE

- **Écriture d'invention**

Une jeune femme, observée sans qu'elle s'en doute par son mari, lit à la dérobée une lettre de son amant. Réécrivez la scène, en adoptant le point de vue du mari, successivement à la manière de l'abbé Prévost, de Stendhal et de Proust.

- **Dissertation**

1) En quatrième de couverture de *Vérités et mensonges dans la littérature* de Stephen Vizinczey, dans la collection Folio, n°4437, on trouve cette appréciation de la fonction de la littérature : « Il y a fondamentalement deux sortes de littérature. L'une vous aide à comprendre, l'autre vous aide à oublier ; la première vous aide à devenir une personne libre et un citoyen libre, l'autre aide les gens à vous manipuler. L'une s'apparente à l'astronomie, l'autre à l'astrologie. »

Vous apprécierez la pertinence de cette affirmation en la confrontant à votre lecture des textes de ce groupement et à votre connaissance d'autres œuvres littéraires.

2) Stephen Vizinczey (voir exercice précédent) ajoute :

« Les grands écrivains ne sont pas ceux qui nous disent que nous ne devrions pas jouer avec le feu, mais ceux qui nous brûlent les doigts ».

Donnez sens à cette double métaphore et dites en quoi elle éclaire l'expérience que vous avez de la littérature.

## LIENS


- **Stylistique**, p. 596
- **Chapitre 3**, p. 119

# HISTOIRE LITTÉRAIRE

## Ruptures et continuité

## A. LA QUERELLE DES ANCIENS ET DES MODERNES

Cet épisode de l'Histoire littéraire, au tournant des XVII^e et XVIII^e siècles, pose de manière aiguë la question des héritages et des réécritures.
Pour les partisans des Anciens, la tradition culturelle héritée de l'Antiquité gréco-latine continue de primer. C'est donc par l'imitation de leurs œuvres que l'on parvient au Beau. Pour les Modernes, en revanche, le Beau est à trouver dans la langue, la sensibilité et l'intelligence contemporaines.

### Les étapes de la querelle

Chronologiquement, on distingue deux phases principales.

#### • 1683-1700

Un ouvrage de **François Charpentier**, publié en 1683, *De l'Excellence de la langue française*, défend l'idée que le français est une langue de culture et de progrès. L'auteur montre que les connaissances de son époque sont bien plus grandes que celles de l'Antiquité et constate que les orateurs sacrés contemporains sont supérieurs aux orateurs du passé.

Ses idées sont reprises et développées par **Charles Perrault** dans son *Siècle de Louis le Grand*, discours en vers lu à l'Académie française le 26 janvier 1687. Il manifeste un certain mépris vis-à-vis de quelques auteurs antiques jusque-là révérés.

**La Fontaine** réplique par son *Épître à Huet* – Huet étant un érudit, évêque d'Avranches. Il défend la prééminence du modèle antique.

**Fontenelle**, par sa *Digression sur les anciens et les modernes*, en 1688, affirme la supériorité des Modernes, fondée sur un progrès de la raison.

**La Bruyère**, tenant des Anciens, fait précéder la publication des *Caractères*, en 1688, d'un *Discours sur Théophraste* qui fait l'éloge des auteurs de l'Antiquité.

**Charles Perrault** publie alors ses *Parallèles des anciens et des modernes*. Nous en donnons ci-dessous un extrait.

> [*Pour quelles raisons les modernes sont-ils supérieurs aux anciens ?*]
>
> La première est le temps, dont l'effet ordinaire est de perfectionner les arts et les sciences. La seconde, la connaissance, plus profonde et plus exacte, qu'on s'est acquise du cœur de l'homme et de ses sentiments les plus délicats et les plus fins, à force de la pénétrer. La troisième, l'usage de la méthode, presque inconnu aux anciens, et si familière aujourd'hui à tous ceux qui parlent ou qui écrivent. La quatrième, l'impression, qui, ayant mis tous les livres entre les mains de tout le monde, y a répandu en même temps la connaissance de ce qu'il y a de plus beau, de meilleur et de plus curieux dans tous les arts et dans toutes les sciences. La cinquième, le grand nombre d'occasions et de besoins que l'on a d'employer l'éloquence que n'avaient point les hommes des siècles éloignés.
>
> Charles PERRAULT, *Parallèles des anciens et des modernes*, dial. III

➤ **Résumez les arguments donnés par Charles Perrault.**

➤ **En quoi son argumentation est-elle efficace ?**

Boileau, partisan des Anciens, publie en 1694 ses *Réflexions sur Longin* (→ p. 599, exercice 8). Selon lui, l'admiration que l'on porte aux grands auteurs de l'Antiquité se trouve garantie par l'hommage des siècles : les auteurs contemporains, aussi talentueux soient-ils, devront attendre le jugement de la postérité. La position adoptée, par sa modération, amorce une réconciliation entre les deux camps qui sera scellée en 1700 : une lettre de Boileau à Perrault met publiquement terme à la querelle.

### • 1711-1714

C'est une traduction de l'*Iliade*, due à **Mme Dacier** en 1711, qui va être à l'origine du second moment de la querelle. En effet, dans une préface, l'auteur de cette traduction regrette que le français ne lui permette pas de rendre avec exactitude la poésie primitive d'Homère.

En 1714, **La Motte** réplique en publiant une version de l'*Iliade* mise au goût français : un texte écourté, enjolivé, adapté. Dans un *Discours sur Homère*, il s'élève contre le principe d'autorité qui fait que l'on admire, sans remettre en cause, les aspects moralement ou esthétiquement discutables de cette épopée.

Mme Dacier rétorque par un pamphlet en 1714 : *Causes de la corruption du goût.*

**Fénelon**, en 1716, dans sa *Lettre sur les occupations de l'Académie*, propose une forme de réconciliation : il défend les Anciens de manière mesurée, en reconnaissant les progrès apportés par les Modernes.

Mais c'est l'ouvrage de **l'abbé Dubos**, *Réflexions critiques sur la poésie et sur la peinture*, qui met fin à la querelle en 1719. Si les Modernes sont plus savants, c'est parce que les connaissances sont plus nombreuses. Qu'un poème ancien continue de plaire par-delà le temps est un gage certain de sa valeur. Il préconise donc de ne pas admirer en bloc la littérature antique mais de continuer d'imiter les procédés d'écriture et d'éloquence qui ont montré leur valeur.

## Les questions soulevées par la querelle

Plutôt que de rechercher qui l'a emporté dans cette double querelle, mieux vaut souligner l'importance des questions qu'elle a suscitées au XVIIIe siècle.

Le critique Philippe Van Tieghem les formule ainsi :

> […] principes et autorité vont-ils de pair, ou bien peut-on respecter les principes sans avoir la superstition des maîtres ? L'art profite-t-il ou non de l'expérience des siècles ? Le génie créateur a-t-il besoin de l'expérience technique ou peut-il créer des chefs-d'œuvre dans l'ignorance de cette technique ? Doit-on juger des ouvrages littéraires par rapport à un canon préalablement reconnu, ou le plaisir qu'ils procurent suffit-il pour les déclarer excellents ? Est-ce le cœur ou l'esprit qui doit juger l'œuvre d'art ? Est-ce l'âme ou l'intelligence ? La mission du critique est-elle de juger, ou d'expliquer l'enthousiasme que le critique éprouve comme lecteur ? […] L'art peut-il atteindre une perfection absolue ? Cette perfection absolue a-t-elle été atteinte ? L'a-t-elle été du temps des Grecs et des Latins ? L'œuvre d'art n'est-elle pas le produit des circonstances, du raffinement des mœurs, de la protection du souverain, de l'état de paix, autant ou plus que du génie ? Dans une œuvre digne d'admiration devons-nous faire un choix ? […] Le beau, enfin, est-il toujours le même ? Y a-t-il un beau idéal, ou des beautés changeantes, dépendant des temps et des lieux ?
>
> Philippe Van TIEGHEM, *Les Grandes Doctrines littéraires en France*,
> © Éditions Presses Universitaires de France, 1946.

## B. LA TRADUCTION

La question de la traduction ne se posait pas tant que la langue grecque était méconnue et que le latin était la seule langue érudite : seuls les savants avaient accès aux textes savants. L'humanisme a renversé cet état de fait. La prise de Constantinople par les Turcs (1453) a amené les savants grecs à s'exiler à Venise, Milan, Florence, Bologne ou Rome. Ils apportèrent avec eux nombre de textes antiques. L'Italie entra ainsi en Renaissance. Lorsque ce mouvement se répandit dans toute l'Europe, la question de la **diffusion des textes anciens** se posa : l'humanisme tentait de jeunes seigneurs et de jeunes bourgeois qui n'avaient pas forcément une formation de clercs ; les langues européennes avaient pris un essor qui les détachaient radicalement du latin ; les universités étaient trop soumises aux autorités religieuses, des lieux de culture civils se formèrent dans les villes nouvellement ouvertes à la pensée grâce aux académies, aux salons et aux Cours.
Ainsi, la nécessité de traduire s'imposa tout autant que l'étude des langues anciennes (grec, latin, hébreu) et modernes (allemand, espagnol, italien, anglais, arabe).
Mais sait-on ce que c'est que traduire ? Est-ce un **métier**, presque un **artisanat**, ou est-ce une **création**, presque aussi **inspirée** que l'œuvre-même du poète ?

### Les « Belles infidèles » ou la traduction-translation

La Renaissance est l'apogée du monde méditerranéen qui opère la synthèse de ses grandes civilisations et les propage vers le Nord de l'Europe. Les civilisations du Proche-Orient, après avoir assimilé celles du Moyen-Orient, échangent, s'approprient et commentent leurs textes ; le verbe « traduire » apparaît en 1539 et le nom « traduction » en 1540. Trois domaines sont à considérer : la religion, la poésie et la philosophie.

• **Dans le domaine poétique**, le cas d'Homère est symbolique car la poésie, orale à l'origine, fixée ensuite à l'écrit, comporte des caractères musicaux propres à chaque langue. La traduction se fait donc seulement « **translation** » : *traducere* en latin signifie « faire traverser, conduire d'une rive à l'autre », « translater » équivaut plutôt à établir des équivalents. Son but est de diffuser le sens indépendamment de la forme. Son résultat est de renforcer l'idéal d'imitation et d'amener les « translateurs » à chercher l'esthétique de la langue d'arrivée plutôt que celle de départ.

• **Dans le domaine philosophique**, la question de la traduction se pose vraiment comme celle de la **transmission**. Dès l'Antiquité, Cicéron avait relevé le défi de traduire la philosophie grecque de Platon en latin. De même, les philosophes arabes ont traduit les textes grecs qu'ils possédaient dans les grandes bibliothèques orientales, telles Alexandrie, Pergame, Bagdad, Ispahan. Les philosophes juifs (Abraham Ibn Daud, Maïmonide, Hasdaï Crescas aux XII-XIIIe siècles, Spinoza au XVIIe) ne cessent de traduire d'un côté les philosophes grecs, de l'autre les philosophes arabes. C'est sous le calife omeyyade Abd al-Malik, au VIIe siècle, que la langue arabe devient, à la place du persan et du grec, langue officielle des peuples musulmans. Tous les textes des deux langues d'origine furent donc peu à peu traduits. Abu Ali al-Husyn Ibn Sina, dit **Avicenne**, en Occident (vers l'an 1000), écrit de nombreux ouvrages médicaux, scientifiques et mystiques qui eurent une grande influence sur l'Occident. Abdul-Walid Muhammad b. Ahmad Ibn Rusd, dit **Averroès**, en Occident, juriste, médecin et philosophe résidant à Cordoue, fait aussi circuler les textes latins et grecs vers les pays arabes et inversement.

### • Érasme pose le problème religieux

> Pourquoi paraît-il inconvenant que quelqu'un prononce l'évangile dans cette langue où il est né et qu'il comprend : le Français en français, le Breton en breton, le Germain en germanique, l'Indien en indien ? Ce qui me paraît bien plus inconvenant ou mieux ridicule, c'est que des gens sans instruction et des femmes ainsi que des perroquets, marmottent leurs Psaumes et leur Oraison dominicale en latin, alors qu'ils ne comprennent pas ce qu'ils prononcent.
>
> Préface de la *Paraphrase de Saint-Mathieu.*

## Les « âmes sœurs » ou la traduction-inspiration

À côté d'un mouvement qui du XVIe au XVIIIe siècles s'intéresse plutôt au texte final et prend le texte d'origine comme une véritable « source », un autre mouvement, au départ plus individuel, moins universitaire, se fait jour entre le XVIIIe et le XXe siècles : la rencontre de deux âmes de poètes ou d'écrivains :

1. Charles Baudelaire (1821-1869) et Edgar Allan Poe (1809-1849)
2. Gérard de Nerval (1808-1855) et Johann Wolfgang Von Goethe (1749-1832)
3. Valery Larbaud (1881-1957) et James Joyce (1882-1941)

Ces trois exemples montrent des « **affinités électives** », pour reprendre l'expression de Goethe, entre des écrivains de nationalités différentes : Baudelaire apprend l'anglais, qu'il parlait approximativement, pour traduire Edgar Allan Poe. Le pessimisme, l'étrange, le bizarre liés à une logique implacable ne peuvent que plaire au poète français. De même, le classicisme de la langue au service du romantisme des passions unit Nerval et Goethe. Nerval traduit une première fois le *Faust* de Goethe en vers français, puis il remanie cette traduction en inventant littéralement la prose poétique française et son rythme propre. Goethe, lui-même bilingue, le félicite juste avant sa mort de cette traduction. Larbaud rencontre Joyce dans la librairie américaine parisienne de Sylvia Beach, *Shakespeare and Cº*. Leur amitié fut instantanée. La première traduction de Joyce « par Auguste Morel et Stuart Gilbert, revue par Valery Larbaud avec le concours de James Joyce » parut le 2 février 1929, jour anniversaire de l'auteur. Le manuscrit de mille pages, revu et corrigé par Joyce jusqu'au 30 janvier (!), nécessita d'abord un travail redoutable d'établissement du texte. Cette première traduction, même avant sa publication définitive, avait déjà suscité de nombreux scandales à Londres comme à Paris.

Toutes ces traductions ont en commun de chercher la manière dont la langue française peut **rendre les effets de polyphonie, d'invention verbale, de rythme et de logique** explicite ou implicite propres à Poe, Goethe ou Joyce.

### • Les « savantes » ou les assises de la traduction scientifique

Traduire pose la double question de l'exactitude des images et de la fidélité rythmique. Peut-on, doit-on traduire les vers en vers ? C'est en poésie que l'opposition entre langue-source et langue-cible est la plus cruelle : comment traduire les effets d'une langue accentuelle (grec, latin, allemand, anglais) dans une langue non accentuelle comme le français ?

Dès le XVIIIe siècle, les **progrès en philologie** accrurent les exigences par rapport à la langue de départ. On se rendit compte d'abord sur les exemples canoniques d'Homère et de la Bible du nombre d'erreurs auxquelles on s'était accoutumé, faute de précision lexicale. Par ailleurs, **la traduction dans une langue seconde suit aussi l'évolution de cette langue**. Au début du XXe siècle, moment où l'on traduit aussi avec un grand succès les épopées médiévales, les traductions d'Homère utilisent le mot « seigneur » pour désigner les « rois » mycéniens, comme dans le système de la féodalité. Le fameux texte de l'*Ecclésiaste*, qui a eu tant de succès au XVIIe siècle par son exergue latin *vanitas, vanitas, vanitatum*, a été traduit naturellement par ce « vanité, vanité, tout est vanité » qui a pris la connotation de « frivolité » propre à une époque où on lutte contre les mondains. Mais le mot hébreu *Qoelet* signifie en fait « souffle » et renvoie davantage à l'éphémère et impalpable trace de l'existence, tout n'est que souffle, comme on dirait que tout n'est qu'essence parfumée, à la fois insaisissable et prégnante.

Les méthodes de traduction partent donc d'un exigeant établissement du texte à partir duquel on élabore un texte qui tente de **respecter le lexique ou les règles évidentes de syntaxe**, mais aussi **le rythme et les effets rhétoriques du texte-source**.

C'est ce que se sont efforcés de faire :

– Marthe Robert, pour l'œuvre de Kafka (1883-1924)

– André Markowicz, pour celle de Dostoïevski (1821-1881).

La question de la traduction est devenue une vraie question de littérature qui traverse celles de l'intertextualité et de la réécriture. En témoigne la création des « Assises de la traduction » à Arles depuis 1983. En 2001, pour sa dix-huitième édition, le colloque s'ouvrit, deux mois après les attentats du 11 septembre, par ces mots :

« Peuples de la terre,
Ne détruisez pas l'univers des mots,
Ne coupez pas avec les couteaux de la haine
Le son qui naquit avec le souffle. »

« *Les langues sont imparfaites en ceci que plusieurs* », disait Mallarmé, rappelant la Tour de Babel. Mais c'est aussi cette pluralité qui, malgré les malentendus qu'elle produit, permet l'expression de toutes les variétés de l'humaine condition.

**La traduction est un labeur sans cesse repris.** Ainsi, dans *Les Testaments trahis,* Milan Kundera critique les traductions que Marthe Robert et Vialatte ont fait de Kafka, en soulignant que, si elles ont le mérite de « passer » les textes en français, elles ont le tort de perdre la syntaxe imbriquée et labyrinthique d'origine. De même, pour le 16 juin 2004, date anniversaire de la journée du 16 juin 1904 évoquée dans *Ulysse*, un groupe de chercheurs, Bernard Hoepffner, Pascal Bataillard, Michel Cusin et Jacques Aubert, entre autres, refirent la traduction de l'ouvrage de Joyce, en s'attachant particulièrement à l'invention lexicale. Trois années ont été nécessaires à ce travail qui est, on le remarque, un travail d'équipe.

Au sens le plus fort du terme, Nicole Gourgaud peut nous offrir une conclusion par le titre qu'elle donne à son article : « Le traducteur : un réécrivain ».

**➤ Lisez ce court texte d'André Markowicz sur son travail de traducteur de Dostoïevski et recopiez les expressions qui désignent sa conception du métier de traducteur.**

Il me semble que la traduction est aussi une façon de faire de la littérature. D'un côté, c'est une béquille et je n'ai aucune imagination. Je me rends compte qu'il est tellement plus intéressant de traduire *L'Idiot* plutôt que d'essayer d'écrire un mauvais roman. Et puis c'est quelque chose que j'aime tellement ! Donc je suis beaucoup plus utile à traduire. Et, en ce qui concerne l'écriture, ce sont les traductions une à une qui posent la question : comment on peut faire ça en français ? Est-ce que c'est possible ? Mais aussi petit à petit, j'essaie de montrer l'émergence d'un certain regard, d'une certaine opinion sur les textes, sur les rapports qu'il peut y avoir entre eux, sur la culture russe dans son ensemble.

André MARKOWICZ, « Réflexions sur *L'Idiot* de Dostoïevski », collection Babel, © Éditions Actes Sud, 2001.

## C. L'INTERTEXTUALITÉ

### L'intertextualité et l'humaniste

- Un détour étymologique : le préfixe « inter » ajouté au radical « texte » montre une relation entre les textes. Qu'est-ce que la littérature sinon une lente sédimentation de textes et d'idées qui se font écho ? Rappelons qu'à l'origine les genres littéraires proviennent de formes religieuses : le chant fut d'abord cultuel, comme le « *drama* », comme le récit mythique. Puis, par dérivation successive, la tragédie passa de sujets religieux, liés à l'histoire et au culte de Dionysos, à des sujets moins dionysiaques.

➤ **L'intertextualité permet de tisser des relations entre les textes. Prenez l'exemple d'*Électre* et cherchez les noms d'auteurs qui, de l'Antiquité à nos jours, ont repris ce thème. Cherchez pourquoi Giraudoux intitule une de ses pièces *Amphitryon 38*.**

➤ **L'intertextualité permet d'établir un système de références qui constitue le socle des « humanités » : on a pu dire que l'*Énéide* qui comporte douze chants, était composée d'une petite *Odyssée*, les voyages d'Énée, et d'une petite *Iliade*, l'installation d'Énée en Italie où il fonde Albe, ancêtre de Rome. En quoi y a-t-il intertextualité dans le poème de du Bellay, « Heureux qui, comme Ulysse », voir chapitre 6, p. 247 ?**

- Sur le modèle de l'*exégèse* biblique, c'est-à-dire de l'interprétation des textes sacrés, on accumule les commentaires ou *gloses* sur les textes médiévaux, à la Renaissance on redécouvre les auteurs antiques. Une aimable conversation à distance s'instaure alors entre écrivains du présent et du passé. C'est évidemment Montaigne qui montre le mieux ce chemin de citations, non pas inconscientes, mais consciemment distribuées dans un texte pour rendre la vitalité d'un débat d'idées.

➤ **Voici un court extrait de Montaigne :**

> Je suis de moi-même non mélancolique mais songe-creux. Il n'est rien de quoi je me sois dès toujours entretenu que des imaginations (= images mentales) de la mort : voire en la saison la plus licencieuse de mon âge, « *Jucundum cum aetas florida ver ageret* »[1].
>
> 1. « Quand mon âge dans sa fleur jouissait de son printemps » Catulle, LXVIII, 16.

**Cherchez le sens de « songe-creux et de « licencieuse » dans ce texte, puis demandez-vous si la citation est décorative ou argumentative. Pourquoi vient-elle à l'esprit de Montaigne ?**

➤ **D'autres écrivains ont médité sur la mort. À votre tour, développez une réflexion sur la brièveté de la vie : vous citerez Montaigne, mais vous intégrerez aussi à votre guise une citation de Pascal (p. 484), de Cyrano de Bergerac (p. 482), de Baudelaire (p. 312) ou de Proust (p. 124).**

- C'est en ce sens que le critique actuel, Gérard Genette, définit le concept d'intertextualité. Il choisit pour son ouvrage le titre *Palimpsestes*, ce qui est tout un programme puisque le mot désigne un parchemin gratté – sens étymologique – sur lequel un nouveau texte a été écrit. Ainsi découvre-t-on en observant les parchemins avec les techniques d'IRM des superpositions de textes païens et chrétiens. L'intertextualité recouvre notamment la parodie et le pastiche, mais aussi la citation, le plagiat, l'allusion. Cela mérite quelques définitions :

– **Le pastiche** : le mot vient de l'italien *pasticcio*, pâté, et désigne « une imitation des procédés caractéristiques d'un texte ».
– **La parodie** (voir p. 596).
– **La citation** : elle consiste à emprunter un extrait plus ou moins long à un texte d'un auteur différent de soi et à l'insérer dans son propre texte.

– **Le plagiat** : défini par le Larousse comme « l'action de piller les œuvres d'autrui en donnant pour siennes les parties copiées ».

➤ **Déterminez pour ces quatre termes quand ils sont création artistique et quand ils ne le sont pas.**

➤ **Cherchez au cinéma des films récents qui citent ou plagient des films plus anciens.**

## L'intertextualité et la nouvelle critique

Dans les années 1960-1980 naît un grand mouvement de critique littéraire qui renouvelle le vocabulaire de la critique : à la tradition humaniste parfois évasive ou gratuitement métaphorique, on cherche à substituer, parallèlement au travail des autres sciences humaines, une exigence d'objectivité par la création d'un lexique précis pour chaque notion littéraire.

Ce mouvement s'intéresse moins aux filiations conscientes entre les écrivains et aux héritages directs, comme Racine, héritier de Tacite ou Molière héritier de Plaute, qu'aux **héritages inconscients**, dus soit à une époque, soit à une éducation, soit à une tradition involontaire. Un texte est le produit d'une société qu'il reflète : on décèle dans l'ensemble de la littérature occidentale une permanence de l'héritage biblique et homérique, indépendante de l'adhésion à cet héritage. Ainsi, on retrouve chez Voltaire, chez Hugo, chez Baudelaire la marque inconsciente de l'éducation judéo-chrétienne qu'ils ont reçue.

➤ **À partir d'un choix de textes de ce manuel, un groupe fera un court exposé (20 minutes) sur « l'image de la femme dans la littérature occidentale », un autre sur « l'image de la faute dans la littérature occidentale ». Pour chaque exposé, vous partirez, dans l'introduction, de la lecture d'un tableau et vous finirez, dans la conclusion, par l'étude d'un film.**

Un texte, dans cette perspective, se définit selon deux repères : un repère visible, la dette à l'égard de l'archéologie du texte, et un repère souterrain, moins visible, la dette à l'égard de l'environnement culturel.

À partir de la relecture de *Phèdre* (→ p. 194) ou de *La Princesse de Clèves* (→ pp. 68-73), montrez la part que prennent les problèmes et les valeurs propres au XVII^e siècle dans la réécriture d'un mythe antique ou d'un récit historique datant du règne de Henri II. Montrez comment des mises en scène ou des écritures filmiques du XX^e siècle leur ajoutent des interprétations modernes.

## L'intertextualité et l'homme cultivé moderne

Mais il existe selon Michaël Riffaterre une autre définition : « l'intertextualité est la perception par le lecteur de rapports entre une œuvre et d'autres qui l'ont précédée ou suivie » (*La Pensée*, nº 215, octobre 1980, « La trace de l'intertexte »). On se place donc cette fois dans **la perspective** non de l'écriture mais **de la lecture** et l'on peut écrire une histoire de l'intertextualité d'un texte. L'intertextualité est appréhendée dès lors comme un effet de la lecture : elle suppose un lecteur cultivé et actif, capable de tisser des liens entre l'œuvre qu'il lit et d'autres œuvres appartenant éventuellement à des genres ou même à des arts différents (→ p. 604).

Pour englober les différents sens dont s'est enrichi le terme d'intertextualité, on utilise communément **le concept de réécriture** qui implique une écriture seconde faite à partir d'un texte source. On peut faire le même type d'analyse en peinture, en musique ou au cinéma.

# LECTURE DE L'IMAGE

## Une « intertextualité » en peinture

**Édouard MANET (1832-1883),** ***Olympia*****, 1863.**

Paris, Musée d'Orsay.
© Photo RMN/Hervé Lewandowski.

**Larry RIVERS (1923-2002),** ***I like Olympia in black face*****, 1970.**

Paris, MNAM
© Photo CNAC/MNAM Distr. RMN/Philippe Migeat © Adagp, Paris 2007.

**1.** Observez les tableaux de Manet et de Larry Rivers ci-dessus. Étudiez dans ces tableaux l'intertextualité sous la forme d'une référence obligée, respectueuse ou ironique, de citation, de plagiat, de pastiche et de parodie.

**2.** Appréciez, dans chaque tableau, l'articulation entre tradition et modernité.

**3.** Faut-il connaître le tableau de Manet pour apprécier celui de Rivers ? Inversement, en quoi le tableau de Rivers invite-t-il à une autre lecture du tableau de Manet ?

# « De la traduction »

Quelles sont les obligations du traducteur ? Comment, plein comme il doit l'être du sentiment de sa responsabilité, se montrera-t-il à la hauteur de la très délicate et très noble tâche qu'il assume ? Que devra-t-il faire pour ne pas trahir, et pour éviter, d'une part le mot à mot insipide et infidèle à force de servile fidélité, et d'autre part la « traduction ornée » ? Bref, quels sont les droits et les devoirs du traducteur ?

[...] Les joies et les profits du traducteur sont grands et dignes d'envie. Voilà un poème, un livre entier qu'il aime, qu'il a lu vingt fois avec délice et dont sa pensée s'est nourrie ; et ce poème, ce livre, ne sont pour son ami, pour les personnes qu'il estime et auxquelles il voudrait faire partager tous ses plaisirs, que du noir sur du blanc, le pointillé, et ce qu'on appelle « lettre close ». – « Attendez un peu » dit le traducteur, et il se met au travail. Et voici que sous sa petite baguette magique, faite d'une matière noire et brillante engainée d'argent, ce qui n'était qu'une triste et grise matière imprimée, illisible, imprononçable, dépourvue de toute signification pour son ami, devient une parole vivante, une pensée articulée, un nouveau texte tout chargé du sens et de l'intuition qui demeuraient si profondément cachés, et à tant d'yeux, dans le texte étranger. Maintenant votre ami peut lire ce poème, ce livre que vous aimez : ce n'est plus lettre close pour lui ; il en prend connaissance, et c'est vous qui avez brisé les sceaux, c'est vous qui lui faites visiter ce palais, qui l'accompagnez dans tous les détours et les coins les plus charmants de cette ville étrangère que, sans vous, il n'aurait probablement jamais visitée. Vous avez obtenu une entrée pour lui ; vous lui avez payé le voyage. Quel plaisir vaut celui-là ? Faire partager son bonheur à ceux qu'on aime ? L'affection, l'amour-propre et même la vanité y trouvent leur compte.

Tels ont dû être les motifs et l'état d'esprit du premier homme qui traduisit un ouvrage littéraire. Et ces motifs et cet état d'esprit se retrouvent et se retrouveront toujours chez tous les hommes qui aiment les lettres, et qui ont eu l'occasion et la patience d'apprendre deux langues.

[...] *Verborum pensitatores*[1], cette expression, appliquée par Aulu-Gelle aux détracteurs du style de Cicéron, a sans doute dans ce passage un sens péjoratif ; mais peu importe car « peseurs de mots » et même peseurs *subtilissimi*[1], nous, Traducteurs, devons être. Chacun de nous a près de soi, sur sa table ou son bureau, un jeu d'invisibles, d'intellectuelles balances aux plateaux d'argent, au fléau d'or, à l'arbre de platine, à l'aiguille de diamant, capables de marquer des écarts de fractions de milligrammes, capables de peser les impondérables ! Auprès de ces balances, les autres instruments de notre travail, matériels et visibles, – Dictionnaires, Lexiques, Grammaires, – encore que nous les tenions constamment en usage, ne sont que des accessoires – simples dépôts de matériaux en ordre, boîtes de mots rangés à leur place alphabétique et numérotés selon leur sens et leurs nuances : boîtes de pastels. L'essentiel est la Balance où nous pesons ces mots, car tout le travail de la Traduction est une pesée des mots.

1. ***Verborum pensitatores*** : peseurs de mots. L'adjectif latin ***subtilissimi*** veut dire « extrêmement subtils ».

Dans l'un des plateaux nous déposons l'un après l'autre les mots de l'Auteur, et dans l'autre nous essayons tour à tour un nombre indéterminé de mots appartenant à la langue dans laquelle nous traduisons cet Auteur, et nous attendons l'instant où les deux plateaux seront en équilibre.

Cela n'a l'air de rien, et en effet la pesée serait facile si au lieu des mots d'un Auteur nous pesions ceux du Dictionnaire ; mais ce sont les mots d'un Auteur, imprégnés et chargés de son esprit, presque imperceptiblement mais très profondément modifiés, quant à leur signification brute, par ses intentions et les démarches de sa pensée, auxquelles nous n'avons accès que grâce à une compréhension intime de tout le contexte, et par là nous entendons d'abord toute la partie de son œuvre qui fut écrite avant ce mot, et ensuite toute la partie qui fut écrite après et qui peut nous expliquer rétrospectivement l'intention contenue dans le mot que nous sommes en train de peser.

Et surveillons-le bien ce mot, car il est vivant.

Valery LARBAUD, « De la traduction », in *Sous l'invocation de Saint-Jérôme*.


## ANALYSE

**1.** Relevez et explicitez toutes les métaphores.

**2.** Le mot « penser » vient du latin *pensare* qui veut dire « peser » ; comment Larbaud file-t-il cette métaphore ?

**3.** Pourquoi l'écrivain utilise-t-il parfois des majuscules pour certains mots ?

## PROLONGEMENT

*Gérard de Nerval (1808-1855) a, très jeune, publié une traduction de la tragédie de Goethe* Faust. *Il s'explique ici sur son travail.*

Voici une troisième traduction de *Faust* ; et ce qu'il y a de certain, c'est qu'aucune des trois ne pourra faire dire : *Faust* est traduit ! Non que je veuille jeter quelque défaveur sur le travail de mes prédécesseurs, afin de mieux cacher la faiblesse du mien, mais parce que je regarde comme impossible une traduction satisfaisante de cet étonnant ouvrage. Peut-être quelqu'un de nos grands poètes pourrait-il, par le charme d'une version poétique, en donner une idée, mais comme il est probable qu'aucun d'eux n'astreindrait son talent aux difficultés d'une entreprise qui ne rapporterait pas autant de gloire qu'elle coûterait de peine, il faudra bien que ceux qui n'ont pas le bonheur de pouvoir lire l'original se contentent de ce que notre zèle peut leur offrir. C'est néanmoins peut-être une imprudence que de présenter ma traduction après celles de MM. Sainte-Aulaire et A. Stapfer[1]. Mais comme ces dernières font partie de collections chères et volumineuses, j'ai cru rendre service au public en en faisant paraître une séparée. […]

Je dois maintenant rendre compte de mon travail, dont on pourra contester le talent, mais non l'exactitude. Des deux traductions publiées avant la mienne, l'une brillait par un style harmonieux, une expression élégante et souvent heureuse, mais peut-être son auteur, M. Sainte-Aulaire avait-il trop négligé, pour ces avantages, la fidélité qu'un auteur doit à l'original ; on peut même lui reprocher les suppressions nombreuses qu'il s'est permis d'y faire, car il vaut mieux, je crois, s'exposer à laisser quelques passages singuliers ou incompréhensibles, que de mutiler un chef-d'œuvre. M. Stapfer a fait le contraire, tout ce qui avait un sens a été traduit et même ce qui n'en avait pas, ou ne nous paraissait pas en avoir. Cette méthode lui a mérité de grands éloges, et c'est aussi celle que j'ai tenté de suivre, parce qu'elle n'exige que beaucoup de patience, et entraîne moins de responsabilité.

Gérard de NERVAL, *Observations sur le premier Faust*, 1827.

1. Les deux traductions ont été publiées en 1823.

**1.** Pourquoi une traduction satisfaisante de *Faust* semble-t-elle impossible à Nerval ?

**2.** Qui, selon lui, serait néanmoins capable d'approcher de l'œuvre originale ?

**3.** Expliquez les éloges et les critiques qu'il formule envers ses deux prédécesseurs.

**4.** Définissez en une phrase les qualités d'une bonne traduction pour Nerval.

# Raymond QUENEAU, *Les Fleurs bleues*, 1965

(Les références seront données par rapport à l'édition du roman dans la collection Folio, n° 1000, Éditions Gallimard, 2000)

Raymond Queneau appartient à l'OULIPO, OUvroir de LIttérature POtentielle, qu'il a fondé en 1960 avec François Le Lionnais. Il invente de nouvelles structures, utilisant des règles arbitraires à des fins ludiques.

## Une structure

*Les Fleurs bleues*, roman publié en 1965, se compose de vingt-et-un chapitres bien séparés par des sauts de pages, numérotés en chiffres romains. Sa construction est à la fois ludique, artisanale et mathématique. Le chapitre 21, plus court que les vingt autres de longueur à peu près égale, est à part. Le dernier chapitre est constitué de deux pages et se présente comme un épilogue, une sorte de chute qui règle le sort des personnages.

Le roman repose sur la règle de l'**alternance entre deux histoires distinctes**, celle du duc d'Auge et celle de Cidrolin, jusqu'à la rencontre des personnages au chapitre XVII. Pour quatre chapitres, le duc d'Auge fait irruption dans l'univers de Cidrolin, avant leur séparation au chapitre XXI. Ces deux fils de l'histoire sont distincts du point de vue du temps, de l'espace et des personnages.

On distingue deux zones temporelles que l'on peut figurer ainsi : **A** pour Auge, **C** pour Cidrolin. Des chapitres I à XVI, les zones **A** et **C** sont séparées. On peut figurer ainsi l'alternance temporelle propre à ces chapitres : **A** présente une **composition hétérogène** qui s'étend sur **quatre époques séparées** à chaque fois les unes des autres **par 175 ans**. Les allusions à des événements historiques, à des réalités matérielles et sociales permettent de les dater. L'incipit donne la **date initiale : le 25 septembre 1264**. L'histoire du duc d'Auge correspond à quatre époques : A1, A2, A3, A4.

**1.** Sachant que l'histoire (A1) commence en 1264 et que 175 ans séparent chaque période, déterminez les dates de A2, A3, A4.

**2.** Relevez les indices historiques qui permettent de dater A3 et A4. Pourquoi peut-on considérer *Les Fleurs bleues* comme une parodie de roman historique ?

**3.** Pourquoi l'énumération de Cidrolin, pp. 197-198, permet-elle de dater précisément les quatre époques ?

La **zone temporelle C** est **homogène**, entièrement située en **1964**, époque de rédaction du roman. L'écart de 175 ans dans **A** permet de dater **C**. En effet, l'époque A5 (chapitres XVII à XX) se confond avec la zone temporelle **C** puisque le duc d'Auge retrouve Cidrolin au chapitre XVII. Or, 1798 (époque A4) + 175 = 1964 ! Ainsi, une règle arithmétique précède la composition romanesque. A5 est confondue avec la période finale de **C**, plus courte que les autres : quatre jours.

**4.** Quel est l'espace privilégié de Cidrolin ?

## Un récit

Le **récit** est **strictement linéaire** pour chacun des deux personnages. On ne trouve qu'**un seul retour en arrière** : la brève évocation par Cidrolin de ses dix-huit mois passés en prison (p. 111). Mais la linéarité chronologique n'implique pas la continuité. En effet, la **fragmentation caractérise le roman**, aussi bien pour Cidrolin que pour le duc d'Auge. On peut voir dans sa chevauchée à travers les âges une intention humoristique, voire parodique : le duc d'Auge à cheval chevauche à travers le temps. Le récit rapporte plusieurs mois de la vie de Cidrolin et, cinq fois, plusieurs mois de la vie d'Auge, quelques scènes plus ou moins espacées dans le temps. Chaque chapitre alterne les **aventures du duc d'Auge** et les **siestes de Cidrolin**. Ce dernier rêve du duc et/ou l'inverse. Il faut que l'un s'endorme pour que l'autre entre en scène. Les rêves disparaissent logiquement à partir du chapitre XVII. L'assoupissement est un motif romanesque qui revient jusqu'à la caricature.

**5.** Quelles formules récurrentes marquent le passage de l'histoire du duc d'Auge à celle de Cidrolin ?

**6.** Comment comprenez-vous le titre du roman ?

**7.** De quoi l'excipit est-il le pastiche ?

## Un roman parodique

Dans leur relation au temps, *Les Fleurs bleues* tiennent à la fois de l'*Iliade* et de l'*Odyssée* si l'on se réfère aux deux catégories du récit définies par Queneau dans « Préface à *Bouvard et Pécuchet* » : il existe « *des odyssées, c'est-à-dire des récits de temps pleins. Les iliades sont au contraire des recherches du temps perdu : devant Troie, sur une île déserte ou chez les Guermantes* ». Les deux personnages principaux, comme ceux de l'*Iliade*, sont à la recherche des origines. Le duc réinvente un hors temps, les Préadamiques ; il apparaît comme un mystificateur. Cidrolin, quant à lui, se forge un passé de coupable, hors-la-loi social qui laisse des traces comme en témoignent les graffitis. Il échoue, tout comme le duc d'Auge. *Les Fleurs bleues* racontent aussi les aventures d'un héros qui évolue dans une réalité historique déterminée, rappelant l'*Odyssée*.

*Les Fleurs bleues* se présentent comme **un mélange de genres romanesques ébauchés et parodiés** : roman de chevalerie, roman d'apprentissage, conte de fées, roman policier, roman populaire. Le titre semble évoquer de manière parodique les romans d'amour et les personnes sentimentales. La rencontre d'Auge et de Russule dans la chaumière relève de la même veine : une chaumière et deux cœurs, pleurer dans les chaumières.

**8.** Montrez en quoi la rencontre du duc et de Russule au chapitre VIII est une parodie des scènes de première rencontre.

**9.** Recherchez, dans le roman de Queneau, des exemples de parodie des différents genres romanesques évoqués ci-dessus. Vous pouvez relire le chapitre XIX pour montrer ses emprunts parodiques au roman policier et au roman historique.

Le chapitre XIV rend hommage au cinéma tout en mettant en abyme le roman construit, comme un film, par séquences, alternance de deux histoires, de rêve et de réalité. *Les Fleurs bleues* tiennent aussi bien du film de cape et d'épée que du péplum, comme le montre l'évocation de la fin de l'Empire romain dans l'incipit. Les épisodes de règlements de comptes, eux, sont proches du western ; Queneau, lui-même scénariste, amoureux des salles obscures, rend hommage au septième art.

Les noms signifient chez Queneau, ils prédestinent et définissent. Ainsi, Auge, dressé sur son donjon, au début du roman, entraîne le lecteur vers la Normandie, pays d'Auge, face au Havre, ville natale de l'auteur. C'est une terre d'alluvions multiples, géologiques et humaines, de cidre et de calva.

**10.** Qu'est-ce qui assimile l'incipit du roman à un pot-pourri du passé ?

**11.** De quel mot Auge est-il phonétiquement l'anagramme ?

Le duc d'Auge renvoie aussi, par l'intermédiaire des chevaux, aux écuries d'Augias nettoyées par Hercule. Or, le héros n'entreprend-il pas un travail d'Hercule dans son vagabondage à travers l'Histoire et le temps, de 1264 à 1964 ?

Le duc entretient également des relations avec la figure mythologique d'Achille par l'intermédiaire de son cheval.

**12.** Comment s'appelait le cheval d'Achille ? Quelle particularité partage-t-il avec Sthène ? Vous pouvez relire le chapitre X.

Cherchez des renseignements sur Démosthène, auteur des *Philippiques*. En quoi le cheval du duc d'Auge, qui parle avec son mors entre les dents, lui ressemble-t-il ? Quelle est la signification étymologique de « Philippe » ? Appréciez, à partir de ces analyses onomastiques, le jeu vertigineux de références culturelles dont le texte est porteur.

**13.** En quoi le traitement des événements historiques relève-t-il de la parodie ?

Ce roman, où les dialogues abondent, évoque en fait la Tour de Babel. L'homme, même s'il est entouré de parents ou de passants, est toujours seul.

**14.** Montrez que les animaux parlants relèvent du merveilleux moderne et servent aussi à mesurer l'évolution de la crédulité et du rationalisme des hommes.

### Les réécritures dans *Les Fleurs bleues*

Queneau insère dans son roman un certain nombre de **citations à fonction**, la plupart du temps, **comique**. Ce procédé requiert évidemment un lecteur cultivé. La plupart des « collages » proviennent de phrases en vers qui fonctionnent comme des clichés. Ainsi, p. 15 : « *la boue est faite de nos fleurs* » renvoie à « *Moesta et errabunda* » de Baudelaire : « *Loin ! Loin ! ici la boue est faite de nos pleurs* » et p. 31, « *car c'était l'heure où les houatures vont boire* » est une double réminiscence, d'abord de Victor Hugo dans « Booz endormi » : « *C'était l'heure tranquille où les lions vont boire* » ; ensuite à Queneau lui-même dans le roman *Zazie dans le métro* : « *L'heure où les gardiens de musée vont boire* ».

La « *bande de nomades, venant du camp* » qui demande à Cidrolin où est le métro et entraîne ce commentaire : « *Ils commencent à migrer, dit Cidrolin en les regardant s'éloigner. L'automne approche. Mon automne éternel, ô ma saison mentale.* » évoque le poème « Signe » d'Apollinaire dans *Alcools* : « *Mon automne éternelle ô ma saison mentale.* ». Cet aveu de Sthène au duc d'Auge est une parodie du sonnet XXXI des *Regrets* de du Bellay : « *Je m'ennuie un peu loin du château et souvent je me demande quand je reverrai mon écurie natale qui m'est une province et beaucoup davantage.* »

D'autre part, le discours du gardien sur la météorologie, pp. 199-200, est peut-être un pastiche du pharmacien Homais sur la météorologie dans le roman de Flaubert.

Queneau peut aussi procéder par **simple allusion**. Ainsi, cette remarque du duc, p. 105, évoque *Le Petit Poucet* : « *J'aurais pu joncher mon itinéraire de petits cailloux blancs* » et, p. 56, cette dénégation du duc renvoie directement au roman de Julien Gracq, *Le Rivage des Syrtes* : « *Mais pour ce qui est d'aller me traîner du côté du rivage des Syrtes, alors je le répète : non, non et non* ».

La citation est un texte de seconde main, un énoncé répété. Le romancier pratique à plusieurs reprises ce que l'on pourrait appeler « **l'auto intertextualité** » :

– « *ce que vous vous gourez, monsieur ! ce que vous vous gourez !* », p. 39, renvoie à *L'Instant fatal,* « Si tu t'imagines » : « *ce que tu te goures*
*fillette, fillette*
*ce que tu te goures* ».

– Plusieurs réflexions rappellent *Zazie dans le métro* :
p. 20 : « *Ils sont à peine partis que c'est tout juste si je me souviens d'eux* » évoque le monologue de Gabriel : « *les voilà presque morts puisqu'ils sont absents* ».
p. 27 : « *la Sainte-Chapelle, ce joyau de l'art gothique* » est une réminiscence de « *À la Sainte-Chapelle, répondit Fédor Balanovitch. Un joyau de l'art gothique* ».

Comme le montre le « *prière d'insérer* » rédigé par Queneau lui-même et qui évoque « *un célèbre apologue chinois* », tout le roman fonctionne sur la notion de réécriture, de collage, d'intertextualité qui renvoie au principe de dualité largement à l'œuvre dans le roman.

**15.** Étudiez les couples dans *Les Fleurs bleues*.

# Stylistique

## Les procédés d'écriture de la parodie

Dans un sens strict, la **parodie** est « un poème composé à l'imitation d'un autre » où l'on « détourne dans un sens railleur des vers qu'un autre a fait dans une vue différente. »[1] Dans un sens plus large, la parodie désigne le « Travestissement burlesque d'un ouvrage de littérature sérieux : parodie de l'*Énéide*. Par extension : toute imitation burlesque, ironique », selon le *Larousse Classique*. Au XVIIe siècle, les auteurs du *Chapelain décoiffé* ont parodié quelques scènes du *Cid*[2].

O rage, ô désespoir ! O perruque ma mie !
N'as-tu donc tant duré que pour tant d'infamie ?
N'as-tu trompé l'espoir de tant de perruquiers
Que pour voir en un jour flétrir tant de lauriers ?

La parodie, qui comprend le **burlesque** et **l'héroï-comique**, a une fonction satirique et comique. Elle est instrument de dénigrement.

Le **burlesque** est un travestissement qui **modifie le style sans modifier le sujet**, autrement dit il traite un **sujet noble en style vulgaire**. Il est en quelque sorte un divertissement d' « honnête homme » capable d'apprécier la discordance entre le sujet et l'écriture. Ainsi, dans *Le Virgile travesti*, Scarron traite dans un style bas la fondation de Rome. Encore faut-il, pour l'apprécier, connaître *L'Énéide*.

Le burlesque **mélange les registres** : style « bas », familier, voire vulgaire mêlé à des expressions nobles qui relèvent d'un langage soutenu, termes archaïques. L'**amplification**, l'exagération et **l'humanisation des figures de légendes** sont aussi des procédés burlesques. Il emploie l'**octosyllabe**, surnommé « vers burlesque », à la place de l'alexandrin, « vers héroïque ».

L'**héroï-comique** traite un **sujet vulgaire dans un style noble**. *Le Lutrin* (1674) de Boileau, composé à l'occasion d'un différend réel entre le trésorier et le chantre de la Sainte-Chapelle, propose une **épopée bouffonne** sur un **sujet bourgeois**. Les personnages sont médiocres et ridicules : chanoines paresseux, un perruquier et sa femme, par exemple. Ce « peu de matière » est traité dans un style pompeux ; Boileau recourt à des **allégories :** La Discorde, la Nuit, la Mollesse, aux **comparaisons homériques**, aux **périphrases.** Le comique provient du décalage entre le réalisme satirique et la grandiloquence stylistique.

Le **pastiche,** importé d'Italie au cours du XVIIIe siècle désigne l'**imitation stylistique** sans aucune intention satirique. Ainsi, Proust, dans *Pastiches et mélanges*, entreprend de raconter l'histoire d'un faussaire, « l'affaire Lemoine », en plusieurs chapitres, chacun reproduisant le style et la manière d'un auteur célèbre : Balzac, Flaubert, Sainte-Beuve par exemple. Le pastiche obéit à certaines contraintes d'écriture, celles justement de l'auteur que l'on veut imiter. Il est en quelque sorte un hommage à un écrivain dont il s'agit de reproduire les traits spécifiques au niveau de la syntaxe, du lexique, voire de la pensée.

La parodie déforme un texte ; le pastiche imite, c'est-à-dire emprunte un style. L'Oulipo[3] au XXe siècle insiste sur la fonction ludique de la parodie et pratique aussi le pastiche.

Toutes ces pratiques requièrent **un lecteur cultivé** susceptible d'apprécier les modifications apportées au texte initial. Le texte parodiant ne fait rire que parce qu'il se réfère constamment au texte parodié et l'on ne peut apprécier vraiment un pastiche que si l'on repère l'auteur pastiché.

1. Dumarsay, *Tropes*, 1729.
2. Boileau, Racine et un ou deux autres auteurs, vers 1664.
3. Ouvroir de Littérature Potentielle fondée en novembre 1960 par Raymond Queneau et François Le Lionnais.

# EXERCICES

**1 Mettez en évidence les caractéristiques de l'écriture burlesque dans l'extrait suivant du *Virgile travesti* de Scarron.**

Revenons à Messire Énée ;
Voyant que la reine[1] obstinée
Prenait plaisir à se brûler,
Il se relève la moustache,
S'ajuste en son lit, tousse, et crache
Puis se voyant bien écouté,
Il dit avecque gravité :
O mon Dieu, la fâcheuse chose
Que votre majesté m'impose !
C'est justement m'égratigner
Un endroit qu'on fera saigner ;
Vous voulez donc que je vous die[2]
La pitoyable tragédie
Dont les Grecs furent les auteurs,
Et les sanguinaires acteurs :
Est-il possible que l'on croie
Les étranges malheurs de Troie,
Dans lesquels j'ai si bonne part ?

Paul SCARRON, *Virgile travesti*, 1648-1652.

1. Il s'agit de Didon, reine de Carthage. 2. **die :** dise.

**Voici l'extrait correspondant de L'*Énéide***

La malheureuse Didon prolongeait dans la nuit et variait ses entretiens avec Énée et buvait l'amour à longs traits : elle avait tant de questions à poser sur Priam et tant sur Hector ! Et quelles armes portait le fils de l'Aurore ? Et ce qu'étaient les chevaux de Diomède ? Et le grand Achille, comment était-il ? « Fais mieux, mon hôte, dit-elle, et raconte-nous depuis l'origine les embûches des Grecs, les malheurs de ton peuple et tes voyages, car voici le septième été que tu erres dans tous les pays et sur tous les flots. » (VIRGILE, *Énéide*, Livre I)

**2 Voici un extrait du *Lutrin* (1674-1683) de Boileau. Mettez en évidence les caractéristiques de l'écriture héroï-comique et montrez qu'elle est l'inverse de l'écriture burlesque.**

(*Les adversaires s'assomment avec les « invendus » du libraire Barbin).*

Mais Évrard, en passant, coudoyé par Boirude,
Ne sait point contenir son aigre inquiétude[1] :
Il entre chez Barbin, et, d'un bras irrité,
Saisissant du *Cyrus*[2] un volume écarté,
Il lance au sacristain le tome épouvantable [...]
Chez le libraire absent tout entre, tout se mêle,
Les livres sur Évrard fondent comme la grêle,
Qui, dans un grand jardin, à coups impétueux,
Abat l'honneur naissant des rameaux fructueux [...]
Des chantres désormais la brigade timide
S'écarte, et du Palais regagne les chemins.
Telle, à l'aspect d'un loup, terreur des champs [voisins,
Fuit d'agneaux effrayés une troupe bêlante ;
Ou tels, devant Achille, aux campagnes du Xanthe,
Les Troyens se sauvaient à l'abri de leurs tours.

Nicolas BOILEAU, *Le Lutrin*, 1674-1683, Chant V, v. 121-125 ; 137-140 ; 178-183.

1. Nervosité. 2. *Artamène ou le Grand Cyrus*, roman de Mlle de Scudéry.

**3 La description de la casquette du patron du bar Biture dans *Les Fleurs bleues* relève-t-elle de la parodie et/ou du pastiche ? Justifiez votre réponse à l'aide d'indices précis.**

Il porte une casquette carrée semi-ronde ovale en drap orné de pois blancs. Le fond est noir. Les pois sont de forme elliptique ; le grand axe de chacun d'eux a six millimètres de long et le petit axe quatre, soit une superficie légèrement inférieure à dix-huit millimètres carrés. La visière est faite d'une étoffe analogue, mais les pois sont plus petits et de forme ovale. Leur superficie ne dépasse pas dix-huit millimètres carrés. Il y a une tache sur le troisième pois à partir de la gauche, en comptant face au porteur de la casquette et au plus près du bord. C'est une tache d'essence de fenouil.

Raymond QUENEAU, op.cit., voir p. 594.

**4 Quelle pensée de Pascal parodie Valéry : « Le vacarme intermittent des petits coins où nous vivons me rassure. » ?**

**5 Comparez le début de la fable de La Fontaine *La Cigale et la fourmi* et la transformation que lui fit subir Boby Forest en 1944 :**

a) La cigale ayant chanté
Tout l'été,
Se trouva fort dépourvue
Quand la bise fut venue.
Pas un seul petit morceau
De mouche ou de vermisseau.

b) La cigale qu'avait goualé
Tout l'été
Dans toutes les cours du quartier
Était raide comme un piquet
Quand revint le temps frisquet,
Vu qu'elle flambait aux courtines,
Ça s'devine.

**Vous étudierez en particulier le niveau de langue et vous direz ce qui a été conservé du texte initial.**

**6 Quel style pastiche Umberto Eco dans *Esquisse d'un nouveau chat ?***

Du coin de la pièce à la table, il y a six pas. De la table au mur du fond, il y a cinq pas. En face de la table, s'ouvre une porte. De la porte au coin dans lequel vous vous trouvez, il y a six pas.

Umberto ECO, *Pastiches et postiches*, 2001.

**7 Voici le début de *L'Affaire Lemoine*, à la manière de Balzac, dans *Pastiches et mélanges*.**
**Mettez en évidence le pastiche de l'écriture balzacienne.**

Dans un des derniers mois de l'année 1907, à un de ces « routs » de la marquise d'Espard où se pressait alors l'élite de l'aristocratie parisienne (la plus élégante de l'Europe, au dire de M. de Talleyrand, ce Roger Bacon de la nature sociale, qui fut évêque et prince de Bénévent), de Marsay et Rastignac, le comte Félix de Vandenesse, les ducs de Rhétoré et de Grandlieu, le comte Adam Laginski, Me Octave de Camps, lord Dudley, faisaient cercle autour de Mme la princesse de Cadignan, sans exciter pourtant la jalousie de la marquise.

Marcel PROUST, *Pastiches et mélanges*, 1919.

# Techniques de réécriture, le résumé

On distingue deux types de résumé :
– le résumé simple d'un livre, d'un essai, d'un cours ou d'un article, qui vise à conserver l'essentiel de ces textes sous une forme brève ;
– le résumé en tant qu'exercice scolaire ou universitaire, qui obéit à des consignes strictes d'énonciation et de transposition, et qui figure comme une épreuve de concours ou d'examen.

C'est ce deuxième type de résumé dont nous détaillons ci-dessous les modalités.

Résumer un texte suppose la compréhension du texte-source et une capacité de reformulation.

C'est une forme de réécriture qui vise aussi à la concision, par un double effort de **suppression** de ce qui est secondaire, comme peuvent l'être certains exemples, et de **resserrement** stylistique. Le lexique et la syntaxe sont dès lors concernés.

Soit le texte d'André Markowicz, cité p. 588.

Nous le présentons ci-dessous, en le disposant différemment, dans la colonne de gauche, et nous montrons, dans la colonne de droite, comment on peut le résumer.

Le résumé apparaît en gras, les commentaires entre parenthèses.

| Texte d'André Markowicz | Résumé |
|---|---|
| Il me semble que la traduction est aussi une façon de faire de la littérature. | **Traduction et littérature.**<br>(La phrase 1 apparaît en effet comme le titre du texte.) |
| D'un côté, c'est une béquille et je n'ai aucune imagination.<br>Je me rends compte qu'il est tellement plus intéressant de traduire *L'Idiot* plutôt que d'essayer d'écrire un mauvais roman. | **N'ayant pas les qualités nécessaires pour l'invention romanesque, je préfère traduire un grand roman de Dostoïevski.**<br>(Les phrases 2 et 3 se voient réunies en une seule. On s'efforce de respecter l'énonciation du texte-source, la première personne, et on cherche des synonymes aux mots qui peuvent être remplacés.) |
| Et puis c'est quelque chose que j'aime tellement !<br>Donc je suis beaucoup plus utile à traduire.<br>Et, en ce qui concerne l'écriture, ce sont les traductions une à une qui posent la question : comment on peut faire ça en français ? Est-ce que c'est possible ?<br>Mais aussi petit à petit, j'essaie de montrer l'émergence d'un certain regard, d'une certaine opinion sur les textes, sur les rapports qu'il peut y avoir entre eux, sur la culture russe dans son ensemble. | **C'est un travail que j'affectionne ; il m'amène à m'interroger sur les possibilités linguistiques du français, à mettre en perspective, progressivement, l'œuvre et l'auteur, et, au-delà, toute la « culture russe ».**<br>(Les phrases 4 à 8 se trouvent réunies en une seule qui marque l'unité d'une justification, à la fois affective et intellectuelle, du métier de traducteur.) |

## Remarques

– Le résumé s'apparente à un exercice de version, en ce qu'il marque un même effort de transposition.

– Il n'est pas possible ni souhaitable de transposer toutes les expressions du texte-source : ainsi, le G.N. « *culture russe* » doit-il être repris.

– Le résumé le plus court peut être un mot ou une expression qui donne en une sorte de titre l'idée essentielle du texte.

– On peut compter précisément les mots du résumé et poser une contrainte de longueur : c'est le cas dans certains concours. Pour satisfaire à cette exigence, il est bon de procéder par réductions successives.

– Certains textes ne peuvent être résumés, les poèmes par exemple, sauf s'il s'agit de poésie didactique ou narrative, et, de manière générale, chaque fois que le sens est absolument indissociable de la forme.

# EXERCICES

**1 Remplacez les groupes de mots en gras, dans chacune des phrases ou des expressions suivantes, par un adjectif simple. Vous retrouverez ainsi des extraits empruntés aux textes du groupement 2.**

1. Une chaleur **qui dépasse la mesure habituelle.**
2. L'escalier conduisait dans une cour **qui était isolée et peu fréquentée.**
3. Un regard **acerbe et moqueur.**
4. Ma gaieté n'est-elle pas toujours **très proche** de l'ironie ?
5. Le pouvoir **qui règne sur tout** dans les trois quarts des choses…

**2 Remplacez la proposition relative dans chacune des phrases suivantes par un groupe adjectival ou par un groupe nominal, selon le modèle suivant :**

« *un nouveau texte tout chargé du sens et de l'intuition* ***qui demeuraient si profondément cachés à tant d'yeux*** » → inaccessibles au plus grand nombre.

1. Faire partager son bonheur **à ceux qu'on aime.**
2. Chez tous les hommes **qui aiment les lettres.**
3. Cette ville étrangère **que, sans vous, il n'aurait probablement jamais visitée.**
4. Une entreprise **qui ne rapporterait pas autant de gloire quelle ne coûterait de peine.**
5. Un nouveau corps **qui est l'œuvre de nos mains.**

**3 Récrivez ce résumé du début de *La Chartreuse de Parme* en le réduisant de moitié.**

Dans le premier chapitre, sous le titre « Milan en 1796 », l'auteur, se fondant sur les prétendues confidences d'un lieutenant français du nom de Robert, nous fait faire la connaissance du vieux marquis del Dongo, partisan de l'Autriche et féroce réactionnaire, mais surtout de deux femmes, la jeune marquise et la sœur du marquis, Gina del Dongo. Par de rapides indications, l'auteur insinue que le héros du roman, le jeune marquis Fabrice del Dongo, est le fruit des amours de Robert et de la marquise. Ce garçon grandit dans la période tumultueuse et glorieuse des guerres napoléoniennes. Au château de Grianta (ensuite Griante), sur le lac de Côme, où son père et son frère aîné représentent la réaction et l'obscurantisme, il se serre contre sa mère et sa tante Gina (veuve d'un officier de Napoléon). En 1815, à la nouvelle du retour de Napoléon de l'île d'Elbe, Fabrice s'enfuit de la maison pour combattre avec lui ; après de romanesques aventures, il arrive à Waterloo l'après-midi même de la bataille, à laquelle il assiste sans y comprendre grand-chose, étant ensuite entraîné dans la retraite. À son retour, chassé par le marquis del Dongo, il se réfugie auprès de sa tante à Parme. En effet la très belle Gina, restée veuve, avait connu le premier ministre du prince de Parme, le comte Mosca : pour sauver les apparences, elle avait épousé le vieux duc de Sanseverina, et était l'ornement de l'anachronique cour du petit tyran de Parme.

D'après LAFFONT-BOMPIANI, *Dictionnaire des œuvres*, C S.E.D.E. et V.Bompiani, 1954.

**4 Résumez le texte de Valery Larbaud, p. 592, en respectant l'énonciation et en lui donnant un titre.**

**5 Résumez l'extrait des *Pensées* de Pascal sur le divertissement p. 394. Vous serez attentif à faire apparaître la structure logique de la page.**

**6 Résumez en cinquante mots le texte d'Anne Ubersfeld proposé en Prolongement, p. 232.**

**7 Résumez l'extrait du *Pacte autobiographique*, p. 353, en 40 mots. Expliquez votre travail en justifiant la suppression ou la réduction des exemples.**

**8 Après lui avoir donné un titre, résumez au quart de sa longueur ce texte de Boileau, qui rappelle le mérite des Anciens dans la querelle des Anciens et des Modernes.**

Il n'y a en effet que l'approbation de la postérité qui puisse établir[1] le vrai mérite des ouvrages. Quelque éclat qu'ait fait un écrivain durant sa vie, quelques éloges qu'il ait reçus, on ne peut pas pour cela infailliblement conclure que ses ouvrages soient excellents. De faux brillants, la nouveauté du style, un tour d'esprit qui était à la mode, peuvent les faire valoir; et il arrivera peut-être que dans le siècle suivant on ouvrira les yeux et que l'on méprisera ce que l'on a admiré. […]

Mais lorsque des écrivains ont été admirés durant un fort grand nombre de siècles et n'ont été méprisés que par quelques gens de goût bizarre, car il se trouve toujours des goûts dépravés, alors non seulement il y a de la témérité, mais il y a de la folie à vouloir douter du mérite de ces écrivains. Que si vous ne voyez[2] point les beautés de leurs écrits, il ne faut point conclure qu'elles n'y sont point, mais que vous êtes aveugle et que vous n'avez point de goût. Le gros des hommes ne se trompe point à la longue sur les ouvrages d'esprit.

Nicolas BOILEAU, *VI^e^ Réflexion sur Longin*, 1694.

1. **établir :** fixer.
2. **Que si vous ne voyez… :** au cas où vous ne verriez…

# CORPUS Un mythe moderne, la passante

## TEXTE A BAUDELAIRE, *Les Fleurs du mal*

*Un sonnet de Baudelaire, écrit en 1860 et inséré dès l'édition de 1861 des* Fleurs du mal, *dans la section des « Tableaux parisiens », crée un véritable mythe littéraire, comme a pu l'établir une thèse universitaire récente due à Claude Leroy. La figure de la passante, apparition féminine fulgurante entrevue dans une foule, liée dès lors indissolublement au poète malgré la certitude qu'il a de ne plus la revoir, hante de nombreuses autres œuvres, dans des genres différents, aux* XIX*e et* XX*e siècles. Nous vous en donnons à lire deux, en plus du sonnet initial.*

### « À UNE PASSANTE »

Constantin GUYS (1805-1892), *Promeneurs et calèches sur les Champs-Élysées*, détail. Paris, Musée Carnavalet. © The Bridgeman Art Library.

La rue assourdissante autour de moi hurlait.
Longue, mince, en grand deuil, douleur majestueuse,
Une femme passa, d'une main fastueuse
Soulevant, balançant le feston[1] et l'ourlet ;

Agile et noble, avec sa jambe de statue.
Moi, je buvais, crispé comme un extravagant,
Dans son œil, ciel livide où germe l'ouragan,
La douceur qui fascine et le plaisir qui tue.

Un éclair… puis la nuit ! – Fugitive beauté
Dont le regard m'a fait soudainement renaître,
Ne te verrai-je plus que dans l'éternité ?

Ailleurs, bien loin d'ici ! trop tard ! *jamais* peut-être !
Car j'ignore où tu fuis, tu ne sais où je vais,
Ô toi que j'eusse aimée, ô toi qui le savais !

Charles BAUDELAIRE, *Les Fleurs du mal*, « Tableaux parisiens », 1861.

1. **feston :** bordure brodée formée de dents arrondies.

# TEXTE B VILLIERS DE L'ISLE-ADAM, « L'Inconnue »

*Cette page est extraite du début de la nouvelle. Le jeune comte Félicien de la Vierge, aristocrate breton nouvellement arrivé à Paris, assiste au théâtre des Italiens à une représentation de* Norma, *un opéra de Bellini : c'est la soirée d'adieu de Maria-Félicia Malibran, dite la Malibran, une célèbre cantatrice (1808-1836).*

C'était son premier soir de jeunesse ! Il avait vingt ans. C'était son entrée dans un monde de flamme, d'oubli, de banalités, d'or et de plaisirs. Et, *par hasard*, il était arrivé à l'heure pour entendre l'adieu de celle qui partait.

Peu d'instants lui avaient suffi pour s'accoutumer au resplendissement de la salle. Mais, aux premières notes de la Malibran, son âme avait tressailli ; la salle avait disparu. L'habitude du silence des bois, du vent rauque des écueils, du bruit de l'eau sur les pierres des torrents et des graves tombées du crépuscule, avait élevé en poète ce fier jeune homme, et, dans le timbre de la voix qu'il entendait, il lui semblait que l'âme de ces choses lui envoyait la prière lointaine de revenir.

Au moment où, transporté d'enthousiasme, il applaudissait l'artiste inspirée, ses mains demeurèrent en suspens ; il resta immobile.

Au balcon d'une loge venait d'apparaître une jeune femme d'une grande beauté. – Elle regardait la scène. Les lignes fines et nobles de son profil perdu s'ombraient des rouges ténèbres de la loge, tel un camée de Florence en son médaillon. – Pâlie, un gardénia dans ses cheveux bruns, et toute seule, elle appuyait au bord du balcon sa main, dont la forme décelait une lignée illustre. Au joint du corsage de sa robe de moire[1] noire, voilée de dentelles, une pierre malade, une admirable opale, à l'image de son âme, sans doute, luisait dans un cercle d'or. L'air solitaire, indifférent à toute la salle, elle paraissait s'oublier elle-même sous l'invincible charme de cette musique.

Le hasard voulut, cependant, qu'elle détournât, vaguement, les yeux vers la foule ; en cet instant, les yeux du jeune homme et les siens se rencontrèrent, le temps de briller et de s'éteindre, une seconde.

S'étaient-ils connus jamais ?... Non. Pas sur la terre. Mais que ceux-là qui peuvent dire où commence le Passé décident où ces deux êtres s'étaient, véritablement, déjà possédés, car ce seul regard leur avait persuadé, cette fois et pour toujours, qu'ils ne dataient pas de leur berceau. L'éclair illumine, d'un seul coup, les lames et les écumes de la mer nocturne, et, à l'horizon, les lointaines lignes d'argent des flots : ainsi l'impression, dans le cœur de ce jeune homme, sous ce rapide regard, ne fut pas graduée ; ce fut l'intime et magique éblouissement d'un monde qui se dévoile ! Il ferma les paupières comme pour y retenir les deux lueurs bleues qui s'y étaient perdues ; puis, il voulut résister à ce vertige oppresseur. Il releva les yeux vers l'inconnue.

Pensive, elle appuyait encore son regard sur le sien, comme si elle eût compris la pensée de ce sauvage amant et comme si c'eût été chose naturelle ! Félicien se sentit pâlir ; l'impression lui vint, en ce coup d'œil, de deux bras qui se joignaient, languissants, autour de son cou. – C'en était fait ! le visage de cette femme venait de se réfléchir dans son esprit comme en un miroir familier, de s'y incarner, de s'y *reconnaître* ! de s'y fixer à tout jamais sous une magie de pensées presque divines ! Il aimait du premier et inoubliable amour.

VILLIERS DE L'ISLE-ADAM (1838-1889), « L'Inconnue », in *Contes cruels*, 1883.

1. **moire :** tissu aux reflets changeants et ondoyants.

## TEXTE C Antoine POL, *Les Passantes*

*La diffusion de ce texte tient notamment à son interprétation par Georges Brassens qui le mit en musique et le chanta.*

Je veux dédier ce poème
À toutes les femmes qu'on aime
Pendant quelques instants secrets,
À celles qu'on connaît à peine,
Qu'un destin différent entraîne
Et qu'on ne retrouve jamais.

À celle qu'on voit apparaître
Une seconde à la[1] fenêtre,
Et qui, preste, s'évanouit,
Mais dont la svelte silhouette
Est si gracieuse et fluette
Qu'on en demeure épanoui.

À la compagne de voyage
Dont les yeux, charmant paysage,
Font paraître court le chemin ;
Qu'on est seul peut-être à comprendre,
Et qu'on laisse pourtant descendre
Sans avoir effleuré sa[2] main.

À celles qui sont déjà prises,
Et qui vivant des heures grises
Près d'un être trop différent,
Vous ont, inutile folie,
Laissé voir la mélancolie
D'un avenir désespérant.

Chères images aperçues
Espérances d'un jour déçues,
Vous serez dans l'oubli demain ;
Pour peu que le bonheur survienne,
Il est rare qu'on se souvienne
Des épisodes du chemin.

Mais si l'on a manqué sa vie,
On songe, avec un peu d'envie
À tous ces bonheurs entrevus,
Aux cœurs qui doivent vous attendre[3],
Aux baisers qu'on n'osa pas prendre[3],
Aux yeux qu'on n'a jamais revus.

Variantes dues à Georges Brassens :

**1.** sa.

**2.** la.

**3.** vers intervertis.

**4.** ces.

Alors, aux soirs de lassitude,
Tout en peuplant sa solitude
Des fantômes du souvenir,
On pleure les lèvres absentes
De toutes les[4] belles passantes
Que l'on n'a pas su retenir.

Antoine POL (1888-1971), *Les Passantes*, poème mis en musique et interprété par Georges Brassens, 1972, Éd. Mus. 57.

## Questions

**1.** ***Notez les éléments communs entre le texte A et le texte B, entre le texte C et le texte A.***

**2.** ***Quelles différences notez-vous entre les textes B et C et le texte A ?***

### Conseils

Vous vous demanderez qui tient le rôle de la passante et qui tient celui du poète dans le texte B. Pour le texte C, vous adopterez la même démarche, et vous essaierez de définir en quoi les passantes d'Antoine Pol rappellent la passante unique des « Tableaux parisiens ».

Les différences à observer porteront sur l'énonciation, la thématique, le genre, la structure, les registres des textes B et C par rapport au texte A.

## Écriture d'invention

*Une suite de texte narratif*

***Imaginez et rédigez une suite et une fin au texte B.***

## Commentaire

*Un sonnet fondateur*

***Faites le commentaire du sonnet de Baudelaire.***

### Conseils

Vous étudierez notamment les procédés qui mettent en valeur l'apparition de la passante, les éléments qui font d'elle une femme fatale. Vous pourrez analyser les rimes embrassées du premier quatrain et les rimes embrassantes du second. Vous vous interrogerez sur le changement d'énonciation entre les tercets et les quatrains. Vous vous demanderez en quoi ce poème possède une véritable force évocatoire, capable de faire surgir et exister durablement le personnage de la passante.

## Dissertation

*Les réécritures*

***Les réécritures sont-elles une caractéristique du travail de l'auteur ou de celui du lecteur ? Vous développerez votre réflexion en empruntant des exemples aux textes du corpus mais aussi à l'ensemble du chapitre et à votre culture personnelle.***

### Texte complémentaire

Voici le texte de quatrième de couverture d'un essai consacré par l'universitaire Claude Leroy au mythe de la passante. Vous le lirez et l'utiliserez librement pour nourrir la dissertation ou le commentaire.

« Ô toi que j'eusse aimée, ô toi qui le savais ! »... En adressant à une passante inconnue le sonnet que lui avait inspiré leur brève rencontre, Baudelaire lançait une bouteille à la mer. Est-elle jamais parvenue à sa destinataire ? Cette histoire d'amour manqué a pourtant créé un frisson nouveau. Dès la publication du poème, l'étrange désir de vivre une seconde fois la scène bouleversante a poussé toute une lignée de lecteurs à la réécrire. Sur le mode de la variation ou du supplément, poèmes, contes, romans ou chansons ont multiplié, depuis lors, les rendez-vous avec la fugitive sans nom. D'un poème de circonstance est né ainsi un des mythes les plus secrets de la modernité, reconnaissable à son cortège de figures toujours fascinantes, éphémères et interdites, ainsi qu'à un répertoire de scénarios où la perte et l'écriture ne cessent de nouer, dénouer et renouer leurs relations. Si les femmes, depuis Baudelaire, ne passent décidément plus de la même façon dans la rue, c'est que certains extravagants guettent, un sonnet à la main, le retour de la passante.

Claude LEROY, *Le Mythe de la passante*, PUF, 1999.

### Suggestion de lecture

• Wilhelm JENSEN, *Gradiva fantaisie pompéienne*, 1903, traduction de J.Bellemin-Noël, 1986. (court récit).

# Une définition de la culture

## Culture et dialogue entre les arts

J.M. William TURNER (1775-1851), *Embarcations sur la mer* (vers 1835-1840). Aquarelle, 22 × 27, 9 cm. © Londres, Tate Gallery.

En découvrant ce tableau en 1980, j'ai immédiatement entendu *Canope* de Debussy… Et revu ce long travelling des *Mille et Une Nuits* de Pasolini, qui montre une caravane au loin dans le désert. Turner nous fait percevoir ici une durée qui s'écoule très lentement, de manière quasiment immobile. Un temps d'éternité, d'apaisement et de légèreté. On ignore à quel moment du jour il se situe. Comme une plume au vent, la virgule noire, légère et précise, marque le tempo du tableau. Visible, le coup de pinceau révèle la vitesse du geste. Dans cette étendue infinie, tout à coup une brise relance l'énergie, à la manière d'une incise. Elle marque un accent par rapport à la masse noire indéfinissable qui, sans contour nettement délimité, contient son ombre et son débordement. La touche rouge, elle, résonne comme un écho vibratoire. De la même manière, Debussy joue avec notre perception du temps. Dans *Canope*, une succession d'accords très lents figure quelque chose qui passe devant vous de manière continue, bien au-delà du cadre. Là-dessus, des petites notes rythmiques très douces, à peine audibles, bribes de mélodies, suggèrent un certain mouvement, à peine plus allant sans doute. C'est par elles que l'on prend conscience de la lenteur de l'ensemble. […] Chez Debussy comme chez Turner, cela s'exprime avec très peu d'éléments. Dans un espace minuscule, avec seulement cinq couleurs, sans thème, Turner livre un silence qui permet d'entendre la résonance. Quand on connaît sa virtuosité, son génie du tourbillon, cette économie de moyens est soufflante ! Il est comme ces artistes qui, arrivés au bout de leur vie, se débarrassent de toute virtuosité, préfigurant ce que sera l'art après eux. Dans ce tableau, Turner annonce les grands peintres de l'abstraction américaine d'après-guerre : Sam Francis, Rothko…

Commentaire de Philippe CASSARD, pianiste. *Télérama* hors -série, octobre 2004.

➤ **Quels liens entre les arts ce texte propose-t-il ?**

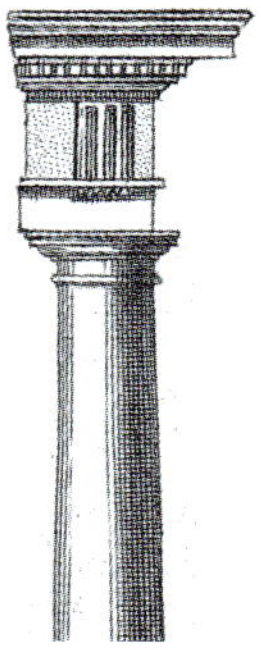

## Héritage, réécriture et culture

Lorsqu'on confie, en 1985, à l'architecte Daniel Buren (né en 1938) l'esplanade du Palais-Royal à Paris, vestige historique du XVIII^e siècle, il décide de déconstruire, tambour après tambour, le mythe architectural de la colonne : il en installe toute une série, de hauteurs différentes ; il accentue cannelures et arêtes par le jeu du noir et du blanc et joue de la distribution dans l'espace. À la lisière entre parodie insolente et pastiche respectueux, il offre aux colonnes de la tradition un sol qui se fait miroir déformant. Toute différente est l'intention de Paul Valéry qui, en 1922, dans *Charmes*, écrit un « Cantique des colonnes » dont les quatrains s'élèvent comme un hymne à l'origine même de la culture occidentale.

### CANTIQUE DES COLONNES

Douces colonnes, aux
Chapeaux garnis de jour,
Ornés de vrais oiseaux
Qui marchent sur le tour,

Douces colonnes, ô
L'orchestre de fuseaux !
Chacun immole son
Silence à l'unisson.

– Que portez-vous si haut,
Égales radieuses ?
– Au désir sans défaut
Nos grâces studieuses !

Nous chantons à la fois
Que nous portons les cieux !
Ô seule et sage voix
Qui chantes pour les yeux !

Vois quels hymnes candides !
Quelle sonorité
Nos éléments limpides
Tirent de la clarté !

Si froides et dorées
Nous fûmes de nos lits
Par le ciseau tirées,
Pour devenir ces lys !

De nos lits de cristal
Nous fûmes éveillées,
Des griffes de métal
Nous ont appareillées.

Pour affronter la lune,
La lune et le soleil,
On nous polit chacune
Comme ongle de l'orteil !

Servantes sans genoux,
Sourires sans figures,
La belle devant nous
Se sent les jambes pures.

Pieusement pareilles,
Le nez sous le bandeau
Et nos riches oreilles
Sourdes au blanc fardeau,

Un temple sur les yeux
Noirs pour l'éternité,
Nous allons sans les dieux
À la divinité !

Nos antiques jeunesses,
Chair mate et belles ombres,
Sont fières des finesses
Qui naissent par les nombres !

Filles des nombres d'or,
Fortes des lois du ciel,
Sur nous tombe et s'endort
Un dieu couleur de miel.

Il dort content, le Jour,
Que chaque jour offrons
Sur la table d'amour
Étale sur nos fronts.

Incorruptibles sœurs,
Mi-brûlantes, mi-fraîches,
Nous prîmes pour danseurs
Brises et feuilles sèches,

Et les siècles par dix,
Et les peuples passés,
C'est un profond jadis,
Jadis jamais assez !

Sous nos mêmes amours
Plus lourdes que le monde
Nous traversons les jours
Comme une pierre l'onde !

Nous marchons dans le temps
Et nos corps éclatants
Ont des pas ineffables
Qui marquent dans les fables…

Paul VALÉRY, « Cantique des colonnes », in *Charmes*, 1922.

Colonnes de BUREN. Photo 2000. © AKG-images.

# PRÉSENTATION DE L'ÉPREUVE ANTICIPÉE DE FRANÇAIS (EAF)

## I - Définition de l'épreuve : les textes officiels

**Bulletin Officiel du ministère de l'Éducation Nationale, nº 46 du 14 décembre 2006**

Les épreuves anticipées de français vérifient les compétences acquises en français tout au long de la scolarité et portent sur les contenus du programme de la classe de Première. Elles évaluent les compétences et connaissances suivantes :
– maîtrise de la langue et de l'expression ;
– aptitude à lire, à analyser et à interpréter des textes ;
– aptitude à tisser des liens entre différents textes pour dégager une problématique ;
– aptitude à mobiliser une culture littéraire fondée sur les travaux conduits en cours de français, sur des lectures et une expérience personnelles ;
– aptitude à construire un jugement argumenté et à prendre en compte d'autres points de vue que le sien ;
– exercice raisonné de la faculté d'invention.

### Épreuve écrite

Durée : **4 heures** ; coefficients : **3** en série **L**, **2** en séries **ES** et **S**, **2** en séries **STG**, **SMS**, **STL**, **STI**, hôtellerie, techniques de la musique et de la danse.

Les sujets prennent appui sur un ensemble de textes (**corpus**) comprenant éventuellement un document iconographique contribuant à la compréhension ou enrichissant la signification de l'ensemble. **Ce corpus peut également consister en une œuvre intégrale brève ou un long extrait (n'excédant pas trois pages).** Il doit **s'inscrire dans le cadre d'un ou plusieurs objets d'étude du programme de Première** imposés dans la série du candidat, et ne doit pas réclamer un temps de lecture trop long. Une ou deux questions portant sur le corpus et appelant des réponses rédigées peuvent être proposées aux candidats. Elles font appel à leurs compétences de lecture et les invitent à établir des relations entre les différents documents et à en proposer des interprétations. Ces questions peuvent être conçues de façon à aider les candidats à élaborer l'autre partie de l'épreuve écrite, la partie principale consacrée à **un travail d'écriture**.

Lorsque de telles questions sont proposées, le barème de notation est explicitement indiqué, le nombre de points attribué aux questions n'excède pas 4 points dans les sujets des séries générales et 6 points dans les sujets des séries technologiques.

Qu'il soit ou non accompagné de questions, le sujet offre aux candidats le choix entre **trois types de travaux d'écriture**, liés à la totalité ou à une partie des textes étudiés : un commentaire ou une dissertation ou une écriture d'invention. Cette production écrite est notée au minimum sur 16 points pour les sujets des séries générales et sur 14 points pour les séries technologiques quand elle est précédée de questions, sur 20 dans toutes les séries quand il n'y a pas de questions.

• **Le commentaire porte sur un texte littéraire. Il peut être également proposé de comparer deux textes.** En séries générales, le candidat compose un devoir qui présente de manière organisée ce qu'il a retenu de sa lecture, et justifie son interprétation et ses jugements personnels. **En séries technologiques, le sujet est formulé de manière à guider le candidat dans son travail.**

• **La dissertation consiste à conduire une réflexion personnelle et argumentée** à partir d'une problématique littéraire issue du programme de français. Pour développer son argumentation, le candidat s'appuie sur les textes dont il dispose, sur les « objets d'étude » de la classe de Première, ainsi que sur ses lectures et sa culture personnelle.

• **L'écriture d'invention contribue, elle aussi, à tester l'aptitude du candidat à lire et à comprendre un texte**, à en saisir les enjeux, à percevoir les caractères singuliers de son écriture. Elle permet au candidat de mettre en œuvre d'autres formes d'écriture que celle de la dissertation ou du commentaire. Il doit écrire un texte, en liaison avec celui ou ceux du corpus et en fonction d'un certain nombre de consignes rendues explicites par le libellé du sujet. L'exercice se fonde, comme les deux autres, sur une lecture intelligente et sensible du corpus, et exige du candidat qu'il se soit approprié la spécificité des textes dont il dispose (langue, style, pensée), afin d'être capable de les reproduire, de les prolonger, de s'en démarquer ou de les critiquer.
Le document iconographique, s'il est joint au corpus, ne peut servir que de support. En aucun cas il ne sera demandé d'en faire une étude pour lui-même.
Comme elle doit se prêter à une évaluation objective des correcteurs, **l'écriture d'invention** doit se fonder sur des consignes claires et explicites. Elle s'inscrit dans le programme défini par les objets d'étude de la classe de Première. Elle peut prendre des formes variées.

Elle peut s'exercer dans un cadre argumentatif :
– article (éditorial, article polémique, article critique, droit de réponse...) ;
– lettre (correspondance avec un destinataire défini dans le libellé du sujet, lettre destinée au courrier des lecteurs, lettre ouverte, lettre fictive d'un des personnages présents dans un des textes du corpus, etc.) ;
– monologue délibératif; dialogue (y compris théâtral) ; discours devant une assemblée ; récit à visée argumentative (fable, apologue...).

Mais lorsqu'elle concerne le genre narratif, elle peut s'appuyer sur des consignes impliquant les transformations suivantes :
– des transpositions : changements de genre, de registre, ou de point de vue ;
– ou des amplifications : insertion d'une description ou d'un dialogue dans un récit, poursuite d'un texte, développement d'une ellipse narrative...

Ces instructions annulent et remplacent celles du BO n° 26 du 28 juin 2001. Elles sont applicables **à compter des épreuves anticipées** de la session 2009 des examens des baccalauréats général et technologiques, **organisées en juin 2008.**

## Épreuve orale

**Extrait du Bulletin Officiel du ministère de l'Éducation Nationale, n° 1 du 2 janvier 2003 instituant les épreuves orales de français, applicables à compter de la session 2003 des EAF des baccalauréats général et technologique**

Durée : **20 minutes**
Préparation : **30 minutes**
Coefficient : **2** pour les séries **L**, **ES**, **S**, **STG** (spécialités action et communication commerciales, action et communication administratives).
Coefficient : **1** pour les séries **STL**, **SMS**, **STI**, hôtellerie, techniques de la musique et de la danse, **STG** (spécialités comptabilité et gestion, informatique et gestion).

### I. Finalités

L'examen oral a pour but d'**évaluer la capacité du candidat à mobiliser ses connaissances.** Il doit lui permettre de manifester ses compétences de lecture, d'exprimer une sensibilité et une culture personnelles et de manifester sa maîtrise de l'expression orale ainsi que son aptitude à dialoguer avec l'examinateur.

### II. Définition

#### 1. Le déroulement de l'épreuve

**L'examen oral se déroule en deux parties de chacune 10 minutes** qui s'enchaînent et sont précédées d'un **temps de préparation de 30 minutes**. Le temps consacré à accueillir le candidat et à remplir la fiche d'évaluation est d'environ 10 minutes. Ainsi il n'est imputé ni sur le temps de préparation ni sur celui consacré à l'épreuve.
**Chacune de ces deux parties est évaluée sur 10 points.**

#### 2. La première partie de l'épreuve

**Dans la première partie de l'épreuve, le candidat rend compte de la lecture qu'il fait d'un texte choisi par l'examinateur dans le descriptif des lectures et activités (voir la partie IV Documents, p. 542)**. Cette lecture est orientée par une question initiale à laquelle il doit répondre en partant de l'observation précise du texte, en menant une analyse simple et en opérant des choix afin de construire une démonstration. On n'attend donc de lui ni une étude exhaustive du texte ni la simple récitation d'une étude faite en classe.

***Le choix de l'extrait***

En aucun cas le candidat n'est interrogé, pendant cette partie de l'épreuve, sur les lectures cursives. **L'extrait est tiré d'un des groupements de textes ou d'une des œuvres intégrales étudiées en lecture analytique figurant sur le descriptif des lectures et activités.**
Trois possibilités sont offertes à l'examinateur qui adapte ses attentes et son évaluation à la possibilité qu'il a retenue :
– interroger sur un texte ou un extrait de texte figurant dans un des groupements de textes ;
– interroger sur un extrait – ayant fait l'objet d'une explication en classe – tiré d'une des œuvres intégrales étudiées en lecture analytique ;
– interroger sur un extrait – n'ayant pas fait l'objet d'une explication en classe – tiré d'une des œuvres intégrales étudiées en lecture analytique.

***La longueur de l'extrait***

**La longueur du texte ou de l'extrait à étudier ne peut être fixée dans l'absolu.** Elle dépend en fait de la question posée et des éléments de réponse à rechercher dans le texte. On s'en tiendra donc à une limite inférieure (une demi-page, ou moins dans le cas d'une forme poétique brève...) et à une limite supérieure (une page et demie, éventuellement deux pages pour un texte théâtral).

***La question***

Une question écrite amène le candidat à étudier, en lien avec l'objet d'étude ou les objets d'étude retenu(s), un aspect essentiel du texte. Elle est formulée avec clarté et évite toute utilisation abusive de termes techniques susceptibles de mettre le candidat en difficulté. Elle appelle une interprétation, fondée sur l'observation précise du texte.

***L'exposé du candidat***

**Le candidat fait une lecture à haute voix de la totalité ou d'une partie du texte à étudier, avant son exposé ou**

**au cours de son exposé au choix de l'examinateur. L'exposé est ordonné. Il prend constamment appui sur le texte proposé mais ne peut consister en un simple relevé. Il présente, de façon libre mais adaptée, les éléments d'une réponse organisée à la question posée.**
L'examinateur n'intervient que de façon très exceptionnelle :
– pendant la durée de l'exposé, seulement si le propos du candidat tourne court ;
– à la fin de cet exposé, s'il juge indispensable de vérifier la compréhension littérale du texte par le candidat.

### 3. La seconde partie de l'épreuve

**La seconde partie de l'épreuve est un entretien, pendant lequel l'examinateur s'attache à conduire un dialogue permanent avec le candidat.**

***Les objectifs de l'entretien***

L'examinateur ne se livre pas à un « corrigé » de la première partie de l'épreuve. Il veille à ne pas exiger du candidat la récitation pure et simple d'une question de cours. Il cherche au contraire :
– à ouvrir des perspectives ;
– à approfondir et à élargir la réflexion, en partant du texte qui vient d'être étudié pour aller vers :
 * l'œuvre intégrale ou le groupement d'où ce texte a été extrait ;
 * une des lectures cursives proposées en relation avec le texte qui vient d'être étudié ;
 * l'objet d'étude ou les objets d'étude en relation avec le texte qui vient d'être étudié ;
– à évaluer les connaissances du candidat sur l'œuvre ou l'objet d'étude ;
– à apprécier l'intérêt du candidat pour les textes qu'il a étudiés ou abordés en lecture cursive ;
– à tirer parti des lectures et activités personnelles du candidat.

***La conduite de l'entretien***

En liaison avec l'objet ou les objets d'étude, l'examinateur cherche à évaluer un ensemble de connaissances et de compétences issu des lectures de l'année. Il ouvre le plus possible cet entretien aux lectures et aux activités personnelles du candidat, telles qu'elles sont mentionnées sur le descriptif.
Pour cette raison, l'examinateur s'appuie sur les propos du candidat et conduit un dialogue ouvert. Il évite les questions pointillistes.

## III. Évaluation de l'épreuve orale

L'examinateur se donne pour principes, dans les appréciations qu'il porte :
– d'utiliser toute l'échelle de notation ;
– de valoriser les éléments de réussite plutôt que de pénaliser les carences ;
– de valoriser la culture personnelle manifestée à bon escient par le candidat.
Il importe, dans ce processus, de prendre en compte le caractère oral de l'épreuve. On proposera donc une évaluation dans les trois grands domaines que l'on peut alors considérer comme essentiels : l'expression, la réflexion, les connaissances. Le tableau qui suit résume, pour chacune des deux parties de l'épreuve, les principales connaissances et compétences faisant l'objet de cette évaluation :

| | **EXPOSÉ** | **ENTRETIEN** |
|---|---|---|
| **Expression et communication** | Lecture correcte et expressive<br>Qualité de l'expression et niveau de langue orale<br>Qualités de communication et de conviction | Aptitude au dialogue<br>Qualité de l'expression et niveau de langue orale<br>Qualités de communication et de conviction |
| **Réflexion et analyse** | Compréhension littérale du texte<br>Prise en compte de la question<br>Réponse construite, argumentée et pertinente, au service d'une interprétation<br>Références précises au texte | Capacité à réagir avec pertinence aux questions posées pendant l'entretien<br>Qualité de l'argumentation<br>Capacité à mettre en relation et à élargir une réflexion |
| **Connaissances** | Savoirs linguistiques et littéraires<br>Connaissances culturelles en lien avec le texte | Savoirs littéraires sur les textes, l'œuvre, l'objet ou les objets d'étude<br>Connaissances sur le contexte culturel |

## IV. Documents

***Les documents nécessaires***

L'examinateur reçoit à l'avance les descriptifs des lectures et activités des candidats qu'il aura à évaluer.

Les photocopies des textes étudiés en lecture analytique ne figurant pas dans les manuels sont jointes aux descriptifs.

Pour l'épreuve, le candidat apporte :

– son exemplaire du descriptif des lectures et activités ;
– deux exemplaires du manuel en usage dans sa classe ;
– un jeu de photocopies des textes ne figurant pas dans le manuel, identique à celui qui a été adressé à l'examinateur ;
– deux exemplaires des œuvres intégrales étudiées.

Le jour de l'épreuve, l'examinateur apporte les descriptifs des lectures et activités qu'il a reçus ainsi que les textes photocopiés joints.

Les fiches d'évaluation individuelles des candidats ainsi que les bordereaux de notation sont remis aux examinateurs avant l'épreuve.

Tous les candidats scolaires présentent un « descriptif des lectures et activités ». En cas d'absence du descriptif, l'examinateur le mentionne au procès-verbal et procède tout de même à l'interrogation à partir d'un texte de son choix et après discussion avec le candidat sur le travail accompli et les lectures faites dans l'année.

***Le descriptif des lectures et activités***

En vue de l'examen oral, le professeur rédige pour l'ensemble des élèves de sa classe un *descriptif des lectures et activités* réalisées pendant l'année.

Ce descriptif des lectures et activités peut s'élaborer progressivement, au cours de l'année, dans un travail concerté avec les élèves.

Il présente une série d'éléments apportant à l'examinateur les informations nécessaires sur le travail réalisé par le candidat pendant son année de Première. Il précise de ce fait le titre et la problématique de chaque séquence ainsi que l'objet (ou les objets) d'étude qui sont abordé(s). Il indique également les textes (groupement ou œuvre intégrale) étudiés à l'intérieur de chaque séquence et la démarche retenue pour cette étude (lectures cursives ou analytiques, approches d'ensemble retenues pour l'étude des œuvres intégrales).

Il mentionne obligatoirement et clairement – afin de faciliter le travail des examinateurs – le manuel utilisé dans la classe, l'édition des œuvres intégrales et les références très précises des différents textes indiqués : édition, chapitre, page, début et fin de l'extrait. Il donne, le cas échéant, quelques indications sur les activités complémentaires – en particulier orales – proposées à la classe et sur le travail personnel de l'élève.

La mise en page – linéaire ou tabulaire – et la représentation de ces indications sont laissées à l'appréciation de chaque professeur ou de chaque équipe pédagogique. Dans tous les cas on veillera à préserver la **concision** et la **lisibilité** du document.

Les candidats individuels ou les candidats issus des établissements scolaires hors contrat présentent l'épreuve dans les mêmes conditions que les candidats scolaires. Le « descriptif des lectures et activités » est alors constitué par le candidat lui-même en conformité avec les programmes de la classe de Première.

***La fiche d'évaluation***

La question et les références du passage à étudier sont indiquées par écrit au candidat, au moyen d'une fiche qui lui est remise et qu'il signe avant de commencer sa préparation.

# II - Épreuve orale : quelques exemples

Nous avons essayé d'imaginer, à partir de certains textes qui pourraient être proposés à l'épreuve orale, d'une part la question qui guiderait votre exposé et d'autre part « le thème » de l'entretien qui suivrait.

L'entretien dépend évidemment de la problématique de la séquence dans laquelle figure le texte choisi par l'examinateur, qu'il s'agisse d'un groupement de textes ou de l'étude d'une œuvre intégrale. **L'entretien n'est pas un second exposé mais bien un dialogue avec vous, dans une perspective d'élargissement par rapport à la première partie de l'épreuve.** Nous indiquons un point de départ possible mais il faut imaginer un échange souple en partie guidé par vos savoirs, vos lectures et votre culture. L'examinateur respecte une certaine cohérence entre le texte choisi et l'entretien : ainsi l'entretien ne peut pas porter sur une autre séquence que celle à laquelle appartient le texte dont vous avez présenté une lecture dans votre exposé.

***Interrogation sur un texte ou un extrait de textes figurant dans un groupement de textes. L'entretien porte, au choix de l'examinateur, sur le groupement de textes, sur l'objet ou les objets d'étude qui le fondent, sur une des lectures cursives proposées en relation avec ce texte, sur les activités personnelles du candidat si elles sont mentionnées dans le descriptif...***

**Exemples :**

- **Corneille, *L'Illusion comique*, Acte II, scène 2** (p. 146)

*Question guidant l'exposé* : Matamore, personnage ou type ?
*Entretien* : autour du type comique par-delà les siècles.

- **Victor Hugo, *Cromwell*, Acte V, scènes 11 et 12, extraits** (p. 150)

*Question guidant l'exposé* : Comment l'Histoire est-elle mise en scène ?
*Entretien* : autour d'autres manières d'intégrer l'Histoire au théâtre (on pourra, par exemple faire référence à *L'Atelier*).

- **Shakespeare, *Hamlet*, traduction d'Yves Bonnefoy, acte III, scène 2** (p. 162)

*Question guidant l'exposé* : Quelle conception du théâtre et de l'acteur cet extrait développe-t-il ?
*Entretien* : autour d'autres conceptions de l'acteur.

- **Marivaux, *Les Acteurs de bonne foi*, scène 4** (extrait p. 164)

*Question guidant l'exposé* : Analyse du comique de la scène.
*Entretien* : autour du thème de la répétition au théâtre.

- **René-Guy Cadou, *Le Diable et son train*, « La Nuit surtout »** (p. 334)

*Question guidant l'exposé* : Quel vous paraît être le rôle du rêve dans ce poème ?
*Entretien* : autour de la poésie du quotidien.

- **Victor Hugo, *Les Contemplations*, Livre I, « Vieille Chanson du jeune temps »** (p. 278)

*Question guidant l'exposé* : L'humour et la nostalgie dans ce poème.
*Entretien* : autour de poésie et chanson.

- **Victor Hugo, *Les Contemplations*, Livre V, « Paroles sur la dune »** (p. 252)

*Question guidant l'exposé* : Pourquoi et comment le poète exprime-t-il le sentiment du vide ?
*Entretien* : autour de l'expérience poétique.

- **Jules Vallès, *L'Enfant*,** (p. 26)

*Question guidant l'exposé* : Vous étudierez comment et pour quel effet s'entrelacent l'univers du collège et celui de la fiction romanesque.
*Entretien* : autour de l'évasion par la lecture.

- **Jean-Paul Sartre, *Les Mots*,** (p. 30)

*Question guidant l'exposé* : Comment Sartre adulte fait-il revivre l'exaltation de l'enfant qu'il a été ?
*Entretien* : autour de l'évasion par la lecture.

- **Émile Zola, *Thérèse Raquin*, chap. 3** (p. 108)

*Question guidant l'exposé* : Le portrait de Laurent.
*Entretien* : autour de la construction du personnage dans le roman du XIXe siècle.

- **Romain Gary, *Éducation européenne*,** (p. 44)

*Question guidant l'exposé* : Quelles sont les deux visions du monde qui s'opposent dans ce texte ? Comment sont-elles exprimées ?
*Entretien* : autour de l'évocation de l'engagement dans le monde de quelques personnages appartenant aux romans des XIXe et XXe siècles.

- **Stendhal, *La Chartreuse de Parme*,** (p. 104)

*Question guidant l'exposé* : Vous montrerez que le paysage décrit reflète l'état d'âme de Gina.
*Entretien* : élargi aux autres textes d'un groupement qui comprendrait notamment *Le Lac* de Lamartine et un extrait des *Rêveries du promeneur solitaire* de Rousseau (p. 562).

***Interrogation sur un extrait, ayant fait l'objet d'une explication en classe, tiré d'une œuvre intégrale étudiée en lecture analytique. Dans ce cas, au choix de l'examinateur, l'entretien porte sur l'œuvre intégrale, l'objet ou les objets d'étude qui fondent la construction de la séquence, les activités personnelles du candidat, s'il y a lieu.***

### Exemples :

- **Jean-Claude Grumberg, *L'Atelier*, (éd. Actes Sud-Papiers), scène 5, le récit de Simone**

*Question guidant l'exposé* : Comment ce récit construit-il le personnage de Simone ?

*Entretien* : autour des autres personnages féminins de la pièce.

- **Jean-Claude Grumberg, *L'Atelier*, scène 5, le récit de Léon**

*Question guidant l'exposé* : Comment ce récit construit-il le personnage de Léon ?

*Entretien* : autour du couple Léon/Hélène.

- **Jean-claude Grumberg, *L'Atelier*, scène 10**

*Question guidant l'exposé* : Le comique et le pathétique dans cette scène.

*Entretien* : autour du mélange des registres dans la pièce.

- **Léopold Sédar Senghor, *Éthiopiques*, « D'autres chants »** (p. 311)

*Question guidant l'exposé* : Vous direz ce qui fait de ce poème une épopée.

*Entretien* : sur l'ensemble d'*Éthiopiques* et, par exemple, ce qui fait le caractère « oral » de cette poésie.

***Interrogation sur un extrait n'ayant pas fait l'objet d'une explication en classe, tiré d'une œuvre intégrale étudiée en lecture analytique. L'entretien, au choix de l'examinateur, porte sur l'œuvre intégrale, l'objet ou les objets d'étude qui fondent la construction de la séquence, les activités personnelles du candidat, s'il y a lieu.***

### Exemple :

- **Jean-Claude Grumberg, *L'Atelier*, scène 1**

*Question guidant l'exposé* : Vous montrerez en quoi cette scène est une scène d'exposition.

*Entretien* : autour de l'intégration du temps de la fiction dans le temps de la représentation (voir question 1 page 226), ou autour de la construction de la pièce, ou encore de l'évolution des principaux personnages de la scène 1 à la scène 10 (Simone, Léon et Hélène)...

### Pour se préparer à cette épreuve :

**Exposé** : après chaque lecture analytique faite avec votre professeur, vous pourriez essayer de vous interroger sur les questions essentielles posées par le texte et abordées au cours de l'étude. Il faudrait vous entraîner à organiser des réponses argumentées et référencées par des citations pertinentes brièvement commentées (procédé identifié, s'il y a lieu, effet produit, interprétation).

**Entretien** : il s'agit là d'être attentif aux perspectives plus larges qu'offre la séquence construite autour d'un groupement de textes ou d'une œuvre intégrale, de vous interroger sur sa cohérence et le savoir littéraire qu'elle vous permet de rencontrer. N'oubliez pas qu'au terme de l'année de Première, vous devez vous être constitué une culture littéraire par les textes, les œuvres, et vos activités personnelles. Durant l'entretien, vous devez mobiliser tout cela.

# Le programme de français en Première

## Finalités

**– Finalités générales** : acquisition de savoirs, constitution d'une culture, formation personnelle, formation du citoyen.
**– Finalités propres** : maîtrise de la langue, connaissance de la littérature, appropriation d'une culture.

◆ L'enseignement du français contribue à la constitution d'une culture par la lecture d' œuvres de toutes sortes, principalement d'œuvres littéraires significatives. Il forme l'attention aux significations de ces œuvres, aux questionnements dont elles sont porteuses et aux débats d'idées qui caractérisent chaque époque, dont elles constituent souvent la meilleure expression. Par là, il permet aux élèves de construire une perspective historique sur l'espace culturel auquel ils appartiennent.
Les élèves devront, en fin de Première, pouvoir **se repérer dans le cadre chronologique de l'histoire littéraire**, en s'appuyant sur les textes abordés dans cette classe et dans les années antérieures.

◆ Il favorise la formation personnelle de l'élève en donnant à chacun une meilleure maîtrise de la langue et en l'amenant à mieux structurer sa pensée et ses facultés de jugement et d'imagination. Il doit lui permettre, au terme de cette formation, de **savoir organiser sa pensée** et de **présenter, par oral et par écrit, des exposés construits** abordant les questions traitées selon plusieurs perspectives coordonnées.

◆ Il apporte à la formation du citoyen, avec **la connaissance de l'héritage culturel**, la réflexion sur les opinions et **la capacité d'argumenter**.
Pour la formation d'une pensée critique autonome, au terme de l'enseignement commun obligatoire du français, les lycéens devront être en mesure de **lire, comprendre et commenter** eux-mêmes **un texte**.

## Objets d'étude

Les objets 1 à 5 sont communs à toutes les séries d'enseignement général et technologique. Cependant, l'objet d'étude 5 est facultatif dans les séries technologiques.
Pour la série littéraire s'ajoutent les objets 6 et 7.

1. **Le roman et ses personnages : visions de l'homme et du monde**
2. **La poésie**
3. **Le théâtre : texte et représentation**
4. **L'argumentation : convaincre, persuader et délibérer**
5. **Un mouvement littéraire et culturel**
6. **L'autobiographie**
7. **Les réécritures**

## Mise en œuvre

◆ **La lecture est privilégiée :** quantitativement tout d'abord puisque les élèves doivent lire **six œuvres littéraires intégrales** et **de nombreux extraits.** Qualitativement ensuite : en Première, comme en Seconde, alternent **la lecture analytique**, qui permet d'apprécier les enjeux d'un texte et de caractériser son écriture à partir de questions précises, et **la lecture cursive**, non accompagnée de questions, qui permet de prendre connaissance rapidement et directement d'un texte.
La lecture s'applique aussi à **l'image,** fixe ou mobile.

◆ **L'écriture** doit être maîtrisée dans trois domaines :
– **écrits d'argumentation et de délibération**, en relation avec les œuvres et les textes étudiés (analyse, dissertation, commentaire) ;
– **écrits d'invention**, en liaison avec les différents genres et registres étudiés ;
– **écrits fonctionnels** (comptes rendus, résumés, synthèses).

◆ **L'oral :** il convient de comprendre les spécificités de l'oral et de s'exercer à l'écoute et à la reformulation des propos entendus, à l'oralisation des textes littéraires, à la pratique des exposés, des débats, des explications de textes.

◆ **L'étude de la langue** : objectif majeur de la classe de Première, elle vise à l'enrichissement du lexique, notamment dans les domaines de l'abstraction et de la sensibilité, à la réflexion sur la subjectivité dans la langue, à l'étude des variations historiques, sociales et culturelles.

◆ Les cours s'organisent en **séquences**, c'est-à-dire en unités didactiques et pédagogiques définies par un ou plusieurs objectif(s), qui regroupent **plusieurs séances.** L'ensemble des séquences doit permettre de couvrir le programme. Un descriptif récapitulera le travail de l'année et sera présenté à l'examinateur lors de l'épreuve anticipée de français (voir pp. 606 à 611).

(Extraits des Instructions officielles)

Le recours fréquent au manuel favorise l'appropriation du programme :
– pour le travail au quotidien – explications de texte, guidées par des questions précises, sujets d'écriture d'invention, de commentaire et de dissertation, souvent accompagnés de conseils méthodologiques ;
– pour la préparation à l'examen, grâce au corpus que propose chaque chapitre et aux pages spécifiques qui lui sont dédiées.

# Le roman

## Identifier la nature de la page*

Dans un roman se mêlent des passages de **description**, de **narration**, de **discours**. Il convient donc de repérer, dans l'extrait que l'on étudie, la part respective de chacun, ainsi que les traits d'écriture qui les caractérisent : emploi de l'imparfait descriptif par exemple, recours au passé simple pour la narration, utilisation des différentes modalités du discours rapporté.

## Prendre en compte...

◆ **Le temps.** À quelle époque se situent les événements racontés ? À quelle époque le roman a-t-il été écrit ? Que peut-on déduire de la coïncidence ou de la différence entre ces époques ?
Sur quelle durée de la vie de ses personnages s'étend-il ? Y a-t-il des retours en arrière, des anticipations sur ce qui va arriver, ou une narration linéaire qui raconte l'histoire au fur et à mesure de son déroulement ?
Certains passages font-ils l'objet d'un court résumé ou même d'une ellipse ? Certaines scènes sont-elles au contraire longuement détaillées ?

◆ **L'espace.** Quels lieux sont décrits ? Ville, fleuve, paysage de montagne ; immeuble, maison, chambre ? Qu'il s'agisse de lieux extérieurs ou intérieurs, leur présence et leur description dans le roman joue une triple fonction : donner une représentation authentique du réel, éclairer les personnages ou l'action, créer des images propres à l'écrivain.

◆ **Les personnages.** Quelle est leur identité (nom, prénom, surnom, titre, famille, milieu social, fonction ou métier) ? leur personnalité (psychologique, morale) ? Leur caractérisation se fait-elle de façon directe, par le biais de descriptions ? de façon indirecte, à travers leurs actions ? Ces personnages sont-ils récurrents ou n'appartiennent-ils qu'à une œuvre unique ?

◆ **Les objets.** Quels objets sont mentionnés ou décrits (vêtements, accessoires, meubles, vaisselle, outils, etc.) ? Les objets sont-ils massivement présents, rares, absents ? Quelle est leur signification (historique, sociale, psychologique, dramatique) ?

◆ **La focalisation** *(qui voit ?)*
S'agit-il d'une **focalisation interne**, donnant accès à ce que voit un personnage ? d'une **focalisation zéro**, qu'on appelle aussi **point de vue omniscient** ? d'une **focalisation externe**, ou « vision du dehors » apparemment neutre et purement objective ?

◆ **La voix narrative** *(qui parle ?)*
Le narrateur est-il extérieur à l'histoire ? Dans ce cas on parle de **narrateur non représenté** : le récit est à la troisième personne.
Le **narrateur** est-il **représenté** ? Soit il est le héros de sa propre histoire, et il s'agit d'un roman à la première personne de type autobiographique. Soit il raconte l'histoire d'un autre personnage. C'est notamment le cas dans les récits enchâssés dont les romans du XVIIe et du XVIIIe siècles abondent.

## Considérer la structure ou l'économie d'ensemble de l'œuvre

Le roman se déroule-t-il comme une « tranche de vie » ou marque-t-il nettement un parcours entre un début et une fin ? Dans quelle partie de l'œuvre se situe la page que vous expliquez : dans l'incipit, ou le début du roman ? dans l'excipit ou la fin du roman ? au cœur de l'œuvre ? En quoi la place de l'extrait permet-elle d'en éclairer les enjeux ?

## Se référer à une typologie

Le roman appartient-il à une forme codée : roman sentimental ou galant, roman héroïque, roman picaresque, roman d'apprentissage, roman d'analyse, roman d'aventures, roman autobiographique, roman épistolaire, roman policier, roman de science-fiction ? Roman réaliste, roman naturaliste, Nouveau Roman ?
Si oui, en quoi respecte-t-il les caractéristiques de cette forme de roman et en quoi s'en détache-t-il ?

## Situer le roman

**– par rapport à une époque**, voire à une école ou à un courant (Renaissance, école naturaliste, Nouveau Roman) ;
**– par rapport à son auteur** : premier roman ou roman d'un auteur confirmé ? roman d'un écrivain qui a d'abord été poète, comme Victor Hugo, ou dramaturge, comme Marivaux ?
**– par rapport aux autres arts** : le roman naturaliste et le peintre Gustave Courbet par exemple, ou le roman *Bel-Ami* de Maupassant et les tableaux de Gustave Caillebotte, voir p. 97, mais aussi le roman et la musique, le roman et l'architecture... ;
– **par rapport à la philosophie** : les romans de Rabelais et l'humanisme, les romans de Madame de Lafayette et le jansénisme, les romans de Maupassant et Schopenhauer, philosophe allemand du XIXe siècle qu'admirait l'écrivain et qui développe une vision pessimiste de l'homme et du monde.

*** page** : tout extrait que l'on commente dans le cadre d'une explication de texte, qu'il fasse 15 lignes ou 30, peut être désigné par le terme conventionnel de « page ».

# Le théâtre

## Un texte dans l'Histoire

Comme tout texte littéraire, le texte de théâtre naît du regard qu'un auteur pose sur le monde qui l'entoure, et exprime son rapport au monde. Plus que tout autre texte littéraire, le texte de théâtre est le lieu où le génie de l'auteur croise les conditions particulières de son époque.

◆ Quels liens le théâtre entretient-il avec le pouvoir, la collectivité, le sacré ? Quelles règles élaborées par des théoriciens ou des auteurs président à sa dramaturgie ? Dans quels espaces est-il représenté ? À quel public s'adresse-t-il ? Dans quels corps d'acteurs s'incarne-t-il ?

◆ Il conviendra donc de s'interroger sur l'époque de l'écriture et de convoquer quelques notions simples mais indispensables sur les conditions de production de l'œuvre et de son passage à la scène.

## Une énonciation complexe

On se souvient qu'un texte de théâtre met en jeu la double énonciation : ce sont à la fois l'auteur et les personnages qui parlent, ce sont à la fois les spectateurs (ou les lecteurs) et les personnages qui occupent la fonction de récepteur.

◆ On sera donc en permanence attentif à détecter la manière dont l'auteur, caché derrière les personnages, s'y prend pour livrer les informations nécessaires à la compréhension de l'action et des états d'âme de ses personnages.

◆ On n'oubliera pas :
• que l'auteur peut également diriger vers les spectateurs un miroir grossissant de leurs défauts ;
• qu'il peut aussi vouloir leur délivrer un message. On se souviendra toutefois que le texte théâtral interroge plus qu'il n'affirme ;
• qu'enfin il peut parfois faire en sorte que le spectateur en sache plus que les personnages. Ce qui est pour le spectateur une source de plaisir ou d'effroi, quand il a conscience, par exemple, que le personnage court à sa perte sans le savoir. On parle alors d'ironie tragique.

## Un texte « troué »

Une représentation théâtrale livre aux spectateurs un certain nombre de signes qui ne sont pas réductibles au seul texte.

◆ **Les didascalies** doivent être prises en compte dans l'analyse. Elles nous informent souvent sur les désirs de l'auteur en ce qui concerne la mise en scène et le jeu des acteurs.

◆ Au-delà du texte didascalique, peu abondant d'ailleurs dans la dramaturgie classique, il faut toujours s'interroger sur :
• l'espace inscrit dans les paroles même des personnages ;
• les attitudes des acteurs, ce qu'ils font, ce que leur corps exprime, qu'ils parlent ou qu'ils restent muets. Souvenez-vous des conseils de Victor Hugo à Mademoiselle Mars (p. 167) ;
• l'existence d'objets, d'accessoires, leur fonction.

## Les spécificités du dialogue de théâtre

Au théâtre la parole est action. Les échanges dialogués traduisent des rapports de force dont il faut dégager les enjeux.

◆ On analyse :
• le volume des répliques ;
• la présence éventuelle de tirades, leur fonction : information, émotion, narration, exhortation, argumentation ;
• la présence de stichomythies, ce qu'elles traduisent.

◆ On met en évidence la circulation de la parole :
• Qui parle le plus ?
• Qui est meneur de jeu ?
• Y a-t-il une évolution dans les rapports de force ?
• Qui a le dernier mot ?

## La scène ou l'extrait dans son contexte

Il faut situer la scène dans l'œuvre pour identifier notamment :
• une scène d'exposition
• un dénouement
• un revirement de l'action ou péripétie
• ce que nous savons des personnages.

## Les cas particuliers

◆ **Le récit au théâtre** :
• Qui le fait ? À qui s'adresse-t-il ? Qu'est-ce qui le motive ?
• Quelle est sa fonction ?
• Quel est son registre : pathétique, épique, comique, tragique, lyrique ?

◆ **Le monologue** :
• Comment est-il amené ? Quelle est sa vraisemblance ?
• Quelle est sa fonction ?
• Les scènes avec le confident, fréquentes dans le théâtre classique, peuvent être rapprochées du monologue.

# La poésie

À l'origine, comme le théâtre, la poésie procède du culte : elle se fait prière, hymne, invocation, supplique, révolte ou soumission devant les forces qui dépassent l'entendement humain. De plus, elle est d'abord orale : ce n'est que tardivement qu'elle a été transcrite, dans l'espoir de la conserver, puis véritablement écrite, c'est-à-dire conçue dans une mise en scène de la page.
Aborder un poème, pour l'apprécier et pour l'expliquer, suppose donc qu'on l'envisage comme un texte **à dire**, un texte **à lire**, un texte à **interpréter** dans toute sa complexité.

## Un texte à dire

Lire à voix haute un poème permet de réaliser ses effets sonores et rythmiques.

Pour préparer cette lecture, dans le cas de la **poésie versifiée**, il faut repérer :

- les « e » muets à prononcer
- les diérèses et les synérèses
- les accents
- les enjambements et les rejets
- Les silences ou les pauses

Dans le cas du **poème en prose**, il faut tenir compte :

- des « blancs » qui séparent, le cas échéant, les couplets, versets ou strophes.
- du rythme des phrases
- des vers blancs que l'on peut entendre à l'intérieur des phrases de prose, et que la diction peut rendre sensibles.
- des sonorités récurrentes (assonances, allitérations).

## Un texte à lire

La mise en page doit être prise en compte pour repérer :

- forme brève ou forme développée ;
- texte intégral ou extrait ;
- l'organisation strophique :
  - quelle est leur longueur ? distiques (2 vers), tercets (3 vers), quatrains (4 vers), quintils (5 vers), sizains (6 vers)...
  - les strophes sont-elles de longueur identique ? Quel est leur nombre ?
- l'organisation métrique
  - Le mètre (la longueur du vers) est-il régulier – poème homométrique ou irrégulier – poème hétérométrique ?
  - S'agit-il de vers pairs ? de vers impairs ?
- le système des rimes :
  - Quelle est leur nature (féminines ou masculines) ? leur qualité (pauvres, suffisantes, riches) ? leur disposition (suivies, croisées, embrassées) ?
- la forme du poème : forme fixe (sonnet, ode, pantoum...) ou forme libre ?
- la disposition en couplets ou versets, ou en une seule unité dans le cas du poème en prose.

## Un texte à interpréter

Comprendre un poème suppose :

- d'identifier le ou les registre(s) du texte (lyrique, pathétique, polémique, ironique, comique, tragique...).
- de reconnaître les images : comparaisons, métaphores, allégories.
- de situer le texte par rapport :
  - **au recueil** dans lequel il s'inscrit : les poèmes qui le précèdent et ceux qui le suivent immédiatement peuvent en effet l'éclairer, de même que la section dont il peut faire partie.
  - **à l'époque**, **à la sensibilité**, **au courant** ou **à l'école** dont il relève (un poème de la Renaissance, un poème baroque, un poème romantique, un poème symboliste...).
- de lier l'analyse formelle et l'accès au sens : plus que toute autre page de littérature, le poème ne peut être expliqué sans un aller-retour constant entre **le fond** et **la forme** ; aucune remarque formelle gratuite n'a d'intérêt dans un commentaire, mais aucune affirmation n'a de poids si elle ne s'appuie sur une étude des procédés d'écriture.
- d'accepter la difficulté et la pluralité des sens possibles. Un poème est souvent d'un abord mystérieux et l'explication ne saurait en donner une interprétation univoque.

Interpréter un poème, c'est en faire sentir la force, en souligner la structure, la tonalité. Il ne s'agit pas de réduire son mystère à une paraphrase explicative, mais de montrer comment il met en jeu **un rapport singulier entre le langage, l'homme et le monde**.

# L'autobiographie

## Un pacte à préciser

Lire une page qui relève de l'autobiographie suppose que l'on réponde aux questions suivantes :

- comment se définit l'énonciation : qui est l'auteur, le narrateur, le personnage dont la vie est racontée ?
- s'agit-il d'un texte authentique, d'un texte de fiction ou d'un texte qui mêle fiction et réel ?
- quelle période de la vie du personnage couvre le récit ?
- quelle est la visée principale de ce texte : a-t-il été écrit pour être publié ? pour être prononcé oralement ? pour servir de témoignage au sein d'un groupe restreint – la famille et les amis de l'auteur ?
- peut-on le considérer comme un texte littéraire ou comme un document de nature sociologique, historique ou psychologique ?
- ce texte cherche-t-il à célébrer le personnage ou la personne, ou entreprend-il d'en donner une image exacte ?

## Du singulier à l'universel

Le commentaire visera à apprécier à la fois :

- **La singularité** irréductible du récit de vie, en montrant comment il se distingue de tout autre et fait exister une personne ou un personnage unique.
- **Le caractère universel** de ce récit, en soulignant ce qui constitue son intérêt humain.

Ainsi, la jeunesse de Simone de Beauvoir telle que l'auteur la rapporte dans les *Mémoires d'une jeune fille rangée* (p. 356) est-elle liée à une famille particulière et à un moment particulier de l'Histoire ; mais elle est emblématique aussi d'un désir d'émancipation que ressentent de nombreuses adolescentes au XX^e^ siècle.

Il n'y a pas de hiatus entre ces deux aspects de l'autobiographie, bien au contraire : l'autobiographie est d'autant plus universelle qu'elle évoque un parcours unique, seul garant de son authenticité et de sa vérité.

## Lexique

Le lexique suivant répertorie les formes principales que peut prendre le biographique.

**Autobiographie :** selon la définition de Philippe Lejeune, *« récit rétrospectif en prose qu'une personne fait de sa propre existence, lorsqu'elle met l'accent sur sa vie individuelle, en particulier la formation de sa personnalité »*. Conformément au « pacte autobiographique », auteur, narrateur et personnage principal se confondent.

**Autofiction :** terme apparu dans les années 1970, avec Serge Doubrovsky, pour désigner une autobiographie qui comporte quelques éléments inventés. L'autofiction connaît un essor important à la fin du XX^e siècle et au début du XXI^e, avec des auteurs comme Annie Ernaux.

**Autoportrait :** en littérature, portrait physique et moral que l'auteur d'une autobiographie donne de lui-même à l'intérieur de son œuvre. En peinture et en photographie, représentation que l'artiste donne de lui-même (p. 382).

**Biographie :** récit en prose qui raconte la vie d'une personne réelle, le plus souvent d'une personne éminente dans le domaine historique, politique ou culturel. Il existe cependant aussi des biographies fictives, voire des récits à mi-chemin entre le réel et le fictif.

**Chronique :** récit de faits historiques racontés dans leur succession chronologique.

**Confession :** mot qui renvoie essentiellement à l'œuvre de saint Augustin et à celle de Rousseau et qui présente une connotation religieuse. C'est une forme d'autobiographie qui comporte l'idée d'aveu (p. 350).

**Hagiographie :** récit de la vie d'un saint, ou, dans un sens élargi, récit visant à exalter les qualités éminentes d'une figure exemplaire.

**Journal :** aux franges de l'autobiographie, le journal intime est devenu un genre littéraire à la fin du XIX^e siècle, avec Amiel et les frères Goncourt notamment. Comme l'autobiographie, il livre une réflexion sur le passé, mais il s'agit du passé proche, dont il donne une vue fragmentaire. Parmi les textes les plus célèbres, dans des registres très différents, notons le *Journal* d'André Gide publié en 1939, et le *Journal* d'Anne Frank, publié de façon posthume en 1947.

On emploie parfois le mot de **diariste**, calqué sur l'anglais, pour désigner l'auteur d'un journal.

**Mémoires :** récit dans lequel l'histoire de l'individu est mise en rapport avec le monde et l'Histoire au sens général du terme. L'auteur des Mémoires se présente comme un témoin de son temps. Chateaubriand avec ses *Mémoires d'outre-tombe* en donne l'exemple le plus illustre.

**Roman à caractère autobiographique**, ou **roman personnel :** type de roman à la première personne, dans lequel le narrateur, personnage principal, entretient de profondes ressemblances avec l'auteur, sans se confondre néanmoins avec lui. Ainsi, dans *À la recherche du temps perdu* de Marcel Proust, le narrateur, Marcel, semble un double de l'auteur. Cependant il se distingue de lui. Le pacte scellé entre l'auteur et le lecteur est **un pacte fictionnel** et non un pacte référentiel comme dans le cadre d'une autobiographie.

POUR LIRE...

# Un texte argumentatif

Il est rare qu'un texte littéraire se réduise à être un texte purement argumentatif : en effet, la narration, la description, le discours, se mêlent très souvent à l'argumentation.

De plus, le texte d'idées n'est pas le seul qui cherche à « convaincre », à « persuader » ou à mettre en scène une « délibération ». La poésie, le théâtre, le roman comportent ainsi des passages argumentatifs.

Le texte argumentatif relève d'une situation de communication particulière ; il utilise des procédés rhétoriques, jouant sur la raison mais aussi sur l'émotion.

## Une situation de communication

Il faut identifier :

- qui argumente (un personnage de fiction, l'auteur lui-même)
- qui est visé par l'argumentation (un autre personnage, les spectateurs, les auditeurs, les lecteurs)
- l'objet de l'argumentation (une idée philosophique, politique, religieuse, un cas personnel...)
- le contexte (historique, idéologique, politique)
- le « code » employé : l'oral, l'écrit, le genre littéraire particulier...

## Des procédés rhétoriques

L'argumentation relève souvent de l'éloquence.

Elle s'appuie sur :

- **une structure** : l'ordre des arguments et leur enchaînement déterminent l'effet produit.
  - les connecteurs logiques la soulignent souvent.
  - elle peut cependant ne pas être exhibée de façon démonstrative : seule la succession des arguments permet de la comprendre.
- **des figures de style** :
  - figures marquant l'insistance (anaphores, répétitions)
  - figures soulignant la construction logique (parallélismes, antithèses, chiasmes)
- **une connivence avec le(s) destinataire(s)**
  - par l'ironie : celle-ci suppose en effet un lecteur, un auditeur ou un spectateur intelligent, capable de comprendre cette figure de pensée.
  - par la *captatio benevolentiae*, ou façon de se rallier les bonnes grâces de l'auditoire en le séduisant par des paroles qui lui sont agréables.

## La raison et l'émotion

L'argumentation sollicite bien évidemment les capacités intellectuelles des destinataires : le **principe de non-contradiction**, dans le cas de la démonstration, la qualité des enchaînements logiques, **déductifs** ou **inductifs**, la force des **arguments d'autorité** peuvent convaincre.

Mais le texte argumentatif joue aussi sur la sensibilité. La gaieté, la pitié, l'indignation, la compassion, le mépris, autant d'émotions qui peuvent être sollicitées efficacement pour emporter l'adhésion.

## Lexique de l'argumentation

**Argument** : élément de raisonnement qui permet de tirer une conséquence. On distingue notamment **l'argument d'autorité**, qui émane d'un auteur reconnu supposé donner du poids au propos.

**Convaincre** : emporter l'adhésion de quelqu'un à l'aide d'une argumentation.

**Délibérer** : réfléchir et organiser sa réflexion en pesant les arguments, en vue de prendre une décision.

**Infirmer** : synonyme de réfuter, contraire de confirmer.

**Objecter** : opposer une réserve à une argumentation, argumenter pour contredire.

**Persuader** : emporter l'adhésion de quelqu'un à l'aide d'une argumentation fondée non seulement sur des éléments intellectuels mais aussi sur des éléments affectifs.

**Plaidoyer** : discours visant à établir la défense d'une personne ou d'une cause. Le plaidoyer ***pro domo*** est celui que l'on fait pour défendre sa propre personne ou sa propre position.

**Raisonnement** : enchaînement d'arguments logiques aboutissant à une conclusion. Le raisonnement **par déduction** (ou déductif) part d'une loi (logique, mathématique, psychologique...) pour en examiner les conséquences ; le raisonnement **par induction** (ou inductif) part de l'expérience pour en tirer une loi.

**Réfuter** : montrer la fausseté d'une argumentation par une contre-argumentation.

**Réquisitoire** : discours destiné à établir la culpabilité de quelqu'un ou à énumérer un ensemble de reproches adressés à une personne ou à une situation.

**Rhétorique** : art du discours. Ses parties essentielles, la mémoire, l'invention et la disposition relèvent à la fois de l'**art de persuader** et de l'**art de bien dire**.

# MÉMENTO



## Alphabet phonétique international (API)

**Voyelles**

| | | | |
|---|---|---|---|
| [a] | amer | [ɑ] | sable, châle |
| [ɛ] | vers, raison | [e] | écart |
| [i] | cri | [o] | beaux |
| [ɔ] | noble | [y] | une |
| [ø] | frileux | [œ] | heure |
| [ə] | le | [u] | tout |

**Voyelles nasales**

| | |
|---|---|
| [ɑ̃] | fervent, savant, campagne, semble |
| [ɛ̃] | rein, fin, humain, chien, impression |
| [ɔ̃] | fond, ombre |
| [œ̃] | un |

**Semi-voyelles**

| | |
|---|---|
| [j] | yeux, billet, violent |
| [w] | quoi [w + a],<br>point [w + ɛ̃] |
| [ɥ] | réduit, lui |

**Consonnes**

| | |
|---|---|
| [p] | prose, approcher |
| [b] | bal, abbé |
| [t] | attitude, théorie |
| [d] | doux, addition |
| [k] | écrire, marquise, chaos, accompagne |
| [g] | galant, vaguement |
| [f] | philosophie, funèbre, effrayer |
| [v] | volupté, wagon |
| [s] | savant, puissant, science, façon |
| [z] | chose, zélé |
| [ʃ] | chat, cherche |
| [ʒ] | insurgé, magie, je |
| [l] | larme, allongé |
| [ʀ] | roc, horreur |
| [m] | ma, communisme |
| [n] | niche, prennent |
| [ɲ] | campagne |
| [ŋ] | parking |

# GRAMMAIRE

## Les marques de l'énonciation

On appelle **énonciation** dans la communication humaine l'acte individuel de langage. L'**énoncé** est le produit de l'énonciation.

L'énonciation se caractérise par les facteurs suivants :

### • Les personnes du locuteur et de son destinataire

Elles sont désignées par les pronoms de première et seconde personnes (pronoms de dialogue) et par les déterminants et pronoms possessifs :

*je, tu* (pronoms personnels)
*mon, ma* (adjectifs possessifs)
*le mien, le tien* (pronoms possessifs)

### • Le temps et le lieu

Ils sont précisés par des adverbes : *maintenant, aujourd'hui, hier, demain, ici...*

### • La situation

Elle s'accompagne de la référence à des objets, à des événements, à des éléments du réel présents au moment de la situation et qui ne peuvent s'interpréter qu'en référence à celle-ci.

→ *La lettre était adressée à sa mère ; une lettre d'amour vieille de dix-sept ans ; non signée.*
*– Que signifie cette initiale ? Un V, qui peut aussi bien être un N...*

Dans cet incipit du roman d'André Gide *Les Faux-Monnayeurs*, p. 130, l'allusion à l'initiale que déchiffre le personnage ne s'analyse qu'en fonction de la situation d'énonciation particulière : « cette initiale » c'est celle qu'il a sous les yeux inscrite sur la lettre qu'il tient en main.

Pour l'analyse des textes littéraires on comprend tout l'enjeu de la prise en compte des marques de l'énonciation. Par exemple, dans un dialogue, le passage du tutoiement au vouvoiement (ou voussoiement) est à questionner, comme, à l'inverse, le passage du vouvoiement au tutoiement, qui peut indiquer une émotion du locuteur.

Dans un monologue de théâtre, le personnage s'adresse parfois à un interlocuteur absent avec lequel il entretient un dialogue fictif :

→ *Il riait en lisant, le perfide ! et moi comme un benêt... Non, Monsieur le Comte, vous ne l'aurez pas... vous ne l'aurez pas.*

Dans cet extrait du *Mariage de Figaro*, p. 396, le comte Almaviva se voit interpellé par son valet Figaro, seul en scène à l'acte V, ce qui dessine un mouvement particulier à l'intérieur de ce long monologue.

L'analyse littéraire différenciera les récits écrits en première personne (autobiographies réelles ou fictives, histoires enchâssées à l'intérieur d'un roman, avec un narrateur représenté) et les récits écrits à la troisième personne.

### • La modalisation

On définit la modalisation comme ce qui module ou modifie la relation du sujet avec son énoncé :

→ *« Il écrit » et « il **sait** écrire », « est-ce que vous voyez **vraiment** ce que je veux dire ? »*

Dans les exemples en gras on sent une implication plus forte du locuteur par rapport à ce qu'il énonce.

La modalisation se marque par :

– **des auxiliaires modaux** : *vouloir, devoir, croire, savoir, pouvoir* (→ tu peux comprendre)

– **des verbes à valeur modale** : *sembler, paraître*
→ il a semblé comprendre, elle a paru accepter ;

– **des adjectifs qualificatifs** à valeur modale : *certain, probable, possible* et leurs antonymes ;

– **des adverbes** ou **des groupes circonstanciels** qui renforcent ou atténuent le jugement : *bien entendu, certainement, sans aucun doute, peut-être* ;

– **les modes verbaux** qui installent dans le système de la langue lui-même les modes d'appréhension du réel : à l'indicatif, mode de la certitude, s'opposent ainsi le conditionnel et le subjonctif : *il vient, il **viendrait**, je doute **qu'il vienne*** ;

– **les soulignements**, **l'italique**, **les caractères gras** à l'écrit ainsi que **les guillemets** quand ils signifient une non adhésion au propos rapporté ;

– **des intonations particulières** à l'oral, voire un code gestuel, qui insinuent le doute ou qui renforcent la certitude.

Ces éléments sont particulièrement intéressants à étudier dans tous les textes littéraires mais surtout quand on analyse l'argumentation.

Ils ne doivent pas être oubliés dans un sujet d'écriture d'invention à dimension argumentative.

**Voir aussi « axiologique » en vocabulaire.**

## Les modalités du discours rapporté

Le discours rapporté peut prendre quatre formes :

### • Le discours direct

Les propos du locuteur sont transcrits de la façon la plus proche possible de celle dont ils pourraient être entendus à l'oral. À l'intérieur d'un récit les passages de discours direct sont annoncés généralement par des verbes introducteurs et des signes de ponctuation : guillemets, deux points, tirets.

→ *Comme Pantagruel **ne répliquait rien,** Panurge poursuivit et **dit** avec un profond soupir : « Seigneur, vous avez compris mon dessein, qui serait de me marier [...] »* (Rabelais, *Le Tiers Livre*, p. 390)

Des libertés peuvent être prises par les auteurs dans l'insertion du discours comme en témoigne l'extrait de *Voyage au bout de la nuit* proposé au chapitre 1 (voir p. 40).

### • Le discours indirect

Les propos rapportés dépendent grammaticalement d'un verbe introducteur.

→ *Panurge **dit** à Pantagruel **qu'il voulait se marier.***

### • Le discours indirect libre

Il présente à la fois les caractéristiques du discours direct (fidélité à la façon dont les propos ont été tenus ou auraient pu l'être) et ceux du discours indirect (transposition des pronoms, des adverbes de temps et de lieu, des temps des verbes).

→ *Ils avaient manqué tous deux leur vie. Quelle en était la raison ?* (Flaubert, *L'Éducation sentimentale*, 1869)

### • Le discours narrativisé, ou récit de paroles

Les propos ne sont pas explicitement rapportés mais on sait qu'ils ont été tenus.

→ *Cela fit une histoire qui n'était pas oubliée trois ans après.*
*Ils **se la racontèrent prolixement,** chacun **complétant les souvenirs** de l'autre.* (Flaubert, ibid.)

**Voir p. 50.**

## Phrase : types et formes

Toute phrase relève d'un type et d'un seul, mais elle relève aussi de formes particulières.

On distingue quatre types de phrases appelés aussi modalités de la phrase :

### • Phrase déclarative, ou modalité assertive

L'énoncé est donné pour vrai.

→ *Forcé de parcourir la route où je suis entré sans le savoir, comme j'en sortirai sans le vouloir, je l'ai jonchée d'autant de fleurs que ma gaieté me l'a permis.* (Beaumarchais, *Le Mariage de Figaro*, acte V, scène 3, p. 397)

### • Phrase exclamative

L'énoncé traduit une réaction affective face à la situation considérée.

→ *Ô bizarre suite d'événements !* (ibid.)

### • Phrase impérative, ou modalité jussive

Elle vise à l'exécution de l'énoncé.

→ *Partez !*

### • Phrase interrogative

Le contenu de l'énoncé est mis en débat.

→ *Comment cela m'est-il arrivé ?* (Ibid)

On distingue quatre formes de phrases :

### • Forme emphatique

Elle met en valeur un de ses éléments, soit par la place qu'il occupe dans la phrase, soit par la ponctuation, soit par l'utilisation d'une tournure présentative.

→ ***Le roman,** je l'apprécie beaucoup. Le roman **?** je l'apprécie beaucoup. **C'est** le roman **que** j'apprécie.*

### • Forme impersonnelle

On dit qu'une phrase est à la forme impersonnelle quand le sujet de son verbe, le pronom « il » exclusivement, est un simple indice de troisième personne. Certains verbes n'admettent que la forme impersonnelle, comme les verbes dits « météorologiques » ; d'autres peuvent admettre une transformation impersonnelle :

→ *Les romans policiers se vendent bien. **Il se vend** beaucoup de romans policiers.*

### • Forme négative

Elle peut concerner tous les types de phrases. Elle consiste à ajouter avant et après le verbe les particules adverbiales *ne... pas, ne... point, ne... jamais, ne... guère*.

### • Forme passive

Une phrase est à la forme passive quand le sujet de son verbe peut devenir le COD de ce verbe dans la transformation active.

→ ***Pantagruel** est instruit par des précepteurs.* (forme passive)
**sujet**
*Des précepteurs instruisent **Pantagruel.*** (forme active)
**COD**

# VOCABULAIRE

## • Affixes

Partie invariable d'un mot qui s'ajoute à son radical. Les affixes sont constitués des préfixes (à gauche du radical) et des suffixes (à droite du radical).

→ ***ré**écriture, hérit**age***

Préfixe Suffixe

## • Antonyme

L'antonyme d'un mot est un terme de sens opposé ou de sens contraire, sur la base de traits communs.

→ *Amitié* a pour antonymes *haine, hostilité, indifférence, inimitié*.

## • Archaïsme

Un archaïsme est :

– soit un mot vieilli qui est employé dans la langue alors qu'il a disparu de l'usage habituel :

→ *moult* pour dire *beaucoup, occire* pour *tuer, ouïr* pour *entendre* ;

– soit l'emploi d'un mot appartenant à la langue actuelle mais auquel on donne un sens vieilli :

→ *vilain* pour *paysan, chef* pour *tête*.

Les effets recherchés sont multiples : ton comique, décalage, connivence avec les destinataires, interlocuteurs ou lecteurs. Les archaïsmes sont fréquents dans les romans historiques ou dans les textes qui adaptent les œuvres médiévales.

## • Axiologique (expression valorisante/dévalorisante)

Le mot **axiologique** s'applique aux éléments de la langue – essentiellement lexicaux – qui expriment le système de valeurs morales, esthétiques, intellectuelles émanant du locuteur d'un énoncé.

Les noms, adjectifs, les verbes, les adverbes sont, entre autres, porteurs de valeurs axiologiques positives ou négatives.

→ *désagréable* exprime le jugement négatif du locuteur à propos d'un événement, d'un être ou d'une chose.

**Voir aussi « La modalisation » en grammaire.**

## • Champ lexical

Ensemble des termes qui peuvent être regroupés sous la même notion.

→ Le champ lexical de la peur comprend notamment les mots : *peur, crainte, redouter, craindre, peureux, craintif.*

## • Champ sémantique

Ensemble des significations d'un mot.

→ Le mot « période » a pour champ sémantique son sens premier de durée, ainsi que les sens particuliers qu'il prend en chimie (classification périodique), en mathématiques (fonctions périodiques) ou en stylistique : on désigne en effet par le terme de « période » une phrase harmonieusement cadencée.

## • Dénotation / Connotation

On appelle dénotation **le sens d'un mot.** C'est l'opération qui permet d'identifier un objet du monde à partir de la forme linguistique d'un mot.

→ La forme linguistique *livre* dénote la signification correspondant à l'objet *livre*.

On appelle connotation **l'ensemble des nuances liées à l'emploi d'un mot dans un contexte particulier.**

→ Le mot *livre* dans un texte du XVIe siècle s'accompagne le plus souvent d'une connotation méliorative : l'imprimerie, d'invention encore récente, contribue en effet à diffuser la culture de la Renaissance. Synonyme de « livre », le mot « bouquin » en français moderne présente une connotation familière, affective, parfois péjorative.

Un mot peut avoir plusieurs connotations, qui relèvent soit d'un emploi général du terme, à une époque donnée et/ou dans une région donnée, soit d'un emploi singulier par un locuteur particulier.

## • Emprunt

L'emprunt est une façon d'élargir le lexique d'une langue en lui incorporant des mots ou des expressions appartenant à une langue étrangère, qu'il s'agisse d'une langue ancienne, comme le latin, ou d'une langue vivante, comme l'italien ou l'anglais.

→ Les mots *déficit, intérim, veto* sont empruntés au latin.

→ Les mots *graffiti, dilettante, soprano,* à l'italien.

→ Les mots *sofa, zéro*, à l'arabe.

→ Les mots *week-end, pull-over* à l'anglais, etc.

À certaines époques on a cherché à enrichir le vocabulaire du français en recourant notamment aux emprunts – langue des métiers, langue des régions ont été sollicitées à côté des langues vivantes et des langues anciennes. C'est l'effort par exemple de Joachim du Bellay au XVIe siècle avec sa *Défense et illustration de la langue française*. On peut noter aussi, à d'autres époques ou chez certains locuteurs, un refus de laisser entrer des vocables étrangers dans la langue française au nom d'une forme de « purisme » linguistique. Mais la vie de la langue est faite d'échanges et d'un jeu d'influences réciproques.

**Voir chapitre 11, p. 462.**

### • Étymologie

L'étymologie d'un mot est son origine. Elle est précisée dans le dictionnaire de langue française, avec parfois la date d'apparition du mot. Des dictionnaires étymologiques donnent des renseignements plus détaillés sur l'origine et l'histoire des mots.

→ *Livre* a pour étymologie le mot latin « liber » désignant une pellicule entre le bois et l'écorce sur laquelle on écrivait avant la découverte du papyrus.

### • Famille

On appelle famille de mots l'ensemble des mots formés à partir du même radical.

→ La famille du mot *colère* comprend les mots : *colérer* (vieilli), *colérique, coléreux, coléreusement, décolérer.*

### • Homonyme

On appelle homonymes des mots semblables par la prononciation mais dont le sens est différent. On dit aussi homophones.

→ *Mère, mer, maire* sont homonymes ou homophones.

### • Hyperonyme/hyponyme

L'hyperonyme est un mot qui inclut sémantiquement un autre mot, appelé hyponyme, avec lequel il entretient une relation d'implication logique.

→ L'hyperonyme « véhicule » inclut l'hyponyme « voiture ». Une voiture est nécessairement un véhicule alors que tout véhicule n'est pas une voiture.

On dit aussi pour hyperonyme, terme générique.

### • Isotopie

Récurrence (ou retour) des mêmes unités de signification dans un texte.

→ L'isotopie du mouvement se trouve représentée dans le texte de Pascal « Divertissement », p. 394, avec les mots ou les expressions : *agitations, périls, peines, aller sur la mer, au siège d'une place, remuement, courir un lièvre*. Cette isotopie englobe des termes qui appartiennent à des champs lexicaux différents – la chasse, le voyage et la guerre – mais qui ont en commun l'idée de mouvement, opposé au repos qui seul permettrait selon Pascal de prendre conscience de la condition humaine.

On ne confondra pas isotopie et champ lexical.

### • Lexique spécialisé

Il s'applique à un domaine précis de la réalité et regroupe par exemple les mots propres à un métier ou à un art.

→ La planche de l'*Encyclopédie* reproduite p. 535 donne quelques mots appartenant au lexique de la pâtisserie.

→ Le chapitre 5 de ce manuel répertorie des mots appartenant au lexique spécifique de la mise en scène (voir p. 228).

### • Néologisme

Mot inventé par un locuteur – qu'il soit écrivain ou non. Un néologisme peut finir par entrer dans l'usage courant : c'est ainsi que le mot *impressionniste*, créé dans une intention dépréciative par un critique d'art au XIXe siècle, fut repris par Monet et ses amis et qu'il s'imposa, tout comme le substantif *impressionnisme*. Mais un néologisme peut conserver son caractère de néologisme d'auteur : pensons aux *dérades* de Rimbaud dans *Le Bateau ivre*, p. 259, ou à son *abracadabrantesque* du poème « Le Cœur volé ».

### • Niveaux de langue

**Voir Registres de langue.**

### • Polysémie

On parle de polysémie pour dire qu'un mot a plusieurs significations.

### • Préfixes

Éléments qui précèdent le radical d'un mot.

→ *in* est un préfixe privatif qui entre dans la composition d'adjectifs comme *inutile* ou d'adverbes comme *involontairement*.

### • Radical

Partie lexicale d'un mot, base qui se distingue à la fois des affixes et des terminaisons de la conjugaison pour un verbe, du genre et du nombre pour un nom ou un adjectif.

| | | | | |
|---|---|---|---|---|
| → *Re* - | ***tourn*** - | *ons* | ***heureu****(s)* - | *es* |
| Préfixe | Radical | Terminaison | Radical | Terminaison |

### • Régionalisme

Terme propre à une zone géographique et culturelle donnée, qui marque un écart par rapport à l'usage commun de la langue.

→ Le mot *flache* dans le poème de Rimbaud *Le Bateau ivre*, p. 260, est un régionalisme, un mot ardennais désignant une étendue d'eau.

## • Registres de langue

On appelle registres de langue, parfois aussi **niveaux** de langue, un ensemble de manières de parler qui varient selon la situation, l'interlocuteur, le genre... La terminologie qui décrit ces registres ou ces niveaux est variable et délicate d'emploi, mais l'on s'accorde généralement à distinguer, à l'écrit comme à l'oral, un registre **soutenu**, un registre **courant**, un registre **familier** qui reste correct cependant ; on distingue aussi un registre argotique, un registre populaire, mais les frontières entre ces domaines sont floues et mobiles : elles ne cessent d'être redessinées par la vie propre de la langue.

Quoi qu'il en soit, la perception fine des registres de langue est essentielle, notamment pour s'adapter aux différentes situations de communication que la vie nous propose. Si les verbes *rire* et *rigoler* sont synonymes, ils ne peuvent s'employer dans des contextes semblables. Pour évoquer l'affront que le père de Chimène fait subir à don Diègue dans la pièce du *Cid* de Corneille, on emploiera, comme au XVII^e siècle, le terme de *soufflet* plutôt que celui de *gifle*.

Le choix d'un certain registre peut traduire **une intention de vérité linguistique**, comme celle de Zola dans *L'Assommoir* (voir p. 102 la préface à ce roman.).

Les effets de décalage entre le terme employé et le contexte peuvent aussi être recherchés dans une intention comique par exemple (voir le burlesque et l'héroï-comique, p. 596). Mais ils peuvent être ressentis comme une maladresse ou une impropriété quand ils sont involontaires.

## • Sens propre et sens figuré

On appelle sens propre d'un mot son sens de base, et sens figuré le sens imagé qu'il peut prendre dans un certain contexte.

→ le mot *trône*, dans son emploi le plus courant, désigne au sens propre un siège d'apparat réservé au roi, et au sens figuré le pouvoir monarchique.

## • Sens actuel et sens ancien

Les mots ont une histoire et ils évoluent dans le temps. C'est notamment le cas pour le lexique des émotions et des sentiments.

Ainsi, les mots *étonné*, *étonnement* au XVII^e siècle traduisent un choc violent, semblable à celui que pourrait occasionner le tonnerre. De même, l'*ennui* dans la langue classique ne renvoie pas à une vague lassitude comme aujourd'hui, mais à un abattement causé par une profonde douleur.

## • Suffixes

Ce sont les éléments qui sont placés après le radical d'un mot et qui déterminent sa catégorie grammaticale, voire sa signification.

→ Le suffixe d'adjectif *-âtre* apporte une nuance dépréciative (doux/douceâtre) ou marque une ressemblance incomplète (*blanchâtre*, qui tire sur le blanc).

→ Le suffixe de nom – *on* est un diminutif (chat/*chaton*)

## • Synonymie

On appelle synonyme d'un mot un mot de sens voisin.

→ Synonymes du verbe *parler* : *bavarder, causer, discuter*.

S'il existe des dictionnaires de synonymes, et si le recours aux synonymes est très utile à l'écrit notamment pour éviter des répétitions ou pour répondre à des exigences de reformulation, il n'y a pas de synonymes parfaits pour un mot donné. Une nuance de sens, de registre, d'emploi distingue les termes de sens proche.

## • Véhiculaire

On appelle langue **véhiculaire** une langue qui permet la communication entre des pays de langue différente. Au XVI^e siècle la langue véhiculaire en Europe était le latin ; au XVIII^e siècle, c'était très souvent le français. Au XXI^e siècle, l'anglais s'impose dans cet emploi.

# REGISTRES

## Vers une définition

### • Registres et émotions humaines

Les registres sont **des catégories de représentation et de perception du monde** que la littérature exprime et qui correspondent à **des attitudes en face de l'existence**, à **des émotions** fondamentales.

Ainsi, la conscience de la finitude de la condition humaine et le désespoir qu'elle entraîne trouvent à se dire dans le registre tragique, l'admiration dans le registre épidictique, la colère dans le registre polémique.

### • Registres et genres

Les registres sont à rapprocher des **genres** auxquels ils sont historiquement liés. Si les genres sont désignés par des substantifs – la comédie, l'épopée – les registres sont désignés par les adjectifs dérivés de ces noms – le registre comique, le registre épique. Ces adjectifs se trouvent à leur tour substantivés quand on parle du comique ou de l'épique pour évoquer le registre comique et le registre épique.

Les genres, tels qu'ils ont pu être théorisés initialement par Aristote dans sa *Poétique*, se rattachent à **une structure**, à **une énonciation**, à **un destinataire**. Les registres, qui accompagnent les genres, ne se confondent pas exactement avec eux. Ainsi, la comédie n'est pas toujours comique : bien des passages de *Tartuffe* ou de *George Dandin* ne prêtent pas à rire ; inversement, le comique caractérise de nombreuses œuvres littéraires qui n'appartiennent pas au théâtre mais qui relèvent du roman, de la poésie ou de l'essai.

On peut dire que l'évolution de la littérature se caractérise à l'époque contemporaine par un éclatement de la notion de genres tandis que les registres perdurent et se mêlent de façon complexe. **Une œuvre peut convoquer plusieurs registres.**

### • Registres et procédés d'écriture

Les registres sont liés enfin à **des procédés d'écriture**.

Un sujet, un genre appellent un style particulier. C'est ce qui peut rapprocher cette acception du mot « registres » de celle de « registres de langue », sans toutefois que les deux se confondent.

En effet, au registre épique, par exemple, correspondent des traits stylistiques comme l'amplification et l'emploi d'un lexique soutenu.

Le registre burlesque emploiera volontiers des mots familiers ou argotiques, le registre pathétique celui de la douleur, le registre élégiaque, les mots de la déploration.

### • Quelle extension donner à la notion ?

La difficulté dans le recours à cette notion est son extension : on peut en effet, dans le cadre d'**une extension maximale**, parler de registre romanesque, de registre merveilleux, de registre fantastique.

**Le romanesque**, sous l'influence des romans du XVII^e^ siècle, convoque les caractères suivants :
- des aventures extraordinaires,
- des héros hors du commun,
- des péripéties nombreuses, à la limite parfois du vraisemblable,
- un raffinement des sentiments,
- une thématique amoureuse.

On le comprend aisément, tous les romans ne relèvent pas du romanesque – pensons par exemple aux romans naturalistes. Ils sont parfois même écrits en réaction contre le romanesque. Inversement, le romanesque s'invite dans d'autres genres, comme le théâtre : les comédies de Corneille, par exemple, aux rebondissements multiples, aux jeunes héros amoureux et passionnés, présentent bien des codes du romanesque.

**Le merveilleux** comporte notamment les traits suivants :
- présence d'êtres et d'objets surnaturels,
- éléments féeriques,
- sentiment de fascination chez le lecteur devant un monde idéal : « charme » du conte.

**Le fantastique** présente les marques suivantes :
- faits ou personnages étranges,
- thèmes surnaturels (→ métamorphoses),
- hésitation entre une interprétation rationnelle et une interprétation irrationnelle,
- sentiment de peur, de malaise ou d'angoisse chez le lecteur,
- narrateur représenté qui figure une sorte de double du lecteur.

On peut aussi **limiter l'emploi de « registre » aux catégories principales**, initialement définies à partir des genres codifiés, et dont nous donnons quelques éléments de description ci-après.

« Registre » est parfois confondu avec « **tonalité** » ou « **ton** » : la différence tient à ce que la tonalité renvoie à des effets superficiels d'un texte, tandis que le registre traduit des caractéristiques plus profondément ancrées et qui définissent l'enjeu essentiel de la page considérée.

### • Registres et conception de la littérature

Au confluent des émotions, des sentiments et de leurs moyens d'expression littéraire, la notion de registre, nouvellement introduite en tant que telle dans l'analyse des textes, a pour mérite de nous rappeler que la littérature n'est pas un pur exercice formel, mais qu'elle est l'expression de la vie des hommes et de leur vision du monde.

## Les principaux registres

### • Comique

Lié historiquement à la comédie.

***Rappels***

La comédie, parodie inversée de la tragédie, fait appel au rire du spectateur qui lui permet d'exorciser ce qui, en d'autres circonstances, le ferait souffrir. On a coutume de distinguer, à partir de l'étude des comédies classiques :

– ***un comique de situation,*** né de l'opposition de deux personnages (Ex. : *maître / valet, sérieux / ridicule, coquette /amoureux transi,* etc.) ;

– ***un comique de mots***, fait de répétitions, de calembours, de mélange de niveaux de langue ;

– ***un comique de mœurs***, qui met en exergue, pour s'en moquer, les travers d'une société à une époque donnée ;

– ***un comique de caractère***, qui décrit et fustige l'avare, le jaloux, le faux dévot, etc.

Le registre comique est facile à définir : c'est celui qui suscite le rire. Mais les significations du rire dépassent le simple amusement. En effet, le rire est transgressif, libérateur : il fait éclater les fausses supériorités, chasse les craintes paralysantes, et libère l'homme. C'est ainsi qu'il faut entendre la fameuse adresse au lecteur de Rabelais dans *Gargantua* (voir p. 442).

On peut distinguer, à l'intérieur du registre comique, un ensemble de registres (ou de « sous-registres ») qui en constituent les ramifications :

#### – Le burlesque

Il s'applique d'abord à un comique débridé et bouffon, dont on trouve des exemples dans le cinéma – Laurel et Hardy, les Marx Brothers.

Il s'applique ensuite à la reprise parodique des modèles littéraires et à la réécriture, dans un langage bas, de ce qui était traité dans un langage soutenu (ainsi l'adaptation en 1935, par Pierre Dac, de la tragédie de *Phèdre* en *Phèdre à repasser*).

**Voir p. 596.**

→ Théramène, celui qui dans la tragédie racinienne fait le récit de la mort d'Hippolyte, donne lieu, dans une réplique de Pierre Dac au calembour : « Théramène ta fraise ». L'expression populaire employée dans un contexte d'où elle est normalement exclue produit un effet comique.

#### – L'héroï-comique

C'est l'inverse du burlesque puisqu'il transpose dans un langage élevé ce qui appartient à une réalité triviale.

**Voir p. 596.**

→ *Le soleil avait achevé plus de la moitié de sa course, et son char, ayant attrapé le penchant du monde, roulait plus vite qu'il ne voulait. Si ses chevaux eussent voulu profiter de la pente du chemin, ils eussent achevé ce qui restait du jour en moins d'un demi-quart d'heure ; mais au lieu de tirer de toutes leurs forces, ils ne s'amusaient qu'à faire des courbettes, respirant un air marin qui les faisait hennir, et les avertissait que la mer était proche, où l'on dit que leur maître se couche toutes les nuits. Pour parler plus humainement et plus intelligiblement, il était entre cinq et six quand une charrette entra dans les halles du Mans.*

Scarron, *Le Roman comique*, Première partie, 1651.

Cet incipit du roman de Scarron (voir p. 496) commence par un pastiche de style élevé : il emprunte ses images à la mythologie – le char du soleil, ses chevaux et son maître – et pratique l'amplification. Le registre héroï-comique est souligné par le contraste avec la dernière phrase, volontairement prosaïque.

#### – L'ironique

Ce registre utilise une forme d'écriture « oblique », qui ne dit pas directement ce qu'elle entend dénoncer mais qui le fait entendre à l'interlocuteur ou au lecteur en suscitant chez lui un rire ou un sourire de connivence.

**Voir p. 546.**

#### – Le satirique

Il est historiquement lié à la satire, genre visant à dénoncer les vices et les folies des hommes.

La comédie, la fable, la maxime, le caractère, le conte philosophique, le roman, la caricature de presse même au XIXe siècle, utilisent volontiers le registre satirique alors que la satire en tant que genre hérité des Anciens tend à disparaître après le XVIIe siècle.

Ce registre implique un engagement du sujet qui dénonce violemment, au nom de la sincérité et de la vérité, et avec les armes du rire, ce qui lui semble condamnable dans les comportements humains. Ainsi Voltaire fait-il la satire de la guerre au chapitre 3 de *Candide*, voir p. 524.

### • Délibératif

Le genre délibératif est un genre de discours dans lequel on envisage plusieurs aspects d'une question en vue de faire adopter une résolution.

Le registre délibératif se caractérise par les traits suivants :

– un sentiment d'incertitude,

– un balancement entre les réponses à apporter au problème posé,

– un emploi des connecteurs logiques soulignant les différents aspects de la question et marquant notamment l'opposition et le choix.

On trouvera un exemple de registre délibératif dans l'extrait du *Tiers Livre* de Rabelais où le personnage de

Panurge hésite à prendre femme et présente successivement les avantages et les inconvénients du mariage (voir p. 390).

## • Élégiaque

Historiquement lié à l'élégie, poème court ou chant suscités par la mort d'une personne chère.

Le registre élégiaque est associé à la plainte, à la déploration, à la méditation du passé, à la célébration du manque, à la mélancolie, au regret.

→ *Pleurez, doux alcyons, ô vous, oiseaux sacrés,*
*Oiseaux chers à Thétis, doux alcyons, pleurez.*
*Elle a vécu Myrto, la jeune Tarentine.*

Dans les premiers vers de ce poème d'André Chénier (1762-1794), « La Jeune Tarentine », on trouve les procédés d'écriture propres au registre élégiaque :
– la déploration, qui s'exprime ici par la répétition de « pleurez »,
– le thème de la mort et du manque, que traduit l'euphémisme de la formule « Elle a vécu »,
– la douceur mélancolique de l'expression, comme le soulignent le sémantisme de « doux » et les effets sonores dus à la répétition de « doux alcyons ».

## • Épidictique

Dans la rhétorique antique, l'épidictique représentait un des trois pans de l'éloquence, à côté du judiciaire et du délibératif.

C'est **le registre de l'éloge**. Parmi les formes de l'éloge, on peut recenser l'ode, le panégyrique – éloge d'un saint – l'épithalame, éloge prononcé lors d'un mariage, l'épitaphe, inscription funéraire, l'oraison funèbre, le discours de réception à une académie, Académie française par exemple.

Au registre épidictique sont donc associés un vocabulaire mélioratif, l'amplification, l'hyperbole.

C'est aussi **le registre du blâme**, qui s'emploie à dénigrer tout ce qui est moralement condamnable.

## • Épique

L'épopée est à l'origine un récit en vers d'exploits de héros sur fond de merveilleux païen (L'*Iliade*, L'*Odyssée*) ou chrétien (*La Chanson de Roland*). Ce récit s'adresse à une communauté – les Grecs, les chrétiens – qu'elle entend souder autour de valeurs fondatrices.

Le registre épique se caractérise par :
– le grandissement du héros
– le registre de langue soutenu, longtemps appelé héroïque
– l'intervention de forces irrationnelles
– l'emploi d'épithètes dites épithètes de nature ou épithètes homériques pour définir les personnages principaux

→ *Waterloo ! Waterloo ! Waterloo ! morne plaine !*
*Comme une onde qui bout dans une urne trop pleine,*
*Dans ton cirque de bois, de coteaux, de vallons,*
*La pâle mort mêlait ses sombres bataillons.*
*D'un côté c'est l'Europe et de l'autre la France.*
*Choc sanglant ! des héros Dieu trompait l'espérance ;*
*Tu désertais, victoire, et le sort était las.*
*Ô Waterloo ! je pleure et je m'arrête, hélas !*
*Car ces derniers soldats de la dernière guerre*
*Furent grands : ils avaient vaincu toute la terre,*
*Chassé vingt rois, passé les Alpes et le Rhin,*
*Et leur âme chantait dans les clairons d'airain !*

Victor Hugo, *Les Châtiments*, V, XIII.

Le registre épique se caractérise ici par :
– les effets de grandissement des héros (« *Ces derniers soldats [...] furent* ***grands*** »),
– les hyperboles (« *ils avaient vaincu toute la terre* »),
– l'invocation au lieu de la bataille (« *Waterloo !* » repris de façon incantatoire),
– la présence de forces surnaturelles (« *la pâle mort* », « *Dieu* »),
– les images (comparaison, personnification allégorique de la mort).

On notera aussi la présence du registre lyrique, tant le sujet semble affecté par la défaite napoléonienne, voire du registre pathétique.

## • Lyrique

Étymologiquement lié à la lyre, instrument de musique d'Apollon et du poète Orphée (voir illustration p. 241), le lyrisme conjugue **la musicalité** et **l'expression du moi**.

Au registre lyrique sont associés :
– la proclamation des sentiments intimes ;
– une façon d'être au monde qui valorise les thèmes de l'amour, de la fuite du temps, de la nostalgie, de la mélancolie.

Le lyrisme est un des registres majeurs de la littérature, au-delà de la poésie. Il est porteur de nombreuses et profondes émotions humaines.

- Un exemple de **lyrisme en poésie** :

→ *J'étais celui qui sait seulement être contre*
*Celui qui sur le noir parie à tout moment*
*Que serais-je sans toi qui vins à ma rencontre*
*Que cette heure arrêtée au cadran de la montre*
*Que serais-je sans toi qu'un cœur au bois dormant*
*Que serais-je sans toi que ce balbutiement*

Aragon, « Prose du bonheur et d'Elsa », in *Le Roman inachevé*.

On notera les effets de répétition anaphorique qui chantent le bonheur émerveillé du sujet lyrique, ainsi qu'une célébration de l'amour aux pouvoirs merveilleux, source même de l'expression poétique.

- Mais on rencontre aussi **le lyrisme au théâtre** : pensons par exemple aux stances du *Cid*, qui correspondent à un moment de délibération pour Rodrigue : doit-il venger son père ou rester fidèle à l'amour qu'il éprouve pour Chimène ?

→ *Percé jusques au fond du cœur*
*D'une atteinte imprévue aussi bien que mortelle,*
*Misérable vengeur d'une juste querelle,*
*Et malheureux objet d'une injuste rigueur,*
*Je demeure immobile et mon âme abattue*
*Cède au coup qui me tue.*
*Si près de voir mon feu récompensé,*
*Ô Dieu ! l'étrange peine !*
*En cet affront mon père est l'offensé,*
*Et l'offenseur le père de Chimène.*

Corneille, *Le Cid*, I, 7.

Cette première stance, composée de dix vers hétérométriques (octosyllabe, alexandrins, hexamètres, décasyllabes), mime les tourments du personnage en proie au dilemme.

• **Le roman** enfin comporte souvent des passages lyriques, comme en témoigne cet extrait de Stendhal.

→ *Julien poursuivait son chemin gaiement au milieu des plus beaux aspects que puissent présenter les scènes de montagnes. Il fallait traverser la grande chaîne au nord de Vergy. Le sentier qu'il suivait, s'élevant peu à peu parmi de grands bois de hêtres, forme des zigzags infinis sur la pente de la haute montagne qui dessine au nord la vallée du Doubs.*

Stendhal, *Le Rouge et le Noir*, 1830.

L'exaltation que procure ici au jeune héros l'excursion en montagne se traduit notamment par l'expression du haut degré.

## • Pathétique

Le pathétique est ce qui émeut fortement.

Le registre pathétique souligne les transports d'admiration ou de souffrance qui animent les hommes à la vue d'un spectacle qui les bouleverse.

→ *Songe, songe, Céphise, à cette nuit cruelle*
*Qui fut pour tout un peuple une nuit éternelle,*
*Figure-toi Pyrrhus, les yeux étincelants,*
*Entrant à la lueur de nos palais brûlants,*
*Sur tous mes frères morts se faisant un passage,*
*Et de sang tout couvert échauffant le carnage,*
*Songe aux cris des vainqueurs, songe aux cris des [mourants,*
*Dans la flamme étouffés sous le fer expirants,*
*Peins-toi dans ces horreurs Andromaque éperdue :*
*Voilà comme Pyrrhus vint s'offrir à ma vue ;*
*Voilà par quels exploits il sut se couronner ;*
*Enfin voilà l'époux que tu me veux donner.*

Racine, *Andromaque*, III, 8.

Andromaque s'adresse ici à sa confidente Céphise et lui explique pourquoi elle ne saurait épouser le Grec Pyrrhus, vainqueur du peuple troyen. L'extrait de sa tirade présente un grand nombre de traits du registre pathétique :

– un lexique axiologique soulignant la souffrance, « cruelle », « cris des mourants », « expirants », « mes frères morts », « carnage », « horreurs » ;

– l'anaphore de « Songe » ou de « Voilà » ;

– la figure de l'hypotypose (voir ce mot), attestée ici par l'emploi des verbes « figurer » et « peindre » : la scène du sac de Troie, fantasmée par Andromaque, nous est donnée à voir, avec un relief saisissant.

On notera qu'**au registre pathétique se mêle ici le registre ironique –** « Voilà par quels exploits il sut se couronner » – qui vise à condamner Pyrrhus en le faisant apparaître comme un ennemi assoiffé de sang.

## • Polémique

Étymologiquement dérivé du grec « polemos », la guerre, la polémique désigne en littérature le domaine des affrontements d'idées, notamment en matière de politique ou d'esthétique.

Le recueil de lettres *Les Provinciales* de Pascal est une œuvre polémique dirigée contre les jésuites.

La *Lettre à d'Alembert sur les spectacles* de Rousseau est une réponse argumentée à l'article « Genève » de l'*Encyclopédie*.

Les différentes querelles que répertorie l'histoire des arts relèvent aussi de la polémique.

Le registre polémique se caractérise notamment par :
– un grossissement des traits de l'adversaire, visant à le disqualifier ;
– l'accumulation des charges.

## • Tragique

Lié à la tragédie.

***Rappels***

La tragédie comporte **un dénouement nécessaire** et annoncé, qui commande la structure d'ensemble de la pièce ; elle met en jeu **un destin** qui écrase l'homme, dont le seul choix est de se reconnaître déterminé. Elle se passe **chez les dieux, les rois ou les héros** ; elle vise à susciter **la crainte et la pitié** afin de purger ces passions par la **catharsis**.
(voir chapitres 4, 5 et 12)

***Caractères du registre tragique***

On pourra employer le terme de tragique chaque fois que se manifeste dans un texte :
– la présence du destin ou d'une fatalité ;
– la conscience d'une existence vouée à une mort cruelle et au désespoir.

*Remarque* : attention à ne pas confondre tragique et dramatique, ce second terme désignant initialement ce qui appartient au théâtre, et, dans un usage courant, ce qui est à déplorer – par exemple une situation qui suscite la tristesse ou la compassion, sans que celle-ci soit tragique.

# PROCÉDÉS RHÉTORIQUES, FIGURES DE STYLE

## • Allégorie (une)

Image qui consiste à rapprocher un comparant et un comparé en détaillant successivement plusieurs éléments.

Agrippa d'Aubigné au début des *Tragiques* (voir p. 458) présente une allégorie de la France (le comparé) sous la forme d'une mère que deux enfants se déchirent (le comparant).

→ *Je veux* ***peindre la France une mère affligée***, */ Qui est entre ses bras de deux enfants chargée.*

Chacun des enfants représente un des partis religieux qui s'opposent lors des guerres civiles : catholiques et protestants. L'image évoque successivement les bras, les seins, le lait, les larmes de la mère.

**Voir p. 338.**

## • Allitération (une)

Récurrence de sons consonnes, en prose ou en vers, spécialement en position initiale.

→ *Oui, Prince, je languis, je brûle pour Thésée.*
*Je l'aime, non point tel que l'ont vu les enfers,*
*Volage adorateur de mille objets divers,*
*Qui va du Dieu des morts déshonorer la couche ;*
*Mais fidèle, mais fier, et même un peu farouche,*
*Charmant, jeune, traînant tous les cœurs après soi,*
*Tel qu'on dépeint nos Dieux, ou tel que je vous voi.*

Dans ce passage extrait de *Phèdre*, le retour du son [f] à l'entame des trois adjectifs souligne le caractère élogieux du portrait que dresse Phèdre de Thésée, mais qui en réalité est celui de son fils Hippolyte auquel elle s'adresse. L'allitération assure une cohésion entre les qualificatifs qui dessinent une image idéalisée du jeune homme dont elle est amoureuse.

Voir « assonance » et « harmonie imitative».

## • Amplification (une)

Développement d'une idée par le style afin de lui donner plus de force, plus d'étendue, plus d'ornement.

L'amplification est fréquente dans l'art oratoire, dans l'épopée, où elle se fait souvent descriptive.

Elle entre dans les exercices d'écriture d'invention.

## • Anacoluthe (une)

Rupture de construction syntaxique.

## • Anagramme (une)

Inversion des lettres qui composent un mot de façon à faire un autre mot.

→ *amer*, par anagramme, donne *mare* ou *rame*.

L'anagramme entre dans de nombreux jeux de mots : *François Rabelais* se cache, tout en se dévoilant, sous le pseudonyme d'*Alcofribas Nasier*.

Ronsard en fait un élément de sa stratégie argumentative dans ce poème des *Amours* :

→ ***Marie****, qui voudrait votre beau nom tourner,*
*Il trouverait* ***Aimer*** *; aimez-moi donc, Marie,*
*Faites cela vers moi dont votre nom vous prie,*
*Votre amour ne se peut en meilleur lieu donner.*
(voir p. 274, ex. 2)

Par-delà le caractère plaisant, ludique et spirituel de l'acrobatie verbale, l'anagramme suggère un accord plus profond entre l'être – ou la chose – et le nom qui le désigne.

## • Anaphore (une)

Répétition, en tête d'un groupe syntaxique, d'un mot ou d'un groupe de mots.

→ ***Rome****, l'unique objet de mon ressentiment !*
***Rome****, à qui vient ton bras d'immoler mon Amant !*
***Rome****, qui t'a vu naître et que ton cœur adore !*
***Rome****, enfin que je hais, parce qu'elle t'honore !*

Corneille, *Horace*, acte IV, scène 5, 1641.

Dans cet extrait de la tragédie de Corneille, Camille s'en prend violemment à ce que représente Rome. Elle s'adresse à son frère Horace : héros romain, celui-ci vient de tuer Curiace, défenseur de la ville rivale d'Albe, et qui était son fiancé. L'anaphore donne une tension rythmique aux imprécations de Camille ; elle apparaît comme un procédé rhétorique destiné à exprimer la douleur pleine de rage de la jeune fille et à susciter la colère de son interlocuteur.

Une anaphore restée célèbre est celle de « J'accuse » de Zola à la une du journal *L'Aurore* en janvier 1898 : elle scande magistralement la lettre ouverte de l'intellectuel qui dénonce l'erreur judiciaire dont avait été victime le capitaine Dreyfus. L'anaphore ici sert efficacement l'argumentation.

Attention à ne pas confondre **l'anaphore rhétorique** et **l'anaphore grammaticale** qui désigne un phénomène de reprise :

→ *J'ai entendu cette plaidoirie.* ***Elle*** *était remarquable.*
*(« Elle » reprend anaphoriquement « plaidoirie »).*

## • Antithèse (une)

Procédé qui consiste à présenter, mais en l'écartant ou en la niant, une idée inverse, en vue de mettre en valeur l'idée principale.

Rapprochement au sein d'une même structure syntaxique de forme binaire de deux termes qui s'opposent sémantiquement.

→ ***Tombeau** de mes aïeux et **nid** de mes amours !*

C'est ainsi que Victor Hugo évoque la France dans « Ultima Verba », voir p. 401. Les deux noms soulignés en gras forment une antithèse, en ce que le premier évoque la mort et le second la vie, mais ils partagent une unité de sens, qui est le lieu clos et abrité. L'antithèse en est d'autant plus forte.

### • Antiphrase (une)

Emploi d'un mot dans un sens contraire de son sens habituel. L'antiphrase est une des marques de l'ironie.

→ *De **petits esprits exagèrent trop** l'injustice que l'on fait aux Africains.*

Dans cette phrase de Montesquieu, p. 522, il faut entendre le contraire des mots soulignés ici en gras. Ce sont en effet les grands esprits – les Philosophes des Lumières – qui ne sauraient trop insister sur le sort réservé aux esclaves noirs.

**Voir p. 546.**

### • Antonomase (une)

Figure de style qui consiste à employer un nom propre pour un nom commun ou un nom commun pour un nom propre.

Le premier cas est le plus fréquent.

→ *un harpagon*, pour désigner un avare, à partir du personnage de la pièce de Molière.

L'antonomase peut être lexicalisée (ex. *une poubelle*, du nom du préfet de la Seine M. Poubelle qui imposa l'utilisation de la boîte à ordures d'immeuble en 1884) ; elle peut apparaître aussi comme une création d'écrivain. Dans *Illusions perdues* Balzac appelle Lucien de Rubempré le « Byron d'Angoulême » : le nom du célèbre poète anglais devient le signe de l'exaltation romantique.

Le second cas est aussi appelé « antonomase d'excellence »

→ *Le Poète*, désignant Virgile, ou, dans un contexte totalement différent, le *Commendatore* désignant Enzo Ferrari fondateur de la célèbre firme automobile italienne.

### • Apostrophe oratoire (une)

Elle permet d'interpeller un interlocuteur fictif, une abstraction, un être virtuel.

→ ***Hypocrite lecteur, – mon semblable – mon frère !***

Dans ce vers final de l'adresse « Au lecteur » des *Fleurs du mal*, p. 289, Baudelaire instaure ainsi un lien particulier avec le destinataire du recueil.

Victor Hugo dans « Paroles sur la dune », voir p. 252, écrit :

→ *Et que je te sens froide en te touchant, **ô mort,***
*Noir verrou de la porte humaine !*

L'apostrophe oratoire à la mort donne à sa méditation un caractère tragique.

### • Argumentation (lexique de l')

**Voir p. 617.**

### • Assonance (une)

Retour de sons voyelles identiques.

→ *Avec les grandes amandes des cathédrales toutes blanches* (p. 328)

Voir « allitération » et « harmonie imitative ».

### • Chiasme (un)

Figure qui consiste à placer en ordre inverse les éléments de deux groupes de mots syntaxiquement identiques.

→ *Eau, quand donc pleuvras-tu ? quand tonneras-tu, foudre ?*

Dans ce vers de Baudelaire, extrait du « Cygne », p. 255, les deux hémistiches de l'alexandrin sont composés d'un nom mis en apostrophe et d'une proposition interrogative, placés en ordre inverse (nom en apostrophe, proposition // proposition, nom en apostrophe).

Le chiasme, que l'on pourrait schématiquement représenter par l'alternance ABBA, peut aussi porter sur des sonorités.

→ *Il est des parfums **frais** comme des **chairs** d'enfants*

Dans ce vers de « Correspondances », p. 248, le son [r] et le son [e] forment un chiasme sonore, accentuant le rapport très étroit que le poète établit entre des sens différents.

### • Comparaison (une)

Figure de style qui consiste à exprimer la ressemblance entre un comparant et un comparé. Le terme de comparaison est un verbe (ressembler à), un adjectif (pareil, semblable, tel), ou une conjonction (comme).

→ *Le fleuve est **pareil à** ma peine*
Comparant comparé
*Il s'écoule et ne tarit pas*

**Voir p. 338.**

### • Éponyme (substantif masculin ou adjectif)

Celui ou celle qui donne son nom à quelque chose que l'on vénère ou à une œuvre d'art.

→ Un héros éponyme

→ Emma, personnage éponyme de *Madame Bovary*

### • Euphémisme (un)

Expression atténuée d'un fait ou d'un sentiment que l'on cherche à rendre ainsi moins cruel ou plus supportable.

Dans le français courant, on note de nombreux euphémismes : *disparaître* pour *mourir*, *aînés* pour *personnes âgées*, *non voyant* pour *aveugle*, etc.

Dans les textes littéraires, l'euphémisme peut servir plusieurs intentions, notamment l'ironie. Pour évoquer le cachot où sont enfermées les victimes de l'Inquisition, Voltaire parle d'« *appartements d'une extrême fraîcheur, dans lesquels on n'était jamais incommodé du soleil* » (*Candide*, chapitre 6).

**Ne pas confondre avec la litote. Voir ce mot.**

## • Gradation (une)

Procédé rhétorique qui traduit, dans une énumération, une variation sémantique selon un ordre croissant

→ *j'ai tout vu, tout fait, tout usé.* (Beaumarchais, *Le Mariage de Figaro,* acte V, scène 3, voir p. 398.)

Par ce constat, Figaro marque les étapes d'un désabusement progressif.

## • Harmonie imitative (une)

Quand les allitérations et/ou les assonances (voir ces mots) concourent à créer une ressemblance avec un bruit, un son, une musique, on parle d'harmonie imitative.

→ *Sur la bruyère longue infiniment,*
*Voici le vent cornant Novembre,*
*Sur la bruyère infiniment*
*Voici le vent*
*Qui se déchire et se démembre*
*En souffles lourds, battant les bourgs,*
*Voici le vent,*
*Le vent sauvage de Novembre.*

Dans ce poème de Verhaeren les assonances en voyelles nasales – 11 fois le son [ã] et une fois le son [õ] – et les allitérations en [v] – 10 occurrences – ou en [b], à 7 reprises, miment le fracas d'un vent violent.

Cependant les qualités sonores du texte ne produisent pleinement leur effet que grâce au sémantisme des mots « vent » et « Novembre ». Les sonorités, seules, ne signifient rien.

## • Hypallage (une)

Figure de style qui consiste à attribuer à un ou plusieurs mots d'une phrase ce qui s'applique à d'autres.

→ *Je suis d'un pas **rêveur** le sentier **solitaire***

Dans ce vers extrait de « L'Automne » de Lamartine (*Méditations poétiques*, 1820) les deux adjectifs s'appliquent pour le sens au sujet « Je » alors que syntaxiquement ils se rattachent aux mots « pas » et « sentier ». C'est ici une façon de montrer l'harmonie entre l'homme et la nature.

## • Hyperbole (une)

Exagération de l'expression par rapport à la réalité évoquée. L'hyperbole peut souligner le caractère exceptionnel d'un être, d'une chose ou d'un phénomène ; elle peut aussi être humoristique.

## • Hypocoristique (adjectif et substantif masculin)

Qui est doté d'une nuance affectueuse.

→ *ma chère enfant*, dans une lettre de Madame de Sévigné est une apostrophe hypocoristique qui désigne sa destinataire, Madame de Grignan, la fille de l'épistolière. (voir p. 502)

## • Hypotypose (une)

Figure consistant à décrire ou à raconter d'une façon tellement vivante que l'on a l'impression d'assister à la scène ou de voir le tableau.

## • Interrogation rhétorique (une)

Appelée aussi interrogation oratoire, c'est un énoncé qui relève syntaxiquement de l'interrogation mais qui équivaut à une assertion renforcée.

→ *Est-il rien de plus bizarre que ma destinée ?*
(*Le Mariage de Figaro*, p. 396)

## • Ironie

Figure de pensée par laquelle le locuteur dit le contraire de ce qu'il pense tout en faisant comprendre qu'il pense le contraire de ce qu'il dit. L'ironie, arme efficace de l'argumentation, suppose une connivence entre le locuteur, ou l'auteur, et son destinataire.

→ Montesquieu dans *De l'esprit des lois* démonte les arguments des esclavagistes en feignant de défendre l'esclavage. Il utilise l'ironie pour combattre cette iniquité et en souligner l'absurdité et l'horreur. (voir p. 522)

**Voir p. 546.**

## • Litote (une)

Figure qui consiste à dire moins pour faire entendre plus.

→ *caresser l'échine* pour dire *rouer de coups*, « Ce n'est pas mal ! » pour dire « c'est très bien ».

**Voir euphémisme.**

## • Métaphore (une)

Figure qui consiste à établir une relation d'identité entre deux réalités différentes ; elle associe souvent un terme concret à un terme abstrait.

→ le mot *flamme* pour dire le sentiment amoureux.

Une métaphore qui est entrée dans le langage est appelée **métaphore lexicalisée**. Quand une métaphore se prolonge dans un texte, on parle de **métaphore filée**. On distingue entre **métaphore in praesentia** et **métaphore in absentia**.

→ *Bergère ô tour Eiffel*
*Le troupeau des ponts bêle ce matin*

Dans ces deux vers du poème « Zone » d'Apollinaire, la métaphore originale de la tour Eiffel en bergère est une métaphore filée ou continuée, puisqu'elle se voit relayée par l'image du troupeau des ponts. Métaphore *in praesentia*, elle fait s'entrechoquer dès l'ouverture du recueil d'*Alcools* la modernité que représente en 1913 ce monument de fer et le caractère bucolique et pastoral de la bergère.

**Voir p. 338.**

## • Métonymie (une)

Figure de style qui consiste à substituer à un mot un terme qui lui est lié par un rapport de coexistence ou d'interdépendance.

→ le contenant pour le contenu : *boire une bouteille* (pour boire le contenu de la bouteille)

La conséquence pour la cause : *c'est un beau travail* (pour le résultat du travail)

**Voir synecdoque.**

## • Oxymore (un)

Figure qui consiste à associer deux termes apparemment contradictoires.

→ *un silence éloquent*

L'oxymore peut avoir un caractère amusant – dans *Hernani* Victor Hugo fait dire au personnage de Don Carlos, à propos de Don Ruy Gomez, son rival en amour :

→ *Le duc, son* ***vieux futur****, est absent à cette heure ?* (*Hernani,* acte I, scène 1)

L'oxymore, souligné ici en gras, est comique, mais il dénonce aussi le scandale d'un mariage entre le duc et sa nièce Doña Sol, qui semble, par les mots, promis à l'échec.

Chez Voltaire, l'oxymore sert la dénonciation ironique de la guerre désignée par l'expression de *boucherie héroïque* (*Candide*, chapitre 3, voir p. 524).

## • Paradoxe (un)

Figure d'opposition qui présente une opinion opposée à l'opinion commune (à la « doxa »), le paradoxe stimule l'intelligence, éveille l'esprit critique.

→ *Parce que vous êtes un grand seigneur, vous vous croyez un grand génie ! Noblesse, fortune, un rang, des places, tout cela rend si fier ! Qu'avez-vous fait pour tant de biens ? Vous vous êtes donné la peine de naître, et rien de plus. Du reste, homme assez ordinaire [...]*

Figaro, qui s'adresse ici au comte Almaviva, voir p. 396, dénonce le paradoxe que constitue à ses yeux le privilège de la naissance.

## • Parataxe (la)

Figure de construction qui consiste à juxtaposer des propositions sans marquer le lien qui les unit, ni par la coordination, ni par la subordination.

→ *Je suis venu, j'ai vu, j'ai vaincu*

## • Paronomase (une)

Figure de style fondée sur le rapprochement de mots qui se prononcent presque de la même façon.

→ *office du vin, office divin* (d'après Rabelais).

## • Périphrase (une)

Façon de désigner un référent en employant plusieurs mots.

→ *Capitale de la France* pour désigner *Paris*.

La périphrase présente de nombreuses valeurs : elle peut être descriptive, élogieuse, poétique, ironique, etc.

## • Personnification (une)

Figure qui consiste à traiter un objet, une abstraction ou un animal comme une personne.

## • Prétérition (une)

Figure qui consiste à dire qu'on ne dira pas quelque chose ou qu'on ne fera pas un récit ou une description alors que c'est précisément ce que l'on fait ou ce que l'on dit.

→ *Pour expliquer combien ce mobilier est vieux, crevassé, pourri, tremblant, rongé, manchot, borgne, invalide, expirant, il faudrait en faire* ***une description qui retarderait trop l'intérêt de cette histoire, et que les gens pressés ne pardonneraient pas.***

Dans cet exemple emprunté à l'incipit du *Père Goriot*, Balzac dénonce le caractère extrêmement détaillé de la description de la pension Vauquer, à laquelle pourtant il consacre plusieurs pages. C'est une façon pour lui de montrer à quel point la description est indispensable, tout en nouant avec son lecteur une relation de complicité.

## • Prosopopée (une)

Discours fictif attribué à un absent, un mort, un inanimé, une abstraction.

→ *[...] l'orateur recourut / À ces figures violentes / Qui savent exciter les âmes les plus lentes /* ***Il fit parler les morts****, tonna, dit ce qu'il put.*

Dans cet extrait de la fable de La Fontaine, donnée p. 406, la définition de la prosopopée est soulignée en gras. L'auteur insiste sur l'effet recherché par cette figure de style, qui apparaît comme un procédé rhétorique éprouvé.

La prosopopée donne vie à une abstraction : ainsi dans « L'Horloge », p. 293, où l'aiguille, véritable « doigt » de « ce dieu sinistre » s'adresse au lecteur et le met en garde contre le temps dévorateur.

## • Synecdoque (une)

Figure de style qui consiste à substituer à un mot un mot qui lui est lié par un rapport d'inclusion.

→ *une lame* pour une épée, *une voile* pour un bateau à voile.

**Voir métonymie.**

# NOTICES BIOGRAPHIQUES

### APOLLINAIRE (Wilhelm Apollinaris de Kostrowitzky, dit Guillaume) (1880-1918)
Poète français, initiateur de l'« esprit nouveau », auteur d'*Alcools* (1913), *Calligrammes* (1918). Son œuvre allie modernité et tradition. Il fut l'un des animateurs du mouvement cubiste.

### ARAGON Louis (1897-1982)
Écrivain français, dadaïste puis surréaliste, il revint à une écriture plus traditionnelle. Comme poète, il célébra son amour fou pour Elsa Triolet dans *Le Fou d'Elsa* (1963). Il adhéra au Parti communiste en 1927 et s'engagea dans la Résistance pendant la Seconde Guerre mondiale. En tant que romancier on lui doit notamment le cycle « Le Monde réel » qui comprend *Les Cloches de Bâle* (1934), *Les Beaux Quartiers* (1936) et *Aurélien* (1945).

### ARTAUD Antonin (1896-1948)
Écrivain, comédien et homme de théâtre français. Après un passage par le surréalisme, il voulut faire triompher le « théâtre de la cruauté ». À partir de 1937, il fut interné dans différents hôpitaux psychiatriques. Il écrivit en 1938 *Le Théâtre et son double.*

### AUBIGNÉ Agrippa d' (1552-1630)
Écrivain français. Humaniste érudit, protestant ; auteur des *Tragiques,* véritable épopée commencée en 1576 et publiée en 1616.

### BALZAC Honoré de (1799-1850)
Écrivain français, auteur de près de cent ouvrages dont la quasi totalité forme *La Comédie humaine.* Créateur d'un véritable univers romanesque, il est le maître incontesté du roman réaliste.

### BAUDELAIRE Charles (1821-1867)
Poète français. Il publie en 1857 *Les Fleurs du mal,* recueil qui lui valut des poursuites judiciaires. *Les Curiosités esthétiques* (1868) et *Le Spleen de Paris* (1869) sont des œuvres posthumes. Il a traduit les nouvelles d'E.A.Poe.

### BEAUMARCHAIS Pierre Augustin Caron de (1732-1799)
Écrivain français, homme à la vie aventureuse, auteur de pièces de théâtre qui forment une trilogie : *Le Barbier de Séville* (1775), *Le Mariage de Figaro* (1784), *La Mère coupable* (1792).

### BECKETT Samuel (1906-1989)
Romancier et dramaturge irlandais, d'expression anglaise et française. Son œuvre propose une vision dérisoire de l'humanité qui finit par se réduire à des êtres auxquels il ne reste que le langage. Son roman *Molloy* (1951) est le premier à être écrit directement en français. Ses deux pièces les plus connues sont : *En attendant Godot* (1952), *Oh les beaux jours* (1961). Prix Nobel 1969.

### BELLAY Joachim du (1522-1560)
Un des poètes de La Pléiade dont il écrivit le manifeste : *Défense et illustration de la langue française* (1549). On lui doit des recueils de sonnets : *Les Regrets* (1558), *Les Antiquités de Rome* (1558).

### CAMUS Albert (1913-1960)
Écrivain français. Du lyrisme de *L'Envers et l'endroit* (1937) à la prise de conscience de l'absurde par l'intermédiaire de l'essai, *Le Mythe de Sisyphe* (1942) et du roman, *L'Étranger* (1942), Camus découvre la solidarité en participant à la Résistance pendant la Seconde Guerre mondiale. D'individuelle avec *Caligula* en 1944, la révolte se fait collective avec *La Peste* en 1947. *L'Homme révolté,* en 1951, le sépare de Sartre et des existentialistes : *La Chute* en 1956 rend compte de cette rupture. Il reçoit, en 1957, le Prix Nobel. de littérature.

### CÉLINE (Louis-Ferdinand Destouches, dit) (1894-1961)
Écrivain français. Il a révolutionné le roman en exprimant une vision désespérée de l'humanité au moyen d'une écriture directe qui mêle lyrisme, langage parlé, voire argotique, et implique le lecteur : *Voyage au bout de la nuit* (1932), *Mort à crédit* (1936), *D'un Château l'autre* (1957).

### CENDRARS (Frédéric Sauser, dit Blaise) (1887-1961)
Écrivain français d'origine suisse. Poète : *La Prose du Transsibérien* (1913), romancier : *L'Or* (1925), auteur de récits autobiographiques : *Bourlinguer* (1948).

### CERVANTÈS Miguel de Cervantès Saavedra (1547-1616)
Soldat, prisonnier des barbaresques de 1575 à 1580, auteur de comédies, d'un roman pastoral : *Galatée* (1585). En 1605, parut la première partie de *Don Quichotte de la Manche* et en 1615 la seconde.

### COCTEAU Jean (1889-1963)
Écrivain et cinéaste français, poète, romancier, dramaturge, dessinateur, peintre, il fut élu en 1955 à l'Académie française. *Les Enfants terribles* (1929), *La Machine infernale* (1934), *La Belle et la bête* (1946).

### CORNEILLE Pierre (1606-1684)
Poète dramatique français. Il composa des comédies comme *L'Illusion comique* (1636), une tragi-comédie, *Le Cid* (1637), des tragédies : *Horace* (1640), *Cinna* (1641), *Polyeucte* (1642). *Suréna* (1674) est sa dernière œuvre dramatique.

### CRÉBILLON Fils (1707-1777)

Auteur de romans libertins : *Les Égarements du cœur et de l'esprit* (1736 et 1738), *Le Sopha* (1742).

### CYRANO de BERGERAC Savinien de (1619-1655)

Représentant du libertinage de pensée au XVIIe siècle, il écrivit une tragédie, des comédies, deux romans utopiques posthumes : *Histoire comique des États et Empires de la Lune* (1657) et *Histoire comique des États et Empires du Soleil* (1662).

### DENON (Dominique Vivant, baron de) (1747-1825)

Graveur et écrivain français. Auteur de *Point de lendemain* (1777).

### DIDEROT Denis (1713-1784)

Écrivain et philosophe français. Déiste puis matérialiste, il croit au progrès. Auteur protéiforme, il fut romancier, critique d'art, essayiste, théoricien du théâtre, dramaturge et dirigea L'*Encyclopédie*. Il publia : *Lettre sur les aveugles à l'usage de ceux qui voient* (1749), *Le Fils naturel* (1757). *La Religieuse* (1796), *Jacques le Fataliste* (1796), *Le Neveu de Rameau* (1821) sont posthumes.

### DUMAS Alexandre (1802-1870)

Écrivain français. Auteur dramatique (*Antony*, 1831), romancier prolifique, il a fait carrière dans le feuilleton avant d'écrire de nombreux romans historiques : *Les Trois Mousquetaires* (1844), *La Reine Margot* (1845), *Le Comte de Monte-Cristo* (1844-1845). Il a la passion du récit, communique son enthousiasme au lecteur en créant des personnages, des histoires et des mythes qui peuplent son monde.

### FLAUBERT Gustave (1821-1880)

Écrivain français, réaliste, lyrique et romantique, à la recherche de la perfection formelle. Auteur de *Madame Bovary* (1857), *Salammbô* (1862), *L'Éducation sentimentale* (1869) et de *Trois Contes* (1877).

### FURETIÈRE Antoine (1619-1688)

Écrivain français, auteur du *Roman bourgeois* (1666). Il entreprit en 1684 un *Dictionnaire universel* publié après sa mort, en 1690. Élu en 1662 à l'Académie française, il en fut exclu en 1685, à cause de son dictionnaire qui rivalisait ouvertement avec celui de l'Académie.

### GARY Romain (1914-1980)

Écrivain français d'origine russe. Son œuvre romanesque manifeste une quête angoissée d'identité et refuse le mensonge social : *Les Racines du ciel* (1956), *La Promesse de l'aube* (1960). Il publia trois romans sous le **pseudonyme** d'**Émile Ajar**, dont *La Vie devant soi* (1975) qui lui valut, pour la deuxième fois, le Prix Goncourt.

### GIDE André (1869-1951)

Écrivain français. Sous l'influence des symbolistes, il écrit *Les Cahiers d'André Walter* (1891). Il exalte la ferveur dans *Les Nourritures terrestres* (1897), écrit des « soties », *Les Caves du Vatican* (1914), et un roman, *Les Faux-Monnayeurs* (1925). Il tient son *Journal* publié de 1943 à 1953, et entretient une vaste correspondance avec ses contemporains. Prix Nobel de littérature en 1947.

### HUGO Victor (1802-1885)

Écrivain français. Poète : *Les Feuilles d'automne* (1831), *Les Châtiments* (1853), *Les Contemplations* (1856), *La Légende des siècles* (1859-1883), romancier, *Notre-Dame de Paris* (1831), *Les Misérables* (1862), dramaturge : *Hernani* (1830), *Ruy Blas* (1838), il a définitivement marqué son siècle. Élu sénateur en 1876, la République lui fait des funérailles grandioses en 1885.

### HUYSMANS Jorys-Karl (1848-1907)

Écrivain français. Tour à tour naturaliste, décadent et « mystique », Huysmans laisse une œuvre qui semble centrée sur le personnage du « célibataire », double de lui-même à différentes étapes de sa vie. Il appartint aux Soirées de Médan, avec Zola, rompit avec les naturalistes en faisant paraître en 1884 *À rebours*, et mit en scène l'écrivain Durtal dans *Là-Bas* (1891), *En Route* (1895), *La Cathédrale* (1898), *L'Oblat* (1903). Il rejette la médiocrité humaine et son style rend bien compte d'un monde en décomposition.

### LACARRIÈRE Jacques (1925-2005)

Écrivain et voyageur, helléniste passionné et amoureux de la Grèce qu'il célébra notamment dans *L'Été grec*, 1976.

### LACLOS Pierre Choderlos de (1741-1803)

Officier et écrivain français. Il publia en 1782 *Les Liaisons dangereuses*, roman épistolaire qui met en scène des héros cyniques et pervers.

### LAFAYETTE Marie-Madeleine (Pioche de la Vergne, comtesse de) (1634-1693)

Écrivain français. Son chef-d'œuvre, *La Princesse de Clèves* (1678), est le premier roman psychologique moderne.

### LA FONTAINE Jean de (1621-1695)

Poète français, connu pour ses recueils de fables mais aussi pour ses contes en vers, souvent libertins, inspirés de Boccace. Ami du surintendant Fouquet, il lui resta fidèle pendant sa disgrâce. Il fut ensuite le protégé de Madame de Montespan et de Madame de La Sablière et se plia aux obligations de rigueur – faire l'éloge du roi – tout en critiquant la Cour, d'un point de vue moral et politique.

### MALRAUX André (1901-1976)

Écrivain et homme politique français, ministre des Affaires culturelles de 1959 à 1969. Il participa aux grands combats du XXe siècle dont il rendit compte dans ses livres : *Les Conquérants* (1928) et *La Condition humaine* (1933) ont pour cadre le combat des révolutionnaires chinois de 1926. Il s'engagea aux côtés des républicains espagnols et publia en 1937 *L'Espoir*. Il édifia une philosophie de l'art dont rendent compte des essais : *Les Voix du silence*

(1951), *La Métamorphose des dieux* (3 volumes : 1957, 1974, 1976). En 1967 parurent *Antimémoires*.

### MARIVAUX Pierre Carlet de Chamblin de (1688-1763)

Écrivain français. Il étudie dans son théâtre l'ambiguïté du sentiment amoureux, ce que l'on appelle le marivaudage : *La Surprise de l'amour* (1722), *Le Jeu de l'amour et du hasard* (1730), *Les Fausses confidences* (1737). Il laisse deux romans inachevés : *La Vie de Marianne* (1731-1741), *Le Paysan parvenu* (1734-1735). Élu à l'Académie française en 1743.

### MARTIN du GARD Roger (1881-1958)

Écrivain français. Il publia entre 1922 et 1940 une fresque romanesque assez proche de la tradition du XIXe siècle : *Les Thibault*. Prix Nobel de littérature en 1937.

### MAUPASSANT Guy de (1850-1893)

Écrivain français. Il porta l'art de la nouvelle à sa perfection dans plus de trois cents contes et nouvelles, publiés d'abord dans des journaux, puis réunis en recueils : *La Maison Tellier* (1881), *Contes de la bécasse* (1883), *Le Horla* (1887). Il écrivit aussi des romans : *Une Vie* (1883), *Bel-Ami* (1885), *Pierre et Jean* (1888). Il fit partie du Groupe de Médan.

### MOLIÈRE Jean-Baptiste Poquelin, dit (1622-1673)

Dramaturge français, comédien, directeur de troupe. L'Illustre Théâtre, d'abord itinérant, se fixa en 1661 au Palais-Royal. En quinze ans, Molière composa et monta plus de trente pièces : *L'École des femmes* (1662), *Tartuffe* (1664), *Dom Juan* (1665), *Le Misanthrope* (1666), *Le Malade imaginaire* (1673).

### MONTAIGNE Michel Eyquem de (1533-1592).

Écrivain français. Il passa la majeure partie de sa vie à rédiger les *Essais*, ajoutant sans cesse, ne retranchant rien. Deux éditions virent le jour de son vivant, en 1580 (Livres I et II) et en 1588 (Livres I, II, III). La dernière est posthume : 1595.

### MONTESQUIEU Charles de Secondat (baron de la Brède et de) (1689-1755)

Écrivain français. Conseiller au parlement de Bordeaux en 1714. *Les Lettres persanes* (1721) sont une critique de la société française par un Persan fictif. Son œuvre maîtresse, *De l'esprit des lois* paraît anonymement à Genève en 1748. Il croit à la nécessité des réformes, est pour une monarchie constitutionnelle. Élu à l'Académie française en 1728.

### PASCAL Blaise (1623-1662)

Savant et écrivain français. Il inventa à dix-neuf ans une machine arithmétique, entreprit des études sur la pesanteur de l'air et le vide, jeta les bases du calcul des probabilités. L'expérience mystique de la nuit du 23 novembre 1654 le fait se tourner définitivement vers la religion. Il écrivit contre les jésuites les dix-huit *Lettres provinciales* (1656-1657) et conçut vers 1656 une *Apologie de la religion chrétienne* dont les fragments furent groupés et publiés après sa mort sous le titre de *Pensées* (1670). Voir p. 395.

### PRÉVOST d'EXILES (dit l'abbé Prévost) (1697-1763)

Écrivain français, surtout connu pour le tome 7 des *Mémoires d'un homme de qualité, Histoire du chevalier Des Grieux et de Manon Lescaut* (1731).

### PROUST Marcel (1871-1922)

Écrivain français. Il consacra une grande partie de sa vie à l'écriture de *À la recherche du temps perdu*, somme romanesque en sept volumes dont les trois derniers parurent après sa mort.

### RABELAIS François (v. 1494-1553)

Écrivain français. En 1532 il publie, sous le pseudonyme d'Alcofribas Nasier, *Les Horribles et Épouvantables Faits et Prouesses du très renommé Pantagruel*, satire burlesque de l'éducation scolastique du Moyen Âge. Cet ouvrage sera suivi de : *La Vie inestimable du grand Gargantua, père de Pantagruel*, en 1534, puis du *Tiers livre* (1546), du *Quart Livre* (1548-1552) et du *Cinquième Livre* (1564), sans doute en partie apocryphe.

### RACINE Jean (1639-1699)

Poète dramatique français, élevé d'abord chez les religieuses de Port-Royal, il poursuivit ses études au collège d'Harcourt. Auteur d'une comédie : *Les Plaideurs* (1668) et de tragédies : *Britannicus* (1669), *Bajazet* (1672), *Phèdre* (1677) entre autres. Il reviendra au théâtre à la demande de Mme de Maintenon avec *Esther* (1689), et *Athalie* (1691), tragédies bibliques. Il fut membre de l'Académie française et historiographe du roi.

### RESTIF de LA BRETONNE Nicolas (1734-1806)

Écrivain français. Réaliste, souvent libertin, romancier : *Le Paysan perverti* (1775), *Les Nuits de Paris* (1788-1794), *Monsieur Nicolas ou le cœur humain dévoilé* (1794-1797).

### RICCOBONI (1713-1792)

Actrice et femme de Lettres. Auteur de lettres et de romans, et notamment d'une suite à *La Vie de Marianne* de Marivaux.

### RIMBAUD Arthur (1854-1891)

Poète français. **voir p. 262.**

### RONSARD Pierre de (1524-1585)

Poète français, fondateur de la Pléiade. Auteur des *Amours* (1552), des *Amours d'Hélène* (1578), des *Hymnes* (1555-1556) qui montre un maître de la poésie lyrique. Cependant, son épopée en décasyllabes, *La Franciade* (1572, inachevée) fut un échec.

### ROUSSEAU Jean-Jacques (1712-1778)

Écrivain et philosophe genevois de langue française. En 1750, il obtint un succès de scandale avec le *Discours sur les sciences et les arts*. En 1755, dans son *Discours sur l'origine de l'inégalité*, il dénonce les méfaits de la société fondée sur la propriété, source d'inégalité. Il est aussi l'auteur des *Confessions*, commencées en 1765 et publiées en 1782-1789.

### SARTRE Jean-Paul (1905-1980)

Philosophe, romancier, essayiste, dramaturge français. Auteur de *L'Être et le néant* (1943), il jette les fondements d'un existentialisme athée engendrant une morale de l'engagement et de la responsabilité. Il illustre sa pensée dans des romans : *La Nausée* (1938), *Les Chemins de la liberté* (1945-1949) et des pièces de théâtre : *Les Mouches (1943), Huis clos* (1944). Il donne un récit autobiographique en 1964 avec *Les Mots*. Il fonda en 1945 la revue *Les Temps modernes*.

### SCARRON Paul (1610-1660)

Écrivain français. Paralysé à l'âge de huit ans, il se voue à la littérature. Auteur de poésies burlesques, de pièces bouffonnes, et surtout du *Roman comique* (1651-1657). Il épousa en 1652 Françoise d'Aubigné, future Mme de Maintenon.

### SCUDÉRY Madeleine de (1607-1701)

Elle écrivit en collaboration avec son frère Georges de très longs romans : *Artamène ou le Grand Cyrus* (1649-1653), 10 volumes, *Clélie, histoire romaine* (1654-1660), roman dans lequel se trouve la fameuse carte de Tendre. Elle a tenu un salon précieux.

### SENGHOR Léopold Sédar (1906-2001)

Homme politique et poète sénégalais. Il s'est attaché à célébrer la grandeur de la « négritude » dans ses recueils poétiques : *Éthiopiques* (1956), *Nocturnes* (1961), *Élégies majeures* (1979). Agrégé de grammaire, premier président de la république du Sénégal en 1960, il fut régulièrement réélu et quitta le pouvoir le 1er janvier 1981. Il fut élu à l'Académie française en 1983.

### SÉVIGNÉ (Marie de Rabutin-Chantal, marquise de) (1626-1696)

Épistolière française. Après le mariage de sa fille avec le comte de Grignan en 1669, elle entretint avec elle une correspondance abondante qui constitue un précieux document sur la vie aristocratique du siècle.

### SHAKESPEARE William (1564-1616)

Poète dramatique anglais. Il n'a rien publié de son vivant sous son nom, on ne possède aucun manuscrit, ce qui a conduit certains critiques à s'interroger sur la paternité de son œuvre. Il est l'auteur de drames historiques, *Richard III* (1592-1593), de comédies : *La Mégère apprivoisée* (1593-1594), de drames terribles : *Hamlet* (1600-1601), *Othello* (1604).

### STENDHAL (Henri Beyle, dit) (1783-1842)

Écrivain français. Son écriture réconcilie tradition et modernité dans des romans qui eurent peu de succès de son vivant : *Le Rouge et le Noir* (1830), *Lucien Leuwen* (1834), roman inachevé ; en 1839, *La Chartreuse de Parme* obtint un succès d'estime.

### SUPERVIELLE Jules (1884-1960)

Écrivain français, auteur de poèmes : *Les Amis inconnus* (1934), *Oublieuse Mémoire* (1949) et de contes : *L'Enfant de la haute mer* (1931). Il intègre le merveilleux dans le quotidien.

### URFÉ Honoré d' (1567-1625)

Écrivain français, auteur d'un roman pastoral : *L'Astrée* (1607-1628).

### VALLÈS Jules (1832-1885)

Journaliste et écrivain français, fondateur du *Cri du peuple*, membre de la Commune de Paris en 1871. Son œuvre essentielle est une trilogie autobiographique *Jacques Vingtras* : *L'Enfant* (1879), *Le Bachelier* (1881), *L'Insurgé* (1886, posth.).

### VERLAINE Paul (1844-1896)

Poète français. Il fut lié à Rimbaud et, à cause d'un coup de feu malheureux, fit dix-huit mois de prison. Considéré comme le grand poète du symbolisme, il fit paraître *Romances sans paroles* (1874), *Sagesse* (1881), *Jadis et naguère* (1884). Consacré tardivement « prince des poètes » (1894), il meurt dans la misère.

### VERNE Jules (1828-1905)

Écrivain français. Auteur de romans d'anticipation scientifique. L'éditeur Hetzel s'attacha ses services en publiant en 1862 *Cinq Semaines en ballon*. Pendant plus de 40 ans, il produira chaque année un ou deux romans dont *Voyage au centre de la terre* (1864), *Les Enfants du Capitaine Grant* (1867-1868), *Michel Strogoff* (1876).

### VOLTAIRE (François-Marie Arouet, dit) (1694-1778)

Écrivain français. Son œuvre regroupe des tragédies : *Œdipe* (1718), *Zaïre* (1732), des ouvrages critiques : *Lettres anglaises* (1734), des contes philosophiques : *Zadig ou la destinée* (1747), *Micromégas* (1752), des études historiques : *Histoire de Charles XII* (1731). Il combattit toute sa vie pour la liberté individuelle, défendit notamment Calas et La Barre ; il défendit aussi l'idée de progrès, contre Rousseau. Il laisse une œuvre immense, représentative de l'« esprit français » du XVIIIe siècle.

### ZOLA Émile (1840-1902)

Romancier français. Chef de file du mouvement naturaliste, il entreprend, en 1869, la rédaction des vingt romans qui composent le cycle des *Rougon-Macquart*, bien que son œuvre ne se réduise pas à cette fresque de l'*Histoire naturelle et sociale d'une famille sous le Second Empire*. Le 13 janvier 1898, il fait paraître dans *L'Aurore* : « J'accuse », article dans lequel il prend parti pour Dreyfus. Ses cendres seront transférées au Panthéon en 1908.

# INDEX

## INDEX DES AUTEURS

# INDEX DES TEXTES

# INDEX DES ÉTUDES D'IMAGES

# INDEX DES NOTIONS DE LANGUE



# CRÉDITS PHOTOGRAPHIQUES

**Couverture :**
**Odilon REDON** (1840-1916), *Décoration Domécy : Arbres, fond jaune.* Huile sur panneau, 1901. Musée d'Orsay, Paris. © Photo RMN/J.-J. Sauciat.

p. 26 : © Roger-Viollet
p. 28 : © Photothèque Hachette Livre
p. 30 : © Corbis
p. 32 : © AKG-Paris
p. 34 : © Roger-Viollet
p. 36 : © Bridgeman
p. 40 : © Lipnitzki/Viollet
p. 44 : © Coll. Petit DR Opale
p. 64 : © Archives Hachette Livre
p. 66 : © Bridgeman
p. 68 : © AKG-Paris
p. 76 : © Archives Hachette Livre
p. 78 : © Lauros/Giraudon/Bridgeman
p. 80 : © Archives Hachette Livre
p. 92 : © AKG-Paris
p. 104 : © Lauros/Giraudon/Bridgeman
p. 106 : © Roger-Viollet
p. 108 : © Bridgeman Giraudon/Archives Larousse
p. 110 : © Rue des Archives/FIA
p. 122 : © Photothèque Hachette Livre
p. 124 : © Photothèque Hachette Livre
p. 126 : © Roger-Viollet
p. 128 : © Collection Viollet
p. 130 : © Lauros/Giraudon/Bridgeman © Adagp, Paris 2007
p. 138 : © Nabokov Dominique/Opale
p. 142 : © AKG-Paris
p. 144 : © AKG-Paris
p. 146 : © Dagli-Orti
p. 148 : © Bridgeman
p. 150 : © Archives Hachette Livre
p. 154 : © Corbis
p. 156 : © Gamma
p. 158 : © Pascal Gely/Agence Bernand
p. 160 : © Roger-Viollet
p. 162 : © AKG-Images
p. 163 : © Archives Hachette Livre
p. 164 : © Lauros/Giraudon/Bridgeman
p. 166 : © Archives Hachette Livre
p. 167 : © Private Collection/Archives Charmet/Bridgeman
p. 170 : © Private Collection/Archives Charmet/Bridgeman
p. 188 : © AKG-Paris
p. 194 : © Bridgeman
p. 195 : © Enguerand
p. 206 : © Bridgeman
p. 214 : © Bridgeman
p. 216 : © AKG-Paris
p. 236 : © Corbis Sygma/Markowitz Jeffrey
p. 244 : © Roger-Viollet
p. 246 : © Bridgeman
p. 247 : © Bridgeman
p. 248 : © Bridgeman
p. 250 : © Bridgeman
p. 251 : © Kharbine
p. 252 : © AKG-Paris
p. 254 : © Bridgeman
p. 258 : © Photothèque Hachette Livre
p. 264 : © AKG-Paris
p. 288 : © Bridgeman
p. 296 : © AKG-Paris
p. 302 : © Choumov-Viollet
p. 307 : © Martinie/Roger Viollet
p. 311 : © Jean-Paul Guilloteau/Kipa/Corbis
p. 317 : © Scala, Florence
p. 324 : © Bridgeman
p. 326 : © Photothèque Hachette Livre
p. 327 : © Roger-Viollet
p. 328 : © Martinie/Roger-Viollet
p. 332 : © Fondation Saint-John Perse
p. 334 : © Editions Seghers
p. 335 : © Monier/Gamma
p. 348 : © Bridgeman
p. 350 : © Bridgeman
p. 352 : © Bridgeman
p. 354 : © Bridgeman
p. 356 : © Lipintzki-Viollet
p. 360 : © The Art Archive/Culver Pictures
p. 362 : © Maurice Rougemont/Opale
p. 363 : © Jacques Sassier/Gallimard/Diffusion Opale
p. 364 : © Philippe Matsas/Opale
p. 390 : © Bridgeman
p. 394 : © Bridgeman
p. 396 : © Bridgeman
p. 400 : © AKG-Paris
p. 403 : © Lauros/Giraudon/Musée de Château-Thierry/Bridgeman
p. 410 : © Musée Carnavalet
p. 426 : © Bettmann/Corbis
p. 428 : © Rue des Archives
p. 441 : © Bridgeman
p. 442 : © RMN/Lewandowski
p. 445 : © Bridgeman
p. 448 : © Dagli Orti
p. 458 : © Dagli Orti
p. 468 : © Dagli Orti
p. 470 : © AKG-Paris
p. 482 : © Leemage
p. 484 : © Bridgeman
p. 490 : © Dagli Orti
p. 492 : © Bridgeman
p. 496 : © Bridgeman
p. 498 : © AKG-Paris
p. 500 : © Bridgeman
p. 522 : © Lessing/AKG-images
p. 524 : © Lauros/Giraudon/Musée Carnavalet/Bridgeman
p. 526 : © Bridgeman
p. 536 : © Bridgeman
p. 538 : © Photothèque Hachette Livre
p. 550 : © Bellot/RMN
p. 554 : © AKG-images
p. 557 : © Lessing/AKG
p. 562 : © Bridgeman
p. 564 : © Bridgeman
p. 570 : © AKG/Paris
p. 573 : J.E. Blanche © Lauros/Giraudon/Bridgeman/Adagp, Paris 2007
p. 574 : C. Bérard © Private Collection/Charmet/Bridgeman/Adagp, Paris 2007
p. 576 : © Roger Viollet
p. 578 : © Bridgeman
p. 580 : © Photothèque Hachette Livre
p. 582 : © Maurice Rougemont/Opale

Achevé d'imprimer en France par Maury
Dépôt légal : Août 2007 - Edition n°02 - 13/5367/1